本书为北京外国语大学"双一流"建设重大标志性项目
"文明互鉴：中国文化与世界"（2021SYLZD020）研究成果
本书由"国际交流与研究项目"资助出版

陈樱 赵刚 主编

国外中国研究著作选目提要

（2015—2020）

学苑出版社

图书在版编目（CIP）数据

国外中国研究著作选目提要. 2015—2020 / 陈樱, 赵刚主编. -- 北京：学苑出版社，2025.2. -- ISBN 978-7-5077-7121-3

Ⅰ. Z88；G256.1

中国国家版本馆CIP数据核字第20253AG788号

责任编辑：李　媛
出版发行：学苑出版社
社　　址：北京市丰台区南方庄2号院1号楼
邮政编码：100079
网　　址：www.book001.com
电子信箱：xueyuanpress@163.com
联系电话：010-67601101（销售部）、010-67603091（总编室）
印 刷 厂：北京建宏印刷有限公司
开本尺寸：787 mm×1092 mm　1/16
印　　张：48.75
字　　数：1186千字
版　　次：2025年2月第1版
印　　次：2025年2月第1次印刷
定　　价：268.00元

《国外中国研究著作选目提要（2015—2020）》
编委会

顾　问：张西平　顾　犇

主　编：陈　樱　赵　刚

副主编：梁　婧　尹汉超

编　委（按姓氏拼音排序）：

　　　　陈天竹　崔丹阳　顾　犇　何念伦

　　　　李　嘉　薛维华　于子雯　张朝意

编辑说明

本书承接《国外中国研究著作选目提要·2014》，搜集整理了2015—2020年国外出版的中国研究著作目录，并选择其中有代表性的著作撰写提要。

本书收录的著作以人文和社会科学类学术研究著作为主，共撰写图书提要635篇，包括英、法、德、西、俄、日6个语种的著作；收录书目共12623条，涵盖50个语种。

本书参考《中国图书馆分类法》（第5版）的分类体系进行编排，共分14个大类，每个大类下分为提要和书目两部分。

提要部分包括图书出版信息（作者、题名、出版地、出版者、出版时间）、图书中文译名和内容提要，按照英语、法语、德语、西班牙语、俄语和日语顺序进行排列，各语种又依作者姓名首字母（或音序）排序。

书目部分按照英语、法语、德语、西班牙语、俄语、日语、阿拉伯语以及其他语种进行排列，各语种又依作者姓名首字母（或音序）排序。书目内容包括著（编）者、书名、出版地、出版者和出版年。书目的著（编）者超过三人时，只著录其第一人，并加[et al.]（英语、德语、法语、西班牙语书目）、[ほか]（日语书目）或[и др.]（俄语书目）。

本书提要仅就国外中国研究著作作客观描述，并未进行主观性评价。文中所涉及观点均不代表本书编者及本书出版社立场。

编者
2024年8月

目 录

2015—2020年国外出版的中国研究著作选目提要 …………… 001
 哲学宗教 …………… 003
 社会科学总论 …………… 028
 政治 …………… 040
 外交 …………… 054
 法律 …………… 072
 军事 …………… 085
 经济 …………… 091
 文化教育体育 …………… 121
 语言文字 …………… 135
 文学 …………… 145
 艺术 …………… 159
 历史地理 …………… 173
 科学技术 …………… 206
 综合性图书 …………… 220

2015—2020年国外出版的中国研究著作目录 …… 223

- 哲学宗教 …… 225
- 社会科学总论 …… 264
- 政治 …… 289
- 外交 …… 333
- 法律 …… 377
- 军事 …… 404
- 经济 …… 416
- 文化教育体育 …… 503
- 语言文字 …… 533
- 文学 …… 557
- 艺术 …… 603
- 历史地理 …… 637
- 科学技术 …… 722
- 综合性图书 …… 767

后　记 …… 771

2015—2020年
国外出版的中国研究著作选目提要

哲学宗教

英语

Behuniak, Jim. *Appreciating the Chinese difference: engaging Roger T. Ames on methods, Issues, and Roles.* Albany: SUNY Press, 2018.
品味中国文化独特性：论安乐哲的研究方法、儒学论题和儒家角色

该书对一位专注于中国哲学、比较哲学的重要学者——美籍汉学家安乐哲（Roger T. Ames）的作品进行了广泛的探讨和批判性评价。

书中集合了一批研究中国思想及相关领域的著名哲学家，对当代中国哲学研究最重要的学者之一——安乐哲的作品进行了批判性反思。通过几十年来在比较方法论和跨文化解读领域的研究，以及对中国哲学文本做出的一系列开创性翻译，安乐哲成功地挑战了既有的研究范式，为中国传统思想研究开启了新的途径。

该书所呈现的原创论文涵盖了安乐哲学术成果的全部内容，解答了文本阐释中的方法论问题以及各种具体问题，包括充分讨论了安乐哲最新的、最具争议性的贡献：儒家的"角色伦理"。在该书的最后一个部分，安乐哲对每一篇文章都作出了回应。

Bryson, Megan. *Goddess on the frontier: religion, ethnicity, and gender in Southwest China.* Stanford, California: Stanford University Press, 2017.
边界的女神：中国西南地区的宗教、种族和性别

大理是中国西南部云贵高原上的一小块地区。它的主要神祇——柏洁（柏节）夫人，在整个地区发展史上曾拥有好几种性别化的表现形式，如佛教女神、大理创始人的母亲、一个丧偶烈士，以及一个乡村神祇。是什么原因，使得一个地方性神祇拥有如此多样的化身？

该书认为，古代大理与该地区和国家以外势力的接触影响了女神形象的转变。结合了历史考据学、艺术史和人种学等学科方法，该书作者认为，柏洁（柏节）夫人提供了一种地域认同，使大理能够在地缘政治和历史上自我定位。通过这种做法，该书提供了一个研究案例，阐明了人们如何从不同的文化元素中塑造地方认同，以及这些地方认同又是如何随着时间的推移和更大的历史变化而发生转型的。

Campany, Robert Ford. *The Chinese dreamscape, 300 BCE-800 CE.* Cambridge: Harvard University Asia Center, 2020.
中国梦境：公元前 300 年—公元 800 年

该书是一本关于中国的梦与做梦的书，通过梳理战国后期至晚唐（公元前 300 年—公元 800 年）的占梦书、经史注疏、志怪小说、佛道文献、敦煌写本等有关资料记载的关于梦的奇闻逸事，作者以不预设弗洛伊德、荣格或者任何其他西方或现代对梦的理解方式，分析了中国前现代关于梦的文本，为人们几千年来苦苦追寻的问题，找到了与众不同的答案。该书一方面揭示了中国古人如何应对奇异梦境；另一方面将中国梦境观带入更广阔的比较文化视野，构建起了古今中外对话的桥梁，并吁请大家重新审视自身文化中的梦境观。

该书是著名中国宗教和文化史家康儒博作品，他凭借其对原始资料的深刻洞察与人文主义研究方法的娴熟运用，创作出了这部学术性与文采兼具的作品。该书荣膺 2022 年度列文森奖、儒莲奖双料大奖。

Chou, Wen-shing. *Mount Wutai: visions of a sacred Buddhist mountain.* Princeton: Princeton University Press, 2018.
五台山：一座佛教圣山

一千多年来，坐落在中国北部的五台山一直是全世界佛教信徒的圣地。整个山脉有一百多座寺庙，接待了从皇帝、僧侣到普通信徒的众多人物。该书探索了 18、19 世纪的清朝统治者及尊崇佛教的满族、蒙古族、藏族贵族们是如何以自己的方式对五台山进行再构建的。作者查阅了大量图像资料和多语种的文字资料，如寺庙复制品、朝圣指南、传记和全景地图，从文学、艺术和建筑等角度，对五台山进行了全方位描绘。作者创造性地提出，五台山是清朝外交、贸易和宗教交流的场所，五台山所呈现的宗教艺术和文化交流体现了清朝的多元文化主义。该书荣获 2020 年列文森中国研究著作奖荣誉提名。

Cook, Constance A; Lu, Zhao. *Stalk divination: a newly discovered alternative to the I Ching.* New York: Oxford University Press, 2017.
秸秆占卜：一种新的《易经》替代法

该书首次完整翻译和分析了新发现的公元前 4 世纪中国竹简卜筮手册《筮法》。作为《周易》的替代方法，《筮法》提供了一种解读卦象的新途径，通过组合四个卦象来反映上层男性生活中的不同情况。与《周易》不同，《筮法》包含具体案例，解释了如何针对不同主题解读卦象。这种方法在早期中国是独特的，但并未在后世的卜筮传统中留存。因此，《筮法》代表了《周易》成为主流标准之前的一种主要思想。该书的作者通过翻译和解析这部新文本，破解了其逻辑代码，重新定义了我们对中国卜筮的理解，并为《周易》研究提供了新的视角。

Foust, Mathew A. *Confucianism and American philosophy.* Albany, NY: SUNY Press, 2017.
儒学与美国哲学

该书作者通过探索儒学与美国实用主义之间的联系，开辟了比较研究的新天地，他研究了包括孔子、孟子、荀子、爱默生、梭罗、皮尔士和罗伊斯在内的一系列哲学家，追溯了早期儒家经典译本的直接影响，揭示了先前被忽视的概念相似性。该书通过结合儒学与美国哲学，为解决当代问题提供了新见解，展示了在日益多元化的世界中跨文化对话的潜力。

Haar, Barend ter. *Religious culture and violence in traditional China.* Cambridge: Cambridge University Press, 2019.
传统中国的宗教文化与暴力

暴力在古代中国被视为一种正当的宗教行为，表现为献祭、自残、自杀等方式。该书通过探讨从暴力到处决、驱邪、驱除的语言形式转变，揭示了在传统宗教语境下暴力的被合理化。同时进一步指出暴力作为维护古代社会秩序和传统价值观的重要因素，对中国传统宗教文化塑造和中国社会生活规范都产生了巨大影响。

Hammerstrom, Erik J. *The science of Chinese Buddhism: early twentieth-century engagements.* United States: Columbia University Press, 2015.
中国佛教的科学融汇：20 世纪初的互鉴与探索

随着 20 世纪重要科学发现和突破性科学进展的涌现，中国佛教徒开始利用科学思想为佛教现代化开辟道路。该书通过对大量佛教出版物的深入再研究，探讨了佛教在社会现代化环境中，如何利用科学重新定义传统，将科学思想融入传统佛教。该书提出，科学为佛教徒提供了一条基于实证思想的知识途径，他们以此鼓励年轻学者研究亚原子和相对论，同时坚持佛教对人性的教化及其根植于激进平等主义的观念，通过探讨中国宗教在科学兴起时代的应对与变革，揭示了科学和佛教之争的理论主张。

Heine, Steven. *From Chinese Chan to Japanese Zen: a remarkable century of transmission and transformation.* New York: Oxford University Press, 2018.
从中国禅宗到日本禅宗：百年传播与转型

日本禅宗始于荣西、道元和圆仁等求法僧入华，随后中国禅宗教义传入日本并逐渐流传演变。该书通过对 1225—1325 年，中国禅宗向日本禅宗的这一演变历程进行详细调查和批判性研究，记录并梳理了中国禅宗教义在日本从抵制到获得幕府支持并在日本广泛流传，最终成为主流宗教的系统性历史进程，揭示了禅宗如何从一个隐修的神秘教派发展为在中日两国具有广泛影响力的宗教传统。该书还进一步指出了"活佛济公"等民间传说元素对日本禅宗流变的深刻影响，在多元视角下为读者了解日本禅宗的发展和演变提供重要参考。

Hu, Baozhu. *Believing in ghosts and spirits: the concept of gui in ancient China.* London: Routledge, 2020.
崇信鬼神：中国古代鬼的概念

该书探讨了中国古代的鬼神之说，重点关注了"鬼"这个概念，通过研究词典、出土手稿、铭文和经典文献，从语言根源、文学解释、仪式习俗、社会政治意义和宇宙论等角度解读了"鬼"这个字。

古代中国人在逐渐认识鬼神的过程中，不仅努力辨识并分类这些超自然存在，还尝试将它们与宇宙运行的奥秘相联结。鬼神信仰不仅是个人宗教信仰的体现，还在维持以家庭为中心的社会秩序、政治运作和理解天地之道方面发挥了重要作用。

Hutton, Eric L. *Dao companion to the philosophy of Xunzi*. Netherlands: Springer, 2016.
荀子哲学

该书全面分析了儒家思想家荀子及其同名著作。书中采用了多学科视角，收录了超过 15 篇文章，探讨了荀子对人性、礼仪、音乐、伦理和政治等主题的看法，作者还分析了荀子与中国早期其他思想家的关系，并思考了荀子在东亚思想史上的影响。

宋朝（960—1279 年）一些重要的中国学者试图查禁《荀子》，认为《荀子》是儒家思想的异端。因此，他们引导人们远离《荀子》，这也降低了《荀子》的知名度。然而，该书中的文章有助于改变这种状况。它们向西方学生和学者展示了《荀子》的丰富内涵，特别强调了《荀子》对历史上的思想家，甚至是对那些批评《荀子》的人所产生的重要影响。总之，读者将通过该书获得对荀子的新见解并加深对这位重要但常被忽视的思想家的理解。

Jones, Stephen. *In search of the folk Daoists in North China*. United Kingdom: Routledge, 2016.
寻找中国北方的民间道士

道教仪式的生活实践只是道教研究的一小部分，并且大多集中在中国的东南地区。该书以田野调查为基础，按地理区划谋篇，试图让我们对中国宗教的理解"去南方化"。作者在中国北方村落记录仪式音乐和表演已逾 20 年，他通过对河北、山西、陕西和甘肃等省部分地区的案例研究，描述了中国北方不同背景和地方所展演的道教科仪，特别是村落节庆和丧礼。作者所受到的音乐学科训练为其思考如何比较展演提供了方法，但同时他也在尝试解答仪式如何满足村民宗教性、社会性和情感性需求等问题。因此，尽管作者的著作往往被边缘化为"音乐研究"，但事实上却是全方位地研究了村落宗教，其中最为原创之处在于他对近代及当代仪式实践变迁的敏锐度。

Kleeman, Terry F. *Celestial masters: history and ritual in early Daoist communities*. United States: Harvard University Asia Center, 2016.
天师道：早期道教社群的历史与仪式

该书是首部完全用西方语言全面探讨天师道起源和早期历史的著作。天师道作为道教最重要的宗派之一，长期以来缺乏系统的研究。作者通过系统的历史叙述，详细梳理了天师道自公元 2 世纪中叶创立至隋朝的演变过程，凸显了其在中国宗教历史中的核心地位，对于理解中国宗教及其发展十分重要。

该书主要分为两个部分：第一部分按照时间顺序追溯天师道的发展历程，分析其关键历史事件和人物；第二部分着重描写天师道的结构和仪式，探讨其宗教活动和组织形式。作者不仅对重要文本进行了中英文对照翻译，还详细说明了自己的解释与其他学者观点的差异。该书富有视野广度和研究深度，也为其他道教流派的研究提供了一个极佳的学术范本。

Knight, Nick. *Li Da and Marxist philosophy in China*. [Place of publication not identified]: Routledge, 2018.
李达与中国马克思主义哲学

　　该书介绍了李达作为中国共产党创始成员和中国 20 世纪最重要的知识分子之一，在马克思主义哲学发展与传播中的贡献。作者通过对李达哲学和理论著作的深入分析，揭示了中国马克思主义与欧洲及苏联马克思主义之间的密切联系。他指出，李达的哲学思想在许多方面与马克思主义保持一致，这挑战了将中国马克思主义视为独特分支的观点。

　　此外，书中还探讨了李达对毛泽东哲学思想的影响，特别是通过李达的著作《社会学大纲》，展示了苏联马克思主义是如何影响中国革命运动的。作者凭借翔实的文献研究和专家访谈，全面梳理并阐述了李达的生平和思想，突出了李达在中国马克思主义发展中的重要地位。该书不仅为西方读者提供了理解李达及其哲学思想的窗口，也为研究中国马克思主义起源和发展的学者提供了宝贵资料。

Lagerwey, John. *Paradigm shifts in early and modern Chinese religion: a history*. Leiden: Brill, 2019.
中国宗教转型时期简史

　　该书以儒教、道教、佛教及民间宗教为对象，对公元前 5 世纪到现代的中国宗教发展做出了全面系统的梳理和研究。作者提出了四大中国社会历史范式转变期概念，并详细阐述了在宗教、政治和文化的交织史视角下，中国在范式转变期的重要思想和关键事件。作者通过对礼教、经学、哲学、国家政策、医学、地理、性别和经济等多重主题的探讨，揭示了古代中国宗教和政治的相互作用，阐释了上层阶级对宗教和社会变革的强势推动力，以及民间宗教在社会变革下的适应与发展。

Lim, Francis K. H.; Sng, Bee Bee. *Christianity and social engagement in China*. London: Routledge, 2020.
基督教与中国社会参与

　　随着中国宗教政策的深入，宗教中国化的道路愈走愈远。在宗教活动逐渐官方化的今天，基督教需要重新思考在中国社会的发展路径。该书基于中国基督徒的案例考察，关注个人和团体两方面在参与社会生活、解决社会问题中做出的努力。作者特别强调了日常生活，而非宗教领域中基督徒的信仰活动，探讨了在现代宗教政策下基督教参与社会的可能性和局限性，为基督教文化与中国文化的双向互动提供了重要视角。

Liu, Jianmei. *Zhuangzi and modern Chinese literature*. United States: Oxford University Press, 2016.
庄子与中国现代文学

　　该书有力地阐述了《庄子》在中国现代文学史上的毁灭与复活如何与中国现代个性的兴衰相对应。作者强调了《庄子》的两个核心哲学主题：逍遥游一章中的绝对精神自由和《论衡》一章中对绝对固定的是非观的否定。她认为，在中国作家和学者所处的文化环境中，对个人自由的追求以及更为宽容和多元的文化心态不断被淡化、压抑或批判，而 20 世纪对这两个重要哲学主题的重新阐释和挪用，最能体现现代中国知识分子的困境与内心挣扎。

　　作者将中国知识分子对待《庄子》的态度作为研究对象，通过对郭沫若、胡适、鲁迅、周作人、林语堂等一大批中国现代作家的研究，揭示了他们如何接受、拒绝和回归古代思想，以及《庄子》精神如何在现代中国的动荡时代照亮了他们的写作和思考。作者不仅分析了中国现代作家与传统的复杂关系，还探讨了在中国现代文学语境中，《庄子》精神所启发的独立、不参与和漫游的自由以及更具包容性的文化空间能否存在，在哲学、文学和历史的相互作用中，描绘了一个受庄子和道家思想影响但被忽视的文学传统，并追溯了其在现当代中国文化中的挣扎求生。

Makeham, John. *The Buddhist roots of Zhu Xi's philosophical thought*. New York, NY: Oxford University Press, 2018.
朱子哲学思想的佛教根源

在该书所做的独立研究中，作者将中国哲学中两个极少放到一起进行探究的重要领域——中国佛教哲学和朱熹的新儒家哲学结合到了一起。

朱熹（1130—1200）是近千年来最有影响力的新儒家哲学家，也可以说是最重要的中国哲学家——这一点，无论是从他的思想遗产还是从其哲学体系的精致性来看都是如此。尽管朱熹是一位重要的哲学家，但佛教思想和哲学在其哲学体系建设中的作用仍然没有得到充分理解。他批评佛学的哪些方面，基于何种缘由？他与佛学的关系是否仅限于批评，他有没有挪用和改动佛学观念以发展自己的思想？如果朱熹的哲学体系吸纳了带有鲜明佛学特色的概念结构和问题意识，那么这对我们理解他的哲学体系有什么意义呢？

该书由五个章节构成，对朱熹哲学思想的佛学根源进行了丰富而复杂的描绘，论证严谨、见解新颖，揭示了朱熹吸纳到其哲学思想中的广泛智识资源，展示了佛学观念在其哲学体系中所起的重要作用。该书通过对佛学观念的关注，为"作为一个哲学家的朱熹试图寻求何种目标"提供了新的解读，也为我们理解过去千年来塑造的东亚哲学发展的核心概念、辩论和概念结构，作出了重大而独到的贡献。

Miller, James. *China's green religion: Daoism and the quest for a sustainable future*. New York: Columbia University Press, 2017.
中国的绿色宗教：道教与可持续未来的追求

道教——中国的本土宗教，如何向我们提供美学、伦理、政治和精神上的工具，以帮助解决人类生态危机的根本问题，并建设一个可持续的未来？在该书中，作者展示了道教是怎样引导人们获得对宗教和自然的全面理解的。道教明确地将人类社会的繁荣与大自然的蓬勃发展联系在一起，培养了一种"绿色"的主观性，由此转换了人类社会兴旺昌盛的真正意义。

该书通过对道家哲学和宗教的突破性重建，提出了四个关键的绿色观点：一种将自然视为影响人类生活的主观力量的观点；一种基于"气"在山水和人类之间流动的人类学观点；一种在特定环境与地理之间力量转换经验基础上形成的传统知识；一种基于对世界与人体之间相互渗透的敏锐感知的美学与道德情感。作者认为，环保主义者努力提高公众对其理论的认识，是因为他们的行动主义依赖于某种"拯救地球"的准基督教式概念；然而，环保主义者应该将自然和文化更紧密地融为一体，通过推动当代知识词汇扩展，塑造一个有关"地球在物质和精神上如何支撑人类繁荣"的令人信服的愿景。

Nelson, Eric Sean. *Chinese and Buddhist philosophy in early twentieth-century German thought.* London: Bloomsbury Academic, 2017.

20 世纪初德国思想中的中国哲学与佛教哲学探索

该书全面描绘了 20 世纪初德国思想中对中国哲学和佛教哲学的解读，探讨了这些解读对当代比较哲学和跨文化哲学问题的影响。

该书的章节主要由一系列以哲学为导向的历史案例研究组成，主要关注中国和德国哲学的交叉点，探讨了"东方"中国和"西方"德国思想家与话语之间的相遇、对话和交流，以及其缺失和失败的实例。作者提供了 20 世纪早期欧洲思想家对亚洲哲学解释的背景、动机和解释策略的详细分析，并对海德格尔与亚洲哲学的关系问题提出了新的见解。该书反映了人们对跨文化和全球哲学日益增长的兴趣，为更包容的跨文化哲学概念开辟了可能性。

Olberding, Amy. *The wrong of rudeness: learning modern civility from ancient Chinese philosophy.* New York: Oxford University Press, 2019.

粗鲁的错误：从中国古代哲学中学习现代文明

该书作者借鉴早期中国哲学家的思想，提出了一种独特的社会性礼貌观念。作者指出，尽管在当代政治环境中，无礼可能显得更为真实有力，甚至让人感到更为满足，但这种行为忽视了人类社会性本质和社交礼仪的重要性，可能会带来巨大的代价。通过分析早期中国哲学家在政治动荡时期仍坚守礼节的例子，作者阐释了礼貌的重要性，并解释了侮辱如何破坏社会关系，将人划分为三六九等如何损害我们的最佳利益，甚至身体和面部表情如何影响人际关系。该书不仅探讨了文明和礼貌的价值，还具体说明了其运作方式。

Pan, Haimin. *Grief, bereavement and meaning making in older people: views from rural China.* London: Routledge, 2020.

老年人的悲伤、丧亲之痛和意义建构：来自中国农村的观点

丧偶是人生中最具毁灭性的经历之一，可能对留下来的配偶产生不良的生理和心理影响。该书重点探讨了意义建构在中国老年鳏寡人群丧亲过程中的中介作用，书中首先详细介绍了意义建构模型；随后概述了哀伤理论和传统文化，并结合实证研究反馈，应用该模型分析了中国老年鳏寡人群的哀伤和丧亲体验；最后讨论了这项研究的意义、局限性及未来研究方向。

该书不仅帮助读者理解中国文化中关于死亡和生命的学说，全面了解意义建构理论，还展示了中国老年人在丧偶中的具体应对方式。该书对于心理健康、社会工作和老年学领域的专业人士具有重要的参考价值。

Pankenier, David W. *Astrology and cosmology in early China: conforming earth to heaven.* United Kingdom: Cambridge University Press, 2015.

中国早期占星术与宇宙观：天地合一

该书作者利用考古发现，通过对大量古典文献、铭文等材料的阅读和比对，系统记录了从新石器时代晚期到封建社会末期天文学在中国发展过程中的重要作用，重点分析了占星术对古代中国文化塑造的重要地位及深刻影响。该书还进一步揭示天文现象如何在艺术、建筑、历法、神话,以及科技、政治和军事等多个领域塑造着中国文明。

Sandel, Michael J. *Encountering China: Michael Sandel and Chinese philosophy.* Cambridge, Massachusetts: Harvard University Press, 2018.
遇见中国:迈克尔·桑德尔和中国哲学

  哈佛哲学家迈克尔·桑德尔 (Michael Sandel) 在西方享有盛誉,在中国更是广受欢迎。桑德尔的社群主义理念与中国丰富的古老哲学传统产生共鸣,有助于中国人应对快速市场化带来的伦理困境。尽管市场经济让数百万人脱贫,但未能为个人或国家设定明确的最终目标。在此背景下,桑德尔通过富有魅力的互动讲座风格,将道德哲学与现实生活场景相结合,吸引了正在思考社会责任问题的读者。

  该书汇集了儒家和道家思想领域的大家,深入探讨了这一中西方理念碰撞中所揭示的联系和矛盾。书中探讨了关于自我、正义、社区、性别和公共利益的多种理念。该书将对东西方的道德辩论产生重要影响。

Shinohara, Koichi. *Spells, images, and mandalas: tracing the evolution of Esoteric Buddhist rituals.* New York: Columbia University Press, 2015.
咒语、图像和曼陀罗——密教仪式演变研究

  至少在 1995—2015 年这 20 年中,密教(mijiao 或 mikkyō)一直是国际学界佛教史研究的重点之一。长期以来日本学者在研究密教时,过于区分"纯密"和"杂密"的区别。而作者切换视角,试图从以往众人对密教术语的研究,转移到对密教仪式实际内容的关注。他在书中有针对性地选择了 12 部密教经典作为自己重建密教仪式传统形成及演化的基础材料,通过仔细分析,检视了形象与仪式变化之间的关系,以及密教仪式演变的复杂路径。该书出版以后,引起学界相当大的反响,被誉为具有里程碑意义的扛鼎之作。作者篠原亨一(Kōichi Shinohara)教授是享誉世界的东亚佛教研究专家,2015 年他凭借此书获得"儒莲奖"。

Sterckx, Roel. *Ways of heaven: an introduction to Chinese thought.* New York: Basic Books, 2019.
天堂之路:中国思想概论

  在该书中,作者对中国的古典思想世界进行了引人入胜的介绍。作者从数个世纪以来中国历史上的哲学文本、文学和日常生活中提取了令人回味的例子,介绍了主要的思想家和文化传统,阐明了道、气、阴、阳等关键概念,并研究了权力、社会秩序、死亡、自然等问题。他还揭示了这些思想是如何塑造当代中国的,从传统宴会的餐桌礼仪,到中国人对教育和家庭的痴迷,再到政治领导人的言辞和国家的宏观战略。

Verellen, Franciscus. *Imperiled destinies: the Daoist quest for deliverance in medieval China.* Cambridge, Massachusetts: Harvard University Asia Center, 2019.
命途多舛:中国中古道教解脱之寻求

  该书以祷文、讲经文(说经文)以及灵应记录为研究材料核心,检视了 8 个世纪中道教关于罪责与救赎信仰的流变,简述了道教扫转厄运的仪式活动。从 2 世纪到 10 世纪,道教作为一个仪式宗教组织，在与佛教频繁交流中，改造了中国本土关于苦难、邪恶、解脱的宗教思想。道教提供了沟通幽冥世界的仪式和法器，用类似治疗或让人出神以释放压力的方式，减轻人们对死亡、疾病、战争、荒灾、亏损的担忧。该书对研究道教仪式、救赎观念及其历史变迁都提供了重要视角。

Wu, Albert Monshan. *From Christ to Confucius: German missionaries, Chinese Christians, and the globalization of Christianity, 1860-1950.* United States: Yale University Press, 2016.
跨越信仰的对话：德国传教士、中国基督徒与基督教全球化的轨迹（1860—1950）

该书采用实证研究方法，通过记录在华德国传教士的传教经历与失败结局，以及其对中国文化和儒家思想的再思考，探讨在欧洲基督教人口逐渐落后于南美洲和非洲的大背景下，如何推动欧洲基督教思想大变革，为基督教的发展带来深远影响。该书作为中西思想的跨文化比较研究，为理解当今基督教在全球范围内的动态变化提供了重要的视角。

Zhang, Cong. *Performing filial piety in Northern Song China: family, state, and native place.* Honolulu: University of Hawaii Press, 2020.
家庭·乡里·朝堂：北宋士人与孝道

因为游学、科举、仕宦的需要，北宋士人长期远离家人及乡里，从而无法履行他们神圣的家庭职责：对父母尽孝。该书将北宋士大夫群体追求世俗抱负与履行家庭责任之间的紧张关系置于社会和文化生活的核心。在考察了 2000 多部墓志铭和大量其他官方或私人写作后，作者发现，北宋士人面临的上述困境，既未减少他们尽孝，也没有妨碍他们应举和奉公。相反，北宋朝廷及士人自身努力调和这一矛盾，进而促成了"禄养"模式在北宋的发扬光大。

书中提出了新的孝道理想，将通过学术和官职成就获得的荣誉视为最高的孝行，从而提升文人的地位。因此，正确履行孝道成为士大夫身份和自我表现的核心。这种孝道重构将孝道转变为基于地位和性别的美德，对北宋上层家庭生活和人际关系产生了深远影响，推动了新儒学的兴起及其后中国社会的新文化规范。

Zhang, Ying. *Confucian image politics: masculine morality in seventeenth-century China.* Seattle: University of Washington Press, 2017.
儒家形象政治：17 世纪中国的男性道德观

在明清交替时期，中国文人士大夫采用了写作、艺术和社会活动的公共形式，以展现他们的正面道德形象。印刷文化的兴起、王朝的变迁以及儒学道德修养的扩展共同塑造了这一新的政治文化。该书认为，官员的道德形象——作为父亲、儿子、丈夫和朋友——是在朝堂内外的各种媒体中流转的。它展示了在对政治攻击、自我表达、自我防卫、政治敏感问题的讨论以及朝代变更后的文人群体重建中，参加者是如何借助儒家伦理理念来进行权力协商的。

该书结构清晰，从明末万历时期写到清初康熙中期，涵盖的两朝主要政治现象，包括明末党争、结社、鼎革、清初党争与满汉政治。另外，各章分别关注了不同的群体和个人，包括东林党、复社、贰臣、遗民等。

法语

Garcia-Chopin, Isabelle. *Enfants moines: rencontres dans l'Himalaya*. Grenoble: Glénat, 2020.
童僧：在喜马拉雅山的邂逅

　　喇叭的长鸣、寂静的寺庙、令人沉醉的喜马拉雅山脉……生活在藏传佛教寺庙里的孩子们过着与世隔绝的别样生活。该书作者曾多次前往喜马拉雅山附近，与童僧同吃同住并拍摄照片，记录他们用瘦弱的肩膀扛起了对悠悠传统的继承。该书涵盖了童僧们生活的方方面面，有仪式课程、杂务零活，也有娱乐游戏，图文并茂，趣味十足。这将是一次对世界未知角落的探索，让人们于智慧和启蒙的圣地见证欢乐和手足之情。

Guo, Zhenzhen. *Pensée chinoise et raison grecque: pourquoi la Chine n'a pas développé la science*. Dijon: Éditions universitaires de Dijon, 2017.
中国思想与希腊理性：中国为何没能孕育出科学

　　近年来，西方开始承认并赞美中国思想，甚至在关于中国特殊性的辩论中，试图淡化其包括语言和文字在内的异质性。然而，中西方文化在表征和逻辑上的惊人差异表明，尽管人们强烈希望和睦相处，但分歧依然存在。作者从自然、时间、逻辑等方面寻找分歧的原因，发现"他者"的根源不在于物质或经济原因，而在于形式不同的理性。

Qi, Zhaoyuan. *Le socratisme en Chine et la recherche comparative entre la philosophie morale de Socrate et celle de Confucius*. Limoges: PULIM, 2016.
中国的苏格拉底主义以及苏格拉底与孔子道德哲学的比较研究

　　20世纪以来，苏格拉底的哲学思想在中国的地位如何？其与孔子的儒家学说有什么关系？该书第一部分简单梳理了中西哲学思想交流的历史脉络，展开了对建立联系起至关重要作用的四个基本要素——介绍、翻译、接受和影响——的研究。随后，作者结合苏格拉底思想和儒家思想诞生的历史背景，对双方道德哲学的核心——"善"和"仁"进行了比较研究。最后，深入探讨了双方学说的本质和出发点，以及这两位大师毕生追求的人性和美德之路。

Jin, Siyan; Ledru, Raymond. *Transfert culturel: les premiers missionnaires en Chine*. Paris: Éditions You Feng, 2016.
文化传播：首批来华传教士

　　该书从历史、哲学、文学、艺术等角度反思了西方传教士对东西方文化相遇的贡献。几个世纪来，一代代西方传教士致力于这种文化相遇，尽管掺杂着冲突与误会，但也包含着互相理解的努力。两个截然不同的世界在文化、政治和语言上天然存在诸多限制，但相遇从来不是一厢情愿就能完成的举动，必须双方一起发力。作者探讨了文化相遇在东方社会、政治和文化演变中的作用，以及给西方传教士和西方世界带去的变化。在东西方关系发生深刻变化的当下，该书将为大家开辟新的思路，一同探索过去，揭示现在。

Vendassi, Pierre. *Chrétiens de Chine: affiliations et conversions au XXIe siècle*. Rennes: Presses universitaires de Rennes, 2016.

中国的基督教徒：21 世纪的归属与皈依

在中国，基督教仍然带有异质的陌生气息。但为何基督教在中国城市居民和受教育人群中颇受欢迎？是生活的西化、时尚的追求还是宗教的吸引？为揭开这个谜团，该书列举了中国人在上海不同教堂的皈依路径、话语和实践，分析了促使中国基督教发展的历史和文化因素，以及具体的现实个人因素。结果表明，文化连续性是促进宗教启蒙的先决条件。宗教启蒙的经历使个体获得信仰，进而成为皈依者，并在宗教组织和社区的框架内实现主体化。在此过程中，他们重塑了自己的传统，又塑造了其"宗教家庭"的多重面貌。作者不仅分析了现象本身，还抛出了更多值得深思的问题，例如宗教事业如何在客观主义、个人主义和全球化的时代重新焕发活力。

德语

Geiger, Heinrich. *Den Duft hören: Natur, Naturbegriff und Umweltverhalten in China*. Berlin: Matthes & Seitz Berlin Verlagsgesellschaft mbH, 2019.

聆听芬芳：中国的自然、自然概念和环境行为

自然在中国文化中扮演着至关重要的角色。该书作者海因利希·盖格（Heinrich Geiger）在其研究中追溯了中国自然观的发展和变迁：从大约 8000 年前的首次出现，到古典思想家和哲学家对自然观的解读，再到现代时期对自然的破坏。该书不仅从思想史的角度探讨了自然的概念，还将其置于历史和社会背景中。作者指出，一些中国古典思想主张存在"唯一真实的现实"，强调内在与外在、感官与世界、观念与现实之间的特定关系，而如今人们的思想中则融入了改变和改造自然的观念。

Korbelius, Rudolf. *Buddhistische Tempel in Beijing Stadt und Han Buddhismus*. Schiedlberg: BACOPA, 2015.

北京城内的佛教寺庙和汉传佛教

该书以北京城的历史发展为起点，概述了中国佛教建筑群的象征意义和建筑风格。在主体部分，详细介绍了北京的 30 多座佛教寺庙及其建筑。书中对各个庙宇的地理位置、历史脉络，以及殿堂、雕像和意义等具体内容进行了翔实的记述。此外，书中还介绍了佛教的基本教义和中国佛教的发展历史，深入探讨了中国佛教的主要宗派，包括每个宗派的起源、代表人物、发展历程和教义，并阐述了中国佛教的现状。该书作者鲁道夫·科贝柳斯（Rudolf Korbelius）自幼对亚洲哲学和宗教兴趣颇丰，长期研习修行，已信奉佛教 40 余年。

Spiegel, Hermes. *China liegt nah: über chinesisches Denken und seine zeitgenössische westliche Rezeption.* Hamburg: Felix Meiner Verlag, 2020.

中国近在咫尺：论中国思想及其在当代西方的接受

中国人是如何思考的？他们的思维方式同西方人一样（普遍主义者这样认为），还是完全不同（差异主义者这样主张）？为了找到这个问题的答案，作者考察了一系列具有代表性的汉学著作（以及哲学家撰写的关于中国思想的著作）的哲学基础。结果出人意料：许多论述与中国的原始文献关系不大，却与看待这些文献的哲学视角有很大关系。因为西方汉学在解读中国经典时所采用的视角是一个非常西方化的哲学争论场景，争论双方分别是实证主义世界观和认识观的支持者以及反启蒙、反理性主义世界观的倡导者。然而，其双方都无法为各自论述的正确性提供经得起推敲的论据。作者认为这种论证本不可能实现，因为不存在完全不受陈述主体"建构性"影响的真理。该专著特别关注中国思想与西方思想的根本差异。作者不仅表明这种差异是其倡导者的杜撰，还论述了理性思维如何与庄子怀疑主义自我批判、自我毁灭的思想相转化。在这种激进的批判性思维风格中，作者看到了与黑格尔和尼采对理性思维批判的相似之处。

Wagner, Hans-Günter. *Buddhismus in China: von den Anfängen bis in die Gegenwart.* Berlin: Matthes & Seitz, 2020.

中国的佛教：从源起到今天

中国佛教展现出多样的面貌和层次。许多曾经构成其核心的东西如今已成为遥远的过去，但其精神和社会影响却延续至今，并远远超越了中国的边界。佛教的教义不仅塑造了中国文化以及人们的思想和情感，寺庙和佛塔也成为中国景观的重要组成部分。该书追溯了佛教在中国的发展历程，从中国上古神话时期（伏羲、女娲和神农时代），到老子创始道家学派，再到孔子提出儒家伦理思想，经过历代王朝的政治变迁，直至当代的中国。佛教在中国的演变，是这一宗教历史的重要组成部分，它起源于印度，却通过大量的文献翻译和不同宗派的传播在中国产生了深远的影响。佛教的这种同化和嬗变揭示了中国文化和社会的多样性，今天，它仍在传统与创新之间坚持着自己的"中庸之道"。

西班牙语

Solé-Farràs, Jesús. *El nuevo confucianismo en la China del siglo XXI.* Valencia: Tirant Humanidades, 2018.

21世纪中国的新兴儒学

儒学，作为中国文化的根基和辉煌标志，其思想蕴含着创新变革的力量，能够顺应时代潮流，不断适应变化的现实需求。它不仅保留了中国精神的精髓，更是承载了这一精神的核心价值。可以说，深入理解儒学是把握中国文化核心的关键。

该书聚焦于21世纪中国的新兴儒学，这一儒学的新形态，是对现代社会的积极适应，被认为儒学在当代的正统延续，对国家认同和中国的软实力有着重要影响。书中深入剖析了新兴儒学的起源，探讨了它在宗教、哲学、政治、经济和民族主义等不同领域的影响，以及其代表性思想家在哲学和意识形态方面的贡献。

Terol Rojo, Gabriel. *El daoísmo y la sinología en Occidente: una breve historia paralela de la difusión de ambas*. Albolote (Granada): Editorial Comares, 2019.
西方的道教与汉学：两者并行传播简史
  该书探讨了道教和汉学在西方世界的传播历程，揭示了这两个领域如何在西方社会中逐渐获得认知、接受和发展。作者强调了道教和汉学传播的并行性，两者在西方的接受和发展有着相似的轨迹并相互影响。
  该书为对道教和汉学感兴趣的非专业读者提供一个清晰的参考框架，以助于他们深化对历史叙事和主题发展的理解；对于专攻汉学或东亚研究的学生和专业人士，该书提供了历史和概念上的深入探讨，有助于他们从学科演变的角度理解道教的角色。该书不仅是一部学术著作，更是一座文化桥梁，它连接了东西方对中国传统智慧的探索与理解，展现了中西方文化交流的丰富性和复杂性，以及道教和汉学在这一过程中的重要性。

Rocco, Gustavo Andrés. *Ling Qi Jing: el libro del ajedréz espiritual: el otro oráculo chino*. Buenos Aires: Grijalbo, 2020.
《灵棋经》：精神棋局之书——另一种中国占卜
  当人们谈及中国的占卜文化，首先想到的是《易经》。但在西方，其他占卜方法如《灵棋经》却鲜为人知。《灵棋经》虽源自《易经》，却发展出了自己独特的占卜体系，其简洁的占卜方式在某些方面与《易经》的复杂性形成鲜明对比。
  《灵棋经》以其 125 个符号的简洁性著称，在古代中国广受欢迎。在西方，它的版本较为稀有，而此版《灵棋经》由《易经》领域的资深专家翻译，并附有详尽的评论和注释，有助于这一占卜体系在西班牙语世界传播。该书为人们提供了一个清晰而深刻的占卜工具，帮助人们通过富有象征意义的声音和诗歌来认识自我。

俄语

Абраменко, Владимир Петрович и др. *Конфуцианство и даосизм в мировоззрении Л. Н. Толстого*. Москва: ИДВ РАН, 2018.
托尔斯泰世界观中的儒道思想
  该书讲述了以托尔斯泰的观点为代表的中国儒道文化首次进入俄罗斯世界意识的精神空间，以及托尔斯泰在 19 世纪和 20 世纪之交俄罗斯杰出人物的思想追求中扮演的重要角色。根据托尔斯泰翻译的中国哲学经典材料，作者研究了托尔斯泰通过与基督教教义进行比较来领会儒道思想的方式和特点。书中附有参考附录，包括托尔斯泰翻译的中国儒家和道家作品的文本、使用过的西方和俄罗斯译本，以及中文原著。

Абраменко, Владимир Петрович ред. *Чжун юн. [поэтический перевод]*. Москва: Чэнду, 2017.
诗译中庸
  该书以《四书》中的《中庸》文本为原本，首次以完整的诗歌体对《中庸》进行了俄译。作者还特别论述了"哲理诗"这一古代中国思想领域的特殊体裁始自《中庸》。该书延续了作者对经典论著《诗经》《道德经》《论语》和《三字经》的诗译系列。

Васильев, Леонид Сергеевич. *Культы, религии, традиции в Китае*. Москва: Ломоносовъ, 2015.
中国的迷信、宗教和传统
  这是一个关于传统如何吸收了几十代人的经验，成为一种基于祖先崇拜、尊老爱幼、崇尚学术、意志、责任和勤奋的生活方式的故事。该书详细讲述了中国最古老的迷信、传统、信仰和礼仪是如何形成的，儒教、道教和佛教是如何在中国兴起的，融合了这三种学说元素的综合宗教是如何逐渐发展起来的，以及这一切是如何创造出在很大程度上决定了中国民族性格的传统的。该书还讲述了三千年来中国人是如何保持其文明的连续性，并在不损害自身利益的情况下将外来影响转化为自身优势的。

Зорин, Александр Валерьевич и др. *Каталог сочинений тибетского буддийского канона из собрания ИВР РАН. Вып. 1: Кагьюр и Тэнгьюр. Вып. 2: Индексы. Вып. 3: Отдельные сочинения и сборники*. Санкт-Петербург: Петербургское востоковедение, 2017-2020.
东方文献研究所藏藏传佛教典籍目录
  俄罗斯科学院东方文献研究所有大量珍贵的藏文木刻和抄本，是世界上最大的藏文文献收藏之一，其中很大一部分是藏传佛教经典。藏品目录共出版三卷，第一卷"甘珠尔和丹朱尔"2017年出版，内容包括5个版本的甘珠尔和2个版本的丹朱尔，提供了所有这些版本（共约1900卷）每一卷的详细信息。第二卷"索引"2019年出版，收录了佛典的大量背景资料以及附录，包括东方文献研究所现存甘珠尔文本的文号对照表，作品标题索引和参考文献列表。第三卷"作品选集"于2020年出版，收录佛典单卷的手抄本、个别木刻版本和甘珠尔长篇文本的手抄本。

Ионов, Алексей Юрьевич. *Жизненный путь и духовное наследие Гу Яньу*. Москва: ИДВ РАН, 2016.
顾炎武的人生经历和精神遗产
  该书聚焦顾炎武（1613—1682）作为清代理学基础研究文本批评法创始人的一面，对其著作进行了研究，侧重顾炎武的生平、作品以及对儒家传统的百科全书式的考察，指出顾炎武哲学观点的价值在于他对中国古代经典和后世注释文献的深入研究。该书重点介绍了2011年上海古籍出版社出版的《顾炎武全集》中收录的作品。

Крил, Хёрли. *Филосо фская мысль Китая: от Конфуция до Мао Цзэдуна*.[перевод с английского С. А. Белоусова]. Москва: Центрполиграф, 2017.
中国哲学思想：从孔子到毛泽东

该书研究了从商代到新中国成立期间中国哲学体系形成的主要阶段，介绍了中国古代历史的哲学观点，孔子的基本教义和墨子、孟子的文化遗产，讨论了道教和新儒学的哲学概念。在该书的最后几章，作者说明了 20 世纪上半叶中国社会政治生活方面的根本性变化，论述了中国传统哲学的关键原则仍然是现代中国社会生活的基础。该书译自英文原版。

Лао-Цзы（老子）. *Один в лодке. Читая Лаоцзы*. [перевод с древнекитайского Л. И. Кондрашова]. Москва: ИД Академии Жуковского, 2018.
独自行舟——阅读老子

《道德经》与《圣经》《摩西五经》《古兰经》和《薄伽梵歌》一并被认为是人类最伟大的书籍之一，它是世界上最短、被翻译最多的圣书。该书集对《道德经》的诗意翻译、著名旅行家所画插图和中国优秀书法家的书法作品于一身，三位大师并俄罗斯和中国两种伟大文化的协同作用，展示了全人类与生俱来的东西方文化准则的统一性，揭示了智者之道就是简单地存在，接受生活的本来面目。

Лепехова, Елена Сергеевна. *Императрицы и буддизм в Китае и Японии в VI–VIII вв.*. Москва: ИВ РАН, 2019.
6—8 世纪中国和日本的女皇与佛教

该书研究了俄罗斯历史学科中一个鲜有人研究的课题，即 6—8 世纪中国和日本的女皇在佛教在这些国家的传播中所起的作用。其中特别关注了 7 世纪武则天统治的中国唐朝和 6—8 世纪飞鸟、奈良时期日本多为女皇统治日本的情况。其间，佛教的普世王权思想被纳入国家学说，为传统的治理理念提供了新的诠释，从而使这些统治者在崇尚儒家思想的社会中的合法地位有了理论依据。

Малявин, Владимир Вячеславович. *Сумерки Дао: культура Китая на пороге нового времени*. Москва: АСТ, 2019.
道的黄昏：新时代来临之际的中国文化

该书不仅对中国传统文化，而且对中国历史提出了独到的见解。作者聚焦 17 世纪中国的艺术文化、世界观和社会生活，在这个世纪，艺术和生活方式得到了最充分、最精致的表达，与此同时，中国传统文化也开始衰落。该书以绘画、书法、建筑、戏剧、雕塑等各种艺术形式为例，追溯了中国传统中文化、自然和人之间的关系，并对文化的象征意义进行了详细论述。

Мартынов, Александр Степанович. *Государственное и этическоев императорском Китае: избранные статьи и переводы.* Москва: Наука; Восточная лит., 2019.
帝制中国的国家与道德：文集
  该书是俄罗斯著名汉学家、藏学家亚历山大·马尔蒂诺夫（1933—2013）的文章自选集。文集由序言和两部分正文组成。第一部分是帝制中国构建的一般性问题，包括统筹秩序与生活的"德"的类型，使节来华的意义，划分帝制中国时空历史的三种方法，帝制中国的国家与道德；第二部分主要是有关儒家思想研究的文章，包括《沙门不敬王者论》（慧远著）译评，儒家的人格与自然，古代和中世纪的儒家乌托邦，佛教与儒家：苏东坡与朱熹。该书附有作者著作目录。

Янгутов, Леонид Евграфович ред. *Современная философская мысль Китая: сборник статей.* Улан-Удэ: Изд-во БНЦ СО РАН, 2020.
当代中国哲学思想：论文集
  该书致力于研究中国现代哲学思想的各个方面。书中文章分析了历史哲学思想的现状，佛教和儒学的研究，道教在新形势下的转变，以及它的概念和分类框架。该书对当代中国哲学中非常流行的"软实力"概念及其在中国共产党的政治和社会战略中的具体体现给予了极大关注。

日语

和久希．六朝言語思想史研究．汲古書院, 2017.
六朝语言思想史研究
  该书以"六朝语言思想史研究"为题，试图阐明中国六朝时期思想史的其中一面。作为该书研究范围的"六朝"一词，严格意义上是指在建康建都的 6 个王朝——三国吴、东晋、刘宋、南齐、梁、陈。但该书依照研究史的惯例，将"六朝"视为与"魏晋南北朝"基本同义。换言之，从秦汉到隋唐之间约 400 年的动荡时期，包括三国鼎立、魏晋更替、汉人南渡和十六国并立与南北朝分裂时期，在该书中都被称为"六朝时期"。
  该书提出了一个思想史假说，即导致六朝时期儒学衰落的原因并非其他思想的先声夺人，而是六朝儒学主动吸纳了道教与佛教、老庄与文学等文化价值，并以一种无定形的形式发展成为这些价值的复合体和有机的动态实体。基于这一事实，该书以语言思想（作为理性精神的"语言"/形而上的、至高的"超脱语言的事物"）作为研究基础来验证"文（文章）"并不一定与现代的"文学"概念相对应，而是与决定国家基础的正统性相关。通过研究这一点，该书旨在探究建立于各种文化基础上的儒家精神。在这种新的范式下，复杂的六朝思想史将得以呈现为连贯的历史。

E. シャヴァンヌ . 古代中国の社：土地神信仰成立史 . 平凡社，2018.
古代中国的社：土地神信仰成立史

　　该书是 20 世纪法国最杰出的东洋学者沙畹的著作。沙畹（Emmanuel-Edouard Chavannes，1865—1918）是学术界公认的 19 世纪末 20 世纪初世界上最有成就的汉学大师，是现代汉学学科的奠基人和普及者，其汉学成果及影响举世瞩目。

　　该书梳理了古代文献尤其是先秦文献中的相关记载，对社神的形象、功能及相关信仰、祭祀仪式的来龙去脉做了全面系统的整理。前五章介绍了社的具体形象，六至九章分析了社的神圣职能，最后两章论证了中国古代宗教的最根本信仰——对社神与祖先的崇拜是其他一切后来信仰的根源。

　　沙畹不仅沿承文字训诂、经书辨伪等我国学者的传统治学方法，而且更加注重史料，尤其是着眼于中国社会情况的科学考证，比如该书中以一个民俗事项——中国人对社的崇拜和观念为主线，使用了作者能够找到的所有相关古代文献，完整介绍了社的形象，将民社与官社的关系和演变进行了梳理，得出社是古代中国行政单位的种类之一；随后归纳了社在中国人心目中所具备的各种神圣职能，揭示出社现象中反映的中国人的阴阳观念，并且社与土地的紧密关系反映出农业社会的普遍信仰特征。

アリムトヘテイ . 日中儒学の比較思想史研究：その解体と再構築に向けて . 明石書店，2020.
中日儒学的比较思想史研究：走向解构与重建

　　本书探讨了德川时代的儒学仁斋学和徂徕学与诸子学之间的思想关系。同时，探讨了日本如何通过吸收、改造中国儒学，形成了独特的日本思想体系，以及由此产生的民族文化差异。

　　儒家思想在日本的具体内容从德川时代（1603—1868 年）开始清晰显现。从这时起，儒家思想成为当时的主流意识形态。特别是受到幕府保护的朱子学，占据了特殊的地位。随着历史的变迁，到了德川时代中期，儒学内部出现了革新的趋势，儒学与旧学（仁斋学、徂徕学）和阳明学发生了冲突。总的来说，日本德川时代的旧学儒学有三派——宗京派、仁斋派和朝圣派，他们反对宋明理学，驱除佛学，不吸收阳明学，旨在回归儒家思想的本源，复兴先王和孔子的学说。此外，由于朱子学被视为一个完整的思想体系，仁斋学、徂徕学对朱子学的批判和否定极为复杂，需要对这一思想领域的解构与重建的变化过程进行全面系统的分析和研究。该书以这一问题为研究对象，提出了仁斋学与徂徕学如何排斥朱子学的独特思想体系的来源等相关问题。

坂元ひろ子 . 中国近代の思想文化史 . 岩波書店，2016.
中国近代思想文化史

　　该书中有许多固有名词映入我们眼帘。若列举其中一些人名，既有家喻户晓的孙中山和蒋介石，载入教科书的康有为和梁启超，也有只有通晓中国近代史的人才知道的英敛之和吴稚晖等，数量十分庞大。该书虽然是以新书的形式出版，但可以说几乎涵盖了近代中国所有政治和思想界的重要人物。

　　该书与从前有关中国近代思想史的通史和概述书不同，并非局限于政治动向和政治思想家，而是侧重于文化史和社会史。该书从思想文化的视角，试图记述包括政治家和思想家在内的那个时期的人们的精神、思想。从清朝末期到中华人民共和国成立之前的动荡时期，中国思想界将儒家世界观与西方思想联系起来，做着生死攸关的斗争。生物进化论和宪政思想的冲击促成了"中国"意识的觉醒和革命理论斗争的展开，从生命论到民族论，各种理论斗争在杂志上遍地开花。该书从重要的资料群和最新的研究中，解读当时各个思想趋势和思想表现。

成瀬隆純. 唐代浄土教史の研究. 法藏館, 2018.
唐代净土教史的研究

隋唐时期发展起来的净土教传入日本，对日本净土教的形成产生了深远影响，尤其是对法然和親鸞等人。唐代净土教的研究作为中国佛教研究的重要主题之一，迄今已积累了大量研究成果。该书重新审视了传统研究中被忽略的唐代净土教史的问题，并通过重新分析这些普遍说法，描绘了教科书中未曾涉及的唐代净土教的面貌，填补了研究中的空白，并提供了新的见解。

《净土论》作为理解当时净土教的重要著作，一直受到广泛讨论，但关于作者迦才的详细事迹却鲜有传世，他的身世和事迹一直是个谜团。因此该书中针对《净土论》作者迦才的一系列论考引人注目。书中揭示了迦才的真实身份并查明了他的经历，通过此举，阐明了此前未得到解答的疑点。

全书共分为12章：前两章从蒲州栖岩寺的净土教引申到中国净土教，对中国净土教的发展进行了考察；第三章对《净土论》作者迦才进行考证，揭示了他的真实身份和经历等；第四章到第八章围绕隋唐时期净土教两大代表人物道绰和善导，考察了两人的宗教思想和学说；第九章到第十二章以《般舟三昧经》和《观念法门》这两部佛教经典为中心考察了中国净土教的佛教思想以及特点。

池田知久，水口拓壽. 中國傳統社會における術數と思想. 汲古書院, 2016.
中国传统社会中的术数和思想

该书是结合各时代的思想探讨中国特有的重要文化"术数"的论集。

近年，世界范围内对中国"数术"的兴趣逐渐高涨。"数术"（或称作"术数"）是什么？这个词很难被定义和说明，文献中关于其最早的全面的记述见于《汉书·艺文志》中。后来，"数术"在《隋书·经籍志》的编纂中做了若干变更，并且在越来越多的书中出现，之后"数术"还继续向多个方向发展，成为古代中国重要文化的一部分。即使在现代社会，"数术"对中国人的影响仍然不小。

该书是"中国古代的术数与思想"研讨会（东方学者国际东方学者会议，2015年5月）上所作报告的印刷版，作者作为主持人和报告人参加了此次研讨会，研讨会上总共七篇论文编辑成册。该书的内容由作为旧中国（商周—明清）传统文化之一的术数的七个重要专题组成，并尽可能选取了较长的时间段，分别为：商周—秦汉（李零）、战国—秦汉（工藤元男）、前汉末—后汉初（平泽步）、三国—隋唐（武田时政昌）、北宋·南宋（川原秀城）、明清（水口拓寿）。该论文集以中国各个时期的社会状况为背景，结合当时的思想对各个主题进行研究。

川原秀城.数と易の中国思想史：術数学とは何か.勉誠出版，2018.
数和易的中国思想史：术数学是什么

该书以术数学为主题，探讨了其总体内容及特征。术数学是中国的数之术。学术上的目的在于阐明"数"所特有的形式关系及其蕴含的秘密信息。大致上可以分为历算和占术。历算也叫历数，是构成术数学的主流。接近今天数理科学的意思，主要内容包含天文学和数学。丰饶的数理世界拥有不逊于西欧科学的独特魅力。

占术借《四库全书总目提要》的定义来看是混合了杂学的易学的一个支流。以趋利避祸为目的，阴阳五行的生克制化是其理论根据。易学本身是作为经学的尊贵的存在，不属于术数学，而在实际应用中作为卜筮之学，其内容又和术数学的占术密不可分。

该书也探讨了术数学与儒学、经学之间的密切关系。众所周知术数思考不仅在汉代经学，在宋明朱子学中也频繁出现。汉代经学与术数学的关系，在作者的《中国的科学思想——两汉天文考》一书中已做过论述。朱子学与术数学的关系在该书的第3、6、7章中做了具体的论述。从术数学看汉代经学和宋明学的差异确实不小，但就其受到术数学甚深影响这一点来看两者几乎没有差别。

村上志保.上海におけるプロテスタント：現代中国の都市と宗教空間をめぐる変遷.勉誠出版，2020.
上海的新教：现代中国城市与宗教空间的变迁

该书重点关注处于国家管理下的现代中国宗教在急剧的社会变动中的变化。以时间上的连续性和各种行为者之间的相互作用为依据，从宏观和微观的视角去审视在中国的国际商业都市上海建立的多层次基督教信仰表象，从而去颠覆以往对中国基督教徒处境的刻板印象。

全书包括序章和终章共八章，分为两部分。其中前两章为第一部分，后四章为第二部分。第一部分描述了从19世纪中叶到2000年的上海新教的发展史，并按时间顺序梳理了20世纪90年代以来与宗教有关的法律法规的发展状况。第二部分主要利用了2000年前后到2018年积累的实地调查资料，去分析上海城市空间中的新教宗教实践在城市社会的快速变化中如何发展。

井ノ口哲也.後漢経学研究序説.勉誠出版，2015.
后汉经学研究序说

该书将后汉时期的经学作为研究对象，探讨了从后汉早期的"五经"取代"六艺"和"六经"，到后汉郑玄活动时期的"经传合一"和"纸本"的广泛应用。

全书由七章构成。第一章到第三章通过对范晔《后汉书》的分析，研究后汉时代经学的发展与传承状况。作者从后汉初期谶纬的流行、五经的普及、经学传承者的活跃三个现象谈起，由此谈到经学传承的方法与机制，以及经义、经文的校正。第四章到第七章是从"高宗谅阴三年不言"、《孟子》及其注释、《易》和《周礼》、颜回像的变迁等方面对此后大约十年内经学发展状况的考察。附录则围绕阮籍的三玄学说，基于《通易论》《通老论》《达庄论》考察阮籍对《易》《老子》《庄子》的解读。

该书的意义在于，它能够破除后汉时期以白虎会议和《白虎通义》为代表的所谓"儒学民族化"实现的传统形象,也在于它能够打破这一时期经学研究中现代文学与古代文学冲突的唯一色彩。这也基于后汉知识分子在各自的位置上,都在追求经学研究的原初形态的事实,尽管每个知识分子的形态不尽相同。

堀池信夫 . 漢代思想論 . 明治書院,2020.
汉代思想论

该书为堀池信夫先生所著《樱邑文稿》全3卷中的第2卷。从多角度出发考察了汉代的思想。"樱邑"是根据先生的研究据点筑波大学所在地茨城县新治郡樱村而命名。该书第一篇介绍了"音律学的射程",第二篇为"汉代思想论",第三篇为"郑玄学的周边"。

该书以前后两汉形成的儒家经学时空包含的世界、自然观的展开为重点。关于天地人三才的完美调和,作者研究了音律历数,与现在自然科学相对应的整合数理构造的天道,以人伦秩序之礼、文学为基调的人道,将两者绝妙关联在一起的汉代中国人的信念呈现在读者面前。

《樱邑文稿》第1卷为《老子注释史研究》,是作者毕生研究的主题《老子》的注释史、解释史论集。第3卷为《日落时分的欧亚大陆》,以广阔的视角考察了东西文明交流和魏晋六朝的思想。

末永高康 . 性善説の誕生:先秦儒家思想史の一断面 . 創文社,2015.
性善说的诞生:先秦儒家思想史的一方面

20世纪末发掘出的《郭店楚墓竹简》极大地颠覆了人们对先秦思想史的传统看法。根据最新出土的文献中的新发现,该书重叙了从子思到孟子的儒家思想史,重点关注有关人性的论述的发展。该书通过对《郭店楚墓竹简》中《性自命出》《五行》和《子思子》的分析,厘清了子思思想的发展脉络,并准确地说明了子思思想经过了什么样的变化才形成了孟子的人性理论的。

该书首先从"心的平衡说"和"选择的同一性"两方面阐述了孟子的性善说。接着研究了《郭店楚墓竹简》中的《性自命出》、《五行》思想,探究其与孟子的性善说之间的共通之处,以此分析孟子对子思思想的选择性接受与传承。随后,作者通过对《子思子》的分析,进一步探究子思思想的发展脉络及孟子对其的继承。最后研究了孟子的性善说形成的过程,提出了从新出土文献中体现的思想发展到孟子的性善说的过程的一种可能性。附录中还补充了对于《大戴礼记》中与曾子相关篇目的研究,指出其有益于对该书正文的理解。

浅野裕一 . 消えた轍:古代中国の面影 . 朋友書店,2020.
消失的痕迹:古代中国的遗迹

该书旨在当探讨关于中国古代各种问题时,通过全面且彻底地重新审视现存资料,提出新的见解。该书的研究时期是从殷商时期到秦始皇统一前,涵盖了约1500年的历史。研究对象包括思想、历史、文学等多个领域,追溯和探索中国古代的方方面面。

该书阐明了源自殷商时期的人格神——上帝与周朝用来巩固统治地位的普遍上天的区别,指出了中国哲学由远离鬼神、基于上天信仰的统治理论转向了诸子时代。随后,对《老子》

《左传》《国语》《易经》《中庸》《荀子》《楚辞》等著作进行了讨论。

全书共分为十一章：第一章主要分析了上帝与上天的区别；第二章以《老子》为中心分析作者形象；第三章则是对《左传》的完成与构造的寓意进行了阐述；第四章着重分析了《国语》的作者意图；第五章通过分析新出资料来重新分析《易经》与《中庸》；第六章从《中庸》与五行的关系视角出发，对《中庸》"成者天之道也"进行重新考察；第七章围绕着《孟子》中告子的"性无善无不善"观点展开研究与探讨；第八章着眼于《荀子》里的政治理论"法后王"，分析荀子的辩证道统观；第九章和第十章则是重新审视《楚辞》，分析《离骚》中的灵均形象以及《卜居》和《渔父》中的屈原形象；最后在第十一章以序意篇为中心，展开讨论了《吕氏春秋》与天人相关思想之间的关系。

砂山稔. 赤壁と碧城：唐宋の文人と道教. 汲古書院，2016.
赤壁与碧城：唐宋文人与道教

虽然宋仁宗时期儒学大大兴盛，但事实上太宗、真宗时代崇尚道教的影响在仁宗以后仍十分显著，以皇帝为首，包括欧阳修、王安石、苏轼等大家在思想上都崇尚道教信仰，尊崇玉皇大帝、继承太一信仰。其中，称得上是道教诗人的苏轼更是为道教思想所倾倒，可以说他是太宗、真宗时期崇道政策的模范人物。苏轼的名篇前后《赤壁赋》是充满浓厚道教色彩的作品。

该书的第二部分考察了包含苏轼在内的唐宋八大家中的宋代六人与道教的关系，同时还穿插了苏洵、苏轼、苏辙、苏过、苏符、苏籀等苏氏一族与道教的关系。

该书还考察了王维、李白、杜甫与道教的关系，重玄派《九幽经》等道教经典，与茅山派有关的初唐末期沈佺期、宋之问，另外也收录了韩愈、柳宗元与道教的关系，形成了完整的唐宋八大家与道教关系的研究著作。通过考察比对同时被称为道教诗人的李白和苏轼，唐代道教与宋代道教的差异自动地呈现了出来。通过论证李白与韩愈的作品，道教女性观与儒教女性观的不同也显而易见。

松下道信. 宋金元道教内丹思想研究. 汲古書院，2019.
宋金元道教内丹思想研究

该书深入探讨了中国早期的道教内丹思想，以及它与日本神道教之间的联系。全书分为两部分，第一部分着重于宋、金、元时期与善神教相关的性生活中心理论，考察了内丹思想的演变和禅神教的教义。第二部分则聚焦于日本神道教与内丹思想的相互影响，特别是吉田神道教与内丹思想之间的联系。

在道教中，炼金术是追求长生不老的重要手段。然而，到了唐代晚期，内丹忍术的出现将炼金术的技术内化到练习者的身心之中。宋代以后，内丹术得到了进一步的发展，但在北宋和晋朝的动荡中，出现了禅宗、真道教、太极宗等新兴道教流派。其中，禅神教由金正阳和王重阳创立，其教义强调摒弃迷信，提出创新的部分。"新道教"这一概念最早由战前学者常盘太贞和陈贵提出，用以描述南宋时期的道教变革。在第二部分中，该书探讨了吉田神道教，这一流派由吉田凯恩创立，旨在保持神道教的纯洁性。然而，有观点认为吉田神道教不仅受到佛教的影响，还受到了道教的影响，尤其是与"修信九转图"的传播有关，体现出内丹哲学的影响。

总的来说，该书通过实证研究，揭示了中国近代早期内丹思想的复杂性，以及它与日本神道教之间的相互影响和融合。通过深入分析，作者试图超越现代话语的局限，以更全面、客观的视角来理解这一时期道教思想的演变。

向井佑介. 中国初期仏塔の研究. 臨川書店，2020.
中国初期佛塔的研究

中国现存最早的佛教建筑可以追溯至6世纪。其中砖石构造的代表可以举出嵩岳寺十三塔（河南省、北魏520年）和神通寺四门塔（山东省、东魏544年以前）。木造结构在8世纪后半期出现，南禅寺大殿（山西省、唐782年）是代表性作品。现存的多数遗迹年代要往后延伸，砖石结构在唐以后，木造结构在辽金宋元以后。研究中国佛教初期的情况时，除了史料，考古发现的遗迹、出土遗物和石窟寺院都可作为重要的实物资料。作者读研究生时期整理过京都大学人文科学研究所保管的云冈石窟出土遗物，后来在中国留学期间，积累了丰富的实地考察经验。该书汇集了作者17年来从事中国考古学研究中发表的论文和一部分未曾发表的新论文。

该书将后汉至南北朝时期定义为初期，研究对象是这一时期的中国佛塔和佛教寺院。探究东亚寺院建筑和伽蓝配置所蕴含的本质意义，以在中国探寻日本古代寺院的渊源为主题。

该书通过考古学研究明晰了佛教获得独立地位的过程。为什么佛教具有向世界传播的性质？帝国解体期为何佛教却能够获得势力的增长？作者通过将自己的观点与专家学者的成果相对照，进行了深入的探讨。

该书在中日佛教考古学、佛教史、佛教思想史研究中有催化剂的作用。例如，飞鸟寺营造的契机是百济献上的佛舍利（《日本书纪》崇峻天皇元年是岁条）。桓武天皇下令修理山背国各寺庙的佛陀像（《续日本纪》延历10年4月戊申条）等。研究日本这些现象的历史和思想背景，该书是不可或缺的资料。

小川隆. 中国禅宗史：「禅の語録」導読. 筑摩書房，2020.
中国禅宗史："禅语录"导读

熟悉中国禅学的读者一定对日本驹泽大学小川隆教授不陌生。小川氏是目前日本最具代表性的中国禅学者，从20世纪80年代起致力于中国禅研究，先后出版了7部相关专著与大量期刊和连载论文，研究覆盖了从禅宗初创期到元代以前的整个历史时段。这些成果不仅在日本本土和欧美地区享有盛誉，其中两部著作和部分论文汉译后，在华语学术圈也备受青睐。

该书的前身为禅籍译注丛刊"禅语录"的最末分册，2016年由东京筑摩书房出版以来持续热卖，此次以便携的文库本再版发行，除新增"文库版后记"，内容与初版基本一致。这套"禅语录"丛书由入矢氏和柳田氏携手监修，1969年起刊行，共计20卷，22册。直到2020年，无论就规模还是水平而言，该丛书始终代表了日本中国禅籍译注的至高点，也是广大学者与修行者的必读物。

该书作为"禅语录"丛书的阅读指南和中国禅语录研究的提纲挈领之作，可以说是作者学术轨迹的缩影。从作者之前的著述中已经可以看出贯通"初期禅"—"唐代禅"—"宋代禅"—

"日本近代禅"的整体性构思。该书在此基础上加入教团史和制度史等元素,进一步走向综合性的禅宗通史。

小島祐馬. 中国思想史. ベストセラーズ, 2017.
中国思想史

该书作者小岛祐马是日本近现代著名的东洋思想史研究者,长期在日本京都帝国大学读书、任教,曾赴法国留学,研究中国哲学。中国社会思想、以法国为主的西方思想、马克思主义思想等,都成为其思想的重要资源,研究领域涉及儒学、中国古代社会思想、近现代中国政治学等。小岛祐马有很深的儒家情怀,一定意义上可以称为日本的现代新儒家。

书中作者把中国思想史划分成前后两期。前期为从周代到前汉末,后期为从后汉到清朝灭亡。其原因是周代封建制度的灭亡到经过秦创立郡县制到前汉确立,政治上发展到了顶点。在思想上也可以作为一个段落,即前期。后期从后汉到清末,其间虽然也有社会状态的变迁,但大体上维持前汉时代的组织,在思想上虽然也随着社会的变迁由于外来思想的影响也不是没有新的气象,但在根本上没有大的变化,大体而言,乃是对前汉以前的思想的反刍。因此将这一时代综括而称为后期。

中国自古学问的对象是人间的社会生活,即重视政治、经济、法律、道德等社会学问。偶尔也会有形而上学的研究,但其出发点仍然离不开人间的社会生活。该书所论述的中国思想史就是这些社会学问的发展史。间或有触及社会组织根本的建设性或批判性的思想,也在讨论的思想史范畴之内。

小林武. 中国近代思想研究. 朋友書店, 2019.
中国近代思想研究

该书是作者关于中国现代思想的论文集,主要围绕章炳麟的思想展开。该书分为三个部分,分别是"章炳麟与中国法"、"章炳麟的知识诸相"和"清末诸子学与异文化接受"。

第一部分考察章炳麟对宪法的批判、他对中国法的评价、他周围人物对礼与法的看法,以及民国时期章炳麟的法制论,从章炳麟与中国法的视角重新评估其思想。第二部分探讨章炳麟的学术方法论,通过其表现意识和历史叙述来考察,并研究他的思想与明治思潮的关联,以揭示其学术成果背后的方法论和思考的展开。第三部分研究清末诸子学在异文化接受过程中的角色,以及中国如何理解和转化异质观念,并考察异质观念的实相和转化机制。

该书通过研究章炳麟作为国学大师、民族主义者、辛亥革命领导者等不同侧面,以及他对中国法制和学术方法论的深入思考,为读者提供了一个全面且立体的章炳麟形象,同时揭示了清末学者在接受异文化时的实际情况,并探讨了清末时期中国学者的思想和文化动态。

遊佐昇. 唐代社会と道教. 東方書店, 2015.
唐代社会和道教

唐朝时期中国道教的发展达到了巅峰,得益于皇室的支持、社会需求的增加以及道家思想的内在普世价值,道教在唐朝成了社会的主流信仰。唐朝的道家思想对后来的中国社会产生了深远的影响。

该书作者以道教为线索，探索唐朝时期的中国社会具体样貌，并与研究现代中国社会的研究视角相关联，加深对中国社会多样化文化的理解。作者着眼于具体可见的对象，将研究焦点放在隋唐五代时期，重点关注敦煌（通过敦煌文献的视角）和蜀地（以成都市为中心的四川省地区）这两个地区，意识到这些地区的特殊性，深入探讨其地方性问题，并认为在这些研究中必然会显现出普遍性。

该书主要分为以下三个部分，第一部分解读敦煌文书 S2204 所载《董永轩文》和 S6836 号文书中的《叶宗能诗》等文书，探讨在被称为佛教之都的唐代的敦煌，道教在民间的传播状况。根据对有关道教的敦煌文书 BD1219 和 BD7620 的解读，考察当时道教观念中"俗讲"的状况。在本章末，附上了 BD1219 和 BD7620 文书校录。第二部分记述了蜀地流传的民间信仰和现在四川省一带唐代道教的传播推广情况。第三部分，根据地方志里记载的资料论述了严君平信仰的产生和发展。

齋木哲郎. 後漢の儒學と『春秋』. 汲古書院, 2018.
后汉的儒学与《春秋》

该书向读者展示了作者对后汉儒教的看法，与作者先前已出版的《秦汉儒教的研究》同为姊妹篇。该书共收录了十篇论文，其中两篇为先前已发表的论文，并且这两篇都经过了修订和大幅增补。其余八篇则为首次发表。

全书共分为十章：第一章从卫聚贤、戴晋新、赵生群等人对孔子编著《春秋》的研究入手，探讨《春秋》经传与孔子的关系；第二章以《春秋穀梁传》相关的学说史为中心论述《春秋》传义的成立与发展；第三章通过分析和整理云梦秦简《编年记》和《秦记》所著有的内容向读者展示秦代春秋学说的一个侧面；第四章以《白虎通义》一书为中心，深入分析后汉儒学的发展与变化；第五章以许慎的《五经异义》展开论述，整理了作者许慎的生涯以及探讨了《五经异义》的作者意图等；第六章以郑玄的《发墨守》《针膏肓》《起废疾》三篇著作为中心去剖析郑玄与何休关于春秋的争论；第七章主要考察了桓谭《新论》中所体现的春秋学；第八章探讨了王充思想的形成与春秋的关系；第九章从王符的《潜夫论》去看带有社会批判性的儒教的特点；第十章以荀悦的《汉纪》和《申鉴》为中心考察春秋学逐步向为世人提供借鉴的主题转变。

佐々木聡. 復元白沢図：古代中国の妖怪と辟邪文化. 白澤社, 2017.
复原白泽图：古代中国的妖怪与辟邪文化

江户时代流行的《白泽图》是一本趋吉避凶的辟邪书。该书试图通过还原这本从源头上讲述了中国古代辟邪咒语的奇书，破译其文化历史意义。相传中国神话中的黄帝将神兽白泽的话记录下来，编纂了《白泽图》，书中记载了驱除各种鬼神的知识。《白泽图》是避祸招福咒语的来源，曾备受推崇，但它在约 1000 年前的北宋时期（960—1279）就已失传。

该书根据最新研究成果复原了这本神秘的书。在喜欢引经据典的中国，即使是失传的书籍，也常常被其他书籍引用而留存下来，由此发展出了恢复原文的"编纂学"。在这一传统方法的基础上，该书对《白泽图》进行了复原，并加入了现代语言和注释。书中还讨论了《白泽图》中派生的各种文化意象。书中附有简明的译文和注释，为了解现代妖怪文化源头之一的辟邪文化的原始形象提供了宝贵的线索。

近年来,《白泽图》和白泽的研究取得了较大进展。白泽研究已经走出亚洲,甚至吸引了欧洲和美国的研究人员,该书通篇吸收了白泽的研究成果,共分为四个部分。第一部分介绍了白泽的传说和《白泽图》的成立,第二部分介绍了《白泽图》中提到的精魅,第三部分描绘了中日两国古代关于神兽白泽的绘画,第四部分介绍了目前有关白泽的研究成果。

佐々木宏幹.スピリチュアル・チャイナ:現代華人社会の庶民宗教.大蔵出版,2019.
精神中国:现代华人社会的庶民宗教

该书对 20 世纪 70 年代到 90 年代,处在经济高速成长之前或正在进行中的新加坡、马来西亚、菲律宾、泰国的华人社会,和中国进行实地调查,追踪被称作乩童的萨满实像,是不可多得的珍贵记录及分析的集大成者。

乩童在华人社会的大众宗教生活中是特别重要的存在。甚至某种意义上来说是不可缺少的存在。这从新加坡、马来西亚、中国台湾等地的乩童庙或与乩童相关的寺庙所举行活动的盛况即可一目了然。通过乩童的附身直接知晓神佛的意思和判断,由神佛直接组织礼仪的展开,这在华人大众的宗教生活中是最为重要的部分。仅新加坡就存在数以百计的乩童庙,这也说明了乩童的重要地位。

该书第一部分介绍了作者 20 年来对东南亚各地华人社会和中国的田野调查结果,通过考查逐渐浮现出乩童信仰的实态。第二部分在第一部分成果的基础上,对各地的调查结果进行分析比较,旨在探索其多样化的原因及把握其本质和整体面貌。

社会科学总论

英语

Shang, Xiaoyuan; Fisher, Karen R. *Disability policy in China: child and family experiences*. Abingdon, Oxon; New York, NY: Routledge, 2016.
中国的残疾政策：儿童和家庭经验
　　该书探讨了中国残疾人政策对残疾儿童家庭生活的影响，同时开创了该领域研究的先例。
　　作者从残疾儿童权利的视角，通过生命保障、福利制度、特殊教育和儿童发展与社会参与度四个方面，对残疾儿童家庭的亲身经验进行分析，探究了残疾人政策与儿童权利间的相互关系，并深入考量了该政策的社会影响。该书通过生动的家庭经验案例研究，并结合官方数据，勾画出了中国政府残疾儿童政策未来的可能方向。

Ash, Alec. *Wish lanterns: young lives in new China*. New York: Arcade Publishing, 2017.
许愿灯：新中国的年轻人
　　该书带领读者深入了解了6个中国年轻人的生活故事。大海是一个军人的孩子、网民、自封的失败者；萧萧是一个来自寒冷北方的时尚人士；出生在海南岛上的"弗雷德"，是一位中共党员的女儿；"路西法"是一位未来的国际摇滚明星；"蜗牛"是一个乡村男孩和网络游戏上瘾者；米娅是一个来自新疆维吾尔自治区的时尚叛逆者。作者跟踪记录了他们长大、上大学、找工作、恋爱，以及应对来自父母和社会压力的故事，由此生动地描绘了中国的青年文化和千禧一代的生活图景，从他们的奋斗和梦想中反映了当今中国的情况。

Bisio, Tom. *Beyond the battleground: classic strategies from the Yijing and Baguazhang for managing crisis situations*. United States: North Atlantic Books, 2016.
超越战场：《易经》及八卦掌中危机局势管理的经典战略
　　如何在乱世中取得成功和胜利？几个世纪来，中国的战略家们一直在努力解决这一根本问题。贯穿于军事和《易经》中的一个重要思想是，要想取得成功，必须融入并适应周围的各种变化。顺应不断变化的环境，机遇和成功就会自然而然地到来。
　　该书从《易经》和内家拳八卦掌的角度研究军事战略，作者从古典军事战略、《易经》和中国武术理论中汲取灵感，探讨了如何在日常生活的各个方面运用这些智慧来管理危机局势，提出了培养战略思维的方法。这些方法可以应用于人际关系、工作及个人自我实现，包括如何适应环境、保护自身资源、避免或化解冲突等。

Choo, WaiHong. *The kingdom of women: life, love and death in China's hidden mountains.* London; New York, NY: I. B. Tauris & Co. Ltd, 2017.
女人的王国：中国深山里的生、爱和死

该书探讨的是中国西南地区摩梭族的生活。在川滇边界云雾缭绕的山谷里，有一个被称为"女儿国"的地方，在这里，一个名为摩梭族的小部族所生活的村落几乎几百年都没什么变化。它是地球上仅存的母系社会之一，女性拥有权力。在这里，所有与金钱、财产、土地和孩子有关的决定和权力都掌握在摩梭族的女性手中，她们完全独立于丈夫、父亲、兄弟而生活，祖母是每个家庭的一家之主。摩梭族还有一种独特的传统习俗称为"走婚"，即妇女可以从部落的男人中选择爱人，而并不需要承担婚姻义务。

该书作者朱伟鸿是一位原籍新加坡的公司律师，退休后开始为一些刊物写作旅游文章。她作为部落中唯一的非摩梭族人，与摩梭人共同生活了七年；在该书中，她讲述了自己在摩梭人当中度过的非凡故事，生动而令人信服地描述了摩梭人濒临灭绝的生活方式。

Hinsch, Bret. *Women in imperial China.* Lanham: Rowman & Littlefield, 2016.
帝制时期的中国妇女

该书提供了一份时间跨度从新石器时代到20世纪初清代末期的关于中国妇女历史的全面考察。作者并没有事无巨细地为这一庞大主题做出编年史记录，相反，他着力于详细解释中国妇女在历史不同时期独具特色的主题，并深入探讨了每一个特别时期对女性身份的认知。该书由此超越了过去对中华帝制时代晚期的过多关注，而深入探索了自古以来中国性别关系是如何发展和变化的。作者对汉语学术资料的广泛运用，使他的著作获得了一种西方学者中罕见的新颖视角，他对每个重要王朝中最重要女性角色的年表式研究不仅表明了中国女性面临的制约因素，还展示了她们几千年来取得的巨大成就。

Jankowiak, William R.; Moore, Robert L. *Family life in China.* Cambridge, UK: Polity Press, 2017.
中国的家庭生活

在中国，家庭长期以来被视为国家的缩影和社会变化的晴雨表。因此，20世纪中国社会所经历的戏剧性变化产生了一系列新的家庭生活现象，也就不足为奇了。

人们广泛接受的、以儒家思想为基础的意识形态曾为中国家庭生活提供了一个标准框架，而新出现的家庭观念并不具备这样的统一性。在决定人们如何感知其与配偶、父母、孩子或其他人的关系上面，情感而非责任起了主要作用。面对无数机遇，同时又感到沉重责任感的中国千禧一代，正在以他们父母或国家都始料未及的方式重塑恋爱、婚姻和孝道的模式。那些背井离乡去城市打拼的人面临特别的压力，而那些被留在家乡的孩子与老人同样如此。

该书探讨了上述多样性，尤其侧重于中国的城乡差异、地域性和民族多样性。针对"对一个快速变化的社会来说，该制度的最新变化意味着什么"的问题，该书为读者提供了新的视角。

Jin, Xujie. *Gender and diasporic identities in transnational migration: an ethnographic study of mainland Chinese female expatriates in Britain.* Zürich: LIT, c2016.

跨国移民中的性别与侨民身份：英国的中国大陆女性侨民民族志研究

通过对一群移居英国的中国大陆女性的调查，该书分析了当代跨国移民问题。作者采用多点跟踪的方法，观察视角跟随着这些移民个体在不同的工作地点之间转移。从英国和中国经济、政治和社会文化等角度来看，该书的发现反映了中国巨大的经济增长对促进中英双边合作的积极作用，以及对移居英国的中国女性生活的影响。总体而言，她们的移民战略对她们在经济上融入英国中产阶级表现出了明显的不可或缺性。

Kang, Xiaofei. *Women, family and the Chinese socialist state, 1950-2010.* Leiden: Brill, 2020.

女性、家庭和中国社会主义国家，1950—2010

该书共包括14篇文章，翻译自中国领先的学术史期刊《当代中国史研究》。它为英语世界提供了一个难得的窗口，让他们了解从中华人民共和国成立到改革开放的时代，中国学者是如何理解和阐释与妇女和家庭有关的核心问题的。

该书涵盖了广泛的主题，从妇女解放、妇女运动和妇女教育，到婚姻法和婚姻改革的影响，以及不断变化的夫妻爱情、性行为、家庭生活和计划生育政策。该书可引导相关学者对社会主义国家的性别特征以及社会主义女权主义在全球背景下的含义做出进一步的比较研究。

Kloet, Jeroen de; Fung, Anthony Y. H. *Youth cultures in China.* Cambridge, UK; Malden, MA: Polity, 2017.

中国的青年文化

该书的问题是，在一个快速变化的国家里，身为青年意味着什么？在深度全球化、向多元文化敞开的时代，身为一党执政国家的青年又意味着什么？

该书内容丰富、文本引人入胜。它探讨了中国青年的生活现状，分析了他们的经历，媒体对他们的表现形式，以及他们与新旧媒体（尤其是新媒体）之间的互动。作者描述和分析了中国青年文化的多样性，与家庭、学校、工作单位及社会之间的复杂关联。书中的案例研究包括很多内容，比如电视剧中流行偶像所刻画出的浪漫幻想，与那些为了升学考试和实现职业梦想而努力学习的年轻学生形成的鲜明对比。该书展示了中国青年是如何通过开辟临时空间——比如，从成为虚拟经济中的淘金者，到玩角色扮演游戏——来与体制进行互动，并由此提出了一个问题，即现有社会体系能否适应这种迅速增长的多样性。

Ladegaard, Hans J. *The discourse of powerlessness and repression: life stories of domestic migrant workers in Hong Kong.* London: New York: Routledge, 2017.

无力与压抑的话语：香港移民佣工的生活故事

该书基于某香港教堂庇护所记录下来的受虐家庭佣工的大量素材，探讨了女性如何通过对话实现自我构建。她们把自己视为"帮助者"，她们来到香港，帮助自己的家庭、帮助城市里的人，也为上帝服务。在这些素材中，各种各样相互冲突的身份得以建构起来，如顺从的佣工，牺牲的母亲、女儿和妻子，以及无能为力的受害者，但也包括机智而愤慨的移民女性——她们通过相互支持，变得有能力反抗实施虐待的雇主。该书提供了对这些女性叙事的详细话语分析，也探讨了其他更为广泛的问题，如全球移民、剥削、话语与权力、虐待与作恶的心理、群体间的交流、同侪支持和赋权等。

Traub, Daniel. *Little north road: Africa in China.* Heidelberg: Kehrer Verlag, 2016.
小北路：非洲人在中国

该书是一本摄影作品集，聚焦于广州市中心的一座人行天桥，这座天桥正是非洲人进入中国的象征性入口。书中收录了两位中国流动肖像摄影师——来自江西省的吴永福和来自湖南省的曾宪芳——的作品。他们几年前购置了数码相机，从此开始在天桥上为那些想要为在中国的时光留下纪念的非洲人拍摄肖像照，作为谋生手段。此外还收录了Daniel Traub（叶仁杰）的摄影作品，其作品更多致力于探索这一地区更广阔的发展动态，同时也是为欣赏吴、曾两位摄影师的作品提供背景。

随着中国综合国力与影响力不断提升，越来越多的远方来客会集于此。广州，作为珠江三角洲的重要大都市之一，吸引了许多非洲人和其他群体来此寻找商机、开展贸易。然而，随着清理整治"三非"政策的出台，这种"世界主义"的现象将会延续还是成为历史，仍有待解答。

Xiao, Hui Faye. *Youth economy, crisis, and reinvention in twenty-first-century China: Morning Sun in the Tiny Times.* London: Routledge, 2020.
21世纪中国的青年经济、危机与重塑：小时代的曙光

该书调查了21世纪中国爆炸性的青年文化。这股积极而强大的力量推动了文化创新、社会变革和集体努力，在一个充满巨大变化、分化和不确定性的时代，重新创造了一种多样化和多元化的"青年"。

该书全面分析了与不同青年群体相关的、为他们创作的，以及他们自身创造的文学、电影、音乐、电视和社交媒体等表现形式，旨在对跨媒体和跨地区的青年文化进行系统调查。在这个过程中，作者考察了来自高中辍学者、产业工人、移民工人、"剩女"、畅销书作家、电影制作人、文化企业家、酷儿偶像和粉丝，以及年轻女权主义者的资料。通过观察中国年轻人对（除了数字媒体之外）轻小说和短视频等"小"文化体裁的运用，最终展示了文化形式的更新，以及网络化的"小"个体在重塑沉默的、被轻视和边缘化群体的青年联盟方面的变革性力量。

德语

Alpermann, Björn et al. (Hrsg.). *Aspekte des sozialen Wandels in China: Familie, Bildung, Arbeit, Identität.* Wiesbaden, Germany: Springer VS, 2018.
中国社会变革的各个方面：家庭、教育、工作以及身份认同

中国的当代社会犹如一个社会科学的实验室：一方面，它正经历着快速的转型，就此而言与西方国家的发展有许多相似之处；另一方面，这些社会变革却以不同的时间顺序和速度发生，并且有着独特的历史和文化背景，以及与西方完全不同的政治前提。因此在相关研究中不仅可以应用常见的社会学理论，同时也可以批判性地审视这些理论在中国的解释力。该书的各篇文章聚焦于家庭、教育、工作和身份认同等中国社会的关键问题，为深入理解中国现代化进程及社会学理论的发展提供参考。

Dychtwald, Zak; Gebauer, Stephan. *Young China: wie eine neue chinesische Generation ihr Land und die ganze Welt verändert.* Berlin: Econ, 2020.
青春中国：中国新生代如何改变国家和世界

Y世代和千禧一代不仅出现在德国，也出现在中国。这些年轻的中国人对资本主义有不同的认识，他们精通技术，有些甚至支持建立新的社会信用体系；他们受过良好的教育，有相当强烈的民族自豪感，注重环保，并培养出其父辈所不熟悉的个人主义；他们希望享受当下，及时行乐；他们中有相当一部分赴海外留学，并作为高素质人才被吸引回国。随着这一代人的成长，中国正逐渐从一个模仿型社会转变为创新型社会。在该书中，作者描绘了新中国青年的精彩画像，他们深知作为当代的中国人意味着什么。

Herdin, Thomas. *Werte, Kommunikation und Kultur: Fokus China.* Baden-Baden: Nomos, 2018.
价值观、传播与文化：聚焦中国

跨文化传播领域仍然为两极比较的类型学研究理念所主导。然而，在全球化不断推进的时代，这些理念显得过于片面。该专著将价值观、传播和文化领域的概念相互关联，形成了一种创新的方法，更为扎实客观地分析当前的社会发展。书中介绍了基于"兼而有之"框架的新研究方法和模型，从对亚洲（中国）传播学理论的批判性概述入手，围绕"去西方化"主题展开讨论，并进一步探究了该领域的发展潜力。在实证部分，该专著对中国当前的价值观和文化转型过程进行了分析，以求更全面地理解中国现存的文化价值体系。

Sollmann, Ulrich. *Begegnungen im Reich der Mitte: mit psychologischem Blick unterwegs in China.* Gießen: Psychosozial-Verlag, 2018.
邂逅"中央之国"：用心理学的视角游历中国

该书深入解析受历史和传统影响的中国人心理。基于自己的旅行经历，作者描述了中国人的日常生活场景，勾勒出人们各种活动和会面的空间。在对大量相遇场景和线上接触的生动描述中，作者不仅展现了中国人典型的行为方式，还揭示了其人际关系构建的多样性。作

者以身心治疗的专业视角不断审视自己的情感回响，对自身的体验和观察加以补充。该书内容丰富，可读性强，作者细致而敏锐地展现了中国人的特质，以及他们如何应对社会和经济变革带来的挑战，并在此过程中比以往更清晰地反思自己的文化和传统根源。

Vogel, Friedemann; Jia, Wenjian. *Chinesisch-Deutscher Imagereport: das Bild Chinas im deutschsprachigen Raum aus kultur-, medien- und sprachwissenschaftlicher Perspektive (2000-2013)*. Berlin: De Gruyter, 2017.
中德形象报告：从文化、媒体和语言角度看德语世界中的中国形象（2000—2013）

  该专著的主题是德语媒体语境下中国及中国人的民族形象。重点聚焦这些形象的文化、语言和媒介构成条件，自 2000 年以来的表现特点，以及对其进行定性和定量分析的计算机辅助研究方法。该专著综合概述了以往的研究，翔实记录了一个为期三年的中国语言形象分析项目及其成果，并为未来的德中跨文化交流与合作提出了建议。该书不仅面向人文和社会学者，也可供政治、经济和跨文化交流从业人员参考借鉴。

俄语

Готлиб, Олег Маркович. *Этнология Китая (ханьцы). Обрядность и символика основных этапов жизни: учебное пособие*. Иркутск: МГЛУ ЕАЛИ, 2015.
中国民族学（汉族）：人生主要阶段的仪式和象征

  该书是为外国区域研究、东方学研究、中国学研究，以及文化研究专业的学生编写的教材，论述了与中国汉族人一生相关的主要阶段——出生、婚礼和死亡，以及相关的仪式和象征，涉及中国民族学、民俗学、习俗、礼仪、传统、生活方式以及民间传说。"人生阶段"不是一个科学的概念，更多的是一种所谓的"常识"。基于这些人生阶段，每个民族都形成了一定的仪式，通过这种仪式表明自己对所发生事情的态度。作者通过对汉民族人生阶段仪式和象征的探讨，使读者能够更深入地理解中国汉文化的独特之处。

Синецкая, Эльвира Андреевна. *"Путешествие на Запад" китайской женщины, или Феминизм в Китае*. Москва; Санкт-Петербург: Нестор-История, 2019.
中国女性主义

  女性主义在中国的历史并不短，在时间和程度上经历了几个非常不平衡的发展阶段。中国"妇女问题"的起源主要与基督教传教士的活动有关，20 世纪初，中国革命者鼓励妇女解放，将其视为民族解放的重要组成部分。遗憾的是，宪法中规定的性别平等并没有使妇女的自我意识得到真正的发展。新中国成立后，曾试图通过"妇女回归家庭"来解决尖锐的失业问题，揭示了性别关系的复杂性，并激发了妇女研究的发展以及中国妇女的自我意识。

Степанова, Елена Николаевна. *Положение женщины и гендерная политика на Тайване: конец XX - начало XXI века*. Москва: ИДВ РАН, 2015.
台湾女性的地位与性别政治：20 世纪末至 21 世纪初

  该书研究了女性在台湾社会政治生活中的地位，女性政策，以及促进女性经济社会自主权增长和实现自我价值的因素。由于女性选民的积极性和女性政治代表的广泛性，台湾女性在经济和政治中与男性具有同等重要的地位。该书追溯了女性选民和女性政治家类型的形成过程和特征，这些特征决定了台湾女性和女性政治家的选举行为，从而影响了台湾的政治进程。该书还强调了女性运动是台湾政治生活民主化进程中的一个重要因素。此外，书中还将台湾女性政治代表权的变化与整个东亚地区的类似进程进行了比较分析。

日语

石井知章 [ほか]. 現代中国と市民社会：普遍的《近代》の可能性. 勉誠出版, 2017.
現代中国与市民社会：普遍近代化的可能性

  该书阐述了中国迈向全球公民社会的进程以及试图阻挡这一必然趋势的力量。结合历史与现实，该书从理论上重新审视了中国的公民社会理论及其多样而复杂的思想史背景。这是中日两国社会科学家共同研究的成果。在这一共同主题上，中国的公民社会理论与代表战后日本社会科学的公民社会理论之间尚未找到任何理论"契合点"。该书认为，通过中日两国社会科学家的共同努力，公民社会的话语空间将得以构建。

  该书收录了中日两国学者对公民社会理论的研究成果，共分为两部分。第一部分是现代中国的公民社会论，研究者阐述了公民社会的理论研究，中国公民社会论研究的现状和未来、理论发展的制度环境，马克思主义与亚洲社会发展理论的时代价值、公民儒教的发展等内容；第二部分是现代日本的公民社会论，研究者阐述了市民社会与阶级独裁，革命的社会学研究，现代中国的公民社会问题，脱西欧中心主义的公民社会的发展与平等自由主义，公民社会与资本主义、社会主义的契合以及对严复翻译的《国富论》的相关讨论等内容。

21 世紀政策研究所. 中国の政策動向とその持続可能性：中国共産党政権をめぐる三つの視点：シンポジウム. The 21st Century Public Policy Institute, 2020.
中国的政策动向及其可持续性：围绕中国共产党政权的三个视角：专题讨论会

  2020 年 7 月 3 日，21 世纪政策研究所举办了题为"中国的政策动向及其可持续性：围绕中国共产党政权的三个视角"的研讨会。研讨会由演讲和小组讨论两部分组成。这是新冠疫情以来的首次线上会议，包括来自中国等的各国研究人员均报名参加了会议。

  演讲环节共有 4 位研究者发言，研究员丁可阐述了后疫情时代中日经济互助的可能性，并指出了今后中日经济关系的三个关键词；金野纯研究员围绕"法治"的二重性及其影响展开论述，详细描述了中国法治发展的历史背景和现实动向；铃木隆从习近平的地方任职经历来阐释习近平是一位怎样的领袖；川岛真围绕中国共产党政权的三个视角展开讨论，他认为

2018年度的三个视角是经济、技术、国际关系，2019年度的三个视角是经济技术、内政、财政（社会保障）。

川瀨由高 . 共同体なき社会の韻律：中国南京市郊外農村における「非境界的集合」の民族誌 . 弘文堂，2019.
共同体社会的韵律：中国南京郊区农村"无边界组合"的民族志

　　该书深入探讨了"何もない日常"，即那些看似平凡无奇的日常中所蕴含的深层次意义。作者通过深入的田野调查，揭示了在没有传统共同体结构的现代社会中，人们是如何形成集合体，以及这些集合体是如何运作和影响日常生活的。

　　正是在农村日常生活的场景中，我们可以找到了解中国农民生活气息和当今中国社会构成性质的线索。该研究抛开了研究者常用的以界限的存在为前提的群体和组织等术语，而是将重点放在"集合"上，在"集合"中，边界因时间和场合的不同而显现或潜伏，而这些集合的规模又极具弹性，从而打开了对中国社会理解的大门。通过研究，该书为读者提供了看待现代社会中人类社会结构和行为的新视角，以及阐释了对传统与现代之间关系的深刻理解。

大沢昇 . クジラの文化、竜の文明：日中比較文化論 . 集広舎，2015.
鲸文化、龙文明：中日比较文化论

　　龙在欧美是作为恶魔化身而存在的，比如传说中它绑架了公主、启示录中出现的怪兽也是它。然而，在中国龙被推崇为神圣的瑞兽，中国人也自认为是龙的传人，有龙的血脉。作者指出中国龙的特征是多种动物特征的复合体。比如头像麒麟，角似鹿，须似鲤鱼，具有一种组合起来的特点。从这点来看，与中国文化融入了其他民族而形成多种文化具有相似性，因此中国被称为龙的文明。

　　与之相对，鲸鱼被认为是日本的象征，日本在公元前就有捕食鲸鱼的传统，甚至连鲸须、内脏都会充分利用，在山口县有悼念鲸鱼的"青海岛鲸墓"。鲸鱼与日本文化存在着紧密的联系，因此将与中国保持不近不远的关系而独自进化的日本文化定义为鲸文化。

　　该书探讨了中日两国文化的差异性。一是吸收东亚和西欧文明，像鲸鱼一样完成独特进化的日本文化，一是混合东西南北各民族，具有合成体面貌的中国文化。该书从衣食住行的日常生活到政治制度、价值观、思维方式等领域进行了广泛的研究。

帆刈浩之 . 越境する身体の社会史：華僑ネットワークにおける慈善と医療 . 風響社，2015.
跨境身体的社会史：华侨网络里的慈善与医疗

　　该书是一本关于跨区域的，从近代到当代的中国医学史著作。探索了19世纪到21世纪香港东华医院的中介角色，其联结了海外华侨的慈善医疗活动。19世纪中叶，香港的华人精英设立东华医院，此华人机构获得当时政府官方的承认。东华医院的董事会成员除了组织慈善医疗服务来帮助贫困无依的人，也参与各项公共计划，通过与清政府和当地政府间的协力，处理华人社会议题。

　　该书描绘近代到当代的华人如何认知与处理他们的"跨域的身体"，也指出将来中医社会史的研究蕴含许多可能的主题。除了华人精英与外国人，我们势必要探索华裔劳工、政治人物、军人、记者与商人如何看待与讨论他们的"跨域的身体",以及健康与卫生问题。并且,将来的研究需要调查对于成为"苦力"的华人劳工的偏见是如何在 19 世纪末至 20 世纪初形成的。

冈本信広.中国の都市化と制度改革.アジア経済研究所,2018.
中国的城市化与制度改革

　　该书探讨了中国近年来的城市化进程与制度改革之间的关系,特别关注了城市化进程中的制度变革对中国经济和社会的影响。

　　作者通过对中国城市化和制度改革的历史背景和现状进行深入研究,系统分析了中国城市化与制度改革之间的相互关系。书中详细描述了中国城市化进程的演变和特点,包括城市化速度、城市规模、城市化模式等方面的变化。同时,作者还重点关注了城市化过程中涉及的制度改革,如土地制度改革、户籍制度改革、城市规划和管理等方面的变革。

　　此外,该书还分析了制度改革对中国城市化进程的影响。作者探讨了制度改革对城市发展的促进作用,以及制度变革对城市社会结构、城市生活方式和城市经济发展的影响。作者还研究了城市化进程中出现的一些问题和挑战,如城市贫困、城市环境污染等,以及如何通过制度改革来解决这些问题。

　　该书揭示了中国城市化进程中的复杂性和挑战性,对于理解中国经济和社会的发展具有重要意义。

光田剛.現代中国入門.筑摩書房,2017.
现代中国入门

　　尽管想要完全理解中国并非易事,但在如今的时代,我们必须要去了解中国。中国变化的速度虽然很快,但传统中国的影子仍然大量保留着。表面上看,汉族似乎占据了主导地位,但中国幅员辽阔,因此其民族多样性也不容忽视。中产阶级虽然有所增加,但不同地区和不同社会阶层之间的经济差距依然非常大。真正的中国到底是什么样的?该书汇集了专业研究人员与记者对中国的最新研究成果,以多样化的视角解读中国。11 位来自现代史、文化史、意识形态、社会、军事、地域研究等不同领域的专家学者,将为读者带来清晰而丰富的解说。

　　该书之中,政治史、文化、意识形态、社会和军事领域的专家以通俗易懂的方式阐述了中国的真实面貌。从历史到最新发展,该书从两个部分全面介绍了中国。第一部分介绍了中国内部的情况,包括现代中国的政治、经济、军事、历史、文学、电影、绘画等各方面的现状,传统文化的影响与当代的发展,以及民国的历史;第二部分介绍了中国与世界的联系,包括中国与日本、中国与东南亚各国的交往。

河原昌一郎.日中文化社会比較論:日中相互不信の深層.彩流社,2018.
中日文化社会比较论:中日两国互不信任的深层

　　该书从"家庭与村落""民族性"和"中日关系"等方面深入解析中日文化社会的本质差异。在大多数日本人的认知里,"日本与中国的文化社会在整体上根本不同,存在着文化社会层面的根本差异,而不仅仅是个人层面的差异"。为了理解中日关系的本质,需要清楚和系统地解释这些本质差异以及这些差异背后的形成背景。该书作者曾在北京市驻留 3 年，从上述问题意识出发，在书中系统地说明了中日文化社会的本质差异背后的背景，并试图解释明治时代以来中日之间的冲突是中日文化差异的一种表现要素。该书不仅仅是关于中日文化社会差异的描述，作者为了避免简单将其归结为差异，在书中对此进行了深入探讨，有助于读者深入理解中日关系的本质。

全书包括序章和终章共十二章，分为四部分，其中前两章为第一编，第三章到第七章为第二编，第八、九章为第三编，第十章为第四编。第一编主要是围绕中国的家庭和村落展开论述，分析了中国社会特点；第二编从民族性的角度出发，围绕士大夫阶级、都市团体、易姓革命思想等方面分析中日两国在文化以及社会上的差异；第三编将战前的中日关系划分为两个阶段，分别论述中日关系；第四编从现代中国社会状况出发，探讨当今中国在国际秩序以及东亚局势方面的影响。

李晓东 . 现代中国の省察 :「百姓」社会の視点から . 国際書院, 2018.
现代中国的省察：从"百姓"社会的视角出发

该书力求通过研究中国从古至今贯通的原理和理论来解决现在中国直面的各种问题，给出方向性的指引。可谓是规模宏大且独具匠心的一部作品。作者之前的著作《近代中国的立宪构想》中研究了严复、梁启超等清末提倡君主立宪制的知识分子，可以看出作者是以政治思想史为研究领域的。该书丰富了作者的研究成果，相对于纯粹的学术专著，该书更具有实践性强的特征，旨在研究如何理解现代中国，面对变化应该如何应对等问题。

该书的意义在于作者勇于面对来自重视实证研究的历史学者和思想史研究者们可能提出的批判和异议，通过"易"为切入口富于创造性地描写了传统中国和近现代中国之间的"连续性"，直面现在的课题，探求解决路径。

该书试图从宏观的角度描写贯穿中国古代至近现代历程中，潜在于人们思考模式中的"通"这一传统要素，比如全国人民代表大会和"民主协商"的政治制度仅从表面看似乎与之毫无关联，但作者却深入挖掘出其与传统中国的相续性，并将之作为重要的研究课题。

天児慧，任哲 . 中国の都市化 : 拡張，不安定と管理メカニズム . アジア経済研究所, 2015.
中国的城市化：扩张、不安定与管理机制

该书对中国现在城市化进程相关的政治和社会变革的研究成果进行了分析，主要关注如何解决城市化过程中出现的冲突和纷争的问题。

中国的城市化进程十分复杂。根据不同的户籍制度和土地制度，城市和农村被人为地区分开来。新型城镇化建设的重点是有计划地统一城乡地区，特别是废除限制人口流动的制度性障碍。因此，中国的城市化进程中具有其他国家所没有的有关制度改革的内容。中国社会的城市化也是现代化和工业化进程的一部分。随着城市化的发展，个人与国家之间发生冲突的可能性也在进一步增加。该书基于如上问题来研究城市化制度实施过程中出现的问题和解决方法。

第一章以城市规划中保护历史城镇景观为例，分析了居民与政府之间的协商；第二章分析了与城市化相关的拆迁补偿、土地转让和环境污染方面的冲突；第三章重点介绍了信访制度；第四章分析了城市化进程中出现的新兴产业，并以出租车行业为例进行了详细说明；第五章同第四章一样，分析了城市化进程中急速成长的物流行业；第六章关注中国人民解放军，书中指出，在自然灾害等非战斗行动中，解放军发挥了重要作用。

夏目英男. 清華大生が見た最先端社会、中国のリアル. クロスメディア・パブリッシング，2020.
清华大学学生眼中的前沿社会：真实的中国

随着阿里巴巴、腾讯、TikTok、快手等独角兽公司的成长，中国企业正风靡全球。该书讲述了产生如此众多独角兽公司的原因与走在数字革命前沿的当今中国的故事。

作者是2019年毕业的清华大学学生。清华大学在世界一流大学中名列前茅，在科技领域与麻省理工大学（MIT）齐名。

自幼生活在北京市的作者，以一个20多岁的年轻人视角，写出了中国的真实现状。在中国19年的生活中，他亲身体验了夯实中国发展基础的教育制度，见证了数字革命给社会带来的重大变化。作者夏目英男与成为中国社会主角的年轻人一同成长，从这些"80后""90后"乃至"00后"身上看到了推动中国前行至今的强大力量和潜力，为日本人正确认识当今的中国社会和青年打开了一扇窗户。早已把中国当作第二故乡并以此为豪的夏目英男，为我们提供了一种居于内外之间的独特视角，让中国青年在感同身受中更好地认识自己的国家和社会。

宇野重昭[ほか]. 中国式発展の独自性と普遍性：「中国模式」の提起をめぐって. 国際書院，2016.
中国式发展的独特性和普遍性：关于"中国模式"的提出

该书基于对中国模式相关争议中一系列问题的研究，通过"国家和市民社会""市场经济与（经济、等级上的）差别"、"同频共振的中国和国际社会"等各个主题，从中国实际的内在的视角出发，思考在独特性和普遍性之间徘徊的中国式发展的未来。

回顾中国的现代化进程，它从未与西方式的现代化进程趋同，最终也没有形成封闭式发展，因此，未来的中国式发展将不会外于这两种极端的情况。中国式发展将在独特性与普遍性的往来对话中不断实现中长期的蜕变，而"中国模式"之争则为分析和把握中国式发展的实际提供了思想基础。

该书对这种正处于转换期的中国式发展进行了讨论。内容包括国家与市民社会、市场经济与不平等现象、引起共鸣的中国和国际社会，最后还讨论了当前"国家治理"的核心任务——组织人民使其成为政党。

知足章宏. 中国環境汚染の政治経済学. 昭和堂，2015.
中国环境污染的政治经济学

该书以作者2010—2014年在学术期刊和大学简报上发表的有关中国环境问题的研究论文为基础，进行了增补和改写，重点在于厘清有关中国环境污染问题的政治经济学的结构。该书是作者首次对中国环境问题研究成果做的汇编，虽然各个媒体对中国环境问题有很多报道，但专门进行研究的单行本（日文）却不多。在这种情况下，该书是一本运用"政治经济学"

的方法研究中国环境问题的著作。

　　该书第一至三章围绕环境污染的具体事例展开研究,试图探究作为该书关注焦点的环境污染政治经济原因构造。第四至六章的研究主题是气候变化、节能减排和可再生能源,与前三章相比,这一部分更加侧重对制度层面和公共政策手段的分析。最后,作者还强调了NGO的重要性。

政治

英语

Anderson, Kay [et al.]. *Chinatown unbound: trans-asian urbanism in the age of China.* New York: Rowman & Littlefield International, Ltd., 2019.
唐人街解放：中国时代的泛亚洲城市化
  在世界上的几乎所有大城市，"唐人街"都是人们熟悉的地方。西方流行观念认为，餐厅、宝塔和红灯笼本质上就等同于一个独立的、移民构成的华人区，等同于"东方"在"西方"的一块外来飞地。到了 20 世纪 80 年代，当西方社会基本上放弃了其带有种族歧视性的移民政策，向亚洲移民开放时，唐人街的主导性概念就不再是一块种族聚居区，相反，唐人街现在被视为多元文化遗产和差异性的积极表现。
  然而，到 21 世纪初，唐人街作为"他者"空间的这些空间和文化建构——无论是消极的还是积极的——已经被加速的全球化和跨国移民的影响彻底破坏。该书通过对悉尼唐人街做出的深刻案例研究，在这方面提供了及时和急需的范式转变。它谈到了将澳大利亚和亚洲各国（特别是中国）联结在一起的日益增长的多边联系；这不仅体现在经济上，也体现在社会和文化上，根源在于人员、金钱、思想和物质的跨国流动不断增加。此外，该书还引出了悉尼唐人街所处位置的特殊意义，即一个相互关联的世界的意义——在这个世界中，西方和东方互居其中，而东方的遗产正在新的部署和更复杂的划界中得以重新组合。因此，该书有助于理解全球力量平衡向着亚洲，特别是向中国的划时代转变。

Cai, Shenshen. *Female celebrities in contemporary Chinese society.* Singapore: Palgrave Macmillan, 2019.
当代中国社会的女性名人
  该书聚焦于当代中国女性名人组成的代表性群体，涵盖演员、导演、作家和记者等职业，其中包括诸如刘晓庆、洪晃、柴静，以及最受追捧的年轻一代演员杨幂和关晓彤等名人。
  该书分析了这些中国知名女性在荧幕内外的角色，以及其中蕴含的文化、性别、社会影响与意义，同时，该书也强调了在当代中国充满争议的社会、文化问题与辩论，进一步加深了对当代中国女性名人所扮演角色的理解——正如这些被视为当代中国社会、文化和女性主义符号的人物在工作、职业和私人生活中表现出来的那样；此外，这些女性名人的经历也有助于了解中国女性对处于中国社会转型核心的重要问题的态度，如职业轨迹、婚姻家庭、性别认同、社会变迁、民间争论和政治变革等。

Cuffe, James B. *China at a threshold: exploring social change in techno-social systems.* London; New York: Routledge, Taylor & Francis Group, 2020.
临界点上的中国：探讨技术社会系统中的社会变迁

中国曾经有世界上技术最先进的文明。在近几十年来取得了令人难以置信的技术进步后，中国准备再一次摘得这一荣耀。不过，这对中国社会意味着什么，对未来又会有什么影响？

该书解释了在媒体昌盛的中国城市中，通信技术日益发展影响下的社会变迁。技术的崛起及其在日常生活各方面的普遍应用所构成的挑战，不仅对中国社会，而且对所有当代媒体社会都提出了新问题。该书借鉴了技术哲学理论和政治人类学的概念工具，超越了关于媒体技术究竟是一种解放力量还是恶意力量的争论。

该书解决了围绕通信技术和国家控制的学术问题，寻求一种解释性的方法来理解媒体在社会变革中可能扮演的角色，以便人们确定其对社会关系的影响。通过推动人们重新思考、让人们理解技术既非解放性的亦非压迫性的，作者提出了一个让社会力量发挥自身作用的建议。该书从哲学和人类学的思想家那里获得灵感，对社会变革的真正推动角色进行了调查，以确定无法简约为技术影响或人类偏好的社会变革替代力量。

Davis, Bradley Camp. *Imperial bandits: outlaws and rebels in the China-Vietnam borderlands.* Seattle: University of Washington Press, 2017.
官匪：中越边境的亡命之徒与叛军

在 19 世纪下半叶，刘永福领导的黑旗军从中国南部突袭到越南北部，与其他武装移民和山民争夺商业控制权，特别是对鸦片和自然资源（比如铜矿）的控制权。在三个帝国（首先是清代的中华帝国，其次是由阮王朝统治的越南国，最后是法国殖民统治下的越南）的边缘地带，黑旗军及其竞争对手们通过其独特的政治机制框架维持着权力和统治网络。这一鲜活的历史表明了中越边界线的可塑性、强加边界线的局限性，以及在中越边境，不具有政治性的强盗与具备政治性的叛乱者之间的可变界线。

该书运用包括口传材料在内的多重史料，试图剥离殖民主义、反殖民主义、民族主义、国家中心主义等权力与政治所赋予黑旗军的层层含义，从全球史的维度透析 19 世纪大国边境的政治社会生态。

Farrer, James. *International migrants in China's global city: the new Shanghailanders.* London; New York, NY: Routledge, 2019.
中国国际化都市中的国际移民：新上海人

长期以来，中国一直是移民的来源地，而现在，中国已经成为移民的目的地。上海是中国全球化程度最高的城市，吸引了中国大陆整整四分之一的外国人口。该书分析了上海侨民群体的发展，包括 20 世纪 80 年代初上海对外开放时外籍人士发挥的作用，以及 2000 年中国加入世界贸易组织后外籍人士的爆炸性增长。

基于在上海 20 年的实地调查和 400 多次采访，该书作者认为，国际移民在城市生活中发挥着重要的作用。他解释了上海技术移民的生活方式；他们在经济、社会、性和文化领域的地位；他们融入中国社会的策略；他们对世界性城市地理的贡献；以及他们对上海作为一个国际都市不断变化的象征和社会意义。该书试图回答以下问题：一代移民如何使上海成为一个世界性的家乡？他们在使上海成为一个全球化城市的过程中发挥了什么作用？以及外国居民现在如何融入中国梦的民族主义叙事当中？

Gao, Hua. *How the red sun rose: the origin and development of the Yan'an rectification movement 1930-1945.* Hong Kong: The Chinese University Press, 2018.
红日是怎样升起的——1930—1945 年延安整风运动的起源与发展

长期以来，延安的历史一直被视为中国共产党历史的重要组成部分。该书全面阐述了 1942—1945 年延安整风运动的起源，发展和影响。作者认为，这场运动将中国共产党从受苏联影响的教条主义中解放出来，并统一了全党，为 1949 年取得对国民党的最终胜利做好了准备。这场运动不仅为新中国的成立奠定了基础，也深深影响了今天的中国政治结构。更重要的是，该专著详细展示了毛泽东是如何通过在延安和各抗日根据地进行马克思列宁主义教育，从而确立自己的领导地位的。该书对中国共产党最高领导人的开创性研究是对国际学术界的重大贡献。

Hershatter, Gail. *Women and China's revolutions.* Lanham, Maryland: Rowman & Littlefield, 2019.
女性与中国的革命

如果把女性放在我们对中国过去两个世纪描述的中心，这将会如何改变我们对历史的理解？该书以性别为分析视角，阐释了著名事件构成的大历史与普通人日常生活的交汇。作者就中国女性与历史进程的互动提出一系列疑问，例如，女性是否发动了 1911 年的辛亥革命？抑或社会主义革命？如果有，这些革命是什么样子的？哪些女性发动了这些革命？

该书使用了两个关键主题来构建其分析框架。首先是女性有形劳动和无形劳动的重要性。女性在家庭和公共场所的劳动塑造了中国从帝国到共和国、到社会主义国家的转变。其次是性别本身所起的象征性作用。在中国从帝国到弱国、到半殖民地，再到新生的社会主义共和国和改革开放时代强国的历程中，女性应该做什么和成为什么是一个持续的辩论话题。

Hinsch, Bret. *Women in early medieval China.* Lanham, Maryland: Rowman & Littlefield, 2019.
中世纪早期的中国女性

该书提供了对中世纪早期中国政治分裂阶段中国女性生存状况的一份少有的全面调查。该研究涉及的所谓"中世纪早期"这一时间段，起自 220 年东汉王朝倒台，结于 581 年隋朝重新统一中国，亦称六朝时期。

该书对这个时代中国女性生活中最重要的方面进行了详细的描述，包括家庭和婚姻、母亲身份、政治权力、工作、遗产、教育和宗教角色，全面回溯了当时中国女性的生活经历、情感生活以及她们追求的理想。除了吸收西方和日本最优秀的学术研究基础，该书还大量利用了中国的原始资料和研究成果，其中大部分资源在中国以外还不为人知。

作为第一本关于中国中世纪早期女性的英文研究，这本开创性的著作将为西方读者打开一扇了解中国历史的新窗口。

Ho, Elaine Lynn-Ee. *Citizens in motion: emigration, immigration, and re-migration across China's borders.* Stanford, California: Stanford University Press, 2019.
流通中的公民——跨越中国国境的迁入、迁出与再迁移

超过3500万华人生活在海外各地，但这些人远不是单一种类的移民，其多方面的国别归属需要严谨的理论研究。该书揭开了当今中国社会中全球移民的多种变化途径，通过展示持续和同时发生的移民迁入、迁出与再迁移轨迹，对单线的移民观点提出挑战。根据在中国、加拿大、新加坡和中缅边境进行的访谈和民族志观察，该书作者以中国的地理空间为起点，思考在原籍国和目的地国塑造民族建设和公民身份的复杂移民模式。她以独特的方式将各种移民经验和民族背景汇集到同一分析框架下，为当代中国移民过程的多样性创造了一幅丰富的画卷，也为未来的学术研究奠定了基础。

Holdstock, Nick. *Chasing the Chinese dream: stories from modern China.* London: I. B. Tauris, 2017.
追寻中国梦：现代中国的故事

中国正经历人类历史上最大也是最快的社会经济变革。"中国梦"的理念是这种令人目眩的变革的强劲动力，它承诺，在新的中国，任何人都能实现梦想。

该书作者走遍了中国这个广阔的国家，以探求中国梦背后的现实——从工厂老板到面条销售商，从卡拉OK服务员到旅馆经营者，从荒芜而古老的农村到年轻而傲慢的城市。该书呈现了一系列非凡的角色，描述了人们如何变得富有、经营工厂、购买豪华轿车和名牌包，它也提供了对那些陷于陈旧体系的落后者的洞察，通过中国人的生活讲述了当代中国的故事。

Jackson, Isabella. *Shaping modern Shanghai: colonialism in China's global city.* Cambridge; New York, NY: Cambridge University Press, 2018.
塑造现代上海：中国国际都市中的殖民主义

通过对上海市公共租界的重新审视，该书为中国的殖民主义提供了一种新的理解。

上海是民国时期中国一系列最重要的历史事件发生地，在上海市公共租界工部局（1854—1943）的管理下，上海公共租界是不受中国统治者和外国政府控制的。该书作者将上海独特的混合型殖民城市治理形式定义为跨国殖民主义。上海公共租界工部局不仅在结构上是殖民地式的，还受到殖民主义的影响（特别是大英帝国的影响），但同时，它的活动又是自主的，其工作人员也来自多个国家。该书是第一本深入研究这个独特机构如何在地方、国家和国际层次上发挥作用的著作，它揭示了上海市公共租界工部局对上海城市居民日常生活的影响、对这一历史时期各种冲突的影响，及其对现代中国史和殖民史的意义。

Powers, Martin. *China and England: the preindustrial struggle for justice in word and image.* London; New York: Routledge, Taylor & Francis Group, 2019.
西中有东：前工业化时代的中英政治与视觉

该书考察了工业化前的中国和英国兴起的平等主义社会理想和制度，并揭示了中国在 18 世纪社会正义辩论和立法历史中被遗忘的作用。

该书从一个近年来业已被认作"常识"的谬论出发，即中国是一个由帝王统治的"东方专制"国家，而西方拥有公民平权的民主制度；诸如法治、平等、社会正义或言论自由这些实际上属于"西方的观念"……通过大量文本图像材料的引用以及抽丝剥茧的梳理论证，作者对上述"常识性"谬论提出了反驳，并大胆地宣告，所有这些公认的观念都是错误的，抑或是基于极站不住脚的理由生发出来的，所谓"西方的"一些基本观念实际上在前工业化时代的中国已露端倪，欧洲知识分子实际上从中国借鉴了许多重要的思想和制度，以至于美国人最终推翻了贵族统治，但中国在这一过程中的作用在很大程度上被黑格尔和赫尔德等有影响力的作家抹去了，这就产生了中国传统价值观和西方价值观一直完全不同的神话。通过在比较视角下对所谓"西方价值"观念进行批判性分析，作者表明，政体的差异是结构性的，而非文化性的。权利平等或言论自由等基本的社会价值，是一定历史条件下人类理性发展的产物，而非某种文明的原生价值。

Ren, Xuefei. *Governing the urban in China and India: land grabs, slum clearance, and the war on air pollution.* Princeton, New Jersey: Princeton University Press, 2020.
中印城市治理：土地掠夺、贫民窟清拆和空气污染之战

中国和印度这两个世界上人口最多的国家正在经历急速的城市化，六分之一的人类现在生活在中国或印度的城市。这一转变给土地使用、住房和环境带来了巨大压力。尽管中印城市治理非常重要，但其运作方式仍然模糊不清，人们对其理解不足。

该书探讨了中国和印度是如何治理城市的，以及其不同治理方式是如何产生不平等和排斥性的。作者利用历史比较分析和广泛的实地调查（在北京、广州、乌坎、德里、孟买和加尔各答），调查了中国和印度城市管理土地征用、贫民窟和空气污染的方式。她发现这两个国家通过截然不同的方法来解决这些问题，并追溯了这两种治理形式的起源，展示了它们是如何演变为今天的城市发展和居民斗争的。

该书表明，随着中国和印度的城市居民人数超过 10 亿，这两个国家的城市发展将产生远远超出其边界的深远影响。

Rozelle, Scott; Hell, Natalie. *Invisible China: how the urban-rural divide threatens China's rise.* Chicago: The University of Chicago Press, 2020.
看不见的中国：城乡差距如何威胁中国崛起

中国的经济增长在很大程度上依赖于廉价劳动力。大多数推动中国崛起的工人来自农村，并且从未上过高中。这一国家发展战略在过去 30 年里一直行之有效，但工人的工资水平却开始上升，这促使中国国内的企业飞速实现自动化，并开始到其他国家寻求更廉价的劳动力。10 年前，美国沃尔玛超市里出售的产品几乎都是中国制造，如今这种情况已不复存在。对于这种劳动力需求的变化，中国似乎没有什么后备方案。几十年来，中国虽然在物质基础设施方面进行了大量投资，但却没有在人力方面进行足够的投资。

该书作者通过在中国进行广泛的实地调查发现，虽然中国是世界第二大经济体，但其劳动力的教育水平却是同类国家中最低的。中国一半以上的人口以及绝大多数儿童来自农村地区，他们的基础教育水平较低，在经济模式改变、制造业工作岗位外流的背景下，他们中的许多人将无法找到工作。这不仅涉及一个紧迫的人道主义问题，还是一场可能会颠覆全球经济和外交关系的潜在经济危机。如果太多人无法就业，这对中国和全球都会产生严重影响。

Russell, Bertrand. *The problem of China*. London: Routledge, 2020.
中国问题

1920 年，哲学家伯特兰·罗素（Bertrand Russell）作为北京大学哲学教授在中国逗留了一年，他的数理逻辑讲座吸引了大批学生和听众，其中也包括毛泽东主席。该书写于中国被西方视为落后和弱小的时代，罗素跨越了那个时代的偏见，对中国的过去、现在和未来进行了前瞻性的评估。

该书作者以其充满分析性和洞察力的眼光审视了中国历史和政治的一些基本方面，告诫中国不要采用纯粹的西方社会和经济发展模式，他认为这种模式是贪婪和军国主义的结合体。他还概述了 19 世纪的中国历史，并考虑了中国与日本和俄国的关系，然后将中国文明与西方文明进行了对比。他用精彩的一章论述了中国人的性格，他认为中国人的性格是复杂的，但归根结底是"平和的"。

作者以非凡的远见预言了中国的复兴，前提是中国能够建立一个有序的政府，并且积极促进工业发展，推动教育普及。

Song, Jing. *Gender and employment in rural China*. London; New York: Routledge, Taylor & Francis Group, 2017.
中国农村的性别与就业

随着中国城市化和工业化的快速推进，中国农村地区出现了大量劳动力从农业领域转移出去的现象。该书通过对 4 个村庄的案例研究，考察了这种结构调整过程对中国农村人口的影响。

该书的研究主要集中在农村受访者们对市场改革的各种看法和反应上。比如，通过就业转移，他们的生活是如何得到重塑的？随着家庭生活的变化和事业发展模式的多样化，个人的性别和背景在决定就业方面是如何发挥作用的？在中国迈向农村经济分散化的背景下，这些正是作者试图进行详细分析而做出回答的广泛问题。

Yu, Chen [et al.]. *Social attitudes in contemporary China*. London: New York, NY: Routledge, Taylor & Francis Group, 2016.
当代中国的社会态度

与许多基于大规模定量调查的社会态度研究，或只聚焦于精英人物社会态度的研究不同，该书着眼于大众的观点，通过对普通人群进行深度定量访谈，采集到了丰富、详细的数据，并特别有助于凸显人们针对某一问题可能持有的相反观点或游离不定的矛盾态度。该书分析了大众对一系列重要时事的态度，内容涉及人们对民族主义和国际主义、住房偏好及教育理想等方面的观点。纵观全书，作者探讨了中国传统价值观或当代改革培育的新自由主义观念对人们社会态度的影响有多大，并得出了物质主义与个人主义日趋上涨的结论。

法语

Journoud, Pierre. *L'énigme chinoise: stratégie, puissance et influence de la Chine depuis la Guerre froide*. Paris: l'Harmattan, 2017.
中国奥秘：冷战以来中国的战略、实力和影响力

按照目前的发展速度，中国很可能在不到一代人的时间里发展为世界经济大国。随着军队的现代化、国防工业和航天实力的迅速发展、金融能力和科技水平的提升以及研发投资的迅猛增长，中国已成为一个能够在海、陆、空三个维度展示实力的全球性大国。有关中国的研究领域十分广阔，文献数量也相当可观，但仍存在许多问题和盲点。似乎有必要寻找新的方法与角度，并交叉融合各类技能和资源加以研究。该书汇集了来自不同背景的 20 余位作者的研究成果，分析了中国从冷战结束到 2016 年初在其占据重要地位的领域中所实施的战略，探索了中国影响力扩大和活跃度上升可能对世界产生的影响。该书重点展示了中国军事现代化的不同阶段、应用领域、灵感来源和技术转移情况。

Leroux, Marlène. *Terres chinoises: mutations et défis urbains en milieu rural*. Genève: Metis Presses, 2019.
中国大地：农村地区的城市化发展与挑战

2005 年，社会主义新农村建设计划启动，中国农村地区开启了大规模城市化进程。然而，这一在全国范围内普遍推行的行动引发了一场争论：一方主张无条件支持国家的现代化建设，另一方则希望打造一个农业生态乌托邦——即一个公正的、对生态负责任的农业社会。该书超越了这两种或激进或保守的观点，提出有必要暂停城市化，以解读其运作方式并进行现状分析。作者通过调研能够体现中国乡村地理多样性的三个典型案例，绘制了独创的多区地图，得到了详尽的地域评估数据，还通过重构中国农村的历史，帮助人们从长远角度看待农村的发展变迁。书中总结了农村所面临的土地、环境和文化问题，为地区的综合发展奠定了基础。

Monjon, Stéphanie; Poncet, Sandra. *La transition écologique en Chine: mirage ou virage vert?* Paris: Éditions Rue d'Ulm, 2018.
中国的生态转型：海市蜃楼还是绿色蜕变？

2018 年 1 月，《中华人民共和国环境保护税法》开始实施。这是中国在向国际社会郑重宣告渴望成为生态卫士的雄心，标志着中国生态转型的关键一步。了解中国所面临环境问题的复杂性与紧迫性，是评估其是否有能力采取更加可持续的发展模式的先决条件。中国环境政策的转变似乎在 2018 年新税法中有所体现，但由于施行时间尚短，仍无定论。作者审视了中国政治和社会的发展，认为这些发展承载着希望，但也强调了巨大现实阻力的存在。对于刚刚接触西方消费模式的中国人来说，优先考虑保护环境仍然是一个有待调整的思维习惯。中国必须处理好所有因素，以确保正在进行中的"绿色蜕变"不会成为"海市蜃楼"。

德语

Eiswaldt, Burkhard. *Ganzheitsmodell Seidenstraße: von der Doppelmoral des Westens und dem mehr Schein als Sein.* Norderstedt: Books on Demand, 2018.
丝绸之路全局模式：论西方的双重标准和表里不一

即使在历经了与中国数十年的经济合作和其面向西方的开放之后，对中国国家制度和文化自我认知的理性讨论在西方世界仍然不受欢迎。该书提出，这种讨论之所以常常遭到抵制，是因为它可能会暴露西方工业化国家在社会和经济政策上的弱点。尽管西方尽了极大的努力，但仍未能削弱中国的国家和经济政策力量，也未能使中国受制于西方自由市场经济的框架。这是西方联盟条约和其在实践中的双重标准所导致的，西方奉行的价值观及殖民经济政策正威胁着其自身。这种征象可以追溯到东西方最初接触的时候。中国作为合作伙伴，向以垄断利益为导向的欧美市场经济提出了一个全球整体性贸易模式，以实现互利。中国在全球范围内拓展新的全球贸易路线，其中也包括昔日的欧亚丝绸之路，这一项目被命名为"一带一路"。这不仅是一个贸易网络，更是一座文化交流的桥梁，汇聚了共同进步和互惠互利的合力。同时，这也意味着在亚洲和西方文化之间正在形成一种新的精神共识，即东西方所谓的对立面实际上是互补的整体。在今天，并不是中国在重新定义自己，而是西方需要重塑自身。

Noesselt, Nele. *Chinesische Politik: nationale und globale Dimensionen.* Baden-Baden: Nomos, 2018.
中国政治：国家和全球视角

该书以理论为引、以实证为基础，系统地概述了当代中国政治结构、发展进程和指导思想，以及国家哲学理论基础。书中特别关注了用于分析当前发展动态的方法和模型建构。除详细阐述国际政治学界有关中国研究的现状外，该书还致力于从国家和全球的视角下深入剖析中国的制度内涵、政治合法性的模型构建和发展路径，对目前较少关注的中国国内和外交政策在网络空间中的"新"维度也有所涉及。

西班牙语

Careaga Guzmán, Christian. *China ante los retos y anhelos mundiales.* Confucio: Universidad de Las Palmas de Gran Canaria, Servicio de Publicaciones y Difusión Científica, 2015.
面对全球挑战和愿望的中国
　　中国正逐渐成为与美国并肩的全球超级大国，其快速增长和思想革新预示着它将深刻影响未来几十年的全球社会发展。该书指出，新自由主义策略已不足以应对人类面临的挑战。在当前资本主义模式推动的全球经济增长中，社会不平等、腐败问题以及药品和食品短缺等社会问题依旧突出。而且，人们对于继续沿着物质至上和消费主义的道路是否能提升幸福感持怀疑态度。作者认为，中国有潜力与金砖国家一道，推动对西方价值观的变革，塑造一个影响人们生活的新国际环境。未来，中国和印度的传统文化和价值观有望引领世界走向一种更注重精神层面和非物质主义的生活方式。

Morena, Felipe de la. *Deng Xiaoping y el comienzo de la China actual: recuerdos de un testigo.* Madrid: Cuadernos del Laberinto, 2016.
邓小平与当代中国的开端：一位见证者的回忆
　　该书记录了西班牙外交官费利佩·德拉·莫雷纳·卡尔维先生在 1978—1982 年担任西班牙驻华大使期间的观察与见证。作者详细记述了邓小平如何引领中国进入一场历史性的变革，将传统的马克思计划经济体制转变为社会主义市场经济，为中国的现代化奠定了坚实的基础。作者通过展示西班牙与中国的长期外交关系，特别是他亲自参与的 1973 年与中华人民共和国建立外交关系的谈判，进一步深化了对中国的洞察。作者以严谨的学术态度呈现内容，并通过个人经历的生动逸事加以佐证，使历史场景跃然纸上，生动再现了那个时代的中国。

Iglesias Celestrín, Carlos. *China: tres años clave.* Roquetas de Mar: Círculo Rojo Editorial, 2019.
中国的关键三年
　　该书精心收录了作者自 1977 年 7 月起，作为拉丁美洲新闻社特派记者在中国的三年宝贵经历。那是一个充满变革的年代，中国正迈向改革开放的新纪元，改革开放这一战略决策将中国推向了世界经济的亚军宝座。在众多重大事件中，中国经济与社会的深刻变革、中越边境冲突、中美建交等事件尤为引人注目。作者深感有必要记录下这些对当代世界产生深远影响的历史性事件的直接印象，并以文字的形式传承给后世。

Muñoz, Marcelo. *La China del siglo XXI.* Madrid: M. Muñoz, 2018.
21 世纪的中国
　　该书深入分析了中国作为崛起中的全球强国以及其快速发展所带来的显著成就。作者详细探讨了支撑中国发展的核心要素，包括人口优势、共产主义的演进、中国特色社会主义、教育和科研的深度发展，以及数字经济的迅猛增长。同时，该书也直面了中国所面临的挑战，如气候变化、量子通信、人工智能、全球影响力和多边主义问题。

同时，作者进一步探讨了中国模式的独特性、它对西方模式的挑战、中国的发展对全球化趋势的预示以及西班牙和欧洲如何应对这一新兴力量所带来的挑战。此外，该书还简要回顾了中国作为历史上的世界大国地位，并对中国共产党面临的挑战进行了深入讨论。

Ríos, Xulio. *China moderna: una inmersión rápida*. Barcelona: Tibidabo, 2016.
迅速发展的现代中国

中国正处在持续的现代化进程中，中国共产党作为国家的领导核心，在坚守社会主义理念的同时，也在积极寻求变革。这一进程不仅是对意识形态的体现，更是对历史和文化的传承，彰显了中华民族伟大复兴的梦想。实现这一梦想，需要中国进一步的开放，加强与世界的广泛交流。

该书深入揭示了中国快速转型的主要轮廓、关键要素、取得的成就以及面临的挑战，展现了中国在全球舞台上引人注目的变革。尽管中国已经取得了巨大的进步，在管理当前的发展阶段和塑造改革的最终形态方面，仍需不懈努力。中国的未来发展，将在不断的探索和实践中逐步展开。

俄语

Виноградов, А. В. ред. *Политические процессы в условиях смены экономической модели: сборник материалов ежегодной научной конференции Центра политических исследований и прогнозов ИДВ РАН*. Москва: Институт Дальнего Востока РАН, 2016.
经济模式变化条件下的政治进程：俄罗斯科学院远东所政治研究与预测中心年度科学会议论文集

该文集收录的文章为 2016 年 3 月举行的俄罗斯科学院远东研究所（现已更名为中国与当代亚洲研究所）政治研究与预测中心年度科学会议上提交的论文。这些论文分析了中国党内政治生活的主要趋势、中国内政外交政策的各个方面、中国军队、中国法律的发展、经济改革对中国社会政治进程的影响，民族和宗教政策，新疆维吾尔自治区的反恐问题和新疆维吾尔自治区在丝绸之路经济带中的作用，以及中俄两国关系的特殊性和前景等。

Виноградов, Андрей Владимирович; Трощинский, П. В. ред. *70 лет современному китайскому государству: материалы ежегодной научной конференции Центра политических исследований и прогнозов ИДВ РАН*. Москва: ИДВ РАН, 2019.
现代中国 70 年：俄罗斯科学院远东所政治研究与预测中心年度科学会议论文集

该文集收录了俄罗斯科学院远东研究所（现已更名为中国与当代亚洲研究所）政治研究与预测中心在2019年3月举行的庆祝中华人民共和国成立70周年年度科学会议上提交的论文。论文分析了中华人民共和国的内外政策、政治制度和法律，以及社会经济发展的某些方面的热点问题。其中特别关注中华人民共和国国家权力机关形成和国家建设初期的历史、1949—2019 年政治制度和法律的演变、新时代中国社会秩序的特点。

Головачёв, Валентин Цуньлиевич. *Этнополитическая история Тайваня в мировой историографии, XVII–XXI вв.*. Москва: МАКС Пресс: Институт востоковедения РАН, 2018.
17 至 21 世纪世界史学中的中国台湾民族政治史

  该书梳理、研究了世界史学对 17—21 世纪的台湾族群史和族群政治研究的主要阶段、特点和研究展望。在 4 个世纪的国家、区域和全球研究中积累的所有主要研究领域、流派和传统的伟大成就，首次被呈现为一幅全面的、相互关联的、综合的动态图景，有机地融入了 200 年的俄罗斯史学。该书内容分为以下几部分：18—21 世纪俄罗斯人对台湾民族政治史的研究；西方史学中的台湾民族政治史研究（17—21 世纪）；日占时期和战后（19—21 世纪）日本学者作品中的台湾民族史和民族政治；探索战后和当代台湾史学中的台湾民族政治史；中国（大陆）学者著作中的台湾民族政治史（1949—2010）。

Кашпур, Алексей Николаевич. *Китай и Россия: два пути к социализму*. Москва: ИТРК, 2018.
中国与俄罗斯：通往社会主义的两条道路

  该书揭示了中国社会主义建设的艰难道路，深刻分析了中国共产党成功的原因。中国共产党汲取了苏联共产党在意识形态和国家建设实践中的经验、教训，在创造性地发展马克思列宁主义原理的基础上，及时调整了自己的路线。今天，中华人民共和国已成为全球领先的世界大国，是成功解决最复杂问题、成功应对全球金融和经济危机挑战的典范，正在稳步建设"中国特色社会主义"。

日语

布施哲. 先端技術と米中戦略競争：宇宙、AI、極超音速兵器が変える戦い方. 秀和システム, 2020.
高科技与中美战略竞争：宇宙、AI、高超音速武器改变竞争方式

  美国人相信"技术可以解决任何问题"。在此背景下，以新技术开发作为实现战略目标的竞争在中美之间激烈展开。该书针对中美战略竞争国际局势，分析了中美两国在航空、军事、网络等方面的技术竞争现状，并且考察了日本在这种背景下可能选择的路径。

  全书共分为六章：第一章从网络安全、军民融合、政治体制等方面围绕着初期中美战略竞争的现状展开论述；第二章以海洋军备为重点来看中美战略竞争的状况，如中美军事对抗的实际情况、中美海军以及军舰数量、中美海上航母数量、中美两国导弹技术的发展等；第三章围绕着太空领域方面的中美战略竞争展开论述，并且探讨了在中美竞争激烈的情况之下日本在安全领域中的宇宙开发方面所面临的选择问题；第四章则是围绕 AI 智能在军事方面的应用来展开对中美之间在军事、网络方面的竞争现状的论述；第五章从中美两国高超音速武器的发展状况讨论中美在技术方面面临的挑战，以及今后中美两国在战略竞争方面的发展；第六章对上述内容进行归纳总结后，探讨在中美战略竞争激烈的情况下今后日本想要实现的愿景以及其实现的途径。

大谷敏夫 . 清代政治思想史研究 . 汲古書院, 2020.
清代政治思想史研究

  作者以"经世思想"为中心,根据整个清朝独立君主时期政治思想的动态发展,将清朝的政治思想作为一个连续的整体来理解。"经世思想"指的是"经世济民",其特点是重政、重农、重实用。本报告将这一思想的发展分为三个部分,详细研究了独立制度从建立到崩溃的历史进程。

  该书主要分为三个部分。第一部分聚焦于清朝的专制君主制度及其断罪事件,揭示了雍正朝时期绿营军制的理念与建设,以及康熙时代江南文人社会的特点和姜宸英的影响。第二部分则关注江南地区的社会和学术发展,包括水利建设、地方治理和学术思潮的演变,以及各地学派对当地文化和知识体系的贡献。第三部分探讨了清末的政治思想和经世学,涉及洋务运动、官僚思想形成、经世思想与实利思想的交汇,以及清朝君主权力与士大夫阶层的互动关系。

杜崎群傑 . 中国共産党による「人民代表会議」制度の創成と政治過程:権力と正統性をめぐって . 御茶の水書房, 2015.
中国共产党"人民代表大会"制度的创立和政治过程:围绕权力与合法性

  该书尝试通过详细考察人民代表大会的召开过程,展示"这一政治体制的现状以及共产党获取合法性地位和掌握政权的过程"。

  人民代表大会是一个"议会",从 1948 年开始运作,到 1954 年 9 月全国人民代表大会通过宪法,它是一个具有过渡性质的重要的存在,人民代表大会有着建立各地区政府机关并将其与人民代表大会衔接起来的作用。该书并不囊括人民代表大会运作的整个时期,而是介绍其创建初期和政治进程,并进行概述、提出评价和需要解决的问题。

岡本隆司 . 袁世凱:現代中国の出発 . 岩波書店, 2015.
袁世凯:现代中国的出发

  对袁世凯给予负面评价的,不仅是日本人,还有中国人。通常都将他作为旧体制下的政治家代表来描写,这和"反革命""崇洋媚外"等评价是密不可分的,也是为了迎合"爱国主义""反帝国主义"或是"半殖民地半封建"的意识形态。除去这些清一色的负面评价,袁世凯身上几乎什么也没有剩下。为何这样的人物可以扩展势力、爬上权力的巅峰,甚至当上了皇帝呢?世间的评论全部都集中在他的个性上,没人能回答这一质朴的问题。似乎也并没有谁试着去汲取这一时代的教训。

  袁世凯一生的辉煌时期是在 20 世纪初,他接替李鸿章成为直隶总督兼北洋大臣,是清朝赖以依靠的栋梁。然而身处帝制与共和的转折时期,他走上了窃取革命成果的道路,最终导致军阀混战的分裂局面。从顶梁柱到窃国者,一切都发生在短短的十年之内。是怎样的局势,左右了袁世凯的决定?袁世凯的成败,又是怎样影响了现代中国的形成?该书作者力求不受以往褒贬评价的主轴所影响,来解读袁世凯的生平及意义,通过研究袁世凯的所作所为来探讨现代中国的出发点。

  具体来讲,相比于以前重视辛亥革命和其后的写法,作者把重点放在了被忽略的辛亥革命之前的时代。这样的话，辛亥革命之后的意义会变得更加鲜明。

穐山新. 近代中国の救済事業と社会政策：合作社・社会調査・社会救済の思想と実践. 明石書店, 2019.
近代中国的救济事业和社会政策：合作社、社会调查、社会救济的思想与实践

  该书将 20 世纪 20 年代—40 年代前半期的中华民国时期的中国作为研究对象，深入探讨了中国政府、民间团体和学者在解决以农村为中心的贫困问题上的思想与实践，分析了其可能性与局限性，是一个历史社会学研究。

  该书共八章（包含序章和终章），详细分析了华北大饥荒，以及合作社事业、社会调查实践、社会救济法的思想与实践的展开，呈现了从贫困成为社会问题到作为城市凝聚力的社会权利的思想与制度出现的历史过程。书中指出，1920 年华北大饥荒是近代中国贫困问题显现的历史起点。随后，作者探讨了日本产业组合政策对华洋义赈会合作社的影响，以及社会调查在社会政策实践中的作用，还分析了社会救济法的制定者柯象峰的社会政策思想，以及中国固有的"社会连带"理念。此外，书中从于树德、李景汉、柯象峰等人的思想与实践出发，研究了以"人"为中心的"共同社会"的发展方向。

  作者通过比较研究，为理解中日两国的社会政策发展提供了新的视角，并对 1949 年前中国的社会福祉和社会政策研究领域做出了重要贡献。

森川裕貫. 政論家の矜持：中華民国時期における章士釗と張東蓀の政治思想. 勁草書房, 2015.
政论家的矜持：章士钊、张东荪政治思想研究

  民国时期，一些知识分子将以政治家、官僚身份参与政治视作肮脏，既然如此，最好的选择应该是与政治断绝直接关系，从外部谋求改善政治。然而，对于强烈关注现实政治的章士钊和张东荪而言，置身于政治世界之外过于走极端。于是，他们选择了既可回避做政治家，又能畅论政治的政论家之路。该书考察章士钊与张东荪在民国时期所发表的政论，试图阐明他们政治思想的特质。

  章士钊和张东荪的政治主张并未促成现实政治发生重大变革，其对中国近代政治及社会的影响是有限的。从这个意义上讲，若说对其进行研究意义不大也未尝不可。但是，他们对政论家这一自我定位的探究、就中国政治所提出的方案及须宽容歧见的论点，在今天仍不失其重大意义。换言之，他们经过深思熟虑所获得的思想成果，绝非与现在无关而可轻率抛弃的历史陈迹。

山本英史. 赴任する知県：清代の地方行政官とその人間環境. 研文出版, 2016.
新官上任：清代地方官及其政治生态

  通过科举考试的儒生精英们，被派往各地担任知县职务，辅佐清朝的统治。该书通过官场文书和信件等资料，分析了他们赴任后的地方治理情况。

  通读全书，首先给我们留下深刻印象的是各章节所引用的历史资料的丰富性和精确性。此外，作者对历史文献的翻译与阐述也非常通俗易懂。最后，在该书中作者讨论了许多值得我们关注的问题。

该书是在作者退休之际出版的,作者自己说,该书"为自己'清朝地方统治'的研究画上了句号"(第 368 页)。这是一本近 400 页的巨著,书中大量使用了明清官场文书和信件,每章的扉页还附有与内容相关的《点石斋画报》的插图,吸引读者阅读兴趣。正如该书的副标题所示,在该书中读者们能够读到作者以地方行政官员以及他们与自己身边的领导、手下和乡绅形成的"政治生态"为主题的内容,这是十分难得的。

天児慧. 中国政治の社会態制. 岩波書店, 2018.
中国政治的社会体制

中国这个幅员辽阔的国家,是如何在经历了无数的动荡和变革的情况下,仍然保持了两千多年的团结?中国历史的长期动态和静态结构包含了干部与人民、关系与制度、都市与农村、政治与经济等四个断层。该书从中国社会的基本结构出发,阐释近代中国的变迁机制。

首先,作者对中国政治体制的历史演变进行了梳理和分析,从古代至今,逐步展现了中国政治体制的发展轨迹。作者着重考察了中国政治体制中的制度建构和权力运行机制,揭示了中国政治体制中的各种规则、制度和实践。其次,该书深入探讨了中国政治体制的社会基础,包括干部群体的特点、政治精英的形成和选拔机制等方面。作者通过对中国政治中关键社会群体的分析,阐述了他们在政治决策和实践中的作用和影响。再次,作者还就中国政治体制中的一些重要问题进行了深入的探讨,如政治权力的分配和运行机制、社会阶层的演变和变迁、政治制度的改革和调整等。

综上所述,该书为读者提供了一个全面了解中国政治体制的视角,对于理解中国政治的本质和发展规律具有重要意义。

王震中. 中国古代国家の起源と王権の形成. 汲古書院, 2018.
中国古代国家的起源与王权的形成

该书是王震中的《中国古代国家的起源与王权的形成》(中国社会科学出版社,2013 年)的完整翻译版。该书论述的中国国家的起源问题是探索中国文明起源这个重大学术课题的核心环节,具有非常重要的意义。许多学术界前辈、国学大师都曾探讨过这一问题。

该书作者采取多学科交叉结合的研究方法,广泛运用考古学、历史学、人类学的理论,系统整理、分析考古学发现材料,对传世典籍的种种古史传说试做整合解释,提出了一系列富于新意的理论观点,构建了一个全新的古史研究体系。作者提出古代国家形成的要素包括阶级的形成和对社会的公共权力统治的形成。至于国家形成前后的时期,传统上尝试用军事民主制、部落联盟、首领制、社会分层等术语进行解释,但这些解释并非基于对中国古代实际情况的深入研究,需要适时修正概念。作者认为应将国家形成前后的变化过程分为三个阶段加以解释,而书中的章节则是逐个详细讨论这一具体过程。

该书是对作者近年来提出的"文明和国家起源路径的聚落三形态演进"说,进入国家社会之后所经过的"邦国—王国—帝国"说,以及"夏商周三代为复合制国家结构"说这些学术体系的系统展示和进一步深化、完善。

外交

英语

Abegunrin, Olayiwola; Manyeruke, Charity. *China's power in Africa: a new global order.* Switzerland: Palgrave Macmillan, 2020.
中国在非洲的力量：全球新秩序

中国在非洲的经济和政治活动迅速增加，是进入21世纪以来非洲大陆最重要的发展事态。中国现在是非洲最大的贸易伙伴，也是非洲最大的基础设施融资来源地。此外，中国还是增长最快的经济体和外国直接投资的来源地。

该书探讨了中国在非洲的政治、经济和外交交往，旨在理解中国在非洲经济当中不断增长的投资的发展动态，以及这种发展对非洲的政治影响。

Aggarwal, Vinod K. *Responding to China's rise: U. S. and EU strategies.* Switzerland: Springer International Publishing Ag, 2015.
应对中国崛起：美国和欧盟的战略

当今的国际体系主要基于第二次世界大战后的秩序构成，由"西方"秩序概念主导，借鉴了美国和西欧实行的资本主义和民主的自由模式。在此背景下，美国和欧盟如何应对中国迅速崛起，将成为西方世界今后十年面临的首要且变数最多的难题。

该书汇集了数名国际问题和国别专家对中国崛起相关问题的看法，内容涉及中国国内政治和对外政策、美国对外政策、欧盟对外政策、中美关系、中国与欧盟关系、国际安全、国际政治经济、新兴市场等方面。

在简要介绍中国的经济政治状况及其崛起给现有国际秩序带来的挑战之后，该书主要分为三个部分，第一部分基于历史背景，从相互竞争的理论角度分析中国崛起；第二部分以鲜明的中国视角分析当下中国的崛起；第三部分着眼于美国和欧盟的应对，重点关注经济和安全问题以及中国崛起对美欧关系的影响。

Christensen, Thomas J. *The China challenge: shaping the choices of a rising power.* United States: W. W. Norton, 2015.
中国挑战：塑造一个崛起大国的选择

当前，许多人将中国视为美国的竞争对手，并认为中国的崛起将对美国在亚洲及其他地区的领导地位构成威胁。该书作者则反对这种零和观点。凭借数十年的学术研究和资深外交官的经验，作者分析了冷战结束以来的中美政策，阐述了一种平衡的战略方法，解释了为什么不应该以阻止中国崛起为目标，反而应该鼓励中国为全球秩序做出贡献。

Day, Jenny Huangfu. *Qing travelers to the Far West: diplomacy and the information order in late imperial China.* Cambridge, United Kingdom; New York, NY: Cambridge University Press, 2018.
远西旅人：晚清外交与信息秩序

在19世纪之前，西方在中国人的想象中是一个极不寻常的地方，在那里生活着的是不开化的蛮夷之民和永生不死的仙人。直到清朝驻欧使节和外交官发回的第一手资料和往来书信广为人知，才最终扭转了这些观念。

在该书所作的开拓性研究中，作者将清朝公使馆建设的历史与中国第一批赴欧公使、使节和外交官的个人故事交织在一起，探索了当时的"外交官—旅行者"们是如何去适应和理解对中国知识传统来说全然陌生的那片大陆上的概念和物理空间，以及如何在此基础上创造新信息秩序的。该书揭示了他们相互间经验的流动性、异质性和矛盾性，以及思考、写作和出版之间不同层次的紧张关系。通过将外交思想史与文献分析、传播研究相结合，该书对清代中国与西方的接触提供了一种全新的解释。

Dian, Matteo; Menegazzi, Silvia. *New regional initiatives in China's foreign policy: the incoming pluralism of global governance.* Cham, Switzerland: Palgrave Macmillan, 2018.
中国外交政策中的新区域倡议：即将到来的全球治理多元化

该书提供了一份理论性显著的研究，其主要着眼点在于近年来中国提出的、包括各种类型的区域经济治理模式倡议。

该书作者充分关注了中国对于国际关系和全球秩序的思想演变，也考虑了亚洲基础设施投资银行、一带一路、区域全面伙伴关系等倡议的发展是如何反映了中国外交政策思维变化的，并通过这些内容探讨了中国区域倡议的特征及其对地区、全球治理的意义。

Eisenman, Joshua; Heginbotham, Eric. *China steps out: Beijing's major power engagement with the developing world.* New York, NY: Routledge, 2018.
"走出去"战略：中国与发展中国家的大国交往

中国与发展中世界交往的目标是什么？这些目标是如何随着时间的推移而演变和实现的？该书以这样的问题为指引，汇集了众多知名专家的努力，对中国在东南亚、中亚、南亚、非洲、中东和拉丁美洲的战略进行了分析和说明，并对其成效进行了评估。该书也解释了其他国家是如何看待和回应中国日益增长的对外交往和影响力的。

该书的每一章都以按特定方式组织起来的学术文献为依据，解答有关中国战略的系列问题之一。通过采用地区研究的模式，该书作者能够在各地区经济、政治、军事和社会特征的基础上对它们进行比较，并思考中国在每个地区和整个发展中世界进行对外交往的独特之处。

Fingar, Thomas. *The new great game: China and South and Central Asia in the era of reform.* Stanford, California: Stanford University Press, 2016.

新的大博弈：改革时代的中国、南亚和中亚

近年来，中国的崛起引起了邻国的嫉妒、羡慕甚至是恐慌等情绪。尽管已有许多作品对此进行了评述，但它们大多都将事情描绘成几乎完全是由中国导致的，这样的解释轻视甚至忽略了问题的另一端，即其他国家的个体经济、企业及政府如何吸引、利用或转移中国影响。该书将阐明中国政策的优先考虑事项与其他国家的目标和行动之间的关联。

该书汇集地缘、文化、历史、自然资源和发展水平等多个政治相关视角，旨在阐明中国与南亚、中亚各国之间的互惠关系及近30年来中国崛起的前因后果，以便于读者理解中国与各国政府政策优先事项，明辨各国间、各项议题间的关系模式。

Gaskarth, Jamie. *China, India and the future of international society.* United Kingdom: Rowman & Littlefield Publishers, 2015.

中国、印度和国际社会的未来

中国和印度不论是地理位置、人口规模还是物质资源，都有巨大的潜力去发挥它们的全球影响力。如今，两国惊人的经济增长速度让许多评论家预测：权力将从西方转向东方，一个以亚洲价值观为基础的"亚洲世纪"即将到来。但是这些价值观是什么？经济实力是否能巧妙地转化为政治实力呢？中国和印度又是否希望挑战国际社会现有的道德框架呢？该书认为，了解中国和印度是如何看待国际社会的至关重要。这样一来，就可以在它们取得优势时预测其影响。

该书探讨了中印两国对主权、国际社会、权力转移、规范权力和道德趋势等概念的态度演变，并阐述了它们迄今为止是如何寻求促进本国的规范性身份和政策议程的。作者打破了人们对这些新兴大国的普遍假设，系统探讨了中印两国在国家背景下的伦理态度，并进一步研究了这些态度是如何转化为它们与国际社会的互动的。

Goldstein, Lyle J. *Meeting China halfway: how to defuse the emerging US-China rivalry.* Washington, DC: Georgetown University Press, 2015.

相向而行：如何缓和中美之间日渐显现的竞争关系

该书提出了一个新的概念——"螺旋上升的合作关系"，以期在一系列棘手问题上从政策制定方面促进中美关系的稳步发展。"螺旋上升的合作关系"吸收了国际关系理论中建构主义、自由主义和现实主义等重要传统，可以通过渐进地相互合作逐步达到更广泛长远的妥协，由此树立起对双边关系的信任与自信。实现这种良性循环需要满足两个基本条件，一是要确保互惠性，二是必须找到确凿的合作起点。该书不同篇章共提出了上百条政策建议，并非因为这些政策建议能涵盖所有抑制冲突恶化的政策，而是尝试就双边关系中最棘手问题展开真诚的对话，并给予相应政策方案。亚太地区大部分的紧张关系源自未能创立与真正大国关系相匹配的决策框架,最终和平与稳定的源头将是中美两国首先谨慎地建立协商后的共识,而后再由其他国家进一步修正。

Hartig, Falk. *Chinese public diplomacy: the rise of the Confucius Institute.* United Kingdom: Routledge, 2016

中国公共外交:孔子学院的崛起

该书是对孔子学院的首次全面分析,作者将公共外交的概念作为分析孔子学院的理论框架,并应用于对欧洲和大洋洲孔子学院的深度案例研究中。书中提供了关于孔子学院结构和组织、活动和受众,以及问题、挑战和潜力的深入知识,除了将孔子学院视为中国魅力攻势最引人注目、最具争议的工具之一外,还解释了这些学院的结构配置如何反映了中国对公共外交的理解。

研究表明,孔子学院通常是作为联合项目由教育或文化交流领域的国际合作伙伴组织的。从这一独特的背景可以得出一个更基本的观察结果,即中国愿意在公共外交的背景下与外国人接触和合作。总的来说,作者认为,通过利用当前全球对中国语言和文化的喜爱,中国政府已经找到了有兴趣和意愿的国际合作伙伴来共同资助孔子学院。

Hearn, Adrian H. *Diaspora and trust: Cuba, Mexico, and the rise of China.* Durham: Duke University Press, 2016.

移民与信任:古巴、墨西哥与中国崛起

在该书中,作者提出古巴与墨西哥之间日渐需要一种全新的社会经济发展模式。这两个国家尽管有着截然不同的政治意识形态,但如果它们想要利用中国崛起所带来的机遇,那么就必须重新建立起国家层面、社会层面及华人移民社群之间的信任关系。综合对两国政治、经济的实地调查,及其与中国历史渊源的分析,作者就华人社群正在如何深化三国关系进行了解析。作者指出,作为现有交换理论之一的信任理论,即使无法指明不断变化的世界经济走向,也能让古巴与墨西哥两国重塑国家、市场及社会层面的权力平衡。对于古巴、墨西哥等想要抓住中国崛起这一历史机遇的国家而言,一种全新的、基于信任的发展和外资参与模式,正变得日趋重要。

Horsburgh, Nicola. *China and global nuclear order: from estrangement to active engagement.* United Kingdom: Oxford University Press, 2015.

中国与全球核秩序:从事不关己到积极参与

该书基于丰富的实证调查,聚焦了自1949年以来中国核武器的发展及其对全球核政治的影响。

中国发展为核武器国家,深刻影响了全球和区域安全。该书从中国视角出发,探究全球核秩序目前面临的各种挑战,并且从不同角度解读中国过去和现在的核行为,以及中国政府为稳定全球核秩序,解决核武器相关问题所做出的努力与贡献。

Kemburi, Kalyan M.; Li, Mingjiang. *China's power and Asian security.* United Kingdom: Routledge, 2015.

中国力量与亚洲安全

对于当前的国际关系而言，最重要的影响因素之一是中国日益增长的经济、军事和政治实力。中国力量已经波及国际体系结构、大国战略关系、国际安全、跨境经济活动模式，最重要的是，它还对21世纪亚洲的政治和安全动态产生了巨大影响。

该书描绘了中国政治、经济和军事实力的增长，以及这种增长在未来几十年内对亚洲安全秩序可能造成的影响。在更新了新兴力量维度和主流话语的同时，该书还进行了一个微妙的分析，即中国实力的增长是否会导致中国在行为上和追求国家利益方面变得更加自信。该书还研究了亚洲主要国家是如何看待和应对中国实力增长的，以及美国的亚太再平衡战略将如何在中国的政治、经济和军事实力背景下发挥作用。

Li, Yan. *China's Soviet dream: propaganda, culture, and popular imagination.* London; New York: Routledge, Taylor & Francis Group, 2018.

中国的苏联梦：宣传、文化与大众想象

该书考察了苏联社会主义文化在中国的传播，并将重点放在了20世纪50年代中苏友好时期。传统上，将苏联文化移植到中国社会的国家总体倡导方式被人们误解为宣传和政治灌输的工具；然而，该书则表明，这种跨国交往不仅促进了中国在更广的范围内向社会主义现代化过渡，而且还产生了诸多意想不到的后果，其影响远远超越当时的宣传。

作者通过对档案研究、报纸、杂志、媒体作品和口头采访的借鉴，探讨了苏联文化影响下中国大众想象与日常审美的变化。该书提出了一个有关苏联对中国影响的革新性观点，即苏联文化为中国人民提供的语言和意象，使中国人能够将未来构想为一个物质丰裕、独立自主、充满闲暇、文化丰富的梦。

Oyen, Meredith. *The Diplomacy of migration: transnational lives and the making of U.S.-Chinese relations in the Cold War.* Ithaca: Cornell University Press, 2015.

移民外交：跨国生活与冷战时期中美关系的发展

在理查德·尼克松1972年对中国进行历史性访问之前，有关移民、驱逐出境、遣返和难民等两国人员流动问题使美国和中国之间的谈判一直在持续进行。这些谈判非常有限且困难，还经常令人失望地中断。然而，它们仍然是建交前中国和美国之间唯一的沟通渠道，并在一个极其混乱的时期促进了一些相互理解。作者没有对意识形态和权力之间的关系进行通常的分析，而是提出了一些美国自己无法解决的务实问题。对移民政策的批评既来自美国国内存在的安全问题和反共情绪，也来自美国政府内部和美籍华人社区。然而，解决移民问题的需要迫使美国保持与中国的谈判。该书将外交史研究领域的重要创新与移民史研究的国际新趋势结合在一起，阐明了尽管关注冷战政治和核时代的外交政策专业人员经常认为移民问题是"低风险"问题，但对于更大的目标来说，它们既不是"无风险"，也不是不重要。相反，移民外交是促进其他外交政策优先事项的一种手段，即使这样做对移民者本身来说代价很大。

Rozman, Gilbert; Radchenko, Sergey. *International relations and Asia's Northern Tier: Sino-Russia relations, North Korea, and Mongolia.* Singapore: Palgrave Macmillan, 2018.

国际关系与亚洲北部：中俄关系、朝鲜和蒙古

该书收集了关于中国、俄罗斯、朝鲜、蒙古这四个国家及其相互关系史和政治秩序的专业性论文，一些研究东北亚的著名学者也对该地区的未来提出了新的观点，以期帮助读者在美国"重返亚洲"的背景下，理清该地区的未来发展脉络。

冷战结束后，亚洲北部地带的四个国家走上了不同的道路，但是，不断加强的中俄关系，以及朝鲜的基本情况都表明，我们现在还需要通过这些国家之间的关系来思考该地区的未来。该书回顾了这一地区早期关系的典型体现，并聚焦于中俄两国对朝鲜的看法，借此探讨了日益密切的中俄关系的意义。

Wang, Jianwei; Boon, Hoo Tiang. *China's omnidirectional peripheral diplomacy.* Singapore: World Scientific, 2019.

中国全方位的周边外交

中国幅员辽阔，与邻国共享漫长的海陆边界，这使中国始终将周边政策视为国家安全的重要组成部分。这种心态符合中国领导人的核心信念，即，稳定的外部环境——尤其是其周边地区环境——仍然是国家长久、持续复兴的必要条件。

该书考察了中国不断发展的周边外交战略，提出中国追求的全方位地区外交，这种政策强调的是整个周边地区，而不仅仅是周边某一特定的地区。作者指出，如果不充分考虑中国地区政策的广度、实质和范围，就无法正确和充分地理解它。该书各个主题章节探讨了中国在东北亚、东南亚、南亚和中亚不断演变的政策，并阐释了政策新发展，全面论证了中国如何在新环境中、在新领导层指引下管理其在亚洲的周边关系。

Yang, Michelle Murray. *American political discourse on China.* New York: Routledge, Taylor & Francis Group, 2017.

美国对华政治话语

该书是对21世纪以来美国国内关于"中国"议题的政治话语研究。在中美战略竞争的背景下，这一研究对于揭示美国对华政策的形成，具有极强的现实意义和政策参考价值。

尽管中美两国有着共同的经济和政治利益，但两国间始终存在分歧；该书的目标就在于指出，在这种持续的分歧中，美国是如何认识中美关系的？该书通过对2008年北京奥运会、2010年美国中期选举、2012年美国总统选举等时期美国对华新闻和政治话语的重审，从修辞话语分析来探讨这个问题。

法语

Aurégan, Xavier. *Géopolitique de la Chine en Côte d'Ivoire.* Paris: Riveneuve éditions, 2016.
中国在科特迪瓦的地缘政治

该跨学科著作以科特迪瓦为研究案例，系统分析了中国在非洲的活动主体与方法。科特迪瓦是唯一一个能够凸显中国地缘政治问题多元化及中非全球性深度融合现象的国家。自1983年中国与科特迪瓦建交以来，两者关系一直在曲折发展，体现在贸易、投资、发展援助、科研院所、媒体等领域。该书揭示了20世纪60年代以来中国在非洲的多模式存在所引发的地缘政治和地缘经济范式的转变，为理解中国在西非的发展做出了重要贡献。

Meyer, Claude. *L'Occident face à la renaissance de la Chine: défis économiques, géopolitiques et culturels.* Paris: Odile Jacob, 2018.
西方世界面对中国的重生：经济、地缘政治及文化的挑战

中国正坚定走向大国之路。该书着眼于解读中国的全球雄心，勾勒中西方对话的框架，以更好地应对中国异军突起对国际秩序重塑所造成的深刻影响。事实上，除政治领域外，西方与中国之间的深入对话将有助于形成共同的价值观，并在此基础上开展合作，从而使这个因不平等而受到破坏、因民族主义而遭到威胁的动荡世界变得更加宜居。

Struye de Swielande, Tanguy. *Duel entre l'Aigle et le Dragon pour le leadership mondial.* Bruxelles: P. I. E. Peter Lang, 2015.
龙与鹰：争夺世界领导权

围绕中美关系的研究不可胜数，但针对权力概念的分析却相对少见。尽管权力常常被划入国家能力维度，其理论上的复杂性为概念分析提供了诸多角度。抛去国家能力不谈，权力还包含过程、关系和资源调动等要素。作者围绕权力概念展开研究，搜集了大量参考资料，并通过案例研究佐证，揭出了一种既具有理论原创性，又对中美比较研究十分重要的方法。当前，大多数研究者认为美国正在跌落神坛，国际霸主地位即将终结，而作者却持相反观点，认为美国将继续在新的国际秩序中发挥领导作用。针对包括中国在内的其他大国的崛起，作者建议美国适度调整其在国际舞台扮演的角色，最终目的是守住第一强国的位置。与以往预测中国崛起的研究不同，该书侧重对美国继续主宰国际舞台的可能性展开探讨。

德语

Heberer, Thomas. *Ostpreußen und China: Nachzeichnung einer wundersamen Beziehung.* Husum: Husum, 2020.
东普鲁士与中国：追溯一段不解之缘

  该书以东普鲁士与中国的深远关系为切入点，紧密结合作者的个人经历与职业背景，多层次、多角度地展示了一段至今仍未受到足够重视，未足够曝光的历史。传记式的家族记忆为一条红线贯穿全书，读者可以由此窥探作者同中国、同东普鲁士之间的渊源，进而了解在探究这一主题过程中作者的个人追求、兴趣和希冀。书中涉及大量与中国相关联的人、事、物，既包括涉足中国的人物，如中国研究学者、高级军官、外交官、传教士、建筑师，也包括出生在东普鲁士的思想家、科学家、艺术家、作家和诗人对中国产生的影响，还有研究解读这些人物思想的中国学者，以及当地犹太人逃亡中国的历史。作者的追根溯源早已不囿于某个家族，而是立足中德双向视角，成功展现了一段延续至今，层次丰富的地区交往史。

Löchli, Roland Nikolaus. *Die Volksrepublik China, Japan und das Ostchinesische Meer, 1970-2012: ein Meer der Stabilität?.* Bochum; Freiburg: projektverlag, 2017.
中国、日本与东海（1970—2012）：稳定之海？

  纵观中国与日本在东海的互动，可以清楚地看到东海至今仍是一个相对稳定的海域。是什么原因导致了东海的相对稳定？该书作者认为，上述问题的答案可以在两国所处的战略环境中找到。该书检验了国际关系政治学派的四种结构性理论，以确定权力（进攻性现实主义）、安全（防御性现实主义）、利益（结构性自由主义）和认同（结构性建构主义）等变量对复杂世界中东海稳定现象的影响。

Nguébong-Ngatat, Charlotte. *Effekte der außenpolitischen Instrumente Chinas in Afrika: die Facetten des chinesischen Engagements am Beispiel Kameruns.* Wiesbaden: Springer VS, 2018.
中国外交政策工具在非洲的影响：以喀麦隆为例

  该书作者将"发展"一词具体化，对中国面向喀麦隆事务的外交政策工具进行了研究和分类，并为喀麦隆、中国、法国、欧盟以及在喀麦隆活动的非政府行为者如何更为建设性地开展互动提出建议。书中的论述表明，中国在喀麦隆开展的合作援助等活动对其经济增长、就业条件的改善和政府的行动自由提供了有益支持。

Paul, Tina. *Vertrag(en) oder Vertrauen - wie gelingt deutsch-chinesische Wissenschaftszusammenarbeit?.* Hamburg: Verlag Dr. Kovač, 2020.
契约还是信任：德中科研合作如何取得成功

  当前，国际科研合作备受关注。从德国或欧洲的角度来看，中国既是一个理想的合作伙伴，也是一个引发警惕的"系统性竞争者"。因此，政治和社会舆论都在积极探讨如何在审慎疏离与深化互动之间寻求"恰当"的平衡。该书的研究重点是德中科学合作实践，尤其从相关研究人员的视角展开讨论。核心问题包括研究人员在跨文化背景下的合作，以及在现代社会中（科学）知识的构成和地位。作者在其扎根理论研究中表明，科学合作与其说是组织和协调的问题，不如说是信任的问题。信任的存在不仅区分和解释了德中研究人员如何看待和开展合作，也表明了他们对共同进行科研的重视程度。信任使参与者能够（富有成效地）应对合作中普遍存在的不确定性，这种不确定性在德中合作中尤为明显。作者指出，迄今为止政治和机构参与者对信任的重要性仍然认识不足或有所低估，现有的治理工具重点在于尽可能广泛地建立多方联系，显然与实际中行之有效的科研合作方式并不相符。

西班牙语

Borao, José Eugenio. *Las miradas entre España y China: un siglo de relaciones entre los dos países (1864-1973)*. Madrid: Miraguano, imp, 2017.
跨越世纪的凝视：西班牙与中国的百年关系史（1864—1973）

西班牙与中国的人口交流频繁，但多元文化的影响尚未得到充分阐释。该书提供了从 19 世纪中叶至 20 世纪 70 年代移民潮前的历史分析，深入探讨了两国百年来的互动历程，包括文化碰撞、相互猜疑与接纳的过程，这对理解两国关系的当前状态与未来发展至关重要。该书追溯了西班牙和中国现代外交关系的起源与演进，讲述了一系列西班牙人（如外交官、传教士、商人、教师、旅行家、政治家和运动员）和中国人（如外交官、艺术家、志愿者等）的个人故事。这些个体经历在两国政治与社会的深刻变革中交织在一起，反映了双方的相互观察与交流。此外，该书还概述了中国现代历史和文化的重要里程碑。

Cornejo, Romer [et al.]. *La política cultural de China en América Latina*. Ciudad de México: El Colegio de México, Centro de Estudios de Asia y África, 2018.
中国对拉丁美洲的文化政策

在 21 世纪，文化政策已是中国外交战略中的一个关键要素。值得关注的是，这一政策具有明显的双向性：它不仅致力于塑造国家形象，而且同时面向国内和国外两个不同的受众群体。

该书基于实证研究，详细阐述了中国在阿根廷、巴西、智利、哥伦比亚和墨西哥等国的文化政策举措及其现状。整体而言，中国与拉丁美洲地区的文化联系呈现出一种非对称且倾向于单向的特点，其中拉丁美洲通常以一种积极且接纳的姿态出现，对中国提出的学术和文化交流合作持开放和支持态度。

González García, Juan. *Relaciones estratégicas de China con los principales paises de América Latina*. México, D. F.: Miguel Ángel Porrúa; Universidad de Colima, 2015.
中国与拉美主要国家的战略关系

中国无疑是全球舞台上极具影响力的国家之一，在全球经济的关键国际组织中发挥着重要作用。基于此，该书深入阐述了一体化理论的核心理念，凸显了中国在全球经济格局中的关键作用。同时，该书也对亚洲国家与拉丁美洲地区之间的历史关系进行了细致的分析，对这些关系的策略进行了详尽的阐述和深入的反思，尤其着重分析了中墨关系的发展与互动。

Lagos Escobar, Ricardo; V Iglesias, Enrique. *América Latina, China y Estados Unidos: perspectivas latinoamericanas de las relaciones internacionales en el siglo XXI*. Santiago, Chile: Fondo de Cultura Económica Chile S. A. , : RIAL, 2015.
拉丁美洲、中国与美国：21 世纪国际关系中的拉丁美洲视角

  该书深入剖析了若干关键议题：包括拉丁美洲在 21 世纪全球化进程中的自我定位问题，美国实力是否真的遭遇衰退，以及这一变化对其经济和政治影响力的长远影响。同时，该书还探讨了拉丁美洲对美国在国际舞台上新角色的期望。尽管这些议题与拉丁美洲的日常生活密切相关，但目前尚缺乏全面的专家分析。

  从拉丁美洲国家的视角来看，中国作为世界第二大经济体和全球影响力日益增强的大国，其重要性成为作者研究的重点。这为读者提供了对这两大经济体的深入观察。书中还讨论了对拉丁美洲的经济、政治和文化发展产生决定性影响的经济和全球政治参与者。

Montobbio, Manuel. *Ideas chinas: el ascenso global de China y la teoría de las relaciones internacionales*. Barcelona: Icaria; Madrid: Fundación Real Instituto Elcano de Estudios Internacionales y Estratégicos, 2017.
中国理念：中国的全球崛起与国际关系理论

  在这个充满变革的时代，中国的崛起激发了对现有国际体系的重塑潜力。中国正在探索重新定义国际关系理论，并深受其传统政治哲学的影响。作者分析了中国的外交政策、全球战略文化，以及这些因素对国内政治和国际关系的影响。书中探讨了亚洲价值观向亚洲思想的转变，及其对全球治理体系的贡献，特别是新加坡案例所体现的理念及其国际影响力。同时，书中还讨论了西方如何理解并整合中国思想进入全球治理体系，对美国、欧盟、西班牙等西方实体构成的挑战，以及国际关系理论的未来发展等问题。中国的崛起不仅限于经济和地缘政治领域，它还预示着文化和思想范式的转变，指向构建一个共享的国际关系理论和普世价值体系。

俄语

Бадмаев, Петр Александрович. *Россия и Китай: к вопросу о политико-экономическом влиянии. 3-е изд.* Москва: URSS: Ленанд, 2016.
俄罗斯与中国：政治经济影响力问题（第三版）

  该书由俄国著名科学家、政治家、医生、藏医专家巴德玛耶夫（1851—1920）所著，是一部关于俄罗斯与东方国家，尤其是与中国之间相互关系的地缘政治研究著作。在书中，作

者将英国、法国和德国视为俄罗斯在东方的竞争对手，呼吁当局在加强俄罗斯与中国相互关系的时机尚未过去之前，立即采取具体行动。在该书的最后几章中，作者描述了他的中国之行印象，描绘了中原地区的日常生活条件、经济状况和民众态度。

Барановский, Владимир Георгиевич и др. *США - Китай: борьба двух стратегий и практик мирового лидерства: [доклад]*. Москва: ИМЭМО, 2018.
美国与中国：两大战略与全球领导力实践之争

该书是俄罗斯科学院世界经济和国际关系研究所出版的一份研究报告，分析了当前中美关系热点问题和发展趋势，评估了中美竞争对世界经济和亚太地区发展进程的影响，以及由此产生的变化对俄罗斯的影响。研究报告第一部分概述中美关系动态，包括两国外交政策定位和战略趋势，经济关系和军事政治关系；第二部分讨论在伙伴关系背景下中美之外的参与者的立场，包括印度、日本、韩国、伊朗和欧盟国家；第三部分是分析俄罗斯在此背景下的风险区域。

Гордон, Александр Владимирович. *Китай в мировой истории и международной политике: модернизм - традиционализм - глобализм: аналитический обзор*. Москва: ИНИОН РАН, 2017.
世界历史与国际政治中的中国：现代主义、传统主义、全球主义：分析回顾

该书分析了中国与世界历史学界的最新发展动向。书中提出了关于世界历史进程的整体性以及不同地区发展多样性的问题，指出当前国际政治的特点是反全球化和"中国中心主义"。总体而言，该书所分析的中国文本并不支持对世界科学成就的否定，也不支持对西方文化的借鉴。传统与现代、延续与创新、国内原型与外国接受的意识形态的复杂并置，是20世纪中国文化现代化的精髓所在，而这一现代化的阶段和形式不断变化，一直延续至今。具体内容包括：文化现代化的阶段：西方化、革命共产主义、全球现代性；传统的相关性：本土主义、原教旨主义、民族主义；从中原王朝到现代世界秩序；西方国际史学家对中国前景的看法；丝绸之路项目的历史意义。

Дацышен, Владимир Григорьевич и др. *Приенисейская Сибирь в советско-китайских отношениях (1917 - начало 1980-х гг.)*. Красноярск: СФУ, 2016.
苏中关系中的叶尼塞流域西伯利亚地区（1917年—20世纪80年代初）

该书以苏联时期（从1917年—20世纪80年代初）叶尼塞河流域西伯利亚地区与中国之间的交往为例，概述了国际关系的地区方面，其中最重要的主题是该地区华人社区的历史。作者根据这一时期该地区、苏联以及全球社会、政治和经济发展进程将苏中关系划分为几个阶段，继而探讨了该地区华人群体的形成和演变过程等问题。

Кобзева, Мария Артуровна. *Современная арктическая политика Китая*. Санкт-Петербург: Изд-во Санкт-Петербургского ун-та, 2019.
中国当前的北极政策

该书分析了中国当前的北极政策，尤其是在俄罗斯联邦北极地区的政策。其中特别关注

了中国在环北极地区的利益和扩大非北极国家权利的关键目标、中国北极政策的法律和制度基础、中国相关组织结构和北极决策的具体情况、"话语权"问题和中国北极形象的话语成分、"影响力集团"在北极政策形成过程中的作用，以及中国外交在与不同行为体互动中的特殊性。

Ломанов, А. В. ред. сост. *«Мягкая сила» в отношениях Китая с внешним миром*. Москва: ИДВ РАН, 2015.
中国对外关系中的"软实力"

  该书是俄罗斯科学院远东研究所（现已更名为中国与当代亚洲研究所）和越南社会科学院中国研究所工作人员的文章集，探讨了中国在与邻国关系中使用"软实力"战略的情况。包括当代外交和军事政治中的"软实力"概念，以及中国政府为增加文化产品出口和向外国提供援助而开展的活动。

Лукин, Александр Владимирович. *Возвышающийся Китай и будущее России: работы о Китае и российско-китайских отношениях*. Москва: Междунар. отношения, 2015.
崛起的中国与俄罗斯的未来：关于中国与中俄关系的著述

  该书收录俄罗斯著名东方学家和国际关系专家亚历山大·卢金的学术和时事文章、评论、传记、分析和访谈。这些著述探讨了当代俄罗斯最重要的问题：如何与经济和政治力量日益强大的伟大邻国中国互动。书中内容丰富，包括中国的文化、意识形态、历史、内外政策、中俄关系和俄罗斯的中国研究等。中国文明是独一无二的，还是可以与世界其他伟大文化相媲美？中国共产主义与苏联原型是否相似？中国的人口扩张是否影响到俄罗斯？中国是否有自己的道路？俄罗斯如何才能从这个快速发展的邻国获益同时又不依赖于它？作者以生动、清晰的语言客观地分析了诸多问题。

Медведев, Дмитрий Андреевич. *Арктическая политика Китая в первой четверти XXI века*. Москва: АНО ЦСОиП, 2020.

本世纪迄今为止的中国北极政策

　　尽管中国不是北极国家，对潜在矿产资源丰富的大陆架没有主权，但中国政府一直在为自己未来在北极的活动建立法律框架。该书的最大价值在于对中国官方文件《中国的北极政策》的解析。该文件首次制定了中国北极活动的政治目标和基本原则，概述了中国在北极的长期政策和立场。该书在全面分析国内外（主要是中国）专家著作的基础上，对中国当前的北极政策进行了思考。通过中国专家和记者的视角分析各国的北极政策，也在该书中占有重要篇幅。

Млечин, Леонид Михайлович. *Россия и Китай. Дружили, воевали, что теперь?*. Москва: Аргументы недели, 2019.

俄罗斯与中国：曾经的朋友和对手，现在呢？

　　中华人民共和国不断变化的政治进程给与苏联和邻国的关系打上了自己的烙印。20世纪初以来，中国走过了一条艰难的转型之路。今天的中国是一个充满活力的发展中国家，在经济和政治领域迅速而有计划地征服全新空间。快速发展的中国正在国际舞台上"努力恢复其历史角色"。如今，中国将俄罗斯视为自己的资源储备库，并认为自己是美国在所有世界事务中的主要合作伙伴。作者希望读者通过了解从20世纪中叶到今天莫斯科和北京之间的关系是如何逐步发展的，从而对中俄关系的未来给出自己的结论。

Муратшина, Ксения Геннадьевна. *20 лет партнерства России и Китая: результаты и уроки*. Екатеринбург: Изд-во Уральского ун-та, 2016.

俄中伙伴关系20年：成果与经验教训

　　该书从两国关系正常化开始，探讨了中俄两国在20世纪末至21世纪初的关系发展。书中追溯了不同阶段的中俄关系动态、战略伙伴关系的形成；中俄关系发展的主要成果、问题和解决方法。俄罗斯与中国之间的伙伴关系和战略合作被双方公认为"新型关系"，并在各领域积累了大量的合作经验。作者认为，不应将现有的中俄关系仅仅视为一种成就，它既有突出的成就和经验，也有不可取的因素和趋势，既有进步，也有曲折。作者将研究的时间框架定在1991—2011年，这20年的中俄关系在长度和强度上都为研究的有效性、分析结果和主要问题提供了足够的材料。

Портяков, Владимир Яковлевич. *Внешняя политика Китайской Народной Республики в XXI столетии*. Москва: ИДВ РАН, 2015.

21世纪中国的外交政策

　　该书内容包括：邓小平外交政策思想；2002—2008年中国外交政策；论深化中俄战略合作伙伴关系道路上的一些障碍；中国第五代领导人上台与中俄关系；乌克兰危机对中俄关系的影响；中国进一步崛起的前景与外交政策等。

Рябченко, Николай Павлович. *О Китае и российско-китайских отношениях*. Владивосток: Дальнаука, 2016.
关于中国与中俄关系
  该书内容分五部分。第一部分记述了 20—21 世纪中国历史上的主要里程碑：辛亥革命、抗日战争和国共内战、中华人民共和国的成立、改革和现代化。第二部分论述中苏关系，包括中苏在抗战中的合作，《中苏友好同盟互助条约》的签署，中国对苏联社会主义模式的评价，中国学者谈苏联解体等。第三部分探讨中俄关系，包括中国因素对前苏联和新俄罗斯的重要性，《中俄睦邻友好合作条约》的国际意义，两国在远东地区的友好关系，以及人民外交的重要作用。第四部分将俄罗斯和中国放在全球背景下考察。第五部分思考俄罗斯、中国与世界文明的关系。

Титаренко, Михаил Леонтьевич; Петровский, В. Е. *Россия, Китай и новый мировой порядок: теория и практика*. Москва: Весь Мир, 2016.
俄罗斯、中国与世界新秩序：理论与实践
  该书试图科学地预测俄罗斯与其欧亚伙伴的合作前景，分析俄罗斯自我发现、自我决定其角色的方式，以及与俄罗斯本土亚洲部分的发展前景和俄罗斯在欧亚和亚太国家和地区共同体中的作用及自身未来。这本著作中，作者们的文章涉及俄罗斯、中国和亚太地区其他国家和地区的历史、经济、社会政治和精神发展等最重要的热点问题，以及东西方文明之间的互动和俄罗斯在对话中的作用等问题。该书的主题由作者多方面的兴趣决定，并将对未来世界秩序基础的深刻哲学思考与目前的政治学分析结合在一起。

Юй Чжочао; Грозин, Андрей. *Политика Китая в отношении Центральной Азии*. Санкт-Петербург: Алетейя, 2018.
中国的中亚政策
  当前世界地缘政治进程对世界主要权力中心在中亚地区的战略产生了影响，在此背景下，该书对中国与中亚国家建立伙伴关系的方法进行了探讨。该书由中国和俄罗斯学者共同撰写，探讨了有关中国与苏联解体后的中亚国家合作现状和前景的广泛问题。作者们基于广泛的事实材料，侧重对中国在中亚地区的政策进行官方和各种非正式的评估。其中分析了中国因素对后苏联时代中亚五国社会政治制度的影响，中国"一带一路"下中亚地区区域经济发展的广阔前景，中国形象的塑造，利用中亚网络资源与中国建立广泛伙伴关系，对中国区域政策的评价。

日语

高橋五郎. 新次元の日中関係. 日本評論社, 2017.
中日关系的新局面

  如何与正在成为 21 世纪全球新力量的中国打交道，是当今世界许多国家面临的主要挑战之一。尤其是中国和日本这两个邻国，虽然在历史和领土问题上存在矛盾，但两国需要在理性认知的基础上建立稳定的关系，而不是完全纠缠于这些问题。

  该书编者高桥五郎认为，中日关系理论往往只关注中央政府的政治和外交关系，而要将这一理论相对化，一个重要的关键点就是要关注中日关系中的众多行为体和领域，以及它们所产生的活力。书中指出，民间和地方对中日交流的坚定意志在联结中国和日本方面发挥了重要作用。在今天，把中日关系看成是中央、民间和地方的单一关系，无疑在方法论上过于宽泛。

  在该书中，20 多位评论家从政治、经济、社会和文化等不同专业领域出发，探讨了当今"中日关系新维度"的多样性和多元性。该书分为上下两册，上册收录了著名汉学学者在爱知大学的演讲实录，下册收录了有关中日政府和民间关系的学术论文。该书是了解当代中日关系多面性的必备参考书。

川島真, 森聡. アフターコロナ時代の米中関係と世界秩序. 東京大学出版会, 2020.
后疫情时代的中美关系与世界秩序

  该书以两位主编作者兼专门研究中美关系的学者谈论疫情前后中美之间的互动关系作为开场白，其后的每位作者也都是日本国内研究国际政治的学者，他们从各领域的角度探讨后疫情时代中美关系和国际秩序将如何变化以及其战略方针，并讨论了中美之间的竞争因素与疫情如何影响中美以外的国家及其国内政治的演变。

  该书主要从政治和经济两方面探讨中美关系，并且进一步讨论了在新的竞争场所——网络空间和航天事业的对立，以及英国、德国、意大利、波兰、澳大利亚和韩国等国家在中美对立中需要面对的问题。各领域的专家对这些问题进行了论述，作者表示中美对立不仅给各国带来各领域的分歧，在其各项分歧中"斑点"性的对立是蕴含多种不同层次的，也具有不同的性质。

  全书共分为三章：第一章从中美两国意图以及地缘政治的角度来分析中美竞争关系；第二章是各位学者从商业交流、信息科学技术、网络、半导体以及航天事业等方面讲述中美竞争关系的现状；第三章是各位学者从各个国家的视角去看待 2020 年以来中美竞争关系为不同国家带来的变化和困境问题。最后作者从不同国家、不同层次分析世界秩序的动态，展现了中美竞争结构下世界秩序的"斑点性"状态。

毛里和子. 現代中国外交. 岩波書店, 2018.
现代中国外交

  该书追溯了中国外交的发展轨迹，重点详细解析了对美关系、对俄关系和对日关系在中国外交中的重要地位。书末还收录了有助于学习中国外交的文献指南和简略年表。

在分析框架方面，该书指出用传统的研究方法越来越难以理解中国外交政策的变化，旨在寻求一种分析中国外交政策变化的结构范式的方法，并提出了一种动态分析的视角。

全书包括序章共有七章：序章中主要从中国外交的六大特征方面，简单介绍了中国外交的内容及其特点；第一章以关键词为线索，将中国外交分为三个阶段，详细介绍了中国外交政策总体机制，其中对党与国家的关系、军队独立性的分析意义重大；第二章和第三章主要从政策制定机制和对外军事行动两方面讨论了中国外交政策，考察了不同时期中国外交政策的变化；第四章到第六章分别讨论了中国对日关系、对俄关系和对美关系的变化。

该书前半部分涉及的是相对传统的问题，后半部分研究了中国外交的新领域，提出了一些有价值的观点，为今后进一步提高研究质量做出了贡献。

日本中国友好協会. どうする日中関係：知らないでは済まない戦後 70 年. 本の泉社, 2015.
如何处理中日关系：我们不能不知道的战后 70 年

在二战结束 70 周年之际，该书阐明了中日关系的现状、历史趋势和其背后的原因，同时，为了更好地促进未来中日关系朝着理想的方向发展，该书也牢记明治时期以来日本侵略战争的历史。

中日友好协会，于 1950 年 10 月 1 日，即中华人民共和国成立（1949 年）的第二年，在各界人士的倡议下成立。该协会的宗旨是"加深中日两国人民之间的相互理解和彼此的友谊，促进以和平共处五项原则为基础的双边关系的发展，并为亚洲和世界和平做贡献"。它致力于大力发展中日两国人民之间的友好交流与合作，将中日友好与促进亚洲和世界和平紧密相连。

第一章通过舆论调查来了解中日两国人民的看法；第二章探究中日两国民间交流的实貌；第三章描述了在日中国人包括中国留学生等；第四章描写了大众媒体对中国的报道和刻画；第五章分析了逐渐好转的中日经贸关系；第六章分析了中日两国关系现状；第七章说明了战后赔偿问题。

三船恵美. 中国外交戦略：その根底にあるもの. 講談社, 2016.
中国外交战略与其根基所在

该书在中国共产党成立一百周年（2021 年）和中华人民共和国成立一百周年（2049 年），即"两个一百年"的背景下审视中国的外交和安全战略，探讨了 2015 年 10 月之前的中国外交情况。该书还探讨了中国如何评估和面对似乎正走向衰落的美国，以及中国与日本的关系将如何发展等问题。

具体来看，该书的讨论分为以下三点：第一，如果将中国当前的外交政策、国家战略和安全战略置于"从过去到现在、从现在到未来的过程"中来看待，那么如何整理这些政策和安全战略？第二，2009 年，中国从韬光养晦的外交政策转向"坚持韬光养晦，积极有所作为"的外交政策；第三，2015 年 10 月之后的中国与美国的关系如何，以及如何在中国对中亚和周边国家的外交政策中定位日本。

小倉和夫. 日本の「世界化」と世界の「中国化」：日本人の中国観二千年を鳥瞰する. 藤原書店, 2019.
日本的"世界化"和世界的"中国化"：鸟瞰两千年来日本人眼中的中国

  该书跨越了从古代到现代的广阔时空，通过详尽的文献回顾和客观的分析，探讨了日本与中国之间的复杂关系及其背后的文化认知变迁。

  书中首先指出，尽管中国在经济和政治上已成为世界大国，受到全球的认可，但日本人对中国传统文化的亲近感却有所减退，与此同时，通过漫画、动画等现代文化形式，年轻一代对中国文化有了新的共鸣。

  作者通过对历史人物、文学作品和政治外交事件的深入分析，揭示了日本人对中国看法的多样性和时代特征。从古代的卑弥呼到近现代的政治家吉田茂，书中涵盖了超过 50 位与中国文化有深刻联系的日本人物，探讨了他们如何与时代中的中国互动。该书分为序章和三部分，分别从古代至江户时代的中国观、近代日本政治家和外交官的中国观，以及近代日本艺术家和文人笔下的中国形象等角度，多维度地审视了两千年来的中日关系。

小池求. 20 世紀初頭の清朝とドイツ：多元的国際環境下の双方向性. 勁草書房, 2015.
20 世纪初的清朝与德国：多元国际环境中的交互性

  该书通过整体研究两国的史料，探讨清朝外交的可能性与局限性、德国对清政策的结构、东亚和欧洲间的国际活动，以此阐明了 20 世纪清朝外交的主体性和德国对清政策之间有着怎样的相互作用。该书从清朝作为外交行动者的角度下，对政治、通商、交流往来等各种领域进行了新的阐释。

  该书怀着对近代清朝与外国的关系是怎样的这一问题的探究而进行研究。根据研究结果，基于不平等条约的签订，列强是主动方、清朝是被动方这样的结构逐渐明确。该书试图从虽然在欧洲是大国但在东亚的影响力却不大的德国与清朝的关系出发重新审视清朝与外国的国际关系的构成，而不是从一直作为研究清朝与外国国际关系核心的英、美、日、俄等国的角度。该书重点是关注清朝和德国作为外交行动者，在交流往来、政治和贸易三个领域的活动有何性质，不仅关注"两国做了什么"，还从对方的角度关注"两国能做什么和不能做什么"。随后，该书介绍了在欧洲和东亚局势息息相关的国际环境中，清德关系在各个领域虽然有着不同的特征，但又在清德合作中相互影响、相互交融。

益尾知佐子. 中国の行動原理：国内潮流が決める国際関係. 中央公論新社, 2019.
中国的行动原理：由国内潮流决定的国际关系

  该书以中国的国内政治为焦点，试图解释中国对外行动的原理。这是直面中国之谜的研究成果。

  该书在序章中主张，中国国内的力量决定了中国的对外行动。第一章介绍了现代中国的世界观；第二章介绍了定义中国人的传统家庭观，为该书的讨论提供了前提；第三章是中华人民共和国成立初期到 1976 年为止；接着第四章是对至今为止的对外行动的说明；第五章讲述了广西壮族自治区的对外经济活动；第六章讲述了国家机构影响中国对外行动的案例，讲述了国家海洋局的兴衰。最后，是展望今后中国的未来。

该书中随处可见有趣的事实关系记述，对中国对外政策的决定因素提供了许多启示。而该书中也进行了对中国外交及对外政策极其有意义的研究，对读者的思考具有启发性质。

益尾知佐子 [ほか]. 中国外交史 . 東京大学出版会, 2017.
中国外交史

中国的全球影响力与日俱增，中国是如何面对世界、如何与美国和日本等其他国家交往的？中国将会向何处去？该书描绘了中华人民共和国自 1949 年成立至 2017 年的对外关系发展历程，旨在分析其与邻国交往的方式。

这本综述性著作分析了 1949 年以来当代中国的外交政策，适合希望了解中国外交发展历程的普通读者阅读。在日本，包括网络和书籍在内的各种媒体对中国的讨论和文章很多，而且这种趋势正在不断加强。然而，正如该书所指出的，"缺乏基础知识，基于误解和感情用事的煽情论调也经常出现"（第 1 页）。该书中的四位作者从和平共处五项原则到独立自主的和平外交政策，从开展全方位外交到对成为全球性大国的摸索，详细描述撰写了这本与中国外交相关的综述性著作，试图以此改善这种状况。

法律

英语

Blasek, Katrin. *Rule of law in China: a comparative approach.* Germany: Springer, 2015.
法治在中国：比较研究

作为构成西方民主国家基本原则的重要概念——法治，在当代中国也一直被视为未来发展的前提和要义。该书以法治一词在中西方是否真正共享相同的理念这一问题为出发点，详尽比较了中国领导人和官方出版物中之于"中国特色社会主义法治道路"中的"法治"与西方文明在不同应用场景下的"法治"，并深入探究了西方代表性国家中公认的法治核心要素的实施情况，包括权力分立、法律至上、基本权利保护和司法独立等内容。该书为区分中西法治差异化及理解中国法治体系和法治道路都提供了重要视角。

Chen, Lei; Janssen, André. *Dispute resolution in China, Europe and world.* Cham: Springer, 2020.
中国、欧洲与世界的争端解决

随着争端解决市场的迅速转型，相关法律体系也随之调整。该书收录了国际争端解决领域顶尖专家的文章，重点关注亚洲的争端解决市场，同时也融入了欧美地区的争端解决机制，分析了不同法律体系在处理争议时的方法、挑战和最佳实践。在中国部分，作者分析了中国仲裁委员会（CIETAC）和其他主要仲裁机构的运作情况，讨论了《中华人民共和国仲裁法》的实施效果，指出了中国在仲裁和调解方面的改革与发展。在欧洲部分，书中探讨了欧盟成员国在争议解决方面的法律框架和实践经验。重点分析了欧洲法院体系、商事仲裁和调解的发展，展示了欧盟在推动跨国争端解决方面的努力和成就。

Chen, Li. *Chinese law in imperial eyes: sovereignty, justice, & transcultural politics.* United States: Columbia University Press, 2016.
帝国眼中的中国法律——主权、正义与跨文化政治

该书聚焦于鸦片战争之前的 100 年（1740—1840），通过对中国、欧洲双方档案史料的深入挖掘，开辟了探讨清代法律与外交研究的全新视角。作者将中国法律的形象分别放在中、欧各自的历史话语中去考察，运用"接触区"（contact zone）的概念，将中西方的跨文化政治做动态的考察,并主张这种影响是双向而非单向的过程。对中国法律的理解不仅塑造了中西关系的发展轨迹,也在西方建构自身"现代性"的过程中发挥了重要的作用。

Deva, Surya. *Socio-economic rights in emerging free markets: comparative insights from India and China.* United Kingdom: Routledge, 2015.
新兴自由市场下的社会经济权利:中印比较研究

中国和印度作为两个强大的自由市场经济体迅速崭露头角,但在经济快速增长背后所带来的环境污染、贫富差距大等问题也不容忽视。该书聚焦于自由市场的意识形态和制度确立对中印社会经济权利的实现问题,探讨在传统养老体系崩溃而新的社会保障系统尚未完善的背景下,两国如何应对共同的治理挑战。该书各章由不同的国际知名学者撰写,从不同的角度入手,分别探讨了两国宪法和法律框架在社会经济权利方向的应对及调整,审视中国和印度法院在权利保护和实行中的角色体现、分析了公益诉讼的应用及其局限性,评估了具体权利(如食品、健康、教育、社会保障和性别平等权利)在特定领域内实施的有效性。

Hjalmarsson, Johanna; Zhang, Jingbo. *Maritime law in China: emerging issues and future developments.* Abingdon; New York: Routledge, 2017.
中国海商法:新问题与未来发展

随着中国从事航运、造船、银行和保险等活动的商业能力不断提高,以及国家作为商业担保人的作用逐渐减弱,中国的海事和航运市场得到了极大的发展。该书深入探讨了中国海商法的发展现状、面临的挑战以及未来可能的发展方向。该书组织专家团队,通过对现行的《中华人民共和国海商法》的详细介绍,分析了中国海上货物运输、国际贸易、船舶和船员以及海事责任等关键领域,特别关注了海洋环境保护、海洋法改革趋势等前沿热点问题。

Jackson, Isabella; Bickers, Robert A. *Treaty ports in modern China: law, land and power.* United Kingdom: Routledge, 2016.
近代中国通商口岸:法律、土地与权力

19世纪末和20世纪,外国列强通过一系列开放通商口岸的不平等条约,在中国当局的管辖范围之外控制了中国沿海战略要地的整个城市或部分城市。该书汇集了与中国通商口岸条约相关的一系列最新研究,着眼于条约港的开放和运营,探讨了中国近代条约港的法律、土地和权力结构,及其在社会、经济和政治转型中的角色。作者详细分析了自鸦片战争后条约港的开放背景,通过移民、城市化、政府政策和基础设施建设等方面的具体案例,解释了中外条约对这些港口的影响,以及西方列强在港口施加的影响力和管理权,揭示了其在历史中的特点和多重影响。

Kitagawa, Hideki. *Environmental policy and governance in China.* Tokyo, Japan: Springer, 2017.
中国的环境政策与治理

中国在过去几十年中面临严重的环境挑战,如空气污染、水污染和土地退化等问题,引发了外国投资者的关注。该书探讨了中国的环境政策和治理结构,详细分析了中国政府在应对环境问题方面的策略和措施。作者通过实证研究和案例分析，展示了中国在制定和实施环境保护法和环境政策方面的努力和进展。此外，该书特别关注中日对比研究，分析了环境治理中的多层次治理模式，包括中央和地方政府的分工与合作、非政府组织（NGO）和公众参与的重要性，进一步指出在监察制度、信息管理和公众参与度等方面的缺陷。

Kokkoris, Ioannis [et al.]. *Competition law and intellectual property in China*. Oxford: Oxford University Press, 2019.
中国竞争法与知识产权

该书采用专题方式探讨了中国反不正当竞争法和知识产权领域的一些争议问题，收录了大量知名学者和专家的文章。书中首先介绍了中国竞争法的发展历程和现状，分析了中国在打击垄断行为、维护市场竞争秩序方面的立法和执法实践。该书的核心内容是竞争法与知识产权法的交汇点，讨论了这些领域执法的当前趋势和未来挑战，为司法管辖区在执行反不正当竞争法和知识产权法时所采取的不同观点提供了高质量的最新详细分析，以此加深对具有争议性和前沿性问题的理解。

Kroncke, Jedidiah Joseph. *The futility of law and development: China and the dangers of exporting American law*. United States: Oxford University Press, 2016
法律与发展的幻象：中国与美国法律输出风险

该书深入探讨了美国法律和发展政策在中国的实施及其效果，揭示了将美国法律体系出口到中国所面临的挑战和局限性。作者回顾了中美法律关系的历史，指出最初美国建国者对中国法律持开放态度，但随着时间的推移，美国对中国法律的态度变得更加保守和殖民主义化。二战后，美国的法律全球主义逐渐世俗化，美国开始试图将本国法律视为普遍适用的范式，并作为外国法律发展的催化剂。但在作者看来，这种尝试不仅未能实现预期的法律现代化目标，反而固化了对中国法律发展的误解，阻碍了中美法律交流的实质性进展。尤其到冷战时期，美国的法律霸凌被美化为一种法律人道主义，美国的外交政策均建立在对外国法律发展的扭曲理解之上。通过分析中美法律互动的历史和现实，作者警告了简单复制美国法律模式的危险，呼吁更加尊重和理解中国本土法律文化和实践，以促进真正有效的法律改革和国际法律合作。

Kushner, Barak. *Men to devils, devils to men: Japanese war crimes and Chinese justice*. United States: Harvard University Press, 2015.
从人到鬼，从鬼到人：日本战犯与中国的审判

1931—1945年，日军在侵略中国的战争中犯下了许多罪行。第二次世界大战结束时，中国与盟国一起取得了胜利，许多人似乎准备对这些罪行进行报复。然而，他们没有诉诸暴力，而是选择通过法律和外交手段来对付他们以前的敌人。

有别于历来由美方主导、备受关注的甲级战犯审判，该书聚焦于乙丙级战犯的审判，跳脱过往探讨天皇是否需要承担战罪的窠臼，将战犯议题置入东亚近代史的大脉络之中，深入分析战犯在战后中国如何成为各方角逐权力的工具。作者不仅探究了冷战时期中日之间复杂的政治操纵，也剖析了乙丙级战犯审判所透露出的国共两党暗潮汹涌的政治角力。在国际舞台上，中国和日本都为自己的利益或推动或阻挠这些审判，两国都试图向世界证明自己的正义性。书中揭示了人们战后对日本战争罪行的追讨以及其对中日关系的不同影响，显示了一种冷战的动态，这种动态至今仍困扰着东亚关系。该书为 2016 年费正清奖获奖作品。

Liu, Kung-Chung; Racherla, Uday S. *Innovation and IPRs in China and India: myths, realities and opportunities.* Germany: Springer, Published by Springer Nature, 2016.
中印的创新与知识产权：神话、现实与机遇

作为过去 30 年经济增长最快的国家，中国和印度在创新和知识产权方面兼具机遇和挑战。通过对中印经济和法律现实的批判性审视，该书研究了中印两国的知识产权制度、创新和经济增长的互动关系。通过深入的理论和实证分析，作者展示了中国和印度如何通过政策改革和法律完善，激励企业和个人进行创新，并保护其知识产权；以及如何将创新转化为知识产权，再如何利用知识产权来鼓励创新。

Liukkunen, Ulla. *Fundamental labour rights in China - legal implementation and cultural logic.* Switzerland: Springer, 2015.
中国基本劳动权利：法律实施与文化逻辑

作为国际劳工组织（ILO）的创始国之一，中国在融入全球经济体系和国内经济社会转型过程中，基本劳动权利保护的发展显得尤为重要。尽管中国已批准了八项核心公约中的四项，但在国内有效实施和执行这些公约仍面临挑战。该书深入研究了中国劳动法的法律框架、法律机构和参与人员等基本法律制度建构，还从具体法律权利入手，对禁止强迫劳动、禁止使用童工和反歧视等基本劳动权益进行了详尽分析。作者开拓多元视角，结合社会经济背景，探讨了在解释、实施、执行及推进基本劳动者权益方面的内容；坚持跨文化、跨学科视域，汇集了中国、美国和欧洲各国等数位著名学者的互补视角与见解；进行社会历史考察，研究了中国独特文化背景和逻辑下的基本劳动权利。该书通过多领域、宽视野的探索与研究，考察了国际劳动标准在中国法律法治中的更广泛作用，对反映中国劳动法历史和当代法治建设具有实质深度。

Mitsilegas, Valsamis. *Transnational crime: European and Chinese perspectives.* London: Routledge, 2018.
跨国犯罪：中国与欧洲的视角

该书收录了来自中国和欧洲不同学科背景的知名学者和从业人员的文章，探讨了跨国犯罪问题，并从欧洲和中国的角度进行比较分析，揭示了二者在应对跨国犯罪方面的异同和合作前景。作者强调，跨国犯罪的复杂性和全球化背景使单一国家难以独立应对，国际合作变得尤为重要。从欧洲的角度看，作者指出，欧盟内部的合作机制有效地提升了跨国犯罪的侦查和打击效率。从中国的角度看，通过对《刑法》和《刑事诉讼法》的修订，以及与国际执法组织的深度合作，都加强了对跨国犯罪的法律打击力度。

Pisacane, Giovanni; Murphy, Lea. *Arbitration in China: rules and perspectives.* Singapore: Springer, 2016.
中国仲裁：规则与观点

该书通过对中国仲裁体系及法律框架的介绍，尤其是对《中华人民共和国仲裁法》进行了英文版详解，从仲裁协议的签订到仲裁裁决的执行，全面探讨了中国仲裁制度的规则和实践，揭示了中国仲裁制度的独特之处和运作机制。另外，该书从外国企业经营者的角度出发，对比了中国仲裁与国际仲裁的异同，分别分析了在非中国仲裁机构进行的程序，以及在中国作出的仲裁裁决在国外的承认和执行的情况，以满足企业家在华仲裁的实际需要，也为读者理解中国仲裁及其在全球仲裁体系中的定位提供了技术型的见解。

Rizzi, Cristiano [et al.]. *Chinese expansion in the EU: strategies and policies of the two blocks and the role of the U. S.* Chicago, Illinois: American Bar Association, Section of Intellectual Property Law, 2016.
中国在欧盟的扩张：两大集团的战略政策及美国的角色

全球化影响了人们生活的许多方面，但没有一个方面受到的影响比国际贸易更深刻。该书由一组在该领域具有广泛经验的国际律师撰写，详细分析了中国政府对从中国流向欧洲的外向投资进行的约束，尤其是内部制约，同时也展示了近年来随着中国在国际市场确定站位，并向对外投资注入大量资金，相关事态发生了怎样的巨大变化。

该书还是一份关于中国投资的全面指南，涉及欧盟兼并管控机制及其机构如何运作、创新型新兴产业和技术的开发与应用、吸引中国投资者到欧洲去的战略、投资多元化、新改革对中欧政策的影响，以及对知识产权的有效保护。

Shen, Guang. *Regulation of cross-border establishment in China and the EU: a comparative law and economics approach.* Netherlands: Intersentia, 2016.
中国和欧盟跨境监管的设立：比较法和经济学方法

该书从比较法和经济学的角度，研究了中国跨省公司和欧盟跨境公司设立的规范，更广泛地说，也是对商业许可的法律和经济学文献进行的分析。书中第一部分讨论了中国跨省公司设立的规则及实施情况，重点揭示了其面临的障碍。同时也分析了欧盟内部市场的演变，并展示了欧盟如何规范公司的跨境设立。第二部分从多层次司法的角度对跨境公司设立的规范进行了经济分析。第三部分则从经济学文献的角度审视了中国跨省公司设立规范，并分析了其与欧盟跨境公司设立规范之间的差异，试图寻找中国是否可以从欧盟在市场整合方面的经验中学到一些东西。

Snyder, Francis G. *Food safety law in China: making transnational law.* Netherlands: Brill, 2016.
中国食品安全法：跨国法律体系的构建

该书是研究中国制定跨国食品安全法的首部著作。作者向我们展示了2008年三聚氰胺婴儿配方奶粉危机如何促使中国制定了首部食品安全法和新的食品安全标准，对政府政策进行了重大改革，并与国际组织建立了更密切的关系。同时作者认为尽管当今中国的食品安全法深受跨境因素的影响，但根植于中国社会的法制机构仍然在法律体系制定中扮演了重要角色。该书在深入探讨了中国在应对食品安全挑战方面所采取的法律措施（包括监管框架、法律实施和国际合作）的同时，也指出了中国食品安全法律与国际标准和法治趋势的相互作用、相互影响。

Toohey, Lisa; Picker, Colin B. *China in the international economic order: new directions and changing paradigms.* United States: Cambridge University Press, 2015.
国际经济秩序中的中国：新方向与范式转变

自中国于 2001 年 12 月 11 日加入世界贸易组织（WTO）以来，中国的经济发展以及全球的经贸体系均发生了翻天覆地的变化，中国在国际经济法各个领域的参与度也显著提升。该书通过概述中国在全球经济中的崛起历程，分析了中国成为全球第二大经济体后对国际经济秩序的影响。作者从贸易投资、货币法、金融、竞争法和知识产权等多方面，深入展现了中国在国际经济活动中的全方位战略布局。该书强调尽管中国在适应和塑造国际经济规则方面仍面临重要挑战，但其在国际经济秩序中的新方向已向世界展示了一个全球治理新范式。

Wang, Chuanhui. *The constitutional protection of private property in China: historical evolutionand comparative research.* United Kingdom: Cambridge University Press, 2016.
中国私有财产的宪法保护：历史演进与比较研究

该书深入探讨了中国私有财产在宪法保护下的历史演变和比较研究，通过梳理从清朝至当代的私有财产保护政策和法律框架的发展路径，尤其是改革开放以来中国私有财产制度的演进，揭示了中国私有财产在不同历史时期的法律地位和保护程度的变化，并探讨了推动中国私有财产受宪法保护演变的社会力量。此外，该书通过比较研究方法，分析了包括美国、加拿大、德国、印度和中国在内的代表性国家的财产理论发展和把私有财产权写入宪法的模式与实践，以此揭示中国在公共利益、合理补偿和正当程序三大宪法原则应用上的不公正和不足之处，这也为理解中国法律体系中私有财产权的法律地位和保护提供了重要的参考。

Yun, Changzhi. *Evolving towards rule of law in China: changes over the past 10 years.* London: ACA Publishing, 2015.
中国走向法治：过去 10 年的变化

一直以来，西方眼里的中国法治实践都是较落后的，是需要带着怀疑的目光来审视的。然而，根据该书对中国宪政制度新发展的最新研究，西方的既有假设是错误的。

改革开放以来，中国经历了复杂的社会变革，法治环境面临各种挑战，其经济转型和快速发展能得以实现，需要依靠"依法治国"作为根本原则。该书致力于介绍当代中国的法律制度体系，详细描绘了中国法治领域的实质性进步，集中展示了中国近年来不断推进"依法治国"的进程，以帮助读者全面了解中国的政治、商业和民事法律。

Zhao, Yun; Ng, Michael. *Chinese legal reform and the global legal order: adoption and adaptation.* Cambridge: Cambridge University Press, 2018.
中国法律改革与全球法律秩序：采纳与适应

该书深入探讨了中国法律改革及其与全球法律秩序的互动，分析了中国法律体系在全球化背景下的采纳和适应过程。与其他研究不同的是，该书将当代中国法律专家的观点与中国法律史学家的学术研究相结合，提供了一个独特的跨学科视角，揭示了中国在全球化背景下和复杂的国内环境中的法律改革实践。此外，该书从多领域出发，集合具体案例，展示了中国在贸易、证券法、个人信息保护法、刑法、人权及国际法等多个领域的法律框架构建和法律改革，并最终形成具有中国特色的法律制度。通过对中国法律改革理论与实践的全方位深入探究，作者对中国法律改革对全球法律秩序的影响，以及中国在全球法律治理体系中的大国角色都展示出极大的认可和期待。

Zhen, Jing. *Chinese insurance contracts: law and practice.* New York: Routledge, 2017.
中国保险合同：法律与实务

作为第一部以英文写作的中国保险法系统研究著作，该书对中国保险合同法的主要原则、理论和概念都进行了批判性分析，读者可以借此通过一种清晰而全面的方式来观察中国法律的复杂性。

该书全面介绍了《中国保险合同法》，并对其要素进行了深入分析。此外，该书还介绍了一些特殊类型的保险合同，如人寿保险、财产保险、责任保险、机动车辆保险、海上保险等，对法律和实践的缺陷与不足进行辨析，提出了法律改革的建议。该书还就如何起草条款、避免合同陷阱，为从业者提供了法律和实践建议。

Zhou, Ling. *Access to justice for the Chinese consumer: handling consumer disputes in contemporary China.* Oxford, UK: Hart Publishing, an imprint of Bloomsbury Publishing, 2020.
为中国消费者伸张正义：当代中国消费者纠纷处理

该书对当今世界第二大消费市场——中国本地化的消费者投诉处理和纠纷解决，以及普通和"专业"消费者的经历进行了"社会—法律"视角的探索，通过对大量令人印象深刻的实证数据的详细分析，突出了中国当地对"调解"的理解和实践风格，指出在保障中国消费者权益方面，公众意识中存在的对政府的持续依赖感。这不仅是消费者纠纷处理本身的重要特征，也有助于解释为什么没有出现监察员制度。

该书创造性地探讨了中国独特的纠纷解决和投诉系统的性质、该系统中的问题以及消费者在其中的经历，说明了受害的消费者在当地可以求助的司法程序，并为亚洲和其他地方的比较消费法研究提供了独特的视角。

法语

Constant, Frédéric. *Le droit mongol dans l'État impérial sino-mandchou, 1644-1911: entre autonomie et assimilation.* Paris: Collège de France, Institut des hautes études chinoises, 2018.
清帝国的蒙古法，1644—1911：在自治与同化之间

该书从概述清政府为蒙古地区颁布的法律入手，探讨了其应用过程中出现的问题。通过对清朝以前的蒙古法典、行政法规、地方条例等大量法律文献的研究，作者分析了法律与地方自治、法律多元化、政治同化以及中央—地方关系等各种因素之间的相互作用。作者认为，清朝在起草专门针对蒙古地区的法律时，倾向于强调汉法的方法和原则，并逐渐改变蒙古法律中的一些传统概念。尽管清朝大力控制和规范外围地区的行政管理，促进汉族移民对蒙古形成影响，但蒙古法律的原则并未完全消失，这一点可以从蒙古地方行政机构所作判决中看出。

德语

Goehl, Susanne Annelie. *Rechtsreformen zur nachhaltigen institutionellen Ausgestaltung des chinesischen Finanzsystems.* Hamburg: Verlag Dr. Kovač, 2016.
法律改革以构建可持续的中国金融制度体系

在全球金融市场危机的背景下，建立稳定的法律框架正成为当前的焦点议题。关于"适当"监管环境的讨论引发了政界和学界的空前关注，对资本市场实施有效的监管和监督、保护投资者并避免不良贷款的呼声越来越高。

金融市场的持续发展及必要的机构改革对于中国等新兴经济体至关重要。在寻求长期的全球性"解决方案"时，也必须将这些国家的金融体系纳入其中。该书选择中国作为研究对象，原因之一是其法律进步与经济发展之间的关系。随着中国市场上私人参与者之间经济关系的增加，对法律框架的需求日益增长。现有的法律体系试图以单项法规和试点项目的形式满足这一需求。这些法律上的变化扩大了私人参与者的操作空间，而经济交易数量的增加又反过来进一步刺激了法律改革。由此可见，中国法律框架的发展并非先于经济发展，而是紧随其后，并由经济发展所推动。

英国、阿根廷、巴西和日本的历史经验表明，短期的经济成功并不一定能保证未来的增长。机构效率低下、法律法规执行不力会成为经济可持续增长的主要障碍。持续干预资本市场以支持国有企业，可能会削弱市场经济改革的力度，并增加未来发生金融危机的可能性。只有通过必要的法律改革，中国才能长期维持其高经济增长。

Heinrich, Antje. *Die Förderung kleiner und mittlerer Unternehmen in China: eine wirtschafts- und rechtsvergleichende Untersuchung.* Wiesbaden: Springer Gabler, 2018.
中国促进中小企业发展：经济与法律比较研究

中小企业在国民经济中发挥着重要作用，通过创造大量就业机会、促进竞争或对金融政策产生影响，它们构成了经济的"中流砥柱"。在德国，2013年中小企业占企业总数的99%，其创造的营业额约占德国总营业额的32%，并为德国60%的劳动人口提供了就业机会。考虑到中国的私营企业在改革开放时期才合法化，其中小企业迄今为止的发展状况就更为令人瞩目。该专著研究了中德两国促进中小企业发展的法律和相关政策，并比较其异同。书中详尽分析了两国中小企业的经济和法律框架，并比较这些规定在商业实践中的具体实施情况和效果。由于德国是欧盟成员国，作者同时考察了欧盟法律规定的相关影响。

俄语

Трощинский, Павел Владимирович. *Правовая система Китая*. Москва: ИДВ РАН, 2016.
中国的法律体系

该书通过对中国现行法律、古代法律、法律文化和公民法律意识的分析，对中国现代国家法律体系进行了基础性全面研究。书中详细描述了从1949年中华人民共和国成立以来法律体系发展的主要阶段，并总结了具有中国特色的社会主义法律体系的主要特征。该书研究了传统对中国法律的影响，中国社会中法律与政治、法律与意识形态的关系等问题。该书还特别回顾了俄罗斯法学和汉学对中国法律研究的贡献。该书用专门的一章研究了中国法律的主要分支，分析了宪法、刑法、民法、行政法和其他法律分支（环境法、能源法、劳动法、军事法），以及俄罗斯学术界甚少研究的中国诉讼法。该书最后一章介绍了中国香港、澳门和台湾的法律制度。

Трощинский, Павел Владимирович. *Эволюция правовой системы Китайской Народной Республики (1949-2018гг.): историко-правовой аспект: (с перечнем действующих законов КНР)*. Москва: ВКН, 2018.
中华人民共和国法律体系的演变 (1949—2018)：法律史视角

该书致力于研究1949—2018年中国法律体系发展的特点。作者认为，中国的法律体系发展一直具有独特的民族色彩。在用法律调节社会关系方面，中国有着与世界其他国家明显不同的特殊经验。在政治和法律领域，中国坚持国家利益优先于社会和个人利益。传统价值观是中国法律体系的一部分，确保了中国法律体系内部的高度独特性和稳定性，避免了来自外部的"动摇"。对中国传统和现代法律的研究可以揭示中国隐藏在政治、经济和社会领域所取得的成就背后的国家法律调节机制。该书最后列出了截至2018年9月1日中国现行法律的完整清单。

日语

小口彦太[ほか]. 中国契約法の研究：日中民事法学の対話. 成文堂, 2017.
中国合同法的研究：中日民事法学之对话

该书作为中日合同法具体问题的比较法研究，具有重要的学术意义与现实意义。其不仅涵盖了合同法的关键问题、展示了当前中国合同法解释法学的高水准，而且作为微观比较法的实践范例和现实合同实践中的解释指南，对中日两国都具有极大的借鉴意义。

该书为中日法学家合作之产物，由中日两国合同法的相关条文以及条文比较（小口教授撰写）、有关中国《合同法》总则部分中各个论点的问题的提示（小口教授撰写）、答复（由韩世远、王成两位撰写）、点评（由濑川、松冈、渡边三位撰写）四个部分构成，以期对合同法上的特定题目进行深入的探讨，与所谓的概论类著作是不同的。该书第一部分为"概要"，是由小口教授对第二部分的详细讨论进行的简要整理；第二部分为中日法学家对话的详细内容以及日方学者的点评部分。该书日文版于2017年3月由日本成文堂出版，使日本法律界更加了解中国民法的发展，中文版的出版发行也将为中国学者研究合同法提供一个比较法的视角，有助于中国民法典的编纂工作。

池田雄一.漢代を遡る奏[ゲン]:中国古代の裁判記録.汲古書院,2015.
追溯到汉代的奏谳：中国古代的司法案例

在公元前194年退休的县吏的墓中，发现了作为陪葬的题为《奏谳书》的22种司法案例，这被认为是他生前执行公务时使用的。出土地是在湖北省荆州市张家山（发掘时行政区域为江陵县）247号汉墓，包括这些司法案例在内的1200多枚竹简被称为"张家山汉简"。22种司法案例中的16种是墓主县吏在任期间的汉代初期的案例，其余6种是可以追溯到汉代之前，从春秋战国到秦国统一天下这段时期的司法案例。

奏谳指的是在下级审判中，若对判决存在疑义，可向上级寻求裁决的制度。从战国末期到汉代，判决先由县进行初审，郡进行复审，甚至中央官府也可能涉及复审，这便是中国审判制度分级的起源。这22种新出土的司法案例中，汉代初期的案例反映了当时的奏谳制度，并且格式完整，而追溯至汉代之前的6种司法案例在记载形式上与其他16种有所不同，因此，关于《奏谳书》中追溯至汉代之前的6种司法案例如何定位的问题一直存在。直到2013年6月《岳麓书院藏秦简（叁）》的出版，揭示了汉代之前存在奏谳的证据，该问题才得以解决。继《奏谳书》中的16种司法案例，该书也为追溯至汉代之前的司法案例提供了翻译注释和现代语翻译，是珍贵的全文翻译和注释。

但見亮.中国夢の法治:その来し方行く末.成文堂,2019.
中国梦中的法治：从哪里来，到哪里去

该书从历史与现实、理论与实践的角度出发，全面分析了中国法治建设的起源、现状与未来趋势。首先回顾了"中国梦"的概念及其在新时代的内涵，指出其核心是实现国家富强、民族振兴和社会和谐。作者进一步探讨了"中国梦"中"信仰"的元素，以及如何通过法治来实现社会公平、正义和秩序。

该书详细分析了中国司法改革的各个方面，包括案例指导制度的形成与发展、依法治国的推进、物权法的制定与争议、公民参与的现状与功能，以及信访制度的二面性等。每一项议题都结合了具体的法律案例和政策文件，展示了中国法治建设的复杂性和多维性。作者还对当前中国法治面临的挑战和可能性进行了深入讨论，指出在推进法治的同时，如何处理好党的领导、司法独立和公民参与之间的关系，是实现中国梦的关键。另外，该书记载着丰富的案例和翔实的分析，这些内容为理解中国法治的过去、现在和未来提供了宝贵的学术参考。

冨谷至.漢唐法制史研究.創文社,2016.
汉唐法制史研究

中国的法律和刑罚制度，在秦汉时期就已经达到相当高的水平，经过三国和南北朝时期，在 8 世纪的唐朝得到了进一步完善，并对东亚、朝鲜和日本的法律制度产生了不可估量的影响。该书追溯了汉代法律制度在魏晋南北朝时期的变迁过程，最终形成了唐代法律制度，旨在阐明中国前现代法律制度的特点和发展，以及中国古代法律制度与中世纪法律制度之间的差异。

该书从法、刑、罪三要素出发，追溯了汉代法律制度在被魏晋南北朝继承的同时又被修改，最终形成唐代法律制度的过程，并考察了这些要素的变迁和意义。该书厘清了中国近代以前法律制度的特点和发展脉络，以及中国古代法律制度与中世纪法律制度的差异，以独特的视角展现了中国法律史的体系。全书贯穿了作者对中国古代社会礼与法这两种规范相互交叉的认识，强调中国刑罚的本质在于威慑与预防，重视北朝胡汉融合体制的重要作用，并且善于运用简牍学与法史学相结合的研究手法，考证精详，别出心裁。

这部开创性的著作还阐释了以中国法律为基础的日本律令和律令的法律思想，着眼于日本与中国法律文化的差异，以及西方与东方的差异，带领读者进入一个更广阔的历史世界。

高見澤磨 [ほか]. 現代中國法入門第 8 版 . 有斐閣，2019.
现代中国法入门第 8 版

该书是由高见泽磨等多位专家合著的学术作品，涵盖了中国法律的基本原则、法律制度以及近年来的法律改革和发展，适合法律专业学生、学者以及对中国法律感兴趣的普通读者。

该书以法为切入点观察中国社会，反映了以 2017 年民法总则的制定和 2018 年宪法修改为首的中国立法动向，准确地描绘出了中国法律的现状：一方面确定"社会主义核心价值观"和"中国共产党的领导"，将"社会主义核心价值观""中国共产党的领导"载入宪法，加强党的领导；另一方面完善以市场机制为支撑的法律制度。

该书共两篇十一章，包括了总论和分论，总论主要讲述的是现代中国法的前史和历史，分论主要包含了宪法、刑法、民法和行政法等具体的中国法律，旨在为读者提供一个全面而深入的中国法律体系概览。

吉見崇 . 中国司法の政治史 1928—1949. 東京大学出版会，2020.
中国司法的政治史 1928—1949

该书并非从过去所强调的一党专政的角度，而是从包括立宪主义和民主主义的宪政角度，重新审视了在中国建立和治理现代制度的中国国民党政权，并将其重新置于中国近现代史之中。通过新的历史资料，清晰地描绘了围绕司法制度的政治形势。

该书主要分为四个部分。第一部分聚焦于权力分立，探讨了在一党专政下司法独立的挑战和努力，从五权分立的理念到实际的宪法制定活动和司法改革。第二部分讨论了权力抑制，描述了中国试图接近英美法系的努力，以及在 1945 年刑事诉讼法改革中的挑战和结果。第三部分关注于权力保护，回顾了历史上对人身自由的法律保障措施，以及这些措施如何在国民党时期得以实施和演变。第四部分总结了国民党政权时期在宪政和司法领域的历史位置和影响，强调了其在中国近现代政治发展中的复杂角色和影响。

若江賢三. 秦漢律と文帝の刑法改革の研究. 汲古書院, 2015.
秦汉律法和文帝的刑法改革的研究

该书探讨了秦汉律法与文帝的刑法改革问题,并涉及与秦汉刑法史相关的诸多问题,以及中国古代史研究的基础性问题,向读者呈现了作者独特的问题意识和视角。该书还论证了秦汉律法中存在"刑期"的事实,并且围绕三族刑、诽谤妖言令的废除、秦律中关于盗罪及其量刑的规定、秦律中的城旦舂,以及在秦律和早期汉律中的"刑城旦舂"的内容等展开论述,对秦汉法律以及文帝的刑法改革进行全面研究。

该书是作者 40 年间对中国古代史研究的结晶。全书共分三部分:第一部分以秦汉律令和文帝刑法改革为主要研究课题;第二部分是与秦汉刑法史有关的各种问题的研究;第三部分是中国古代史研究的基本问题(度量衡、货币、粮价、俸禄制度和司马迁《史记》)。每一部分都呈现了作者对问题的独特认识和观点,都保留了利用新发现材料进行古代史研究的精华,每种理论的问题意识都是相通的。

该书探究从战国到前后汉时期,中国社会是如何自然而然地逐渐统一度量衡,执政者又是如何借鉴这种经验制定相关的制度,由此可以看出中国各个制度的独立性和灵活性。

寺田浩明. 中国法制史. 東京大学出版会, 2018.
中国法制史

中国作为世界历史上第一个建立了一元的全国统治政府和市场化、契约化的社会,其法律秩序具备的特征受到了广大学者的讨论。该书从梳理社会的普遍特征开始,并结合西方和日本的比较视角,深入分析民事和刑事法律及审判方式,进而探讨近代法律的新模式,全面描绘了传统中国法律的全貌。该书是领域内权威人士作为讲义的集大成之作,是备受期待的标准教材。

该书以清代社会为对象,探讨了家庭结构、土地财产等的存在形式、家庭间的社会关系形成方式,以及在此背景下发生的纠纷及其解决方法。书中进一步分析了国家审判的实际情况和构成原理,包括调解性质和惩罚性质的审判,以及国家与社会关系的整理方式。同时,书中还探讨了这些问题与近代法的关系,包括逻辑上的位置关系以及现代两者实际混合的问题。针对每个具体事件,逐步建立必要且充分的概念来解释,并寻求和建立公正的东西方对比的领域。以分析传统中国法制为基础,通过对明清时期的契约文书的解读,深入剖析了西方与中国对传统法制理念理解的差异,是理解现代中国社会的必读之作。

松田恵美子. 伝統中国と近代法、人. 成文堂, 2019.
传统中国和近代法、人

什么是"法",什么是"权利",对于从事法学研究领域的人来说是经常浮现于脑海中的念头。但其实这是以西欧近代的"法""权利"为前提来思考的。明治以后,西欧近代的法学体系传入日本并得到最终确立,如今仍是在此框架体系内。但"近代法"并不完美,很多学者不断地注意到其边界,也开始对其进行重新审视。

在传统中国社会中,人们并没有"权利"的概念,却按照一定的秩序进行生产生活。统治者不会预想个人会有主张权利的要求,个人之间也不存在需要对权利进行裁定的主张。在没有权利概念的传统中国社会，人与人靠什么来维持调和的关系？社会中的礼这一维持规范秩序的意义何在？"德、礼、法"三层构造下的社会秩序成为该书的研究课题。

从理论层面重新审视"近代法"，离不开对后现代主义浪潮中出现的"物语的主体"的研究。"近代法"是基于对合理、理性的"人"产生的怀疑。而谈不上自律、自立或理性的"物语的主体"更关注与周边的关系，与他人的相互作用，从而内在产生矛盾动荡。作者认为着力于"物语的主体"即"现实的人"是日本法律学界民事诉讼法学、民法学、法社会学领域于20世纪80年代开始出现的一大动向。

太田出. 中国近世の罪と罰：犯罪・警察・監獄の社会史. 名古屋大学出版会, 2015.
中国近世的罪与罚：犯罪、警察与监狱的社会史

该书年代设定为中国近世，其中贯穿清朝（1644—1911年），作者拟以此长时距的历史纵深，集中探讨三项课题。第一，中国中央或地方级文献当中，还大量保存着司法官及司法当局对犯罪案情的报告。作者借由此类报告，分析司法官及司法当局如何掌握案情、分析犯罪，亦即探讨司法官及司法当局对所欲打击的罪犯对象在不同时期中出现什么样的变化。第二，在清朝迈入所谓的"太平盛世"后，国家维护"治安"的策略是否会有调整。基于此推设，作者翔实具体地复原了警察从近世军队分离的历史过程。第三，拘置犯人、剥夺其自由、使服劳役及训练其谋生技能，以期犯人出狱后能复归社会——这种执行近代自由刑的监狱何时出现于中国？

上述三个课题，各个都是重要的研究对象，且三者互相紧扣。从犯案发生那刻开始，紧接着应该就是搜索人犯、逮捕、拘禁、审判、执行刑罚，最后复归社会这一连程序的运行。在这一连程序中即隐含着截取分割即无法窥得全貌的近世社会犯罪的出现，主要受哪些外因影响？该书不过是作为上述问题的尝试之作，但对于政治史、社会史、制度史、法制史、刑法史等领域的研究，也将起到一定的作用。

鷹取祐司. 秦漢官文書の基礎的研究. 汲古書院, 2015.
秦汉官文献的基础研究

自20世纪初敦煌汉简的发现以来，秦汉时代的简牍已被大量发掘，如今已成为秦汉时代历史研究中不可或缺的重要资料群。秦汉简牍的史料价值不仅在于其数量众多，更因为其中大部分是从长城烽燧遗址和官衙遗址等地出土，包含大量官方文书。汉简是在实际行政中使用的文书和簿籍的实物，因此敦煌汉简和居延汉简的发现也揭示了汉代文书行政的具体面貌。

众所周知，目前现存的官方文书典籍资料数量较少，如《史记》中的三王世家，石刻资料如乙瑛碑、张景碑等。而简牍资料的出土使这种局面发生了巨大变化。该书以简牍资料为主要材料，对秦汉时期官方文书的格式和术语加以考察，旨在奠定对秦汉官方文书的理解基础。

该书基于发现、公布和研究秦汉简牍资料的现状，旨在检验传统解释，追求对包含在秦汉官方文件中的简牍资料更加准确的理解。全书共分为四部分：第一和第二部分探讨官方文书的格式、术语和文书传递，旨在建立对秦汉官方文书的基本理解；第三和第四部分探讨与诉讼相关的官方文书，目的在于揭示汉代诉讼程序的具体面貌。

军事

英语

Cliff, Roger. *China's military power: assessing current and future capabilities.* United States: Cambridge University Press, 2015.
中国军事力量：评估当前和未来军事实力
　　中国军队在过去的 20 年里取得了巨大的进步，曾被称为"世界上最大的军事博物馆"。随着军事预算增加和新技术飞速发展，中国的坦克、飞机、驱逐舰和导弹等军事能力正变得与美国相当。如果按照这样的趋势，中国军队未来会有多强大？中国的军事能力会很快与美国匹敌或超过美国吗？该书对中国 2000 年和 2010 年的军事能力进行了详细评估，并对其 2020 年的军事能力进行了预测，是同类研究著作中最全面的。书中首次提出了一个严格的、以理论和经验为基础的框架来评估中国的军事能力，其评估标准不仅基于武器，还基于政府政策、军事训练、装备和组织结构。这一框架提供了迄今为止对中国军事最准确的评估，也是军事史研究的重要新工具。

Cole, Bernard D. *China's quest for great power: ships, oil, and foreign policy.* United States: Naval Institute Press, 2016.
中国对大国的追求：船舶、石油和外交政策
　　该书通过考察外交政策、能源安全和海军力量三大要素来审视中国的国家安全战略。这三大要素都对中国的未来及中美关系产生了重大影响。进入 21 世纪后的 15 年里，北京需要可靠的能源供应，需要海军保卫供应途径，并且需要外交政策安全地实现其目标。最重要的是，中国人民解放军海军（PLAN）必须能够保卫中国的海上利益，特别是涉及台湾以及黄海、东海和南海的主权争端。中国的国际贸易经济和建设世界级海军的雄心需要有效的外交政策和参与全球事务。这三重政策在很大程度上决定了中国对世界的态度。

Evron, Yoram. *China's military procurement in the reform era: the setting of new directions*. United States: Routledge, 2015.

改革时代的中国军购：确定新方向

武器采购政策的制定是国家安全政策的一个重要领域，对于中国来说更是如此，近几十年来，中国一直在增强军备的不同来源和方向之间摇摆不定。

该书探讨了在中国历任领导下的中国军购政策，展现了中国的政治和军事领导人是如何通过调整军事采购政策达到中国的战略目标，并将军购政策与非军事需求联系起来，在武器进口和本土生产之间取得平衡，以此确定硬件装备与展示军事实力的其他方面之间的联系。该书还详细探讨了中国军事采购的五大转变，追溯了军队文职和军方领导层之间的考量和谈判，为评估影响中国军事采购方向的各种因素及其局限、前景和影响提供了一个概念框架和经验依据。

Haynes, Susan Turner. *Chinese nuclear proliferation: how global politics is transforming China's weapons buildup and modernization*. United States: Potomac Books, 2016.

中国的核扩散：全球政治如何改变中国的武器建设和现代化

该书作者通过对广泛的一手资料的研究，分析了中国的核武器建设以及其越来越具有机动性、精确性和复杂性的核武器多样化，提供了关于这个复杂全球问题的背景和清晰解释，并深入探讨了为何中国是唯一被《不扩散核武器条约》承认并继续推动其核力量在质和量上取得进展的核武器国家的问题。

随着中国核力量与核超级大国力量之间的差距逐渐缩小，作者还提供了制止中国核武器增长并缓解对"美国世界秩序"直接威胁中国国家安全担忧的政策建议。该书以简明扼要的风格呈现技术概念，最小限度使用术语，对普通读者和军事专家都将有所帮助。

Kirchberger, Sarah. *Assessing China's naval power*. Germany: Springer, 2015.

评估中国的海军力量

该书采用历史比较的方法，从技术、经济和地缘战略的角度分析了中国海军力量的崛起及其可能的战略后果。由于海军的发展需要巨大的财政资源，而且大多都是在跨国产业伙伴关系的背景下进行的，因此该书也有意识地采用了产业视角。就中国而言，军舰生产所涉及的系统性问题以及相关的物质、资金、技术和政治要求等目前仍被忽视。

作者还借鉴了海军造船业的一手工作经验，为评估不同海军技术的战略价值提供了透明的标准，其他研究人员可以借鉴这些标准，作为在国际安全、海战、中国和国际关系等不同领域开展进一步研究的基础。

Po, Ronald C. *The blue frontier: maritime vision and power in the Qing empire*. Cambridge, United Kingdom; New York, NY: Cambridge University Press, 2018.

蓝色边疆：清帝国的海洋憧憬和权力

作为一部从海洋视角观察 18 世纪清朝历史的著作，该书修正了将清朝视为大陆性国家的传统观点。

该书认为，将这一时期的中国视为一个完全对海洋不感兴趣的大陆性国家，无疑过度简化了这一问题。拥有近 14500 公里海岸线的清朝并不是一个被封锁于内陆的国家。虽然清朝后来被普遍视作一个较为内向的帝国，但该书指出，它通过其海军的发展和海关的制度化而融入了海洋世界，是一个致力于保护海上利益的海洋国家。实际上，与人们的传统认知相反的是，清朝朝廷在政治上、军事上，甚至在观念上，都曾刻意参与海洋世界事务。基于这种观点，该书展现了一幅更为广阔的图景：在漫长的 18 世纪，作为一个亚洲巨人的清朝灵活地应对各种挑战，并在所有边疆——包括陆地和海洋——广泛地对外交往。

Schwartz, Paul. *Russia's contribution to China's surface warfare capabilities: feeding the dragon.* **United States: Rowman & Littlefield Inc., 2015.**
俄罗斯对中国水面作战能力的贡献：喂养巨龙

俄罗斯向中国提供的先进军事技术，极大助力了中国反介入／区域拒止（A2AD）能力的提升。该书聚焦中俄军事关系中的一个方面，即俄罗斯如何帮助中国人民解放军海军提高水面作战及反水面作战能力。作者在讨论了中国 A2AD 战略舰队的作用后，着重分析了俄罗斯向中国提供的特殊舰艇、反舰导弹武器系统以及防空系统，并重点探究中国海军如何将俄罗斯提供的军事技术化为己用，创新提高自身战斗能力。最后，作者预测了俄罗斯未来在这一领域援助的可能方向。虽然中国在本土国防制造方面已经取得了长足的进步，但这份报告表明，俄罗斯的国防援助对中国水面作战能力以及更广泛的 A2AD 项目的发展将会持续发挥重要作用。

法语

Gabriel, Jérôme. *Maîtres et dirigeants: décryptage stratégique de la pensée Sun Tzu.* [Paris]: [Iggybook], 2020.
大师与领袖：解读孙子的战略思想

该书是 Maîtres & Dirigeants 系列的第二部作品，是基于以往 12 部《孙子兵法》经典译本综合对比研究的成果，集中讨论了战略情报和与之相关的潜在文化，并分两部分进行教学式解读。第一部分介绍了自约瑟夫·阿米奥特神父于 1772 年首次将《孙子兵法》译为法文以来的各个版本，第二部分对书中每一个关键段落进行了背景分析、版本补充以及点评。新颖的两步式的阅读法使读者能够辨别各版本《孙子兵法》在语言上的细微差别，并体悟其作为一部重要战略思想著作的价值所在。另外，作者选择不对原文提出的概念进行"语境化"处理，使每个人都能根据自己的理解找到属于自己的孙子。

俄语

Каменнов, Павел Борисович. *КНР: военная политика в начале XXI века*. Москва: ИДВ РАН, 2019.
21 世纪初中国的军事政策

  该书研究了中国军事政策在确保国家发展战略实施条件方面的作用。中国发展战略的目标是在 21 世纪中叶（新中国成立一百周年）实现全球现代化强国的地位。书中分析了中华人民共和国领导人的军事理论观点及其在军队建设实践中的体现，包括在 2015—2020 年新的军事改革过程中的体现，探讨了中国人民解放军的现代化、军工复合体、军民融合，以及中俄军事和军事技术合作的发展等问题。

Кокошин, Андрей Афанасьевич. *Военная реформа в КНР 2015-2020гг.: оборонные, внешнеполитические и внутриполитическе аспекты. Изд. 2-е, расширенное и доп.* Москва: ФГБУН ИСПИ РАН, 2016.
2015—2020 年中国的军事改革：国防、外交和国内政策方面（第 2 版增订本）

  该书从中国的国防、外交和国内政策角度分析了中国 2015—2020 年的大规模军事改革。作者揭示了中国战略管理体制的特殊性，探讨了包括联合参谋部在内的中央军委新机构的作用，简要回顾了军队在中国政治生活中发挥特殊作用的历史实例。作者指出，中国党和国家最高领导人于 2015 年宣布的中国军事改革在广度和深度上都是前所未有的。其目的是赋予中国军队新的素质，使其具备更可信的战略威慑力。这一改革也反映了中国政治制度发展的某一阶段。军事改革对中国的外交政策也起着重要作用，国家安全政策的军事部分可能也会因此发挥更突出的作用。另外，这一改革与中国领导层在军队内部和整个国家打击腐败的广泛努力也是密不可分的。

日语

ジョー・マクレイノルズ．*中国の進化する軍事戦略*．原書房，2017.
中国军事战略的演变

  中国在陆、海、空、宇宙和信息领域开展五位一体的一体化作战军事战略。该书是中国人民解放军最新军事战略的权威指南，囊括了从常规战争到核战争、信息战和军民融合等领域。该书以中方最新数据为基础，揭示中国国家军事战略的全貌，从中国人民解放军的现状到海洋战略和网络战措施，一应俱全。

  该书由美国的中国军事战略研究者撰写，通过分析中国人民解放军军事科学院出版的最新中文文献及其他资料，揭示了中国战略思想的重要演变。第一部分"中国军事战略的整体方法"阐释了战略思想演变的广泛发展；第二部分"中国的常规战争和核战争战略"讨论了空军、海军和火箭军常规战争部队战略思想的最新变化；第三部分"中国的信息战战略"探讨了选择性作战的战略方法；第四部分详细介绍了非战争军事行动（MOOTW）与和平时期军民融合的战略方法。

通过对中国战略思想的这些最新趋势进行综述，该书有助于估量中国领导层对中国在东海、南海和其他地区行动的意图，并制定以最佳方式应对这些行动的框架。

宝锁 . 清末中国の技術政策思想：西洋軍事技術の受容と変遷 . 臨川書店，2019.
清末中国的技术政策思想：对西洋军事技术的接纳与变迁

该书从海防政策（为防止外国侵略而采取的沿海防卫政策）的角度，论述了从第二次鸦片战争（1860 年）后到甲午战争（1894 年）前的清朝军事技术政策。是镇压内忧，还是应对外患，该书将焦点放在直面各种问题的清朝当事人李鸿章的活动上，在探究中国接受西方技术、学问的过程中，追溯技术政策、军事技术的变迁。

该书根据历史发展的顺序将 1860—1894 年分为四个阶段来讲述，第一章主要描述了军事改革和技术输入政策，从历史背景开始说明了清朝对外来训练方法的具体应用；第二章主要是清朝海防战略的转变与实行，聚焦于清朝的海防战略，讲述其发生形成及具体实施的过程；第三章主要讲述了清朝对西方军事技术的移植政策，从军事技术的输入开始，到兵器制造，再到解决兵器标准问题；第四章则是北洋海防体系的构筑，详细介绍了北洋水师的建设构成。

总而言之，该书分时间阶段讲述了鸦片战争后到甲午战争前的清朝军事技术政策，向读者展示了这一段时间的军事技术变迁。

防衛研究所 . 中国安全保障レポート 2020. 防衛研究所，2019.
中国安全保障报告 2020

2019 年 11 月 8 日，日本国防研究院发布了第十次年度报告《中国安全保障报告 2020》，报告主题是"中国走向欧亚大陆"，其中涉及中国在中亚地区的政策，并强调"一带一路"具有强势的改变国际秩序的政治内涵。关于欧亚大陆资源丰富国家的能源采购问题，报告分析称，这些国家已经建立了稳定的贸易关系。

报告指出，中国的欧亚外交，尤其是中亚的外交，由两个要素组成：地区主义和与美国的平衡。2001 年上海合作组织（SCO）的成立以及随后中国提出的制度化倡议意味着中国外交采用了地区主义观点。分析认为，上海合作组织成为宣传中国"新安全保障观"的舞台，也是对美国在中亚军事中的制衡。

另外，报告指出，中国与俄罗斯和中亚国家在地区主义和与美国制衡的方向上达成一致并不容易。中国在上海合作组织中强调经济合作，并提议建立自由贸易区；而俄罗斯强调安全保障合作，并在其中发挥主导作用。俄罗斯对中国通过经济合作扩大在中亚的影响力持谨慎态度。报告中也描述了中亚国家的经济发展重点和中国之间的差距。

宮宅潔 . 多民族社会の軍事統治：出土史料が語る中国古代 . 京都大学学術出版会，2018.
多民族社会的军事统治：出土史料揭示的中国古代

该书是总结了国际共同研究"中国古代的军事与民族"的研究成果的论文集。书中对秦汉时期到隋唐时期的国家统治的各个方面进行了考察，以及从军事制度角度探讨了古代帝国结构。

传统的古代史研究，尤其是战国和秦汉史研究中对地区之间的文化差异给予了一定的关注，但认为彼此之间不存在民族差异。与更关注军事和民族问题的魏晋时期的历史研究相比，秦汉时期的历史研究忽视了这一点。该书旨在以秦汉至隋唐时期为时间轴，分析军事力量与民族群体之间的相关性。

该书首先讨论了中国古代史中的民族问题，例如汉民族是如何形成的，中国王朝如何统一具有不同归属意识的人群，新的民族群体的加入对王朝造成了怎样的影响等。在共同研究者之间进行讨论后，各自设定了研究课题，特别是关于民族问题与军事之间的相互关系。在研究过程的中间阶段在韩国首尔大学共同举办了国际研讨会。基于该会议的讨论，进一步深化了研究内容，并最终获得了所有参与者的投稿，从而在京都大学学术出版社出版了该书。

土屋貴裕. 現代中国の軍事制度：国防費・軍事費をめぐる党・政・軍関係. 勁草書房，2015.
现代中国的军事制度：在国防费、军费上的党政军关系

该书指出了日本周边安全环境的变化，处于这些变化中心的中国的军事力量备受关注。该书尝试阐明中国的军事制度，尤其是军事财政制度，这在一方面塑造了中国日益增长的军事力量。由此，该书还尝试深入了解整个中国党政军关系的动态变化。

该书试图阐明中国军队财务制度这一重要的、不透明的、复杂的结构，并尝试通过将其与政治军事关系背景联系起来来解释其内部运作。该书共分为三部分，第一部分以与统帅权、军令、军政相关的法律法规及其变迁为中心，整理分析了中国的党政军关系。作者指出，"中国的党军关系必须用共产主义理论下的政军关系来说明"。第二部分从军事财务的角度明确了中国特色国防费用的定义和范围，同时探讨了包含国防费用在内的军费的诸多规则的具体内容及其历史变迁。第三部分考察了国防费用、军费的预算编制和决算过程，一级会计检查中的党政军关系。

经济

英语

Andressen, Curtis A. *China's changing economy: trends, impacts and the future.* United Kingdom: Routledge, 2016.
中国不断变化的经济：趋势、影响和未来

过去几十年间，全球经济最引人注目的事件之一就是中国崛起为全球经济强国。从20世纪70年代末开始，中国由计划经济向市场经济的政策转变导致了惊人的经济增长速度。

该书审视了中国经济当今发生的变化以及这些变化对中国和国际的影响，其核心主题是：快速的经济增长是有代价的。中国政府意识到这些代价，并正在采取措施来实现经济和社会的再平衡。该书以政治经济学的视角，调查了中国政治体制与经济结构之间的相互作用以及经济变革方式。书中指出，为了实现中国持续的经济增长和社会进步，必须进行严肃的政策变革，并强调如果各国想要以稳定和富有成效的方式与中国打交道，那么对中国当前主要发展趋势有深刻的理解是至关重要的。

Andrews-Speed, Philip; Zhang, Sufang. *China as a global clean energy champion: lifting the veil.* Singapore: Palgrave Macmillan, 2019.
中国作为全球清洁能源冠军：揭开面纱

该书评估了中国作为全球清洁能源强国的声誉，并运用制度和公共政策理论来解释中国是如何取得如此巨大成就的，以及为什么仍然会存在如此多意料之外的影响和制约进步的因素。该书思考了中国政府在多大程度上成功地促进了低碳发电基础设施的制造和部署，清理了火力发电，提高了能源效率，极大地限制了中国不断上升的二氧化碳排放。但同时，该书也审查了加强主导性行政政策工具所需的大量政治和财政成本，以及能源部门相关的独特利益和协调不力相互影响导致的问题。该书认为，目前的清洁能源政策能获取的回报似乎正在减小，由此反思了正在进行中的部门改革和新的碳排放交易计划是否可以重振国家清洁能源项目。

Atherton, Andrew. *Entrepreneurship in China: the emergence of the private sector.* London: Routledge, 2017.

在中国创业：私营企业的兴起

中国目前是全球第二大经济体，不久将成为全球最大经济体。但在20世纪70年代末，中国还是亚洲最贫穷的国家之一。这一经济奇迹的核心是私营企业家的崛起，他们创办并发展了各种规模和类型的企业。该书分析了这些财富的创造者和中国新经济的建设者，并为与中国企业家及其不断发展的企业合作的最佳方式提供了指导。

作者还探讨了创业的动力以及创业者在不确定、快速变化和动荡的环境中完善、适应和发展其创业方式的必要性，研究了中国创业者独特的创业环境，并深入探讨了创业如何成为中国经济的驱动力。

Beggs, Michael; Deer, Luke. *Remaking monetary policy in China: markets and controls, 1998–2008.* Singapore: Palgrave Macmillan, 2019.

重塑中国货币政策：市场与管控，1998—2008

该书以中国货币政策的最新历史为研究目标，追溯并解释了2008年前中国货币政策的演变。

近年来，中国在减少利率监管和以市场为导向的政策上的变革，常常被视为与过去的"指令—管控"型政策规范决裂，转而偏向于西方模式的央行规范。该书认为，1998年后，在"新共识"宏观经济学的影响下，中国的货币政策已经经历了转型，但令人惊讶的是，这导致了2000年以后对直接银行控制的依赖性增加。因此，在许多人看来类似于中央计划体制残余的大量管控措施，实际上是在不寻常的条件下，中国在变革初期试图"合理化"货币政策的结果。具体而言，由于银行间货币市场不发达，以及2005年前后大量外汇流入导致银行流动性过剩，导致国家政策向直接控制的回归。

Brautigam, Deborah. *Will Africa feed China?.* United Kingdom: Oxford University Press, 2015.

非洲会喂饱中国吗？

中国人的足迹迅速遍布非洲大陆，外界对此忧心忡忡。该书作者通过深入调查研究，探究媒体报道背后的真与假，并对此问题给出了自己的观点：中国在非洲的农业投资实为有限，土地收购面积也不算太大，这无疑是对"中国正在非洲农村建立帝国"这类说法的正面质疑。

事实上，与外界所持的看法相反，中国出口至非洲的粮食远多于进口。这种情形未来可能发生改变吗？当前，非洲政府正极力出台政策吸引外资，与此同时，中国政府也正多渠道助力本国农业综合企业"走出去"。随着人口数量日益增多，粮食需求日益增长，非洲农村的农业必须从自给自足走向商业化。该书一方面阐明了中国对于全球粮食安全的诉求，另一方面构想了非洲未来的结构化转型。

Burgos Caceres, Sigfrido. *The hungry dragon: how China's resource quest is reshaping the world.* United Kingdom: Routledge, 2015.

饥饿的巨龙：中国的资源需求如何改变世界

  该书从前沿视角，用通俗的语言分析了中国在世界范围内对于资源，特别是石油的需求。石油关乎经济、能源和对外政策，这也充分解释了中国各项的对外行动。作者重点关注由于全球资源分布不均产生的地缘政治问题，除了聚焦中国，另有两个章节围绕安哥拉、巴西和柬埔寨的研究展开，分析了各个案例可能给中国带来的机会和风险，以及中国如何落地实施相应政策。该书还研究了数个与资本主义形式相关的热门议题，包括全球危机下如何快速恢复世界平衡性以及如何处理自然资源与全球治理、自由主义和贫穷陷阱之间的关系。

Butollo, Florian. *The end of cheap labour?: industrial transformation and "social upgrading" in China.* Germany: Campus, 2015.

告别廉价劳动力？中国的产业转型和"社会更新"

  中国政府和国际观察人士认为，中国经济必须克服对于出口的过度依赖，才能在未来实现和维持国内消费的大幅增长，但只有中国减少对廉价外来劳动力的依赖，鼓励对本国劳动力的投资，这种转变才会发生。

  该书作者探究了近年来位于中国最大产业中心——珠江三角洲的服装和 LED 灯产业的转型。作者发现，珠江三角洲的产业升级并未带动工作条件和基本就业模式的提升，这种"社会升级"的失败可能会破坏中国经济所期望的再平衡。他认为，集体劳动权利的落实仍然是中国未来增长模式的一个重要阻碍。

Casanova, Lourdes; Miroux, Anne. *The era of Chinese multinationals: competing for global dominance.* London: Academic Press, an imprint of Elsevier, 2020.

中国跨国公司时代：争夺全球主导权

  在过去的十年里，中国跨国公司的规模不断扩大，它们在全球的影响力也大幅增加，已经成为原本占据主导地位的西方跨国公司的强大竞争对手。这些公司引发了深刻的变化，如贸易和投资流动的转向、新的商业模式以及全球创新格局的出现。

  该书捕捉到了中国跨国公司颠覆性增长背后的推动力。在介绍了中国跨国公司激增的背景之后，该书接着描述了这些公司的企业特征，以及它们在收入、利润、营销和商业战略方面与西方跨国公司的对比。该书使用了数据和案例研究来描述相关问题，从而为全球高管提供了与中国公司合作和竞争的参考。

Chaisse, Julien. *China's international investment strategy: bilateral, regional, and global law and policy.* Oxford, United Kingdom: Oxford University Press, 2019.

中国国际投资战略：双边、区域和全球法律与政策

  该书探讨了中国投资政策和战略的三条截然不同的轨迹：一，与美国和欧盟等国的双边协议；二，包括亚太自由贸易区在内的地区协议；三，各种全球倡议。该书的首要论证主题是，上述三条轨道是相互竞争的还是相互补充的，这对于中国的政治和经济前景，以及世界投资治理都具有深远意义。

Chaisse, Julien; Gorski, Jedrzej. *The Belt and Road Initiative: law, economics, and politics.* Leiden: Brill Nijhoff, 2018.
"一带一路"：法律、经济与政治

该书共 28 章，汇集了一批相关领域的学者和从业者对"一带一路"进行全面的法律、经济和政治分析。

"一带一路"自 2013 年以来已成为中国国际经济政策的一个重要特征。在地缘政治不断变化的不稳定时期，许多在西方建立起来的机制正受到强烈质疑。在这种背景下，该书为国际贸易、投资和全球治理提供了一种全新的方法。该书广泛地讨论了与"一带一路"相关的国际经济法律与政策问题，包括贸易便利化和互联互通、新贸易路线的经济和地缘政治、外商直接投资法、双边投资条约、自由贸易协定、基础设施融资、对外援助、国际争端解决，以及区域经济一体化等。

Driessen, Miriam. *Tales of hope, tastes of bitterness: Chinese road builders in Ethiopia.* Hong Kong [China]: Hong Kong University Press, 2019.
希望其外，苦涩其中——中国筑路工人在埃塞俄比亚

中国新的全球化主义在普通工人的生活中扮演着重要角色，他们承担着在世界上建设基础设施工程的任务。通过对埃塞俄比亚的中国筑路工人进行前所未有的民族志研究，作者发现，与发展中国家分享中国成功的希望很快就变成了痛苦，因为中国工人认为他们缺乏来自埃塞俄比亚本国及当地工人的支持和赞赏。他们处于中国社会的边缘，在中国和非洲之间，在贫穷的农村背景和不稳定的城市未来之间徘徊，这更加剧了他们的苦闷。工人们的愿望和困境反映了处于变化中的中国社会，以及中国世界地位的变化。

该书揭示了不同文化在高度不对称的权力关系中相遇和斗争的情况。通过揭示这些错综复杂又亲密无间的关系，作者将统治和从属的关系结构如何在当地被重塑进行概念化。该书巧妙地审视了微观层面的经验，并阐明了中国在非洲的参与如何与历史上帝国主义殖民的形式不同。

Eberling, George G. *China's bilateral relations with its principal oil suppliers.* Lanham, MD: Lexington Books, 2017.
中国与其主要石油供应国的双边关系

该书考察了中国及其确定的原油供应国的双边关系，其研究建立在一个五维框架的基础上，即政治外交关系、经济贸易关系、军事安全关系、文化关系，以及石油能源关系五个维度。五维分析方法本质上是综合性的，它提供了对中国复杂关系的全面理解，而不仅仅着眼于双边贸易、安全关系或能源关系等较为平常的视角。以往的社会科学文献更多地关注中国双边关系的一个或多个方面，而这并不能完整地描述中国对外关系的复杂性。该书试图填补这一欠缺，从具有实质意义的视角观察中国的双边关系，并将能源石油关系当作联结这些双边关系的关键因素。

该书所考察的特定双边关系包括了中国与安哥拉、巴西、刚果共和国、伊朗、伊拉克、哈萨克斯坦、科威特、阿曼、俄罗斯、沙特阿拉伯、南苏丹、苏丹、阿拉伯联合酋长国和委内瑞拉的关系。这些国家之所以重要，是因为它们的原油和油气产品出口占中国石油年消费量的 50% 以上。

Giese, Karsten; Marfaing, Laurence. *Chinese and African entrepreneurs: social impacts of interpersonal encounters.* Leiden; Boston: Brill, 2019.
中非企业家：人际交往的社会影响

该书深入描述了中国和非洲社会和经济参与者之间的交往，21 世纪初以来，这些交往增长越来越快。该书明确聚焦于社会变化，其案例研究中涉及的社会变化动态覆盖了社会流动各种过程。作者运用多学科方法分析了当中国人和非洲人承担着种族和文化他者、创业移民、贸易商、雇主和雇员等角色的时候，他们之间不断加深的互动对东道国本地发展和转型所产生的各种影响。

Goldstein, Joshua. *Remains of the everyday: a century of recycling in Beijing.* Oakland, California: University of California Press, 2021.
日常废品——北京一个世纪的回收利用

该书通过循环利用的视角，追溯了中国物质文化和工业生态的变化。在过去的一个世纪里，废物回收和二手商品市场一直是北京经济运作和文化认同不可或缺的一部分，回收行为在现代性和公民的意识形态中占据了中心位置。一方面，中国政府一直将主动回收行为作为模范公民的标准。另一方面，市政府并未能控制民间非官方的回收，如社区收集废弃塑料和纸板。作者认为，这样的结果是一再将收废品的人排除在现代城市公民之外，并凸显了回收本身作为一个经济过程的内在阈限性。

Han, Xiuyun. *New trends of the Chinese economy.* Singapore: Gale Asia, 2015.
中国经济新趋势

以当今中国走上财富与权力之路的重要历史时刻为起点，该书对中国面临的国际和国内实际情况进行了全面、深入的分析。更重要的是，它根据中国独特的社会和经济条件以及发生的巨大而惊人的变化，对最为紧迫和有争议的相关问题提出了深入而犀利的解释。这些问题涵盖宏观经济和微观经济两个方面，包括从 GDP 和国民收入到财政和货币政策，从控制通货膨胀到刺激消费，从改革政府和简化行政到创造一个无垄断的市场，从改进退休和社会福利体系到提供医疗支持，从保障食品安全到促进资源节约和环境保护，从追求工业发展和经济增长到保护民生福祉等。

Han, Zhang. *China's local entrepreneurial state and new urban spaces: downtown redevelopment in Ningbo.* New York: Palgrave Macmillan, 2016.
中国本土创业状态与新城市空间：宁波市区再开发

该书作者试图从地方创业的理论视角来理解中国的城市改建。中国自 1978 以来迅速的社会经济转型很大程度上应归因于中国的国家转型,作者通过开展民族志田野调查和文献研究,对宁波两个市区改建项目进行了深入调查。研究发现,创业型地方政府通过组建本地国有企业进行战略性城市改建项目,以创业的方式组织高调的城市运营活动,并与当地企业主开展合作式城市治理。然而,当地的创业状态是多层次的,市政和各区政府有时存在分歧、冲突和讨价还价。同时,空间和用户之间的关系,以及各个空间用户之间的关系也在不断变化。所有这些参与者和他们的互动构成了"空间政治",也产生了城市治理中冲突、斗争、谈判和合作的故事。

Healy, Joseph. *Chinese firms going global: can they succeed?*. New Jersey: World Scientific, 2018.
中国企业走向世界:他们能成功吗?

中国加强了与世界的联系,并在追求雄心勃勃的经济目标。随着西方资源和专业技术向中国转移,中国得到的外商直接投资对其经济社会的影响已催生了大量相关研究。然而,随着中国企业走向全球,中国企业家精神的迸发和对外直接投资(OFDI)却少有得到关注。

该书致力于为理解中国企业走向全球面临的挑战和偏见提供重要的背景,采用了多学科方法,将历史、当代中国政治、地缘政治、国际关系、经济、金融、战略、文化和社会等主题,与管理教育在培养企业家制胜能力中的作用交织在一起。该书还探讨了中国企业通过利用"4C"框架(即核心能力、文化适应性、管理能力和原产国)在海外市场参与竞争,作者认为,"4C"框架中的弱点可以通过第5C——政府的配合来得到补足。

Herrmann-Pillath, Carsten. *China's economic culture: the ritual order of state and markets.* Abingdon, Oxon; New York, NY: Routledge, Taylor & Francis Group, 2017.
中国的经济文化:国家和市场的仪式秩序

中国惊人的崛起在两个层面挑战了既有的经济模式——即国家层面的"国家资本主义"概念和企业层面的"中国管理实践"观念。不过,由于中国和西方观察家都强调中国改革的过渡性,因而留下了一个开放性问题,即中国的改革进程是否真的是一个快速赶超的进程,最终将与全球标准趋同,还是会形成与众不同的结果。

该书作者是著名经济学家兼汉学家,他相信"文化"是一个可以帮助人们全面了解中国经济现状的有用工具,可以从这个入口深入探讨中国经济问题。该书借鉴了社会心理学、认知科学、制度经济学和中国研究等一系列学科,考察了长期的路径依赖和文化遗产及其对当前经济体系、商业组织的文化建构,以及对中国经济嵌入社会与政治的模式的重要影响。

Howson, Cynthia; Ly, Pierre. *Adventures on the China wine trail: how farmers, local governments, teachers, and entrepreneurs are rocking the wine world.* Lanham: Rowman, 2020.
中国葡萄酒之路旅行记:农民、地方政府、教师和企业家如何震撼葡萄酒世界

中国会接管葡萄酒世界吗?目前关于中国葡萄酒市场,特别是与政府政策相关的实地研究书籍很少。该书作者探讨了中国葡萄酒如何在不到十年的时间里从被忽视和嘲笑到赢得金奖以及著名酒评家的赞誉,他们带领读者踏上中国葡萄酒之路,并与塑造这一新兴产业的农民、企业家和教师会面。他们前往中国葡萄酒旅游热点地区,与努力寻找优质酿酒葡萄的酿酒师交谈，探访郁郁葱葱的山顶和干旱的沙漠，了解小型家庭农场与法国跨国公司有何共同之处。他们还参观了一所中国葡萄酒学校，与教授及渴望加入葡萄酒行业的学生见面。他们透露了在哪里买到了当地最好的葡萄酒，并向旅行者介绍了对中国的新见解和中国葡萄酒旅游的新思路。

Jenkins, Rhys. *How China is reshaping the global economy: development impacts in Africa and Latin America.* Oxford: Oxford University Press, 2019.
中国如何重塑全球经济：对非洲和拉丁美洲的发展影响

中国在撒哈拉以南非洲和拉丁美洲日益增长的经济活动成为一场重要争议的来源。中国认为，中国与这些地区双边关系的发展是互利的，堪称南南合作的典范。而批评者则认为中国与其他发展中国家的经济关系极不平等，大部分利益归于中国和少数当地精英，在社会经济、政治和环境等领域都存在负面影响。

该书通过对中国在这两个地区影响的比较研究，更深入地讨论了相关问题。它不仅着眼于中国与这两个地区各国的双边关系，还分析了经济活动从北美和西欧向亚洲转移所带来的全球经济变化。书中详细考察了导致中国经济快速增长的因素，以及这些因素影响全球制造业、大宗商品市场、中国企业的国际活动和金融繁荣的方式，也讨论了中国在撒哈拉以南非洲和拉丁美洲开展经济活动的不同形式、主要驱动力及其经济、社会、政治和环境后果。最后，该书还对撒哈拉以南非洲和拉美这两个地区进行了比较，强调了不同的历史、政治和制度背景在决定中国可能带来何种影响上的重要性。

Khanapurkar, Uday. *The pursuit of prosperity: exploring China's economic dependence on india as a deterrent to conflict.* New Delhi: KW Publishers Pvt Ltd., 2018.
追求繁荣：作为冲突威慑的中印经济依赖

中国 2001 年加入世界贸易组织后，与印度的经济联系得到了飞速扩展，这一因素是否能够对中印两国起到约束作用？中国对繁荣的追求是否蕴含着与印度维持和平的契机？随着 21 世纪中印关系中出现了两国硬实力差距不断拉大、贸易关系不断发展等变化，上述问题在亚洲地区结构中变得越来越重要。

该书正是针对这些亟须解答的问题，从研究经济相互依赖与国际冲突关系的大量文献中吸取教益，对国际关系中传统相互依赖理论与当代中印关系进行了协调。该书希望能通过对 2001 年以来中印关系进行跨学科的、理论式的回顾，为以后维护和平的决策过程提供必要帮助。

Lee, Ching Kwan. *The specter of global China: politics, labor, and foreign investment in Africa.* Chicago: The University of Chicago Press, 2018.
全球化中国的幽灵——非洲的政治、劳工和外国投资

近年来，中国已成为非洲最大的商业伙伴之一，并在非洲积极寻求原材料，为非洲大陆的建筑市场注入蓬勃的动力。在非洲的主要外国投资者中，对中国引发的讨论最多。该书是第一本针对这一关键问题进行比较人种学研究的著作，通过对赞比亚的铜矿和建筑工地长达 6

年的实地考察,作者采访了赞比亚矿工和建筑工人,与赞比亚官员一起工作,并比较了中国国有资本和全球私人资本在赞比亚的商业目标、劳工实践、管理理念以及与赞比亚国家和社会的政治接触等方面的不同,指出中国的国有投资为非洲发展带来了独特的潜力,同时也带来风险和挑战。

Leonard, Jane Kate. *Stretching the Qing bureaucracy in the 1826 sea-transport experiment.* Leiden; Boston, MA: Brill, 2019.

1826 年海运试验中清朝官僚体制的扩展

该书是一项围绕 1826 年清政府为应对大运河阻塞而进行漕粮海运试验的新研究。书中着重说明了道光皇帝及其首席财政顾问英和、两江总督琦善如何设计并实施了这一创新计划,介绍了他们暂时性地将清朝官僚机构扩展到包括了地方"助理"官员和特设机构(局),并招募(招商)了一些私人组织,如商务货运商、码头搬运工和驳船船队。这一次实验之所以意义重大,是因为它解释了清政府的领导层如何能够成功应对危机,以及如何在不长期扩大常设官僚机构和政府开支的情况下实现变革的。

Li, Jian; Paisey, Alan. *Transfer pricing in China: concepts, controls, practices, and audit assessment.* Singapore: Palgrave Macmillan, 2019.

中国的转让定价:概念、管控、实践和审计评估

该书深入研究了中国普遍存在、且经常秘密进行的转让定价实践,并提出了最新见解。作者首先对转让定价本身进行了解释,认为中国已同其他国家一样,积极立法和组织一种实施公平交易政策的机制,接着探讨了转让定价如何错综复杂地渗透到在华外国公司和向其他国家扩张的中国公司的商业生活中,并专门收集了一系列案例,展示了积极寻求利润最大化的公司的广度和多样性。而该书第三部分则记录了 100 名从事公司业绩审计的中国税务官员处理事务的顺序,总结了未来的发展趋势,以及监管机构可能采取的行动。

Lindtner, Silvia M. *Prototype nation: China and the contested promise of innovation.* Princeton: Princeton University Press, 2020.

原型国度——中国和有争议的创新承诺

该书基于十多年来对中国、美国、非洲、欧洲、中国台湾和新加坡的创新工作空间,以及科技投资和工业生产主要场所的研究和比较,对民主化创新的承诺如何影响中国的治理方案和全球形象进行了分析,剖析了创客运动干预社会和经济结构的理想,及其是如何塑造一个"新"乐观、自信和全球化的中国。

Liu, Qiao. *Corporate China 2.0: the great shakeup.* New York: Palgrave Macmillan, imprint published by Springer Nature, 2016.

从大到伟大——中国企业的第二次长征

该书认为,能维持较高投资收益率的大企业的崛起将为中国经济转型的成功奠定基础。从对企业融资和中国经济的研究中,作者发现,将企业规模扩大对中国企业来说可能很简单,但意义并不大，尤其是在中国从投资导向经济向效率驱动经济转型的背景下。该书讨论了导致中国缺乏大公司的内部和外部障碍，并提出了促进中国大公司崛起的制度条件，包括扭转政府对 GDP 的痴迷、改革金融体系、促进创业等。政策制定者、投资者、企业高管和 MBA 学员和学者将受益于书中华为、阿里巴巴、小米和联想等案例研究，这些案例说明了中国企业家在基层的努力，并强调了中国企业的成功之道。

Loginova, Anastasia S.; Mikheeva, Irina V. *The impact of WTO membership: a comparative analysis of China, Russia and Ukraine.* London; New York: Routledge, Taylor & Francis Group, 2018.
加入世贸组织的影响：中国、俄罗斯和乌克兰的比较研究

从中国、俄罗斯和乌克兰加入世界贸易组织（WTO）的经历中，人们可以吸取哪些教训？这三个经济体在适应世贸组织的规则和规范方面，是否存在什么特别之处？它们的经历对世界贸易体系又产生了什么影响呢？

正是为了回答上述问题，该书对中国、俄罗斯和乌克兰三个国家加入世贸组织所带来的社会和经济影响进行了详细、系统和比较性的分析，对它们加入世贸组织的原因和后果也做出了经济和法律层面的阐释。该书采用法律和经济的比较方法，探讨了后共产主义国家加入世贸组织的社会和经济动因与影响，并为新成员如何适应世贸组织标准提出了建议。

Ma, Xiaoying; Abbott, Malcolm. *China's electricity industry: past, present and future.* Cham: Springer, 2020.
中国电力工业：过去、现在和未来

该书全面介绍了中国这个世界上最大的电力生产国和碳排放国的电力工业，描述了中国能源部门的发展历程，并研究了相关产业的结构和经济状况。此外，该书还研究了中国对煤炭、石油和天然气的大规模需求给世界能源市场带来的影响，并讨论了未来的趋势和相应改革，如引入可再生能源的前景。

Miller, Ian M. *Fir and empire: the transformation of forests in early modern China.* Seattle: University of Washington Press, 2020.
杉木与帝国：早期近代中国的森林革命

该书第一次全面地描述了 1000—1600 年中国南部林地的变化。这项严谨的研究使用了各种各样的史料，比如地籍调查、地契、方志、伐木和造船手册等，并在很大程度上修正了既有文献中关于前现代中国滥伐森林的简单叙事。

作者展示了中国"独特的森林监管形式"，不是通过专门的森林管理机构，而是通过一般的财政政策，卓有成效地从私有种植林产出了大量商用木材并防止了灾难性的生态退化。他令人信服地将前现代中国与同时期的欧洲对比，既揭示了二者显著趋同的时间点，也揭示了最终分流的发展路径，从而打破了由国家主导的森林管理机构"必然和优越"的预设。作者的新观点不仅为中国环境史研究提供了助力，还提供了在全球环境史下思考森林利用和管理的新范式。

Moll-Murata, Christine. *State and crafts in the Qing dynasty (1644-1911)*. Amsterdam: Amsterdam University Press, 2018.
清代国家与工艺（1644—1911）

  该书在丰富的定量证据和罕为人知的档案文献的基础上，详细介绍了 1644—1911 年中国工业化的缔造和开启过程。该书不仅全面审视了公共性工艺生产的内部组织，也考察了作为补充的私营部门的活动。此外，该书还特别提供了有关造船和印刷的详细知识，通过对那一时期生活环境、工作条件和工资的分析，为研究中国的劳动史和资本主义的兴起做出了应有贡献。

Oqubay, Arkebe; Lin, Justin Yifu. *China-Africa and an economic transformation*. Oxford: Oxford University Press, 2019.
中非关系与经济转型

  非洲近年来在经济增长方面取得的进展在各个国家之间的分布是不平衡的，也并没有转化为经济结构转型。尽管中国和非洲之间的经济联系为非洲经济增长做出了积极贡献，但由于非洲各国政府在战略方针、政策进程和执行能力等方面的差异，中非经济联系也是不平衡的。今日中国正在推动经济再平衡，朝着创新驱动型经济升级；这势必影响中非关系，既能提供机遇，也会带来挑战。

  该书由研究非洲、中国和中非关系的重要学者创作，汇集了令人振奋和发人深省的观点和深入分析。它聚焦于非洲经济发展，审视了结构转型的核心领域，如生产性投资和工业化、国际贸易、基础设施发展和金融。该书是在全球劳动力和权力分布背景下，也是在中国和非洲这个多元大陆的历史和环境下来思考中非关系的，旨在填补既有文献的空白，引导中非合作进程和轨迹的政策和学术讨论，分析中国的发展道路、为非洲提供借鉴。

Overholt, William H. [et al.]. *Renminbi rising: a new global monetary system emerges*. Chichester, West Sussex, United Kingdom: WILEY, 2016.
人民币的崛起：全球货币新体系的兴起

  人民币的迅速崛起是一个具有全球意义的变革性事件，在此背景下，有效管理国际货币事务对全球经济复苏显得前所未有的重要。金融专业人士和经济政策制定者必须了解人民币国际化的动因、进展和可能的轨迹，充分把握其对全球金融体系、国际金融业务和重要金融产品及服务的影响。

  该书由一批著名的经济学研究者撰写，对人民币国际化与未来全球货币转移进行了批判性研究，记录了中国国际化货币的出现，并对其全球影响进行了深入分析，讨论范围包括中国支持的新金融机构的出现、各种人民币业务的规模以及即将到来的全球金融体系转型。

Paulson, Henry M. Jr. *Dealing with China: an insider unmasks the new economic superpower*. United States: Grand Central Publishing, 2015.
与中国打交道：一位内部人士解密这个新晋的经济超级大国

  美国前财长、保尔森基金会董事长保尔森（Henry Paulson）在书中详细讲述了他长达

25 年的中国之旅，以及与中国高层领导和商界领袖的交往。该书分为三部分：第一部分是1990—2006 年在高盛工作时期，保尔森参与中国国企改革，帮助中国电信、中国银行等企业巨头上市；第二部分是 2006—2009 年作为美国财政部长时期，保尔森搭建了中美战略经济对话机制，促进中美关系进一步发展；第三部分是 2010—2014 年创立保尔森基金会时期，开展针对中国环保、反腐、党的路线、中美关系等问题的研究。通过上述三个时期的经历，保尔森试图阐释几个问题：中国是如何快速成长为超级大国的；中国商业活动的真实情况；西方如何能更好地从中国崛起中受益；美国应如何与中国谈判。对于美国应如何面对中国崛起带来的多方面挑战，他建议：保持清醒的头脑，与中国展开富有建设性的合作。

Pelkmans, Jacques [et al.]. *Tomorrow's Silk Road: assessing an EU-China Free Trade Agreement*. Brussels: Centre for European Policy Studies, 2016.
明日丝绸之路：评估中欧自由贸易协定

该书是第一本针对中国和欧盟之间可能形成的自由贸易区，分析其经济和规则问题的著作。该书首先概述了近年来欧盟与中国经济关系发展的全球经济环境，包括连接这两大经济体的全球价值链；其次在九个经验研究和技术性章节中详细阐述了中欧自由贸易区设计的实质，涉及关税分析、技术性壁垒、贸易和服务，政府采购和投资；最后基于可计算的一般均衡（CGE）模型的经验模拟，探讨了其对每个成员国（及中国）的 GDP、双边货物和服务贸易、三个不同技术层次，以及一系列商品和服务部门工人薪资的经济影响。

Pelzman, Joseph. *Spillover effects of China going global*. New Jersey: World Scientific, 2017.
中国走向全球的溢出效应

1979 年，当中华人民共和国从美国获得最惠国待遇时，没人能想象得到，中国经济会在几十年的时间里发生如此巨大的转变。20 世纪 80 年代以来，中国从单纯的"世界工厂"，向世界新的研发、产品设计和创新来源地的突出转型，正是该书关注的焦点。

作者展示了中国作为世界第二大经济体，在利用庞大劳动力生产耐用和非耐用商品的基础上，是如何激发诸多溢出效应的——例如，向非洲、拉丁美洲和亚洲经济体提供对外援助，以及对内部自发创新、研究与发展的日益重视。该书对这些溢出效应进行了全面审视，并分析了这些溢出效应将如何在 21 世纪为世界其他地区带来积极机遇。

Rein, Shaun. *The war for China's wallet: profiting from the new world order*. Boston; Berlin: De Gruyter, 2018.
争夺中国钱包的战争：从新世界秩序中获利

世界金融危机后，中国已成为大多数国家最大或第二大的贸易伙伴，也成为星巴克、苹果和耐克等《财富》500 强公司的第二大市场。然而，从中国市场获利，对很多国家和公司来说都是有代价的：要么遵守中国的政治规则，要么面临严厉的经济惩罚和（或）彻底的驱逐。当中国引领的国际倡议与过去十年来美国在政策和实际承诺上发生转变所带来的不确定性结合在一起，国际大公司们指望从中国这个世界上最新的超级大国获利的不确定性就开始变高了。

通过对数百名公司高管和政府官员的访谈进行初步研究，该书讨论了如何做到不仅从中国的外向型经济规划中获利，而且从日益凸显民族主义色彩、不断变化的中国消费者群体中获利。在这些事情上找到正确方法的国家和公司将赢得这场"中国钱包争夺战"。

Reinhardt, Anne. *Navigating semi-colonialism: shipping, sovereignty, and nation-building in China, 1860-1937.* Cambridge, Massachusetts: Published by the Harvard University Asia Center, 2018.

大船航向：近代中国的航运、主权和民族建构（1860—1937）

中国在 19 世纪至 20 世纪初欧洲帝国不断扩张的世界中处于何种地位，长期以来一直存在争议。在那个时代，中国与列强之间的不平等关系是通过一个条约体系而不是通过殖民化确立的，这引发了外部控制与当地主权在程度和影响上的辩论。该书考察了作为不平等条约体系组成部分的（19 世纪中叶由西方列强引入中国水域的）蒸汽船航运，以阐明这一体系的概念和具体内容，并论证了中国经验的特殊性、它与其他社会背景下的殖民主义的相关性，以及它与全球历史进程的联系。

该书以条约体系下中国开放港口航运网络为焦点，考察了 19 世纪末蒸汽船航运的扩张、航运企业的成长和轮船运行的社会环境；在蒸汽船航运这个竞争与合作的舞台上，中国不完整主权的影响以及强加于其上的限制得以凸显。该书还进一步分析了国民政府时期民族主义对该条约体系的改造，并对当时中国与印度的航运体制进行了比较，以期为条约体系下的中国研究提供一个新的视角。

Rosefielde, Steven. *China's market communism: challenges, dilemmas, solutions.* London: Routledge, 2017.

中国的市场共产主义：挑战、困境和解决之道

该书是一本颇有见地的著作，书中不仅回顾了 1949 年后中国经济体制的变革，还着重强调了每种模式之间的差异，并全面论证了不同模式的影响。作者对中国的政治结构、历史和经济有着深刻的认识，也对世界其他国家有着广泛的了解，这为他们深入研究中国提供了条件。书中还描述了中国在未来几十年中可以选择的政治、经济以及社会道路。尽管作者没有提出任何建议，但指出了每一种选择都有其优势和不足，以及机遇和风险所在。书中没有乌托邦式的幻想，而是一本全面、客观、冷静的中国未来研究报告。

Ross, Paul. *Barriers to entry: overcoming challenges and achieving breakthroughs in a Chinese workplace.* Singapore: Palgrave Macmillan, 2020.

进入壁垒：在中国职场克服挑战和实现突破

该书以一种独特的观察视角，围绕中国公司雇用的非中国籍员工所面临的挑战展开了跨越广泛学科的研究，并为在中国公司管理下的外籍员工所遭遇的各种问题提供了深刻见解。该书分析内容的主要来源是目前在中国内外为中国公司工作的人员经历，作者通过探索这些经历的详细状况，揭开了中国公司内部运营的面纱。

Schmalzer, Sigrid. *Red revolution, green revolution: scientific farming in socialist China.* United States: University of Chicago Press, 2016.

红色革命，绿色革命——社会主义中国的科学种田运动

该书主要以中国独特的农业科学与社会主义政治的关系作为分析对象，围绕科学究竟由什么构成、科学如何影响政治、谁在科学权威中起作用、应该如何组织或变革现代农业等假设性问题进行回答，以批判性和理性的视角看待当代农业和科学的发展。该书获得 2018 年列文森奖。

Siu, Kaxton. *Chinese migrant workers and employer domination: comparisons with Hong Kong and Vietnam.* Singapore: Palgrave Macmillan, 2020.

中国民工与雇主主导：中国香港和越南的比较

该书从历史和比较的视角，探讨了过去 30 年来中国南方民工阶层生活状况的三个重要变化，即出口产业当中男性民工人口的增长、民工物质和社会生活的转变，以及在这些产业内新的非强制性工厂制度的出现。通过对香港公司在中国内地南部、香港本地和越南投资的服装工厂进行的实地调查，作者指出：即便在工厂所有权相同的情况下，这些地方工人的生活境遇仍然是大不相同。通过分析工人在工厂内外的生活，以及全球资本主义在东亚和东南亚的扩张，该书有助于推进对生产政治和日常生活实践的研究，并增强对全球和地方力量相互作用方式的理解。

Tilt, Bryan. *Dams and development in China: the moral economy of water and power.* United States: Columbia University Press, 2015.

水坝与中国的发展：水电的道德经济

中国拥有世界上一半的大型水坝，每年还会增加几十座。其好处是非常可观的：大坝输送水电，提供可靠的灌溉用水，保护居民和农田免受洪水侵袭，并为这个似乎对能源需求永不满足的国家进行水力发电。随着水电在能源需求中所占的比重越来越大，大坝也可能有助于减少化石燃料的消耗，这对一个空气污染和水污染严重、温室气体排放量居世界首位的国家来说是个好消息。

然而，大坝的优势是由高昂的代价换来的，即河流生态系统的破坏以及面临流离失所和农田减少困境的当地居民的社会经济福祉。作者聚焦于中国水电开发的主要枢纽——位于中国西南部的云南省，考察了政府机构、水电公司、非政府组织和当地社区的不同价值观，还探讨了这些团体用来影响水资源政策的各种策略。通过十年的研究，作者对中国在经济持续增长的同时，是否会提高政策透明度、加强科学合作和扩大公众参与提出了自己的见解。

Wang, Liqin. *East Asian economic integration: a China-ASEAN perspective.* United Kindom: Paths Intertnaional Ltd, 2015.

东亚经济一体化：中国—东盟视角

该书通过对中国和东盟经济关系以及中国—东盟自由贸易区（CAFTA）的考察，对东亚经济一体化进行了回顾和分析。

书中探讨了冷战结束之后,东亚地区的一系列经济关系,考察了中国建立中国—东盟自由贸易区的动机,由此评估了中国和东盟在其中扮演关键角色的东亚经济一体化。值得注意的是,书中很多研究都是基于对中国重要政策制定者的访谈,增加了可信度和参考价值。该书通过提出一种理论框架和研究路径,指出了从20世纪80年代起中国与东盟展开经济合作的背景,也分析了2001年前后中国在对东盟贸易和投资合作中的作用,以及中国与东盟合作背后的动机变化;此外,该书还特别关注了东亚经济一体化的特点和前景。

Wu, Shellen Xiao. *Empires of coal: fueling China's entry into the modern world order, 1860-1920.* United States: Stanford University Press, 2015.

煤炭帝国:中国加入现代世界秩序的动力(1860—1920)

1868—1872年,德国地质学家费迪南德·冯·里希特霍芬来到中国考察,并在报告中描写了他在中国的发现,这使得西方对中国的兴趣点从瓷器和茶叶之国转变为巨大的煤炭储备库。到19世纪90年代,外国列强和中国都把对矿产资源的控制权视为实现现代化和工业化的关键,并为争夺这些宝贵矿藏的控制权展开了斗争。随着煤炭从一种值钱的商品变成工业化的必要燃料,这一丰富的自然资源也就成为争夺中国政治控制权斗争中不可或缺的一部分。

地质学既是欧洲帝国主义的帮手,也是中国抵抗西方入侵的聚焦点。当第一个中国地质调查局在20世纪10年代开始调查时,自然资源的概念早已经发生了变化。清政府扩大了对采矿权的控制,为后来的民国和中华人民共和国政权开创了先例。该书作者认为,晚清特有的变化是19世纪全球趋势的一部分,当时科学和工业化的兴起破坏了全球体系的稳定,不仅引起了广泛的动荡,还导致世界各地的统治政权被推翻。

Wu, Yi. *Negotiating rural land ownership in Southwest China: state, village, family.* Honolulu: University of Hawai'i Press, 2016.

中国西南地区农村土地所有权谈判:国家、村落、家庭

该书首次全面分析了中国现行土地所有权制度在21世纪10年代其中6年间的演变过程。在云南省的田野调查基础上,该书探讨了3个主要的农村行为体——地方政府、村社和农户——对基层土地权利的争夺与协商,从而改变了中国农村土地所有权结构。

据估计,目前中国至少有200万个村落(或"自然村")存在。这些村落自发地脱胎于对长期定居地的选择,从根本上不同于上级政府从上面强加的现行行政村规划。该书的历史民族志研究揭示了这样的"自然村"及其在塑造现行土地所有权制度中的作用。作者从地方土地纠纷、档案文献、地方史料等方面,揭示了他们从新中国成立后到改革时期持续的社会认同。作者首倡"有界的集体主义"概念,以描述试图建立集体土地所有权的政府与试图在传统边界上独占土地资源的村落之间的斗争产生了何种结果。

该书的一个特别贡献是,它为中国农村土地所有权如何以及为何在改革时代发生变革,提供了一个细致入微的观察。作者利用村级数据,说明了地方政府、农村社区和农村家庭如何在农业生产和土地市场上竞争使用、收入和转让的权利,论证了中国现行的农村土地所有权制度不是由上级强加的静态体系,而是一个不断变化的混合体。

Zhan, Shaohua. *The land question in China: agrarian capitalism, industrious revolution, and East Asian development.* London; New York: Routledge, Taylor & Francis Group, 2019.

中国的土地问题：农业资本主义、勤业革命与东亚发展道路

该书探讨了中国全面发展土地密集型农业资本主义的必然性和实用性，同时分析了作为农村发展替代路径的劳动密集型产业革命。作者对近年来农业资本主义的崛起做出了批判性的解读，认为这股力量可能破坏中国这个人口大国无数人的生计。

该书将中国产业革命根源追溯到 18 世纪，将当代农村发展与清代中期的经济繁荣进行了比较。在新自由主义结构调整的背景下，该书认为，能大量提供土地使用的农村的蓬勃发展为缓解不稳定的城市就业和人口压力提供了一个解决方案，而将土地从村民手中转移给大型生产商和城市投资者则可能加剧相关问题。与南非以及日本、韩国等东亚经济体的比较进一步说明了这一点。

Zhou, Zhang-Yue. *Achieving food security in China: the challenges ahead.* London: Routledge, 2017.

实现中国的粮食安全：未来的挑战

中国的粮食安全问题从来都是公众关注的焦点，养活中国庞大的人口一直是一个巨大的挑战。20 世纪 80 年代初以来，中国的粮食供应有了大幅改善，但由于在粮食安全的其他几个重要方面缺乏进展，中国尚未实现高水平的粮食安全。

该书研究了中国在过去几十年中的粮食安全实践，探讨了导致粮食短缺或丰收的根本原因，并指出了中国为提升未来粮食安全而必须应对的挑战。中国对粮食安全的追求为许多其他国家提供了宝贵的经验，从而能够更好地管理本国未来的粮食安全。此外，作者还提醒人们注意，中国的粮食安全状况对全球社会影响巨大，因此全球合作将是一种互惠互利的方法。

Zhu, Yujie. *Heritage and romantic consumption in China.* Amsterdam: Amsterdam University Press, 2018.

中国的遗产与浪漫消费

鼓声敲响，一位身穿华丽长袍的老人喃喃自语，三位新娘骑在马背上，由新郎带领，步行前往纳西族婚礼庭院……婚礼全程都有购票的游客们在陪同、观看和拍照。这场传统婚礼，是为了中国西南部的世界遗产小镇丽江的民族旅游业而举行的。

该书探讨了文化遗产如何与社会文化变迁互动，以及个人如何通过日常生活表现和调适其身份认同。丽江的婚礼表演不仅是一种遗产"产品"，还展示了文化遗产和旅游业如何帮助塑造人们的价值观、梦想和期望。该书还探讨了当代中国"浪漫消费主义"的兴起。中国人对城市世俗的不满，使他们对那些被视为自然的、民族的、精神和审美的生活和群体充满浪漫化的兴趣，以及对传统和真实性的追求；但是，到底什么是传统和真实性，当它们变成表演时又会发生什么？这些都是该书着重讨论的问题。

法语

Andréani, Tony. *Le modèle chinois et nous.* Paris: l'Harmattan, 2018.
中国模式与我们

对于法国这样的西方国家来说，中国的经济和政治体制是否值得借鉴？一些媒体和专家持否定态度，尽管中国取得了非凡的经济增长、技术飞跃和相对的社会共识。他们看到的只是经典的追赶现象、过时的专制主义等不足，该书的解读则截然不同——中国的成功得益于一种前所未有的社会主义市场形式。在社会主义市场中，政府以长远的目光和强力的杠杆（包括庞大的国有部门、高效的计划、积极的财政和货币政策）来指导发展，并控制私人资本主义发展和全球化进程，以此来减少极端不平等现象。作者为这种与西方主流模式完全不同的模式提供了一些鲜为人知的信息，但没有掩饰这种模式的局限性，以期引起人们更多思考。

Delas, Olivier. *Relations commerciales internationales: l'Union européenne et l'Amérique du Nord à l'heure de la Nouvelle Route de la soie.* Bruxelles: Bruylant, 2020.
国际贸易关系：新丝绸之路时代的欧盟和北美

欧盟和北美国家于2019年4月15日重启就削减关税达成的贸易谈判，而后签订了替代《北美自由贸易协定》的《美国—墨西哥—加拿大协定》，缔结了《欧盟与加拿大自由贸易协定》。欧盟和北美国家已意识到，未来必须同中国的贸易力量"共舞"，与国际舞台上的中国"合奏"。中国正在推进一系列重大项目，其中最为引人瞩目的是"一带一路"。这一重点项目催生出世界上最大的贸易和基础设施合作平台，向美国和欧盟的贸易地位和自由化发展发起挑战。无论是在国际舞台的行动上还是在跨大西洋关系的发展中，欧美国家的施策都必须考虑这一国际新兴力量崛起的现实。除研究中国日益提升的国际地位外，该书还全面审视了欧洲和北美传统合作伙伴面对中国等亚洲国家的崛起，已有的和期望构建的关系与合作。书中对欧洲和北美国家之间的关系和相关协定作了梳理，并指出"一带一路"和中国商业力量崛起的关键所在。书中还讨论了欧盟与中国、北美国家与中国的双边关系，突出了不同领域各方可能存在的共识与分歧，分析了可能造成三方商业利益互相影响与制约的战略问题。

Renard, Mary-Françoise. *L'économie de la Chine.* Paris: la Découverte, 2018.
中国经济

该书用通俗易懂的语言解释了中国的发展模式、经济结构变革以及有待克服的困难，尤其是在环境保护与社会稳定等方面。得益于1978年以来的改革开放政策，中国实现了经济飞跃式增长，逐渐摆脱了极端贫困，并成为全球经济的重要参与者之一。然而，这种发展伴随着严重的失衡和日益加剧的不平等。中国如今已成为中等收入国家，面临的挑战更具战略性，因为政治稳定与经济发展息息相关。作者在书中强调中国内部经济制约因素与其国际战略之间的联系，后者在世界生产组织中引起了巨大变革，并针对中国在全球化中的作用制定了雄心勃勃的目标。

Thierry, François. *Les monnaies de la Chine ancienne: des origines à la fin de l'Empire*. Paris: les Belles lettres, 2017.

中国古代货币：从起源到王国覆灭

　　该书从货币起源讲起，到清朝覆灭为止，对中国货币史作出了迄今为止最全面的叙述，集作者数十年研究成果之大成。字里行间处处充满历史文献的恢宏与厚重，带领读者进行了一场穿越多个世纪的货币探险，追溯了一段引人入胜的中国通史。早在公元前10世纪，中国人便发明了一种以特定物品为记账单位、商品价值尺度以及支付和交换手段的体系。在这一体系中，铜钱是唯一的货币符号。结合文献资料和考古发现，作者强调了官方史学所描述的场景与货币流通的现实之间存在极大差异。流通货币和金融实践的异质性显示了具有内在价值的货币与西方人眼中的法定货币"截然不同"。该书配有370余幅插图（其中大部分此前未曾出版）、20张地图、表格以及详尽的参考书目，以尽可能丰富读者的阅读体验。

德语

Bünte, Claudia. *Die chinesische KI-Revolution: Konsumverhalten, Marketing und Handel: wie China mit künstlicher Intelligenz die Wirtschaftswelt verändert*. Wiesbaden, Germany: Springer Gabler, 2020.

中国人工智能革命：消费者行为、营销和贸易，中国如何用人工智能改变商业世界

　　该书阐述了人工智能在中国的飞速发展，并直观地展示了其对消费者日常生活、零售和营销产生的突破性影响。中国正在对人工智能进行大规模投资，并因此在全球经济中取得了令人瞩目的领先地位。如果想为未来做好准备，就必须着眼于今天的中国。作者介绍了中国的经济发展、人工智能规划以及数据保护等相关进展，并讲述了其在当地的亲身经历。通过大量实际案例，作者清楚地阐释了为什么中国在数字化方面比西方国家走得更远：嵌入地面的行人交通信号灯、利用人脸识别实现的无现金支付、通过超市二维码获取"每条鱼"的捕捞信息，这些在中国早已成为现实。该书还介绍了腾讯、京东、阿里巴巴等主要的平台生态系统，以及微信等应用程序，并剖析这些根本性变革如何改变消费者行为、优化客户体验，从而创造新零售和新营销。作者指出，这些变革很快也将在西方世界出现。

Naisbitt, Doris et al. *Im Sog der Seidenstraße: Chinas Weg in eine neue Weltwirtschaft*. Stuttgart: LangenMüller, 2019.

丝绸之路的引力：通往新世界经济的中国道路

　　中国希望改革全球贸易体系，而实现这一目标最重要的项目就是"一带一路"，即"新丝绸之路"。该倡议涵盖的地理范围如何，经济基础是什么？中国领导层追求的目标是什么？它能够为欧洲带来哪些机遇，又存在何种风险？该书对上述问题做出阐释并指出：这远不只是一条古老贸易路线的复兴，其目的在于提出一个新的包容性全球化概念，以对抗西方世界的霸权。该书论据充足，意义深远，作者基于对中国文化和思维方式的理解和欣赏，提出了对西方广泛存在的怀疑态度的重要反驳。

西班牙语

Ríos, Xulio. *La globalización china: la franja y la ruta*. Madrid: Editorial Popular, 2019.
中国的全球化:"一带一路"

中国的"一带一路",包括丝绸之路经济带和21世纪海上丝绸之路,已经成为全球议程的重要组成部分,引发了国际社会的广泛关注。然而公众是否真正理解这一开放性战略的深远意义及其潜在影响?其他国家是否有类似的举措?

该书深入剖析了六大国际经济走廊的实施细节,包括参与国家,投资协议,以及在能源、基础设施、产业合作和文化等领域的项目。此外,书中还探讨了中国近年来的重要转型——从"世界工厂"向"世界技术中心"的华丽转变,并审视了这一转变在中美战略竞争和亚洲产品全球影响力扩张的大背景下所蕴含的深远影响。通过该书的深入分析,读者将获得更清晰的视角,以理解这一宏大项目如何可能深刻地影响全球公民的未来生活。

Rosales, Osvaldo. *El sueño chino: cómo se ve China a sí misma y cómo nos equivocamos los occidentales al inter*. Buenos Aires: Siglo XXI, 2020.
中国梦:中国的自我定位与西方的误解

21世纪的全球格局将在很大程度上受中美竞争与互动的影响。然而,西方在解读中国的政治愿景时,往往难以摆脱其固有的成见与误解。作者以一种中立且公正的视角来观察中国,阐述了"中国梦"——即中国追求恢复其15世纪前在全球文明与经济中的领导地位——作为该国近70年来政治与经济决策的核心理念。作者深入挖掘了中国的全球愿景,从历史的角度挑战了常见的偏见,并将对中国的认识提升至一个全新的层次,涵盖了经济史、改革规划以及经济技术成就等方面。这样的分析为人们提供了一个富有前瞻性的视角,有助于深入理解当前的商业和技术紧张局势。

Alejandro Girado, Gustavo. *Cómo lo hicieron los chinos?: algunas de las causas del gran desarrollo del gigante asiático*. Ciudad de Buenos Aires: Astrea, 2017.
中国奇迹:亚洲巨人崛起背后的原因

中国的发展奇迹是如何实现的?与任何国家的发展进程一样,中国的进步不是由单一因素决定的。它是一个多维度、多因素交织的结果,不能简单归结为几个政治决策。该书深入探讨了中国如何通过知识管理,降低对外部技术的依赖,并在全球舞台上承担起重大责任。作者指出,中国所做出的决策旨在减少对西方的依赖,作为知识的创造者,中国有能力设计自己的未来,这构成了所有政策的核心。同时,作者认为,中国的历史背景和民族性格的形成与曾被外族统治有关,而这一历史因素在不同政策的制定和执行中始终发挥着重要作用,尤其是在与自然和科学技术相关的领域。

俄语

Александров, Юрий Георгиевич. *Человеческий капитал в переходных экономиках Россия - Китай*. Москва: ИВ РАН, 2020.
转型经济体的人力资本：以俄罗斯和中国为例
  该书探讨了从高度集权的计划经济的社会主义社会向公民社会、自由经济社会转型的情况，聚焦政治经济学范畴的"人力资本"，以俄罗斯和中国这两个最大的转型经济体的人力资本发展趋势为研究目标。尽管这两个国家之间存在种种差异，但作者认为，要成功地建设一个充满活力的现代经济，就必须创造条件，使参与者能够活跃地参与其中，同时提高自身作为人力资本的水平。该书由导言、七章和结论组成。前两章是作者对"人力资本"范畴的理论阐释，然后作者探讨了俄罗斯和中国在后社会主义转型期间工人境况的实际变化，并对两国的改革及其后果进行了比较评估。

Береснев, Дмитрий Викторович и др. *Торгово-экономическое сотрудничество Беларуси и Китая в условиях усиления протекционизма в мировой экономике*. Минск: Беларуская навука, 2020.
在世界经济保护主义加剧背景下白俄罗斯与中国的经贸合作
  该文集的主题是研究分析现阶段全球经济发展的主要趋势、中国在全球市场中的作用，以及白俄罗斯与中国之间的经贸合作，并针对研究分析结果给出政策建议。其中包括，关于白俄罗斯商品和服务向中国市场出口发展多样化的建议，关于进一步加强白俄罗斯贸易出口商支持系统的建议，以及关于完善吸引中国投资的白俄罗斯经济政策以促进高科技出口增长的建议。

Вертинская, Татьяна Сергеевна и др. *Межрегиональные связи Беларуси и Китая: состояние, проблемы и перспективы развития*. Минск: Беларуская навука, 2020.
白俄罗斯与中国的地区间联系：现状、问题和发展前景
  该书对中国各地区（包括省、自治区和直辖市）的对外经济和社会经济潜力进行了详细分析，为制定白俄罗斯与中国发展地区间合作综合战略的概念方法提供了依据。书中提出了在发展地区间关系中加强专业化，建立地区市场机构，为中小型企业参与地区间关系创造法律和组织条件，为树立白俄罗斯各地区的竞争形象加强广告宣传工作等建议。

Гельбрас, Виля Гдаливич. *Экономика Китайской Народной Республики: важнейшие этапы развития 1949-2008: курс лекций. 3-е изд., испр. и доп*. Москва: Квадрига, 2019.
中华人民共和国经济：1949—2008 年的重要发展阶段（第 3 版修订增补）
  该书是一部课程讲义，分析了 1949—2008 年中国经济发展问题，探讨了经济建设的不同阶段，各个时期战略战术实施过程中取得的成就和存在的不足。其中详细分析了 2002—2008 年的经济变化，出口导向经济的成功和负面影响。作者对中国经济发展战略逐渐变化的过程给予了重点关注，该战略将内陆地区，尤其是农业和农村的崛起以及农民生活水平的提高作为经济发展的核心。该书还重点介绍了政府的反危机措施及其初步成果。

Каменнов, Павел Борисович сост. *КНР: экономика регионов.* Москва: ИДВ РАН； МБА, 2015.
中国的地区经济

中国经济的主要问题之一是发展不平衡：沿海地区发展迅速，内陆地区发展缓慢。20世纪80年代，随着经济改革的开始，这种差距逐渐扩大。在向市场经济转型的新形势下，沿海地区有更多的获利机会。该书主要探讨了中国经济的区域性问题以及解决这些问题的各种途径。内容主要包括：区域信息化、沿海地区、东北地区、华中地区、西部地区、地区人口状况、地区城市化、人口迁移过程，以及中国生态环境的主要特征等。

Киреев, А. А. и др. *Современный Китай в условиях трансформации.* Москва: URSS: Ленанд, 2015.
转型中的现代中国

该书研究转型条件下的现代中国的发展进程。全书共七章，分别为：社会经济改革、近代中国对外经济政策的亚洲导向、反腐倡廉、中国在国际关系和国家安全方面的政策、现代化对中国青年自主择业取向的影响、中国梦和中华民族的伟大复兴等。

Кондрашова, Людмила Ивановна. *Китай: к новой модели общественного развития.* Москва: Форум, 2017.
中国走向新的社会发展模式

该书分析了经过近40年改革开放后中国所形成的特殊社会发展模式。在坚持社会经济发展的社会主义方向和共产党领导作用的前提下，中国领导人大胆调整了马克思主义的社会主义学说，承认市场经济和私有制的必要性。利用大规模投资、物质激励、廉价劳动力等经济发展因素，中国实现了经济高速增长，使中国整体经济实力跻身世界前列。但目前这种发展模式已基本走到尽头，当务之急是从超高速增长转向正常发展，消除已经出现的不协调现象，尤其是人与自然、贫富、城乡、沿海与内陆生活水平差距等。

Кудин, Андрей Павлович. *Частные предприятия в Китае: политика и экономика: ретроспективный анализ развития в 1980-2010-е годы.* Москва: Дашков и Кº, 2017.
中国民营企业：政治与经济：1980—2010年代发展回顾分析

21世纪头十年，在经历经济深层次结构调整和外部严峻挑战的情况下，在坚持"中国特色社会主义"道路的前提下，中国的GDP总量、工业产出、外贸进出口额等多项经济指标跃居世界第一。这一"中国奇迹"的驱动力和行为主体是什么？根据不可否认的事实和数据统计，作者认为，中国整体成功发展的最重要驱动力是由国家严格监管的私营民族企业。该书探讨了民营企业在中国经济政策中的地位、在经济中的整体作用、发展中的问题和发展前景等。对于正在寻求管理中小型企业和改造大型企业的俄罗斯而言，中国经验的重要借鉴意义是毋庸置疑的。

Муромцева, Зоя Андреевна; Шао Жань. *Государственные предприятия КНР. Реформы и развитие.* Москва: ИДВ, 2017.

中国国有企业的改革与发展

中国以现代化为导向的国企改革始于 20 世纪 70 年代末的第二产业（工业和建筑业）。到第四个十年，国企改革已遍及第一、二、三产业。国企改革的目标是通过引入市场化措施，在公有制框架内实现所有权、使用权和处置权的分离，同时引入私营资本。该书通过系统阐述中国政府推动国有部门改革、走现代化和创新发展道路的各项措施，论证了中国以建立"现代企业制度"为导向，有针对性地利用国有资产服务于现代化和创新发展的国家战略，充分发挥了国有部门在改革中"攻守兼备"的作用，避免了国有资产的失控流失。作者认为，"一带一路"也体现了中国的战略设想，即通过基于国有企业的"现代企业制度"在全球价值链的各个环节发挥主导作用。

Никуленков, Василий Валентинович. *Российско-китайское сотрудничество на евразийском экономическом пространстве с 1990-х гг. по настоящее время.* Красноярск: СФУ, 2020.

20 世纪 90 年代至今中俄在欧亚经济空间的合作

该书在当时地区政策背景下探讨中俄在欧亚地区合作的问题与前景，指出上合组织和欧亚联盟等地区组织的主要发展趋势和工作经验。此外，还介绍了通过青年、科学和人道主义合作等"软实力"手段互动的方法。

Островский, Андрей Владимирович ред. *13-я пятилетка (2016-2020 гг.) - важнейший этап построения в Китае общества малого благоденствия «сяокан»: [сборник статей].* Москва: ИДВ РА, 2018.

十三五规划：中国小康社会建设的最重要阶段

根据俄罗斯科学院远东所中国社会经济研究中心 2017 年 4 月举行的会议上的发言编写的该文集分析了近年来中国的经济形势，主要是经济增长率下降以及造成这一现象的原因：内部原因——已经较高的国内生产总值再增长的困难；外部原因——全球金融危机导致的中国出口产品需求大幅下降。该书指出，中国经济的"新常态"是在"十三五"规划（2016—2020 年）期间，通过创新发展，在较低 GDP 增长率的背景下实现建设小康社会的目标，并为此采取了应对内外威胁的措施，中国经济不会出现"硬着陆"。国家将继续控制主要经济部门。人口和环境问题，以及能源资源相对短缺的问题在加剧，为确保社会和国内政治稳定需要从根本上加以解决。

Островский, Андрей Владимирович ред. *40 лет экономических реформ в КНР.* Москва: ИДВ РАН, 2020.

中国经济改革 40 年

根据俄罗斯科学院远东所中国社会经济研究中心 2019 年 4 月举行的会议上的发言编写的该部文集分析了改革 40 年后，中国经济的总体情况和各部门的情况。文集既展示了中国社会经济领域取得的成就，也指出了为实现建党 100 周年（2021 年）和新中国成立 100 周年（2049

年）的社会经济发展目标所面临的主要问题。其中很多文章谈及中国创新经济的发展，如信息技术、机械工程和机器人等高科技产业。文集还指出，中国社会经济在改革中快速发展，人民生活水平迅速提高，贫困人口明显减少，军事实力和对外经济关系显著增强。与此同时，文集分析了中国国内持续面临的挑战：适龄劳动人口不断减少，老龄人口不断增加；过量使用硬煤造成污染；原油和天然气严重依赖进口等问题。

Островский, Андрей Владимирович. *Китай становится экономической сверхдержавой.* Москва: МБА, 2020.
中国正在成为经济超级大国
　　该书使用大量事实和统计资料，论述了中国近 40 年来的社会经济发展。研究指出了中国改革的主要转折点，分析了改革政策的演变，并与苏联、东欧其他国家和越南的改革实践进行了比较。发展与改革之间的辩证关系在中国过去和现在都被理解为目标与实现目标的工具之间的关系。在现代中国人的理解中，经济自由化并不意味着国家退出经济，而是国家拥有更少但更强大的手段来影响经济进程。该书作者通过大量国家退出经济领域的实例，证明中国避免了国家与市场之间的错误对立，在国家、市场和垄断之间找到了正确的平衡。中国正在成为一个真正的经济超级大国，它对世界的影响越来越大，而对世界的依赖却越来越小。

Портяков, Владимир Яковлевич. *Шэньчжэньский камертон: трансформация модели экономического роста в Китае и развитие Шэньчжэня.* Москва: ИД «Форум», 2017.
中国经济增长模式的转变与深圳的发展
　　该书探讨了中国经济增长模式转型进程的主要方向，评估了其进展和前景。在此背景下，分析了中国地区生产总值第四大城市深圳的经济和社会发展特点。中国经济增长重心从投资和出口转向消费和科技进步，积极利用快速城市化作为新的增长要素，从而向世界主要创新中心转变。作者展示了这一进程在 2013—2016 年的实际进展，并揭示了存在的问题和困难，分析了深圳在国家南部一体化进程中的作用。结果表明，如今的深圳一如既往，成功地保持和发展了全中国创新和引进中心、改革和对外经济开放先锋、现代工业和服务业集聚区的功能。

Сазонов, Сергей Леонидович. *Транспорт КНР: место и роль в развитии национальной экономики.* Москва: ИДВ РАН, 2018.
交通运输在中国国民经济发展中的地位和作用
　　交通运输是中国最大的基础产业之一，是中国国民经济最重要的基础设施支柱。通过运输网络，产生了一定的跨部门联系，这些联系在国家经济的生产关系体系中占有相当大的比重。中国的交通综合体在许多方面都有其特殊性。该书由三章组成：中国交通运输综合体的建立和发展，行业基础设施现状，中国交通运输正成为国家社会经济发展的主要驱动力。其中考虑了交通运输综合体基础设施发展的主要阶段、现状和行业改革的优先方向。

Селищев, Александр Сергеевичи др. *Китайский юань: на пути к глобальному статусу.* Москва: ИНФРА-М, 2018.

人民币：通往全球地位之路

中国货币的历史充满了戏剧性，是中国经济和文化千年沧桑的一种折射。该书由三部分组成。第一部分：传统中国的货币流通。简要研究了从古代到1949年中华人民共和国成立前中国货币流通的形成和发展。第二部分：中国外汇市场的形成与发展。该部分由四章组成，包括改革前时期的人民币（1949—1978年）、货币改革初期（1979—1993年）、社会主义市场经济阶段（1994—2005年）、现阶段的货币改革。第三部分：人民币向全球货币的转变。分两章讨论了人民币国际化的理论与实践，以及作为研究结果总结的对人民币前景的展望。作者对2050年的国际货币和金融架构进行了预测，他们认为，届时世界经济将结束美元垄断并形成三个货币区：人民币区、欧元区和美元区，其中人民币区将是最强大的。

日语

津上俊哉 .「米中経済戦争」の内実を読み解く . PHP 研究所，2017.
解读"中美经济战"的来龙去脉

特朗普将贸易逆差问题归咎于中国，但"中美经济战"真的会爆发吗？日本的一位中国经济评论家对此进行了详细分析。

在总统竞选期间，特朗普曾承诺对中国商品征收45%的关税。然而在他当选后举行的中美首脑会谈上，唯一的变化仅仅是中方宣布将制定减少贸易逆差的百日计划。许多人认为，中美在全球经济中竞争的行为将使未来世界迎来大变化。在该书中，以准确评估中国经济而闻名的作者对两国的未来进行了解读。此外，该书的后半章节对中国经济的未来给出了明确分析。书中讨论了此前非常稳健的中央财政如今逆差幅度急剧增加带来的冲击，同时也介绍了基于移动网络的"新经济"快速增长的利好消息。

柴田聪 . 中国金融の実力と日本の戦略 . PHP 研究所，2019.
中国的金融实力与日本的战略

该书深入探讨了中国金融领域的快速发展及其对日本战略的影响。中国金融科技（FinTech）的进步令人瞩目，已在个人间结算等方面远超日本，成为金融科技的先驱国家之一。作者通过亲身体验中国金融的变革，感受到了中国金融市场的惊人发展速度。

书中提到，2016年，中国银行业市场规模已达到世界最大，同时，影子银行的资产规模和超富裕阶层的资产总额也达到了日本的约1.3倍。在个人间结算方面，中国金融科技的迅速发展和数字化支付率，已经明显超过日本。为了理解中国的巨大变化，必须深入理解中国经济的"血液"——金融系统。在中国这个快速增长的超级市场中，日本需要找到享受其"果实"的策略。并且，要准确理解中国金融，必须正视其中的风险。

该书揭示了中国金融的最前沿，并探讨了所谓的"中国风险"以及日本应采取的对策。

该书分为三章，分别讨论了中国金融市场成长为世界顶级的秘密与挑战、中国金融业务的最前线以及日经金融机构的挑战，以及为什么需要中日金融合作。该书旨在描绘中国金融的最前沿，为理解中国金融市场提供了宝贵的视角和深刻的分析。

此本臣吾 [ほか]. 2020 年の中国 :「新常態」がもたらす変化と事業機会. 東洋経済新報社, 2016.
2020 年的中国 : "新常态" 带来的变化和机遇

  2020 年的中国，面临来自全球的各种挑战和机遇，特别是在"新常态"下，中国经济和社会发展会呈现出许多新的变化。该书旨在探讨这些变化给中国带来的影响，以及在这一背景下的商业机会。

  首先，该书分析了中国经济的发展趋势。作者通过对中国经济结构、产业发展和消费趋势等方面的研究，全面解读了中国经济的现状和未来发展趋势。特别是在全球化和数字化的背景下，中国经济正经历着转型升级，新兴产业和新业态不断涌现，为企业带来了广阔的市场空间和发展机遇。

  其次，该书探讨了中国社会的变化和影响。作者通过对中国人口结构、社会消费习惯、文化价值观念等方面的分析，揭示了中国社会的多样性和复杂性。尤其是随着城市化和现代化的推进，中国社会结构发生了深刻的变化，消费需求和生活方式也在不断变化，为企业提供了丰富多彩的市场需求和商业机会。

  最后，该书总结了在这一背景下的商业机会和挑战。作者指出，尽管中国面临诸多挑战，如经济增长放缓、产业结构调整、环境污染等，但同时也孕育着许多商业机会，特别是在新兴产业、科技创新和消费升级等领域。企业需要及时把握市场变化，灵活调整战略，不断创新，才能在激烈的市场竞争中立于不败之地。

  综上所述，该书揭示了中国的新常态下所呈现出的变化和商业机会，为企业和投资者提供了重要的参考和指导。

村上衛. 近現代中国における社会経済制度の再編. 京都大学人文科学研究所, 2016.
中国近现代社会经济制度的再编

  30 多年来，随着中国经济的飞速发展，包括日本人在内的外国人在中国从事经济活动的机会越来越多，他们与中国境内外华裔的接触也越来越频繁。然而，常识认知、行为习惯等方面的差异引发了各种摩擦。为了了解和解决这些问题，作者认为，有必要加深对中国社会和经济的了解。

  因此，在该书中，研究小组将从不同的角度研究，在近代中国前期，特别是自 17 世纪以来，界定社会和经济的"制度"，如民间习俗、常识认知、社会规范、社会秩序和行为习惯在近现代发生了什么变化等。该书的前三章聚焦于经济史，特别是贸易史。接下来的章节讨论了土地问题、外交事务和政府救灾工作，涵盖了从租界问题到国民党时期南京的不动产登记，以及清末对外秩序的转变。这些研究不仅展示了中国社会经济制度的多层次性，也揭示了在不同历史时期中外制度交汇与互动的复杂性。

  整体而言，该书通过跨学科的研究视角，为我们提供了一个全面了解中国社会经济制度及其变迁的窗口，增进了对中国经济快速发展背景的理解，并对促进国际交流与合作具有重要意义。

大西康雄.習近平時代の中国経済.アジア経済研究所,2015.
习近平时代的中国经济

中国的发展成就举世瞩目。这不仅因为中国是仅次于美国的世界第二大经济体，还因为中国飞速增长的军事实力和为了改变传统的国际秩序（尤其是亚洲范围内）而开展的外交活动。目睹了中国的崛起，世界各国都会有着这种崛起会带来什么影响的疑问。另外，中国也面临一些问题，中国到底会走向何方？该书主要通过对经济领域的分析来回答这个问题。

宫本雄二[ほか].技術覇権米中激突の深層.日本経済新聞出版社,2020.
技术霸权中美冲突的深层

中国相继公布的"一带一路""中国制造2025"被美国视为对自己经济霸权的挑战。这一构想容易让人联想起20世纪80年代发生的日美经济摩擦、构造协议。中美摩擦不是通过贸易赤字消减就能解决的暂时性难题，美国意欲压制中国并使之最终屈服，这将是一场旷日持久的经济战争。其中的核心即为技术。华为问题是典型案例。

该书以高科技摩擦为中心，分析了中美关系的现状与未来，以及对日本带来的影响等。该书作者提出了丰富的论点，比如经济相互依存越来越紧密的同时中美的对立是否会激化、美国的制裁对中国的半导体产业将带来什么样的影响、经济安保规则制定必不可少、网络空间竞争的关键由谁来掌控等。

関志雄.未完の人民元改革：国際通貨への道.文眞堂,2020.
未竟的人民币改革：通往国际货币之路

该书作者系统地总结了自己多年来运用经济理论对人民币进行研究的成果。涵盖了研究人员以及政策制定者和投资者感兴趣的主题，包括"人民币汇率的决定因素""向浮动汇率制过度""中美货币摩擦""中国货币""人民币国际化"和"数字货币"等。

该书分为五个部分。第一部分讨论了中国加入WTO后人民币升值的必要性和背景。第二部分详细介绍了自2005年以来采用的"管理浮动汇率制度"，BBC方式及其在国内外环境变化下的实施情况。第三部分探讨了中国在追求"完全浮动汇率制度"过程中的挑战，提高金融政策独立性和防范泡沫的努力。第四部分关注中国如何从管理外汇储备到推动对外直接投资，成为金融超级大国的转变过程。第五部分从中国和全球的视角分析了人民币国际化的挑战，包括资本项目自由化、货币区域化和全球货币体系的建设。

進藤榮一[ほか].一帯一路からユーラシア新世紀の道.日本評論社,2018.
从"一带一路"到欧亚新世纪之路

该书是一本充满建设性政策建议的书籍。

19世纪是英国的时代，20世纪是美国的时代，21世纪则被称为亚洲的时代。进藤教授在该书序章中指出，在当前世纪的信息革命下，全球化的第三波正在塑造"亚洲力量的世纪"，可以说是以崛起的中国为核心，扩展至整个欧亚大陆的"欧亚新世纪"的登场。而"一带一路"正是这种登场的象征。"一带一路"构想对于日本经济和日本企业来说至关重要。该书的编辑者、筑波大学的进藤荣一名誉教授是一带一路日本研究中心的代表。進藤教授及该中心成员在 2018 年 9—10 月期间，到访中国各地，进行实地考察并与多个研究机构等进行意见交换，将这些成果纳入该书中。

25 余名跨越国界的顶尖研究者在该书的前篇的四部分中，揭示了塑造欧亚新世纪的浪潮以及"一带一路"发展历程与未来发展愿景。后篇中收录了 19 名杰出的政治家、工业家和教授对时代发展的见解与看法。最后，该书末尾为普通社会人士提供了"一带一路"专业术语解释。

豊岡康史，大橋厚子. 銀の流通と中国・東南アジア. 山川出版社，2019.
白银的流通、中国与东南亚

该书深入探讨了 19 世纪前半期清朝以及东南亚地区白银流通的历史。全书分为两个部分，第一部分收录了多位学者的论文，集中讨论了清朝时期的白银流通情况；而第二部分则由大桥厚子讨论 19 世纪前半期东南亚地区的经济和金融政策，多贺良寬则专注于越南阮朝的货币政策。

该书提出了对传统观点的挑战，即不完全认同 19 世纪清朝因鸦片贸易导致白银外流和经济衰退这一通俗理解。相反，书中提出应更多地考虑清朝经济的自主性和多样性，以及国内外多种因素对白银流通的复杂影响。在讨论中，一些作者强调了拉丁美洲独立运动对清朝白银供应的影响，以及不同地区对卡尔罗斯银币等外国银币的需求和流通情况。此外，书中还讨论了清朝地方政府的税收政策和民间的应对策略，以及白银在不同地区的实际流通情况。

该书通过跨学科的研究视角，为我们理解当时清朝及其周边地区的经济金融状况提供了新的洞见，也为今后的研究指出了新的方向，即进一步阐明清朝国内经济的多层次结构和白银流通的地域性差异。

劉建華. 中国コンテンツ産業対外貿易の研究. 日本僑报社，2018.
对外文化贸易研究

该书是日中翻译学院的大岛义和先生翻译的由中国新闻出版研究院刘建华研究员所著的《对外文化贸易研究》。该书的重大学术贡献在于对国际文化贸易的产业分工学说进行审视与反拨，对工商产品与文化产品的本质特征规律加以区别，指出文化产品不同于一般工商产品的精神属性与民族凝聚力价值，发现国际文化贸易的根本动力不是源于产业分工，而是民族国家文化价值观的相互认可。在此基础上，对文化贸易的输出与输入进行研究分析，突出文化差异与文化扬弃之于两者的意义，于前者，旨在减少文化差异；于后者，旨在进行文化扬弃。这丰富了国际贸易理论学说，为文化贸易理论的成形与发展奠定了学理基础。

该书以民族国家合法性存在的前提为立论点，对整个中外文化贸易的历史及其发生、发展规律与特征进行了梳理。在深入论证民族文化价值观动力源的发生规律与表现机理的基础上，厘清了对外文化贸易实践的市场性因素与非市场性因素约束。以动态循环的视角肯定了中国文化产品输出与输入这两个反向过程的并重地位。《对外文化贸易研究》在一定界域对多元文化主义进行了理论与实践上的呼应。

内山雅生 . 中国農村社会の歴史的展開：社会変動と新たな凝集力 . 御茶の水書房, 2018.
中国农村社会的历史发展：社会变迁与新的凝聚力

该书探讨了中国农村社会的历史发展和变迁，特别关注了社会变动和新的凝聚力的形成。

作者通过深入研究历史资料和文献，以及对中国农村社会的详细调查，系统地分析了中国农村社会的演变过程。书中详细描述了从古代到现代的不同历史时期，中国农村社会的结构、制度、经济和文化的变化。作者特别关注了农村社会中的各种社会动态，如人口迁移、土地制度改革、农业生产方式的变革等，探讨了这些变动对农村社会结构和社会关系的影响。此外，该书还研究了近年来中国农村社会中新的凝聚力的形成。作者分析了中国政府在农村发展中采取的政策和措施，以及农村社会中新兴的组织形式和社会网络，探讨了这些因素对农村社会凝聚力的影响和作用。

综上所述，该书通过对中国农村社会历史发展和变迁的全面研究，揭示了中国农村社会的复杂性和多样性，对于理解中国社会变迁和农村发展具有重要意义。

鳥谷一生 . 中国・金融「自由化」と人民元「国際化」の政治経済学：「改革・開放」後の中国金融経済 40 年史 . 晃洋書房, 2020.
中国金融"自由化"和人民币"国际化"的政治经济学：改革开放后的中国金融经济 40 年史

2010 年中国经济规模（GDP）超过日本，成为世界第二大经济强国，在金融领域的国际地位也不断提高。2001 年末加入世界贸易组织（WTO）后对外贸易顺差和对内直接投资的扩大带来外汇储备的增加，2011 年外汇储备突破 3 兆美元。2005 年开始中国政府奖励中国企业对外直接投资。据联合国贸易和发展会议（UNCTAD）统计，从各国的对外直接投资额来看，2012 年以后中国作为直接投资供给国连续位于世界前五位。

在这样的趋势中，该书以货币、金融、汇兑的动向为切入口，分析中国经济的发展动向；以金融"自由化"和人民币"国际化"为关键词，试图展望中国经济的未来。对于定义模糊的人民币"国际化"，作者从国际金融论的角度，力求从正面展开评价是该书的一个特色。

平川均 [ほか]. 一帯一路の政治経済学：中国は新たなフロンティアを創出するか . 文眞堂, 2019.
"一带一路"的政治经济学：中国是否在开辟新领域？

该书由明治大学"アジア・コンセンサス研究会"的成员主导编撰，深入分析了中国的"一带一路"及其在国际政治、经济和区域研究中的影响。

该书涵盖了东盟、南亚、欧洲、非洲各国和地区的现状，书中首先指出，尽管媒体对"一带一路"存在诸多批判，如"债务陷阱"等，但不可忽视的是该倡议吸引了众多国家的参与。该书旨在全面把握"一带一路"的整体情况，从中国的角度出发，探讨其背后的动机、现状和挑战。

该书分为两大部分，第一部分从中国的角度分析"一带一路"的起源和现状，第二部分则按地区具体考察其在全球的展开情况。最后将"一带一路"与"自由开放的印度太平洋"

构想进行比较，探讨两者的关系。作者们指出了"一带一路"面临的诸多问题。同时，书中也提到了中国在面对国际社会批评时可能开始进行的自我反思和改进。尽管存在挑战，"一带一路"仍然为参与国家提供了新的经济机遇，有可能促进新的经济增长。

森田宪. 中国市場経済化の政治経済学. 多賀出版，2017.
中国市场经济化的政治经济学

该书共由两部分八章组成，试图抓住中国的市场经济化特征。第一部分"泡沫的政治经济学"通过宏观经济学的修正和拓展分析经济泡沫的产生和崩溃，第二部分"国际化的政治经济学"分别从直接投资和一体化的角度分析中国市场经济化的现状和前景。中国的"泡沫现象"起源于20世纪90年代初的"分税制"（可追溯至1994年），而中国的"国际化"，尤其是（外来）"直接投资"，则可追溯到"南方谈话"（1992年）。简而言之，这是一种在社会主义市场经济下运行的情况。该书的重点在于以下问题：应该使用什么样的工具来充分捕捉泡沫经济现象，应该使用什么样的工具来充分捕捉外国直接投资和一体化的现实，以及当以中国作为主要研究对象时是否有必要对这些工具进行修改。该书的研究表明，中国向市场经济转型的特点与市场经济的通常机制有着根本的不同。

山田七絵. 現代中国の農村発展と資源管理：村による集団所有と経営. 東京大学出版会，2020.
现代中国的农村发展与资源管理：村庄的集体所有与经营

该书是作者长期致力于研究农村经济和环境资源问题的成果，作者关注现代中国农村社会所特有的"村"制度，试图评估其作用。中国农村地区存在许多未知因素，作为研究对象确实是深不可测。该书聚焦农村发展阶段中涉及管理各种形式集体所有资源的方法，以揭示"村"在农村发展中的角色。研究范围涉及华北平原、长江三角洲地区、西部甘肃省等，调查时间由2009—2017年，涉及地区范围广，调查时间长。

全书共分为八章。序章主要是揭示了该书研究的课题，即研究集体所有资源的所有主体村庄在中国农村发展中所发挥的积极作用；第一章从集体所有资源和组织化原理两方面探讨了中国农村的定义；第二章则是围绕农业、农村政策的变化来分析中国农村发展的历史；第三章里作者选取华北平原和长江三角洲地区进行比较，并观察不同地区的不同村庄对各种形式的集体所有资源的管理方式；第四章阐述了土地股份合作制的利益分配机制，并举例说明了积田入股、地租收入分配方式以及地租收入作为村级财务资源的使用情况；第五章阐明了新型农业经营模式的发展与村庄发挥的作用；第六章以甘肃省为例，介绍了即使在市场机会较少的地区，各村如何从防止农民工增多导致农田退化的角度出发，推行土地股份合作制；终章则是探讨该书的意义，即克服悲观主义，挖掘中国农村集体所有制的潜力。

田島俊雄，池上彰英. WTO体制下の中国農業・農村問題. 東京大学出版会，2017.
WTO体制下的中国农业与农村问题

在加入世贸组织后，面对国际规则的制约，中国的农业政策该如何发展？在农民离农、阶级分化使"谁来种地"和"怎样种地"成为亟待解决的问题的情况下，该书探讨了正在寻求构建新型农业经营体系的中国农业的现状和未来发展道路。

该书的一大特点是从就业、财政、农村金融、环境与资源、粮食供给、农业部门（畜牧、蔬菜）问题、农民专业合作社、农业经营等多个角度研究当代中国的农业和农村问题。特别是，尽管其他研究对中国农村就业结构变化和新发展的大规模农业经营有较多的着笔和探讨，但从农民专业合作社、农业金融、环境与资源等角度分析中国农业和农村问题的研究为数不多，这可以说是该书的一大特色。

该书从广阔的视角分析了中国的农业农村问题，序章整理了"围绕中国农业的经济环境和该书的课题"，第一章阐述了"转换点之后的农业问题"，第二章阐述了"农村财政的构造和农民直接支出"，第三章阐述了"农村的资金需要和农村金融的构造"，第四章阐述了"中国农村的环境资源制约"，第五章阐述了"中等收入水平的粮食供需问题"，第六章阐述了"畜牧业的现状和养猪业"，第七章阐述了"蔬菜的生产扩大与流通系统的新发展"，第八章阐述了"农民的就业"，第九章阐述了"农民专业合作社的发展及其经济效益"，第十章阐述了"新型农业经营体系的构建"。

梶谷懐．日本と中国経済：相互交流と衝突の一〇〇年．筑摩書房，2016．
中日经济：互动与冲突的一百年

围绕着中日关系的困扰并非最近才开始，而是在近代以来的双方交涉中反复出现的。无论经济关系良好与否，"政治"始终会给两国关系带来干扰；同样地，即使政治关系恶化，"经济"联系也并不会完全中断。日本人如何理解和应对中国人，成为这一问题的关键。该书以经济关系为主轴，穿插对政治和社会状况的分析，揭示了中日关系复杂的本质，从而帮助人们更好地理解这一双边关系。

书中指出，尽管中国和日本之间存在着长期的经济交流，但在这一过程中也不乏摩擦和冲突。作者深入分析了这些冲突的原因和背景，探讨了中国和日本在经济领域的合作与竞争，并尝试理解其中的复杂性和多样性。通过对中日经济关系的回顾和思考，该书旨在帮助人们更好地理解两国之间的经济互动，促进双方的合作与发展。

总之，该书以客观的视角和翔实的历史资料，深入探讨了中日经济关系的复杂性和多样性，为读者提供了深入理解这一双边关系的视角和思考。

小原篤次 [ほか].中国の金融経済を学ぶ：加速するモバイル決済と国際化する人民元．ミネルヴァ書房，2019．
了解中国的金融经济：加速发展的移动支付与人民币国际化

该书深入分析了作为世界第二大经济体的中国在金融经济领域的快速发展和变革。书中将中国的经济金融改革分为三个阶段：改革开放、加入WTO以及2008年金融危机后至预计2030年超越美国GDP的时期，特别关注了近年来迅速扩张的移动支付、金融科技（FinTech）、国有商业银行的海外并购以及人民币的国际化进程。

该书首先梳理了中国金融业的发展历程，包括金融业的改革、对外开放以及中央银行制度和金融市场的建设。随后，书中探讨了金融业的多样化发展，如银行业、保险业和证券业的规制放宽与竞争加剧，以及政策金融和农业农村金融的发展。书中还涉及国有企业改革、风险投资市场的发展，以及不良债权处理和金融资产管理公司的兴起。书中还特别描述了资产管理行业的快速扩张和影子银行的发展。在金融科技和金融创新部分，作者详细介绍了移动支付和互联网金融的普及，大数据、人工智能和区块链技术在金融领域的应用，以及比特币等数字货币的发展。

最后，书中讨论了中国金融业的国际化，包括海外扩张加速、银行和保险业的国际业务发展，以及人民币汇率制度的改革和国际化前景。通过附录，读者可以获取中国金融统计的解读方法和金融经济专业术语的对照。

伊藤博. 中国保険業における開放と改革：政策展開と企業経営. 御茶の水書房，2015.
中国保险业的开放和改革：政策实行与企业经营

该书通过保险业来验证中国从计划经济向市场经济过渡的程度及其影响，并从宏观角度分析与保险相关的政策演变，同时从微观层面考察个别保险公司的经营战略和经营状况。在中国现代史研究中，该书是从中日两国的视角出发，首次全面探讨保险历史领域的优秀著作。

该书由两部分构成，第一部分是中国保险市场的产生与发展，第二部分是保险公司经营中出现的"开放与改革"的具体面貌。初期的中国的保险市场，比起保险本来的作用（即"分担风险"），更注重补充财政的"闲置资本回收"功能。在第一部分，作者分析了这种独特的保险市场是如何走向崩溃的道路。并且，20世纪70年代以后，中国保险业开始走上了开放与改革的道路，作者从宏观视角出发，回顾了其道路历程。在第二部分，该书从微观视角层面出发，通过分析中国人民保险、中国平安保险、中国太平洋保险三大保险集团的经营战略和经营状况，考察保险公司经营中表现出的"开放与改革"的具体面貌。除此之外，作者还探究了在中国保险业，"二元指导体制"是如何在保险公司经营方面发挥作用的。

文化教育体育

英语

Baensch, Robert E. *The publishing industry in China.* London: Routledge, 2017.
中国出版

中国在加入世界贸易组织后,始终保持该组织最大贸易国的身份,致力于全面遵守和执行国际贸易体系规则。中国的入世承诺为外国企业提供了新商机,同时也促进了国内经济的发展。在此过程中,信息、记录、报告和教育将成为这个庞大国家各行各业和各个地区的共同需求,而出版产业则可以在提供其所需的关键信息要素方面发挥重要作用。

该书特别邀请了10位来自不同出版行业的专业人士,对中国整体出版行业现状和发展趋势进行了批判性分析,内容上涵盖了中国图书、杂志和网络出版业等各个方面。作者们细致讨论了贸易、科学、技术、专业、教育和儿童读物等不同细分市场,介绍了书籍和杂志的出版经济和发行状况,并为国际杂志出版商如何进入中国市场以及如何取得图书翻译权或合作出版权提供指导,最后总结了出版业教育和专业培训的挑战与发展。

Bregnbæk, Susanne. *Fragile elite: the dilemmas of China's top university students.* United States: Stanford University Press, 2016.
脆弱的精英:中国顶尖大学生的困境

众所周知,中国对独生子女政策和教育考试制度给予高度重视。那些位于金字塔顶端的少数"幸运儿"——即在独生子女政策下长大,现就读于全国顶尖大学的中国精英大学生——他们的现状如何?作为独生子女,他们对于在竞争极其激烈的教育体系中脱颖而出有何感想?他们面临怎样的压力?又是如何应对来自家人的高期望的?

该书从中国文化出发,通过在中国两所顶尖大学——清华大学和北京大学进行浸入式研究,揭示了作为精英学生的矛盾与困惑以及这类学生在应对来自父母和国家双重压力下的心理状况,并提出中国特有的长时间独生子女政策和高考政策以及五千年历史中的家庭伦理的影响。作者还对当代中国的代际紧张关系提供了独到见解,探讨了在中国社会中成为"优秀"学生、儿童和公民的确切含义。

Burgh, Hugo de. *China's media in the emerging world order.* London: University of Buckingham Press, 2017.

新兴世界秩序中的中国媒体

中国正在向强大的巨头谷歌和脸书发起挑战，并创造出非传统的新媒体。有 7.5 亿人活跃在中国的社交媒体平台上，有 10 亿部手机在使用中国人研发的创新 App。虽然起步较晚，但全球领先的新媒体公司中，已有 4 家是中国公司。而中国的传统媒体，如电视、报纸、广播，正在向长期以来被认为不可撼动的 CNN 和 BBC 等发起挑战。它们在各大洲以多种语言制作节目，以中国的方式讲述故事，不仅推出了新闻和系列纪录片，还有娱乐节目。中国这个世界上最大的电视剧生产国正在将故事出口。

该书探究了中国媒体及其优缺点，以及它们与西方媒体的不同之处，旨在展示中国媒体的多样性，并解释它们如何成为传媒界一股强大的新力量。

Chan, Evelyn Tsz Yan; O'Sullivan, Michael. *The humanities in contemporary Chinese contexts.* Singapore: Springer, 2016.

当代中国背景下的人文学科

该书由在香港、台湾和内地（大陆）任教的学者撰写，面向英语读者讨论当代中国背景下的人文学科。以新颖的视角促进并重塑关于人文学科价值的广泛讨论，而在此之前这项讨论主要集中在西方背景之下。

随着亚洲大学在全球排名中的上升，以及东西方大学合作的日益普遍，探讨香港、台湾和内地（大陆）人文学科的性质、实践及制度化变得更加重要。该书通过对这些地方人文学科的研究探索了新的视角，其目的既不是要建立一种两极分化的立场，将西方的人文学科与中国的人文学科对立起来，也不是要论证普遍的同一性。相反，我们的目标是找到这些不同背景之间的细微差异，从而更好地了解中国的具体情况。这不仅有助于揭示相关背景，还有助于重新阐明人文学科的重要性，从而开展以人文学科为重点的跨文化对话。

Chen, Wenhong; Reese, Stephen D. *Networked China: global dynamics of digital media and civic engagement.* United States: Routledge, 2015.

网络中国：数字媒体和公民参与的全球动态

中国是一个多元且时刻处于变化中的国家，中国大众亦是如此，互联网和数字媒体已经成为数百万中国人分享信息、畅所欲言、参与社会事务的渠道和场所，他们以全新的方式与数字媒体互动，并将之融入生活。该书采用前沿视角，分析了一个网络日渐发达的中国带来的影响及其所扮演的角色。全书共十一章，描绘了中国错综复杂的社会和政治环境，揭示了现代中国政府如何对待数字媒体，审核各平台内容，以及如何处理网络行动主义、公民生活、全球网络等其他问题。作者采用了民族志、采访、调查和电子追踪数据等不同研究方法，全面生动地解读了当代数字媒体如何在中国落地生根，并为读者展现了在中国社会中，网络这一重要组成部分如何服务于公民参与的。

De Burgh, Hugo [et al.]. *China's media go global.* London: Routledge, 2017.
中国媒体走向全球

  作为"走出去"战略的一部分，中国利用媒体向世界更广泛地宣传其观点和愿景，并反击美国主导的国际媒体中的负面形象。该书是第一本讨论中国媒体全球化的英文著作，汇集了国内外学者，尤其是华人学者，共同研究了中国媒体崛起对全球媒体和传播格局的影响，评估了中国媒体和传播前所未有的扩张如何改变全球媒体格局以及中国在其中的角色。从报纸、广播、电影和电视，到社交媒体和新闻业，该书的每一章都探讨了中国媒体全球化的不同层面。其主题包括中国新闻网的崛起、作为中国公共外交工具的《中国日报》、围绕中国国家媒体在非洲发展的讨论以及中国的娱乐电视、财经媒体和广告市场。该书全面评估了有关中国对国际媒体格局影响的复杂争论，为中国媒体研究以及更广泛的全球媒体讨论增添了独特的内容。

Du, Yuhong. *Research on compulsory education financing in China.* Germany: Springer, 2016.
中国义务教育财政研究

  该书聚焦中国农村义务教育财政问题，以对中国 4 个省 12 个县的实地调研数据为基础，介绍了中国政府于 2005 年颁布的农村义务教育经费保障机制的改革现状与成果。这一机制被认为是中国义务教育史上的里程碑，标志着中国农村义务教育政府资助模式的建立。研究发现，新机制不仅减轻了农民子女接受义务教育的经济负担，还打破了农村义务教育经费紧张的瓶颈。此外，书中明确指出未来可能面临的困难和挑战，提请相关方面做好准备。

Feng, Anwei; Adamson, Bob. *Trilingualism in education in China: models and challenges.* Netherlands: Springer, 2015.
中国教育中的三语主义：模式与挑战

  近年来，随着中国经济的发展，少数民族的三语教育越来越受到人们的关注，三语教育的研究对发展民族文化、促进少数民族地区经济发展、培养少数民族优秀人才有着重要作用。

  该书旨在探讨中国少数民族地区学校的语言政策和实践，重点关注三语教育模式，即少数民族母语（本族语）、普通话和英语教育，并针对各地区少数民族本族语教学对普通话和英语习得的影响进行广泛研究。作者采用了一种研究社会语言学现象的新方法，包括政策分析、族群语言概况梳理以及在校实地调查，在丰富数据的加持下，对少数民族地区学校语言政策的多层次分析成果显著。

He, Kekang. *New theory of children's thinking development: application in language teaching.* Singapore: Springer, 2016.
儿童思维发展新理论：在语言教学中的应用

  该书提出了儿童思维（认知）发展的一项新理论。根据这一理论，儿童思维（认知）发展应分为四个阶段：第一，动物性思维阶段（出生至具备基本语言能力之前）；第二，初级思维阶段（开始具备基本语言能力至开始具备熟练口语能力）；第三，中级思维阶段（开始具备熟练口语能力到综合认知能力形成之前）；第四，高级思维阶段（综合认知能力形成之后）。

其中，思维包括逻辑思维、形象思维和直觉思维。作者在新理论的基础上，指出了皮亚杰儿童认知发展阶段理论对中国汉语教育的负面影响。书中还提出了一些实用原则，如语文教学中的五个教学活动。

Helle, Horst J. *China: promise or threat?: a comparison of cultures.* Leiden; Boston: Brill, 2017.
中国：希望还是威胁：文化比较研究

该书从私人和公共领域比较了中国和西方的文化。对于中国来说，有关家庭生活的私人领域是较为明确而且得到妥善管理的，而与政府和法律事务相关的公共行为则相对要模糊和混乱得多。西方的情况则与之相反。该书用十二个章节对坚信未来进步的西方理念与重拾过往光辉的儒学式动机进行了对比，由此证明，西方国家推进了个人主义，而中国则锁定在其亲缘社会中。

Hertel, Ralf; Keevak, Michael. *Early encounters between East Asia and Europe: telling failures.* New York: Routledge, 2017.
东亚与欧洲的早期接触：谈及失败

对东亚和西方早期接触的研究一直以来侧重于对成功互动的讨论，而该文集则重点探索了1850年之前，东亚和西方在几乎所有方面经历的各种形式的失败之处。针对学术界忽视东西方交流史失败经历的倾向，该书首先提出了一个观点，即失败可以被证明是非常有启发性的，它能提供有关"东方—西方"彼此印象的特定形式与局限的宝贵见解，也有助于理解东西方互动的性质。

从跨学科的角度来看，该书汇集了汉学、日韩研究、历史研究、文学研究、艺术史、宗教研究和表演研究的观点，讨论的议题多种多样，从传教士的账目、旅行报告、信件和贸易文件到虚构的文本，以及东西方之间交流的实物（如茶、瓷器或航海工具）。为了避免欧洲中心主义的观点，该文集在英国文学、西班牙研究、新拉丁研究、艺术史领域的方法，与汉学、日本研究和韩国研究的方法之间进行了平衡。该文集还包括了一篇介绍东亚和欧洲早期遭遇失败的导言，以及一篇关于失败教训和跨文化理解伦理的理论性文章。

Huang, Eva; Benson, John. *Teacher management in China: the transformation of educational systems.* United Kingdom: Routledge, 2016.
中国教师管理：教育体制的转型

在中国，党和国家始终高度重视教育，其原因在于教育对维持中国经济崛起的重要价值，而普通人则是受独生子女政策影响，选择将大部分收入用于子女教育。该书探讨了中国现行的教师管理体制，并对其有效性进行了评估。书中梳理了中国教育体系的发展历程，概述了中国学校目前的人力资源管理方法，包括招聘、选拔、培训、绩效评估、薪酬等相关做法，并总结了近年来的变化和创新。作者认为，传统家长式人本管理和实用主义加强了高绩效工作体系的主导地位，对教师的工作和表现以及学生的在校生活质量均产生了重要影响。

Kong, Peggy A. *Parenting, education, and social mobility in rural China: cultivating dragons and phoenixes*. United Kingdom: Routledge, 2016.

中国农村的育儿、教育和社会流动：培养龙凤

同世界上许多国家一样，中国始终致力于改善家校关系，为此出台了不少政策办法。但与发达国家不同的是，中国的家校联系并不紧密，家长通常不参与学校教育。迄今为止，针对中国农村地区家长参与子女教育的研究仍然极为少见。

该书采用定量和定性相结合的方法，系统研究了中国农村地区家长参与子女教育的实际情况。调查显示，农村家长在参与子女教育方面采取了多层次策略。一方面，强烈希望子女能够接受良好教育并有所成就，并将教育视为子女实现阶层跃升的方式之一。另一方面，农村家长很少以出席家长会这种显性形式参与子女的学校教育，而是采取一些学校看不见的隐性策略来提供支持。这项调查为农村家长参与子女教育这一研究领域增添了新内容，体现了文化、地域和社会经济地位对家长参与教育形式的影响，强调了家长隐性参与学校教育的细微差别，或将引起亚洲教育、比较教育、国际教育以及中国社会等领域的研究者的兴趣。

Lam, Sara. *From "Teach for America" to "Teach for China": global teacher education reform and equity in education*. London: Routledge, Taylor & Francis Group, 2020.

从"为美国教书"到"为中国教书"：全球教师教育改革与教育公平

该书探讨了"中国教育行动"在推进教育公平和扩大公共教育参与方面的作用。作者利用2008年开启的"中国教育行动"案例，探讨了教育模式在以新自由主义为特征和以强有力国家管制为特征的社会环境之间流动的宏大议题。

跨国宣传网络在教育政策制定过程中的影响力越来越大。这些由企业家、教育公司、智囊团、慈善家和政府机构组成的网络促进了政策模式的全球流动。人们普遍认为，如果不仔细考虑社会环境差异如何影响教育模式的有效性，就不应将某种教育模式从一个环境移植到另一个环境。该书探讨了这样一种观点，即在不同的社会环境下，同一教育模式在有效性上不仅存在数量差异，而且可以在质量上发挥不同的作用，有时还会将教育改革推向相反的方向。

Lee, Hur-Li. *Intellectual activism in knowledge organization: a hermeneutic study of the Seven epitomes*. Taipei, [China]: National Taiwan University Press, 2016.

知识组织中的知识行动主义：《七略》的解释性研究

中国目录学有着悠久的历史和传统，最早可回溯到两千年前。与分析目录学相似，它结合了当今图书馆编目和分类的主要特征，并与情报史有着重大的共同点。这一丰富的目录学传统并没有与其他传统相交，并且仅为中国的书目学者、情报史和经学研究者所知。在知识组织领域中，中国目录学是一个重要的空白点，提供了极佳的研究机会。

该书是为广大读者撰写的关于中国书目传统的跨学科分析。为此，该书专门调查了完成于公元前的、中国历史上有记录的首部图书目录——《七略》中运用的分类方法。研究这种分类方法是很重要的，它被认为已经给整个中国书目传统建立了模型；在该模型中，分类是信息组织的组成部分和唯一机制。虽然这一分类法影响重大，但其分类原则和分类结构都尚未得到较好的理解。该书对分类的三个主要方面进行了解释学研究：分类的认识论、它的总体分类技巧，以及组织元素的概念。通过社会认识论的方法，该书采用了一个在适当的社会、文化、历史和技术背景下审视分类法的分析框架。最后，该书总结了中国分类法的主要成就，并阐明了不同学科视角下进行研究的意义。

Lee, John Chi-Kin; Kennedy, Kerry J. *Theorizing teaching and learning in Asia and Europe: a conversation between Chinese curriculum and European didactics.* London; New York: Routledge, Taylor & Francis Group, 2017.
亚欧教学理论化：中国课程与欧洲教学法的对话

该书将目光聚焦于中国课程思维。在经历了若干发展阶段之后，现在这一思维代表的是美国传统的一些方面与中国文化传统的某种结合。中国人关于课程、教学的思维是如何与欧洲教学传统产生共鸣的？这对于课程研究扩展领域的理论化又有什么意义？通过回答这些问题，该书有意寻求超越国界和文化，提供一个开放对话的平台以及开辟新的研究领域。

Maslak, Mary Ann. *Vocational education of female entrepreneurs in China: a multitheoretical and multidimensional analysis of successful businesswomen's everyday lives.* United Kingdom: Routledge, 2015.
中国女企业家的职业教育：对成功女企业家日常生活的多理论和多维度分析

该书探讨了正规教育和非正规教育对农村妇女创业的意义。该书运用多重社会理论，对中国西北部甘肃省南部东乡族穆斯林妇女经营的企业进行研究，阐述了女性在创业和实现财务目标过程中的成败法则。对于农村妇女来说，非正规教育是习得企业经营知识和技能的最重要教育途径。该书在最后提出了一个新颖且具有可行性的教育模式：将非正规教育定位为创业的主要渠道，结合正规和非正规教育的原则与实践要素，为农村妇女的成功创业提供支持。

Pong, Myra. *Educating the children of migrant workers in Beijing: migration, education, and policy in urban China.* United Kingdom: Routledge, 2015.
北京农民工子女的教育：中国城市的移民、教育和政策

该书以北京为例，重点关注市、区两级有关农民工子女基础教育政策的实施及其对农民工子弟学校的影响，填补了相关领域研究的空白。进城务工的农民工通常没有当地户口，在获得基本社会服务（包括子女入学）等方面面临多重阻碍。尽管中央已出台相关政策规定，但地方一级在执行时却呈现广泛差异。

该书通过分析定性访谈证据和政策文件材料，为读者提供了解北京农民工子女教育地方政策的难得机会，具体包括市、区两级政策实施的性质和动机，以及对城市农民工子弟学校生存和发展的影响。

Szablewicz, Marcella. *Mapping digital game culture in China: from Internet addicts to e-sports athletes.* Basingstoke: Palgrave Macmillan, 2020.

绘制中国数字游戏文化地图：从网络成瘾者到电子竞技运动员

该书描绘了一幅"中国城市数字游戏文化的地图"，以揭示围绕数字游戏流行形成的话语和情感。游戏不仅是逃避现实生活的理想空间，同时也是积极挑战关于失败、成功和社会流动性等主流观念的场所。作者从游戏的视角出发，将其作为透视当代中国青年文化和日常生活政治的镜头，揭示了媒体驱动下的网瘾道德恐慌、电子竞技职业化、"屌丝"群体涌现等一系列问题。该书基于 2009—2015 年进行的民族志田野调查和历时 20 余年的第一手观察资料，是一部展现当代中国城市科技景观变化的社会史。

Tan, Charlene. *Educational policy borrowing in China: looking West or looking East?.* United Kingdom: Routledge, 2016.

中国教育政策借鉴：向西看还是向东看？

十多年来，中国坚持在全国范围内开展基础教育改革（又称"新课程改革"），反映出中国试图借鉴世界其他国家和地区，特别是北美洲和欧洲国家的教育政策的倾向。部分中国学者用"西风压倒东风"来形容这种"向西看"的现象。该书对中国在当前中小学教育改革中借鉴西方的做法进行了批判性讨论。书中展示了对中国各地学校校长、教师、学生和其他教育利益相关者进行的为期三年（2013—2015）的实证研究结果，为研究者、政策制定者和教育工作者提供了关于中国借鉴西方教育政策的新见解，阐释了跨文化教育学术交流的国际影响。

Tian, Qingyan. *Glocalization and the development of a hybrid leadership model: a study of Chinese university presidents' experiences.* London: Routledge, 2020.

全球本土化与混合型领导模式的发展：中国大学校长经验研究

该书通过与中国重点大学校长的深度访谈，揭示了全球化对高等教育领域领导者不断变化的需求，探讨了当代混合型领导模式的发展。

书中审视了中国大学校长的领导理念和实践，并在此基础上提出全球化时代领导力的新含义和新实践。作者以融合东西方独特方法论过程中获得的数据为基础，突出了高等教育领域领导者的经验，以展示他们如何感知和平衡存在潜在冲突的本土化和全球化需求，并结合领导理念和实践来确保有效的领导力同时具有本地和全球背景。从根本上说，这为新领导力模式的发展提供了参考。这种模式的特点是在环境和个人层面上有全球化与本土化的融合，其标志是具有全球胜任力、多元文化能力、行业思维以及地域适应性技能。该书挑战并丰富了现有高等教育领导力理论，或将引起教育领导力、国际与比较教育、高等教育和领导力等领域研究者的兴趣。

Tsang, Kwok Kuen. *Teachers' work and emotions: a sociological analysis.* London; New York: Routledge, Taylor & Francis Group, 2019.

教师的工作与情感：一项社会学分析

当一名教师通常被认为是一份情感上能得到极大满足的工作，因为教师在看着学生成长和成熟的过程中，可以获得很多积极的经验。然而，正如该书的研究所显示的那样，在这一职业当中也存在大量消极的情绪体验。鉴于近年来人们对心理健康和生活状态的关注，该书讨论了这些消极体验，并提供了应对它们的建议。

该书以香港的教师群体为研究对象，探讨了引发上述消极情绪体验的社会机制。作者认为，这些情感是通过社会机制建构而成的，只有了解其原因和感受，才能提升教师在情感上的幸福感和教学质量。该书运用的理论框架对五种既有研究视角进行了一个批判性回顾，也做出了综合，这五种视角包括：劳动过程视角、学校管理视角、情感劳动视角、社会互动视角和教师认同视角。通过这一理论框架，该书探讨了这些情感体验的社会过程，以及教师机构与社会结构之间的相互作用，其发现对改善全世界教师体验有很大的帮助。

Wang, Lu; Lewin, Keith. *Two decades of basic education in rural China: transitions and challenges for development.* Singapore: Springer, 2016.

中国农村基础教育 20 年：发展变迁与面临挑战

该书考察了 20 世纪 90 年代以来中国三个具有明显差异的地区的教育改革情况，作者选取了北京周围的富裕地区、山西西北部的黄土高原地区和川藏地区，探讨了富裕地区、贫困地区和少数民族地区农村教育的关键问题，全面综合地反映我国农村义务教育所取得的巨大成就，总结了在政策制定与实施、法律保障、管理体制、经费投入与保障、资源配置、教师质量、问责与监督方面的中国模式与经验、以及面临的新挑战。

作者通过 20 年时间跨度的实证研究，深刻剖析了包括大规模人口变化和移民所带来的影响、农村学校合并导致农村地区寄宿学生人数急剧增加、教师配置模式不断变化、学校筹资责任重新下放、优质教学资源获取严重不平等等核心问题，并提出了相关政策建议，从国际视角总结了义务教育实施的中国经验。

Zan, Luca. *Heritage sites in contemporary China: cultural policies and management practices.* London: Routledge, 2018.

当代中国的文化遗址：文化政策与管理实践

该书重点关注中国在"十一五"和"十二五"期间颁布的文化遗产保护政策，通过考古辩论和政策制定的双重视角，对中国各地多个重要遗址进行调查。该书以中国文化遗产研究院 2012—2014 年的研究项目为基础，重点关注了大遗址保护政策的影响，探讨了文化政策与影响政策的体制和行政条件（如预算编制和土地问题）之间的关系，为人们提供了一种看待考古发现的跨学科新方法。该书汇集了中国文化遗产研究院专家和考古学家的贡献，内含大量表格、数据和地图，将对从事考古学、遗产管理、公共管理、政策制定等学科的研究人员具有较大吸引力。

Zhang, Xiaoling; Wasserman, Herman. *China's media and soft power in Africa: promotion and perceptions.* United Kingdom: Palgrave Macmillan, 2016
中国在非洲的媒体与软实力：推广与认知

　　该书汇集了来自不同学科和国家的学者，共同研究和评估中国在非洲软实力举措的有效性，不仅揭示了中国与非洲的交往，也揭示了非洲媒体是如何看待中国日益增长的影响力的。其中一些学者为软实力这一模糊概念的理论化做出了贡献，并质疑其与理解中国的国际关系和国际传播的相关性。而另一些学者则更加注重实证，为中国和非洲提供了有价值的案例研究。

Zhou, Zhuying; Spangler, Jonathan. *Chinese education models in a global age.* Singapore: Springer, 2016.
全球化时代中的华人教育模式

　　中国的崛起、对国际教育标准的重视以及全球对东亚国家教育成果的高度认可，使华人教育问题成为了公众关注的焦点。鉴于中国在大学排名、文献计量指数、学术项目等方面取得的成就，以及在国际学生评估项目、国际数学和科学研究趋势等教育衡量标准上的表现，"华人教育模式"概念一经提出便引发争议，并迅速成为世界各地教育研究的重点。

　　该书由 27 位作者组成的世界级团队共同完成，对华人教育模式进行了细致全面的分析，并且直面这一颇具争议的问题。书中揭示了不同地理和制度背景下的华人教育模式，涉及 9 个国家和地区，探讨了高教发展、网络学习、国际学生评估项目（PISA）成绩、双语教学、数学和大学排行等问题。作者认为，所有华人的教育系统，确实存在一定程度上的关联性，有许多共同的优点与缺陷，建议未来可以通过更多华人教育模式的个案与比较，提供更深入具体的研究结果，对世界其他地区做出更多的教育贡献。

法语

Dervin, Fred. *La Chine autrement: perspectives interculturelles critiques.* Paris: l'Harmattan, 2015.
不一样的中国：批判性跨文化视角

　　该书针对西方如何看待和描述中国、中国怎样才能在国际舞台上更好地自处等问题展开讨论。基于对跨文化性质的批判和反思，作者采用多学科综合研究法，试图打破西方旧有偏见，剖析人们对于想象中的"他者"中国的恐惧。作者深耕身份认同与跨文化交流相关领域，该书是其又一力作，也是从事跨文化研究的教师或学生以及任何希望从新角度了解中国之人的不二之选。

Javary, Cyrille. *La souplesse du dragon: les fondamentaux de la culture chinoise*. Paris: Albin Michel, 2017.

龙之灵：中国文化的根本

  中国人的思维、想象和感知与西方人不同。人们应当明白，世界上没有一种看法是举世皆同的，因为思考与感知是日常生活点点滴滴的渗透与反馈。西方人有必要去了解这个和他们迥然不同的世界、这个如今在世界上发挥主导作用的中国。该书介绍了中国"思维"的活力所在，既不失深刻，又妙趣横生。中国文化观的核心不是去探究生命和事物的本质，而是在不断的变化中感悟阴阳之间多样的辩证关系和天地之间存有的微妙平衡。作者从中国人的日常生活和中国的辉煌历史中选取了无数趣闻逸事，以立体展现这个既古老又现代的文明的根基。

Soune-Seyne, Idriss; Chang, Ching-Wei; Wallian, Nathalie. *La danse du lion dans la communauté sinoise réunionnaise et à Taïwan: étude des pratiques de médiation interculturelle*. Saint-Denis (Réunion): Presses universitaires indianocéaniques, 2020.

法属留尼汪岛和中国台湾华人社区的舞狮：对跨文化媒介实践的研究

  该书旨在研究舞狮表演的形式及其在法属留尼汪群岛和中国台湾促进综合教育项目的方式。从民俗学转向一种代际传承的表征形式，该研究旨在对舞狮过程中的肢体技巧和神圣仪式的含义进行解码，从而使这一文化习俗更接近于活态非物质文化遗产。作者是从事教育科学和体育科学的研究人员，通过对肢体动作进行人类学维度的研究，试图从社会习俗的角度出发，借助连接共同价值观的纽带，探寻舞狮背后的文化内涵。

Vandermeersch, Léon. *Ce que la Chine nous apprend: sur le langage, la société, l'existence*. Paris: Gallimard, 2019.

中国在语言、社会和存在方面给我们的启示

  该书是法国著名汉学家汪德迈（Léon Vandermeersch，1928—2021）一生研究成果的结晶。它回答了一个永恒的问题：中国是否代表了一个西方人无法理解的"异托邦"，或者是否存在一种解读中国的方法，使其不再离西方那么遥远。汪德迈从"中国在语言层面教给我们什么""中国在社会层面教给我们什么""中国在存在层面教给我们什么"等三个维度展开分析，融合了他70余年从事中国社会、文字、礼仪、宗教和艺术研究的全部思想成果，深入浅出地回答了一个西方人眼中的"中国问题"。

德语

Capaul, Severin. *Chinas Weg zur Fussballmacht: wie die Chinesen den Fussball aufmischen.* Norderstedt: BoD – Books on Demand, 2019.
中国足球大国之路：如何影响足球行业

　　足球早已不再是独属欧洲和南美的体育运动领域。目前，中国的足球从业人员及以百万计的资金正积极涌入这一市场，并不断扩大其影响力。该书向读者展示了哪些俱乐部、公司和个人正在对足球领域产生影响。许多欧洲俱乐部已经被中国投资者收购。同时，许多中国体育企业也开始在行业中崭露头角，重新分配市场份额。此外，书中还介绍了中国超级联赛，以及其参赛俱乐部的情况。该书兼具专业性与可读性，涉及国际足球行业的数据、事实和背景知识，可为关注球场内外动态的人士提供有益参考。

Schnarr, Alexander. *Berufsschullehrkräfte aus China und ihre professionellen Orientierungen.* Opladen; Berlin: Verlag Barbara Budrich, 2016.
中国职业学校教师及其专业取向

　　教师应当具备哪些知识与技能，才能在一个高度复杂、个性化且互动性强的工作领域中确定自己的职业方向和主张，这个问题可能和教师行业本身一样古老。关于学校使命、教师任务和责任的公开讨论，以及围绕教育标准、能力取向和教师培训标准的学术交流均表明，这一问题依然葆有其现实意义。该专著探讨了在中国职业学校教师的视角下，存在哪些典型或示范性的挑战与要求，以及这些挑战与要求如何融入他们自身的职业定位。该研究以专业理论为基础，以同中国职业学校教师的小组讨论作为实证依据，从不同维度对研究结果进行了阐释、讨论和方法论反思。

Wagner, Tina et al. *Gong Fu Cha: vom Tee als Handwerkskunst und vom bewussten Geniessen.* Thun: Werd & Weber Verlag AG, 2019.
工夫茶：关于茶的工艺和精神享受

　　茶集饮品、商品和灵感源泉三种特性于一身。起源于中国的茶早已传入西方世界：绿茶、红茶、白茶、乌龙茶和茉莉花茶等茶叶品种在欧洲也广为人知，深受欢迎。该书设计精心、图文并茂，是一本关于中国茶的综合性非虚构专业书籍。作者详尽介绍了茶叶的历史、种植方法和制作工艺、不同品种的不同加工方式、茶的沏泡、茶艺以及茶叶对中国社会的影响。该书内容从中国几百年的茶文化延伸至现代欧洲的饮茶方式，并附上30道创新茶料理食谱，如普洱茶蘑菇汤、绿茶蛋糕、熏茶牛肉、乌龙面包等，在东西方饮食文化之间架起了桥梁。

俄语

Отдел истории и культуры Древнего Востока ИВ РАН. *Индия - Тибет: текст и интертекст в культуре: «Рериховские чтения» в Институте востоковедения РАН, 2012-2015*. Москва: Изд. дом ЯСК: Языки славянской культуры, 2017.

印度—中国西藏：文化中的文本与互文

该书是近年（2012—2015 年）由俄罗斯科学院东方学研究所每年举办的纪念杰出藏学家、印度学家和中亚研究专家尤里·尼古拉耶维奇·罗列赫（Ю. Н. Рерих，1902—1960）的读书会发表的论文合集。通过观察构成印藏文化的古代和中世纪文化古迹，作者探讨了广泛的现代问题，"文本"概念研究的现代方法，其研究材料是鲜有研究的古代和中世纪真实文本——吠陀文、梵文、巴利文、藏文、泰米尔文、尼泊尔文、中文、日文。关于文本之间意义转换和对话的讨论有助于形成与"互文"概念相关的现代人文知识的新方法论。该书还有关于罗列赫收藏的西藏绘画古迹的研究。

Тарабарко, Ксения Александровна. *Мягкая сила культуры Китая: концепция и практика*. Чита: ЗабГУ, 2020.

中国文化软实力：概念与实践

在文化间互动不断加强的背景下，现代中国在保护和发展自身文化、利用其潜力促进国内社会文化现代化，以及在世界上树立国家正面形象方面的做法独具特色。中国文化战略的一个基本特征是将传统文化价值高度融入现代中国发展理念之中。这一理念的实施加大了政府和公众保护民族文化遗产和向世界传播中华文化的力度。对文化在国家发展中的作用进行反思的结果是提出了"中国文化软实力"的新概念。研究中国文化软实力对于深入理解中国文化空间变化的本质以及在中俄文化互动背景下构建俄罗斯的国家文化战略都是十分必要的。

Ху Яньли. *Специфика глобализационных процессов в культуре Китая*. Владивосток: Изд-во ДВФУ, 2018.

全球化进程在中国文化中的特殊性

该书对中国文化全球化进程特点的分析有助于更好地理解中西方文化互动的具体情况。该书分两部分，第一部分探讨全球化世界中的文化问题，其中阐释了全球化现象和全球文化的主要概念，梳理了中国学术中关于全球化的论述，探讨了作为民族文化分析机制的社会文化类型；第二部分研究全球视野中的中国传统文化，包括西方文化中的中国形象，全球化背景下的中国哲学和宗教，现代世界中的中国非物质文化遗产，中国日常文化及其在全球文化中的转变。

日语

阿古智子 [ほか]. 変容する中華世界の教育とアイデンティティ. 国際書院, 2017.
不断变化的中华世界中的教育与身份认同

　　置身于变化多端的中华世界，人们的身份认同是如何形成的？该书以历史和当下为重点，分析了学校、家庭、社区和网络空间的教育理念与实践。该书的10位研究者从多个角度对中国的身份认同和民族主义进行了分析。该书内容分为两个部分，第一部分介绍了历史上与当代的中国教育，包括中国的公民学与公民教育理论谱系，改革开放后中国小学教育改革的思路与挫折，从教科书看中国自我形象的变化，中国回族少女的教育与社会流动性研究，中国的独生子女政策与教育问题；第二部分介绍了中国与周边国家和地区在教育、身份认同与民族主义方面的相互影响。

渡昌弘. 明代国子監政策の研究. 汲古書院, 2019.
明代国子监政策研究

　　该书深入探讨了明代国子监的制度变迁及其在教育和官僚培养中的作用。国子监自隋代起即为中央教育行政机构，明代时与国子学一体化，成为兼具行政管理与教育职能的机构，国子学之名逐渐消失。

　　书中指出，尽管明代国子监的制度已基本为研究者所了解，但其在多方面的影响仍值得深入探讨。国子监虽位于科举制度之下，但对进士的重视并非始于科举恢复的洪武中期，而是在永乐之后。监生与进士、国子监与科举之间并非简单的对立关系，而是科举社会中不同等级的体现。作者还提到，捐纳制度导致的入监者增加是一个问题，但初期捐纳者在监生总数中所占比例极小，且捐纳制度并非持续不断。这表明，对捐纳入监的看法和思考需要更细致的分析。书中强调，明太祖洪武帝确立了国子监的制度，旨在扩展国子监的规模。然而，监生是否完全遵循洪武帝的意图，以及他们是否始终以进士合格为目标，这些问题都需要进一步探讨。作者认为，过去的研究可能没有充分关注监生的动态。

　　该书汇集了作者之前发表的关于国子监的论文，特别关注了监生的出身法和被认为降低了国子监地位的捐纳入监问题。除此之外，书中还关注了监生的动向，旨在全面理解明代国子监的教育政策及其对官僚培养的影响。

関根宗中. 茶道と中国文化. 淡交社, 2016.
茶道与中国文化

　　该书是一部深入挖掘茶道在日本文化中的根源和发展的学术著作。书中详细探讨了茶道如何从中国传入日本，并在日本文化中生根发芽，形成了独特的日本茶文化。

　　该书介绍了中国文化对日本茶文化深厚而广泛的影响，如儒家思想、道家思想、易经和阴阳五行，这些思想和禅宗一样，仍然是茶道的一部分。然而，在中国诞生和孕育的其他思想体系，如儒家、道家、易经、阴阳五行等，也贯穿于茶道之中。作者通过历史文献和哲学分析，阐释了茶道与佛教禅宗的深刻联系，以及它如何反映日本社会的审美和价值观。该书通过了解"稽古"和"束脩"等我们熟悉的词汇的来源,以及《南方录》《山上宗二记》和《泽庵和尚论集》等文献中的中国思想和文化,重新思考了茶作为东方思想和文化之花的形态。

书中不仅讨论了茶道的艺术形式和礼仪,还涉及茶道背后的哲学思想和生活实践,揭示了茶道作为生活艺术的深层含义。通过对中日茶文化的比较,展现了两种文化在茶道实践中的相互影响和各自特色,为读者提供了一个全面了解茶道与中国文化关系的视角。该书是对中国茶文化在日本发展影响的深入研究,对于理解东亚文化圈中的文化交流与融合具有重要意义。

梅村尚樹. 宋代の学校:祭祀空間の変容と地域意識. 山川出版社,2018.
宋代的学校:祭祀空间的变迁与地域意识

该书考察了宋代至明初时期宗教设施与公共空间两方面逐渐成为学校特征的过程,并提出了与明清社会相关联的新的地方学校形象。

该书的研究对象是中国宋代地方的学校,作者没有从传统研究的教育史视角出发,而是将其视为地方举行仪式和祭祀的空间,探讨其与士人阶层及地方社会的关系。因此,该书主要关注了学校内祭祀对象(先贤祠)及其理论构建的过程,意识到其在士人阶层和地方社会中的作用,探讨了宋代地方学校作为仪式和祭祀空间如何发生变化及其变迁。

全书包括序章和终章共八章:第一章主要聚焦于北宋前半期的情况,描绘了孔子庙逐渐转变为学校的过程。第二章关注并讨论了作为学校内先贤祠的早期例子,特别是文翁,总体上揭示了从北宋中期到南宋初期,学校内先贤祭祀逐渐具有地方性的过程;第三章讨论了地方官员的就任仪式及其与学校的关系;第四章探讨了宋代学校开始祭祀先贤的原因,以及当时如何合理化学校祭祀先贤的观点;第五章则以南宋后期、尤其是魏了翁以后的时期为对象,揭示了学校内先贤祠多样化的转折点及其原因;第六章以南宋末到明初期的学校祭祀为研究主体,讨论了这段时期的祭祀具有的特点。

山口香苗. 市民がつくる社会の学び·台湾「社区大学」の展開と特質. 大学教育出版,2020.
公民创造的社会学习:台湾"社区大学"的发展与特色

20世纪90年代末,台湾在各地建立了"社区大学"作为公民的学习中心。在"社区大学"中进行的是什么样的学习?该书将探讨台湾如何通过公民学习来塑造社会。

该书分为多个章节,包括社区大学的设立过程与理念、台北市社区大学的制度和运营特点,以及在学术课程、生活艺能课程和社团活动课程中市民学习与意识变化的实际情况。此外,还探讨了台北少数民族部落大学的角色和贡献,总结了研究成果和未来的挑战。

语言文字

英语

Chappell, Hilary M. *Diversity in sinitic languages.* United Kingdom: Oxford University Press, 2015.
汉语的多样性
　　该书介绍了对汉语结构多样性的全新研究。此前许多研究主要集中在标准普通话上，而该书则从较少为人所知的语言中汲取了大量的经验数据，并试图打破许多反复出现的关于汉语的语言学神话。书中第一部分介绍了中国的非同步语言学和类型学研究的重要成果，讨论了如何解决汉语语言多样性问题。第二部分各章从跨语言学的角度研究了汉语，探讨了泛汉族的示意范式、与定义编码有关的裸分类词组等主题。第三部分是对中国语言微型地区的个别研究，包括中国最南端的平话和广西壮族自治区、福建省西北角的邵武闽方言、富阳吴方言和福建省南部的惠安闽南方言。

Chi, Limin. *Modern selfhood in translation: a study of progressive translation practices in China (1890s-1920s).* Singapore: Springer, 2018.
翻译中的现代自我：中国先进翻译实践研究（19 世纪 90 年代—20 世纪 20 年代）
　　该书研究了中国翻译实践的发展与 19 世纪 90 年代至 20 世纪 20 年代中国现代自我思想兴起的关系。晚清和民国初年的中国知识分子在这 30 年间创作的主要译作反映了在文化不足感加剧的危机面前，人们对借鉴外国模式的新人格理想和现代个性健康发展的关注。该书阐明了这些翻译作品是如何为象征现代人类经验的新术语和新概念提供含义的，并揭示了这些作品是如何教导读者将现代理念内化为个人经验的。通过选择源文本和采用不同的翻译策略，被选为案例研究的译者倡导一种进步的世界观：一种思想开放和人文主义的世界观。
　　晚清在甲午战争后救亡图存的大背景下对中国现代身份的建构对新文化话语产生了深远的影响。该书认为，新文化译著主要是对现代自我意识的探索，有助于产生一种平等的世界主义现代存在观。这种观点在 20 世纪 80 年代受到大多数大陆知识分子的青睐，并在此后成为学术界的一个重要话题。

Dong, Hongyuan. *A history of the Chinese language.* London: Routledge, 2020.
汉语史

该书全面介绍了汉语从史前时代的原始汉藏语系到现代标准汉语的历史发展，反映了中国历史语言学的最新学术成果和新进展。作者按时间顺序介绍了汉语发展的主要历史阶段，包括古代汉语、中期汉语、早期现代汉语和现代标准汉语，论述了汉语的核心语言学问题，包括语音变化、语法发展、词汇演变、白话文、汉字书写系统和汉语方言等。

该书将真实的中文文本贯穿全书，在严谨的语言分析框架下呈现内容，帮助读者建立批判和评价能力，并获得有价值的文化知识。书中还整合了考古学、遗传学、历史学和社会语言学等不同学科的材料，以突出每个语言时期的文化和社会背景。

Handel, Zev. *Sinography: the borrowing and adaptation of the Chinese script.* Leiden; Boston: Brill, 2019.
汉学：汉字的借用与改编

在中国文字发明后的 3000 多年里，它曾被多次改写，用于书写汉语以外的语言，包括朝鲜语、越南语、日语和壮语。该书作者全面分析了这些语言的结构特点如何制约和推动文字改写方法，揭示了逻各斯文字借用过程中的普遍原则，通过分析和解释这些原则，作者推进了我们对早期书写系统如何运作和传播的理解，并提供了一个新的框架，可应用于东亚以外的文字史，如苏美尔和阿卡德楔形文字。

Ko, Leong. *Translation and cross-cultural communication studies in the Asia Pacific.* Netherlands: Brill, 2015.
亚太地区翻译和跨文化交流研究

亚太地区的笔译和口译以及跨文化交流活动具有独特性，因为它们涉及的语言和文化差异巨大，这种差异给笔译/口译从业人员和研究人员以及跨文化研究学者带来了挑战。该书作者深入地阐述了亚太地区笔译和口译活动以及跨文化交流中遇到的各种问题，主要涵盖六个方面：从历史角度看翻译研究、文学翻译研究、特殊用途翻译研究、口译研究、翻译和口译培训、跨文化交流问题研究。

Li, Aijun. *Encoding and decoding of emotional speech: a cross-cultural and multimodal study between Chinese and Japanese.* Germany: Springer, 2015.
情感语音的编码与解码：中日跨文化的多模态研究

该书从中日跨文化角度出发，利用心理语言学和语音学研究方法探讨多模态情感语音的编码、解码机制以及编解码之间的关系。人在交际过程中无时无刻不对各种模态的信息进行编码、解码和综合理解，而情感传递和感知就是信息交互的重要组成部分。该研究基于改进的布伦斯维克透镜模型，探索跨文化多模态情感语音的编码、解码以及编解码之间的关系，特别是交际双方的不同语言文化背景及情感传递模态对情感编码和解码的影响。研究内容不但是心理学和认知科学，同时也是人机交互系统中意图理解的关注热点。

Mo, Xinyu. *Teaching reading and teacher beliefs: a sociocultural perspective.* Cham, Switzerland: Springer, 2020.
阅读教学与教师信念：社会文化视角

　　该书以中国大学英语教师为背景，探讨了英语作为外语阅读教学中的语言教师信念。自 20 世纪 90 年代以来，人们对语言教师认知领域中的教师信念重新产生了兴趣。然而，该领域的大多数研究旨在调查教师信念的特定方面与课堂实践之间的关系，在很大程度上忽视了教师信念的复杂性。该书从另一个角度探讨了这一问题，将教师信念概念化为一个复杂、动态和多方面的系统。通过五轮访谈和四次课堂观察，这项为期一年的研究揭示了六位参与者的信念系统的七个主要特征。研究呼吁从整体、复杂和内行的角度，结合教师工作和生活的社会文化和历史背景来审视教师的信念。

Myers, James. *The grammar of Chinese characters: productive knowledge of formal patterns in an orthograhic system.* London; New York: Routledge, 2019.
汉字语法：正字法系统中常规模式的产出性知识

　　任何读写过汉字的人都知道，汉字遵守某种语法：虽然数量众多，但它们是由一组更小的成分构成的，通常可以解释为意义或发音，而这些成分本身又是由一组更小的笔画构成的。

　　该书内容远远超出了这些基本事实，表明汉字确实具有与口语和手语相同的、富有成效的以及心理上真实的词汇语法，具有形态学（潜在的可解释成分的组合）、音韵学（对解释没有影响的形式规律）和语音学（发音和感知限制）的非微观类似物。验证该书观点的佐证来源丰富多样，从定量语料库分析到字符阅读、书写和学习的实验等。语法方法有助于捕捉字符成分如何组合，笔画如何在不同环境中系统地变化，字符形式如何从古代演变到现代简化系统，以及读者和作者如何能够处理或学习完全新颖的字符。该书不仅为探索中文正字法提供了参考，而且为语言学理论中最基本的问题，即什么是语法，提供了新的思考方式。

Peverelli, Peter. *The history of modern Chinese grammar studies.* Germany: Springer, 2015.
现代汉语语法研究史

　　中国直到 19 世纪接触到西方语法书才发展出语法，第一部本土语法书出版于 1889 年，包含了一些传统概念，但主要是模仿欧洲语法。二战后，西方语言学开始在中国产生影响，1949 年中华人民共和国成立后，中国开始努力在全国范围内采用标准语法；1956 年出版了第一本语法书。

　　该书讨论了中国学者发展民族语法的历史，时间跨度从 1898—1956 年，作者将历史学和语言学相结合，区分这段历史所涵盖的不同时期，说明了如何将语法发展与语言政策和有关国家语言的讨论分开研究。该书对汉语语法研究史每个时期的描述包括对该时期相关事件的总体介绍和对主要语法著作的论述。

Shei, Chris. *The Routledge handbook of Chinese discourse analysis.* Abingdon, Oxon; New York, NY: Routledge, 2019.
劳特利奇汉语话语分析手册
　　汉语是一种以语篇为中心的语言，该语言的内在机制包括，为了使语言能够被正确地表达和理解而进行的编码和解码。到目前为止，相关研究在语篇层面还缺乏整合，因此自上而下理解该语言的参考框架还不完善。
　　该书首次展示了汉语语篇分析领域的最新研究，通过整合已有的研究成果，将该语言置于理论和社会功能的双重视角之下，为进一步的研究提供指导和见解，并为在语篇领域进行汉语学术探索启发创新思路。

Shu, Dingfang [et al.]. *Cognitive linguistics and the study of Chinese.* Amsterdam; Philadelphia: John Benjamins Publishing Company, 2019.
认知语言学与汉语研究
　　该书汇聚了一批著名研究人员的贡献，在认知语言学的框架内，揭示了汉语的语言结构和使用特点，包括动名词的包含、行为的概念空间化、存在性结构、概念结构和连贯性、成语和隐喻、引起运动的语言习得等。这些研究成果致力于认知语言学自诞生以来一直倡导的证据趋同原则，其中一些研究结合了内省式研究和理论分析，而另一些则依靠基于语料库、实验和神经科学的研究方法。

Tu, Ching-i. *Interpretation and intellectual change: Chinese hermeneutics in historical perspective.* London: Routledge, 2017.
解读与智变：历史视野中的中国诠释学
　　该书论述了中国诠释学或训诂学体系从开始到20世纪的发展，共分为6个部分22个章节，与传统和当代中国思想变革的6个主要时期相对应。第一部分探讨了中国诠释学的奠基时期，研究了《论语》《孟子》和《诗经》等儒家经典。第二部分追溯了诠释学传统从儒家经典到军事典籍、政治论述、天文学和佛教训诂的扩展过程，时间跨度从汉代到南北朝时期。第三部分的重点是朱熹在近代早期初期对儒家传统的综合和重新定义。他对儒家思想的看法在整个帝制时代一直具有影响力，他对儒家经典的解释从13世纪开始成为国家的正统思想。第四部分重点讨论了帝制晚期发生的思想变革及其对中国诠释学的深远影响。第五部分记录了近代以来中国传统诠释学所面临的挑战，以及20世纪初新的批判诠释学的出现。第六部分从比较的角度探讨了中国诠释学，并指出了它的独特之处。从这些文章中获得的对中国诠释学的理解是，它是一个充满活力的多元传统，一直延续到20世纪，并继续影响着当代的思想辩论。

Zhong, Yurou. *Chinese grammatology: script revolution and Chinese literary modernity, 1916-1958.* New York: Columbia University Press, 2019.
汉字革命——中国语文现代性的起源，1916—1958
　　20世纪的中国，风起云涌的汉字革命与新文化运动和白话文运动伴生同行。该书以语音中心主义内部的辩证关系为切入视角，讨论汉字革命的发生、变异和中止，追索汉字革命在与文学革命的合流过程中产生的各种变异。跟随着作者的论述，可以看到 20 世纪多位语言学家和文学家（如赵元任、瞿秋白、许地山、晏阳初、叶圣陶、陈梦家、唐兰等）参与汉字革命的经历，他们背景和立场各异，所提供的汉字改革方案也侧重各异，而汉字革命在中国一步步的变异，正与中国革命的紧张进程相呼应、重叠，从 20 世纪初，历经五四运动、抗日战争、新中国成立，时代洪流为汉字革命赋予了不同面向。在最后，通过对周有光的介绍，阐明了汉字革命结束后的"余波"，并表示了汉字革命虽然已经中止，但"语文事业未竟"。

法语

Allanic, Bernard. *La voie des signes: l'apprentissage de la lecture en Chine.* Rennes: Presses universitaires de Rennes, 2017.
符之道：汉语的阅读学习
　　汉字曾被认为是西方人无法理解的文字，如今却有了越来越多不同年龄、不同行业的爱好者。他们中的许多人在学习汉字的过程中遇到了意想不到的困难。这些困难不一定是汉字本身的复杂性造成的，而是由于教学缺乏方法和逻辑。那么，是否存在开启汉语阅读必须达到的识字量？是否存在外籍教师可以借鉴的汉字教学方法？作为一名外籍汉语教师，作者尝试在中国近 2000 年来使用的主要教科书和汉字教学方法中寻找答案。

德语

Höllmann, Thomas O. *Die chinesische Schrift: Geschichte, Zeichen, Kalligraphie.* München: Verlag C. H. Beck, 2015.
中国文字：历史、字符与书法
　　文字是中国文化的重要组成部分，它既可以作为交流的媒介、艺术的表达形式，也是彰显民族认同的重要元素。中国文字的奇特、古老与美丽吸引着不同文化背景下的人们。该书分为六个章节，图文并茂地概述了汉字的诞生过程、结构和读法，以及毛笔书法、早期的印刷术和现代文字处理方式等不同的书写技艺与书写媒介。此外，书中还阐释了为什么相比于口头交流中国人更擅长书面沟通，以及汉字在日本和韩国的发展情况。该书采用以历史学为主的研究视角，专业性与可读性兼具。

西班牙语

Miranda Márquez, Gonzalo. *Un viaje por la cultura china a través de su lengua*. Sevilla: Editorial Universidad de Sevilla, 2018.
探索中国文化：从汉语出发
  该书聚焦于中国的语言和文化研究，深入挖掘了汉语中的谚语等表达方式，并对其进行了细致的语言和文化分析。这些汉语的表达方式，绝大多数源自中国悠久的文化遗产之中，它们不仅是文化的象征，也是历史的记录者。深入了解这些独特的语言现象，有助于人们洞察中国人的思维方式和行为模式，从而更好地理解中国文化的精髓和魅力。

俄语

Илюхина, Тамара Борисовна. *Тибетский язык в тексте «37 практик Бодхисаттвы»*. Москва: ПРЕСС-БЮРО, 2015.
《佛子行三十七颂》文本中的藏语
  藏传佛教高僧无著贤大师（加哲土美仁波切，1295—1369）所著佛教论典《佛子行三十七颂》撰写于许多世纪以前，时至今日仍是一座珍贵的佛教宝库，为那些渴望走上崇高菩萨道的人提供了指导。佛教中最著名的大师们都对这些修行法门进行过解释和注释，而经文本身也不乏俄文译本。《佛子行三十七颂》中的藏文诗句结构非常简洁准确，字里行间蕴含着无法用一两个外来词表达的深刻含义，而且形象生动，富有灵感。

Колпачкова, Елена Николаевна ред. *Проблемы китайского и общего языкознания: к 90-летию С. Е. Яхонтова*. Санкт-Петербург: Студия "НП-Принт", 2016.
汉语和普通语言学问题：雅洪托夫诞辰 90 周年纪念文集
  该文集是在杰出的语言学家、俄罗斯汉语语言学派创始人之一谢尔盖·叶甫根尼耶维奇·雅洪托夫（Сергей Евгеньевич Яхонтов，1926—2018）诞辰 90 周年之际编写的。文集收录了此前散见于各种版本（大多为流传甚少的小印本）的雅洪托夫的著述，以及同事、追随者和学生的著述，这些著述延续并发展了雅洪托夫的主要研究方向。文集反映了这位语言大师异常广泛的科学兴趣，包括语音学、语法学、方言学、比较历史语言学，普通语言学，以及语言类型学等。文集包含雅洪托夫著述目录。

Сбоев, Александр Николаевич. *Язык китайского интернета*. Москва: Наука - Восточная литература, 2020.
中国网络语言
  该书致力于研究现代汉语中的互联网语言，探讨了汉语网络语言的语义结构、构词和语言文化特征，以及汉语网络词汇的来源和渗透方式。此外，还揭示了现代汉语的发展趋势，定义了新词的含义和现有词的新含义。

日语

千野万里子.現代中国語に見られる近世中国語の影響:『紅楼夢』と『儒林外史』を資料として.晃洋書房, 2017.
近代汉语对现代汉语的影响：以《红楼梦》和《儒林外史》为例

该书细致入微地研究了18世纪中叶中国南北方的代表性文学作品——《红楼梦》与《儒林外史》中使用的词汇和语法，以及它们与作为近代中国南北方代表作的老舍的《骆驼祥子》和叶圣陶的童话作品《稻草人》中语言的联系，试图阐明现代汉语如何继承了近代汉语，以此来探究普通话的形成过程。

在语法部分，该书先后探讨了否定禁止、因果关系和被动表达、进行时和连续表达；在词汇部分，该书探讨了同义并列复合语和后缀"一子""一儿"；附录部分则就《儒林外史》中的"只得"和南京方言中的否定副词"没得"进行了研究。

该书指出，汉语在反复分化、合流、焕新、淘汰的过程中，呈现出音韵简单化、词汇从综合性到分析性、语法精密化的趋势，书中所举的五个方面均具有很高的常用性，可体现汉语发展变化的一面。附录中论及的仅在南京一带的方言中使用的两类语言用法，在普通话中已不可见，可以说是被淘汰的词和用法，但从它们产生和淘汰的过程当中，也可一窥汉语变迁的特征与倾向。

奥村佳代子.近世東アジアにおける口語中国語文の研究：中国・朝鮮・日本.関西大学東西学術研究所, 2019.
近世东亚的汉语口语研究：中国・朝鲜・日本

江户"锁国时代"与中国进行交涉的最前端是活跃于长崎的唐通事专家集团。他们留下了"唐话资料"。唐话资料长久以来是作为日本人如何学汉语的资料来使用，该书通过考察唐话资料中当时使用的汉语口语和小说等记录的白话的差异，从而明确汉语口语的姿态。可以说该书开辟了汉语口语研究的新境地。

语言的本质是声音，通过文字记录下来的语言是经过二次加工的存在。声音语言随着记录的过程而更加洗练、得到升华。其代价就是丧失了口语的灵动性，作为语言本来的姿态不复存在。该书深入追究唐话资料的本质，去除记录者混入的杂质，力图展现汉语口语的真实样貌。

中国、朝鲜、日本三国都有各自记录的口语资料。该书通过考察日本唐通事的会话教材、中国档案资料的陈述书、朝鲜备边司的问情别单等资料考察了相互之间的区别和特性，以及会话语言和书面语言的境界。

该书利用"周边资料"的研究手段，是语言研究领域常见的"周边方法论"。即通过考究汉语研究的周边，以达到照射到"中心"内容的全新研究法。

髙木丈也. 中国朝鮮族の言語使用と意識. くろしお出版, 2019.
中国朝鲜族的语言使用和意识

该书深入探讨了中国朝鲜族的语言使用情况及其语言意识，从结构来看分为语言使用编和语言意识编两大部分，涵盖了对中国不同地区朝鲜族语言实践的详细研究。

在语言使用编中，作者通过社会语言学的视角，对延边朝鲜语的终止形语尾进行了深入分析，探讨了其在不同社会语境中的使用特点。书中还关注了辽宁省朝鲜语作为混合语言的现象，以及中老年层在谈话中方言的使用情况。语言意识编则通过问卷调查的方式，收集了吉林省、辽宁省、黑龙江省朝鲜族的语言使用和意识数据。研究涉及第四、第五代中国朝鲜族的语言态度、语言选择以及对母语的情感认同。

书中还特别提到了朝鲜族与韩国语（首尔方言）使用者接触时的谈话特征，以及中国朝鲜族高中生对朝鲜语书面语的使用和态度。此外，作者还对在外朝鲜族的语言使用和意识进行了比较研究，涉及中国北京、广东以及韩国京畿道居住者的语言实践。

通过这些研究，该书揭示了中国朝鲜族在语言使用和语言意识方面的多样性和复杂性，以及语言与身份、文化和社会结构之间的密切联系。对于理解中国朝鲜族的语言生活和语言政策制定具有独特价值。

荒川清秀. 漢語の謎：日本語と中国語のあいだ. 筑摩書房, 2020.
汉语之谜：日语与汉语之间

该书从中国和日本历史以及语言形成的角度探讨了各种中文词汇的由来，并仔细研究了我们日常生活中使用的词汇的原始含义及其背后的戏剧性故事，逐一解开汉语的种种谜团。

全书共分为七章：序章中，通过多个汉字词的例子，探讨了汉语的定义，并列举了中日同形词中隐藏的谜团，解释了这些词语在日本和中国之间的流动过程；第一章从盆地中的"盆"、电池中的"池"、银行中的"行"等日本人难以理解的汉语，以及中国人也感到奇怪的汉语入手，探讨了日本和中国之间常见词语的历史、汉字解释的差异以及文化传播的影响；第二章介绍了文明、文化等词语，讨论了在日本创造并传入中国的汉语，即所谓的"和制汉语"，探讨了汉语在两国之间流动后意义逐渐变化的过程；第三章从半岛、回归线、健康等词语入手，讲述了这些汉语在日本产生的过程，探讨了日本和中国汉语顺序相反的谜团，并从日本的视角深入挖掘了这些汉语的产生背景；第四章从热带、贸易风、海流等词语等入手，讨论了这些汉语在中国形成的过程，对比了日本和中国在形成汉语的方式上的差异，揭示了汉语产生的背景和两国在理解汉语上的难题；第五章从空气、医院、门、广场、出口等词语入手，列举了在日本和中国中难以分辨或者分别产生的汉语，从日本和中国的双重视角发现不同；终章中总结全书内容。该书充分激发了读者的好奇心，详细解释了每个列出的汉字和汉语的变化流程和背景。

荒川清秀 . 日中漢語の生成と交流・受容：漢語語基の意味と造語力 . 白帝社, 2018.
中日汉语词的生成与交流、融合：汉语词语基的意义与造词力

  中日两国语言中存在许多共同的汉语词，该书从语基问题的角度出发，探讨这些共同汉语词的产生、传播和共同化过程。书中具体研究了"空气""健康""电话""化石""盆地"等词汇的生成和传播，重新审视了《华英字典》对现代语言的影响，并将讨论拓展到了外国地名的意译问题。

  全书共分为五章：第一章着重介绍了中日汉语词的交流历史以及近代中日学术用语的研究；第二章以马礼逊的《华英字典》为中心探讨了马礼逊的《华英字典》的翻译词汇来源以及马礼逊的《华英字典》与英汉对照袖珍词典的对比，揭示了在近代汉语中的马礼逊《华英字典》的地位；第三章围绕"空气""健康""电话"等词语的产生并以此为基础拓展到了中日对外国地名意译的问题；第四章从同音异字角度出发考察了中日汉语词中语基的意义与造词能力，并且对中日复合汉语词进行了比较；第五章从中日同形词视角出发，兼评文化厅的《中国语与对应汉语词》一文，展开了对中国语与汉语词的叙述，并提出了从文体问题思考中日同形词的视角。

落合淳思 . 漢字の構造：古代中国の社会と文化 . 中央公論新社, 2020.
汉字的构造：古代中国的社会和文化

  汉字的起源和字形变化历史反映了古代中国的生活和习俗、祭祀礼仪和社会制度等方面。该书以多个字形组合起来表示动作和样态的会意字为主要研究对象，整理了迄今为止积累的出土文字资料，做成了具有继承关系的字形表，阐明了汉字构造中封存的社会和文化记忆。

  该书共七章。第一章介绍了新石器时代、殷王朝、西周王朝和秦始皇等古代中国的历史，并解说了各时代产生的文字资料。第二章叙述了汉字的起源以及字形、字音、字义的历史变化。第三章讲述了反映原始生活样式的文字。第四章讲述了与古代王朝文明和科学技术有关的文字。第五章选取了与古代中国信仰和祭祀礼仪相关的文字进行讲解。第六章的文字选择与古代制度和战争相关。第七章为经历了复杂变化，其成立与字形构造都不易理解的文字。

  该书虽是直接阐述汉字的成立与历史，但鉴于古代中国是东亚文明的原点，必然与人类社会的成立也有或多或少的关联。希望读者通过该书了解汉字构造的同时能够体会到东亚悠久的历史。

藤堂明保 . 漢字文化の世界 . KADOKAWA, 2020.
汉字文化的世界

  汉字文化是日本文化的源流，通过解读汉字的起源，可以揭示古代中国人对事物的看法、价值观以及神话般的世界观。古代人将与风发音相似的"凤"和与皇或王发音相似的"凰"结合，创造了"凤凰"这一风神之鸟，即鸟中之王的形象。支撑汉字这一精密文字体系的是锐利的观察力和语言感受力。在每一个熟悉的汉字中，我们可以看到传说和神话，以及根植于农业和牧畜业的中国世界观。该书由编纂《汉和字典》的大家撰写，旨在概括中国文明史，并以亚洲视角审视生活、社会、政治、思想等方面，是一部经典的文化著作。

  全书共分为四章：在第一章"传说与历史"中主要讲述了夏商周朝代的故事以及仰韶文

化、龙山文化等；在第二章"文字与民族"中主要是围绕着汉字的产生与发展、文字与民族文化的关系来展开叙述；在第三章"风土与生活"中主要考察了古代质朴生活的各个方面，具体内容包括十干、十二支、各种农具和武器、器具和炊具、养蚕、造纸、度量衡等；在第四章"社会与思想"中主要叙述了阴阳思想、老子、庄子等人的思想以及中医药学等内容。

该书也介绍了与所述内容相关的汉字，阐述其起源及同音的类义词，例如，"武"字由"戈（武器）"和"止（＝趾，脚的意思）"组成，表示人持武器前进的意思。

尾崎雄二郎. 尾崎雄二郎中國語音韻史の研究・拾遺. 臨川書店, 2015.
尾崎雄二郎汉语音韵史的研究・拾遗

该书收录了汉语言学家尾崎雄二郎未发表的文章，其中包括10篇关于中国语音韵学史的文章，这是他毕生的研究课题，以及6篇关于语言学的文章，这是他直到晚年仍在继续研究的课题。该书对现在和未来的研究者都大有裨益，因为它让我们了解到尾崎雄二郎在音韵学史研究中确立的历史音韵学的视角和方法，还可以感受到他对语言学的兴趣，语言学始终是他研究的主旋律。

该书主要分两部分，第一部分为尾崎雄二郎关于中国语言音韵历史的未发表论文，第二部分主要是关于文献学方面的论文。

相原茂. 日中は異文化だから面白い：言語と文化のプロたちが綴るエッセイ集. 現代書館, 2016.
中日因跨文化而有趣：语言和文化专家的论文集

该书是由一群语言和文化专家撰写的一系列随笔集合，探讨了中国和日本这两个不同文化间的有趣之处。

首先，该书介绍了中国和日本的语言和文化背景，从历史、传统、价值观等方面对两国进行了对比和分析。作者们从不同的角度探讨了中国和日本的文化特点，揭示了两国在语言、礼仪、风俗习惯等方面的异同之处。其次，该书汇集了一系列生动有趣的故事和见解，反映了中国和日本在文化交流中的趣事和趋势。作者们分享了自己在中日文化交流中的亲身经历和见解，探讨了跨文化交流中的挑战和乐趣。该书还涵盖了一系列关于中日文化交流的实用建议和心得体会，包括语言学习、跨文化沟通技巧等方面的内容。作者们通过自己的经验和观察，为读者提供了一些有价值的参考和指导。

综上所述，该书展现了中国和日本这两个不同文化之间的趣味和魅力，为读者提供了一场跨文化之旅的精彩体验。

文学

英语

Chen, Shih-Wen Sue. *Children's literature and transnational knowledge in modern China: Education, Religion, and Childhood.* Singapore: Palgrave Macmillan, 2019.
现代中国的儿童文学与跨国知识：教育、宗教和童年

该书考察了清末民初中国儿童文学的发展历程，并着重强调了知识、文本和文化在中西儿童文学迅速发展时期的跨国流动。该书基于大量的期刊、小说、散文集、入门读物和教科书，分析了19世纪末20世纪初，由新教传教士和中国教育家出版的中国儿童文学作品如何呈现出不同的童年观。在这个从清朝到中华民国的戏剧性转型时期，年幼的读者们接触到截然不同的童年生活模式，其中一些模式甚至向严格规定儿童言行的主导性儒家观念发出了挑战。

该书为中国文学史上一个鲜为人知的领域提供了新的见解。通过在儿童文学、图书史、传教士史和翻译研究等领域做出特别贡献，该书增进了人们对中西文化之间交流的理解，而正是这种理解塑造了儿童文学中文文本的出版，并使之获得广泛接受。

Cole, Alan. *Patriarchs on paper: a critical history of medieval Chan literature.* United States: University of California Press, 2016.
纸上的祖师：中古禅宗文献批评史

禅宗，更广为人知的名称为"禅"，经常被认为是超越语言的，然而禅宗作者在几个世纪以来创作了大量的文学作品。为了了解这一众所周知的悖论，该书探讨了唐宋时期（约600—1300年）出现的几种禅宗文学体裁，包括家谱、传记、对话、诗歌、僧侣手册和经论。作者通过研究这些不同种类的文学作品，详细介绍了禅宗作者是如何通过几种策略来唤起人们对完美佛教的想象的。禅宗文学热衷于描绘一个"没有佛教"的令人愉悦的佛教形象，一遍又一遍地吸引读者，让他们在真正佛教的厚重外表——包括所有的规则、典籍、教义和制度的稳固性背后，发现一个纯粹精神的空灵世界。作者叙述了这种"虚幻佛教"的出现过程，并详细介绍了它如何与更多传统形式的中国佛教相互影响，以展示禅宗的杰出祖师是如何通过文学创作来推进现实世界进程的。

Da, Nan Z. *Intransitive encounter: Sino-U. S. literatures and the limits of exchange.* New York: Columbia University Press, 2018.

非传递的相遇：中美文学与交流局限

为什么中国和美国之间最早的文学接触及其批判性解释现在变得重要了？它们如何帮助我们描述没有实质性交换、或至少是不以易于追寻的方式进行的文化交流？19世纪和20世纪初，中国和美国之间出现了各种各样的文学会议，涉及一系列不可能涉及的人物，包括华盛顿·欧文（Washington Irving，1783—1859）、拉尔夫·沃尔多·爱默生（Ralph Waldo Emerson，1803—1882）和亨利·沃兹沃斯·朗费罗（Henry Wadsworth Longfellow，1807—1882）等美国正统人物；中国作家秋瑾（1875—1907）、董恂（1807—1892）；还有像容闳（1828—1912）和美籍华裔作家水仙花（Edith Maude Eaton，1865—1914）。然而，当今对这些互动的阐释往往过度解读了它们的意义或误解了它们的本质——在寻找普世主义或跨国杂合的证据时，忽略了它们的特殊性或局限性。

该书作者小心地重塑了这些跨太平洋互动，运用文学和社会理论来突出其各种表达方式。作者认为，这样的文学阐释可以为中美关系向前发展照亮道路——它既不属于一种地缘政治对决，也不倡导文化杂合，而是提供一种独立的跨文化接触的可能性。该书是一种非传统的、理论含义丰富的思考，它反映了我们应该如何解释全球互动和想象，而这些互动和想象并不符合当代文学研究所规定的模式。

Hargett, James M. *Jade mountains and cinnabar pools: the history of travel literature in imperial China.* Seattle, WA: University of Washington Press, 2018.

玉山丹池：中国传统游记文学

旅游的第一手资料为读者提供了进入未知之地的窗口或审视熟知之地的新视角。该书是第一份关于中国游记文学的英文研究，遴选并考察了有关这一题材的重要作品，其研究范围从游记文学根本特征初现的六朝时期（220—581年），延伸至游记文学鼎盛的明末时期（1368—1644年）。该书追溯了这种主要由学者和官员创造的文学题材的发展动态，展现了其主要特征，包括：走向一个明确地点的旅程；采用散文或日记形式；对地点、现象和环境的描述，伴以作者的观察、评论，甚至个人感受；融入感觉的细节；通过空间和时间维度叙述旅行过程。

游记文学包含了各种各样的写作风格和目的，这使对它的解释较为艰难。但该书研究发现，中国游记文学的经典作品揭示了关于其作者、其价值观和世界观的大量信息，进而向读者展现了游记作者身处的社会，使游记文学成为一种内容丰富的历史信息资源。

Hedberg, William C. *The Japanese discovery of Chinese fiction: The Water Margin and the making of a national canon.* New York: Columbia University Press, 2020.

中国小说的日本发现：《水浒传》与民族经典的形成

中国古典小说《水浒传》讲述了12世纪中国一群亡命之徒反抗腐败朝廷的故事。17世纪初，它传入日本，成为翻译、改编、模仿和木版插图的灵感来源。对于现代早期日本文学的发展和日本人对中国的想象来说，没有比《水浒传》更重要的中国小说了。

该书作者考察了《水浒传》在现代早期和现代日本语境中的接受情况,以及日本人对中文文本的兴趣如何促成了关于文学经典和民族性格的新观念。通过以《水浒传》的文学影响为视角构建对日本文学的解释,该书提供了东亚文本文化的另一种历史:一种侧重于日本文学史跨地区维度的文化史,也是一种帮助我们反思日本文学本身的定义和边界的历史。

Lai, John T. P. *Literary representations of Christianity in Late Qing and Republican China.* Leiden; Boston: Brill, 2019.
晚清和民国时期中国基督教文学的代表
该书通过强调文学文本的重要性,包括晚清和民国时期中国基督教文学的主要体裁(小说、戏剧和诗歌),为中国基督教研究的"文学转向"做出了贡献。

这些五花八门的文本展示了基督教的多种表现形式和动态场景,其中基督教的意象和象征主义通过语言操作转化为新的语境化形式,孕育了独特的新的文学成果,使中国文学的文学景观现代化。对中国基督教文学作品的构成和诗学的研究,有助于我们重新发现中国基督教作家的关注点、优先点、文本策略以及所涉及的跨文化挑战。

Ling, Xiaoqiao. *Feeling the past in seventeenth-century China.* Cambridge, Massachusetts: Harvard University Asia Center, 2019.
在 17 世纪中国感受过去
在 1640—1680 年之间,清政府要求男性臣民按照满族风格剃发。这是一项将身体置于权威控制核心的指令。该书凸显的是,身体在当时作家对明清迭代灾难期间生活经历的记忆中所起的核心作用。对于传统的中国文人来说,身体是感官感知和情感的锚,视觉、声音、味觉和触觉构成了创伤事件的日常体验,揭示了作家是如何参与到一个由志同道合的文人组成的(真实和想象的)群体之中的。在这一时期的文学作品中,身体象征着个体记忆转化为可代代相传的历史知识的过程。这种对过往的具体体验揭示了文学的记忆使命,即它最重要的是一种道德努力,文人在其中承担着延续文化连续性的职责。

Owen, Stephen. *Just a song: Chinese lyrics from the eleventh and early twelfth centuries.* Cambridge, Massachusetts: Harvard University Asia Center, 2019.
只是一首歌:中国 11 世纪至 12 世纪初的词
美国汉学家宇文所安长期致力于中国古典文学与文化研究。在该书中,他聚焦并追踪北宋时代的新兴体裁——歌词,运用"文本细读"的方法,对柳永、晏几道、苏轼、秦观、贺铸、周邦彦、李清照等代表性词人的作品进行解读。但是,他没有止步于对北宋词史的呈现和梳理。在论证过程中,宇文所安以"表演实践如何向精英文学体裁转变"为主要研究问题,致力于借助现存的文献资源还原文化语境,呈现词体在 11 世纪—12 世纪初的真实生存状态。该书揭示了宋词诞生的文化背景及其传播特色,力图从多个层面呈现词的历史性发展及其作者化、风格化和经典化的过程,是近年来美国汉学界宋词研究的代表性作品。

Rea, Christopher G. *The age of irreverence: a new history of laughter in China*. United States: University of California Press, 2015.
大不敬的年代：近代中国新笑史

在清朝走向灭亡之际，著名作家们将笑话汇编成集，称之为"笑史"。民国初年，小说家、散文家和插图画家都用幽默的寓言故事来含蓄地批评新政府，但后来这种含蓄的批判被激化并愈演愈烈，引起了高雅作家的反感，于是他们发起了一场改变公共话语基调的运动，希望用一种他们称之为"幽默"的新形式来取代旧形式的滑稽。

从19世纪90年代到20世纪30年代，中国人对"可笑"的思考和谈论方式发生了很大转变。该书将关于"笑"的文化表达分成五种：笑话、游戏、诟骂、滑稽和幽默，展现了这一时代日常生活中的喜剧特质，呈现了中国文化现代化进程中为我们所忽视的面向，而且揭示了其对当下中国喜剧语言的持久影响，并帮助我们理解幽默是如何作为人类文化一部分的。2017年该书获亚洲研究协会列文森图书奖。

Shields, Anna M. *One who knows me: friendship and literary culture in Mid-Tang China*. United States: Harvard University Asia Center, 2015.
知我者：中唐时期的友谊与文学

白居易与元稹、韩愈与孟郊、柳宗元与刘禹锡等中唐时期的文学巨匠之间的友情，因他们相互写给对方的作品而闻名于世。是什么促使中唐文人如此热衷于书写他们的友谊？这些文章又是如何对唐代文学文化产生影响的？该书在中唐文学革新的大背景下论述了中唐的文化新变对文人友谊和文学产生的影响，又从文化史的脉络透视了中唐文人在安史之乱之后新的历史空间中如何利用友谊在科场上夺取功名，在文场上相互竞合，从而形成若干各具特色的文人共同体，创造出中唐独特的文学表达。书中讨论了中唐文人两种类型的友谊，即文人与恩主、文人之间的友谊。又分别从唱和诗、书信、祭悼文的角度切入文学如何表现友谊，文人是如何声气相求的。总之，该书是近年来北美汉学界"文学文化史"研究系列的新著，从一个新的角度呈现了唐代文学的内在机理。

Sun, Yifeng; Song, Chris. *Translating Chinese art and modern literature*. London; New York: Routledge, 2019.
中国艺术与现代文学翻译

该书从跨学科的角度审视了在多元文化对话中，与翻译、中国现代艺术和文学有关的问题，其中包括中国现代性语境下的"文本—形象"对话，以及中国现代文学与其他文学的跨文化互动等。

该书透过离散式焦点和路径来切入多样的研究议题。书中的十个章节被分为两个不同部分：第一部分着重论述了文学文本与视觉形象在图书、绘画、电影等媒介中的相互作用，第二部分则编入了一些文学翻译学者的作品。

Tai, Crystal. *A poetic portal to Chinese culture.* San Francisco: 1 Plus Books, 2019.
通向中国文化的诗意门户

诗歌是对一种文化最简洁、最精确的表达，该书通过对中国诗歌进行深入浅出的解读，全面展示了中国一年中所有华丽的节日，以及中国人的核心价值观，是人们深入了解中国文化内涵最明智的开端。该书以一年中的12个月命名12个章节，按照时间顺序体验一个又一个中国习俗。由于一个月通常包含四到五个星期，该书的每个章节都会展示四到五首中国名诗的英语译文，这些诗歌正好描绘了该章节所对应的时令风光。对于那些欣赏中国诗歌而不明其义的局外人来说，可以把中国诗歌想象成从中国文化中生长出来、覆盖在中国文化入口之上的紫藤拱门，并借由该书打开这扇通向中国文化之门，沿着它的引导、一路踏入中国文化花园的中心。

Wang, Yunhong. *English translations of Shuihu Zhuan: a narratological perspective.* Sngapore: Springer, 2020.
《水浒传》的英文翻译：叙事学视角

该书通过考察《水浒传》的三个译本如何在不同历史时期从声音、评论、视角和主题四个叙事元素向目标读者呈现原始叙事模式，为文学翻译中翻译与叙事的交汇提供了一个新颖的研究视角。它不仅验证而且量化了译者之间以及不同叙事学范畴之间策略模式的差异。书中所建立的理论框架（包括叙事描述模型和社会学解释框架）和收集的数据可以为进一步研究翻译中叙事特征的转变提供方法和实证支持，而由该研究所论证的、不同译者所表现出的倾向也可为翻译技能的教学提供新的启示。

Zhang, Lijun; You, Ziying. *Chinese folklore studies today: discourse and practice.* Bloomington, Indiana, USA: Indiana University Press, 2019.
当代中国民俗研究：话语与实践

中国民俗学者对英语同行的工作非常熟悉，但直到最近，美国学者对中国民俗学研究的了解还没有达到同等程度。该书旨在通过阐明最新一代学者眼中的当代中国民俗学研究动态，来填补这一知识鸿沟。

该书主要关注长期以来中国民俗学研究的主要领域，包括神话、民歌和文化遗产，同时也关注了相关领域的较新主题，如城市民俗学和女性民俗学，呈现的案例研究代表了中国大陆范围内广泛的地理区域，并将关于每一个主题的中文文献介绍给英语读者们，为英语学界和中国民俗学之间的进一步跨文化合作创造了基础。

法语

Gaffric, Gwennaël. *La littérature à l'ère de l'anthropocène: une étude écocritique autour des œuvres de l'écrivain taïwanais Wu Ming-yi.* Le Pré-Saint-Gervais: l'Asiathèque, 2019.
人类世时代的文学：中国台湾作家吴明益作品的生态批评研究

地球正在进入一个新纪元——人类世，即人类活动已成为影响地球系统的主导力量。过去几年中，许多科学家、哲学家和艺术家通过媒体表达了对地球未来的思考。作者从生态批评角度出发，围绕台湾文学中生态问题的处理展开探讨，研究重点是中国台湾文学家、艺术家、活动家吴明益的作品，也包括其他台湾当代作家的作品，以及来自亚洲、欧洲和其他国家和地区众多作家的思考。该书通过这位既深深扎根故土又紧密联系世界的作家的作品，为属于我们这个时代的新文学开辟了视角。这个时代不仅迫切需要唤醒意识，还需要想象新的生存和行动方式。

Pimpaneau, Jacques. *Le tour de Chine en 80 ans.* Montreuil: l'Insomniaque, 2017.
80 年环游中国

法国学者班文干（Jacques Pimpaneau，1934—2021）将大半生献给了中国，致力于将中国的文化精髓带到法国。该书既非个人传记，也非学术著作，而是讲述了一段奇特的旅程——20 世纪 50 年代末，作者在"大跃进"运动期间造访北京的经历。除了大量逸事和思考，作者还谈到了一些塑造其对华看法的作家和艺术家。他认为自己既不是学者，也不是"中国专家"，而只是一位与众不同的老师。对他来说，"文化间的差异要比社会阶层间的差异要小得多"。

德语

Bag, Myeong sug. *Der Künstler in chinesischen Erzählungen der 80er und 90er Jahre.* Gossenberg: Ostasien Verlag, 2017.
中国八九十年代小说中的艺术家

该书聚焦中国 20 世纪 80 至 90 年代小说中塑造的艺术家形象。作者花费数年时间，翻阅了 32 种中国文学期刊，梳理出约 150 篇以艺术家为主角的小说，包括音乐家、画家、诗人、电影导演、舞蹈家、作家和演员等。为了更好地研究 20 世纪八九十年代小说中对艺术家形象刻画的差异，该书按照作品出版的时间顺序对每个故事单独进行了概述与解读。作者在其研究中时刻关注文学作品中艺术家与传统中国知识分子的关系。书中的分析指出，这些小说主角的行为模式往往会打破传统价值观，且许多作家似乎会通过其塑造的主人公来化解个人经历所遗留的创伤。

Li, Daniela. *China als Muse: produktive Rezeption chinesischer Literatur und Kultur in der deutschen Literatur des 20. und 21. Jahrhunderts.* Berlin: Bachmann, 2015.
作为缪斯的中国：20 世纪和 21 世纪德国文学中对中国文学和文化的生产性接受

该书探讨了中国文学和文化对 20 世纪、21 世纪以至当前的德国文学的影响程度。为了回答这一问题，作者选取了几部不同时期的作品作为研究对象，包括阿尔弗雷德·德布林（Alfred Döblin）的小说《王伦三跳》（1915/16）、埃尔温·维克特（Erwin victov）的《天命》（Der Auftrag des Himmels，1961/1978）、蒂尔曼·斯彭格勒（Tillman spengler）的《北京的画家》（Der Maler von Peking，1995）以及凯·迈耶的《云族三部曲》（*Wolkenvolk-Trilogie*，2006）。该书剖析了这些作品所呈现的中国形象，并探讨了其中的文化和文化历史细节及跨文化潜力。每一章的引言部分介绍了相应文本的创作背景和内容，为后续分析奠定了基础，而每章结尾则对分析结果进行简要总结。最后，书末以批判性视角对前文的观察研究进行比较和反思，形成最终成果。

Wippermann, Dorothea. *Richard Wilhelm: der Sinologe und seine Kulturmission in China und Frankfurt.* Frankfurt am Main: Societäts-Verlag, 2020.
理查德·威廉：这位汉学家和他在中国与法兰克福的文化使命

该书是一部研究汉学家理查德·威廉（卫礼贤，Richard Wilhelm，1873—1930）生平及其影响的著作。理查德·威廉于 1899 年作为新教传教士前往青岛，正如他自己所述，他从未为任何中国人施洗，而是潜心研究儒家和道家的经典，并将它们翻译成德文。1924 年，他作为著名的汉学家来到法兰克福，创办了中国研究所，并成为这所年轻大学的首位汉学教授。这位神学家在中国学者的帮助下习得了汉学知识，并于 1922 年起在北京大学教授德国文学和哲学。威廉的译著至今仍广为流传，也使当时的德国知识分子和受教育阶层得以了解中国文化与哲学，展现了积极的中国形象。即使距他抵达中国已过去 120 多年，他仍然成功地将中德两国人民联系在一起：在对其笔下中国的持续探讨中，他作为文化交流者的形象依然活跃。

西班牙语

Martín Ríos, Javier. *El camino de China hacia la modernidad: literatura y pensamiento.* Albolote, Granada: Comares, D. L, 2015.
中国文学与思想的现代性之路

中国文学的现代性诞生于与西方文化的交流与融合中，通过实事求是的批评对传统观念提出挑战，推动了文学革新。白话文的推广旨在拓宽读者群体，打破精英主义限制，与国家的现代化同步发展。20 世纪 20 年代，中国现代文学确立了基础，展现了作家与作品的多样性，标志着文学的黄金时期。

作者深入分析了中国文学现代性的起源，并探讨了郁达夫如何体现这一现代性。书中还收录了陈独秀、蔡元培和胡适的重要文章，这些文章为理解当时的文化心态提供了关键视角。

该书不仅记录了中国文学现代化的进程，还探讨了文学与国家、社会、人民现代化的深刻联系，为理解中国现代化的多维性提供了宝贵视角。

俄语

Азарова, Наталия; Дрейзис, Юлия сост. *Китайская поэзия сегодня*. Москва: Культурная революция, 2017.
中国当代诗歌

中国诗歌传统是世界上最多样、最古老的诗歌传统之一，但俄罗斯读者对中国当代诗歌仍然知之甚少。该诗选填补了这一空白。书中收录了 25 位中国当代诗人的作品。这些诗人来自不同年龄层，作品风格迥异、题材广泛，既有朦胧的、充满智慧的诗歌，也有描写日常生活体验的诗歌。诗人的职业既有大学教师，也有农民工，他们的共同点是对诗歌的真正热爱。该书所有作品皆附中文原文，另有对一部分诗人的访谈录。

Алексеев, Василий Михайлович пер. коммент. *Чистые и ровные мелодии: традиционная китайская поэзия: антология*. Москва: Пальмира; Санкт-Петербург: РИПОЛ классик, 2020.
中国传统诗歌选集

该书全面收录著名东方学家、现代俄罗斯汉学奠基人瓦西里·米哈伊洛维奇·阿列克谢耶夫（Алексеев, Василий Михайловичпер，1881—1951）院士翻译的中国唐代古典诗歌杰作。阿列克谢耶夫翻译的唐诗因用词精确、韵律优美、贴近中文原作，被公认为翻译艺术的经典。该书翻译的唐诗作品涉及李白、高适、王维、张说、王绩、王昌龄等。

Алимов, Игорь Александрович. *Записи о сокровенных чудесах. Краткая история китайской прозы сяошо VII–X вв.*. Санкт-Петербург: Петербургское Востоковедение, 2017.
藏奇录：7 至 10 世纪中国小说通史

该书为三卷本的《1 至 13 世纪中国小说通史》的第二卷，是俄罗斯和西方汉学领域第一部详细记述 7 至 10 世纪中国小说通史的著作，是 2014 年出版的《异苑：1 至 6 世纪中国小说通史》的续编。书中以"传奇"这一体裁为例，关注唐代志怪小说。翻译作品包括：《古镜记》《游仙窟》《离魂记》《南柯太守传》《李娃传》《周秦行纪》《虬髯客传》《玄怪录》《奇闻录》《仙传拾遗》《隋唐嘉话》《大唐新语》《松窗杂录》《开元天宝遗事》等。鉴于俄罗斯尚鲜有相关研究材料，该书在研究中详细介绍大量新史料，包括文本本身的历史和中国研究这些文本的历史，特别引入中国学术界的大量最新研究。作者在介绍与中国文学进程研究相关的各类文集的同时，针对俄罗斯读者的需要加入了翻译和注释。

Алимов, Игорь Александрович. *Записки о Сяо-Лянь: Лю Фу и его сборник «Высокие суждения у дворцовых ворот»*. Санкт-Петербург: Петербургское востоковедение, 2020.

刘斧与《青琐高议》

《青琐高议》是北宋刘斧撰辑的一部内容庞杂的古代传奇作品集，包括神道志怪、传奇小说、诗话异闻、纪传杂事等，诗文相间，语言秀美。该书分为两部分，第一部分介绍作者及其作品，第二部分是《青琐高议》精选文本的俄文翻译。

Маяцкий, Дмитрий Иванович. *Гао Цзэчэн и его пьеса «Пипа цзи»*. Санкт-Петербург: Изд-во Санкт-Петербургского гос. ун-та, 2015.

高则诚与《琵琶记》

该书是俄罗斯首次以元代戏曲家高明（字则诚）及其作品《琵琶记》为例，研究中国古典戏剧最早的流派之一南戏（传奇戏曲）。该书的研究涵盖了一系列与剧作家传记和文学遗产有关的问题。书中追溯了南戏这一体裁在传奇戏曲中从诞生到转型的历史，并阐释了高则诚在这一过程中的贡献。同时，该书首次提供了南戏的代表作品《琵琶记》的俄文注释译本，揭示了作品的情节基础、思想内容、结构和艺术独创性。

Старостина, Аглая Борисовна. *Золотой шелкопряд: Сюй Сюань и его сборник «Записи об изучении духов»*. Санкт-Петербург: Петербургское Востоковедение, 2020.

徐铉与《稽神录》

《稽神录》是五代宋初文学家徐铉撰写的一部志怪小说，通过鬼神怪物故事宣扬因果报应，故事情节和其中的宗教、神话元素反映作者对超自然实体和现象的兴趣。该书是第一部带完整注释的俄文全译本，也是第一部欧洲语言译本。除了对原作进行翻译以外，该书还对其内容构成的历史背景进行了考察。

Тугулова, Ольга Доржиевна. *Китайская поэзия «нового периода» (1980-е годы): смена художественных парадигм*. Улан-Удэ: Изд-во Бурятского госуниверситета, 2016.

中国新时期诗歌：艺术范式的变化

该书是俄罗斯汉学界首次在广阔的历史和文学背景下探讨与克服"文革"遗留问题和文学界"归来的一代"有关的、对中国诗歌发展具有重要意义的 20 世纪 80 年代的艺术趋势、流派、形式、传统和创新等问题。书中分析了当时中国诗坛的主要代表作品（现实主义、虚无主义、朦胧诗）的思想、美学和艺术特征。具体内容分三部分：诗歌创作的回归与精神追求，朦胧诗：从现代主义到后现代主义，"新一代"的诗：推翻权威。

日语

渡邉義浩 .「古典中國」における小説と儒教 . 汲古書院, 2017.
"古典中国"的小说与儒学

　　该书是《古典中国的文学与儒学》（汲古书院，2015 年）的姊妹篇。在《古典中国的文学与儒学》一书中，作者分析了文学与支撑古典中国的儒学以及强权国家之间的关系问题。相比之下，该书着笔于儒学以及被国家打压的小说为何能够成为近代中国的文学革命等新文化运动的中心。该书试图厘清小说在"古典中国"中的地位，而并非近代对小说的重新评价。在此过程中，该书的独特之处在于，它分析的是六朝的"志怪"和"志人"，而不是唐代的本格"传奇"小说。

　　小说在"古典中国"和"现代中国"中取得了不同的定位，造成这种差异的原因则与儒家思想有关联。该书的标题"'古典中国'的小说与儒学"，实际上来源于作者对《搜神记》和《世说新语》的研究。

　　全书包括序章和终章共分为十二章：序章中，作者讨论了近代中国历史中小说的意义；前四章围绕着《搜神记》展开论述，探讨了《搜神记》的写作目的，揭示了干宝灾异思想的特点，讨论了《搜神记》中的孙吴观以及蒋侯神信仰，并以《法苑珠林》为中心，探究唐初时期佛教中的儒教观；后六章则是围绕着《世说新语》展开讨论，首先论述了其书的编纂目的，接着探讨了书中贵族价值观的确立，分析了人物评语以及王导的表现，考察了刘孝标注中的史学方法以及晋书的特点；终章中进行全书总结，揭示了小说在"古典中国"中的位置。

牧角悦子 . 経國と文章：漢魏六朝文学論 . 汲古書院, 2018.
治国与文章：汉魏六朝文学论

　　该书以中国古代文学发展为研究对象，重点关注了汉魏六朝时期的文学作品及其在历史背景下的创作与影响。

　　首先，该书回顾了汉魏六朝时期的社会、政治和文化背景。作者通过考察当时的历史事件和社会变革，分析了这一时期文学创作的社会基础和思想氛围，为读者提供了深入了解汉魏六朝文学的历史背景。

　　其次，该书探讨了汉魏六朝文学的主要特点和风貌。作者分析了当时文学作品的题材、艺术风格和创作手法，揭示了汉魏六朝文学在文学形式和思想内涵上的丰富多样性，以及其对后世文学发展的深远影响。

　　再次，该书还着重研究了汉魏六朝时期的文学思潮和学术观点。作者分析了当时文学评论家和文学理论家的观点和著作，探讨了汉魏六朝文学批评的发展轨迹和主要成就，为读者呈现了当时文学界的思想交锋和学术争鸣。

　　最后，该书总结了汉魏六朝文学的历史地位和意义。作者指出："汉魏六朝时期是中国文学发展的重要阶段，其文学作品在中国文学史上具有独特的地位和价值，对后世文学创作产生了深远的影响和启示。"

　　总之，该书通过对汉魏六朝文学的深入研究，为读者提供了全面而深入的了解，是理解中国古代文学发展历程和文学思潮的重要参考资料。

浅見洋二.中国宋代文学の圏域：草稿と言論統制.研文出版，2019.
中国宋代文学的圈域：草稿与言论统治

文学作品的文本不能单靠自身而存在，其生成、接受、传播离不开人类社会及由之构成的社会圈域，它存在于纷繁复杂的社会关系网中。作者试图对中国宋代的文学文本的社会存在形态进行探究。

该书第一部分题目为"草稿——文学文本的生成"。简单地说，文本有各种各样的文体。根据"公""私"二元对立模式，也可以区分出不同文体的文本。例如，献给皇帝的奏表是"公"的文本，而写给亲友的尺牍则是"私"的文本。但是，该部分所讨论的并不是因文体的差异而形成的"公"与"私"的差别，而是同一文体中的"公""私"差别。以诗歌文本为例，在此类文本中，既有强调"公"的观念的文本，也有强调"私"的观念的文本。

该书第二部分题目为"言论统制——文学文本和权力"。在中国古代以皇权为顶端的社会中，知识分子创作出的文学文本以怎样的形式存在？文学与皇权之间缔结着怎样的关系？当文人与国家统治权力发生冲突、倾轧之际，他们采取怎样的形式来发表言论、进行创作活动？该部分以孔子、苏轼为例，结合他们的言论或创作活动，对上述文体进行考察。

浅見洋二[ほか].皇帝のいる文学史：中国文学概説.大阪大学出版会，2015.
帝王文学史：中国文学概述

该书探讨从根本上定义中华文明的要素是什么？它们分别是：政治与语言、自然与人文、家族与地域。该书摒弃了按时间序列、按体裁涵盖作品的传统方法，以宫廷诗词、自然与艺术、家庭爱情与浪漫为轴，分析了这些关键词在中国文学中是如何被运用的。该书在使读者熟悉中国诗歌和文学的同时，还提供了一个认识当今世界的视角。

该书设定了大体的框架，从"国家和个人"和"事实和幻想"出发，第一部分"国家和个人"分为"语言与权力"和"我的文学"两章。该书在思考"国家"时，点明了国家最关键的是权力、国家拥有压倒性的权力。探寻了文学语言在权力下扮演了什么角色，"个人"位于国家的对立面等等。第二部分从"事实和幻想"的框架中概述中国文学史，分为"史书和小说""家庭故事""人与自然"三章。在这个部分中该书提出：事实可以换成"现实"，也就是说，人们所见所闻的世界。该书探寻了文学语言是如何接受那个现实的，现实中表达了什么、没有表现出什么。还有那时话语究竟与什么相冲突、和什么回避、以什么为目标、打算去哪里等问题。与第一部分相比，这个部分是一个更针对个别问题的叙述。

山崎藍.中国古典文学に描かれた厠・井戸・簪：民俗学の視点に基づく考察.勉誠出版，2020.
中国古典文学中描写的厕、井和簪钗：基于民俗学视角下的考察

该书以中国古典文学中对"厕"与"井"的描写和在井等一些特定场所的周围"绕行"的行为及其相关道具为主要材料，从民俗学视角出发，考察了中国古人是如何认识这些场所、道具与行为，并如何将其象征性反映在诗歌等中的。

该书是从民俗学的视角出发对中国古典文学进行解读的尝试。以往，对史书、笔记中的记载，以及文言小说等来说，从民俗学角度开展的研究尽管不算多，但已经取得了重要的成果。但在诗歌方面，此类研究实属凤毛麟角，并且研究对象几乎都限于民歌类的作品。中国的诗歌，原则上一直被认为是文人用来抒发对国家社会的感慨之情的，对其进行诠释，重视的是如何正确把握作品是在作者生涯中的哪个时期、在怎样的社会状况下创作出来的。长期以来，学者们一直认为，从民俗学视角所见到的东西，不过是民众的习俗，是与文人思想毫不相关的，对于作品理解来说并不值得参考的东西。

然而在该研究中，作者认为，至少在唐代为止的诗歌里可以看出，在厕、井、瓶、辘轳、簪钗中，以及在一些特定场所的周围"绕行"行为等关于道具、场所与仪礼中，是确实存在着某些共通的观念的。这一共通观念，偏离了以往文人的思想范畴，因此生活在现代的我们只有通过查找资料与调查分析才能寻出一些线索，对作品做出正确的理解。然而，诗文的作者是以读者都了解这些、对此拥有共识为前提，才把它们写进诗里的。在广义上，这些可称为一种信仰。作者希望通过关注这一信仰，探讨诗歌研究的新的可能性，同时说明在有关中国古代的研究中还存在着巨大的未开拓领域。

太田出. 関羽と霊異伝説：清朝期のユーラシア世界と帝国版図. 名古屋大学出版会, 2019.
关羽和灵异传说：清朝时期的欧亚世界和帝国版图

关公不但是汉人民间信仰中的神灵之一，同时"儒道佛三教"均尊其为神灵。关公与清朝的关系即为该书写作的核心，借此以深入探讨中国近世王朝与宗教之间的关系。读者可能怀疑：关公只是民众普通信仰的大神之一，仅论关公信仰，究竟对王朝国家与宗教的关系能了解到什么程度？这问题当然值得我们去深思考虑。该书切入的角度多元，应该有助于跳脱既有的框架，而得以重新审视清朝王权的样貌及其统治结构。更进一步来说，如果我们对关公信仰范围的设定，不再仅局限于汉人，而是把非汉族人群也一起纳入来考量，作者认为，如此一来，应该更能以多元的角度，对东亚近世的王权与宗教的关系，提出新的见解。

小松謙. 中國白話文學研究：演劇と小說の關わりから. 汲古書院, 2016.
中国白话文学研究：从戏剧与小说的关系谈起

该书深入研究了中国白话文学的发展历程，特别聚焦于演剧和小说在这一演变过程中的相互关系。作为一本综合性的研究著作，该书以独到的视角探讨了中国现代文学的多元面貌，并通过对演剧和小说之间互动关系的分析，揭示了它们在不同历史时期中所扮演的独特角色。

首先，该书对中国现代文学的起源和演变进行了系统梳理。作者对中国近现代文学史进行了深入探讨，从文学发展的历史背景、社会变迁以及文学思潮等多个方面入手，全面呈现了中国现代文学的发展脉络。特别是对于演剧和小说这两种文学形式的兴起与发展进行了详细的考察，揭示了它们在不同历史阶段中的相互影响与共生。

其次，该书着重探讨了演剧和小说之间的相互关系。作者通过对不同文学作品的文本分析，深入剖析了演剧和小说在创作手法、表现形式、主题内容等方面的异同，探讨了它们在文学史上的交汇点和相互渗透之处。

最后，该书强调了演剧和小说在社会变迁中的作用和意义。作者深入挖掘了演剧和小说作为文学形式所具有的社会性和历史性，探讨了它们对社会风貌、文化传统和价值观念等方面的塑造作用。同时，该书还分析了演剧和小说在不同历史时期中的社会反响和影响力，从而深刻揭示了它们对中国社会发展和文化演进的重要贡献。

综上所述，该书是一部独具深度和广度的中国文学研究力作，为读者提供了深入了解中国文学发展历程和文学形式特点的重要参考。

興膳宏. 中国詩文の美学. 創文社, 2016.
中国诗文美学

中国的诗歌和散文是用声韵和对联等技巧精心构造的。该书聚焦于支持这种表达形式的美的理想和原则，追踪它们如何被用来创造诗歌形式的，鸟瞰一种诗歌形式是如何在很长一段时间内发展起来的。该书是一本以清晰的评论探讨文学创作形式之美的书籍。

该研究以 6 世纪文学理论著作《文心雕龙》为美的起源，探讨后来的理论家如何将其提出的问题融入到实践方面来创造形式美。在此基础上，该书历史性地考察了礼诗的形成过程，阐释汉代至六朝宫廷诗人五言礼诗的形成过程，以及杜甫"礼诗"的形成过程。此外，该书将注意力转向文学文本，讨论日本文学风格的演变，同时也关注日本古代文学。

该书具体内容包括：创作技法理论的发展，从《文新行流》到《文京飞龙》；律诗的形成过程，从词组和对联的数量来看；五言词的成长、八俳诗与咏梅诗人；从四声八病到平配诗；杜甫与七言律诗、变体诗；宴会诗序的演变，从《兰亭集序》到《梅花歌序》。

永田知之. 理論と批評：古典中国の文学思潮. 臨川書店, 2019.
理论与批评：古典中国的文学思潮

该书是作者深入剖析古典中国文学批评与理论发展的作品。该书从古代至 20 世纪前期，追踪了围绕文学的各种论述，探讨了文学理论的兴起、发展和展开，以及其在不同朝代的变迁。

书中首先追溯了文学理论的起源，探讨了"文学"概念的萌芽、解释的可能性，以及文学独有理论的产生。随后，分析了《文心雕龙》等古典文学批评著作的体系性，以及文学理论批评书出现的背景。作者详细论述了从唐代到清代文学理论的展开，揭示了不同时期文学批评的特点及其与社会文化的关系。书中还探讨了文学论的媒体形式，如选集、摘句、诗话等，以及它们与技法论的关联。

此外，该书还关注了文学批评与理论在创作中的位置，文学批评与图书分类的关系，以及文学表现的可能性，包括语言表现的范围和超越语言的存在。

最后，作者在书中对古典文学的条件、"古典"与"近代"之间的界限进行了深入的思考，为理解古典中国文学批评提供了独到的视角。

佐野誠子. 怪を志す：六朝志怪の誕生と展開. 名古屋大学出版会, 2020.
志怪：六朝志怪的诞生与发展

中国的魏晋南北朝（六朝）时期开始出现了被称为志怪的书籍。该书将书名中志怪一词解释为"记录怪异之事"。该书主要是围绕志怪的诞生与发展展开论述，讨论了志怪是如何在魏晋南北朝时期诞生的，以及它与佛教相遇后的发展形态。

全书包括序章和终章共八章，分为两部分。第一部分从志怪作为历史记录的角度出发，探讨了历史书和志怪之间的关系。第二部分讨论了第一部分无法涉及的志怪与宗教，尤其是与佛教的关系。

序章中，作者对志怪一词以及志怪在古代书籍中的地位进行了探讨；第一章首先总结了六朝时期以前的历史书编纂情况，追溯了作者和种类增加的背景；第二章讨论了与五行志有一定关联的志怪之前的书籍；第三章探讨了在过去的历史书中很少记录的志怪独有的奇异事件话题，如庙神和幽鬼；第四章为了描述佛教志怪的诞生背景，首先描绘了志怪中僧侣形象的变迁；第五章探讨了佛教志怪作品《宣验记》《冥祥记》《观世音应验记》之间的差异；第六章讲述了佛教志怪中特别流行的冥界游行素材；终章中，简要描述了志怪与佛教志怪在唐代的转变。

该书是作者对六朝志怪研究的总结，也是日语著作中首部专注于六朝志怪的专著，在研究中国志怪文化对日本怪谈文化的影响方面起着重要的作用。

艺术

英语

Bernstein, Lisa; Cheng, Chu-chueh. *Revealing/reveiling Shanghai: cultural representations from the twentieth and twenty-first centuries*. Albany: SUNY Press, 2020.
揭开上海的面纱：20 世纪和 21 世纪的文化再现
　　该书从跨学科视角切入，探讨了上海在政治话语和文化想象中备受争议的城市形象。作为一个拥有复杂历史的半殖民城市、中国共产主义的诞生地和 21 世纪中国资本主义的缩影，上海是一个极为有趣的研究对象。作者审视了过去百年间电影、艺术、文学、回忆录、戏剧和大众媒体中的上海形象，探讨了这座城市对所谓"真实"再现和身份认同的诠释。
　　书中重点讨论的作品包括电影《马路天使》（1937）和《伯爵夫人》（2005），以及小说《长恨歌》（1996）和《上海宝贝》（1999）。作者不仅揭示了文本资料对上海形象的重构，还揭示了上海对固化的解读进行抵制的过程，并力图通过提供多样化视角，与当代读者进行真正的交流。

Blanchard, Lara C. W. *Song dynasty figures of longing and desire: gender and interiority in Chinese painting and poetry*. Leiden; Boston: Brill, 2018.
宋朝的向往和渴望：中国绘画和诗歌的性别与内在性
　　该书分析了中华帝国中期绘画和诗歌中的女性形象，重点集中于展现女性"执于浪漫"形象的那些作品。书中讨论了视觉和文学文化中的典范之作，考察了内在性在性别建构中的作用，探索了浪漫主义意象的修辞功能，并反思了主体性和表现形式之间的联系。尤其是中国绘画作品，常被解释为女性日常生活的简单表达，或是恋情欲望的直接产物。该书指出，除此之外，这些作品还可以被解释为政治寓言，艺术家或艺术资助者内心的表现，或是理想化的女性形象。

Bonds, Alexandra B. *Beijing opera costumes: the visual communication of character and culture.* New York, NY: Routledge, 2019.
京剧服饰：角色与文化的视觉传达

该书通过研究京剧服饰与中国社会习俗和美学之间的联系，系统阐述了舞台服饰的理论和实践。书中介绍了京剧的表演风格和传统行头，并从行头的历史演变及其样式、色彩和刺绣的象征效果等角度展开分析，具体内容包括表演者的服饰、化妆和发型的设计与创作，以及主要行头的样稿。现场表演的照片、刺绣的细节以及头饰的特写，充分展现了这一无与伦比的表演风格的震撼之美。戏服精致绚丽，演员妆容精致，头饰光彩夺目，该书将京剧的典雅体现得淋漓尽致。

Clunas, Craig. *Chinese painting and its audiences.* Princeton, New Jersey: Princeton University Press, 2017.
谁在看中国画

中国画是什么？它始于何时？在中国和西方有哪些不同的含义？在该书中，著名艺术史学家柯律格根据在美国国家美术馆举办的梅隆艺术讲座的内容，从大量艺术精品和鲜为人知的画作中汲取素材，展示了从明代至今的5个世纪中，不同受众对中国绘画的理解。该书图文并茂，详细阐释了海内外观众对这一伟大传统艺术的塑造作用。

柯律格认为，中国观众对中国绘画的发展至关重要，通过考察描绘人们观看绘画的画作，他向读者介绍了理想的观众类型：学者、士绅、帝王、商贾、民族和人民。在讨论中国艺术受众的变化时，柯律格强调，中国画作的数量庞大、题材多样，难以明确概括其构成，而探索艺术作品与观赏者之间的复杂关系，将使我们对"中国绘画"这一概念的形成与变革产生新的认识。该书荣获2019年中国研究列文森奖荣誉提名，《纽约时报》年度最佳艺术著作。

Du, Daisy Yan. *Animated encounters: transnational movements of Chinese animation, 1940s-1970s.* Honolulu: University of Hawai'i Press, 2019.
动画相遇：中国动画的跨国运动，20世纪40年代至20世纪70年代

中国在世界动画史上所扮演的角色一直被轻视甚至遗忘，该书对这一问题进行了深入探讨，研究了中国动画在20世纪40年代至20世纪70年代形成时期与国际动画的接触。作者还原了中国早期动画的跨国运动，追溯了日本、苏联、美国、中国台湾以及中国少数民族在社会历史或代表层面参与中国动画制作的情况。作者认为：中国动画几乎从一开始就具有国际性，正是这种跨界交流使其成为"中国的"动画，并最终改变了世界动画史。该书突出展示了动画的相互影响，为目前过于关注"中国性"本质主义思想的研究提供了另一视角，并进一步对旧有观点提出质疑，即由于持续的战争和革命，这40年间中国处于文化孤立时期。

中国的社会主义时代出人意料地见证了动画的黄金时代。社会主义、集体主义使中国动画在艺术上得以蓬勃发展。此外，动画的双重边缘性：一种服务于儿童的小艺术形式，加上其看似轻松无害的特性和内在的可塑性与流动性，赋予动画制作人和制片人双重力量，可以超越意识形态和地理边界。

Foong, Leong Ping. *Efficacious landscape: on the authorities of painting at the Northern Song court.* United States: Harvard Univ Asia Center, 2015.

灵验山水：论北宋宫廷绘画的权威性

  水墨山水画是北宋的一大特色，这一时期的画家创作了中国历史上最著名的艺术作品。该书探讨了这一关键时期的标志性作品如何从最初的皇权象征，到后来成为流亡文人表达不满和异议的对象。在先前宋代绘画的研究基础上，该书从综合视角出发，分析了水墨山水如何在 11 世纪的艺术家、学者和贵族群体中演变，将绘画作为政治和文化历史的一个组成部分进行解读，并对宫廷画家郭熙的著名山水画作提出新见解。书中还提到了北宋皇帝、皇后和宦官如何影响水墨山水画的发展，这解决了长期存在的阻碍这一时期绘画研究的关于社会和阶级的争议问题。

Fu, Jin. *A history of Chinese theatre in the 20th century.* London: Routledge, 2020.

20 世纪中国戏剧史

  20 世纪中国戏剧艺术蓬勃发展，商业实践与戏剧的交互、抗日战争期间戏剧作品的上演，以及中西方戏剧的深度交流，共同为这一时期的风云际会留下了浓墨重彩的一笔。该书共 4 卷，按时间顺序展现了 20 世纪中国戏剧丰富多彩又跌宕起伏的发展历程。作者结合历史背景，审视了各个时期具有代表性的人物和作品，阐释了中国戏剧的发展如何与政治干预、弃绝传统的思潮导向，以及西方戏剧观念的深刻影响等内外因素交织在一起。该书对于研究中国艺术史，特别是中国戏剧史的学者而言，是一份不可或缺的重要参考。

Fung, C. Victor. *A way of music education: classic Chinese wisdoms.* New York, NY: Oxford University Press, 2018.

音乐教育之道：中国传统智慧

  该书从《易经》、儒家、道家这三种中国古典智慧中探寻音乐教育哲学。迄今为止，在中国以外的音乐教育哲学探讨中，几乎完全是基于古希腊哲学家以及之后的西方传承，而该书则为读者提供了亟须的补充。

  作者依据书中三个核心来源：《易经》、儒家思想和道家思想，认为人类作为一个实体存在于一个有机世界的中心，在这个世界里，万事万物——也包括音乐和音乐教育——都是相互联系的，并最终提出一种新的教育哲学：变化、平衡和解放。"变化"是生活中不可避免的，需要人们做出反应和行动；"平衡"是人们积极应对各种变化时寻求达到的状态；而"解放"则是反复实践平衡后达到的一种应对自如的状态。作者结合具体的音乐实践，分别从音乐教授者和音乐学习者的角度深刻分析变化、平衡与解放在其中的应用，以结构化、系统化和哲学化的方式将中国古代思想纳入音乐教育的大典，填补了音乐教育哲学领域中的空白。

Gerritsen, Anne. *The city of blue and white: Chinese porcelain and the early modern world.* Cambridge: Cambridge University Press, 2020.

青花之城：中国瓷器与早期现代世界

  该书认为，青花瓷从根本上是一种全球性商品：在整个东亚和东南亚，包括非洲海岸在内的印度洋、美洲和欧洲，所有消费者都渴求这种中国瓷器。它们中很大部分是在景德镇及其周边地区的瓷窑中制作的。

景德镇的瓷器几乎遍布世界各地，对全球消费产生了深远影响，进而影响了当地的制造工艺。景德镇的御窑为宫廷生产陶瓷，而附近的私窑则为全球市场生产。作者致力于阐释这些瓷窑的生产是如何实现高质量、大规模和多品种的，并将文本与物体、物体与自然资源、熟练技工与其产品和设计联系起来，探索了客观物体所能表现的历史。该书认为，中国通过景德镇瓷器的制造和消费参与到了早期现代世界之中。

Irvine, Thomas. *Listening to China: sound and the Sino-Western encounter, 1770-1839.* Chicago: The University of Chicago Press, 2020.

聆听中国：声音与中西遭遇，1770—1839

该书从声音这个独特视角研究中西文化交流，讲述了近代历史上中国音乐如何传到西方、西人如何聆听中国的史事。在时间上涵盖了从18世纪初到鸦片战争前夕的一个多世纪，从空间上横跨了德国的哈雷、哥廷根、莱比锡、斯图加特，法国的巴黎，英国的伦敦及中国的香港、澳门、北京、广州等城市，通过描绘西方邂逅中国的丰富声音景观，展现了中西文化交流对欧洲音乐发展的深远影响。

该书作者并非汉学家出身，而且迟至2009年才开始涉足中国音乐研究，但他所著的这本书不仅是迄今为止西文学界中首部用后现代、后殖民、全球化等文化批评理论，从全球音乐史的视角，以"帝国之耳"聆听中国音乐及"声音景观"为例探讨近代中乐西渐过程及其在欧洲所产生影响的专著，也是中外学界不多的以启蒙时代思想家、音乐史家和音乐理论家与中国音乐为个案多维度地审视欧洲近现代有关中国音乐话语形成过程的著述之一。

Lu, Sheldon H.; Gong, Haomin. *Ecology and Chinese-language cinema: reimagining a field.* Abingdon, Oxon; New York, NY: Routledge, 2020.

生态华语电影：重构一个领域

该书是一部探索中国生态电影这一新兴领域近期发展的作品集，研究了从本地制作到全球市场电影的各种作品。

该书的十个章节考察了中国内地（大陆）、香港和台湾地区具有生态意义的电影，包括纪录片、专题片、商业大片和独立制作。该书不仅涉及一些知名作品，如《穹顶之下》《狼图腾》《铁西区》和《美人鱼》，也分析了一些不太知名但至关重要的作品，如《禁止下锚》《海中网》《三朵花/三色》。该书所提供的独特视角，以及与既有中英文相关研究的广泛讨论，不仅扩大了生态电影研究领域的范围，而且试图改变未来理解中文生态电影的方式。

Lu, Xiaoning. *Moulding the socialist subject: cinema and Chinese modernity (1949-1966).* Leiden: Brill, 2020.

塑造社会主义主体：电影与中国现代性（1949—1966）

中华人民共和国成立初期，电影在中国共产党塑造社会主义理想公民的政治计划中发挥了什么作用？该书运用有关大众电影流派、电影明星文化和乡村电影展演实践的案例研究证明，1949—1966年的中国电影既是一种重要的政治工具，又是一种令人愉快但有教育意义的娱乐形式，还是社会主义社会景观的具体体现，构成了一个展现社会主义者新形象的日常场所。该书在描绘中国社会主义电影广阔画面的同时，也赞扬了电影专业人员的主观能动性，他们的自我反思和个人适应能力在党的政治计划中发挥了内在作用。

Macdonald, Sean. *Animation in China: history, aesthetics, media.* United States: Routledge, 2016.
中国的动画：历史、美学和媒体

21世纪以来，中国年均动画制作时长已增长至数千小时。尽管如此，与美国和日本动漫的多样化类型相比，中国的许多动画作品仍然不为人知。虽然万氏兄弟于1941年制作了第一部动画长片，但人们普遍认为动画产业真正始于20世纪50年代建立、直至80年代都是中国唯一动画制片厂的上海美术电影制片厂。该书是对中国动画的历史和理论研究，作者将中国的动画视为教育、美术、文学、大众文化和电影的融合，通过比较研究，将上美影的动画与美国和日本动画、波普艺术和大众传媒理论等当代文化生产联系起来。通过对《铁扇公主》《大闹天宫》《孔雀公主》和《哪吒闹海》等经典影片的解读，将中国动画的历史修正为一种"中国特色的后现代主义"形式。

Mccausland, Shane. *The Mongol century: visual cultures of Yuan China, 1271-1368.* United States: University of Hawaii Press, 2015.
蒙古世纪：元代中国的视觉文化，1271—1368

该书探索了元代视觉文化的历史，探讨了蒙古人的统治理念和价值观如何在中原文化扎下新根，以及长期秉持农耕文化的中原汉族，又如何以其固有的生活方式，对蒙古人的军事主义和游牧习性构成独特挑战，阐明了元代蒙古政权与中国传统之间复杂繁多的冲突与交融。作者深入分析了蒙元时期文化所面对的种种独特压力与期许。一方面，视觉文化被寄予在多元而又等级森严的社会中凝聚力量的期望；另一方面，还需平衡蒙古统治者对新奇事物及华丽展示的热衷，与中原汉族对流传后世的担忧。

该书是第一部全面探讨中国元代文化内在矛盾的英文著作，内容涵盖东亚地区广泛的视觉媒体，重新审视了蒙古文化在中国的影响。从城市建筑到墓室壁画，从书法和印刷纸币到石雕，该书以生动新颖的方式，深入探索了东亚历史上这段短暂而迷人的视觉文化。

McNair, Amy. *Xuanhe catalogue of paintings: an annotated translation with introduction.* Ithaca, New York: East Asia Program, Cornell University, 2019.
宣和画谱：注释翻译及导言

该书是宋徽宗（1100—1125年在位）宫廷编撰的著名藏画著录图书《宣和画谱》的第一个完整译本。该画谱成书于1120年，分为十类主题（道释、人物、宫室、番族、龙鱼、山水、畜兽、花鸟、墨竹、蔬果）；在这些主题下有231位画家的传记，包括较早的绘画大师，如吴道子（约685—758）和李成（919—967），也包括宋代宫廷中其他不知名的艺术家，如14名太监和16名皇室成员。画谱中收录的6396幅画作展现了12世纪观众所经历的视觉文化。作者在序言中分析了该画谱如何表明宋代宫廷藏品的成型，并指出，画谱中的大部分画作在徽宗统治之前就已经收入藏品，这是之前历代帝王征服、没收、纳贡、受赠、收藏，以及宋代宫廷艺术家和官员不断创作的结果。在徽宗的统治下，通过收购和再创作，约有1000幅其他画作被添加到目录中。

Schultz, Corey Kai Nelson. *Moving figures: class and feeling in the films of Jia Zhangke*. Edinburgh: Edinburgh University Press, 2018.
变革的人物：贾樟柯电影中的阶级与情感

1979年以来，中国经历了一个社会和经济急剧变革的时期，从国营经济向自由市场经济转型。该书着眼于贾樟柯导演的作品是如何构建"改革时代"的，分析了在其电影中的工人、农民、士兵、知识分子和企业家等各阶层人物的原型形象。通过研究这些人物的表现方式，以及贾樟柯电影如何创造出围绕特定时期和地点的具体化"情感结构"，该书认为，贾樟柯的电影不仅应该被理解为代表中国社会转型的叙事，还应该被理解为通过表现形式、象征主义和特殊电影语言的情感经验来触动观众情感反应的努力。

这是一部关于深度转型时期电影文化的开创性著作，它为改革时代的学术研究做出了重要贡献，并在中国视觉文化、文化研究和电影情感品质的更广阔领域开辟了许多新的空间。

Silberstein, Rachel. *A fashionable century: textile artistry and commerce in the late Qing*. Seattle: University of Washington Press, 2020.
时尚世纪：晚清时期的纺织艺术与商业

19世纪，中国的服装和配饰揭示了女性对纺织手工艺品商业化和城市流行文化繁荣发展的贡献。该书着眼于女性工作和时尚，展示了一系列为传统中国服饰史所忽略却极具视觉冲击力的服饰，并探讨其对性别和身份问题的潜在影响。

晚清时期，生产体系和市场经济的扩张使时尚技术、材料和图像变得更易获得，中国的时尚体系因此发生改变。商业化进程催生了城市行会、商业作坊和分包女工网络。随着商业化网络的发展，受表演和印花影响的新潮流应运而生，为女性提供了更多机会，促使她们参与时尚，为当地经济和文化做出贡献。作者参考了民间来源的资料，而非长期占主导地位的官方文献记录，以论证这些应市场需求而生的艺术精品在商业和文化融合中形成的时尚。该书荣获美国服装协会 Millia Davenport 出版奖，并入围美国纺织协会 R. L. Shep 奖候选名单。

Stuckey, G. Andrew. *Metacinema in contemporary Chinese film*. Hong Kong, China: Hong Kong University Press, 2018.
当代中国电影中的元电影

关于电影制作或者电影观赏影片中的各种描写很难说是什么新奇事物，但是，元电影文化（metacinematic）在当代中国电影中的戏剧性扩张可谓非同寻常。在该书看来，元电影特征的盛行构成了从影片本身产生的电影话语的基础，这一话语又反过来勾勒出了电影在中国可能作为审美或社会政治实践的界限。元电影概念也引导人们将注意力投向观众，投向这些对影片做出积极回应的人。通过阐明元电影模式在观赏者中激发的情感反应，该书认为，元电影反映了观众为自己选择的在这个世界上的生活方式。

该书研究的电影案例包括了 20 世纪 90 年代和 21 世纪前 10 年中国内地（大陆）、香港和台湾拍摄的各类型影片：从获奖的概念艺术电影到取悦观众的流行影片，从商业大片到低预算影片，从纪录片风格的社会现实主义短片到电影工作室流水线产品。元电影在这一广泛作品系列中的反复出现，表明了它与当今中国电影的紧密联系，并且，通过对这些多样化案例的分析，该书也从整体上评估了中国电影的文化、社会和审美意义。

Sun, Lijun. *The history of Chinese animation*. London: Routledge, 2020.
中国动画史

中国是最早形成自己的动态影像美学并创作出具有鲜明特征的动画电影的国家之一。近年来，受西方和日本动画的影响，中国动画产业经历了几个新的发展阶段，引发了人们对中国动画未来走向的思考。该书共 2 卷，将这段近百年的发展史分为 6 个时期，从历史、美学和艺术角度对其进行分析，全面阐释了中国动画产业的历史、现状和未来。此外，作者重点关注代表作品、题材选择、艺术风格、制作技法、产业发展、政府扶持、商业模式、人才培养等方面内容。

Taylor, Jeremy E. *Rethinking transnational Chinese cinemas: the Amoy-dialect film industry in Cold War Asia*. London: Routledge, 2020.
重新思考跨国的中国电影：冷战时期亚洲的厦语电影业

厦语电影于 20 世纪 50 年代兴起，一般是在中国香港制作的廉价 B 级电影，直接出口到菲律宾共和国的马尼拉唐人街、中国台湾南部和新加坡的影院。用厦门话拍摄的电影反映了海外华侨华人群体特定历史时期的生活，但由于其在中国和东亚电影史中的模糊地位，有关研究寥寥无几。该书首次对厦语片的起源、迅猛崛起和极速衰落进行了批判性研究。

除研究厦语电影业本身外，作者更关注其在该地区广泛的文化、政治和经济意义。该书对当前有关中国文化生产中"新近性"跨国主义的许多假设，以及在中国电影和海外华侨华人研究中对"民族"和"跨国主义"的重视提出质疑。通过研究一类不符合主流"跨国主义"学术模式、不立足任何特定的民族电影制作传统且基本上与战后东南亚"国家建设"不相关的电影，该书对近年来中国电影史的研究方式提出了挑战。

Van Dyke, Paul Arthur; Mok, Maria Kar-wing. *Images of the Canton factories 1760-1822: reading history in art*. Hong Kong, [China]: Hong Kong University Press, 2015.
画中探史——清代广州商馆画研究，1760—1822

清代前期，依托广州繁荣的对外贸易，广州一些画工开始生产专供欧美市场的绘画作品，在学界内称为"中国贸易画"或"中国外销画"，其中有一类港口风光画描绘的是广州的外国商馆区风光，该书正是该领域的研究力著。

尽管许多商馆画能够凭借画面本身或其他因素推断创作年代，但其作为历史记录的可靠性却常受艺术界和历史界专家学者的质疑。在这本图文并茂的书中，作者收集了大量史料数据，补充对画作场景的信息了解，并将画中景物的变化与史料相比对，对中国外销画进行了深入研究，试图检验商馆风光画的史料价值。这一新研究方法将为精准判定画作年代提供助力，同时增添画作本身在历史研究中的可靠性。

Welland, Sasha Su-Ling. *Experimental Beijing: gender and globalization in Chinese contemporary art.* Durham: Duke University Press, 2018.
实验北京：中国当代艺术中的性别与全球化

  该书深刻探讨了全球化背景下中国当代艺术领域内的性别议题。作者是美国华盛顿大学性别、女性与性学研究副教授，她以徐悲鸿和潘玉良两位民国画家截然不同的命运为引，通过田野调查所获得的一手资料，结合人类学、艺术史及性别研究理论，考察了在历经民国思想启蒙、社会主义妇女解放及改革开放中国当代艺术兴起以后，21世纪的中国女艺术家是如何持续被束缚在"女性艺术"的标签下，并持续处于艺术界边缘地位的。

  该书还运用文化生产场域理论，揭示了北京作为中国当代艺术中心与审查中心的双重属性，以及资本对艺术创作的影响。这部荣获了2020年列文森图书奖的作品不仅是对中国当代艺术性别问题的深刻反思，也是对艺术与社会关系的一次有力探讨。

法语

Aim, Coraline. *Red flag: une histoire du rock chinois.* [Marseille]: le Mot et le reste, 2018.
红旗：一部中国摇滚乐史

  1978年改革开放以来，新潮音乐的蓬勃发展映射了中国的变革与发展。在北京，越来越多的独立乐队、唱片公司、音像店和音乐俱乐部正在以一种超越传统音乐束缚的反文化方式聚集在一起，独树一帜。20世纪90年代以来，一些音乐人群体希望摆脱国家推崇的流行音乐框架，探寻西方摇滚之风，从中汲取灵感并将扩音音乐作为一个突破口。40年间，中国见证了"文革"后代、独生子女一代、互联网一代和过度消费一代的成长。摇滚从一种反叛行为，变成了一种生活方式，尽管存在代际冲突，仍保留着人们对于赋权的共同渴望。

Blanc, Françoise; Brochet, Olivier; Fayolle Lussac, Bruno. *Villes chinoises fortifiées en projet: propos d'ateliers: Jingzhou et Xiangfan dans le Hubei.* Pessac: Maison des sciences de l'homme, 2018.
规划中的中国军事重镇：湖北荆州和襄樊

  中国历史名城现行城市政策的悖论之一是，人们想要保护历史遗迹，但在城市改造过程中，建筑物却面临被破坏重建的挑战。2005—2006年，武汉大学与波尔多ENSAP机构达成合作，共同指导湖北省两座历史古城——荆州与襄樊的改造工程，目标是兼顾古城的保护修复与现代化需求。由于文化遗产保护政策的出台与旅游业的发展，这种模式对于内陆省份的中小城市尤为适用。该书讨论了对古城的干预背景、现有问题，介绍了多标量项目路径及其各组成部分之间复杂的衔接方式，并将城市特征、传统与居住者的实践纳入项目的参考和要素中。

Kerlan, Anne. *Hollywood à Shanghai: l'épopée des studios Lianhua, 1930-1948*. Rennes: Presses universitaires de Rennes, 2015.

上海好莱坞：一段联华影业公司的传奇（1930—1948）

1930年，几家来自上海、香港和北京的企业合并成立了当时最大的电影公司之一——联华影业，立志让中国电影跻身国际舞台，与主宰电影市场的美国巨头好莱坞一争高下。他们计划在上海建造一个大型影视基地，使艺术和文化更好地服务国家建设。这家公司集结了当时最优秀的演员、导演和技术人员，拍摄出的电影作品也将艺术严谨性体现得淋漓尽致，把对好莱坞电影的向往和对电影艺术的探索，同反映国家问题的现实需要完美结合。然而，1937年抗日战争的全面爆发使其暂停了脚步，战后的种种纷争又匆匆为其画上了句点。尽管这家公司于1948年渐渐退出大众视野，它留下的"遗产"仍影响着一代又一代的有识之士。该书梳理了1930—1948年联华影业公司的发展脉络，通过一家大型电影公司的起起落落，审视中国电影行业的发展历程，揭示了新中国成立前的电影业百态和这个特殊文化群体的命运。

Mazzoni, Cristiana. *Shanghai: ville kaléidoscopique*. Paris: la Commune, 2017.

上海：万花筒般的城市

城市化进程中，建筑作为知识与技术的传承，正在努力适应飞速发展的时代，并确保技术进步不会造成其品质、氛围、精致性和生活空间的缺失。在这一探索过程中，公共空间的美感和城市性应当如何保留？我们又当如何看待当今城市的生活艺术？如何就现实状况来分析上海的建筑和城市规划？该书回溯了中国和欧洲两种截然不同的城市文化之间交流和碰撞的重要时刻，这种文化的碰撞既是对如今大都市发展的反思，也是建筑网络、材料和结构间相互作用的结果。无论是在现实生活中，还是在建筑构画和设计理念中，文化的多样性为上海提供了一个如万花筒般的城市形象。

Yang, Guoqing; Hattstein, Markus. *Villes fortifiées en Chine: un patrimoine redécouvert*. [Wabern-Berne (Suisse)]: Benteli, 2020.

中国的防御工事：明珠再现的遗产

中原王朝的坚固城池曾是古代皇权的象征，有助于形成国家认同、塑造民族身份，如今已成为探索中华文明的主要途径。中国历史上建造了成千上万座此类建筑，其在规模、风格和技术上的多样性令人叹为观止。然而，作为建筑形式之一的防御工事往往被人忽视，有的化为废墟，有的在20世纪被蓄意毁坏。近年来，防御工事的文化价值日益显现，已成为大规模修复和重建计划的主角。该书借助文字和新老照片，详细介绍了135座建有防御工事的中国城市。

德语

Haselberg, Clemens von. *Erzählen von China: genrespezifische Identitätskonstruktionen im Wuxia-Film.* Wiesbaden, Germany: J. B. Metzler, 2019.
讲述中国：武侠电影中特定类型的身份建构

　　武侠电影是中国最古老和最受欢迎的电影类型之一。尽管经历了从中国内地（大陆）到香港和台湾再回到内地（大陆）的历史中断和生产转移，通常情况下武侠电影描绘的都是一个同质化和理想化的中国形象。然而，这些电影的叙事和图像中也总是反映出各个时代的现实动荡。该书作者研究了在政治和社会变革的背景下，武侠电影中中国人的集体身份是如何不断被重新构建的。该项研究涵盖的时间跨度为20世纪20年代武侠电影的首次繁荣期至21世纪。

Mertens, Anette; Flitsch, Mareile. *Seladon im Augenmerk: Jadegleiche Porzellane und ihre Meister in Longquan, VR China.* Stuttgart: arnoldsche, 2019.
聚焦青瓷：宝玉般的中国龙泉瓷器及其制作大师

　　早在9世纪，中国浙江省就因其精美绝伦的青瓷而闻名于世，这些青瓷表面呈现出深浅不一的青绿色调，令人叹为观止。中国青瓷的鼎盛时期是在11—14世纪之间，当时青瓷被纳入皇室收藏并出口到世界各地。之后，这种工艺逐渐衰落，到19世纪末已几乎被遗忘，直至20世纪50年代才得以复兴。随着20世纪90年代的经济转型，瓷器工匠们不得不谋求突破，他们凭借无与伦比的青瓷釉面，成功地以工艺美术大师和非遗传承人的身份重新确立了自己的地位，而龙泉青瓷传统烧制技艺也被正式列入联合国教科文组织《人类非物质文化遗产代表作名录》。该书以民族学视角，阐述了中国龙泉这座陶瓷之都时至今日的青瓷文化史，以及青瓷的制作技艺与社会影响。

Schittich, Christian. *Chinas neue Architektur.* Basel: Birkhäuser, 2019.
中国的新建筑

　　在关于中国建筑的报道中，无尽而单调的高楼大厦和闪亮的西式摩天大楼往往占据着主流。然而近年来，中国已经出现了一批新的建筑师群体，他们致力于以独特性、本土色彩和人性化尺度来对抗那些无名且不具特色的巨型建筑。他们的建筑作品充满魔力与诗意，采用自然风化的材料、迷宫般的公共空间、精细的结构、载于外墙的图案和韵律，如同一处转化为建筑的景观，融入天气和季节变化的氛围。该书介绍了19个不同类型和规模的建筑实例，主要为小型乡村建筑而非大型城市建筑，更偏向公共建筑而非私人建筑（尽管业主多为私人）。书中导言部分简要概述了中国建筑的创作条件：在高速城市化进程中，庞大的国有建筑设计事务设计方案千篇一律，而私人建筑事务所自20世纪90年代中期才被获准成立，后者通常由在西方接受过教育的建筑师创办，他们带着强烈的个人使命感和主动性回到中国。该书作者认为，新建筑的特点在于其公益导向以及对现有建筑和传统建筑方式的重新诠释。

俄语

Будаева, Туяна Баторовна. *Пекинская опера цзинцзюй: музыка, актёр и сцена китайского традиционного театра.* Москва; Санкт-Петербург: Нестор-История, 2019.
京剧：音乐、演员与中国传统戏剧舞台

  该书以中国传统戏剧中最璀璨的形式——京剧为例，探讨中国传统戏剧艺术。作者多次前往中国开展研究项目，该书的宝贵信息来源之一就是作者与京剧各流派的诸多艺术家的个人交流。该书研究了京剧艺术的多个方面：演出的音乐结构和视觉效果，音乐语言的理论规律，在计算机程序的辅助下分析唱腔特点，管弦乐旋律的特殊性，记谱和术语的统一问题，京剧的当代发展趋势及其在其他音乐流派和艺术形式中的折射，传统演出场所的历史，乃至京剧剧目中的饮食研究。

Комм, Дмитрий. *Гонконг: город, где живет кино. Секреты успеха кинематографической столицы Азии.* Санкт-Петербург: БХВ-Петербург, 2015.
香港：为电影而生的城市——亚洲电影之都成功的秘诀

  该书以作者在圣彼得堡国立大学的系列讲座和发表的文章为基础编写而成，介绍了中国香港电影业发展的主要阶段、艺术和意识形态追求，以及其所处的社会文化背景。该书并非香港电影的百科全书，也非香港电影编年史。作者认为亚洲电影的特色在于，观众和市场需求驱动的创作，高度职业化的亚洲电影制作人，几乎在所有类型片中都能拍出最好的作品，关注普通人和人与人之间的关系，勇于超越传统。

日语

小林宏光．中国版画史論．勉誠出版，2017．
中国版画史论

  该书是对中国版画的系统性研究，重点介绍了从唐代到清末的一千多年间，艺术、宗教、经书、历史、文学到实用书籍等各个领域的插图版画和单页版画的代表作，研究了版画的风格变化、技术进步和出版条件，以及艺术家、雕刻家和出版商的活动，收录了约900幅插图。

  书中前言部分中指出，该书选取的中国版画在性质和种类上具有多样性，并详细就版画的形态、印刷技法、出版者的身份、出版时间、制作地点等方面分析了中国版画的诸多特质。

  该书正文共四部分，分为二十四章，重点考察宋代之后，在市民社会繁荣发展的背景之下，版画在市民文化发展中的作用。第一部分从唐、宋、元时代入手，从宗教版画方面研究古典版画的形成和继承。第二部分以元代之后的通俗文学书中的插绘版画为例，分析了版画主要制作地的变迁和新流派的诞生。第三部分研究了明末至清末著名画家的版画，探讨版画和亲笔作画的关系以及版画艺术地位的确立。第四部分研究了南宋至清末作为广义的绘画脚本的画谱的发展状况，并包含对个别画谱的详细分析。

八木春生. 中国仏教美術の展開：唐代前期を中心に. 法藏館，2019.
中国佛教美术的流变：以初唐为中心

该书是一部深入研究唐代前期佛教美术的学术著作。在有关中国佛教美术的研究基础上，进一步探讨了敦煌莫高窟、龙门石窟等重要佛教艺术遗址，以及散布在中国各地的佛教美术作品。

书中首先回顾了唐代以前中国佛教美术的发展，指出在"安史之乱"导致国内混乱之前，佛教美术以西安为中心达到了顶峰，雕刻和绘画作品发展出了成熟的样式和形式。这些样式和形式成为统一的模式，被各地广泛采纳，从而消解了北魏后期开始的地域性特征。作者通过对现存或照片资料中的佛教美术作品进行细致的分析和整理，旨在明确唐代前期佛教美术的面貌，并综合比较其结果。该书还探讨了唐代前期佛教美术表现何时达到顶峰，以及这些样式和形式是否真正作为佛的形象被人们接受，并在全国范围内形成了"统一样式、形式"。通过这些研究，八木春生挑战了之前关于唐代佛教美术研究的普遍印象，揭示了这一领域中仍存在许多未解决的重要问题。

成田健太郎. 中国中古の書学理論. 京都大学学術出版会，2016.
中国中古时期的书法理论

后汉末唐初时期，随着贵族社会的成熟，书法意识高度增强，出现了王羲之、王献之等书法典范。该书揭示了这一时期首次出现的书法理论的特征，并厘清了它与当代文学艺术的关系，这一时期堪称中国书法史的黄金时代。

首先，作者详细介绍了中国中古时期的历史背景和文化环境，从政治、社会、文化等多个层面分析了书法在这一时期的地位和作用。其次，作者系统地阐述了中国中古书法理论的主要内容和发展轨迹，包括对书法艺术的定义、分类、审美标准等方面的探讨。再次，该书深入分析了中国中古书法理论的核心观念和思想体系。作者对书法家们的理论著作进行了研究和解读，探讨了他们对书法艺术的认识和理解，以及他们在书法实践中的创新和贡献。该书还涵盖了一系列关于中国中古书法理论的重要问题和争论，如书法技法的传承与创新、书法与文化传统的关系等。作者通过对这些问题的研究，揭示了中国中古书学理论的丰富内涵和多样性。

该书通过对中国中古时期书法理论的深入研究，为读者提供一个全面了解古代中国书法发展历程和理论体系的视角，对于理解中国书法艺术的本质和演变具有重要意义。

宮崎法子. 花鳥・山水画を読み解く：中国絵画の意味. 筑摩書房，2018.
中国绘画的深意：图说山水花鸟画一千年

宋代山水画、花鸟画得到很大发展，成为后来中国绘画的代表性流派。其中，有许多反复出现的主题，如山水画中的渔民、垂钓者，花鸟画中的荷花、芦荟、鱼儿、水禽等。这些主题深深植根于中国传统社会文化中，是中国人民心目中的乌托邦和幸福寓言。

作者选取了中国绘画中非常重要的两个类别——山水画、花鸟画作为其研究对象，以这两类画的兴衰史为切入点,一一剖析画中表现的主题与其背后蕴含的意义,结合艺术和社会史,解读一代代中国古人在绘画中编织的思想与梦想。既是艺术作品的赏析品味,更是社会学及人文精神的阐述。

全书分为山水画和花鸟画两卷。卷一山水画梳理了对山水画的确立、发展产生影响的社会背景,比如科举制度的发展、士大夫阶层的出现、文人文化的普及;例举自五代以来到宋、元、明各个历史时期的重要绘画作品,详述了山水画中的旅人、渔夫、奇石与庭院等意象背后蕴含的文人阶层的隐逸理想;重点解读文人山水画这一派系,论述其创作背景、传播与发展以及中心主题的变迁,从北宋的实景山水画慢慢过渡到元明的山居图、别业图、行旅图、仙山图等的过程。

卷二花鸟画结合大量作品展示,概括从古至宋的花鸟画的发展过程,重点详述藻鱼图、莲池水禽图、草虫图等典型主题的绘画内容,解析画中常见的意象如鱼、莲花、鸳鸯、白鹭、葡萄、竹雀等,表明花鸟画相比于山水画承载文人知识分子的精神寄托之外,更多包含了中国民间自古以来对幸福的天真追求。

森達也. 中国青瓷の研究:編年と流通. 汲古書院, 2015.
中国青瓷的研究:编年和流通

中国最晚在公元前 15 世纪诞生了施灰釉的原始青瓷,公元前后产生了完整的青瓷。可以说中国青瓷是当之无愧的世界最古老的高温烧成施釉陶瓷的系谱,是今日世界"瓷器"生产技术的源泉。

8 世纪后半期中国青瓷开始广泛地输出海外,给世界各地的制窑产业带来重大影响。8 世纪—15 世纪,中国青瓷的出土和传世经东亚到西亚地中海东南部、非洲东岸广大地域为人所知,作为东西交流的重要资料和各地遗迹的年代确认材料具有重要意义。

该书以中国青瓷输出最繁盛的 8 世纪中后期—14 世纪为焦点,构筑这一时期青瓷输出代表的江南越州窑和龙泉窑的编年,被用作世界各地遗迹年代确认的基准资料,明确中国青瓷的详细年代具有重要的史学价值。另外,该书介绍了与越州窑和龙泉窑有密切关系的华北耀州窑和汝窑、江南的南宋官窑青瓷,阐明影响关系和设计、技术的谱系,以此明确越州窑青瓷至南宋龙泉窑青瓷的设计和技术谱系。具体来说,确立了唐代晚期至南宋初期(8—12 世纪)的越州窑青瓷、南宋后期至元代后期(13—14 世纪)龙泉窑青瓷的详细编年史,通过与耀州窑、汝窑、南宋官窑的比较,明确技术和形态变迁的同时,探索各窑之间的影响关系。该书还以青瓷为中心考查了 8 世纪以后中国陶瓷的输出情况,特别是对日本的陶瓷输送路径做了详细的探讨。

宇佐美文理. 中国藝術理論史研究. 創文社, 2015.
中国艺术理论史研究

何谓"形"?中国思想所追求的是"道",而在整个追求形而上的中国文化中,"形"一直被忽视,也没有相关专题性的讨论。该书通过研究中国艺术理论中的"形",重新思考其在中国哲学史中的意义。首先,它考察了忽视"形"的绘画理论的出现,主要是在六朝和宋代,并以山水画的表现形式为例,讨论了非固定形式和混合形式的绘画偏好的出现。其次该书追溯到汉代，重点讨论了画像石所表达的生死观，并追溯了"形"本身的存在如何改变了中国人的思想。最后，该书还探讨了无固定形式的山水画表现形式的意义。这部开创性的著作探讨了众多中国绘画杰作背后的"形"与"气"之间的关系。

该书并不是从哲学的角度来思考"形"，而是通过对"形"概念的主题性思考，厘清他们对于世界（即"我们今天认为由有形式的事物构成的这个世界"）的把握方式或描述方式的特点。"中国艺术理论研究"或"艺术理论"很少使用"艺术"一词，但"艺术理论"与讨论"以形表意"的所有操作有关。在古代，"艺术"一词的意义与现代不同，但现代使用"艺术"一词来概括诗歌文本是最容易理解的。简而言之，该书是一本中国哲学研究著作，但对关注艺术的人来说也有用处。

塚本麿充. 北宋絵画史の成立. 中央公論美術出版, 2016.
北宋绘画史的形成

该书探讨了北宋时期中国绘画史的形成过程，深入研究了北宋时期绘画艺术的发展及其在历史上的地位。

作者详细介绍了北宋时期的历史背景和社会环境，解读了政治、经济、文化等方面的变革对绘画艺术的影响。他从北宋时期的政治体制、社会风貌、文化思潮等多个角度出发，剖析了北宋时期绘画艺术蓬勃发展的原因和特点。

该书深入研究了北宋绘画史的成立过程。作者探讨了北宋时期绘画理论的兴起和发展，以及绘画史书籍的编纂和传播对绘画艺术发展的影响。他着重分析了北宋绘画史的编纂者和著作，揭示了这些著作在绘画史研究中的重要性和影响。该书还探讨了北宋时期绘画风格的特点和流派分布情况，以及北宋绘画与其他艺术形式的关系。作者通过对北宋时期绘画作品的分析和比较，展现了北宋绘画在中国绘画史上的独特地位和价值。

该书为读者呈现了一幅生动的北宋绘画史画卷，对于理解中国绘画史的发展轨迹和艺术特色具有重要意义。

历史地理

英语

Akçetin, Elif; Faroqhi, Suraiya. *Living the good life: consumption in the Qing and Ottoman empires of the eighteenth century.* Leiden; Boston: Brill, 2018.
安居乐业：18 世纪清代与奥斯曼帝国的消费状况

  18 世纪，清代和奥斯曼帝国的消费者们开始能获得越来越丰富的商品，从家具到时尚服装，再到新的食物品种。虽然这种多样化的趋势在奥斯曼世界持续时间并不长，强度也不那么充足，但苏丹王国的一些市民确实很享受丝绸、咖啡和中国瓷器。与之相比，一种生机勃勃的消费文化在清代中国繁荣起来，许多消费者习惯于炫耀皮毛服饰，沉迷于美食珍馐。

  在记叙上述历史趋势的基础上，该书探讨了商品如何促进了社会网络的扩展、统治者与地区精英之间联盟的建立，以及精英、城市与性别身份的表达方式。该书的研究成果突出表现了清史和奥斯曼史学研究中新兴的"物质转向"，为进一步研究提供了一个新的框架。

Balbo, Andrea; Ahn, Jaewon. *Confucius and Cicero: old ideas for a new world, New Ideas for an Old World.* Berlin; Boston: De Gruyter, 2019.
孔子和西塞罗：新世界的旧思想、旧世界的新思想

  该书汇集了一批来自中、日、韩等深受儒家思想传统影响国家的学者，以及成长于西方思想传统之上的欧洲哲学研究者，以孔子和西塞罗这两位标志性人物为题，全面探讨了古罗马和儒家思想之间的关系，并特别关注了二者对当代世界思想领域的重要性。

  通过该书的阐述，来自世界各国的十多名学者为罗马（和早期希腊）与东方思想之间的比较研究提供了参考性论证，为古典和比较研究的全面展开创造了新的发展潮流。

Campbell, Roderick. *Violence, kinship and the early Chinese state: the Shang and their world.* Cambridge, United Kingdom; New York, NY: Cambridge University Press, 2018.
暴力、亲属关系与中国早期国家：商与商的世界

  位于神话与历史之间的商朝被誉为中国第一个有史可考的王朝，也是世界上最原始的文明之一。该书对建都安阳的商朝（公元前 1250—前 1050 年）进行了考古学、古代地理和传播

文本证据等领域的最新综合性考察。

作者认为，暴力并非安阳商朝文明的对立物，而是其战争与祭祀的基础。该书探索了产生商朝政体祖先秩序的社会经济实践与信念；从死后被神化的国王权威，到人殉牺牲者的动物化，祖先仪式性情通过其战争、祭祀和丧葬等重要制度构建了商朝人的世界。在等级世系的调节下，参与到这些实践中是成为商朝人的基础。该书以最新证据为基础，提供了关于中国青铜时代文明的全面而前沿的见解。

Carroll, John M. *Canton days: British life and death in China.* Lanham: Rowman & Littlefield, 2020.
广州岁月：在华英国人的生与死

该书提供了从18世纪中期到1842年鸦片战争结束关于在华英国人群体的全方位历史。

在这一段时期，在中国的英国人和其他西方人被限制在广州市和（葡萄牙租借的）澳门的一小部分区域进行贸易和生活。在广州，中国和西方之间的贸易是通过获得清朝政府特别许可的一组中国商会进行的。英国在这一时期与中国的接触主要被视为战争的前奏，而那些住在中国的英国人通常被描述为一心想着以各种方式打开"中央王朝"大门的商人，或一心想让中国"异教徒"皈依基督教的传教士。该书通过追踪居住在这个重要的贸易和交流中心的西方侨民的生活和时代，挑战了人们对英国在中国存在的普遍观点。作者利用丰富的档案资料将广州及关键人物描绘得栩栩如生，写作风格清晰而生动，可吸引所有对英国帝国史、中国早期现代史以及外籍和旅居群体感兴趣的读者。

Carter, James. *Champions day: the end of old Shanghai.* New York, NY: W. W. Norton & Company, 2020.
光辉岁月：旧上海的终结

该书描写的是1941年11月12日的上海。当时世界正处于战争之中，而在上海，就在珍珠港事件发生前几周，数千人正聚集在一个为挑战欧洲帝国主义而建造的新市中心，庆祝国父孙中山的诞辰。在城市的另一边，来自各行各业的上海居民参加了中国最富有女性的葬礼——她就是巴格达地族（印度三大犹太族群之一）犹太商人哈同的中法混血遗孀罗迦陵，她的去世象征着目睹上海崛起为全球化大都市的一代人的逝去。但吸引最多观众的是赛马场。在国际聚居区的中心，西方殖民主义的核心——冠军日开幕，吸引了成千上万中国观众和欧洲人在赛马身上下注。

该书对当天的各种事件进行了一次清晰而生动的描绘，再现了老上海复杂的历史，是对这座即将迎来巨变的城市的万花筒式写照。

Chen, Song-Chuan. *Merchants of war and peace: British knowledge of China in the making of the Opium War.* Hong Kong, [China]: Hong Kong University Press, 2017.
战争与和平时期的商人：鸦片战争中英国对中国的认识

该书明确挑战了关于鸦片战争的一些传统观点，比如，第一次鸦片战争的主要驱动力是臭名昭著的鸦片走私贸易、捍卫英国的国家荣誉，以及"进步的"英国和"落后的"中国之间的文化冲突。相反，该书认为，这场战争是19世纪30年代一群活跃于中国广州港、被称为"好战党"的英国商人发动的。由于这些好战党人生活在英国对中国的了解迅猛增长的时期,他们逐渐理解了中国的弱点,其成员返回伦敦游说英国政府实施干预,直到 1839 年战争最终爆发。

然而,好战党人并没有完全得逞。在广州,另一批被称为"和平党"的英国商人反对这场战争。在英国,反战运动给这场冲突起了一个恶名,即"鸦片战争",而且从那以后这个恶名就一直存在。通过采用来自英国国家档案馆、中国第一历史档案馆、故宫博物院、大英图书馆、伦敦大学亚非学院图书馆、剑桥大学图书馆等机构的馆藏资料,这本研究深刻、内容清晰的著作可谓关于第一次鸦片战争渊源的最新史书。

Daniels, Christian; Ma, Jianxiong. *The transformation of Yunnan in Ming China: from the Dali Kingdom to imperial province.* London; New York: Routledge, 2020.
明代云南的变迁:从大理国到帝国省

该书探讨了明朝是如何将由多民族社会构成的云南转变为一个省份的。

在大理王国统治下(932—1253 年),云南一直维持着身处中国中央政府控制范围之外的地位;1276 年,元朝将云南设置为一个行省,但这也并没有破坏大理王国风格的政治、社会和宗教制度。直到 14—17 世纪,明朝通过其军事和民事控制机制,给云南带来了深刻的变化,并将当地社会真正转变为一个省。与其他将云南描绘成非汉族边境地区的研究不同,该书通过关注当地社会的变化,摆脱了将云南视为远离文明的边境地区的观念。

Davis, Richard L. *Fire and ice: Li Cunxu and the founding of the later Tang.* Hong Kong: Hong Kong University Press, 2016.
火与冰:后唐庄宗李存勖

后唐是 10 世纪中国北方短暂存在过的国家之一,由沙陀人、军事天才李存勖建立。在 15 年的时间里,他将位于中国边缘地区的小国变成了一个足以统一中国北方和西南大部分地区的强大帝国。他的统治以种族包容为原则,从不依靠设置种族特权,而使少数人凌驾于中国多数族群之上;而且,他作为一个有着极高文化素养和艺术天赋的人,拥有着某种独特能力,能够弥合他治下文化背景芜杂的统治精英之间的裂痕。不幸的是,李存勖有着中国王朝缔造者那种典型的自我陶醉心态,这导致了他在位仅仅 3 年后的黯淡结局。

该书描述了李存勖建立后唐的那一段特殊历史,由此展现了中国五代时期的史诗性变革。该书指出,当时的中国正从一个由世袭精英统治的、垂死的国家,演变为一个依靠个人功业构建而成的新国家,而这正是民族国家的基本要素。对 10 世纪中国政治秩序的演化来说,在旧秩序中缺乏既得利益的军事豪强的统治是极为关键的推动力。

Dong, Wang. *Longmen's stone Buddhas and cultural heritage: when antiquity met modernity in China.* Lanham: Rowman & Littlefield, 2020.
龙门石佛与文化遗产:中国古代与现代的相遇

该书全面而详细地介绍了在 20 世纪和 21 世纪,位于华中平原上的联合国教科文组织世界文化遗产——洛阳龙门石窟和佛教雕像是如何得到重新认识的。

该书利用中文、英文、法文、德文、日文和瑞典语的原始研究和档案资源,以及广泛的田野调查,追溯了文化遗产与现代性之间的联系,详细介绍了从古至今人们对这座历史纪念碑的理解。虽然尚不为世界上很多人所知,但龙门石窟及其迷人的现代史会将读者带到一个世纪前被称为"中国巴比伦"的中国腹地。该书以非凡的深度和广度,揭示了人类对共同的、精神的、现代的——最重要的是美丽的艺术品的持续追求,由此将中外读者的生活联系在了一起。

Epstein, Maram. *Orthodox passions: narrating filial love during the high Qing.* Cambridge Massachusetts: Harvard University Asia Center, 2019.

正统的情感:盛清的孝情叙事

在该书开创性的跨学科研究中,作者将孝道视为清代文本中情感的主导性表达方式。在满清法规将贞节作为顺从和社会责任的主要隐喻的时期,孝道话语越来越多地包含与晚明贞节叙事相关的戏剧性和充满激情的过度行为。

清代文献,尤其是江南地区的文献,宣扬与父权式家庭和国家的利益相冲突的孝道模式。该书通过分析大量原始文本中的孝道叙事(包括地方志、自传和人物传记、年谱记录以及小说),展示了构成模范孝道行为的多样性。该书认为,这种背景使人们有必要彻底重读伟大的世态小说《石头记》(约1760年),这部小说因缺乏孝道情感和主题而在18世纪的情感景观中显得与众不同。该书通过否认浪漫感情是清朝鼎盛时期情感表达的主要方式,呼吁人们对中国帝国晚期的情感景观有一个新的认识。

Gao, Hao. *Creating the Opium War: British imperial attitudes towards China, 1792-1840.* Manchester: Manchester University Press, 2020.

鸦片战争起源:1792—1840年大英帝国对中国的态度

该书考察了1792—1840年中英接触早期大英帝国对中国的态度。它首次尝试将中西关系的政治史与英国对华描述的文化研究结合起来,作为理解鸦片战争起源的一种新方式——这一重大事件无疑在未来一百年重塑了中国与西方的关系。该书聚焦于战争前至关重要的半个世纪,一些学者最近将其重要性与美国和法国革命相提并论。

该书调查了一系列中英政治交往的重要时刻,从马卡特尼时期(1792—1794年)到阿默斯特时期(1816—1817年),再到纳皮尔事件(1834年)以及鸦片危机导火线(1839—1840年)。作者通过大量原始材料,聚焦于那些对中国有第一手经验或在英国有政治影响力的人所形成的看法。该书表明,在这一时期,英国对中国的敌意与日俱增,但与此同时,英国的舆论制定者和决策者在一些基本问题上存在分歧,例如对清政府是采取和平政策还是侵略政策,以及中国皇帝的处置方式。最后,这项研究揭示了对华开战的想法是如何基于这些不断累积的帝国主义态度而产生的。

Guo, Vivienne Xiangwei. *Women and politics in wartime China: networking across geopolitical borders.* London; New York, NY: Routledge, Taylor & Francis Group, 2019.

战时中国的妇女与政治:跨越地缘政治边界的网络

该书的研究聚焦于作为一个特殊社会政治群体的中国精英女性,将她们构建的复杂关系网置于战时中国不断变化的地理、社会、文化和政治空间之中;正是在这里,她们支持"抗战建国"的政治参与、知识创造与关系网络构建才得以展开。该书考察了这些关系网络的出现、发展、整合与转变,将其视为一个不稳定的、碎片化的过程——这个过程贯穿了中国从 20 世纪 30 年代到 50 年代的长期战争和动荡,并超越了政党意识形态和地缘政治的边界。该书正是试图通过上述研究,探讨第二次世界大战广阔背景下的战争、政治与性别问题的发展动态。

Hans J. Van de Ven. *China at war: triumph and tragedy in the emergence of the new China.* London: Profile Books, 2017.

战争中的中国:新中国崛起的胜利与悲剧

该书聚焦 1937—1949 年,展示了战争的结果如何终结了欧洲帝国主义在东亚的统治,使中国恢复了其传统的地区中心地位。作者认为,在这一过程中,战争还引发了军事领域的深刻变革,其重要性不亚于原子武器的发展,并赋予了农村新的社会、政治和军事意义。

Harris, Lane J. *The Peking Gazette: a reader in nineteenth-century Chinese history.* Leiden; Boston: Brill, 2018.

京报:19 世纪中国历史读本

该书以学术形式引介了清政府公报外译资料中某些专题性的章节,由此展现了中国漫长的 19 世纪历史所包含的独特断裂性和显著连续性,为相关研究提供了一份创新性文本。

该书是一部特别的一手资料合集,致力于通过表达 19 世纪里中国社会相关群体围绕最重要的政治、社会和文化事件的讨论与争议,帮助读者探索和了解诸多历史议题,包括清代皇帝的政策和态度、汉族官员的思想和观点,以及各民族的精神状态和世界观。

Hellman, Lisa. *This house is not a home: European everyday life in Canton and Macao 1730-1830.* Leiden; Boston: Brill, 2019.

房子不是家:1730—1830 年欧洲人在广东和澳门的日常生活

该书首次对 1730—1830 年旅居广东和澳门的欧洲人的日常生活进行了研究。

该书发现,在那个时期,外国人如何生活、交流、迁移,甚至他们能与谁进行交往,所有这些东西都受到中国政府的严格监管。在华欧洲人的反应不一,他们有时适应、有时则寻求颠覆这些规则。

该书对这种受到限制的家庭生活的关注显示了性别关系的重要性,尤其是男性气质构建的重要性。该书以瑞典东印度公司——一家对于不断扩张的亚洲帝国来说微不足道的欧洲行为体——为切入点,凸显出参与地方权力谈判的行为体的多样性。欧洲人在中国安家落户的尝试,不仅促成了日常生活史向全球视角的转折,也促成了全球历史向日常生活视角的转折。

Horesh, Niv. *Shanghai, past and present: a concise socio-economic history, 1842-2012.* Eastbourne; Chicago: Sussex Academic Press, 2015.

上海，过去与现在：社会经济简史，1842—2012

该书回顾了1842年以来上海发展的历史，揭示出上海是如何从一座默默无闻的小城市发展成为世界著名金融和工业中心的。

该书对上海近现代经济史展开了调查，也分析了上海市的基础设施、市政机构、消费文化等是如何在经济发展的推动下逐步形成的。对于第二次世界大战后的上海经济，作者主要采取的是比较研究方法，其中不乏对上海发展过程中重大事件的描述，如1991年上海经济增长的新引擎——浦东新区的选址问题。此外，作者也将曾经烜赫一时的旧上海与如今矢志成为亚洲金融中心的新上海进行了比较。

该书涵盖了一系列主题，涉及上海社会生活的各个方面，如上海过去与现在的巨商富贾、二战前欧亚人种之间的联系和矛盾、赌博与色情产业等。书中所引材料源于大英图书馆和伦敦亚非学院从未公开的第一手史料，为上海史研究提供了许多弥足珍贵的文献。

J. Meyer, Michael. *The road to Sleeping Dragon: learning China from the ground up.* New York: Bloomsbury USA, 2017.

通往卧龙之途：从头了解中国

1995年，23岁的迈克尔·麦尔（Michael Meyer）参加了和平队，在拒绝了其他七个国家的邀请后，他被派往四川的一个小镇。麦尔对中国一无所知，甚至不知道如何使用筷子。他在手臂上写下中文单词，以便能够进行对话。就这样，麦尔开始了对中国生活的深入学习。

该书是作者麦尔中国三部曲中的最后一部，讲述了作者自己的个人经历以及他从头开始学习一种语言、文化和历史的感觉。作者凭借他的幽默感和洞察力，把读者带入他的视角，介绍了一个个精彩的人物，以及他走过的中国大江南北。从抵达时遭遇可怕的巴士袭击，到北京的小巷和他未来妻子的满族家庭，以及在世界上最大的熊猫保护区"卧龙"如何保护中国正在消失的遗产。麦尔希望这本书能够对下一代西方人起到一点鼓励作用，使他们踏上中国之路，也希望它能让中国的读者产生一些兴趣，去看看那些他们之前或许从未拜访过的中国山河。

Jeans, Roger B. *The letters and diaries of Colonel John Hart Caughey, 1944–1945: with Wedemeyer in World War II China.* Lanham: Lexington Books, 2018.

约翰·哈特·考伊上校的信件和日记（1944—1945）：二战时期与魏德迈在中国

约翰·哈特·考伊（John Hart Caughey）上校是一名驻重庆的美军作战计划部军官，他见证了二战末期以及之后几个月内发生在中国的历史；也正是在那一时期，他升任美军战区作战计划部门负责人。在他频繁写给妻子的书信以及一些日记里，他记录了美军在战时中国的角色，特别是他作为美军计划部人员的生活，也弥补了过去有关中国战区的报道对驻重庆美军规划人员的忽略，这其中许多人都是考伊上校的同事和朋友。此外，这些资料还对战时中国的生活进行了丰富多彩的描述，生动地提醒读者们，在仅仅70多年的时间里，中国已经走出了多远。

该书的描写加深了人们对这场战争中一些美国领导者的理解，包括中国战区指挥官阿尔伯特·魏德迈（Albert C. Wedemeyer）；第十四空军司令陈纳德（Claire L. Chennault）（"飞虎队"前指挥官）；美国战时驻华大使帕特里克·赫尔利（Patrick J. Hurley）；东南亚司令部最高指挥官路易·蒙巴顿（Louis Mountbatten）等。在该书中，考伊上校揭示了魏德迈更具吸引力的一面，虽然在战后魏德迈因极端政治观点而失去了军队司令职位，但他让考伊成为作战参谋一员，给年轻的上校带来了一段非凡的战争经历。

Keliher, Macabe. *The Board of Rites and the making of Qing China.* Oakland, California: University of California Press, 2019.
礼部与清朝的建立

在对清朝统治的研究中，人们往往更关注军事力量、税收控制和官僚制度，因此，在中央六部中，对"礼部"的讨论相对较少。但该书为研究早期清朝的形成提供了一个重要的新视角。它聚焦于政府职能中看似无用的礼部，指出"礼部"实际上构建了政治关系，并引导君主、皇亲国戚、官员和其他国家决策者。在作者看来，"礼"与清王朝建设是同时进行的。清初，礼制被用作处理内部斗争、巩固皇权和建立新政权的工具。后来，服饰、姓名、等级、问候、礼仪、随从等方面的规定都被确定下来。"礼"成为一种以纪律化和内化的方式维护政治秩序的重要制度。在这一过程中，不仅皇帝的统治地位得到了加强，政治秩序也得以维护。

Kim, Loretta E. *Ethnic chrysalis: China's Orochen people and the legacy of Qing borderland administration.* Cambridge, Massachusetts: Harvard University Asia Center, 2019.
族群之蛹：中国的鄂伦春人以及清朝边疆治理的遗产

该书是第一本介绍中国鄂伦春族早期现代史的英文著作。许多个世纪来，鄂伦春族一直居住在现在分属俄罗斯联邦和中华人民共和国的地区。清代（1644—1911）是鄂伦春族族群身份形成的时期，鄂伦春族作为一个独立民族保留了下来。清政府通过征兵和强制开采资源，将鄂伦春族人纳入国家政治版图，同时也创建了经历迥然不同程度社会和经济自治的两个鄂伦春族亚族群。"鄂伦春"被清代官员用作官方修饰语，形成了族群孵化蛹的最初层，其中包括被认定为或自我认定为"鄂伦春"人的各种族群身份感。自清以来，鄂伦春人一直认为，他们的清代祖先是中国东北地区国防和经济的关键角色。通过追踪清代对中俄边境地区鄂伦春人政策的演变，该书研究了某一时代政治组织的影响是如何在一个群体的社会和文化价值观中延续下去的。

Kitching, D. A. *Chinese steam: the last years.* Stroud: Amberley Publishing, 2017.
中国蒸汽火车——最后的岁月

中国曾是蒸汽铁路的最后堡垒，工业用新蒸汽火车的建造一直持续到1999年底。即使是现在，仍有一些火车在煤矿和其他工业厂房中挣扎，但这种情况可能很快就会因为锅炉检修成本过高而结束。

随着蒸汽时代在中国接近尾声，蒸汽爱好者们越来越迫切地希望在蒸汽火车消失之前记录下所发生的事情。中国人虽然常常对外国爱好者的这种兴趣感到困惑，但他们普遍表示欢迎，并允许他们进入中国各地的工业厂房和火车线路旁参观，从遥远的新疆西部沙漠到东北的工业中心地带，还有华中地区和内蒙古自治区。该书展示了一位蒸汽火车爱好者在 1992 年至 2017 年十次中国之旅所获得的照片。

Klein, Esther Sunkyung. *Reading Sima Qian from Han to Song: the father of history in pre-modern China.* Leiden; Boston: Brill, 2019.

从汉到宋读司马迁：前现代中国的历史之父

该书所探讨的是，在从汉代至宋代的读者眼中，伟大的汉代历史学家司马迁的生平和工作是怎样的。司马迁被视为悲剧英雄和文学天才，前现代中国社会对他的态度则更加模棱两可：他在作品中表达出的复杂个人情感让读者们担心，作为历史学家，他的作品在道德上或者政治上是否是可以被接受的。

该书展示了关于司马迁作品价值和意义的争议是如何与更宏大的问题紧密联系在一起的。这些问题包括：历史应该如何书写？个人经历和自我表达在历史书写的过程中扮演什么角色？可以根据什么标准来判断历史学家的选择？

Leung, Vincent S. *The politics of the past in early China.* Cambridge, United Kingdom; New York, NY: Cambridge University Press, 2019.

早期中国关于"过去"的政治

该书的研究主题是，为什么"过去"在古代中国如此重要？它是怎样发挥重要性，又是对谁来说意义非凡？

该书是一项创新性研究，探讨了"过去"是如何牵连到早期中国的长期权力过渡中的——这不仅体现在青铜时代晚期贵族的衰落当中，也体现在公元前一千年帝国的兴起中。通过参阅广泛的史料，包括碑文记录、出土手稿和传承下来的文本，该书作者超越了传统的史学典籍，探讨了"过去"如何在多样化的政治辩论和伦理对话中，被当作强有力的意识形态资本而利用起来。该书认为，早期中国对"过去"的诉求不仅仅是一种文化态度问题，更是在危机时期表达政治思想和挑战伦理之争的深思熟虑的方式。在对"过去"的重述中，潜藏着重要的力量。

Lin, Xiaoqing Diana. *Feng Youlan and twentieth century China: an intellectual biography.* United States: Brill, 2016.

冯友兰与 20 世纪的中国：知识分子传记

这是一本关于冯友兰（1895—1990）的思想传记。冯友兰是中国杰出的哲学家之一，在 20 世纪三四十年代以开创性的中国哲学方法一举成名，他的一生充分体现了 20 世纪中国政治和学术的沧桑巨变。该书在 20 世纪 20 年代至 20 世纪 90 年代的社会和政治背景下，探讨了冯友兰的著作和冯氏哲学观的变化轨迹。冯友兰寻求一种开放的、与外来学问相联系的中国哲学框架，以及一种对外来思想开放的自我修养框架，如今这仍然是中国哲学的重要目标。

Lynch, Catherine. *Liang Shuming and the populist alternative in China.* Leiden; Boston: Brill, 2018.
梁漱溟与中国的民粹主义选项

  该书是海外梁漱溟研究的新作，对梁漱溟的作品和思想提出了有别于传统研究的理解。目前关于梁漱溟的研究表明，他的思想与亚洲其他哲学传统（如儒学和佛教）有着深刻联系，而这本新作则提出，梁漱溟的作品是中国现代思想演进的重要组成部分，并探讨了民粹主义观念在梁漱溟思想发展过程中的作用。除了分析梁漱溟的著作，该书对他的解读还来源于作者与梁本人及与其相关人士的漫长访谈，为梁漱溟思想研究增添了一个新的视角。

Maissen, Thomas; Mittler, Barbara. *Why China did not have a renaissance - and why that matters: an interdisciplinary dialogue.* Berlin; Boston: De Gruyter Oldenbourg, 2018.
为什么中国没有文艺复兴以及此事为何重要？一场跨学科对话

  诸多文明中都存在历史进步或衰落的概念，也存在历史循环运转的观念。尽管有人宣称，历史分期是跨越国界的、甚至是普世性的，但实际上，它们总是反映了特定的社会或文化倾向。

  该书记录了一位汉学家和一位欧洲早期现代史学者进行的学科间对话，他们将分期视为一种历史现象，对"文艺复兴"案例进行了专门讨论，特别是研究了20世纪初中国的文艺复兴运动。该书的对话表达了在一些基本问题上的分歧，但同时，对话的双方也都承认，跨学科和领域的对话是一种很有用的形式，可以帮助解决全球史当中一些影响深远的问题。

Mitter, Rana. *China's good war: how World War II is shaping a new nationalism.* Cambridge, Massachusetts: The Belknap Press of Harvard University Press, 2020.
中国的正义之战——二战如何塑造了新民族主义

  过去谈论中国的历史时，中国都避免公开讨论抗日战争。但随着中国日益强大，中国开始对战争年代进行广泛的重新评估，这是中国国内日益高涨的民族主义的核心。

  该书详细而引人入胜地描述了中国领导层的战略是如何随着时代演变的。其中最有价值的是探究为何中国政府要重新对其过去进行梳理和重新评估。

Pollock, Sheldon; Elman, Benjamin. *What China and India once were: the pasts that may shape the global future.* New York: Columbia University Press, 2018.
曾经的中国和印度：昔日可能塑造全球未来

  21世纪初，中国和印度已经成为世界强国。从许多方面来看，这都是两国向着历史常态的回归。在近代早期的大部分时间里，中国和印度在诸多领域都堪称全球领导者。在该书中，一批著名学者试图通过一项对中印漫长历史的突破性比较分析，以理解现代的中国和印度。

  在该书的每一章里，来自中国和印度的学者都致力于使用新的资料、建立新的研究路径，结合其研究专长，重新审视传统理论假设以解决相关重要问题。该书详细描述了中国和印度这两个文化巨人是如何发展成其现在的状态的，也思考了它们的共同点和差异，评估了在两者的比较中存在的关键问题，并从更广泛的视角上提出疑问——欧洲现代性是否提供了有意义的对比。在各个章节中，学者们探讨了生态、政治、性别关系、宗教、文学、科学技术等议题，也为现代以前的中国和印度提供了最丰富的比较性阐释。该书为理解全球背景下东亚和南亚的历史与文化根源建立了一个创新框架，也在对亚洲历史复杂因素做出研究的基础上，为思考今日亚洲提供了新的思路。

Robinson, David M. *Ming China and its allies: imperial rule in Eurasia*. Cambridge, United Kingdom; New York, NY: Cambridge University Press, 2020.
称雄天下：早期明王朝与欧亚大陆盟友

在近代史早期之前，大明皇帝就统治着约四分之一的全球人口、世界上大部分的城市中心、世界上最庞大的常备军，以及当时最富裕的经济体。明代中国并不孤立，它是欧亚大陆东部（可能是全世界）最大的政治关系中心。尽管明王朝会大肆宣扬其优越之处，但它也明白需要相邻地区统治精英的效忠。

在该书提供的这项重要的最新研究中，作者探讨了大明皇帝与欧亚贵族中最重要的一类人——成吉思汗后裔及其蒙古支持者——的关系。通过探索中华帝国统治的国际层面，这项修订了传统历史观点但易于理解的阐释性研究表明，即使是大明皇帝这样的统治者也需要盟友，并愿意为此付出代价。

Rowe, William T. *Speaking of profit: Bao Shichen and reform in nineteenth-century China*. Cambridge, Massachusetts: Published by the Harvard University Asia Center, 2018.
言利：包世臣与 19 世纪的改革

19 世纪上半期，清朝面临重重危机。清政府内外普遍认为，18 世纪的"繁荣时代"已经终结了。而此时，官僚腐败与体制痼疾、人口压力和食物短缺、生态衰退和基础设施破败、国家内部和边境的叛乱、贸易逆差，以及过去无法想象的来自西方的外部威胁——所有这一切叠加在一起，似乎对清政府构成了令人绝望的严峻挑战。

该书从文人改革家包世臣的视角，去理解当时的人们对这场危机的看法，以及他们提出的解决之道。尽管包世臣本人只是短暂地担任过相关职务，其所为也欠缺长远影响，但他被公认为改革诸事项的专家，有改革意识的治政者们也经常向他寻求建议。通过考察他关于官僚及财政体制改革、农业改良、粮食贡赋管理、盐业专营、货币政策和对外关系的思想，该书指出，他是一个以坚定追求物质利益（即"言利"）的改革倡导者面目出现的历史人物，其思想不仅符合农村民众的利益，也符合中国国家与民族的利益，并激发了 19 世纪后半期"自强"运动改革者们的思想主张。

Sanft, Charles. *Literate community in early imperial China: The northwestern frontier in Han times*. Albany: State University of New York Press, 2019.
中华帝国早期的文人社区——汉代的西北边境

作者通过研究古代中国西北边疆地区的文字资料，对汉代（公元前 206—220 年）文字在塑造社会和文化方面的作用提出了新的见解。这些汉代战场遗留下来的文书——木条和其他非传统文字材料（如丝绸），记录了军事人员的生活，包括远距离传递信号的纸张、关于啤酒酿造和刀剑评估等实用性的文字，以及底层官员之间的书信往来。长期以来，人们假设文字和识字能力在社会普及面较窄，对文化和社会的影响范围也有限，但作者关注了社会各个阶层的成员，认为早期社会中人们与文字之间的互动比以往认为的多得多，这一重大转变挑战了此前的假设，为研究早期中国、研究识字以及全球非精英史做出了重要贡献。

Santangelo, Paolo; Boros, Gábor. *The culture of love in China and Europe.* Leiden; Boston: Brill, 2020.
中国和欧洲的爱情文化

该书探讨了12—19世纪中国和欧洲关于爱情的文化内容。

在该书中，作者对12—19世纪初中国和欧洲在思想和文学创作上发展起来的爱情文化进行了集中调查，描述了在中欧两种文化当中并行出现的爱情文化演进过程，也描述了这两大独立文明如何富有创新地建立了各自爱情文化的范畴与神话，以解释、提升（但同时也致力于）控制爱的情感及各自的行为表达。该书的分析为中欧文化对比提供了丰富的素材，也指出了在每一种文化当中各自特有的和普遍存在的因素，暗示了文化之间的差异和相似之处。此外，该书还展示了中欧关于爱情培育的文本那独特的美感和吸引力。

Schlesinger, Jonathan. *A world trimmed with fur: wild things, pristine places, and the natural fringes of Qing rule.* Stanford, California: Stanford University Press, 2017.
帝国之裘：清朝的山珍、禁地以及自然边疆

乾隆帝曾经盛赞东北丰饶的物产和独特的自然环境，认为满洲大地是资源富集之地，也是自然生命力的源泉。这里的土地山川生生不息，养育了满族人以及清朝皇室的祖先，也使其分享了素朴纯真和不竭的生命力。

清朝皇帝通过进贡制度，征收毛皮、珍珠、蘑菇、人参等珍稀物产，这种进贡制度渐渐对满洲和蒙古地区产生了深远的影响，不仅造成了环境退化，还形成了复杂的开发制度和组织。该书作者参考了大量满蒙文献，在考察中发现了皇帝对于北部边疆的想象、进贡体系与自然环境的恶化、清朝的奢侈品贸易和消费等诸多因素复杂的互动关系，为我们理解清朝边疆历史提供了新颖的视角。

Schneewind, Sarah. *Shrines to living men in the Ming political cosmos.* Cambridge, Massachusetts: The Harvard University Asia Center, 2018.
明代政治生活中的生祠

作为第一本关注中国历史上存在的"死前建祠"现象的著作，该书将这一特别制度置于政治与宗教的交汇处。在古代中国，当一位地方官员离任，感激他的臣民将他的塑像安置在一座寺庙中，以报答恩情——这是一种符合中国古代政治理想的模式。到了明代，"生祠"变得合法而符合传统，这可以通过对儒家经典的解读阐释加以证明。

该书认为，生祠可以让地方官员为地方利益服务，那些为官员赢得百姓拥护的政策可以被刻在祠堂旁的石碑上。由于地方百姓认识到，比起民生福祉，官员可能更加在意自己的仕途，所以平民百姓通过修建生祠褒奖在世官员。这种合法的、制度化的平民政治声音扩大了学者们对中华帝国晚期中国"民意"的理解，将其与神灵的功效结合起来，创造出一个新生的政治概念，作者称之为"小天命"。她对祠堂理论的探索和实践阐释了明朝的思想和政治，包括东林党与魏忠贤和顾炎武理论之争。

Sela, Ori. *China's philological turn: scholars, textualism, and the Dao in the eighteenth century*. New York: Columbia University Press, 2018.
中国的语文学转向：18 世纪的学者、考据学和道家

以文献学的兴起为核心，18 世纪的中国发生了一场引人瞩目的学术转型。这一运动的实践者们关注的是文献来源的可靠性（以作为恢复古典文本及其意义的证据），以及事实和真相在他们学术生活和身份认同当中的中心地位。由于拥有建构文本历史的力量，文献学可用于塑造个体与集体认同，其崛起深深地影响了当代政治、社会和文化议程。

该书以清代最杰出学者之一的钱大昕（1728—1804）开篇，讲述了中国文献学转向的故事，追溯了学者的社会网络和知识的产生，思考了他们阅读活动中研究的文本，以及随之而来的关于知识、事实和真相的假设。书中分析了 18 世纪知识分子生活中的各种基本问题：上古地位的提升与古代究竟是什么这个问题之间的紧张关系；科学知识，特别是天文学、数学和历法研究的地位；学术辩论与文化焦虑之间的关系，尤其是学者的自我个性化与集体认同。该书呈现了手稿、传记、信件、手写笔记、墓志铭等丰富材料，尤其凸显了其论述主题的创造性和开放性。作为一本跨越学科界限的知识文化史的开创性著作，该书重建了 18 世纪中国学术史及对其长期影响的研究。

Shepherd, John Robert. *Footbinding as fashion: ethnicity, labor, and status in traditional China*. Seattle, Washington: University of Washington Press, 2018.
缠足：传统中国的种族、劳动和地位

以前对古代中国缠足习俗的研究认为，缠足表达了民族身份，或具有经济功能。通过分析缠足在不同地方和不同时期的流行情况，该书提出了这样一种观点：清朝初年满族统治者试图禁止汉人缠足，使缠足成为反满情绪和汉族身份的象征，并导致了这种做法在社会各阶层的传播。

该书利用以前被忽视的丰富的民族志报告、经济调查和罕见的缠足普查，对女性劳动者和民族竞争导致缠足成为旧时代风尚的原因提出质疑。该书的结论是，缠足成为时尚的原因与身份政治和经济因素无关，地方阶级地位的变化和精英文化，加上地位竞争和对未缠足女性的嘲笑，最能解释为何缠足这种专制文化风尚能够统治中国传统文化。

Swope, Kenneth M. *On the trail of the Yellow Tiger: war, trauma, and social dislocation in Southwest China during the Ming-Qing transition*. Lincoln, Nebraska: University of Nebraska Press, 2018.
追寻黄虎：明清更迭时期中国西南地区的战争、创伤与社会错位

17 世纪中叶，满族人建立的清王朝对汉族人的明王朝的胜利，可谓是中国漫长历史上最令人惊讶和最具灾难性的事件之一。在明朝的最后一年，中国西南地区成为张献忠（1605—1647）的行动基地，当时这个农民起义军领袖被称为黄虎。据称，他的恐怖统治在短短两年内造成了整个四川省至少六分之一人口的死亡。然而，留存至今的丰富文献表明，大部分的破坏事件发生在 1647 年张献忠死去之后，实际上应归因于独立的军阀、劫匪、争夺帝国控制权的明清军队，以及自然灾害。

该书是西方学者通过关注明清交替带来的社会与人口效应，以详细考察清王朝军事征服后果的首个研究。该书将创伤与记忆研究的现代技术融入王朝更迭时期的军事和社会历史当中，为人类历史上更广泛的王朝崩溃与重建研究增添了至关重要的内容。该书还从当代全球冲突的角度反思了明清更迭的历史，提供了一份涉及战争与社会之间普遍联系的军事史比较研究。

Tse, Wicky W. K. *The collapse of China's Later Han dynasty, 25-220 CE: the northwest borderlands and the edge of empire.* London; New York, NY: Routledge, Taylor & Francis Group, 2018.
公元 25—220 年中国后汉王朝的崩溃：西北边疆与帝国边缘

该书所讨论的东汉时期西北边疆，指的是包括今天的甘肃省、宁夏回族自治区南部、青海省东部、四川省北部和陕西省西部在内的广阔区域，也是当时的中国政权与中亚邻国之间的边缘地带，直到公元前 1 世纪才被完全纳入中国领土。毫无意外的是，这片区域聚集着大量军事背景突出的群体，并形成了武士精神和技能盛行的区域文化。通常情况下，这些军事精英是受到帝国中枢尊重的，然而在东汉时期，东方的士大夫群体开始主导朝政，由此产生的对文事价值的重视和去军事化进程从根本上改变了帝国对西北边地武人的态度，使他们很难获得较高的政治和社会地位。随着西北武人与国家当权者之间的紧张和怨恨不断增强，一支西北军阀占领了帝国首都，废黜了当时的皇帝并扶立新帝，这一系列事态引发了帝国的解体。

该书建立在大量原创性研究的基础上，将文化史、军事史与政治史结合起来，全面考察了西北边疆地带军事性区域认同的形成及其对早期中华帝国的影响。

Wang, Guojun. *Staging personhood: costuming in early Qing drama.* New York: Columbia University Press, 2020.
粉墨威仪：清初戏曲中的衣与人

在颠覆明王朝之后，清朝征服者强迫汉族男性采用满族发型和服饰。不过，这些新的统治者允许在戏曲表演中使用汉族传统服装，使戏院成为人们生活中极少数仍能看到汉族服饰也能对抗满族统治的领域之一。

通过探索被推翻王朝的服装存活于舞台上的意义，该书揭示了明清更迭的隐藏历史。作者通过分析违反清朝服饰规定的戏曲作品，从跨学科角度探讨了中国戏曲与 17 世纪中国新生的满族统治之间的纠葛。他不仅揭示了政治和种族冲突如何影响戏曲服饰，还揭示了服饰如何在王朝更迭期间促成不同的认同变化模式。在戏曲文本和表演的案例研究中，该书将服装和服饰视为改变种族和性别身份的象征。作者认为，戏剧化服饰提供了一种富有成效的方式，可以重新联结被政治动荡破坏的身体、衣物和认同。通过仔细审视各种经典和鲜为人知的戏剧、视觉和表演记录，以及相关历史文献，该书为清初中国的文化动态提供了一个开拓性的观察视角。

Wertmann, Patrick. *Sogdians in China: archaeological and art historical analyses of tombs and texts from the 3rd to the 10th century AD.* Germany: Verlag Philipp Von Zabern, 2015.

在中国的粟特人：以公元 3—10 世纪考古发掘和历史文献为基础的考古与艺术史研究

粟特人最早起源于今天的乌兹别克斯坦和塔吉克斯坦一带，之后迅速发展，并在唐朝的军事和政治事务中起着举足轻重的作用。更为重要的是，他们在丝绸之路沿线的各个国家和族群之间扮演了非常重要的角色。

近年来，在中国北部和西部发现了修建精良的粟特人墓葬。其中出土的随葬品和碑文为我们了解这些中亚人的生活提供了重要的线索。该书作者追寻粟特商人的商路，并记录了他们在 8 个国家，尤其是中国的 54 家博物馆和收藏馆中留下的痕迹。书中提供了迄今为止最全面的粟特人出土文物概览，其中详细描述了石棺、石椅、藏骨器，以及狩猎、宴会、音乐和舞蹈的场景，并配有作者拍摄的大量彩色照片。该书代表了当今粟特研究的最好成果之一，获得 2018 年汉学儒莲奖。

Wu, Weiyi; Fan, Hong. *The identity of Zhiqing: the lost generation.* London: Routledge/Taylor & Francis Group, 2016.

知青的身份：失落的一代

该书对知青——在新中国成立后出生和长大、在"文化大革命"时期被视为"失落的一代"做出了新的研究。该书描述了这群青年人曲折的人生轨迹，探究了他们特殊的身份和自我认同感。与早期历史研究方法不同，该书从社会心理学角度，灵活运用与当事人深度访谈所搜集的回忆与思考等第一手资料，勾勒出了中国知青的画像。这项创新研究不仅为"知青"这一主题提供了丰富而深刻的总结，也通过为知青专题的研究奠定基础，推动了中国当代研究的发展。

Yang, Guoqing; Hattstein, Markus. *Ancient city walls in China: a heritage rediscovered.* Salenstein: Benteli, 2020.

中国的古城墙：遗址修复

在世界历史的众多文明中，城墙是每座城市不可或缺的一部分。在中国，它们可以追溯到公元前 21 世纪，是拱卫权力的符号和中央王国的象征。在这个国家漫长的历史进程中，人们已经建造了数千座城墙，它们在形制、长度、建筑技术、功能和意义上都有巨大的差异。这些城墙代表着一种独特的遗产和一种中心认同因素，从中可以了解到中国文化的自我形象。在这些城墙经历了多年破败和被忽视之后，直到几十年前，它们才得到重新发现，被承认为文化古迹，相应的保护和修复工作也才得以启动。

该书通过新的和历史上的照片，呈现了目前统计数据中记录的一些城墙。其中包括了地面长度超过一公里的部分城墙废墟，也包括至今仍有 20 多公里长的南京古城墙。

Yang, Shao-yun. *The way of the barbarians: redrawing ethnic boundaries in Tang and Song China.* Seattle: University of Washington Press, 2019.

蛮夷之道：重绘唐宋中国族群边界

  该书以新的概念和视角，重新探索了唐宋之际的华夷之辩。过去的研究曾认为，唐宋之交（公元800—1127年）的文化和社会经济分水岭显著表现于仇外或经民族主义强化的民族文化边界，以此应对日益增长的外来威胁。该书则对此提出了质疑。

  该书指出，在唐宋之交，对"华夏"及其所谓对立面"蛮夷"的重新解释并不是政治更迭的直接产物，而是有其自身的发展逻辑，其基础在于文人精英中两个相互关联的智识转型：儒家思想和知识正统论的出现，以及新儒家哲学（道学）的兴起。该书的新论述强调了"华夷"二分法的变动性，颠覆了文化或仪式实践在中国身份认同中的核心地位，重新定义了中国文明的本质及其所谓的优越性。书中关键问题涉及中国社会对知识多元化的接受程度，以及儒家道德价值观对中国国家完整性和连续性的重要性。通过仔细审阅身份认同新解释出现的背景和不断变化的地缘政治现实，这部思想史研究参与到了关于文化、民族和种族概念对前现代中国重要性的长期辩论当中。

法语

Dupuy, Gérard. *Monter haut, regarder loin: la montagne en Chine ancienne.* Paris: Éditions I, 2018.

登高望远：中国古代的山岳

  该书围绕中国山岳的地理环境及其作为权力象征的历史展开，是一部中国学研究中别具一格的著作。在关于世界起源及秩序建立的中国神话故事中，山岳的地位举足轻重。作者首度揭示了山岳成为权力之地的由来，比如位于孔子故里的泰山，帝王在此祭祀天地，象征皇权受命于天。书中还介绍了古人关于山岳的宗教联想，认为山是有神灵庇佑的圣地，因而有隐士在此隐居，也有宗教信仰者来此朝圣。五大道教名山、四大佛教名山……山岳是宇宙和人体的缩象，拥有无形而强大的力量，人们为其所吸引，以钟乳石为食，在这具身体中重生，通往心灵的天堂。

Romano, Antonella. *Impressions de Chine: l'Europe et l'englobement du monde, XVIe–XVIIe siècle.* Paris: Fayard, 2016.

中国印象：16—17世纪的欧洲与世界

  16世纪下半叶，欧洲传教士来到中国，这是"第一次全球化"的重要里程碑，欧洲的视野由此拓宽至世界各地。也正是从那时起，中国在西方的想象和知识中生根发芽。该书对"世界新秩序"兴起之时欧洲科学如何接受中国知识，进行了引人入胜的原创性研究。作者跟随传教士沟通东西的脚步，仔细解读他们的著作，并以全球史为框架重新进行分析，点明在相互竞争的帝国计划（西班牙、葡萄牙、罗马教廷）推动下，世界各地形成了一种新的相互依存关系。作者凭借细致的工作和对学术、宗教资料的深刻理解，重新审视了历史学中的一个重要主题——近代早期欧洲与中国的"相遇"。

Trombert, Éric. *Le glaive et la charrue: soldats et paysans chinois à la conquête de l'Ouest.* Paris: Collège de France, Institut des hautes Etudes chinoises, 2020.
剑与犁：中国士兵和农民出征西方

公元前120年，汉朝军队跨越黄河，开始征服广袤而未知的西域。9世纪初，中原王朝的军队被中亚新兴势力驱逐，被迫放弃了领土。18世纪，西部地区再次被满清王朝纳入中国版图。本书以额沁戈尔山谷（vallée de l'Etsingol）发现的木卡手稿、塔里木盆地出土的木质和纸质档案以及吐鲁番盆地出土的手稿为研究基础，追溯了这一领土扩张进程的开端，探讨了中国人最初在西域定居失败的原因。作者在书中对传统史学的一些观点提出质疑。首先，国家机构内部就征服西部一事存在不同意见。其次，最初也是最为统治者所推崇的殖民方式——军事屯田的效果并不尽如人意，起码在经济上行不通，因此没有一次领土扩张能达到预期目标。最后，他指出汉学家经常忽略的一个重要因素，即西部地区多受印度和伊朗的影响，本身便具有较高水平的文明，军事力量并不是其抵抗中原王朝渗透的全部倚仗。

Van Gulik, Robert. *Le gibbon dans la civilisation chinoise: essai sur la sagesse animale.* [Paris]: Klincksieck, 2020.
长臂猿考：一本关于中国动物学的论著

该书是荷兰汉学家、小说家、职业外交官高罗佩（Robert Van Gulik，1910—1967）的晚期作品之一。作为一位足迹遍布中国、日本、印度和马来西亚的外交官，他曾亲身饲养长臂猿，并收集与之相关的中国古代文献，深入探索这一寄托士大夫阶层高洁理想和审美趣味的神秘生物。长臂猿在中国传统文化中象征着诗人之敏、哲人之智、乐者之情，作者以其深厚的汉学功底，充分展现了长臂猿同仙鹤一般节制、美丽与不屈的优雅。该书是目前为止唯一一部专门研究长臂猿的法文书籍，其中收集的部分翻译文章也是法文首译。

德语

Gimm, Martin. *Ein Monat im Privatleben des chinesischen Kaisers Kangxi: Gao Shiqis Tagebuch "Pengshan miji" aus dem Jahre 1703.* Wiesbaden: Harrassowitz Verlag, 2015.
中国康熙皇帝私人生活中的一个月：解读高士其1703年的日记《蓬山密记》

该书第一部分以清朝官员高士其的生平和作品概述开篇，试图利用中国和西方的资料，来解读一部在本土文献中罕见的关于中国皇帝私人生活的文本。该篇是一位退休宫廷官员的日志，记录了他应康熙（1662—1722年在位）之召，于新设计建造的、备受皇帝喜爱的宫廷花园畅春园中觐见的场景。在远离繁重朝政和政府职责的自然环境下，这段悠闲时光中的私人谈话揭示了一个中国皇帝的日常起居和思想、心理活动与志趣，而这些内容在官方文献里是难以窥见的。该书第二部分根据现存的中文和其他语言的文献资料，对今天已不复存在且很少受到关注的畅春园加以考据。该园林是许多重要政府活动以及与外国传教士和使节会面和交换意见的场所，这些互动可谓是当时中国皇帝与欧洲文化之间开始出现密切联系的有力体现。除了拥有风景名胜外，畅春园作为一处读书、藏书和修书之所，对当时的文学创作、文化发展，以及欧洲知识在中国皇室环境中的传播都具有至关重要的意义。

Kupfer, Peter. B*ernsteinglanz und Perlen des Schwarzen Drachen: die Geschichte der chinesischen Weinkultur.* Gossenberg: OSTASIEN Verlag, 2019.
"琥珀光"与"黑龙珠"：中国葡萄酒文化史

葡萄酒是人类最古老，且传播范围最为广泛的饮品之一。远东、中亚、近东和高加索地区的众多新发现表明，葡萄酒的栽培不仅自两千年前丝绸之路繁荣时起深刻影响了欧亚各民族和社会的历史，而且早在史前时期，通过跨越巨大地理距离的接触和交流，就已经发挥了关键性作用。该书作者从考古学、人类学、历史学及社会学等跨学科视角绘制了葡萄酒在中国各个历史时期直至当代的多层次发展图景，揭示了中国酒文化与其他欧亚文明的相似性、共同点和潜在联系，以及酒文化的普遍特征。该书特别关注区域历史的发展，揭秘了个别不为人知的地区传统，并于结尾总结分析近年来中国成为全球领先的葡萄酒生产和消费国的主要因素。

Sulkowski, Kai Aeneas. *Prähistorische umwallte Anlagen in Nordostchina: die Befestigungswerke der frühbronzezeitlichen Kultur. Unteres Xiajiadian.* Darmstadt, Deutschland: Verlag Philipp von Zabern, 2015.
中国东北地区的史前围墙：青铜时代早期夏家店下层文化的防御设施

在中国，大规模的聚落城墙具有极大的象征意义，甚至可以称它们为中国身份认同的重要标志之一。早在公元前3000年前后，中国东部平原的人们就开始用夯土墙来保护大型聚居地。一千年后，拥有城墙设施的聚落在许多地区已经十分常见。该书作者研究了中国东北地区尤以夏家店文化遗址为代表的防御工事，这些工事在公元前2300—1500年前以惊人的密度出现。该书深入考察了三座店遗址、上机房营子遗址、二道井子遗址以及康家屯遗址等重要的中国考古发现，为这一领域内首部德语系统性研究著作。

西班牙语

Almarza, Rubén. *Breve historia de la China contemporánea.* Madrid: Nowtilus, 2020.
近代中国简史

中国的历史源远流长，从远古时代绵延至今，历经无数内外冲突和战争的洗礼。19世纪下半叶至20世纪，其发展充满波折，媒体的报道和国际力量的参与增加了历史的复杂性，激发了激烈的讨论和争议。然而，在广泛的史学研究中，深入严谨地探讨这一时期历史的作品较为稀缺。该书旨在清晰展现中国近代历史。该书从清朝末年的动荡时期讲起，经历中华民国的兴起，直至中华人民共和国的成立。书中不仅着重分析中国在朝鲜战争和冷战中扮演的关键角色，还审视了其在全球经济一体化中所展现的开放姿态。此外，该书还细致剖析了各个时期的标志性人物，探讨他们对历史的贡献，以及那个时代的文学和艺术成就。

俄语

Блажкина, Анастасия Юрьевна. *Система философских категорий в конфуцианских годяньских рукописях*. Москва: ИДВ РАН, 2017.
郭店儒家手稿中的哲学范畴体系

　　该书系统分析了郭店楚简中儒家文献的主要类别，并追溯其与《论语》《中庸》《孟子》《荀子》等儒家经典著作在思想和术语上的联系。全书分三部分，第一部分探讨郭店儒家文献中"天"的范畴，包括作为自然秩序的天和作为永久道德原则和社会规范集合的天。第二部分探讨郭店儒家文献中的人性，包括中国哲学中的"天性"以及"天性"与"命运"、血缘关系与社会关系问题。第三部分探讨郭店儒家文献中的政治哲学，包括理想君主的形象，非世袭的权力传承观念，忠臣形象等。该书是俄罗斯汉学界首次将郭店出土的全部13篇儒学文献翻译成俄语并注释。

Головачёв, Валентин Цуньлиевич ред. *Российское китаеведение - устная история: сборник интервью с ведущими российскими китаеведами XX–XXI вв.: в трёх томах. Т. 1. 2-е изд., испр. и доп*. Москва: Ин-т Востоковедения: МАКС Пресс, 2018.
俄罗斯中国研究：口述历史：20—21世纪俄罗斯著名中国学者访谈录（第一卷第2版）

　　该书是对2014年出版的第一版的修订和增补。书内收录了对12位俄罗斯老一辈著名汉学家的详细访谈评论。"俄罗斯中国研究：口述历史"系列出版物是"中国研究：口述历史"项目成果的一部分。项目于2006年启动，目前已覆盖40多个国家。该丛书详细介绍了俄罗斯汉学家的专业成就和个人命运：他们的传记，学习和职业生涯，科学研究，对老师、同事和学生的回忆，对中国的看法，俄罗斯和世界的中国研究史，俄中关系等等。这些记录构成了俄罗斯中国研究在20世纪和21世纪不同发展阶段和转折点的独特的、非正统的、反思性的形象。该系列出版物是对俄罗斯科学院东方学研究所成立200周年的献礼。

Дацышен, Владимир Григорьевич. *История русского китаеведения, 1917-1945*. Москва: Весь Мир, 2015.
俄罗斯的中国研究史：1917—1945

　　该书聚焦1917—1945年间俄罗斯中国研究的发展，探索了这段"战争与革命"的时期，"旧学派"学者的中国研究和苏联时期开始研究中国的人，既分析了本土学者的中国研究，也探讨了俄罗斯移民（包括在中国的）的中国研究。该书并不只是一本枯燥的学术著作，作者以渊博的知识和真挚的情感，在大量档案文件调查的基础上，还原了20世纪上半叶苏俄中国研究被掩盖的历史。该书是一项开创性的科学研究，为理解俄罗斯与中国之间关系的演变提供了宝贵的观点。

Кузнецова-Фетисова, Марина Евгеньевна. *"Великий город Шан" (XIV–XI вв. до н. э. и его значение в древней истории Китая*. Москва: Наука: Восточная лит., 2015.
殷都在中国古代史上的意义
　　该书基于对考古和文字资料的研究，揭示了商代都城殷都（公元前 14—公元 11 世纪）的历史。作者回顾了殷墟的考古历史，包括对出土宫殿、寺庙、王室墓地，甲骨档案进行的研究，描述了殷都各种工艺和艺术之间的联系。

Куликов, Андрей Михайлович. *Палладиум российского китаеведения: жизнь и труды архимандрита П. И. Кафарова: (к 200-летию со дня рождения)*. Москва: Институт востоковедения РАН, 2017.
俄罗斯中国研究的瑰宝：卡法罗夫的生平与作品
　　2017 年是著名传教士汉学家彼得·伊万诺维奇·卡法罗夫（又名巴拉第，П. И. Кафарова，1817—1878）诞辰 200 周年。在俄罗斯汉学界，巴拉第与比丘林（Никита Яковлевич Бичурин，1777—1853）、瓦西里耶夫（又名王西里，Василий Павлович Васильев，1818—1900）并称"俄罗斯汉学界三大巨匠"。巴拉第一生著述斐然，这本纪念专著对他的生平作了迄今为止最详尽的描述，收录了他 44 部学术著作的最完整注释书目，以及 487 条俄语、汉语和西语的参考文献目录。

Мадиван, М. Р. сост. *Дунгане. История и культура: российские дореволюционные работы о дунганах*. Москва: Наука; Восточная лит., 2017.
东干族历史与文化：俄国革命前的研究
　　该书介绍了东干族历史和文化的方方面面，提供了 19 世纪下半叶—20 世纪初的资料，正是在这一时期，俄罗斯东方学家在研究中国伊斯兰教和东干族领域迈出了第一步。传教士汉学家卡法罗夫（巴拉第）和瓦西里耶夫（王西里）的开创性著作中首次提及中国伊斯兰教的历史和起源、适应中国文明的特殊性，以及传统和思想的转变等问题，这些问题至今仍具有现实意义。文集中收录的大部分作品都是印刷稀少的版本，其中一些保存在东方学研究所档案中的论文和注释都是首次出版。

Мамаева, Наталья Леонидовна. *Отечественная историография КНР. Некоторые направления: [сборник статей]*. Москва: Наука - Восточная лит., 2015.
俄罗斯国内中国史学研究的一些方向
　　该文集体现了俄罗斯历史学家在 21 世纪初叶对中国的持续研究，这些研究在过往苏联/俄罗斯的中国研究中体现不足。文集内容包括：俄罗斯科学文献中的民国后期中国宪政改革问题，苏联/俄罗斯的中国史学，关于 1949—1960 年苏联援华的国内史学，21 世纪初俄罗斯史学界研究中俄人道主义交往的主要方向，苏联史学界对"文革"后中国发展道路的探索，关于中国深化改革开放时期（1992—1997）状况的俄罗斯史学研究，苏联和俄罗斯的中共党史研究，中国行政机构体制改革的史学研究，等等。此外，文集还包括一些鲜有研究的领域，如中国社会政治背景下的性别问题，关于传统对中国人民日常生活影响的苏联/俄罗斯史学研究等。

Молоднякова, Э. В. и др. ред. *Тайвань под японским управлением: новые материалы и исследования: [сборник научных статей]*. Москва: Институт востоковедения РАН, 2016.
日本殖民时期的台湾：新材料与研究

文集收录了俄罗斯和日本学者的文章，这些文章是在俄罗斯科学院东方学研究所和日本拓殖大学的国际研究项目"日据台湾：历史的新视角"框架内撰写的。文集以罕见的一手资料为基础，探讨日据时代台湾鲜为人知的事件以及日本殖民政策的各个方面。

Силонов, Сергей Михайлович. *Интернированные китайцы в Сибири (1930-е годы)*. Красноярск: СФУ, 2015.
被拘禁在西伯利亚的中国人

20 世纪 30 年代，散居在苏联的中国人中有一类相当特殊的群体，即在占领满洲的日军压力下撤退到苏联境内、被苏联政府拘禁的士兵和游击队员，总共有数万人。该书致力于研究中国人在西伯利亚被拘禁的历史，包括苏联对被拘禁的外国公民的政策，驻扎在西伯利亚的中国被拘禁者的法律地位和人员构成，他们在苏联逗留期间的生活条件和劳动组织，遣返回国以及留在苏联的被拘禁者的命运。鉴于西伯利亚的行政区划在 20 世纪反复发生变化，该书研究范围界定在以新西伯利亚为中心的西西伯利亚地区和以伊尔库茨克为中心的东西伯利亚地区。研究的时间框架为 1932—1938 年，因为有关驻扎在西伯利亚的被拘禁者的第一份文献资料可追溯到 1932 年，而苏联的政治压迫在 1937—1938 年达到顶峰，影响到国内的许多民族，包括被拘禁者在内的中国人也未能幸免，最终导致这一特殊移民群体的解体。

Смирнов, Д. А. и др. ред. *Проблемы новой и новейшей истории Китая*. Москва: ИДВ РАН, 2018.
中国近现代史问题

该文集秉承全面研究中国的传统精神，研究内容远远超出了政治史的范畴，还包括对诸如经济史、国家治理体系的形成、法律和社会发展等历史学术新兴领域的研究。研究外交政策的文章则涵盖了中国历史上的漫长时期，这些研究令人信服地展示了中俄之间密切的经济合作。新资料的介入加深、扩大了对以前研究较少的香港、澳门和台湾的研究。文集分四部分：史料与史学、"茶叶之路"的历史、中国史与中俄关系史、中国的公共行政体系与特别行政区以及台湾的改革方向。

Тихвинский, Сергей Леонидович ред. *История Китая с древнейших времен до начала XXI века: в 10 т.*. Москва: Наука: Восточная лит., 2013-2017.
中国通史：从远古时期到 21 世纪初（十卷本）

2017 年 11 月 10 日，《中国通史》最后一卷（第十卷）首发式在莫斯科举行，标志着俄汉学界耗时 5 年的《中国通史》十卷本全部编纂完成。《中国通史》由俄罗斯科学院院士、汉学家、外交家齐赫文斯基（Тихвинский, Сергей Леонидович, 1918—2018）担任主编，集合了 160 多位俄罗斯汉学家的智慧。《中国通史》涵盖了从远古时代到 21 世纪初中国的整个发展历史，是当前俄罗斯出版的历史跨度最长、内容最详实的介绍中国历史的专业文献，客观、全面地展现了跌宕恢宏的中国历史和文明。

Уваров, Павел Юрьевич; Рябинин, А. Л. *Китай в средневековом мире: взгляд из всемирной истории*. Санкт-Петербург: Наука, 2017.
中世纪的中国：从世界历史看中国
  该书由两位俄罗斯历史学家合著，研究了 5 至 15 世纪、从六朝时代到明朝末年的中国历史。除了军事和政治事件之外，书中还需要介绍了当时中国文明发展的其他方面：工艺与贸易、科学与技术、文化与艺术、宗教与哲学。此外，每章都附有当时世界其他地区大事记，使中国历史能够与世界历史同步展现。

Чжао Жугуа（赵汝适）. *"Чжу фань чжи" ("Описание иноземных стран"): важнейший историко-географический источник китайского средневековья*. [исследование, перевод с китайского, комментарий и приложения М. Ю. Ульянова]. Москва: Изд-во восточной литературы, 2018.
《诸蕃志》：中国中世纪最重要的历史和地理资料
  《诸蕃志》是宋代赵汝适（1170—1231）所著的一部海外地理名著。分上、下两卷：上卷《志国》记录了海外诸国的风土人情，跨度东自日本，南止印度尼西亚群岛，西达非洲和意大利西西里岛，北至中亚与小亚细亚。此外，还记载了中国沿海至海外各国的里程及所需时间。下卷《志物》记载了海外诸国的物产资源，如乳香、没药、沉香、波罗蜜、猫儿眼、龙涎等各国珍异物产。另附记海南地理与物产。是研究宋代海外交通的重要文献史料。《诸蕃志》已被译为英文、德文等多个语种，该书是《诸蕃志》首次被翻译成俄文。

日语

柴田昇．漢帝国成立前史：秦末反乱と楚漢戦争．白帝社，2018.
汉帝国成立前史：秦末起义和楚汉战争
  该书书写的主要对象是秦二世元年（前 209 年）七月到汉五年（前 202 年）二月极其短暂的一段历史时期中的中国。
  这一时期以中华世界最初的统一者秦始皇的驾崩为契机，以陈胜吴广起义为首的农民战争在中国大地上频繁发生。当初被秦所灭的战国各国重新复活，陈胜死后楚怀王旗下的项羽迫使秦帝国走向了灭亡。秦国灭后，项羽尊楚怀王为义帝并分封 18 个诸侯王。但好景不长，项羽的封建体制很快土崩瓦解。义帝死后，西楚霸王项羽和汉王刘邦进行了 5 年的楚汉之争，最终刘邦即位皇帝，开启了 400 多年的汉王朝统治。

汉王朝就是在这种风云变幻的政治情势下、激烈的战乱中克服并继承秦帝国而诞生的朝代。而成为实质意义上的统一国家又经历了漫长的成长过程，最终成为中华帝国的原型。

这个被称为"项羽和刘邦"的时代为人们所熟知，作为虚构的素材经常出现在大众视野。很早就有这一时期为题材的传说、小说，我们所持有的历史观也极易先入为主。该书的主要课题是重新审视历史史料，力求还原秦末楚汉战争的历史图像。

村元健一. 漢魏晋南北朝時代の都城と陵墓の研究. 汲古書院, 2016.
汉魏晋南北朝时代都城和陵墓的研究

中国的都城和皇陵是以皇帝生前和死后的居所之别而建造的。皇帝制度起始的秦代已经对这两种建筑形式的营造极其重视。秦始皇统一帝国后以新的中枢阿房宫为核心大规模扩张咸阳城，作为死后宫殿修筑了骊山。通过文字即能感受到其规模的空前绝后，巨大建筑群的营造离不开统一后帝国巨额的财力和大量的劳力，也因为有了可以掌控财力劳力的官僚机构而使这一切在历史上初次成为可能，帝国之力如实得以显现。换言之，巨大建筑群的营造使皇权可视化，以压迫所见者为目的。这种形式为后来的中国历代皇帝所继承，随着王朝更迭而不断变换出新的样态。因为不同的王朝希望赋予建筑物不同的功能。该书旨在通过考查汉代到魏晋南北朝时期现存都城和陵墓遗迹的调查成果和相关史料，明确不同王朝对建筑物营造的意义和以期达成的目标。

大塚紀弘. 日宋貿易と仏教文化. 吉川弘文館, 2017.
宋日贸易与佛教文化

该书主要研究中国民间船只贸易对日本社会和文化的影响，书中特别对僧侣带来宝箧印塔等新文化的历史事情进行了说明。该书考察了在中国与日本两个国家之间尚未建立外交关系的中世纪前期，中国民间商船的贸易活动给日本社会和文化带来的影响。书中还特别关注并阐释了佛教僧侣如何通过与居住在博多的商人取得联系，以此获得宋版一切经等的中国物品和中国的知识与信息。此外，该书还阐明了佛牙信仰、宝箧印塔与轮藏等新文化如何在日本进行了广泛传播，并从社会史的角度描绘了当时丰富的国际关系。

该书由两部分研究构成，第一部分介绍了宋朝和元朝与日本的贸易与僧侣，包括唐船贸易的变革与镰仓幕府、中世纪早期唐船贸易的结构、宋版一切经的传入、重源的"入宋"与博多纲首以及高山寺的明惠集团与南宋；第二部分介绍了中国文化向日本的传播，包括北宋佛牙信仰在中世纪日本的传播、造宝箧印塔的建成、中国碑刻文化在中世纪日本的传播以及中世纪日本的寺庙神社与轮藏。最后，该书作者还阐述了宋朝和元朝与日本贸易过程中的问题和个人观点。

渡邉義浩.「古典中國」の形成と王莽. 汲古書院, 2019.
"古典中国"的形成和王莽

"古典中国"被定义为中国在面临国家和社会危机时，作为重建自身参照的国家和社会形象。作者提出儒教在后汉章帝时期成为国教，并假定此时"儒教国家"得以成立并进一步探讨了郑玄的思想流变，追溯了"儒教国家"的形成过程。

该书以王莽为中心，讨论了在后汉"儒教国家"背景下形成的社会规范，并将其称为"古典中国"。作者不仅分析了"古典中国"的成立过程，还探讨了其在文学和儒教关系方面的体现，为理解"古典中国"提供了新的视角。此外，该书还涉及"古典中国"在成立后对文学的影响，特别是《「古典中国」における文学と儒教》和《「古典中国」における小説と儒教》两书中所展示的文学与儒教的互动关系，这些作品都以"古典中国"的成立为前提。

总之，该书以其严谨的学术态度，为理解中国历史上"古典中国"概念的形成及其文化意义作出了详尽的分析。

多田麻希子. 秦漢時代の家族と国家. 専修大学出版局, 2020.
秦汉时期的家庭与国家

该书以出土的秦汉时期简牍作为主要史料，采用国家关系理论，围绕秦汉初期的乡里社会内部关系展开讨论，揭示了家庭的重要性。

该书对这些家庭关系的具体存在方式进行了阐述，旨在提供一种理解中国古代国家特点的视角。

序言中讨论了该书的问题意识和古代史研究方法，表示在当前的研究理论方面，国家工具论逐步转向国家关系论。国家关系论旨在阐明社会上存在的各种关系与国家之间的关系，并从中探索国家的存在方式。在中国古代史研究中，家庭史研究便是采用这一理论。近年来不断出土的简牍为阐明乡里社会内部结构提供了史料。

全书共分为六章：第一章概述了中国古代家庭史研究的发展动向，并指出了相关问题和挑战；第二章讨论了家庭史研究史上的第三阶段，即对秦律和汉律中与家庭相关的法律术语"室""户""同居"的解释；第三章通过考察《睡虎地秦简》律文中另一组术语"家罪""公室告""非公室告"，来验证第二章中"室""户""同居"的解释的合理性。第四章揭示了秦汉初期存在女性户主的事实，整理了女性户主的存在类型，并考察了每种女性户主在其生活中的变化（如结婚、离婚等）及相应的法律规定。第五章主要围绕秦汉律法中关于奴隶的规定来展开对家庭周边的奴隶的讨论。第六章通过收集《里耶秦简》《居延汉简》《居延新简》《肩水金关汉简》等收录的簿籍类简牍内容，分类整理了对户籍的描述，并从中推测出户籍中可能记录的项目。

飯島渉. 大国化する中国の歴史と向き合う. 研文出版, 2020.
面对大国化的中国历史

随着中国经济的飞速发展，中国在各个领域给世界带来前所未有的影响。在这些影响的背后正是中国呈现的大国化趋势。伴随着中国的大国化进程，我们该如何去看待中国历史是一个无法回避的事情。

该书是《探索21世纪的中国近现代史研究》（2006）的改定增补版。旧版发行至今，中国的情况以及日本的研究环境等都发生了巨大的变化。新版在继承旧版问题意识的基础上，针对这些变化，对日本的中国现代史研究进行了讨论。

大国化的中国，对于今后世界的经济、政治、文化发展有着深远的影响。如何正确看待这种影响，无论对于专业的研究，还是对于一般大众的认知都是不可缺少的课题。而正确看待这一影响的关键就是从历史学的角度去正确认知中国，该书从专业的角度，阐述了认知中国历史的方法，使本质上理解大国化的中国成为可能。

福永光司.「馬」の文化と「船」の文化：古代日本と中国文化.人文書院，2018.
"马"的文化和"船"的文化：古代日本和中国的文化

将古代中国文化大致分为南方"船"文化和北方"马"文化的记载最早可见于公元前139年（汉武帝建元二年）的思想百科全书《淮南子》齐俗篇中，"胡人便于马，越人便于舟"。南方"船"文化的代表为"越人"，北方"马"文化的代表为"胡人"。

该书将"南船北马"的实体作为北方的儒教文化和南方的道教文化来进行论述。这两种文化传播到日本后，同样使日本文化也具有了两种属性，成为两种文化的混合体。

作者将"马"的文化对"船"的文化之对比作用于以下十个方面：太阳和红色作为男性象征 VS 女性象征；衣服的右衽 VS 左衽；偶数 VS 奇数；平 VS 仄；直线 VS 曲线；刚毅 VS 柔软；贤明 VS 愚昧；有为 VS 无为；父系社会 VS 母系社会；"道"的世界"天地上下"的垂直线 VS "四方八方"的水平线。

南"船"文化也好，北"马"文化也罢，日本文化受中国文化的强烈影响是毋庸置疑的。因此今后探讨日本文化时，有必要将中国的"船"文化、"马"文化以及日本固有文化三者之间的关系结合起来进行考量。

岡部毅史.魏晋南北朝官人身分制研究.汲古書院，2017.
魏晋南北朝官员身份制度研究

该书研究了中国古代，特别是魏晋南北朝时期官职制度的建立、发展及其历史意义。该书中提到的官员，是指国家授予的基于官阶和官职的身份，这种身份使官员能够享受各种特权，如俸禄、服装颜色、犯罪免刑等。身份作为历史学中的一个概念，一般被定义为由人们在国家中的法律地位所界定的等级制度。这种身份通常在出生时就已确定，被称为主要身份，相对而言，官员身份则不一定是与生俱来的，通常被称作次要身份。因此，在迄今为止对身份制度的研究中，问题主要集中在奴婢的先天身份以及相关的良贱制度上，而对官员身份的探讨尚未被作为一个课题加以研究。不过，在中国前近代的官僚体系中，官员的地位原则上体现为按照九品中正制排序的官衔或官阶。特别是在唐代，以职事官和散官为主体的官员品阶制度在律令中有明确的规定。这成了后来中国官员制度的基础，也影响了古代东亚诸国，成为其他国家建立官员制度的重要典范。正因如此，隋唐被公认为官员品阶制度的重要里程碑，吸引了国内外众多研究者的目光，作为官僚研究的重要一环，自然有一定的研究成果积累。然而与对此的研究相比，魏晋南北朝时期首次出现并得到显著发展的九品官制，将其作为官员身份的表现形态的研究还很少，因此仍有许多值得进一步研究的空间。

岡村秀典.鏡が語る古代史.岩波書店，2017.
由镜子讲述的古代史

著名的"铜镜百枚"，是中国皇帝送给邪马台国女王卑弥呼的礼物。古镜被广泛用作日常化妆工具、婚姻标志、护身符以及政治宣传，但其制作方式以及使用方式是怎样的呢？该书将目光聚焦于中国铜镜发展的历史变迁，通过解读图像和铭文，理解古人所表达的世界观，从而生动复现镌刻于其上的古人形象。

该书的主要目的是描绘中国古代铜镜的历史，深入探讨了自前汉时期至后汉、三国时期至晋建国时期的古代铜镜的历史，并且极其详细地追溯了不同的制作工匠和流派。

该书共分为八章，第一章介绍了镜子的使用方式；第二章和第三章则是论述了镜子的作用，如镜子上的铭文是对民众心情的反映，镜子也能发挥政治宣传作用，促进儒家思想的传播以及王莽政权的发展；第四章到第七章则是围绕古代中国铜镜的历史展开，阐述不同时期不同地区的铜镜工匠及其流派的历史；最后在第八章揭示了卑弥呼获赠百枚铜镜的谜团，书中认为三角缘神兽镜是魏朝特别定制并赠送给卑弥呼的。该书在探索铜镜历史方面取得了卓越成就。

高井康典行. 渤海と藩鎮：遼代地方統治の研究. 汲古書院, 2016.
渤海与藩镇：辽国地方统治研究

作者对辽代的历史背景进行了概述，介绍了辽国的兴起和发展，以及其在中国历史上的重要地位。随后，作者详细分析了渤海和藩镇在辽代地方统治中的作用和影响。该书着重探讨了渤海和藩镇在辽代地方统治中的不同特点和功能，揭示了辽代地方统治的多样性和复杂性。

该书为读者提供了一个全面了解辽代地方政权组织和运作的视角，对于理解辽代社会和政治具有重要意义。

古瀬奈津子. 遣唐使の見た中国. 吉川弘文館, 2018.
遣唐使眼中的中国

了解日本史仅看日本国内是不够的，有必要在日本与亚洲、世界的关系中来全盘考察。特别是古代日本的研究，站在与东亚政治和文化交流的角度看其如何成立和展开是不可缺少的。遣唐使就是连接古代日本和中国的重要桥梁。

遣唐使是古代日本派遣的外交使节。他们负责向唐朝皇帝贡献朝贡品，维持中日外交关系等重要使命。他们中有人见证了扬州的祈雨礼仪，有人参加了都城长安的朝贺仪式，对于他们来说这些礼仪和仪式意味着什么呢？该书深入挖掘鲜为人知的古代中国的社会情势，重新审视具有浓厚文化使节意味的遣唐使，为读者展现全新的中日外交史。

古代日本是以律令为首的唐为范本来建构各项制度和文化的。遣唐使在大唐参与或见识的仪式和活动与日本本土的进行比较后可以看出古代日本社会对中国文化的受容程度，同时能够清晰地看出唐皇帝与日本天皇的区别，中国古代社会和日本古代社会的不同，对日本社会和日本文化的特征也将有更直观的理解。

河上麻由子. 古代日中関係史：倭の五王から遣唐使以降まで. 中央公論新社, 2019.
古代中日关系史：从倭五王到遣唐使以后

一般认为607年日本给隋炀帝的国书中自称为"日出处的天子"，从此两国间开始构筑平等的外交关系，不把中国当作大国来看待。——这种说法是否真实呢？该书研究了从倭五王时代，经历 5 次遣隋史、15 次遣唐使，直到 9 世纪末平安时代宇多天皇接受菅原道真的建议中止遣唐使计划，到派遣结束后的 500 年时间跨度内中日两国的交流轨迹，对带有疑问的"常识"进行了分析论证。除了中日交流史，该书还研究了其他国家与中国的交流情况。

戶部健. 近代天津の「社会教育」：教育と宣伝のあいだ. 汲古書院, 2015.
近代天津的"社会教育"：在教育与宣传之间

该书内容分为三部分。第一部分厘清了从晚清到中华人民共和国成立之初这一较长的时间跨度内，中国城市如何开展"社会教育"、由谁开展"社会教育"以及其中存在着哪些问题。此外，作者还巧妙地用"教育与宣传之间"来表达现代教育的"现代性"，这种引入和传播的尝试与现实政治交织。

第二部分为研究 20 世纪中国历史提供了新的视角——选择天津这座城市作为该书的主题。作者认为，传统意义上的"社会教育"主要集中于平民教育运动和乡镇建设运动，对城市实践缺乏关注。此外，在对中国近代城市的研究中，注意力绝大多数集中在上海，很少选择其他地区的城市作为研究对象。与此相反，该书通过实证研究，阐明了"社会教育"在华北大都市天津的发展过程。这就使得比较 20 世纪中国城乡"社会教育"的发展、比较不同城市之间的"社会教育"成为可能，从"社会教育"的角度更清晰地认识当时中国或中国城市的问题和特点，来认识 20 世纪中国的"现代性"特征。

第三部分谈了教育社会史的贡献。第四部分和附录详细论证了 20 世纪 20 年代后期天津小学数量的迅速增加，这是教育在天津的底层人口中也得到普及的一个例证。

井上徹. 華と夷の間＝明代儒教化と宗族. 東京：研文出版（山本書店出版部）, 2019.
华夷之间＝明代儒教化和宗族

在明代中期以后的珠江三角洲地区，受到海外贸易的刺激，商业化、都市化在逐步推进，而这个过程还存在另外一面，即以瑶族、壮族为首的大量的非汉人居住于此处，多样的民间信仰保持着强大的影响力。从北方先进地区的儒教文明看来，此处显然是边境地区。而该书的课题便是通过综合的视角，探讨在这样一个多民族、多宗教共存的三角洲地区，宗族这种儒教式的亲族组织是如何得以形成和确立的。

该书第一部分着重描绘作为边境地区的珠江三角洲在商业化、都市化的潮流中被统合进汉族的一元式儒教文化的过程。第二部分探讨了明朝政府和广东的乡绅如何推动儒教文化的普及。第三部分尝试把握儒教化的进程最终造成了何种局面。

该书指出，珠江三角洲地区的特色在于，在围绕多种产业而激化的争夺战中，制造出乡绅、强化亲族的结合（宗族的形成）、加强与国家的合作，是在竞争中存续下来的最大对策。在这场竞争中胜利的宗族，能够保持与科举官僚制的紧密联系，并得以上升成为拥有乡绅的有力宗族（宦族）。随着三角洲社会中大量的家族被卷入这样的竞争与生存策略的潮流中，即使在中国社会内部，珠江三角洲也因在中国各地区中有着特别高的宗族普及度与组织完备度而广为人们所知。

菊地章太. 位牌の成立：儒教儀礼から仏教民俗へ. 東洋大学出版会，2018.
牌位的成立：从儒教礼仪到佛教民俗

　　大多数日本人被认为是没有宗教信仰的。但去世后会举行葬礼、特定时节会扫墓、恭敬祭祀祖先，可能潜意识中日本人还是相信灵魂的存在。葬礼的形式起源于古代中国的祖先祭祀。公元前2世纪葬礼的原型由儒学所制定。后来的两千多年儒释道错综复杂地交融渗透，各宗教都将情感寄托于"祖先祭祀"。该书通过溯源葬礼和牌位的历史，探讨民族的生死观。

　　现代社会发生的各种问题有多种解法。追踪问题的根源，探究其成立过程可能是比较费力和迂回的方法。但作者认为万物形成之初总有某种因素会影响到现在。而人文学就是要找到那些因素的源头。通过回溯历史得到对未来的启示，这就是该书写作的目的。

豊田久. 周代史の研究：東アジア世界における多様性の統合. 汲古書院，2015.
周代史研究：东亚世界中的多样性之统合

　　最初被称为"四方""四国""万邦"的东亚地域，各个城邦和生活其中的民众拥有千差万别的各种文化（风俗习惯），统合如此众多的城邦和人民需要具备什么样的条件呢？该书通过同时代的青铜器铭文作为史料进行了详细考察。

　　该书共分七章，各章内容分别为：第一章周王朝的君主权的构造——以"天命之膺受"者为中心；第二章周王朝和"成"的构造——"成周"（"中国"）为何谓之为"成"周？；第三章周王朝和彤弓考——关于"四方之匍有"者（王）的性质；第四章周王朝和"上下"考——关于"上下之匍有"者（天子）的性质；第五章周王朝与其之仪礼——关于王与臣下、及其与神之间意志的传达方法；第六章关于西周金文中所见的王的出自"家"——妇人的婚姻以及祖先神、领地等；第七章周王朝的君主与其之位相——富饶和安宁。

内藤湖南. 中国近世史. 岩波書店，2015.
中国近世史

　　内藤湖南（1866—1934）是日本东洋学的鼻祖，他的时代区分论不仅在日本而且在世界范围内都受到广泛关注。该书没有将唐末五代作为中世到近世的过渡期，而是认为近世中国的特质经历了宋元一直持续到明清。该书以具体史实为基础，在作者娓娓道来的叙述中能体会到作者充满独创性和敏锐洞察力的史学境界。

　　所谓近世的内涵，与中世相比，大体上有哪些不同呢？其一，从政治上讲，是贵族政治的衰落，君主独裁政治的兴起。其二，君主地位的变迁。贵族时代的君主只是贵族阶级的共有物而已，进入近世，君主便直接面对全体臣民，成为全体臣民集体的公有物。其三是君主权力的确立。其四是人民地位的变化。其五是官吏录用法的变化。由从贵族阶级中推举变为通过考试录用的科举。其六是朋党性质的变化。由婚姻或亲戚关系而结成的朋党渐衰，而由政治上的见解，或由共同利害的原因，结为党派。其七是经济上的变化。其八是文化性质上的变化。

　　由此可以看出，在唐宋之间，在政治、经济、文化等方面，都发生了变化。这就是中古与近世的差别。从这一点而言，中国的近世时期可以说自宋代开始。而为了阐明近世的历史，必须从了解在它之前的过渡时期开始。

籾山明［ほか］. 秦帝国の誕生：古代史研究のクロスロード. 六一書房, 2020.
秦帝国的诞生：古代史研究的十字路口

正如题目"秦帝国的诞生"所示，该书聚焦秦始皇统一以前到秦帝国形成的历史过程。根据近年的出土资料，自称为"秦人"的出现甚至可以追溯到公元前8—9世纪。那么对于前221年统一并很快走向灭亡的帝国所言，秦史的研究对象可以跨越6个世纪之久。追踪解析从诸侯国到统一帝国漫长岁月中秦的变迁，在堪称多彩的中国古代史研究领域也可谓是充满魅力的课题。

该书副标题的"十字路口"有三重意思，分别是英语圈与日语圈研究潮流的交叉、考古学与文献史学研究方法的交差以及今后古代史研究的分歧点。

英语圈研究者的两篇论文是该书的一大亮点。虽然英语圈对中国古代史、考古学研究由来已久，但近30年无论质还是量都有长足的发展。究其原因，与中国新出土资料的出现、国际交流的日益繁荣等密不可分。但值得注意的不是因而是果，即今日世界的中国学"英语圈的中国古代史和考古学研究"已形成了强大的磁场这一事实。这个磁场的范围也一定会与日俱增。

该书共5章内容，分别是《秦的自我意识和他者认识》《从考古学看秦的经济状况》《文书行政的起源》《〈史记〉的秦史认识》《西欧语言中秦史研究的最新动向》。卷末收录的"西欧语言中秦史研究文献目录"对欧美研究有兴趣的读者来说是绝佳的资料。

氣賀澤保規. 隋唐佛教社會の基層構造の研究. 汲古書院, 2015.
隋唐佛教社会的基层构造研究

公元前后传入中国的佛教，自魏晋南北朝到隋唐时代漫长的岁月长河中，逐渐退去外来印度佛教的模样，成为扎根于中国社会的"中国式佛教"。这一历史过程中的转机是6世纪后半期弥漫于社会的"末法"思想，为对抗危机感而产生的佛教界的革新运动。革新运动的成果包含批判教团的膨胀和腐败，为了缓解人们当下的烦恼和苦难应运而生的新宗派，比如成立了净土教、三阶教和天台宗等，另外，为了对抗末法的到来，各地展开了向后世传播经典的石刻佛经事业。

佛教在此过程中浸透到中国社会，与中国民众实现了一体化，给人们的日常生活、行动及观念带来了深刻影响。佛教与社会难分难解、紧密联系的状态，作者冠以"佛教社会"，正是因为隋唐国家的基层社会才有了这样的想法。但迄今为止的佛教研究都对此保持距离，这是否正确呢？作者对此反省的基础上，得到了相关领域专家和科研经费的支持，对"佛教社会"相关联的遗迹和文物进行调查，收集资料，组织研讨会。

在此过程中获得很多知识的冲击，对于"佛教社会"论的想法日益强烈。于是将在科研中共同研究的各位学者的论文成果汇集成册，书名设定即来源于关于"佛教社会"的想法和最近的科研题目。

山崎覚士. 瀕海之都：宋代海港都市研究. 汲古書院, 2019.
滨海之都：宋代海港城市研究

该书专注于宋代海港城市明州（今宁波市）的深入研究，在斯波義信氏《宋代江南经济史の研究》的基础上，进一步探讨了明州从宋代至 19 世纪的经济统合和地域空间，并对清末明州城进行了复原。

该书表明，尽管已有研究对江南地区诸城市进行了经济史解剖，但对宋代明州城的城市空间复原和空间分析尚未充分进行。明州城作为海外贸易和外交的重要门户，其功能和影响也需进一步考察。作者通过科学研究费资助的特定领域研究项目，聚焦于宁波，揭示了 10 世纪至 19 世纪东亚海域交流的多样性，并尝试探讨这些交流如何影响日本传统文化的形成。

该书结合了历史学、自然科学等多个学科领域的研究成果，对宋代海港都市明州的城市空间进行了复原和解剖，同时分析了人口构成，填补了现有研究的空白。作者还探讨了明州的贸易方式、城市结构以及通过明州进行的外交交涉等课题，这些研究不仅回应了学术界的关注点，也是作者个人的学术追求。

总而言之，该书以其跨学科的研究视角，为理解宋代海港城市的发展及其在东亚海域交流中的作用提供了新的洞见。

山崎觉士．中国五代国家論．佛教大学，2016．
中国五代国家论

近年来，世界上的资本主义全球化有所进展，在新的帝国出现之际，在历史学界，国民国家论成为非绝对化的存在，而帝国论则日益受到关注。但是，这种帝国论缺少的是关于前近代中国之帝国分裂期的研究。因此，该书以中国之分裂期即五代十国为题材，主要目的在于阐明并重新把握国家及帝国秩序（天下秩序）像的结构性特征。具有帝国相貌的"天下"在唐代等天下统一时期，其意识形态与实质是一致的，但是在五代时期意识形态与实质是相背离的。因此，为了弄清五代的天下，我们要了解在意识形态上被保护的天下以及作为实质的支配空间，并要把握二者之间的关系。该书以上述认识为基础，论述了五代十国时期天下秩序之内部结构与外部之关系。

该书指出五代天下秩序的特点是：它并不是只将自身的秩序作为存在的必须条件，也将与诸国之国家秩序的关系作为存在的必须条件。这样的天下秩序并不仅限于五代，在西周的天下万国期就已经萌芽了。此外三国时期也在该天下秩序的基础下诸国之间相互联系，分裂时期的天下秩序，规定了统一型天下秩序及与之对比的万国型天下秩序，在此可以下结论说在其相互转换的过程中天下秩序做了膨胀、收缩运动。

善田のぶ代．古染付と祥瑞：その受容の様相．淡交社，2020．
古染付和祥瑞：其受容情况

"古染付"和"祥瑞"是明末清初景德镇销往日本的两种主要青花瓷器，作为茶道所用重要器皿深入日本社会。该书将其大致分为根据日本订单而烧制的茶具和从餐具转用为怀石具的碗、盘类等，在以订单形态和接受者为中心进行研究的同时，也从文化史的视角，利用传世瓷器、文献资料、出土资料等，结合最新研究成果，简明地介绍了 16—17 世纪日本接受中国青花瓷的情况。该书作者善田のぶ代是日本帝冢山大学讲师，研究专长为中日陶瓷。

"染付"在中国明代 15—16 世纪作为贸易陶瓷传入日本、为日本人所喜爱。此后，明末天启、崇祯年间（17 世纪）在景德镇窑生产的青花瓷在日本被称为"古染付""祥瑞"，主要作为与茶道有关的器具流传。

松島隆真 . 漢帝国の成立 . 京都大学学術出版会, 2018.
汉帝国的建立

　　该书深入探讨了汉帝国建立的历史背景、过程和影响。作者通过对历史资料和文献的深入研究,详细分析了汉朝的兴起,特别是汉高祖刘邦的政治策略和领导革命运动的能力。书中详细描述了从秦朝的覆灭到汉朝的建立的过程,以及在这一时期内发生的政治、军事、经济和文化变革。作者对汉帝国建立过程中的重要事件和人物进行了深入研究,以此来分析汉朝的政治制度、社会结构和外交政策。此外,作者还强调了汉帝国的建立对中国历史和世界历史的重要意义,揭示了汉朝对后世影响的深远性。该书是一部全面而深入的研究著作,对于理解中国古代历史以及汉帝国的崛起具有重要价值。

　　第一章通过回溯汉高祖刘邦和辅佐他的功臣的发展轨迹,以爵位制度为线索,分析了汉王朝建立的经过;第二章以陈涉、项羽、刘邦的举兵起事为线索,分析了秦末楚汉的国际秩序;第三章分析了汉王朝和诸侯国的一体性;第四章讨论了以"三表五饵"为代表的汉文帝时期贾谊的对匈奴政策;第五章分析了七国之乱的始末。

宋代史研究会 . 中国伝統社会への視角 . 汲古書院, 2015.
透视中国传统社会

　　该书讨论了五代、十国、北宋、南宋、元、明、清这些南朝与北朝分合历史的意义。宋朝统一了十国,包括受北方部族影响的中原五代政权和有意识继承唐文化的政权,暂时继承了后周的政治制度,并致力于继承南唐和蜀国政权下的文化。随后,文官制度的建立和中国南方官僚机构的迅速崛起引起了新旧派别之间的摩擦,但在统一政权下的 150 年相对和平时期可能足以培养出一种新的社会制度。然而,在接下来的 150 年中,南北再次分离,各自发展自己的历史。在此期间,一个问题是南方和北方如何继承和改造北宋制度,并形成自己的社会。

　　蒙古元朝的下一个 100 年又是一个大一统的时代,但第二个问题是,元朝统治下的中国大陆的基础社会结构是否可以认为是基本延续了北方的金朝和南方的南宋统治。

　　明朝是中央政府作为大一统政府同时面对南北两个社会阶层的时期。北宋和明朝都受到来自北方的威胁,并对其进行反抗。部署在北方边疆的庞大军队在经济上得到了南方,尤其是东南地区的支持。不同时期的军粮征调制度各不相同,但东南晚盐所起的作用是巨大的。相比之下,元朝和清朝自然不需要在北方边疆驻扎大量军队来应对北方部落的威胁,因此也就没有经济结构的支撑。

　　以上这些差异,以及汉族政权与非汉族政权的差异给中国社会的经济结构带来了怎样的特点,以及同一汉族政权的主要钱币,宋代的铜钱与明代的银钱的差异,都直接关系到研究范围的大小、东亚的尺度和新旧大陆的尺度,提出了中国历代王朝比较研究的问题。作为实证史学,宋代史研究任重道远。该书对此进行了具体的阐释。

丸橋充拓．江南の発展：南宋まで．岩波書店，2020.
江南的发展：到南宋为止

该书聚焦江南地域与周边海域，跳出"中国史观"的框架，将中原与江南视为两个密切相关的平行世界，展现灵活的论述角度与新颖的历史视野。书中探讨长江流域一带，从先秦时代至南宋覆灭这段漫长历史岁月中，诸文化的起源与发展，生动刻画长江流域与中原在经过多次的对峙与统合后，逐渐繁荣发展的过程。借由描绘南方"船的世界"与北方"马的世界"在几千年间的摩擦与冲突、妥协与融合，呈现了中国"古典国制"向南方扩张的过程；同时也探问"官的世界"与"民的世界"在这段时间的样貌与变化，以双重轴线展开历史发展的探讨。

西村成雄．中国の近現代史をどう見るか．岩波書店，2017.
如何看待中国近现代史

从 1996 年起，在中国即将迎来改革开放 20 周年之际，日本的中国学研究人员在共同努力之下，开展了一个为期三年的大型项目。这就是由文部科学省特定领域科学研究补助金资助的"现代中国的结构变化"项目。当时获取一手史料和对现场的勘察以及进行个人交流也比以前容易得多，因此这一项目的推进可谓非常及时。

该书是全 6 卷的"中国近现代史丛书"的最后一卷，定位为前 5 卷的总结，涵盖了从第 1 卷开始的清代至 2014 年的历史。该书的最大特点是提出了"200 年中国"理论。"200 年中国政治论"是一种历史认知的滤镜，它将以中国大陆为背景的公历 19 世纪、20 世纪和 21 世纪的历史视为历史社会的三层结构。通过将以 100 年为单位的世纪无机划分为四个以 25 年为单位的四分之一世纪，可以捕捉到断代史中难以关注、往往容易被忽视的历史光影主题，并从中分析出该历史主题的强烈意图。这就好比清除厚实的表层土壤，探寻断层，并观察和分析断层的活动。顺带一提，整个丛书还以前所未有的方式分割时间轴：19 世纪（第 1 卷）、1894—1925 年（第 2 卷）、1925—1945 年（第 3 卷）、1945—1971 年（第 4 卷）和 1972—2014 年（第 5 卷）。

小野響．後趙史の研究．汲古書院，2020.
后赵史的研究

该书以后赵为题材的最大原因来自于其建国者石勒本人的出身。书中反复提及石勒的奴隶出身，后来成为五胡十六国中匈奴汉的将军，最终建立后赵，登上皇帝宝座。

值得注意的是从奴隶到皇帝的石勒并没有可以依赖的自身的部族组织。建立匈奴汉的刘渊背后有匈奴集团作为后援，前燕建国的背后有鲜卑慕容部的支持。石勒比不上这些政权，没有任何外在实力和权威的加持，却建立了后赵，构筑了他自己的石勒军团。从此可以看出，胡族在国家形成的过程中部族组织并不是必要的条件。

阐明后赵的国家体制，胡族的国家形成——即"夷狄"逆转为"中华"的第一步——需要明确本质上什么才是必须的。在比较研究领域的五胡十六国时代研究中解决了这个课题，则会提供一个非常重要的视角。这就是该书研究后赵史的意义所在。

永田英正 . 漢代史研究 . 汲古書院, 2018.
汉代史研究

该书对中国汉代（公元前206—220年）的历史、政治、经济、社会和文化等方面进行了深入的探讨。作者凭借丰富的史料和深刻的思考，对汉代社会的各个方面进行了系统的分析和解读。

首先，该书对汉代政治制度和统治思想进行了深入探讨。作者考察了汉代皇权的巩固与变迁，揭示了汉武帝时期的郡县制度、丞相制度等重要政治制度的建立与演变，以及这些制度对后世政治发展的影响。

其次，该书关注了汉代经济的发展与变化。作者分析了汉代的农业、手工业和商业等经济活动，探讨了汉代经济制度的特点和演变，以及这些变化对社会结构和人民生活的影响。

再次，该书还研究了汉代社会的组织结构和文化特征。作者通过考察汉代的宗法制度、士族阶层、官僚体制等，揭示了汉代社会的等级结构和权力关系，同时探讨了汉代的文学、艺术和科技等方面的发展，展现了汉代文化的独特魅力。

最后，该书还探讨了汉代的外交政策和对外关系。作者分析了汉代与匈奴、西域、朝鲜半岛等周边民族和国家的关系，探讨了汉代对外扩张和统一的战略意图，以及这些政策对汉代国家发展的影响。

综上所述，该书通过对汉代历史的多方面研究，为读者呈现了一个全面而深入的汉代社会画卷，有助于读者加深对中国古代历史的理解和认识。

中村慎一，劉斌 . 河姆渡と良渚：中国稲作文明の起源 . 雄山閣, 2020.
河姆渡和良渚：中国稻作文明的起源

中国是世界最古老的稻作发祥地。曾经认为印度和东南亚是稻作的起源地，但随着同时代考古资料的出土研究，毫无疑问中国长江流域是最早开始栽培水稻的。自古以来，长江流域是中国最大的粮仓，这里生产的稻米支撑着中国巨大的人口资源。

中国文明是世界古代文明中唯一的以稻作作为重要构成要素的文明，其起源可以追溯至公元前3000年的良渚文明，与美索不达米亚、埃及、印度诸文明具有相同的时间深度。

该书作为"稻作与中国文明——综合稻作文明学的新构筑"项目的研究成果，选取了河姆渡文化和良渚文化为研究对象，河姆渡文化为了解东亚初期稻作文化样相提供了合适的材料，良渚文化是稻作文明繁荣开花的阶段。通过研究试图追踪中国长江流域新石器时代稻作文明的形成过程。

该书执笔者的专业领域相当广泛，涉及考古学、历史学、环境社会学、地理信息科学等人文社会领域，植物学、动物学、同位体地球化学、分析化学等理工领域，以及农学、遗传学、自然人类学、生化学等生命科学领域。稻民的文化和社会随着水稻的栽培受到多方面的规定，其中最大的制约来自时间。因此研究稻作社会的进化和稻作文明的形成时，必定会超越文与理的框架，需要对这些规则限制做出综合性、全体性的考察。

川越泰博.永楽政権成立史の研究.汲古書院,2016.
永乐政权成立史的研究

  该书各章是在反复阅读《中国明朝档案总汇·卫选簿》的过程中形成的对于主题的种种考证而来。以建文政权到永乐政权极短暂的时间跨距为对象，该书内容不是在先行研究基础上的种种再探讨，而是对首次提出的论点的探讨和深化。

  该书第一章叙述了被称为开国第一功臣的徐达的子女的立场和靖难之役，第二章、第三章、第四章叙述了地方军在外卫所的动向和靖难之役，第五章通过复活人事叙述了永乐政权人的特质，第六章以北京行部尚书雒佥诛杀事件为线索叙述了永乐政权的政策决定程序，第七章以燕王府出身的女直人从燕王府官晋升为永乐官僚的过程讨论永乐政权中人员构造的特征。

  作者前著《明代建文朝史的研究》作为纵轴，该书作为横轴，两书相辅相成共同描绘出了明代初期最大的动荡期建文、永乐交替期所产生的一系列问题。

科学技术

英语

Brown, Miranda. *The art of medicine in early China: the ancient and medieval origins of a modern archive.* United States: Cambridge University Press, 2015.
中国早期的医学艺术：一部现代档案的古代和中世纪起源
　　该书作者调查了针灸师和草药师讲述的关于疗愈艺术诞生的神话。从汉代（公元前206—220年）和宋朝（960—1279年）到20世纪，作者追溯了中国丰富的医学编年史以及逐渐出现的传统医学档案，揭示了塑造医学先驱当前形象的历史环境：古代书目编纂者、中世纪编辑、现代中医改革者和捍卫者都为当代医学档案的形成做出了贡献。作者还展示了古代和中世纪的认知方式如何在现代亚洲和西方流行的医学史叙述中流传下来，她认为当代学者任重道远，要使用前人的范畴、框架和分析工具继续研究远古的医学。

Lynteris, Christos. *Ethnographic plague: configuring disease on the Chinese-Russian frontier.* United Kingdom: Palgrave Macmillan, 2016.
鼠疫民族志：中俄边界的疫病
　　自1894年发现鼠疫杆菌以来，人类对鼠疫的研究视角一直以细菌学为主导。该书作者挑战了这一传统理论，他主张人种学对19和20世纪之交的鼠疫形成起着至关重要的作用。鼠疫的第三次大流行始于19世纪末，它突然爆发并在20世纪30年代达到疫情的最高峰，波及亚洲、欧洲、美洲和非洲的60多个国家，死亡人数达千万人以上。其传播速度之快、波及地区之广，远远超过前两次大流行。该书以中俄边境地区的疫情为研究重点，探讨了蒙古人和布里亚特人是如何被认为拥有对这种疾病的传统知识，探索了这一认知的形成和后果，并试图理解医学对文化的迷恋，从而强调在传染病流行的背景下，例如SARS和埃博拉疫情，将文化作为解释类别的局限性。

Aliberti, Marco. *When China goes to the moon....* Switzerland: Springer, 2015.
当中国登上月球……
　　该书讲述了中国在最受国际瞩目的太空事业中所展示出的雄心壮志，全面反映了中国在太空探索方面，特别是载人航天计划中的战略方向与目标。书中论述了影响中国载人登月计划的主要国内外因素，目的是厘清中国的太空雄心给其他国家尤其是欧洲的航天事业带来的机遇和挑战。因此，作者不仅深入分析了欧洲在太空探索中对中国可能采取的姿态，而且试图在更广泛的世界政治背景下引发对未来太空战略的辩论。

Bian, He, *Know your remedies: pharmacy and culture in early modern China.* Princeton: Princeton University Press, 2020.
药之为物：明清的本草与知识文化

该书以药学文化为线索，借以探讨更为广阔的明清社会与文化的变迁。在中国的科学文明史上，药学作为商业和古典医学的一个分支，很难被单一定性。作者认为近代早期中国药学的历史可以被理解为精英文化和大众文化之间的动态相互作用，她从 16 世纪财政政策的去中心化趋势出发，揭示了药学在明末公共话语中的核心作用。17 世纪初，在派系政治的推动下，对药理学的业余研究在文人中达到了顶峰，而 18 世纪则见证了知识系统的重新分类。在这段时间里，长途贸易的兴起使城市药店得以发展。该书并非仅仅是在明清医疗文化背景下讨论药学史的问题，而是试图通过本草与药物来观察明清知识与认知领域的重大变迁，其贡献不仅仅在于药学史这一专门的研究领域，更对明清时期中国知识版图与认知世界进行了深入描绘。

Buck, Charles. *Acupuncture and Chinese medicine: roots of modern practice.* United Kingdom: Singing Dragon, 2015.
针灸和中医：现代实践之根

该书作者借鉴其 30 年的学习、实践和教学经验，对针灸和中医的起源进行了精彩的论述。从汉代以前的中医学到今天我们熟知的中医学，作者基于中文资料的原版译文和许多著名医学汉学家的作品解读，介绍了中医的重要典籍、主要学者和他们所贡献的概念。他运用清晰且引人入胜的语言风格，对中国医学智慧进行了实用且现代化的鉴赏，为那些中医学和针灸学专业的学生，抑或是那些从事中医、针灸等职业的工作者，乃至任何对这一历史悠久的医学根源感兴趣的人提供了一个易读的、权威的资源，对加深他们对这一伟大医学传统的理解有着极大的价值。

Courtney, Chris. *The nature of disaster in China: the 1931 Yangzi River flood.* Cambridge: Cambridge University Press, 2018.
龙王之怒：1931 年长江水灾

受气候条件、地貌特征、水系分布等因素影响，自古以来，长江流域地区人民的生活就频繁受到水患的威胁。该书是英国历史学者陈学仁的环境史著作，聚焦了中国 1931 年长江水灾。通过对史料的挖掘与铺陈，一方面阐释了水灾对当地的生态和经济影响，另一方面则讲述了人们对洪水的积极应对。

作者试图以这场洪水为出发点，考察了中国自古以来长江流域水灾的历史脉络、人与洪水关系的变化、人们对抗和治理水灾的活动以及中国对灾害认知不断加深的过程，进而探究近代以来中国多发灾害的历史成因，丰富了对灾害历史研究的理解。此外，作者提出的"致灾机制"概念也将进一步引导我们反思人与环境的共生关系。

Cullen, Christopher. *The foundations of celestial reckoning: three ancient Chinese astronomical systems.* Abingdon, Oxon; New York: Routledge, 2017.
天文测定的基础：中国古代三大天文体系

该书是介绍古代中国天文学成就的科学史著作。它使读者直面公元前2世纪末到3世纪期间，记载了早期中华帝国天文学家们所创造的计算传统的基础文献。他们建立的计算范式在此后的若干世纪中，塑造了东亚数学天文学领域的思想和实践。

该书包括了中华帝国天文官员采用的最初三个数学天文学体系的英文完整译本，并附有介绍性文字，以解释每一个体系的起源和特征，以及对作品的总体性说明。该书的译文与中文原文相对照，对所有的专业术语都做出了一致的说明，也附带详细的注释。古代学者利用两个世纪的政府档案资料，仔细地记录和评估了到他们时代为止的所有天文学争议和大规模辩论，其详细和明晰在其他古代文化中从未见到。这一完整英文译本为所有研究前现代天文学的历史学家们打开了新的视角。

Delman, Jørgen [et al.]. *Greening China's urban governance: tackling environmental and sustainability challenges.* Singapore: Springer, 2019.
绿色中国城市治理：应对环境和可持续性挑战

该书探讨了中国城市利益相关者——尤其是城市政府和社会参与者——如何应对中国的城市环境危机。该书的案例研究涉及一系列重要的跨学科主题，如城市绿色治理的新工具和方法、气候变化和城市碳消费、绿色司法、数字治理、公众参与、社交媒体、社会运动和民众抗议。它为研究和讨论城市绿色治理提供了一个独特的理论框架。

该书的这些案例建立在广泛实地调查的基础上，考察了中国各地治理的情况。它们表明中国已经出台了大量政策、实验和改革措施，其中大多数是务实的，同时也是战略政策设计、公民参与和抗议的结果。该书重点介绍了中国城市政府如何将来自中国和其他地方的各种程序化构造模块和工具结合在一起。

Dolla, Varaprasad S. *Science and technology in contemporary China: interrogating policies and progress.* India: Cambridge University Press, 2015.
当代中国的科学技术：政策与进步

该书以中国科技政策为切入点，重审了其性质与范围，为读者提供了一个了解中国科技发展的窗口。在该书的前两个部分中，作者从宏观与微观两个层面出发，探讨与中国科学技术相关的政策问题，强调中国科技政策的历史叙述在当代科技框架中所发挥的关键作用。在该书的最后一个部分，作者将视野拓宽至世界层面，论述了三大中国科技体系核心组成部分：代表国家的组织结构、代表社会的研究体系，以及代表对中国有重大影响的国际体系的技术引进。该书既纵向梳理了前政策时期（1850年以前）、政策时期（1850年后清朝统治者开始推行科学技术的时期）、毛泽东时代的中国科技政策的演变脉络，又横向对科技政策、科技体系进行了分析与探讨，为中国科技政策研究做出了宝贵的贡献。

Dott, Brian Russell. *The chile pepper in China: a cultural biography.* New York: Columbia University Press, 2020.
吃辣——辣椒的中国史

在中国，辣椒无处不在，没有辣椒的中国菜似乎难以想象。辣椒作为中国美食中不可或缺的一种调味料，其浓烈的味道令食客着迷，其存在的普遍程度也让一些中国人以为辣椒是本地产物，但事实上辣椒是16世纪才从美洲传入中国的。

该书集食品、医学史和中国文化史研究于一体，以独特的文化史视角，展示了辣椒在中国400年来从默默无闻到无处不在的传播历程，不仅影响了烹饪，还影响了医学、语言和文化认同。作者达白安（Dott, Brian）是美国惠特曼学院（Whitman College）历史系教授，曾师从罗友枝、许倬云教授，他在书中详细描述了辣椒的多功能性，并通过大量的文学和艺术作品，配以生动插图和传统食谱，阐释了辣椒文化含义的演变，探讨了辣椒的传播如何从根本上改变了"辣"在中国的文化意涵和社会象征。

Finamore, Barbara. *Will China save the planet?* Cambridge, UK; Medford, MA, USA: Polity, 2018.
中国是否能拯救地球？

该书的研究主题是，当特朗普已经使美国成为全球气候合作中被排斥的一员，中国是否会带头拯救我们的地球免遭环境灾难？许多迹象表明，是的。作为全球最大的碳排放国，中国正在引领全球清洁能源革命，逐步淘汰煤炭消费，并且引领着全球绿色金融体系的发展。

但正如该书作者——一位一流的中国环境专家解释的那样，这绝非易事。中国在应对国内环境危机时面临的根本性经济和政治挑战，有可能使其低碳能源转型脱轨。然而，人们仍有理由抱有希望，因为中国领导人明白，将这个世界第二经济大国从依赖高污染重工业的国家转变为专注于清洁能源、服务业和创新的经济体，不仅对地球的未来、而且对中国自身的繁荣都是至关重要的。

He, Jingwei Alex; Meng, Qingyue. *Chinese national health care reform: on the mend?* London: Routledge, 2017.
中国国家医疗改革：正在改善？

世界上大多数国家政府都面临卫生政策改革的严峻挑战，中国和美国为了面对这一挑战几乎同时开展了规模巨大的国家医疗保健改革。与奥巴马医改引发争议且受到国会阻挠不同，中国医改以相当平稳的速度完成了第一阶段的实施。作者着眼于现代历史上规模和范围最大的卫生政策干预措施之一的中国医改，从跨学科的角度对中国正在进行的国家卫生医疗保健改革进行了中期评价。该书的研究对中国下一阶段的医改具有指导意义，也对其他发展中国家和转型期国家的卫生政策改革者具有借鉴意义。

He, Wei. *Networked public: digital media and social change in contemporary China.* Heildelberg: Springer, 2017.

网众传播：当代中国的数字媒体与社会变革

该书创造性地提出了"网众传播"这一新概念用来描述新媒体生态中的积极社会行动者。作者指出，在当今的社交网络中，网络公众传播和大众传媒与人际沟通既有不同之处又有相似之处，这对研究来说是一种新兴的模式。该书回顾了历史的、科技的和社会的语境对网络公众的影响，分析了其成分和特征，并讨论了当今中国社交媒体的种类及特点。通过分析近几年丰富的案例，该书提供了一些对微观、中观和宏观问题的关键答案，比如信息在网络公众传播中是如何在监管下流动的，它的特征和模型是什么；互联网监管催生了哪些集体行动策略和抵制文化；网络公众、大众媒体、政治力量和资本以及与中国公民社会发展之间的博弈游戏。

Inkster, Nigel. *China's cyber power.* United Kingdom: Routledge, 2016.

中国的网络力量

中国拥有迅速发展的经济，世界上最大的互联网群体和日益强大的军事情报能力，这使得其信息和通信技术具有较大发展。西方国家认为中国将信息通信技术用于控制国内社会和镇压国外异见，由西方国家建立起来的全球民主秩序也受到了威胁，西方政策决策者正在对这一威胁做出应对。该书作者从互联网、情报结构、军事能力和全球治理方式的角度，考察了中国网络力量的政治、历史和文化等方面的发展，指出西方国家在世界网络领域的技术优势将被迅速削弱。

Keane, Michael [et al.]. *China's digital presence in the Asia-Pacific: culture, technology and platforms.* London: Anthem Press, 2020.

中国在亚太地区的数字影响力：文化、技术和平台

该书主要探究中国在亚太地区的数字影响力。作者从文化、产业、互联网和平台四个角度探究中国如何不断发展其科技并日益增强自身文化软实力，同时对中国文化和创造性产业如何数字化进行全面分析。作者结合真实案例，分析了北京在文化、互联网技术和数字平台治理方面不断变化的政策，研究了中国香港、台湾、新加坡、马来西亚、澳大利亚和新西兰的消费者对中国大陆及其产品的看法，得出了中国商业数字平台比政府主导的媒介更能传播中国文化的结论。该书肯定了中国商业数字平台在追求与文化+、产业+、互联网+和平台+等相结合的同时，为提高中国在亚太地区的文化影响力做出的贡献。

Kopra, Sanna. *China and great power responsibility for climate change.* London: Routledge, 2018.

中国和大国应对气候变化的责任

随着美国在气候变化问题上领导地位的下降，中国通过一系列气候政策，确证了自己的大国身份。基于大国应承担特殊责任的前提，该书探讨了中国的崛起如何影响了大国责任观的转变。其中，国际气候政策是作者分析的重点。作者从实证角度出发，审视中国在国际气候政治中所发挥的作用，并进一步探讨了中国未来如何履行其气候责任及这一系列行动的深远影响。作者不仅论证了气候责任的国际规范是大国责任的新兴属性,还制定了一个大国责任的规范框架,以揭示中国崛起将带来的转变和中国的未来蓝图。

Lee, Keekok. *The philosophical foundations of classical Chinese medicine: philosophy, methodology, science.* Lanham: Lexington Books, 2017.
中国古典医学的哲学基础:哲学、方法论和科学

该书致力于使那些不熟悉中国传统的人能够理解中国古典医学——若非如此,他们中的许多人可能会选择忽视或者消极地评价它。

作者运用了相互关联的两个策略:一是主张如果不挖掘其哲学前提,所有的科学(以及医学)都无法得到理解;二是说明了在与生物医学的哲学前提相对照之下,中国古典医学的哲学前提是什么样的。该书依次论证以下几点:(1)医学体系的形而上学/本体论核心势必带来其独特的方法论(即如何理解、诊断和治疗疾病);(2)中国古典医学建立于过程本体论之上,它是整体主义的,其通常的思维方式是情境二元性的,其隐含逻辑是多价的,其因果关系模型是非线性的、多因素的;(3)而生物医学(主要)以事物本体论和二元论为基础,它是还原论的,其逻辑是传统二价性的,其因果关系模型是线性的、单因素的;(4)因此,批评中国古典医学是"不科学的""伪科学的"或直接称之为"胡言乱语的",而把生物医学视为科学性的黄金标准,这种做法就像用小狗表演中的"优秀"标准来断定"猫不如狗"一样,是极为荒谬的。

Lo, Vivienne; Barrett, Penelope. *Imagining Chinese medicine.* Leiden: Brill, 2018.
中医图景

该书是一部关于中国传统医学的文集,共 36 章,包括了来自亚洲、欧洲和美洲的资深学者以及在其领域前沿工作的新兴学者所作的研究。该书议题广泛,从传统医学的形象化到正骨指导手册、再到精妙的黄帝内经阐释著作,这些丰富的内容将引领读者经历一段非凡的中医之旅。

在中国学研究领域内外,该书都表现得不同寻常。它将图像学系统地应用于知识史的研究,不仅对科学史和医学史有着特别意义,还对更广泛的科学、知识史做出了重大贡献:该书将"象"及其力量、运行放在分析的核心位置,揭示了医学史的令人激动的新维度,其诸多鲜见观点挑战了仍以欧洲为中心的知觉、具身化(embodiment)和视觉文化的历史观。在更为广阔的哲学层面上,该书向科学史学家们提出了反思知识传播的知识论和唯物论的挑战。该书这一独特的、突破性的研究,将为未来关于中国历史中的医学和具身化的研究创造条件,使之成为今后相关研究的重要参考著作。

Magli, Giulio. *Sacred landscapes of imperial China: astronomy, Feng Shui, and the mandate of heaven.* Cham: Springer, 2020.
古代中国的神圣景观:天文、风水与天命

该书从"考古天文学"的视角,分析了古代中国宏伟的皇家陵墓;该学科研究的是古代历史遗迹所构成的景观,特别关注但不限于其天文方面。

中国皇帝的权力建立在所谓"天命"的基础之上，统治者被认为是天神与大地之间的中介者，因此，从举世闻名的秦始皇陵开始，他们的陵墓建筑便与天体循环及浩瀚宇宙紧密相连。不过，这种联系还必须考虑到各种其他因素，包括汉代的昭穆制度，以及后来的各类风水学说。因此，许多个世纪来，人们建造了多种多样的神圣景观。该书通过分析一些重要的陵墓遗址，包括汉代长安的"金字塔"式陵墓、唐代的山陵以及明清皇家陵墓，解释了符合风水原则的天文和地形方位等因素是如何在这些陵墓当中发挥重要作用的。

Mai, Qianqinq; Francesch-Huidobro, Maria. *Climate change governance in Chinese cities.* United Kingdom: Routledge, 2015.
中国城市的气候变化治理

该书聚焦于广州、深圳和香港的两个高碳密集型行业（即建筑和交通），旨在探索城市协同网络是如何在中国城市实践中发挥作用的。作者发现，有效的协同离不开当地管理层的政治意愿、气候变化问题的政治意义、协调机构被赋予的合法权力以及人力和财力资本。

城市间的合作会因为多种因素受阻，比如系统网络的参与度有限、主要网络参与者权威不足、部门创新投入和产出合法性不足，以及职能割裂的部门之间缺乏联系。该书的结论是，在低碳转型过程中，不断加强城市协同网络之间的合作与协调，会使中国的环境状态变得更加多元化、包容化和合法化。

Mullaney, Thomas S. *The Chinese typewriter: a history.* Cambridge, MA: The MIT Press, 2017.
中文打字机：一个世纪的汉字突围史

汉字以字符为基础，是一种既非字母文字也非音节文字的表意文字。近现代以来，汉字在技术语言现代化的过程中遭遇了来自字母文字中心主义的重重阻碍，其一便是无法适应西式打字机。

该书讲述了中文打字机的发明历程，展示了汉语世界的机械革命，探索了中文寻求生存、适应且影响科技变革的历史。作者墨磊宁是美国斯坦福大学历史系教授，多年深耕中国历史研究。他花费十年时间收集、梳理全球史料，详尽还原了中文打字机的发明历程，描述了在近一个世纪内，汉字使用者在发明中文打字机过程中进行的各种尝试、经历的种种失败和成功的故事，并分析其背后牵动的社会文化史，由此反映了汉字如何突破字母文字霸权而融入全球化信息时代，重新获得独特地位。

Pietz, David Allen. *The Yellow River: the problem of water in modern China.* United States: Harvard University Press, 2015.
黄河之水：蜿蜒中的现代中国

作为中华文明的摇篮，黄河对于中华民族意义重大。该书以一个外国人的视角，考察了黄河从古至今的历史变迁及其对整个中国生态环境的影响和对国际社会的意义；剖析了黄河的流经之地——华北平原上的水治理对于中国政治和经济稳定的重大作用。

中国政府一直在为保持黄河沿岸生态稳定做出持续的努力，实施了运河和堤坝修筑项目来减少黄河流域反复出现的干旱和洪涝所造成的影响。尤为值得一提的是，作者在分析华北平原水资源状况的共时面貌和历时变迁时，将中国治理黄河的复杂历史遗产与中华文明的起源、中华民族的国家认同和民族意识、中国历代政权的合法性联系起来，不仅细描了黄河治理的不同阶段和策略，而且深剖了黄河的象征意义、政治意义、军事意义，展现出一面别样的学术景致。

Roskam, Cole. *Improvised city: architecture and governance in Shanghai, 1843-1937*. Seattle: University of Washington Press, 2019.
即兴的城市：上海的建筑与治理，1843—1937

上海曾在近一个世纪的时间里，一直作为国际租界港口存在。外国政府的治外法权塑造了上海的建筑和基础设施，使其跃升为19世纪末20世纪初最复杂、最具影响力的城市环境之一。该书揭示了上海三大行政区划——公共租界、法租界和华界的商业性质与建筑形式和实践之间的相互作用，并对市政厅、邮局、战争纪念碑、水利工程和领事馆等更广泛领域展开考察。

作者特别强调治外法权在上海租界空间实践中的独特作用，分析了建筑与治外法权之间的关系，他认为：上海这一时期的建筑，既作为物质形式呈现，同时也是市政权争夺下的政治景观，对其进行研究是理解近代上海与中国城市历史的钥匙。此外，他还追溯了促进上海发展的文化、经济、政治和空间因素。作者将上海重新定位在世纪之交重塑世界的建筑和城市变革当中，分析了主权和空间之间持续且不断变化的关系，回应了学术界对现当代中国建筑和城市化历史日益增长的兴趣。

Scott, Steffanie. *Organic food and farming in China: top-down and bottom-up ecological initiatives*. London: Routledge, 2018.
中国的有机食品和农业：自上而下和自下而上的生态行动

中国是一个农业大国，其有机农业与食品行业都在迅速发展，中国城市正在掀起一场生态食品与道德饮食的革命。该书展现了社会、经济、文化和环境等多重因素如何汇聚在一起，塑造"自上而下"的由国家制定的标准与法规创建的"正式"有机部门，以及"自下而上"的基层部门为可持续食品而斗争创建的"非正式"有机部门。作者将工业化食品系统的特点与中国本土的食品系统背景进行了对比。中国的"社会主义市场经济体制"、集体农场所有制、小农户农业和新兴多元化营销渠道构成了其独特的特点，也反映出对国内粮食安全的承诺，不断发展的食品安全立法，以及民间社会对半权威国家的有限自治。

Wang, Yahua. *Assessing water rights in China*. Singapore: Springer, 2018.
评估中国的水权

在过去的35年间，中国在经济领域取得了举世瞩目的成就。然而，中国在水资源管理领域的进展却鲜为人知。该书是英文世界首部研究中国水权的专著，书中全面分析了中国从古至今水资源管理制度的演进，以及如何通过经济和环境政策工具及制度安排逐步提升水治理成效。作者通过借鉴自然资源和环境制度经济学的开创性理论，提出了中国水权结构的科层模型，以期帮助中国政策制定者更深刻地理解水权，以及在缺水中国的长期发展中实施改革方案的必要性。该书丰富了以卡尔·马克思、卡尔·魏特夫和黄仁宇为代表的"水治理"学派的理论，为当代中国水权理论的进一步研究奠定了基础。

Xue, Charlie Q. L. *Grand theater urbanism: Chinese cities in the 21st century.* Singapore: Springer, 2019.
大剧院都市主义：21 世纪的中国城市

近 30 年来，大规模的文化设施建设成为中国城市建设中引人注目的建筑现象。该书以"大剧院热"现象为背景，探讨了文化建筑的现象和趋势。9 位作者从地理分布、人口规模、经济实力、文化背景等多个角度出发，调查了 10 个中国一线、二线和三线地区以及华人华侨聚居区的代表性城市。这些城市中的每座大剧院设计都是高规格国际竞赛的成果，由全球建筑师与中国设计院合作完成。这些标志性项目具有重大的国内及国际意义，不仅体现了全球设计理念的发展，还代表了中国现代化进程中的特定历史时刻。

该书细致勾勒并生动呈现了文化建筑的建设历程、缘由及目的。致力于厘清这些城市的城市空间、历史发展、规划政策与演艺建筑之间的互动关系，呈现全球化背景下城市设计与城市生活文化之间的联系，揭示城市化建设中易被忽略的侧面。鉴于中国庞大的人口规模，其城市建设的发展轨迹将为其他有望在 21 世纪走上高速发展轨道的国家和地区提供洞见。

Yanarella, Ernest J. *From eco-cities to sustainable city-regions: China's uncertain quest for an ecological civilization.* Northampton, MA: Edward Elgar Publishing, 2020.
从生态城市到可持续发展的城市区域：中国对生态文明的不确定探索

一位政治学家和一位城市建筑师探索了中国成为生态文明国家的历程，并探索了中国将其大规模、不可持续的城市化进程转变为了创建数百个生态城市的进程。该书是第一本结合政治与权力分析、城市设计与规划问题的长篇研究报告，对于这些问题，两位作者进行了跨学科研究，在政治学和建筑学领域进行了现场实地考察。

从 1986 年开始，中国已经采取了政策行动，形成了 285 个生态城市，而且行动范围还在不断扩大。这些创新发展的动力是什么？中国如何将其人口众多的城市地区转变为可复制、可展示的生态城市？这些新的政策措施能否避免对空气、水和土地造成的破坏，同时大大降低对居民公共健康的危害？在探寻中国如何从生态城市向可持续城市区域迈出下一步时，作者评估了中国当前路线的成功潜力，并为城市规划者和公民利益相关者提供了重要建议，以便帮助中国和世界其他国家过渡到可持续的未来。

法语

Bonnet-Bidaud, Jean-Marc. *4000 ans d'astronomie chinoise: les officiers célestes.* Paris: Belin, 2017.
中国天文学 4000 年：天官

天象观测是古代中原王朝的核心科学，左右着帝王的政治抉择。历朝历代对天文观测的重视，促成了世界上最早一批天文台的建立，迎来了许多重要的科学发现，如太阳黑子的活动、彗星的轨迹、超新星的爆炸等。该书纵览中国古代天文学史，讲述了4000多年来中国的宇宙观、观测方法的演变和许许多多的天文发现，并指出"天官"对现代宇宙现象知识的重大贡献，尽管这些贡献往往不为欧洲所承认。

Chalier, Agnès. *Variations scientifiques: recherches sur l'histoire et la philosophie des sciences en Europe et en Chine.* Paris: Hermann, 2015.
科学差异：探索欧洲和中国的科学历史与科学哲学

科学革命为欧洲带去了翻天覆地的变化。在中国，尽管也有许多发明创造，却从未出现过所谓的科学革命。这也正是人们认为中国文化独具其形、无法与欧洲的科学逻辑兼容的原因所在。如今，越来越多的学者对此观点产生质疑，认为中国有着悠久的科学实践传统，且科学的概念应当是多元的，不应只有欧洲的一种阐释。该书围绕这一主题展开讨论，生动解读了相关文献，并尝试引导读者更好地理解当代中国的重要性。

Keck, Frédéric. *Les sentinelles des pandémies: chasseurs de virus et observateurs d'oiseaux aux frontières de la Chine.* Bruxelles: Zones Sensibles, 2020.
病毒博物馆：中国观鸟者、病毒猎人和生命边界上的健康哨兵

该书利用社会人类学的研究方法，通过分析人类与其他动物之间的异同，将跨越物种界限的病原体作为人类与非人类之间关系变化的研究起点，揭示了预防流感疫情的技术如何改变我们与鸟类的关系。作者选择了中国香港、台湾和新加坡为研究对象，将社会人类学的理论论证与公共卫生技术中人与动物之间关系的人种学研究相结合，以了解"禽流感预防"在独特的亚洲大陆上的意义。

Lee, Kai-Fu. *IA, la plus grande mutation de l'histoire: comment la Chine devient le leader de l'intelligence artificielle et pourquoi nos vies vont changer.* Paris: les Arènes, 2019.
人工智能，史上最伟大的变革：中国如何成为人工智能领域的领导者，以及为什么我们的生活将发生改变

从前，硅谷是科技发展的中心，而如今，中国的科技举世瞩目。中国为何能在几十年内迎头赶上？背后原因引人深思。该书作者李开复先后在苹果、微软和谷歌等公司任职，现在是中国人工智能领域的主要投资者之一。在这本风靡全球的畅销书里，他讲述了中国是如何使用"21世纪的石油"——数亿用户生成的数据。得益于新一代企业家的努力和政府鼓励创新政策的推动，中国正在打造一个人工智能遍布生活各个角落的世界。作者建议，未来人工智能将在很大程度上改变人们的生活方式并促进经济转型，使最灵活和最具创造力的主体受益，应将释放出的大量财政资源用于支持某些人工智能无法取代的特殊行业，如教育、手工业、个人服务等。

德语

Hammes, Michael; Schwarz, Roya. *Das Geheimnis der goldenen Nadel: die Entwicklung wahrer therapeutischer Kräfte aus den antiken Lehren der chinesischen Medizin.* München: Elsevier, 2018.
金针秘要：中国古典医学真灵入门

"金针"是中医学文献中的一个经典术语，可以用来比喻真正的治疗师所必备的能力，即他们手中施用的针具均可取得神奇的疗效。该书以此为名，详尽阐述了能够在针灸和中国传统医学领域达到精通的路径。全书分为古代中医教学特点、中国古典文化传统、从道教视角看身心健康、7种基本理疗方式、治疗技法练习等15个章节，全面系统地解读中医医疗体系，帮助读者弥补理解上的不足，并为治疗师提供必要的自我修养指导，使其能够在实践中全面、充分地感知患者。在这本内容翔实且引人入胜的著作中，作者揭示了古代中医的精髓。

西班牙语

López Garrido, Beatriz. *Medicina china y gestión emocional.* Madrid: Oberon, 2020.
中医与情绪管理

该书致力于普及中医知识，将这一千年的医学传统与人体的物质、精神和情感层面相结合，为追求全面健康的人们提供了一本宝贵的指南。

该书以浅显易懂且实用的语言向读者展示了中医的智慧。第一部分深入阐述了中医的基本原理，并探讨了它与现代医学的互补之处，同时提供了基于阴阳和五行学说的自我诊断方法，帮助读者识别自身的健康问题。第二部分精选了一系列自我护理方法，涵盖饮食调整、身体锻炼、按摩技巧以及日常生活的保健建议，使读者能够依据自我诊断的结果，选择最适合自己的养生之道。第三部分聚焦于心理和情绪管理，指导读者如何将负面情绪和态度转化为正面的美德和健康的心态。通过阅读该书，读者将能够明确适合自己的饮食与自我护理方法，发掘自己在态度和情绪上的潜力，并学习如何充分发挥这些潜力。

俄语

Тутнова, Татьяна Антоновна. *Ракетно-космическая деятельность КНР: возрастающая роль в международных отношениях.* Москва: ИВ РАН, 2020.
中国的空天活动：在国际关系中日益增长的作用

该书对1956—2018年中国火箭和航天活动发展的特点、趋势进行了研究。其中又涉及对空间系统发展进程的研究、中国与其他空间活动参与者的关系、中国参与空间活动的国际法

Шевченко, Марианна Юрьевна. *История архитектуры и градостроительства Китая*. Москва: Архитектура-С, 2019.
中国建筑和城市规划史

该书按照历史时期依次揭示了中国建筑与城市规划的发展和重要特征，并通过具体实例加以说明。书中探讨了建筑形式、城市理念与中国传统世界观的联系，描述了各个朝代建筑的结构特点和建筑中的等级制度，展示了不同时代和地区建筑形式的风格和地域差异。该书各章结构清晰，包括城镇规划、宫殿建筑、公园建筑、宗教建筑、殡葬建筑、民居建筑和工程结构等。该书图文并茂，除了建筑遗迹的图画和照片外，还发表了大量中国古代壁画、绘画和建筑浮雕资料。

日语

德冈正三 . 砂漠考：中国の荒れ地とその緑化修復から . 研成社，2019.
沙漠考：从中国的荒漠及其绿化修复谈起

该书作为一部深入探讨中国荒漠化问题及其绿化修复工作的专著，从生态学和地理学的角度出发，全面分析了中国荒漠化的现状、成因以及对环境和社会的影响。

作者于1988年首次访问中国的毛乌素沙地，此后一直在内蒙古自治区和陕西省一带开展沙漠绿化研究和技术合作。该书汇集了他的研究成果，介绍了具体的沙漠绿化技术和项目，以通俗易懂的方式介绍了内蒙古自治区及其周边地区的沙漠分类、沙漠成因及其背景。

书中首先介绍了中国荒漠化的历史背景和地理分布，包括自然因素和人类活动对荒漠化进程的双重影响。此外，详细考察了荒漠化对农业生产、生物多样性和地区气候的负面影响，以及它对当地社区生计的威胁。随后进一步探讨了中国政府和社会各界在荒漠化防治方面所采取的措施，包括植树造林、水土保持、沙漠治理等绿化修复技术。书中对这些措施的有效性、可持续性和面临的挑战进行了评估。该书还关注了绿化修复工程中的社会经济因素，如当地居民的参与、政策支持和资金投入等，强调了公众意识提升和国际合作在荒漠化治理中的重要性。最后，作者还讨论了如何定义英文单词"desert"以及其在日语中如何翻译的问题。

髙橋あやの . 張衡の天文学思想 . 汲古書院，2018.
张衡的天文学思想

该书详细探讨了中国古代科学家张衡的天文学思想，深入分析了他在天文学领域的贡献和影响。

张衡是中国东汉时期的一位著名科学家和发明家，他在天文学方面做出了重要贡献。该书首先介绍了张衡的生平和学术背景,以及他所处的历史背景和社会环境。然后,作者系统地分析了张衡的天文学思想,包括他的天文观测方法、天文理论和天文学成就。

在书中,作者对张衡提出的天文学理论进行了细致的解读和评价。她深入探讨了张衡对日食、月食和星象的观测和解释,以及他对天体运动规律的认识。同时,作者还分析了张衡在天文学领域的独特见解和理论,并与当时其他天文学家的观点和理论进行比较,分析张衡在天文学领域的地位和作用。作者通过对张衡的天文学思想进行深入研究,为读者提供了一个全面了解这位古代科学家及其天文学贡献的视角。

该书揭示了张衡在中国古代天文学史上的重要地位和影响,对于理解中国古代天文学的发展和演变具有重要意义。

李智慧. チャイナ・イノベーション:データを制する者は世界を制する. 日経 BP 社, 2018.
中国创新:掌握数据者掌握世界

该书是一本关于"中国创新"的书籍,详细描绘了中国从"复制大国"向"创新大国"迈进的真实面貌。

近年来,中国的移动支付服务得到了支付宝和微信支付的推动,迅速发展壮大。这种移动支付服务成为数据积累的基础,推动了生活的数字化进程。其发展速度甚至超过了美国硅谷的发展速度。人工智能、区块链等新技术融合,应用了人工智能的信贷、贷款、无人超市、共享经济等的手机新服务层出不穷。世界级的初创企业也纷纷涌现,如人脸识别技术等。这是创新链。截至 2018 年 7 月底,全球股市总市值排名中,苹果、亚马逊、谷歌(Alphabet)排名前三。Facebook 由于数据泄露等问题,排名下降至第五,微软排名第四,伯克希尔·哈撒韦排名第六。中国崛起的平台企业阿里巴巴、腾讯分别排名第七、第八。

该书介绍了阿里巴巴、腾讯等中国创新公司的最新情况,同时还介绍了在中国利用阿里巴巴等公司取得业绩增长的优衣库、研究和消化中国创新的梅卡利等公司的案例。

小川康. チベット、薬草の旅. 森のくすり出版, 2016.
西藏、药草之旅

日本唯一的藏医小川康,在该书中根据自己的视角和经历,详细记述了他所遇到的藏药材和药物。

书中内容包括作者在西藏探索药草的经历,他所见所闻的各种药草的生长环境、功效以及使用方法等。阅读该书,读者可以了解到西藏药草文化的丰富多样,以及药草在藏医学中的重要地位和应用价值。该书记录了作者在学习藏医过程中的心得体会,以及他对生命、自然和医学的独特理解,通过这些见解,读者可以深入了解藏草和草药医学的奥秘,以及作者对于保护自然环境和人类健康的热情和信念。

总之,该书是一本关于藏草和草药医学的生动而富有启发性的读物,对于对自然疗法和传统医学感兴趣的读者而言,该书是不二之选。

小林善文 . 中国水環境の歴史と現在 . 昭和堂, 2020.
中国的水环境的历史与现在

　　该书通过地方文献，追溯了对研究中国水环境至关重要的黄河和长江这两条河流在整个时期的环境史，并分析了当代的水环境政策和正在进行的改造自然的巨大工程。该书还分析了可能会影响粮食、发展和环境问题的全球趋势的那些中国环境政策。

　　该书共分为十个章节。第一章概述了中国环境史的研究现状和未来展望。第二章到第四章侧重于研究具体的地区和人物，黄河和长江两条河流的水环境历史，以及曲格平的环境思想。第五章到第九章则侧重于探索不同地理区域的具体问题情况，新疆南部的水环境、青藏高原的水资源、河上流域的生态移民、海河流域的水资源和南水北调工程，以及中国东北地方的水资源和环境等情况。最后一章关注中国北部的地下水及其环境影响。

综合性图书

英语

Berg, Daria. *Transforming book culture in China, 1600-2016.* Germany: Harrassowitz, 2016.
中国图书文化转型：1600—2016

  该书汇集了 15 位知名学者的文章，介绍了国际顶尖研究机构对中国图书文化的最新研究成果，试图为读者更好地了解中国图书文化的过去和现在提供一幅全景图。该书的第一部分追溯了中国图书市场的历史发展，探讨了从晚明时代（1366—1644 年）到中华人民共和国成立后的 20 多年（1949—1976）期间的出版业、藏书、图书馆和著作。第二部分侧重于 1976 年之后的文学实践。

Culp, Robert Joseph. *The power of print in modern China: intellectuals and industrial publishing from the end of empire to Maoist state socialism.* New York: Columbia University Press, 2019.
近代中国的印刷力量：晚清民国至共和国初期的知识人与工业化出版

  该书以编辑为核心来阐释近代中国出版史，作者凭借公司档案、个人信件和日记以及印刷文化产品本身，基于结构—功能框架，对商务印书馆、中华书局、世界书局三大出版社的编辑部门和编辑活动进行考察，提出工业化印刷对多样化大规模文本产出的需求，决定了近代出版机构编辑部门中的生产动态，对中国现代出版业的社会和商业层面进行了新的阐释。同时成功运用出版生活史的研究方法，展现出编辑群体从晚清到共和国时期的动态演变过程。

Diemberger, Hildegard. *Tibetan printing: comparisons, continuities and change.* Netherlands: Brill, 2016.
藏印艺术：比较、连续性与变化

  该书发表了 2013 年 11 月在剑桥大学彭布罗克学院举行的"印刷术作为西藏及其他地区变化的媒介"研讨会的成果，共包含三部分 25 章，这是第一部将材料、生活传统和跨文化比较纳入考虑的西藏书籍技术社会和文化史研究。该书汇集了不同学科的顶尖专家，在亚洲书籍文化的背景下讨论了印刷术在西藏社会的引入，并着眼于欧洲印刷史研究提出的问题。

Hu, Shuzhao. *The development of the Chinese collection in the Library of Congress.* London: Routledge, 2019.

美国国会图书馆中文馆藏的发展

  这是第一部全面深入研究美国国会图书馆中国藏书的著作，共分为五章。美国国会图书馆的中国藏书始于 1869 年中美两国首次交换出版物时收到的约 950 本图书，此后藏书量稳步增长，到 1977 年已超过 43 万册，其中包括 2000 册珍稀的中国藏书，有些藏书是 975 年印刷的。在这一以历史为主的研究中，作者考察了导致藏书发展和增长的社会、文化和政治力量，所遵循的采购政策，以及国会图书馆内外的个人和财政支持来源。他还探讨了图书馆建立几个强势收藏领域的方法。

俄语

Журавлева, Валентина Петровна. *Библиография Китая: философия и общественно-политическая мысль, этика, эстетика, военная мысль, мифология, религия, 1958-2008.* Москва: Форум, 2015.

中国书目：1958—2008：哲学和社会政治思想、伦理学、美学、军事思想、神话、宗教

  该书是 1958—2008 年出版的有关中国哲学、社会政治思想、伦理学、军事思想、美学、神话和宗教的俄文文献的回顾性索引。该书延续了出版于 1932 年、修订再版于 1960 年的斯卡奇科夫（К. А. Скачков，1821—1883）编著的《哲学. 社会政治理论》《宗教》和《中国书目》。

Портяков, Владимир Яковлевич. *Муравей грызет кость: избранные очерки о Китае.* Москва: Форум, 2018.

蚂蚁啃骨头：中国问题文选

  该书选编了作者 1975—2017 年发表的有关中国问题的论文 30 篇，主要涉及他对中国学术研究的两个主要领域，即改革开放时期中国经济和外交政策的演变。其中两篇文章专门讨论了综合国力的概念，这是中国在国际关系理论中的一项重要创新。此外，文选还包括以中俄关系、俄罗斯的中国研究、海外华人为主题的文章。严格来说，该书不仅仅是关于中国，甚至不仅仅是关于中俄关系的。作者的著述体现了他对人文科学的欣赏，这种欣赏与纯社会科学相对立，表现为愿意更多地了解远远超出传统汉学和当代中国研究所定义的主题。

日语

太田成人. 漢語形声字典：「五筆法」検字・ピンイン「逆引き」. ブックコム, 2018.
汉语形声字典："五笔法"检字与拼音"逆引"

该书是一部独特的汉语形声字典，采用了五笔输入法进行字检，同时提供了拼音的"逆引"方式，帮助读者更好地理解和使用汉字。该书收录了大量的汉字，并按照五笔输入法的输入顺序进行了编排，方便读者使用五笔输入法查找和输入汉字。值得注意的是，该书提供了拼音的"逆引"方式，即通过音节的拼音反向查找汉字的方法。这种方法对于读者查找不熟悉的汉字或者理解汉字的意思起到了很大的帮助。此外，该书还采用了简化的五笔输入法方式进行字检，使得读者可以更加便捷地输入汉字，并且提供了相应的拼音释义，方便读者理解汉字的意思。

综上所述，该书通过五笔输入法和拼音的"逆引"方式，为读者提供了一种全新的查字和理解汉字的方式，是一本实用性强、便于使用的汉字工具书。

愛知大学国際問題研究所. グローバルな視野とローカルの思考：個性とのバランスを考える：愛知大学国際問題研究所設立 70 周年記念論集. あるむ, 2020.
全球视野和地方思维与个性之间的平衡：爱知大学国际问题研究所设立 70 周年纪念论文集

该书是为纪念爱知大学国际问题研究所成立 70 周年，以国际研讨会"全球视野与地方思维"、《LT/MT 贸易关系资料》（影印再版）出版纪念讲座为基础编撰的论文集。该论文集由文学、哲学、经济学、经营学、文化人类学、历史学、语言学等领域的学者编撰，旨在面向跨学科扩展。

全书共分为四章，第一章以"华夷之变"为主题，探讨了华语语系研究的新视角。第二章分为思想文学、经济管理和文化社会等几个部分，通过多位学者的文章，深入探讨了全球视野与地方思维之间的互动关系及其在不同领域的表现。第三章聚焦于 LT 贸易的起源及其历史背景。最后一章为资料编，汇总了历代所长的回忆录和研究所的发展历程。该书通过多视角、多学科的研究，展示了爱知大学国际研究所丰富多元的学术研究成果。

山田忠司. 老舎北京語辞典. 光生館, 2016.
老舍北京话辞典

老舍（1898—1966），北京人，著名作家，其全集分别于 1999 年和 2013 年由人民文学出版社出版。此外，他的《骆驼祥子》《茶馆》等剧目至今仍是北京人民艺术剧院的经典剧目。在日本，岩波文库收录有《乐田书库》。他的文章以生动的北京话表达而闻名，但也颇为深奥。

该书是一本北京话辞典，收录了老舍作品中约 1500 个北京话词汇和用法示例，并附有日文翻译。词汇收录的主要标准是该词汇未收录在《现代汉语词典》（第六版）中。该辞典已经涵盖了《骆驼祥子》《四世同堂》《离婚》《二马》《龙须沟》《茶馆》中的大部分词汇，并尽可能地标注了北京话的发音。此外，还收录了许多日本出版的中文词典未收录的词汇，可为阅读老舍的作品或以北京话写作的作品的人提供帮助。通过这本辞典，读者可以更加深入地了解老舍的作品及其中蕴含的北京文化和语言特色。

2015—2020年
国外出版的中国研究著作目录

哲学宗教

英语

1. Allinson, Robert E. *The philosophical influences of Mao Zedong: notations, reflections and insights.* London: Bloomsbury Academic, 2019.
2. Andreeva, Anna; Steavu, Dominic. *Transforming the void: embryological discourse and reproductive imagery in East Asian religions.* Netherlands: Brill, 2016.
3. Antonucci, Davor; Ackerman, Pieter. *Chinese missionary linguistics.* Leuven: Ferdinand Verbiest Institute, 2017.
4. Arrault, Alain. *A history of cultic images in China: the domestic statuary of Hunan.* Hong Kong: The Chinese University of Hong Kong Press, 2020.
5. Barbalet, J. M. *Confucianism and the Chinese self: re-examining Max Weber's China.* Basingstoke, Hampshire: Palgrave Macmillan, 2017.
6. Behuniak, James. *Appreciating the Chinese difference: engaging Roger T. Ames on methods, issues, and roles.* Albany: SUNY Press, 2018.
7. Bell, Christopher. *Tibetan demonology.* Cambridge: Cambridge University Press, 2020.
8. Benn, James A. *Burning for the Buddha: self-immolation in Chinese Buddhism.* Honolulu: University of Hawai'i Press, 2017.
9. Berger, Douglas L. *Encounters of mind: luminosity andpersonhood in Indian and Chinese thought.* United States: State University of New York Press, 2015.
10. Bessenger, Suzanne M. *Echoes of enlightenment: the life and legacy of Sonam Peldren.* United States: Oxford University Press, 2016.
11. Bhutia, Lhundup Tsomo. *The assimilation and acculturation of Tibetan Buddhism (In bKa rDor sGang gSum since 1959).* Delhi, India: Eastern Book Linkers, 2019.
12. Bidlack, Bede Benjamin. *In good company: the body and divinization in Pierre Teilhard de Chardin, Sj and Daoist Xiao Yingsou.* Netherlands: Brill, 2015.
13. Birrell, Anne. *Shamanism in early China.* Cambridge: McGuinness China Monographs, 2018.
14. Blo-bzaṅ-byams-pa. *Guhyasamāja practice in the Ārya Nāgārjunasystem.* Boulder: Snow Lion, 2019.
15. Blofeld, John. *The way of power: a practical guide to the tantric mysticism of Tibet.* London: Routledge, 2020.
16. Borchert, Thomas A. *Educating monks: minority Buddhism on China's southwest border.* Honolulu: University of Hawai'i Press, 2017.

17 Bray, Francesca; Lim, Jongtae. *Science and Confucian statecraft in East Asia.* Leiden; Boston: Brill, 2019.
18 Brose, Benjamin. *Patrons and patriarchs: regional rulers and Chan monks during the Five Dynasties and Ten Kingdoms.* United States: Univ of Hawai'i Press, 2015.
19 Brown, Nahum; Franke, William. *Transcendence, immanence, and intercultural philosophy.* Switzerland: Palgrave Macmillan, Springer International Publishing Ag, 2016.
20 Buckingham, Will. *Sixty-four chance pieces: a book of changes: a cycle of stories from the I Ching.* Hong Kong, China: Earnshaw Books, 2015.
21 Burchardi, Anne. *Catalogue of Tibetan mandalas and other images: texts, initiation cards and prayer flags in the Royal Library and National Museum, Copenhagen.* Denmark: NIASPress, 2016.
22 Cai, Jiehua; Nürnberger, Marc. *The Mazu cult: historical studies and cross-cultural comparisons.* Lisboa: Centro Cientifico e Cultural de Macau, 2017.
23 Cai, Yongchun. *The philosophy of Ch'eng I.* Singapore: Springer, 2018.
24 Cai, Zhizhong. *The analects.* Princeton: Princeton University Press, 2018.
25 Campany, Robert Ford. *Making transcendents: ascetics and social memory in early medieval China.* Honolulu: University of Hawai'i Press, 2017.
26 Campany, Robert Ford. *The Chinese dreamscape, 300 BCE-800 CE.* Cambridge: Harvard University Asia Center, 2020.
27 Camus, Rina Marie. *Archery metaphor and ritual in early Confucian texts.* Lanham: Lexington Books, 2020.
28 Cao, Feng. *Daoism in early China: Huang-Lao thought in light of excavated texts.* New York, NY: Palgrave Macmillan, 2017.
29 Carter, Curtis L. *Unsettled boundaries: philosophy, art, ethics east/west.* Milwaukee, Wisconsin: Marquette University Press, 2017.
30 Catanese, Alex John. *Buddha in the marketplace: the commodification of Buddhist objects in Tibet.* Charlottesville: University of Virginia Press, 2019.
31 Chai, David. *Dao companion to Xuanxue (neo-Daoism).* Cham, Switzerland: Springer, 2020.
32 Chambon, Michel. *Making Christ present in China: actor-network theory and the anthropology of Christianity.* Basingstoke: Palgrave Macmillan, 2020.
33 Chan, Hok-lam. *Li Chih, 1527-1602, in contemporary Chinese historiography: new light on his life and works.* London: Routledge, 2017.
34 Chan, Kim-Kwong. *China.* Minneapolis, MN: Fortress Press, 2019.
35 Chan, Shirley. *Dao companion to the excavated Guodian bamboo manuscripts.* Cham, Switzerland: Springer, 2019.
36 Chan, Sin-wai. *Buddhism in late Ch'ing political thought.* New York: Routledge, 2019.
37 Chandra, Lokesh. *The charisma of Tibet.* New Delhi: International Academy of Indian Culture and Aditya Prakashan, 2017.
38 Chan-Yeung, Moira. *The practical prophet: Bishop Ronald O. Hall of Hong Kong and his legacies.* Hong Kong, China: Hong Kong University Press, 2015.
39 Chau, Adam Yuet. *Religion in China: ties that bind.* Cambridge, UK: Polity Press, 2019.
40 Chen, Alexandre Tsung-ming. *Catholicism's encounters with China: 17th to 20th century.* Leuven Belgium: Ferdinand Verbiest Institute, 2018.

41 Chen, Guying. *Rediscovering the roots of Chinese thought: Laozi's philosophy*. United States: Three Pines Press, 2015.
42 Chen, Guying. *The philosophy of life: a new reading of the Zhuangzi*. Netherlands: Brill, 2016.
43 Chen, Hon Fai. *Catholics and everyday life in Macau: changing meanings of religiosity, morality and civility*. London: Routledge, 2017.
44 Chen, Lai. *Confucius and the modern world*. London: Routledge, 2018.
45 Chen, Wangheng. *Chinese environmental aesthetics*. United Kingdom: Routledge, 2015.
46 Chen, Yongtao. *The Chinese Christology of T. C. Chao*. Netherlands: Brill, 2016.
47 Chia, Jack Meng-Tat. *Monks in motion: Buddhism and modernity across the South China Sea*. New York, NY: Oxford University Press, 2020.
48 Chiu, King Pong. *Thome H. Fang, Tang Junyi, and Huayan Thought: a Confucian appropriation of Buddhist ideas in response to scientism in twentieth-century China*. Netherlands: Brill, 2016.
49 Choi, Suk G.; Kim, Jung-Yeup. *The idea of qi/gi: East Asian and comparative philosophical perspectives*. Lanham: Lexington Books, 2019.
50 Chou, Wen-shing. *Mount Wutai: visions of a sacred Buddhist mountain*. Princeton: Princeton University Press, 2018.
51 Chow, Alexander. *Add to my workspace Chinese public theology: generational shifts and Confucian imagination in Chinese Christianity*. Oxford: Oxford University Press, 2018.
52 Chu, Cindy Yik-Yi. *The Chinese Sisters of the Precious Blood and the evolution of the Catholic Church*. Singapore: Springer Singapore: Imprint: Palgrave Macmillan, 2016.
53 Clark, Amanda C. R. *China's last Jesuit: Charles J. McCarthy and the end of the mission in Catholic Shanghai*. Singapore: Palgrave Macmillan, 2017.
54 Cline, Erin M. *Little sprouts and the Dao of parenting: ancient Chinese philosophy and the art of raising mindful, resilient, and compassionate kids*. New York, NY: W. W. Norton & Company, 2020.
55 Confucius; Meynard, Thierry. *The Jesuit reading of Confucius: the first complete translation of the Lunyu (1687) published in the West*. Netherlands: Brill, 2015.
56 Constance A. Cook. *Ancestors, kings, and the Dao*. Cambridge, Massachusetts: Harvard University Asia Center, 2017.
57 Cook, Constance A.; Lu, Zhao. *Stalk divination: a newly discovered alternative to the I Ching*. New York: Oxford University Press, 2017.
58 Cook, Lowell. *Tibetan Pure Land Buddhism: Mipham Rinpoche on self-power and other-power*. Kathmandu: Vajra Books, 2019.
59 Coutinho, Steve. *Zhuangzi and early Chinese philosophy: vagueness, transformation and paradox*. Abingdon, Oxon: Routledge, 2016.
60 D'Aoust, Maja. *The occult I Ching: the secret language of serpents*. Rochester, Vermont: Destiny Books, 2019.
61 Das, Sanjib Kumar. *The eyes of the world: lives of Tibetan lotsawas / Sanjib Kumar Das*. New Delhi: Aayu Publications, 2017.
62 D-Davidson, Vee J. *Empowering transformation: transferable principles for intercultural planting of spiritually healthy churches based on two decades of involvement in rural and remote urban China*. Oxford, UK: Regnum Books International, 2018.
63 De Boever, Arne. *François Jullien's unexceptional thought: a critical introduction*. Lanham:

Rowman & Littlefield Publishers, 2020.
64 Debreczeny, Karl [et al.]. *Faith and empire: art and politics in Tibetan Buddhism*. New York, NY: Rubin Museum of Art, 2019.
65 Dee, Jonathan. *Chinese astrology*. London: Orion Books, 2017.
66 Defoort, Carine; Ames, Roger T. *Having a word with Angus Graham: at twenty-five years into his immortality*. Albany, NY: State University of New York, 2018.
67 Derks, Hans. *The market and the oikos: the relationship between religion and capitalism in modern China*. Leiden; Boston: Brill 2018.
68 Dessein, Bart; Teng, Weijen. *Text, history, and philosophy: abhidharma across Buddhist scholastic traditions*. Netherlands: Brill, 2016.
69 Dhongthog, Rinpoche. *The Sakya school of Tibetan Buddhism: a history*. United States: Wisdom Publications, 2016.
70 DiValerio, David M. *The holy madmen of Tibet*. United States: Oxford University Press, 2015.
71 Dong, Zhongshu [et al.]. *Luxuriant gems of the Spring and Autumn*. United States: Columbia University Press, 2016.
72 Doyle, G. Wright. *Builders of the Chinese church: pioneer Protestant missionaries and Chinese church leaders*. United Kingdom: Pickwick Publications, 2015.
73 DuBois, Thomas David. *Empire and the meaning of religion in Northeast Asia: Manchuria 1900-1945*. Cambridge: Cambridge University Press, 2017.
74 Duckworth, Douglas S. *Tibetan Buddhist philosophy of mind and nature*. New York: Oxford University Press, 2019.
75 Dunn, Emily. *Lightning from the East: heterodoxy and Christianity in contemporary China*. Netherlands: Brill, 2015.
76 E. Clark, Anthony. *China's Christianity: from missionary to indigenous church*. Leiden; Boston: Brill, 2017.
77 Eichman, Jennifer Lynn. *A late sixteenth-century Chinese Buddhist fellowship: spiritual ambitions, intellectual debates, and epistolary connections*. Netherlands: Brill, 2016.
78 Elisabeth Rochat de la Vallée. *The symbolism of numbers: in classical China*. London: Monkey Press, 2018.
79 Elliott, Alan J. A. *Chinese spirit-medium cults in Singapore*. London: Routledge, 2020.
80 Els, Paul van. *The Wenzi: creativity and intertextuality in early Chinese philosophy*. Leiden: Brill, 2018.
81 Erschbamer, Marlene. *The 'Ba'-ra-ba bKa'-brgyud-pa: historical and contemporary studies*. Wien: Arbeitskreis für Tibetische und Buddhistische Studien, Universität Wien, 2017.
82 Eskildsen, Stephen. *Daoism, meditation, and the wonders of serenity: from the Latter Han Dynasty (25-220) to the Tang Dynasty (618-907)*. United States: State University of New York Press, 2015.
83 Esler, Joshua. *Tibetan Buddhism among Han Chinese: mediation and superscription of the Tibetan tradition in contemporary Chinese society*. Lanham: Lexington Books, 2020.
84 Fang, Litian. *Chinese Buddhism and traditional culture*. London: Routledge, 2018.
85 Farnell, Kim. *I ching*. London: Orion Books, 2017.
86 Ferdinand Verbiest Instituut. *History of the Catholic church in China from its beginning to the Scheutfathers and 20th century: unveiling some less known sources, sounds and pictures*.

Belgium: Ferdinand Verbiest Institute K.U. Leuven, 2015.
87 Flame Tree Publishing. *Chinese myths & tales: anthology of classic tales*. London: Flame Tree Publishing, 2018.
88 Flynt, Wayne. *Taking Christianity to China: Alabama missionaries in the Middle Kingdom, 1850-1950*. Tuscaloosa: The University of Alabama Press, 2017.
89 Foust, Mathew A. *Confucianism and American Philosophy*. Albany, NY: SUNY, Press, 2017.
90 Foust, Mathew; Tan, Sor-hoon. *Feminist encounters with Confucius*. Netherlands: Brill, 2016.
91 Francis, Barbara. *You do not travel in China at the full moon: Agnes Moncrieff's letters from China, 1930-1945*. Wellington: Victoria University Press, 2017.
92 Franke, William. *Apophatic paths from Europe to China: regions without borders*. Albany, New York: State University of New York, 2018.
93 Fraser, Chris. *The philosophy of the Mòzi: the first consequentialists*. United States: Columbia University Press, 2016.
94 Froese, Katrin. *Why can't philosophers laugh?* Cham, Switzerland: Springer, 2017.
95 Fröhlich, Thomas. *Tang Junyi: Confucian philosophy and the challenge of modernity*. Leiden; Boston: Brill, 2017.
96 Fu, Yuguang. *Shamanic and mythic cultures of ethnic peoples in northern China. I, Shamanic deities and rituals*. London: Routledge, 2020.
97 Fu, Yuguang. *Shamanic and mythic cultures of ethnic peoples in northern China. II, Shamanic divination, myths, and idols*. London: Routledge, 2020.
98 Fulton, Brent. *China's urban Christians: a light that cannot be hidden*. Cambridge: The Lutterworth Press, 2017.
99 Gao, Ruiquan; Wu, Guanjun. *New waves in China's philosophical studies*. Singapore: World Scientific Publishing Co. Pte. Ltd, 2018.
100 Gardner, Alex. *The life of Jamgon Kongtrul the Great*. Boulder: Snow Lion, 2019.
101 Garfield, Jay L.; Westerhoff, Jan. *Madhyamaka and Yogācāra: allies or rivals?*. United States: Oxford University Press, 2015.
102 Gayley, Holly. *Love letters from Golok: a tantric couple in modern Tibet*. New York: Columbia University Press, 2017.
103 Gentry, James Duncan. *Power objects in Tibetan Buddhism: the life, writings, and legacy of Sokdokpa Lodrö Gyeltsen*. Leiden: Brill, 2017.
104 Gentz, Joachim; Meyer, Dirk. *Literary forms of argument in early China*. Netherlands: Brill, 2015.
105 Goble, Geoffrey C. *Chinese esoteric Buddhism: Amoghavajra, the ruling elite, and the emergence of a tradition*. New York: Columbia University Press, 2019.
106 Godwin, R. Todd. *Persian Christians at the Chinese court: the Xi'an stele and the early medieval church of the east*. London: I. B. Tauris, 2018.
107 Gu, Ming Dong. *Why traditional Chinese philosophy still matters: the relevance of ancient wisdom for the global age*. London: Routledge, 2018.
108 Gui, Rung. *Hui Muslims in China*. Belgium: Leuven University Press, 2016.
109 Günther, Hans Christian. *Paths to dialogue: interactions between eastern and western cultures*. Germany: Verlag Traugott Bautz Gmbh, 2016.
110 Guo, Qiyong. *Studies on contemporary Chinese philosophy (1949-2009)*. Leiden; Boston:

Brill, 2018.

111 Guorong, Yang; Meyers, Chad Austin. *The mutual cultivation of self and things: a contemporary Chinese philosophy of the meaning of being*. United States: Indiana University Press, 2016.

112 Gyatso, Janet. *Being human in a Buddhist world: an intellectual history of medicine in early modern Tibet*. United States: Columbia University Press, 2015.

113 Haar, Barend ter. *Religious culture and violence in traditional China*. Cambridge: Cambridge University Press, 2019.

114 Halbertsma, Tjalling. *Early Christian remains of Inner Mongolia: discovery reconstruction and appropriation* [2nd ed]. Netherlands: Brill, 2015.

115 Halkias, Georgios. *Luminous bliss: a religious history of Pure Land literature in Tibet: with an annotated English translation and critical analysis of the Orgyan-gling gold manuscript of the short Sukhāvatīvyūha-sūtra*. Honolulu: University of Hawai'i Press, 2017.

116 Hammerstrom, Erik J. *The science of Chinese Buddhism: early twentieth-century engagements*. United States: Columbia University Press, 2015.

117 Han, Chuanqiang. *Niushou Mountain: a Buddhist sanctuary*. London: Xanadu, 2019.

118 Harper, Donald John; Kalinowski, Marc. *Books of fate and popular culture in early China: the daybook manuscripts of the Warring States, Qin, and Han*. Leiden; Boston: Brill, 2017.

119 Harris, Eirik Lang. *The Shenzi fragments: a philosophical analysis and translation*. United States: Columbia University Press, 2016.

120 Hattaway, Paul. *Shandong: the revival province*. London: Society for Promoting Christian Knowledge, 2018.

121 Hattaway, Paul. *Tibet: the roof of the world*. London: Society for Promoting Christian Knowledge, 2020.

122 Hattaway, Paul. *Zhejiang: the Jerusalem of China*. London: Society for Promoting Christian Knowledge, 2019.

123 He, Huaihong. *Social ethics in a changing China: moral decay or ethical awakening?* United States: Brookings Institution Press, 2015.

124 Heine, Steven. *Chan rhetoric of uncertainty in the Blue Cliff Record: sharpening a sword at the dragon gate*. United States: Oxford University Press, 2016.

125 Heine, Steven. *From Chinese Chan to Japanese Zen: a remarkable century of transmission and transformation*. New York: Oxford University Press, 2018.

126 Heinrich, Ari Larissa. *Chinese surplus: biopolitical aesthetics and the medically commodified body*. Durham: Duke University Press, 2018.

127 Hendriks, Eric C. *Life advice from below: the public role of self-help coaches in Germany and China*. Leiden: Brill, 2017.

128 Hinton, David. *Existence: a story*. United States: Shambhala, 2016.

129 Hirshberg, Daniel Alexander. *Remembering the Lotus-Born: Padmasambhava in the history of Tibet's golden age*. United States: Wisdom Publications, 2016.

130 Ho, Chiew Hui. *Diamond sutra narratives: textual production and lay religiosity in medieval China*. Leiden; Boston: Brill, 2019.

131 Hoffmann, Helmut. *The religions of Tibet*. London: Routledge, 2018.

132 Hornbeck, Ryan G. *Religious cognition in China: "Homo religiosus" and the dragon*. Cham,

Switzerland: Springer, 2017.

133　Hsia, R. Po-Chia. *Matteo Ricci and the catholic mission to China, 1583-1610: a short history with documents*. United States: Hackett, 2016.

134　Hu, Baozhu. *Believing in ghosts and spirits: the concept of gui in ancient China*. London: Routledge, 2020.

135　Hu, Jiansheng. *Big tradition and Chinese mythological studies*. Singapore: Springer, 2020.

136　Hu, Minghui. *China's transition to modernity: the new classical vision of Dai Zhen*. United States: University of Washington Press, 2015.

137　Huang, Junjie. *East Asian Confucianisms: texts in context*. Germany: V&R Unipress, 2015.

138　Huang, Junjie. *Mencian hermeneutics*. London: Routledge, 2019.

139　Huang, Kejian. *From destiny to Dao: a survey of pre-Qin philosophy in China*. United States: Enrich Professional Publishing, 2016.

140　Huang, Martin W. *Intimate memory: gender and mourning in late imperial China*. Albany: SUNY Press, 2018.

141　Huang, Yong. *Michael Slote encountering Chinese philosophy: a cross-cultural approach to ethics and moral philosophy*. London; New York: Bloomsbury Academic, 2020.

142　Hutton, Eric L. *Dao companion to the philosophy of Xunzi*. Netherlands: Springer, 2016.

143　Inouye, Melissa Wei-Tsing. *China and the true Jesus: charisma and organization in a Chinese Christian church*. New York, NY: Oxford University Press, 2018.

144　Introvigne, Massimo. *Inside the church of almighty God: the most persecuted religious movement in China*. New York: Oxford University Press, 2020.

145　Ireland, Daryl R. *John Song: modern Chinese Christianity and the making of a new man*. Waco, Texas: Baylor University Press, 2020.

146　Israeli, Raphael. *One century of vain missionary work among Muslims in China: the cross battles the crescent*. Newcastle upon Tyne, UK: Cambridge Scholars Publishing, 2018.

147　Jackson, Roger R. *Mind seeing mind: Mahāmudrā and the Geluk tradition of Tibetan Buddhism*. Massachusetts: Wisdom Publications, 2019.

148　Jackson, Roger R.; Mathes, Klaus-Dieter. *Mahāmudrā in India and Tibet*. Leiden; Boston: Brill, 2020.

149　Jackson, Terence [et al.]. *Chinese organizations in Sub-Saharan Africa: new dynamics, new synergies*. London: Routledge, 2019.

150　Jahoda, Christian; Tsering, Gyalbo. *Khorchag: an overview of its history and culture* [2nd ed]. Austria: Austrian Academy of Sci, 2015.

151　Jansen, Berthe. *The monastery rules: Buddhist monastic organization in pre-modern Tibet*. Oakland, California: University of California Press, 2018.

152　Jenco, Leigh Kathryn. *Chinese thought as global theory: diversifying knowledge production in the social sciences and humanities*. United States: SUNY Press, 2016.

153　Ji, Zhe. *Buddhism after Mao: negotiations, continuities, and reinventions*. Honolulu, Hawai'i: University of Hawai'i Press, 2019.

154　Jia, Jinhua. *Gender, power, and talent: the journey of Daoist priestesses in Tang China*. New York: Columbia University Press, 2018.

155　Jia, Jinhua. *Gendering Chinese religion: subject, identity, and body*. United States: State University of New York Press, 2015.

156 Jin, Mingri. *Back to Jerusalem with all nations: a Biblical foundation.* United States: Wipf & Stock Publishers, 2016.
157 Jin, Yijiu [et al.]. *Islam.* Leiden, Boston: Brill, 2017.
158 Jingwei. *Liezi: world of delusions: full Chinese text and translation, analysis and appreciation.* Singapore: Jingwei, 2020.
159 Johns, Christopher M. S. *China and the church: Chinoiserie in global context.* United States: University of California Press, 2016.
160 Johnson, Ian. *The souls of China: the return of religion after Mao.* London: Allen Lane, 2017.
161 Johnston, Ian; Wang, Ping. *The Mingjia & related texts.* Hong Kong: The Chinese University of Hong Kong Press, 2020.
162 Jones, Charles Brewer. *Chinese Pure Land Buddhism: understanding a tradition of practice.* Honolulu: University of Hawai'i Press, 2019.
163 Jones, David Edward. *Returning to Zhu Xi: emerging patterns within the supreme polarity.* United States: SUNY Press, 2015.
164 Jones, Stephen. *In search of the folk Daoists in North China.* United Kingdom: Routledge, 2016.
165 Jörg Heimbel. *Vajradhara in human form: the life and times of Ngor chen Kun dga' bzang po.* Nepal: Lumbini International Research Institute, 2017.
166 Jülch, Thomas. *The Middle Kingdom and the Dharma Wheel: aspects of the relationship between the Buddhist Samgha and the state in Chinese history.* Netherlands: Brill, 2016.
167 Jullien, François [et al.]. *From being to living: a Euro-Chinese lexicon of thought.* Los Angeles: SAGE, 2019.
168 Jullien, François. *Living off landscape, or, the unthought-of in reason.* Lanham: Rowman& Littlefield Publishers, 2018.
169 Juntunen, Riika-Leena. *Borrowed place: mission stations and local adaption in early twentieth-century Hunan.* Netherlands: Brill, 2015.
170 Kaiser, Andrew T. *The Rushing on of the purposes of God: Christian missions in Shanxi since 1876.* Eugene, Oregon: Pickwick Publications, 2016.
171 Kang, Jie. *House church Christianity in China: from rural preachers to city pastors.* Switzerland: Palgrave Macmillan, 2016.
172 Karma-gliṅ-pa. *The Tibetan Book of the Dead: the great liberation through hearing the Bardo.* Boulder, Colorado: Shambhala, 2019.
173 Khalil, Osamah F. *United States relations with China and Iran: toward the Asian century.* London: Bloomsbury Academic, 2019.
174 Khyentse, Dilgo. *Lion of speech: the life of Mipham Rinpoche.* Boulder, Colorado: Shambhala, 2020.
175 Kiely, Jan. *Recovering Buddhism in modern China.* United States: Columbia University Press, 2016.
176 Kilcourse, Carl S. *Taiping theology: the localization of Christianity in China, 1843-64.* United States: Palgrave Macmillan, 2016.
177 Kim, Jung-Yeup. *Zhang Zai's philosophy of Qi: a practical understanding.* United States: Lexington Books, 2015.
178 Kim, Sungmoon. *Theorizing Confucian virtue politics: the political philosophy of Mencius and

Xunzi. Cambridge: Cambridge University Press, 2020.

179 King, Gail Oman. *"A model for all Christian women": Candida Xu, a Chinese Christian woman of the seventeenth century*. London: Routledge, 2020.

180 King, R.A.H. *The good life and conceptions of life in early China and Graeco-Roman antiquity*. Germany: De Gruyter, 2015.

181 Kirkland, Russell. *Taoism: critical concepts in religious studies* [4 v]. United Kingdom: Routledge, 2015.

182 Kleeman, Terry F. *Celestial masters: history and ritual in early Daoist communities*. United States: Harvard University Asia Center, 2016.

183 Knight, Nick. *Li Da and Marxist philosophy in China*. [Place of publication not identified]: Routledge, 2018.

184 Komarovski, Yaroslav. *Tibetan Buddhism and mystical experience*. United States: Oxford University Press, 2015.

185 Ku, Yu-Hsiu. *History of Zen*. Germany: Springer, 2016.

186 Kubuya, Paulin Batairwa. *Meaning and controversy within Chinese ancestor religion*. Basingstoke, Hampshire: Palgrave Macmillan, 2018.

187 Kunsang, Erik Pema. *Jewels of enlightenment: wisdom teachings from the great Tibetan masters*. United States: Shambhala, 2015.

188 Kuo, Cheng-tian. *Religion and nationalism in Chinese societies*. Amsterdam: Amsterdam University Press, 2017.

189 Kwan, Simon Shui-Man. *Negotiating a presence-centred Christian counselling: towards a theologically informed and culturally sensitive approach*. United Kingdom: Cambridge Scholars, 2016.

190 Laamann, Lars Peter; Lee, Joseph Tse-Hei. *The Church as safe haven: Christian governance in China*. Leiden: Brill, 2019.

191 Lagerwey, John. *Paradigm shifts in early and modern Chinese religion: a history*. Leiden: Brill, 2019.

192 Lagerwey, John; Marsonem, Pierre. *Modern Chinese religion I: Song-Liao-Jin-Yuan (960-1368 AD)*. Leiden: Brill, 2019.

193 Lai, Karyn [et al.]. *Cultivating a good life in early Chinese and ancient Greek philosophy: perspectives and reverberations*. London: Bloomsbury Academic, 2019.

194 Lai, Karyn L. *An introduction to Chinese philosophy*. Cambridge, United Kingdom: Cambridge University Press, 2017.

195 Lam, Y. C. *New studies on Zhou-yi divination process*. Xianggang: Tian di tushu you xian gong si, 2018.

196 Lan, Haixia W. *Aristotle and Confucius on rhetoric and truth: the form and the way*. United Kingdom: Routledge, 2016.

197 Laozi; Breeden, David. *Daodejing*. United States: Lamar University Press, 2015.

198 Laozi; Crucefix, Martyn. *Daodejing*. United Kingdom: Enitharmon, 2016.

199 Laozi; Yang, Peng. *Dao dejing: the united version*. United States: Wapner & Brent Books, 2016.

200 Lee, David. *A charismatic model of the church: Edward Irving's teaching in a 21st-century Chinese context*. Newcastle upon Tyne: Cambridge Scholars Publishing, 2018.

201 Lee, David. *Contextualization of sufi spirituality in seventeenth- and eighteenth-century China: the role of Liu Zhi (c.1662 - c.1730)*. United States: Pickwick Publications, 2015.

202 Lee, Witness. *The Collected Works of Witness Lee. 1932-1949*. Anaheim, California: Living Stream Ministry, 2018.

203 Lee, Joseph Tse-Hei. *Christianizing south China: mission, development, and identity in modern Chaoshan*. Basingstoke, Hampshire: Palgrave Macmillan, 2018.

204 Li, Chunqing. *Zhong and Zhongyong in Confucian classics*. Basingstoke: Palgrave Pivot, 2020.

205 Li, Cunshan; Xia, Chen. *An outline of Chinese traditional philosophy*. United Kingdom: Paths International, 2015.

206 Li, Geng. *Fate calculation experts: diviners seeking legitimation in contemporary China*. New York: Berghahn, 2019.

207 Li, Ji. *God's little daughters: Catholic women in nineteenth-century Manchuria*. United States: University of Washington Press, 2015.

208 Li, Lan. *Popular religion in modern China: the new role of Nuo*. United Kingdom: Ashgate, 2015.

209 Li, Zehou. *A history of classical Chinese thought*. London: Routledge, 2019.

210 Lim, Francis K. H.; Sng, Bee Bee. *Christianity and social engagement in China*. London: Routledge, 2020.

211 Lin, Jennifer. *Shanghai faithful: betrayal and forgiveness in a Chinese Christian family*. Lanham: Rowman & Littlefield Publishers, 2017.

212 Lin, Wei-Ping. *Materializing magic power: Chinese popular religion in villages and cities*. United States: Harvard University Asia Center, 2015.

213 Lipman, Jonathan. *Islamic thought in China: Sino-Muslim intellectual evolution from the 17th to the 21st century*. United Kingdom: Edinburgh University Press, 2016.

214 Liu, Alan P. L. *Mass politics in the People's Republic: state and society in contemporary China*. New York: Routledge, 2019

215 Liu, Jianmei. *Zhuangzi and modern Chinese literature*. United States: Oxford University Press, 2016.

216 Liu, Susu. *Social support networks, coping and positive aging among the community-dwelling elderly in Hong Kong*. Singapore: Springer, 2019.

217 Liu, Xiaofeng; Leeb, Leopold. *Sino-theology and the philosophy of history: a collection of essays by Liu Xiaofeng*. Netherlands: Brill, 2015.

218 Liu, Xiaogan. *Dao companion to Daoist philosophy*. Netherlands: Springer, 2015.

219 Liu, Yu. *Harmonious disagreement: Matteo Ricci and his closest Chinese friends*. United States: Peter Lang, 2015.

220 Lock, Graham. *Chinese Buddhist texts: an introductory reader*. London: Routledge, 2018.

221 Lodwick, Kathleen L. *How Christianity came to China: a brief history*. United States: Fortress, 2016.

222 Long, Darui; Chen, Jinhua. *Chinese Buddhist canons in the age of printing*. London: Routledge, 2020.

223 Lopez, Donald S. Jr. *Dispelling the darkness: a Jesuit's quest for the soul of Tibet*. Cambridge, Massachusetts: Harvard University Press, 2017.

224　Lopez, Donald S. Jr. *Gendun Chopel: Tibet's modern visionary.* Boulder: Shambhala, 2018.
225　Lopez, Donald S. *Prisoners of Shangri-La: Tibetan Buddhism and the West.* Chicago: The University of Chicago Press, 2018.
226　Lou, Yulie. *Buddhism.* Netherlands: Koninklijke Brill NV, 2015.
227　Lu, Mingjun. *Chinese-Western comparative metaphysics and epistemology: a topical approach.* Lanham: Lexington Books, 2020.
228　Lu, Zhouxiang. *A history of Shaolin: Buddhism, kung fu and identity.* London: Routledge, 2019.
229　Ma, Jia. *Incorruptible love: the K. H. Ting story.* New York: Peter Lang, 2018.
230　Ma, Li. *Christianity, femininity and social change in contemporary China.* Cham: Palgrave Macmillan, 2019.
231　Ma, Li. *Religious entrepreneurism in China's urban house churches: the rise and fall of Early Rain Reformed Presbyterian Church.* London: Routledge, 2020.
232　Ma, Licheng. *Leading schools of thought in contemporary China.* Singapore: World Scientific, 2016.
233　Ma, Lin. *Fundamentals of comparative and intercultural philosophy.* United States: State University of New York Press, 2016.
234　Malek, Roman. *The Chinese face of Jesus Christ. Volume 4a, Annotated bibliography.* London: Routledge, 2017.
235　Malek, Roman. *The Chinese face of Jesus Christ. Volume 4b supplementary anthology general index addenda.* London: Routledge, 2019.
236　Manell, Osa Karen; Tweed, Michael. *The seventeen dzogchen tantras.* Somerville, MA: Wisdom Publications with Zangthal Editions, 2018.
237　Marsili, Filippo. *Heaven is empty: a cross-cultural approach to "religion" and empire in ancient China.* Albany: State University of New York Press, 2018.
238　McKay, Alex. *Kailas histories: renunciate traditions and the construction of Himalayan sacred geography.* Netherlands: Brill, 2016.
239　McLeod, Alexus. *The Bloomsbury research handbook of early Chinese ethics and political philosophy.* London: Bloomsbury Academic, 2019.
240　McLeod, Alexus. *The philosophical thought of Wang Chong.* Cham: Palgrave Macmillan, 2018.
241　McLeod, Alexus. *Theories of truth in Chinese philosophy: a comparative approach.* United States: Rowman & Littlefield Inc., 2016.
242　McLeod, Alexus. *Transcendence and non-naturalism in early Chinese thought.* London: Bloomsbury Academic, 2020.
243　Mi, Chienkuo. *Moral and intellectual virtues in Western and Chinese philosophy: the turn toward virtue.* United States: Routledge, 2015.
244　Michael, Thomas. *In the shadows of the Dao: Laozi, the sage, and the Daodejing.* United States: SUNY Press, 2015.
245　Miller, James. *China's green religion: Daoism and the quest for a sustainable future.* New York: Columbia University Press, 2017.
246　Mo, Di. *The essential Mòzi: ethical, political, and dialectical writings.* Oxford, United Kingdom: Oxford University Press, 2020.

247 Møllgaard, Eske. *The Confucian political imagination*. Basingstoke, Hampshire: Palgrave Macmillan, 2018.

248 Mong, Ambrose. *Guns and gospel: imperialism and evangelism in China*. United Kingdom: Casemate Academic, 2016.

249 Moster, David Z. *Etrog: how a Chinese fruit became a Jewish symbol*. Basingstoke, Hampshire: Palgrave Macmillan, 2018.

250 Mou, Bo. *Chinese philosophy: critical concepts in philosophy*. London: Routledge, 2019.

251 Mou, Bo. *Comparative approaches to Chinese philosophy*. [Place of publication not identified]: Routledge, 2017.

252 Mou, Bo. *Semantic-truth approaches in Chinese philosophy: a unifying pluralist account*. Lanham: Lexington Books, 2019.

253 Mou, Zhongjian. *General history of religions in China. Part I*. Reading: Paths International, 2017.

254 Mou, Zhongjian. *General history of religions in China. Part II*. Reading: Paths International, 2017.

255 Mu-Chou Poo [et al.]. *Old society, new belief: religious transformation of China and Rome, ca. 1st-6th centuries*. New York: Oxford University Press, 2017.

256 Mungello, D. E. *The catholic invasion of China: remaking Chinese Christianity*. United States: Rowman & Littlefield, 2015.

257 Mungello, D. E. *The silencing of Jesuit figurist Joseph de Prémare in eighteenth-century China*. Lanham: Lexington Books, 2019.

258 Nāgārjuna. *The root stanzas of the middle way: the mulamadhyamakakarika*. United States: Shambhala, 2016.

259 Nelson, Eric Sean. *Chinese and Buddhist philosophy in early twentieth-century German thought*. London: Bloomsbury Academic, 2017.

260 Ng, Emily. *A time of lost gods: mediumship, madness, and the ghost after Mao*. Oakland: University of California Press, 2020.

261 Ng, Zhiru. *The making of a savior bodhisattva: Dizang in medieval China*. Honolulu: University of Hawai'i Press, 2017.

262 Ni, Peimin. *Confucius: the man and the way of Gongfu*. United States: Rowman & Littlefield Inc., 2016.

263 Nicolini-Zani, Matteo. *Christian monks on Chinese soil: a history of monastic missions to China*. United States: Liturgical Press, 2016.

264 Nobis, Adam. *A short guide to the new silk road*. Leiden; Boston: Brill, 2018.

265 Nylan, Michael. *The Chinese pleasure book*. New York: Zone Books, 2018.

266 Oda, Juten. *A study of the Buddhist sutra called Säkiz yükmäk yaruq or Säkiz törlügin yarumïs yaltrïmïs in Old Turkic*. Belgium: Brepols, 2015.

267 Olberding, Amy. *The wrong of rudeness: learning modern civility from ancient Chinese philosophy*. New York: Oxford University Press, 2019.

268 Ownby, David. *Making saints in modern China*. New York: Oxford University Press, 2017.

269 P. Redmond, Geoffrey. *The I ching (book of changes): a critical translation of the ancient text*. London: Bloomsbury Academic, 2017.

270 Padma Sambhava; Mi-pham-rgya-mtsho. *A garland of views: a guide to view, meditation,*

and result in the nine vehicles: Padmasambhava's classic text with a commentary by Jamgön Mipham. United States: Shambhala, 2015.

271 Pahlke, Michael. *The perfect liberation of the Mahāsiddha Chunga Rinpoche (1899-1980)*. Lumbini: Lumbini International Research Institute, 2020.

272 Palmer, David; Siegler, Elijah. *Dream trippers: global Daoism and the predicament of modern spirituality*. Chicago; London: The University of Chicago Press, 2017.

273 Pan, Haimin. *Grief, bereavement and meaning making in older people: views from rural China*. London: Routledge, 2020.

274 Pang, Qin. *State-society relations and Confucian revivalism in contemporary China*. Basingstoke, Hampshire: Palgrave Macmillan, 2018.

275 Pang-White, Ann A. *Bloomsbury research handbook of Chinese philosophy and gender*. United Kingdom: Bloomsbury Academic, 2016.

276 Pang-White, Ann A. *The Confucian Four books for women: a new translation of the Nü sishu and the commentary of Wang Xiang*. New York: Oxford University Press, 2018.

277 Pankenier, David W. *Astrology and cosmology in early China: conforming earth to heaven*. United Kingdom: Cambridge University Press, 2015.

278 Paper, Jordan D. *Chinese religion and familism: the basis of Chinese culture, society and government*. London: Bloomsbury Academic, 2019.

279 Peters, Larry. *Tibetan Shamanism: ecstasy and healing*. United States: North Atlantic Books, 2016.

280 Pfister, Lauren F. *Vital post-secular perspectives on Chinese philosophical issues*. Lanham, Maryland: Lexington Books, 2020.

281 Puett, Michael J. *The path: what Chinese philosophers can teach us about the good life*. United States: Simon & Schuster, 2016.

282 Rab-gsal-zla-ba, Dil-mgo Mkhyen-brtse. *The life and times of Jamyang Khyentse Chökyi Lodrö: the great biography by Dilgo Khyentse Rinpoche and other stories*. Boston: Shambhala, 2017.

283 Rangdrol, ShabkarTsogdruk. *The emanated scripture of Manjushri: Shabkar's essential meditation instructions*. Boulder: Snow Lion, 2018.

284 Reding, Jean-Paul. *Comparative essays in early Greek and Chinese rational thinking*. [Place of publication not identified]: Routledge, 2017.

285 Reinders, Eric Robert. *Buddhist and Christian responses to the kowtow problem in China*. United Kingdom: Bloomsbury Academic, 2015.

286 Rizopoulos, Perry Giuseppe. *100 conversations you need to have: Perry Giuseppe Rizopoulos*. Boston, MA: Academic Studies Press, 2018.

287 Robinson, Douglas. *The deep ecology of rhetoric in Mencius and Aristotle: a somatic guide*. United States: SUNY Press, 2016.

288 Roland, Gérard. *China's lost generation: changes in beliefs and their intergenerational transmission*. London: Centre for Economic Policy Research, 2017.

289 Rosemont, Henry. *Confucian role ethics: a moral vision for the 21st century?* Germany: V&R Uni press, 2016.

290 Rosker, Jana. *Following his own path: Li Zehou and contemporary Chinese thought*. Albany: State University of New York, 2019.

291 Rosker, Jana. *The rebirth of the moral self: the second generation of modern Confucians and their modernization discourses.* Hong Kong, China: The Chinese University Press, 2016.

292 Rothschild, N. Harry. *Emperor Wu Zhao and her pantheon of devis, divinities, and dynastic mothers.* United States: Columbia University Press, 2015.

293 Sachsenmaier, Dominic. *Global entanglements of a man who never traveled: a seventeenth-century Chinese Christian and his conflicted worlds.* New York: Columbia University Press, 2018.

294 Saich, Tony. *The Chinese people's movement: perspectives on spring 1989.* New York: Routledge, 2019.

295 Salguero, C. Pierce; Macomber, Andrew. *Buddhist healing in medieval China and Japan.* Honolulu: University of Hawai'i Press, 2020.

296 Sandel, Michael J. *Encountering China: Michael Sandel and Chinese philosophy.* Cambridge, Massachusetts: Harvard University Press, 2018.

297 Sang, Yu. *Xiong Shili's understanding of reality and function, 1920-1937.* Leiden: Brill, 2020.

298 Scharff, David E. *Psychoanalysis and psychotherapy in China. volume 2.* London: Karnac Books, 2017.

299 Scharff, David E. *Psychoanalysis and psychotherapy in China: volume 1.* [Place of publication not identified]: Routledge, 2018.

300 Schneider, Henrique. *An introduction to Hanfei's political philosophy: the way of the ruler.* Newcastle upon Tyne: Cambridge Scholars Publishing, 2018.

301 Schuler, Barbara. *Historicizing emotions: practices and objects in India, China, and Japan.* Leiden; Boston: Brill 2018.

302 Scott, Gregory Adam. *Building the Buddhist revival: reconstructing monasteries in modern China.* New York, NY: Oxford University Press, 2020.

303 Setchfield, Andrew. *St Edmund's Chingford, 100 years serving South Chingford.* Parochial Church Council of the Parish of St Edmund, Chingford, 2020.

304 Shang, Yang. *The book of Lord Shang: apologetics of state power in early China.* New York: Columbia University Press, 2017.

305 Shen, Hsueh-man. *Authentic replicas: Buddhist art in medieval China.* Honolulu: University of Hawai'i Press, 2019.

306 Shes-rab-phun-tshogs, Mkhan-po. *The Karmapas and their Mahamudra forefathers: an illustrated guide.* United States: Wisdom Publications, 2016.

307 Shinohara, Koichi. *Spells, images, and mandalas: tracing the evolution of Esoteric Buddhist rituals.* New York: Columbia University Press, 2015.

308 Sigurosson, Geir. *Confucian propriety and ritual learning: a philosophical interpretation.* United States: State University of New York Press, 2015.

309 Silk, Jonathan A. *Buddhist cosmic unity: an edition, translation and study of the Anunatvapurnatvanirdesaparivarta.* Germany: Hamburg University Press, Publishing House of the Hamburg State and University Library Carl Von Ossietzky, 2015.

310 Slavkovsky, Adrian. *Indian and Chinese philosophy.* Germany: Peter Lang Edition, 2016.

311 Slote, Michael. *Between psychology and philosophy: east-west themes and beyond.* Cham: Palgrave Macmillan, 2020.

312 Smith, Acarya Malcolm; Smith, Malcolm. *Buddhahood in this life: the great commentary by*

Vimalamitra. United States: Wisdom Publications, 2016.

313 So, Francis K.H. [et al.]. *The Catholic church in Taiwan. birth, growth and development.* Basingstoke, Hampshire: Palgrave Macmillan, 2017.

314 Sogyal, Rinpoche. *The Tibetan book of living and dying.* London: Rider Books, 2017.

315 Song, Gang. *Giulio Aleni, Kouduo Richao, and Christian-Confucian dialogism in late Ming Fujian.* London: Routledge, 2018.

316 Song, Gang. *Reshaping the boundaries: the Christian intersection of China and the West in the modern era.* Hong Kong, China: Hong Kong University Press, 2016.

317 Starr, Chloë. *Chinese theology: text and context.* United States: Yale University Press, 2016.

318 Steavu, Dominic. *The writ of the three sovereigns: from local lore to institutional Daoism.* Honolulu, HI: University of Hawai'i Press, 2019.

319 Strong, David. *A call to mission: the Jesuits in China, the French romance.* Adelaide: ATF Theology, 2018.

320 Struve, Lynn A. *The dreaming mind and the end of the Ming world.* Honolulu: University of Hawai'i Press, 2019.

321 Stump, Colin. *Wisdom of the mountains: Buddhism of Tibet and the Himalaya.* Bleasby: Paramita Publications, 2017.

322 Swain, Tony. *Confucianism in China: an introduction.* London: Bloomsbury Academic, 2017.

323 Tan, Sor-Hoon. *The Bloomsbury research handbook of Chinese philosophy methodologies.* United Kingdom: Bloomsbury Academic, 2016.

324 Tan, Yuh Huann. *Conceptions of knowledge creation, knowledge and knowing: a phenomenography of Singapore Chinese language teachers.* Singapore: Springer, 2020.

325 Tang, Kaijian. *Setting off from Macau: essays on Jesuit history during the Ming and Qing Dynasties.* Netherlands: Brill, 2016.

326 Tang, Li; Winkler, Dietmar W. *Winds of Jingjiao: studies on Syria Christianity in China and Central Asia.* Switzerland: Lit Verlag, 2016.

327 Tang, Siu-Fu. *Self-realization through Confucian learning: a contemporary reconstruction of Xunzi's ethics.* United States: State University of New York Press, 2016.

328 Tang, Yijie. *Anthology of philosophical and cultural issues: an exploration into new frontiers.* Singapore: Springer, 2016.

329 Ter Haar, Barend J. *Guan yu: the religious afterlife of a failed hero.* Oxford: Oxford University Press, 2017.

330 Thrangu, Khenchen. *Advice from a Yogi: an explanation of a Tibetan classic on what is most important.* United States: Shambhala, 2015.

331 Tontini, Roberta. *Muslim Sanzijing: shifts and continuities in the definition of Islam in China.* Netherlands: Brill, 2016.

332 Tremmel, Robert. *The records of Kosho the Toad.* Huron, Ohio: Bottom Dog Press, 2018.

333 Trichen, Sakya. *Freeing the heart and mind. Part 2, ChögyalPhagpa on the Buddhist path.* Somerville, MA: Wisdom Publications, 2017.

334 Tshe-mchog-gling Ye-shes-rgyal-mtshan. *Manjushri's innermost secret: a profound commentary of oral instructions on the practice of Lama Chopa.* Somerville, MA: Wisdom Publications, 2019.

335 Uayan, Jean Uy. *A study of the emergence and early development of selected Protestant*

Chinese churches in the Philippines. Carlisle: Langham Monographs, 2017.

336　Vala, Carsten T. *The politics of Protestant churches and the party-state in China: God above party?* London: Routledge, 2017.

337　Van Den Stock, Ady. *The horizon of modernity: subjectivity and social structure in new Confucian philosophy*. Netherlands: Brill, 2016.

338　Van Schaik, Sam. *The spirit of Tibetan Buddhism*. United States: Yale University Press, 2016.

339　Van Schaik, Sam. *The spirit of Zen*. New Haven: Yale University Press, 2018.

340　Van Schaik, Sam. *Tibetan Zen: discovering a lost tradition*. United States: Snow Lion, 2015.

341　Verellen, Franciscus. *Imperiled destinies: the Daoist quest for deliverance in medieval China*. Cambridge, Massachusetts: Harvard University Asia Center, 2019.

342　Vermander, Benoît. *Shanghai sacred: the religious landscape of a global city*. Seattle: University of Washington Press, 2018.

343　Village, Andrew; Hood, Ralph W. *Research in the social scientific study of religion: special edition: the psychology of religion in China*. Leiden: Brill, 2017.

344　Virág, Curie. *The emotions in early Chinese philosophy*. New York: Oxford University Press, 2017.

345　Wallner, Friedrich G. *Constructive realism: philosophy, science, and medicine*. Germany: Verlag Traugott Bautz Gmbh, 2016.

346　Walsh, Michael J. *Stating the sacred: religion, China, and the formation of the nation-state*. New York: Columbia University Press, 2020.

347　Wang, Haiming. *The principles of new ethics. II, Normative ethics I*. London: Routledge, 2020.

348　Wang, Keping. *Harmonism as an alternative*. Basingstoke, Hampshire, 2019.

349　Wang, Xiaoxuan. *Maoism and grassroots religion: the Communist revolution and the reinvention of religious life in China*. New York: Oxford University Press, 2020.

350　Wang, Youru; Wawrytko, Sandra A. *Dao companion to Chinese Buddhist philosophy*. Dordecht, The Netherlands: Springer, 2018.

351　Wang, Yueqing [et al.]. *History of Chinese philosophy through its key terms*. Singapore: Springer, 2020.

352　Wang, Zhongjiang. *Daoism excavated: cosmos and humanity in early manuscripts*. United States: Three Pines Press, 2015.

353　Weller, Robert P. *Religion and charity: the social life of goodness in Chinese societies*. Cambridge: Cambridge University Press, 2018.

354　Welter, Albert; Newmark, Jeffrey. *Religion, culture, and the public sphere in China and Japan*. Singapore: Palgrave Macmillan, 2017.

355　White, Chris. *Protestantism in Xiamen: then and now*. Basingstoke, Hampshire: Palgrave Macmillan, 2018.

356　Wickeri, Philip L. *Unfinished history: Christianity and the Cold War in East Asia*. Germany: Evangelische Verlagsanstalt, 2016.

357　Wickeri, Philip L. *Christian encounters with Chinese culture: essays on Anglican and Episcopal history of China*. Hong Kong, China: Hong Kong University Press, 2015.

358　Windridge, C. *Tong sing: the Chinese book of wisdom: based on the ancient Chinese almanac*. London: Kyle Books, 2018.

359　Wolpert, Daniel. *Creation's wisdom: spiritual practice and climate change*. Maryknoll, New

York: Orbis Books, 2020.

360 Wong, Pak Nung. *Discerning the powers in post-colonial Africa and Asia: a treatise on Christian statecraft*. Germany: Springer, 2016.

361 Woods, Paul. *Shaping Christianity in greater China: indigenous Christians in focus*. Oxford, UK: Regnum Books International, 2017.

362 World Scientific. *New waves in China's philosophical studies*. Singapore: World Scientific, 2018.

363 Wriggins, Sally Hovey. *Xuanzang: a Buddhist pilgrim on the Silk Road*. London: Routledge, 2019.

364 Wu, Albert Monshan. *From Christ to Confucius: German missionaries, Chinese Christians, and the globalization of Christianity, 1860-1950*. United States: Yale University Press, 2016.

365 Wu, Genyou. *Between deontology and justice: Chinese and Western perspectives*. London: Routledge, 2019.

366 Wu, Hui; Swearingen, C. Jan. *Guiguzi, China's first treatise on rhetoric: a critical translation and commentary*. United States: Southern Illinois University Press, 2016.

367 Wu, Jiang. *Leaving for the rising sun: Chinese Zen master Yinyuan and the authenticity crisis in early modern East Asia*. United States: Oxford University Press, 2015.

368 Wu, Jiang. *Spreading Buddha's word in East Asia: the formation and transformation of the Chinese Buddhist canon*. United States: Columbia University Press, 2016.

369 Wu, Juenong. *An illustrated modern reader of the classic of tea*. New York, NY: Better Link Press, 2017.

370 Wu, Karin Taylor. *Calculating the BaZi: the GanZhi*. London: Singing Dragon, 2017.

371 Xie, Yungeng. *Report on Chinese social opinion and crisis management*. Singapore: Springer, 2019.

372 Xie, Zhibin. *Religious diversity and public religion in China*. [Place of publication not identified]: Routledge, 2017.

373 Xing, Yijun. *An alternative road to leadership: a cultural trajectory to philosopher leader*. Netherlands: Shaker, 2015.

374 Xiong, Shili; March, Andrew. *New treatise on the uniqueness of consciousness*. United States: Yale University Press, 2015.

375 Xu, Jing. *The good child: moral development in a Chinese preschool*. Stanford, California: Stanford University Press, 2017.

376 Xu, Zhangrun. *The confucian misgivings: Liang Shu-ming's narrative about law*. Singapore: Springer, 2017.

377 Xuanyi; Jülch, Thomas. *The Zhenzheng lun: a Buddhist apologetic scripture of Tang China*. London: Routledge, 2018.

378 Yang Hsu, Becky; Madsen, Richard. *The Chinese pursuit of happiness: anxieties, hopes, and moral tensions in everyday life*. Oakland, California: University of California Press, 2019.

379 Yang, Fenggang [et al.]. *Global Chinese Pentecostal and Charismatic Christianity*. Leiden; Boston: Brill, 2017.

380 Yang, Guorong. *Philosophical horizons: metaphysical investigation in Chinese philosophy*. Leiden: Brill, 2019.

381 Yang, Guorong; D'Ambrosio, Paul. *On human action and practical wisdom*. Netherlands: Brill,

2016.

382　Yang, Jui-Sung. *Body, ritual and identity: a new interpretation of the early Qing Confucian Yan Yuan (1635-1704)*. Netherlands: Brill, 2016.

383　Yang, Mayfair. *Re-enchanting modernity: ritual economy and society in Wenzhou, China*. Durham: Duke University Press, 2020.

384　Yang, Yanjun. *Unit 731: laboratory of the devil, Auschwitz of the east: Japanese biological warfare in China 1933-45*. Stroud: Fonthill Media, 2018.

385　Ye, Tao. *Mount Tai steles in China*. United States: Homa & Sekey Books, 2015.

386　Ye-shes-mtsho-rgyal. *The life and visions of Yeshé Tsogyal: the autobiography of the great wisdom queen*. Boulder: Snow Lion, 2017.

387　Yi, Cheng. *The Yi River Commentary on the Book of Changes*. New Haven: Yale University Press, 2019.

388　Young, Stuart H. *Conceiving the Indian Buddhist patriarchs in China*. United States: University of Hawai'i Press, 2015.

389　Yü, Chün-fang. *Chinese Buddhism: a thematic history*. Honolulu: University of Hawai'i Press, 2020.

390　Yü, Chün-fang. *The renewal of Buddhism in China: Zhuhong and the late Ming synthesis*. New York: Columbia University Press, 2020.

391　Yuan, Lijun. *Confucian Ren and feminist ethics of care: integrating relational self, power, and democracy*. Lanham: Lexington Books, 2019.

392　Yue, Xiaodong. *Humour and Chinese culture: a psychological perspective*. London: Routledge, 2017.

393　Yule, Henry. *Cathay and the way thither: a collection of medieval notices of China, Volume I*. London: Hakluyt Society, 2017.

394　Yu-Ping, Luk. *The empress and the heavenly masters: a study of the ordination scroll of Empress Zhang (1493)*. Hong Kong, China: Chinese University Press, 2015.

395　Zetzsche, Jost Oliver. *The Bible in China: the history of the Union Version, or, The culmination of Protestant missionary Bible translation in China*. [Place of publication not identified]: Routledge, 2017.

396　Zhang, Cheng. *Martial apothegms of the Shaolin Monks: a concise collection of traditional precepts, maxims, aphorisms, and other brief martial wisdom of Ancient China*. London: Asalot Press, 2017.

397　Zhang, Cong. *Performing filial piety in Northern Song China: family, state, and native place*. Honolulu: University of Hawai'i Press, 2020.

398　Zhang, Dewei. *Thriving in crisis: buddhism and political disruption in China, 1522-1620*. New York: Columbia University Press, 2020.

399　Zhang, Li. *Inside the church of almighty God: the most persecuted religious movement in China*. New York: Oxford University Press, 2020.

400　Zhang, Qianfan. *Human dignity in classical Chinese philosophy: Confucianism, Mohism, and Daoism*. United States: Palgrave Macmillan, 2016.

401　Zhao, Jianmin. *Christus dominus in the context of China*. Belgium: Ferdinand Verbiest Institute, K.U. Leuven, 2016.

402　Zhao, Jing; Dixon, L. Quentin. *Rooted in hope: China, religion, Christianity: Festschrift in*

honor of Roman Malek S.V.D. on the occasion of his 65th birthday. London: Routledge, 2017.
403 Zheng, Shuhong. *Zhu Xi and Meister Eckhart: two intellectual profiles*. Belgium: Peeters Publishing, 2016.
404 Zheng, Yangwen. *Sinicizing Christianity*. Leiden; Boston: Brill, 2017.
405 Zhu, Xi. *Zhu Xi: selected writings*. New York, NY: Oxford University Press, 2019.
406 Zhu, Yongxin. *History of Chinese ancient educational thought*. United States: Mcgraw-Hill, 2015.
407 Zhuangzi; Feng, Youlan. *Chuang-Tzu: a new selected translation with an exposition of the philosophy of Kuo Hsiang*. Germany: Springer, 2016.
408 Zhuo, Xinping. *Contemporary religious studies in China*. Reading: Paths Internaitonal Ltd, 2020.
409 Zhuo, Xinping. *Religious faith of the Chinese*. Singapore: Springer: China Social Sciences Press, 2018.
410 Zonggao. The letters of Chan master Dahui Pujue. New York: Oxford University Press, 2017.
411 Županov, Ines G.; Fabre, Pierre Antoine. *The rites controversies in the early modern world*. Leiden; Boston: Brill, 2018.
412 Zürcher, Erik. *Kouduo richao: Li Jiubiao's Diary of oral admonitions: a late Ming Christian journal*. [Place of publication not identified]: Routledge, 2020.

法语

413 Béguin, Gilles. *Dieux du Tibet: iconographie du bouddhisme lamaïque*. Suilly-la-Tour: Éditions Findakly, 2018.
414 Borgetto, Jacques. *Si près du ciel, le Tibet*. Trézélan: Filigranes éditions, 2017.
415 Ch'en, Kenneth Kuan Shêng. *Histoire du bouddhisme en Chine*. Paris: les Belles lettres, 2015.
416 Chiron, Yves. *La longue marche des catholiques de Chine*. Paris; Perpignan: Artège, 2019.
417 Cochini, Christian. *50 grands maîtres du bouddhisme chinois: moines éminents du Mahayana*. Montrouge: Bayard; [Paris]: Institut Ricci, 2015.
418 David, Pascal. *Penser la Chine: interroger la philosophie avec François Jullien*. Paris: Hermann, 2016.
419 David-Neel, Alexandra. *Socialisme chinois, le philosophe Meh-Ti et l'idée de solidarité*. Paris: Éditions You Feng, 2016.
420 De Leeck, Jean-Pierre. *Une vision chinoise de l'invisible: les esprits en Chine, croyances et pratique*. Paris: Éditions Pacifica, 2018.
421 De Sesmaisons, François. *«Cette Chine que j'aime»: Jean de Guébriant, 1860-1935: un missionnaire breton au siècle des missions*. Saint-Denis: Publibook, 2016.
422 Durand-Dastès, Vincent. *Empreintes du tantrisme en Chine et en Asie orientale: imaginaires, rituels, influences*. Leuven: Peeters, 2016.
423 Föllmi, Olivier; Hullot, Jean Marie. *Pélerinage au Tibet: autour du mont Kailash*. Lachapelle-sous-Aubenas: Hozhoni éditions, 2017.
424 Foucquet, Jean-François. *Lettres de Chine à sa famille: 1698-1721*. [Paris]: Mercure de France,

2019.
425 Garcia-Chopin, Isabelle. *Enfants moines: rencontres dans l'Himalaya*. Grenoble: Glénat, 2020.
426 Graziani, Romain. *L'usage du vide: essai sur l'intelligence de l'action, de l'Europe à la Chine*. Paris: Gallimard, 2019
427 Guo, Zhenzhen. *Pensée chinoise et raison grecque: pourquoi la Chine n'a pas développé la science*. Dijon: Éditions universitaires de Dijon, 2017.
428 Huang, Kuan-Min. *Un autre souci de soi: le sens de la subjectivité dans la philosophie chinoise antique*. Dijon: Éditions universitaires de Dijon, 2017.
429 Jin, Siyan; Ledru, Raymond. *Transfert culturel: les premiers missionnaires en Chine*. Paris: Éditions You Feng, 2016.
430 Jullien, François. *La pensée chinoise: en vis-à-vis de la philosophie*. [Paris]: Gallimard, 2019.
431 Lacoste, Lucien. *Vingt-deux années de mission au Yunnan, Chine, 1931-1952*. Lestelle-Bétharram: Congrégation du Sacré-Coeur de Jésus, 2019.
432 Ly, André. *Sichuan: chronique d'une mission au XVIIIe siècle: journal d'André Ly, prêtre chinois, missionnaire et notaire apostolique: 1746-1764*. Paris: Éditions You feng librairie & éditeur, 2015.
433 Moioli, Michèle. *La voie de la sagesse chinoise*. Paris: l'Harmattan, 2017.
434 Pastor, Jean-Claude. *Grandes heures de la pensée chinoise: de la dynastie Song au XXe siècle*. Paris: les Indes savantes, 2019.
435 Puett, Michael; Gross-Loh, Christine. *La voie: comment la philosophie chinoise peut nous aider à tout repenser*. [Paris]: Pocket, 2019.
436 Qi, Zhaoyuan. *Le socratisme en Chine et la recherche comparative entre la philosophie morale de Socrate et celle de Confucius*. Limoges: PULIM, 2016.
437 Roussillat, Sébastien. *Comment devenir aussi sage qu'un Chinois?* Paris: l'Iconoclaste, 2018.
438 Saint Girons, Benoît. *Les sens du Tao: comprendre Lao Zi et vivre mieux*. Paris: Entrelacs, 2016.
439 Vendassi, Pierre. *Chrétiens de Chine: affiliations et conversions au XXIe siècle*. Rennes: Presses universitaires de Rennes, 2016.
440 Yen, Martin. *Nouvelle histoire de l'introduction du christianisme en Chine*. Paris: Éditions You Feng libraire & éditeur, 2020.

德语

441 Behr, Wolfgang et al. *Auf Augenhöhe: Festschrift zum 65. Geburtstag von Heiner Roetz*. München: Iudicium-Verl., 2015.
442 Benetka, Gerhard; Werbik, Hans (Hrsg.). *Die philosophischen und kulturellen Wurzeln der Psychologie: Traditionen in Europa, Indien und China*. Gießen: Psychosozial-Verlag, 2018.
443 Bodhidharma; Keller, Guido. *Zwei Eingänge und vier Übungen*. Frankfurt: Angkor Verlag, 2019.
444 Brandl, Bernd; Buchholz, Meiken. *Hudson Taylor: Visionär, Stratege, Missionar: 150 Jahre China-Inland-Mission*. Nürnberg: VTR, 2015.

445 Daiber, Karl-Fritz. *Protestantismus und konfuzianische Kultur: Aspekte ihrer Zuordnung in China und Südkorea*. Berlin: Lit, 2017.
446 Drewes, Frauke. *Orientalisiert – kriminalisiert – propagiert?: die Position von Muslimen in Gesellschaft und Politik der Volksrepublik China heute*. Würzburg: Ergon Verlag, 2016.
447 Dumoulin, Heinrich. *Geschichte des Zen-Buddhismus: Band 1. Indien, China und Korea*. Tübingen: Narr Francke Attempto, 2019.
448 Ess, Hans van. *Die 101 wichtigsten Fragen - China*. München: C. H. Beck, 2020.
449 Fischer, Andreas. *Tao, Tee und Tabakpfeife*. Münster: agenda Verlag, 2020.
450 Geiger, Heinrich. *Den Duft hören: Natur, Naturbegriff und Umweltverhalten in China*. Berlin: Matthes & Seitz Berlin Verlagsgesellschaft mbH, 2019.
451 Gimm, Martin. *Der Fall Prinz Rong im Prozeß gegen den Jesuitenpater Adam Schall in den Jahren 1664/65 in China*. Wiesbaden: Harrassowitz Verlag, 2018.
452 Grabner-Haider, Anton. *Weisheit aus China*. Neu-Isenburg: Angelika Lenz Verlag, 2020.
453 Hartwich, Richard. *Steyler China-Missionare in der Verbannung: Bischof Theodor Schu SVD, China-Korrespondenz 1952-1959*. Siegburg: Franz Schmitt Verlag, 2020.
454 Haselberg, Clemens; Kramer, Stefan (Hrsg.). *Zeit, Raum und die Wirklichkeiten Chinas*. Berlin; Münster: LIT, 2017.
455 Heberer, Thomas; Müller, Armin. *Entwicklungsstaat China: Politik, Wirtschaft, sozialer Zusammenhalt und Ideologie*. Berlin/Deutschland: Friedrich-Ebert-Stiftung, Referat Asien und Pazifik, 2020.
456 Hetmanczyk, Philipp. *Reichtum begraben: Aushandlungsprozesse „kostspieliger Bestattungspraxis" in China zwischen Religionspolitik und Religionsökonomie*. Berlin: De Gruyter, 2018.
457 Heubel, Fabian. *Chinesische Gegenwartsphilosophie zur Einführung*. Hamburg: Junius, 2016.
458 Heubel, Fabian. *Gewundene Wege nach China: Heidegger - Daoismus - Adorno*. Frankfurt am Main: Vittorio Klostermann GmbH, 2020.
459 Hou, Xin. *Jesuiten und Inkulturationsbemühungen des Christentums in China: die Abhandlung zur „Nestorianischen Stele" von Emmanuel Diaz (1574-1659)*. Wien: LIT, 2020.
460 Huo, Datong; Widmer, Peter (Hrsg.). *Psychoanalyse in China*. Wien, Berlin: Turia + Kant, 2020.
461 Jullien, François; Bardoux, Till (Übers.). *Denkzugänge: mögliche Wege des Geistes*. Berlin: Matthes & Seitz, 2015.
462 Jullien, François; Landrichter, Erwin (Übers.). *Von Landschaft leben oder Das Ungedachte der Vernunft*. Berlin: Matthes & Seitz, 2016.
463 Korbelius, Rudolf. *Buddhistische Tempel in Beijing Stadt und Han Buddhismus*. Schiedlberg: BACOPA, 2015.
464 Kubin, Wolfgang. *Klassiker des chinesischen Denkens: 10 Bände*. Freiburg: Verlag Herder, 2020.
465 Laozi et al. *Tao te king. I ging. Die Kunst des Krieges. Konfuzius Gespräche*. Hamburg: Nikol Verlag, 2019.
466 Laozi; Hammes, Michael (Übers.). *Dao De Jing*. München: Manesse Verlag, 2019.
467 Li, Xuetao. *Die Übertragung buddhistischer Sūtras ins Chinesische: Theorie und Praxis am Beispiel von Zanning (919-1001)*. Gossenberg: OSTASIEN Verlag, 2019.

468 Li, Yangzheng; Schulte, Peter. *Geschichte des Chinesischen Daoismus*. Wien: LIT Verlag, 2020.

469 Li-Layec, Zhu. *Als Christus und Konfuzius sich zum ersten Mal begegneten: Inkulturation fremder Religionen am Beispiel des ostsyrischen Christentums im Kaiserreich in China zwischen dem 7. und 8. Jahrhundert (Tang-Dynastie)*. Bern; Berlin: Peter Lang, 2018.

470 Lin, Cong. *Chinesische Lebenspsychologie: traditionell chinesische Behandlungsansätze in der Psychotherapie*. Berlin: Springer, 2020.

471 Linck, Gudula. *Poesie des Alterns: chinesische Philosophie und Lebenskunst*. Freiburg, München: Verlag Karl Alber, 2019.

472 Linck, Gudula. *Yin und Yang: die Suche nach Ganzheit im chinesischen Denken*. Freiburg; München: Verlag Karl Alber, 2017.

473 Liu, Huiru et al. *„... und es dennoch tut": Studien zur Geistesgeschichte, Literatur und Kultur Chinas: Festschrift für Karl-Heinz Pohl*. Gossenberg: OSTASIEN Verlag, 2020.

474 Lü, Buwei; Wilhelm, Richard (Übers.). *Das Weisheitsbuch der alten Chinesen: Frühling und Herbst des Lü Bu We*. Köln: Anaconda, 2015.

475 Männel, Michael. *Intellektuellen-Weltbilder und postkommunistische Transformation: China und Russland in vergleichender Perspektive*. Berlin: Logos-Verl., 2015.

476 Marchal, Kai. *Tritt durch die Wand und werde, der du (nicht) bist: auf den Spuren des chinesischen Denkens*. Berlin: Matthes & Seitz Berlin Verlagsgesellschaft mbH, 2019.

477 Mengzi; Wilhelm, Richard (Übers.). *Mong Dsi*. Göttingen: Cuvillier Verlag, 2019.

478 Ming Cheng Zu; Li, Wei; Guggenmos, Esther-Maria (Übers.). *Wahrsagende Mönche im chinesischen Buddhismus: Biographien aus dem Shenseng zhuan*. Gossenberg: OSTASIEN Verlag, 2019.

479 Mo, Di; Kubin, Wolfgang (Übers.). *Von Sorge und Fürsorge*. Freiburg, Basel, Wien: Herder, 2020.

480 Müller, Martin. *He Lin: (1902–1992): Neukonfuzianer, Idealist und Kulturphilosoph im China des 20. Jahrhunderts: eine intellektuelle Biographie*. Wiesbaden: Harrassowitz, 2015.

481 Nukariya, Kaiten. *Die Religion der Samurai: eine Studie der Philosophie und Praxis des Zen in China und Japan*. Frankfurt: Angkor Verlag, 2017.

482 Prip-Møller, Johannes; Lohner, Henry. *Buddhistische Tempel in China*. Norderstedt: BoD GmbH, 2017.

483 Puett, Michael J.; Gross-Loh, Christine. *Das Wichtigste von Allem: die Geheimnisse der großen chinesischen Denker und wie sie unser Leben bereichern*. Frankfurt am Main: Fischer Krüger, 2016.

484 Riegel, Andrea-Mercedes. *Medizin ist Wandel: das Gedankengebäude der chinesischen Medizin richtig verstehen*. Baden-Baden: Deutscher Wissenschafts-Verlag (DWV), 2019.

485 Schmidt, Muhammad Wolfgang G. A. *Der Klassiker des Gelben Kaisers zur Inneren Medizin (Suwen & Lingshu). und Der Klassiker der Schwierigen Fragen (Nanjing)*. Berlin: viademica.verlag berlin, 2016.

486 Schütte, Hans-Wilm. *Im Dienst des Irdischen: Buddhismus in China heute*. Berlin: EDITION frölich, 2019.

487 Schwarz, Ernst. *Chinesische Weisheiten: vom Weg allen Geistes*. Köln: Anaconda, 2016.

488 Seiler, Elisabeth. *Geführt auf wunderbaren Wegen: Erlebnisse einer Chinamissionarin*.

Minden: Rettungslicht-Verlag Weg - Wahrheit - Leben, 2018.
489　Spiegel, Hermes. *China liegt nah: über chinesisches Denken und seine zeitgenössische westliche Rezeption*. Hamburg: Felix Meiner Verlag, 2020.
490　Tang, Yaoguang. *Theologisches Denken bei Xu Zongze (1886-1947): ein Versuch der Kontextualisierung der katholischen Theologie in China in der ersten Hälfte des 20. Jahrhunderts*. Sankt Ottilien: EOS, 2018.
491　Ursula, Sengcan et al. *Die Meißelschrift vom Vertrauen in den Geist: das geistige Vermächtnis des dritten Zen-Patriarchen in China*. Berlin: edition steinrich, 2019.
492　Wagner, Hans-Günter. *Buddhismus in China: von den Anfängen bis in die Gegenwart*. Berlin: Matthes & Seitz, 2020.
493　Weickum, Ruth. *Der Ruf nach China: Tagebücher und Briefe aus China von Missionar Wilhelm Weickum und seiner Frau Ruth 1932 - 1950*. Berlin: epubli, 2018.
494　Wilhelm, Richard. *Chinesische Lebensweisheit*. Graz: Edition Geheimes Wissen, 2018.
495　Winter, Marc. *Sorge um den Rechten Weg des Konfuzianismus: Fang Dongshus Kritik an Dai Zhen und der Hanxue*. Berlin: de Gruyter Mouton, 2016.
496　Xiyun; Keller, Guido (Übers.). *Geist ist Buddha: Gedanken beruhigen mit Zen*. Frankfurt, M.: Angkor-Verl., 2015.
497　Xue, Song. *Poetische Philosophie - philosophische Poetik: die Kontinuität von Philosophie und Poesie in Brechts China-Rezeption*. München: Iudicium, 2019.
498　Yixuan; Jarand, Ursula (Übers.). *Das Denken ist ein wilder Affe: die Lehren des großen Zen-Meisters*. München: Barth, 2015.
499　Zhou, John. *Chinesische Philosophie und Religion*. Bad Pyrmont: OZV, 2020.
500　Zhu, Zhirong; Kong, Eva Lüdi (Übers.). *Philosophie der chinesischen Kunst*. Berlin, Münster: LIT, 2020.

西班牙语

501　Confucio. *Analectas*. Barcelona: Herder, 2020.
502　García, Daniel García Pérez-Juana. *Tao para vivir: medicina China, Tao Yin y meditación*. Madrid: Oberon, 2017.
503　Jullien, François. *Vivir existiendo: una nueva ética*. Buenos Aires: El Cuenco de Plata, 2018.
504　Liao, Yiwu. *Dios es rojo: la historia secreta de cómo el cristianismo sobrevivió y floreció en la China comunista*. Madrid: Sexto Piso, 2016.
505　Puett, Michael J. *Tao, el camino: todo lo que la filosofía china puede enseñarte para tener una vida mejor*. Barcelona: MR, 2018.
506　Rocco, Gustavo Andrés. *Ling Qi Jing: el libro del ajedréz espiritual: el otro oráculo chino*. Buenos Aires: Grijalbo, 2020.
507　Romero, José Manuel. *Gesta misional de los Agustinos Recoletos en China, 1924-1955*. Madrid: Orden de Agustinos Recoletos, Provincia san Nicolás de Tolentino, 2019.
508　Solé-Farràs, Jesús. *El nuevo confucianismo en la China del siglo XXI*. Valencia: Tirant Humanidades, 2018.

509 Squirru, Ludovica. *Introducción a la astrología china: conoce tu signo: personalidad, salud, dinero, amor*. Barcelona: Kepler, 2015.

510 Squirru, Ludovica. *Horóscopo chino 2021: búfalo de metal, 2009, 2021, 2033*. Barcelona: Ediciones B, 2020.

511 Terol Rojo, Gabriel. *El daoísmo y la sinología en Occidente: una breve historia paralela de la difusión de ambas*. Albolote (Granada): Editorial Comares, 2019.

512 Yan, Kin Sheung Chiaretto. *Al otro lado de la Gran Muralla: retos y perspectivas del cristianismo en China*. Madrid: Ciudad Nueva, D.L., 2016.

俄语

513 Абраменко, Владимир Петрович и др. *Конфуцианство и даосизм в мировоззрении Л. Н. Толстого*. Москва: ИДВ РАН, 2018.

514 Абраменко, Владимир Петрович ред. *Чжун юн. [Следование середине]*. Москва: Чэнду, 2017.

515 Абрамова, Наталья Андреевна; Ерёмкина, Т. А. *Культурно-религиозные традиции Китая: учебное пособие*. Чита: ЗабГУ, 2020.

516 Байчунь, Чжан. *Китай и Россия: философский диалог*. Санкт-Петербург: Санкт-Петербургский гуманитарный университет профсоюзов, 2019.

517 Ван Ланьцзюй. *Транскультурные философские параллели: система образов романа Л. Н. Толстого «Война и мир» в свете идей Конфуция и Лао-цзы*. Иркутск: Изд-во ИГУ, 2018.

518 Васильев, Леонид Сергеевич. *Культы, религии, традиции в Китае*. Москва: Ломоносовъ, 2015.

519 Виногродский, Бронислав Брониславович. *Искусство игры с миром. Смысл победы в победе над смыслами*. Москва: Э, 2016.

520 Виногродский, Бронислав Брониславович. *Искусство управления миром. Тысячелетний опыт китайских мудрецов и правителей*. Москва: Эксмо, 2019.

521 Виногродский, Бронислав Брониславович. *Практический курс управления переменами: технология принятия решений по «Книге Перемен»*. Москва: Эксмо, 2015.

522 Виногродский, Бронислав Брониславович. *Универсальный способ мышления. Введение в «Книгу Перемен»*. Москва: Эксмо, 2015.

523 Виногродский, Бронислав Брониславович. *Чжуан-цзы Бронислава Виногродского: книга о знании и власти*. Москва: Э, 2016.

524 Виногродский, Бронислав Брониславович. *Я - даос. Ты тоже?: семантическая провокация*. Москва: Э, 2016.

525 Дубровская, Динара Викторовна. *Все пути ведут из Рима: христианские миссии в Поднебесной империи от несториан (VII в.) до папы Франциска*. Москва: ИВ РАН, 2020.

526 Ермаков, Дмитрий Эдуардович. *Бөө и Бөн. Древние шаманские традиции Сибири и Тибета в их отношении к учениям центральноазиатского будды*. [перевод с английского А. В. Иванникова и др.]. Москва: Т8 Издательские технологии; Санкт-Петербург: Пальмира, 2020-. Кн. 1. 2020.

527 Жаров, Сергей Николаевич. *Конфуцианство, буддизм, даосизм как три лика китайской культуры: учебное пособие*. Воронеж: Изд. дом ВГУ, 2016.

528 Зорин, Александр Валерьевич и др. *Каталог сочинений тибетского буддийского канона из собрания ИВР РАН = The catalogue of texts of the Tibetan Buddhist canon kept at the Institute of oriental manuscripts, RAS*. Санкт-Петербург: Петербургское востоковедение, 2017-. Вып. 1: Кагьюр и Тэнгьюр = Bka' 'Gyur and Bstan 'Gyur. 2017; Вып. 2: Индексы = Indexes. 2019; Вып. 3: Отдельные сочинения и сборники (I) = Separate texts and collections (I). 2020.

529 Ионов, А. Ю. *Жизненный путь и духовное наследие Яньу*. Москва: ИДВ РАН, 2016.

530 Ионов, Алексей Юрьевич. *Конфуцианский наставник Гу Яньу*. Москва: ИДВ РАН, 2017.

531 Исаева, Людмила Ивановна. *Монахи Срединной империи: (почти энциклопедия верований китайцев)*. Москва: ИДВ РАН, 2017.

532 Карапетьянц, Артемий Михайлович. *Раннекитайская системология: [собрание трудов]*. Москва: Наука: Восточная лит., 2015.

533 Кейдун, Ирина Борисовна. *Ли Цзи и китайский ритуал конца XVII - начала XX вв.*. Владивосток: ДВФУ, 2020.

534 Кожин, Павел Михайлович. *Социально-культурные проблемы религий в Китае*. Москва: Синосфера, 2018.

535 Комиссаров, Сергей Александрович. *Значение Конфуция и конфуцианства в культуре стран Дальнего Востока: материалы к лекциям*. Новосибирск: ИПЦ НГУ, 2017.

536 Конфуций (孔子). *Афоризмы и притчи*. Москва: Эксмо, 2016.

537 Конфуций (孔子). *Беседы и суждения*. [перевод с китайского, предисловие П. С. Попова]. Москва: АСТ, cop. 2019.

538 Конфуций (孔子). *Великое учение: с комментариями и объяснениями*. [перевод с китайского языка Владимира Малявина и Ильи Канаева; составление и предисловие Владимира Малявина; комментарии Евгения Ямбурга, Ильи Канаева]. Москва: АСТ, cop. 2018.

539 Конфуций (孔子). *Изречения в комиксах*. [вступление и перевод с китайского Бронислава Виногродского; художник Цай Чжичжун]. Москва: Эксмо, 2020.

540 Конфуций (孔子). *Книга перемен*. [пер., коммент. Ю. Щуцкого; предисл. Б. Виногродского]. Москва: Э, 2017.

541 Конфуций (孔子). *Конфуций, 551 - 479 до н.э.: биография, цитаты, афоризмы*. Москва: Э, 2016.

542 Конфуций (孔子). *Луньюй. Изречения*. [пер. с кит., текст ст. И. И. Семененко]. Москва: Эксмо, 2015.

543 Конфуций (孔子). *Суждения и беседы*. [пер. П. С. Попов]. Москва: Центрполиграф, cop. 2018.

544 Конфуций (孔子). *Суждения и беседы*. [пер. с кит. П. С. Попова]. Москва: АСТ, cop. 2016.

545 Конфуций (孔子). *Суждения и беседы*. [пер. с кит. П. С. Попова]. Санкт-Петербург: Азбука, 2019.

546 Конфуций (孔子). *Суждения и беседы*. [перевод и комментарии Л. С. Переломова]. Москва: РИПОЛ классик, cop. 2016.

547 Конфуций（孔子）. *Суждения и беседы*. [перевод и комментарии Л. С. Переломова]. Москва: РИПОЛ классик, сор. 2017.

548 Конфуций（孔子）. *Суждения и беседы*. [перевод и комментарии Л. С. Переломова]. Москва: Рипол Классик, кат. 2020.

549 Конфуций（孔子）. *Суждения и беседы*. [перевод с древнекитайского П. С. Попов]. Москва: Э, 2018.

550 Конфуций（孔子）. *Суждения и беседы*. [перевод с китайского П. С. Попова]. Москва: АСТ, сор. 2018.

551 Коростелёв, Валерий Валентинович; Караулов, А. К. *Православие в Маньчжурии, 1898-1956: очерки истории*. Москва: Православный Свято-Тихоновский гуманитарный ун-т, 2019.

552 Крапивина, Раиса Николаевна пер. *Буддийская традиция Тантр в Тибете*. [перевод с тибетского]. Санкт-Петербург: Нестор-История, 2020.

553 Крил, Хёрли. *Философская мысль Китая: от Конфуция до Мао Цзэдуна*. [перевод с английского С. А. Белоусова]. Москва: Центрполиграф, сор. 2017.

554 Кувшинов, Александр Викторович пер. *Лао Цзы. Дао Дэ Цзин. Книга о Пути и Благодати*. Москва: Профит Стайл, 2015.

555 Лао-Цзы（老子）. *Дао дэ цзин: книга пути и достоинства*. [пер. Д. П. Конисси]. Москва: Центрполиграф, сор. 2016.

556 Лао-Цзы（老子）. *Дао дэ цзин: книга пути и достоинства*. [перевод Д. П. Конисси]. Москва: Центрполиграф, сор. 2019.

557 Лао-Цзы（老子）. *Дао дэ Цзин* [перевод: Д. Конисси, Л. Толстого.]. Москва: АСТ, 2019.

558 Лао-Цзы（老子）. *Дао Дэ цзин*. [перевод с китайского Маринэ Бриге]. Москва: Грифон, 2017.

559 Лао-Цзы（老子）. *Дао дэ цзин. Книга пути и благодати* [перевод Конисси Масутаро]. Москва: Русский raritet, 2019.

560 Лао-Цзы（老子）. *Дао дэ цзин. Книга пути и достоинства*. [перевод Д. П. Конисси]. Москва: Центрполиграф, сор. 2020.

561 Лао-Цзы（老子）. *Дао-Дэ цзин. Книга о Пути жизни*. [заново исправленный перевод Владимира Малявина]. Москва: Феория, 2019.

562 Лао-Цзы（老子）. *Книга о Пути жизни Дао-Дэ цзин*. [перевод с китайского, составление, предисловие, комментарии Владимира Малявина]. Москва: АСТ, 2018.

563 Лао-Цзы（老子）. *Книга о пути жизни*. [перевод с китайского Д. П. Кониси, Л. Н. Толстой]. Москва: АСТ, ОГИЗ, сор. 2019.

564 Лао-Цзы（老子）. *Книга о пути жизни. Дао-Дэ цзин: с комментариями и объяснениями*. [перевод с китайского, составитель, предисловие, комментарий Владимира Малявина]. Москва: АСТ, сор. 2018.

565 Лао-Цзы（老子）. *Книга о пути жизни. Постижение гармонии*. [пер. с китайского Д. П. Кониси, Л. Н. Толстой]. Москва: АСТ, 2018.

566 Лао-Цзы（老子）. *Книга об истине и силе*. [в переводе и с комментариями Бронислава Виногродского]. Москва: Эксмо, 2019.

567 Лао-Цзы（老子）. *Книга пути (Дао дэ Цзин)*. [перевод с китайского: Д. П. Конисси, Л. Н. Толстой, К. Бальмонт]. Москва: Абрис, 2019.

568 Лао-Цзы（老子）. *Один в лодке. Читая Лаоцзы: Дао-Дэ цзин: трактат о пути и морали.* [перевод с древнекитайского Л. И. Кондрашова]. Москва: ИД Академии Жуковского, 2018.

569 Лукьянов, Анатолий Евгеньевичпер; Абраменко, В. П. ред. *И цзин (Канон перемен) = The book of Changes*. Москва: Маска; Чэнду: Сычуаньское народное изд-во, 2018.

570 Лукьянов, Анатолий Евгеньевич и др. *Дао дэ цзин: [учебное пособие для старшеклассников, учащихся колледжей, студентов]*. Москва: ИДВ РАН, 2016.

571 Люй Дунбинь（吕洞宾）. *Канонический трактат Лао-цзы «Дао Дэ Дзин» в изложении Люй Дун-биня, Подлинного человека чисто Янского проявления.* Иваново: Роща, 2019.

572 Лян Чжэ. *Православие в контексте современного российско-китайского взаимодействия (1949-2015 гг.).* Москва: Российский ун-т дружбы народов, 2016.

573 Малявин, Владимир Вячеславович пер. *Путь совершенствования. Древность.* Иваново: Роща, 2019.

574 Малявин, Владимир Вячеславович пер. сост. *Вкус правды: афоризмы и изречения китайских мудрецов.* Москва: РИПОЛ классик, 2016.

575 Малявин, Владимир Вячеславович сост. пер. *Тайный канон Китая.* Москва: РИПОЛ классик, 2016.

576 Малявин, Владимир Вячеславович. *Китайский этос, или Дар покоя.* Иваново: Роща, 2016.

577 Малявин, Владимир Вячеславович. *Конфуций. 5-е изд.* Москва: Молодая гвардия, 2020.

578 Малявин, Владимир Вячеславович. *Сумерки Дао: культура Китая на пороге Нового времени.* Москва: АСТ, cop. 2019.

579 Мартынов, Александр Степанович. *Государственное и этическое в императорском Китае: избранные статьи и переводы.* Москва: Наука; Восточная лит., 2019.

580 Мартынов, Дмитрий Евгеньевич; Зайнуллин, Г. Г. *Идея Великого единения (Да тун) в истории китайской общественной мысли рубежа XIX-XX вв. и Кан Ю-вэй.* Казань: Изд-во Академии наук РТ, 2017.

581 Маслов, Алексей Александрович. *Китай без вранья.* Москва: РИПОЛ классик, 2020.

582 Маслов, Алексей Александрович. *Конфуций: беседы с одиноким мудрецомв.* Москва: РИПОЛ классик, 2020.

583 Маслов, Алексей. *Китай: наука управления.* Москва: РИПОЛ Классик, 2018.

584 Мэн-цзы（孟子）. *Мэнцзы: в новом переводе с классическими комментариями Чжао Ци и Чжу Си.* [исследование, перевод с китайского, примечание и приложения И. И. Семененок]. Москва: Наука - Восточная литература, 2016.

585 Ошо. *Абсолютное дао: беседы о трактате Лао-цзы «Дао Де Цзин»: [перевод].* Санкт-Петербург: Весь, 2016.

586 Ошо. *Когда туфли не жмут: беседы по историям даосского мистика Чжуан-цзы.* [пер. с англ. А. В. Степанова]. Санкт-Петербург: Весь, 2015.

587 Панченко, Дмитрий Вадимович. *На восточном склоне Олимпа: роль греческих идей в формировании китайской космологии.* Санкт-Петербург: Наука, 2016.

588 Печенкин, Александр Иванович. *Тайны рождения Дао. Расшифровка «Дао Дэ Цзин». Потусторонний мир.* Рязань: А. И. Печёнкин, 2018.

589 Померанцева, Лариса Евгеньевна пер. *Хуайнаньцзы: философы из Хуайнани.* Москва:

Наука - Вост. лит., 2016.

590 Попов, Павел Степанович. *Китайский философ Мэн-Цзы: перевод с китайского, снабженный примечаниями. Изд. 3-е*. Москва: URSS, 2016.

591 Попова, Галина Сергеевна пер. коммент. *Шу-цзин. «Канон записей»*. Москва; Санкт-Петербург: Нестор-История, 2020.

592 Просеков, Сергей Анатольевич. *Этико-политические учения Древнего Китая: учебное пособие*. Москва: Перо, 2020.

593 Пьюэтт, Майкл. *Путь. Чему нужно научиться у древних китайских философов*. [пер. с англ. Е. Горбатенко]. Москва: Синдбад, 2019.

594 Семененко, Иван Иванович пер. *Ранняя конфуцианская проза Луньюй, Мэнцзы*. Москва: Изд-во восточной литературы, 2016.

595 Симон, Александр. *Характеристика шаманизма в Китае и шаманизм как культурно-историческое наследие*. Санкт-Петербург: Бранко, 2016.

596 Симон, Александр. *Шаманизм национального меньшинства И в провинции Юньнань Китая*. Санкт-Петербург: Бранко, 2016.

597 Степанова, Е. Н. *Религиозный фактор в социально-политической жизни Тайваня: (религиозные организации в политической жизни Тайваня)*. Москва: Ваш формат, 2019.

598 Сунь Цзы（孙子）. *Искусство войны: [с комментариями и пояснениями]*. [пер. с кит. В. В. Бакшеева]. Москва: АСТ, 2016.

599 Торчинов, Е. А. пер. *Философия китайского буддизма*. Санкт-Петербург: Азбука, cop. 2016.

600 Урбанаева, Ирина Сафроновна и др. *Философская интерпретация и трансляция буддизма (на материале индо-тибетской и китайской традиций)*. Улан-Удэ: Изд-во Бурятского науч. центра СО РАН, 2019.

601 Хань Фэй（韩非子）. *Книга закона и порядка: советы разумному правителю*. [перевод А. И. Иванова]. Москва: Центрполиграф, cop. 2019.

602 Чжан Фань; Фомина, М. Н. *Китайское религиоведение о православии в современном Китае*. Москва: Издательский дом Акад. Естествознания, 2015.

603 Чжуан-цзы（庄子）. *Веселая мудрость*. [авторский перевод М. Позднякова]. Москва: Янико, 2016.

604 Шавеко, Николай. *Комментарий к Дао дэ цзин: (в переводе Ян Хин Шуна)*. Ижевск: Бон Анца, 2019.

605 Шан Ян（商鞅）. *Книга правителя области Шан*. [перевод с китайского и комментарии Л. С. Переломова]. Москва: РИПОЛ классик, cop. 2017.

606 Шуцкий, Юлиан Константинович пер. *Ицзин. Книга Перемен*. Санкт-Петербург: Азбука, cop. 2015.

607 Яковлева, Любовь Евгеньевна. *Древнекитайская философия. Методика проведения интерактивного занятия: методическое пособие для преподавателей, обучающих бакалавров всех направлений подготовки и студентов всех специальностей СПО*. Москва: МГУДТ, 2015.

608 Ян Хин-Шун; Позднеевой, Л. Д. пер. коммент. *Дао дэ Цзин. Книга о пути и добродетели*. Москва: АСТ, cop. 2016.

609 Янгутов, Леонид Евграфович ред. *Современная философская мысль Китая: сборник*

статей. Улан-Удэ: Изд-во БНЦ СО РАН, 2020.

610　Янгутов, Леонид Евграфович; Халтаева, О. Р. *Религиозные верования в политической культуре императорского Китая*. Улан-Удэ: Изд-во Бурятского госун-та, 2016.

日语

611　E. シャヴァンヌ. 古代中国の社：土地神信仰成立史. 平凡社，2018.
612　アリム・トヘテイ. 日本におけるイスラーム研究史中国篇. 春風社，2019.
613　アリム・トヘテイ. 現代中国における宗教学術史イスラーム篇. 明石書店，2019.
614　アリムトヘテイ. 日中儒学の比較思想史研究：その解体と再構築に向けて. 明石書店，2020.
615　エリックシッケタンツ. 堕落と復興の近代中国仏教：日本仏教との邂逅とその歴史像の構築. 法藏館，2016.
616　かみゆ歴史編集部. ゼロからわかる中国神話・伝説. イースト・プレス，2020.
617　かみゆ歴史編集部. ゼロからわかる中国神話・伝説：三皇五帝から関羽、孫悟空や妖怪まで！. イースト・プレス，2019.
618　ズィガー・コントゥル・リンポチェ. 心の鏡を見つめる：日常に行き渡らせるチベット仏教の教え（別タイトル：It's up to you）. マンガラ・シュリ・ブティ・ジャパン，2020.
619　ダライ・ラマ法王 14 世. 愛と信念の言葉. PHP 研究所，2016.
620　デイヴィッド・アイマー. 辺境中国：新疆、チベット、雲南、東北部を行く. 白水社，2018.
621　ティモシー・リチャード. 中国伝道四五年：ティモシー・リチャード回想録（別タイトル：Forty-five Years in China）. 平凡社，2020.
622　トゥルク・イェシ・リンポチェ. チベット禅（別タイトル：TIBETAN ZEN）. ナチュラルスピリット，2020.
623　パトゥル・リンポチェ. 聖なる師 - クンサン・ラマ - の教え：「ゾクチェン・ロンチェン・ニンチクの前行」の解説. ブイツーソリューション，2020.
624　マイケル・サンデル. サンデル教授、中国哲学に出会う. 早川書房，2019.
625　マイケル・ピュエット，クリスティーン・グロス＝ロー［著］熊谷淳子［訳］. ハーバードの人生が変わる東洋哲学：悩めるエリートを熱狂させた超人気講義（原タイトル：THE PATH）. 早川書房，2016.
626　マイケル・ピュエット，クリスティーン・グロス＝ロー［著］熊谷淳子［訳］. ハーバードの人生が変わる東洋哲学：悩めるエリートを熱狂させた超人気講義. 早川書房，2018.
627　ヨンゲイ・ミンゲール・リンポチェ. 今、ここを生きる：新世代のチベット僧が説くマインドフルネスへの道. パンローリング，2016.
628　リンチン. 現代中国の民族政策と民族問題：辺境としての内モンゴル. 集広舎，2015.
629　坂元ひろ子. 中国近代の思想文化史. 岩波書店，2016.
630　邊英浩. 東アジアの共通善：和・通・仁の現代的再創造をめざして：岡山大学版教科書. 岡山大学出版会，2017.

631 財吉拉胡. 内モンゴルにおけるシャマニズムと民俗医療. 日貿出版社，2015.
632 陳独秀. 陳独秀文集 3. 平凡社，2017.
633 陳昭瑛［著］松原舞［訳］. 台湾儒学：起源、発展とその変転（別タイトル：台湾儒学）. 風響社，2016.
634 成瀬隆純. 唐代浄土教史の研究. 法藏館，2018.
635 程顥，程頤. 二程全書：二程遺書全訳. ブイツーソリューション，2016.
636 池田知久，水口拓壽. 中國傳統社會における術數と思想. 汲古書院，2016.
637 川原秀城. 数と易の中国思想史：術数学とは何か. 勉誠出版，2018.
638 船山徹. 六朝隋唐仏教展開史. 法藏館，2019.
639 村上志保. 上海におけるプロテスタント：現代中国の都市と宗教空間をめぐる変遷. 勉誠出版，2020.
640 大東仁，槻木瑞生. 日本佛教団（含基督教）の宣撫工作と大陸第 10 巻. 龍溪書舎，2018.
641 大東仁，槻木瑞生. 日本佛教団（含基督教）の宣撫工作と大陸第 11 巻. 龍溪書舎，2018.
642 大東仁，槻木瑞生. 日本佛教団（含基督教）の宣撫工作と大陸第 13 巻. 龍溪書舎，2018.
643 大東文化大学人文科学研究所東アジアの美学研究班. 中国美学範疇研究論集 第 3 集. 大東文化大学人文科学研究所，2015.
644 大東文化大学人文科学研究所東アジアの美学研究班. 中国美学範疇研究論集 第 4 集. 大東文化大学人文科学研究所，2016.
645 大東文化大学人文科学研究所東アジアの美学研究班. 中国美学範疇研究論集 第 6 集. 大東文化大学人文科学研究所，2018.
646 大東文化大学人文科学研究所東アジアの美学研究班. 中国美学範疇研究論集 第 7 集. 大東文化大学人文科学研究所，2019.
647 大東文化大学人文科学研究所東アジアの美学研究班. 中国美学範疇研究論集 第 8 集. 大東文化大学人文科学研究所，2020.
648 大橋捨三郎［ほか］. 日本佛教団〈含基督教〉の宣撫工作と大陸第 5 巻. 龍溪書舎，2015.
649 大橋捨三郎［ほか］. 日本佛教団〈含基督教〉の宣撫工作と大陸第 6 巻. 龍溪書舎，2015.
650 大正大学仏教学科. お坊さんも学ぶ仏教学の基礎. 大正大学出版会，2015.
651 東洋大学東洋学研究所. 仏教思想に見る日本・中国・韓国の共通性と差異研究報告書：研究所プロジェクト. 東洋大学東洋学研究所，2016.
652 渡邉義浩［ほか］. はじめて学ぶ中国思想：思想家たちとの対話. ミネルヴァ書房，2018.
653 肥田路美，早稲田大学. 『集神州三宝感通録』巻中の美術史料論的研究（別タイトル：美術史料として読む『集神州三宝感通録』：釈読と研究）. 肥田路美，2015.
654 福島綾子. 香港カトリック教会堂の建設：信徒による建設活動の意味. 九州大学出版会，2019.
655 福谷彬. 南宋道学の展開. 京都大学学術出版会，2019.
656 福永光司. 道教と古代日本. 人文書院，2018.
657 葛継勇，河野保博. 入唐僧の求法巡礼と唐代交通. 大樟樹出版社，2019.

658 廣瀨玲子［ほか］.人ならぬもの：鬼・禽獸・石.法政大学出版局，2015.
659 國際佛教學大學院大學日本古寫經研究所文科省戰略プロジェクト實行委員會.高僧傳：卷五續高僧傳：卷二八・卷二九・卷三〇.國際佛教學大學院大學日本古寫經研究所文科省戰略プロジェクト實行委員會，2015.
660 和久希.六朝言語思想史研究.汲古書院，2017.
661 河口慧海.河口慧海著作選集12.慧文社，2016.
662 許紀霖.普遍的価値を求める：中国現代思想の新潮流.法政大学出版局，2020.
663 荒木勝［ほか］.東アジアの伝統思想への誘い：共通善を求めて.ふくろう出版，2017.
664 黄進興.黄進興著作選集1.東方書店，2020.
665 吉川真司，倉本一宏.日本的時空觀の形成.思文閣出版，2017.
666 吉川忠夫.六朝隋唐文史哲論集1.法藏館，2020.
667 吉川忠夫.六朝隋唐文史哲論集2.法藏館，2020.
668 吉田篤志.中國古代思想の考察.明德出版社，2019.
669 加地伸行.中国学の散步道：独り読む中国学入門.研文出版（山本書店出版部），2015.
670 加賀榮治，加賀榮治先生『中國古典定立史』編集委員會.中國古典定立史.汲古書院，2016.
671 賈晋華.古典禅研究：中唐より五代に至る禅宗の発展についての新研究.汲古書院，2017.
672 姜生.道教と科学技術.東方書店，2017.
673 金剛大學佛教文化研究所.地論宗の研究.国書刊行会，2017.
674 井ノ口哲也.後漢経学研究序説.勉誠出版，2015.
675 井尻千男.歴史にとって美とはなにか：宿命に殉じた者たち.啓文社書房，2016.
676 柯木林［ほか］.荒尾市宮崎兄弟資料館シンガポール孫中山南洋紀念館晩晴園共同報告書：日本からシンガポールへ－宮崎兄弟と孫文と辛亥革命.荒尾市，2019.
677 堀池信夫.漢代思想論.明治書院，2020.
678 李毓秀.弟子規：人間智慧宝蔵.真言密教学会，2019.
679 李振綱.中国人の苦楽観：その理想と処世術.日本僑報社，2020.
680 林初梅.日本語と華語の対訳で読む台湾原住民の神話と伝説上卷.三元社，2019.
681 林初梅.日本語と華語の対訳で読む台湾原住民の神話と伝説下卷.三元社，2019.
682 鈴木哲雄.続燈録映照.山喜房佛書林，2020.
683 劉枝萬.台湾の法教：閭山教科儀本と符式簿の解読.風響社，2019.
684 麥谷邦夫.六朝隋唐道教思想研究.麥谷邦夫，2018.
685 名和敏光.東アジア思想・文化の基層構造：術数と『天地瑞祥志』.汲古書院，2019.
686 末永高康.性善説の誕生：先秦儒家思想史の一断面.創文社，2015.
687 牧田諦亮.牧田諦亮著作集第2卷（中国仏教史研究1）.臨川書店，2015.
688 牧田諦亮.牧田諦亮著作集第3卷（中国仏教史研究2）.臨川書店，2015.
689 牧田諦亮.牧田諦亮著作集第4卷（五代宗教史研究中国近世仏教史研究）.臨川書店，2015.
690 牧田諦亮.牧田諦亮著作集第8卷（別タイトル：雜篇〈補遺篇〉・総索引）.臨川書店，2016.
691 南澤良彦.中国明堂思想研究：王朝をささえるコスモロジー.岩波書店，2018.
692 齊藤隆信.中国浄土教儀礼の研究：善導と法照の讚偈の律動を中心として.法藏館，

2015.
693　浅野裕一. 老子と上天：神観念のダイナミズム. ぷねうま舎, 2016.
694　浅野裕一. 消えた轍：古代中国の面影. 朋友書店, 2020.
695　橋本敬司. 人間性とは何か：中國思想のダイナミズム. 汲古書院, 2020.
696　薩仁高娃. ブォ・シャマニズムの現在：内モンゴル・ホルチン地方の新地平. 牧歌舎東京本部, 2019.
697　三本木健治. 中国における基督教の展開：湖南宗教志抄. 三本木健治, 2018.
698　三浦秀一. 科挙と性理学：明代思想史新探. 研文出版, 2016.
699　森雅秀. チベット密教仏図典. 春秋社, 2019.
700　砂山稔. 赤壁と碧城：唐宋の文人と道教. 汲古書院, 2016.
701　石川照子［ほか］. はじめての中国キリスト教史改訂. かんよう出版, 2016.
702　釈会忍. 中世の中日禅宗交流史. 山喜房佛書林, 2015.
703　守屋淳. 本当の知性を身につけるための中国古典. PHP 研究所, 2019.
704　守屋洋. 仕事・人・組織を動かす中国古典「一日一話」. 三笠書房, 2020.
705　守屋正彦, 筑波大学. 東アジア文化の基層としての儒教の視覚イメージに関する研究. 守屋正彦, 2017.
706　首藤明和. 中国のムスリムからみる中国：N. ルーマンの社会システム理論から. 明石書店, 2020.
707　水口拓寿. 儒学から見た風水：宋から清に至る言説史. 風響社, 2016.
708　水野杏紀. 易、風水、暦、養生、処世：東アジアの宇宙観. 講談社, 2016.
709　松谷曄介. 日本の中国占領統治と宗教政策：日中キリスト者の協力と抵抗. 明石書店, 2020.
710　松下道信. 宋金元道教内丹思想研究. 汲古書院, 2019.
711　孫歌［著］鈴木將久［訳］. 思想史の中の日本と中国 第 1 部. 東京大学出版会, 2020.
712　孫歌［著］鈴木將久［訳］. 思想史の中の日本と中国 第 2 部. 東京大学出版会, 2020.
713　湯浅邦弘. 超入門「中国思想」. 大和書房, 2016.
714　湯浅邦弘. 教養としての中国古典. ミネルヴァ書房, 2018.
715　桃崎有一郎. 礼とは何か：日本の文化と歴史の鍵. 人文書院, 2020.
716　藤原崇人. 契丹仏教史の研究. 法藏館, 2015.
717　藤仲孝司, 中御門敬教. インド・チベット浄土教の研究：大乗菩薩道としての展開. 起心書房, 2018.
718　田中公明. 敦煌出土忿怒五十八尊儀軌（別タイトル：A Ritual Manual of the Fifty-eight Wrathful Deities from Dunhuang）. 渡辺出版, 2020.
719　田中公明. 梵蔵対照『安立次第論』研究. 渡辺出版, 2016.
720　土肥歩. 華南中国の近代とキリスト教. 東京大学出版会, 2017.
721　土屋昌明, ヴァンサン・ゴーサール. 道教の聖地と地方神（別タイトル：DAOIST SACRED SITES AND LOCAL GODS）. 東方書店, 2016.
722　窪田新一, 大正大学綜合佛教研究所モンゴル佛典研究会. 『モンゴル佛教史』研究 4. ノンブル, 2015.
723　窪田新一, 大正大学綜合佛教研究所モンゴル佛典研究会. 『モンゴル佛教史』研究 5. ノンブル, 2019.
724　王森［著］田中公明［監訳］三好祥子［訳］. チベット仏教発展史略. 科学出版社東京, 2016.

725	王希恩．20 世紀における中国民族問題．明德出版社，2018.
726	王小林．日中比較思想序論：「名」と「言」．汲古書院，2016.
727	王中江．簡帛文献からみる初期道家思想の新展開．東京堂出版，2018.
728	王中江．心性美德境遇：出土文献と初期儒家の新知見．グローバル科学文化出版，2019.
729	吾妻重二．家礼文献集成 日本篇 3．関西大学東西学術研究所，2015.
730	吾妻重二．家礼文献集成 日本篇 4．関西大学東西学術研究所，2015.
731	武田時昌．術数学の思考：交叉する科学と占術．臨川書店，2018.
732	西谷功．南宋・鎌倉仏教文化史論．勉誠出版，2018.
733	西尾賢隆．中世禅僧の墨蹟と日中交流．吉川弘文館，2018.
734	下野玲子．敦煌仏頂尊勝陀羅尼経変相図の研究．勉誠出版，2017.
735	向井佑介．中国初期仏塔の研究（別タイトル：A Study of Early Chinese Pagodas）．臨川書店，2020.
736	蕭傑一．雲南北西部カトリック簡史：茨中天主堂を中心に．東京外国語大学アジア・アフリカ言語文化研究所，2018.
737	小川，隆．禅の語録 20（別タイトル：「禅の語録」導読）．筑摩書房，2016.
738	小川隆．中国禅宗史：「禅の語録」導読．筑摩書房，2020.
739	小川晴久［ほか］．日中韓思想家ハンドブック：実心実学を築いた 99 人．勉誠出版，2015.
740	小川仁志．世界のエリートが学んでいる教養としての中国哲学．PHP エディターズ・グループ，2017.
741	小島祐馬．中国思想史．ベストセラーズ，2017.
742	小林武．中国近代思想研究．朋友書店，2019.
743	新居洋子．イエズス会士と普遍の帝国：在華宣教師による文明の翻訳．名古屋大学出版会，2017.
744	熊倉潤．民族自決と民族団結：ソ連と中国の民族エリート（別タイトル：NATIONAL SELF-DETERMINATION and NATIONAL UNITY）．東京大学出版会，2020.
745	野川博之．明末仏教の江戸仏教に対する影響．山喜房佛書林，2016.
746	野口哲哉．中国古代の「公・私」論．ブイツーソリューション，2016.
747	伊藤悟．カーム・ソンコーカオ：徳宏タイ上座仏教社会におけるシャーマンの送霊うた．東京外国語大学アジア・アフリカ言語文化研究所，2017.
748	乙坂智子．迎仏鳳儀の歌：元の中国支配とチベット仏教．白帝社，2017.
749	櫻井義秀．現代中国の宗教変動とアジアのキリスト教．北海道大学出版会，2017.
750	遊佐昇．唐代社会と道教．東方書店，2015.
751	有働智奘．はじめて学ぶ仏教インド・中国編．新典社，2020.
752	齋木哲郎．後漢の儒學と『春秋』．汲古書院，2018.
753	齋藤智寛．中国禅宗史書の研究．臨川書店，2020.
754	張玉正．実証！風水開祖・楊救貧の帝王風水．太玄社，2017.
755	志野好伸．聖と狂：聖人・真人・狂者．法政大学出版局，2016.
756	中村聡．宣教師たちの東アジア：日本と中国の近代化とプロテスタント伝道書．勉誠出版，2015.
757	中村匠．仏教解略．風詠社，2018.
758	中島隆博［ほか］．コスモロギア：天・化・時．法政大学出版局，2015.

759　中西直樹. 仏教植民地布教史資料集成台湾編第 1 巻編集復刻版. 三人社，2016.
760　中西直樹. 仏教植民地布教史資料集成台湾編第 2 巻編集復刻版. 三人社，2016.
761　中西直樹. 仏教植民地布教史資料集成台湾編第 3 巻編集復刻版. 三人社，2016.
762　中西直樹. 仏教植民地布教史資料集成台湾編第 4 巻編集復刻版. 三人社，2016.
763　中西直樹. 仏教植民地布教史資料集成台湾編第 5 巻編集復刻版. 三人社，2016.
764　中西直樹. 仏教植民地布教史資料集成台湾編第 6 巻編集復刻版. 三人社，2016.
765　中西直樹. 植民地台湾と日本仏教. 三人社，2016.
766　椎名宏雄. 五山版中国禅籍叢刊第 12 巻. 臨川書店，2018.
767　椎名宏雄. 五山版中国禅籍叢刊第 3 巻（燈史 3（ほか））. 臨川書店，2015.
768　椎名宏雄. 五山版中国禅籍叢刊第 4 巻（綱要）. 臨川書店，2015.
769　卓新平. 現代中国と宗教の役割. 科学出版社東京，2020.
770　諏訪春雄. 日本の風水. KADOKAWA，2018.
771　佐藤成順. 宋代仏教史の研究続. 山喜房佛書林，2019.
772　佐藤伝. 祖父・多田等観が語ったチベット密教命がホッとする生き方. サンマーク出版，2020.
773　佐々木聡. 復元白沢図：古代中国の妖怪と辟邪文化. 白澤社，2017.
774　佐々木宏幹. スピリチュアル・チャイナ：現代華人社会の庶民宗教（別タイトル：Spiritual China）. 大蔵出版，2019.

阿拉伯语

775　السواح، فراس. فصول من الفلسفة الصينية :مع النص الكامل لكتاب الحوار لكونفوشيوس وكتاب منشيوس : راجع الترجمة النصين على الأصل الصيني د. شوي تشينغ قوه. التكوين للطباعة والنشر والتوزيع,، 2018.
776　تسنغ، قوه شيانغ. الكونفوشيوسية : مختصر حكم الكنفوشيوسية والكتب الصينة المقدسة. دار تنمية للنشر والتوزيع،, 2017.
777　تشن، ليان شان. الأساطير الصينية. بيت الحكمة للاستثمارات الثقافية،, 2017.

其他语种

778　Barrett, Hilary. Yijing: muutuste raamat: iidne Hiina oraakel. Ilo, 2016.
779　Chu, Chính Thư. Trang Tử mưu lược tung hoành. Nhà xuất bản Thanh Hóa, 2016.
780　Chương Khởi Quần. Lược sử mỹ học 100 năm của Trung Quốc. Đại học Quốc gia Hà Nội, 2020.
781　Ciecierski, Marek. Kluczowe pojęcia w chińskiej myśli i kulturze. 2. Time Marszałek Group, 2017.
782　Demirağacı, Deniz. 30 saniyede Antik Çin: Antik Çin'den günümüze ulaşan 50 en önemli fikirsel ve kültürel katkı. Caretta, 2016.
783　Đường, Chí Long. Mạnh Tử mưu lược tung hoành. Nhà xuất bản Thanh Hóa, 2016.
784　Dương, Nhất Dân. Mặc Tử Mưu Lược Tung Hoành. Nhà xuất bản Thanh Hóa, 2016.
785　Dương, Thu Ái. Khổng Tử với luận ngữ. Nhà xuất bản Văn học, 2019.

786　Erşahin, Havva. Geleneksel Çin felsefesi Mo zi. Gece Kitaplığı, 2017.
787　Exley, Helen. Myšlienky čínskych mudrcov: 356: jeden citát na každý deň od najväčších mysliteľov. Slovart, 2017.
788　Favrholdt, David. Kina og os: med klassikeren Kinesisk filosofi. VAD, 2016.
789　Feng, Youlan. Çin felsefesi tarihi. İstanbul Bilgi Üniversitesi Yayınları, 2019.
790　Feng, Youlan. Kratka zgodovina kitajske filozofije. Amalietti & Amalietti, 2016-2017.
791　Giang Tâm Lực. Đọc hiểu lịch sử triết học Trung Quốc trong một cuốn sách. Đại học Quốc gia Hà Nội, 2020.
792　Gumienik, Szymon. Chiny: dziedzictwo i przemiany = China: legacy and transfomation. Wydawnictwo Adam Marszałek, 2019.
793　Hamar Imre. Kínai bölcselet és művészet: tanulmányok Tőkei Ferenc emlékére. ELTE Konfuciusz Int., 2020.
794　Hàn, Xuân Trạch. Không phải chưa đủ năng lực, mà là chưa đủ kiên định: ứng dụng tâm lý học để kiểm soát bản thân. Nhà xuất bản Thế giới, 2020.
795　Heikkilä, Margit. I Ching: muutosten kirja. Books on Demand GmbH, 2020.
796　Hoàng, Thăng Long. Kinh dịch: diễn giải và các yếu tố trong luận đoán. Nhà xuất bản Hồng đức, 2017.
797　Hồng, Ứng Minh. Tinh hoa xử thế Phương Đông: Thái Căn Đàm. Nhà xuất bản Hồng đức, 2015.
798　Joachimová, Eva. Cesta bílého jeřába za poznáním času člověka: běh lidského života z pohledu čínské astrologie a medicíny. Body & Harmony, 2020.
799　Kerr, Angela. Kínversk viska. Steinegg, 2017.
800　Kiều, Thụy Linh. Làm một người tài hoa. Nhà xuất bản Thanh niên, 2020.
801　Kironská, Kristína. Superveľmoc?: všetko, čo potrebujete vedieť o súčasnej Číne. Hadart, 2020.
802　Konfüçyüs. Hayat, mutsuz olmak için çok kısa: aforizmalar. Aylak Adam, 2016.
803　Kubas, Kinga. Kluczowe pojęcia w chińskiej myśli i kulturze. 1. Time Marszałek Group, 2017.
804　Kułaczkowski, Jakub. Kluczowe pojęcia w chińskiej myśli i kulturze. 4. Time Marszałek Group, 2017.
805　Kułaczkowski, Jakub. Kluczowe pojęcia w chińskiej myśli i kulturze. 5. Time Marszałek Group, 2018.
806　Kułaczkowski, Jakub. Kluczowe pojęcia w chińskiej myśli i kulturze. 6. Time Marszałek Group, 2019.
807　Lại, Thuần Mỹ. Tuân Tử tinh hoa trí tuệ qua danh ngôn. Nhà xuất bản Hồng đức, 2015.
808　Laozi. Dao De Dzin. Qanun, 2020.
809　Laozi. Daodejing: kulgemise väe raamat. Koolibri, 2016.
810　Laozi. Daosizm: Dao De Çinq; İç bölümlər. TEAS Press, 2017.
811　Laozi. Tao-tek-king: Lao-tsïova kanonická kniha o Tau a ctnosti. Galerie Zdeněk Sklenář, 2020.
812　Lin, Yutang. A bölcs mosoly. Urbis, 2020.
813　Lin, Yutang. Elamise tähtsus. Tänapäev, 2017.
814　Liščák, Vladimír. Mezi tolerancí a intolerancí: první dvě století novověkých katolických misií v Číně. Academia, 2017.

815　Lữ Trừng. Lịch sử tư tưởng Phật học Trung Quốc. Hồng Đức, 2018.
816　Lưu Ngôn. Đàm đạo với Lão Tử. Nhà xuất bản Văn học, 2017.
817　Lý, Cư Minh. Lý Cư Minh luận về mật tông. Nhà xuất bản Hồng đức, 2015.
818　Lý, Duy Văn. Đạo xử thế của Mã Vân (Jack Ma). Nhà xuất bản Thanh Hóa, 2016.
819　Machek, David. Čínské myšlení zevnitř: čítanka tradičních komentářů ke Knize Zhuāngzǐ. Filozofická fakulta Univerzity Karlovy, 2016.
820　Malebranche, Nicolas. Diálogo de um filósofo cristão e de um filósofo chinês: sobre a existência e a natureza de Deus. Edições 70, 2017.
821　Morita, Ken. Eludevaheline maailm: surmajärgne maailma ja taassünni mälestused Hiinast ja Jaapanist. Suur Puu, 2018.
822　Mróz, Piotr. Filozofia kultur Wschodu. Wydawnictwo Libron - Filip Lohner, 2015.
823　Nam Hoài Cẩn. Kinh dịch tạp thuyết. Nhà xuất bản Hồng đức, 2017.
824　Namkhai Norbu. Narodziny, życie i śmierć według medycyny tybetańskiej i nauk dzogczen. Wydawnictwo A, 2015.
825　Ng, Choon Phong. Летящие звезды Цзы Вэй Доу Шу. Астрология китайских императоров: рук. для практиков (формулы Цзы Вэй Фэн Шуй метода). Середняк Т. К. [изд.], 2020.
826　Oppes, Stéphane. Wspomnienia bł. Gabriela M. Allegra, OFM "świętego Hieronima" Chin. FPR Macgraf S.C., 2018.
827　Ošó. O tajemství zlatého květu: postřehy ke starobylému ezoterickému textu. Beta, 2015.
828　Ošó. Tao, cesta bez cesty, cesta beze stop: rozjímání nad sútrami mistra Lie-c'eho. Fontána, 2019.
829　Ötgün, Müşfiq. Tanımadığımız Konfutsi: Lun Yu (Söhbətlər və mühakimələr) kitabı əsasında yazılıb. Hüquq Yayın evi, 2016.
830　Pang, Yun. Noudan vettä ja kerään polttopuita: maallikko Pangin opetukset. Basam Books, 2018.
831　Pap Melinda. Buddhista filozófia a Tang-kori Kínában: az élettelen tárgyak buddhatermészetének elmélete Zhanran A gyémántpenge című értekezésében. ELTE Konfuciusz Int., 2020.
832　Peck, Anna. Polityczne i religijne aspekty percepcji buddyzmu tybetańskiego. T. 1, Przegląd perspektyw i interpretacji: perspektywa protestancka. Wydawnictwo Naukowe Uniwersytetu Kardynała Stefana Wyszyńskiego, 2017.
833　Plebaniak, Piotr. Drogi wędrownych doradców. Zona Zero, 2018.
834　Poltikovič, Viliam. Příběh tantry. Jota, 2020.
835　Puett, Michael. Yol. Koridor Yayıncılık, 2016.
836　Qúa, Diệc Lâm. Yến Tử mưu lược tung hoành: nghệ thuật đàm phán. Nhà xuất bản Thanh Hóa, 2016.
837　Rab-gsal-zla-ba, Dis-mgo Mkhyen-brtse. Oświecony włóczęga: życie i nauki Patrula Rinpocze: opowieści pełne mądrości i współczucia, które przekazali. Fundacja Rogaty Budda, 2019.
838　Redyson, Deyve. Budismo tibetano: história, filosofia e prática. Ed. UFPB, 2015.
839　Rekus, Henryk. Horoskop chiński: twój charakter i przyszłość według tradycyjnej mądrości Wschodu. Studio Astropsychologii, 2015.
840　Rijckenborgh, Jan van. Gnoza chineză: explicată după prima parte din "Tao te king" de Lao Tseu. Lectorium, 2019.

841　Rogacz, Dawid. Chińska filozofia historii: od początków do końca XVIII wieku. UAM Wydawnictwo Naukowe, 2019.
842　Rošker, Jana S. Filozofija na Tajvanu: značilnosti, vloga in pomen. Znanstvena založba Filozofske fakultete Univerze v Ljubljani, 2019.
843　Rošker, Jana S. Konfucij in globalizacija: antični in sodobni konfucijanski diskurzi = Confucius and globalization: ancient and contemporary Confucian discourses. Znanstvena založba Filozofske fakultete = University Press, Faculty of Arts, 2016.
844　Rošker, Jana S. Li Zehou in sodobna kitajska filozofija - zgodovinska ontologija, estetika in nadgradnje marksizma. Znanstvena založba Filozofske fakultete, 2016.
845　Rošker, Jana S. V senci vélikih mojstrov: vprašanje žensk v kitajski filozofiji na primeru dveh sodobnih tajvanskih filozofinj. Znanstvena založba Filozofske fakultete, 2020.
846　Sernelj, Tea. Konfucijanski preporod v tajvanski filozofiji: Xu Fuguan in njegova teorija kitajske estetike. Znanstvena založba Filozofske fakultete Univerze v Ljubljani, 2020.
847　Shamar. Złoty łabędź na niespokojnych wodach: życie i czasy X Karmapy Czojinga Dordże. Wydawnictwo Rogaty Budda, 2015.
848　Sobczyk-Pająk, Joanna. Komunikacja piękna. 1, Papieskie wernisaże w Makao i w Krakowie. Arsarti Wydawnictwo, 2020.
849　Spahiu, Iljaz. Konceptet bazë të mendimit dhe kulturës kineze. Onufri, 2017.
850　Suzuki, Daisetz Teitaro. Uma introdução ao Zen-Budismo. Mantra, 2017.
851　Tạ, Ngọc Ái. Trí tuệ Khổng Tử. Lao động, 2016.
852　Tajemství prastaré čínské kultury. Milan Kajínek, 2016.
853　Tang, Yijie. Konfučijanizam, budizam, daoizam, hrišćanstvo i kineska kultura. Драслар, 2020.
854　Thẩm, Vĩnh Hoàng. Tuân Tử mưu lược tung hoành. Nhà xuất bản Thanh Hóa, 2016.
855　Thích Giải Hiền. Lịch sử Phật giáo Trung Quốc. Tôn giáo, 2018.
856　Thích Thiện Quang. Giáo trình sử Phật giáo Trung Quốc = 中國佛教史教程. Nxb. Thuận Hoá, 2020.
857　Toczek-Luteijn, Barbara. Kluczowe pojęcia w chińskiej myśli i kulturze. 3. Time Marszałek Group, 2017.
858　Tomáš, Eduard. Tajné nauky Tibetu. Avatar, 2015.
859　Trần, Trọng Kim. Nho giáo. Nhà xuất bản Thế giới, 2019.
860　Trần, Trọng Kim. Nho giáo. Nhà xuất bản Văn học, 2018.
861　Trang Tử. Trang Tử Nam hoa kinh. Nhà xuất bản Trẻ, 2016.
862　Varsányi György. A csan buddhizmus története. A Tan Kapuja, 2019.
863　Vekić, Matija Maša. Put svetosti fra Alekse Benigara: uz 30. godišnjicu smrti sluge Božjega oca Alekse Benigara. vlast. Nakl, 2018.
864　Wang, Hui. Çin'in yirminci yüzyılı: devrim, geri çekilme ve eşitliğe giden yol. Yordam Kitap, 2017.
865　Wang, Zhihe. Folyamat és pluralizmus: kínai elmélkedés a sokszínűség harmóniájáról. Pallas Athéné Kvk., 2020.
866　Wangyal, Tenzin. Leczenie formą, energią i światłem. Dom Wydawniczy "Rebis", 2015.
867　Wilhelm, Hellmut. Sens "I-cing". 2019.
868　Wilhelm, Richard. I Cing: Księga Przemian. Wydawnictwo Aletheia, 2019.
869　Wong, Eva. Seitse taoistlikku meistrit: Hiina rahvajutt. Valgusesaar, 2017.

870　Wu, Yansheng. Čínský zen: cesta ke klidu a štěstí. Argo, 2018.
871　Xunzi. Sün-c': tradičně Sün Kchuang. Academia, 2019.
872　Ye-śes-mtsho-rgyal. Życie i wizje Jeszie Tsogjal: autobiografia wspaniałej królowej mądrości: skarb odkryty przez Drime Kungę. 2019.
873　Zając, Andrzej. Między papieżem a wielkim chanem: o franciszkanach w Azji środkowo-wschodniej. Instytut Studiów Franciszkańskich, 2015.
874　Zawadzki, Eugeniusz Ryszard. Three-valued and four-valued logic in Chinese Taoism. wydawca nieznany, 2020.
875　Zhu, Xi. A prática do meio. Livros do Meio, 2020.
876　Zhuangzi. Joutilaan vaelluksesta: lukuja Chuangtsen kirjasta. Basam Books, 2015.
877　Zhuangzi. Sebrané spisy. Maxima, 2020.
878　Zica, Matheus da Cruz e. Daoismo, estéticas chinesas & outras artes. Appris, 2018.
879　Zubkova, Anna. Taoismus: Tao-te-ting a další perly moudrosti z pera Lao-c'. Nová Forma, s.r.o., 2018.
880　Алдабек, Нұржамал Әбдіразаққызы. Қытай діндерінің тарихы. Қазақ университеті, 2017.
881　Бизио, Том. Ба гуа ней гун: ходене по кръг за отваряне на меридианите. Аратрон, 2019.
882　Блінец, К. (Кацярына). Ключавыя канцэпты кітайскай думкі і культуры: прэса па даследаванні і вывучэнні замежных моў: у 9 кн.: [пераклад з кітайскай мовы]. Кн. 2. 2019.
883　Ву, Шели. Китайска астрология: наръчник по автентична даоистка астрология. Лира принт, 2018.
884　Гальпяровіч, В. Н. (Вольга Навумаўна). Ключавыя канцэпты кітайскай думкі і культуры: прэса па даследаванні і вывучэнні замежных моў: у 9 кн.: [пераклад з кітайскай мовы]. Кн. 1. 2018.
885　Дамянова, Десислава Дамянова. Философията на Пътя в Древен Китай: Мъдрецът и Дао в «Джуандзъ». Унив. изд. «Св. Климент Охридски», 2018.
886　Дей, Вайълет. Китайска астрология: вечен хороскоп за всички зодии и години. Millenium, 2019.
887　Добрев, Валентин. Тъмното знание на древен Китай: коментари и есета; безотговорни философи. Кралица Маб, 2017.
888　Друмев, Добромир Петров. Символната система на Книга на промените: биномно-квадронна структура на Идзин. Ч. 1. Locus publ., 2020.
889　Ђукић, Остоја Д. Философска мисао Кине: од синова неба до змајева нашег доба. Народна библиотека «Иво Андрић», 2017.
890　Жулиен, Франсоа. Искаш ли да успееш, заобиколи: стратегии на смисъла в Китай и Гърция. Изток-Запад, 2018.
891　Је, Ланг. Вовед во кинеската култура. Македоника литера, 2020.
892　Карлюкевіч, В. (Веранiка). Ключавыя канцэпты кітайскай думкі і культуры: прэса па даследаванні і вывучэнні замежных моў: у 9 кн.: [пераклад з кітайскай мовы]. Кн. 3. 2020.
893　Кац, Пийт. Изкуството на войната [по] Сун Дзъ: графична адаптация: [комикс]. Книгомания, 2019.
894　Коваль, В. И. (Владимир Иванович). Традиционная духовная культура восточнославянских и китайского народов: сборник научных статей. ГГУ, 2019.

895　Коваль, В. И. (Владимир Иванович). Традиционная духовная культура восточнославянских и китайского народов: сборник научных статей. ГГУ, 2017.
896　Конфучиј. Лун Јu: (мислења и беседи). Македоника литера, 2018.
897　Лао Дзъ. Дао Дъ Дзин. Книгомания, 2015.
898　Лиедзъ. Древнокитайски мислители. Лиедзъ. Хеликон, 2020.
899　Линдзъ, Исюан. Беседи на «освещаващия с мъдрост» чански наставник Линдзъ. Трактати. Шамбала, 2019.
900　Петрова, София Ивайлова. Конфуций и търсенето на пътя. Millenium, 2016.
901　Пушић, Радосав. Космичка шара: о лепом у философији старе Кине. Чигоја штампа, 2015.
902　Пюет, Майкъл. Пътеката: уроците на китайските философи за добър и смислен живот. ИК Бард, 2016.
903　Радев, Игор. Менциј. Македоника литера, 2019.
904　Тренчева, Елена. Клучните концепти во кинеската мисла и култура. Македоника литера, 2018-2019.
905　Фың, Элэн. Қытай философиясының қысқаша тарихы = A Short history of chinese philosophy. [s.n.], 2020.
906　Хинов, Петко Тодоров. Основни понятия в китайската мисъл и култура. Кн. 1. Изток-Запад, 2017.
907　Хинов, Петко Тодоров. Основни понятия в китайската мисъл и култура. Кн. 2. Изток-Запад, 2018.
908　Хинов, Петко Тодоров. Основни понятия в китайската мисъл и култура. Кн. 3. Изток-Запад, 2018.
909　Хинов, Петко Тодоров. Основни понятия в китайската мисъл и култура. Кн. 4. Изток-Запад, 2019.
910　Хинов, Петко Тодоров. Основни понятия в китайската мисъл и култура. Кн. 5. Изток-Запад, 2020.
911　Хъ Фън. Идейни основи на културата на хармонията. Изд. на БАН «Проф. Марин Дринов», 2018.
912　Чън, Ан. История на китайската мисъл. Рива, 2015.
913　Шахаб, В. В. (Вольга Васільеўна). Ключавыя канцэпты кітайскай думкі і культуры: прэса па даследаванні і вывучэнні замежных моў: у 9 кн.: [пераклад з кітайскай мовы]. Кн. 4. 2019.
914　Щербаков, Ярослав Ігорович. Китайський буддизм та драма цзацзюй доби Юань (1271-1368). Вид. дім Дмитра Бураго, 2017.
915　Աթաբեկյան, Աստղիկ Ներսեսի. Չինական մտքի և մշակույթի հիմնական հասկացությունները = Key concepts in Chinese thoughts and Culture : Հատոր վեց. Օգի-Նաիրի, 2018.
916　Մելիքյան, Աշոտ. Կոնֆուցիուս՝ ուսուցանող մեսիա. Լիմուշ հրատարակչություն, 2018.

社会科学总论

英语

1　Adamek, Piotr. *A good son is sad if he hears the name of his father: the tabooing of names in China as a way of implementing social values*. Germany: Institut Monumenta Serica, 2015.
2　Arnaiz, Carlos. *When urbanization comes to ground*. Novato: ORO Editions, 2019.
3　Ash, Alec; Cronin, James Patrick. *Wish lanterns: young lives in new China*. United Kingdom: Picador, 2016.
4　Bakken, Børge. *Crime and the Chinese Dream*. Hong Kong: HKU Press, 2018.
5　Bao, Hongwei. *Queer China: lesbian and gay literature and visual culture under postsocialism*. New Delhi: Routledge India, 2020.
6　Bao, Hongwei. *Queer comrades: gay identity and Tongzhi activism in postsocialist China*. Copenhagen K, Denmark: NIAS Press, 2018.
7　Belle, Iris. *From economic zone to eco-city?: urban governanace and urban development trends in Tianjin's coastal area*. Germany: Gebr Borntraeger, 2015.
8　Bian, Yanjie. *Guanxi: how China works*. Cambridge: Polity Press, 2019.
9　Bisio, Tom. *Beyond the battleground: classic strategies from the Yijing and Baguazhang for managing crisis situations*. United States: North Atlantic Books, 2016.
10　Blancke, Stephan. *East Asian Intelligence and organised crime: China, Japan, North Korea, South Korea, Mongolia*. Germany: Verlag Dr. Köster, 2015.
11　Bonington, Chris. *Kongur: China's elusive summit*. Sheffield: Vertebrate Publishing, 2020.
12　Boretz, Avron Albert. *Gods, ghosts, and gangsters: ritual violence, martial arts, and masculinity on the margins of Chinese society*. United States: University of Hawaii Press, 2016.
13　Bregnbæk, Susanne; Bunkenborg, Mikkel. *Emptiness and fullness: ethnographies of lack and desire in contemporary China*. New York: Berghahn Books, 2017.
14　Bronner, Ulrike; Reikersdorfer, Clarissa. *Urban nomads building Shanghai: migrant workers and the construction process*. Germany: Transcript, 2016.
15　Broudehoux, Anne-Marie. *Mega-events and urban image construction: Beijing and Rio de Janeiro*. Abingdon, Oxon; New York, NY: Routledge, 2017.
16　Bruckermann, Charlotte. *Claiming homes: confronting domicide in rural China*. New York: Berghahn Books, 2020.
17　Burt, Ronald S. [et al.]. *Social capital, social support and stratification: an analysis of the sociology of Nan Lin*. Cheltenham, Glos: Edward Elgar Publishing Limited, 2019.

18 Busquets, Joan. *Zhengzhou: from rail-city to metro-polis*. Novato, California: Applied Research and Design Pulishing, An imprint ORO Editions, 2019.
19 Caesar, Ed. *The moth and the mountain: a true story of love, war and Everest*. London: Penguin Books, 2020.
20 Chan, Chak Kwan; Ngok, King Lun. *China's social policy: transformation and challenges*. United Kingdom: Routledge, 2016.
21 Chan, Gloria Hongyee. *Hidden youth and the virtual world: the process of social censure and empowerment*. United Kingdom: Routledge, 2016.
22 Chan, Ko Ling. *Chinese migration and families-at-risk*. United Kingdom: Cambridge Scholars, 2015.
23 Chen, Aimin [et al.]. *Urbanization and social welfare in China*. London: Routledge, Taylor & Francis Group, 2018.
24 Chen, Fei, Thwaites, Kevin. *Chinese urban design: the typomorphological approach*. London: Routledge, 2017.
25 Chen, Hon Fai. *Chinese sociology: state-building and the institutionalization of globally circulated knowledge*. Basingstoke, Hampshire: Palgrave Macmillan, 2017.
26 Chen, Hon Fai. *Civilizing the Chinese, competing with the West: study societies in late Qing China*. Sha Tin, N.T., Hong Kong: The Chinese University Press, 2017.
27 Chen, Sally Xiaojin. *Resistance in digital China: the Southern Weekly incident*. New York, NY: Bloomsbury Academic, 2020.
28 Chen, Wenhong. *The Internet, social networks and civic engagement in Chinese societies*. United Kingdom: Routledge, 2015.
29 Cheung, Chau-kiu. *Emerging adulthood in Hong Kong: social forces and civic engagement*. London: Routledge, 2017.
30 Chiang, Howard. *The making of the human sciences in China: historical and conceptual foundations*. Leiden; Boston: Brill, 2019.
31 China Development Research Foundation. *China's rural areas: building a moderately prosperous society*. London: Routledge, 2017.
32 Verma, Gajendra [et al.]. *Chinese adolescents in Britain and Hong Kong: identity and aspirations*. London: Routledge, 2018.
33 Clay, Marcus. *Understanding the "people" of the People's Liberation Army: a study of marriage, family, housing, and benefits*. Montgomery, AL: China Aerospace Studies Institute, 2018.
34 Cornet, Candice; Blumenfield, Tami. *Doing fieldwork in China... with kids!: the dynamics of accompanied fieldwork in the People's Republic*. Denmark: NIAS Press, 2016.
35 Cotesta, Vittorio. *Max Weber on China: modernity and capitalism in a global perspective*. Newcastle upon Tyne, UK: Cambridge Scholars Publishing, 2018.
36 Cuffe, James B. *China at a threshold: exploring social change in techno-social systems*. New York, NY: Routledge, 2020.
37 Dai, Yuanfang. *Transcultural feminist philosophy: rethinking difference and solidarity through Chinese-American encounters*. Lanham: Lexington Books, 2020.
38 Dapiran, Antony. *City on fire: the fight for Hong Kong*. Melbourne: Scribe, 2020.
39 Dillon, Nara. *Radical inequalities: China's revolutionary welfare state in comparative*

perspective. United States: Harvard University Asia Center, 2015.
40 Ding, Hua. *The trend of "socializing social welfare" policy in China: a study on service quality and social capital in the society-run homefor the aged in Beijing.* Switzerland: Peter Lang, 2015.
41 Driessen, Miriam. *The restless Earth: rural China in transition.* London: Vintage Digital, 2019.
42 Dulberger, Michael D. *America and its rivals: a comparison among the nations of China, Russia, and the United States.* Lanham: Bernan Press, 2018.
43 Riley, Nancy E. *Population in China.* Cambridge: Polity Press, 2017.
44 Eggleston, Karen. *Challenges in the process of China's urbanization.* Stanford, CA: Walter H. Shorenstein Asia-Pacific Research Center, 2017.
45 Eggleston, Karen. *Policy challenges from demographic change in China and India.* United States: Stanford University, 2016.
46 Engebretsen, Elisabeth L.; Schroeder, William F. *Queer/Tongzhi China: new perspectives on research, activism, and media cultures.* Denmark: NIAS Press, 2015.
47 Erickson, Andrew S.; Strange, Austin M. *Six years at sea... and counting: Gulf of Aden anti-piracy and China's maritime commons presence.* United States: The Jamestown Foundation, 2015.
48 Evans, Harriet. *Beijing from below: stories of marginal lives in the capital's center.* Durham: Duke University Press, 2020.
49 Fang, Chuanglin. *China's new urbanization: developmental paths, blueprints and patterns.* Germany: Springer, 2016.
50 Fang, Chuanglin. *China's urban pattern.* Singapore: Springer, 2018.
51 Feng, Huiling. *The development of China's information resource industry: theory and evaluation.* London: Routledge, 2020.
52 Feng, Jin. *Tasting paradise on earth: Jiangnan foodways.* Seattle: University of Washington Press, 2019.
53 Fernandez, Jeannette Ford. *Mao's prey: the history of Chen Renbing, liberal intellectual.* London: Routledge, 2018.
54 Hong Fincher, Leta. *Betraying big brother: the feminist awakening in China.* London: Verso, 2018.
55 Fish, Eric. *China's millennials: the want generation.* United States: Rowman & Littlefield, 2015.
56 Flahive, Colin Thomas. *Great leaps: finding home in a changing China.* Hong Kong: Blacksmith Books, 2019.
57 Fleischer, Friederike. *Soup, love, and a helping hand: social relations and support in Guangzhou, China.* New York, NY: Berghahn Books, 2018.
58 Fong, Mei. *One child: the story of China's most radical experiment.* United States: Houghton Mifflin Harcourt, 2016.
59 Frangville, Vanessa; Gaffric, Gwennaël. *China's youth cultures and collective spaces: creativity, sociality, identity and resistance.* London: Routledge, 2019.
60 Frazier, Mark W. *The power of place: contentious politics in twentieth-century Shanghai and Bombay.* Cambridge, United Kingdom, 2019.
61 Fu, Yang. *Eco and low-carbon new towns in China: sustainability transformation in the making.* London: Routledge, 2020.
62 Gaenssbauer, Monika. *Popular belief in contemporary China: a discourse analysis.* Germany:

Projektverlag, 2015.
63   Gao, Qin. *Welfare, work and poverty: social assistance in China*. New York: Oxford University Press, 2017.
64   Gao, Yong. *The state and society of China: a century long ensemble of "Great Power" and "New Citizens"*. Singapore: Springer, 2018.
65   Gipouloux, François. *China's urban century: governance, environment and socio-economic imperatives*. United Kingdom: Edward Elgar, 2015.
66   Glinskaya, Elena E.; Feng, Zhanlian. *Options for aged care in China: building an efficient and sustainable aged care system*. Washington, D.C: The World Bank, 2017.
67   Godbey, Geoffrey. *Finding leisure in China*. United States: Venture Publishing, 2015.
68   Gotts, David. *China's Oasis: love, hope, and opportunity for the hidden children of China*. Oxford: Monarch Books, 2018.
69   Guldin, Gregory Eliyu. *Anthropology in China: defining the discipline*. New York: Routledge, 2019.
70   Guo, Zhigang. *China's low birth rate and the development of population*. London: Routledge, 2017.
71   Li, Guoqing [et al.]. *Zeng Shiqiang and the Chinese style of management*. Newcastle upon Tyne: Cambridge Scholars Publishing, 2017.
72   Hamilton, Duncan. *For the glory: Eric Liddell's journey from Olympic champion to modern martyr*. United States: Penguin Books, 2016.
73   Hamlyn-Harris, Noah. *Rural China in focus: political, environmental and social issues*. New York: Nova Science Publishers, 2019.
74   Hao, Shiyuan. *China's solution to its ethno-national issues*. Singapore: Springer, 2020.
75   Hasmath, Reza; Hsu, Jennifer Y.J. *NGO governance and management in China*. United Kingdom: Routledge, 2016.
76   Chan, Hau Nung Annie; Ka-Ki Ho Lawrence. *Women in the Hong Kong police force: organizational culture, gender and colonial policing*. London: Palgrave Macmillan, 2017.
77   Helle, Horst Jürgen. *China: promise or threat?: a comparison of cultures*. Leiden; Boston: Brill, 2017.
78   Henriot, Christian [et al.]. *The population of Shanghai (1865-1953): a sourcebook*. Leiden; Boston: Brill, 2019.
79   Henriot, Christian. *Scythe and the city: a social history of death in Shanghai*. United States: Stanford University Press, 2016.
80   Hershatter, Gail. *Women and China's revolutions*. Lanham, Maryland: Rowman & Littlefield, 2019.
81   Hinsch, Bret. *Women in early medieval China*. Lanham, Maryland: Rowman & Littlefield, 2019.
82   Hinsch, Bret. *Women in Tang China*. Lanham: Rowman & Littlefield Publishers, 2019.
83   Ho, Wan-Li. *Ecofamilism: women, religion, and environmental protection in Taiwan*. United States: Three Pines Press, 2016.
84   Hong, Junhao. *China in the era of social media: an unprecedented force for an unprecedented social change*. Lanham: Lexington Books, 2020.
85   House, M. C. *Chengdu, China: discover more with the Panda family*. Tolworth, Surrey: Grosvenor House Publishing Ltd, 2018.

86　Howell, Jude. *NGOs and accountability in China: child welfare organisations.* Basingstoke, Hampshire: Palgrave Macmillan, 2018.
87　Hu, Richard. *The Shenzhen phenomenon: from fishing village to global knowledge city.* London: Routledge, 2020.
88　Huang, Xian. *Social protection under authoritarianism: health politics and policy in China.* New York: Oxford University Press, 2020.
89　Huang, Xin. *The gender legacy of the Mao era: women's life stories in contemporary China.* Albany, New York: SUNY Press, 2018.
90　Hull, Jennifer. *Shook: an earthquake, a legendary mountain guide, and Everest's deadliest day.* Albuquerque: University of New Mexico Press, 2020.
91　Iredale, Robyn R. *Handbook of Chinese migration: identity and wellbeing.* United Kingdom: Edward Elgar, 2015.
92　Jacobs, Katrien. *The afterglow of women's pornography in post-digital China.* United States: Palgrave Macmillan, 2015.
93　Jankowiak, William R.; Moore, Robert L. *Family life in China.* United Kingdom: Polity, 2016.
94　Jayne, Mark. *Chinese urbanism: new critical perspectives.* London: Routledge, 2018.
95　Hsu, Jennifer Y. J. *State of exchange: migrant NGOs and the Chinese government.* Vancouver; Toronto: UBC Press, 2017.
96　Johnson, C. David. *The medieval Chinese oligarchy.* London: Routledge, 2019.
97　Johnson, Kay Ann. *China's hidden children: abandonment, adoption, and the human costs of the one-child policy.* United States: University of Chicago Press, 2016.
98　Johnson, Linda Cooke. *Women of the conquest dynasties: gender and identity in Liao and Jin China.* United States: University of Hawaii Press, 2016.
99　Johnson, Richard Greggory III. *China's new 21st-century realities: social equity in a time of change.* United States: Peter Lang, 2015.
100　Junker, Andrew. *Becoming activists in global China: social movements in the Chinese diaspora.* Cambridge: Cambridge University Press, 2019.
101　Kang, Mia. *Knockout.* New York: Abrams, 2020.
102　Kellermann, Karina [et al.]. *Criticising the ruler in pre-modern societies: possibilities, chances, and methods.* Göttingen: V&R Unipress, 2019.
103　Kennedy, John James. *Lost and found: the "missing girls" in rural China.* New York: Oxford University Press, 2019.
104　Knopman, Debra; Zmud, Johanna. *Quality of life indicators and policy strategies to advance sustainability in the Pearl River Delta.* United States: Rand Corporation, 2015
105　Kochhar, Geeta. *Modern China: society, culture and literature.* New Delhi: Routledge India, 2019.
106　Ku, Polly Sen Yin; Poon, Yeow. *Chinese community organisations in the UK: changing landscape, challenges and strategies for the future.* Egham: Independent Publishing Network, February 2019.
107　Kuan, Teresa. *Love's uncertainty: the politics and ethics of child rearing in contemporary China.* United States: University of California Press, 2015.
108　Kuang, Wenbo. *Social media in China.* Singapore: Palgrave Macmillan, 2018.
109　Lam, Phoenix. *Online place branding: the case of hongkong.* London: Routledge, 2020.

110 Langfitt, Frank. *The Shanghai free taxi: journeys with the hustlers and rebels of the new China*. New York, NY: Public Affairs, 2019.

111 Lau, Joseph Cho-yam. *Self-organisation shapes travel behaviours and social exclusion in deprived urban Neighbourhoods of China*. Singapore: Springer, 2020.

112 Lee, Kam Hing [et al.]. *The Chinese overseas in Malaysia in an era of change*. Kuala Lumpur: University of Malaya Press, 2018.

113 Leung, Joe C. B.; Xu, Yuebin. *China's social welfare: the third turning point*. United Kingdom: Polity, 2015.

114 Li, Jianjun. *A study on suicide: diagnosis and solutions*. Gateway East, Singapore: SSAP: Springer, 2020.

115 Li, Jingyuan. *China's eco-city construction*. Germany: Springer, 2015.

116 Li, Liu; Hong, Fan. *The national games and national identity in China: a history*. Abingdon, Oxon: Routledge, 2017.

117 Li, Luzhou Nina. *Zoning China: online video, popular culture, and the state*. Cambridge, Massachusetts: The MIT Press, 2019.

118 Li, Peilin. *Chinese society: change and transformation*. United Kingdom: Routledge, 2016.

119 Li, Peilin. *Urbanization and its impact in contemporary China*. Singapore: Springer, 2019.

120 Li, Simin. *Discourses of Asian societies: cases from China, Hong Kong, and Taiwan*. Washington; London: Academica Press, 2019.

121 Li, Yao. *Playing by the informal rules: why the Chinese regime remains stable despite rising protests*. Cambridge: Cambridge University Press, 2019.

122 Li, Yijing. *Geography of crime in China since the economic reform of 1978: a multi-scale analysis*. United Kingdom: Cambridge Scholars, 2015.

123 Li, Yining. *Cultural economics*. London: Routledge, 2020.

124 Li, Yong-Gang. *Earthquake and disaster risk: decade retrospective of the Wenchuan earthquake*. [Place of publication not identified]: Higher Education Press: Springer, 2019.

125 Li, Zhu. *Social issues and solutions in transitioning China*. Reading: Paths International Ltd. 2019.

126 Li, Zhuqing. *Reinventing China: the experience of contemporary Chinese returnees from the west*. United States: Bridge21 Publications, 2016.

127 Li, Zhou [et al.]. *Rural land reform, peasants' rights and the collective economy*. Portland: Paths International, Limited, 2020.

128 Liang, Yü-kao. *Village and town life in China*. Boca Raton, FL: Routledge, 2018.

129 Liang, Zai; Messner, Steven, F. *Confronting the challenges of urbanization in China: insights from social science perspectives*. United Kingdom: Routledge, 2016.

130 Liao, Kaihuai. *Debordering and rebordering processes in suburban Guangzhou, China*. Germany: Selbstverlag Des Geographischen Instituts der Universität Kiel, 2016.

131 Lin, Khee-Vun. *Dialogue of life: social engagement as the preferred means to incarnational mission in the context of Malay hegemony*. Carlisle: Langham Monographs, 2020.

132 Lincoln, Toby. *Urbanizing China in war and peace: the case of Wuxi County*. United States: University of Hawaii Press, 2016.

133 Ling, Minhua. *The inconvenient generation: migrant youth coming of age on Shanghai's edge*. Stanford, California: Stanford University Press, 2019.

134　Liong, Mario. *Chinese fatherhood, gender and family: father mission.* London: Palgrave Macmillan, 2017.
135　Liu, Gordon G. *Urban transformation in China.* [Place of publication not identified]: Routledge, 2017.
136　Liu, Juke; Sun, Weiping. *The development of Eco cities in China.* Singapore: Springer, 2016.
137　Liu, Petrus. *Queer Marxism in two Chinas.* United States: Duke University Press, 2015.
138　Liu, Shaojie. *Origin and expansion of Chinese sociology.* Singapore: China Renmin University Press: Springer, 2020.
139　Liu, Xin. *Moralization of China.* Hackensack, NJ: World Scientific, 2018.
140　Lo, Shiu Hing. *The dynamics of peaceful and violent protests in Hong Kong: the anti-extradition movement.* Basingstoke: Palgrave Macmillan, 2020.
141　Lo, Shiu Hing. *The politics of cross-border crime in Greater China: case studies of Mainland China, Hong Kong, and Macao.* London: Routledge, 2020.
142　Lorge, Peter Allan. *Chinese martial arts: from antiquity to the twenty-first century.* United Kingdom: Cambridge University Press, 2016.
143　Louie, Andrea. *How Chinese are you?: adopted Chinese youth and their families negotiate identity and culture.* United States: New York University Press, 2016.
144　Louie, Kam. *Changing Chinese masculinities: from imperial pillars of state to global real men.* Hong Kong, China: Hong Kong University Press, 2016.
145　Louie, Kam. *Chinese masculinities in a globalizing world.* United Kingdom: Routledge, 2015.
146　Low, Kelvin E. Y. *Remembering the Samsui women: migration and social memory in Singapore and China.* Singapore: NUS Press, 2015.
147　Lu, Xueyi. *Social construction in contemporary China.* Singapore: World Scientific Publishing, 2017.
148　Lu, Zhouxiang. *Politics and identity in Chinese martial arts.* London: Routledge, 2018.
149　Lupher, Mark. *Power restructuring in China and Russia.* New York: Routledge, 2018.
150　Ma, Huaili. *China's urbanization: theories, strategies and policies.* United Kingdom: Paths International, 2015.
151　Ma, Jianxiong [et al.]. *Islam and Chinese society: genealogies, lineage and local communities.* London: Routledge, 2020.
152　Mackerras, Colin. *Western perspectives on the People's Republic of China: politics, economy and society.* Singapore: World Scientific, 2015.
153　Manninen, Mari. *Secrets and siblings: the vanished lives of China's one-child policy.* London: Zed, 2019.
154　Martin, Rose; Chen, Ruohan. *The people's dance: the power and politics of Guangchang Wu.* Basingstoke: Palgrave Macmillan, 2020.
155　Miao, Ying. *Being middle class in China: identity, attitudes and behaviour.* United Kingdom: Routledge, 2016.
156　Miles, Steven B. *Upriver journeys: diaspora and empire in southern China, 1570-1850.* Cambridge, Massachusetts: Published by the Harvard University Asia Center, 2017.
157　Min, Dongchao. *Translation and travelling theory: feminist theory and praxis in China.* United Kingdom: Routledge, 2016.
158　Mu, Guanglun Michale; Hu, Yang. *Living with vulnerabilities and opportunities in a migration*

context: floating children and left-behind children in China. Netherlands: Sense Publishers, 2016.

159 Mullen, Carol A. *Creativity and education in China: paradox and possibilities for an era of accountability*. London: Routledge, 2017.

160 Ni, Pengfei; Oyelaran-Oyeyinka, Banji. *Urban innovation and upgrading in China shanty towns: changing the rules of development*. Germany: Springer, 2015.

161 Ning, Ou. *Utopia in practice: Bishan Project and rural reconstruction*. Basingstoke: Palgrave Macmillan, 2020.

162 Pakhomov, Oleg. *Self-referentiality of cognition and (de)formation of ethnic boundaries: a comparative study on Korean diaspora in Russia, China, the United States and Japan*. Singapore: Springer, 2017.

163 Paltemaa, Lauri. *Managing famine, flood, and earthquake in China: Tianjin, 1958-1985*. United States: Routledge, 2016.

164 Pan, Chenguang; Wei, Huokai. *Rural China in focus: China's rural development report - the establishment of a moderately prosperous society*. Portland, United States: Paths International, Limited, 2019.

165 Pan, Jiahua. *Reconstruction of China's low-carbon city evaluation indicator system: a methodological guide for applications*. Singapore: World Scientific, 2015.

166 Pan, Lynn. *When true love came to China*. Hong Kong, China: Hong Kong University Press, 2015.

167 Pan, Yi. *Rural welfare in China*. Cham, Switzerland: Springer, 2017.

168 Pan, Zhongdang. *To see ourselves: comparing traditional Chinese and American values*. London: Routledge, 2019.

169 Pavlićević, Dragan. *Social relations and political development in China: change and continuity in the 'New Era'*. London: Routledge, 2020.

170 Pei, Anping. *A study of prehistoric settlement patterns in China*. Gateway East, Singapore: Shanghai Jiao Tong University Press: Springer, 2020.

171 Pei, Rui. *New specimens of Anchiornis huxleyi (Theropoda, Paraves) from the late Jurassic of northeastern China*. New York, NY: American Museum of Natural History, 2017.

172 Peng, Altman Yuzhu. *A feminist reading of China's digital public sphere*. Basingstoke: Palgrave Pivot, 2020.

173 Perkins, Tamara. *Village, market, and well-being in a rural Chinese township*. New York: Routledge, 2018.

174 YU, Peter Kien-hong. *Reinventing the methodology of studying contemporary China: re-testing the one-dot theory*. Singapore: Springer, 2017.

175 Ploeg, Jan Douwe van der; Ye, Jingzhong. *China's peasant agriculture and rural society: changing paradigms of farming*. United Kingdom: Routledge, 2016.

176 Powell, Jason L. *The power of global aging*. New York: Nova Science Publishers, 2018.

177 Ren, Changqing. *Rural land reform, peasants' rights and the collective economy*. Portland: Paths International, Limited, 2020.

178 Ren, Julie. *Engaging comparative urbanism: art spaces in Beijing and Berlin*. Bristol: Bristol University Press, 2020.

179 Rocca, Jean-Louis. *The making of the Chinese middle class: small comfort and great*

expectations. New York: Palgrave Macmillan, 2017.
180 Rojas, Carlos. *Homesickness: culture, contagion, and national transformation in modern China*. United States: Harvard University Press, 2015.
181 Roulleau-Berger, Laurence. *Post-western revolution in sociology: from China to Europe*. Netherlands: Brill, 2016.
182 Rowe, Peter G.; Forsyth, Ann. *China's urban communities: concepts, contexts, and well-being*. Switzerland: Birkhäuser, Part of Walter De Gruyter Gmbh, 2016.
183 Ullerich, Curtis. *Rural employment & manpower problems in China*. [Place of publication not identified]: Routledge, 2017.
184 Sander, Marie. *Passing through Shanghai: ethnographic insights into the mobile lives of expatriate youths*. Germany: Heidelberg University Publishing, 2016.
185 Sanders, Richard. *Prospects for sustainable development in the Chinese countryside: the political economy of Chinese ecological agriculture*. London: Routledge, 2017.
186 Sangren, Paul Steven. *Filial obsessions: Chinese patriliny and its discontents*. Cham, Switzerland: Palgrave Macmillan, 2017.
187 Sangren, Paul Steven. *Chinese sociologics: an anthropological account of alienation and social reproduction*. London: Routledge, 2020.
188 Schaefer, Kendra. *China's corporate social credit system: context, competition, technology and geopolitics*. Washington, D.C.: U.S.-China Economic and Security Review Commission, 2020.
189 Scharff, David E. *Psychoanalysis and psychotherapy in China: volume 1*. London: Karnac Books, 2017.
190 Sha, Heila. *Care and ageing in North-West China*. Berlin: Lit Verlag, 2017.
191 Shen, Anqi. *Internal migration, crime, and punishment in contemporary China: an inquiry into rural migrant offenders*. Cham: Springer, 2018.
192 Shen, Jianfa: Kee, Gordon. *Development and planning in seven major coastal cities in southern and eastern China*. Switzerland: Springer, 2016.
193 Shi, Qinghua; Gao, Yan. *Sustainable development of rural household economy: transition of ten villages in Zhejiang, China, 1986-2002*. Singapore: Springer, 2020.
194 Huang, Shu-min. *The spiral road: change in a Chinese village through the eyes of a Communist Party leader*. London: Routledge, 2019.
195 Li, Si-Ming. *Changing China: migration, communities and governance in cities*. London: Routledge, 2017.
196 Simonis, Udo Ernst [et al.]. *Hong Kong: economic, social and political studies in development*. [Place of publication not identified]: Routledge, 2017.
197 Slingerland, Edward G. *Mind and body in early China: beyond Orientalism and the myth of holism*. New York, NY, United States of America: Oxford University Press, 2019.
198 Stack, Megan K. *Women's work: a reckoning with home and help*. Melbourne: Scribe, 2019.
199 Stafford, Charles [et al.]. *Cooperation in Chinese communities: morality and practice*. Abingdon, Oxon; New York, NY: Routledge, 2020.
200 Stewart, Alexandra. *Everest: the remarkable story of Edmund Hillary and Tenzing Norgay*. New York: Bloomsbury Children's Books, 2020.
201 Sun, Jing. *Contemporary urban youth culture in China: a multiperspectival cultural studies of internet subcultures*. Charlotte, NC: Information Age Publishing, Inc., 2019.

202   Sundararajan, Louise. *Understanding emotion in Chinese culture: thinking through psychology.* Switzerland: Springer, 2015.

203   Sze, Julie. *Fantasy islands: Chinese dreams and ecological fears in an age of climate crisis.* United States: University of California Press, 2015.

204   Tam, King-fai; Wesoky, Sharon R. *Not just a laughing matter: interdisciplinary approaches to political humor in China.* Singapore: Springer, 2018.

205   Tan, Rong. *Governing farmland conversion in China: transactions and institutionalfit.* Germany: Shaker, 2015.

206   Tang, C. S. *Bagua Zhang.* London: Singing Dragon, 2020.

207   Tang, Yao. *Class and gender: social stratification of women in contemporary urban China.* United Kingdom: Cambridge Scholars, 2016.

208   Tang, Zongli. *China's urbanization and socioeconomic impact.* Singapore: Springer, 2017.

209   Tao, Min. *Social changes and 'yuwe' education in post-Mao China: control, conformity and contradiction.* Abingdon, Oxon: Routledge, 2019.

210   Tian, Qing. *Rural sustainability: a complex systems approach to policy analysis.* Cham, Switzerland: Springer, 2017.

211   Tian, Xueyuan. *The way to a great country: a macroscopic view on Chinese population in the 21st century.* London: Routledge, 2019.

212   Tien, H. Yuan. *Population theory in China.* Abingdon, Oxon; New York, NY: Routledge, 2016.

213   To, Sandy. *China's leftover women: late marriage among professional women and its consequences.* United Kingdom: Routledge, 2015.

214   Tong, Xing. *China's emergency management: theory, practice and policy.* Singapore: pringer, 2020.

215   Tsang, Eileen Yuk-Ha. *China's commercial sexscapes: rethinking intimacy, masculinity, and criminal justice.* Toronto; Buffalo: University of Toronto Press, 2019.

216   Tse, John W. L. *Suicidal behaviour, bereavement and death education in Chinese adolescents: Hong Kong studies.* [Place of publication not identified]: Routledge, 2018.

217   Veer, Peter Van Der; Gibson, Thomas. *The value of comparison.* United States: Duke University Press, 2016.

218   Verdini, Giulio; Wang, Yiwen. *Urban China's ruralfringe: actors, dimensions and management challenges.* United Kingdom: Routledge, 2016.

219   Wang, Di. *Violence and order on the Chengdu Plain: the story of a secret brotherhood in rural China, 1939-1949.* Redwood City: Stanford University Press, 2018.

220   Wang, Fang. *Beijing urban memory: historic buildings and historic areas, central axes and city walls.* Germany: Springer, 2016.

221   Wang, Fang. *Urbanization and locality: strengthening identity and sustainability by site-specific planning and design.* Germany: Springer, 2016.

222   Wang, Gabe T. *China's population: problems, thoughts and policies.* London: Routledge, 2018.

223   Wang, Jingjing. *Globalization of leadership development: an empirical study of impact on German and Chinese managers.* Germany: Springer, 2015.

224   Wang, Junxiu. *Development of a society on wheels: understanding the rise of automobile-dependency in China.* Singapore: Springer, 2019.

225   Wang, Leslie K. *Outsourced children: orphanage care and adoption in globalizing China.*

United States: Stanford University Press, 2016.

226 Wang, Peng. *The Chinese mafia: organized crime, corruption, and extra-legal protection.* Oxford: Oxford University Press, 2017.

227 Wang, Wei. *Chinese perspectives on cultural psychiatry: psychological disorders in "A Dream of Red Mansions" and contemporary society.* Singapore: Springer, 2019.

228 Wang, Xianming. *Rural China, 1901-1949: modernization and resilience.* London: Routledge, 2020.

229 Wang, Yizhou; Zhang, Yidan. *The global threat of terrorism: perspectives from China.* United Kingdom: Paths International, 2016.

230 Ward, Barbara E. *Through other eyes: essays in understanding "conscious models".* London: Routledge, 2019.

231 Wei, Houkai. *Urbanization in China: the path to harmony and prosperity.* Cheltenham, UK: Edward Elgar Publishing, 2019.

232 Wei, Qin'gong. *Entities and structures in the embedding process: a sociological analysis of changes in the government-enterprise relations.* Singapore: Springer, 2019.

233 Wemheuer, Felix. *A social history of Maoist China: conflict and change, 1949-1976.* Cambridge: Cambridge University Press, 2019.

234 Wen, Jiehua. *Bodies in China: philosophy, aesthetics, gender, and politics.* United States: State University of New York Press, 2016.

235 Wen, Kui; Zhu, Erjuan. *Report on development of Beijing, Tianjin, and Hebei province (2013): measurement of carrying capacity and countermeasures.* Germany: Springer, 2015.

236 Wilcox, Emily. *Revolutionary bodies: Chinese dance and the socialist legacy.* Oakland: University of California Press, 2018.

237 Williams, Austin. *China's urban revolution: understanding Chinese eco-cities.* London: Bloomsbury Academic, 2017.

238 Wolf, David. *Public relations in China: building and defending your brand in the PRC.* United States: Palgrave Macmillan, 2015.

239 Wong, Kam C. *Public order policing in Hong Kong: the Mongkok Riot.* Basingstoke, Hampshire: Palgrave Macmillan, 2018.

240 Wu, Weiping; Gaubatz, Piper. *The Chinese city.* London: Routledge, 2020.

241 Xiao, Jian. *Punk culture in contemporary China.* Basingstoke, Hampshire: Palgrave Macmillan, 2018.

242 Xiao, Tie. *Revolutionary waves: the crowd in modern China.* Cambridge, Massachusetts: Harvard University Asia Center, 2017.

243 Xiong, Fengshui. *The complexity of rural migration in China: the story of a migrant village.* London: Routledge, 2020.

244 Xiong, Haiyan. *Urban crime and social disorganization in China: a case study of three communities in Guangzhou.* Germany: Springer, 2016.

245 Xu, Jian. *Media events in Web 2.0 China: interventions of online activism.* United Kingdom: Sussex Academic Press, 2016.

246 Yang, Chao. *Television and dating in contemporary China: identities, love and intimacy.* Singapore: Palgrave Macmillan, 2017.

247 Yang, Yiyin. *Social mentality in contemporary China.* Singapore: Springer, 2019.

248 Yang, Yuqing. *Mystifying China's southwest ethnic borderlands: harmonious heterotopia*. Lanham: Lexington Books, 2017.

249 Yao, Yifeng. *Nanjing: historical landscape and its planning from geographical perspective*. Singapore: Springer, 2016.

250 Yeung, Douglas; Cevallos, Astrid Stuth. *Attitudes toward local and national government expressed over Chinese social media: a case study of food safety*. United States: Rand Corporation, 2016.

251 Yeung, Jerf W. K. *Religion, family, and Chinese youth development: an empirical view*. London: Routledge, 2020.

252 Yin-Wang, Kwok. *Chinese urban reform: what model now?*. London: Routledge, 2019.

253 Yu, Chong. *The origin of cattle in China from the Neolithic to the Early Bronze Age*. Oxford: BAR Publishing, 2020.

254 Yuan, Ze; Hu, Yue. *A century of Chinese fashion: 1900-2000*. United States: China Books, 2016.

255 Yue, Zhongshan; Li Shuzhuo. *Social integration of rural-urban migrants in China: current status, determinants and consequences*. United States: World Scientific, 2015.

256 Zhang, Guanzeng. *Urban planning and development in China and other East Asian countries*. Singapore: Springer, 2019.

257 Zhang, Han. *China's local entrepreneurial state and new urban spaces: downtown redevelopment in Ningbo*. United States: Palgrave Macmillan, 2016.

258 Zhang, Huijie [et al.]. *Christianity and the transformation of physical education and sport in China*. London: Routledge, Taylor & Francis Group, 2017.

259 Zhang, Jun. *Driving toward modernity: cars and the lives of the middle class in contemporary China*. Ithaca, New York: Cornell University Press, 2019.

260 Zhang, Li; LeGates, Richard. *Understanding China's urbanization: the great demographic, spatial, economic, and social transformation*. United Kingdom: Edward Elgar, 2016.

261 Zhang, Shixin Ivy. *Media and conflict in the social media era in China*. Basingstoke: Palgrave Macmillan, 2020.

262 Zhang, Weiying. *Game theory and society*. London: Routledge, 2017.

263 Zhang, Yu. *The rule of bureaucracy: a reflection on Chinese criminal justice*. United States: LFB Scholarly Pub., 2016.

264 Zhao, Elaine Jing. *Digital China's informal circuits: platforms, labour and governance*. London: Routledge, 2019.

265 Zhao, Suisheng. *Chinese authoritarianism in the information age: internet, media, and public opinion*. London: Routledge, 2019.

266 Zhao, Xudong. *Power and justice: disputes resolution in a North China village*. Berlin: Springer, 2019.

267 Zhou, Daming. *Revisiting China's rural urbanisation: a Pearl River Delta region perspective*. London: Routledge, 2020.

268 Zhou, Xiaohong. *Cultural reverse II: the multidimensional motivation and social impact of intergenerational revolution*. London: Routledge, 2020.

269 Zhou, Xiaohong. *Inner experience of the Chinese people: globalization, social transformation, and the evolution of social mentality*. Singapore: Springer, 2017.

270 Zhou, Yongxin. *Socialist welfare in a market economy: social security reforms in Guangzhou, China*. Oxon: Routledge, 2018.
271 Zhou, Zhenhua. *Global cities: past, present and future*. Los Angeles: SAGE, 2020.
272 Zhu, Leah. *The power of relationalism in China*. London: Routledge, 2018.
273 Zhu, Xiaoyang. *Topography of politics in rural China: the story of Xiaocun*. Singapore: World Scientific, 2015.
274 Zi, Li. *Online urbanization: online services in China's rural transformation*. Singapore: Palgrave Macmillan, 2019.
275 Zuo, Jiping. *Work and family in urban China: women's changing experience since Mao*. United States: Palgrave Macmillan, 2016.

法语

276 Chan, Jenny; Xu, Lizhi. *La machine est ton seigneur et ton maître*. Marseille: Agone, 2015.
277 Cayol, Christine. *Pourquoi les Chinois ont-ils le temps?* Paris: Tallandier, 2017.
278 Courmont, Barthélémy. *Identités mineures: une rencontre en pays Dong*. Paris: l'Harmattan, 2018.
279 Cui, Can. *Les commerçants africains en Chine: modes de vie et intégration à Yiwu*. Paris: l'Harmattan, 2020.
280 Hu, Shen. *La loterie en Chine, État-croupier et joueurs-coolies: jeux de hasard et mutations sociétales*. Paris: l'Harmattan, 2015.
281 Lake, Roseann. *Casse-tête à la chinoise, mari ou carrière ?: le dilemme des femmes de l'empire du Milieu*. Paris: Éditions François Bourin, 2019.
282 Malovic, Dorian. *China love: comment s'aiment les Chinois*. Paris: Tallandier, 2016.
283 Ren Hao [et al.]. *Chine en grèves: récits de résistance ouvrière*. La Bussière: Acratie, 2018.
284 Roulleau-Berger, Laurence; Jun, Yan. *Travail et migration: jeunesses chinoises à Shangai et Paris*. La Tour d'Aigues: Éditions de l'Aube, 2017.
285 Trémon, Anne-Christine. *Pour la cause de l'ancêtre: relation diasporique et transformations d'un village globalisé*. Nanterre: Société d'ethnologie, 2019.
286 Xinran. *L'enfant unique*. Arles: Éditions Philippe Picquier, 2018.
287 Zhen, He-Yin. *La revanche des femmes et autres textes*. Toulouse: Éditions de l'Asymétrie, 2018.
288 Zheng, Lihua; Yang, Xiaomin. *La vie des retraités chinois*. Paris: l'Harmattan, 2020.

德语

289 Alpermann, Björn et al. (Hrsg.). *Aspekte des sozialen Wandels in China: Familie, Bildung, Arbeit, Identität*. Wiesbaden, Germany: Springer VS, 2018.
290 Ash, Alec. *Die Einzelkinder: wovon Chinas neue Generation träumt*. München: Hanser Berlin, 2016.

291 Aurnhammer, Achim; Chen, Zhuangying. *Deutsch-chinesische Helden und Anti-Helden: Strategien der Heroisierung und Deheroisierung in interkultureller Perspektive*. Baden-Baden: Ergon Verlag, 2020.

292 Bröckling, Ulrich et al. (Hrsg.). *Multiple futures - Africa, China, Europe*. Leipzig: Leipziger Universitätsverlag, 2016.

293 Cao, Shan. *Interkulturelle Kommunikation und Ideologiekritik: eine Untersuchung am Beispiel der Eröffnungszeremonie der Olympischen Spiele 2008 in Beijing*. Frankfurt am Main: Peter Lang Edition, 2016.

294 Corduan, Anja. *Social Media als Instrument der Kundenkommunikation: vergleichende Studie von Unternehmen in China, Deutschland und den USA*. Wiesbaden, Germany: Springer Gabler, 2018.

295 Dettmer, Isabel. *HRM, Qualifizierung und Rekrutierung in China: das Mismatch-Problem dargestellt am Beispiel der Hotellerie*. Würzburg: Würzburg University Press, 2017.

296 Dippner, Anett. *Miss Perfect: neue Weiblichkeitsregime und die sozialen Skripte des Glücks in China*. Bielefeld: transcript, 2016.

297 Dychtwald, Zak; Gebauer, Stephan. *Young China: wie eine neue chinesische Generation ihr Land und die ganze Welt verändert*. Berlin: Econ, 2020.

298 Eberspächer, Cord et al. (Hrsg.). *Wissensaustausch und Modernisierungsprozesse zwischen Europa, Japan und China*. Stuttgart: Wissenschaftliche Verlagsgesellschaft, 2018.

299 Flock, Ryanne. *Shikumen Linong: Wohnraum und urbaner Wandel im modernen Shanghai*. Berlin; Münster: LIT, 2015.

300 Fugmann, Rainer. *Chinesische Touristen im Ausland: im Spannungsfeld von Politik, Ökonomie und gesellschaftlichem Wande*. München; Wien: Profil Verlag, 2017.

301 Hausstein, Alexandra. *Industrie 4.0/ Made in China 2025 - Gesellschaftswissenschaftliche Perspektiven auf Digitalisierung in Deutschland und China*. Karlsruhe, Baden: KIT Scientific Publishing, 2018.

302 He, Yuan. *Krisen in chinesischen Medien und deren mediale Konstruktion: insbesondere auf der Mikroblogging-Plattform Sina Weibo*. Münster: Nodus Publikationen, 2018.

303 Herdin, Thomas. *Werte, Kommunikation und Kultur: Fokus China*. Baden-Baden: Nomos, 2018.

304 Hey, Barbara; Lauer, Manuel. *China-Kompetenz für Wissenschaftler*. Wiesbaden: Springer Gabler, 2017.

305 Hille, Almut et al. (Hrsg.). *Generationenverhältnisse in Deutschland und China: soziale Praxis - Kultur - Medien*. Berlin: De Gruyter, 2016.

306 Huang, He. *Die Entwicklung des Täter-Opfer-Ausgleichs in China: zugleich eine Studie zu den gesellschaftlichen Strukturen der Konfliktschlichtung und Mediation in China und Deutschland*. Holzkirchen/Obb.: Felix-Verlag, 2015.

307 Jentsch, Markus. *Das „Gesichts"-Konzept in China: Fallbeispiele und ausgewählte Aspekte*. Baden-Baden: Nomos, 2015.

308 Kisro-Warnecke, Diana. *China Report 2017*. Frankfurt: Zukunftsinstitut GmbH, 2016.

309 Köckritz, Angela. *Wolkenläufer: Geschichten vom Leben in China*. München: Droemer, 2015.

310 Köhn, Stephan; Unkel, Monika (Hrsg.). *Prekarisierungsgesellschaften in Ostasien?: Aspekte der sozialen Ungleichheit in China und Japan*. Wiesbaden: Harrassowitz Verlag, 2016.

311 Langhammer, Fricka. *Familie als Beginn: die westliche Kleinfamilie und die matriarchale Großfamilie der Mosuo in China*. Rüsselsheim: Christel Göttert Verlag, 2016.
312 Lin, Yutang; Heberer, Thomas. *Mein Land und mein Volk*. Esslingen: Drachenhaus-Verl., 2015.
313 Lischka, Helena M.; Kürble, Peter (Hg,). *Intercultural competencies in China*. Stuttgart: Verlag W. Kohlhammer, 2017.
314 Liu, Yinyuan. *Social Media in China: wie deutsche Unternehmen soziale Medien im chinesischen Markt erfolgreich nutzen können*. Wiesbaden: Springer Gabler, 2016.
315 Liu, Yinyuan. *Social Media Marketing in China mit WeChat: Einsatzmöglichkeiten, Funktionen und Tools für ein erfolgreiches Mobile Business*. Wiesbaden: Springer Gabler, 2018.
316 Ma, Huateng. *China auf Knopfdruck: Mobiles Internet und soziale Transformationen in einem aufstrebendem Land*. Bochum: Europäischer Universitätsverlag, 2020.
317 Manske-Wang, Wei. *Urbanisierung und Energieversorgung der Megastädte in China: Herausforderungen und Lösungsansätze: eine empirische Untersuchung*. Wiesbaden: Springer Gabler, 2016.
318 Meinhof, Marius. *Shopping in China: dispositive konsumistischer Subjektivation im Alltagsleben chinesischer Studierender*. Wiesbaden: Springer VS, 2018.
319 Neumann, Cilia. *Lilienfüße in China: Aschenputtels Erbe*. Frankfurt am Main: PL Academic Research, 2016.
320 Prandini, Markus et al. *Industrielle After Sales Services in China: Rahmenbedingungen, Geschäftsmodelle, Analysen, Empfehlungen*. Wiesbaden: Springer Gabler, 2018.
321 Reisach, Ulrike. *Das Gesundheitswesen in China: Strukturen, Akteure, Praxistipps*. Berlin: Medizinisch Wissenschaftliche Verlagsgesellschaft, 2017.
322 Rupold, Hermann. *Supermacht China: Geschichte, Politik, Bildung, Wirtschaft und Militär: die chinesische Weltmacht aus Asien verstehen*. Bad Breisig: Expertengruppe Verlag, 2020.
323 Schreiter, Anne. *Deutsch-Chinesische Arbeitswelten: Einblicke in den interkulturellen Unternehmensalltag in Deutschland und China*. Bielefeld: Transcript, 2015.
324 Schwägermann, Helmut et al. (Hrsg.). *Handbook Event Market China*. Berlin: De Gruyter, 2015.
325 Senger, Harro von. *Supraplanung: unerkannte Denkhorizonte aus dem Reich der Mitte*. München: Hanser, 2018.
326 Senn, Marcel. *Rechts- und Gesellschaftsphilosophie: historische Fundamente der europäischen, nordamerikanischen, indischen sowie chinesischen Rechts- und Gesellschaftsphilosophie: eine Einführung mit Quellenmaterial*. Zürich; St. Gallen: Dike - Baden-Baden: Nomos, 2017.
327 Sollmann, Ulrich. *Begegnungen im Reich der Mitte: mit psychologischem Blick unterwegs in China*. Gießen: Psychosozial-Verlag, 2018.
328 Szurawitzki, Michael. *Die chinesische Messaging-App WeChat als virtuelle Sprachinsel: Studien zur WeChat-Nutzung deutschsprachiger Expatriates in China*. Tübingen: Narr Francke Attempto, 2020.
329 Ternès, Anabel; Kronester, Ellena. *Human Resources Management und Leadership in China: Status Quo und Herausforderungen*. München: AVMpress, 2017.
330 Tong, Shiqian. *Eine Brücke nach China*. Aachen: Shaker, 2015.
331 Unschuld, Paul U. *Chinas Trauma – Chinas Stärke: Niedergang und Wiederaufstieg des*

Reichs der Mitte. Berlin: Springer Vieweg, 2016.
332　Vogel, Friedemann; Jia, Wenjian. *Chinesisch-Deutscher Imagereport: das Bild Chinas im deutschsprachigen Raum aus kultur-, medien- und sprachwissenschaftlicher Perspektive (2000-2013)*. Berlin: De Gruyter, 2017.
333　Vriesekoop, Bettine. *Mulans Töchter: Wie moderne Frauen das Gesicht Chinas verändern*. Krefeld: Pirmoni-Verlag, 2018.
334　Weischenberg, Siegfried; Käsler, Dirk. *Max Weber, China und die Medien: zwei Studien zum 150. Geburtstag des Soziologen*. Wiesbaden: Springer VS, 2015.
335　Xie, Bing. *Westliche Management-Accounting-Instrumente in China: Anwendung, Schwierigkeiten und der Einfluss kultureller Faktoren*. Wiesbaden, Germany: Springer Gabler, 2019.
336　Xinran; Gräbener-Müller, Juliane (Übers.). *Der Himmel hat einen Preis: wovon Chinas Ein-Kind-Generation träumt*. München: Knaur, August 2019.
337　Xinran; Gräbener-Müller, Juliane (Übers.). *Kleine Kaiser: Geschichten über Chinas Ein-Kind-Generation*. München: Droemer, 2016.
338　Yang, Yinan. *Stadterneuerung und Stadtentwicklung im historischen Kontext: eine Untersuchung chinesischer und deutscher Strategien im Umgang mit dem Genius Loci*. Hamburg: Verlag Dr. Kovač, 2018.

西班牙语

339　Chinghua, Tang. *Las reglas del emperador: los secretos atemporales del éxito, según el emperador más grande de la historia de China*. Barcelona: Urano, 2017.
340　Kan, Karoline. *Bajo cielos rojos: una milenialretrata tres generaciones de mujeres en China*. Barcelona: RBA Libros, S.A., 2019.

俄语

341　Амелина, Елена Михайловна и др.; Захаров, М. Ю. ред. *Феномен управления в духовной культуре России и Китая*. Москва: Изд. дом ГУУ, 2017.
342　Бельченко, Андрей Станиславович. *Китайские общины в странах мира: учебно-методический комплекс*. Москва: Российский ун-т дружбы народов, 2016.
343　Боченина, Марина Владимировна и др. *Новая значимость семьи и межпоколенных отношений для России и Китая = New importance of family and intergenerational relations for Russia and China*. [под ред. И. И. Елисеевой]. Санкт-Петербург: РЕНОМЕ, 2018.
344　Боченина, Марина Владимировна и др. *Семья в России и Китае = Family in Russia and China: процесс модернизации*. [под ред. И. И. Елисеевой, Аньци Сюй]. Санкт-Петербург: Нестор-История, 2015.
345　Буяров, Дмитрий Владимирович ред. *Современный Китай: социально-экономическое развитие, национальная политика, этнопсихология*. Изд. 3-е. Москва: URSS: ЛЕНАНД,

сор. 2017.

346 Георгиевский, Сергей Михайлович. *Принципы жизни Китая: [в 2 ч.]. Изд. 2-е, репр.* Москва: URSS, 2015.

347 Голенкова, Зинаида Тихоновна и др. *Социальная политика в России и Китае.* Москва: Новый хронограф, 2016.

348 Горшков, Михаил Константинович и др. *Среднедоходные слои в России и Китае: положение, динамика, особенности мировоззрения.* [под редакцией М. К. Горшкова, Ли Пэйлиня и др.]. Москва: Новый хронограф, 2018.

349 Готлиб, Олег Маркович. *Этнология Китая (ханьцы). Обрядность и символика основных этапов жизни: учебное пособие.* Иркутск: МГЛУ ЕАЛИ, 2015.

350 Захаров, Михаил Юрьевич и др. *Россия – Китай: управление обществом в цифровую эпоху.* Москва: ГУУ, 2020.

351 Илларионов, Александр Ефимович ред. *Актуальные проблемы повышения уровня жизни населения и борьбы с бедностью в Китае и России: материалы научно-практической конференции, 24 октября 2019 года.* Владимир: Владимирский фил. РАНХиГС, 2019.

352 Илларионов, Александр Ефимович ред. *Социально-трудовая сфера в России и Китае: проблемы и пути решения: материалы Международной научно-практической конференции, 6 декабря 2017 года.* Владимир: Владимирский филиал РАНХиГС, 2017.

353 Колпакова, Татьяна Владимировна. *Современная модель социокультурного развития КНР: социально-философский анализ.* Чита: Забайкальский гос. ун-т, 2016.

354 Курбанмамадов, Акназар Акназарович. *Образ Китая и китайцев в художественной литературе Средней Азии X-XIX веков: (эволюция образа).* Ташкент: Turon-iqbol, 2019.

355 Кухаренко, Николай Владимирович. *Китайские общины в США и Европе: история, культура, религия.* Благовещенск: Изд-во БГПУ, 2019.

356 Ли Вэнь. *Современное китайское общество.* [перевод: Оуян Юемао, Ван Минцзин]. Санкт-Петербург: Изд-во Санкт-Петербургского гос. экономического ун-та, 2017.

357 Ли Шэньшэнь. *Межкультурный диалог: исследование гармоничного общества с китайской спецификой.* [пер. с кит. Ли Шэньшэнь и др.]. Москва: Логос, 2018.

358 Макгован, Джон. *Китайцы у себя дома: очерки семейной и общественной жизни.* [пер. с англ. В. В. Ламанского]. Изд. 2-е, [репр.]. Москва: URSS: ЛЕНАНД, 2017.

359 Николаева, Ольга Васильевна. *Стратагемность речевой культуры в китайских СМИ на английском языке: монография.* Владивосток: Изд-во ДВФУ, 2019.

360 Новиков, Денис Викторович и др. *Культура и общество Дальнего Востока: традиции и перспективы развития.* Комсомольск-на-Амуре: КнАГУ, 2020.

361 Розова, Ирина. *Книга символов удачи. Древний Китай: Символы на улучшение 8 сфер жизни. Здоровье. Любовь. Семья. Дети. Учеба. Карьера. Слава. Изобилие.* Москва: Э, 2016.

362 Семёнов, Александр Борисович. *Китайское лицо России: опыт интеграции китайских мигрантов в российское общество.* Комсомольск-на-Амуре: Изд-во АмГПГУ, 2016.

363 Синецкая, Эльвира Андреевна. *"Путешествие на Запад" китайской женщины, или Феминизм в Китае.* Москва; Санкт-Петербург: Нестор-История, 2019.

364 Степанова, Елена Николаевна. *Положение женщины и гендерная политика на Тайване: конец XX - начало XXI века.* Москва: ИДВ РАН, 2015.

365 Хабриева, Талия Ярулловна и др. *Опыт лучших практик государственной службы России и Китая = Experience of the best practices of the civil service of Russia and China*. Москва: Юриспруденция; Шанхай: [б. и.], 2020.

366 Хамаева, Елена Алексеевна. *Китайские антропонимы*. Иркутск: МГЛУ ЕАЛИ, 2015.

367 Хань Чжэнь; Чжан Вэйвэнь. *Система китайских ценностей*. [перевод с китайского Владилена Георгиевича Бурова]. Москва: Весь Мир, 2020.

368 Юйшина, Елена Александровна и др. *Китайская ментальность в легендах и сказках: учебное пособие*. Чита: ЗабГУ, 2020.

日语

369 新世界の社会福祉（別タイトル：GLOBAL SOCIAL WELFARE）. 旬報社，2020.

370 学生が見た台湾社会 2019. 愛知大学，2020.

371 21 世紀政策研究所. 中国の政策動向とその持続可能性：中国共産党政権をめぐる三つの視点：シンポジウム. The 21st Century Public Policy Institute，2020.

372 アーサー・H・スミス［著］石井宗晧，岩﨑菜子［訳］. 中国人的性格（原タイトル：Chinese Characteristics）. 中央公論新社，2015.

373 エヴァン・オズノス［著］笠井亮平［訳］. ネオ・チャイナ：富、真実、心のよりどころを求める 13 億人の野望. 白水社，2015.

374 オーエムシー. 日中環境協力基礎調査委託業務報告書平成 29 年度. オーエムシー，2018.

375 ジー・チェンン［著］野田牧人［訳］. 中国の中間層と民主主義：経済成長と民主化の行方. NTT 出版，2015.

376 パスヤ・ポイツォヌ［ほか］. 民族のあり方と先住民族政策：台湾平埔族の原住民族認定をめぐって. 北海道大学アイヌ・先住民研究センター，2019.

377 ひろしま NPO センター. 中国環境パートナーシップオフィス管理運営等業務業務実施報告書. ひろしま NPO センター，2019.

378 ふるまいよしこ. 中国メディア戦争：ネット・中産階級・巨大企業. NHK 出版，2016.

379 みずほ情報総研株式会社. 介護サービス等の国際展開に関する調査研究事業報告書：平成 27 年度老人保健事業推進費等補助金老人保健健康増進等事業. みずほ情報総研社会政策コンサルティング部，2016.

380 ラック. 中国のサイバー攻撃の実態平成 28 年度. 防衛基盤整備協会，2017.

381 安田峰俊. さいはての中国. 小学館，2018.

382 安田峰俊. もっとさいはての中国. 小学館，2019.

383 安田峰俊. 性と欲望の中国. 文藝春秋，2019.

384 白南生. 中国の発展を見守って. 浙江出版集団東京，2018.

385 包宝柱. 中国少数民族地域の資源開発と社会変動：内モンゴル霍林郭勒市の事例研究. 集広舎，2018.

386 北川秀樹. 中国乾燥地の環境と開発：自然、生業と環境保全. 成文堂，2015.

387 北村豊，インフォビジュアル研究所. 図解でわかる 14 歳から知っておきたい中国. 太田出版，2018.

388 本庄. シリーズ戦争孤児4（別タイトル：引揚孤児と残留孤児：海峡を越えた子・越えられなかった子）. 汐文社，2015.
389 蔡蕙頻. 働き女子@台湾：日本統治期の水脈. 凱風社，2016.
390 長谷川和三. 日本人が参考にすべき現代中国文化. 日本僑報社，2019.
391 長野泰彦，森雅秀. チベットの宗教図像と信仰の世界. 風響社，2019.
392 陳鳳. 伝統的社会集団の歴史的変遷：中国山西省農村の「宗族」と「社」. 御茶の水書房，2017.
393 陳蕭蕭. 中国女子労働者の階級と消費空間. 流通経済大学出版会，2015.
394 陳志勤. 人と水の環境民俗学：江南地域における「水郷民俗」の変容. 一粒書房，2019.
395 赤松美和子，若松大祐. 台湾を知るための60章. 明石書店，2016.
396 川瀬由高. 共同体なき社会の韻律：中国南京市郊外農村における「非境界的集合」の民族誌. 弘文堂，2019.
397 川田進. 天空の聖域ラルンガル：東チベット宗教都市への旅（別タイトル：Larung Gar，sanctuary in the sky）. 集広舎，2019.
398 村上大輔. チベット聖地の路地裏：八年のラサ滞在記. 法藏館，2016.
399 大木康. 蘇州花街散歩：山塘街の物語. 汲古書院，2017.
400 大友麻子. 日本人の忘れもの：フィリピンと中国の残留邦人. 游学社，2020.
401 大原扁理. いま、台湾で隠居してます：ゆるゆるマイノリティライフ. K&Bパブリッシャーズ，2020.
402 大沢昇. クジラの文化、竜の文明：日中比較文化論. 集広舎，2015.
403 大塚正修，日本経済研究センター. 中国社会保障改革の衝撃：自己責任の拡大と社会安定の行方. 勁草書房，2015.
404 旦却加. 紛争と調停の人類学：青海チベット牧民の事例から. はる書房，2019.
405 嶋亜弥子. 中国の労働市場と職業訓練：農村出身労働者を中心に. 農林統計出版，2016.
406 地球環境戦略研究機関. 北東アジア地域における都市廃棄物の循環利用の推進に関する調査等業務報告書平成29年度. 地球環境戦略研究機関，2018.
407 勤労千葉国際連帯委員会. 中国の労働者かく闘う！：珠江デルタのストライキ労働者は語る. 出版最前線，2019.
408 対外経済貿易大学と東京経済大学交流30周年記念学術論文集編集委員会，岡本英男. 中国と日本新たな時代を見据えて：文化・文学、経済、環境・エネルギー、その課題と展望：対外経済貿易大学と東京経済大学交流30周年記念学術論文集. 東京経済大学学術研究センター，2018.
409 而立会，三潴正道. シェア経済・キャッシュレス社会・コンテンツ産業の拡大……いま中国の真実は：中国が解る40編. 日本僑報社，2018.
410 二松學舍大学文学部中国文学科. 東アジアにおける都市文化：都市・メディア・東アジア. 明徳出版社，2017.
411 帆刈浩之. 越境する身体の社会史：華僑ネットワークにおける慈善と医療. 風響社，2015.
412 范云涛. 中国の地球温暖化対策とその取組み. 亜細亜大学アジア研究所，2015.
413 富坂聰. 日本人が知らない中国人の不思議な生活. 海竜社，2016.
414 尕藏杰. 中国青海省チベット族村社会の変遷. 連合出版，2016.

415 岡本聡子. 中国のビジネスリーダーの価値観を探る：若き日の超エリート中国人と本音で語り合った1年半の記録. 伴想社, 2016.
416 岡本信広. 中国の都市化と制度改革. アジア経済研究所, 2018.
417 高口康太. 中国S級B級論：発展途上と最先端が混在する国. さくら舎, 2019.
418 高橋明善. 村の比較研究. 高橋明善, 2020.
419 高田ともみ. 中国的「今を生きる」生活。書肆侃侃房, 2018.
420 高田幸男, 明治大学. 20世紀中国地域社会の指導層・中堅層：江南地方の人材基盤研究. 高田幸男, 2016.
421 宮崎正弘, 河添恵子. 中国・中国人の品性. ワック, 2017.
422 光田剛. 現代中国入門. 筑摩書房, 2017.
423 広瀬真知子. ペイ・フォワード：恩送り. ブイツーソリューション, 2018.
424 海外環境協力センター. 中国の環境と開発に関する国際協力委員会（チャイナカウンシル）支援等業務 業務報告書平成29年度. 海外環境協力センター, 2018.
425 韓敏. 大地の民に学ぶ：激動する故郷、中国. 臨川書店, 2015.
426 韓敏. 中国社会における文化変容の諸相：グローカル化の視点から. 風響社, 2015.
427 河原昌一郎. 日中文化社会比較論：日中相互不信の深層. 彩流社, 2018.
428 胡鞍鋼［ほか］. 2050年の中国：習近平政権が描く超大国100年の設計図. 日本僑報社, 2018.
429 吉川次郎. 近代中国南方のメディア言説：辛亥革命期の雲南・広西とベトナム/日本. 風響社, 2020.
430 吉川和彦. ぶらり西安探訪. 吉川和彦, 2019.
431 吉川雅之, 倉田徹. 香港を知るための60章. 明石書店, 2016.
432 家近亮子［ほか］. 5分野から読み解く現代中国：歴史・政治・経済・社会・外交. 晃洋書房, 2016.
433 建設技術研究所（1964年）. 日中環境協力基礎調査委託業務報告書平成28年度. 建設技術研究所, 2017.
434 江秋鳳. 現代中国における農民出稼ぎと社会構造変動に関する研究：農民出稼ぎ者・留守家族・帰郷者の生活と社会意識に関する実態調査をふまえて. 日本僑報社, 2015.
435 姜生. 漢帝国の遺産：道教の勃興. 東方書店, 2020.
436 角南聡一郎. 日本の中の台湾原住民族資料：国内所在海外資料の意義と活用を考える：2013-2015年度研究費助成「日本国内所在・台湾原住民族資料とその来歴の基礎的研究」公開ワークショップ資料集. 角南聡一郎, 2016.
437 角三外弘. 七尾港中国人強制連行の記録. 角三外弘, 2019.
438 今野日出晴, 岩手大学. 地域をつなぐ自省的な「歴史認識」形成のための基礎的研究：東北地方を基軸に. 今野日出晴, 2016.
439 金紅実, 何彦旻. 中国都市廃棄物と環境ガバナンス. 晃洋書房, 2018.
440 金太宇. 中国ごみ問題の環境社会学：〈政策の論理〉と〈生活の論理〉の拮抗. 昭和堂, 2017.
441 近藤大介. 未来の中国年表：超高齢大国でこれから起こること. 講談社, 2018.
442 井村哲郎, 貴志俊彦. 中国占領地の社会調査3-1. 近現代資料刊行会, 2016.
443 井村哲郎, 貴志俊彦. 中国占領地の社会調査3-2. 近現代資料刊行会, 2016.
444 井村哲郎, 貴志俊彦. 中国占領地の社会調査3-3. 近現代資料刊行会, 2016.
445 井村哲郎, 貴志俊彦. 中国占領地の社会調査3-4. 近現代資料刊行会, 2016.

446　井村哲郎，貴志俊彦．中国占領地の社会調査 3-5．近現代資料刊行会，2016．
447　井村哲郎，貴志俊彦．中国占領地の社会調査 3-6．近現代資料刊行会，2016．
448　井村哲郎，貴志俊彦．中国占領地の社会調査 3-7．近現代資料刊行会，2016．
449　井村哲郎，貴志俊彦．中国占領地の社会調査 3-8．近現代資料刊行会，2016．
450　井村哲郎，貴志俊彦．中国占領地の社会調査 3-9．近現代資料刊行会，2016．
451　井村哲郎，貴志俊彦．中国占領地の社会調査 3-10．近現代資料刊行会，2016．
452　井村哲郎，貴志俊彦．中国占領地の社会調査 3-11．近現代資料刊行会，2016．
453　井村哲郎，貴志俊彦．中国占領地の社会調査 3-12．近現代資料刊行会，2016．
454　井村哲郎，貴志俊彦．中国占領地の社会調査 3-13．近現代資料刊行会，2016．
455　井村哲郎，貴志俊彦．中国占領地の社会調査 3-14．近現代資料刊行会，2016．
456　井村哲郎，貴志俊彦．中国占領地の社会調査 3-15．近現代資料刊行会，2016．
457　井上純一．今すぐ中国人と友達になり、恋人になり、中国で人生を変える本．星海社，2015．
458　静岡県立大学グローバル地域センター．中国社会保障制度研究報告書．静岡県立大学グローバル地域センター中国社会保障制度研究会，2019．
459　科学技術振興機構中国総合研究交流センター．日本政府の対中環境協力の現状及び今後の展望．科学技術振興機構中国総合研究交流センター，2015．
460　堀江未央．娘たちのいない村：ヨメ不足の連鎖をめぐる雲南ラフの民族誌．京都大学学術出版会，2018．
461　堀口正，大阪市立大学．中国内陸地域の過疎化の現状と要因に関する社会経済学的研究．堀口正，2016．
462　労働政策研究・研修機構．最近の賃金動向と最低賃金制度：第 12 回北東アジア労働フォーラム報告書．労働政策研究・研修機構，2015．
463　李景芳．日本人の不信感中国人の本心：来日 35 年の私にようやくほぼわかったこと !．さくら舎，2017．
464　李開復．AI 世界秩序：米中が支配する「雇用なき未来」．日経 BP 日本経済新聞出版本部，2020．
465　李路路．社会移動と構造転換．浙江出版集団東京，2018．
466　李強．多元的都市化と中国の発展．日本経済評論社，2018．
467　李曙韻．中国茶のこころ：茶味的麁相．KADOKAWA，2018．
468　李暁東．現代中国の省察：「百姓」社会の視点から．国際書院，2018．
469　李妍焱．下から構築される中国：「中国的市民社会」のリアリティ．明石書店，2018．
470　李養浩．格差から見る中国：急激な社会変動が引き起こした「光と影」の政治経済学．白桃書房，2019．
471　梁凌詩ナンシー．「一帯一路」構想の進展：中国人労働者の移動と貿易の推移．東洋大学アジア文化研究所，2019．
472　菱田［ほか］．超大国・中国のゆくえ 3（別タイトル：共産党とガバナンス）．東京大学出版会，2016．
473　鈴木敏雄．哈爾濱の窓：日本人教師からみた中国若者の思量 I：中語日語対照訳版．関西教育文化研究会，2019．
474　鈴木敏雄．天津の窓：日本語版．関西教育文化研究会，2020．
475　鈴木正崇．東アジアの民族と文化の変貌：少数民族と漢族、中国と日本．風響社，2017．

476	劉明福，加藤嘉一．日本夢ジャパンドリーム：アメリカと中国の狭間でとるべき日本の戦略．晶文社，2018．	
477	劉瑛，江原孔江．中国のママはつらいよ？！2018．日中児童の友好交流後援会，2018．	
478	陸学芸．科学的発展と社会の調和．浙江出版集団東京，2018．	
479	馬欣欣．中国の公的医療保険制度の改革．京都大学学術出版会，2015．	
480	梅村恵子．家族の古代史：恋愛・結婚・子育て．吉川弘文館，2019．	
481	木下崇．社会発展は、自由な発言権だ：中国を他山の石とする．太陽書房，2015．	
482	娜拉．中国の社区組織：NPO の世界的動向に関連して．ブイツーソリューション，2015．	
483	南太加．変わりゆく青海チベット牧畜社会：草原のフィールドワークから．はる書房，2018．	
484	潘沢泉．国家による農民工社会政策調整の研究．朝日出版社，2019．	
485	青木茂．華北の万人坑と中国人強制連行：日本の侵略加害の現場を訪ねる．花伝社，2017．	
486	青山瑠妙，天児慧．超大国・中国のゆくえ 2（別タイトル：外交と国際秩序）．東京大学出版会，2015．	
487	青樹明子．中国人の「財布の中身」：誰も知らない中国人の本当の経済力．詩想社，2016．	
488	日本特許情報機構．中国特許文献の解析及びデータ作成事業報告書平成 29 年度．日本特許情報機構，2018．	
489	日本性教育協会．『青少年の性行動/日中比較研究』報告書．日本性教育協会，2019．	
490	日経 BP 社．新・中国（ニュー・チャイナ）：習近平体制がまるわかり 2016（別タイトル：新・中国）．日経 BP 社，2016．	
491	日中翻訳活動推進協会「而立会」．必読！今、中国が面白い：中国が解る 60 編：一年間の人民日報から厳選した重要記事 Vol.10．日本僑報社，2016．	
492	三菱 UFJ リサーチ＆コンサルティング株式会社．外国人労働者の受入れによる労働市場への影響に関する調査研究事業報告書．三菱 UFJ リサーチ＆コンサルティング，2019．	
493	森本俊彦．中国見聞考：現代中国のゆくえ．ガリバープロダクツ，2015．	
494	森勝彦．不管地の地政学：アジア的アナーキー空間序論（別タイトル：Geopolitics of Unmanaged Land）．中国書店，2019．	
495	沙蓮香．中国民族性 第 1 部．グローバル科学文化出版，2017．	
496	沙蓮香．中国民族性 第 2 部．グローバル科学文化出版，2017．	
497	沙蓮香．中国民族性 第 3 部．グローバル科学文化出版，2017．	
498	山本貢．大海を知らない隣国の人々：暮らしてみて初めて分かった中国の素顔．文芸社，2015．	
499	山田晃三．北京彷徨 1989-2015．みずのわ出版，2016．	
500	尚会鵬［著］谷中信一［訳］．日中文化 DNA 解読：心理文化の深層構造の視点から．日本僑報社，2016．	
501	沈潔，澤田ゆかり．ポスト改革期の中国社会保障はどうなるのか：選別主義から普遍主義への転換の中で．ミネルヴァ書房，2016．	
502	石井知章．日中の非正規労働をめぐる現在．御茶の水書房，2019．	
503	石井知章［ほか］．現代中国と市民社会：普遍的《近代》の可能性．勉誠出版，2017．	

504 矢吹晋. コロナ後の世界は中国一強か. 花伝社, 2020.
505 矢吹晋. 中国の夢：電脳社会主義の可能性. 花伝社, 2018.
506 松本ますみ, 室蘭工業大学. 中国の一帯一路構想の系譜とエスニシティのネットワークを介した対外文化戦略の研究. 松本ますみ, 2018.
507 松本ますみ研究代表. 中国の一帯一路構想の系譜とエスニシティのネットワークを介した対外文化戦略の研究. 松本ますみ, 2019.
508 太田満. 中国・サハリン残留日本人の歴史と体験：北東アジアの過去と現在を次世代に伝えるために. 明石書店, 2019.
509 藤川美代子. 水上と陸上に生きる：アジアの船上生活者が経験した「陸上がり」：南山大学人類学研究所公開シンポジウム講演録. 南山大学人類学研究所, 2018.
510 藤田昌志. 比較文化学：日本・中国・世界. 朋友書店, 2018.
511 藤田昌志. 明治・大正の日本論・中国論：比較文化学的研究. 勉誠出版, 2016.
512 藤野彰, 曽根康雄. 現代中国を知るための44章. 明石書店, 2016.
513 藤野彰. 現代中国を知るための52章. 明石書店, 2018.
514 天児慧, 任哲. 中国の都市化：拡張, 不安定と管理メカニズム. アジア経済研究所, 2015.
515 田畑久夫, 金丸良子. 中国横断（ホントワン）山脈の少数民族. 古今書院, 2017.
516 田中満男. 自由な国から不便な国へ：中国・泰・越南で日本語教師の珍道中. 文芸社, 2018.
517 田中昭. 改革開放直後の中国. Tan社, 2019.
518 丸川知雄, 梶谷懐. 超大国・中国のゆくえ4（別タイトル：経済大国化の軋みとインパクト）. 東京大学出版会, 2015.
519 王鶴. 中国の夢・広東物語分かち合う広東. 木づな, 2018.
520 王紅艶.「満洲国」労工の史的研究：華北地区からの入満労工. 日本経済評論社, 2015.
521 王静. 現代中国茶文化考. 思文閣出版, 2017.
522 王延中. 社会保障の公平と成果の共有. 浙江出版集団東京, 2018.
523 梶谷懐. 日本と中国、「脱近代」の誘惑：アジア的なものを再考する. 太田出版, 2015.
524 衛藤安奈. 熱狂と動員：一九二〇年代中国の労働運動. 慶應義塾大学出版会, 2015.
525 武田雅哉［ほか］. 中国文化55のキーワード. ミネルヴァ書房, 2016.
526 西谷格. ルポ中国「潜入バイト」日記. 小学館, 2018.
527 西牟田靖. 中国の「爆速」成長を歩く. イースト・プレス, 2020.
528 夏目英男. 清華大生が見た最先端社会、中国のリアル. クロスメディア・パブリッシング, 2020.
529 相田洋. 中国生業図譜：清末の絵入雑誌『点石斎画報』で読む庶民の生業. 集広舎, 2020.
530 相田洋. 中国妖怪・鬼神図譜：清末の絵入雑誌『点石斎画報』で読む庶民の信仰と俗習. 集広舎, 2015.
531 向井嘉之. 二つの祖国を生きて恵子と明子：中国残留孤児と日本の近現代. 能登印刷出版部, 2018.
532 肖蘭. 現代中国の就労・自立支援教育：都市コミュニティにおける労働・福祉と成人教育. 北海道大学出版会, 2019.
533 小浜正子, 秋山洋子. 現代中国のジェンダー・ポリティクス：格差・性売買・「慰安婦」. 勉誠出版, 2016.

534 小浜正子［ほか］. 中国ジェンダー史研究入門. 京都大学学術出版会，2018.
535 小川直人. 多文化共生と異文化コミュニケーション：台湾における東南アジアからの人々との共生. 八朔社，2020.
536 小林義廣. 南宋江西吉州の士大夫と宗族・地域社会. 汲古書院，2020.
537 小山ひとみ. 中国新世代：チャイナ・ニュージェネレーション. スモール出版，2019.
538 小松健一. 民族曼陀羅：中國大陸. みずき書林，2018.
539 小野秀樹. 中国人のこころ：「ことば」からみる思考と感覚. 集英社，2018.
540 新保［ほか］. 超大国・中国のゆくえ. 東京大学出版会，2016.
541 熊易寒. 都市化の子ども達：農民工子女の身分生産と政治的社会化. 現代図書，2018.
542 旭屋出版編集部. 中国料理人気メニューと技：27 店の現代における表現. 旭屋出版，2017.
543 学生が見た台湾社会：観光・歴史・美濃客家. 三菱 UFJ リサーチ＆コンサルティング，2019.
544 岩井八郎，京都大学. 東アジアにおけるワークライフバランスと社会の持続可能性に関する総合的研究. 岩井八郎，2019.
545 陽陽. 爆買い中国人は、なぜうっとうしいのか？. 講談社，2016.
546 有澤晶子. 見立の文化表象：中国・日本‐比較の観点. 研文出版，2020.
547 宇野重昭［ほか］. 中国式発展の独自性と普遍性：「中国模式」の提起をめぐって. 国際書院，2016.
548 羽根次郎. 物的中国論：歴史と物質から見る「大国」. 青土社，2020.
549 袁岳［ほか］. 最新大国中国の民衆白書：中国最大手の民営調査機関が明かす急成長した中国 20 年の都市生活実態（原タイトル：People White Paper of superpower China）. 東方通信社，2015.
550 原尻英樹. 長崎のジャオドリと筑後の大蛇山. 海鳥社，2018.
551 早川貴正. 天津飯の謎. ブイツーソリューション，2018.
552 早乙女勝元. 徴用工の真実：強制連行から逃れて 13 年. 新日本出版社，2019.
553 張継元. 中国農村部における地域福祉の可能性：未富先老社会と福祉ミックス. ミネルヴァ書房，2020.
554 張琢，張萍. 中国の近代化と社会学史. ミネルヴァ書房，2019.
555 趙月梅. 現代におけるドルブットモンゴル族の村落生活に関する研究：中国黒龍江省ドルブットモンゴル族自治県の布村を事例として. 一粒書房，2020.
556 真下厚「ほか」. 歌を掛け合う人々：東アジアの歌文化. 三弥井書店，2017.
557 鄭楊. 転換期を生きる中国都市家族の育児と女性たち. 大阪公立大学共同出版会，2019.
558 志波秀宇. 「幇」と「墨子思想」のすべて：青幇と洪門：アジアから世界を動かす秘密結社. ヒカルランド，2018.
559 中村勝. 自然情動論：「悪」の自由と宗教・倫理・美的表現労働の探究. ハーベスト社，2016.
560 中国の政策動向とその持続可能性：中国をめぐる 3 つの視点：報告書：21 世紀政策研究所研究プロジェクト. 21 世紀政策研究所，2020.
561 中国モダニズム研究会. 中華生活文化誌. 関西学院大学出版会，2018.
562 中国国家発展改革委員会発展計画司，雲河都市研究院. 環境・社会・経済中国都市ランキング：中国都市総合発展指標. NTT 出版，2018.

563 中国国家発展改革委員会発展計画司，雲河都市研究院．環境・社会・経済中国都市ランキング：中心都市発展戦略 2017. NTT 出版，2018.
564 中国国家発展改革委員会発展戦略和計画司［ほか］，雲河都市研究院．環境・社会・経済中国都市ランキング（別タイトル：大都市圏発展戦略）．NTT 出版，2020.
565 中国女性史研究会．中国のメディア・表象とジェンダー．研文出版，2016.
566 中尾徳仁．天理参考館の漢族資料．天理大学おやさと研究所，2017.
567 塚田誠之．民族文化資源とポリティクス：中国南部地域の分析から．風響社，2016.
568 周倩．現代中国の中産階級：メディアと人々の相互作用．亜紀書房，2017.
569 周天勇．中国の夢と中国の道．浙江出版集団東京，2018.
570 朱雀鈴彦．哈爾濱の窓：日本人教師からみた中国若者の思量Ⅰ：中語日語対照訳版．関西教育文化研究会，2018.
571 鄒庭雲．派遣労働契約法の試み：派遣労働契約の法規制をめぐる日・中・仏の比較法的考察．日本評論社，2018.
572 足章宏．中国環境汚染の政治経済学．昭和堂，2015.
573 佐藤若菜．衣装と生きる女性たち：ミャオ族の物質文化と母娘関係．京都大学学術出版会，2020.
574 佐野典代．ものがたり茶と中国の思想：三千年の歴史を茶が変えた．平凡社，2020.

其他语种

575 Bisio, Tom. Vnitřní síla: strategie čínských mistrů pro zvládání krizových situací. Management Press, 2017.
576 Cách Tử San. Sống tự lập chứ đừng cô lập. Nhà xuất bản Thanh niên, 2020.
577 Karadağ, Osman. Strateji üzerine öncü metinler: Öncüler- 1: Çinliler ve Hintliler. Berikan Yayınevi, 2015.
578 Лин Ютан. Бит и душевност на моя народ. Изток-Запад, 2015.

政治

英语

1. Adams, C. Jama. *Africana people in China: psychoanalytic perspectives on migration experiences, identity, and precarious employment.* London: Routledge, 2018.
2. Addy, Premen. *Tibet: pawn and pivot of the great game.* Kolkata, India: Academic Publishers, 2018.
3. Ai, Janette. *Politics and traditional culture: the political use of traditions in contemporary China.* Singapore: World Scientific, 2015.
4. Ai, Weiwei. *Ai Weiwei: Beijing photographs, 1993-2003.* New York; Beijing: Chambers Fine Art; Cambridge, Massachusetts: The MIT Press, 2018.
5. Aijmer, Göran. *Leadership on the China coast.* London: Routledge, 2020.
6. Alagappa, Muthiah. *Taiwan's presidential politics: democratization and cross strait relations in the twenty-first century.* [Place of publication not identified]: Routledge, 2017.
7. Alden, Chris. *China and African: building peace and security cooperation on the continent.* Cham: Palgrave Macmillan, 2017.
8. Anderson, Patrick. *The lost book of Sun Yatsen and Edwin Collins.* London: Routledge, 2017.
9. Ang, Yuen Yuen. *China's gilded age: the paradox of economic boom and vast corruption.* Cambridge: Cambridge University Press, 2020.
10. Asome, John. *Coolie ships of the Chinese diaspora, 1846-1874.* Hong Kong: Proverse Hong Kong, 2020.
11. Atanassova-Cornelis, Elena. *Chinese futures: horizon 2025.* Luxembourg: Publications Office of the European Union, 2017.
12. Barmé, Geremie; Jaivin, Linda. *Shared destiny.* Australia: ANU E Press, 2015.
13. Belogurova, A. E. *The Nanyang Revolution: the Comintern and Chinese networks in Southeast Asia, 1890-1957.* Cambridge: Cambridge University Press, 2019.
14. Benton, Gregor. *Prophets unarmed: Chinese Trotskyists in revolution, war, jail, and the return from limbo.* Netherlands: Brill, 2015.
15. Bhalla, A. S. *Poverty and exclusion of minorities in China and India.* Basingstoke, Hampshire: Palgrave Macmillan, 2017.
16. Bhattacharya, Jayati; Kripalani, Coonoor. *Indian and Chinese immigrant communities: comparative perspectives.* United Kingdom: Anthem Press, 2015.
17. Bianco, Lucien. *Stalin and Mao: a comparison of the Russian and Chinese revolutions.* Hong

18 Bickers, Robert; Henriot, Christian. *New frontiers: imperialism's new communities in East Asia, 1842-1953*. Manchester: Manchester University Press, 2017.
19 Biddulph, Sarah. *The stability imperative: human rights and law in China*. Canada: UBC Press, 2015.
20 Bischoff, Jeannineand; Mullard, Saul. *Social regulation: case studies from Tibetan history*. Leiden: Brill, 2017.
21 Blanchard, Jean-Marc F.; Lin, Kun-Chin. *Governance, domestic change, and social policy in China: 100 years after the Xinhai revolution*. London: Palgrave Macmillan, 2017.
22 Blank, Gary. *Is the East still red?: socialism and the market in China*. United Kingdom: Zero Books, 2015.
23 Bo, Zhiyue. *Chinese provincial leaders: economic performance and political mobility since 1949*. London: Routledge, 2019.
24 Bolesta, Andrzej. *China and post-socialist development*. United Kingdom: Policy Press, 2015.
25 Bossler, Beverly. *Gender and Chinese history: transformative encounters*. United States: University of Washington Press, 2015.
26 Brandtstädter, Susanne; Steinmüller, Hans. *Popular politics and the quest for justice in contemporary China*. Abingdon; New York: Routledge, 2017.
27 Bray, David; Jefferys, Elaine. *New mentalities of government in China*. United Kingdom: Routledge, 2016.
28 Brooks, Charlotte. *American exodus: second-generation Chinese Americans in China, 1901-1949*. Oakland, California: University of California Press, 2019.
29 Brown, Harrison. *China among the nations of the Pacific*. London: Routledge, 2019.
30 Brown, Kerry. *China and the new Maoists*. United Kingdom: Zed Books, 2016.
31 Brown, Kerry. *China's 19th Party Congress: start of a new era*. New Jersey: World Scientific, 2019.
32 Brown, Kerry. *China's dream: the culture of Chinese communism and the secret sources of its power*. Cambridge, UK: Polity, 2018.
33 Brown, Kerry. *Friends and enemies: the past, present and future of the Communist Party of China*. London: Anthem Press, 2018.
34 Bullard, Monte R. *China's political-military evolution: the party and the military in the PRC, 1960-1984*. New York: Routledge, 2019.
35 Burns, John P. *The Chinese Communist Party's nomenklatura system: a documentary study of party control of leadership selection, 1979-1984*. New York, 2019.
36 Cabestan, Jean-Pierre. *China tomorrow: democracy or dictatorship?* Lanham, Maryland: Rowman & Littlefield Publishers, 2019.
37 Cai, Shenshen. *Female celebrities in contemporary Chinese society*. Basingstoke, Hampshire: Palgrave Macmillan, 2019.
38 Cao, Fang. *Elderly care, intergenerational relationships and social change in rural China*. Singapore: Palgrave Macmillan, 2019.
39 Cao, Huhua; Paltiel, Jeremy T. *Facing China as a new global superpower: domestic and international dynamicsfrom a multidisciplinary angle*. Singapore: Springer, 2015.
40 Cao, Qing [et al.]. *Brand China in the media: transformation of identities*. London: Routledge,

2020.

41 Carrillo, Beatriz [et al.]. *Handbook of welfare in China*. Cheltenham, UK: Edward Elgar Publishing, 2017.

42 Ch'ien, Mu. *Merits and demerits of political systems in dynastic China*. Berlin, Germany: Springer, 2019.

43 Chabot, Nicole. *Street life Hong Kong: outdoor workers in their own words*. Hong Kong, China: Blacksmith Books, 2015.

44 Chan, Chi Chuen [et al.]. *The psychology of Chinese gambling: a cultural and historical perspective*. Singapore: Springer, 2019.

45 Chan, Kam Wing; Ren, Yuan. *Children of migrants in China*. London: Routledge, 2020.

46 Chan, Kit Yee [et al.]. *Elevation: understanding China's health transition in the 21st century*. Edinburgh: JoGH, 2019.

47 Chan, Yuk Wah; Koh, Sin Yee. *New Chinese migrations: mobility, home, and inspirations*. London: Routledge, 2017.

48 Chang, Maria Hsia. *Return of the dragon: China's wounded nationalism*. London: Routledge, 2018.

49 Charlton, Sue Ellen M. *Comparing Asian politics: India, China, and Japan*. London: Routledge, 2018.

50 Chen, Cheng. *The return of ideology: the search for regime identities in postcommunist Russia and China*. United States: University of Michigan Press, 2016.

51 Chen, Gang. *The politics of disaster management in China: institutions, interest groups, and social participation*. United States: Palgrave Macmillan, 2016.

52 Chen, Guangjin; Yang, Jianhua. *Chinese dream and practice in Zhejiang – society*. Singapore: Springer, 2019.

53 Chen, Jing. *Useful complaints: how petitions assist decentralized authoritarianism in China*. United States: Lexington Books, 2016.

54 Chen, Lijun. *Child and youth well-being in China*. London: Routledge, 2018.

55 Chen, Lin. *Community eldercare ecology in China*. Basingstoke: Palgrave Macmillan, 2020.

56 Chen, Lin. *Evolving eldercare in contemporary China: two generations, one decision*. United States: Palgrave Macmillan, 2016.

57 Chen, Qi. *Governance, social control and legal reform in China: community sanctions and measures*. Basingstoke, Hampshire: Palgrave Macmillan, 2018.

58 Chen, Sicong. *The meaning of citizenship in contemporary Chinese society: an empirical study through Western lens*. Singapore: Springer Singapore: Imprint: Springer, 2018.

59 Chen, Weiru. *Global expansion: the Chinese way*. London: LID Publishing, 2018.

60 Chen, Yu. *Social attitudes in contemporary China*. United Kingdom: Routledge, 2016.

61 Chen, Zheng. *Measuring police subcultural perceptions: a study of frontline police officers in China*. Germany: Springer, 2016.

62 Chi, Hsi-sheng. *Politics of disillusionment: Chinese Communist Party under Deng Xiaoping, 1978-89*. London: Routledge, 2019.

63 Chiang, Howard. *After eunuchs: science, medicine, and the transformations of sex in modern China*. New York: Columbia University Press, 2018.

64 Chiang, Howard. *Sexuality in China: histories of power and pleasure*. Seattle: University of

Washington Press, 2018.
65　Chiang, Howard; Wong, Alvin K. *Keywords in queer Sinophone studies*. London: Routledge, 2020.
66　Chin, Ko-Lin. *The Chinese heroin trade: cross-border drug trafficking in Southeast Asia and beyond*. United States: New York University Press, 2015.
67　China Central Television. *Xi Jinping's adages: a guide to the Chinese leader's classical allusions*. London: ACA Publishing Ltd., 2020.
68　Choi, Susanne Y. P; Fong, Eric. *Migration in post-colonial Hong Kong*. Abingdon, Oxon; New York, NY: Routledge, 2017.
69　Choi, Susanne Y. P. *Masculine compromise: migration, family, and gender in China*. United States: University of California Press, 2016.
70　Chŏng, Chae-ho. *Centrifugal empire: central-local relations in China*. New York: Columbia University Press, 2019.
71　Chou, Jung-tê. *Social mobility in traditional Chinese society: community and class*. London: Routledge, 2018.
72　Christensen, Thomas J. *The China challenge: shaping the choices of a rising power*. United States: W. W. Norton, 2015.
73　Chu, Cassini Sai Kwan. *Compensated dating: buying and selling sex in cyberspace*. Basingstoke, Hampshire: Palgrave Macmillan, 2018.
74　Chu, Fang. *Gun barrel politics: party-army relations in Mao's China*. New York: Routledge, 2019.
75　Chu, Marcus P. *Politics of mega-events in China's Hong Kong and Macao*. Cham, Switzerland: Palgrave Macmillan, 2019.
76　Chun, Allen John Uck Lun. *Forget Chineseness: on the geopolitics of cultural identification*. Albany: SUNY Press, 2017.
77　Chung, Alex. *Chinese criminal entrepreneurs in Canada. Volume I*. Basingstoke, Hampshire: Palgrave Macmillan, 2019.
78　Chung, Alex. *Chinese criminal entrepreneurs in Canada. Volume II*. Basingstoke, Hampshire: Palgrave Macmillan, 2019.
79　Chung, Jae Ho. *Centrifugal empire: central-local relations in China*. United States: Columbia University Press, 2016.
80　Ci, Jiwei. *Democracy in China: the coming crisis*. Cambridge: Harvard University Press, 2019.
81　Cole, J. Michael. *Cross-strait relations since 2016: the end of the illusion*. London: Routledge, 2020.
82　Collett, Nigel. *A death in Hong Kong: the MacLennan case of 1980 and the suppression of a scandal*. Hong Kong: City University of Hong Kong Press, 2018.
83　Cone, Tiffany. *Cultivating charismatic power: Islamic leadership practice in China*. Basingstoke, Hampshire: Palgrave Macmillan, 2018.
84　Corlin, Mai. *The Bishan commune and the practice of socially engaged art in rural China*. Basingstoke: Palgrave Macmillan, 2020.
85　Couchman, Sophie; Bagnall, Kate. *Chinese Australians: politics, engagement and resistance*. Netherlands: Brill, 2015.
86　Cui, Jing. *Collaborative governance of local governments in China*. London: Routledge, 2020.

87 Davies, Will. *The forgotten: the Chinese Labour Corps and the Chinese Anzacs in the Great War*. Melbourne, Victoria: Wilkinson Publishing Pty Ltd, 2020.
88 DeLisle, Jacques; Goldstein, Avery. *The internet, social media, and a changing China*. United States: University of Pennsylvania Press, 2016.
89 Department of Commentary People's Daily; Luo, Jing. *Narrating China's governance: stories in Xi Jinping's speeches*. Singapore: Springer, 2020.
90 Desai, Meghnad. *Rethinking development and politics: on India, China and global change*. Clayton, Victoria: Monash University Publishing, 2019.
91 Dewey, Susan; Zheng, Tiantian. *Sex workers and criminalization in North America and China: ethical and legal issues in exclusionary regimes*. Switzerland: Springer, 2016.
92 Dhulipala, Venkat. *Creating a new Medina: state power, Islam, and the quest for Pakistan in late colonial North India*. India: Cambridge University Press, 2015.
93 Dickson, Bruce J. *The dictator's dilemma: the Chinese Communist Party's strategy for survival*. United States: Oxford University Press, 2016.
94 Dikotter, Frank. *The discourse of race in modern China*. United States: Oxford University Press, 2015.
95 Ding, Arthur S.; Panda, Jagannath P. *Chinese politics and foreign policy under Xi Jinping: the future political trajectory*. London: Routledge, 2020.
96 Donaldson, John A. *Assessing the balance of power in central-local relations in China*. United Kingdom: Routledge, 2016.
97 Dong, Keyong; Yao, Yudong. *Annual report on financing old age care in China 2017*. Singapore: Social Sciences Academic Press, 2018.
98 Dong, Lisheng; Kriesi, Hanspeter. *Urban mobilizations and new media in contemporary China*. United Kingdom: Ashgate, 2015.
99 Doran, Rebecca. *Transgressive typologies: constructions of gender and power in early Tang China*. United States: Harvard University Asia Center, 2016.
100 Dreyer, June Teufel. *China's political system: modernization and tradition*. London: Routledge, 2018.
101 Du, Ping [et al.]. *The development of e-governance in China: improving cybersecurity and promoting informatization as means for modernizing state governance*. Singapore: Springer, 2018.
102 Duara, Prasenjit; Perry, Elizabeth J. *Beyond regimes: China and India compared*. Cambridge (Massachusetts): Harvard University Asia Center, 2018.
103 Eftimiades, Nicholas. *Chinese intelligence operations*. [Place of publication not identified]: Routledge, 2017.
104 Elstein, David. *Democracy in contemporary Confucian philosophy*. United States: Routledge, 2015.
105 Fai, Chow Yiu. *Caring in times of precarity: a study of single women doing creative work in Shanghai*. Basingstoke, Hampshire: Palgrave Macmillan, 2018.
106 Fang, Jiangshan. *Non-institutional political participation: a case study of Chinese peasants during the transformation period*. Singapore: Springer, 2015.
107 Fang, Ning [et al.]. *Chinese dream and practice in Zhejiang – politics*. Singapore: Springer, 2019.

108 Fang, Ning. *China's democracy path.* Germany: Springer, 2015.
109 Fang, Qiang; Li, Xiaobing. *Corruption and anticorruption in modern China.* Lanham: Lexington Books, 2019.
110 Farley, James. *Model workers in China, 1949-1965: constructing a new citizen.* London: Routledge, 2018.
111 Farrer, James. *International migrants in China's global city: the new Shanghailanders.* London: Routledge, 2019.
112 Fenby, Jonathan. *Will China dominate the 21st century?* Cambridge: Polity Press, 2017.
113 Feng, Jun. *Leadership education and training in China.* London: ACA Publishing Ltd., 2017.
114 Feuchtwang, Stephan; Bruckermann, Charlotte. *The anthropology of China: China as ethnographic and theoretical critique.* United Kingdom: Imperial College Press, 2016.
115 Finer, Catherine Jones. *Social policy reform in China: views from home and abroad.* London: Routledge, 2017.
116 Fingar, Thomas; Chun, Jean. *Fateful decisions: choices that will shape China's future.* Redwood City: Stanford University Press, 2020.
117 Fitzgerald, C. P. *Revolution in China.* New York, NY: Routledge, 2019.
118 Fogel, Joshua A.; Zarrow, Peter G. *Idea of the citizen: Chinese intellectuals and the people, 1890-1920.* London: Routledge, 2020.
119 Frenkiel, Emilie. *Conditional democracy: the contemporary debate on political reform in Chinese universities.* United Kingdom: Ecpr Press, 2015.
120 Friend, John M. *How China sees the world: Han-centrism and the balance of power in international politics.* Lincoln: Potomac Books, An imprint of the University of Nebraska Press, 2018.
121 Fu, Diana. *Mobilizing without the masses: control and contention in China.* Cambridge: Cambridge University Press, 2018.
122 Fu, Hualing [et al.]. *Transparency challenges facing China.* London: Wildy, Simmonds & Hill Publishing, 2019.
123 Fulda, Andreas. *Civil society contributions to policy innovation in the PR China: environment, social development and international cooperation.* United Kingdom: Palgrave Macmillan, 2015.
124 Fuller, Pierre. *Famine relief in warlord China.* Cambridge, Massachusetts: Harvard University Asia Center, 2019.
125 Fun, Yujing. *Cloaking white-collar crime in Hong Kong's property sector.* United Kingdom: Palgrave Macmillan, 2015.
126 Gao, Hua. *How the red sun rose: the origin and development of the Yan'an Rectification Movement 1930-1945.* Hong Kong: The Chinese University Press, 2018.
127 Gao, Jia. *Social mobilisation in post-industrial China: the case of rural urbanization.* Cheltenham, UK: Edward Elgar Publishing, 2019.
128 Gao, Mobo C. F. *Gao Village revisited: the life of rural people in contemporary China.* Hong Kong: The Chinese University Press, The Chinese University of Hong Kong, 2018.
129 Gao, Ruiquan; Wu, Guanjun. *Studies on contemporary China.* Singapore: World Scientific, 2018.
130 Gao, Yong; Wu, Ying. *The state and society of China: a century long ensemble of "Great*

Power" and "New Citizens". Singapore: Springer, 2018.
131 Garcia, Zenel. *China's military modernization, Japan's normalization and the South China Sea territorial disputes*. Basingstoke, Hampshire: Palgrave Macmillan, 2019.
132 Geng, Yunzhi. *An introductory study on China's cultural transformation in recent times*. Germany: Springer, 2015.
133 Golley, Jane [et al.]. *China dreams*. Acton, A.C.T.: ANU Press, 2020.
134 Gomez, Edmund Terence; Benton, Gregor. *Belonging to the nation: generational change, identity and the Chinese diaspora*. United Kingdom: Routledge, 2015.
135 Gong, Haomin. *Reconfiguring class, gender, ethnicity and ethics in Chinese internet culture*. London: Routledge, 2017.
136 González, Fredy. *Paisanos Chinos: transpacific politics among Chinese immigrants in Mexico*. Oakland, California: University of California Press, 2017.
137 Goodman, D. S. G. *Handbook of the politics of China*. United Kingdom: Edward Elgar, 2015.
138 Goto-Shibata, Harumi. *The League of Nations and the East Asian imperial order, 1920–1946*. Singapore: Palgrave Macmillan, 2020.
139 Gottschang, Suzanne. *The six-monthly report on Hong Kong*. Ann Arbor: University of Michigan Press, 2018.
140 Great Britain. *China and the rules-based international system: sixteenth report of session 2017-19. Volume 1, report*. London: Dandy Booksellers Ltd, 2019.
141 Great Britain. *The six-monthly report on Hong Kong: (January/June, 2018)*. London: Foreign, Commonwealth and Development Office, 2018.
142 Great Britain. *The six-monthly report on Hong Kong: (July/December, 2018)*. London: Foreign, Commonwealth and Development Office, 2018.
143 Green, December; Luehrmann, Laura. *Contentious politics in Brazil and China: beyond regime*. United States: Westview Press, 2016.
144 Gregor, A. James. *A place in the sun: Marxism and fascimsm in China's long revolution*. New York, NY: Routledge, 2018.
145 Gregor, A. James. *Marxism, China, and development: reflections on theory and reality*. London: Routledge, 2017.
146 Gu, Edward X; Goldman, Merle. *Chinese intellectuals between state and market*. United Kingdom: Routledge, 2015.
147 Guo, Qingwang. *Structural reform in China's regional governments [2 v]*. United States: Enrich Professional Publishing, 2015.
148 Guo, Rongxing. *China ethnic statistical yearbook 2016*. Cham, Switzerland: Palgrave Macmillan, 2017.
149 Guo, Rongxing. *China ethnic statistical yearbook 2020*. Basingstoke: Palgrave Macmillan, 2020.
150 Guo, Xuezhi. *The politics of the core leader in China: culture, institution, legitimacy, and power*. Cambridge, United Kingdom; New York, NY: Cambridge University Press, 2019.
151 Guo, Yingjie. *Handbook on class and social stratification in China*. United Kingdom: Edward Elgar, 2016.
152 Guo, Yingjie. *Local elites in post-Mao China*. London: Routledge, 2018.
153 Guo, Yuying. *Policy analysis in Taiwan*. United Kingdom: Policy Press, 2015.

154　Guo, Zhonghua. *Theorizing Chinese citizenship*. United Kingdom: Lexington Books, 2015.
155　Gurtov, Mel. *The transformation of socialism: perestroika and reform in the Soviet Union and China*. New York: Routledge, 2019.
156　Gustafsson, Björn [et al.]. *Ethnicity and inequality in China*. London: Routledge, 2020.
157　Habich, Sabrina. *Dams, migration and authoritarianism in China: the local state in Yunnan*. United Kingdom: Routledge, 2016.
158　Hainian, Liu; Bi, Xiaoqing. *Sixty years of the protection and development of human rights in China*. United Kingdom: Paths International, 2015.
159　Hamrin, Carol Lee. *Decision-making in Deng's China: perspectives from insiders*. London: Routledge, 2019.
160　Han, Eileen Le. *Micro-blogging memories: Weibo and collective remembering in contemporary China*. United Kingdom: Palgrave Macmillan, 2016.
161　Han, Sang-jin. *Asian tradition and cosmopolitan politics: dialogue with Kim Dae-jung*. Lanham, Maryland: Lexington Books, 2018.
162　Hao, Jia; Lin, Zhimin. *Changing central-local relations in China: reform and state capacity*. New York, NY: Routledge, Taylor & Francis Group, 2018.
163　Hao, Shiyuan. *China's solution to its ethno-national issues*. Singapore: Springer, 2020.
164　Harrell, Stevan. *Ways of being ethnic in southwest China*. United States: University of Washington Press, 2015.
165　Hase, P. H. *Forgotten heroes: San On County and its magistrates in the late Ming and early Qing*. Hong Kong: City University of Hong Kong Press, 2017.
166　He, Baogang. *Nationalism, national identity and democratization in China*. London: Routledge, 2018.
167　He, Jingwei Alex; Meng, Qingyue. *The Chinese national health care reform: on the mend?* United Kingdom: Routledge, 2016.
168　He, Qiliang. *Feminism, women's agency, and communication in early twentieth-century China: the case of the Huang-Lu elopement*. Basingstoke, Hampshire: Palgrave Macmillan, 2018.
169　Heberer, Thomas. *China and its national minorities: autonomy or assimilation?* New York: Routledge, 2017.
170　Herring, Ronald J.; Agarwala, Rina. *Whatever happened to class?: reflections from South Asia*. London: Routledge, 2018.
171　Heurlin, Christopher. *Responsive authoritarianism in China: land, protests, and policy making*. United States: Cambridge University Press, 2016.
172　Hill, Joshua. *Voting as a rite: a history of elections in modern China*. Cambridge, Massachusetts: Harvard University Asia Center, 2019.
173　Hille, Marie-Paule; Horlemann, Bianca. *Muslims in Amdo Tibetan society: multidisciplinary approaches*. United States: Lexington Books, 2015.
174　Hinck, Robert S. [et al.]. *Global media and strategic narratives of contested democracy: Chinese, Russian, and Arabic media narratives of the US presidential election*. New York: Routledge, 2019.
175　Hinsch, Bret. *Women in Ancient China*. Lanham, Maryland: Rowman & Littlefield, 2018.
176　Hinsch, Bret. *Women in early medieval China*. Lanham, Maryland: Rowman & Littlefield, 2019.

177   Hinsch, Bret. *Women in imperial China*. United States: Rowman & Littlefield Inc, 2016.
178   Hinsch, Bret. *Women in Song and Yuan China*. Lanham: Rowman & Littlefield Publishers, 2020.
179   Ho, Elaine Lynn-Ee. *Citizens in motion: emigration, immigration, and re-migration across China's borders*. Stanford, California: Stanford University Press, 2019.
180   Hoena, B. A. *Surviving Mount Everest: an interactive extreme sports adventure*. Oxford: Raintree, 2018.
181   Holdstock, Nick. *Chasing the Chinese dream: stories from modern China*. London: I.B. Tauris, 2017.
182   Horesh, Niv; Kim, Hyun Jin. *Superpower, China?: historicizing Beijing's new narratives of leadership and East Asia's response thereto*. Singapore: World Scientific, 2015.
183   Horner, Charles. *Rising China and its post modern fate*. Volume II. Netherlands: Brill, 2016..
184   Howard, Pat. *Breaking the iron rice bowl: prospects for socialism in China's countryside*. London: Routledge, Taylor & Francis Group, 2020.
185   Hsiung, Ping-Chun [et al.]. *Chinese women organizing: cadres, feminists, muslims, queers*. London: Routledge, 2020.
186   Hsu, Hua. *A floating Chinaman: fantasy and failure across the Pacific*. United States: Harvard University Press, 2016.
187   Hsu, Huan. *The porcelain thief: searching the middle kingdom for buried China*. United States: Crown Publishers, 2015.
188   Hu, Aiqun. *China's social insurance in the twentieth century: a global historical perspective*. Netherlands: Brill, 2015.
189   Hu, Angang. *The modernization of China's state governance*. Singapore: Springer Singapore, 2017.
190   Hu, Angang. *Xi Jinping's new development philosophy*. Singapore: Springer, 2018.
191   Hu, Yang. *Chinese-British intermarriage: disentangling gender and ethnicity*. Switzerland: Palgrave Macmillan, Springer International Publishing Ag Switzerland, 2016.
192   Huang, Shu-min. *The spiral road: change in a Chinese village through the eyes of a Communist Party leader*. London: Routledge, 2019.
193   Huang, Shu-Yi. *Being a mother in a strange land: motherhood experiences of Chinese migrant women in the Netherlands*. Newcastle upon Tyne: Cambridge Scholars Publishing, 2019.
194   Huang, Zhifeng. *Unfree speech: the threat to global democracy and why we must act, now*. London: Penguin Books, 2020.
195   Huque, Ahmed Shafiqul. *Public service in a globalized world: central training institutes in India and Hong Kong*. [Place of publication not identified]: Routledge, 2017.
196   Ieong, Meng U. *Macau 20 years after the handover: changes and challenges under "one country, two systems"*. London: Routledge, 2020.
197   *IP in the creative industry*. Luxembourg: Publications Office of the European Union, 2019.
198   Ip, Iam-chong. *Hong Kong's new identity politics: longing for the local in the shadow of China*. London: Routledge, 2019.
199   Irvine, Roger. *Forecasting China's future: dominance or collapse?* United Kingdom: Routledge, 2016..
200   Jackson, Isabella. *Shaping modern Shanghai: colonialism in China's global city*. Cambridge:

Cambridge University Press, 2018.
201　Jamil, Ishtiaq; Aminuzzaman, Salahuddin M. *Governance in south, southeast, and East Asia: trends, issues and challenges*. Switzerland: Springer, 2015.
202　Jeffreys, Elaine; Yu, Haiqing. S*ex in China*. United Kingdom: Polity, 2015.
203　Jenco, Leigh Kathryn. *Changing referents: learning across space and time in China and the West*. United States: NY Oxford Univ. Press, 2015.
204　Jeroen, de Kloet. *Youth cultures in China*. Cambridge, UK; Malden, MA: Polity, 2017.
205　Jeung, Russell M. [et al.]. *Family sacrifices: the worldviews and ethics of Chinese Americans*. New York, NY, United States of America: Oxford University Press, 2019.
206　Jha, Gautam Kumar; Ray, Saumyajit. *China's worrying eunuchs: resistance to Beijing's belligerence in the South China Sea*. New Delhi: Ane Books Pvt. Ltd., 2019.
207　Jiang, Guoping. *Corruption control in post-reform China: a social censure perspective*. Singapore: Springer, 2017.
208　Jiang, Yanqing. *China: regional growth and sustainability from an environmental perspective*. United States: Nova Science Publishers, 2016..
209　Jin, Xujie. *Gender and diasporic identities in transnational migration: an ethnographic study of mainland Chinese female expatriates in Britain*. Switzerland: Lit, 2016.
210　Jing, Yijia. *The road to collaborative governance in China*. United States: Palgrave Macmillan, 2015.
211　Jing, Yuejin [et al.]. *Understanding China politics: the key words approach*. Reading: Paths International Ltd, 2017.
212　Johanna, S. Ransmeier. *Sold people: traffickers and family life in North China*. Cambridge, Massachusetts: Harvard University Press, 2017.
213　Jones, Catherine. *China's challenge to liberal norms: the durability of international order*. Basingstoke, Hampshire: Palgrave Macmillan, 2018.
214　Joseph, William A. *Politics in China: an introduction*. New York: Oxford University Press, 2019.
215　Joy, Adrienne. *Understanding China's response to the Rakhine crisis*. Washington, DC: United States Institute of Peace, 2018.
216　Kakwani, Nanak [et al.]. *Evaluating the effectiveness of the rural minimum living standard guarantee (Dibao) programme in China*. Manchester: Global Development Institute, The University of Manchester, 2018.
217　Kanbur, Ravi [et al.]. *The great Chinese inequality turn around*. London: Centre for Economic Policy Research, 2017.
218　Kang, Yi. *Disaster management in China in a changing era*. Germany: Springer, 2015.
219　Kaur, Ravinder; Wahlberg, Ayo. *Identity, inequity and inequality in India and China: governing difference*. [Place of publication not identified]: Routledge, 2017.
220　Kennedy, Scott. *Global governance and China: the dragon's learning curve*. London: Routledge, 2017.
221　Kent, Mike [et al.]. *Chinese social media: social, cultural, and political implications*. New York, NY: Routledge, 2018.
222　Kerr, David. *China's many dreams: comparative perspectives on China's search for national rejuvenation*. United Kingdom: Palgrave Macmillan, 2015.

223 Kim, Youngmin. *A history of Chinese political thought*. Cambridge: Polity Press, 2018.
224 Kimura, Shingo. *China's grains policy: Impacts of alternative reform options*. Paris: OECD Publishing, 2019.
225 Kipnis, Andrew B. *From village to city: social transformation in a Chinese county seat*. United States: University of California Press, 2016.
226 Kirton, John J. *China's G20 leadership*. United Kingdom: Routledge, 2016..
227 Ko, Grace Po-chee. *Adoptive parenthood in Hong Kong*. London: Routledge, 2017.
228 Koleski, Katherine. *The 13th Five-Year Plan*. Washington, D.C.: U.S.-China Economic and Security Review Commission, 2017.
229 Konig, Lion; Chaudhuri, Bidisha. *Politics of the 'other' in India and China: western concepts innon-western contexts*. United Kingdom: Routledge, 2016.
230 Koss, Daniel. *Where the party rules: the rank and file of China's communist state*. Cambridge: Cambridge University Press, 2018.
231 Kow, Simon. *China in early enlightenment political thought*. United Kingdom: Routledge, 2016..
232 Krause, Elizabeth L. *Tight knit: global families and the social life of fast fashion*. Chicago; London: The University of Chicago Press, 2018.
233 Krzywdzinski, Martin. *Consent and control in the authoritarian workplace: Russia and China compared*. Oxford: Oxford University Press, 2018.
234 Kuah-Pearce, Khun Eng. *Rebuilding the ancestral village: Singaporeans in China*. London: Routledge, 2019.
235 Kuang, Rebecca. *The poppy war*. London: Harper Voyager, 2018.
236 Kutcher, Norman Alan. *Eunuch and emperor in the great age of Qing rule*. Oakland, California: University of California Press, 2018.
237 Kwa, Chong Guan; Ke, Mulin. *A general history of the Chinese in Singapore*. Singapore: Singapore Federation of Chinese Clan Associations: World Scientific, 2019.
238 Ladany, L. *The Communist Party of China and Marxism 1921-1985*. London: Hurst & Company, 2018.
239 Lai, David Chuenyan; Ding Guo. *Great fortune dream: the struggles and triumphs of Chinese settlers in Canada*, 1858-1966. Canada: Caitlin Press, 2016.
240 Lai, Hongyi. *China's governance model: flexibility and durability of pragmatic authoritarianism*.United Kingdom: Routledge, 2016.
241 Lake, Roseann. *Leftover in China: the women shaping the world's next superpower*. New York: W. W. Norton & Company, 2018.
242 Lal, Deepak. *War or peace: the struggle for world power*. New Delhi, India: Oxford University Press, 2018.
243 Lam, Desmond. *Chopsticks and gambling*. [Place of publication not identified]: Routledge, 2017.
244 Lampton, David M. *Following the leader: ruling China, from Deng Xiaoping to Xi Jinping*. Oakland, California: University of California Press, 2019.
245 Lan, Pei-Chia. *Raising global families: parenting, immigration, and class in Taiwan and the US*. Stanford, California: Stanford University Press, 2018.
246 Lan, Shanshan. *Mapping the new African diaspora in China: race and the cultural politics of*

belonging. London: Routledge, 2017.

247 Lanteigne, Marc. *The role of UN peacekeeping in China's expanding strategic interests.* Washington, DC: United States Institute of Peace, 2018.

248 Larus, Elizabeth Freund. *Politics and society in contemporary China.* Boulder, Colorado: Lynne Rienner Publishers, 2020.

249 Lau, Joseph Cho-yam. *Self-organisation shapes travel behaviours and social exclusion in deprived urban neighbourhoods of China.* Singapore: Springer, 2020.

250 Lee, Ana Paulina. *Mandarin Brazil: race, representation, and memory.* Redwood City: Stanford University Press, 2018.

251 Lee, Charlotte P. *Training the party: party adaptation and elite training in reform-era China.* United Kingdom: Cambridge University Press, 2015.

252 Lee, Chun Wing. *Labor and class identities in Hong Kong: class processes in a neoliberal global city.* United Kingdom: Palgrave Macmillan, 2016.

253 Lee, Daphnée. *Managing Chineseness: identity and ethnic management in Singapore.* London: Palgrave Macmillan, 2017.

254 Lee, Helene K. *Between foreign and family: return migration and identity construction among Korean Americans and Korean Chinese.* New Brunswick, NJ: Rutgers University Press, 2018.

255 Lee, Hock Guan. *Electoral politics and the Malaysian Chinese Association in Johor.* Singapore: ISEAS-Yusof Ishak Institute, 2018.

256 Lee, James Z. *Housing, home ownership and social change in Hong Kong.* London: Routledge, 2019.

257 Lee, Tak Yan; Shek, Daniel T. L. *Student well-being in Chinese adolescents in Hong Kong: theory, intervention and research.* Germany: Springer, 2015.

258 Lehmann, Angela; Leonard, Pauline. *Destination China: immigration to China in the post-reform era.* Cham, Switzerland: Palgrave Macmillan, 2019.

259 Lei, Jie; Chan, Chack Kwan. *China's social welfare revolution: contracting out social services.* London: Routledge, 2018.

260 Lejano, Raul P. *A phenomenology of institutions: relationality and governance in China and beyond.* London: Routledge, 2018.

261 Leung, Lai Ching. *Lone mothers, social security and the family in Hong Kong.* London: Routledge, 2017.

262 Leung, Parry P. *Labor activists and the new working class in China: strike leaders' struggles.* United States: Palgrave Macmillan, 2015.

263 Levy, Katja; Pissler, Knut B. *Charity with Chinese characteristics: Chinese charitable foundations between the party-state and society.* Cheltenham, UK: Edward Elgar Publishing Limited, 2020.

264 Li, Barry. *The new Chinese: how they are shaping Australia.* Milton Qld: John Wiley & Sons Australia, Ltd, 2017.

265 Li, Cheng. *The power of ideas: the rising influence of thinkers and think tanks in China.* Singapore: World Scientific Publishing, 2017.

266 Li, Eden Sumhung [et al.]. *Systemic functional political discourse analysis: a text-based study.* London: Routledge, 2019.

267 Li, He. *Political thought and China's transformation: ideas shaping reform in post-Mao*

268   Li, Huaiyin. *The making of the modern Chinese state 1600-1950*. London: Routledge, 2019.
269   Li, Jie. *Shanghai homes: palimpsests of private life*. United States: Columbia University Press, 2015.
270   Li, Jie; Zhang, Enhua. *Red legacies in China: cultural afterlives of the communist revolution*. United States: Wiley (John) & Sons Ltd, 2016.
271   Li, Liming; Jiang, Qingwu. *Introduction to public health in China*. Singapore: Springer, 2019.
272   Li, Nan. *Civil-military relations in post-Deng China: from symbiosis to quasi-institutionalization*. Basingstoke: Palgrave Macmillan, 2020.
273   Li, Pang-kwong. *Hong Kong from Britain to China: political cleavages, electoral dynamics and institutional changes*. London: Routledge, 2017.
274   Li, Peilin. *Great changes and social governance in contemporary China*. Germany: Springer, 2015.
275   Li, Peilin. *Social transformation and Chinese experience*. London: Routledge, 2017.
276   Li, Qiang. *Social stratification in contemporary China: definitive survey and analysis*. United States: Bridge21 Publications, 2016.
277   Li, Quan. *The idea of governance and the spirit of Chinese neoliberalism*. Singapore, Singapore: Palgrave Macmillan, 2017.
278   Li, Xiaoyun. *Should China join the GPEDC?: the prospects for China and the global partnership for effective development co-operation*. Bonn: Deutsches Institut für Entwicklungspolitik, 2017.
279   Li, Xuefeng; Liu, Xuke. *Green development model of China's small and medium-sized Cities*. Singapore: Springer, 2018.
280   Li, Yi. *Chinese in colonial Burma: a migrant community in a multiethnic state*. New York: Palgrave Macmillan, 2017.
281   Li, Yuhui. *China's assistance program in Xinjiang: a sociological analysis*. Lanham: Lexington Books, 2018.
282   Lian, Hongping. *The relationship between land-lost farmers and local government in China: integration, conflict, and their interplay*. Singapore: Springer, 2017.
283   Libman, Alexander. *Federalism in China and Russia: story of success and story of failure?* Cheltenham, Glos, UK; Northampton, Massachusetts: Edward Elgar Publishing, 2019.
284   Lim, Adelyn. *Transnational feminism and women's movements in post-1997 Hong Kong: solidarity beyond the state*. Hong Kong, China: Hong Kong University Press, 2015.
285   Lim, Wee-Kiat. *Designing emergency management: China's post-SARS experience, 2003-2012*. London: Routledge, 2020.
286   Lin, Gang. *China's long quest for democracy: a historical institutional perspective*. United Kingdom: Palgrave Macmillan, 2016.
287   Lin, Jake. *Chinese politics and labor movements*. Cham: Palgrave Macmillan, 2019.
288   Lindsay, Jon R.; Cheung, Tai Ming. *China and cyber security: espionage, strategy, and politics in the digital domain*. United States: Oxford University Press, 2015.
289   Linehan, Paul Michael. *The culture of leadership in contemporary China: conflict, values, and perspectives for a new generation*. Lanham, Maryland: Lexington Books, 2017.
290   Liou, Chih-shian; Ding, Arthur S. *China dreams: China's new leadership and future impacts*.

Singapore: World Scientific, 2015.
291　Lipinsky, Astrid. *Immigration societies Taiwan and beyond*. United States: Lit, 2015.
292　Liu, Elaine S. C. *Empowering Asian youth through volunteering: examples of theory into practice*. London: Routledge, 2019.
293　Liu, Haifeng. *The examination culture in imperial China*. Reading, United Kingdom: Paths International Ltd, 2018.
294　Liu, Hailong. *From cyber-nationalism to fandom nationalism: the case of Diba expedition in China*. London: Routledge, 2019.
295　Liu, James Jai-Hau. *Ethical politics and modern society: T. H. Green's practical philosophy and modern China*. New York, NY: Routledge, 2020.
296　Liu, Liangni Sally. *Chinese transnational migration in the age of global modernity: the case of Oceania*. London: Routledge, 2018.
297　Liu, Michael. *Forever struggle: activism, identity, & survival in Boston's Chinatown, 1880-2018*. Amherst: University of Massachusetts Press, 2020.
298　Liu, Min. *Migration, prostitution, and human trafficking: the voice of Chinese women*. [Place of publication not identified]: Routledge, 2017.
299　Liu, Shih-Diing. *The politics of people: protest cultures in China*. Albany: SUNY Press, 2019.
300　Liu, Shuang. *Identity, hybridity and cultural home: Chinese migrants and diaspora in multicultural societies*. United Kingdom: Rowman & Littlefield International, 2015.
301　Liu, Xiaoyan. *Shorten the distance between government and public in China I: a theoretical approach*. London: Routledge, 2020.
302　Liu, Xiaoyan. *Shorten the distance in China's political communication*. London: Routledge, 2020.
303　Lo, Catherine Yuk-Ping. *HIV/AIDS in China and India: governing health security*. United States: Palgrave Macmillan, 2015..
304　Lo, Sonny Shiu-Hing. *The politics of policing in greater China*. United States: Palgrave Macmillan, 2016.
305　Lo, Sonny Shiu-Hing. *The politics of controlling organized crime in greater China*. United Kingdom: Routledge, 2016.
306　Lo, T. Wing [et al.]. *Organized crime and corruption across borders: exploring the Belt and Road Initiative*. London: Routledge, 2019.
307　Lou, Vivian Wei-Qun. *Spiritual well-being of Chinese older adults: conceptualization, measurement and intervention*. Germany: Springer, 2015.
308　Lovell, Julia. *Maoism: a global history*. London: Vintage Digital, 2019.
309　Lü, Dale [et al.]. *Routledge handbook of contemporary Hong Kong*. London: Routledge, 2018.
310　Lu, Xueyi. *Social structure and social stratification in contemporary China. Volume 1*. London: Routledge, 2019.
311　Luk, Sabrina Ching Yuen; Preston, Peter Wallace. *The logic of Chinese politics: cores, peripheries and peaceful rising*. United Kingdom: Edward Elgar, 2016.
312　Lynch, Daniel C. *China's futures: PRC elites debate economics, politics, and foreign policy*. United States: Stanford University Press, 2015..
313　Ma, Zhao. *Runaway wives, urban crimes, and survival tactics in wartime Beijing, 1937-1949*. United States: Harvard University Asia Center, 2015.

314 Madokoro, Laura. *Elusive refuge: Chinese migrants in the Cold War*. United States: Harvard University Press, 2016.

315 Manion, Melanie. *Information for autocrats: representation in Chinese local congresses*. United Kingdom: Cambridge University Press, 2016.

316 Mao, Tse-Tung. *On practice and contradiction*. London; New York: Verso, 2017.

317 Martinez-Bravo, Monica. *The rise and fall of local elections in China: theory and empirical evidence on the autocrat's trade-off*. London: Centre for Economic Policy Research, 2017.

318 Mathews, Gordon. *The world in Guangzhou: Africans and other foreigners in South China's global marketplace*. Chicago: University of Chicago Press, 2017.

319 Matsuzawa, Setsuko. *Activating China: local actors, foreign influence, and state response*. London: Routledge, 2019.

320 Mendes, Errol. *Bridging the global divide on human rights: a Canada-China dialogue*. London: Routledge, 2017.

321 Menegazzi, Silvia. *Rethinking think tanks in contemporary China*. Cham: Palgrave Macmillan, 2018.

322 Miao, Lu; Wang, Huiyao. *International migration of China: status, policy and social responses to the globalization of migration*. Singapore: Springer, 2017.

323 Michael, Franz. H. *China and the crisis of Marxism-Leninism*. London: Routledge, 2019.

324 Miles, Steven B. *Chinese diasporas: a social history of global migration*. Cambridge: Cambridge University Press, 2020.

325 Minzner, Carl. *End of an era: how China's authoritarian revival is undermining its rise*. New York: Oxford University Press, 2018.

326 Mizuoka, Fujio. *Contrived laissez-faireism*. Cham, Switzerland: Springer, 2018.

327 Mo, Long. *China's demographic dilemma and potential solutions: population aging and population control*. Singapore: Springer, 2020.

328 Mohanty, Manoranjan. *China at a turning point: perspectives after the 19th Party Congress*. New Delhi: Pentagon Press LLP, 2019.

329 Moufawad-Paul, J. *Continuity and rupture: philosophy in the Maoist terrain*. United Kingdom: Zero Books, 2016.

330 Mu, Guanglun Michael. *Interpreting the Chinese diaspora: identity, socialisation, and resilience according to Pierre Bourdieu*. London: Routledge, 2019.

331 Mulready-Stone, Kristin. *Mobilizing Shanghai youth: CCP internationalism, GMD nationalism and Japanese collaboration*. United Kingdom: Routledge, 2015.

332 Murray, Donette; Brown, David. *Power relations in the twenty-first century: mapping a multipolar world?* London: Routledge, 2017.

333 Naftali, Orna. *Children in China*. United Kingdom: Polity, 2016.

334 Ng, Isabella. *Hong Kong rural women under Chinese rule: gender politics, reunification and globalisation in post-colonial Hong Kong*. Abingdon, Oxon; New York, NY: Routledge, 2019.

335 Ng, Michael. *Civil unrest and governance in Hong Kong: law and order from historical and cultural perspectives*. London: Routledge, 2017.

336 Ngai, Steven Sek-yum [et al.]. *Youth policies and services in Chinese societies*. London: Routledge, 2018.

337 Noakes, Stephen. *The advocacy trap: transnational activism and state power in China*.

Manchester: Manchester University Press, 2017.

338 Noda, Jin; Ono, Ryosuke. *Emigrants/Muhacir from Xinjiang to Middle East during 1940-60s*. Fuchu, Tokyo: Research Institute for Languages and Cultures of Asia and Africa Tokyo University of Foreign Studies, 2019.

339 Noesselt, Nele. *Governance innovation and policy change: recalibrations of Chinese politics under Xi Jinping*. Lanham: Lexington Books, 2018.

340 Nyíri, Pál. *New Chinese migrants in Europe: the case of the Chinese community in Hungary*. Routledge, 2018

341 Odell, Graham F. *State reconstitution in China, Japan and East Africa*. London: Routledge, 2020.

342 Oi, Jean C. *Zouping revisited: adaptive governance in a Chinese county*. Stanford, California: Stanford University Press, 2018.

343 O'Neill, Patricia. *Urban Chinese daughters: navigating new roles, status and filial obligation in a transitioning culture*. Basingstoke, Hampshire: Palgrave Macmillan, 2018.

344 Ortmann, Stephan; Thompson, Mark R. *China's 'Singapore model' and authoritarian learning*. London: Routledge, 2020.

345 Ouyang, Kang. *The Chinese national spirit: the core of a spiritual home*. Singapore: Springer, 2017.

346 Ouyang, Zheng. *The well-being of Chinese older adults: application of the person-environment fit theory*. Newcastle upon Tyne, UK: Cambridge Scholars Publishing, 2018.

347 Oxfeld, Ellen. *Bitter and sweet: food, meaning, and modernity in rural China*. Oakland, California: University of California Press, 2017.

348 Oyen, Meredith. *The diplomacy of migration: transnational lives and the making of US-Chinese relations in the Cold War*. United States: Cornell University Press, 2015.

349 Padovani, Florence. *Development-induced displacement in India and China: a comparative look at the burdens of growth*. United States: Lexington Books, 2016.

350 Pan, Darcy. *Doing labor activism in South China: the complicity of uncertainty*. London: Routledge, 2020.

351 Pan, Jennifer. *Welfare for autocrats: how social assistance in China cares for its rulers*. New York: Oxford University Press, 2020.

352 Pan, Wang. *Love and marriage in globalizing China*. United Kingdom: Routledge, 2015.

353 Pang, Cheng Lian. *50 years of the Chinese community in Singapore*. Singapore: World Scientific, 2016.

354 Pavlićević, Dragan. *Public participation and state building in China: case studies from Zhejiang*. New York: Routledge, Taylor & Francis Group, 2020.

355 Pei, Minxin. *China's crony capitalism: the dynamics of regime decay*. United States: Harvard University Press, 2016.

356 Pieke, Frank N. *The good communist: elite training and state building in today's China*. United Kingdom: Cambridge University Press, 2016.

357 Pines, Yuri; Kern, Martin. *Ideology of power and power of ideology in early China*. Netherlands: Brill, 2015.

358 Plüss, Caroline B. *Transnational lives in global cities: a multi-sited study of Chinese Singaporean migrants*. Basingstoke, Hampshire: Palgrave Macmillan, 2018.

359 Powers, Martin Joseph. *China and England: the preindustrial struggle for justice in word and image*. London: Routledge, 2018.
360 Pulford, Ed. *Mirrorlands: Russia, China, and journeys in between*. London: Hurst & Company, 2019.
361 Qi, Dongtao; Yang, Lijun. *Social development and social policy: international experiences and China's reform*. New Jersey: World Scientific, 2017.
362 Qian, Junxi. *Re-visioning the public in post-reform urban China: poetics and politics in Guangzhou*. Singapore: Springer Singapore: Imprint: Springer, 2018.
363 Qiang, Gao. *Wealth of China: untangling the mystery of the world's second largest economy*. United States: CN Times Books, 2015.
364 Qiao, Liang. *Political mobility of Chinese regional leaders: performance, preference, promotion*. Milton Park, Abingdon, Oxon; New York, NY: Routledge, Taylor & Francis Group, 2017.
365 Qin, Yucheng. *The cultural clash: Chinese traditional native-place sentiment and the anti-Chinese movement*. United States: University Press of America, 2016.
366 R. Jankowiak, William. *Family life in China*. Cambridge, UK: Polity, 2017.
367 Ramsay, Guy Malcolm. *Chinese stories of drug addiction: beyond the opium dens*. United Kingdom: Routledge, 2016.
368 Ren, Xiaosi. *The Chinese dream: what it means for China and the rest of the world*. Singapore: Cengage Learning, 2017.
369 *Research for REGI Committee: European Cohesion Policy and regional development policies in other parts of the world*. Brussels: European Parliament, 2017.
370 Roberts, Jayde Lin. *Mapping Chinese Rangoon: place and nation among the Sino-Burmese*. United States: University of Washington Press, 2016.
371 Rocca, Jean-Louis. *A sociology of modern China*. United States: Oxford University Press, 2015.
372 Rose, Chelsea; Kennedy, J. Ryan. *Chinese diaspora archaeology in North America*. Gainesville: University Press of Florida, 2020.
373 Ross, Robert S.; Bekkevold, Jo Inge. *China in the era of Xi Jinping: domestic and foreign policy challenges*. United States: Georgetown University Press, 2016.
374 Rowell, Rebecca. *Xi Jinping: President of China*. Lake Elmo, MN: Focus Readers, 2018.
375 Rudolph, Jennifer; Szonyi, Michael. *The China questions: critical insights into a rising power*. Cambridge, Massachusetts: Harvard University Press, 2018.
376 Russell, Bertrand. *The problem of China*. London: Routledge, 2020.
377 Saich, Tony. *Governance and politics of China*. United Kingdom: Palgrave Macmillan, 2015.
378 Santasombat, Yos. *The sociology of Chinese capitalism in Southeast Asia: challenges and prospects*. Basingstoke, Hampshire: Palgrave Macmillan, 2018.
379 Santos Gonçalo. *Transforming patriarchy: Chinese families in the twenty-first century*. Seattle: University of Washington Press, 2017.
380 Sasaki, Motoe. *Redemption and revolution: American and Chinese new women in the early twentieth century*. United States: Cornell University Press, 2016.
381 Saunders, Peter; He, Jingwei Alex. *Social protection in East Asian Chinese societies: challenges, responses and impacts*. [Place of publication not identified]: Routledge, 2019.

382　Scharff, David E. *Marriage and family in modern China: a psychoanalytic exploration.* London: Routledge, 2020.

383　Schmitt, Gary J. [et al.]. *Rise of the revisionists: Russia, China, and Iran.* Washington, DC: AEI Press, 2018.

384　Schorkowitz, Dittmar; Chia, Ning. *Managing frontiers in Qing China: the Lifanyuan and Libu revisited.* Boston: Brill, 2017.

385　Scott, Ian. *Corruption prevention and governance in Hong Kong.* London: Routledge, 2018.

386　Shambaugh, David L. *The China reader: rising power.* United States: Oxford University Press, 2016.

387　Shambaugh, David L. *China's future.* United Kingdom: Polity, 2016.

388　Shan, Patrick Fuliang. *Ethnic China: identity, assimilation, and resistance.* United States: Lexington Books, 2015.

389　Shan, Wei; Yang, Lijun. *Reform and development in China: after 40 years.* New Jersey: World Scientific, 2019.

390　Shang, Xiaoyuan. *Young people leaving state care in China.* Bristol: Policy Press, 2017.

391　Shang, Xiaoyuan; Fisher, Karen R. *Disability policy in China: child and family experiences.* United Kingdom: Routledge, 2016.

392　Shek, Daniel T. L; Siu, Man-Hong Andrew. *Tomorrow's leaders: service leadership and holistic development in Chinese university students.* United States: Nova Science Publishers, 2015.

393　Shek, Daniel T.L. [et al.]. *Soft skills and aspirations in Chinese children and youth.* New York: Nova Science Publishers, 2018.

394　Shen, Anqi. *Offending women in contemporary China: gender and pathways into crime.* United Kingdom: Palgrave Macmillan, 2015.

395　Shen, Ronghua. *Modernization of government governance in China.* Basingstoke: Palgrave Macmillan, 2020.

396　Sheng, Xiaoming. *Home schooling in China: culture, religion, politics, and gender.* London: Routledge, 2019.

397　Shi, Lihong. *Choosing daughters: family change in rural China.* Stanford, California: Stanford University Press, 2017.

398　Shi, Tianjian. *The cultural logic of politics in mainland China and Taiwan.* United States: Cambridge University Press, 2015.

399　Shi, Xia. *At home in the world: women and charity in Late Qing and early republican China.* New York: Columbia University Press, 2018.

400　Shih, Chih-yu. *Re-producing Chineseness in Southeast Asia: scholarship and identity in comparative perspectives.* Abingdon, Oxon; New York: Routledge, 2017.

401　Shiling, Zhao McQuaide. *Intellectuals and the Chinese Communist Party: radical education during the rising age of communism in China from 1920 to 1949.* New York: Nova Publishers, 2017.

402　Shue, Vivienne; Patricia M. Thornton. *To govern China: evolving practices of power.* New York: Cambridge University Press, 2017.

403　Siefert, Silvan. *Social security in India and China: reforms, development and determinants of social security provision in India and China (2004-2009).* Germany: Nomos, 2015.

404 Silverman, Philip; Chang Shienpei. *Bridging generations in Taiwan: lifestyle and identity of mothers and daughters*. United States: Lexington Books, 2015.

405 Skocpol, Theda. *States and social revolutions: a comparative analysis of France, Russia, and China*. United Kingdom: Cambridge University Press, 2015.

406 Smith Finley, Joanne; Zang, Xiaowei. *Language, education and Uyghur identity in urban Xinjiang*. United Kingdom: Routledge, 2015.

407 Solinger, Dorothy J. *Three visions of Chinese socialism*. London: Routledge, 2019.

408 Sommer, Matthew Harvey. *Polyandry and wife-selling in Qing Dynasty China: survival strategies andjudicial interventions*. United States: University of California Press, 2015.

409 Song, Jing. *Gender and employment in rural China*. New York: Routledge, 2017.

410 Srinivasan, Sharada. *Scarce women and surplus men in China and India: macro demographics versus local dynamics*. Cham: Springer, 2018.

411 Steinfeld, Jemimah. *Little emperors and material girls: sex and youth in modern China*. United Kingdom: I.B. Tauris, 2015.

412 Steinmüller, Hans. *Irony, cynicism and the Chinese state*. United Kingdom: Routledge, 2016.

413 Stromseth, Jonathan. *China's governance puzzle: enabling transparency and participation in a single-party state*. Cambridge; New York: Cambridge University Press, 2017.

414 Sullivan, Jonathan; Lee, Chun-Yi. *A new era in democratic Taiwan: trajectories and turning points in politics and cross-strait relations*. London: Routledge, 2018.

415 Sun, Jiaming. *China's generation gap*. London: Routledge, 2018.

416 Sun, Junjian. *Mao Tse-tung's international politics theory and practice*. United Kingdom: Paths International, 2018.

417 Sun, Li. *Rural urban migration and policy intervention in China: migrant workers' coping strategies*. Singapore: Palgrave Macmillan, 2019.

418 Sun, Pinghua. *Historic achievement of a common standard: Pengchun Chang and the universal declaration of human rights*. Singapore: Springer Science and Business Media: Springer Nature, 2018.

419 Sun, Wanning; Sinclair John. *Media and communication in the Chinese diaspora: rethinking transnationalism*. United Kingdom: Routledge, 2015.

420 Tang, Liang. *China's authoritarian path to development: is democratization possible?* London: Routledge, 2017.

421 Tang, Wenfang. *Populist authoritarianism: Chinese political culture and regime sustainability*. United States: Oxford University Press, 2016.

422 Teiwes, Frederick C. *Leadership, legitimacy, and conflict in China: from a charismatic Mao to the politics of succession*. Abingdon, Oxon: Routledge, 2018.

423 Terrill, Ross; Zhou Xingwang. *Xi Jinping's China renaissance: historical mission and great power strategy*. United States: CN Times Books, 2016.

424 Thaxton, Ralph A. *Force and contention in contemporary China: memory and resistance in the long shadow of the catastrophic past*. United States: Cambridge University Press, 2016.

425 Tian, Rukang. *The Chinese of Sarawak: a study of social structure*. London: Routledge, 2020.

426 Tian, Xueyuan. *China's population aging and the risk of 'middle income trap'*. Singapore: Springer, 2017.

427 Timmermann, Heinz. *The decline of the world Communist movement: Moscow, Beijing, and*

Communist parties in the West. New York: Routledge, 2019.

428   Tong, Scott. *A village with my name: a family history of China's opening to the world.* Chicago: University of Chicago Press, 2017.

429   Tran, Lisa. *Concubines in court: marriage and monogamy in twentieth-century China.* United States: Rowman & Littlefield, 2015.

430   Traub, Daniel. *Little North Road: Africa in China.* Germany: Kehrer, 2015.

431   Tregear, T. R. *A geography of China.* [Place of publication not identified]: Routledge, 2017.

432   Tsang, Eileen Yuk-Ha. *Understanding Chinese society: changes and transformations.* United States: Marston Book Services Ltd, 2016.

433   Tsui, Brian. *China's conservative revolution: the quest for a new order, 1927-1949.* Cambridge: Cambridge University Press, 2018.

434   Tu, Mengwei. *Education, migration and family relations between China and the UK: the transnational one-child generation.* United Kingdom: Emerald Publishing, 2018.

435   Tung, Hans H. *Economic growth and endogenous authoritarian institutions in post-reform China.* Basingstoke, Hampshire: Palgrave Macmillan, 2019.

436   Turner, Sarah; Bonnin, Christine. *Frontier livelihoods: Hmong in the Sino-Vietnamese borderlands.* United States: University of Washington Press, 2015.

437   Tweeten, Luther. *Changes and continuities in Chinese communism. Volume I, Ideology, politics, and foreign policy.* London: Routledge, 2019.

438   Tyson, James. *Chinese awakenings: life stories from the unofficial China.* London: Routledge, 2019.

439   Veg, Sebastian. *Minjian: the rise of China's grassroots intellectuals.* New York: Columbia University, 2019.

440   Verma, Gajendra [et al.]. *Chinese adolescents in Britain and Hong Kong: identity and aspirations.* London: Routledge, 2018.

441   Waihong, Choo. *The kingdom of women: life, love and death in China's hidden mountains.* London: I.B. Tauris, 2017.

442   Wang, Donggen; He, Shenjing. *Mobility, sociability and wellbeing of urban living.* Germany: Springer, 2016.

443   Wang, Huan. *Intimate relationships in China in the light of depth psychology: a study of gender and integrity.* London: Routledge, 2020.

444   Wang, Juan. *The sinews of state power: the rise and demise of the cohesive local state in rural China.* New York: Oxford University Press, 2017.

445   Wang, Lin. *Rural elections in China: institutionalization, state intrusion and democratization.* Singapore: World Scientific Publishing Company, 2019.

446   Wang, Min'an. *Domestic spaces in post-Mao China: on electronic household appliances.* London: Routledge, 2018.

447   Wang, Ming. *A discussion on Chinese road of NGOs: reform and co-governance by society.* Singapor: Springer Nature, 2017.

448   Wang, Peijie. *China's governance: across vertical and horizontal connexions.* Cham, Switzerland: Springer, 2017.

449   Wang, Qi; Min, Dongchao. *Revisiting gender inequality: perspectives from the People's Republic of China.* United Kingdom: Palgrave Macmillan, 2015.

450 Wang, Weiguang. *On social interests and conflict: a socialist analysis of contemporary China*. United Kingdom: Paths International, 2015.

451 Wang, Wilfred Yang. *Digital media in urban China: locating Guangzhou*. Lanham: Rowman & Littlefield International, 2019.

452 Wang, Xiaohai. *Empowerment on Chinese police force's role in social service*. Germany: Springer, 2015.

453 Wang, Yanzhong. *Social security in China: on the possibility of equitable distribution in the middle kingdom*. Singapore: Springer, 2017.

454 Wang, Yanzhong. *The development of security and whole care system for the aged in China*. Singapore: Springer, 2018.

455 Wang, Zheng. *Finding women in the state: a socialist feminist revolution in the People's Republic of China, 1949-1964*. Oakland, California: University of California Press, 2017.

456 Wang, Zhenmin. *Relationship between the Chinese central authorities and regional governments of Hong Kong and Macao: a legal perspective*. Singapore: Springer, 2019.

457 Wei, Zhang. *Human rights and good governance*. Netherlands: Brill Nijhoff, 2016.

458 Wen Zha. *Individual choice and state-led nationalist mobilization in China: self-interested patriots*. Germany: Springer, 2015.

459 White, Stephen [et al.]. *Authoritarian powers: Russia and China compared*. London: Routledge, 2018.

460 Williams, Michael. *Returning home with glory: Chinese villagers around the Pacific, 1849 to 1949*. Hong Kong: Hong Kong University Press, 2018.

461 Willmott, W. E. *The political structure of the Chinese community in Cambodia. Volume 42*. London: Routledge, 2020.

462 Wong, Joshua; Ng, Jason Y. *Unfree speech: the threat to global democracy and why we must act, now*. London: Penguin Books, 2020.

463 Wong, Kam C. *Policing in Hong Kong: history and reform*. United States: CRC Press, 2015.

464 Wong, Kam C. *Policing in Hong Kong: research and practice*. United Kingdom: Palgrave Macmillan, 2015.

465 Wong, Lloyd L. *Trans-Pacific mobilities: the Chinese and Canada*. Vancouver: UBCPress, 2017.

466 Wong, Pak-Nung; Cheng, Yu-shek Joseph. *Global China: internal and external reaches*. Singapore: World Scientific, 2015.

467 Wong, Stan Hok-Wui. *Electoral politics in post-1997 Hong Kong: protest, patronage, and the media*. Singapore: Springer, 2015.

468 Wong, Yue Chim Richard. *Hong Kong land for Hong Kong people: fixing the failures of our housing policy*. Hong Kong, China: Hong Kong University Press, 2015.

469 Wongsurawat, Wasana. *The crown and the capitalists: the ethnic Chinese and the founding of the Thai nation*. Seattle: University of Washington Press, 2019.

470 Woodman, Sophia; Guo, Zhonghua. *Practicing citizenship in contemporary China*. London: Routledge, 2020.

471 Wright, Teresa. *Party and state in post-Mao China*. United Kingdom: Polity, 2015.

472 Wu, Di. *Affective encounters: everyday life among Chinese migrants in Zambia*. London: Routledge, 2020.

473 Wu, Guoguang [et al.]. *Gender dynamics, feminist activism and social transformation in*

China. London: Routledge, 2018.

474 Wu, Guoguang. *China's Party Congress: power, legitimacy, and institutional manipulation*. United States: Cambridge University Press, 2015.

475 Wu, Guoguang; Lansdowne, Helen. *China's transition from communism: new perspectives*. United Kingdom: Routledge, 2016.

476 Wu, Liangyong. *The science of human settlements in China*. United States: Homa & Sekey Books, 2015.

477 Wu, Minghua. *Chinese new media cultures in transition: Weibo and the carnivalesque*. New York: Peter Lang, 2018.

478 Wu, Weiyi. *The identity of Zhiqing: the lost generation*. United Kingdom: Routledge, 2016.

479 Wu, Yuan-li. *Human rights in the People's Republic of China*. Milton: Routledge, 2019.

480 Xie, Dikun; Chen, Ye. *Chinese dream and practice in Zhejiang – culture*. Singapore: Springer, 2019.

481 Xie, Yuanyuan. *Ecological migrants: the relocation of China's Ewenki reindeer herders*. United Kingdom: Berghahn Books, 2015.

482 Xu, Bin. *The politics of compassion: the Sichuan Earthquake and civic engagement in China*. Stanford, California: Stanford University Press, 2017.

483 Xu, Changfu. *Marxism, China and globalization*. Germany: Parodos, 2016.

484 Xu, Man. *Crossing the gate: everyday lives of women in Song Fujian (960-1279)*. United States: State University of New York Press, 2016.

485 Xu, Qiong. *Fatherhood, adolescence and gender in Chinese families*. United Kingdom: Palgrave Macmillan, 2016.

486 Xu, Zhiyong. *To build a free China: a citizen's journey*. Boulder, Colorado: Lynne Rienner Publishers, Inc., 2017.

487 Xue Lan. *A comprehensive evaluation on emergency response in China: the case of pandemic influenza (H1N1) 2009*. Singapore: Springer, 2019.

488 Xue, Ke; Yu, Mingyang. *New media and Chinese society*. Singapore: Springer, 2017.

489 Yamaura, Chigusa. *Marriage and marriageability: the practices of matchmaking between men from Japan and women from Northeast China*. Ithaca: Cornell University Press, 2020.

490 Yan, Aimin; Zheng, Binghan. *Chinese wisdom and modern management*. Newcastle upon Tyne, UK: Cambridge Scholars Publishing, 2018.

491 Yan, Yunxiang. *The individualization of Chinese society*. London: Routledge, 2020.

492 Yang, Binbin. *Heroines of the Qing: exemplary women tell their stories*. United States: University of Washington Press, 2016.

493 Yang, Jing. *Disability identity and marriage in rural China*. London: Routledge, 2017.

494 Yang, Kuan. *Shang Yang's reforms and state control in China*. Abingdon, Oxon, 2018.

495 Ye, Lin. *Urbanization and urban governance in China*. Basingstoke, Hampshire: Palgrave Macmillan, 2017.

496 Ye, Mingrui. *Utility drives adoption: understanding internet accessibility in rural China*. New York: Peter Lang, 2019.

497 Ying, Xing. *Petitions and power: a story of the migrants of a dam in China*. London: Routledge, 2018.

498 Yu, Jianxing; Guo, Sujian. *The Palgrave handbook of local governance in contemporary

China. Basingstoke, Hampshire: Palgrave Macmillan, 2019.

499 Yu, Keping. *Democracy in China: challenge or opportunity*. Singapore: World Scientific Publishing, 2016.

500 Yu, Mengyan. *Instrumental autonomy, political socialization, and citizenship identity: a case study of Korean minority citizenship identity, bilingual education and modern media life in the post-communism transitioning China*. Signapore: Springer, 2017.

501 Yu, Youjun. *Socialism in China (1919-1965)*. United Kingdom: Paths International, 2015.

502 Zang, Leizhen. *Re-understanding of contemporary Chinese political development: qualitative-quantitative analysis*. Singapore: Springer, 2019.

503 Zang, Xiaowei. *Ethnicity in China: a critical introduction*. United Kingdom: Polity Press, 2015.

504 Zang, Xiaowei. *Gender and Chinese society: critical concepts in Asian studies [v. 1-4]*. United Kingdom: Routledge, 2015.

505 Zang, Xiaowei. *Handbook on ethnic minorities in China*. United Kingdom: Edward Elgar, 2016.

506 Zang, Xiaowei; Chan, Hon S. *Handbook of public policy and public administration in China*. Cheltenham, UK, 2020.

507 Zavoretti, Roberta. *Rural origins, city lives: class and place in contemporary China*. Seattle: University of Washington Press, 2017.

508 Zeng, Jinghan. *The Chinese Communist Party's capacity to rule: ideology, legitimacy and party cohesion*. United Kingdom: Palgrave Macmillan, 2016.

509 Zhang, Mingjun; Wu, Xinye. *Public security and governance in contemporary China*. New York: Routledge, 2018.

510 Zhang, Ling Eleanor. *Managing expatriates in China: a language and identity perspective*. London, United Kingdom: Palgrave Macmillan, 2018.

511 Zhang, Qi. *Revolutionary legacy, power structure, and grassroots capitalism under the red flag in China*. Cambridge: Cambridge University Press, 2019.

512 Zhang, S. *China's ethical revolution and regaining legitimacy: reforming the communist party through its public servants*. Cham: Springer International Publishing, 2017.

513 Zhang, Wei-Wei. *The China horizon: glory and dream of a civilizational state*. United States: World Century; World Scientific, 2016.

514 Zhang, Weiyu. *The Internet and new social media formation in China: fandom publics in the making*. United Kingdom: Routledge, 2016.

515 Zhang, Yan. *Governing the commons in China*. London: Routledge, 2017.

516 Zhang, Yanzhe. *China's governance, openness and reforms: a case of policy learning in practice*. Reading, United Kingdom: Paths International Ltd, 2018.

517 Zhang, Yanzhe. *Governance in China since 1949*. Portland: Paths International, Limited, 2019.

518 Zhang, Yanzhe. *Theory and practice of policy transfer in a changing China*. United Kingdom: Paths International, 2016.

519 Zhao, Jianli. *Strangers in the city: the Atlanta Chinese, their community, and stories of their lives*. London: Routledge, 2018.

520 Zhao, Jianying. *The theory of China model and the rise of China*. United Kingdom: Paths International, 2016.

521 Zhao, Litao. *China's development: social investment and challenges*. Singapore: World Scientific, 2017.

522　Zhao, Shiming. *Leadership selection and appointment in China*. London: ACA Publishing Ltd., 2017.
523　Zhao, Shukai. *Regeneration of peasants*. Singapore: Springer, 2017.
524　Zhao, Shukai. *The new fate of peasants*. Singapore: Springer: Commercial Press, 2018.
525　Zhao, Suisheng. *Debating regime legitimacy in contemporary China: popular protests and regime performances*. London: Routledge, 2018.
526　Zheng, Jiaran. *New feminism in China: young middle-class Chinese women in Shanghai*. Singapore: Springer, 2016.
527　Zheng, Qi. *Carl Schmitt, Mao Zedong and the politics of transition*. United Kingdom: Palgrave Macmillan, 2016.
528　Zheng, Tiantian. *Tongzhi living: men attracted to men in postsocialist China*. United States: University of Minnesota Press, 2015.
529　Zhong, Yang. *Political culture and participation in urban China*. Singapore: Palgrave Macmillan, 2018.
530　Zhou, Feizhou; Tan, Mingzhi. *Relationship between the central government and local governments of contemporary China*. Singapore: Springer; Beijing: Science Press, 2017.
531　Zhou, Guanqi. *The regulatory regime of food safety in China: governance and segmentation*. Cham: Springer International Publishing Imprint: Palgrave Macmillan, 2017.
532　Zhou, Hong. *Towards a society with social protection for all: a concise history of social security transformation in modern China*. Singapore: Springer, 2017.
533　Zhou, Min. *Contemporary Chinese diasporas*. Singapore, Singapore: Palgrave Macmillan, imprint published by Springer Nature, 2017.
534　Zhou, Xiaohong. *Cultural reverse I: the past and present of intergenerational revolution*. London: Routledge, 2020.
535　Zhu, Li. *Living conditions and targeted aiding mechanisms of the urban underclass in China*. New York, NY: Routledge, 2020.
536　Zhu, Rongji. *Zhu Rongji on the record: the Shanghai years, 1987-1991*. Washington, D. C.: BROOKINGS INSTITUTION PRESS, 2018.
537　Zhu, Xuteng. *The politics of expertise in China: knowledge entrepreneurship and policy changes*. London: Routledge, 2018.
538　Zhu, Yaowei. *Found in transition: Hong Kong studies in the age of China*. Albany: State University of New York Press, 2018.
539　Zuo, Yana. *Evolving identity politics and cross-strait relations: bridging theories of international relations and nationalism*. United Kingdom: Palgrave Macmillan, 2016.

法语

540　Andrésy, Agnès. *Realpolitik chinoise: sous l'ère Xi Jinping*. Paris: l'Harmattan, 2020.
541　Aubinaud, Mathild; Branche, Philippe. *Mieux comprendre la Chine: 10 clés de communication pour appréhender l'Empire du Milieu*. Versailles: VA éditions, 2019.
542　Barret, Philippe. *N'ayez pas peur de la Chine!* Paris: Robert Laffont, 2018.

543　Beaud, Sylvie. *Masques en parade: ethnicité et enjeux de pouvoir dans le Sud-Ouest de la Chine*. [Nanterre]: Presses universitaires de Paris Nanterre, 2017.
544　Bermann, Sylvie. *La Chine en eaux profondes*. Paris: Stock, 2017.
545　Chaumet, Jean-Marc; Pouch, Thierry. *La Chine au risque de la dépendance alimentaire*. Rennes: Presses universitaires de Rennes, 2017.
546　Chol, Éric; Fontaine, Gilles. *Il est midi à Pékin: le monde à l'heure chinoise*. [Paris]: Fayard, 2019.
547　De La Maisonneuve, Éric. *Les défis chinois: la révolution Xi Jinping*. Monaco; [Paris]: Éditions du Rocher, 2019.
548　Delalande, Philippe. *La Chine de Xi Jinping: ambitions et résistances*. Paris: l'Harmattan, 2018.
549　Delalande, Philippe. *La Chine depuis le congrès de 2012: ambitions et résistances*. Paris: l'Harmattan, 2016.
550　Delaunay, Jean-Claude. *Les trajectoires chinoises de modernisation et de développement: de l'empire agro-militaire à l'État-nation et au socialisme*. Suilly-la-Tour: Éditions Findakly, 2018.
551　Domenach, Jean-Luc. *Les fils de princess: une génération au pouvoir en Chine*. Paris: le Grand livre du mois, 2016.
552　Ekman, Alice. *Rouge vif, l'idéal communiste chinois*. Paris: Éditions de l'Observatoire, 2020.
553　Goossaert, Vincent. *Bureaucratie et salut: devenir un dieu en Chine*. Genève: Labor et fides, 2017.
554　Gravereau, Jacques. *La Chine conquérante: enquête sur une étrange superpuissance*. Paris: Eyrolles, 2017.
555　Henry, Gérard-Marie. *La Chine au tournant*. Levallois-Perret: Studyrama, 2016.
556　Huchet, Jean-François. *La crise environnementale en Chine: évolutions et limites des politiques publiques*. Paris: Presses de Sciences Po, 2016.
557　Journoud, Pierre. *L'énigme chinoise: stratégie, puissance et influence de la Chine depuis la Guerre froide*. Paris: l'Harmattan, 2017.
558　Lei, Ping; Duhamel, Gilles. *Le système de santé en Chine: la réforme du système et la gestion d'hôpitaux*. [Chambery]: IFCS, [2019].
559　Leroux, Marlène. *Terres chinoises: mutations et défis urbains en milieu rural*. Genève: Metis Presses, 2019
560　Liang, Hong. *Si la Chine était un village*. Arles: Éditions Picquier, 2017.
561　Lincot, Emmanuel. *Chine, une nouvelle puissance culturelle?: soft power & sharp power*. Paris: MkF, 2019.
562　Llena, Claude. *La Chine vue d'en bas*. Montfavet: Éditions un Jour-une nuit, 2015.
563　Lun, Zhang; Merle, Aurore. *La Chine désorientée*. Paris: Éditions Charles Léopold Mayer, 2018.
564　Ma Mung, Emmanuel [et al.]. *Diasporas chinoises et créolisations*. Paris: Éditions You Feng, 2016.
565　Monjon, Stéphanie; Poncet, Sandra. *La transition écologique en Chine: mirage ou virage vert?* Paris: Éditions Rue d'Ulm, 2018.
566　Mottet, Éric [et al.]. *Marges et frontières de la Chine*. Montréal, Québec: Les Presses de

567 Niquet-Cabestan, Valérie. *La puissance chinoise: en 100 questions*. Paris: Tallandier, 2017.
568 Osnos, Evan. *Chine, l'âge des ambitions*. Paris: Albin Michel, 2015.
569 Lefébure, Alessia. *Les mandarins 2.0: une bureaucratie chinoise formée à l'américaine*. [Paris]: Presses de Sciences Po, 2020.
570 Ren, Xiaosi. *Le rêve chinois*. Paris: Éditions You Feng, 2018.
571 Richer, Philippe. *La Chine au milieu de l'Asie: de Mao à Xi*. Paris: les Indes savantes, 2017.
572 Rollet, Vincent. *Politique étrangère de Taiwan et lutte contre les maladies transmissibles: un engagement mondial aux dimensions identitaires et sécuritaires*. Louvain-la-Neuve: Academia-l'Harmattan, 2016.
573 Smith, Stephen. *Et la voie fut tracée: les débuts du Parti communiste chinois, Shanghaï, 1920-1927*. [Paris]: les Nuits rouges, 2019.
574 Tang, Chinghua. *Le guide de l'empereur Tang: sagesse d'hier pour leaders d'aujourd'hui*. Paris: J'ai lu, 2018.
575 Thireau, Isabelle. *Des lieux en commun: une ethnographie des rassemblements publics en Chine*. Paris: Éditions EHESS, 2020.
576 Timmerman, Matthieu. *Pourquoi Pékin nous enfume?* Lille: Hikari éditions, 2015.
577 Truchon, Lilian. *Évolution et civilisation en Chine: le darwinisme dans la culture politique chinoise*. Paris: Classiques Garnier, 2020.
578 Vandenabeele, Valérie. *La société d'après: politique sino-tibétaine et écologie au Yunnan*. [Nanterre]: Presses universitaires de Paris Nanterre, 2019.
579 Vétu, Arthur. *La posture chinoise dans les négociations climatiques: quand le dragon souffle le chaud et le froid sur le climat*. Paris: l'Harmattan, 2015.
580 Wang, Alain. *Les Chinois*. Paris: Tallandier, 2016.
581 Wang, Zhijie. *Le livre en Chine: de Mao Zedong à Deng Xiaoping*. Paris: l'Harmattan, 2015.
582 Zhao, Tingyang. *Tianxia, tout sous un même ciel: l'ordre du monde dans le passé et pour le futur*. Paris: les Éditions du Cerf, 2018.

德语

583 Bellers, Jürgen; Porsche-Ludwig, Markus. *Die Großen Drei: Russland, USA und China: machtpolitische Perspektiven in der Weltpolitik von morgen*. Nordhausen: Verlag Traugott Bautz GmbH, 2018.
584 Beyer, Andreas. *Die stagnierende Energiewende in den USA und China: eine Analyse der Energieinfrastrukturen und ihrer Finanzierung*. Wiesbaden, Germany: Springer VS, 2018.
585 Breuer, Rüdiger; Roetz, Heiner (Hrsg.). *Worüber man nicht spricht: Tabus, Schweigen und Redeverbote in China*. Wiesbaden: Harrassowitz Verlag, 2018.
586 Brown, Kerry. *Die Welt des Xi Jinping: alles, was man über das neue China wissen muss*. Frankfurt am Main: S. Fischer, 2018.
587 Buchas, Peter et al. *Chinas Grand Strategy im Wandel*. Wien: Republik Österreich, Bundesminister für Landesverteidigung et al., 2019.

588　Chen, Zhaoyang. *Verschorfungen: Eine Jugend im Schatten der Kulturrevolution*. Hamburg: tredition, 2020.

589　Damm, Jens et al. (Hrsg.). *China in a global context: perspectives on and from China*. Wien; Zürich: LIT, 2018.

590　Dowling, Michael et al. *Deutsch-chinesische Innovationspartnerschaft: Rahmenbedingungen, Chancen und Herausforderungen: die Policy Briefs der deutschen DCPI Expertengruppe 2017-2019*. Marburg: Metropolis-Verlag, 2020.

591　Eiswaldt, Burkhard. *Ganzheitsmodell Seidenstraße: Armes Deutschland - reiches China. Von der Doppelmoral des Westens und dem mehr Schein als Sein*. Norderstedt: Books on Demand, 2018.

592　Elsner, Wolfram. *Das chinesische Jahrhundert: die neue Nummer eins ist anders*. Frankfurt/Main: Westend, 2020.

593　Erler, Gernot. *Weltordnung ohne den Westen?: Europa zwischen Russland, China und Amerika: ein politischer Essay*. Freiburg; Basel; Wien: Herder, 2018.

594　Fitzthum, Robert. *China verstehen: vom Aufstieg zur Wirtschaftsmacht und der Eindämmungspolitik der USA*. Wien: Promedia, 2018.

595　Frick, Johann; Piepke, Joachim Georg. *Mao schlief in meinem Bett: Erinnerungen eines Chinamissionars 1931-1952*. Baden-Baden: Academia, 2020.

596　Gassmann, Tabitha. *China - die neue Supermacht?: was sind die Folgen für Deutschland, Europa und die Welt?*. Pforzheim: Selbstverlag Dr. Lothar Gassmann, 2020.

597　Gehler, Michael. *Afrika, China, Japan, Russland und die Sowjetunion im Kontext von Kolonialismus und Nationalismus*. Hildesheim; Zürich: Georg Olms Verlag, 2018.

598　Geiger, Heinrich. *Chinesische Mauern: neue Vorzeichen und alte Wege im chinesischen Denken der Gegenwart*. Freiburg, München: Verlag Karl Alber, 2019.

599　Geiger, Michael. *Artgerechte Gesellschaft: Sozialismus, Utopie, Irrtümer, Spurensuche in China*. Berlin: NoRa, 2019.

600　Gilles, Angelo. *Sozialkapital, Translokalität und Wissen: Händlernetzwerke zwischen Afrika und China*. Stuttgart: Steiner, 2015.

601　Görlach, Alexander. *Brennpunkt Hongkong: warum sich in China die Zukunft der freien Welt entscheidet*. Hamburg: Hoffmann und Campe, 2020.

602　Hamilton, Clive et al. *Die lautlose Eroberung: wie China westliche Demokratien unterwandert und die Welt neu ordnet*. München: Deutsche Verlags-Anstalt, 2020.

603　Hansel, Mischa et al. (Hrsg.). *Chinesische Seidenstraßeninitiative und amerikanische Gewichtsverlagerung: Reaktionen aus Asien*. Baden-Baden: Nomos, 2018.

604　Hartmann, Wolf D. et al. *Im Bann des Drachens: das westliche Ringen mit dem Aufstieg Chinas*. Frankfurt am Main: Frankfurter Allgemeine Buch, 2018.

605　Hauff, Luba von. *Chinas Seidenstrasseninitiative und die EU: Aussichten für die Zukunft*. München: Hanns-Seidel-Stiftung e.V., 2018.

606　Hauser, Julia. *Verheißung unbeschadeten Fortschritts: Ideologeme und ihre Funktion in der VR China*. Erlangen: FAU University Press, 2018.

607　Holslag, Jonathan et al. *Frieden auf Chinesisch: warum in Asien Krieg droht*. Hamburg: Edition Körber-Stiftung, 2015.

608　Hüther, Michael et al. *Die erschöpfte Globalisierung: zwischen transatlantischer Orientierung* und chinesischem Weg. Wiesbaden, Germany: Springer, 2018.

609 Ingold, Ingmar. *Vom Anfang und Ende der Revolution: eine legitimitätstheoretische Untersuchung unter besonderer Berücksichtigung der Revolutionen in Mexiko, China und Iran*. Baden-Baden: Nomos, 2016.

610 Kaminski, Gerd. *Wen versus Wu: Streit und Streitschlichtung, Krieg und Frieden in der chinesischen Tradition und Gegenwart. Harmonie im Zeichen der Seidenstraße?*. Wien: ÖGCF, 2016.

611 Kerwer, Jürgen; Röming, Angelika (Hrsg.). *Die Volksrepublik China - Partner und Rivale*. Wiesbaden: Hessische Landeszentrale für Politische Bildung, 2018.

612 Kindhäuser, Urs; Pawlik, Michael. *Notwehr in Deutschland und China: weltanschaulicher Hintergrund und dogmatische Grundfragen*. Baden-Baden: Nomos, 2020.

613 Klotzbücher, Sascha. *Lange Schatten der Kulturrevolution: eine transgenerationale Sicht auf Politik und Emotion in der Volksrepublik China*. Gießen: Psychosozial-Verlag, 2019.

614 Kneissl, Karin. *Wachablöse: auf dem Weg in eine chinesische Weltordnung*. Wien: Frank&Frei, 2017.

615 Kopf, Eike; Rockstuhl, Harald. *China '21: lehrreiche Erfahrungen seit Gründung der KPCh 1921*. Bad Langensalza/Thüringen: Verlag Rockstuhl, 2020.

616 Krauße, Reuß-Markus. *Hybridisierung Chinas: Modernisierung und Mitgliedschaftsordnung der chinesischen Gesellschaft*. Wiesbaden: Springer VS, 2016.

617 Krenz, Egon. *China: wie ich es sehe*. Berlin: edition ost, 2018.

618 Kronauer, Jörg. *Der Rivale: Chinas Aufstieg zur Weltmacht und die Gegenwehr des Westens*. Hamburg: KVV konkret, 2019.

619 Leese, Daniel. *Maos langer Schatten: Chinas Umgang mit der Vergangenheit*. München: C.H. Beck, 2020.

620 Leitl, Christoph. *China am Ziel! Europa am Ende?*. Wals bei Salzburg: Ecowin, 2020.

621 Leutner, Mechthild. *Kolonialpolitik und Wissensproduktion: Carl Arendt (1838-1902) und die Entwicklung der Chinawissenschaft*. Berlin; Münster: LIT, 2016.

622 Li, Junru. *Deliberative Demokratie: Interpretation des demokratischen Systems Chinas*. Berlin, Bochum, Dülmen: Europäischer Universitätsverlag et al., 2019.

623 Liedtke, Stephan. *Die Ölversorgungssicherheitspolitik der USA und der VR China: eine theoriegeleitete Analyse angebotsorientierter Energieaußenpolitik*. Wiesbaden, Germany: Springer VS, 2019.

624 Löw, Raimund; Witt-Löw, Kerstin. *Weltmacht China*. Salzburg; Wien: Residenz Verlag, 2018.

625 Müller, Michael. *China auf dem Weg zur Hegemonialmacht in Asien?: die Belt and Road Initiative (BRI) als Vehikel zur Ausdehnung des Machtbereichs*. Baden-Baden: Tectum Verlag, 2020.

626 Münkel, Daniela; Bispinck, Henrik (Hrsg.). *Dem Volk auf der Spur...: staatliche Berichterstattung über Bevölkerungsstimmungen im Kommunismus. Deutschland - Osteuropa - China*. Göttingen: Vandenhoeck & Ruprecht, 2018.

627 Nagel, Georg Immanuel. *Der Drache und der Adler: wie die chinesische Weltexpansion die weiße Welt bedroht*. Wien: Österreichische Landsmannschaft, 2020.

628 Neubert, Jorit. *„Es war ein naturverbundenes Leben...": die Wahrnehmung von Natur und Umwelt im Kontext extremen gesellschaftlichen Wandels in der Volksrepublik China*. München:

oekom, 2016.
629 Noesselt, Nele. *Chinesische Politik: nationale und globale Dimensionen.* Baden-Baden: Nomos, 2018.
630 Nufer, Pascal. *Faszination China: Mythen, Macht und Menschen.* Zürich: Beobachter-Edition, Ringier Axel Springer Schweiz AG, 2020.
631 Osnos, Evan. *Große Ambitionen: Chinas grenzenloser Trau.* Berlin: Suhrkamp, 2016.
632 Ott-Göbel, Brigitte. *Vom Drachen zum Panda: Führen, Lehren und Lernen im modernen China.* Wolkerdorf: Literatur-VSM, 2015.
633 Palaskas, Nektarios. *Die Taiwan-Frage im Kontext des Wiederaufstiegs Chinas (2022-2035).* Zürich: vdf Hochschulverlag, 2018.
634 Paul, Gregor. *Staat und Gesellschaft in der Geschichte Chinas: Theorie und Wirklichkeit.* Baden-Baden: Nomos, 2016.
635 Preyer, Gerhard; Krauße, Reuß-Markus. *Ohnmächtige Weltmacht China: Modernisierung ohne Harmonie.* Wiesbaden: Springer VS, 2017.
636 Reichart, Thomas. *Das Feuer des Drachen: was Chinesen antreibt, wo sie dominieren und warum sie über uns lachen.* München: dtv, 2020.
637 Schmalz, Stefan. *Machtverschiebungen im Weltsystem: der Aufstieg Chinas und die große Krise.* Frankfurt: Campus Verlag, 2018.
638 Schmidt, Helmut; Lee, Kuan Yew. *Ein letzter Besuch: Begegnungen mit der Weltmacht China: Gespräch mit Lee Kuan Yew.* München: Pantheon, 2015.
639 Senger, Harro von; Senn, Marcel (Hrsg.). *Maoismus oder Sinomarxismus?: rechtswissenschaftlich-sinologische Tagung an der Universität Zürich, 5. und 6. Dezember 2014.* Stuttgart: Franz Steiner Verlag, 2016.
640 Siemons, Mark. *Die chinesische Verunsicherung: Stichworte zu einem nervösen System.* München: Carl Hanser Verlag, 2017.
641 Sieren, Frank. *Zukunft? China!: wie die neue Supermacht unser Leben, unsere Politik und unsere Wirtschaft verändert.* Bonn: bpb, Bundeszentrale für politische Bildung, 2019.
642 Sommer, Theo. *China First: die Welt auf dem Weg ins chinesische Jahrhundert.* München: C.H. Beck, 2020.
643 Strittmatter, Kai. *33 Fragen - 33 Antworten Chinas neue Macht.* München: Piper, 2020.
644 Vockel, Joachim. *Was ist los in China?: einige Wurzeln und Aspekte eines Aufstiegs.* Köln: PapyRossa-Verl., 2015.
645 Voigt, Uwe. *Sicherheitspolitik mit Sachverstand/Konflikt Panda Renaissance Chinas Machtpolitik: Rezensionsausgabe.* Berlin: epubli, 2020.
646 Voß, Edgar. *Klimapluralisierung: Bündnisse mit der Zivilgesellschaft in der chinesischen Klimapolitik.* Wiesbaden: Springer VS, 2017.
647 Wang, Yinhong. *Verfassungskontrolle in China: eine historische und politische Darstellung.* Wien: LIT, 2016.
648 Wemheuer, Felix. *Chinas große Umwälzung: soziale Konflikte und Aufstieg im Weltsystem.* Köln: PapyRossa Verlag, 2019.
649 Weyrauch, Thomas. *Minoritätenparteien und -gruppen der Volksrepublik China.* Heuchelheim: Longtai Verlag Gießen, 2020.
650 Winter, Martin. *China 2049: wie Europa versagt.* München: Süddeutsche Zeitung Edition,

2019.
651　Yu, Keping. *China: Modernisierung der Staatsführung*. Berlin, Bochum, Dülmen: Europäischer Universitätsverlag, 2020.
652　Zhan, Penghe. *Verwaltungsverfahrensabhängiges Informationsrecht Privater in der Bundesrepublik Deutschland und der Volksrepublik China: auf dem Weg von der traditionellen Verwaltungsgeheimhaltung bs zur allgemeinen Verwaltungsöffentlichkeit*. Berlin, Münster: LIT, 2019.
653　Zhuang, Wei. *Ideologie-und Machtausübung im filmischen Diskurs: eine kritische Diskursanalyse des deutschen Dokumentarfilms „Wissen ist Macht - Chinas neue Eliten"*. Marburg: Tectum Verlag, 2016.

西班牙语

654　Beltrán, Joaquín [et al.]. *Viaje al centro: el XIX Congreso del Partido Comunista Chino*. Barcelona: Edicions Bellaterra, 2017.
655　Cabrerizo, China C. *La ciudad negocio: turismo y movilización social en pugna*. Madrid: Cisma, 2016.
656　Careaga Guzmán, Christian. *China ante los retos y anhelos mundiales*. Confucio: Universidad de Las Palmas de Gran Canaria, Servicio de Publicaciones y Difusión Científica, 2015.
657　Choukroune, Leila. *La sociedad china contemporánea*. Barcelona: Editorial UOC, 2015.
658　Fang, Ning. *China, camino a la democracia*. Madrid: Editorial Popular, 2017.
659　Iglesias Celestrín, Carlos. *China: tres años clave*. Roquetas de Mar: Círculo Rojo Editorial, 2019.
660　Instituto de Relaciones Internacionales Contemporáneas de China. *Diez preguntas: malentendidos estadounidenses acerca de China*. Madrid: Editorial Popular, 2020.
661　Lacalle, Luis Alberto. *America Latina. Entre Trump y China: El cambio esperado*. ALFAGUARA, 2017.
662　Lin, Chun. *China y el capitalismo global: reflexiones sobre el marxismo, historia y política*. Mataró: El Viejo Topo, D.L., 2015.
663　Linggui, Wang. *Los malentendidos de Estados Unidos sobre China*. Madrid: Editorial Popular, 2020.
664　Morena, Felipe de la. *Deng Xiaoping y el comienzo de la China actual: recuerdos de un testigo*. Madrid: Cuadernos del Laberinto, 2016.
665　Muñoz, Marcelo. *La China del siglo XXI*. Madrid: M. Muñoz, 2018.
666　Pan, Deng. *Lo que el tiempo me dejó entre China y el mundo hispanohablante*. Madrid: Centro de Estudios Financieros, 2019.
667　Ríos, Xulio. *China moderna: una inmersión rápida*. Barcelona: Tibidabo, 2016.
668　Soto Flores, Armando. *El sistema político y constitucional de la República Popular China*. Ciudad de México: Editorial Porrúa, 2017.
669　Xiaosi, Ren. *El sueño chino: lo que significa para China y el resto del mundo*. Madrid: Editorial Popular, 2018.

俄语

670 Базина, Ольга Олеговна. *Конституционно-правовой статус главы государства в Китае в XX веке*. Москва: МГИМО-Университет, 2018.

671 Бейдина, Татьяна Евгеньевна и др. *Роль пропагандисткой деятельности в реализации внутренней и внешней политики США и КНР*. Чита: Забайкальский гос. ун-т, 2016.

672 Белов, М. ред. *Рассказы о Си Чжунсюне*. [перевод с китайского - Н. В. Кулаев]. Москва: Издание книг ком; [Б. м.]: Шэньси жэньминь чубаньшэ, 2019.

673 Берзинь, Ольга Александровна. *Организационно-правовые формы ведения предпринимательской деятельности в России и Китае: сравнительно-правовой анализ*. Нижний Новгород: [б. и.], 2017.

674 Вавилов, Николай Николаевич. *Некоронованные короли красного Китая: кланы и политические группировки КНР. Изд. 2-е, испр. и доп*. Москва: Концептуал, 2019.

675 Виноградов, А. В. и др. ред. *Новая эпоха: Китай после XIX съезда КПК = A new era: China after the 19th CCP congress: материалы ежегодной научной конференции Центра политических исследований и прогнозов ИДВ РАН, Москва, 14 и 16 марта 2018 года*. Москва: ИДВ РАН, 2018.

676 Виноградов, А. В. и др. ред. *Социально-политическая ситуация накануне XIX съезда КПК: материалы ежегодной научной конференции Центра политических исследований и прогнозов ИДВ РАН (Москва, 15 и 17 марта 2017 г.)*. Москва: ИДВ РАН, 2017.

677 Виноградов, А. В. ред. *Политические процессы в условиях смены экономической модели: сборник материалов ежегодной научной конференции Центра политических исследований и прогнозов ИДВ РАН*. Москва: Институт Дальнего Востока РАН, 2016.

678 Виноградов, Андрей Владимирович; Трощинский, П. В. ред. *70 лет современному китайскому государству: материалы ежегодной научной конференции Центра политических исследований и прогнозов ИДВ РАН, Москва 20 и 22 марта 2019 года*. Москва: ИДВ РАН, 2019.

679 Галенович, Юрий Михайлович. *Китай: 40 лет спустя после Мао, 20 лет спустя после Дэна*. Москва: ВКН, 2019.

680 Галенович, Юрий Михайлович. *Китайская альтернатива*. Москва: Форум, 2017.

681 Галенович, Юрий Михайлович. *"Десять жизней" Ван Мина*. Москва: НФАМ, 2018.

682 Ганшин, Владимир Георгиевич. *История формирования основ гражданского общества в КНР*. Москва: Форум, 2018.

683 Герменчук, Виктор Васильевич. *Чиновники в старом и новом Китае*. Минск: Звязда, 2019.

684 Головачёв, Валентин Цуньлиевич. *Этнополитическая история Тайваня в мировой историографии, XVII-XXI вв.*. Москва: МАКС Пресс: Институт востоковедения РАН, 2018.

685 Дамье, Вадим Валерьевич; Лиманов, К. А. *Учжэнфучжуи. История анархизма в Китае*. Москва: URSS: ЛЕНАНД, cop. 2019.

686 Дудин, П. Н.; Павлов, А. К. сост. *Избранные труды Юридического факультета в Харбине*. Москва: РКЮО, 2017.

687　Жэнь Сяосы ред. *Китайская мечта. Что она означает для Китая и для всего мира*. Москва: Наука: Восточная лит., 2018.

688　Кашпур, Алексей Николаевич. *Китай и Россия: два пути к социализму*. Москва: ИТРК, 2018.

689　Киссинджер, Генри А. *О Китае*. [пер. с англ. В. И. Верченко]. Москва: Изд-во АСТ, cop. 2015.

690　Китайская Народная Республика Законы. *Административный процессуальный кодекс Китайской Народной Республики*. [перевод с китайского К. О. Огневой и А. А. Малинского]. Москва: Статут, 2019.

691　Кобзев, Артем Игоревич сост. ред. *Общество и государство в Китае: 47-я научная конференция*. Москва: Ин-т востоковедения РАН, 2017.

692　Коробеев, Александр Иванович; Лун Чанхай. *Состав преступления в доктрине уголовного права Китая и России: компаративное исследование*. Москва: Проспект, 2016.

693　Коробеева, А. И.; Чучаева, А. И. ред. *Уголовный кодекс Китая*. [перевод с китайского профессора Хуан Даосю]. Москва: Юридическая фирма Контракт, 2017.

694　Красильников, Дмитрий Георгиевич и др. *Эффективное государство: современные управленческие модели в институциональной среде России и Китая*. Пермь: ПГНИУ, 2016.

695　Кремнёв, Евгений Владимирович; Ван Ланьцзюй. *Социально-политическая система КНР: учебное пособие*. 2-е изд., перераб. и доп. Иркутск: Изд-во ИГУ, 2016.

696　Кучинская, Татьяна Николаевна. *Китайский регионализм: соцкультурные основания*. Чита: Забайкальский гос. ун-т, 2017.

697　Кучинская, Татьяна Николаевна. *Социокультурные аспекты политика КНР: учебное пособие*. Чита: Забайкальский гос. ун-т, 2017.

698　Манцуров, Александр Юрьевич. *Современная полицейская система Китайской народной республики: учебное пособие*. Хабаровск: Дальневосточный юридический ин-т МВД России, 2016.

699　Маслов, Алексей Александрович. *Китай 2020: пандемия, общество и глобальные альтернативы*. Москва: РИПОЛ классик, 2020.

700　Маслов, Алексей Александрович. *Наука управления Китаем. Зеркало для дракона*. Москва: РИПОЛ Классик, 2017.

701　РАНХиГС. *Актуальные вопросы государственной кадровой политики в России и Китае: материалы российско-китайской конференции, 19 апреля 2017 года, Москва*. Москва: Дело, 2017.

702　Рыбас, Святослав Юрьевич. *Си Цзиньпин: судьба и мир*. Москва: Молодая гвардия, 2019.

703　Рыбас, Святослав Юрьевич. *Си Цзиньпин*. Москва: Молодая гвардия, 2019.

704　Сильвестрова, С. Н.; Ремыги, Ремыги ред. *Сборник законов Китайской Республики на Тайване в области финансово-банковской деятельности = The compendium of the Taiwan's financial-banking laws*. Москва: Когито-Центр, 2015.

705　Симоненко, Ольга Анатольевна; Обирин, А. И. *Социальные институты в политической жизни Китая: учебное пособие*. Хабаровск: Изд-во ТОГУ, 2017.

706　Скочпол, Теда. *Государства и социальные революции = States and social revolutions:*

сравнительный анализ Франции, России и Китая. [пер. с англ. Сергея Моисеева; под науч. ред. Дмитрия Карасева]. Москва: Изд-во Ин-та Гайдара, 2017.

707 Сотникова, Ирина Николаевна. *Китайский сектор Коминтерна: организационные структуры, кадровая и финансовая политика 1919 - 1943 гг.*. Москва: Наука - Восточная литература, 2015.

708 Стелле, Жозе. *Китайские лекции. Конституционная реформа в Китае: вклад в дискуссию*. [пер. с англ. Нива Миракян]. Москва: Весь Мир, 2016.

709 Сунь Чжэн Юй и др. *Китай на подъеме: вызовы, пути, перспективы: сборник статей*. [перевод с китайского Е. Дархановой]. Иркутск: Irsi, 2020.

710 Сухарев, Дмитрий Викторович и др. *Китайский регионализм как фактор модернизации*. Москва: Акад. естествознания, 2017.

711 Тавровский, Юрий Вадимович. *Си Цзиньпин: новая эпоха*. Москва: Э, 2018.

712 Тавровский, Юрий Вадимович. *Си Цзиньпин: по ступеням китайской мечты*. Москва: Эксмо, 2015.

713 Чумаков, Александр Николаевич и др. *Русская идея и китайский путь в культурном контексте современности: коллективная монография*. Москва: РФО: СиДиПрессАрт, 2017.

714 Шан Ян（商鞅）. *Книга власти: этот труд написан Шан Яном, первым министром царства Цинь, за 2000 лет до «Государя» Макиавелли*. Москва: Абрис, 2017.

715 Шан Ян（商鞅）. *Книга правителя области Шан*. Москва: РИПОЛ классик, сор. 2018.

716 Шаяхметов, Фидаиль Фанилевич ред. *Политика и практика системной трансформации общественного устройства: построение «социализма с китайской спецификой» и преобразования в СССР и современной России: материалы Международной научно-практической конференции, 1-2 ноября 2018 года, г. Уфа, Российская Федерация, Республика Башкортостан*. Уфа: БашГУ: Науч.-исслед. центр Аньхойского ун-та, 2018.

717 Ян Дэшань; Чжао Шумэй. *Коммунистическая партия Китая и современный Китай*. [пер. с кит.: Гун Хаолинь, Хуан Юйчжо]. Санкт-Петербург: Изд-во Санкт-Петербургского гос. экономического ун-та, 2017.

日语

718 「名家領読経典」プロジェクトチーム. 人民公開課：中国共産党の国家統治体系と統治能力の現代化（原タイトル：人民公開課）. 浙江出版集団東京，2019.

719 21世紀政策研究所. 国際編（2018.10-2020.1）：米国、中国、欧州. 21世紀政策研究所，2020.

720 21世紀中国総研. 中国情報ハンドブック 2015年版. 蒼蒼社，2015.

721 21世紀中国総研. 中国情報ハンドブック 2016年版. 蒼蒼社，2016.

722 21世紀中国総研. 中国情報ハンドブック 2017年版. 蒼蒼社，2017.

723 21世紀中国総研. 中国情報ハンドブック 2018年版. 蒼蒼社，2018.

724 チャイナデイリー. 漫画で読む李克強総理の仕事. 富士山出版社，2016.

725 ちゅうごく産業創造センター. 調査報告書 平成27年度. ちゅうごく産業創造センター，2016.

726 ティエリ・サンジュアン．地図で見る中国ハンドブック．原書房，2017.
727 ヘンリー・ストークス．世界は「中国に対峙できる日本」を望んでいる：日本人への遺言．ワック，2020.
728 ボヤント．内モンゴルから見た中国現代史：ホルチン左翼後旗の「民族自治」．集広舎，2015.
729 ラヂオプレス．中国組織別人名簿．ジェイピーエムコーポレーション，2016.
730 ラヂオプレス．中国組織別人名簿．ジェイピーエムコーポレーション，2018.
731 坂野潤治．帝国と立憲：日中戦争はなぜ防げなかったのか．筑摩書房，2017.
732 本田良一．毛沢東中華人民共和国と二十一世紀世界の資本主義と民主主義．文芸社，2016.
733 布施哲．先端技術と米中戦略競争：宇宙、AI、極超音速兵器が変える戦い方．秀和システム，2020.
734 長谷川慶太郎．中国は民主化する．SBクリエイティブ，2020.
735 陳錫喜．習近平の思想と知恵．科学出版社東京，2018.
736 池田維［ほか］．人物からたどる近代日中関係史．国書刊行会，2019.
737 川島真，小嶋華津子．よくわかる現代中国政治．ミネルヴァ書房，2020.
738 嵯峨隆．アジア主義全史．筑摩書房，2020.
739 大谷敏夫．清代政治思想史研究．汲古書院，2020.
740 稲垣清．中南海：知られざる中国の中枢．岩波書店，2015.
741 東晋次．退職老人の日本語教育：日中協同教育 in 天津．白帝社，2017.
742 杜崎群傑．中国共産党による「人民代表会議」制度の創成と政治過程：権力と正統性をめぐって．御茶の水書房，2015.
743 范力．民主主義を相対化する中国．時潮社，2016.
744 房寧．民主を進める中国．科学出版社東京，2016.
745 岡本隆司．袁世凱：現代中国の出発．岩波書店，2015.
746 高橋伸夫．現代中国政治研究ハンドブック．慶應義塾大学出版会，2015.
747 工藤哲．中国人の本音：日本をこう見ている．平凡社，2017.
748 亀井壽夫．「汪兆銘政権」の検証：その背後の思想哲学．山椒出版社，2015.
749 郭莉莉．日中の少子高齢化と福祉レジーム：育児支援と高齢者扶養・介護．北海道大学出版会，2017.
750 国分良成．中国政治からみた日中関係．岩波書店，2017.
751 韓慶祥，黄相懐．中国の特色ある社会主義の歩み．グローバル科学文化出版，2020.
752 何鵬挙．政道と政体：近代日本における中国観察．勁草書房，2016.
753 胡鞍鋼，楊竺松．中国集団指導体制の「核心」と「七つのメカニズム」：習近平政権からの新たな展開．日本僑報社，2017.
754 胡鞍鋼．中国政治経済史論．日本僑報社，2019.
755 胡鞍鋼．中国政治経済史論：毛沢東時代〈1949～1976〉．日本僑報社，2017.
756 胡鞍鋼［ほか］．国家統治（ガバナンス）：現代中国の歩み．科学出版社東京，2019.
757 胡鞍鋼［ほか］．習近平政権の新理念：人民を中心とする発展ビジョン．日本僑報社，2017.
758 磯部靖．中国統治のジレンマ：中央・地方関係の変容と未完の再集権．慶應義塾大学出版会，2019.
759 吉田誠夫．中国職官辞典：秦から南宋まで．日外アソシエーツ，2020.

760 加々美光行. 未完の中国：課題としての民主化. 岩波書店，2016.
761 加茂具樹，林載桓. 現代中国の政治制度：時間の政治と共産党支配. 慶應義塾大学出版会，2018.
762 加茂具樹.「大国」としての中国：どのように台頭し、どこにゆくのか. 一藝社，2017.
763 金子修一. 古代東アジア世界史論考. 八木書店古書出版部，2019.
764 金子肇. 近代中国の国会と憲政：議会専制の系譜. 有志舎，2019.
765 井上進，酒井恵子. 明史選挙志：明代の学校・科挙・任官制度. 平凡社，2019.
766 酒井吉廣. NEW RULES：米中新冷戦と日本をめぐる10の予測. ダイヤモンド社，2020.
767 李明伍. 中国社会の二元構造と「顔」の文化. 有信堂高文社，2017.
768 李友梅. 中国社会生活の変遷. 現代図書，2018.
769 豊田正和，小原凡司. 曲がり角に立つ中国：トランプ政権と日中関係のゆくえ. NTT出版，2017.
770 梁凌詩ナンシー. 中国「一帯一路」イニシアチブ研究の動向：日本語・中国語・英語文献を中心に. 東洋大学アジア文化研究所，2018.
771 林尚立. 協議民主主義：中国モデルの創造と実際. グローバル科学文化出版，2018.
772 劉迎秋. 中国の夢と浙江の実践：総報告書. 浙江出版集団東京，2019.
773 毛里和子. 中国政治：習近平時代を読み解く. 山川出版社，2016.
774 穆尭芊. 中国の地域開発政策の変容：地方主体の展開と実態. 日本評論社，2019.
775 奈倉京子［ほか］. 中華世界を読む（別タイトル：INTEGRATION AND DIVISION OF GREATER CHINA）. 東方書店，2020.
776 南誠. 中国帰国者をめぐる包摂と排除の歴史社会学：境界文化の生成とそのポリティクス. 明石書店，2016.
777 聶莉莉.「知識分子」の思想的転換：建国初期の潘光旦、費孝通とその周囲. 風響社，2015.
778 青木俊一郎. 朱鎔基総理の時代. アジア・ユーラシア総合研究所，2018.
779 穐山新. 近代中国の救済事業と社会政策：合作社・社会調査・社会救済の思想と実践. 明石書店，2019.
780 権香淑，宮島美花. 中国朝鮮族の移動と東アジア：元日本留学生の軌跡を辿る（別タイトル：Korean Chinese Migration and East Asia）. 彩流社，2020.
781 澁谷司. 2017年から始まる！「砂上の中華帝国」大崩壊. 電波社，2017.
782 森川裕貫. 政論家の矜持：中華民国時期における章士釗と張東蓀の政治思想. 勁草書房，2015.
783 山本英史. 赴任する知県：清代の地方行政官とその人間環境. 研文出版，2016.
784 深町英夫. 中国議会100年：誰が誰を代表してきたのか. 東京大学出版会，2015.
785 沈才彬. 中国の越えがたい「9つの壁」. KADOKAWA，2016.
786 石井知章. 現代中国のリベラリズム思潮：1920年代から2015年まで. 藤原書店，2015.
787 石塚迅. 現代中国と立憲主義（別タイトル：MODERN CHINA CONSTITUTIONALISM）. 東方書店，2019.
788 首藤明和，王向華. 日本と中国の家族制度研究. 風響社，2019.
789 湯浅博. 中国が支配する世界：パクス・シニカへの未来年表. 飛鳥新社，2018.
790 天児慧. 習近平が変えた中国. 小学館，2018.

791　天児慧．中国政治の社会態制．岩波書店，2018.
792　丸川哲史．中国ナショナリズム：もう一つの近代をよむ．法律文化社，2015.
793　王冰．中国共産党とメディアの権力関係：改革開放期におけるメディアの批判報道の展開．明石書店，2018.
794　王震中．中国古代国家の起源と王権の形成．汲古書院，2018.
795　魏加寧［ほか］．現地資料が語る基層社会像：20世紀中葉東アジアの戦争と戦後（原タイトル：改革方法论与推进方式研究）．日経BP日本経済新聞出版本部，2020.
796　呉淑平．独りじゃダメなの：中国女性26人の言い分．論創社，2017.
797　西澤治彦，河合洋尚．フィールドワーク：中国という現場、人類学という実践．風響社，2017.
798　習近平．習近平はかく語りき：中国国家主席珠玉のスピーチ集．日本僑報社，2018.
799　習近平［述］，本書編集委員会．中国古典を引用した習近平主席珠玉のスピーチ集：vBook．日本僑報社，2020.
800　小野寺史郎．中国ナショナリズム：民族と愛国の近現代史．中央公論新社，2017.
801　新地比呂志．「民生主義革命」論の形成と崩壊：陳公博の革命イデオロギー．晃洋書房，2016.
802　熊達雲［ほか］．現代中国政治概論：そのダイナミズムと内包する課題．明石書店，2015.
803　薛慶超［著］張蘭［訳］．鄧小平と近代中国：高山は仰ぎ景行は行く 上巻．京橋芸術基金，2020.
804　薛慶超［著］張蘭［訳］．鄧小平と近代中国：高山は仰ぎ景行は行く 下巻．京橋芸術基金，2020.
805　楊鳳春．中国政治．科学出版社東京，2018.
806　遊川和郎．習近平政権第二期（前半）．亜細亜大学アジア研究所，2020.
807　遠藤誠治，遠藤乾．シリーズ日本の安全保障 5．岩波書店，2015.
808　澤井充生，奈良雅史．「周縁」を生きる少数民族：現代中国の国民統合をめぐるポリティクス．勉誠出版，2015.
809　翟学偉．現代中国の社会と行動原理：関係・面子・権力．岩波書店，2019.
810　張碧惠．中華民国と文物：国家建設に果たした近代文物事業の役割．早稲田大学出版部，2019.
811　張博樹．新全体主義の思想史：コロンビア大学現代中国講義．白水社，2019.
812　中島恵．なぜ中国人は財布を持たないのか．日本経済新聞出版社，2017.
813　中嶋嶺雄．現代中国像の原点．桜美林大学北東アジア総合研究所，2015.
814　中嶋嶺雄．香港・台湾への視座（別タイトル：Perspectives on Hong Kong and Taiwan）．桜美林大学北東アジア総合研究所，2015.
815　中国文化事典編集委員会．中国文化事典．丸善出版，2017.

阿拉伯语

816　لي جيون رو. نموذج التنمية الصينية والحلم الصيني. بيت الحكمة للاستثمارات الثقافية, 2016.
817　وي، تشنغ. مبادئ الحكم في الصين القديمة : تشيونشو تشيياو . بيت الحكمة للاستثمارات الثقافية، 2017.

其他语种

818 Airaksinen, Tiina Helena. Enemmän kuin puoli taivasta: kiinalainen nainen historiassa, yhteiskunnassa ja kulttuurissa. Art House, 2016.
819 Allison, Graham T. Skazani na wojnę?: czy Ameryka i Chiny unikną pułapki Tukidydesa?. Wydawnictwo Pascal, 2018.
820 Anh Thơ. Khám phá đất nước Trung Quốc. Hồng Đức, 2019.
821 Baer, Katarina. Kiinan suurin harppaus: päämääränä maailman valvotuin kansa. Kustannusosakeyhtiö Teos, 2020.
822 Bayer, Jerzy. Historia polityczna Chin 1839-2014: konspekt analityczny. Instytut Studiów Politycznych Polskiej Akademii Nauk, 2016.
823 Bell, Daniel A. O modelo chinês: a meritocracia política e os limites da democracia. Gradiva, 2017.
824 Besenyő János. Kína a globális kihívások tükrében: a 2016 májusában Budapesten megrendezett, "Kína a globális kihívások tükrében" című konferencia tanulmánykötete. ELTE Konfuciusz Int., 2017.
825 Blommaert, Stefan. De eeuw van Xi: hoe China onze toekomst bepaalt. Polis, 2019.
826 Bofulin, Martina. Daleč doma: migracije iz Ljudske republike Kitajske v Sloveniji. Založba ZRC SAZU, 2016.
827 Brødsgaard, Kjeld Erik. Kina i moderne tid: samfund, økonomi og politik. Hans Reitzel, 2019.
828 Bronicki, Karol Oskar. Granice morskie Chin. Wydawnictwo Adam Marszałek, 2015.
829 Caeiro, António. Novas coisas da China: "mudo, logo existo". Dom Quixote, 2015.
830 Cai, Fang. A kínai reform és nyitás: negyven év tapasztalata. Antall J. Tudásközp., 2019.
831 Cai, Fang. Między spekulacjami a prawdą: jakie wnioski możemy wyciągnąć z okresu 40 lat chińskich reform oraz polityki otwierania się? Time Marszałek Group, 2020.
832 Cardenal, Juan Pablo. Kiinan maailmanvalloitus. Into, 2017.
833 Cheng, Tianquan. לאור הוצאה - אנטרפרייז. פ. לביא. סין של דרכה, 2017.
834 Chi Fulin. Nga pasurimi te fuqizimi: një histori e reformës dhe e hapjes së Kinës. Fan Noli, 2020.
835 Chmelka, Zdeněk. (Jiho)východní Asie - můj šálek čaje, aneb, Čínský jazyk a rýže - můj denní chléb: Čína: zážitky a postřehy českého studenta z dlouhodobého studijního pobytu v Číně. 2016.
836 Christensen, Thomas J. China ca provocare: cum pot fi modelate alegerile unei puteri în ascensiune. comunicare.ro, 2016.
837 Christensen, Thomas J. Sự trỗi dậy của Trung Quốc: Định hình những lựa chọn đối với một quyền lực đang lên: Sách tham khảo. Chính trị Quốc gia, 2017.
838 Cichy, Damian. Chińczycy u siebie i na emigracji. Wydawnictwo KUL, 2017.
839 Cristian, Vasile Mihail. China: cultura şi structura organizaţională. Sitech, 2015.
840 Cristian, Vasile Mihail. Societatea chineză şi trăsăturile ei: societatea şi trăsăturile ei. Sitech, 2015.
841 Cruz, Gaspar da. Tratado das cousas da China. Universidade do Porto, 2019.
842 Cuvinte-cheie pentru a înțelege China: despre guvernare. 2020.

843 Demir, Emre. Göğün altında bir dünya: Çin'de 5, yıl 10 kent. Arkeoloji ve Sanat Yayınlar, 2016.
844 Đinh Xuân Thảo. Xây dựng nhà nước pháp quyền xã hội chủ nghĩa: Kinh nghiệm Việt Nam, kinh nghiệm Trung Quốc. Chính trị Quốc gia, 2015.
845 Dmochowski, Tadeusz. Rozważania o kierunkach współczesnej polityki Chin. Wydawnictwo Adam Marszałek, 2018.
846 Dong, Lihe. Patriotyzm. Wydawnictwo Adam Marszałek, 2016.
847 Dziak, Waldemar Jan. Mao Zedong: ontologia władzy. Instytut Studiów Politycznych Polskiej Akademii Nauk, 2017.
848 Fenby, Jonathan. Θα κυριαρχήσει η Κίνα στον 21ο αιώνα. Gutenberg, 2019.
849 Geromel, Ricardo. O poder da China: o que você deve saber sobre o país que mais cresce em bilionários e unicórnios. Gente, 2019.
850 Godement, François. Czego chcą Chiny? Wydawnictwo Akademickie Dialog, 2016.
851 Goik, Henryk. Chińskie przystanki. Wydawnictwo "Bernardinum", 2015.
852 Góralczyk, Bogdan. Wielki renesans: chińska transformacja i jej konsekwencje. Wydawnictwo Akademickie "Dialog", 2018.
853 Görmez, Yüksel. Çin gittim gördüm yazdım: ne oldu, ne oluyor, daha neler olacak. Alfa, 2016.
854 Grésillon, Gabriel. Chiny: wielki skok w mgłę. Wydawnictwo Akademickie "Dialog" Anna Parzymies, 2016.
855 Grzywacz, Anna. Kultura, gospodarka, polityka: o singapurskim modelu rozwoju i jego implementacji w ChRL. Uniwersytet Warszawski. Wydział Dziennikarstwa i Nauk Politycznych, 2016.
856 Gumienik, Szymon. Chiny: dziedzictwo i przemiany = China: legacy and transfomation. Wydawnictwo Adam Marszałek, 2020.
857 Gumienik, Szymon. Chiny: sfery ducha, myśli i realiów gospodarczo-strategicznych. Wydawnictwo Adam Marszałek, 2019.
858 Haan, Arie. Nee bestaat niet: werken met Chinezen, op het voetbalveld, op de werkvloer en in de board room. Edicola Publishing b.v., 2015.
859 Han, Zhen. Rządy prawa. Wydawnictwo Adam Marszałek, 2016.
860 Hansen, Mette Halskov. Kina: individ og samfunn. Universitetsforl., 2018.
861 Hansen, Mette Halskov. Kina: stat, samfunn og individ. 2018.
862 Helleiner, Eric. Yeni Çin Seddi: Çin'in uluslararası para ilişkilerinde güç ve siyaset. Koç Üniversitesi Yayınları, 2017.
863 Hoàng Thế Anh. Cải cách doanh nghiệp nhà nước ở Trung Quốc sau Đại hội XVIII Đảng Cộng sản Trung Quốc và gợi mở đối với Việt Nam. Khoa học xã hội, 2018.
864 Hoàng Thế Anh. Tình hình Trung Quốc năm 2016 và triển vọng năm 2017. Khoa học xã hội, 2017.
865 Horálek, Adam. Velký čínský národ: nacionalismus s čínskými specifiky. Univerzita Pardubice, 2019.
866 Hu, Angang. Chińska prezydencja kolektywna. Time Marszałek Group, 2017.
867 Huhtala-Fiskars, Anna-Liisa. Suuri virta: matkalla Kiinan kääntöpuolella. Pohdinmylly, 2015.
868 Huo, Qichang. Da estada em Macau do Dr. Sun Yat Sen: interpretação do seu pensamento revolucionário. Instituto Internacional de Maca, 2016.

869 Jacoby, Marcin. Chiny bez makijażu. Warszawskie Wydawnictwo Literackie Muza, 2016.
870 Jacques, Martin. Çin hükmettiğinde dünyayı neler bekliyor?: batı dünyasının sonu ve yeni bir küresel doğuşu. Akılçelen Kitaplar, 2016.
871 Jakóbowski, Jakub. Dryf chińskich reform: polityka gospodarcza pierwszej kadencji Xi Jinpinga. Ośrodek Studiów Wschodnich im. Marka Karpia, 2017.
872 Jiang, Qing. Konfuciánský ústavní systém: jak starověká minulost Číny může utvářet její politickou budoucnost. 2019.
873 Jin, Canrong. China: responsabilitatea unei mari puteri. Corint Books, 2020.
874 Jin, Canrong. סין של המבט נקודת : הגדולה המעצמה אחריות. Contentonow, 2015.
875 Jin, Nuo. Pewność siebie i samoświadomość Chin w globalnym zarządzaniu. Time Marszałek Group, 2019.
876 Kalantzakos, Sophia. Kína és a ritkaföldfémek geopolitikája. Pallas Athéné Kvk., 2018.
877 Kawa, Daniel (ed.). Ideologia i przywództwo we współczesnych Chinach. Wydawnictwo Adam Marszałek, 2019.
878 Keva, Silja. Lohikäärme, tiikeri ja krysanteemi: johdatus Itä-Aasian yhteiskuntiin. Turun yliopisto, Itä-Aasian tutkimus- ja koulutuskeskus, 2020.
879 Kissinger, Henry Alfred. O Kini. Klub Plus, 2020.
880 Kissinger, Henry. Çin: dünden bugüne yeni Çin. Kaknüs Yayınları, 2015.
881 Kissinger, Henry. O Chinach. Wydawnictwo Czarne, 2017.
882 Kissinger, Henry. Sobre a China. Objetiva, 2016.
883 Klokočník, Jaroslav. Čínské pyramidy. Academia, 2015.
884 Kolmaš, Josef. Pojednání o věcech čínských. Vyšehrad, 2015.
885 Kołodko, Grzegorz W. Czy Chiny zbawią świat?. Prószyński i S-ka - Prószyński Media, 2018.
886 Kwieciński, Rafał. Zjednoczenie Chin?: proces reintegracji Wielkich Chin na przełomie XX i XXI wieku. Księgarnia Akademicka, 2016.
887 Lê Quốc Lý. Chính sách của Trung Quốc tác động đến phát triển của các tỉnh biên giới phía Bắc Việt Nam. Chính trị Quốc gia, 2017.
888 Leão, Mário Cézar. Gentes da Índia por terras de Macau. Instituto Internacional de Macau, 2019.
889 Lebedowicz, Grzegorz. Zarys chińskiego prawa cywilnego w dobie kodyfikacji. Wydawnictwo Adam Marszałek, 2019.
890 Legięź, Tomasz. Instytucje i drogi rozwoju: Chiny, Wietnam, Korea Południowa i Tajwan. Wydawnictwo Uniwersytetu Łódzkiego, 2019.
891 Leibniz, Gottfried Wilhelm, Freiherr von. Escritos de Leibniz sobre a China. Phi, 2016.
892 Li, Jingzhi. אנטרפרייז, פ. לביא. הרמוני עולם של שקטה ובניה התפתחות : סין של חירתה. 2017.
893 Li, Rong. Przyjaźń. Wydawnictwo Adam Marszałek, 2016.
894 Li, Xiaodong. Cywilizacja. Wydawnictwo Adam Marszałek, 2016.
895 Li, Youmei. Przemiany życia społecznego w Chinach (od 1978 roku). Wydawnictwo Adam Marszałek, 2017.
896 Lima, Fernando. Macau: um diálogo de sucesso. Instituto Internacional de Macau, 2018.
897 Lisboa, Henrique Carlos Ribeiro. Os chins do tetartos. Fundação Alexandre de Gusmão, 2018.
898 Liu, Dan. Oddanie. Wydawnictwo Adam Marszałek, 2016.
899 Liu, Xiang. Prawość. Wydawnictwo Adam Marszałek, 2016.

900 Ljunggren, Börje. Den kinesiska drömmen: utmaningar för Kina och världen. Hjalmarson & Högberg, 2015.
901 Łozińska, Teresa. Myśl polityczna Czang Kaj-szeka. Wydawnictwo Uniwersytetu Jagiellońskiego, 2017.
902 Luttwak, Edward N. Çin'in yükselişi: stratejinin mantığına karşı. Doruk, 2016.
903 Lý Hữu Mai. Sự biến đổi trong đời sống xã hội Trung Quốc: Sách tham khảo. Lý luận Chính trị, 2019.
904 Lý Hữu Mai. Từ phân tán đến trật tự - Biến đổi xã hội Trung Quốc dưới góc nhìn của "chế độ và đời sống" (1921 - 2011). Lý luận Chính trị, 2019.
905 Mahbubani, Kishore. Heeft China al gewonnen? Nieuw Amsterdam, 2020.
906 Malița, Mircea. Gong formidabil: ecourile unor evoluții remarcabile în China de azi. Semne, 2016.
907 Manninen, Mari. Kiinalainen juttu: 33 Kiina-myyttiä, jotka vaativat kumoamista. Atena, 2018.
908 Marga, Andrei. Ascensiunea globală a Chinei. Editura Niculescu, 2015.
909 Marszałek-Kawa, Joanna. Chiny z perspektywy XXI wieku. Wydawnictwo Adam Marszałek, 2019.
910 Marszałek-Kawa, Joanna. Chiny z perspektywy XXI wieku. Wydawnictwo Adam Marszałek, 2020.
911 Marszałek-Kawa, Joanna. Nowa pozycja Chin w zmieniającym się świecie: polityka, ekonomia, społeczeństwo. Wydawnictwo Adam Marszałek, 2017.
912 Marszałek-Kawa, Joanna. Wektory zmian w polityce Chińskiej Republiki Ludowej w okresie rządów Xi Jinpinga. Wydawnictwo Adam Marszałek, 2018.
913 Mencel, Marian Tadeusz. Chińska Republika Ludowa jako współczesny podmiot środowiska międzynarodowego. T. 1, Uwarunkowani. Wydawnictwo Adam Marszałek, 2016.
914 Miller, Tom. Giấc mộng châu Á của Trung Quốc: Công cuộc xây dựng đế chế dọc theo con đường tơ lụa mới. Nxb. Hội Nhà văn, 2018.
915 Moravčík, Leopold. Čína na konci Dlhého pochodu. Perfekt, 2017.
916 Myrvold, Hans. Forandringen: opplevelser i Sovjet og Kina. Hans Myrvold, 2019.
917 Nedergaard, Peter. Kina: politik, økonomi og samfund. Systime, 2015.
918 Nguyễn Minh Thọ. Trung Quốc nhìn từ nhiều phía. Tri thức, 2015.
919 Nguyễn Xuân Cường. Cải cách thể chế chính trị ở Trung Quốc hai thập niên đầu thế kỷ XXI. Khoa học xã hội, 2018.
920 Ni, Xia. Rozwój gospodarczy. Wydawnictwo Adam Marszałek, 2016.
921 Nordholt, Hendrik Schulte. China en de barbaren: het verzet tegen de westerse wereldorde. Em. Querido's Uitgeverij BV, 2018.
922 Oliveira, Carlos Tavares de. Dois temas para Dilma: China e portos. Aduaneiras, 2015.
923 Osnos, Evan. A era da ambição: em busca da riqueza, da verdade e da fé na nova China. Companhia das Letras, 2015.
924 Osnos, Evan. Ambitsioonide ajastu: otsides jõukust, tõde ja usku uues Hiinas. Helios, 2016.
925 Osnos, Evan. De ambities van China: een volk gevangen tussen autoriteit en aspiratie. De bezige bij Amsterdam, 2015.
926 Osnos, Evan. Η εποχή της φιλοδοξίας: τα παιχνίδια της τύχης, της αλήθειας και της πίστης σε μια Κίνα που μεταμορφώνεται. Πανεπιστημιακές Εκδόσεις Κρήτης, 2018.

927 Paaermaa, Risto. Kiinan nousu 2000-luvun suurvallaksi: Kiinan kommunismia ja markkinataloutta yhdistävä malli haastaa läntiset demokratiat. Mikko Paaermaa, 2019.

928 Paulson, Henry M. Bàn về Trung Quốc - Tiết lộ của người trong cuộc về siêu cường kinh tế mới. Chính trị Quốc gia, 2018.

929 Pawlak, Katarzyna. Za Chiny ludowe: zapiski z codzienności Państwa Środka. Dom Wydawniczy PWN, 2016.

930 Pieczatowska-Mysiak, Magda. Indeks zagadnień kluczowych dla zrozumienia współczesnych Chin: o rządzeniu. T. 1. Wydawnictwo Adam Marszałek, 2020.

931 Plebaniak, Piotr. Chiny: zrozumieć imperium: pulsujący matecznik cywilizacji. Wydawnictwo Defence24, 2020.

932 Płotka, Bartosz. Indeks zagadnień kluczowych dla zrozumienia współczesnych Chin: o rządzeniu. T. 2. Wydawnictwo Adam Marszałek, 2020.

933 Płotka, Bartosz. Indeks zagadnień kluczowych dla zrozumienia współczesnych Chin. Wydawnictwo Adam Marszałek, 2020.

934 Podgorica, Gëzim. Kina, një gravitet i epokës së re. Uegen, 2018.

935 Pomfret, John. כרמל. החדשה סין של וסיפורה סטודנטים חמישה : בסינית שיעורים, 2017.

936 Pomykało, Wojciech. Zagadki chińskiego sukcesu. Wyższa Szkoła Menedżerska w Warszawie. Wydawnictwo im. Prof. Leszka J. Krzyżanowskiego, 2019.

937 Putten, Frans-Paul van der. De wederopstanding van China: van prooi tot wereldmacht. Prometheus, 2020.

938 Putten, Johannes Maria Paulus Bonaventura van der. Verbijsterend China: wereldmacht van een andere soort. Nieuw Amsterdam Uitgevers, 2015.

939 Quaresma, Henry Uliano. O fator China e o novo normal. Aduaneiras, 2016.

940 Rammeloo, Eefje. Het geluk van de Chinezen: van onze correspondent in Shanghai. Cossee, 2017.

941 Rangel, Alexandra Sofia. Filhos da terra: a comunidade macaense, ontem e hoje. Instituto Internacional de Macau, 2019.

942 Rato, Vasco. De Mao a Xi: o ressurgimento da China. Alêtheia, 2020.

943 Ren, Xiaosi. Chiński sen: co oznacza dla Chin i reszty świata. Time Marszałek Group, 2019.

944 Sæbø, Sun Heidi. Kina: den nye supermakten: jakten på Xi Jinping og det moderne Kina. Kagge forlag, 2020.

945 Salát Gergely. Kínai álom - kínai valóság. Typotex, 2015.

946 Sales Marques, José Luís de. Área da Grande Baía Guangdong-Hong Kong-Macau: o desafio do século para Macau. Instituto Internacional de Macau, 2020.

947 Sambaugh, David. Çin küreselleşme yolunda. Yarın Yayınları, 2016.

948 Sawicki, Marcin. Walka o tron: chiński notatnik z Białorusi. Fundacja Sąsiedzi, 2017.

949 Sezen, Seriye. Çin'in ikinci uzun yürüyüşü. Türkiye ve Ortadoğu Amme İdaresi Enstitüsü, 2016.

950 Shi, Biqiu. Demokracja. Wydawnictwo Adam Marszałek, 2016.

951 Shirk, Susan L. Gã khổng lồ mất ngủ: một góc nhìn về chính trị Trung Quốc đương đại. Nhà xuất bản Hội nhà văn, 2015.

952 Sisci, Francesco. Merre tart Kína?: a nagy átváltozás. Közép- és Kelet-európai Tört. és Társ. Kutatásáért Közalapítvány, 2015.

953　Śliwa, Zdzisław. Uwarunkowania bezpieczeństwa Chin na początku XXI wieku. Wydawnictwo Wyższej Szkoły Oficerskiej Sił Powietrznych, 2015.
954　Sørensen, Camilla Tenna Nørup. Kina: fortiden, nutiden, fremtiden. Ræson Medier, 2019.
955　Souza, Renildo. Estado e capital na China. EdUFBA, 2018.
956　Stępień, Mateusz. Chińskie marzenie o konstytucjonalizmie. Wydawnictwo Uniwersytetu Jagiellońskiego, 2015.
957　Tang Taizong. Η τέχνη του να ακούς: Η ιστορική παρακαταθήκη του αυτοκράτορα της Κίνας. Διόπτρα, 2020.
958　Tang, Chinghua. Handboek voor de heerser. Uitgeverij De Arbeiderspers, 2017.
959　Tang, Chinghua. Valdovo išmintis: Tangų dinastijos imperatorius ir įspūdingos jo sėkmės paslaptys. Gelmės, 2017.
960　Ting, Caroline Pires. Colecionismo orientalista como resultado de um processo cultural entre China, Macau e Portugal. Instituto Internacional de Macau / Real Gabinete Português de Leitura, 2018.
961　Toader, Şerban. În China şi aici: eseuri etnografice. Editura Etnologică, 2020.
962　Tomozei, Dan. După 70 de ani: ultimul zid. Corint Books, 2020.
963　Urumov, Viktor. Kineski mozaik. Ars Lamina, 2019.
964　Vadell, Javier A. A expansão econômica e geopolítica da China no século XXI. Editora PUC Minas, 2018.
965　Vriesekoop, Hubertina Petronella Maria. Dochters van Mulan: hoe vrouwen China veranderen. Uitgeverij Brandt, 2015.
966　Vương, Tương Huệ. Bí mật thần kỳ mang tên Trung Quốc: sách tham khảo. Nhà xuất bản Chính trị Quốc gia Sự thật, 2020.
967　Walkowski, Maciej. Chińska strategia rozwoju społeczno-ekonomicznego: implikacje dla Unii Europejskiej. Wydawnictwo Naukowe Wydziału Nauk Politycznych i Dziennikarstwa Uniwersytetu im. Adama Mickiewicza, 2018.
968　Wang, Hui. China século XX: o caminho para a igualdade. Bertrand, 2017.
969　Wang, Lv. Sprawiedliwość. Wydawnictwo Adam Marszałek, 2016.
970　Wang, Xiangsui. Zgłębiając cud: prawda o modernizacji Chin. Wydawnictwo Adam Marszałek, 2019.
971　Wardęga, Joanna. Współczesne społeczeństwo chińskie: konsekwencje przemian modernizacyjnych. Wydawnictwo Adam Marszałek, 2015.
972　Wijk, Robert de. De nieuwe wereldorde: hoe China sluipenderwijs de macht overneemt. Uitgeverij Balans, 2019.
973　Wu, Xiaoyun. Równość. Wydawnictwo Adam Marszałek, 2016.
974　Xinran. Koop de hemel voor mij: de ingrijpende gevolgen van China's eenkindpolitiek. Uitgeverij Atlas Contact, 2016.
975　Yan Xuetong. Inercia e historisë: Kina dhe Bota në dhjetëvjeçarin tjetër. Fan Noli, 2018.
976　Yan, Yilong. Wielka droga Chin: Komunistyczna Partia Chin i chiński socjalizm. Time Marszałek Group, 2018.
977　Yüceyılmaz, Ali Arda. Ve ejderha şehre taşınır: Çin'de reform ve kentleşme hareketleri ilişkisine kuramsal bir bakış. Çizgi Kitabevi, 2015.
978　Zamęcki, Łukasz. Metodologiczne wyzwania badań przemian społeczno-politycznych

reżimów hybrydowych i ich tranzycji: kazus Specjalnego Regionu Administracyjnego Honkong. Wydawnictwo Adam Marszałek, 2019.

979 Zamęcki, Łukasz. Sinizacja systemu politycznego Hongkongu. Wydawnictwa Uniwersytetu Warszawskiego, 2019.

980 Zeidler, Kamil. Mądrość chińskich aforyzmów: o państwie, prawie, polityce i władzy. Wydawnictwo Uniwersytetu Gdańskiego, 2020.

981 Zhang, Baijia. Spojrzenie na chińską politykę reform i otwarcia na świat. Wydawnictwo Adam Marszałek, 2017.

982 Zhang, Weiwen. Harmonia. Wydawnictwo Adam Marszałek, 2016.

983 Zhao, Yiliang. Chiny i Komunistyczna Partia Chin: wyzwania stojące przed nimi i odpowiedzi na nie. Wydawnictwo Adam Marszałek, 2019.

984 Zykaj, Xhemile. Kina dhe PKK: sfidat me të cilat përballemi dhe si u përgjigjemi ne. Fan Noli, 2018.

985 Δημήτρης Καλτσώνης. Το κράτος στην Κίνα: 1949-2019. Τόπος, 2019.

986 Анцух, Л. Ф. (Ліліяна Фёдараўна). «Адзін пояс — адзін шлях» у маім сэрцы: лепшыя работы творчага конкурсу [«Беларуска-кітайскае супрацоўніцтва. Шаўковы шлях і Індустрыяльны парк «Вялікі камень» маімі вачыма». Чатыры чвэрці, 2017.

987 Белл, Деніел. Китайська модель. Політична меритократія та межі демократії. Наш формат, 2017.

988 Ганчев, Петко Димитров. Пътят на Китай в 21. век: един път, много пояси, една планета. Фабер, 2018.

989 Герасимов, Петър Миронов. Величието на Китай. РА Евромедия, 2016.

990 Грунська-Гьокденіз, Антоніна. Китай справжній: [практ. посіб.]. Гельветика, 2020.

991 Иделләр, Равилә. Харбин-Истанбул, һәр көн истә ул!: [хатирәләр]. Яз, 2016.

992 Капранов, Сергій Віталійович. Китай очима Азії. Ін-т сходознавства ім. А. Ю. Кримського НАН України, 2017.

993 Кисинцер, Хенри. За Кина. Арс ламина - публикации, Арс либрис, 2017.

994 Қытайтанудың методологиялық мәселелері: республикалық ғылыми-тәжірибелік конференция материалдары (Алматы қ. 25.11.2016 ж.). Асыл кітап, 2016.

995 Ли, Јининг. Реформа и развој привреде на кински начин. Драслар, 2020.

996 Лю Минфү. Хятад мөрөөдөл: Америк туйлт ертөнцийн дараах хүчний хувааралт, стратеги байр суурь. Мөнхийн үсэг., 2018.

997 Международна конференция Актуални проблеми в съвременната китаистика и изтокознание (София; 2018). Актуални проблеми в съвременната китаистика и изтокознание: доклади от международната конференция, посветена на 25-годишнината от откриването на специалност «Китаистика» в СУ «Св. Климент Охридски». Т. 1. Унив. изд. «Св. Климент Охридски», 2018.

998 Международна конференция Актуални проблеми в съвременната китаистика и изтокознание (София; 2018). Актуални проблеми в съвременната китаистика и изтокознание: доклади от международната конференция, посветена на 25-годишнината от откриването на специалност «Китаистика» в СУ «Св. Климент Охридски». Т. 2. Унив. изд. «Св. Климент Охридски», 2018.

999 Омаров, Дәурен. Жаһанға жайылған жұрт. Arna-b, 2015.

1000   Пилсбъри, Майкъл. Стогодишният маратон: тайната стратегия на Китай за изместването на Америка като световна суперсила. Изток-Запад, 2015.

1001   Пјевић, Селена. Вјесници првих знања о Кини у српском народу. Универзитет, 2020.

1002   Сретков, Борислав. Китай 2018-2019. Борислав Сретков, 2020.

1003   Тозик А. А. (Анатолий Афанасьевич) (ed.). Современный Китай: построение социализма с китайской спецификой новой эпохи: материалы Международной научной конференции, Минск, 29 марта 2019 г. Издательский центр БГУ, 2019.

1004   Тозик, А. А. (Александр Афанасьевич). Идеи социализма с китайской спецификой новой эпохи и стратегия их реализации: материалы Международной научной конференции, Минск, 2 марта 2018 г. Республиканский институт высшей школы, 2018.

1005   Тозик, А. А. (Анатолий Афанасьевич). Опыт китайской политики реформ и открытости и его актуальность для белорусской модели устойчивого социально-экономического развития: сборник научных статей по итогам Второй международной научно-практической конференции, Минск, 14 ноября 2019 г. Издательский центр БГУ, 2020.

1006   Уляненко, Виктор Василиевич. Шокиращият Китай: всичко, което по-рано не искахте да знаете за него. Паритет, 2015.

1007   Цоу, Тијенјунг. Кинески сан и кинески пут. Чигоја штампа, 2019.

1008   გერძენიშვილი, მარიამ. რა ვიცით ჩინეთის შესახებ? : ცნობარი. თბილისი, 2017.

1009   მინგფუ, ლიუ. ჩინური ოცნება : ჩინეთის მთავრობის წარმატება და ჩინეთის მმართველი პარტიის მომხიბვლელობა. ჯორჯიან ქალჯარ პრეს, 2018.

1010   מאור, אילן$eעורך. Zoom in על סין : צמיחה, הזדמנויות ואתגרים. חטיבת תקשורת והפקות - מכון היצוא, 2017.

1011   קלם, טל. נשותיו של קונפוציוס. הוצאת דרך, 2018.

外交

英语

1 Acharya, Amitav. *East of India, south of China: Sino-Indian encounters in Southeast Asia.* New Delhi: Oxford University Press, 2017.

2 Ahn, Se Hyun. *Policing Northeast Asia: the politics of security in Russia and Korea.* Basingstoke: Palgrave Macmillan, 2020.

3 Ai, Zhong. *Role of second strike in no-first-use doctrine: a study of China and India.* New Delhi: KW Publishers Pvt Ltd, 2018.

4 Alden, Chris [et al.]. *China and African: building peace and security cooperation on the continent.* Cham, Switzerland: Palgrave Macmillan, 2017.

5 Alexander Lukin. *Pivot to Asia: Russia's foreign policy enters the 21st century.* New Delhi: Vij Books India Pvt Ltd, 2017.

6 Ali, Murad. *Monitoring and evaluation in South-South cooperation: the case of CPEC in Pakistan.* Bonn: DeutschesInstitut für EntwicklungspolitikgGmbH, 2018.

7 Ali, S. Mahmud. *Cold War in the high Himalayas: the USA, China and South Asia in the 1950s.* London: Routledge, 2019.

8 Ali, S. Mahmud. *US-China strategic competition: towards a new power equilibrium.* Germany: Springer, 2015.

9 Ali, S. Mahmud. *US-Chinese strategic triangles: examining Indo-Pacific insecurity.* Cham, Switzerland: Springer, 2017.

10 Alice Ekman. *Stand by me!: the Sino-Russian normative partnership in action.* Luxembourg: Publications Office of the European Union, 2020.

11 Allison, Graham T. *Destined for war: can America and China escape Thucydide's trap?* Boston: Houghton Mifflin Harcourt, 2017.

12 Ambrose, Ih-Ren Mong. *Sino-Vatican relations: from denunciation to dialogue.* Cambridge: James Clarke, 2019.

13 Amiti, Mary. *How did China's WTO entry benefit U.S. consumers?* London: Centre for Economic Policy Research, 2017.

14 Annual CSIS South China Sea Conference (6th: 2016). *In the wake of arbitration: papers from the sixth annual CSIS South China Sea Conference.* Washington, D.C: Center for Strategic and International Studies, 2017.

15 Asthana, N. C. *Next war: India, Pakistan, China.* New Delhi, India: Manas Publications, 2017.

16　Aum, Frank. *A peace regime for the Korean peninsula.* Washington, DC: United States Institute of Peace, 2020.

17　Aum, Frank. *North Korea and the need for a US-ROK-PRC dialogue.* Washington, DC: United States Institute of Peace, 2017.

18　Avrea, Peter. *Burma Warrior: Pete Avrea's World War II Story in China-Burma-India 1944-1945.* [Place of publication not identified]: Maplewood Productions LLC, 2018.

19　Bajpai, Kanti P.; Huang, Jing. *China-India relations: cooperation and conflict.* United Kingdom: Routledge, 2015.

20　Bajpai, Kanti. *Routledge handbook of China-India relations.* London: Routledge, 2020.

21　Baldacchino, Godfrey. *Solution protocols to festering island disputes: "win-win" solutions for the Diaoyu/Senkaku Islands.* Abingdon, Oxon, New York, NY: Routledge, 2017.

22　Baldanza, Kathlene. *Ming China and Vietnam: negotiating borders in early modern Asia.* United Kingdom: Cambridge University Press, 2016.

23　Barber, Laura. *China's response to Sudan's political transition.* Washington, D.C.: United States Institute of Peace, 2020.

24　Barnett, A. Doak. *The making of foreign policy in China: structure and process.* New York: Routledge, 2019.

25　Barton, Benjamin. *Political trust and the politics of security engagement: China and the European Union in Africa.* London: Taylor and Francis, 2017.

26　Basrur, Rajesh M. [et al.]. *India-China maritime competition: the security dilemma at sea.* London: Routledge, 2019.

27　Basu, Narayani. *The United States and China: competing discourses of regionalism in East Asia.* United Kingdom: Cambridge Scholars, 2015.

28　Beattie, James [et al.]. *China in Australasia: cultural diplomacy and Chinese arts since the Cold War.* London: Routledge, 2019.

29　Becker, Jeffrey. *Securing China's lifelines across the Indian Ocean.* Newport, Rhode Island: China Maritime Studies Institute, U.S. Naval War College, 2020.

30　Beckley, Michael. *Unrivaled: why America will remain the world's sole superpower.* Ithaca: Cornell University Press, 2018.

31　Behbehani, Hashim S. H. *China and the People's Democratic Republic of Yemen: a report.* London: Routledge, 2020.

32　Behbehani, Hashim S. H. *China's foreign policy in the Arab world, 1955-75: three case studies.* London: Routledge, 2020.

33　Bekkevold, Jo Inge; Kalyanaraman, S. *India's great power politics: managing China's rise.* New Delhi: Routledge India, 2020.

34　Bekkevold, Jo; Lo, Bobo. *Sino-Russian relations in the 21st century.* Basingstoke, Hampshire: Palgrave Macmillan, 2018.

35　Berkofsky, Axel [et al.]. *The EU-Japan partnership in the shadow of China: the crisis of liberalism.* London: Routledge, 2019.

36　Bhattacharya, Pinaki. *Sino-US and Indo-US relations: contrasts and commonalities.* Basingstoke: Palgrave Macmillan, 2019.

37　Bhutani, Rajeev. *Sino-Indian equation: competition + cooperation – confrontation.* New Delhi: Pentagon Press LLP, 2019.

38　Bickers, Robert A; Howlett, Jonathan J. *Britain and China, 1840-1970: empire, finance and war.* United Kingdom: Routledge, 2015.

39　Bisio, Virgil. *The U.S.-China "phase one" deal: a backgrounder.* Washington, D.C.: U.S.-China Economic and Security Review Commission, 2020.

40　Blackwill, Robert D.; Tellis, Ashley J. *Revising U.S. grand strategy toward China.* United States: Council on Foreign Relations Press, 2015.

41　Blanchard, Jean-Marc F.; Shen, Simon. *Conflict and cooperation in Sino- US relations: change and continuity, causes and cures.* United Kingdom: Routledge, 2015.

42　Boni, Filippo. *Sino-Pakistani relations.* London: Routledge, 2019.

43　Boon, Hoo Tiang. *Chinese foreign policy under Xi.* London: Routledge, 2017.

44　Bowe, Alexander. *China's overseas united front work: background and implications for the United States.* Washington, D. C.: U. S. -China Economic and Security Review Commission, 2018.

45　Bradley, James. *The China mirage: the hidden history of American disaster in Asia.* United States: Little Brown and Company, 2015.

46　Brady, Anne-Marie. *China as a polar great power.* Cambridge: Cambridge University Press, 2017.

47　Brazinsky, Gregg. *Winning the Third World: Sino-American rivalry during the Cold War.* Chapel Hill: The University of North Carolina Press, 2017.

48　Brewster, David. *India and China at sea: competition for naval dominance in the Indian Ocean.* New Delhi: Oxford University Press, 2018.

49　Brook, Timothy [et al.]. *Sacred mandates: Asian international relations since Chinggis Khan.* Chicago; London: The University of Chicago Press, 2018.

50　Brown, Kerry. *The EU-China relationship: European perspectives: a manual for policy makers.* United Kingdom: Imperial College Press, 2015.

51　Brown, Kerry. *What's wrong with diplomacy?: the future of diplomacy and the case of China and the UK.* Australia: Penguin Books, 2015.

52　Burt, Sally. *At the president's pleasure: FDR's leadership of wartime Sino-US relations.* Netherlands: Brill, 2015.

53　Burton, Guy. *China and Middle East conflicts: responding to war and rivalry from the Cold War to the present.* London: Routledge, 2020.

54　Carpio, Antonio T. *The South China Sea dispute: Philippine sovereign rights and jurisdiction in the West Philippine Sea.* Philippines: Antonio T. Carpio, 2017.

55　Carr, Reg. *The year of the rat.* Great Britain: Reg Carr, 2017.

56　Chan, Gerald. *Understanding China's new diplomacy: silk roads and bullet trains.* Northampton, MA: Edward Elgar, 2018.

57　Chan, Robert Kong. *Korea-China relations in history and contemporary implications.* Cham, Switzerland: Palgrave Macmillan, 2018.

58　Chan, Steve. *Thucydides's trap?: historical interpretation, logic of inquiry, and the future of Sino-American relations.* Ann Arbor: University of Michigan Press, 2020.

59　Chandler, David P.; Cribb, Robert. *End of empire: one hundred days in 1945 that changed Asia and the world.* Denmark: NIAS Press, 2016.

60　Chang, Gordon H. *Fateful ties: a history of America's preoccupation with China.* United States:

Harvard University Press, 2015.

61 Chang, I-wei Jennifer. *China and Yemen's forgotten war.* Washington, D. C.: United States Institute of Peace, 2018.

62 Chang, I-wei Jennifer. *China's Kashmir policies and crisis management in South Asia.* Washington, D.C.: United States Institute of Peace, 2017.

63 Chansoria, Monika. *China, Japan, and Senkaku Islands: conflict in the East China sea amid an American shadow.* London: Routledge, 2018.

64 Ch'ên, Jerome. *China and the west: society and culture, 1815-1937.* London: Routledge, 2018.

65 Chen, King. *China and the three worlds: a foreign policy reader.* London: Routledge, 2020.

66 Chen, Yunnan. *China's role in Nigerian railway development and implications for security and development.* Washington, DC: United States Institute of Peace, 2018.

67 Cheng, Joseph Y. S. *China's foreign policy: challenges and prospects.* United States: World Scientific Publishing, 2016.

68 Cheng, Joseph Y. S. *China's Japan policy: adjusting to new challenges.* United States: World Scientific Publishing, 2015.

69 Cheng, Joseph Yu-shek. *Pressures and responses.* Hong Kong: Contemporary China Research Project, City University of Hong Kong, 2017.

70 Chirathivat, Suthiphand [et al.]. *China's rise in mainland ASEAN: new dynamics and changing landscape.* New Jersey: World Scientific, 2020.

71 Chong, Chae-Ho. *Assessing China's power.* United Kingdom: Palgrave Macmillan, 2015.

72 Christiansen, Thomas [et al.]. *The European Union and China.* London: Red Globe Press, 2018.

73 Christie, William; Dunstan, Angela. *Tribute and trade: China and global modernity, 1784-1935.* Sydney, Australia: Sydney University Press, 2020.

74 Clarke, Michael E.; Smith, Douglas. *China's frontier regions: ethnicity, economic integration and foreign relations.* United Kingdom: I.B. Tauris, 2016.

75 Coker, Christopher. *The improbable war: China, the United States and the logic of great power conflict.* London: Hurst & Company, 2017.

76 Committee on Finance, Committee on Homeland Security and Governmental Affairs. *Majority staff report supplemental.* Washington, D.C.: Committee on Homeland Security and Governmental Affairs, 2020.

77 Conteh-Morgan, Earl. *The Sino-African partnership: a geopolitical economy approach.* New York: Peter Lang, 2018.

78 Copper, John Franklin. *China diplomacy: the Washington-Taipei-Beijing triangle.* New York: Routledge, 2019.

79 Copper, John Franklin. *Donald J. Trump and China.* Lanham: Hamilton Books, 2019.

80 Cui, Shoujun; Pérez-García, Manuel. *China and Latin America in transition: policy dynamics, economic commitments, and social impacts.* United States: Palgrave Macmillan, 2016.

81 D'Arcy, Paul. *China in the Pacific: the view from Oceania.* New Zealand: Victoria University Press, 2016.

82 Dawar, Kamala. *Protectionism and international diplomacy.* Brussels: European Parliament, 2018.

83 Day, Jenny Huangfu. *Qing travelers to the Far West: diplomacy and the information order in late imperial China.* Cambridge: Cambridge University Press, 2018.

84 De Wijk, Rob. *Power politics: how China and Russia reshape the world*. Netherlands: Amsterdam University Press, 2016.

85 DeLisle, Jacques; Goldstein, Avery. *China's global engagement: cooperation, competition, and influence in the 21st century*. Washington, D.C.: Brookings Institution Press, 2017.

86 D'Hooghe, Ingrid. *China's public diplomacy, 1991-2013*. Netherlands: Brill Nijhoff, 2015.

87 Dian, Matteo. *Contested memories in Chinese and Japanese foreign policy*. Amsterdam: Elsevier, 2017.

88 Dian, Matteo. *New regional initiatives in China's foreign policy: the incoming pluralism of global governance*. Basingstoke, Hampshire: Palgrave Macmillan, 2018.

89 Dittmer, Lowell; Ngeow, Chow Bing. *Southeast Asia and China: a contest in mutual socialization*. Singapore: World Scientific Publishing, 2017.

90 Doig, Will. *High-speed empire: Chinese expansion and the future of Southeast Asia*. New York, NY: Columbia Global Reports, 2018.

91 Dreyer, June Teufel. *Middle kingdom and empire of the rising sun: Sino-Japanese relations, past and present*. United States: Oxford University Press, 2016.

92 Duchâtel, Mathieu. *Taiwan between Xi and Trump*. London: European Council on Foreign Relations, April 2017.

93 Dutton, Peter. *Djibouti: China's first overseas strategic strongpoint*. Newport, Rhode Island: China Maritime Studies Institute, U.S. Naval War College, 2020.

94 Dwivedi, G. G. *Global geo-strategic security scan*. New Delhi, India: Vij Books India Pvt Ltd, 2017.

95 Eekelen, W. F. Van. *Indian foreign policy and the border dispute with China: a new look at Asian relationships*. United States: Brill Nijhoff, 2016.

96 Eisenman, Joshua; Heginbotham, Eric. *China steps out: Beijing's major power engagement with the developing world*. London: Routledge, 2017.

97 Elleman, Bruce A. *International competition in China, 1899-1991: the rise, fall, and eventual success of the open door policy*. United Kingdom: Routledge, 2015.

98 Ellis, Robert Evan. *Indian and Chinese engagement in Latin America and the Caribbean: a comparative assessment*. Carlisl: Strategic Studies Institute and U.S. Army War College Press, 2017.

99 Esfandiary, Dina. *Triple axis: Iran's relations with Russia and China*. London: I. B. Tauris, 2018.

100 Eskildsen, Robert. *Transforming empire in Japan and East Asia: the Taiwan expedition and the birth of Japanese imperialism*. Basingstoke, Hampshire: Palgrave Macmillan, 2019.

101 Etzioni, Amitai. *Avoiding war with China: two nations, one world*. Charlottesville: University of Virginia Press, 2017.

102 European Union Institute for Security Studies (EUISS). *Guns, engines and turbines: the EU's hard power in Asia*. Luxembourg: Publications Office of the European Union, 2018.

103 Farah, Douglas. *El Salvador's recognition of the People's Republic of China: a regional context*. London, UK: IWA Publishing, 2019.

104 Feng, Huiyun; He, Kai. *US-China competition and the South China Sea disputes*. London: Routledge, 2018.

105 Feng, Huiyun; He, Kai. *China's challenges and international order transition: beyond "Thucydides's trap"*. Ann Arbor: University of Michigan Press, 2020.

106　Feng, Yuan. *China and multilateralism: from estrangement to competition.* London: Routledge, 2020.

107　Ferchen, Matt. *China-Venezuela relations in the twenty-first century: from overconfidence to uncertainty.* Washington, DC: United States Institute of Peace, 2020.

108　Ferenczy, Zsuzsa Anna. *Europe, China, and the limits of normative power.* Cheltenham, UK: Edward Elgar Publishing, 2019.

109　Ferguson, R. *China's Eurasian dilemmas: roads and risks for a sustainable global power.* Cheltenham, UK: Edward Elgar Publishing, 2018.

110　Fingar, Thomas. *The new great game: China and South and Central Asia in the era of reform.* United States: Stanford University Press, 2016.

111　Finlay, John R. *Henri Bertin and the representation of China in eighteenth-century France.* London: Routledge, 2020.

112　Fitzpatrick, Matthew P. *Colonialism, China and the Chinese.* London: Routledge, 2019.

113　Fogel, Joshua A. *Between China and Japan: the writings of Joshua Fogel.* Netherlands: Brill, 2015.

114　Foot, Rosemary. *China, the UN, and human protection: beliefs, power, image.* Oxford: Oxford University Press, 2020.

115　Ford, Christopher A. *China looks at the West: identity, global ambitions, and the future of Sino-American relations.* United States: University Press of Kentucky, 2015.

116　Fox, Senan. *China, South Korea, and the Socotra Rock dispute: a submerged rock and its destabilizing potential.* Basingstoke, Hampshire: Palgrave Macmillan, 2018.

117　Frankel, Francine R. *When Nehru looked East: origins of India-US suspicion and India-China rivalry.* New York, NY: Oxford University Press, 2020.

118　Freeman, Carla P. *China and North Korea: strategic and policy perspectives from a changing China.* United States: Palgrave Macmillan, 2015.

119　Friedman, Jeremy Scott. *Shadow Cold War: the Sino-Soviet competition for the Third World.* United States: University of North Carolina Press, 2015.

120　Fulton, Jonathan. *China's relations with the Gulf monarchies.* London: Routledge, 2018.

121　Fung, Courtney J. *China and intervention at the UN Security Council: reconciling status.* Oxford: Oxford University Press, 2019.

122　Gagliano, Joseph A. *Alliance decision-making in the South China Sea: between allied and alone.* London: Routledge, 2019.

123　Garver, John W. *Protracted contest: Sino-Indian rivalry in the twentieth century.* United States: University of Washington Press, 2015.

124　Gaskarth, Jamie. *China, India and the future of international society.* United Kingdom: Rowman & Littlefield Publishers, 2015.

125　Gerrit, Gong; Victor, Teo. *Reconceptualising the divide: identity, memory, and nationalism in Sino-Japanese relations.* Newcastle-upon-Tyne: Cambridge Scholars Publishing, 2020.

126　Godement, François. *China and the Mediterranean: open for business?* London: European Council on Foreign Relations, 2017.

127　Godement, François. *China at the gates: a new power audit of EU-China relations.* London: European Council on Foreign Relations (ECFR), December 2017.

128　Godement, François. *Expanded ambitions, shrinking achievements: how China sees the global order*. London: European Council on Foreign Relations (ECFR), 2017.

129　Godement, François. *The United Nations of China: a vision of the world order*. London: European Council on Foreign Relations (ECFR), April 2018.

130　Goh, Evelyn. *Rising China's influence in developing Asia*. United Kingdom: Oxford University Press, 2016.

131　Goldstein, Lyle. *Meeting China halfway: how to defuse the emerging US-China rivalry*. United States: Georgetown University Press, 2015.

132　Great Britain [et al.]. *China and the rules-based international system: government response to the Committee's sixteenth report: twenty-first special report of session 2017-19*. London: Dandy Booksellers Ltd, 2019.

133　Great Britain [et al.]. *China and the rules-based international system: sixteenth report of session 2017-19. Volume 2, oral and written evidence*. London: Dandy Booksellers Ltd, 2019.

134　Green, Will. *China's engagement with Africa: foundations for an alternative governance regime*. Washington, D.C.: U.S.-China Economic and Security Review Commission, 2021.

135　Gupta, Kulwant Rai. *India-China relations: politics of resources, identity and authority*. New Delhi: Atlantic Publishers & Distributors (P) Ltd, 2018.

136　Hackenesch, Christine. *The EU and China in African authoritarian regimes: domestic politics and governance reforms*. Basingstoke, Hampshire: Palgrave Macmillan, 2018.

137　Han, Enze. *Asymmetrical neighbors: borderland state building between China and Southeast Asia*. New York, NY: Oxford University Press, 2019.

138　Hao, Yufan; Su, Lin. *China's foreign policy making: societal force and Chinese American policy*. [Place of publication not identified]: Routledge, 2017.

139　Harnisch, Sebastian; Bersick, Sebastian. *China's international roles: challenging or supporting international order?* United States: Routledge, 2016.

140　Hartig, Falk. *Chinese public diplomacy: the rise of the Confucius Institute*. United Kingdom: Routledge, 2016.

141　He, Yafei. *China's historical choice in global governance*. London: Routledge, 2017.

142　Hearn, Adrian H. *Diaspora and trust: Cuba, Mexico, and the rise of China*. United States: Duke University Press, 2016.

143　Hess, Steve; Aidoo, Richard. *Charting the roots of anti-Chinese populism in Africa*. Switzerland: Springer International Publishing Ag, 2015.

144　Hiim, Henrik Stålhane. *China and international nuclear weapons proliferation: strategic assistance*. London: Routledge, 2018.

145　Hodzi, Obert. *The end of China's non-intervention policy in Africa*. Basingstoke, Hampshire: Palgrave Macmillan, 2018.

146　Hoppens, Robert James. *The China problem in postwar Japan: Japanese national identity and Sino-Japanese relations*. United Kingdom: Bloomsbury Academic, 2015.

147　Horesh, Niv. *Toward well-oiled relations?: China's presence in the Middle East following the Arab Spring*. United Kingdom: Palgrave Macmillan, 2015.

148　Horsburgh, Nicola. *China and global nuclear order: from estrangement to active engagement*. United Kingdom: Oxford University Press, 2015.

149　Ikenberry, G. John; Wang, Jisi. *America, China, and the struggle for world order: ideas, traditions, historical legacies, and global visions*. United States: Palgrave Macmillan, 2015.

150 Izzard, Brian. *Yangtze showdown: China and the ordeal of HMS Amethyst*. United Kingdom: Seaforth, 2015.

151 Jackson, Steven F. *China's good neighbor policy: the evolution of regional relations in comparative perspective*. [Place of publication not identified]: Routledge, 2018.

152 Jacques, deLisle; Avery, Goldstein. *China's global engagement: cooperation, competition, and influence in the twenty-first century*. Washington, D.C.: Brookings Institution Press, 2017.

153 Jain, B. M. *China's soft power diplomacy in south asia: myth or reality?* Lanham: Lexington Books, 2017.

154 Johnson, Christopher K. *The changing landscape of U.S.-China relations: what's next?: hearing before the Subcommittee on East Asia, the Pacific, and International Cybersecurity Policy of the Committee on Foreign Relations, United States Senate, One Hundred Fourteenth Congress, first session, September 29, 2015*. Washington: U.S. Government Publishing Office, 2019.

155 Johnson, James. *The US-China military and defense relationship during the Obama presidency*. Basingstoke, Hampshire: Palgrave Macmillan, 2018.

156 Jones, Catherine [et al.]. *China-North Korea relations: between development and security*. Northampton: Edward Elgar Publishing, 2020.

157 Jonker, Kobus. *China's impact on the African renaissance: the Baobab grows*. Basingstoke, Hampshire: Palgrave Macmillan, 2018.

158 Jonsson, Gabriel. *Towards Korean reconciliation: socio-cultural exchanges and cooperation*. London: Routledge, Taylor & Francis Group, 2018.

159 Kaczmarski, Marcin. *Russia-China relations in the post-crisis international order*. United Kingdom: Routledge, 2015.

160 Kahama, Joseph Kulwa. *The challenge to China-Tanzania relationship: to enhance cooperation and mutual benefits*. Dar es Salaam, Tanzania: Tema Publishers Co. Limited & Siyaya Publishing (Pty) Limited, 2018.

161 Kanda, Yutaka. *Japan's Cold War policy toward China: two perceptions of order*. London: Routledge, 2018.

162 Kardon, Isaac B. *Gwadar. China's potential strategic strongpoint in Pakistan*. Newport, Rhode Island: China Maritime Studies Institute, U.S. Naval War College, 2020.

163 Karim, Mohammad Aminul. *21st Century High Politics in the Indo-Pacific and the Bay of Bengal*. New York: Nova Science Publishers, 2017.

164 Karim, Mohammad Aminul. *Geopolitics of the South China Sea in the coming decades*. New York: Nova Science Publishers, 2018.

165 Kastner, Scott L. *China's strategic multilateralism: investing in global governance*. Cambridge: Cambridge University Press, 2019.

166 Kavalski, Emilian. *China and the global politics of regionalization*. United Kingdom: Routledge, 2016.

167 Kavalski, Emilian. *The Ashgate research companion to Chinese foreign policy*. United Kingdom: Routledge, 2016.

168 Kemburi, Kalyan M.; Li, Mingjiang. *China's power and Asian security*. United Kingdom: Routledge, 2015.

169 Keith, Ronald C. *Deng Xiaoping and China's foreign policy*. Abingdon, Oxon, NY: Routledge,

2018.

170　Kenneth Allen W. *Chinese military diplomacy, 2003-2016: trends and implications.* Washington. D.C.: National Defense University Press, 2017.

171　Ker, Michelle. *China's high-speed rail diplomacy.* Washington, D.C.: U.S.-China Economic and Security Review Commission, 2017.

172　Kerr, Sterling. *The future of China: the challenges of its Asian neighbors.* United States: Educator'S Int'L Press, 2016.

173　Khandekar, Roopmati. *Dragon in the hills: the Sino-Indian Himalayan water struggle.* New Delhi: G.B. Books, 2017.

174　Khoo, Nicholas. *China's foreign policy since 1978: return to power.* Cheltenham, Gloucestershire: Edward Elgar Publishing Limited, 2020.

175　King, Amy. *China-Japan relations after World War II: empire, industry and war, 1949-1971.* United Kingdom: Cambridge University Press, 2016.

176　Kirchner, Emil Joseph; Christiansen, Thomas. *Security relations between China and the European Union: from convergence to cooperation?* United Kingdom: Cambridge University Press, 2016.

177　Kochhar, Geeta. *China's foreign relations and security dimensions.* New Delhi: Routledge India, 2018.

178　Koleski, Katherine. *China's engagement with Latin America and the Caribbean.* Washington, DC: U. S.-China Economic and Security Review Commission, 2018.

179　Kumar, Ashutosh. *China and Russia: a lifeline to North Korea.* Noida, U. P.: Bhairavi, 2018.

180　Kumar, Sanjay. *China interest in Nepal and India's security.* New Delhi: G.B. Books, 2017.

181　Kumar, Sanjay. *India-China strategic relations.* New Delhi: G.B. Books in association with Advance Research Institute for Development of Social Science-ARIDSS, Meerut, 2019.

182　Kuo, Steven C.Y. *Chinese peace in Africa: peacemaking, peacebuilding and peacekeeping.* London: Routledge, 2019.

183　Kushwaha, Jimmy Singh. *Indo-China relations: conflicts, solution and future perspectives.* New Delhi: S. K. Book Agency, 2018.

184　Lackenbauer, P. Whitney. *China's Arctic ambitions and what they mean for Canada.* Calgary: University of Calgary Press, 2018.

185　Lahtinen, Anja. *China's diplomacy and economic activities in Africa: relations on the move.* Basingstoke, Hampshire: Palgrave Macmillan, 2018.

186　Lam, Lai Sing. *Conservatism and the Kissinger-Mao axis: development of the twin global orders.* United States: Lexington Books, 2015.

187　Lane, David; Zhu, Guichang. *Changing regional alliances for China and the West.* Lanham: Lexington Books, 2017.

188　Lanteigne, Marc. *Chinese foreign policy: an introduction.* London: Routledge, 2019.

189　Lasater, Martin L. *The Taiwan Issue in Sino-American Strategic Relations.* New York, NY: Routledge, 2019.

190　Larson, Deborah Welch. *Quest for status: Chinese and Russian foreign policy.* New Haven: Yale University Press, 2019.

191　Lee, Ji-Young. *China's hegemony: four hundred years of East Asian domination.* New York: Columbia University Press, 2017.

192　Lee, John. *China's strategic engagement with East Asia: Australian views and responses.* Singapore: Institute of Southeast Asian Studies, 2015.

193　Lee, Kangkyu. *Identity, culture, and Chinese foreign policy: THAAD and China's South Korea policy.* London: Routledge, 2020.

194　Le, Hong Hiep. *Living next to the giant: the political economy of Vietnam's relations with China under Doi Moi.* Singapore: ISEAS-Yusof Ishak Institute, 2017.

195　Li, Lingqun. *China's policy towards the South China Sea: when geopolitics meets the law of the sea.* London: Routledge, 2018.

196　Li, Mingjiang; Kemburi, Kalyan M. *New dynamics in US-China relations: contending for the Asia Pacific.* United Kingdom: Routledge, 2015.

197　Li, Xiaobing. *Modern China: understanding modern nations.* United States: ABC-CLIO, 2015.

198　Li, Yuwen. *NGOs in China and Europe: comparisons and contrasts.* United Kingdom: Routledge, 2016.

199　Liu, Guoli. *China rising: Chinese foreign policy in a changing world.* London: Palgrave Macmillan, 2017.

200　Liao, Tim Futing; Hara, Kimie. *The China-Japan border dispute: islands of contention in multidisciplinary perspective.* United Kingdom: Ashgate, 2015.

201　Liegl, Markus B. *China's use of military force in foreign affairs: the dragon strikes.* London: Routledge, 2017.

202　Ling, L. H. M. *India China: rethinking borders and security.* United States: University of Michigan Press, 2016.

203　Lim, Alvin Cheng-Hin. *China and Southeast Asia in the Xi Jinping era.* Lanham: Lexington Books, 2019.

204　Lintner, Bertil. *Great game East: India, China, and the struggle for Asia's most volatile frontier.* United States: Yale University Press, 2015.

205　Liu, Guoli. *China vising: Chinese foreign policy in transition.* [Place of publication not identified]: Routledge, 2017.

206　Liu, Mingfu. *China dream: great power thinking & strategic posture in the post-American era.* United States. CN Times Books, 2015.

207　Lo, Bobo. *A wary embrace: a Lowy Institute paper.* UK: Penguin Books, 2017.

208　Lovelace, Douglas C. *Terrorism: commentary on security documents. Volume 139, the rise of China.* United States: Oxford University Press, 2015.

209　Lu, Ning. *The dynamics of foreign-policy decision-making in China.* [Place of publication not identified]: Routledge, 2018.

210　Lu, Yang. *China-India relations in the contemporary world: dynamics of national identity and interest.* United Kingdom: Routledge, 2016.

211　Lukin, Alexander. *China and Russia: The New Rapprochement.* Cambridge, UK: Polity, 2018.

212　Madan, Tanvi. *Fateful triangle: how China shaped U.S.-India relations during the Cold War.* Washington, D.C.: Brookings Institution Press, 2020.

213　Markey, Daniel Seth. *China's western horizon: Beijing and the new geopolitics of Eurasia.* New York, NY: Oxford University Press, 2020.

214　Martin, Edwin W. *Southeast Asia and China: the end of containment.* London: Routledge, Taylor & Francis Group, 2019.

215　Martin, Edwin W. *Southeast Asia and China: the end of containment.* London: Routledge, 2019.

216　Mastro, Oriana Skylar. *China's evolving North Korea strategy.* Washington, D.C.: United States Institute of Peace, 2017.

217　Matten, Marc Andre. *Imagining a postnational world: hegemony and space in modern China.* Netherlands: Brill, 2016.

218　McCrae, Niall. *Year of the bat: globalisation, China and the goronavirus.* London: Civitas, 2020.

219　McDonald, Scott D.; Burgoyne, Michael C. *China's global influence: perspectives and recommendations.* Honolulu, HI: Daniel K. Inouye Asia-Pacific Center for Security Studies, 2019.

220　McGregor, Richard. *Asia's reckoning: China, Japan, the US, and the struggle for global power.* London: Allen Lane, 2017.

221　Meick, Ethan [et al.]. *China's engagement in the Pacific Islands: implications for the United States.* Washington, DC: U. S. -China Economic and Security Review Commission, 2018.

222　Meick, Ethan. *Hong Kong's proposed extradition bill could extend Beijing's coercive reach: risks for the United States.* Washington, D.C.: U.S.-China Economic and Security Review Commission, 2019.

223　Meidan, Michal. *China and IMO 2020.* Oxford: The Oxford Institute for Energy Studies, 2019.

224　Men, Jing; Barton, Benjamin. *China and the European Union in Africa: partners or competitors?* United Kingdom: Ashgate, 2016.

225　Men, Jing; Linck, Annika. *China and EU: reform and governance.* London: Routledge, 2017.

226　Michalski, Anna, Pan, Zhongqi. *Unlikely partners: China, the European Union and the forging of a strategic partnership.* Gateway East, Singapore: Palgrave Macmillan, 2017.

227　Misenheimer, Alan Greeley. *Thucydides' other "traps": the United States, China, and the prospect of "inevitable" war.* Washington, D.C.: National Defense University Press, 2019.

228　Mishra, Vinod Mohan; Sharma, Agni Prakash. *Sino-Indian relation: a new perspective.* New Delhi, India: Satyam Publishing House, 2017.

229　Moore, Gregory. *Defining and defending the Open Door policy: Theodore Roosevelt and China, 1901-1909.* United States: Lexington Books, 2015.

230　Mountford, Benjamin. *Britain, China, and colonial Australia.* United Kingdom: Oxford University Press, 2016.

231　Murata, Tadayoshi. *The origins of Japanese-Chinese territorial dispute: using historical records to study the Diaoyu.* United States: World Scientific Publishing, 2016.

232　Murray, Michelle K. *The struggle for recognition in international relations: status, revisionism, and rising powers.* New York, NY, United States of America: Oxford University Press, 2019.

233　Newman, Kathleen. *China and India: a complex and growing relationship.* United States: Nova Science, 2015.

234　Nordin, Astrid H M. *China's international relations and harmonious world: time, space and multiplicity in world politics.* United Kingdom: Routledge, 2016.

235　Nyíri, Pál; Tan, Danielle. *Chinese encounters in Southeast Asia: how people, money, and ideas from China are changing a region.* Seattle: University of Washington Press, 2017.

236　Odgaard, Liselotte; Duchâtel, Mathieu. *China's security.* London: Routledge, 2019.

237　Ogden, Chris. *China and India: Asia's emergent great powers*. Cambridge: Polity, 2017.
238　O'Hanlon, Michael E. *A glass half full?: rebalance, reassurance, and resolve in the U.S.-China strategic relationship*. Washington, D.C.: Brookings Institution Press, 2017.
239　Olimat, Muhamad S. *China and Central Asia in the post-Soviet era: a bilateral approach*. United States: Lexington Books, 2015.
240　Olimat, Muhamad S. *China and the Gulf Cooperation Council countries: strategic partnership in a changing world*. United States: Lexington Books, 2016.
241　Oliva, Mara. *Eisenhower and American public opinion on China*. Basingstoke, Hampshire: Palgrave Macmillan, 2018.
242　Page, Matthew T. *The intersection of China's commercial interests and Nigeria's conflict landscape*. Washington, DC: United States Institute of Peace, 2018.
243　Palit, Parama Sinha. *India and China: national image-building in Southeast Asia*. New Delhi: Pentagon Press, 2018.
244　Panda, Jagannath P.; Basu, Titli. *China-India-Japan in the Indo-Pacific: ideas, interests and infrastructure*. New Delhi: Pentagon Press in association with Institute for Defence Studies and Analyses, 2018.
245　Panda, Jagannath. *India-China relations: politics of resources, identity and authority in a multipolar world order*. United Kingdom: Routledge, 2016.
246　Pang, Zhongying. *From Tao Guang Yang Hui to Xin Xing: China's complex foreign policy transformation and Southeast Asia*. Singapore: ISEAS-Yusof Ishak Institute, 2020.
247　Panigrahi, Devendra Nath. *The Himalayas and India-China relations*. United Kingdom: Routledge, 2016.
248　Pantucci, Raffaello. *China's Eurasian pivot: the Silk Road economic belt*. London: Routledge, 2017.
249　Parello-Plesner, Jonas. *China's strong arm: protecting citizens and assets abroad*. United Kingdom: Routledge, 2015.
250　Parsi, Rouzbeh [et al.]. *State of play of EU-Iran relations and the future of the JCPOA: in depth-analysis*. Brussels: European Parliament, 2020.
251　Paul, T. V. *The China-India rivalry in the globalization era*. Washington, DC: Georgetown University Press, 2018.
252　Pelkmans, Jacques [et al.]. *Tomorrow's Silk Road: assessing an EU-China free trade agreement*. Belgium: Centre for Eur Policy Std, 2016.
253　Pieper, Moritz. *Hegemony and resistance around the Iranian nuclear programme: analysing Chinese, Russian, and Turkish foreign policies*. London: Routledge, 2017.
254　Pillsbury, Michael. *The hundred-year marathon: China's secret strategy to replace America as the global superpower*. United States: Henry Holt and Company, 2015.
255　Ping, Jonathan H.; McCormick, Brett. *China's strategic priorities*. United Kingdom: Routledge, 2016.
256　Pomfret, John. *The beautiful country and the middle kingdom: America and China, 1776 to the present*. United States: Henry Holt and Company, 2016.
257　Pradt, Tilman. *China's new foreign policy: military modernisation, multilateralism and the 'China threat'*. Switzerland: Palgrave Macmillan, 2016.
258　Pu, Xiaoyu. *Rebranding China: contested status signaling in the changing global order*. Aleph:

Stanford, California: Stanford University Press, 2018.
259 Pugliese, Giulio, Insisa, Aurelio. *Sino-Japanese power politics: might, money and minds.* London: This Palgrave Macmillan imprint is published by Springer Nature, 2017.
260 Qi, Huaigao. *Cooperative development in the South China Sea: policies, obstacles and prospects.* London: Routledge, 2020.
261 Qu, Xing. *Contemporary China's diplomacy.* London: Routledge, 2017.
262 Raby, Geoff. *China's grand strategy and Australia's future in the new global order.* Carlton, Victoria: Melbourne University Press, 2020.
263 Raditio, Klaus Heinrich. *Understanding China's behaviour in the South China Sea: a defensive realist perspective.* Basingstoke, Hampshire: Palgrave Macmillan, 2018.
264 Rank, David. *Leveraging US-China cooperation to build a regional consensus on Afghanistan.* Washington, DC: United States Institute of Peace, 2018.
265 Rawski, Evelyn Sakakida. *Early modern China and Northeast Asia: cross-border perspectives.* United Kingdom: Cambridge University Press, 2015.
266 Reeves, Jeffrey [et al.]. *Chinese-Japanese competition and the East Asian security complex: vying for influence.* London: Routledge, 2017.
267 Resnick, Evan N. *Allies of convenience: a theory of bargaining in U.S. foreign policy.* New York: Columbia University Press, 2019.
268 Richardson, Michael. *Letters from Peking: a British diplomat in China 1972-1974.* Uxbridge: Alba Publishing, 2019.
269 Roberts, Guy. *US foreign policy and China: Bush's first term.* United Kingdom: Routledge, 2015.
270 Rozman, Gilbert; Radchenko, Sergey. *International relations and Asia's northern tier: Sino-Russia relations, North Korea, and Mongolia.* Singapore: Palgrave Macmillan, 2018.
271 Sahi, Arindham. *China, Pakistan and Russia: a dangerous axis.* New Delhi: Lenin Media, 2017.
272 Saini, Anil K. *China, India and Pakistan nuclear paradox.* New Delhi: Surendra Publications, 2019.
273 Samaranayake, Nilanthi. *China's engagement with smaller South Asian countries.* Washington, DC: United States Institute of Peace, 2019.
274 Sawhney, Pravin. *Dragon on our doorstep: managing China through military power.* New Delhi: Aleph, 2017.
275 Schaik, Louise van. [et al.]. *No way back: why the transatlantic future needs a stronger EU: in-depth analysis.* Brussels: European Parliament, 2020.
276 Schaller, Michael. *The United States and China: into the twenty-first century.* United States: Oxford University Press, 2015.
277 Sen, Tansen. *Buddhism, diplomacy, and trade: the realignment of India-China relations, 600-1400.* United States: Rowman & Littlefield Publishers, 2015.
278 *Serbia's cooperation with China, the European Union, Russia and the United States of America.* Brussels: European Parliament, 2017.
279 Shahi, Subodh Kumar. *China strides in Bhutan, Nepal and Myanmar: options for India.* New Delhi: G.B. Books in association with USI, 2017.
280 Shankar, Mahesh. *The reputational imperative: Nehru's India in territorial conflict.* Stanford,

California: Stanford University Press, 2018.
281 Shao, Binhong. *China and the world: balance, imbalance and rebalance.* [Place of publication not identified]: Routledge, 2018.
282 Shao, Binhong. *Looking for a road: China debates its and the world's future.* Netherlands: Brill, 2016.
283 Sharma, Major S.K. *Differing perception of China's role in the Indian Ocean.* New Delhi: Surendra Publications, 2019.
284 Shen, Zhihua. *A short history of Sino-Soviet relations, 1917-1991.* Basingstoke: Palgrave Macmillan, 2019.
285 Shen, Zhihua. *Mao and the Sino-Soviet partnership, 1945-1959: a new history.* United States: Rowman & Littlefield, 2015.
286 Shi, Zhiyu. *China and international theory: the balance of relationships.* London: Routledge, 2019.
287 Shih, Chih-Yu; Yu, Po-tsan. *Post-western international relations reconsidered: the pre-modern politics of Gongsun Long.* United Kingdom: Palgrave Pivot, 2015.
288 Shrestha, Madhavji; Shakya, Anjan. *Nepal-China relations: new avenues and possibilities.* Kathmandu, Nepal: International Concern Center, September, 2017.
289 Sinaga, Lidya Christin. *Six decades of Indonesia-China relations: an indonesian perspective.* Singapore: Springer Science and Business Media: Springer, 2018.
290 Singh, R.N. *Sino-Indian relations: challenges and prospects.* New Delhi, India: Satyam Publishing House, 2017.
291 Singh, Sanjay Kumar. *Russia and China strategic partnership and diplomatic grief for India.* Delhi: Prashant Publishing House, 2018.
292 Singh, Zorawar Daulet. *Powershift: India-China relations in a multipolar world.* New Delhi: Pan Macmillan India, 2020.
293 Small, Andrew. *The China-Pakistan axis: Asia's new geopolitics.* United Kingdom: Oxford / Hurst & Company , 2015.
294 *Smart Specialisation in EU and Chile, challenges and opportunities: towards a transcontinental policy learning dialogue methodology.* Luxembourg: Publications Office of the European Union, 2017.
295 Snyder, Scott. *South Korea at the crossroads: autonomy and alliance in an era of rival powers.* New York: Columbia University Press, 2020.
296 Song, Weiqing. *China's approach to Central Asia: the Shanghai Cooperation Organisation.* United Kingdom: Routledge, 2016.
297 Song, Weiqing. *China's relations with Central and Eastern Europe: from "old comrades" to new partners.* Abingdon, Oxon: Routledge, 2018.
298 Song, Yuwu. *Encyclopedia of Chinese-American relations.* United States: Mcfarland & Company, 2016.
299 Stanzel, Angela. *Grand designs: does China have a 'grand strategy'?* London: European Council on Foreign Relations (ECFR), 2017.
300 Stokes, Jacob. *China's periphery diplomacy: implications for peace and security in Asia.* Washington, DC: United States Institute of Peace, 2020.
301 Stoll, Tobias [et al.]. *Extraterritorial sanctions on trade and investments and European*

	responses. Luxembourg: Publications Office of the European Union, 2020.
302	Streich, Philip. *The ever-changing Sino-Japanese rivalry*. London: Routledge, 2019.
303	Sufott, E. Zev. *A China diary: towards the establishment of China-Israel diplomatic relations*. London: Routledge, 2020.
304	Sullivan, Lawrence R. *Historical dictionary of Chinese foreign affairs*. Lanham, Maryland: Rowman & Littlefield, 2018.
305	Sun, Chan; Günther, Hans-Christian. *Aspects of China's new role in the globalized world: problems of international politics*. Germany: Verlag Traugott Bautz Gmbh, 2016.
306	Sun, Yan. *Dispute resolution mechanism for the Belt and Road Initiative*. Cambridge: Cambridge University Press, 2020.
307	Sun, Yun. *China and Myanmar's peace process*. Washington, DC: United States Institute of Peace, 2017.
308	Suryadinata, Leo [et al.]. *The Natunas: territorial integrity in the forefront of Indonesia-China relations*. Singapore: ISEAS Publishing, 2017.
309	Suryadinata, Leo. *The growing strategic partnership between Indonesia and China faces difficult challenges*. Singapore: ISEAS Publishing, 2017.
310	Suryanarayana, P. S. *Smart diplomacy: exploring China-India synergy*. United States: World Century Publishing Corporation, 2016.
311	Sutter, Robert G. *The China quandary: domestic determinants of U.S. China policy, 1972-1982*. New York: Routledge, 2019.
312	Sutter, Robert G. *Chinese foreign relations: power and policy since the Cold War [4th ed]*. United States: Rowman & Littlefield Inc., 2016.
313	Sutter, Robert G. *Shaping China's future in world affairs: the role of the United States*. New York: Routledge, 2019.
314	Sutter, Robert G. *U. S. -China relations: perilous past, uncertain present*. Lanham, Maryland: Rowman & Littlefield, 2018.
315	T. Jacob, Jabin. *China and its neighbourhood: perspectives from India and Vietnam*. New Delhi: Pentagon Press, 2017.
316	Tai, Michael. *US-China relations in the twenty-first century: a question of trust*. United Kingdom: Routledge, 2015.
317	Tan, A. T. H. *Handbook of US-China relations*. United Kingdom: Edward Elgar, 2016.
318	Tan, Chung. *Himalaya calling: the origins of China and India*. United States: World Scientific, 2015.
319	Tauss, Daniel Joseph. *Temporal horizons and strategic decisions in U.S.-China relations: between instant and infinite*. United States: Lexington Books, 2015.
320	Teng, Jun. *The history of Sino-Japanese cultural exchange*. London: Routledge, 2018.
321	Teo, Victor; Satoh, Haruko. *Japan's island troubles with China and Korea: prospects and challenges for resolution*. London: Routledge, 2018.
322	Terhalle, Maximilian. *The transition of global order: legitimacy and contestation*. United Kingdom: Palgrave Macmillan, 2015.
323	Thampi, Madhavi. *India and China in the colonial world*. London: Routledge, 2017.
324	The Yomiuri Shimbun Political News Department. *Perspectives on Sino-Japanese diplomatic relations*. Tokyo: Japan Publishing Industry Foundation for Culture (JPIC), 2017.

325 Thomas, Nicholas. *Re-orienting Australia-China relations: 1972 to the present*. [Place of publication not identified]: Routledge, 2017.

326 Tower, Jason; Clapp, Priscilla. *Myanmar's casino cities: the role of China and transnational criminal networks*. Washington, DC: United States Institute of Peace, 2020.

327 Toro Hardy, Alfredo. *China versus the US: who will prevail?* Singapore: World Scientific Publishing, 2020.

328 Trump, Donald. *The president's executive order on Hong Kong normalization: communication from the President of the United States, transmitting the President's Executive Order on Hong Kong normalization, pursuant to 50 U.S.C. 1703(b); Public law 95-223, Sec. 204(b); (91 Stat. 1627) and 50 U.S.C. 1621(a); Public law 94-412, Sec. 201(a); (90 Stat. 1255)*. Washington: U.S. Government Publishing Office, 2020.

329 Tunsjø, Øystein. *The return of bipolarity in world politics: China, the United States, and geostructural realism*. New York: Columbia University Press, 2018.

330 Turcsanyi, Richard Q. *Chinese assertiveness in the South China Sea: power sources, domestic politics, and reactive foreign policy*. Cham, Switzerland: Springer, 2018.

331 U.S.-China Economic and Security Review Commission. *Hong Kong's special status*. Washington, D.C.: United States-China Economic and Security Review Commission, 2020.

332 UK Parliament The Great Britain China Centre. *The Great Britain–China Centre Annual Report and Accounts 2019-20*. London: [Dandy Booksellers Ltd], 2020.

333 United States [et al.]. *2015 Paris international climate negotiations: examining the economic and environmental impacts: hearing before the Subcommittee on Multilateral International Development, Multilateral Institutions, and International Economic, Energy, and Environmental Policy of the Committee on Foreign Relations, United States Senate, One Hundred Fourteenth Congress, first session, October 20, 2015*. Washington: U.S. Government Publishing Office, 2019.

334 United States, enacting jurisdiction. *An act to amend the Hong Kong Policy Act of 1992, and for other purposes*. [Place of publications not identified]: Hong Kong Human Rights and Democracy Act of 2019.

335 United States, enacting jurisdiction. *An act to promote access for United States diplomats and other officials, and other citizens to Tibetan areas of the People's Republic of China, and for other purposes*. Washington, D. C.: U. S. Government Publishing Office, 2018.

336 United States. Congress [et al.]. *A new approach for an era of U.S.-China competition: hearing before the Committee on Foreign Relations, United States Senate, One Hundred Sixteenth Congress, first session, March 13, 2019*. Washington: U.S. Government Publishing Office, 2020.

337 United States. Congress. House. Committee on Foreign Affairs [et al.]. *China's growing influence in Asia and the United States: hearing before the Subcommittee on Asia, the Pacific, and Nonproliferation of the Committee on Foreign Affairs, House of Representatives, One Hundred Sixteenth Congress, first session, May 8, 2019*. Washington: U.S. Government Publishing Office, 2019.

338 United States. Congress. House. Committee on Foreign Affairs. *Markup of H. Res. 543, H.R. 3289, H.R. 4270, H. Res. 517, H. Res. 387, H. Res. 552, and H. Res. 521: hearing before the Committee on Foreign Affairs, House of Representatives, One Hundred Sixteenth Congress,*

first session, September 25, 2019. Washington: U.S. Government Publishing Office, 2020.

339 United States. Congress. House. Committee on Foreign Affairs. Subcommittee on Africa, Global Health, Global Human Rights, and International Organizations. *China in Africa: the new colonialism?: hearing before the Subcommittee on Africa, Global Health, Global Human Rights, and International Organizations of the Committee on Foreign Affairs, House of Representatives, One Hundred Fifteenth Congress, second session, March 7, 2018.* Washington: U. S. Government Publishing Office, 2018.

340 United States. Congress. House. Committee on Foreign Affairs. Subcommittee on Africa, Global Health, Global Human Rights, and International Organizations. *Tackling fentanyl: the China connection: hearing before the Subcommittee on Africa, Global Health, Global Human Rights, and International Organizations of the Committee on Foreign Affairs, House of Representatives, One Hundred Fifteenth Congress, second session, September 6, 2018.* Washington: U. S. Government Publishing Office, 2017.

341 United States. Congress. Senate. Committee on Foreign Relations, issuing body. *The new big brother--China and digital authoritarianism: a minority staff report.* Washington: U.S. Government Publishing Office, 2020.

342 United States. Congress. Senate. Committee on Foreign Relations. Subcommittee on East Asia, the Pacific, and International Cybersecurity Policy. *The China challenge: hearings before the Subcommittee on East Asia, the Pacific, and International Cyber Security Policy of the Committee on Foreign Relations, United States Senate, One Hundred Fifteenth Congress, second session, July 24, September 5, and December 4, 2018.* Washington: U.S. Government Publishing Office, 2020.

343 United States. Congress. Senate. Committee on Foreign Relations. *U. S. -China relations: strategic challenges and opportunities: hearing before the Committee on Foreign Relations, United States Senate, One Hundred Fourteenth Congress, second session, April 27, 2016.* Washington: U. S. Government Publishing Office, 2018.

344 United States. Congressional-Executive Commission on China. *Digital authoritarianism and the global threat to free speech: hearing before the Congressional-Executive Commission on China, One Hundred Fifteenth Congress, second session, April 26, 2018.* Washington: U. S. Government Publishing Office, 2018.

345 United States. Department of State. Policy Planning Staff. *The elements of the China challenge.* Washington, D.C.: Office of Policy Planning, U.S. Department of State, 2020.

346 United States. Department of State. *Scientific and technological cooperation: protocols between the United States of America and China extending the Agreement of January 31, 1979, as amended and extended, signed at Beijing June 5 and 6, 2017 and signed at Beijing August 30, 2017.* Washington, D.C.: United States Department of State, 2017.

347 United States. President (2017-2021: Trump). *The president's executive order on Hong Kong normalization: communication from the President of the United States, transmitting the President's Executive Order on Hong Kong normalization, pursuant to 50 U.S.C. 1703(b); Public law 95-223, Sec. 204(b); (91 Stat. 1627) and 50 U.S.C. 1621(a); Public law 94-412, Sec. 201(a); (90 Stat. 1255).* Washington: U.S. Government Publishing Office, 2020.

348 Urbansky, Sören. *Beyond the steppe frontier: a history of the Sino-Russian border.* Princeton: Princeton University Press, 2020.

349 Urio, Paolo. *China reclaims world power status: putting an end to the world America made.* London: Routledge, 2018.

350 Valente, Peter. *The tiger and the dragon: India as a counterbalance to China in the Indo-Pacific.* West Point, N. Y.: Modern War Institute at West Point, 2018.

351 Vertzberger, Yaacov. *Misperceptions in foreign policymaking: the Sino-Indian conflict, 1959-1962.* New York: Routledge, 2019.

352 Vogel, Ezra F. *China and Japan: facing history.* Cambridge, Massachusetts: The Belknap Press of Harvard University Press, 2019.

353 W. French, Howard. *Everything under the heavens: how the past helps shape China's push for global power.* New York: Alfred A. Knopf, 2017.

354 Wade, Geoff; Chin, James K. *China and southeast Asia: historical interactions.* London; New York, NY: Routledge/Taylor and Francis Group, 2019.

355 Wan, Ming. *Understanding Japan-China relations: theories and issues.* Singapore: World Scientific, 2015.

356 Wang, Guiguo [et al.]. *Dispute resolution mechanism for the Belt and Road Initiative.* Singapore: Springer, 2020.

357 Wang, Jianlang. *Unequal treaties and China* [2 v]. United States: Enrich Professional Publishing, 2015.

358 Wang, Jianwei; Boon, HooTiang. *China's omnidirectional peripheral diplomacy.* Singapore; Hackensack, NJ: World Scientific Publishing Co. Pte. Ltd., 2019.

359 Wang, Jianwei; Song, Weiqing. *China, the European Union, and the international politics of global governance.* United Kingdom: Palgrave Macmillan, 2015.

360 Wang, Linggui. *American misunderstandings about China.* United Kingdom: Paths International Ltd., 2020.

361 Wang, Xiuli. *Winning American hearts and minds: China's image building efforts in the 21st century.* Singapore: Springer, 2020.

362 Wang, Yizhou. *Creative involvement: The transition of China's diplomacy.* London: Routledge, 2018.

363 Wang, Yizhou, Tan, Xiuying. *Sixty years of China foreign affairs.* United Kingdom: Paths International, 2016.

364 Wang, Yuanchong. *Remaking the Chinese empire: Manchu-Korean relations, 1616-1911.* Ithaca: Cornell University Press, 2018.

365 Weigel, Moritz. *A new climate trilateralism?: opportunities for cooperation between the EU, China and African countries on addressing climate change.* Bonn: Deutsches Institut für Entwicklungspolitik gGmbH, 2017.

366 Wernher, Lupita. *China, conditions, issues and U. S. relations.* New York: SNOVA, 2018.

367 Wetherby, Aelwen. *Private aid, political activism: American medical relief to Spain and China, 1936-1949.* Columbia: University of Missouri Press, 2017.

368 Wilgus, Mary H. *Sir Claude MacDonald, the open door, and British informal Empire in China, 1895-1900.* London: Routledge, 2018.

369 *Winds from Fusang: Mexico and China in the twentieth century.* Pasadena, California: USC Pacific Asia Museum, 2018.

370 Wishnick, Elizabeth. *China's interests and goals in the Arctic: implications for the United*

States. Carlisle, PA: Strategic Studies Institute and U.S. Army War College Press, 2017.

371 Womack, Brantly; Hao, Yufan. *Rethinking the triangle: Washington, Beijing, Taipei.* United States: World Scientific, 2016.

372 Wouters, Jan; Defraigne, Jean-Christophe. *China, the European Union and developing world: a triangular relationship.* United Kingdom: Edward Elgar, 2015.

373 Wuthnow, Joel. *Chinese perspectives on the Belt and Road Initiative: strategic rationales, risks, and implications.* Washington, D.C.: National Defense University Press, 2017.

374 Wuthnow, Joel. *Just another paper tiger?: Chinese perspectives on the U.S. Indo-Pacific strategy.* Washington, D.C.: National Defense University Press, 2020.

375 Xu, Jiajun. *Beyond US hegemony in international development: the contest for influence at the world bank.* Cambridge: Cambridge University Press, 2017.

376 Xu, Yanzhuo. *China, Africa and responsible international engagement.* London: Routledge, 2017.

377 Xu, Yixiang. *Evolving Sino-Russian cooperation in Syria.* Washington, DC: United States Institute of Peace, 2017.

378 Yan, Xuetong. *Inertia of history: China and the World by 2023.* Newcastle upon Tyne, United Kingdom: Cambridge Scholars Publishing, 2019.

379 Yang, Michelle Murray. *American political discourse on China.* London: Routledge, 2017.

380 Yeh, Emily Ting. *The geoeconomics and geopolitics of Chinese development and investment in Asia.* London: Routledge, 2018.

381 Yeremia, Ardhitya Eduard. *Minding the grassroots: celebrating 70 years of Sino-Indonesia relations amid the coronavirus pandemic.* Singapore: ISEAS-Yusof Ishak Institute, 2020.

382 Yetiv, Steven A. *Challenged hegemony: the United States, China, and Russia in the Persian Gulf.* Redwood City: Stanford University Press, 2018.

383 Yi, Guolin. *The media and Sino-American rapprochement, 1963-1972: a comparative study.* Baton Rouge: Louisiana State University Press, 2020.

384 Yoshihide Soeya [et al.]. *Japan-China relations in the modern era.* London; New York: Routledge/Taylor & Francis Group, 2017.

385 Zhao, Suisheng. *The making of China's foreign policy in the 21st century: historical sources, institutions/players, and perceptions of power relations.* London; New York: Routledge, Taylor & Francis Group, 2016.

386 Zhang, Chunyu. *China-Africa cooperation on peace and security issues.* United Kingdom: Paths International Ltd., 2020.

387 Zhang, Muchun. *The Sino-Indian border war and the foreign policies of China and India (1950-1965).* Hauppauge, New York: Nova Science Publishers, Inc. , 2018.

388 Zhang, Wenxiang [et al.]. *China's belt and road initiative: changing the rules of globalization.* Singapore: Palgrave Macmillan, 2020.

389 Zhang, Yongjin; Chang, Teng-Chi. *Constructing a Chinese school of international relations: ongoing debates and sociological realities.* United Kingdom: Routledge, 2016

390 Zhao, Hong. *China and India: the quest for energy resources in the 21st century.* [Place of publication not identified]: Routledge, 2017.

391 Zhao, Suisheng. *China in Africa: strategic motives and economic interests.* United Kingdom: Routledge, 2015.

392　Zheng, Yongnian; Lye, Liang Fook. *Singapore-China relations: 50 years*. United States: World Scientific, 2015.

393　Zheng, Yushuo. *Multilateral approach in China's foreign policy*. Hackensack, N. J.: World Scientific, 2018.

394　Zhou, Hong. *China-EU relations: reassessing the China-EU comprehensive strategic partnership*. Singapore: Springer, 2016.

395　Zhou, Hong. *China-EU relations: reassessing the China-EU comprehensive strategic partnership*. Singapore: Springer, 2017.

396　Zhou, Hong. *China's foreign aid: 60 years in retrospect*. Singapore: Springer, 2017.

397　Zhu, Cuiping. *India's ocean: can China and India coexist?* Singapore: Springer Singapore Imprint: Springer, 2018.

法语

398　Ekman, Alice. *La Chine dans le monde*. Paris: CNRS éditions, 2018.

399　Geoffroy, Claude. *La Chine, miroir de nos passions: radiographie de la sinophilie et de la sinophobie*. Paris: l'Harmattan, 2019.

400　Geoffroy, Claude. *Les universalismes chinois et européen: dialogue sous le ciel*. Paris: l'Harmattan, 2015.

401　Godement, François; Vasselier, Abigaël. *La Chine à nos portes: une stratégie pour l'Europe*. Paris: Odile Jacob, 2018.

402　Gu, Mingfei. *La diplomatie commerciale de la Chine*. Paris: l'Harmattan, 2019.

403　Haski, Pierre. *Géopolitique de la Chine: 40 fiches illustrées pour comprendre le monde*. Paris: Eyrolles, 2018.

404　He, Shuang. *L'influence des médias chinois en Asie-Pacifique*. Paris: Hermann, 2019.

405　Heisbourg, François. *Le temps des prédateurs: la Chine, les États-Unis, la Russie et nous*. Paris: Odile Jacob, 2020.

406　Heurtebise, Jean-Yves. *Orientalisme, occidentalisme et universalisme: histoire et méthode des représentations croisées entre mondes européens et chinois*. Paris: MA éditions, 2020.

407　Izambard, Antoine. *France-Chine, les liaisons dangereuses: espionnage, business, révélations sur une guerre secrète*. Paris: Stock, 2019.

408　*La belle relation de Lyon avec la Chine*. Lyon: Libel, 2016.

409　Laprée, Jérôme [et al.]. *Chine, États-Unis: quelles guerres économiques?* Versailles: VA éditions, 2018.

410　Le Corre, Philippe; Sepulchre, Alain. *L'offensive chinoise en Europe*. [Paris]: Fayard, 2015.

411　Lee, Tony. *La Chine contre l'Occident et le Japon: une étude psycho-culturelle sur l'origine du conflit, 1990-2010*. Paris: l'Harmattan, 2017.

412　Mbabia, Olivier; Wassouni, François. *La présence chinoise en Afrique francophone*. L'Hay-les-Roses: Monde global éditions nouvelles, 2016.

413　Meyer, Claude. *L'Occident face à la renaissance de la Chine: défis économiques, géopolitiques et culturels*. Paris: Odile Jacob, 2018.

414 Mottet, Éric [et al.]. *La Chine et le monde: quelles nouvelles relations, quels nouveaux paradigmes?* Québec: Presses de l'Université du Québec, 2015.

415 Moundounga, Séraphin. *Union européenne, Afrique, Chine: jeu et enjeux pour la paix.* Paris: l'Harmattan, 2019.

416 Mpisi, Jean. *Le programme sino-congolais pour le développement des infrastructures en RDC.* Paris: l'Harmattan, 2020.

417 Niambi, Nathanaël. *France et Chine en Afrique centrale: de la compétition à la coopération?* Paris: l'Harmattan, 2019.

418 Nguyễn, Thị Hạnh. *Les conflits frontaliers sino-vietnamiens de 1885 à nos jours.* Paris: Demopolis, 2018.

419 Prospective et Innovation. *Faire équipe avec la Chine.* Paris: Ginkgo éditeur, 2015.

420 Pokam, Hilaire de Prince. *Migration chinoise et développement au Cameroun.* Paris: l'Harmattan, 2015.

421 Richet, Xavier; Vercueil, Julien. *Une mondialisation contrariée: l'Europe et la Chine face à de nouveaux enjeux.* Paris: l'Harmattan, 2019.

422 Soubrouillard, Régis; Tiessen, Pierre. *La France made in China.* Neuilly-sur-Seine: Michel Lafon, 2019.

423 Struye de Swielande, Tanguy. *Duel entre l'Aigle et le Dragon pour le leadership mondial.* Bruxelles: P.I.E. Peter Lang, 2015.

424 Valantin, Jean-Michel. *L'aigle, le dragon et la crise planétaire.* Paris: Éditions du Seuil, 2020.

425 Wintgens, Sophie; Aurégan, Xavier. *Les dynamiques de la Chine en Afrique et en Amérique latine: enjeux, défis et perspectives.* Louvain-la-Neuve: Académia-l'Harmattan, 2019.

426 Woodward, Jude. *USA-Chine: les dessous et les dangers du conflit.* [Bruxelles]: Investig'action, 2020.

427 Xin, Jiyan. *Frayeurs sans fondements: les relations sino-américaines: pour comprendre la Chine, une nouvelle sagesse est nécessaire.* Paris: Éditions You Feng, 2020.

428 Yabili, Marcel. *Chine-RD Congo: chronique d'une colonisation choisie.* Paris: l'Harmattan, 2020.

429 Zhai, Jun. *L'avenir des relations franco-chinoises.* Paris: Institut Diderot, 2017.

德语

430 Gareis, Sven Bernhard; Hieber, Saskia. *China und die Welt: Die Außen- und Sicherheitspolitik einer künftigen Supermacht.* Leverkusen: Budrich, Barbara, 2018.

431 Gu, Junli; Xiepu Yang (Hrsg.). *Rückblick und Nachdenken: zum 40. Jahrestag der Aufnahme der diplomatischen Beziehungen zwischen China und Deutschland.* Stuttgart: ibidem Verlag, 2020.

432 Hauser, Gunther. *China - eine asiatische Großmacht auf dem Weg zur Weltmacht: aktuelle Entwicklungen der Außen- und Sicherheitspolitik der Volksrepublik China.* Opladen; Berlin: Verlag Barbara Budrich, 2018.

433 Heberer, Thomas. *Ostpreußen und China: Nachzeichnung einer wundersamen Beziehung.*

Husum: Husum, 2020.
434 Kaminski, Gerd. *Österreich und China im Bild: 1624-2016*. Schiedlberg: BACOPA Verlag, 2016.
435 Lisowski, Rainer; Schwandner, Gerd. *Nach China!: Beziehungen deutscher Städte in die Volksrepublik*. Berlin, Münster: LIT, 2020.
436 Löchli, Roland Nikolaus. *Die Volksrepublik China, Japan und das Ostchinesische Meer, 1970-2012: ein Meer der Stabilität?*. Bochum; Freiburg: projektverlag, 2017.
437 Mishra, Pankaj. *Begegnungen mit China und seinen Nachbarn: Malaysia - Hongkong - Indonesien - Taiwan - Mongolei - Tibet - Japan - Indien*. Frankfurt, M.: S. Fischer, 2015.
438 Müller-Graff, Peter-Christian. *Die Beziehungen zwischen der Europäischen Union und China*. Baden-Baden: Nomos, 2017.
439 Nguébong-Ngatat, Charlotte. *Effekte der außenpolitischen Instrumente Chinas in Afrika: die Facetten des chinesischen Engagements am Beispiel Kameruns*. Wiesbaden: Springer VS, 2018.
440 Paul, Tina. *Vertrag(en) oder Vertrauen - wie gelingt deutsch-chinesische Wissenschaftszusammenarbeit?*. Hamburg: Verlag Dr. Kovač, 2020.
441 Staack, Michael. *China und Indien im regionalen und globalen Umfeld*. Opladen; Berlin; Toronto: Verlag Barbara Budrich, 2018.
442 Wodecki, Horst. *1949-1989 sino-sowjetische Beziehungen: von der Gründung der Volksrepublik China zum Zusammenbruch der Sowjetunion*. Berlin; Bochum; Dülmen: Europäischer Universitätsverlag, 2016.
443 Wodecki, Horst. *Von Mao bis Putin 1949-2019: sieben Jahrzehnte sino-russische Beziehungen*. Berlin, Bochum, Dülmen: Europäischer Universitätsverlag, 2020.

西班牙语

444 Aróstica, Pamela; Sánchez, Walter. *China y América Latina en una nueva fase: desafíos en el siglo XXI*. Santiago de Chile: Editorial Universitaria, 2019.
445 Beltrán Antolín, Joaquín [et al.]. *Representaciones de China en las Américas y la Península Ibérica*. Barcelona: Bellaterra, D.L., 2016.
446 Borao, José Eugenio. *Las miradas entre España y China: un siglo de relaciones entre los dos países (1864-1973)*. Madrid: Miraguano, imp. 2017.
447 Chen, Feng. *El descubrimiento de Occidente: los primeros embajadores de China en Europa (1866-1894)*. Tres Cantos, Madrid: Siglo XXI de España, D.L., 2015.
448 Cornejo, Romer [et al.]. *La política cultural de China en América Latina*. Ciudad de México: El Colegio de México, Centro de Estudios de Asia y África, 2018.
449 Cunhai Guo; Tso Lee Yun. *La Distancia que nos une: reflexiones y vivencias entre China y América Latina*. Santiago, Chile: Ediciones del Desarrollo, 2017.
450 EE.UU.- *China: la arquitectura del próximo escenario global y su impacto sobre la Argentina*. Ciudad Autónoma de Buenos Aires: Círculo de Legisladores de la Nación Argentina, 2015.
451 Fanjul, Enrique. *40 años de reforma: el papel de China en la comunidad internacional*.

Madrid: CEU Ediciones, 2020.

452 González García, Juan. *Relaciones estratégicas de China con los principales paises de América Latina*. México, D. F.: Miguel Ángel Porrúa; Universidad de Colima, 2015.

453 Herrera Feligreras, Andrés. *España y China (1973-2005): del reconocimiento diplomático a la alianza estratégica*. Barcelona: Bellaterra, D.L., 2015.

454 Herrera Feligreras, Andrés [et al.]. *España y China 1937-2017: 80 aniversario del internacionalismo antifascista*. Granada: Comares, 2017.

455 Higueras Rimbao, Georgina. *Nuevas perspectivas en las relaciones entre la Unión Europea y China*. Madrid: CEU Ediciones, 2020.

456 Labarca, Claudia. *Ni hao Mr. Pérez, buenos días Mr. Li: Chile y China: cultura, negocios y confianza en la era global*. Santiago, Chile: Ediciones Universidad Católica de Chile, 2015.

457 Lagos Escobar, Ricardo; V Iglesias, Enrique. *América Latina, China y Estados Unidos: perspectivas latinoamericanas de las relaciones internacionales en el siglo XXI*. Santiago, Chile: Fondo de Cultura Económica Chile S.A: RIAL, 2015.

458 Maillo González-Orús, Jerónimo. *Inversiones Unión Europea-China: ¿hacia una nueva era?* Madrid: CEU Ediciones, 2020.

459 Martín Rodríguez, Rafael. *Descubriendo al dragón: historia de las relaciones entre España y China*. Madrid: Los Libros de la Catarata, 2020.

460 Martínez Robles, David. *Entre dos imperios: Sinibaldo de Mas y la empresa colonial en China (1844-1868)*. Madrid: Marcial Pons Historia, 2018.

461 Montobbio, Manuel. *Ideas chinas: el ascenso global de China y la teoría de las relaciones internacionales*. Barcelona: Icaria; Madrid: Fundación Real Instituto Elcano de Estudios Internacionales y Estratégicos, 2017.

462 Mosquera, Mariano. *China: transparencia y pragmatismo*. Córdoba: EDUCC, 2018.

463 Paz, Manuel Alfredo. *De Malvinas a Hong Kong: el conflicto del Atlántico Sur y el fin de los tratados desiguales*. Ciudad Autónoma de Buenos Aires: Eude, 2015.

464 Reyes Matta, Fernando. *China: innovación y tradición*. Santiago de Chile: Red Internacional del Libro®Editores, 2017.

465 Sendagorta, Fidel. *Estrategias de poder: China, Estados Unidos y Europa en la era de la gran rivalidad*. Barcelona: Ediciones Deusto, 2020.

466 Xin, Jiyan. *Falso miedo: las relaciones entre Estados Unidos y China*. Madrid: Editorial Popular, 2020.

467 Álvarez Valdés, Rodrigo; César Ross. *La estrategia comunicacional de China hacia América del Sur: los casos de Brasil, Argentina y Chile (2008-2012)*. Santiago, Chile: Ediciones Universidad Finis Terrae, 2017.

俄语

468 Александрова, Мария Викторовна и др.; Виноградов, А. О. и др. ред. *Решения XIX съезда КПК и перспективы российско-китайских отношений*. Москва: ИДВ РАН, 2018.

469 Анисимов, Александр Леонидович. *Американская дипломатия в Китае в середине XIX*

века в лицах. Хабаровск: ДВЮИ, 2020.

470 Арсентьева, Ирина Ильинична. *Российско-китайские отношения: учебное пособие*. Саратов: Амирит, 2016.

471 Астафьева, Е. М. и др. *Южно-Китайское море: современные вызовы и угрозы*. Москва: ИВ РАН, 2020.

472 Бадмаев, Петр Александрович. *Россия и Китай: к вопросу о политико-экономическом влиянии. 3-е изд*. Москва: URSS: Ленанд, сор. 2016.

473 Барановский, Владимир Георгиевич и др. *США - Китай: борьба двух стратегий и практик мирового лидерства: [доклад]*. Москва: ИМЭМО, 2018.

474 Бйрамова, С. И. и др. ред. *Россия и Китай: вызовы глобализации, перспективы сотрудничества в сибирско-дальневосточном пространстве: сборник научных трудов Международной научно-практической конференции, г. Иркутск, 22-24 октября 2018 г.*. Иркутск: Издательство ИГУ, 2018.

475 Бубенин, Виталий Дмитриевич. *Кровавый снег Даманского: события 1967-1969 гг*. Москва: Литературная Россия, 2015.

476 Васильев, Леонид Евгеньевич и др. *Стратегия развития Шанхайской организации сотрудничества до 2025 года: исходные реалии и фактор российско-китайского партнерства*. Москва: ИДВ РАН, 2015.

477 Воробьев, В. Я. и др. *Приход администрации Д. Трампа и китайско-американские отношения = The advent of the Trump administratin and the US-Chine relations*. Москва: ИМИ МГИМО МИД России, 2018.

478 Гаврилова, В. А. ред. *Россия и Китай: на пути укрепления двустороннего сотрудничества: материалы II Международной научно-практической конференции, Новосибирск, 3-4 ноября 2017 г.*. Новосибирск: Новосибирский гос. технический ун-т, 2017.

479 Гаврилова, В. А.; Хрипунов, И. Г. ред. *Россия и Китай: двустороннее сотрудничество и региональный аспект: материалы III международной научно-практической конференции, г. Новосибирск, 2-3 ноября 2018 г*. Новосибирск: НГТУ, 2019.

480 Гаврилова, Вера Александровна; Хрипунов, И. Г. ред. *Россия и Китай. Двустороннее сотрудничество и региональный аспект: материалы IV международной научно-практической конференции, г. Новосибирск, 30-31 октября 2019 г.*. Новосибирск: Изд-во НГТУ, 2019.

481 Галенович, Юрий Михайлович. *Америка - Китай. Глобальное противостояние*. Москва: Русская панорама, 2020.

482 Галенович, Юрий Михайлович. *Китайские претензии: шесть крупных проблем в истории взаимоотношений России и Китая*. Москва: Русская панорама, 2015.

483 Галенович, Юрий Михайлович. *Сталин и Мао: друзья и соперники*. Москва: Яуза-пресс, 2017.

484 Галенович, Юрий Михайлович. *За кулисами советско-китайских отношений («Судьба толмача»)*. Москва: Русская панорама, 2018.

485 Гарбузов, Валерий Николаевич; Пан Давэй ред. *Китай - Россия - США. Трехсторонние отношения: состояние и перспективы: материалы международной научной конференции*. Москва: Весь Мир, 2018.

486 Гладков, Вадим; Мусалов, А. *Неспокойная граница. Год 1969-й*. Москва: Граница, 2018.

487 Гладков, Вадим; Мусалов, Андрей. *На джунгарских ветрах. Год 1969-й: пограничный конфликт, обреченный на мир и добрососедство*. Москва: Граница, 2016.

488 Глазьев, Сергей Юрьевич. *Битва за лидерство в XXI веке. Россия-США-Китай: семь вариантов обозримого будущего*. Москва: Книжный мир, 2017.

489 Глинкина, Светлана Павловна и др. *Китайский фактор в развитии стран российского пояса соседства: уроки для России*. Москва: Ин-т экономики, 2019.

490 Гордон, Александр Владимирович. *Китай в мировой истории и международной политике: модернизм - традиционализм - глобализм: аналитический обзор*. Москва: ИНИОН РАН, 2017.

491 Грачиков, Евгений Николаевич. *Геополитика Китая: учебно-методическое пособие*. Москва: РУДН, 2019.

492 Грачиков, Евгений Николаевич. *Геополитика Китая: эгоцентризм и пространство сетей = Geopolitic of China: egocentrism and space of network*. Москва: Русайнс, 2015.

493 Грачиков, Евгений Николаевич. *Современная дипломатия Китая (1949-2019): учебно-методическое пособие*. Москва: Российский ун-т дружбы народов, 2020.

494 Гуревич, Павел Семенович и др.; Чумакова, А. Н. ред. *Россия и Китай. Межкультурное взаимодействие в постсоветский период*. Москва: КноРус, 2017.

495 Давыдов, Андрей Сергеевич. *Пекин, Вашингтон, Москва: взаимоотношения в контексте трансформации глобальной архитектоники*. Москва: ИДВ РАН, 2015.

496 Дацышен, Владимир Григорьевич и др. *Приенисейская Сибирь в советско-китайских отношениях (1917 - начало 1980-х гг.) = Yenisei Siberia in soviet-chinese relations (1917 - the beginning of the 1980 s.): монография*. Красноярск: СФУ, 2016.

497 Дегтерев, Денис Андреевич; Забеллы, А. А. ред. *Американская стратегия сдерживания КНР и конфликтный потенциал в Азии и Африке: сборник научных статей*. Москва: Российский ун-т дружбы народов, 2018.

498 Дондоклов, Ц. С. ред. *Россия - Китай: развитие регионального сотрудничества в XXI веке: XVI Международная научно-практическая конференция, 27 апреля 2018 г., Чита*. Чита: Забайкальский гос. ун-т, 2018.

499 Дондоков, Цырен Сономович и др. ред. *Россия - Китай: развитие регионального сотрудничества в XXI веке: XVII Международная научно-практическая конференция, 26 апреля 2019 г., Чита: сборник материалов*. Чита: ЗабГУ, 2019.

500 Дондоков, Цырен Сономович и др. ред. *Россия - Китай: развитие регионального сотрудничества в XXI веке: XVIII Международная научно-практическая конференция, 16 апреля 2020 г., Чита*. Чита: ЗабГУ, 2020.

501 Дудин, Павел Николаевич. *Буферные государства Северо-Восточной Азии. Северный и Восточный Китай = Buffer states of Northeast Asia. North and East China*. Пенза: Социосфера, 2018.

502 Е Фань. *Кузница маршалов и революционеров: подготовка военно-политических кадров для Китая в Советском Союзе 1920-1930-е гг.*. Москва: Весь Мир, 2020.

503 Егорушков, Илья Игоревич. *Политическая и экономическая экспансия Китайской Народной Республики на Ближнем Востоке*. Москва: Модерат, 2020.

504 Журавлева, Елена Семеновна. *ЮКМ - бурное море Тихого океана: [учебное пособие]*.

Москва: Ин-т стран Востока, 2019.

505 Забелла, Анастасия Александровна; Каткова, Е. Ю. *Современная внешняя политика РФ в отношении КНР: учебно-методическое пособие*. Москва: Российский университет дружбы народов, 2020.

506 Захарова, Л. В. др. ред. *Архитектура безопасности и сотрудничества в Восточной Азии: доклады, представленные на IV международной конференции молодых востоковедов в Институте Дальнего Востока РАН (Москва, 17-18 ноября 2016 года)*. Москва: ИДВ РАН, 2017.

507 Зиневич, Ольга Владимировна ред. *Россия-Китай: стратегическое взаимодействие в XXI веке [Текст]: материалы международной школы-семинара (г. Новосибирск, 5-6 ноября 2015 г.)*. Новосибирск: Новосибирский гос. технический ун-т, 2015.

508 Казанцев, Виктор Прокопьевич; Поправко, Е. А. *«Идем на Восток!»: документальные очерки российской политики на Дальнем Востоке в конце XIX-начале XX вв.*. Санкт-Петербург: Петрополис, 2019.

509 Карапетянц, Ирина Владимировна и др. ред. *Россия и Китай: общее историческое наследие и вызовы современности: (к 70-летию Победы во Второй мировой войне)*. Москва: Ин-т междунар. трансп. коммуникаций, 2015.

510 Катасонов, Валентин Юрьевич. *"Китайский синдром" Путина. Прорыв или утопия?* Москва: Алгоритм, 2019

511 Климин, Иван Иванович. *К истории российско-китайской пограничной проблемы и ее урегулирования на современном этапе (1689-2008)*. Санкт-Петербург: Фора-принт, 2019.

512 Кобзева, Мария Артуровна. *Современная арктическая политика Китая*. Санкт-Петербург: Изд-во Санкт-Петербургского ун-та, cop. 2019.

513 Комиссина, И. Н. ред. *Региональные трансформации: возможности и вызовы для развития российско-китайских отношений: сборник докладов*. Москва: РИСИ, 2019.

514 Крюков, Василий Михайлович; Крюков, М. В. *Весна и осень революционной дипломатии: первое десятилетие советской политики в Китае*. Москва: Памятники исторической мысли, 2015-. *Т. 1: 1917-1922 гг.* 2015.

515 Куропаткин, Алексей Николаевич. *Русско-китайский вопрос. Изд. 2-е.* Москва: URSS, cop. 2015.

516 Лавров, Сергей Викторович и др. ред. *Советско-китайские отношения: сборник документов*. Москва: КнигоГрад, 2015-. *1952-1955*. 2015.

517 Ле Ань Зуй. *Политика соседства и сотрудничества стран Индокитая и КНР в XXI веке*. Москва: Эдитус, cop. 2016.

518 Ли Син и др. *Россия и Китай в евразийской интеграции: сотрудничество или соперничество? = Russia and China in Eurasian integration: cooperation or competition?* Москва; Санкт-Петербург: Нестор-История, 2015.

519 Ли Цзюньюй и др. ред. *Россия и Китай: мысли о прошлом, взгляд в будущее: материалы Международной научной конференции (Комсомольск-на-Амуре, 16 декабря 2020 г.)*. Комсомольск-на-Амуре: Изд-во АмГПГУ, 2020.

520 Ли, Цзинчэн. *Китай в системе международного сотрудничества БРИКС: стратегии и приоритеты*. Санкт-Петербург: Политех-Пресс, 2020.

521 Липатова, Н. Г. и др. *Таможенное сотрудничество России и Китая*. Москва: Российская

таможенная академия, 2018.

522 Ломанов, А. В. ред. сост. *"Мягкая сила" в отношениях Китая с внешним миром.* Москва: ИДВ РАН, 2015.

523 Лузянин, Сергей Геннадьевич и др. *Российско-китайский диалог: модель 2018.* [гл. ред. И. С. Иванов]. Москва: НП РСМД, 2018.

524 Лузянин, Сергей Геннадьевич и др. *Перспективы многостороннего сотрудничества ШОС с международными структурами в интересах развития стратегии Организации.* Москва: ИДВ РАН, 2019.

525 Лузянин, Сергей Геннадьевич и др. *Российско-китайский диалог: модель 2015.* Москва: Спецкнига, 2015.

526 Лузянин, Сергей Геннадьевич и др. *Российско-китайский диалог: модель 2020.* Москва: НП РСМД, 2020.

527 Лузянин, Сергей Геннадьевич и др. *Российско-китайский диалог: модель 2016: доклад.* [гл. ред. И. С. Иванов]. Москва: НП РСМД, 2016.

528 Лузянин, Сергей Геннадьевич и др. *Российско-китайский диалог: модель 2017: доклад.* [гл. ред. И. С. Иванов]. Москва: НП РСМД, 2017.

529 Лузянин, Сергей Геннадьевич и др. *Российско-китайский диалог: модель 2019.* [гл. ред. И. С. Иванов]. - Москва: НП РСМД, 2019.

530 Лузянин, Сергей Геннадьевич и др. ред. *Современные российско-китайские отношения: [сборник].* Москва: ДеЛи плюс, 2017.

531 Лузянин, Сергей Геннадьевич. *Россия - Китай: формирование обновленного мира.* Москва: Весь Мир, 2018.

532 Лукин, Александр Владимирович. *Возвышающийся Китай и будущее России: работы о Китае и российско-китайских отношениях.* Москва: Междунар. отношения, 2015.

533 Макаров, А. В.; Гусевская, Н. Ю. ред. *Россия - Китай: развитие регионального сотрудничества в XXI веке: XV Международная научно-практическая конференция, 19 мая 2017 г., Чита.* Чита: Забайкальский гос. ун-т, 2017.

534 Макуха, Нина Александровна. *Деятельность администрации Приамурского края по развитию российско-китайских отношений (1884-1917 гг.).* Хабаровск: Изд-во ТОГУ, 2016.

535 Мамаева, Наталья Леонидовна и др. *Участие СССР в реконструкции и строительстве «156 производственных объектов» в КНР в 1950-е годы: новые факты и обстоятельства советско-китайского сотрудничества.* Москва: Весь мир, 2018.

536 Матвеев, Олег Викторович; Ястремский, А. М. *Китай и Россия: сотрудничество или соперничество?* Москва: Изд. Витюк Игорь Евгеньевич, 2019.

537 Медведев, Дмитрий Андреевич. *Арктическая политика Китая в первой четверти XXI века.* Москва: АНО ЦСОиП, 2020.

538 Меркулова, Элеонора Арменаковна и др. *Геостратегические отношения России и Китая в начале XXI века в плане перспектив генезиса планетарного международного союза нового типа за совместное выживание и устойчивое оптимальное развитие человечества (после нынешнего мирового кризиса): историко-философские очерки: коллективная монография (научно-исследовательская разработка) на правах проекта научного доклада ИДВ РАН и другим инстанциям: к 95-летию со дня рождения К. А.*

Меркулова, к 87-летию со дня рождения Э. А. Меркуловой. Москва: Спутник+, 2020.

539 Млечин, Леонид Михайлович. *Россия и Китай. Дружили, воевали, что теперь?* Москва: Аргументы недели, 2019.

540 Муратшина, Ксения Геннадьевна. *20 лет партнерства России и Китая: результаты и уроки.* Екатеринбург: Изд-во Уральского ун-та, 2016.

541 Мусалов, Андрей Николаевич. *Хроники Даманского.* Москва: Яуза, 2019.

542 Небренчин, Александр Сергеевич; Небренчин, С. М. *КНР - сверхдержава XXI века: российско-китайские перспективы.* Москва: АНО ЦСОиП, 2017.

543 Никуленков, Василий Валентинович. *Очерки российско-китайского сотрудничества в ООН и других организациях (1969-2015 гг.).* Красноярск: СФУ, 2016.

544 Пан, Татьяна Александровна и др. сост. *Китай и соседи: 3-я Всероссийская научная конференция молодых востоковедов, 1-2 марта 2017 г., Санкт-Петербург: сборник материалов.* Санкт-Петербург: ЛЕМА, 2018.

545 Пан, Татьяна Александровна и др. сост. *Китай и соседи: 5-я всероссийская научная конференция молодых востоковедов, 5-6 марта 2020 г., Санкт-Петербург: сборник материалов.* Санкт-Петербург: Восточный фак. СпбГУ, 2020.

546 Пан, Татьяна Александровна и др. сост. *Китай и соседи: 1-я научная конференция молодых петербургских востоковедов, 3-4 марта 2016 г., Санкт-Петербург: сборник материалов.* Санкт-Петербург: ЛЕМА, 2016.

547 Пан, Татьяна Александровна и др. сост. *Китай и соседи: 4-я всероссийская научная конференция молодых ученых востоковедов, 6-7 марта 2019 г., Санкт-Петербург: сборник материалов.* Санкт-Петербург: Восточный фак. СпбГУ, 2019.

548 Пан, Татьяна Александровна; Щепкин, В. В. сост. *Китай и соседи: 2-я научная конференция молодых петербургских востоковедов, 16-17 марта 2017 г., Санкт-Петербург: сборник материалов.* Санкт-Петербург: ЛЕМА, 2017.

549 Пасмурцев, А. А. и др. *Мы вместе строили новый Китай: основные направления и результаты помощи Китайской Народной Республике со стороны Советского Союза в 40-50-х годах XX века.* Хабаровск: Изд-во Тихоокеанского гос. ун-та, 2017.

550 Пахомова, Мария Андреевна. *Политика КНР в отношении государств Арабского Востока (1978-2012 гг.).* Москва: Граница, 2016.

551 Петровский, Владимир Евгеньевич. *Россия, Китай и контуры «Большого евразийского партнерства».* Москва: ИДВ РАН, 2018.

552 Печерица, Владимир Федорович. *"Восточный экспресс" Путина ускоряется на Китай.* Владивосток: Дальневосточный федеральный университет, 2015.

553 Печерица, Владимир Федорович; Бояркина, А. В. *Мягкая поступь жёлтого дракона.* Владивосток: ДВФУ, 2017.

554 Печерица, Наталья Гавриловна ред. *Изменения в мировой экономике и политике и их влияние на отношения между Россией и Китаем: Российско-Китайская межвузовская научно-практическая конференция молодых ученых.* Москва: Перо, 2015.

555 Погодин, Сергей Николаевич; Чжоу Цзюнь. *Политическое измерение взаимодействий КНР со странами Центральной Азии в евразийских интеграционных структурах.* Санкт-Петербург: Изд-во Политехнического ун-та, 2018.

556 Погодин, Сергей Николаевич; Ван Цзюньтао. *Международная деятельность Китая в*

Арктике. Санкт-Петербург: Издательство Политехнического университета, 2017.

557 Поликарпов, Виталий Семенович; Поликарпова, Е.В. *Красный дракон: Китай между Америкой и Россией. От Мао Цзэдуна до Си Цзиньпина*. Москва: Алгоритм, 2016.

558 Понкратова, Людмила Алексеевна ред. *Россия и Китай в АТР: трансграничное взаимодействие = Russia and China in the Asia-Pacific region: trans-border interaction: [материалы III Международной научно-практической конференции]*. Благовещенск: Изд-во АмГУ, 2016-. *Вып. 3, Ч. 1*. 2016.

559 Пономаренко, Людмила Васильевна; Журавлева, Е. В. *Внешняя политика КНР: учебно-методическое пособие*. Москва: Российский ун-т дружбы народов, 2020.

560 Попов, Владимир Сергеевич. *Даманский. Незабываемый остров, 1969-2019. 2-е изд., испр. и доп.*. Москва: Граница, 2019.

561 Портяков, Владимир Яковлевич. *Внешняя политика Китайской Народной Республики в XXI столетии*. Москва: ИДВ РАН, 2015.

562 Ровенский, Ю. А.; Белянчиковой, Т. В. ред. *Россия и Китай: вызовы и перспективы международной интеграции: материалы Международной научно-практической конференции (преподаватели), 1-2 ноября 2017 г.* Москва: ФГБОУ ВО «РЭУ им. Г. В. Плеханова», 2017.

563 Роуч, Стивен. *Несбалансированные. Созависимость Америки и Китая* [перевод с английского Юрия Каптуревского]. Москва: Изд-во Института Гайдара, 2019.

564 Рудый, Кирилл Валентинович. *Непохожие: взгляд на Китай и белорусско-китайские отношения*. Минск: Звязда, 2020.

565 Румянцев, Е. Н. *Внутренняя и внешняя политика Си Цзиньпина*. Москва: Синосфера, 2016.

566 Русинова, Ирина Ивановна ред. *Диалог культур: Россия и Китай на новом Шелковом пути: материалы Международной научной конференции (Пермь, 11 апреля 2017 г.)*. Пермь: ПГНИУ, 2017.

567 Рябушкин, Дмитрий Сергеевич. *Это было на Даманском: монография*. Казань: Бук, 2019.

568 Рябушкин, Дмитрий Сергеевич. *Советско-китайский пограничный конфликт 1969 года*. Казань: Бук, 2020.

569 Рябушкин, Дмитрий Сергеевич. *Остров Даманский. Пограничный конфликт. Март 1969 года*. Москва: Русские витязи, 2015.

570 Рябченко, Николай Павлович. *О Китае и российско-китайских отношениях = About China and Russian-Chinese relations*. Владивосток: Дальнаука, 2016.

571 Сафронова, Елена Ильинична. *Китай и развивающийся мир: концепции и актуальная практика отношений на примере Африки и Латинской Америки*. Москва: ФОРУМ, 2018.

572 Синь Цзиянь. *Фейковые страхи: отношения между США и Китаем: перевод с английского*. Москва: Весь мир, 2020.

573 Суходолов, Александр Петрович; Ли Вэйдун ред. *Развитие российско-китайских отношений: новая международная реальность: материалы Второй международной научно-практической конференции, посвященной 70-летию Победы во Второй мировой войне: в 2 ч.* Иркутск: БГУ, 2016.

574 Тавровский, Юрий Вадимович. *Америка против Китая: поднебесная сосредотачивается*

на фоне пандемии. Москва: Книжный мир, 2020.

575 Тараканова, Тамара Сергеевна; Погодин, С. Н. *Россия и Китай в Шанхайской организации сотрудничества: проблемы политико-экономического взаимодействия.* Санкт-Петербург: Изд-во Политехнического ун-та, 2018.

576 Титаренко, Михаил Леонтьевич; Петровский, В. Е. *Россия, Китай и новый мировой порядок: теория и практика.* Москва: Весь Мир, 2016.

577 Толмачев, Юрий Олегович. *Проблема пограничного урегулирования в китайско-индийских отношениях в конце 40-х - начале 60-х гг. XX века.* Рязань: Артикль, 2016.

578 Турицын, Игорь Викторович ред. *Дружба навеки: очерки истории сотрудничества Советского Союза и Китайской Народной Республики (1946-1960).* Москва: НИИ ИЭП, 2018.

579 Уянаев, Сергей Владимирович. *Россия - Индия - Китай: в контурах нового миропорядка: к 90-летию академика Евгения Максимовича Примакова.* Москва: Форум, 2019.

580 Фауст, Клиффорд. *Великий торговый путь от Петербурга до Пекина: история российско-китайских отношений в XVIII-XIX веках.* [пер. с англ. С. А. Белоусова]. Москва: Центрполиграф, сор. 2019.

581 Цвык, Анатолий Владимирович. *Европейское направление во внешней политике Китая: учебно-методическое пособие.* Москва: Российский ун-т дружбы народов, 2019.

582 Цвык, Анатолий Владимирович. *Формирование и развитие отношений между КНР и ФРГ во второй половине XX - начале XXI века = Formation and development of bilateral relations between the PRC and the FRG in the second half of the 20th century - the beginning of the 21st century.* Москва: Российский университет дружбы народов, 2017.

583 Цепелев, Олег Анатольевич и др. ред. *Россия и Китай: вектор развития: материалы Международной научно-практической конференции (18-19 ноября 2019 г.): [IV Международный молодежный экономический форум].* Благовещенск: Изд-во АмГУ, 2019.

584 Цепелев, Олег Анатольевич ред. *Россия и Китай: вектор развития = Russia and China: vector of development: материалы Международной научно-практической конференции (5 декабря 2016 г.).* Благовещенск: Изд-во АмГУ, 2017.

585 Цзин Сяоминь. *Мы и Вы: истории о Китае и Казахстане.* [главный редактор: Чжоу Сяопэй; перевод: Цяо Лилян, Ма Сяохуа]. Санкт-Петербург: Изд-во Санкт-Петербургского гос. экономического ун-та, 2017.

586 Цю Сяофэнь. *Взаимодействие Китайской Народной Республики и Российской Федерации в рамках Шанхайской организации сотрудничества.* Москва: Этносоциум, 2020.

587 Шаумян, Татьяна Львовна. *Россия, Великобритания и Тибет в «Большой игре».* Москва: Т-во научных изданий КМК, 2017.

588 Шэнь Чжихуа. *Советские специалисты в Китае (1948-1960).* [пер. с кит. А. А. Тагировой]. Москва: Наука: Восточная литература, 2015.

589 Юй Чжочао; Грозин, Андрей. *Политика Китая в отношении Центральной Азии. Изд. 2-е, перераб. и доп.* Санкт-Петербург: Алетейя, 2020.

590 Юй Чжочао; Грозин, Андрей. *Политика Китая в отношении Центральной Азии.* Санкт-Петербург: Алетейя, 2018.

591 Юйшина, Елена Александровна ред. *70 лет дружбы и сотрудничества: международная научно-практическая конференция, посвящённая 70-летию установления дипломатических отношений между Россией и КНР, Чита, 18 октября 2019 г.* Чита: ЗабГУ, 2019.

592 Яковец, Александр Пименович сост. *Даманский. Так это было: 50 лет пограничному конфликту на реке Уссури, 1969-2019: [исторический альбом].* Владивосток: Русский остров, 2019.

日语

593 日中韓政治経済戦争．英和出版社，2017.

594 中国の対外政策と諸外国の対中政策．日本国際問題研究所，2020.

595 『中国人の日本観』編集委員会．中国人の日本観 第 1 巻（古代から二十一か条要求まで）．社会評論社，2016.

596 21 世紀政策研究所．中国の国際社会におけるプレゼンス：第 1 回中国セミナー．21 世紀政策研究所，2018.

597 アンドリュー・J・ネイサン，アンドリュー・スコベル［著］河野純治［訳］．中国安全保障全史：万里の長城と無人の要塞（原タイトル：CHINA'S SEARCH FOR SECURITY）．みすず書房，2016.

598 エズラ・F・ヴォーゲル．日中関係史：1500 年の交流から読むアジアの未来（別タイトル：China and Japan）．日本経済新聞出版社，2019.

599 ガンバガナ．日本の対内モンゴル政策の研究：内モンゴル自治運動と日本外交：1933-1945 年．青山社，2016.

600 グレアム・アリソン．米中戦争前：新旧大国を衝突させる歴史の法則と回避のシナリオ．ダイヤモンド社，2017.

601 シーラ・スミス．日中親愛なる宿敵：変容する日本政治と対中政策．東京大学出版会，2018.

602 ジェームズ・スタインバーグ［ほか］．米中衝突を避けるために：戦略的再保証と決意．日本経済新聞出版社，2015.

603 ジェフ・ダイヤー［著］松本剛史［訳］．米中 世紀の競争：アメリカは中国の挑戦に打ち勝てるか（原タイトル：THE CONTEST OF THE CENTURY）．日本経済新聞出版社，2015.

604 デイビッド・シャンボー［著］加藤祐子［訳］．中国グローバル化の深層：「未完の大国」が世界を変える（原タイトル：CHINA GOES GLOBAL）．朝日新聞出版，2015.

605 テイラー・フレイヴェル．中国の領土紛争：武力行使と妥協の論理．勁草書房，2019.

606 マイケル・ファベイ．米中海戦はもう始まっている：21 世紀の太平洋戦争．文藝春秋，2018.

607 ゆまに書房出版部．戦後日中交流年誌 1（戦後の中共年誌 1945 年～1953 年）．ゆまに書房，2015.

608 ゆまに書房出版部．戦後日中交流年誌 2．ゆまに書房，2015.

609 ゆまに書房出版部．戦後日中交流年誌 3（日本・中共交流年誌 1958 年）．ゆまに書房，

2015.
610 ゆまに書房出版部.戦後日中交流年誌4（日本・中共交流年誌1959年）.ゆまに書房，2015.
611 ゆまに書房出版部.戦後日中交流年誌5（日本・中共交流年誌1960年）.ゆまに書房，2015.
612 ゆまに書房出版部.戦後日中交流年誌6.ゆまに書房，2015.
613 ゆまに書房出版部.戦後日中交流年誌7.ゆまに書房，2015.
614 ゆまに書房出版部.戦後日中交流年誌8.ゆまに書房，2015.
615 ゆまに書房出版部.戦後日中交流年誌9.ゆまに書房，2015.
616 ゆまに書房出版部.戦後日中交流年誌10.ゆまに書房，2016.
617 ゆまに書房出版部.戦後日中交流年誌11.ゆまに書房，2016.
618 ゆまに書房出版部.戦後日中交流年誌12.ゆまに書房，2016.
619 ゆまに書房出版部.戦後日中交流年誌13.ゆまに書房，2016.
620 ゆまに書房出版部.戦後日中交流年誌14.ゆまに書房，2016.
621 ゆまに書房出版部.戦後日中交流年誌15.ゆまに書房，2016.
622 ゆまに書房出版部.戦後日中交流年誌16.ゆまに書房，2016.
623 ゆまに書房出版部.戦後日中交流年誌17.ゆまに書房，2016.
624 浜口裕子.満洲国留日学生の日中関係史：満洲事変・日中戦争から戦後民間外交へ.勁草書房，2015.
625 朝日新聞取材班.米中争覇：「新冷戦」は始まったのか.朝日新聞出版，2020.
626 陳肇斌.中国市民の朝鮮戦争：海外派兵をめぐる諸問題（別タイトル：THE CHINESE PEOPLE'S RESPONSE TO THE WAR AGAINST THE UNITED STATES）.岩波書店，2020.
627 程麻，林振江.李徳：日中国交正常化の「黄金のクサビ」を打ち込んだ中国人女性：日中国交正常化45周年記念出版.日本僑報社，2017.
628 池上彰.はてな？なぜかしら？中国と朝鮮半島の問題 改訂版!.教育画劇，2016.
629 川島真，森聡.アフターコロナ時代の米中関係と世界秩序（別タイトル：U.S.-China Relations and the World Order After COVID-19）.東京大学出版会，2020.
630 川島真.中国のフロンティア：揺れ動く境界から考える.岩波書店，2017.
631 川島真［ほか］.現地資料が語る基層社会像：20世紀中葉東アジアの戦争と戦後.東京大学出版会，2020.
632 川島真［ほか］.中国の外交戦略と世界秩序：理念・政策・現地の視線.昭和堂，2020.
633 崔淑芬.日中交流の軌跡.中国書店，2017.
634 大川周明.米英東亜侵略史：昭和十七年作品.土曜社，2018.
635 大森和夫，大森弘子.夫婦の「手作り・日中交流」28年：日本語で日本理解を！：337枚の写真で見る："日本嫌い"の中国の大学生を減らしたい：1989年〈平成元年〉~2016年〈平成28年.日本僑報社，2016.
636 大森和夫，大森弘子.中国の大学生1万2038人の心の叫び：アンケート調査「戦後七十年・これからの日中関係を考える」：日中の「歴史認識」の「壁」をなくすには？中国人が「友好」のために出来ることは？.日本僑報社，2015.
637 丹羽宇一郎［ほか］.日中関係の未来を共創する：両国元外交官・大学生の提言.かもがわ出版，2016.

638	読売新聞政治部.「日中韓」外交戦争.新潮社，2016.	
639	段躍中.訪日中国人「爆買い」以外にできること：「おもてなし」日本へ、中国の若者からの提言.日本僑報社，2016.	
640	段躍中.日本人に伝えたい中国の新しい魅力：日中国交正常化45周年・中国の若者からのメッセージ.日本僑報社，2017.	
641	段躍中.忘れられない中国滞在エピソード：受賞作品集第1回.日本僑報社，2018.	
642	段躍中.中国の若者が見つけた日本の新しい魅力：見た・聞いた・感じた・書いた、新鮮ニッポン！：特別収録…現場の日本語教師の体験手記「私の日本語作文指導法」：中国若者たちの生の声.日本僑報社，2018.	
643	服部龍二.外交ドキュメント歴史認識.岩波書店，2015.	
644	岡本隆司，箱田恵子.ハンドブック近代中国外交史：明清交替から満洲事変まで.ミネルヴァ書房，2019.	
645	高嶺司.日本の対中国関与外交政策：開発援助からみた日中関係.明石書店，2016.	
646	高橋五郎.新次元の日中関係.日本評論社，2017.	
647	宮本雄二.日本の若年層を中心とする対中世論改善の可能性：学生懸賞論文集.日本僑報社，2020.	
648	宮本雄二.日中の失敗の本質：新時代の中国との付き合い方.中央公論新社，2019.	
649	宮本雄二.日中外交関係の改善における環境協力の役割：学生懸賞論文集.日本僑報社，2017.	
650	宮本雄二.中国における日本文化の流行：学生懸賞論文集.日本僑報社，2019.	
651	宮川徹志.佐藤栄作最後の密使：日中交渉秘史.吉田書店，2020.	
652	古森義久，門田隆将.崖っ淵に立つ日本の決断：米中"文明の衝突".PHP研究所，2020.	
653	古森義久，矢板明夫.米中激突と日本の針路.海竜社，2020.	
654	古森義久.米朝首脳会談と中国、そして日本はどうなるのか.ビジネス社，2018.	
655	古森義久.米中対決の真実.海竜社，2019.	
656	古森義久.戦争がイヤなら憲法を変えなさい：米中対決と日本.飛鳥新社，2017.	
657	谷野作太郎.中国・アジア外交秘話：あるチャイナハンドの回想.東洋経済新報社，2017.	
658	関西日中関係学会［ほか］.チャイナドリームと日中関係.桜美林大学北東アジア総合研究所，2016.	
659	和田龍太.中国をめぐる英米関係：イギリスによる航空機技術の対中輸出を中心に、1969-1975年.東海大学出版部，2019.	
660	河原地英武［ほか］.日中戦争と中ソ関係：1937年ソ連外交文書邦訳・解題・解説.東京大学出版会，2018.	
661	胡金定.日本と中国の絆.第三文明社，2015.	
662	及川琢英.帝国日本の大陸政策と満洲国軍.吉川弘文館，2019.	
663	吉川純恵.中国の大国外交への道のり：国際機関への対応をめぐって.勁草書房，2017.	
664	吉在俊，李尚典［著］李東埼［訳］.中国国共内戦と朝鮮人部隊の活躍：一九四五年八月〜一九五〇年四月.同時代社，2015.	
665	加茂具樹.中国対外行動の源泉.慶應義塾大学出版会，2017.	
666	加藤徹，林振江.日中戦後外交秘史：1954年の奇跡.新潮社，2020.	

667 加藤嘉一. 習近平はトランプをどう迎え撃つか：中国の世界戦略と日本の針路. 潮出版社, 2017.
668 榎本渉. 僧侶と海商たちの東シナ海. 講談社, 2020.
669 井出敬二.〈中露国境〉交渉史 国境紛争はいかに決着したのか？. 作品社, 2017.
670 久保亨. 日本で生まれた中国国歌：「義勇軍行進曲」の時代. 岩波書店, 2019.
671 酒井哲夫. 近くて近い国へ：着眼大局・着手小局中国との草の根交流永遠の平和を求めて. 福井県日中友好協会, 2016.
672 酒井正人. 日本・中国縁むすび：地球市民としての国際交流. 文芸社, 2015.
673 廉舒. 中国外交とプラグマティズム：一九五〇年代における中国の対英政策. 慶應義塾大学出版会, 2016.
674 林聖愛. 中韓関係と北朝鮮：国交正常化をめぐる「民間外交」と「党際外交」. 小石川ユニット, 2015.
675 凌星光. 21世紀の日中関係の在り方：中国の国内体制と外交戦略. HINAS（北海学園北東アジア研究交流センター）, 2016.
676 劉愛君. 人あり情けあり平和あり：中国人通訳が見た大連・金沢交流20年. 北国新聞社出版局, 2019.
677 劉軍国. 温故創新：日本各界が感動した新中国70年の発展成果：人民日報駐日本記者現地取材報告集. 日本僑報社, 2019.
678 柳英武. 東アジアにおける近代条約関係の成立. 龍渓書舎, 2015.
679 鹿取克章. 東アジアの平和と繁栄に向けて：日中韓の友好協力関係強化に向けての道筋. かまくら春秋社出版事業部, 2020.
680 鹿錫俊. 蔣介石の「国際的解決」戦略：1937-1941：「蔣介石日記」から見る日中戦争の深層. 東方書店, 2016.
681 馬場毅. 近代日中関係史の中のアジア主義：東亜同文会・東亜同文書院を中心に. あるむ, 2017.
682 毛里和子, 毛里興三郎. ニクソン訪中機密会談録. 名古屋大学出版会, 2016.
683 毛里和子. 日中漂流：グローバル・パワーはどこへ向かうか. 岩波書店, 2017.
684 毛里和子. 現代中国外交. 岩波書店, 2018.
685 茂木誠.「米中激突」の地政学. ワック, 2020.
686 梅本哲也. 米中戦略関係. 千倉書房, 2018.
687 名古屋外国語大学. トランプ時代の日中関係：第三回日中大学生討論会. 名古屋外国語大学, 2017.
688 木村隆和. 日中国交正常化と日米関係：対米「自主」外交の裏面史. 三恵社, 2017.
689 南村志郎. 日中外交の黒衣六十年：三木親書を託された日本人の回想録. ゆいぽおと, 2018.
690 内田雅敏. 一衣帯水「平和資源」としての日中共同声明：日中間の安定的発展と未来を切り拓く四つの基本文書と2014年の合意文書. スペース伽耶, 2017.
691 片山和之. 対中外交の蹉跌：上海と日本人外交官. 日本僑報社, 2017.
692 浦野起央. 南シナ海の領土問題：分析・資料・文献（別タイトル：South China Sea Territorial Dispute）. 三和書籍, 2015.
693 浅野勝人. 日中反目の連鎖を断とう：北京大学講義録. NHK出版, 2018.
694 橋本秀一. 明治長崎清国水兵暴行事件. ブックコム, 2020.
695 橋田恵子. 張学良が仕掛けた四つの罠：日中戦争と太平洋戦争の真実. 上毛新聞社事

業局出版部，2017.
696　橋爪大三郎．中国 vs アメリカ：宿命の対決と日本の選択．河出書房新社，2020.
697　慶応義塾大学法学部．済南事件と日本のマスメディア．慶應義塾大学法学部政治学科玉井清研究会，2015.
698　慶応義塾大学法学部．西安事件と日本のマスメディア．慶應義塾大学法学部政治学科玉井清研究会，2016.
699　秋田浩之．乱流：米中日安全保障三国志．日本経済新聞出版社，2016.
700　日本国際問題研究所．中国の対外政策と諸外国の対中政策．日本国際問題研究所，2018.
701　日本日中関係学会，宮本雄二．日中経済とシェアリングエコノミー：学生懸賞論文集．日本僑報社，2018.
702　日本中国友好協会．どうする日中関係：知らないでは済まない戦後 70 年．本の泉社，2015.
703　日高義樹．米中衝突の結末：日本は孤立し、自立する：日高義樹論考集．PHP 研究所，2019.
704　日高義樹．米中時代の終焉．PHP 研究所，2020.
705　日高義樹．日本人だけが知らない米中関係の真実．ベストセラーズ，2015.
706　日中韓政治・経済戦争 2016 ～：ニッポンが勝利する 100 の理由．英和出版社，2016.
707　三船恵美．中国外交戦略：その根底にあるもの．講談社，2016.
708　森万佑子．朝鮮外交の近代：宗属関係から大韓帝国へ．名古屋大学出版会，2017.
709　杉山徹宗．「米中同盟」時代と日本の国家戦略．祥伝社，2015.
710　上村威．文化と国家アイデンティティの構築：関係と中国外交．勁草書房，2015.
711　深串徹．戦後台湾における対日関係の公的記憶：1945-1970s．国際書院，2019.
712　深田萌絵．米中 AI 戦争の真実．育鵬社，2019.
713　時事通信出版局，信太謙三．扉はふたたび開かれる：検証日中友好と創価学会．時事通信出版局，2015.
714　寺山恭輔．スターリンと新疆：1931-1949 年（別タイトル：Сталин и Синьцзян）．社会評論社，2015.
715　松本はる香．〈米中新冷戦〉と中国外交：北東アジアのパワーポリティクス．白水社，2020.
716　松本重治．上海時代：ジャーナリストの回想 上．中央公論新社，2015.
717　松本重治．上海時代：ジャーナリストの回想 下．中央公論新社，2015.
718　松尾文夫．アメリカと中国．岩波書店，2017.
719　孫薇．中国から見た古琉球の世界．琉球新報社，2016.
720　譚璐美．近代中国への旅．白水社，2017.
721　藤村一郎，後藤啓倫．吉野作造と関東軍：満蒙権益をめぐる民本主義と統帥権の相克．有志舎，2019.
722　藤田昌志．日本の中国観．晃洋書房，2015.
723　天児慧，李鍾元．東アジア和解への道：歴史問題から地域安全保障へ．岩波書店，2016.
724　天児慧［ほか］．証言戦後日中関係秘史．岩波書店，2020.
725　田島高志．外交証言録日中平和友好条約交渉と鄧小平来日．岩波書店，2018.
726　田所昌幸．台頭するインド・中国：相互作用と戦略的意義．千倉書房，2015.

727 田畑光永. 勝った中国・負けた日本：記事が映す断絶八年の転変：一九四五年~一九五二年. 御茶の水書房，2015.
728 田中健夫. 対外関係と文化交流. 思文閣出版，2016.
729 樋口清秀［ほか］. 日中共同知の創造：早稲田大学・厦門大学国際学術会議論文集. 白帝社，2018.
730 筒井清忠. 満州事変はなぜ起きたのか. 中央公論新社，2015.
731 王柯. 近代日中関係の旋回：「民族国家」の軛を超えて. 藤原書店，2015.
732 王勇. 古代をいろどる国際人. 大樟樹出版社，2019.
733 王勇. 奈良・平安期のブックロード. 大樟樹出版社，2019.
734 呉士存. 中国と南沙諸島紛争：問題の起源、経緯と「仲裁裁定」後の展望. 花伝社，2017.
735 小倉和夫. 日本の「世界化」と世界の「中国化」：日本人の中国観二千年を鳥瞰する. 藤原書店，2019.
736 小池求. 20世紀初頭の清朝とドイツ：多元的国際環境下の双方向性. 勁草書房，2015.
737 小原凡司，栾原響子. 米中新冷戦の幕開け：AFTER SHARP POWER. 東洋経済新報社，2019.
738 新聞通信調査会. 米中激突、揺れる国際秩序：問われるメディアの分析力・洞察力：シンポジウム. 新聞通信調査会，2019.
739 星野昭吉. 戦後の「平和国家」日本の理念と現実. 同文舘出版，2017.
740 閻学通. 歴史の慣性：これからの中国と世界2013-2023（別タイトル：INERTIA OF HISTORY）. 晃洋書房，2019.
741 閻学通. 世界権力の移行：中国の道義的現実主義の道（別タイトル：THE TRANSITION OF WORLD POWER）. 晃洋書房，2020.
742 楊海程. 日中政治外交関係史の研究：第一次世界大戦期を中心に 2015 印刷. 芙蓉書房出版，2015.
743 益尾知佐子. 中国の行動原理：国内潮流が決める国際関係. 中央公論新社，2019.
744 益尾知佐子［ほか］. 中国外交史. 東京大学出版会，2017.
745 櫻井良樹. 華北駐屯日本軍：義和団から盧溝橋への道. 岩波書店，2015.
746 遊川和郎［ほか］. 中国との距離に悩む周縁. 亜細亜大学アジア研究所，2016.
747 兪敏浩，今野茂充. 東アジアのなかの日本と中国：規範・外交・地域秩序. 晃洋書房，2016.
748 兪敏浩. 国際社会における日中関係：1978~2001年の中国外交と日本. 勁草書房，2015.
749 園田茂人，デヴィッド・S・G・グッドマン. チャイナ・インパクト：近隣からみた「台頭」と「脅威」. 東京大学出版会，2018.
750 遠藤滋. 米中二極時代と日本：我々はいかに生き残るか. 文藝春秋企画出版部，2020.
751 早川理恵子. インド太平洋開拓史：2つの海の交わり. 明成社，2020.
752 齋藤道彦. 南シナ海問題総論. 中央大学出版部，2019.
753 張剣波. 米中和解と中越関係：中国の対ベトナム政策を中心に（別タイトル：The Sino-American Rapprochement and China-Vietnam Relations）. 社会評論社，2015.
754 張偉雄. 日中文人の明治期交遊録. 大樟樹出版社，2019.
755 張雪斌. 日本と中国のパブリック・ディプロマシー：概念変容に伴う新たな競争. ミネルヴァ書房，2019.

756　張雲．日中相互不信の構造（別タイトル：Unpacking the Dynamics of Japan-China Mutual Mistrust）．東京大学出版会，2020．
757　趙宏偉．中国外交論（別タイトル：CHINA's DIPLOMACY）．明石書店，2019．
758　中国の対外政策と諸外国の対中政策．日本国際問題研究所，2019．
759　中居良文［ほか］．中国の南向政策．御茶の水書房，2020．
760　塚本英樹．日本外交と対中国借款問題：「援助」をめぐる協調と競合．法政大学出版局，2020．
761　朱建榮．世界のパワーシフトとアジア：新しい選択が迫られる日本外交．花伝社，2017．
762　佐橋亮．共存の模索：アメリカと「二つの中国」の冷戦史．勁草書房，2015．
763　佐藤壮，江口伸吾．変動期の国際秩序とグローバル・アクター中国：外交・内政・歴史．国際書院，2018．

阿拉伯语

764　تشانغ، تشينغ مين. الدبلوماسية الصينية. بيت الحكمة للاستثمارات الثقافية، 2017.
765　سليم كاطع علي. التنافس الأمريكي - الصيني :تجاه قارة أفريقيا بعد الحرب الباردة (السودان إنموذجاً). دار أمجد للنشر والتوزيع, 2018.
766　نبيل علي سرور. الظاهرة الصينية : أبعاد التجربة الصينية وتطور علاقات الصين الخارجية في مرحلة الإصلاح والانفتاح (1990 - 2015) . المؤسسة الحديثة للكتاب, 2016.

其他语种

767　Abălașei-Donosă, Constanța. În China, cu Domnul Eminescu. Editura Rafet, 2017.
768　Abbasov, Rafiq. Azərbaycan Dillər Universiteti. Çin dili və Mədəniyyəti Mərkəzi. ADU, 2016.
769　Ablet, Alimcan. Çin- İsrail ilişkileri. İyidüşün Yayınları, 2016.
770　Adıbelli, Barış. Osmanlı'dan günümüze Türk-Çin ilişkileri. IQ Kültür Sanat Yayıncılık, 2016.
771　Adviesraad Internationale Vraagstukken. China en de strategische opdracht voor Nederland in Europa. Adviesraad Internationale Vraagstukken, AIV, 2019.
772　Allison, Graham T. Osudová past: Spojené státy versus Čína a Thúkýdidovo poučení z dějin. Prostor, 2018.
773　Amaral, José Lobo do. China e países lusófonos: património construído. Instituto Internacional de Macau, 2016.
774　Ambasada Republicii Populare Chineze în România (București). Dialog: relațiile chino-române și cele chino-europene. Monitorul Oficial R.A., 2020.
775　Anderson, Perry. Revoluții în oglindă: Rusia și China în secolele XX și XXI. Tact, 2016.
776　André, Carlos Ascenso. Uma língua para ver o mundo: olhando o português a partir de Macau. Instituto Politécnico de Macau, 2016.
777　Arežina, Sanja. Kina u Evropi. Službeni glasnik, 2018.
778　Bader, Jeffrey A. Obama và sự trỗi dậy của Trung Quốc: Bên trong chiến lược Châu Á của

Mỹ: Sách tham khảo. Chính trị Quốc gia, 2016.
779　Bandeira, Julio. O Brasil na rota da China: 1500-1808. ArtePadilla, 2018.
780　Boriçi, Gjon. Marrëdhëniet shqiptaro-kineze në Luftën e ftohtë, 1956-1978. Mirgeeralb, 2016.
781　Böyük İpək yolunda Azərbaycan-Çin əlaqələri: tarix və müasirlik beynəlxalq elmi seminar (2017; Bakı). "Böyük İpək yolunda Azərbaycan-Çin əlaqələri: tarix və müasirlik" mövzusunda beynəlxalq elmi seminarın materialları: Bakı, 02-04 Oktyabr 2017. Avropa, 2018.
782　Brona, Adrian. Nierealne oczekiwania: bilans i perspektywy stosunków polsko-chińskich. Klub Jagielloński, 2020.
783　Budura, Anna Eva. Diplomația chineză: premise istorice și spirituale. Top Form, 2018.
784　Budura, Romulus Ioan. Relațiile româno-chineze: 1975-1981: documente. [s.n.], 2015.
785　Bulancia, Maria Mădălina. Relațiile politico-diplomatice și militare dintre SUA și R.P. Chineză după sfârșitul războiului rece. Editura Universității Naționale de Apărare "Carol I", 2019.
786　Caeiro, Antonio. Peregrinação vermelha: o longo caminho até Pequim: uma história da atração portuguesa pelo maoismo e dos contactos entre Portugal e a China vermelha. Dom Quixote, 2016.
787　Cardenal, Juan Pablo. Nieuchronny podbój świata po chińsku. Wydawnictwo Sonia Draga, 2016.
788　Carriço, Alexandre. Harmonizando o poder: imagem, diplomacia pública e diplomacia militar da China. Letras Itinerantes, Edição e distribuição de livros, 2015.
789　Cotescu, Diana. Eminescu și China. Scrisul Românesc Fundația - Editura, 2018.
790　Cù Chí Lợi. Điều chỉnh chiến lược của Trung Quốc và những tác động tới quan hệ Mỹ - Trung Quốc. Khoa học xã hội, 2018.
791　Cvetković, Vladimir N. Novi put svile: evropska perspektiva: bezbednosni izazovi/rizici unutar Inicijative 16+1. Fakultet bezbednosti, 2018.
792　Cvetković, Vladimir N. Novi put svile: balkanska perspektiva: političko-bezbednosni aspekti. Univerzitet, Fakultet bezbednosti, 2017.
793　Cvetković, Vladimir N. Pojas i put: realnost i očekivanja: iskustvo Srbije. Fakultet bezbednosti, 2020.
794　Czajewski, Jerzy. Polacy w Mandżurii = Bolanren zai Zhongguo Dongbei: (1897-1949). Archiwum Akt Nowych, 2015.
795　Czajewski, Jerzy. Polacy w Mandżurii = Poles in Manchuria: (1897-1949). Archiwum Akt Nowych, 2015.
796　Cziomer, Erhard. Współpraca Chińskiej Republiki Ludowej z Federacją Rosyjską a nowy wymiar stosunków międzynarodowych w XXI wieku. Cz. 1, Znaczenie współpracy Chin i Rosji dla kształtowania nowego porządku międzynarodowego. Krakowska Akademia im. Andrzeja Frycza Modrzewskiego, 2018.
797　Damas, Roberto Dumas. China X EUA: como a economia global e a geopolítica se comportarão no pós-pandemia. Saint Paul, 2020.
798　Diokno, Maria Serena I. Kína lábnyomai Délkelet-Ázsiában. Pallas Athéné Kvk., 2019.
799　Đoàn, Bắc. Đến với Trường Sa = All for Truong Sa. Nhà xuất bản Thông tin và truyền thông, 2015.
800　Dwyer, Tom. Jovens universitários em um mundo em transformação: uma pesquisa sino-brasileira. Instituto de Pesquisa Econômica Aplicada, 2016.

801 Dymczyk, Rafał (ed.). Boym et cetera. Humanistic and Interdisciplinary Research Group AMU, 2015.
802 Dziak, Waldemar Jan. Chińsko-sowiecki spór graniczny: wybór dokumentów. Instytut Studiów Politycznych Polskiej Akademii Nauk, 2017.
803 Dziak, Waldemar Jan. Polska - Chiny 1956: zbiór dokumentów. Instytut Studiów Politycznych Polskiej Akademii Nauk, 2016.
804 Əliyeva, Ülkər Ceyhun qızı. XXI əsrin əvvəllərində ABŞ-ÇİN münasibətləri. Elm və təhsil, 2016.
805 Érsek-Csanádi Alexandra. A magyar - kínai diplomáciai kapcsolatok felvételének 70. évfordulója. MNB, 2019.
806 Espevik, Roar. Sjømilitær utvikling i Russland og Kina. Grunnlag for bekymring?: sjømakt og sjømilitær ledelse. The Norwegian Defence University College, The Royal Norwegian Naval Academy, 2020.
807 Eyvazlı, Cəfər Vaqif oğlu. Çin Xalq Respublikasının müasir regional siyasəti: dərs vəsaiti. Mütərcim, 2017.
808 Fechner, Natalia Anna. Stosunki Unii Europejskiej z Chińską Republiką Ludową w XXI wieku. Wydawnictwo Wyższej Szkoły Bezpieczeństwa, 2017.
809 Fiszer, Józe (ed.). Unia Europejska - Chiny w XXI wieku. Instytut Studiów Politycznych Polskiej Akademii Nauk, 2018.
810 Fiszer, Józef. Unia Europejska - Chiny: dziś i w przyszłości. Instytut Studiów Politycznych Polskiej Akademii Nauk, 2016.
811 Geugten, T.F. van der. Geschiedeniswerkplaats. Tweede fase. Havo. Themakaternen. China en Europa: westerse en niet-westerse culturen. Noordhoff Uitgevers, 2015.
812 Giza, Andrzej. Polacy z Mandżurii: dzieje polskiej kolonii w Harbinie w latach 1895-1966. Wydawnictwo Avalon, 2019.
813 Goldstein, Jonathan. העברית האוניברסיטה - מאגנס ל"י ש"ע ספרים הוצאת. לקרבה מאיבה, וישראל סין. 2016.
814 Goreczky Péter. Magyarország és Kína: 70 éves kapcsolat a változó világban. Külügyi és Külgazd. Int., 2019.
815 Gu, Tiejun. Opiniões de acadêmicos brasileiros sobre a China = Brazilians scholars' views on China. Editora UFRGS, 2019.
816 Gumienik, Szymon (ed.). Problemy militarne i społeczno-gospodarcze Azji Wschodniej. Wydawnictwo Adam Marszałek, 2016.
817 Guran, Milton. Rio Pequim: duas avenidas centenárias. Luz Tropical, 2019.
818 Gustafsson, Karl. Kina och Japan: grannar som inte drar jämnt. Utrikespolitiska institutet, 2015.
819 Holslag, Jonathan. Onmogelijke vrede: China's moeizame opmars in Azië. De Bezige Bij, 2015.
820 Huỳnh Tâm Sáng. Biển Đông trong chiến lược trở thành cường quốc biển của Trung Quốc. Đại học Quốc gia Tp. Hồ Chí Minh, 2015.
821 Jensen, Jacob. Kina udfordrer USA: stormagtskonflikt og det socialistiske perspektiv. Eget forlag, 2020.
822 Jullien, François. A propensão das coisas: por uma história da eficácia na China. Ed. UNESP, 2017.

823 Kaczmarski, Marcin. Jedwabna globalizacja: chińska wizja ładu międzynarodowego. Ośrodek Studiów Wschodnich im. Marka Karpia, 2016.
824 Kaczmarski, Marcin. Niezbędny partner drugoplanowy: Europa w polityce Chin w okresie rządów XI Jinpinga. Ośrodek Studiów Wschodnich im. Marka Karpia, 2016.
825 Kamiński, Tomasz. Regionalny wymiar stosunków UE z Chinami. Polski Instytut Spraw Międzynarodowych, 2019.
826 Kamiński, Tomasz. Sypiając ze smokiem: polityka Unii Europejskiej wobec Chin. Wydawnictwo Uniwersytetu Łódzkiego, 2015.
827 Kekkonen, Sylvi. Sylvin matkassa: yksityiset päiväkirjat Kiinasta. Kustannusosakeyhtiö Otava, 2020.
828 Kissinger, Henry. Bàn về Trung Quốc = On china. Nhà xuất bản Công an nhân dân, 2015.
829 Klimeš, Ondřej. Kulturní diplomacie Číny a její regionální variace. Academia, 2018.
830 Kudláček, Lukáš. Ekonomická spolupráce České republiky s Čínskou lidovou republikou. Institute to Research the Crimes of Communism, 2020.
831 Leszczyńska, Dominika. Czyżewscy, Harbin i Kolej Wschodniochińska. Stacja Muzeum, 2019.
832 Lima, Sérgio Eduardo Moreira. Brasil e China: 40 anos de relações diplomáticas: análises e documentos. Fundação Alexandre de Gusmão, 2016.
833 Lintner, Bertil. Det nya kalla kriget. Historiska Media, 2018.
834 Łuszczykiewicz, Antonina. Kulturowe dziedzictwo Indii w Pięciu Zasadach Pokojowego Współistnienia i jego rola w relacjach chińsko-indyjskich. Wydawnictwo Księgarnia Akademicka, 2020.
835 Luyn, Floris-Jan van. Aan de andere kant is alles beter: waar de Mississippi en de Jangtse samenvloeien. Uitgeverij Atlas Contact, 2016.
836 Lý Quang Diệu. Lý Quang Diệu bàn về Trung Quốc, Hoa Kỳ và thế giới: Sách tham khảo. Thế giới, 2018.
837 Marote, Christine. China na minha vida: o que aprendi com o dragão. Gryphon Edições, 2017.
838 Marszałek-Kawa, Joanna. Chiny i świat zewnętrzny. Wydawnictwo Adam Marszałek, 2016.
839 Marszałek-Kawa, Joanna. Stosunki chińsko-amerykańskie w warunkach rozwoju nowoczesnych technologii. Wydawnictwo Adam Marszałek, 2020.
840 Miazek-Męczyńska, Monika. Indipetae Polonae - kołatanie do drzwi misji chińskiej. Wydawnictwo Naukowe Uniwersytetu im. Adama Mickiewicza, 2015.
841 Mierzejewski, Dominik. Aktywność gospodarcza i polityczna Chińskiej Republiki Ludowej w regionie Europy Środkowej i Wschodniej. Wydawnictwo Uniwersytetu Łódzkiego, 2018.
842 Mierzejewski, Dominik. Wielowymiarowość polityki Chińskiej Republiki Ludowej w regionie Europy Środkowo-Wschodnie. Instytut Europy Środkowej, 2019.
843 Minh thực lục: quan hệ Trung Quốc - Việt Nam thế kỷ XIV-XVII. Nhà xuất bản Hà Nội, 2019.
844 Montenegro, Maria Margarida. Um rei e três imperadores: Portugal, China e Macau no tempo de D. João V. Santa Casa da Misericórdia de Lisboa, 2019.
845 Mostert, Tristan. Zijden draad: China en Nederland 1600-2015. Rijksmuseum, 2015.
846 N'Diaye, Tidiane. Żółte i czarne: historia chińskiej obecności w Afryce. Wydawnictwo Akademickie "Dialog" Anna Parzymies, 2016.
847 Nguyễn An Hà. Điều chỉnh chiến lược và phương thức phát triển mới của Trung Quốc và

những tác động tới Liên minh Châu Âu. Khoa học xã hội, 2017.

848 Nguyễn Huy Hoàng. Đánh giá, dự báo tác động của điều chỉnh chiến lược và phương thức phát triển mới của Trung Quốc đến ASEAN và gợi mở chính sách cho Việt Nam: Sách chuyên khảo. Khoa học xã hội, 2018.

849 Nguyễn Mạnh Hùng. Quan hệ Trung Quốc - Châu Phi những năm đầu thế kỷ XXI. Khoa học xã hội, 2017.

850 Nguyễn Thị Mỹ Hạnh. Quan hệ ngoại giao Việt Nam - Trung Quốc thời Nguyễn (1802 - 1885). Chính trị Quốc gia, 2017.

851 Nguyễn Xuân Trung. Quan hệ giữa Trung Quốc với Pakistan, Cộng hoà Dân chủ Nhân dân Triều Tiên, Mông Cổ trong bối cảnh Trung Quốc điều chỉnh chiến lược phát triển: Sách chuyên khảo. Khoa học xã hội, 2017.

852 Nguyễn, Duy Chính. Phái đoàn Đại Việt và lễ Bát tuần khánh thọ của Thanh Cao Tông. Nhà xuất bản Văn hóa Văn nghệ TP. Hồ Chí minh, 2016.

853 Nilsen, Kjell Arild. Kina vs. Norge: den ukjente historien fra Maos nei til dagens krise: dokumentar. Kagge, 2015.

854 Obbema, Fokke. China en Europa: waar twee werelden elkaar raken. Olympus, 2016.

855 Okraska, Tomasz. Słoń w pogoni za smokiem: stosunki indyjsko-chińskie w zmieniającym się świecie. Wydawnictwo Adam Marszałek, 2019.

856 Ólafur Egilsson. Kína og Ísland: samskipti vinaþjóða. Landsbókasafn Íslands - Háskólabókasafn, 2016.

857 Olędzki, Jerzy Aleksander. Mocarstwo z panazjatyckiej mozaiki: geneza i ewolucja Szanghajskiej Organizacji Współpracy. Wydawnictwo Asian Century, 2019.

858 Ottosson, Ingemar. Möten i monsunen: Sverige och Kina genom tiderna. Dialogos, 2019.

859 Pajor, Jan. Chiny w polityce zagranicznej Stanów Zjednoczonych w latach 1911-1918. Wydawnictwo Uniwersytetu Łódzkiego, 2019.

860 Phạm Phúc Vĩnh. Quan hệ Việt Nam - Trung Quốc (1986 - 2006). Đại học Quốc gia Tp. Hồ Chí Minh, 2016.

861 Phạm Quang Minh. Quan hệ tam giác Việt Nam - Liên Xô - Trung Quốc trong cuộc kháng chiến chống Mỹ (1954 - 1975). Đại học Quốc gia Hà Nội, 2018.

862 Phạm, Ngọc Anh. Chiến tranh thương mại Mỹ - Trung và an ninh quốc gia trong tình hình mới. Nhà xuất bản Chính trị Quốc gia Sự thật, 2020.

863 Pieke, Frank Nikolaas. China, een gids voor de 21e eeuw. Amsterdam University Press, 2016.

864 Pillsbury, Michael. Stogodišnji maraton: tajni plan Kine kako da nadmaši Sjedinjene Države i postane. Profil, 2018.

865 Pillsbury, Michael. Stoletý maraton: tajná čínská strategie, jak vystřídat Ameriku v roli globální supervelmoci a nastolit čínský světový řád. Rybka Publishers, 2019.

866 Puślecki, Zdzisław Walenty. Unia Europejska - Chiny: nowe zjawiska w stosunkach handlowo-ekonomicznych. Wydawnictwo Poznańskie, 2018.

867 Putten, Johannes Maria Paulus Bonaventura van der. Botsende supermachten: China en Amerika op ramkoers? Nieuw Amsterdam, 2017.

868 Ramos, João de Deus. Em torno da China: memórias diplomáticas. Caleidoscópio, 2016.

869 Ribeiro, José Manuel Félix. EUA versus China: confronto ou coexistência: a globalização e os desafios do novo milénio. Guerra & Paz, 2015.

870 Rohtmets, Priit. Eesti ja Hiina suhete sünd = The origins of Estonia-China relations. Eesti Akadeemiline Orientaalselts, 2018.
871 Rosengren, Peter. Reportage från periferin: avvecklingen av det portugisiska kolonialväldet i Östasien. Östtimor och Macao. Ultima Esperanza Books, 2020.
872 Roth, Hans Ingvar. När Konfucius kom till FN: Peng Chun Chang och FN: s förklaring om de mänskliga rättigheterna. Dialogos, 2016.
873 Sarek, Łukasz. Polsko-chińskie stosunki gospodarcze w 2017 r. w ujęciu porównawczym: lipiec 2018. Ośrodek Badań Azji. Centrum Badań nad Bezpieczeństwem Akademia Sztuki Wojennej, 2018.
874 Scomazzon, Marli Cristina. Primeira circum-navegação brasileira e primeira missão do Brasil à China. Dois por Quatro Editora, 2020.
875 Skřivan, Aleš. Hra o Říši středu: politické a hospodářské zájmy Velké Británie a Německa v Číně, 1894-1914. Agentura Pankrác, 2017.
876 Song, Zhu. Przewodnik ksenofoba - Chińczycy. Finebooks - Grupa Wydawnicza Adamantan, 2016.
877 Spalding, Robert Stanley. Niewidzialna wojna: jak Chiny w biały dzień przejęły wolny Zachód. Wydawnictwo Jeden Świat, 2019.
878 Sulmicki, Jan. Chiny i Polska w nowym ładzie globalnym. Akademia Finansów i Biznesu, 2016.
879 Świstow, Aleksandra. Laowai w wielkim mieście: zapiski z Chin. Burda NG Polska, 2015.
880 Szentesi Ambrus Gábor. Kis szigetek a világpolitika metszetében: a kínai - japán viszonyok a Szenkaku. Veszprémi Humán Tudományokért Alapítvány, 2015.
881 Tai, Michael. Kína és szomszédai: ázsiai diplomácia az ókortól napjainkig. Pallas Athéné Kvk., 2020.
882 Tjeldvoll, Arild. Kan Norge lære av Kina?: kunnskapsskole. ELI Publ., 2016.
883 Tomozei, Dan. Diplomația Panda. Corint Books, 2015.
884 Trần Hoàng Long. Quan hệ Nhật Bản - Trung Quốc từ năm 1949 đến năm 1991. Chính trị Quốc gia, 2017.
885 Trịnh Văn Định. Tự do và quyền lực - Nhân vật đế sư Trương Lương trong văn học nhà nho ở Việt Nam và Trung Quốc. Tri thức, 2018.
886 Universiteti Ismail Qemali. Marrëdhëniet shqiptaro-kineze: tradita, gjendja dhe e ardhmja: në 70-vjetorin e vendosjes së marrëdhënieve midis Shqipërisë dhe Kinës: konferencë shkencore ndërkombëtare: Vlorë, 12-13 tetor, 2019: libri i abstrakteve = Albanian - Chinese relations: tradition, situation and future: on the 70th anniversary of establishing relationships between Albania and China: international scientific conference: Vlora, 12-13 october, 2019: proceeding book. Sai, 2019.
887 Vámos Péter. Magyar - kínai kapcsolatok, 1949-1989: források. L'Harmattan, 2020.
888 Văn Tân. Lịch sử ngoại giao Việt Nam - Trung Quốc: Từ khởi thuỷ đến cuối thế kỷ XVIII: Sách tham khảo, phục vụ lãnh đạo. Chính trị Quốc gia, 2018.
889 Vũ Dương Ninh. Biên giới trên đất liền Việt Nam - Trung Quốc. Công an nhân dân, 2018.
890 Westad, Odd Arne. Nyughatatlan birodalom: Kína és a világ 1750 óta. Antall J. Tudásközp., 2020.
891 Wroński, Paweł. Polska - ojczyzna Chopina = Xiaobang guxiang - Bola. Fundacja Chińsko-

Polskiej Wymiany Gospodarczej i Kulturalnej, 2019.
892 Żuchowska, Marta. Da Qin i Fulin: obraz Zachodu w źródłach chińskich z I tysiąclecia n. e.. Wydawnictwo Akademickie Dialog, 2017.
893 Γκόφας, Ανδρέας. Θεωρητικές προβολές στη διεθνή πολιτική: η σινο-αμερικανική πρόκληση. Πεδίο, 2017.
894 Арежина, Сања. Kina u Evropi. Službeni glasnik, 2018.
895 Белорусский государственный университет (Минск). Институт Конфуция. Белорусско-китайские отношения в межгосударственных, межправительственных и межведомственных документах: (1992—2019 гг.): [сборник оцифрованных текстов оригинальных белорусско-китайских договоров, соглашений, меморандумов и протоколов]. Издательский центр БГУ, 2019.
896 Ванг, Живеи. Kina povezuje svet: na čemu se zasniva Inicijativa «Pojas i put». Centar za međunarodnu saradnju i održivi razvoj - CIRSD, 2018.
897 Герасимов, Петър Миронов. 70 години приятелство и сътрудничество България - Китай: дипломатически отношения. [РА Евромедия], 2019.
898 Жекенов, Думан Құрманғазыұлы. Қытай Халық Республикасы «төртінші буын» басшыларының сыртқы саясаты (2003-2013 жж.). Қазақ университеті, 2017.
899 Жујовић, Бранко М. Србија на Путу свиле: (2012 -2015). Нова српска политичка мисао, 2015.
900 Китай се придържа към разрешаване на спора между Китай и Филипините в Южнокитайско море чрез преговори, юли 2016. Ентропи 1, 2016.
901 Лађевац, Ивона. Будућност сарадње Кине и Србије. Институт за међународну политику и привреду, 2018.
902 Легкоступ, Пламен Анатолиев. Международна научна конференция Дипломатически, икономически и културни отношения между Китай и страните от Централна и Източна Европа (В. Търново; 2015). Фабер, 2016.
903 Легкоступ, Пламен Анатолиев. Сборник с доклади от международна научна конференция на тема «Дипломатически, икономически и културни отношения между Китай и страните от Централна и Източна Европа», Велико Търново, 11-12 ноември 2016 г.. Фабер, 2017.
904 Малинова, Мариана. Българо-китайски отношения в съвременния период. ИК Гутенберг, 2015.
905 Мандова, Искра Генчева. Тански Китай, Византия и ислямският свят: дипломатически, стопански и културно-религиозни контакти. Фабер, 2015.
906 Международна конференция Дипломатически, икономически и културни отношения между Китай и страните от Централна Европа (Велико Търново; 2017). Дипломатически, икономически и културни отношения между Китай и страните от Централна и Източна Европа: сборник с доклади от международна конференция, 13-14 октомври 2017 г., Велико Търново. Фабер, 2018.
907 Мечникова, І. І. Китай-Україна: перспективи академічного та ділового співробітництва: матеріали Міжнар. наук.-практ. конф., 27-28 трав. 2019. Фенікс, 2019.
908 Попова, Олександра В. Україна і Китай: мова та культура: навч. посіб.-довід. Гельветика, 2019.

909 Роуч, Майкъл. Китай те обича: краят на глобалната конкуренция. Жануа›98, 2019.
910 Симовић, Љубомир. До Оба и Хуангпуа: путописи. Танеси, 2017.
911 Токтогазиев, Темирбек. «Манастагы» Беш-Бээжин кайда. Uluu Toolor, 2020.
912 Хабова, Антонина Иванова. Европейският съюз и Китай: принципи, перспективи, предизвикателства. УНСС, 2018.
913 Хабова, Антонина Иванова. Китай: стратегия и външна политика. Стратком, 2018.
914 Цвјетковић, Јово. Izazovi razvoja kineske ekonomije u narednoj deceniji. Albatros plus, 2015.
915 אוריון, אסף. יחסי ישראל-סין : הזדמנויות ואתגרים. המכון למחקרי ביטחון לאומי - אוניברסיטת תל אביב, 2018.
916 בן ארי, בני. הסכסוך בים סין הדרומי : השפעת תרבות המזרח על ארועים, התפתחויות ותוצאות. קתדרת חייקין לגאואסטרטגיה מרכז חיפה למחקרי מדיניות ואסטרטגיה ימית, 2018.
917 פרופר, אייל. פנדה או דרקון? : ניהול מדיניות החוץ הסינית בעידן הרפורמות. הוצאת הספרים של האוניברסיטה הפתוחה, 2016.
918 मिश्रा, केशव. बीसवीं सदी में भारत - चीन संबंध : कितने दूर, कितने पास. जेन नेक्सट पब्लिकेशन, 2016.
919 मुखर्जी, पारमिता. चीन और भारत : इतिहास, संस्कृति, सहयोग और प्रतिस्पर्धा. सेज पब्लिकेशन्स इंडिया, 2018.
920 सिंह, शैलेन्द्र कुमार. भारत - चीन संबंध : दो कदम आगे - चार कदम पीछे. आर. के. पब्लिशर्स एंड डिस्ट्रीब्यूटर्स, 2016.

法律

英语

1 Altehenger, Jennifer E. *Legal lessons: popularizing laws in the People's Republic of China, 1949-1989*. Cambridge, Massachusetts: Published by the Harvard University Asia Center, 2018.
2 Andrews, Neil. *Contract law in Hong Kong: a comparative analysis*. Hong Kong, China: Hong Kong University Press, 2016.
3 Arner, Douglas W. *Financial markets in Hong Kong: law and practice [2nd ed]*. United Kingdom: Oxford University Press, 2016.
4 Asen, Daniel S. *Death in Beijing: murder and forensic science in Republican China*. United Kingdom: Cambridge University Press, 2016.
5 Baker, Dennis J.; Robinson, Paul H. *Artificial intelligence and the law: cybercrime and criminal liability*. London: Routledge, 2020.
6 Bao, Wan-Ning. *Delinquent youth in a transforming China: a generation of strain*. Basingstoke, Hampshire: Palgrave Macmillan, 2017.
7 Barbieri-Low, Anthony J. *Law, state, and society in early imperial China: a study with critical edition and translation of the legal texts from Zhangjiashan tomb no. 247*. Netherlands: Brill, 2015.
8 Basedow, Jürgen. *Employee participation and collective bargaining in Europe and China*. Germany: Mohr Siebeck, 2016.
9 Beconcini, Paolo. *Rules of engagement: trademark strategies, protection and enforcement in China*. Netherlands: Wolters Kluwer, 2016.
10 Berlin, Maria Perrotta. *Leniency, asymmetric punishment and corruption: evidence from China*. London: Centre for Economic Policy Research, 2018.
11 Bian, Cheng. *National security review of foreign investment: a comparative legal analysis of China, the United States and the European Union*. London: Routledge, 2020.
12 Birge, Bettine. *Marriage and the law in the age of Khubilai Khan: cases from the Yuan dianzhang*. Cambridge, Massachusetts: Harvard University Press, 2017.
13 Blasek, Katrin. *Rule of law in China: a comparative approach*. Germany: Springer, 2015.
14 Bu, Yuanshi. *Chinese civil code: the general part*. München, Germany: Verlag C.H. Beck; Oxford, United Kingdom: Hart Publishing; Baden-Baden, Germany: Nomos, 2019.
15 Burnay, Matthieu. *Chinese perspectives on the international rule of law: law and politics in the one-party state*. Cheltenham, UK: Edward Elgar Publishing, 2018.

16 Buszynski, Leszek; Hai, Do Thanh. *The South China Sea: from a regional maritime dispute to geo-strategic competition*. London: Routledge, 2019.
17 Cai, Congyan. *The rise of China and international law: taking Chinese exceptionalism seriously*. New York, NY: Oxford University Press, 2019.
18 Caldwell, Ernest. *Writing Chinese laws: the form and function of legal statutes found in the Qin Shuihudi corpus*. London: Routledge, 2018.
19 Cao, Deborah. *Animals in China: law and society*. United Kingdom: Palgrave Macmillan, 2015.
20 Cao, Deborah. *Chinese language in law: code red*. Lanham: Lexington Books, 2018.
21 Cao, Deborah. *Chinese law: a language perspective*. [Place of publication not identified]: Routledge, 2017.
22 Carpio, Antonio T. *The South China Sea dispute*. Manila: Antonio T. Carpio, 2017.
23 Carrai, Maria Adele. *Sovereignty in China: a genealogy of a concept since 1840*. Cambridge: Cambridge University Press, 2019.
24 Carty, Anthony; Nijman, Janne. *Morality and responsibility of rulers: European and Chinese origins of a rule of law as justice for world order*. Oxford, United Kingdom: Oxford University Press, 2018.
25 Cauffman, Caroline. *Procedural rights in competition law in the EU and China*. Germany: Springer, 2016.
26 Chabrier, Gwendolyne. *India's and China's missing girls*. New Delhi: Atlantic Publishers & Distributors (P) Ltd., 2019.
27 Chaisse, Julien. *China-European Union investment relationships: towards a new leadership in global investment governance?* Cheltenham, UK: Edward Elgar Publishing, 2018.
28 Chakraborti, Tridib. *India's strategy in the South China Sea*. London: Routledge, 2020.
29 Chan, Clara Ho-yan. *Legal translation and bilingual law drafting in Hong Kong: challenges and interactions in Chinese regions*. London: Routledge, 2020.
30 Chan, Cora; Londras, Fiona de. *China's national security: endangering Hong Kong's rule of law?* Oxford: Hart Publishing, 2020.
31 Chan, Felix W. H. *Shipping and logistics law: principles and practice in Hong Kong*. Hong Kong, China: Hong Kong University Press, 2015.
32 Chan, Hing Kai [et al.]. *Intellectual property rights and emerging technology: 3D printing in China*. London: Routledge, 2018.
33 Chan, Phil C. W. *China, state sovereignty and international legal order*. Netherlands: Brill, 2015.
34 Chan, Steve. *China's troubled waters: maritime disputes in theoretical perspective*. United Kingdom: Cambridge University Press, 2016.
35 Chang, Wejen. *In search of the way: legal philosophy of the classic Chinese thinkers*. United Kingdom: Edinburgh University Press, 2016.
36 Chang, Yun-chien [et al.]. *Private law in China and Taiwan: legal and economic analyses*. New York: Cambridge University Press, 2017.
37 Chen, Ge. *Copyright and international negotiations: an engine of free expression in China?* Cambridge: Cambridge University Press, 2017.
38 Chen, Jianfu. *Chinese law: context and transformation [rev ed]*. Netherlands: Brill, 2016.
39 Chen, Jianlin. *The law and religious market theory: China, Taiwan, and Hong Kong*. New York: Cambridge University Press, 2018.

40 Chen, Lei; Janssen, André. *Dispute resolution in China, Europe and world*. Cham: Springer, 2020.
41 Chen, Li. *Chinese law in imperial eyes: sovereignty, justice, & transcultural politics*. United States: Columbia University Press, 2016.
42 Chen, Li. *Chinese law: knowledge, practice and transformation, 1530s to 1950s*. Netherlands: Brill, 2015.
43 Chen, Titus; Chen, Dingding. *International engagement in China's human rights*. United Kingdom: Routledge, 2015.
44 Chen, Weizeng. *The Beijing consensus?: how China has changed Western ideas of law and economic development*. Cambridge: Cambridge University Press, 2017.
45 Cheng, Hongming. *Financial crime in China: developments, sanctions, and the systemic spread of corruption*. United States: Palgrave Macmillan, 2015.
46 Cheng, Zhaoqi. *A history of war crimes trials in post 1945 Asia-Pacific*. Singapore: Palgrave Macmillan, 2019.
47 Chiang, Frank. *The one-China policy: state, sovereignty, and Taiwan's international legal status*. Amsterdam: Elsevier, 2017.
48 China Institute of Applied Jurisprudence. *Selected cases from the Supreme People's Court of the People's Republic of China. Volume 1*. Singapore: Springer, 2020.
49 China IPR SME Helpdesk. *Guide on arbitration and IP for EU SMEs*. Luxembourg: Publications Office of the European Union, 2019.
50 Chow, Daniel C. K. *The legal system of the People's Republic of China in a nutshell* [3rd ed]. United States: West Academic Publishing, 2015.
51 Clark, Douglas. *Patent litigation in China* [2nd ed]. United Kingdom: Oxford University Press, 2015.
52 Committee on Foreign Relations. *Advancing U.S. engagement and countering China in the Indo-Pacific and beyond: hearing before the Committee on Foreign Relations, United States Senate, One Hundred Sixteenth Congress, second session, September 17, 2020*. Washington: U.S. Government Publishing Office, 2020.
53 Committee on Ways and Means. *U.S.- China trade: hearing before the Committee on Ways And Means, U.S. House of Representatives, One Hundred Sixteenth Congress, first session, February 27, 2019*. Washington: U.S. Government Publishing Office, 2020.
54 Cong, Xiaoping. *Marriage, law and gender in revolutionary China, 1940-1960*. United Kingdom: Cambridge University Press, 2016.
55 Cooray, Anton. *Constitutional law in Hong Kong*. Alphen aan den Rijn, The Netherlands: Wolters Kluwer, 2017.
56 Cooray, Anton. *Environmental law in Hong Kong*. Netherlands: Wolters Kluwer, 2015.
57 Costello, John. *Gagging the lawyers: China's crackdown on human rights lawyers and implications for U. S. -China relations: hearing before the Congressional-Executive Commission on China, One Hundred Fifteenth Congress, first session, June 28, 2017*. Washington: U. S. Government Publishing Office, 2018.
58 Courmont, Barthélémy [et al.]. *Assessing maritime disputes in East Asia: political and legal perspectives*. London: Routledge, 2017.
59 Creemers, Rogier; Trevaskes, Susan. *Law and the party in China: ideology and organization*.

Cambridge: Cambridge University Press, 2020.

60　Cullen, Richard. *Hong Kong constitutionalism: the British legacy and the Chinese future.* London: Routledge, 2020.

61　Deva, Surya. *Socio-economic rights in emerging free markets: comparative insights from India and China.* United Kingdom: Routledge, 2015.

62　Devlaeminck, David J. *Reciprocity and China's transboundary waters: the law of international watercourses.* London: Routledge, 2020.

63　Ding, Guomin. *Solving the problem of 'agriculture, farmer, and rural area' by rule of law.* Lanham, Maryland: Hamilton Books, 2017.

64　Erie, Matthew S. *China and Islam: the prophet, the party, and law.* United States: Cambridge University Press, 2016.

65　Erlings, Esther. *Religious rights within the family: from coerced manifestation to dispute resolution in France, England and Hong Kong.* New York, NY: Routledge, 2020.

66　Executive Agency for Small and Medium-sized Enterprises. *50 frequently asked questions about IP in China: China IP SME helpdesk.* Luxembourg: Publications Office of the European Union, 2020.

67　Executive Agency for Small and Medium-sized Enterprises. *China IPR SME Helpdesk: guide to IPR protection in China for the cosmetics industry.* Luxembourg: Publications Office of the European Union, 2020.

68　Executive Agency for Small and Medium-sized Enterprises. *China IPR SME Helpdesk: IP factsheet Hong Kong.* Luxembourg: Publications Office of the European Union, 2020.

69　Executive Agency for Small and Medium-sized Enterprises. *China IPR SME Helpdesk: IP factsheet Taiwan.* Luxembourg: Publications Office of the European Union, 2020.

70　Executive Agency for Small and Medium-sized Enterprises. *China IPR SME Helpdesk: IP strategies for EU 'cleantech' SMEs in China.* Luxembourg: Publications Office of the European Union, 2020.

71　Executive Agency for Small and Medium-sized Enterprises. *China IPR SME Helpdesk: IPR protection for AI technology & application of blockchain in China.* Luxembourg: Publications Office of the European Union, 2019.

72　Executive Agency for Small and Medium-sized Enterprises. *IP factsheet: mainland China.* Luxembourg: Publications Office of the European Union, 2020.

73　Executive Agency for Small and Medium-sized Enterprises. *Licensing out to China: the case of Clean-Tech Company Orcan Energy.* Luxembourg: Publications Office of the European Union, 2020.

74　Fang, Qiang. *Power versus law in modern China: cities, courts, and the Communist Party.* Lexington, Kentucky: The University Press of Kentucky, 2017.

75　Farah, Paolo Davide; Cima, Elena. *China's influence on non-trade concerns in international economic law.* United Kingdom: Routledge, 2016.

76　Feinerman, James V; Turner-Gottschang, Karen. *The limits of the rule of law in China.* United States: University of Washington Press, 2015.

77　Feng, Chuan; Nelson, Leyton P. *China's changing legal system: lawyers and judges on civil and criminal law.* United States: Palgrave Macmillan, 2015.

78　Fleischer, Holger. *German and Asian perspectives on company law: law and policy perspectives.*

Germany: Mohr Siebeck, 2016.
79   Fu, Hualing; Palmer, Michael. *Mediation in contemporary China: continuity and change.* London: Wildy, Simmonds & Hill Publishing, 2017.
80   Gallagher, Mary Elizabeth. *Authoritarian legality in China: law, workers, and the state.* Cambridge, United Kingdom; New York, NY, USA: Cambridge University Press, 2017.
81   Gao, Quanxi. *The road to the rule of law in modern China.* Germany: Springer, 2015.
82   Gao, Zhisheng. *Unwavering convictions: Gao Zhisheng's ten-year torture and faith in China's future.* Chicago, Illinois: American Bar Association, Section of International Law; Durham, North Carolina: Carolina Academic Press, 2017.
83   Garrick, John; Bennett, Yan Chang. *China's socialist rule of law reforms under Xi Jinping.* United Kingdom: Routledge, 2016.
84   Ge, Yunfeng. *Resolution of conflict of interest in Chinese civil court hearings: a perspective of discourse information theory.* Bern: Peter Lang, 2018.
85   Golota, Lukasz [et al.]. *Perspectives on Chinese business and law.* Cambridge: intersentia, 2018.
86   Great Britain. Parliament. *Hong Kong Bill.* London: Dandy Booksellers Ltd., 2020.
87   Great Britain. Parliament. *Tibet (Reciprocal Access) Bill.* London: Dandy Booksellers Ltd., 2020.
88   Gu, Minkang. *Understanding Chinese company law.* Hong Kong: HKU Press, 2017.
89   Gu, Weixia. *Dispute resolution in China: litigation, arbitration, mediation and their cross-interactions.* London: Routledge, 2017.
90   Guo, Man, Verfasser; Xin, Cui. *The anatomy of Chinese business law.* Germany: Shaker Verlag, 2016.
91   Guo, Yimei. *Modern China's copyright law and practice.* Singapore: Springer, 2017.
92   Guo, Yimei. *Research on selected China's legal issues of e-business.* Germany: Springer, 2015.
93   Han, Peng. *Law and social solidarity in contemporary China: a Durkheimian analysis.* London: Routledge, 2020.
94   Hang Ng. Kwai. *Embedded courts: judicial decision-making in China.* Cambridge: Cambridge University Press, 2017.
95   Härtel, Ines. *Handbook of agri-food law in China, Germany, European Union: food security, food safety, sustainable use of resources in agriculture.* Cham, Switzerland: Springer, 2018.
96   Hau, Berry Fong-Chung. *The common law system in Chinese context: Hong Kong in transition.* New York: Routledge, 2019.
97   Hawksley, Humphrey. *Asian waters: the struggle over the South China Sea and the strategy of Chinese expansion.* New York, NY: The Overlook Press, 2018.
98   He, Jiahong. *Back from the dead: wrongful convictions and criminal justice in China.* United States: University of Hawaii Press, 2016.
99   He, Jiahong. *Methodology of judicial proof and presumption.* Singapore: Springer, 2018.
100   He, Miao. *A human rights-based approach to conserving protected areas in China: lessons from Europe.* United Kingdom: Intersentia Ltd, 2016.
101   He, Qihao. *Climate change and catastrophe management in a changing China: government, insurance and alternatives.* Cheltenham, UK: Edward Elgar Publishing Limited, 2019.
102   He, Tian. *A third party evaluation report on the informatization of Chinese courts.* UK: Paths International Ltd., 2019.

103 He, Xiangbai [et al.]. *Climate change law in China in global context.* London: Routledge, 2020.

104 He, Xiangbai. *Legal methods of mainstreaming climate change adaptation in Chinese water management.* Germany: Springer, 2016.

105 He, Zhipeng. *A Chinese theory of international law.* Singapore: Springer, 2020.

106 Hjalmarsson, Johanna; Huang, Dingjing. *Insurance law in China.* United Kingdom: Informa Law From Routledge, 2015.

107 Hjalmarsson, Johanna; Zhang, Jingbo. *Maritime law in China: emerging issues and future developments.* Abingdon; New York: Routledge, 2017.

108 Ho, Wai-kin Victor. *Criminal law in Hong Kong.* [Place of publication not identified]: Kluwer Law International, 2019.

109 Hoang, Thi Ha. *From declaration to code: continuity and change in China's engagement with ASEAN on the South China Sea.* Singapore: ISEAS Yusof Ishak Institute, 2019.

110 Hong, Ng Sek. *Labour law in Hong Kong* [2nd ed]. Netherlands: Wolters Kluwer, 2015.

111 Hong, Nong. *China's role in the Arctic: observing and being observed.* London: Routledge, 2020.

112 Hou, Yilin. *Development, governance, and real property tax in China.* Cham, Switzerland: Palgrave Macmillan, 2019.

113 Houlden, Gordon; Hong, Nong. *Maritime order and the law in East Asia.* London: Routledge, 2018.

114 Hu, Bin; Yin, Zhentao. *Development of China's financial supervision and regulation.* United States: Palgrave Macmillan, 2016.

115 Hu, James Zhengliang. *Tranport law in China.* Netherlands: Kluwer Law International, 2015.

116 Hu, Weinian. *International patent rights harmonisation: the case of China.* Abingdon, Oxon; New York, NY: Routledge, 2017.

117 Fu, Hualing. *Socialist law in socialist East Asia.* Cambridge, United Kingdom: Cambridge University Press, 2018.

118 Huang, Robin Hui. *Enforcement of corporate and securities law: China and the world.* Cambridge: Cambridge University Press, 2017.

119 Huang, Yushun. *Voice from the east: the Chinese theory of justice.* United Kingdom: Paths International, 2016.

120 Hui-Yi, Tseng. *Revolution, state succession, international treaties and the Diaoyu.* Newcastle-upon-Tyne: Cambridge Scholars Publishing, 2017.

121 Hurst, William. *Ruling before the law: the politics of legal regimes in China and Indonesia.* Cambridge: Cambridge University Press, 2018.

122 Ip, Eric Chi Yeung. *Hybrid constitutionalism: the politics of constitutional review in the Chinese Special Administrative Regions.* Cambridge: Cambridge University Press, 2019.

123 Jackson, Isabella; Bickers, Robert A. *Treaty ports in modern China: law, land and power.* United Kingdom: Routledge, 2016.

124 Javers, Quinn D. *Conflict, community, and the state in late imperial Sichuan: making local justice.* London: Routledge, 2019.

125 Jayakumar, S. [et al.]. *The South China Sea arbitration: the legal dimension.* Cheltenham, UK: Edward Elgar Publishing, 2018.

126　Ji, Weidong. *Building the rule of law in China. ideas, praxis and institutional design.* London: Routledge, 2017.

127　Ji, Weidong. *Building the rule of law in China. procedure, discourse and hermeneutic community.* London: Routledge, 2017.

128　Jiang, Jue. *Criminal reconciliation in contemporary China: an empirical and analytical enquiry.* United Kingdom: Edward Elgar, 2016.

129　Jiang, Li. *Regulating human embryonic stem cell in China: a comparative study on human embryonic stem cell's patentability and morality in US and EU.* Germany: Springer, Published by Springer Nature, 2016.

130　Jiang, Min. *Towards tradable water rights: water law and policy reform in China.* Cham: Springer, 2017.

131　Jiang, Na. *Wrongful convictions in China: comparative and empirical perspectives.* Germany: Springer, 2016.

132　Jiang, Tiancheng. *China and EU antitrust review of refusal to license IPR.* Belgium: Maklu, 2015.

133　Jones, David M. *Basic principles of civil law in China.* London: Routledge, 2019.

134　Kai, Yang. *The art of trial process: an outline of judicial philosophy in China.* Singapore: Springer, 2020.

135　Kang, Junxin. *Sports law in China.* [Place of publication not identified]: Kluwer Law International, 2017.

136　Keller, Perry. *Law and the market economy in China.* [Place of publication not identified]: Routledge, 2017.

137　Keller, Perry. *The citizen and the Chinese state.* [Place of publication not identified]: Routledge, 2017.

138　Kipgen, Nehginpao. *The politics of South China Sea disputes.* New Delhi: Routledge India, 2020.

139　Kitagawa, Hideki. *Environmental policy and governance in China.* Tokyo, Japan: Springer, 2017.

140　Koblitz, Becky Nao. *The practitioner's guide to antitrust in China.* Netherlands: Wolters Kluwer, 2015.

141　Koivurova, Timo [et al.]. *Arctic law and governance: the role of China, Finland, and the EU.* Oxford: Hart Publishing, 2017.

142　Koivurova, Timo; Kopra, Sanna. *Chinese policy and presence in the Arctic.* Leiden; Boston: Brill Nijhoff, 2020.

143　Kokkoris, Ioannis [et al.]. *Competition law and intellectual property in China.* Oxford: Oxford University Press, 2019.

144　Kong, Qingjiang. *New bank insolvency law for China and Europe.* The Hague, The Netherlands: Eleven International Publishing, 2017.

145　Kroncke, Jedidiah Joseph. *The futility of law and development: China and the dangers of exporting American law.* United States: Oxford University Press, 2016.

146　Kushner, Barak. *Men to devils, devils to men: Japanese war crimes and Chinese justice.* United States: Harvard University Press, 2015.

147　Lang, Michael; Owens, Jeffrey. *Removing tax barriers to China's Belt and Road Initiative.*

Alphen aan den Rijn, The Netherlands: Kluwer Law International B. V., 2019.
148　Lau, Ayesha Macpherson. *Hong Kong taxation: law and practice [updated ed]*. Hong Kong, China: Chinese University Press, 2016.
149　Lau, Ulrich; Staack, Thies. *Legal practice in the formative stages of the Chinese empire: an annotated translation of the exemplary qin criminal cases from the Yuelu academy collection*. Netherlands: Brill, 2016.
150　Lee, Nari; Bruun, Niklas. *Governance of intellectual property rights in China and Europe*. United Kingdom: Edward Elgar, 2016.
151　Levy, Katja. *Commemorating the 30th anniversary of the PRC Constitution*. United States: Lit, 2015.
152　Li, Ji. *The clash of capitalisms?: Chinese companies in the United States*. Cambridge, United Kingdom; New York, NY, USA: Cambridge University Press, 2018.
153　Li, Jinming. *China's maritime boundaries in the South China Sea: historical and international law perspectives*. London: Routledge, 2020.
154　Li, Lin [et al.]. *China's rule of law index 2017*. Singapore: Springer, 2018.
155　Li, Lin [et al.]. *Rule of law in China: a ten-year review (2002-2012)*. Singapore: Springer, 2019.
156　Li, Lin. *Building the rule of law in China*. Cambridge, MA, United States; Kidlington, United Kingdom: Chandos Publishing, 2017.
157　Li, Lin. *The Chinese road of the rule of law*. Singapore: Springer, 2018.
158　Li, Lin; Mo, Jihong. *Constitutional development in China, 1982-2012*. Singapore: Springer, 2020.
159　Li, Lin; Zhai Guoqiang. *Report on constitutional enforcement and constitutional review in China*. Reading: Paths International Ltd, 2018.
160　Li, Linlin; Verstappen, L. C. A. *Transformation of the law on farmland transfer in China: from a governance perspective*. Netherlands: Eleven International Publishing, 2015.
161　Li, Xixia; Fleiner, Lidija R. Basta. *The protection of women's social rights from perspectives of Chinese and international law*. United Kingdom: Paths International, 2016.
162　Li, Yahong. *Patents and innovation in mainland China and Hong Kong: two systems in one country compared*. Cambridge: Cambridge University Press, 2017.
163　Li, Yuwen [et al.]. *China, the EU and international investment law: reforming investor-state dispute settlement*. London: Routledge, 2019.
164　Liang, Bin; Lu, Hong. *The death penalty in China: policy, practice, and reform*. United States: Columbia University Press, 2016.
165　Liang, Jieying. *Party autonomy in contractual choice of law in China*. United Kingdom: Cambridge University Press, 2018.
166　Liang, Shuang. *Legal aspects of privately financed infrastructure projects (PFIPs) in China: the case for international standards*. Singapore: Springer, 2020.
167　Liao, Wenqing. *The application of the theory of efficient breach in contract law: a comparative law and economics perspective*. United Kingdom: Intersentia Ltd, 2015.
168　Liebman, Benjamin L; Milhaupt, Curtis J. *Regulating the visible hand?: the institutional implications of Chinese state capitalism*. United Kingdom: Oxford University Press, 2016.
169　Lim, Ernest. *A case for shareholders' fiduciary duties in common law Asia*. Cambridge:

Cambridge University Press, 2019.

170   Lim, Ernest. *Sustainability and corporate mechanisms in Asia*. Cambridge: Cambridge University Press, 2020.

171   Lin, Jing. *Compliance and money laundering control by banking institutions in China: self control, administrative control, and penal control*. Germany: Duncker & Humblot, 2016.

172   Lin, Shaowei. *Derivative actions in Chinese company law*. Netherlands: Wolters Kluwer Law & Business, 2015.

173   Lin, Yifei. *Judicial review of arbitration: law and practice in China*. Alphen aan den Rijn, the Netherlands: Kluwer Law International, 2018.

174   Liu, Chenglin. *Chinese law in context*. Durham, North Carolina: Carolina Academic Press, 2020.

175   Liu, Chengwei. *Chinese company and securities law*. United States: Kluwer Law International, 2016.

176   Liu, Fenrong. *Handbook of logical thought in China*. Germany: Springer Berlin, 2015.

177   Liu, Jiangyong. *The Diaoyu Islands: facts and legality*. Singapore: Springer, 2019.

178   Liu, Jingkun. *The exclusionary rule of illegal evidence in China: theory, case, application*. Singapore: Springer, 2019.

179   Liu, Kai. *Protection of health and safety at the workplace: a comparative legal study of the European Union and China*. Singapore: Springer, 2020.

180   Liu, Kung-Chung; Racherla, Uday S. *Innovation and IPRs in China and India: myths, realities and opportunities*. Germany: Springer, Published by Springer Nature, 2016.

181   Liu, Kung-Chung; Racherla, Uday S. *Innovation, economic development, and intellectual property in India and China: comparing six economic sectors*. Singapore: Springer Open, 2019.

182   Liu, Qiao; Shan, Wenhua. *China and international commercial dispute resolution*. Netherlands: Brill Nijhoff, 2016.

183   Liu, Sida; Halliday, Terence C. *Criminal defense in China: the politics of lawyers at work*. United Kingdom: Cambridge University Press, 2016.

184   Liu, Yunsheng. *The history of the contractual thoughts in ancient China*. Gateway East, Singapore: Springer, 2020.

185   Liu, Zuozhen. *The case for repatriating China's cultural objects*. Singapore: Springer, 2016.

186   Liukkunen, Ulla. *Fundamental labour rights in China - legal implementation and cultural logic*. Switzerland: Springer, 2015.

187   Lo, Vai I. *Law and society in China*. Cheltenham, UK: Edward Elgar Publishing Limited, 2020.

188   Lodge, David; Soudan, Miche. *Credit, financial conditions and the business cycle in China*. Frankfurt am Main: European Central Bank, 2019.

189   Lone, Fozia Nazir. *Tort law in Hong Kong*. Netherlands: Wolters Kluwer, 2016.

190   Lu, Hong; Miethe, Terance D. *China's drug practices and policies: regulating controlled substances in a global context*. United Kingdom: Routledge, 2016.

191   Lu, Lerong. *Private lending in China: practice, law, and regulation of shadow banking and alternative finance*. London: Routledge, 2018.

192   Luo, Changfa; Li, Nianzu. *Legal thoughts between the East and the West in the multilevel legal*

order: a liber amicorum in honour of Professor Herbert Han-pao Ma. Germany: Springer, Published by Springer Nature, 2016.

193 Ma, Yun. *Conservation and recreation in protected areas: a comparative legal analysis of environmental conflict resolution in the United States and China [new ed]*. United Kingdom: Routledge, 2016.

194 Mai, Tam. *China moves south: human rights implications in the Paracel and Spratly Islands*. London: Academica Press, 2018.

195 Mak, Ida Kwan Lun. *Alternative dispute resolution of shareholder disputes in Hong Kong: institutionalizing its effective use*. Cambridge: Cambridge University Press, 2017.

196 Marsden, Simon. *Environmental regimes in Asian subregions: China and the third pole*. Cheltenham, UK: Edward Elgar Publishing, 2017.

197 Martinek, Madeleine. *Experimental legislation in China between efficiency and legality: the delegated legislative power of the Shenzhen Special Economic Zone*. Cham, Switzerland: Springer, 2018.

198 Mau, Stephen D. *Contract law in Hong Kong: an introductory guide [2nd ed]*. Hong Kong, China: Hong Kong University Press, 2016.

199 Mau, Stephen D. *Tort law in Hong Kong: an introductory guide* [2nd ed]. Hong Kong, China: Hong Kong University Press, 2015.

200 Mitsilegas, Valsamis. *Transnational crime: European and Chinese perspectives*. London: Routledge, 2018.

201 Miyazawa, Setsuo; Ji, Weidong. *East Asia's renewed respect for the rule of law in the 21st century: the future of legal andjudicial landscapes in East Asia*. Netherlands: Brill Nijhoff, 2015.

202 Moser, Michael J. *A guide to the HKIAC arbitration rules*. Oxford: Oxford University Press, 2017.

203 Mou, Yu. *The construction of guilt in China: an empirical account of routine Chinese injustice*. Oxford: Hart Publishing, 2020.

204 Munkholm, Louise. *Re-inventing labour law enforcement: a socio-legal analysis*. Oxford; New York: Hart, 2020.

205 Neves, Joshua. *Underglobalization: Beijing's media urbanism and the chimera of legitimacy*. Durham: Duke University Press, 2020.

206 Ng, Eva N. S. *Common law in an uncommon courtroom: judicial interpreting in Hong Kong*. Amsterdam: John Benjamins Publishing Company, 2018.

207 Nguyễn, Nhã. *Vietnam, territoriality, and the South China Sea: Paracel and Spratly Islands*. Place of publication not identified: Routledge, 2018.

208 Nord, Nicolas; Cerqueira, Gustavo. *International sale of goods: a private international law comparative and prospective analysis of Sino-European relations*. Cham: Springer, 2017.

209 Peng, Chengyi. *Chinese constitutionalism in a global context*. London: Routledge, 2019.

210 Peng, Chun. *Rural land takings law in modern China: origin and evolution*. Cambridge: Cambridge University Press, 2018.

211 Pisacane, Giovanni. *Corporate governance in China: the structure and management of foreign-invested enterprises under Chinese law*. Singapore: Springer, 2017.

212 Pisacane, Giovanni. *Intellectual property in China* .Singapore: Springer, 2020.

213 Pisacane, Giovanni; Murphy, Lea. *Arbitration in China: rules and perspectives*. Singapore: Springer, 2016.

214 Prud'homme, Dan; Song, Hefa. *Economic impacts of intellectual property-condition edgovernment incentives*. Singapore: Springer, 2016.

215 Prud'homme, Dan; Zhang, Taolue. *China's intellectual property regime for innovation: risks to business and national development*. Cham: Springer, 2019.

216 Qi, Ding. *The power of the supreme people's court: reconceptualizing judicial power in contemporary China*. London: Routledge, 2019.

217 Qiao, Shitong. *Chinese small property: the co-evolution of law and social norms*. Cambridge: Cambridge University Press, 2018.

218 Qin, Tianbo. *Research handbook of Chinese environmental law*. United Kingdom: Edward Elgar, 2015.

219 Quigley, Conor. *Hong Kong competition law*. Oxford; Portland, Oregon: Hart Publishing, 2017.

220 Ren, Yongan. *A new study on the judicial administrative system with Chinese characteristics*. Singapore: Springer, 2020.

221 Ren, Yong'an; Lu, Xianyang. *A new study on the judicial administrative system with Chinese characteristics*. Singapore: Springer, 2020.

222 Rhee, C. H. van; Fu, Yulin. *Supreme courts in transition in China and the West: adjudication at the service of public goals*. Cham, Switzerland: Springer. 2017.

223 Riccardi, Lorenzo. *Introduction to Chinese fiscal system*. Singapore: Springer Science and Business Media: Springer, 2018.

224 Sapio, Flora. *Justice: the China experience*. Cambridge: Cambridge University Press, 2017.

225 Seppanen, Samuli. *Ideological conflict and the rule of law in contemporary China: useful paradoxes*. United Kingdom: Cambridge University Press, 2016.

226 Shan, Wenhua; Su, Jinyuan. *China and international investment law: twenty years of ICSID membership*. Netherlands: Brill Nijhoff, 2015.

227 Shen, Anqi. *Women Judges in Contemporary China: Gender, Judging and Living*. Cham: Palgrave Macmillan, 2017.

228 Shen, Guang. *Regulation of cross-border establishment in China und the EU a comparative law and economics approach*. Netherlands: Intersentia, 2016.

229 Shi, Jichun. *Renmin Chinese law review: selected papers of the jurist. Volume 5*. Cheltenham, UK: Edward Elgar Publishing, 2017.

230 Shi, Jichun. *Renmin Chinese law review: selected papers of the Jurist. Volume 6*. Cheltenham, UK: Edward Elgar Publishing Limited, 2019.

231 Shi, Jichun. *Renmin Chinese law review: selected papers of the jurist. Volume 7*. Cheltenham, UK: Edward Elgar Publishing, 2019.

232 Snyder, Francis G. *Food safety law in China: making transnational law*. Netherlands: Brill, 2016.

233 Spangler, Jonathan [et al.]. *Enterprises, localities, people, and policy in the South China Sea: beneath the surface*. Basingstoke, Hampshire: Palgrave Macmillan, 2017.

234 Statz, Michele. *Lawyering an uncertain cause: immigration advocacy and Chinese youth in the U. S.* Nashville: Vanderbilt University Press, 2018.

235 Stephens, Suzanna; Southerland, Matthew. *China's role in wildlife trafficking and the Chinese government's response.* Washington, D. C.: U. S. -China Economic and Security Review Commission, 2018.

236 Su, Chen. *Research on the laws of contemporary China. Volume 1, 1949-1978.* Reading, United Kingdom: Paths International Ltd.: China Social Sciences Press, 2018.

237 Su, Chen. *Research on the laws of contemporary China. Volume 2, 1978-1992.* Reading, United Kingdom: Paths International Ltd.: China Social Sciences Press, 2018.

238 Su, Chen. *Research on the laws of contemporary China. Volume 3, 1992-2009.* Reading, United Kingdom: Paths International Ltd.: China Social Sciences Press, 2018.

239 Subcommittee on Asia and the Pacific, United States Congress House Committee on Foreign Affairs. *Checking China's maritime push: hearing before the Subcommittee on Asia and the Pacific of the Committee on Foreign Affairs, House of Representatives, One Hundred Fifteenth Congress, first session, February 28, 2017.* Washington: U.S. Government Publishing Office, 2017.

240 Subcommittee on Europe, Eurasia, and Emerging Threats. *Chinese investment and influence in Europe: hearing before the Subcommittee on Europe, Eurasia, and Emerging Threats of the Committee on Foreign Affairs, House of Representatives, One Hundred Fifteenth Congress, second session, May 23, 2018.* Washington: U. S. Government Publishing Office, 2018.

241 Suchy, Donna P. *Ip protection in China.* United States: American Bar Association, 2015.

242 Suter, David. *The Shanghai Cooperation Organisation: a Chinese practice of international law.* Switzerland: Schulthess, 2015.

243 Svetlicinii, Alexandr. *Chinese state owned enterprises and EU merger control.* London: Routledge, 2020.

244 Szanto, Balazs. *China and the Senkaku/Diaoyu Islands dispute: escalation and de-escalation.* London: Routledge, 2017.

245 Tanaka, Yoshifumi. *The South China Sea arbitration: toward an international legal order in the oceans.* Oxford: Hart Publishing, 2019.

246 Tang, Zheng Sophia; Xiao, Yongping. *Conflict of laws in the People's Republic of China.* United Kingdom: Edward Elgar, 2016.

247 The Tokyo Trial Research Centre. *The Tokyo trial: recollections and perspectives from China.* United Kingdom: Cambridge University Press, 2016.

248 Thomas, Kristie. *Assessing intellectual property compliance in contemporary China: the World Trade Organisation TRIPS agreement.* Singapore: Springer Singapore: Imprint: Palgrave Macmillan, 2017.

249 Thomson, Stephen. *Administrative law in Hong Kong.* Cambridge: Cambridge University Press, 2018.

250 Toohey, Lisa; Picker, Colin B. *China in the international economic order: new directions and changing paradigms.* United States: Cambridge University Press, 2015.

251 Tseng, Huiyi Katherine. *Lessons from the disturbed waters: the Diaoyu/Diaoyutai/Senkaku Islands disputes.* Singapore: World Scientific, 2015.

252 Tu, Guangjian. *Private international law in China.* Germany: Springer, 2016.

253 United States. *Are we losing the space race to China?: hearing before the Subcommittee on Space, Committee on Science, Space, and Technology, House of Representatives, One Hundred

Fourteenth Congress, second session, September 27, 2016. Washington: U.S. Government Publishing Office, 2017.

254 United States. *China's expanding influence in Europe and Eurasia: hearing before the Subcommittee on Europe, Eurasia, Energy, and the Environment of the Committee on Foreign Affairs, House of Representatives, One Hundred Sixteenth Congress, first session, May 9, 2019.* Washington: U.S. Government Publishing Office, 2019.

255 United States. *China's technological rise: challenges to U.S. innovation and security: hearing before the Subcommittee on Asia and the Pacific of the Committee on Foreign Affairs, House of Representatives, One Hundred Fifteenth Congress, first session, April 26, 2017.* Washington: U.S. Government Publishing Office, 2017.

256 United States. Congress House. Committee on Foreign Affairs. Subcommittee on Asia and the Pacific. *Development finance in Asia: U. S. economic strategy amid China's belt and road: hearing before the Subcommittee on Asia and the Pacific of the Committee on Foreign Affairs, House of Representatives, One Hundred Fifteenth Congress, first session, November 15, 2017.* Washington: U. S. Government Publishing Office, 2018.

257 United States. Congress. House. Committee on Foreign Affairs. *Smart competition: adapting U.S. strategy toward China at 40 years: hearing before the Committee on Foreign Affairs, House of Representatives, One Hundred Sixteenth Congress, first session, May 8, 2019.* Washington: U.S. Government Publishing Office, 2019.

258 United States. Congress. House. Committee on Foreign Affairs. Subcommittee on Asia and the Pacific. *Renewing assurances: strengthening U.S.-Taiwan ties: hearing before the Subcommittee on Asia and the Pacific of the Committee on Foreign Affairs, House of Representatives, One Hundred Fifteenth Congress, first session, June 15, 2017.* Washington: U.S. Government Publishing Office, 2017.

259 United States. Congress. House. Committee on Foreign Affairs. Subcommittee on Terrorism, Nonproliferation, and Trade. *China's predatory trade and investment strategy: joint hearing before the Subcommittee on Terrorism, Nonproliferation, and Trade and the Subcommittee on Asia and the Pacific of the Committee on Foreign Affairs, House of Representatives, One Hundred Fifteenth Congress, second session, July 11, 2018.* Washington: U. S. Government Publishing Office, 2018.

260 United States. Congress. House. Committee on Foreign Affairs. Subcommittee on Terrorism, Nonproliferation, and Trade. *Russian and Chinese nuclear arsenals: posture, proliferation, and the future of arms control: hearing before the Subcommittee on Terrorism, Nonproliferation, and Trade of the Committee on Foreign Affairs, House of Representatives, One Hundred Fifteenth Congress, second session, June 21, 2018.* Washington: U. S. Government Publishing Office, 2018.

261 United States. Congress. House. Committee on Homeland Security. *Resolution directing the Secretary of Homeland Security to transmit certain documents to the House of Representatives relating to Department of Homeland Security policies and activities relating to homeland security information produced and disseminated regarding cybersecurity threats posed by the ZTE Corporation, headquartered in Shenzhen, China: adverse report together with dissenting views (to accompany H. Res. 898).* Washington, D. C.: U. S. Government Publishing Office, 2018.

262 United States. Congress. House. Committee on Transportation and Infrastructure. Subcommittee on Coast Guard and Maritime Transportation. *China's Maritime Silk Road initiative: implications for the global maritime supply chain: hearing before the Subcommittee on Coast Guard and Maritime Transportation of the Committee on Transportation and Infrastructure, House of Representatives, One Hundred Sixteenth Congress, first session, October 17, 2019.* Washington: U.S. Government Publishing Office, 2020.

263 United States. Congress. House. Committee on Ways and Means. *Resolution of inquiry requesting the President to transmit to the House of Representatives certain documents in the possession of the President relating to the determination to impose certain tariffs and to the strategy of the United States with respect to China: report of the Committee on Ways and Means, House of Representatives, together with dissenting views (to accompany H. Res. 1018).* Washington: U. S. Government Publishing Office, 2018.

264 United States. Congress. Senate. Committee on Banking, Housing, and Urban Affairs. *Confronting threats from China: assessing controls on technology and investment, and measures to combat opioid trafficking: hearing before the Committee on Banking, Housing, and Urban Affairs, United States Senate, One Hundred Sixteenth Congress, first session, on examining the aggressive role China plays in the areas of investment and technology transfer.* Washington: U.S. Government Publishing Office, 2019.

265 United States. Congress. Senate. Committee on Foreign Relations. Subcommittee on East Asia, the Pacific, and International Cybersecurity Policy. *The Hong Kong emergency: securing freedom, autonomy, and human rights: hearing before the Subcommittee on East Asia, the Pacific, and International Cybersecurity Policy of the Committee on Foreign Relations, United States Senate, One Hundred Sixteenth Congress, first session, September 26, 2019.* Washington: U.S. Government Publishing Office, 2020.

266 United States. Congress. Senate. Committee on Foreign Relations. Subcommittee on East Asia, the Pacific, and International Cybersecurity Policy. *U.S. policy options in the South China Sea: hearing before the Subcommittee on East Asia, the Pacific and International Cybersecurity Policy of the Committee on Foreign Relations, United States Senate, One Hundred Fourteenth Congress, second session, July 13, 2016.* Washington: U.S. Government Publishing Office, 2017.

267 United States. Congress. Senate. Committee on Small Business and Entrepreneurship. *Made in China 2025 and the future of American industry: hearing before the Committee on Small Business and Entrepreneurship, United States Senate, one hundred sixteenth Congress, first session, February 27, 2019.* Washington: U.S. Government Publishing Office, 2019.

268 United States. Office of the U. S. Trade Representative. *Findings of the investigation into China's acts, policies and practices related to technology transfer, intellectual property, and innovation under section 301 of the Trade Act of 1974.* Washington, D. C.: Office of the United States Trade Representative, Executive Office of the President, 2018.

269 United States. *South China Sea maritime disputes: joint hearing before the Subcommittee on Seapower and Projection Forces of the Committee on Armed Services meeting jointly with Subcommittee on Asia and the Pacific of the Committee on Foreign Affairs, House of Representatives, One Hundred Fourteenth Congress, second session, hearing held July 7, 2016.* Washington, D.C.: U.S. Government Publishing Office, 2017.

270 Van der Sprenkel, Sybille. *Legal institutions in Manchu China: a sociological analysis.* London: Routledge, 2020.

271 Vitug, Marites Dañguilan. *Rock solid: how the Philippines won its maritime case against China.* Quezon City, Philippines: BUGHAW, 2018.

272 Wan, Marco. *Film and constitutional controversy: visualizing Hong Kong identity in the age of "one country, two systems".* Cambridge: Cambridge University Press, 2020.

273 Wang, Chuanhui. *The constitutional protection of private property in China: historical evolutionand comparative research.* United Kingdom: Cambridge University Press, 2016.

274 Wang, Guiguo. *Dispute resolution mechanism for the Belt and Road Initiative.* Singapore: Springer, 2020.

275 Wang, Guiguo. *International investment law: a Chinese perspective.* United Kingdom: Routledge, 2015.

276 Wang, Saisai. *Market access of traditional Chinese medicinal product in the EU under WTO legal framework.* Cham, Switzerland: Springer, 2020.

277 Wang, Shizhou. *Criminal law in China.* Alphen aan den Rijn, The Netherlands: Kluwer Law International, 2017.

278 Wang, Xi. *Environmental law in China.* [Place of publication not identified]: Kluwer Law International, 2017.

279 Wang, Xiaoye. *Competition law in China.* [Place of publication not identified]: Kluwer Law International, 2018.

280 Wang, Yan. *Paradigm shift of education governance in China: two compulsory education legislation episodes: 1986 vs 2006.* Berlin, Germany: Springer, 2019.

281 Wang, Zhu. *On the constitutionality of compiling a Civil Code of China: a process map for legislation born out of pragmatism.* Singapore: Springer, 2020.

282 Wei, Yuwa. *Issues decisive for China's rise or fall: an international law perspective.* Singapore: Springer, 2019.

283 Weinreich-Zhao, Tingting. *Chinese merger control law: an assessment of its competition-policy or ientation after the first years of application.* Germany: Springer, 2015.

284 Weishaar, Stefan. E. *Regulatory reform in China and the EU: a law and economics perspective* / Cheltenham: Edward Elgar Publishing, 2017.

285 White, Dominic. *China's land reclamation projects and disputes over maritime territory.* United States: Nova Science, 2015.

286 Williams, Mark. *Secured finance law in China and Hong Kong.* Cambridge: Cambridge University Press, 2019.

287 Wilson, Scott. *Tigers without teeth: the pursuit of justice in contemporary China.* United States: Rowman & Littlefield, 2015.

288 Wong, Kam C. *One country, two systems: cross-border crime between Hong Kong and China.* [Place of publication not identified]: Routledge, 2017.

289 Wong, Max W. L. *Chinese marriage and social change: the legal abolition of concubinage in Hong Kong.* Singapore: Springer, 2020.

290 Wong, Max W. L. *Re-ordering Hong Kong: decolonisation and the Hong Kong Bill of Rights Ordinance.* London: Wildy, Simmonds & Hill Publishing, 2017.

291 Wong, Stephen Kai-yi; Zhu, Guobin. *Personal data (privacy) law in Hong Kong: a practical*

guide on compliance. Kowloon, Hong Kong: City University of Hong Kong Press, 2020.

292 Wu, Chonghao. *Regulating government ethics: an underused weapon in China's anti-corruption campaign.* United Kingdom: Cambridge University Press, 2016.

293 Wu, Jing. *Environmental management in China: policies and institutions.* Singapore: Chemical Industry Press: Springer, 2020.

294 Wunder, John R. *Gold Mountain turned to dust: essays on the legal history of the Chinese in the nineteenth-century American West.* Albuquerque: University of New Mexico Press, 2018.

295 Xia, Yun. *Down with traitors: justice and nationalism in wartime China.* Seattle: University of Washington Press, 2018.

296 Xie, Chenyang. *The legal regime of Chinese overseas investment.* United Kingdom: Wildy Simmonds & Hill Pub, 2015.

297 Xie, Zengyi. *Labor law in China: progress and challenges.* Germany: Springer, 2015.

298 Xu, Xiaoqun. *Heaven has eyes: a history of Chinese Law.* New York, NY: Oxford University Press, 2020.

299 Xue, Hong. *Intellectual property law in China* [2nd ed]. Netherlands: Wolters Kluwer, 2015.

300 Yan, Huiqi. *Pesticide law and compliance decision making: a case study of Chinese farmers.* Singapore: Springer, 2017.

301 Yan, Min. *Beyond shareholder wealth maximisation: towards a more suitable corporate objective for Chinese companies.* Abingdon, Oxon: Routledge, 2018.

302 Yang, Chan. *Policies, regulatory framework and enforcement for air quality management: The case of China.* Paris: OECD Publishing, 2020.

303 Yang, Fan. *Foreign-related arbitration in China: commentary and cases.* United Kingdom: Cambridge University Press, 2016.

304 Yang, Gonghuan. *Tobacco control in China.* Singapore: Springer, 2018.

305 Yang, Ming. *Educational governance in China.* Singapore: Springer, 2018.

306 Yiallourides, Constantinos. *Maritime disputes and international law: disputed waters and seabed resources in Asia and Europe.* London: Routledge, 2019.

307 Ying, Gan. *Commercial and economic law in China* [2nd ed]. Netherlands: Wolters Kluwer Law & Bus, 2015.

308 Yu, Danling. *Chinese business law.* Basingstoke, Hampshire: Palgrave Macmillan, 2018.

309 Yu, Gu. *Hong Kong's legislature under China's sovereignty: 1998-2013.* Netherlands: Brill Nijhoff, 2015.

310 Yu, Xiaowei. *Preventing medical malpractice and compensating victimised patients in China: a law and economics perspective.* Cambridge: Intersentia, 2017.

311 Zeng, Yuanyuan; Zeng Qian. *Study on persistent organic pollutants and their legal governance in China.* United States: Nova Science, 2016.

312 Zhang, Chi. *Legal protection of private equity investors in China: practice, challenges and reform.* London: Routledge, 2019.

313 Zhang, Pengfei. *Seafarers' rights in China: restructuring in legislation and practice under the maritime labour convention 2006.* Switzerland: Springer, 2016.

314 Zhang, Runhua. *Constitutional and legal development of the Chinese presidency: the emperors' new clothes?* United States: Lexington Books, 2015.

315 Zhang, Shouwen. *The crisis of distribution and the regulation of economic law.* London:

Routledge, 2020.

316 Zhang, Shouwen. *The crisis of distribution: theoretical analysis from economic law.* London: Routledge, 2020.

317 Zhang, Taisu. *The laws and economics of Confucianism: kinship and property in pre-industrial China and England.* Cambridge: Cambridge University Press, 2017.

318 Zhang, Tao. *Mining ideas for diamonds: comparing China and US IP practices from invention selection to patent monetization.* Hackensack: World Scientific, 2017.

319 Zhang, Tietie. *Ad hoc arbitration in China.* London: Routledge, 2018.

320 Zhang, Ting. *Circulating the code: print media and legal knowledge in Qing China.* Seattle: University of Washington Press, 2020.

321 Zhang, Xinbao. *Legislation of tort liability law in China.* Singapore: Springer, 2017.

322 Zhang, Zinian. *Corporate reorganisations in China: an empirical analysis.* Cambridge: Cambridge University Press, 2018.

323 Zhao, Huimiao. *Government intervention in the reorganisation of listed companies in China.* Cambridge: Cambridge University Press, 2019.

324 Zhao, Jianmin. *Religion and law in China.* [Place of publication not identified]: Kluwer Law International, 2018.

325 Zhao, Liang. *Maritime law and practice in China.* Abingdon: Informa Law from Routledge, 2017.

326 Zhao, Yun. *National space law in China: an overview of the current situation and outlook for the future.* Netherlands: Brill, 2015.

327 Zhao, Yun; Ng, Michael. *Chinese legal reform and the global legal order: adoption and adaptation.* Cambridge: Cambridge University Press, 2018.

328 Zhong, Hui. *China, cultural heritage, and international law.* London: Routledge, 2017.

329 Zhou, Chen. *The legal barriers to technology transfer under the UN framework convention on climate change: the example of China.* Singapore: Springer, 2019.

330 Zhou, Jian. *Fundamentals of military law: a Chinese perspective.* Singapore: Springer, 2019.

331 Zhou, Ling. *Access to justice for the Chinese consumer: handling consumer disputes in contemporary China.* Oxford: Hart Publishing, 2020.

332 Zhou, Weihuan. *China's implementation of the rulings of the World Trade Organization.* Oxford: Hart Publishing, 2019.

333 Zhou, Zhenjie. *Corporate crime in China: history and contemporary debates.* United Kingdom: Routledge, 2015.

334 Zhu, Dan. *China and the International Criminal Court.* Singapore: Palgrave Macmillan, 2018.

335 Zhu, Sanzhu. *Securities dispute resolution in China.* [Place of publication not identified]: Routledge, 2018.

336 Zhu, Shaoming. *Chinese conflicts of law: a restatement and legisprudence proposal.* London: Wildy, Simmonds & Hill Publishing, 2018.

337 Zhu, Suli. *Sending law to the countryside: research on China's basic-level judicial system.* Singapore: Springer, 2016.

338 Zou, Weikang. *Educational practices in China, Korea, and the United States: reflections from a study abroad experience.* Charlotte, NC: Information Age Publishing, Inc., 2019.

法语

339   Balme, Stéphanie. *Chine, les visages de la justice ordinaire: entre faits et droit*. Paris: Presses de Sciences Po, 2016.
340   Constant, Frédéric. *Le droit mongol dans l'État impérial sino-mandchou, 1644-1911: entre autonomie et assimilation*. Paris: Collège de France, Institut des hautes études chinoises, 2018.
341   Huang, Hui. *L'impact de l'usage sur l'étendue de la protection des marques: étude de droit comparé Chine-Union européenne*. Paris: LexisNexis, 2020.
342   Li, Yingyi. *Les contrats administratifs en Chine: une perspective comparative*. Paris: l'Harmattan, 2020.
343   Tortellier, Nathalie. *La simplification du droit des sociétés à l'aune du cas hongkongais: l'exemple des SARL et SAS*. Paris: l'Harmattan, 2017.
344   Willems, Jane. *Les contrats de joint-ventures sino-étrangères devant l'arbitre international*. Bruxelles: Larcier, 2015.
345   Zhao, Yue. *Coopérer en droit international des cours d'eau transfrontaliers: état du droit et étude du cas chinois*. Paris: l'Harmattan, 2020.

德语

346   Ahl, Björn. *Justizreformen in China*. Baden-Baden: Nomos, 2015.
347   Allmendinger, Johannes. *Das Tarifvertragsrecht der VR China*. Berlin: LIT, 2015.
348   Bir, Sophia-Antonia. *Insiderhandel in China und Deutschland: eine rechtsvergleichende Studie zur Regelung des Verbots von Insidergeschäften*. Berlin: Duncker & Humblot, 2015.
349   Bu, Yuanshi. *Einführung in das Recht Chinas*. München: C.H. Beck, 2017.
350   Bu, Yuanshi. *Juristische Methodenlehre in China und Ostasien*. Tübingen: Mohr Siebeck, 2016.
351   Chen, Sisi. *Die Rolle der Schiedsinstitutionen in der internationalen Handelsschiedsgerichtsbarkeit: eine vergleichende Studie zur Schiedsgerichtsbarkeit in Deutschland und in China*. Berlin, Bern, Wien: Peter Lang, 2019.
352   Chen, Siyu. *Die Umweltverträglichkeitsprüfung im deutschen und im chinesischen Recht*. Hamburg: Verlag Dr. Kovač, 2017.
353   Dewes, Simon. *Das Verhältnis von Eltern und Kindern in der chinesischen Familienrechtsgesetzgebung: vom Qing-Kodex zum Zivilgesetzbuch der Republik China*. Tübingen: Mohr Siebeck, 2020.
354   Duan, Luping. *Gleichnamigkeit im Kennzeichenrecht: eine vergleichende Untersuchung zwischen Deutschland und China*. München: Herbert Utz Verlag, 2017.
355   Eberl-Borges, Christina. *Einführung in das chinesische Recht*. Baden-Baden: Nomos, 2018.
356   Eberl-Borges, *Christina;* Wang, Qiang. *Erbrecht in der VR China: die aktuelle Entwicklung im Rahmen des Aufbaus der Privatrechtsordnung*. Frankfurt, M.: PL Acad. Research, 2015.
357   Fang, Xiaomin et al. (Hrsg.). *Nachhaltigkeit und Landwirtschaft in China und Deutschland: eine rechtsvergleichende Perspektive*. Baden-Baden: Nomos, 2019.

358 Fang, Xiaomin; Martínez, José (Hrsg.). *Landwirtschaft in einer modernen Gesellschaft: Herausforderungen an das Recht in China und Deutschland*. Baden-Baden: Nomos, 2016.

359 Ge, Pingliang. *Die Verfahrensgestaltung der Konzerninsolvenz in Deutschland und China: deutsche Regelungen und Erfahrungen als Vorbild*. Frankfurt am Main: PL Academic Research, 2016.

360 Gesk, Georg Michael; Sinn, Arndt. *Organisierte Kriminalität und Terrorismus im Rechtsvergleich: deutsch-chinesischer Rechtsdialog*. Göttingen: V & R unipress, 2019.

361 Geyer, Matthias. *Die Luftverkehrshaftung nach dem Recht der Volksrepublik China*. Hamburg: Kovač, 2015.

362 Glöckner, Jochen et al. (Hrsg.). *Rechtliche Funktionsbedingungen von Märkten und Formen der Konfliktbeilegung in China und Europa*. Frankfurt am Main; Bern; Wien: PL Academic Research, 2017.

363 Goehl, Susanne Annelie. *Rechtsreformen zur nachhaltigen institutionellen Ausgestaltung des chinesischen Finanzsystems*. Hamburg: Verlag Dr. Kovač, 2016.

364 Goertz, Corina. *Das chinesische Kartellrecht*. Hamburg: Verlag Dr. Kovač, 2016.

365 He, Jiahong. *Tote kehren zurück: empirische Studien zur Strafjustiz in China*. Berlin: De Gruyter, 2017.

366 He, Rong. *Die Immobilienhypothek im Recht der Volksrepublik China*. Hamburg: Verlag Dr. Kovač, 2016.

367 Heinrich, Antje. *Die Förderung kleiner und mittlerer Unternehmen in China: eine wirtschafts- und rechtsvergleichende Untersuchung*. Wiesbaden: Springer Gabler, 2018.

368 Huang, Xiaojie. *Gemeinschaftsunternehmen unter europäischem und chinesischem Kartellrecht*. Berlin, Bern, Wien: Peter Lang, 2019.

369 Huang, Xiaoyan. *Technik versus Recht: zu Internetkriminalität und Datenschutz im deutsch-chinesischen Vergleich*. Baden-Baden: Nomos, 2020.

370 Huo, Xuyang. *Die Gesellschaftervereinbarung im chinesischen Gesellschaftsrecht und Inverstitionsrecht*. Zürich, Münster: LIT, 2019.

371 Jin, Yuxi. *Entwicklung des gesetzlichen sozialen Grundaltersversicherungssystems in der Volksrepublik China: Nachhaltigkeit als gesetzliches Prinzip im Sozialversicherungsgesetz*. Baden-Baden: Nomos, 2019.

372 Kaixiang, Yang. *Legal problems of China today*. Nordhausen: Verlag Traugott Bautz GmbH, 2017.

373 Knauff, Matthias; Liu, Chien-hung. *Grundfragen des Verwaltungsverfahrensrechts im deutsch-taiwanesischen Rechtsvergleich*. Berlin: Berliner Wissenschafts-Verlag, 2020.

374 Kui, Jia. *Strafrechtlicher Schutz bei häuslicher Gewalt: eine vergleichende Untersuchung zum deutschen und chinesischen Recht*. Berlin: Duncker & Humblot et al., 2020.

375 Lei, Weiwei. *Flexibilisierungstendenzen bei den gesetzlichen Erbquoten im chinesischen Erbrecht: eine rechtsvergleichende Evaluation*. Berlin, Bern, Wien: Peter Lang, 2020.

376 Leibküchler, Peter. *Die Parteiautonomie im chinesischen internationalen Privatrecht: das Recht der Volksrepublik China im Lichte eines Vergleichs mit deutschem und europäischem Kollisionsrecht*. Tübingen: Mohr Siebeck, 2017.

377 Li, Jinlou. *Mitverschulden des Geschädigten bei Nebentätern: eine rechtsvergleichende Untersuchung zwischen dem deutschen und chinesischen Recht*. Berlin, Bern, Bruxelles: Peter

Lang GmbH, Internationaler Verlag der Wissenschaften, 2020.
378 Li, Sheng. *Die Elektrizitätswirtschaft im Spannungsfeld von Staatsaufsicht und Wettbewerb: ein Vergleich der deutschen und chinesischen Rechtslage*. Hamburg: Verlag Dr. Kovač, 2015.
379 Li, Xin. *Urheberrecht in Deutschland und der Volksrepublik China: ein Rechtsvergleich*. Hamburg: Kovač, 2015.
380 Li, Yunyang. *Rücksichtnahmepflichten und Haftung für deren Verletzung im chinesischen und deutschen Recht: eine rechtsvergleichende Untersuchung*. Baden-Baden: Nomos, 2019.
381 Liang, Shenbao. *Einwilligung in medizinische Behandlungen: eine rechtsvergleichende Analyse nach schweizerischem und chinesischem Privatrecht*. Zürich: Schulthess, 2018.
382 Liu, Jiaru. *Strafurteilsgründe in China und Deutschland: zugleich ein Beitrag zu rechtskulturellen Hindernissen des chinesisch-deutschen Strafrechtstransfers*. Hamburg: Verlag Dr. Kovač, 2017.
383 Liu, Tao. *Globale Wissensdiffusion in der Politik sozialer Sicherung: die Einführung einer gesetzlichen Unfallversicherung in der Volksrepublik China*. Frankfurt, M.: PL Acad. Research, 2015.
384 Long, Rui. *Die Aufgreifkriterien der chinesischen Fusionskontrolle: Minderheitsbeteiligung, Gemeinschaftsunternehmen, konzerninterne Umstrukturierung und neue Fragen zum digitalen Markt aus rechtsvergleichender Sicht mit deutschem und europäischem Recht*. Berlin, Bern, Wien: Peter Lang, 2020.
385 Lu, Li-Hsiang. *Staatsschuldenrecht in Deutschland und Taiwan: ein Rechtsvergleich unter Berücksichtigung der geschichtlichen Entwicklung*. Berlin; Münster: LIT, 2016.
386 Lu, Pei. *Die Wahrung der Rechtseinheit in Deutschland und der VR China: eine vergleichende Untersuchung unter besonderer Berücksichtigung der Funktion des jeweiligen obersten Gerichts*. Baden-Baden: Nomos, 2016.
387 Ma, Anna. *Die materielle Fusionskontrolle in der VR China und in der Europäischen Union*. Baden-Baden: Nomos, 2019.
388 Mohr, Johannes. *Vom Nordpol bis zum Südchinesischen Meer: völkerrechtliche Lesarten maritimer Konflikte in China*. Hamburg: Verlag Dr. Kovač, 2018.
389 Pißler, Knut Benjamin. *Handbuch des chinesischen Zivilprozessrechts: Analyse und Materialien*. Tübingen: Mohr Siebeck, 2018.
390 Podhorsky, Roman. *Die Anwendung und Auslegung des UN-Kaufrechts in der VR China: unter besonderer Berücksichtigung der Auslegung unbestimmter Rechtsbegriffe des UN-Kaufrechts*. Berlin: wvb, Wissenschaftlicher Verlag Berlin, 2019.
391 Postweiler, Jan. *Die Auswirkungen von Korruption im chinesischen Vertragsrecht: eine Untersuchung aus unternehmensbezogener Sicht*. Baden-Baden: Nomos, 2019.
392 Putz, Alexander. *Das Eigentumsrecht in Deutschland und der VR China: Genese, Status quo und Entwicklungsperspektiven aus rechtsvergleichender Sicht*. Baden-Baden: Nomos, 2017.
393 Qi, Yueshi. *Das Pfandrecht und die Sicherungsübereignung im deutschen und chinesischen Recht: eine vergleichende Darstellung besonders im Hinblick auf die Grundsätze*. Hamburg: Verlag Dr. Kovač, 2016.
394 Roth-Mingram, Berrit. *Corporate social responsibility in der sozialen Marktwirtschaft: mit system- und rechtsvergleichenden Impulsen aus den Vereinigten Staaten von Amerika und der Volksrepublik China*. Baden-Baden: Nomos, 2017.

395 Senger, Harro von; Heckendorn Urscheler, Lukas (Hrsg.). *Das Recht der Volksrepublik China vor den Herausforderungen des 21. Jahrhunderts*. Zürich; Basel; Geneva: Schulthess, 2016.

396 Sprick, Daniel. *Die Grenzen der Notwehr im Strafrecht der Volksrepublik China*. Baden-Baden: Nomos, 2016.

397 Stark, Alexander. *Umweltgerichte in China*. Baden-Baden: Nomos, 2017.

398 Storm, Kerstin; Polfuß, Jonas (Hrsg.). *Rechtskultur und Gerechtigkeitssinn in China*. Wiesbaden: Harrassowitz Verlag, 2017.

399 Su, Renzai. *Das Aufsichtsratsgremium in den börsennotierten Aktiengesellschaften in China - ein Vergleich mit dem deutschen Recht*. Berlin: Duncker & Humblot, 2020.

400 Sun, Bo. *Grundsätze moderner Umsatzbesteuerung: Deutschland, Europäische Union und Volksrepublik China im Vergleich*. Aachen: Shaker Verlag, 2016.

401 Wang, Huawei. *Die strafrechtliche Verantwortlichkeit von Internet-Service-Providern: ein deutsch-chinesischer Rechtsvergleich*. Berlin: Duncker & Humblot, 2019.

402 Wang, Jing. *Die Vermögensverfügung als Tatbestandsmerkmal des Betrugs: rechtsvergleichende Untersuchung des deutschen, japanischen und chinesischen Rechts*. Baden-Baden: Nomos, 2016.

403 Wang, Kuo-Ching. *Unternehmensübernahmen nach taiwanesischem und deutschem Recht: mit besonderer Berücksichtigung der Pflichten des Vorstands der Aktiengesellschaft bei öffentlichen Angeboten*. Frankfurt am Main: PL Academic Research, 2016.

404 Wang, Lidong. *Das Problem des Doppelspiels beim gutgläubigen Erwerb: eine rechtsvergleichende Untersuchung zwischen dem deutschen und chinesischen Recht*. Berlin; Bern; Wien: Peter Lang, 2018.

405 Wang, Meng. *Die deliktsrechtliche Verkehrspflicht im deutsch-chinesischen Vergleich*. Berlin: Duncker & Humblot, 2020.

406 Wang, Qi. *Die Haftung des Kfz-Nutzers bei Straßenverkehrsunfällen nach dem chinesischen Recht: gleichzeitig ein Vergleich mit dem deutschen Recht*. Hamburg: Verlag Dr. Kovač, 2018.

407 Wang, Yanhu. *Das Verhältnis von sektorspezifischer Regulierung und allgemeiner Wettbewerbsaufsicht in den Netzwirtschaften: am Beispiel der Stromwirtschaft und Telekommunikation in Deutschland und China*. Aachen: Shaker Verlag, 2016.

408 Wang, Ying. *Die Aussetzung der Jugendstrafe zur Bewährung und die Bewährungshilfe: ein Ländervergleich zwischen Deutschland und China*. Hamburg: Verlag Dr. Kovač, 2018.

409 Wawrzyniak, Bodo. *Das neue chinesische Verwaltungszwangsgesetz: ein modernes Instrument zur Durchsetzung von Verwaltungspflichten im deutschen und taiwanesischen Vergleich*. Hamburg: Verlag Dr. Kovač, 2017.

410 Wersborg, Sarah Katharina. *Welches Recht gilt? Die Bestimmung des anzuwendenden Rechts im chinesischen, im deutschen und im europäischen internationalen Erbrecht*. Bonn: zerb verlag, 2018.

411 Wu, Zhuomin. *Der Schutz biotechnologischer Erfindungen in der V.R. China unter Berücksichtigung internationaler Entwicklungen*. München: Herbert Utz Verlag, 2018.

412 Xie, Yan. *Abschaffung der Todesstrafe: China in Bewegung: eine Studie zur Gesetzgebungsreform der Todesstrafe in China*. Hamburg: Verlag Dr. Kovač, 2016.

413 Xue, Tong. *Parteiautonomie im chinesischen internationalen Privatrecht: am Beispiel der Rechtswahl im internationalen Vertrags-, Delikts-, und Sachenrecht*. Frankfurt am Main: PL

Academic Research, 2016.

414 Yan, Yizhou. *Rechtsschutz im chinesischen und deutschen Vergaberecht: funktionaler Vergleich und mögliche Reformansätze.* Baden-Baden: Nomos, 2018.

415 Yang, Fei. *Die Haftung von Plattformbetreibern für die Mitwirkung an fremden Rechtsverletzungen nach deutschem und chinesischem Recht: eine Untersuchung zum Urheber-, Marken- und Lauterkeitsrecht.* Göttingen: V & R unipress, 2018.

416 Yen, Yu-Hung. *Vertrags- und Deliktshaftung in Deutschland und Taiwan: ein Rechtsvergleich.* Baden-Baden: Nomos, 2017.

417 Yu, Jianan. *Die Sonderbehandlung von Gesellschafterdarlehen im deutschen und im chinesischen Recht.* Baden-Baden: Nomos, 2017.

418 Yu, Shyh-Lin. *Schutzrechtsverwarnungen: eine rechtsvergleichende Untersuchung des deutschen und taiwanesischen Rechts des geistigen Eigentums.* Berlin: Mensch und Buch Verlag, 2016.

419 Yu, Yongli. *Die Sacheinlage bei der Gründung einer GmbH nach chinesischem Gesellschaftsrecht.* Hamburg: Verlag Dr. Kovač, 2017.

420 Zhang, Feihu. *Äußerungsrechtlicher Unternehmensschutz im Internet: ein Rechtsvergleich des deutschen und chinesischen Zivilrechts.* Berlin, Bern, Wien: Peter Lang, 2020.

421 Zhang, Huailing. *Die Rechtspflichten der Leitungsorgane der geschlossenen Kapitalgesellschaften: ein Vergleich der gesetzlichen Regelungen im deutschen GmbHG, im Entwurf einer Verordnung der EU für die Privatgesellschaft und im chinesischen Gesellschaftsgesetz.* Hamburg: Verlag Dr. Kovač, 2017.

422 Zhang, Xiaodan. *Stufenordnung und Verfahren der Setzung von Rechtsnormen in der Volksrepublik China: eine historische und normative Studie.* Berlin: Duncker & Humblot, 2017.

423 Zhang, Yun. *Passivlegitimation bei kartellrechtlichen Schadensersatzklagen nach dem chinesischen Recht: gleichzeitig ein Vergleich mit dem deutschen Recht.* Hamburg: Verlag Dr. Kovač, 2018.

424 Zhang, Zhengyu. *Der Straftatbegriff im chinesischen und deutschen Strafrecht.* Baden-Baden: Tectum Verlag, 2017.

425 Zhao, Tianshu. *Sicherung des schuldnerischen Vermögens im Eröffnungsverfahren: eine rechtsvergleichende Untersuchung zwischen dem deutschen und dem chinesischen Insolvenzrecht.* Frankfurt am Main: PL Academic Research, 2016.

426 Zhou, Zishi. *Das Sexualstrafrecht in Deutschland und China: eine vergleichende Darstellung von Geschichte, Stand und Entwicklungen.* Berlin: Duncker & Humblot et al., 2020.

427 Zhu, Hongrui. *Die Einpersonen-GmbH im deutschen und chinesischen Recht.* Hamburg: Verlag Dr. Kovač, 2020.

428 Zong, Yukun. *Beweisverwertungsverbote im Strafverfahren: rechtsvergleichende Untersuchung zum deutschen, US-amerikanischen und chinesischen Recht.* Berlin: Duncker & Humblot, 2018.

429 Zou, Qingsong. *Schutz der Minderheitsaktionäre beim Delisting: eine rechtsvergleichende Untersuchung zwischen deutschem und chinesischem Recht.* Berlin, Bern, Wien: Peter Lang, 2019.

430 Zuber, Tobias. *Das Antidumpingrecht und die Nichtmarktwirtschaft der Volksrepublik China: eine Rechtsanalyse aus europäischer Perspektive.* Hamburg: Verlag Dr. Kovač, 2017.

西班牙语

431   Aporti, Nicola. *Introducción al derecho alimentario en China.* Cizur Menor, Navarra: Aranzadi, 2015.

俄语

432   Лютов, Валерий Александрович; Рудый, Н. К. *Уголовно-правовая характеристика мошенничества с использованием электронных средств платежа по законодательству Российской Федерации и Китайской Народной Республики: сравнительно-правовое исследование.* Чита: ЗабГУ, 2020.

433   Манцуров, Александр Юрьевич. *Система обеспечения внутренней безопасности Китайской Народной Республики: административно-правовой аспект.* Хабаровск: ФГКОУ ВО ДВЮИ МВД России, 2015.

434   Морозова, Валентина Сергеевна. *Теоретические и практические аспекты государственного (конституционного) права КНР: учебное пособие.* Чита: Забайкальский гос. ун-т, 2015.

435   Российско-Китайский Экологический Совет. *Экологическое законодательство КНР: сборник документов об изменении климата и Государственных стандартов в сфере выбросов парниковых газов.* Москва: Издательская группа «Прогресс», 2020.

436   Российско-Китайский Экологический Совет. *Экологическое законодательство КНР: сборник законов и нормативных актов в области сбора, хранения и переработки твердых и опасных отходов.* Москва: Прогресс: Б-ка Международная жизнь, 2019.

437   Смирнова, Ирина Георгиевна; Алексеева, Е. В. *Обеспечение прав и законных интересов потерпевшего в досудебном производстве по УПК РФ и КНР: учебное пособие.* Иркутск: Изд. дом БГУ, 2020.

438   Смирнова, Ирина Георгиевна; Дзеган, Е. О. *Сравнительно-правовая характеристика мер пресечения в РФ и КНР: учебное пособие.* Иркутск: ИД БГУ, 2020.

439   Трощинский, Павел Владимирович. *Правовая система Китая.* Москва: ИДВ РАН, 2016.

440   Трощинский, Павел Владимирович. *Эволюция правовой системы Китайской Народной Республики (1949-2018 гг.): историко-правовой аспект: (с перечнем действующих законов КНР).* Москва: ВКН, 2018.

日语

441   知的財産に関する日中共同研究報告書．知的財産研究教育財団，2017.

442   知的財産に関する日中共同研究報告書．知的財産研究教育財団，2020.

443   Anaxis. 雇用条例ガイドブック：香港の雇用条例および雇用関連条例の解説．Anaxis, 2017.

444　チャン・シャオジン．特許権侵害の判決規則に関する日中比較研究．知的財産研究所，2015.
445　板垣明，山元貴尚．二年律令・奏［ゲン］書：文字異同と一字索引．汲古書院，2015.
446　陳丹舟．中国独占禁止法：法体系とカルテル規制の研究．早稲田大学出版部，2015.
447　陳興良．中国刑法学の新展開．成文堂，2020.
448　池田雄一．漢代を遡る奏［ゲン］：中国古代の裁判記録．汲古書院，2015.
449　川北靖之．日唐律令法の基礎的研究．国書刊行会，2015.
450　川村康，関西学院大学．唐代を中心とする中国刑事手続制度の基礎的研究．川村康，2017.
451　大和田滝恵．新中国環境政策講義：現地の感覚で見た政策原理．駿河台出版社，2017.
452　大津透．日本古代律令制と中国文明．山川出版社，2020.
453　但見亮．中国夢の法治：その来し方行く末．成文堂，2019.
454　但見亮［ほか］．中国の法と社会と歴史：小口彦太先生古稀記念論文集．成文堂，2017.
455　東亞同文會．東亞關係特種條約彙纂 1．東京大學出版會，2016.
456　東亞同文會．東亞關係特種條約彙纂 2．東京大學出版會，2016.
457　分部悠介，島田敏史．中国政府による専利出願の質向上に向けた施策に関する調査．ジェトロ北京事務所知的財産権部，2015.
458　冨谷至．漢唐法制史研究．創文社，2016.
459　高見澤磨，鈴木賢．要説中国法．東京大学出版会，2017.
460　高橋孝治．中国社会の法社会学：「無秩序」の奥にある法則の探求．明石書店，2019.
461　高見澤磨［ほか］．現代中国法入門．有斐閣，2019.
462　高井・岡芹法律事務所．中国の労務管理Q&A．日本国際貿易促進協会，2017.
463　谷井俊仁，谷井陽子．大清律刑律：伝統中国の法的思考 1．平凡社，2019.
464　谷井俊仁，谷井陽子．大清律刑律：伝統中国の法的思考 2．平凡社，2019.
465　廣江倫子．香港基本法解釈権の研究．信山社，2018.
466　何家弘．冤罪：中国の誤審はなぜ起きたか．科学出版社東京，2020.
467　何琳．中国の捜査法．成文堂，2019.
468　河野英仁．中国商標法の解説：第三次改正対応版．発明推進協会，2015.
469　黄軔霆．中国国際私法の比較法的研究．帝塚山大学出版会，2015.
470　吉村徳重，上田竹志．日中民事訴訟法比較研究．九州大学出版会，2017.
471　吉見崇．中国司法の政治史 1928-1949．東京大学出版会，2020.
472　甲斐克則．日中刑法総論・各論の先端課題．成文堂，2018.
473　交流協会．台湾における知的財産活用の状況について．交流協会，2016.
474　近畿経済産業局．ブランドを活かす、守る中国ビジネスガイドブック：中国商標法改正のポイント．経済産業省近畿経済産業局，2015.
475　近江幸治，道垣内弘人．日中韓における抵当権の現在．成文堂，2015.
476　久保茉莉子．中国の近代的刑事裁判：刑事司法改革からみる中国近代法史（別タイトル：Modern Criminal Justice in China）．東京大学出版会，2020.
477　孔暁キン．中国人民陪審員制度研究：その歴史、現状と課題．日本評論社，2016.
478　孔穎．中国の監獄改良論と小河滋次郎．清文堂出版，2015.
479　簗瀬正人．中国税制の実務対応：BEPS等最新動向とリスクの解説．中央経済社，2017.

480 鈴木敬夫．現代中国の法治と寛容：国家主義と人権憲政のはざまで．成文堂，2017.
481 馬彦華．中国商標法と実務：第三次改正対応〈詳細版〉．経済産業調査会，2016.
482 斉藤豊治［ほか］．日中経済刑法の最新動向．成文堂，2020.
483 浅井，虎夫．日本立法資料全集別巻．信山社出版，2017.
484 浅井敏雄．中国サイバーセキュリティー法（インターネット安全法）：データ・ローカライゼーションと個人情報保護．Uniserv Publishing，2018.
485 浅田正彦．日中戦後賠償と国際法別（タイトル：Post-War Reparations between Japan and China under International Law）．東信堂，2015.
486 権金亮．中国反壟断法（独占禁止法）における企業結合規制：日本法との比較法的研究．早稲田大学出版部，2015.
487 日本国際知的財産保護協会．日中韓における特許無効審判についての制度及び統計分析に関する調査研究報告書．日本国際知的財産保護協会，2016.
488 日本化学物質安全情報センター．中国危険化学品安全管理条例及び関連法規類 第2版．日本化学物質安全・情報センター，2017.
489 日本貿易振興機構．中国技術輸出入管理条例に関する技術供与者のリスク低減のための契約条項案と契約スキームの検討．ジェトロ北京事務所知的財産権部，2015.
490 日本貿易振興機構．中国司法鑑定制度研究．ジェトロ北京事務所知的財産権部，2015.
491 若江賢三．秦漢律と文帝の刑法改革の研究．汲古書院，2015.
492 桑原勇進．中国環境法概説1（総論）．信山社出版，2015.
493 森下之博．中国賃金決定法の構造：社会主義秩序と市場経済秩序の交錯．早稲田大学出版部，2017.
494 山本英史．中国近世法制史料読解ハンドブック．東洋文庫，2019.
495 山口厚，甲斐克則．日中刑事法の基礎理論と先端問題．成文堂，2016.
496 山田勇毅．中国知財戦略：イノベーションの実態と知財プラクティス．白桃書房，2016.
497 射手矢好雄．中国経済六法2016年版．日本国際貿易促進協会，2016.
498 射手矢好雄．中国経済六法2018年版．日本国際貿易促進協会，2018.
499 射手矢好雄．中国経済六法2017年増補版．日本国際貿易促進協会，2017.
500 神田秀樹．中国信託法の研究．日本加除出版，2016.
501 寺田浩明．中国法制史．東京大学出版会，2018.
502 松田恵美子．伝統中国と近代法、人．成文堂，2019.
503 速水大．唐代勲官制度の研究．汲古書院，2015.
504 孫文．中国の犯罪体系：沿革と課題．成文堂，2019.
505 太田出．中国近世の罪と罰：犯罪・警察・監獄の社会史．名古屋大学出版会，2015.
506 藤本豪．中国ビジネス法体系：部門別・場面別．日本評論社，2017.
507 王長汶．近代中日における「権利」の概念史．クロスカルチャー出版事業部，2018.
508 王利明．中国契約法．早稲田大学出版部，2017.
509 文元春．中国不法行為法の研究：公平責任と補充責任を中心に．成文堂，2019.
510 文正邦．共和国憲政歴程：現代中国憲法史の視点から．創英社/三省堂書店，2018.
511 五十嵐充，包香玉．中国労働法事件ファイル．日本法令，2017.
512 五十嵐充［ほか］．中国・タイ・ベトナム労働法の実務Q&A：海外駐在弁護士が解説する．労働調査会，2018.
513 西田真之．一夫一婦容妾制の形成をめぐる法的諸相：日本・中国・タイの比較法史か

514 西英昭. 近代中華民国法制の構築: 習慣調査・法典編纂と中国法学. 九州大学出版会, 2018.
515 洗理恵. 中国知財実務. 経済産業調査会, 2016.
516 消費者庁, 委託者. 北東アジアにおける電子商取引に係る消費者保護等の法制等に関する比較調査: 報告書. WIPジャパン, 2018.
517 蕭橘. 通訳メモに頻出する訴訟用センテンス: 中国語訳付き. 橘子園書房, 2019.
518 小口彦太. 中国法:「依法治国」の公法と私法. 集英社, 2020.
519 小口彦太[ほか]. 中国契約法の研究: 日中民事法学の対話. 成文堂, 2017.
520 新・アジア家族法三国会議. 高齢社会における相続法の課題. 日本加除出版, 2019.
521 岩井智子. 中国商標に関する商品及び役務の類似基準(日本語・英語訳付)及びその解説. 発明推進協会, 2017.
522 閻小妹, 信州大学.『杜騙新書』の研究. 閻小妹, 2017.
523 楊官鵬. 日中の土地収用制度の比較法的研究: 公益事業認定・収用手続・損失補償の理論的および実務的検討. プログレス, 2017.
524 楊立新. 中国権利侵害責任法. グローバル科学文化出版, 2018.
525 尹秀鍾. 中国現地法人の労務管理Q&A. 慶應義塾大学出版会, 2018.
526 鷹取祐司. 秦漢官文書の基礎的研究. 汲古書院, 2015.
527 御手洗大輔. 中国的権利論: 現代中国法の理論構造に関する研究. 東方書店, 2015.
528 遠藤誠. 中国商標法逐条解説: 第三次改正完全対応版. 日本機械輸出組合, 2015.
529 鄭東俊. 古代東アジアにおける法制度受容の研究: 中国王朝と朝鮮三国の影響関係を中心に. 早稲田大学出版部, 2019.
530 知的財産に関する日中共同研究報告書. 知的財産研究教育財団, 2019.
531 知的財産研究所. 知的財産に関する日中共同研究報告書. 知的財産研究教育財団, 2018.
532 中村民雄. 民事法の解釈適用と憲法原則: 中国民法編纂に向けた日中比較. 早稲田大学比較法研究所, 2018.
533 中村正人, 金沢大学. 唐代を中心とする「故意なき殺人」規定に関する基礎的研究. 中村正人, 2020.
534 中国のプラットフォーム就労関連裁判例の整理と分析. 労働政策研究・研修機構, 2020.
535 最高裁判所事務総局家庭局. 少年審判通訳ハンドブック: 中国語. 法曹会, 2017.

阿拉伯语

536 فان قوه بينغ. القانون الصيني. بيت الحكمة للاستثمارات الثقافية, 2017.

其他语种

537 Bóka János. Tradíció és modernitás a kínai jogrendszerben: a szerződési jog útja a császárkori

gyökerektől a modern szintézisig. Pólay E. Alapítvány, 2015.
538 Çeçen, Halil. Çin Halk Cumhuriyeti yabancı yatırım kanunu. Legal Yayıncılık, 2020.
539 Dargas-Draganik, Marta. Idee i zasady konstytucyjne chińskiego porządku prawnego. Wydawnictwo C. H. Beck, 2017.
540 Gál István László. A Kínai Népköztársaság Büntető törvénykönyve. Schadowwolf Kft., 2015.
541 Garcia, Augusto. O direito das sociedades no contexto da China, Macau e Moçambique. Centro de Estudos Jurídicos Universidade de Macau, 2019.
542 He, Jiahong. Voltando dos mortos: condenações injustas e justiça criminal na China. Shu, 2018.
543 He, Jiahong. לאור הוצאה אנטרפרייז. פ. לביא. בסין פלילי וצדק שגויות הרשעות : המתים מן חזרה, 2017.
544 Jenerál, Emil. Ochrana technických řešení v Číně. Úřad průmyslového vlastnictví, 2017.
545 Kormány Attila. A tradicionális és a modern kínai jog: a jog fejlődése Kínában a kezdetektől napjainkig. ELTE Eötvös K., 2018.
546 Łągiewska, Magdalena. Chińskie prawo rodzinne: zagadnienia wybrane. Wydawnictwo Adam Marszalek, 2020.
547 Mansala, Arto. Asemapaikkana Peking: Suomen ja Kiinan kansantasavallan suhteiden neljästä ensimmäisestä vuosikymmenestä sekä tehtävästä Pohjois-Koreassa. Kustannusosakeyhtiö Siltala, 2020.
548 Polido, Fabrício. Direito chinês contemporâneo. Almedina, 2015.
549 Salát Gergely. A kínai alkotmány. Typotex, 2015.
550 Salát Gergely. Büntetőjog a Han-kori Kínában. Typotex, 2016.
551 Santos, Hugo Luz dos. A celeridade processual, a cooperação e o consenso entre os sujeitos processuais: diálogo entre o processo civil e o processo penal: uma perspectiva lusófona. Livros do Oriente, 2018.
552 Szpotakowski, Igor. Rozważania nad procesem stanowienia prawa w Polsce i Chinach na przestrzeni wieków: wybrane zagadnienia. ArchaeGraph Wydawnictwo Naukowe, 2020.
553 Szwajnoch, Emilie. Prawne i gospodarcze aspekty współpracy z Chińską Republiką Ludową. Wydawnictwo Ius Publicum, 2020.
554 Trigo, Manuel. Estudos de direito da família e menores: textos traduzidos da língua chinesa para a língua portuguesa. Centro de Formação Jurídica e Judiciária, 2020.
555 Зарифӣ. Ҳ., Ҳамрохон. Тоҷикистон-Хитой ташаккули сарҳади давлатӣ. Таърих ва замони муосир. Ирфон, 2016.

军事

英语

1. Allen, Jana. *The PLA Air Force's four key training brands.* Montgomery, AL: China Aerospace Studies Institute, 2018.
2. Andrade, Tonio. *The gunpowder age: China, military innovation, and the rise of the West in world history.* United States: Princeton University Press, 2016.
3. Arduino, Alessandro. *China's private army: protecting the new Silk Road.* Basingstoke, Hampshire: Palgrave Macmillan, 2018.
4. Bitzinger, Richard. *Reshaping the Chinese military: the PLA's roles and missions in the Xi Jinping era.* London: Routledge, 2018.
5. Bonham, Richard E. *China horse marine: John R. Angstadt U.S.M.C. American Legation, Peiping China, 1934-1937.* United States: Schiffer Publishing Ltd., 2015.
6. Bouchat, Clarence J. *U.S. landpower in the South China Sea.* Carlisle Barracks, PA: Strategic Studies Institute and U.S. Army War College Press, 2017.
7. Burke, Edmund J.; Cevallos, Astrid Stuth. *Assessing the training and operational proficiency of China's aerospace forces: selections from the inaugural conference of the China Aerospace Studies Institute (CASI).* United States: Rand Corporation, 2016.
8. Cai, Zhizhong. *The art of war.* Princeton, New Jersey: Princeton University Press, 2018.
9. Carpenter, Emily. *China's air defense identification zone: implications and associated issues.* United States: Nova Science, 2015.
10. Chakravorty, P. K. *Assessment of Chinese military modernisation and its implications for India.* New Delhi: Pentagon Press, 2019.
11. Chase, Michael [et al.]. *China's incomplete military transformation: assessing the weaknesses of the People's Liberation Army (PLA).* United States: Rand Corporation, 2015.
12. Chase, Michael; Chan, Arthur. *China's evolving approach to "integrated strategic deterrence".* United States: Rand Corporation, 2016.
13. Cheng, Dean. *Cyber dragon: inside China's information warfare and cyber operations.* Santa Barbara, California: Praeger, an imprint of ABC-CLIO, LLC, 2017.
14. Cheung, Raymond. *Aces of the Republic of China Air Force.* United Kingdom: Osprey Publishing Not Random House, 2015.
15. Chopra, Air Marshal Anil. *China, the rising aerospace power: implications for India.* New Delhi: Pentagon Press LLP, 2020.

16　Cliff, Roger. *China's military power: assessing current and future capabilities*. United States: Cambridge University Press, 2015.

17　Cole, Bernard D. *China's quest for great power: ships, oil, and foreign policy*. United States: Naval Institute Press, 2016.

18　Cordesman, Anthony H.; Colley, Steven. *Chinese strategy and military modernization in 2015: a comparative analysis*. United States: Ctr for Strat & Intl Stds, 2015.

19　Cornebise, Alfred E. *The United States army in China, 1900-1938: a history of the 9th, 14th, 15th and 31st regiments in the East*. United States: Mcfarland & Company, 2015.

20　Corr, Anders. *Great powers, grand strategies: the new game in the South China Sea*. Annapolis, Maryland: Naval Institute Press, 2018.

21　Costello, John. *China's Strategic Support Force: a force for a new era*. Washington, D. C.: National Defense University Press, 2018.

22　Department of Defense. *Assessment on U. S. defense implications of China's expanding global access*. Washington, D. C.: Department of Defense, United States of America, 2018.

23　Dittmer, Lowell; Yu, Maochun. *Routledge handbook of Chinese security*. United Kingdom: Routledge, 2015.

24　Dougherty, Martin J. *Chinese tanks & AFVs: 1950-present*. London: Amber Books, 2019.

25　Duchâtel, Mathieu; Bromley, Mark. *Influence by default: Europe's impact on military security in East Asia*. London: European Council on Foreign Relations, 2017.

26　Dutton, Peter. *China's evolving surface fleet*. Newport, Rhode Island: China Maritime Studies Institute, U.S. Naval War College, 2017.

27　Elleman, Bruce A. *The making of the modern Chinese navy: special historical characteristics*. London: Anthem Press, 2019.

28　Erickson, Andrew S. *Chinese naval shipbuilding: an ambitious and uncertain course*. United States: Naval Inst Press, 2016.

29　Evron, Yoram. *China's military procurement in the reform era: the setting of new directions*. United States: Routledge, 2015.

30　Ford, Christopher A. *Arms control in outer space: history and prospectus*. Washington, D.C.: Arms Control and International Security, 2020.

31　Ford, Christopher A. *Strengthening deterrence and reducing nuclear risks, part II: the sea-launched cruise missile-nuclear (SLCM-N)*. Washington, D.C.: Department of State, United States of America: Arms Control and International Security, 2020.

32　Ford, Christopher A. *Technology transfers to the PRC military and U.S. countermeasures: responding to security threats with new Presidential proclamation. [Paper #9]*. Washington, D.C.: Department of State, United States of America: Arms Control and International Security, 2020.

33　Fritz, Jason R. *China's cyber warfare: the evolution of strategic doctrine*. Lanham: Lexington Books, 2017.

34　Godwin, Paul H.B. *The Chinese defense establishment: continuity and change in the 1980s*. New York: Routledge, 2019.

35　Gu, Cheng. *The hidden Land: the garrison system and the Ming Dynasty*. London: Routledge, 2019.

36　Harvey, Neil. *The modern Chinese navy*. United Kingdom: Neil Harvey, 2016.

37 Harvey, Neil. *The modern Taiwanese Navy, the modern Vietnamese Navy & the modern Philippine Navy.* United Kingdom: Neil Harvey, 2017.
38 Haynes, Susan Turner. *Chinese nuclear proliferation: how global politics is transforming China's weapons buildup and modernization.* United States: Potomac Books, 2016.
39 Holslag, Jonathan. *Trapped giant: China's military rise.* London: Routledge, 2017.
40 Hu, Bo. *Chinese maritime power in the 21st century: strategic planning, policy and predictions.* London: Routledge, 2019.
41 Institute for Strategic Studies. *National defense. international strategic relations and China's national security* [v. 1-3]. United States: World Scientific, 2015.
42 Jencks, Harlan W. *From muskets to missiles: politics and professionalism in the Chinese army, 1945-1981.* New York: Routledge, 2019.
43 Ju, Hailong. *China's maritime power and strategy: history, national security and geopolitics.* Singapore: World Scientific, 2015.
44 Kan, Shirley. *China and proliferation of weapons of mass destruction and missiles: policy issues.* United States: Congressional Research Service, 2015.
45 Kennedy, Conor M. *Civil transport in PLA power projection.* Newport, Rhode Island: China Maritime Studies Institute, U.S. Naval War College, 2019.
46 Kennedy, Conor M.; Erickson, Andrew S. *China's third sea force, the People's Armed Forces Maritime Militia: tethered to the PLA.* Newport: China Maritime Studies Institute, U.S. Naval War College, 2017.
47 Kirchberger, Sarah. *Assessing China's naval power.* Germany: Springer, 2015.
48 Lai, Benjamin. *The dragon's teeth: the Chinese People's Liberation Army--its history, traditions, and air sea and land capability in the 21st century.* United States: Casemate, 2016.
49 Larkin, Bruce D. *Nuclear designs: Great Britain, France and China in the global governance of nuclear arms.* Abingdon, Oxon: Routledge, 2017.
50 Lee, Roderick. *Organizing to fight in the far seas: the Chinese Navy in an era of military reform.* Rhode Island: China Maritime Studies Institute, U.S. Naval War College, 2020.
51 Linda, Rios Bromley. *Flight of the dragon: a Taiwanese U-2 pilot's long journey to freedom.* Solihull, West Midlands: Helion & Company, 2017.
52 Lo, Ping-Cheung; Twiss, Summer B. *Chinese just war ethics: origin, development, and dissent.* United Kingdom: Routledge, 2015.
53 Lorge, Peter Allan. *Warfare in China to 1600.* [Place of publication not identified]: Routledge, 2017.
54 Lovejoy, Charles D. *China's Military Reforms: international and domestic implications.* New York: Routledge, 2019.
55 Martinson, Ryan D. *China's distant-ocean survey activities: implications for U. S. national security.* Newport, Rhode Island: China Maritime Studies Institute, U. S. Naval War College, 2018.
56 Martinson, Ryan D. *Echelon defense: the role of sea power in Chinese maritime dispute strategy.* Newport, Rhode Island: China Maritime Studies Institute, U. S. Naval War College, 2018.
57 Martinson, Ryan D. *The arming of China's maritime frontier.* Newport, Rhode Island: China Maritime Studies Institute, U.S. Naval War College, 2017.
58 Mattis, Peter; Brazil, Matthew. *Chinese communist espionage: an intelligence primer.* Annapolis:

Naval Institute Press, 2019.
59　McCauley, Kevin N. *People's Liberation Army: army campaign doctrine in transition.* Fort Leavenworth, Kan.: Foreign Military Studies Office, 2020.
60　McCauley, Kevin. *PLA system of systems operations: enabling joint operations.* Washington, D.C.: Jamestown Foundation, 2017.
61　McDevitt, Michael A. *China as a twenty-first-century naval power: theory, practice, and implications.* Annapolis, Maryland: Naval Institute Press, 2020.
62　McReynolds, Joe. *China's evolving military strategy.* United States: Jamestown Foundation, 2016.
63　Mcneilly, Mark. *Sun Tzu and the art of modern warfare.* United States: Oxford University Press, 2015.
64　Meick, Ethan. *China-Russia military-to-military relations: moving toward a higher level of cooperation.* Washington, DC: U.S.-China Economic and Security Review Commission, 2017.
65　Meick, Ethan. *China's response to U.S.-South Korean missile defense system deployment and its implications.* Washington, D.C.: U.S.-China Economic and Security Review Commission, 2017.
66　Muller, David G., Jr. *China as a maritime power.* New York: Routledge, 2019.
67　Murphy, Dawn. *China's approach to international terrorism.* Washington, D.C.: United States Institute of Peace, 2017.
68　Narang, S. C. *Military strategies of India and China.* Delhi: Prashant Publishing House, 2019.
69　Navarro, Peter. *Crouching tiger: what China's militarism means for the world.* United States: Prometheus Books, 2015.
70　Nurkin, Tate. *China's advanced weapons systems.* London, England: Jane's by IHS Markit, 2018.
71　Odgaard, Liselotte. *Maritime security between China and Southeast Asia: conflict and cooperation in the making of regional order.* [Place of publication not identified]: Routledge, 2017.
72　Petriello, David. *A military history of China: from the first recorded battle to the twenty-first century.* Yardley: Westholme, 2018.
73　Po, Ronald C. *The blue frontier: maritime vision and power in the Qing Empire.* Cambridge, United Kingdom: Cambridge University Press, 2018.
74　Poindexter, Dennis F. *The Chinese information war: espionage, cyberwar, communications control and related threats to United States interests.* Jefferson, North Carolina: McFarland & Company, Inc. , Publishers, 2018.
75　Rogers, Larry. *China's space programs: progress and military implications.* United States: Nova Science, 2015.
76　Rosa, Paolo. *Neoclassical realism and the underdevelopment of China's nuclear doctrine.* Basingstoke, Hampshire: Palgrave Macmillan, 2018.
77　Roy, Kaushik; Lorge, Peter Allan. *Chinese and Indian warfare: from the classical age to 1870.* United Kingdom: Routledge, 2015.
78　Rupprecht, Andreas. *Chinese air power in the 20th Century: rise of the red dragon.* Houston: Harpia Publishing, 2019.
79　Rupprecht, Andreas. *Modern Chinese warplanes: Chinese Air Force - aircraft and units.* Houston: Harpia Publishing, 2018.

80　Rupprecht, Andreas. *Modern Chinese warplanes: Chinese naval aviation - aircraft and units.* Houston, TX: Harpia Publishing, 2018.

81　Saunders, Phillip C. [et al.]. *Chairman Xi remakes the PLA: assessing Chinese military reforms.* Washington, D.C.: National Defense University Press, 2019.

82　Saunders, Phillip C. *Beyond borders: PLA command and control of overseas operations.* Washington, D.C.: National Defense University Press, 2020.

83　Schillinger, Nicolas. *The body and military masculinity in late Qing and early Republican China: the art of governing soldiers.* United States: Lexington Books, 2016.

84　Schwartz, Paul. *Russia's contribution to China's surface warfare capabilities: feeding the dragon.* United States: Rowman & Littlefield Inc., 2015.

85　Scobell, Andrew; Saunders, Phillip C. *PLA influence on China's national security policy-making.* United States: Stanford Security Studies, An Imprint of Stanford University Press, 2015.

86　Setzekorn, Eric B. *The rise and fall of an officer corps: the Republic of China military, 1942-1955.* Norman: University of Oklahoma Press, 2018.

87　Sim, Y.H. Teddy. *The maritime defence of China: Ming general Qi Jiguang and beyond.* Singapore: Springer, 2017.

88　Southerland, Matthew. *Chinese air force's long-distance training over water continues to increase and expand.* Washington, D. C.: United States-China Economic and Security Review Commission, 2018.

89　Southerland, Matthew. *The Chinese military's role in overseas humanitarian assistance and disaster relief: contributions and concerns.* Washington, D.C.: U.S.-China Economic and Security Review Commission, 2019.

90　Sun, Bin. *Sun Pin military methods.* [Place of publication not identified]: Routledge, 2018.

91　Sunzi. *The art of war.* New York: Alfred A. Knopf, 2018.

92　Swope, Kenneth. *Warfare in China since 1600.* [Place of publication not identified]: Routledge, 2017.

93　Taylor, Brendan. *Dangerous decade: Taiwan's security and crisis management.* London: Routledge, 2019.

94　Trevethan, Lawrence. *"Brigadization" of the PLA Air Force.* Montgomery, AL: China Aerospace Studies Institute, 2018.

95　United States. Congress. House. Committee on Armed Services. *Strategic competition with China: Committee on Armed Services, House of Representatives, One Hundred Fifteenth Congress, second session, hearing held February 15, 2018.* Washington: U. S. Government Publishing Office, 2018.

96　United States. Congress. House. Committee on Armed Services. Subcommittee on Seapower and Projection Forces. *Seapower and projection forces in the South China Sea: hearing before the Subcommittee on Seapower and Projection Forces of the Committee on Armed Services, House of Representatives, One Hundred Fourteenth Congress, second session, hearing held September 21, 2016.* Washington, D. C.: U. S. Government Publishing Office, 2018.

97　United States. Defense Intelligence Agency, issuing body. *China military power: modernizing a force to fight and win.* Washington, D.C: Defense Intelligence Agency, 2019.

98　United States. Office of Naval Intelligence, issuing body. *China People's Liberation Army Navy (plan), Coast Guard, and Government Maritime forces: 2019-2020 recognition and*

identification guide. Washington, D.C.: Office of Naval Intelligence, 2019.
99   Upadhyaya, Shishir. *India's maritime strategy: balancing regional ambitions and China*. London: Routledge, 2019.
100 Wade, Steven R. *Military and security developments in China: U.S. assessments, 2015*. United States: Nova Publishers, 2015.
101 Watson, Heidi. *China's military and naval forces: overview, modernization, implications, and issues*. United States: Nova Science, 2016.
102 Winkler, David F. *Incidents at sea: American confrontation and cooperation with Russia and China, 1945-2016*. Annapolis, Maryland: Naval Institute Press, 2017.
103 Woo, Jess. *Understanding Shuangxue: the PLAAF's learning organization initiative*. Montgomery, AL: China Aerospace Studies Institute, 2018.
104 Wuthnow, Joel. *China's other army: the People's Armed Police in an era of reform*. Washington, DC: National Defense University Press, 2019.
105 Wuthnow, Joel. *Chinese military reforms in the age of Xi Jinping: drivers, challenges, and implications*. Washington. D.C.: National Defense University Press, 2017.
106 Yoshihara, Toshi. *Red star over the Pacific: China's rise and the challenge to U. S. maritime strategy*. Annapolis, Maryland: Naval Institute Press, 2018.
107 You, Ji. *China's military transformation*. United Kingdom: Polity, 2016.
108 Zhang, Baohui. *China's assertive nuclear posture: state security in an anarchic international order*. United Kingdom: Routledge, 2015.

法语

109 Gabriel, Jérôme. *Maîtres et dirigeants: décryptage stratégique de la pensée Sun Tzu*. [Paris]: [Iggybook], 2020.
110 Yuan, Houchun. *Le grand désarmement*. Paris: Éditions You Feng libraire & éditeur, 2019.

德语

111 Bilban, Christoph. *Mythos „Gerasimov-Doktrin": Ansichten des russischen Militärs oder Grundlage hybrider Kriegsführung?: eine Analyse der Rezeptionen in Europa und China*. Wien: Republik Österreich, Bundesministerium für Landesverteidigung, 2019.
112 Paul, Michael. *Kriegsgefahr im Pazifik?: die maritime Bedeutung der sino-amerikanischen Rivalität*. Baden-Baden: Nomos - Berlin: SWP, 2017.
113 Siegmund, Felix. *Theorie und Praxis militärischen Wissens zwischen China und Korea im langen 17. Jahrhundert: Qi Jiguangs militärische Schriften und die nordöstliche Grenzregion*. Wiesbaden: Harrassowitz Verlag, 2018.
114 Sun, Wu; Fischer-Schreiber, Ingrid (Übers.). *Die Kunst des Krieges: wahrhaft siegt, wer nicht kämpft*. Köln: Anaconda, 2016.
115 Sun, Wu; Keller Guido (Übers.). *Die Kunst des Krieges*. Frankfurt: Angkor Verlag, 2019.

116   Unterseher, Lutz; Lange, Sascha. *Militärmacht China: auf dem Weg zur Hegemonie?* Baden-Baden: Tectum Verlag, 2020.

西班牙语

117   Villamor, Rubén. *El frente de China*. Zaragoza: HRM Ediciones, 2020-2021.

俄语

118   Батурин, Юрий Михайлович. *История спецоперации по поставке советского оружия в Китай (1937-1943 гг.)*. Москва: Российская академия наук, 2017.

119   Буяров, Дмитрий Владимирович; Кузнецов, Д. В. ред. *Китай и Вторая мировая война*. Москва: URSS, cop. 2017.

120   Ван Вэй и др. *Народно-освободительная армия Китая*. [перевод: Олега Петрова]. Санкт-Петербург: Изд-во Санкт-Петербургского гос. экономического ун-та, 2017.

121   Волынец, Алексей Николаевич. *Деревянные пушки Китая. Россия и Китай - между союзом и конфликтом*. Москва: Эксмо; Яуза, 2017.

122   Вэй Ляо-цзы. *Трактат о военном искусстве: советы по выживанию государства в эпоху Сражающихся царств*. [перевод с китайского И. Н. Мизининой]. Москва: Центрполиграф, 2019.

123   Галенович, Юрий Михайлович пер. *109 стратагем: китайская "наука побеждать"*. Москва: Русская панорама, 2020.

124   Гао Сяосин и др. сост. *Военно-морские силы НОАК*. [перевод: Е. В. Пахалин]. Санкт-Петербург: Изд-во Санкт-Петербургского гос. экономического ун-та, 2017.

125   Горбачёв, Б. *Россия - Китай: вехи военно-технического сотрудничества: [книга-фотоальбом]*. Москва: Пента, 2019.

126   Казанин, Максим Владимирович. *Военный компонент обеспечения национальной безопасности КНР: монография*. Москва: Макс Пресс, 2015.

127   Казанин, Максим Владимирович. *Китай-Пакистан: военно-техническое и экономическое сотрудничество в начале XXI века*. Москва: Козлов Р. В., 2017.

128   Каменнов, Павел Борисович. *КНР: военная политика в начале XXI века*. Москва: ИДВ РАН, 2019.

129   Киселёв, Дмитрий Викторович; Пастухов, Алексей. *Первые китайские броненосцы в бою*. Москва: Яуза: Эксмо, 2015.

130   Киселёв, Дмитрий Викторович; Пастухов, Алексей. *Побежденный дракон. Китайский флот в войне против Японии (1894-1895 гг.). 2-е изд., доп. и испр*. Москва: Яуза: Эксмо, 2016.

131   Клири, Томас ред. сост. *Китайское искусство войны: постижение стратегии*. [пер. с англ. Р. В. Котенко]. Москва: АСТ, 2018.

132   Кокошин, Андрей Афанасьевич. *Актуальные вопросы трактата Сунь Цзы «Искусство*

войны». Москва: ФГБУН ИСПИ РАН, 2017.

133 Кокошин, Андрей Афанасьевич. *Военная реформа в КНР 2015-2020 гг.: оборонные, внешнеполитические и внутриполитическе аспекты. Изд. 2-е, расширенное и доп.* Москва: ФГБУН ИСПИ РАН, 2016.

134 Кривопалов, А. А. ред. *Китайская военная мощь как новый фактор мировой политики.* Москва: Науч. эксперт, 2016.

135 Кутузов, Михаил Александрович. *Японо-Китайская война, 1894-1895 гг.: неуслышанная войн.* Москва: Яуза, 2018.

136 Лузянин, Сергей Геннадьевич и др. сост. *Роль СССР и Китая в достижении Победы над фашизмом и Японским милитаризмом во Второй мировой войне: тезисы докладов российско-китайской научной конференции, Москва, 5-6 мая 2015 года.* Москва: ИДВ РАН, 2015.

137 Малявин, Владимир Вячеславович пер. *Военный канон Китая. Сунь-цзы. Сунь Бинь.* Москва: РИПОЛ классик, 2016.

138 Малявин, Владимир Вячеславович пер. *Сунь-цзы. Искусство войны.* Москва: АСТ, 2019.

139 Мизинина, Ирина Николаевна пер. сост. *36 стратагем. Сокровенная книга по военной тактике.* Москва: Центрполиграф, cop. 2016.

140 Мизинина, Ирина Николаевна пер. сост. *36 стратагем. Сокровенная книга по военной тактике.* Москва: Центрполиграф, cop. 2019.

141 Петров, Игорь Ильич. *Советско-китайские войны: пограничники против маоистов.* Москва: Яуза: Эксмо, 2017.

142 Полончук, Руслан Андреевич. *Роль и место военно-морских сил НОАК в обеспечении национальной безопасности Китая.* Москва: Этносоциум, 2019.

143 Полончук, Руслан Андреевич. *Военно-морские силы Народно-освободительной армии Китая в начале XXI века: современное состояние и перспективы развития.* Москва: Этносоциум, 2020.

144 Пэн Тинфа и др. сост. *НОАК в международном сотрудничестве.* [перевод Ван Юе]. Санкт-Петербург: Изд-во СПбГЭУ, 2017.

145 Сойер, Ральф Д. пер. *Бай чжань ци люэ. Сто неканонических стратегий: сражения и тактика в военном деле Древнего Китая.* Москва: АСТ, 2018.

146 Сунь Цзы（孙子）. *Искусство войны: [с комментариями и пояснениями].* [пер. с китайского В. В. Башкеева]. Москва: АСТ, cop. 2019.

147 Сунь Цзы（孙子）. *Искусство войны: вся война основана на лжи.* [пер. с кит. Чжан Цзюйшу]. Москва: Э: Око, 2017.

148 Сунь Цзы（孙子）. *Искусство войны: вся война основана на лжи.* [подстрочный пер. с кит. Чжан Цзюйшу; лит. пер. и коммент. Ю. Кулишенко]. Москва: Э, 2015.

149 Сунь Цзы（孙子）. *Искусство войны: специальное издание с древнекитайским переплетом.* [перевод с китайского Чжан Цзюйшу; литературный перевод и комментарии - Ю. Кулишенко, А. Хорошевский]. Москва: Эксмо, 2020.

150 Сунь Цзы（孙子）. *Искусство войны: Сунь-цзы.* [пер. с китайского В. В. Башкеева]. Москва: АСТ, cop. 2017.

151 Сунь Цзы（孙子）. *Искусство войны.* [редактор-составитель И. А. Корешкин]. Москва: Абрис, 2019.

152 Сунь Цзы（孙子）. *Искусство войны в комиксах*. [вступление и перевод Бронислава Виногродского; художник Цай Чжичжун]. Москва: Эксмо, 2020.

153 Сунь Цзы（孙子）. *Искусство войны*. [пер. Н. И. Конрад]. Москва: Центрполиграф, cop. 2016.

154 Сунь Цзы（孙子）. *Искусство войны*. [пер. с китайского В. В. Башкеева]. Москва: АСТ, cop. 2017.

155 Сунь Цзы（孙子）. *Искусство войны*. [пер. с китайского В. В. Башкеева]. Москва: АСТ, cop. 2019.

156 Сунь Цзы（孙子）. *Искусство войны*. [пер. с китайского В. В. Башкеева]. Москва: АСТ, ОГИЗ, 2018.

157 Сунь Цзы（孙子）. *Искусство войны*. [перевод с древнекитайского Н. Конрада]. Москва: АСТ, cop. 2017.

158 Сунь Цзы（孙子）. *Искусство войны*. [перевод с китайского Н. И. Конрад]. Москва: Центрполиграф, cop. 2018.

159 Сунь Цзы（孙子）. *Искусство войны*. [перевод с китайского Чжан Цзюйшу]. Москва: Эксмо, 2019.

160 Сунь Цзы（孙子）. *Искусство войны*. [перевод с китайского, предисловие и комментарии академика Н. И. Конрада]. Москва: Яуза: Эксмо, 2018.

161 Сунь Цзы（孙子）. *Искусство войны*. [перевод, составление, предисловие, преамбулы к текстам, комментарии Владимира Малявина]. Москва: АСТ, cop. 2019.

162 Сунь Цзы（孙子）. *Искусство войны*. [под редакцией Томаса Клири; перевод с английского: Н. Рыбальченко]. Москва: София, 2018.

163 Сунь Цзы（孙子）. *Искусство войны*. [подстрочный пер. с кит. - Чжан Цзюйшу (Zhang Jushu)]. Москва: Э, 2015.

164 Сунь Цзы（孙子）. *Искусство войны*. [с комментариями и объяснениями Владимира Малявина; перевод, составление, предисловие, преамбулы к текстам Владимира Малявина.]. Москва: АСТ, cop. 2019.

165 Сунь Цзы（孙子）. *Искусство побеждать*. [в переводе и с комментариями Бронислава Виногродского]. Москва: Эксмо, 2019.

166 Сунь Цзы（孙子）. *Трактат о военном искусстве*. [пер. с кит., предисл. и коммент. Н. И. Конрада]. Санкт-Петербург: Азбука, 2015.

167 Федосов, Евгений Александрович ред. *Истребители 5-го поколения F-22A США и J-20 КНР в борьбе за воздушное превосходство на Тихоокеанском ТВД: (аналитический обзор по материалам зарубежных информационных источников)*. Москва: Научно-информационный центр ГосНИИАС, 2019.

168 Хэги, Джессика. *Искусство войны в иллюстрациях: классический трактат Сунь-Цзы в диаграммах и графиках: [познай своего врага]. 2-е изд*. [пер. с англ. Марии Сухотиной]. Москва: Манн, Иванов и Фербер, 2016.

169 Хэги, Джессика. *Искусство войны в иллюстрациях: классический трактат Сунь-Цзы в диаграммах и графиках: [познай своего врага]*. [пер. с англ. Марии Сухотиной]. Москва: Манн, Иванов и Фербер, 2015.

170 Чаплыгин, Андрей Викторович. *Все китайские танки: «бронированные драконы» Поднебесной*. Москва: Яуза; Москва: Эксмо, 2016.

171 Шлындов, Александр Васильевич. *Вооруженные силы Китайской Народной Республики: очерки*. Москва: ИДВ РАН, 2019.

172 Юркевич, Александр Геннадьевич. *Феномен Хуанпу. Военная школа Гоминьдана в новейшей истории Китая*. Москва: Вариант, 2015.

日语

173 土屋貴裕．現代中国の軍事制度：国防費・軍事費をめぐる党・政・軍関係．勁草書房，2015.

174 アンドリュー・S・エリクソン，ライアン・D・マーティンソン．中国の海洋強国戦略：グレーゾーン作戦と展開（別タイトル：China's Maritime Grey Zone Operations）．原書房，2020.

175 ジム・スキアット［著］，小金輝彦［訳］．シャドウ・ウォー：中国・ロシアのハイブリッド戦争最前線（別タイトル：THE SHADOW WAR）．原書房，2020.

176 ジョー・マクレイノルズ．中国の進化する軍事戦略．原書房，2017.

177 ディーン・チェン．中国の情報化戦争：情報戦、政治戦から宇宙戦まで．原書房，2018.

178 トシ・ヨシハラ．中国海軍 vs. 海上自衛隊：すでに海軍力は逆転している．ビジネス社，2020.

179 ピーター・ナヴァロ．米中もし戦わば：戦争の地政学（別タイトル：CROUCHING TIGER）．文藝春秋，2019.

180 ピーター・ナヴァロ．米中もし戦わば：戦争の地政学（原タイトル：CROUCHING TIGER）．文藝春秋，2016.

181 宝鎖．清末中国の技術政策思想：西洋軍事技術の受容と変遷．臨川書店，2019.

182 北村淳．トランプと自衛隊の対中軍事戦略：地対艦ミサイル部隊が人民解放軍を殲滅す．講談社，2018.

183 北村淳．巡航ミサイル1000億円で中国も北朝鮮も怖くない．講談社，2015.

184 産政総合研究機構．中国の軍民融合動向と関連組織 2016-2017．産政総合研究機構，2018.

185 朝日新聞取材班．チャイナスタンダード：世界を席巻する中国式．朝日新聞出版，2019.

186 渡部悦和．米中戦争：そのとき日本は．講談社，2016.

187 渡部悦和．中国人民解放軍の全貌：習近平 野望実現の切り札．扶桑社，2018.

188 防衛省防衛研究所．中国安全保障レポート 2014（別タイトル：NIDS China security report 多様化する人民解放軍・人民武装警察部隊の役割）．防衛省防衛研究所，2015.

189 防衛省防衛研究所．中国安全保障レポート 2016（別タイトル：NIDS China security report 拡大する人民解放軍の活動範囲とその戦略）．防衛省防衛研究所，2016.

190 防衛省防衛研究所．中国安全保障レポート 2017．防衛省防衛研究所，2017.

191 防衛研究所．中国安全保障レポート 2019（別タイトル：NIDS China security report アジアの秩序をめぐる戦略とその波紋）．防衛研究所，2019.

192 防衛研究所．中国安全保障レポート 2020（別タイトル：NIDS China security report ユーラシアに向かう中国）．防衛研究所，2019.
193 防衛研究所．中国安全保障レポート 2021（別タイトル：新時代における中国の軍事戦略）．防衛研究所，2020.
194 防衛研究所．中国安全保障レポート．防衛研究所，2018.
195 宮宅潔．多民族社会の軍事統治：出土史料が語る中国古代．京都大学学術出版会，2018.
196 林美希．唐代前期北衙禁軍研究．汲古書院，2020.
197 茅原郁生．中国人民解放軍：「習近平軍事改革」の実像と限界．PHP 研究所，2018.
198 平松茂雄．中国の戦略的海洋進出．勁草書房，2015.
199 澁谷由里.〈軍〉の中国史．講談社，2017.
200 森本敏［ほか］．"海洋国家"中国にニッポンはどう立ち向かうか．日本実業出版社，2016.
201 山崎雅弘．中国共産党と人民解放軍．朝日新聞出版，2019.
202 上田篤盛．中国が仕掛けるインテリジェンス戦争：国家戦略に基づく分析．並木書房，2016.
203 水野大樹．三国志武器事典：英雄たちの装備、武器、戦略．実業之日本社，2017.
204 田越英．中国国防．科学出版社東京，2018.

其他语种

205 Bueno, André. A arte da guerra chinesa: uma história da estratégia na China, de Sunzi a Mao Zedong. Madras, 2019.
206 Deng, Jinlin. Chińskie wojny. Time Marszałek Group, 2018.
207 Dougherty, Martin J. Chińskie czołgi i wozy opancerzone od 1950 do współczesności: czołgi - działa samobieżne - transportery opancerzone - bojowe wozy piechoty. Almapress, 2020.
208 Duarte, Érico Esteves. A guerra entre China e Estados Unidos na Coreia: da escalada às negociações de cessar-fogo. Appris, 2019.
209 Engstrom, Jeffrey. Đối đầu hệ thống và chiến tranh phá huỷ hệ thống: Quân giải phóng nhân dân Trung Quốc tìm kiếm phương thức tiến hành chiến tranh hiện đại như thế nào?: Sách tham khảo. 2018.
210 Górnikiewicz, Marcin. Modelowanie bezpieczeństwa militarnego Chińskiej Republiki Ludowej: prognoza przeciwdziałania zagrożeniom militarnym. Wydawnictwo Prymat, Mariusz Śliwowski, 2017.
211 Katz, Pete. A arte da guerra: novela gráfica. Vogais, 2020.
212 Levi, Jean. Os 36 estratagemas: manual secreto da Arte da Guerra. L&PM, 2017.
213 Lü, Bo. 1937 Slaget om Shanghai. Vulkan, 2015.
214 Plebaniak, Piotr. 36 forteli: chińska sztuka podstępu, układania planów i skutecznego działania. Zysk i S-ka Wydawnictwo, 2017.
215 Plebaniak, Piotr. Sun Zi i jego "Sztuka wojny": filozofia i praktyka oddziaływania na bieg zdarzeń: praca zbiorowa. Polskie Towarzystwo Geopolityczne, 2020.
216 Sun Tzu. Hərb sənəti. Qanun, 2018.

217　Sunzi. A arte da guerra, ilustrada. Quimera, 2019.
218　Sunzi. A arte da guerra. 11-17, 2015.
219　Sunzi. A arte da guerra. BIS, 2017.
220　Sunzi. A arte da guerra. Guerra & Paz, 2020.
221　Sunzi. A arte da guerra. Sílabo, 2015.
222　Sunzi. A arte da guerra. TopBooks, 2015.
223　Sunzi. Hernaðarlist meistara Sun. Stofnun Vigdísar Finnbogadóttur í erlendum tungumálum: Háskólaútgáfan, 2019.
224　Sunzi. Krigens kunst. BogForm, 2019.
225　Sunzi. Krigets konst: 383 maximer om att segra & besegra. Modernista, 2019.
226　Sunzi. Krigskonsten. Tukan förlag, 2018.
227　Sunzi. Sodankäynnin taito. Gaudeamus, 2017.
228　Sunzi. Sõjakunst: [maailma kuulsaim juhtimise strateegia käsiraamat: juba 2500 aastat edu toonud ühtviisi sõjanduses, äris, spordis, poliitikas]. TEA Kirjastus, 2016.
229　Sunzi. Sõjakunst. Koolibri, 2019.
230　Sunzi. Sun Zi savaş sanatı: modern muharebe kavramlarıyla yeni bir bakış. Bilge Kültür Sanat, 2016.
231　Sunzi. Sun Zis krigskonst. Santérus förlag, 2019.
232　Sunzi. Sztuka wojenna: chiński traktat o skutecznej taktyce i strategii w walce zbrojnej oraz w życiu i w interesach. Wydawnictwo Vis-à-vis/Etiuda, 2015.
233　Sunzi. Sztuka wojny. Wydawnictwo Helion, 2017.
234　Sunzi. The art of war: Sun Zis krigskunst. Hegnar media, 2016.
235　Sunzi. Umetnost vojne: kitajska knjiga življenja z uvodom in razlago prevajalca Johna Minforda. Mladinska knjiga, 2015.
236　Sunzi. Η τέχνη του πολέμου. Αιώρα, 2015.
237　Thái, Chí Thanh. Hồ Chí Minh với binh pháp Tôn Tử. Nhà xuất bản Dân trí, 2019.
238　Tien, Chen-Ya. Lý thuyết quân sự Trung Hoa: xưa và nay. Nhà xuất bản Văn hóa Văn nghệ, 2019.
239　Tokaji Zsolt. A kínai hadtudomány klasszikusai. Dialóg Campus, 2018.
240　Trần, Trường Minh. Tôn Tử binh pháp & 36 kế. Nhà xuất bản Hồng đức, 2016.
241　Ван, Ґеннянь. 36 стратагем стародавньою і сучасною китайською мовами з поясненнями і коментарями. Фоліо, 2016.
242　Сун Дзъ. Изкуството на войната: мъдростта на вековете. Книгомания, 2015.
243　Сун Дзъ. Изкуството на войната. Хеликон, 2016.
244　Сун Дзъ. Изкуството на войната. Хеликон, 2019.
245　Сун Дзъ. Изкуството на войната. Хеликон, 2020.
246　Сун Дзъ. Изкуството на войната. Хеликон, 2020.
247　Сун Цу. Умешноста на војувањето. Топер, 2017.
248　Մարգսյան, Լևոն. Երեսունվեց հնարք. Ոսկան Երևանցի, 2019.

经济

英语

1 Abbott, Pamela. *Collaboration, learning and innovation across outsourced services value networks: software services outsourcing in China.* Switzerland: Springer, 2015.

2 Abe, Kaori. *Chinese middlemen in Hong Kong's colonial economy, 1830-1890.* London: Routledge, 2017.

3 Agarwal, Manmohan [et al.]. *The economies of China and India: cooperation and conflict.* New Jersey: World Scientific, 2017.

4 Aggarwal, Vinod K. *Responding to China's rise: U.S. and EU strategies.* Switzerland: Springer International Publishing Ag, 2015.

5 Agnew, Jenny. *Merchant, miner, Mandarin: the life and times of the remarkable Choie Sew Hoy.* Christchurch, New Zealand: Canterbury University Press, 2020.

6 Aijmer, Göran. *Economic man in Sha Tin: vegetable gardeners in a Hong Kong valley.* London: Routledge, 2018.

7 Al, Stefan. *Mall city: Hong Kong's dream worlds of consumption.* United States: University ofHawaii Press, 2016.

8 Alpermann, Björn. *China's cotton industry: economic transformation and state capacity.* United Kingdom: Routledge, 2015.

9 Altenburg, Tilman. *Sustainability-oriented innovation systems in China and India.* United Kingdom: Routledge, 2016.

10 Ambler, Tim. *Doing business in China.* London: Routledge, 2017.

11 Amineh, Mehdi Parvizi; Guang, Yang. *Geopolitical economy of energy and environment: China and the European Union.* Leiden: Brill, 2017.

12 Anderson, Kym. *From taxing to subsidizing farmers in China post-1978.* London: Centre for Economic Policy Research, 2017.

13 Andreas, Joel. *Disenfranchised the rise and fall of industrial citizenship in China.* New York, NY: Oxford University Press, 2019.

14 Andressen, Curtis A. *China's changing economy: trends, impacts and the future.* United Kingdom: Routledge, 2016.

15 Andrews-Speed, C. P. *China as a global clean energy champion: lifting the veil.* Basingstoke, Hampshire: Palgrave Macmillan, 2019.

16 Ang, Yuen Yuen. *How China escaped the poverty trap.* United States: Cornell University Press,

2016.

17　Arduino, Alessandro; Gong, Xue. *Securing the Belt and Road Initiative: risk assessment, private security and special insurances along the new wave of Chinese outbound investments.* Singapore: Palgrave Macmillan, 2018.

18　Armstrong-Taylor, Paul. *Debt and distortion: risks and reforms in the Chinese financial system.* United Kingdom: Palgrave Macmillan, 2016.

19　Assche, Ari Van; Biesebroeck, Johannes Van. *Functional upgrading in China's export processing sector.* London: Centre for Economic Policy Research, 2017.

20　Atherton, Andrew. *Entrepreneurship in China: the emergence of the private sector.* London: Routledge, 2017.

21　Atwal, Glyn. *Luxury brands in China and India.* London: Palgrave Macmillan, 2017.

22　Aybar, Sedat [et al.]. *China and the United States: two superpowers in the global economy.* Newcastle upon Tyne: Cambridge Scholars Publishing, 2018.

23　Ba, Shusong; Yang, Xianling. *"Internet plus" pathways to the transformation of China's property sector.* Singapore: Springer, 2016.

24　Babones, Salvatore J. *American tianxia: Chinese money, American power and the end of history.* Bristol: Policy Press, 2017.

25　Bai, Chong-En. *A research on China's economic growth potential.* London: Routledge, 2017.

26　Baldassar, Loretta. *Chinese migration to Europe: Prato, Italy and beyond.* United Kingdom: Palgrave Macmillan, 2015.

27　Balmer, John M. T; Chen, Weifeng. *Advances in Chinese brand management.* United Kingdom: Palgrave Macmillan, 2016.

28　Beal, Tim; Kang Yuanfei. *China, New Zealand, and the complexities of globalization: asymmetry, complementarity, and competition.* New York: Palgrave Macmillan US Imprint: Palgrave Macmillan, 2017.

29　Behrndt-Eriksen, Kasandra. *Chinese energy companies in Africa: implications for the foreign policy of an authoritarian state.* London: Routledge, 2020.

30　Beijing Academy of Social Sciences. *Analysis of the development of Beijing in China.* United Kingdom: Paths International Ltd, 2018.

31　Bello, Walden F. *Paper dragons: China and the next crash.* London: Zed Books, 2019.

32　Ben, Shenglin [et al.]. *In pursuit of presence or prominence?: the prospect of Chinese banks' global expansion and their benchmarks.* Singapore: Springer Singapore: Imprint: Springer, 2018.

33　Benton, Gregor [et al.]. *The qiaopi trade and transnational networks in the Chinese diaspora.* London: Routledge, 2018.

34　Benton, Gregor; Liu, Hong. *Dear China: emigrant letters and remittances, 1820-1980.* Oakland, California: University of California Press, 2018.

35　Berlie, J. A. *China's globalization and the Belt and Road Initiative.* Basingstoke: Palgrave Macmillan, 2019.

36　Bieler, Andreas; Lee, Chun-Yi. *Chinese labour in the global economy: capitalist exploitation and strategies of resistance.* London: Routledge, 2018.

37　Bird, Joshua. *Economic development in China's Northwest: entrepreneurship and identity along China's multi-ethnic borderlands.* Abingdon, Oxon: Routledge, 2018.

38 Bisio, Virgilio. *China's banking sector risks and implications for the United States.* Washington, D.C.: U.S.-China Economic and Security Review Commission, 2020.
39 Blanchard, Jean-Marc F. *China's maritime Silk Road initiative and Southeast Asia: dilemmas, doubts and determination.* Singapore: Palgrave Macmillan, 2019.
40 Blanchard, Jean-Marc F. *China's maritime silk road initiative and South Asia: a political economic analysis of its purposes, perils, and promise.* Singapore: Springer Singapore: Imprint: Palgrave, 2018.
41 Blanchard, Jean-Marc F. *China's maritime silk road initiative, Africa, and the Middle East: feats, freezes, and failures.* Basingstoke: Palgrave Macmillan, 2020.
42 Boden, Jeanne. *Wall behind China's open door: sustainable management and long term strategies in China [rev ed].* Belgium: Academic & Scientific Pub, 2015.
43 Boecking, Felix. *No Great Wall: trade, tariffs, and nationalism in Republican China, 1927-1945.* Cambridge, Massachusetts: Harvard University Asia Center, 2017.
44 Bonilla, David. *Air power and freight: the view from the European Union and China.* Cham: Springer, 2020.
45 Bonin, Hubert. *Banking in China 1890s-1940s: business in the French concessions.* London: Routledge, 2020.
46 Bonin, Hubert. *French banking and entrepreneurialism in China and Hong Kong: from the 1850s to 1980s.* London: Routledge, 2019.
47 Bonino, Michele; De Pieri, Filippo. *Beijing danwei: industrial heritage in the contemporary city.* Germany: JOVIS, 2015.
48 Borklund, C. W. *Economic reform in the PRC: in which China's economists make known what went wrong, why, and what should be done about it.* London: Routledge, 2019.
49 Bottelier, Pieter. *Economic policy making in China (1949-2016.): the role of economists.* London: Routledge, 2018.
50 Boutin, Kenneth. *Economic security and Sino-American relations: progress under pressure.* Cheltenham, UK: Edward Elgar Publishing, 2019.
51 Bowe, Alexander. *U.S. exposure to forced labor exports from China: developments since the U.S. Trade Facilitation and Trade Enforcement Act of 2015.* Washington, D.C.: U.S.-China Economic and Security Review Commission, 2017.
52 Bowles, Paul. *The political economy of China's financial reforms: finance in late development.* New York: Routledge, 2019.
53 Bo-Young, Choi. *Towards deeper integration among China, Japan and Korea.* Sejong-si, Korea: KIEP, Korea Institute for International Economic Policy, 2017.
54 Braggion, Fabio. *Can technology undermine macroprudential regulation?: evidence from peer-to-peer credit in China.* London: Centre for Economic Policy Research, 2018.
55 Brakman, Steven [et al.]. *China in the local and global economy: history, geography, politics and sustainability.* London: Routledge, 2018.
56 Brandt, Loren; Rawski, Thomas G. *Policy, regulation and innovation in China's electricity and telecom industries.* Cambridge: Cambridge University Press, 2019.
57 Brasó Broggi, Carles. *Trade and technology networks in the Chinese textile industry: opening up before the reform.* United States: Palgrave Macmillan, 2015.
58 Broadberry, Stephen N. [et al.]. *China, Europe and the great divergence: a study in historical*

national accounting, 980-1850. London: Centre for Economic Policy Research, 2017.

59 Brødsgaard, Kjeld Erik. *From accelerated accumulation to Socialist market economy in China: economic discourse and development from 1953 to the present*. Leiden: Brill, 2017.

60 Brook, Timothy. *The asiatic mode of production in China*. London: Routledge, 2018.

61 Brown, Colin G [et al.]. *Regionalisation and integration in China: lessons from the transformation of the beef industry*. London: Routledge, 2018.

62 Brown, Kerry. *The future of UK-China relations: the search for a new model*. Newcastle upon Tyne: Agenda Publishing, 2019.

63 Brown, Rajeswary Ampalavanar. *The Chinese and Indian corporate economies: a comparative history of their search for economic renaissance and globalization*. London: Routledge, 2017.

64 Brown, William Arthur; Chang, Kai. *The emerging industrial relations of China*. Cambridge: Cambridge University Press, 2017.

65 Brunekreeft, Gert; Luhmann, Till. *Regulatory pathways for smart grid development in China*. Germany: Springer, 2015.

66 Brunero, Donna; Puig, Stephanie Villalta. *Life in treaty port China and Japan*. Basingstoke, Hampshire: Palgrave Macmillan, 2018.

67 Brunt, Liam. *China from the inside: letters from an economist*. Cham, Switzerland: Palgrave Macmillan, 2017.

68 Bulman, David Janoff. *Incentivized development in China: leaders, governance, and growth in China's counties*. United States: Cambridge University Press, 2016.

69 Burgos Caceres, Sigfrido; Ear, Sophal. *The hungry dragon: how China's resource quest is reshaping the world*. United Kingdom: Routledge, 2015.

70 Butollo, Florian. *The end of cheap labour?: industrial transformation and 'social upgrading' in China*. Germany: Campus, 2015.

71 Byrd, William A. *China's financial system: the changing role of banks*. London: Routledge, 2019.

72 Byrd, William. A. *The market mechanism and economic reforms in China*. London: Routledge, 2019.

73 Cai, Fang. *China's economic growth prospects: from demographic dividend to reform dividend*. United Kingdom: Edward Elgar, 2016.

74 Cai, Fang. *China's economic new normal: growth, structure, and momentum (2014: Beijing, China)*. Singapore: Springer, 2020.

75 Cai, Fang. *Demographic perspective of China's economic development*. London: Routledge, 2020.

76 Cai, Fang. *Demystifying China's economy development*. Germany: Springer, 2015.

77 Cai, Fang; Nolan, Peter. *Routledge handbook of the Belt and Road*. London: Routledge, 2019.

78 Cai, Fang; Zhang, Juwei. *Chinese research perspectives on population and labor, Volume 5, achieving prosperity for all through shared development*. Leiden: Brill, 2019.

79 Calkins, Peter [et al.]. *Rural development in Taiwan and Mainland China*. New York; Abingdon, Oxon: Routledge, 2019.

80 Campagnolo, Gilles. *Liberalism and Chinese economic development: perspectives from Europe and Asia*. United Kingdom: Routledge, 2016.

81 Campion, Andrew Stephen. *The geopolitics of red oil: constructing the China threat through*

energy security. United Kingdom: Routledge, 2016.

82　Cao, Fengqi [et al.]. *Reform of the financial regulation system of China during financial market globalization.* Reading: Paths International Ltd., 2019.

83　Cao, Junjian Albert. *Chinese real estate market: development, regulation and investment.* United Kingdom: Routledge, 2015.

84　Cao, Yuanzheng. *Strategies for internationalizing the Renminbi.* Singapore: Springer, 2018.

85　Carfagno, Bart. *Trends in trade: U. S. -China goods trade 2012-2017.* Washington, D. C.: U. S. -China Economic and Security Review Commission, 2018.

86　Carmody, Pádraig Risteard. *Africa's shadow rise: China and the mirage of African economic development.* London: Zed Books, 2020.

87　Carrai, Maria Adele [et al.]. *The Belt and Road Initiative and global governance.* Northampton: Edward Elgar Publishing, 2020.

88　Cartledge, Simon. *A system apart: Hong Kong's political economy from 1997 until now.* Docklands, Victoria: Penguin Random House Australia, 2017.

89　Casanova, Lourdes. *The era of Chinese multinationals: competing for global dominance.* Amsterdam: Academic Press, 2019.

90　Cassidy, John F. *Japanese direct investment in China: locational determinants and characteristics.* [Place of publication not identified]: Routledge, 2017.

91　Cauhdrī, Shabbīr. *Is CPEC economic corridor or a strategic game plan?: CPEC is China's plan for Pakistan - Where is Pakistan's plan for Pakistan?* Bloomington, Indiana: AuthorHouse UK, 2017.

92　CEIBS Case Center. *China-focused cases: selected winners of the CEIBS Global Case Contest.* Singapore: Springer, 2019.

93　Cemiloglu, Sezgi. *China's economic engagement in Africa: a case study of angola.* Germany: Pl Academic Research, An Imprint of Peter Lang Gmbh, 2015.

94　Center for Macroeconomic Research at Xiamen University. *China's macroeconomic outlook: quarterly forecast and analysis report, February 2018.* Singapore: Springer, 2018.

95　Center for Macroeconomic Research of Xiamen University. *China's macroeconomic outlook: quarterly forecast and analysis report, October 2018.* Singapore: Springer, 2019.

96　Center for Macroeconomic Research of Xiamen University. *China's macroeconomic outlook: quarterly forecast and analysis report, February 2017.* Singapore: Springer, 2017.

97　Chaffee, John W. *The Muslim merchants of premodern China: the history of a maritime Asian trade diaspora, 750-1400.* Cambridge: Cambridge University Press, 2018.

98　Chai, Yu; Yue, Yunxia. *Sino-Latin American economic and trade relations.* Singapore: Springer, 2019.

99　Chaisse, Julien. *China's international investment strategy: bilateral, regional, and global law and policy.* Oxford: Oxford University Press, 2019.

100　Chan, Anita; Lüthje, Boy. *Chinese workers in comparative perspective.* United States: ILR Press, 2015.

101　Chan, Eve Man Hin; Gunasekaran, Angappa. *Belt and Road Initiative -- collaboration for success.* Singapore: Springer, 2020.

102　Chan, Gerald. *China's maritime silk road: advancing global development?* Cheltenham, Glos, UK; Northampton, Massachusetts, USA: Edward Elgar Publishing, 2020.

103 Chan, Jenny. *Dying for an iPhone: Apple, Foxconn and the lives of China's workers*. London: Pluto Press, 2020.

104 Chan, Wai-wan. *Female Chinese bankers in the Asia Pacific: gender, mobility and opportunity*. London: Routledge, 2020.

105 Chan, Zhenhua. *Chinese railways in the era of high-speed*. United Kingdom: Emerald Publishing, 2015.

106 Chandra, Yanto; Wong, Linda. *Social entrepreneurship in the greater China region: policy and cases*. United Kingdom: Taylor and Francis, 2016.

107 Chandran, D. Suba. *India, China and sub-regional connectivities in South Asia*. India: Sage, 2015.

108 Chang, Gordon H. *The Chinese and the iron road: building the transcontinental railroad*. Redwood City: Stanford University Press, 2019.

109 Chang, Maria Hsia. *The labors of Sisyphus: the economic development of Communist China*. London: Routledge, 2017.

110 Chaw, Charles. *China mutual funds*. Singapore: China Knowledge Press, 2017.

111 Chaw, Charles. *China trust industry*. Singapore: China Knowledge Press, 2017.

112 Chay, Yue Wah [et al.]. *China's belt and road initiative: understanding the dynamics of a global transformation*. Hackensack, NJ: World Scientific Publishing Co. Pte. Ltd., 2020.

113 Chaziza, Mordechai. *China and the Persian Gulf: the new Silk Road strategy and emerging partnerships*. Liverpool: Liverpool University Press, 2019.

114 Che, Luyao. *China's state-directed economy and the international order*. Singapore: Springer, 2019.

115 Chen, An. *The transformation of governance in rural China: market, finance and political authority*. United Kingdom: Cambridge University Press, 2015.

116 Chen, Baizhu. *Financial market reform in China: progress, problems, and prospects*. London: Routledge, 2019.

117 Chen, Chao. *Toleration: group governance in a Chinese third line enterprise*. Basingstoke, Hampshire: Palgrave Macmillan, 2018.

118 Chen, Chunlai. *Foreign direct investment and the Chinese economy: a critical assessment*. Cheltenham, UK: Edward Elgar Publishing, 2017.

119 Chen, Geoffrey Chun-Fung. *Governing sustainable energies in China*. Switzerland: Palgrave Macmillan, 2016.

120 Chen, Hongyi. *The institutional transition of China's township and village enterprises: market liberalization, contractual form innovation and privatization*. London: Routledge, 2017.

121 Chen, Ian Tsung-yen. *Configuring the Asian Infrastructure Investment Bank: power, interests and status*. London: Routledge, 2020.

122 Chen, Jean Jinghan. *A primer on corporate governance: China*. United States: Business Expert Press, 2015.

123 Chen, Jiagui. *Economic development and reform deepening in China*. United Kingdom: Routledge, 2016.

124 Chen, Jiagui; Huang, Qunhui. *Research report on corporate social responsibility of China*. Germany: Springer, 2015.

125 Chen, Ke. *Corporations and Partnerships in China*. Alphen aan den Rijn: Wolters Kluwer,

2020.

126　Chen, Li. *China's centralized industrial order: communist party bureaucracy and the rise of centrally controlled big business.* United Kingdom: Routledge, 2015.

127　Chen, Ling [et al.]. *Family business in China: a historical perspective. Volume 1.* Basingstoke: Palgrave Macmillan, 2020.

128　Chen, Ling. *Manipulating globalization: the influence of bureaucrats on business in China.* Redwood City: Stanford University Press, 2018.

129　Chen, Nabo. *State, market and life chances in contemporary rural Chinese society: evidence from Guangdong.* Germany: Springer, 2015.

130　Chen, Pi-Chi; Kim, Young-Chan. *US firms' business competence in the Taiwanese IT industry.* Switzerland: Springer, 2016.

131　Chen, Shiyi. *Energy, environment and economic transformation in China.* London: Routledge, 2018.

132　Chen, Wenjie. *A rebalancing act for China and Africa: the effects of China's rebalancing on Sub-Sahara Africa's trade and growth.* Washington, D.C.: International Monetary Fund, African Deptment, 2017.

133　Chen, Wensheng. *Challenges and opportunities for Chinese agriculture: feeding many while protecting the environment.* Basingstoke: Palgrave Macmillan, 2020.

134　Chen, Xiao. *Chinese private manufacturing firms: the challenges of global competition.* London: Routledge, 2018.

135　Chen, Yan. *The Maritime Silk Road and cultural communication between China and the West.* Lanham: Lexington Books, 2020.

136　Chen, Yulu. *Major issues and policies in China's financial reform [v. 1-4].* United States: Enrich Professional Publishing, 2015.

137　Chen, Yun. *Chen Yun's strategy for China's development.* London: Routledge, 2019.

138　Chen, Yun. *Transition and development in China: towards shared growth.* [Place of publication not identified]: Routledge, 2017.

139　Chen, Yunxian. *Regional government competition.* London: Routledge, 2018.

140　Chen, Zhao. *Toward balanced growth with economic agglomeration: empirical studies of China's urban-rural and interregional.* Germany: Springer, 2015.

141　Chen, Zongshi. *The revival, legitimization and development of private enterprises in China: empowering state capitalism.* United States: Palgrave Macmillan, 2015.

142　Cheng, Dawei. *Trade governance of the Belt and Road Initiative: economic logic, value choices, and institutional arrangement.* London: Routledge, 2018.

143　Cheng, Jinhua. *States, intergovernmental relations, and market development: comparing capitalist growth in contemporary China and 19th century United States.* New York: Palgrave Macmillan, 2018.

144　Cheng, Siwei. *RMB: towards internationalization.* Singapore: World Scientific, 2015.

145　Cheng, Siwei; Li, Ziran. *The Chinese stock market [v. 1-2].* United Kingdom: Palgrave Macmillan, 2015.

146　Cheng, Yu [et al.]. *The belt & road initiative in the global arena: Chinese and European perspectives.* Basingstoke, Hampshire: Palgrave Macmillan, 2017.

147　Cheng, Zhangxi. *China's aid to Africa: does friendship really matter?* London: Routledge,

2017.
148 Cheung, Gordon C. K. *China factors: political perspectives & economic interactions*. [Place of publication not identified]: Routledge, 2017.
149 Cheung, Gordon C. K. *China in the global political economy: from developmental to entrepreneurial*. Cheltenham, UK: Edward Elgar Publishing, 2018.
150 Cheung, Gordon. *Market Liberalism: American foreign policy toward China*. [Place of publication not identified]: Routledge, 2018.
151 Cheung, Yin-Wong. *The RMB exchange rate: past, current, and future*. New Jersey: World Scientific, 2017.
152 Chi, Fulin. *Winning at the turning point: the great trend of China's economic transformation*. Singapore: Palgrave Macmillan, 2019.
153 Chin, Gregory T [et al.]. *International political economy in China: the global conversation*. United Kingdom: Routledge, 2015.
154 Chin, Yik Chan. *Television regulation and media policy in China*. London; New York: Routledge, Taylor & Francis Group, 2017.
155 Chin, Tachia. *The future of Chinese manufacturing: employment and labour challenges*. Amsterdam: Elsevier, 2018.
156 China Development Research Foundation. *China's exchange rate regime*. United Kingdom: Routledge, 2015.
157 China Development Research Foundation. *Eliminating poverty through development in China*. London: Routledge, 2019.
158 China Finance 40 Forum Research Group. *Market-based interest rate reform in China*. London: Routledge, 2018.
159 China Finance 40 Forum Research Group. *The Jingshan report: opening China's financial sector*. Acton, A.C.T.: ANU Press, 2019.
160 Chinese Academy of Cyberspace Studies. *China Internet Development Report 2017*. Berlin, Germany: Springer, 2018.
161 Chiu, Rebecca [et al.]. *International housing market experience and implications for China*. London: Routledge, 2019.
162 Chiu, Stephen Wing-kai. *City states in the global economy: industrial restructuring in Hong Kong and Singapore*. [Place of publication not identified]: Routledge, 2018.
163 Choi, Henry Sze Hang. *The remarkable hybrid maritime world of Hong Kong and the West River region in the late Qing period*. Leiden, Boston: Brill, 2017.
164 Choi, Jongmoo Jay; Powers, Michael R. *The political economy of Chinese finance*. United Kingdom: Emerald Group Publishing, 2016.
165 Chongyang Institute for Financial Studies Renmin University of China. *Who will govern the new world: the present and future of the G20*. Germany: Ibidem-Verlag Press, 2016.
166 Chorzempa, Martin. *Peer-to-peer lending with Chinese characteristics: development, regulation and outlook*. United Kingdom: Routledge, 2016.
167 Chow, Gregory C. *China's economic transformation [3rd ed]*. United States: Wiley-Blackwell, 2015.
168 Chris, Adcock [et al.]. *The Chinese capital markets*. London: Routledge, 2020.
169 Chuang, Julia. *Beneath the China boom: labor, citizenship, and the making of a rural land*

market. Oakland: University of California Press, 2020.

170 Chung, Him. *China's rural market development in the reform era*. London: Routledge, Taylor & Francis Group, 2018.

171 Chung, Mona; Mascitelli, Bruno. *Dancing with the dragon: doing business with China*. United States: Business Expert Press, 2015.

172 Clark, Duncan. *Alibaba: the house that Jack Ma built*. United States: Ecco, 2016.

173 Claus, Iris; Oxley, Les. *China's economy: a collection of surveys*. United Kingdom: Wiley-Blackwell, 2015.

174 Cliver, Robert. *Red silk: class, gender, and revolution in China's Yangzi delta silk industry*. Cambridge: Harvard University Asia Center, 2020.

175 Clydesdale, Greg. *The art of business*. London: Robinson, 2017.

176 *CMR of Xiamen University. China's macroeconomic outlook: quarterly forecast and analysis report, September 2016*. Singapore: Springer Singapore: Imprint: Springer, *2017*.

177 Cohn, Steve. *Competing economic paradigms in China: the co-evolution of economic events, economic theory and economics education, 1976-2016*. London: Routledge, 2017.

178 Coispeau, Olivier. *Mergers & acquisitions and partnerships in China*. Singapore: World Scientific, 2015.

179 Collier, Andrew. *China buys the world: analyzing China's overseas investments*. Brooklyn, NY: UpSet Press, Inc. , 2018.

180 Collier, Andrew. *Shadow banking and the rise of capitalism in China*. Basingstoke: Palgrave MacMillan, 2017.

181 Cong, Lin William [et al.]. *Financing entrepreneurship and innovation in China*. Boston, MA: Now Publishers, 2020.

182 Copper, John Franklin. *China's foreign aid and investment diplomacy [3 v]*. United States: Palgrave Macmillan, 2015.

183 *Country analyses: 2014-2018 edition*. Luxembourg: Publications Office of the European Union, 2019.

184 Crane, George T. *The political economy of China's special economic zones*. London: Routledge, 2019.

185 Cui, Xuefeng; Zhu, Wenquan. *Land use changes in China: historical reconstruction over the past 300 years and future projection*. Singapore: World Scientific, 2015.

186 Cumming, Douglas. *Developments in Chinese entrepreneurship: key issues and challenges*. United States: Palgrave Macmillan, 2015.

187 Cumming, Douglas. *Experiences and challenges in the development of the Chinese capital market*. United Kingdom: Palgrave Macmillan, 2015.

188 Cumming, Douglas. *Sustainable entrepreneurship in China: ethics, corporate governance, and institutional reforms*. United States: Palgrave Macmillan, 2015.

189 Das, Gurudas; Thomas, C. Joshua. *BCIM economic cooperation: interplay of geo-economics and geo-politics*. New Delhi: Routledge India, 2018.

190 Davies, H. *Understanding a changing China*. London: Taylor and Francis, 2017.

191 Davies, Ronald B. *From China with love: the role of FDI from third countries on EU competition and R&D activities*. Dublin: UCD School of Economics, University College Dublin, July 2018.

192　De Jonge, Alice. *The glass ceiling in Chinese and Indian boardrooms: women directors in listed firms in China and India*. Netherlands: Chandos, 2015.

193　Dean, Austin. *China and the end of global silver, 1873-1937*. Ithaca [New York]: Cornell University Press, 2020.

194　Deepak, B. R. *China's global rebalancing and the New Silk Road*. Singapore: Springer, 2018.

195　DeLisle, Jacques; Goldstein, Avery. *To get rich is glorious: challenges facing China's economic reform and opening at forty*. Washington, D.C.: Brookings Institution, 2019.

196　Demas, Martha; Agnew, Neville. *Strategies for sustainable tourism at the Mogao Grottoes of Dunhuang, China*. Switzerland: Springer, 2015.

197　Deng, Haiqing. *Reforging the Central Bank: the top-level design of the Chinese financial system in the new normal*. Singapore: World Scientific, 2016.

198　Deng, Kent G. *Mapping China's growth and development in the long run: 221 BC to 2020*. Singapore: World Scientific, 2016.

199　Dias, Patricia Alves [et al.]. *China: challenges and prospects from an industrial and innovation powerhouse*. Luxembourg: Publications Office of the European Union, 2019.

200　Ding, Xuedong; Li, Jun. *Incentives for innovation in China: building an innovative economy*. United Kingdom: Routledge, 2015.

201　Ding, Xuedong; Meng, Chen. *From world factory to global investor: a multi-perspective analysis on China's outward direct investment*. London: Routledge, 2017.

202　Dobson, Wendy. *Living with China: a middle power finds its way*. Toronto: University of Toronto Press, 2019.

203　Dollar, David [et al.]. *China 2049: economic challenges of a rising global power*. Washington, D.C.: Brookings Institution Press, 2020.

204　Dong, Shikui [et al.]. *Environmental sustainability from the Himalayas to the oceans: struggles and innovations in China and India*. Cham, Switzerland: Springer, 2017.

205　Dong, Xiaoying. *Zhongguancun model: driving the dual engines of science & technology and capital*. Singapore: Springer, 2019.

206　Dong, Xiao-yuan [et al.]. *China's agricultural development: challenges and prospects*. [Place of publication not identified]: Routledge, 2017.

207　Dorian, James P.; Fridley, David G. *China's energy and mineral industries: current perspectives*. New York: Routledge, 2019.

208　Drache, Daniel. *One road, many dreams: China's bold plan to remake the global economy*. London: Bloomsbury China, 2019.

209　Drahokoupil, Jan; Andrijasevic, Rutvica. *Flexible workforces and low profit margins electronics assembly between Europe and China*. Belgium: European Trade Union Institute, 2016.

210　Drake, Michael. *The revival of China's entrepreneurial class in historical-comparative perspective: prospects for a new Chinese liberalism*. Lanham: Lexington Books, 2020.

211　Du, Jiangze. *Chinese currency exchange rates analysis: risk management, forecasting and hedging strategies*. London: Routledge, 2017.

212　Du, Jun. *Agricultural transition in China: domestic and international perspectives on technology and institutional change*. Basingstoke, Hampshire: Palgrave Macmillan, 2018.

213　Du, Ping. *Intercultural communication in the Chinese workplace*. United Kingdom: Palgrave

Macmillan, 2015.

214 Du, Yongtao. *The order of places: translocal practices of the Huizhou merchants in late imperial China*. Netherlands: Brill, 2015.

215 Duan, Xiaoli. *Highlights of the Chinese exposure factors handbook*. United Kingdom: Elsevier Academic Press, 2015.

216 Dubois, Thomas David; Li, Huaiyin. *Agricultural reform and rural transformation in China since 1949*. Netherlands: Brill, 2016.

217 Dunford, Michael; Liu, Weidong. *The geographical transformation of China*. United Kingdom: Routledge, 2015.

218 Duong, Véronique. *Baidu SEO: challenges and intricacies of marketing in China*. London: Wiley-ISTE, 2017.

219 Eaton, Sarah. *The advance of the state in contemporary China: state-market relations in the reform era*. United States: Cambridge University Press, 2016.

220 Ebbers, Haico. *Unravelling modern China*. New Jersey: World Scientific Publishing, 2019.

221 Eberling, George. *China's bilateral relations with its principal oil suppliers*. Lanham, Maryland: Lexington Books, 2017.

222 Eckhardt, Jappe. *Business lobbying and trade governance: the case of EU-China relations*. United Kingdom: Palgrave Macmillan, 2015.

223 Ecola, Liisa; Zmud, Johanna. *Future of mobility: scenarios for China in 2030*. United States: Rand Corporation, 2015.

224 Economy, Elizabeth. *The third revolution: Xi Jinping and the new Chinese state*. New York, NY: Oxford University Press, 2018.

225 Eichengreen, Barry J.; Kawai, Masahiro. *Renminbi internationalization: achievements, prospects and challenges*. Japan: Asian Development Bank Institute, 2015.

226 Enderwick, Peter. *The Competitive Challenge of Emerging Markets: China and India*. Newcastle upon Tyne: Cambridge Scholars Publisher, 2020.

227 Endres, Kirsten W. *Market frictions: trade and urbanization at the Vietnam-China border*. New York: Berghahn Books, 2019.

228 England, audine. *Arnholds: China Trader*. Hong Kong: Arnhold & Co., 2017.

229 Enstad, Nan. *Cigarettes, inc.: an intimate history of corporate imperialism*. Chicago: The University of Chicago Press, 2018.

230 Erisman, Porter. *Alibaba's world: how a remarkable Chinese company is changing the face of global business*. United States: Palgrave Macmillan, 2015.

231 Estlund, Cynthia. *A new deal for China's workers?* Cambridge, Massachusetts: Harvard University Press, 2017.

232 Fan, Dijun. *Rural household finance in China: a study on peasant household cooperative financial institutions in China from the perspective of the household contract system*. United Kingdom: Paths International, 2016.

233 Fan, Haichao. *The dynamic effects of computerized VAT invoices on Chinese manufacturing firms*. London, UK: Centre for Economic Policy Research, 2018.

234 Fan, Shenggen. *Regional Productivity Growth in China's Agriculture*. New York: Routledge, 2019.

235 Fang, Binxing. *Cyberspace sovereignty: reflections on building a community of common future*

in cyberspace. Singapore: Springer, 2018.

236　Fannin, Rebecca A. *Tech titans of China: how China's tech sector is challenging the world by innovating faster, working harder & going global.* London: Nicholas Brealey Publishing, 2019.

237　Farnell, John. *The politics of EU-China economic relations: an uneasy partnership.* United Kingdom: Palgrave Macmillan, 2016.

238　Fatma, Eram. *India-China border trade: a case study of Sikkim's Nathu La.* New Delhi: KW Publishers Pvt Ltd in association with University of Calcutta, Centre for the Study of China, 2017.

239　Feinberg, Richard, E. [et al.]. *Economic reform in three giants: U.S. foreign policy and the USSR, China, and India.* London: Routledge, 2017.

240　Feng, Da Hsuan. *Belt and Road Initiative: Chinese version of "Marshall Plan"?* Hackensack, NJ: World Scientific Publishing Co. Pte. Ltd., 2019.

241　Feng, Huiling. *The development of China's information resource industry: Policy and instrument.* London: Routledge, 2020.

242　Feng, Kaidong. *Innovation and industrial development in China: a Schumpeterian perspective on China's economic transformation.* London: Routledge, 2019.

243　Feng, Qiushi. *Variety of development: Chinese automakers in market reform and globalization.* Singapore: Palgrave Macmillan, 2018.

244　Feng, Shujun. *Global perspectives on free trade zones.* Reading: Paths International Ltd, 2018.

245　Feng, Xingyuan. *The ecology of Chinese private enterprises.* Singapore: World Scientific, 2015.

246　Fernandez, Juan Antonio. *China CEO II: voices of experience from 25 top executives leading MNCs in China.* Newark: John Wiley & Sons, Incorporated, 2020.

247　Feuchtwang, Stephan [et al.]. *Transforming China's economy in the eighties. Volume I, The rural sector, welfare and employment.* London: Routledge, Taylor & Francis Group, 2018.

248　Fischer, Andreas M. *Identifying Chinese supply shocks: effects of trade on labor markets.* London: Centre for Economic Policy Research, 2018.

249　Folta, Paul Humes. *From swords to plowshares?: defense industry reform in the PRC.* New York: Routledge, 2019.

250　Foo, Check Teck. *Diversity of managerial ideology.* Singapore: Springer, 2018.

251　Foo, Check Teck. *Diversity of managerial perspectives from inside China.* Singapore: Springer, 2015.

252　Foo, Check-Teck. *Finance and strategy inside China.* Singapore: Springer, 2019.

253　Ford, Christopher A. *Technology-transfer de-risking: a new and growing need. [Paper #23].* Washington, D.C.: Department of State, 2020.

254　Fornés, Gastón. *The China-Latin American axis: emerging markets and their role in an increasingly globalised world.* Basingstoke, Hampshire: Palgrave Macmillan, 2018.

255　Forrest, Jeffrey Yi-Lin; Tao, Lixin. *Investment and employment opportunities in China.* United States: CRC Press, 2015.

256　Forrest, Ray [et al.]. *The city in China: new perspectives on contemporary urbanism.* Bristol: Bristol University Press, 2019.

257　Forsby, Andreas Bøje. *Nordic-China cooperation: challenges and opportunities.* Copenhagen: NIAS Press, 2019.

258 Franceschini, Ivan [et al.]. *Disturbances in heaven.* Acton: Australian National University Press, 2017.
259 Frass, Alexander. *Achieving brand loyalty in China through after-sales services: with aparticular focus on the influences of cultural determinants.* Germany: Springer, 2016.
260 Freeman, Carla P. *Handbook on China and developing countries.* United Kingdom: Edward Elgar, 2015.
261 Fu, Chonglan. *Introduction to the urban history of China.* Singapore: Palgrave Macmillan, 2019.
262 Fu, Hong; Turvey, Calum G. *The evolution of agricultural credit during China's Republican era, 1912-1949.* Cham, Switzerland: Palgrave Macmillan, 2018.
263 Fu, Jingyan; Ng, Artie W. *Sustainable energy and green finance for a low-carbon economy: perspectives from the Greater Bay Area of China.* Cham, Switzerland: Springer, 2020.
264 Fu, Wenying. *Towards a dynamic regional innovation system: investigation into the electronics industry in the Pearl River Delta, China.* Germany: Springer, 2015.
265 Fu, Xiaolan. *China's path to innovation.* United Kingdom: Cambridge University Press, 2015.
266 Fu, Xiaolan. *Multinationals, local capacity building and development: the role of Chinese and European MNEs.* Cheltenham, UK: Edward Elgar Publishing, 2019.
267 Fuller, Douglas B. *Paper tigers, hidden dragons: firms and the political economy of China's technological development.* United Kingdom: Oxford University Press, 2016.
268 Fulton, Jonathan. *Regions in the Belt and Road initiative.* London: Routledge, 2020.
269 Fung, Hung-Gay [et al.]. *China and the challenge of economic globalization: the impact of WTO membership.* [Place of publication not identified]: Routledge, 2017.
270 Funk, Andrea S. *Crowdfunding in China: a new institutional economics approach.* Cham, Switzerland: Springer, 2019.
271 Gabriele, Alberto. *Enterprises, industry and innovation in the People's Republic of China: questioning socialism from Deng to the trade and tech war.* Singapore: Springer, 2020.
272 Gaetano, Arianne M. *Out to work: migration, gender, and the changing lives of rural women in contemporary China.* United States: University of Hawai'i Press, 2016.
273 Gagliardone, Iginio. *China, Africa, and the future of the internet.* London: Zed Books, 2019.
274 Gale, Fred. *China's pork imports rise along with production costs.* Washington, D.C.: United States Department of Agriculture, 2017.
275 Gallagher, Kevin. *The China triangle: Latin America's China boom and the fate of the Washington consensus.* United Kingdom: Oxford University Press, 2016.
276 Gallo, Frank T. *The enlightened leader: lessons from China on the art of executive coaching.* United Kingdom: Emerald Group Publ, 2015.
277 Gan, Jie. *China's decentralized privatization and change of control rights.* London: Centre for Economic Policy Research, 2017.
278 Gang, Xiao. *Financing China's belt and road initiative: investments and infrastructure.* London: Routledge, 2020.
279 Gao, Bo. *China's economic engagement in North Korea.* Basingstoke, Hampshire: Palgrave Macmillan, 2019.
280 Gao, Jia. *Chinese migrant entrepreneurship in Australiafrom the 1990s: case studies of success in Sino-Australian relations.* United Kingdom: Chandos, 2015.

281　Gao, Peiyong. *China's fiscal policy: discretionary approaches and operation design.* London: Routledge, 2017.

282　Gao, Peiyong. *China's fiscal policy: theoretical and situation analysis.* London: Routledge, 2018.

283　Gao, Peiyong. *Research on China's public finance construction index system.* Singapore: Springer, 2017.

284　García-Herrero, Alicia [et al.]. *EU-China trade and investment relations in challenging times.* Brussels: European Parliament, 2020.

285　Gardella, Robert [et al.]. *Chinese business history: interpretive trends and priorities for the future.* [Place of publication not identified]: Routledge, 2017.

286　Gardner, Bradley. *China's great migration: how the poor built a prosperous nation.* Oakland, California: Independent Institute, 2017.

287　Garlick, Jeremy. *The impact of China's Belt and Road Initiative: from Asia to Europe.* London: Routledge, 2019.

288　Garnaut, Ross [et al.]. *China's 40 years of reform and development: 1978-2018.* Acton, ACT: ANU Press, 2018.

289　Ge, Jianxiong. *China's belt and road initiatives: economic geography reformation.* Singapore: Springer, 2018.

290　Gerth, Karl. *Unending capitalism: how consumerism negated China's Communist Revolution.* Cambridge: Cambridge University Press, 2020.

291　Gervasi, Marco. *East-commerce: a journey through China e-commerce and the internet of things [rev ed].* United States: Wiley, 2016.

292　Gewirtz, Julian B. *Unlikely partners: Chinese reformers, Western economists, and the making of global China.* Cambridge, Massachusetts: Harvard University Press, 2017.

293　Ghysels, Eric. *Downside risk in the Chinese stock market: has it fundamentally changed?* London, UK: Centre for Economic Policy Research, 24 July 2017.

294　Giannetti, Mariassunta. *The externalities of corruption: evidence from entrepreneurial activity in China.* London, UK: Centre for Economic Policy Research, 2017.

295　Giannopoulos, George A. *Publicly funded transport research in the P.R. China, Japan, and Korea: policies, governance and prospects for cooperation with the outside world.* Cham: Springer, 2017.

296　Giersch, C. Patterson. *Corporate conquests: business, the state, and the origins of ethnic inequality in southwest China.* California: Stanford University Press, 2020.

297　Gill, Bates; Jakobson, Linda. *China matters: getting it right for Australia, what we need to know - for today and tomorrow.* Carlton, Vic.: La Trobe University Press in conjunction with Black Inc., 2017.

298　Gillette, Maris Boyd. *China's porcelain capital: the rise, fall and reinvention of ceramics in Jingdezhen.* United Kingdom: Bloomsbury Academic, 2016.

299　Girardin, E. *Demystifying China's stock market: the hidden logic behind the puzzles.* Basingstoke: Palgrave Macmillan, 2019.

300　Goldstein, Joshua. *Remains of the everyday: a century of recycling in Beijing.* Oakland, California: University of California Press, 2021.

301　Golota, Lukasz [et al.]. *Perspectives on Chinese business and law.* Cambridge: intersentia,

2018.
302 Gomez, Edmund Terence [et al.]. *China, India and Southeast Asia: paths to development and state-society relations.* London: Routledge, 2018.
303 Gong, Yue Ray. *Manufacturing towns in China: the governance of rural migrant workers.* Singapore: Palgrave Macmillan, 2019.
304 Goodman, Matthew P.; Parker, David A. *Navigating choppy waters: China's economic decision making at a time of transition.* United States: Center for Strategic and International Studies, 2015.
305 Gordon, Peter. *The Silver Way: China, Spanish America and the birth of globalisation, 1565-1815.* London: Penguin Books, 2017.
306 Goswami, Namrata. *Scramble for the skies: the great power competition to control the resources of outer space.* Lanham: Lexington Books, 2020.
307 Grabicki, Michael. *Breaking new ground: the history of BASF in China from 1885 to today.* Germany: Hoffmann und Campe, 2015.
308 Greeven, Mark J. *Business ecosystems in China: Alibaba and competing Baidu, Tencent, Xiaomi and Leeco.* London: Routledge, 2017.
309 Greeven, Mark J. *Pioneers, hidden champions, changemakers, and underdogs: lessons from China's innovators.* Cambridge, Massachusetts: The MIT Press, 2019.
310 Gregor, Gelber Harry. *Technology, defense, and external relations in China, 1975-1978.* New York, NY: Routledge, Taylor & Taylor Group, 2019.
311 Grillo, Francesco. *Democracy and growth in the twenty-first century: the diverging cases of China and Italy.* Basingstoke, Hampshire: Palgrave Macmillan, 2019.
312 Gruin, Julian. *Communists constructing capitalism: state, market, and the party in China's financial reform.* Manchester: Manchester University Press, 2019.
313 Guan, Jieqi. *Corporate social responsibility reporting in China: evolution, drivers and prospects.* London: Routledge, 2017.
314 Guan, Quan. *Industrial development in modern China: a quantitative analysis.* London: Routledge, 2020.
315 Guldin, Gregory Eliyu. *What's a peasant to do?: village becoming town in Southern China.* London: Routledge, 2018.
316 Guo, Hongwen. *Dong Mingzhu & Gree: a business and life biography.* London: LID, 2017.
317 Guo, Qingwang. *Regulating effect of tax on Chinese national income distribution.* London: Routledge, 2018.
318 Guo, Rongxing. *China's regional development and Tibet.* Singapore: Springer, 2015.
319 Guo, Rongxing. *How the Chinese economy works.* Cham: Springer International Publishing: Imprint: Palgrave Macmillan, 2017.
320 Guo, Rongxing; Gui, Hao. *Multiregional economic development in China.* Germany: Springer, 2015.
321 Guo, Xin; Gallo, Frank. *Multinational companies in China: navigating the eight common management pitfalls.* Bingley: Emerald Publishing Limited, 2017.
322 Haft, Jeremy. *Unmade in China: the hidden truth about China's economic miracle.* United Kingdom: Polity Press, 2015.
323 Hamilton, Daniel S; Pelkmans, Jacques. *Rule-makers or rule-takers?: exploring the*

transatlantic trade and investment partnership. United States: Rowman & Littlefield International, 2015.

324　Hammond, Daniel R. *Politics and policy in China's social assistance reform: providing for the poor?* Edinburgh: Edinburgh University Press, 2019.

325　Hamrin, Carol Lee. *China and the challenge of the future: changing political patterns.* New York: Routledge, 2019.

326　Han, I; Hou, Sheng-Tsung. *Social innovation and business in Taiwan.* United Kingdom: Palgrave Macmillan, 2015.

327　Hanser, Jessica. *Mr. Smith goes to China: three Scots in the making of Britain's global empire.* New Haven: Yale University Press, 2019.

328　Hantzschel, Alexander. *German-Sino business networks: using organized networks to develop business with China.* Switzerland: Springer, 2015.

329　Hao, Yufan [et al.]. *Political economy of Macao since 1999: the dilemma of success.* Singapore, Singapore: Palgrave Macmillan, 2017.

330　Haohui, Zhou. *Death notice.* London: Head of Zeus, 2018.

331　Haour, Georges; Von Zedtwitz, Maximilian. *Created in China: how China is becoming a global innovator.* United Kingdom: Bloomsbury Press, 2016..

332　Hardy, Randall W. *China's oil future: a case of modest expectations.* London: Routledge, 2019.

333　Harper Ho, Virginia. *China's soft power in Africa or real corporate accountability?* Washington, D.C.: United States Institute of Peace, 2017.

334　Harst, J. van der. *China, East Asia and the European Union: strong economics, weak politics?* Leiden: Brill, 2017.

335　He, Alex. *The dragon's footprints: China in the global economic governance system under the G20 framework.* Canada: Ctr for Intl Govern Innov, 2016.

336　He, Canfei. *Evolutionary economic geography in China.* Singapore: Springer, 2019.

337　He, Dexu. *China's financial stability: inherent logic and basic framework.* Singapore: World Scientific Publishing Company, 2016.

338　He, Dexu. *Financial security in China: situation analysis and system design.* Singapore: Springer, 2016.

339　He, Dexu; Wang, Chaoyang. *A new era: China's economy globalizes.* Basingstoke, Hampshire: Palgrave Macmillan, 2018.

340　Heggelund, Gørild. *Environment and resettlement politics in China: the Three Gorges Project.* Oxon: Routledge, 2017.

341　He, Hongguang. *Governance, social organisation and reform in rural China: case studies from Anhui province.* United Kingdom: Palgrave Macmillan, 2015.

342　He, Juan. *The WTO and infant industry promotion in developing countries: perspectives on the Chinese large civil aircraft industry.* United Kingdom: Routledge, 2015.

343　He, Xi; Faure, David. *Fisher folk of late imperial and modern China: an historical anthropology of boat-and-shed living.* United Kingdom: Routledge, 2016.

344　Hefele, Peter [et al.]. *Climate and energy protection in the EU and China: 5th Workshop on EU-Asia Relations in Global Politics.* Cham, Switzerland: Springer, 2019.

345　Heilmann, Sebastian. *Red swan: how unorthodox policy making facilitated China's rise.* Hong Kong: The Chinese University Press, 2018.

346　Heimberger, Heidi [et al.]. *Advanced technologies for industry, international reports: report on China: technological capacities and key policy measures.* Luxembourg: Publications Office of the European Union, 2020.

347　Helmold, Marc; Terry, Brian. *Global sourcing and supply management excellence in China: procurement guide for supply experts.* Singapore: Springer, 2016.

348　Henson, Spencer; Yap, O. Fiona. *The power of the Chinese dragon: implications for African development and economic growth.* United Kingdom: Palgrave Macmillan, 2015.

349　Herrmann-Pillath, Carsten. *Ritual and economy in metropolitan China: a global social science approach.* London: Routledge, 2020.

350　Hertenstein, Peter. *Multinationals, global value chains and governance: the mechanics of power in inter-firm relations.* London: Routledge, 2019.

351　Higgins, Victoria. *Alliance capitalism, innovation and the Chinese state: the global wireless sector.* United Kingdom: Palgrave Macmillan, 2015.

352　Hillman, Jonathan E. *The emperor's new road: China and the project of the century.* New Haven: Yale University Press, 2020.

353　Hiroshi, Tarohmaru. *Labor markets, gender and social stratification in East Asia: a global perspective.* Netherlands: Brill, 2016.

354　Ho, Cheuk-Yuet. *Neo-socialist property rights: the predicament of housing ownership in China.* United States: Lexington Books, 2015.

355　Ho, Kwok-leung. *Polite politics: a sociological analysis of an urban protest in Hong Kong.* London: Routledge, 2017.

356　Ho, Peter. *Unmaking China's development: the function and credibility of institutions.* New York: Cambridge University Press, 2017.

357　Ho, Selina. *Thirsty cities: social contracts and public goods provision in China and India.* Cambridge: Cambridge University Press, 2019.

358　Holslag, Jonathan. *The Silk Road trap: how China's trade ambitions challenge Europe.* Cambridge, UK: Polity Press, 2019.

359　Hong, Sheng. *Vision and calculation: economics from China's perspective.* Basingstoke: Palgrave Macmillan, 2020.

360　Hong, Yinxing. *The China path to economic transition and development.* Singapore: Springer, 2016.

361　Hong, Yu. *Chinese regions in change: industrial upgrading and regional development strategies.* United Kingdom: Routledge, 2015.

362　Hong, Yu. *Economic development and inequality in China: the case of Guangdong.* New York: Routledge, 2017.

363　Hong, Zhaohui. *The price of China's economic development: power, capital, and the poverty of rights.* United States: University Press of Kentucky, 2015.

364　Hornibrook, Jeff. *A great undertaking: mechanization and social change in a late imperial Chinese coalmining community.* United States: State University of New York Press, 2015.

365　Hou, Li. *Building for oil: Daqing and the formation of the Chinese socialist state.* Cambridge: Harvard University Asia Center, 2018.

366　Hou, Xiaojia. *Negotiating socialism in rural China: Mao, peasants, and local cadres in Shanxi, 1949-1953.* United States: Cornell University Press, 2016.

367 Hou, Yilin; Ren, Qiang. *The property tax in China: history, pilots, and prospects.* Switzerland: Springer , 2015.

368 Hou, Yue. *The private sector in public office: selective property rights in China.* Cambridge: Cambridge University Press, 2019.

369 Howanietz, Roland. *China's virtual monopoly of rare earth elements: economic, technological and strategic implications.* London: Routledge, 2018.

370 Howson, Cynthia; Ly, Pierre. *Adventures on the China wine trail: how farmers, local governments, teachers, and entrepreneurs are rocking the wine world.* Lanham: Rowman, 2020.

371 Hsiao, Frank S.T. *Economic development of Taiwan: early experiences and the Pacific trade triangle.* Singapore: World Scientific , 2015.

372 Hsieh, Chiao-min; Lu, Max. *Changing China: a geographical appraisal.* London: Routledge, 2018.

373 Hsiung, James C; Liu, Hong. *The Xi Jinping era: his comprehensive strategy towards the China dream.* United States: CN Times Books, 2015.

374 Hsu, Becky Yang. *Borrowing together: microfinance and cultivating social ties.* Cambridge: Cambridge University Press, 2017.

375 Hsu, Carolyn L. *Social entrepreneurship and citizenship in China: the rise of NGOs in the PRC.* London: Routledge, 2017.

376 Hu, Angang. *China: innovative green development.* Singapore: Springer, 2017.

377 Hu, The-Wei. *Economics of tobacco control in China: from policy research to practice.* Singapore: World Scientific, 2016.

378 Hu, Zhaoguang [et al.]. *China's economic gene mutations: by electricity economics and multi-agent.* Germany: Springer, 2015.

379 Hu, Zuohao. *Research frontiers on the international marketing strategies of Chinese brands.* United Kingdom: Routledge, 2016.

380 Huahe, Mao. *The ebb and flow of Chinese petroleum: a story told by a witness.* Leiden: Brill, 2019.

381 Huang, Chuanhui. *Migrant workers and the city: generation now.* Canada: Fernwood Books Ltd, 2016.

382 Huang, Da. *China's fiscal and monetary policies in the new era.* United Kingdom: Paths International Ltd., 2019.

383 Huang, Meibo. *South-South cooperation and Chinese foreign aid.* Basingstoke, Hampshire: Palgrave Macmillan, 2018.

384 Huang, Qunhui. *China's industrialization process.* Singapore: Springer, 2018.

385 Huang, Shu-Mei. *Urbanizing carescapes of Hong Kong: two systems, one city.* United States: Lexington Books, 2015.

386 Huang, Shutian. *The evolution of regional uneven development in Jiangsu province under China's growth-oriented state ideology.* United Kingdom: Cambridge Scholars, 2016.

387 Huang, Songshan; Chen, Ganghua. *Handbook on tourism and China.* Cheltenham, UK; Northampton, MA: Edward Elgar Publishing, 2020.

388 Huang, Songshan; Chen, Ganghua. *Tourism research in China: themes and issues.* United Kingdom: Channel View Publications Ltd, 2015.

389 Huang, Wei-Chiao; Zhou, Huizhong. *The impacts of China's rise on the Pacific and the world.* Kalamazoo, Michigan: W. E. Upjohn Institute for Employment Research, 2018.
390 Huang, Xiji. *Chinese entrepreneurship [4 v].* United Kingdom: Routledge, 2016.
391 Huang, Xueli; Zhu, Ying. *Managing Chinese out wardforeign direct investment: from entry strategy to sustainable development in Australia.* United Kingdom: Palgrave Macmillan, 2016.
392 Huang, Yi. *Corporate foreign bond issuance and interfirm loans in China.* London: Centre for Economic Policy Research, 2018.
393 Huang, Yukon. *Cracking the China conundrum: why conventional economic wisdom is wrong.* New York: Oxford University Press, 2017.
394 Hui, Elaine Sio-ieng. *Hegemonic transformation: the state, laws, and labour relations in post-socialist China.* University Park, PA: Palgrave Macmillan US, 2018.
395 Humphreys, David. *The remaking of the mining industry.* United Kingdom: Palgrave Macmillan, 2015.
396 Hung, Ho-fung. *The China boom: why China will not rule the world.* United States: Columbia University Press, 2015.
397 Hung, Juann H.; Chen, Yang. *The state of China's state capitalism: evidence of its successes and pitfalls.* Basingstoke, Hampshire: Palgrave Macmillan, 2018.
398 Hung, Kam; Li, Xiang. *Chinese consumers in a new era: their travel behaviors and psychology.* United Kingdom: Routledge, 2015.
399 Hung, Po-Yi. *Tea production, land use politics, and ethnic minorities: struggling over dilemmas on China's Southwest frontier.* United States: Palgrave Macmillan, 2015.
400 Ibelings, Hans; Ru, Nanne de. *China's turn.* Netherlands: Architecture Observer, 2016.
401 Iida Keisuke. *Japan's security and economic dependence on China and the United States: cool politics, lukewarm economics.* Abingdon, Oxon; New York, NY: Routledge, 2017.
402 International Monetary Institute of RUC. *Internationalization of the RMB: establishment and development of RMB offshore markets.* United Kingdom: Routledge, 2016.
403 International Monetary Institute of the RUC. *Internationalization of the RMB: currency strategy in the "Belt and Road" construction.* London: Routledge, 2019.
404 *IPR protection for the furniture industry in China.* Luxembourg: Publications Office of the European Union, 2019.
405 Islam, Nazrul. *Silk Road to Belt Road: reinventing the past and shaping the future.* Singapore: Springer, 2019.
406 Jaeyun, Ryu. *5 keys to understanding China: a Samsung veteran shares how to succeed in China.* United States: Seoul Selection, 2016.
407 Jakobsen, Michael. *Ethnic Chinese entrepreneurship in Malaysia: on contextualisation in international business studies.* United Kingdom: Routledge, 2015.
408 Jenkins, Rhys Owen. *How China is reshaping the global economy: development impacts in Africa and Latin America.* Oxford: Oxford University Press, 2019.
409 Ji, Meng. *Translation and the sustainable development goals: cultural contexts in China and Japan.* London: Routledge, 2019.
410 Jia, Fu [et al.]. *Sustainable champions: how international companies are changing the face of business in China.* United Kingdom: Greenleaf Publishing, 2015.
411 Jia, Kang. *Fiscal policy and institutional renovation in support of innovative country building.*

London: Routledge, 2020.
412 Jia, Xinting; Tomasic, Roman. *Resource security and governance: globalisation and China's natural resources companies.* London: Routledge, 2017.
413 Jian, Yuchi. *Value proposition: a new "long march"& E3 economy on China's integrated development of internet, big data, AI and manufacturing industry.* Singapore: Springer, 2020.
414 Jiang, Changyun. *China's white-collar wave: service industry trends.* Singapore: Palgrave Macmillan, 2019.
415 Jiang, Chunxia. *Chinese banking reform: from the pre-WTO period to the financial crisis and beyond.* Basingstoke, Hampshire: Palgrave Macmillan, 2017.
416 Jiang, Qingyun [et al.]. *Fair development in China.* Cham, Switzerland: Springer International Publishing, 2017.
417 Jiang, Yanqing. *Green development in China: models and discussions.* Germany: Springer, 2016.
418 Jiang, Yanqing; Yuan, Xu. *Environmentally sustainable industrial development in China.* London: Routledge, 2020.
419 Jiang, Zhenying. *Procurement management in the supply chain environment: a practical guide to understanding procurement management and enhancing procurement effectiveness and efficiency.* Witney, Oxford: Chartridge Books Oxford, 2017.
420 Jiao, Zhi-lun [et al.]. *Contemporary logistics in China: reformation and perpetuation.* Singapore: Springer, 2017.
421 Jin, Bei. *China's path of industrialization: endeavors and inclusiveness.* Gateway East, Singapore: China Social Sciences Press: Springer, 2020.
422 Jin, Bei; Li, Gang. *China's economy amid new challenges: exploration of Chinese economists.* United Kingdom: Paths International, 2016.
423 Jin, Cheng. *An economic analysis of the rise and decline of Chinese township and village enterprises.* Cham, Switzerland: Palgrave Macmillan, 2017.
424 Jin, Xiaobin. *Historical farmland in China during 1661-1980: reconstruction and spatiotemporal characteristics.* Cham: Springer International Publishing: Imprint: Springer, 2018.
425 Johansson, Perry. *The libidinal economy of China: gender, nationalism, and consumer culture.* United States: Lexington Books, 2015.
426 Johnson, Kendall. *The new middle kingdom: China and the early American romance of free trade.* Baltimore: Johns Hopkins University Press, 2017.
427 Johnson, William H.A. *Innovation in China: the tail of the dragon.* United States: Business Expert Press, 2015.
428 Joshua, John. *China's economic growth. Volume I, Domestic and international economic policies.* London: Palgrave Macmillan, 2017.
429 Joshua, John. *China's economic growth: towards sustainable economic development and social justice.* Basingstoke: Palgrave Macmillan, 2017.
430 Joshua, John. *The contribution of human capital towards economic growth in China.* United States: Palgrave Macmillan, 2015.
431 K. W. Lau, Maggie. *Poverty in a rich society: the case of Hong Kong.* Hong Kong: The Chinese University Press, 2017.

432   Kahn, Matthew E.; Zheng, Siqi. *Blue skies over Beijing: economic growth and the environment in China.* United States: Princeton University Press, 2016.
433   Kalantzakos, Sophia. *China and the geopolitics of rare earths.* New York, NY, United States of America: Oxford University Press, 2018.
434   Kalouptsidi, Myrto. *Detection and impact of industrial subsidies: the case of Chinese shipbuilding.* London, UK: Centre for Economic Policy Research, 2017.
435   Kang, Haiying. *International human resource management in South Korean multinational enterprises.* Singapore: Springer, 2017.
436   Karam, Amy. *The China factor: leveraging emerging business strategies to compete, grow, and win in the new global economy.* United States: Wiley, 2016.
437   Karl, Rebecca E. *The magic of concepts: history and the economic in twentieth-century China.* Durham: Duke University Press, 2017.
438   Keane, Michael. *Handbook of cultural and creative industries in China.* United Kingdom: Edward Elgar, 2016.
439   Kennedy, Scott. *State and market in contemporary China: toward the 13th Five- Year Plan.* United States: Rowman & Littlefield, 2016.
440   Kennedy, Scott; Johnson, Christopher K. *Perfecting China, Inc.: the 13th Five- Year Plan.* United States: Rowman & Littlefield, 2016.
441   Ker, Michelle. *U.S. financial exposure to China.* Washington D.C.: U.S.-China Economic and Security Review Commission, 2017.
442   Kerschbaumer, Lilin. *Water ethics, governance andsustainability theory and case study on Northwest China.* Germany: Metropolis-Verlag, 2016.
443   Kessler, Marlene; Lee, Kristin. *The European Canton trade 1723: competition and cooperation.* Germany: De Gruyter Oldenbourg, 2016.
444   Keyser, Catherine H. *Professionalizing research in post-Mao China: the System Reform Institute and policy making.* London: Routledge, 2019.
445   Khan, Nasir Raza. *India and the Silk Road: exploring current opportunities.* Delhi: Primus Books, 2019.
446   Kikuchi, Tomoo; Sakuragawa, Masaya. *China and Japan in the global economy.* London: Routledge, 2018.
447   Kim, Kwangmin. *Borderland capitalism: Turkestan produce, Qing silver, and the birth of an eastern market.* United States: Stanford University Press, 2016.
448   Kim, Young-Chan. *China and Africa: a new paradigm of global business.* Cham: Palgrave Macmillan, 2017.
449   Kim, Young-Chan. *Chinese global production networks in ASEAN.* Switzerland: Springer, 2016.
450   Kim, Young-Chan; Chen, Pi-Chi. *The digitization of business in China: exploring the transformation from manufacturing to a digital service hub.* Basingstoke, Hampshire: Palgrave Macmillan, 2018.
451   Kiminami, Lily. *Food security and industrial clustering in Northeast Asia.* Germany: Springer, 2015.
452   Kinney, Ann Rasmussen. *Japanese investment in manchurian manufacturing, mining, transportation, and communications, 1931-1945.* London: Routledge, 2018.

453　Kinzley, Judd. *Natural resources and the new frontier: constructing modern China's borderlands*. Chicago: The University of Chicago Press, 2018.

454　Kirkby, R. J. R. *Urbanization in China: town and country in a developing economy 1949-2000 AD*. London: Routledge, 2018.

455　Kirkegaard, Julia Kirch. *Wind power in China*. London: Routledge, 2018.

456　Kleinberg, Robert. *China's opening to the outside world: the experiment with foreign capitalism*. New York: Routledge, 2019.

457　Kobi, Madlen. *Constructing, creating and contesting cityscapes: a socio-anthropological approach to urban transformation in Southern Xinjiang, People's Republic of China*. Germany: Harrassowitz Verlag, 2016.

458　Kochhar, Geeta; Ulman, Snehal Ajit. *India and China: economics and soft power diplomacy*. New Delhi: Routledge India, 2020.

459　Köll, Elisabeth. *Railroads and the transformation of China*. Cambridge, Massachusetts: Harvard University Press, 2019.

460　Kong, Bo. *Modernization through globalization: why China finances foreign energy projects worldwide*. Basingstoke, Hampshire: Palgrave Macmillan, 2019.

461　Korppoo, Anna. *Informal institutions in policy implementation: comparing low carbon policies in China and Russia*. Northampton, MA: Edward Elgar Publishing, 2020.

462　Korsnes, Marius. *Wind and solar energy transition in China*. London: Routledge, 2019.

463　Kroeber, Arthur R. *China's economy: what everyone needs to know*. New York, NY: Oxford University Press, 2019.

464　Krosinsky, Cary. *Modern China: financial cooperation for solving sustainability challenges*. Basingstoke: Palgrave Macmillan, 2020.

465　Kumar, Ashutosh. *OBOR Asia, Africa & Europe: towards Chinese hegemony*. Ghaziabad: Rudra Publishers & Distributors, 2017.

466　Kwan, Man Bun. *Beyond market and hierarchy: patriotic capitalism and the Jiuda Salt Refinery, 1914-1953*. United States: Palgrave Macmillan, 2016.

467　Kwan, Man Bun. *Patriots' game: Yongli chemical industries, 1917-1953*. Boston: Brill, 2017.

468　Kwong, Charles C. L. *The Chinese economy and its challenges: transformation of a rising economic power*. New York, NY: Routledge, 2020.

469　Ladds, Catherine. *Empire careers: working for the Chinese customs service, 1854-1949*. Manchester: Manchester University Press, 2017.

470　Ladegaard, Hans J. *The discourse of powerlessness and repression: life stories of domestic migrant workers in Hong Kong*. United Kingdom: Routledge, 2016.

471　Lai, Hongyi; Warner, Malcolm. *Managing China's energy sector: between the market and the state*. Abingdon, Oxon; New York, NY: Routledge, 2017.

472　Lai, Lili. *Hygiene, sociality, and culture in contemporary rural China: the uncanny new village*. Netherlands: Amsterdam University Press, 2016.

473　Lam, Ruth. *The Fruits of Our Labours: Chinese Fruit Shops in New Zealand*. Wellington: Chinese Poll Tax Heritage Trust, Department of Internal Affairs, 2018.

474　Lam, W. Raphael. *Modernizing China: investing in soft infrastructure*. Washington, D.C.: International Monetary Fund, 2017.

475　Landa, Janet T. *Economic success of overseas Chinese merchants in Southeast Asia: ethnic

cooperation. Germany: Springer, 2016.
476 Larcon, Jean-Paul. *The new silk road: China meets Europe in the Baltic Sea Region: a business perspective.* New Jersey: World Scientific, 2017.
477 Lardy, Nicholas R. *The state strikes back: the end of economic reform in China?* Washington, DC: Peterson Institute for International Economics, 2019.
478 Łasak, Piotr. *The financial implications of China's belt and road initiative: a route to more sustainable economic growth.* Cham: Palgrave Pivot, 2019.
479 Łasak, Piotr; Van Der Linden, René W.H. *The financial implications of China's belt and road initiative: a route to more sustainable economic growth.* Cham: Palgrave Pivot, 2019.
480 Lau, Evan [et al.]. *Selected papers from the Asia-Pacific Conference on Economics & Finance (APEF 2016.).* Singapore: Springer, 2017.
481 Lau, Lawrence J. *The China-U.S. trade war and future economic relations.* Hong Kong: The Chinese University Press, 2019.
482 Lavelle, Peter B. *The profits of nature: colonial development and the quest for resources in nineteenth-century China.* New York: Columbia University Press, 2020.
483 Le Corre, Philippe; Sepulchre, Alain. *China's offensive in Europe.* United States: Brookings Institution Press, 2016.
484 Leblanc, Jack. *Why your CEO failed in China: true tales of how not to do business in the People's Republic.* Hong Kong: Blacksmith Books, 2020.
485 Lech, Malte. *Institutions, innovation and regional economic change.* Germany: Franz Steiner Verlag, 2015.
486 Lee, Ann. *Will China's economy collapse?* Cambridge: Polity Press, 2017.
487 Lee, Ching Kwan. *The specter of global China: politics, labor, and foreign investment in Africa.* Chicago: The University of Chicago Press, 2018.
488 Lee, Jean. *Chinese women business leaders: seven principles of leadership.* Amsterdam: Elsevier, 2017.
489 Lee, Tae-Woo. *Shipping in China.* Abingdon, Oxon: Routledge, 2016.
490 Lee, You-Il. *Political economy of new regionalism in Northeast Asia: dynamics and contradictions.* London: Routledge, 2018.
491 Leightner, Jonathan E. *Ethics, efficiency and macroeconomics in China: from Mao to Xi.* London: Routledge, 2017.
492 Levine, Derek A. *The dragon takes flight: China's aviation policy, achievements, and international implications.* Netherlands: Brill, 2015.
493 Lewin, Arie Y.; Kenney, Martin. *China's innovation challenge: overcoming the middle-income trap.* United Kingdom: Cambridge University Press, 2016.
494 Li, Bangxi. *Linear theory of fixed capital and China's economy: Marx, Sraffa and Okishio.* Singapore: Springer, 2017.
495 Li, Hongmei. *Advertising and consumer culture in China.* United Kingdom: Polity, 2016.
496 Li, Hongwen. *Ren Zhengfei & Huawei: a business and life and biography.* London: LID, 2017.
497 Li, Jiachun. *Strategies of sustainable development in China's wind power industry.* Singapore: Springer, 2020.
498 Li, Jian; Paisey, Alan. *Transfer pricing in China: concepts, controls, practices, and audit assessment.* Cham, Switzerland: Palgrave Macmillan, 2019.

499 Li, Jianping. *China's provincial economic competitiveness and policy outlook for the 13th five-year plan period (2016-2020)*. Singapore: Springer, 2018.

500 Li, Jianwei. *The economic cycle and the growth of the Chinese economy*. London: Routledge, 2017.

501 Li, Keqiang. *Pursuing open and integrated development for shared prosperity*. Singapore: ISEAS-Yusof Ishak Institute, 2018.

502 Li, Li. *Health and education reforms in rural China*. London: Routledge, 2020.

503 Li, Lianshui; Du, Zhanyuan. *A research report on the development of China's manufacturing sector (2016)*. Singapore: Springer, 2017.

504 Li, Mingjiang. *China's economic statecraft: co-optation, cooperation and coercion*. Hackensak, NJ: World Scientific, 2017.

505 Li, Minqi. *China and the twenty-first-century crisis*. United Kingdom: Pluto, 2016.

506 Li, Qiang. *China's development under a differential urbanization model*. Singapore: Springer, 2020.

507 Li, Ran. *China's state enterprises: changing role in a rapidly transforming economy*. Basingstoke, Hampshire: Palgrave Macmillan, 2018.

508 Li, Ruogu. *Reform of the international monetary system and internationalization of the Renminbi*. Singapore: World Scientific, 2016.

509 Li, Wanqiang. *The Xiaomi way: customer engagement strategies that built one of the largest smartphone companies in the world*. S.l.: McGraw-Hill Education, 2017.

510 Li, Wei'an. *China's private economy: institution innovations and development*. Reading: Paths International Ltd, 2018.

511 Li, Xiang [et al.]. *Contemporary logistics in China: interconnective channels and collaborative sharing*. Singapore: Springer, 2019.

512 Li, Xiaochun. *Labor transfer in emerging economies: a perspective from China's reality to theories*. Singapore: Springer, 2017.

513 Li, Xiaoxi. *Assessing the extent of China's marketization*. United Kingdom: Ashgate, 2016.

514 Li, Xing. *Mapping China's 'one belt one road' initiative*. Basingstoke, Hampshire: Palgrave Macmillan, 2018.

515 Li, Xinghua. *Environmental advertising in China and the USA*. United Kingdom: Routledge, 2016.

516 Li, Xisi. *Employment relations and ethnic minority enterprise: an ethnography of Chinese restaurants in the UK*. New York, NY: Routledge, 2020.

517 Li, Xuefeng. *Green development model of China's small and medium-sized cities*. Singapore: Springer, 2018.

518 Li, Yan. *Expatriate manager's adaption and knowledge acquisition: personal development inmulti-national companies in China*. Singapore: Springer, 2016.

519 Li, Yang [et al.]. *Economic analysis and forecast of China (2015)*. Singapore: Springer, 2017.

520 Li, Yang. *China's national balance sheet: theories, methods and risk assessment*. Singapore: Springer; Beijing: China Social Science Press, 2017.

521 Li, Yang. *Managing financial risks amid China's economic slowdown*. Singapore: Springer, 2019.

522 Li, Yang. *What is behind China's latest National Balance Sheet*. Reading: Paths International

Ltd, 2018.
523 Li, Yining. *The Chinese path to economic dual transformation*. London: Routledge, 2017.
524 Li, Yining; Cheng, Zhiqiang. *China's reform to overleap the middle-income trap*. Singapore: Springer Nature, 2019.
525 Li, Youmei. *Economic impact of the Internet plus era: A case study of Shanghai*. Hackensack, NJ: World Scientific Publishing Co. Pte. Ltd, 2019.
526 Li, Yuan; Taube, Markus. *How China's Silk Road Initiative is changing the global economic landscape*. London: Routledge, 2019.
527 Li, Yu-Wai Vic. *China's financial opening: coalition politics and policy changes*. London: Routledge, 2018.
528 Li, Zheng. *Informing choices for meeting China's energy challenges*. Germany: Springer, 2016.
529 Li, Zhou. *Reform and development of agriculture in China*. Singapore: Springer, 2017.
530 Liang, Guoyong. *The China-US trade war*. London: Routledge, 2020.
531 Liang, Haoguang. *The theoretical system of Belt and Road Initiative*. Singapore: Springer, 2019.
532 Liao, Haifeng Felix. *Regional inequality in transitional China*. London: Routledge, 2020.
533 Lim, Kean Fan. *On shifting foundations: state rescaling, policy experimentation and economic restructuring in post-1949 China*. Chichester: Wiley Blackwell, 2019.
534 Lim, Tai-Wei. *China's One Belt One Road initiative*. United Kingdom: Imperial College Press, 2016.
535 Lin, Cheng [et al.]. *The political economy of the Han Dynasty and its legacy*. Abingdon, Oxon; New York, NY: Routledge, 2019.
536 Lin, Gang [et al.]. *China's economic reform and development during the 13th five-year plan period*. London: Routledge, 2020.
537 Lin, Han. *Energy policies and climate change in China: actors, implementation, and future prospects*. London: Routledge, 2019.
538 Lin, i-min. *Dancing with the devil: the political economy of privatization in China*. New York, NY: Oxford University Press, 2017.
539 Lin, Juren. *A century of change in a Chinese village: the crisis of the countryside*. Lanham: Rowman & Littlefield Publishers, 2018.
540 Lin, Justin Yifu. *Slowdown in the People's Republic of China: structural factors and the implications for Asia*. Tokyo: Asian Development Bank Institute, 2018.
541 Lin, Runhui [et al.]. *Corporate governance of Chinese multinational corporations: case studies*. Basingstoke: Palgrave Macmillan, 2020.
542 Lincoln, Toby; Tao, Xu. *The habitable city in China: urban history in the twentieth century*. New York, NY, U.S.A.: Palgrave Macmillan, 2017.
543 Lindtner, Silvia M. *Prototype nation: China and the contested promise of innovation*. Princeton: Princeton University Press, 2020.
544 Little, Lester K. *The Chinese journals of L.K. Little, 1943-54: an eyewitness account of war and revolution. Volume III*. London: Routledge, 2017.
545 Liu, Binglian; Wang Ling. *Contemporary logistics in China: proliferation and internationalization*. Germany: Springer, 2016.

546 Liu, Guoguang. *Economics blue book of the People's Republic of China, 1999*. London: Routledge, 2019.
547 Liu, Hong. *The Chinese strategic mind*. United Kingdom: Edward Elgar, 2015.
548 Liu, Jiayi. *Study on the auditing theory of socialism with Chinese characteristics [2nd ed]*. United States: John Wiley & Sons Inc, 2015.
549 Liu, Jieyu. *Gender, sexuality and power in Chinese companies: beauties at work*. London: Palgrave Macmillan, 2017.
550 Liu, Manhong Mannie; Wang, Jiani. *Angel investing in China*. Singapore: World Scientific Publishing, 2016.
551 Liu, Martin J.; Luo, Jun. *China branding: cases from Zhejiang*. Basingstoke: Palgrave Macmillan, 2019.
552 Liu, Mingwei; Smith, Chris. *China at work; a labour process perspective on the transformation of work and employment in China*. United Kingdom: Palgrave Macmillan, 2016.
553 Liu, Qiao. *Corporate China 2.0: the great shakeup*. United States: Palgrave Macmillan, 2016.
554 Liu, Ran. *Spatial mobility of migrant workers in Beijing, China*. Switzerland: Springer, 2015.
555 Liu, Ruiming. *How state-owned enterprises drag on economic growth: theory and evidence from China*. Berlin, Germany: Springer, 2019.
556 Liu, Shucheng. *Chinese economic growth and fluctuations*. London: Routledge, 2017.
557 Liu, Tao. *China's urban construction land development: the state, market, and peasantry in action*. Singapore: Springer, 2020.
558 Liu, William Guanglin. *The Chinese market economy, 1000-1500*. United States: State University of New York Press, 2015.
559 Liu, Xiaonan. *Public budgeting reform in China: theory and practice*. Germany: Springer, 2016.
560 Liu, Xielin. *Regional innovation index of China: 2017 how frontier regions innovate*. Singapore: Springer, 2018.
561 Liu, Yi, Zhao Laixun. *Sino-Mexican trade relations: challenges and opportunities*. Singapore: Springer, 2017.
562 Liu, Yi. *Local dynamics of industrial upgrading: the case of the Pearl River Delta in China*. Singapore: Springer, 2020.
563 Liu, Yingqiu. *New interpretations on the development of China's non-governmental enterprises*. Singapore: Social Sciences Academic Press: Springer, 2017.
564 Liu, Yuanchun. *Chinese macro-economy in process of bottoming-out and rebounding*. Reading, United Kingdom: Paths International Ltd; Beijing, China: China Social Sciences Press, 2018.
565 Liu, Zhibiao. *Transition of the Yangtze River Delta: from global manufacturing center to global innovation center*. Germany: Springer, 2015.
566 Liu, Zhichang. *Pocket China in figures*. Singapore: World Scientific Publishing Company, 2015.
567 Lo, Chi. *China's impossible trinity: the structural challenges to the "Chinese dream"*. United Kingdom: Palgrave Macmillan, 2015.
568 Lo, Chi. *Demystifying China's mega trends: the driving forces that will shake up China and the world*. United Kingdom: Emerald Publishing, 2017.

569　Loginova, Anastasia; Mikheeva, Irina. *The impact of WTO membership: a comparative analysis of China, Russia and Ukraine*. London: Routledge, 2017.

570　Lombardi, Domenico; Wang, Hongying. *Enter the dragon: China in the international financial system*. Canada: Ctr for Intl Governance, 2015.

571　Long, Ying; Gao, Shuqi. *Shrinking cities in China: the other facet of urbanization*. Singapore: Springer, 2019.

572　Looney, Kristen E. *Mobilizing for development: the modernization of rural East Asia*. Ithaca: Cornell University Press, 2020.

573　Lorenzo Riccardi. *Investing in China through Free Trade Zones*. Germany: Springer, 2015.

574　Lourens, Christopher. *Quality management perspective & approach: managing and improving quality in China, and elsewhere in the world*. Redditch: Emperor Books, 2018.

575　Lowrey, Ying; Avery, Martha. *The Alibaba way: unleashing grass-roots entrepreneurship to build the world's most innovative internet company*. United States: Mcgraw-Hill, 2016.

576　Lu, Ming Q. *Approaching China's pharmaceutical market: a fundamental guide to clinical drug development*. Switzerland: Springer, 2015.

577　Lu, Ming; Pan, Hui. *Government-enterprise connection: entrepreneur and private enterprise development in China*. Singapore: Springer, 2015.

578　Lu, Yilong; Lun, Yu. *Rural development in China: the rise of innovative institutions and markets [3 v]*. United States: Enrich Professional Publishing, 2016.

579　Lu, Zongxiang. *Integration of large scale wind energy with electrical power system in China*. Singapore: John Wiley & Sons, 2018.

580　Lucia, Granelli [et al.]. *Puzzles in non-financial corporate sector savings across the G20*. Luxembourg: Publications Office of the European Union, 2020.

581　Luk, Y. F. *Hong Kong's economic and financial future*. Abingdon, Oxon: Routledge, 2018.

582　Luo, Dan. *The development of the Chinese financial system and reform of Chinese commercial banks*. United Kingdom: Palgrave Macmillan, 2016.

583　Luo, Jian Ming. *The challenges and issues of tourism development in China*. New York: Nova Science Publisher's, Inc., 2017.

584　Luo, Jian Ming. *Urbanization and tourism development in China*. United States: Nova Science, 2016.

585　Luo, Jian Ming; Lam, Chi Fung. *Corporate social responsibility and responsible gambling in gaming destinations*. United States: Nova Science Publishers, 2016.

586　Luo, Yadong. *Guanxi and business*. Singapore: World Scientific Publishing, 2020.

587　Luo, Yadong. *International investment strategies in the People's Republic of China*. London: Routledge, 2019.

588　Luo, Yadong. *Partnering with Chinese firms: lessons for international managers*. London: Routledge, 2017.

589　M. Walcott, Susan. *Chinese science and technology industrial parks*. London: Routledge, 2017.

590　M.T. Balmer, John; Chen, Weifeng. *Advances in Chinese brand management*. London: Palgrave Macmillan, 2017.

591　Ma, Jianbo. *The land development game in China*. United States: Lexington Books, 2015.

592　Ma, Kinkin. *Economic transition and labour market reform in China*. Basingstoke, Hampshire:

Palgrave Macmillan, 2018.

593 Ma, Kwok Wai. *Innovation and knowledge-intensive business firms: Hong Kong's engineering consulting sector.* United States: Nova Science, 2016.

594 Mações, Bruno. *Belt and road: a Chinese world order.* London: Hurst & Company, 2018.

595 Malden, Kaj. *Trends in U.S. multinational enterprise activity in China, 2000-2017.* Washington, DC: U.S.-China Economic and Security Review Commission, 2020.

596 Manova, Kalina. *Managing trade: evidence from China and the US.* London, UK: Centre for Economic Policy Research, 19 June 2018.

597 Manu Ana-Simona [et al.]. *The role of factor substitution and technical progress in China's great expansion.* Frankfurt am Main: European Central Bank, 2018.

598 Mao, Yunshi. *Transformation and upgrading of Chinese enterprises.* Singapore: Springer, 2019.

599 Margherita, Zanasi. *Economic thought in modern China: market and consumption, c. 1500-1937.* Cambridge, United Kingdom; New York, NY: Cambridge University Press, 2020.

600 Marino, Rich. *Chinese trade: trade deficits, state subsidies and the rise of China.* London: Routledge, 2018.

601 Martin, Emily; Kim, Eleana Jean. *Meaning of money in China and the United States: the 1986 Lewis Henry Morgan lectures.* United States: Hau Books, 2015.

602 Maso, Giulia Dal. *Risky expertise in Chinese financialisation: returned labour and the state-finance nexus.* Basingstoke: Palgrave Macmillan, 2020.

603 Masood, Asma. *Changing Asian landscape: role of India and China.* New Delhi: KW Publishers Pvt Ltd, 2018.

604 Mathews, John A. *Global green shift: when Ceres meets Gaia.* London: Anthem Press, 2017.

605 Mayer, Maximilian. *Rethinking the Silk Road: China's belt and road initiative and emerging Eurasian relations.* Basingstoke, Hampshire: Palgrave Macmillan, 2017.

606 Mbaidjol, Ngonlardjé-Kabra. *African countries and the global scramble for China: a contribution to Africa's preparedness and rehearsal.* Leiden: Brill, 2019.

607 Mcelroy, Michael B. *Energy and climate: vision for the future.* United States: Oxford University Press, 2016.

608 McKelvey, Maureen; Jin, Jun. *Innovative capabilities and the globalization of Chinese firms: becoming leaders in knowledge-intensive innovation ecosystems.* Cheltenham, UK; Northampton, MA: Edward Elgar Publishing Limited, 2020.

609 McMahon, Dinny. *China's great wall of debt: shadow banks, ghost cities, massive loans and the end of the Chinese miracle.* London: Little, Brown, 2018.

610 Mees, Heleen. *The Chinese birdcage: how China's rise almost toppled the West.* United States: Palgrave Macmillan, 2016.

611 Meijer, Hugo. *Trading with the enemy: the making of US export control policy toward the People's Republic of China.* United States: Oxford University Press, 2016.

612 Men, Linjuan Rita. *Strategic communication for startups and entrepreneurs in China.* London: Routledge, 2019.

613 Mendes, Carmen Amado. *China's new Silk Road: an emerging world order.* London: Routledge, 2018.

614 Mendez, Álvaro. *The political economy of China-Latin America relations: the AIIB*

membership. Basingstoke: Palgrave Pivot, 2020.

615　Meng, Gang. *China's belt and road initiative and RMB internationalization.* Singapore: World Scientific, 2020.

616　Meng, Ke. *China's pension reforms: political institutions, skill formation, and pension policy in China.* London: Routledge, 2018.

617　Meng, Zhongju [et al.]. *Public private partnership for desertification control in Inner Mongolia.* Singapore: Springer, 2019.

618　Merkel-Hess, Kate. *The rural modern: reconstructing the self and state in republican China.* United States: University of Chicago Press, 2016.

619　Midler, Paul. *What's wrong with China.* Hoboken, New Jersey: John Wiley & Sons, Inc., 2017.

620　Millar, Ashley Eva. *A singular case: debating China's political economy in the European enlightenment.* Montréal: McGill-Queen's University Press, 2017.

621　Miller, Amy. *The globetrotter: Victorian excursions in India, China and Japan.* London: British Library Publishing, 2019.

622　Miller, Ian Matthew. *Fir and empire: the transformation of forests in early modern China.* Seattle: University of Washington Press, 2020.

623　Miller, Tom. *China's Asian dream: empire building along the New Silk Road.* London: Zed Books, 2017.

624　Min, Min. *Strategic human resource management in China: a multiple perspective.* London: Routledge, 2017.

625　Miyata, Etsuko. *Portuguese intervention in the Manila Galleon Trade: the structure and networks of trade between Asia and America in the 16th and 17th centuries as revealed by Chinese ceramics and Spanish archives.* Oxford: Archaeopress, 2017.

626　Moak, Ken; Lee, Miles M. N. *China's economic rise and its global impact.* United States: Palgrave Macmillan, 2015.

627　Mohanty, Manoranjan. *China's transformation: the success story and the success trap.* Thousand Oaks: SAGE Publications India Pvt Ltd, 2018.

628　Molnar, Margit. *Boosting firm dynamism and performance in China.* Paris: OECD Publishing, 2017.

629　Molnar, Margit. *Corporate governance and firm performance in China.* Paris: OECD Publishing, 2017.

630　Molnar, Margit. *Realising regional potentials through better market integration in China.* Paris: OECD Publishing, 2019.

631　Molnar, Margit. *State-owned firms behind China's corporate debt.* Paris: OECD Publishing, 2019.

632　Molnar, Margit. *Urbanisation and household consumption in China.* Paris: OECD Publishing, 2017.

633　Molnar, Margit. *Who patents, how much is real invention and how relevant? A snapshot of firms and their inventions based on the 2016. SIPO China Patent Survey.* Paris: OECD Publishing, 2019.

634　Morita, Ken. *Emerging capital markets and transition in contemporary China.* New Jersey: World Scientific, 2017.

635　Morris-Jung, Jason. *In China's backyard: policies and politics of Chinese resource investments*

in Southeast Asia. Singapore: ISEAS Publishing, 2018.
636 Mthembu, Philani. *China and India's development cooperation in Africa: the rise of southern powers*. Basingstoke, Hampshire: Palgrave Macmillan, 2018.
637 Mukhopadhaya, Pundarik. *Economic growth and income inequality in China, India and Singapore: trends and policy implications*. [Place of publication not identified]: Routledge, 2017.
638 Mustacich, Suzanne; Huber, Hillary. *Thirsty dragon: China's lust for Bordeaux and the threat to the world's best wines*. United States: Henry Holt and Company, 2015.
639 Nagase-Reimer, Keiko. *Copper in the early modern Sino-Japanese trade*. Netherlands: Brill, 2016.
640 Naidu, G. V. C. *India and China in the emerging dynamics of East Asia*. Germany: Springer, 2015.
641 National Committee on United States-China Relations; Rhodium Group. *New neighbors: Chinese investment in the United States by Congressional District: May 2015*. United States: National Committee on United States-China Relations, 2015.
642 Naughton, Barry M; Tsai, Kellee S. *State capitalism, institutional adaptation, and the Chinese miracle*. United States: Cambridge University Press, 2015.
643 Nedumpara, James J.; Zhou, Weihuan. *Non-market economies in the global trading system: the special case of China*. Singapore: Springer, 2018.
644 Negara, Siwage Dharma. *Indonesia and China's belt and road initiatives: perspectives, issues and prospects*. Singapore: ISEAS Publishing, 2018.
645 Nell, Philippe. *Strategy with China: Swiss cooperation or U.S. Confrontation?: the successful Swiss path with a free trade agreement*. Switzerland: Fondation Jean Monnet pour l'Europe, 2020.
646 Ng, Chin-Keong. *Boundaries and beyond: China's maritime Southeast in late Imperial times*. Singapore: NUS Press, 2017.
647 Ng, Michael H. K. *Foreign direct investment in China: theories and practices*. United Kingdom: Routledge, 2015.
648 Ng, Patrick P. K; Ngai, Cindy S. B. *Role of language and corporate communication in greater China: from academic to practitioner perspectives*. Germany: Springer, 2015.
649 Ngai, Pun. *Social economy in China and the world*. United Kingdom: Routledge, 2016.
650 Ngangjoh-Hodu, Yenkong; Zhang, Qi. *The political economy of WTO implementation and China's approach to litigation in the WTO*. United Kingdom: Edward Elgar, 2016.
651 Nie, Huihua. *Collusion, local governments and development in China: a reflection on the China model*. Singapore: Palgrave Macmillan, 2017.
652 Nield, Robert. *China's foreign places: the foreign presence in China in the treaty port era, 1840-1943*. Hong Kong, China: Hong Kong University Press, 2015.
653 Noda, Jin; Ono, Ryosuke. *The Belt and Road Initiative: opportunities and challenges of a Chinese economic ambition*. Los Angeles: Sage, 2019.
654 Nolan, Jane. *Western bankers in China: institutional change and corporate governance*. London: Routledge, 2018
655 Nolan, Peter. *China and the West: crossroads of civilisation*. London: Routledge, 2018.
656 Nolan, Peter. *China in the Asian financial crisis*. London: Routledge, 2020.

657 Nolan, Peter. *Re-balancing China: essays on the global financial crisis, industrial policy and international relations.* United Kingdom: Anthem Press, 2015.

658 Nolan, Peter. *The political economy of collective farms: an analysis of China's post-Mao rural reforms.* New York: Routledge, 2019.

659 Nolan, Peter. *Understanding China: the Silk Road and the Communist manifesto.* United Kingdom: Routledge, 2016.

660 Noronha, Carlos. *Corporate social disclosure: critical perspectives in China and Japan.* United Kingdom: Palgrave Macmillan, 2015.

661 Norris, William J. *Chinese economic statecraft: commercial actors, grand strategy, and state control.* United States: Cornell University Press, 2016.

662 Nosiri, Chizoma C. *The global woman's impact on e-commerce: confidence and communication clashes with Western corporations.* Lanham: Hamilton Books, 2019.

663 O'Connor, Sean. *China's African Swine Flu outbreak: implications for U.S. food safety and trade.* Washington, D.C.: U.S.-China Economic and Security Review Commission, 2019.

664 O'Connor, Sean. *How Chinese companies facilitate technology transfer from the United States.* Washington, D.C.: U.S.-China Economic and Security Review Commission, 2019.

665 O'Connor, Sean. *Fentanyl flows from China: an update since 2017.* Washington, D. C.: U. S. -China Economic and Security Review Commission, 2018.

666 O'Connor, Sean. *Fentanyl: China's deadly export to the United States.* Washington, D.C.: U.S.-China Economic and Security Review Commission, 2017.

667 O'Connor, Sean. *SOE megamergers signal new direction in China's economic policy.* Washington, D. C.: U. S. -China Economic and Security Review Commission, 2018.

668 Office of the Spokesperson. *U.S. investors are funding malign PRC companies on major indices.* Washington, D.C.: U.S. Department of State, Office of the Spokesperson, 2020.

669 Ohlandt, Chad J. R. *Chinese investment in U.S. aviation.* Santa Monica, Calif.: RAND, 2017.

670 Ong, Lynette H. *Prosper or perish: credit and fiscal systems in rural China.* United States: Cornell University Press, 2016.

671 *Openness of public procurement markets in key third countries.* Luxembourg: Publications Office of the European Union, 2017.

672 Opsal, Ryan. *American and Chinese energy security: a grand strategic approach.* Lanham: Lexington Books, 2019.

673 Oqubay, Arkebe; Lin, Justin Yifu. *China-Africa and an economic transformation.* Oxford: Oxford University Press, 2019.

674 Organisation for Economic Co-operation and Development. *Global Forum on Transparency and Exchange of Information for Tax Purposes: Hong Kong (China) 2019 (Second Round): Peer Review Report on the Exchange of Information on Request.* Paris: OECD Publishing, 2019.

675 Organisation for Economic Co-operation and Development. *Making Dispute Resolution More Effective – MAP Peer Review Report, Hong Kong, China (Stage 1): Inclusive Framework on BEPS: Action 14.* Paris: OECD Publishing, 2019.

676 Organisation for Economic Co-operation and Development. *The impact of COVID-19 on SME financing: a special edition of the OECD financing SMEs and entrepreneurs scoreboard.* Paris: OECD Publishing, 2020.

677 Orlik, Tom. *China: the bubble that never pops.* New York, NY: Oxford University Press, 2020.

678 Orr, Stuart. *Innovation and internationalisation: successful SMEs' ventures into China.* London: Routledge, 2017.

679 O'Sullivan, Stephen. *China's long march to gas price freedom: price reform in the People's Republic.* Oxford: Oxford Institute for Energy Studies, 2018.

680 Overholt, William H, Ma, Guonan. *Renminbi rising: a new global monetary system emerges.* United Kingdom: John Wiley, 2016.

681 Overholt, William H.; *China's crisis of success.* Cambridge, United Kingdom: Cambridge University Press, 2018.

682 Ozawa, Terutomo. *The evolution of the world economy: the 'flying-geese' theory of multinational corporations and structural transformation.* United Kingdom: Edward Elgar, 2016.

683 P. Y. Loo, Becky. *Unsustainable transport and transition in China.* London: Routledge, 2017.

684 Palit, Amitendu. *China-India economics: challenges, competition & collaboration.* London, [England]; New York: Routledge, 2017.

685 Pan, Jiahua. *Smart low-carbon development of cities in China.* United Kingdom: Paths International, 2016.

686 Pan, Jiahua; Shen, Manhong. *Chinese dream and practice in Zhejiang – ecology.* Singapore: Springer, 2019.

687 Pan, Shan Ling [et al.]. *Digital enablement and innovation in China: a casebook.* Singapore: World Scientific, 2019.

688 Pan, Shan-Ling. *Managing organizational complexities with digital enablement in China: a casebook.* Singapore: World Scientific, 2015.

689 Pang, Ruizhi [et al.]. *Energy, environment and transitional green growth in China.* Singapore: Springer, 2018.

690 Park, Jeongwon Bourdais. *Identity, policy, and prosperity: border nationality of the Korean diaspora and regional development in northeast China.* Singapore: Palgrave Macmillan, 2018.

691 Paterson, Stewart. *China, trade and power: why the west's economic engagement has failed.* London: London Publishing Partnership, 2018.

692 Patterson, Wayne. *William Nelson Lovatt in late Qing China: war, maritime customs, and treaty ports, 1860-1904.* Lanham, Maryland: Lexington Books, 2020.

693 Pauken II, Thomas W. *US vs China: from trade war to reciprocal deal.* Hackensack, NJ: World Scientific, 2020.

694 Paulet, Elisabeth. *The China business model: originality and limits.* Oxford: Chandos Publishing, 2017.

695 Paulson, Henry M, Jr. *Dealing with China: an insider unmasks the new economic superpower.* United States: Grand Central Publishing, 2015.

696 Pauluzzo, Rubens. *Impact of culture on management of foreign SMEs in China.* Cham, Switzerland: Springer, 2018.

697 Pechlaner, Harald [et al.]. *China and the new Silk Road: challenges and impacts on the regional and local level.* Cham: Springer, 2020.

698 Pei, Changhong [et al.]. *The basic income distribution system of China.* Singapore: Springer, 2020.

699 Pei, Changhong. *The basic economic system of China*. Singapore: Springer, 2019.
700 Pei, Changhong. *The basic income distribution system of China*. Singapore: Springer, 2020.
701 Pei, Changhong; Xu, Jianfeng. *Chinese dream and practice in Zhejiang -- economy*. Singapore: Springer, 2019.
702 Pei, Changhong; Zheng, Wen. *China's outbound foreign direct investment promotion system*. Germany: Springer, 2015.
703 Pelzman, Joseph. *Spillover effects of China going global*. Singapore: World Scientific Publishing Company, 2016.
704 Peng, Duan. *International communication strategies of Chinese radio and TV networks: initial observations*. Singapore: Springer, 2017.
705 Peng, Hao. *Trade relations between Qing China and Tokugawa Japan: 1685-1859*. Singapore: Springer, 2019.
706 Peng, Xingyun. *Financial theory: perspectives from China*. United States: World Century, 2015.
707 Permanent Subcommittee on Investigations; United States Senate. *Threats to the U.S. research enterprise: China's talent recruitment plans: staff report*. Washington, D.C.: United States Senate, Permanent Subcommittee on Investigations, Committee on Homeland Security and Governmental Affairs, 2019.
708 Pérez-García, Manuel. *Global history with Chinese characteristics: autocratic states along the Silk Road in the decline of the Spanish and Qing Empires 1680-1796*. Basingstoke: Palgrave Macmillan, 2020.
709 Perkins, Dwight H. *Agricultural development in China, 1368-1968*. London: Taylor and Francis, 2017.
710 Perkins, Dwight H. *The economic transformation of China*. Singapore: World Scientific, 2015.
711 Permanent Subcommittee on Investigations. *Threats to U.S. networks: oversight of Chinese government-owned carriers: staff report*. Washington, D.C.: United States Senate, Permanent Subcommittee on Investigations, Committee on Homeland Security and Governmental Affairs, 2020.
712 Peters, Enrique Dussel. *China's foreign direct investment in Latin America and the Caribbean*. México, D.F.: Universidad Nacional Autónoma de México, 2019.
713 Pforr, Christof; Phau, Ian. *Food, wine and China: a tourism perspective*. London: Routledge, 2018.
714 Philips, Roger A; Kim, Eugene P. *Business in contemporary China*. United States: Routledge, 2016.
715 Philipsen, Niels. *Market integration: the EU experience and implications for regulatory reform in China*. Germany: Springer, 2016.
716 Piazza, Alan Lee. *Food consumption and nutritional status in the PRC*. London: Routledge, 2018.
717 Picker, Colin B. [et al.]. *The China-Australia free trade agreement: a 21st-century model*. Oxford: Hart Publishing, 2018.
718 Pickowicz, Paul. *A sensational encounter with high socialist China*. Kowloon, Hong Kong: City University of Hong Kong Press, 2019.
719 Piketty, Thomas. *Capital accumulation, private property and rising inequality in China, 1978-*

2015. London: Centre for Economic Policy Research, 2017.

720 Poitiers, Niclas Frederic [et al.]. *Geopolitical aspects of digital trade.* Luxembourg: Publications Office of the European Union, 2020.

721 Pollitt, Michael G. *Reforming the Chinese electricity supply sector: lessons from global experience.* Cham: Palgrave Macmillan, 2020.

722 Popkova, Elena G. *Foreign trade as a factor of economic growth: Russian-Chinese foreign trade cooperation.* Cham, Switzerland: Springer, 2017.

723 Porter, Robin. *Industrial reformers in Republican China.* London: Routledge, 2019.

724 Pradt, Tilman. *The prequel to China's New Silk Road: preparing the ground in Central Asia.* Basingstoke: Palgrave Macmillan, 2020.

725 Prange, Christiane. *Market entry in China: case studies on strategy, marketing, and branding.* Switzerland: Springer, 2016.

726 Prasad, Eswar. *Gaining currency: the rise of the renminbi.* New York: Oxford University Press, 2017.

727 Preziosi, N. [et al.]. *China: challenges and prospects from an industrial and innovation powerhouse.* Luxembourg: Publications Office of the European Union, 2019.

728 Price, Susanna; Robinson, Kathryn May. *Making a difference?: social assessment policy and praxis and its emergence in China.* United States: Berghahn Books, 2015.

729 Prior, Ann-Kathrin. *Private guarantees and relational networks: a micro-level study of small business lending transactions in China.* Germany: Metropolis-Verlag, 2016.

730 Pu, Jian. *Free the land: a study on China's land trust.* London: Routledge, 2017.

731 Puk, Wing Kin. *The rise and fall of a public debt market in 16th-century China: the story of the Ming salt certificate.* Netherlands: Brill, 2015.

732 Pun, Ngai. *Migrant labor in China: post-socialist transformation.* United Kingdom: Polity, 2016.

733 Purves, Andrew. *No debt, high growth, low tax: Hong Kong's economic miracle explained.* United Kingdom: Shepheard-Walwyn, 2015.

734 Qi, Jianguo. *Development of circular economy in China.* Germany: Springer, 2016.

735 Qin, Bingtao. *Sustainable development in rural China: field survey and Sino-Japan comparative analysis.* Germany: Springer, 2015.

736 Qiu, Jack Linchuan. *Goodbye iSlave: a manifesto for digital abolition.* United States: University of Illinois Press, 2016.

737 Qu Shaobing [et al.]. *Analysis of the development of Guangzhou in China.* United Kingdom: Paths International Ltd, 2018.

738 Qu, Jingdong. *Organizational transition and systematic governance: labor relations in enterprises.* Singapore, Singapore: Springer, 2018.

739 Qu, Tao. *Chinese foreign direct investment: a subnational perspective on location.* Abingdon, Oxon: Routledge, 2018.

740 Sullivan, Lawrence R. *Historical dictionary of the Chinese economy.* Lanham: Rowman & Littlefield Publishers, 2017.

741 Rabushka, Alvin. *The new China: comparative economic development in Mainland China, Taiwan, and Hong Kong.* New York: Routledge, 2019.

742 Rafiq, Arif. *The China-Pakistan economic corridor: barriers and impact.* Washington, DC:

United States Institute of Peace, 2017.
743　Rahman, Serina. *Johor's Forest City faces critical challenges.* Singapore: ISEAS-Yusof Ishak Institute, 2017.
744　Rambures, Dominique De. *China's financial system: growth and inefficiency.* Cham: Springer International Publishing Imprint: Palgrave Macmillan, 2017.
745　Ramesh, Sangaralingam. *China's economic rise: lessons from Japan's political economy.* Basingstoke: Palgrave Macmillan, 2020.
746　Ramesh, Sangaralingam. *China's lessons for India. Volume 1, The political economy of development.* Basingstoke, Hampshire: Palgrave Macmillan, 2017.
747　Ramesh, Sangaralingam. *China's lessons for India. Volume II, The political economy of change.* Basingstoke, Hampshire: Palgrave Macmillan, 2017.
748　Randau, Henk R. *China business 2.0: analyze the economy, understand the society, and manage effectively.* Switzerland: Springer International Publishing Ag, 2015.
749　Ray, Rebecca [et al.]. *China and sustainable development in Latin America: the social and environmental dimension.* London: Anthem Press, 2017.
750　Reardon, Lawrence C. *A third way: the origins of China's current economic development strategy.* Cambridge, Massachusetts: Harvard University Asia Center, 2020.
751　Reddy, D. Narasimha; Sarap, Kailash. *Rural labour mobility in times of structural transformation: dynamics and perspectives from Asian economies.* Basingstoke, Hampshire: Palgrave Macmillan, 2017.
752　Redmon, David. *Beads, bodies, and trash: public sex, global labor, and the disposability of Mardi Gras.* United States: Routledge, 2015.
753　Reeves, Jeffrey. *Chinese foreign relations with weak peripheral states: asymmetrical economic power and insecurity.* United Kingdom: Routledge, 2015.
754　Reinhardt, Anne. *Navigating semi-colonialism: shipping, sovereignty, and nation-building in China, 1860-1937.* Cambridge, Massachusetts: Published by the Harvard University Asia Center, 2018.
755　Ren, Hao; Li, Zhongjin. *China on strike: narratives of workers' resistance.* United States: Haymarket Books, 2016.
756　Ren, Shuang; Wood, Robert E. *Business leadership development in China.* United Kingdom: Routledge, 2015.
757　Ren, Xuefei. *Governing the urban in China and India: land grabs, slum clearance, and the war on air pollution.* Princeton: Princeton University Press, 2020.
758　Riccardi, Lorenzo. *China accounting standards: introduction and effects of new Chinese accounting standards for business enterprises.* Singapore: Springer, 2016.
759　Rikhy, B. S. *South Asia's nuclear security dilemma: India, Pakistan and China.* New Delhi: Asian Vision Publisher, 2019.
760　Rithmire, Meg. *Land bargains and Chinese capitalism: the politics of property rights under reform.* United States: Cambridge University Press, 2015.
761　Robertson, Justin. *Localizing global finance: the rise of western-style private equity in China.* United States: Palgrave Pivot, 2015.
762　Roett, Riordan; Paz, Guadalupe. *Latin America and the Asian giants: evolving ties with China and India.* United States: Brookings Institution Press, 2016.

763　Rofel, Lisa. *Fabricating transnational capitalism: a collaborative ethnography of Italian-Chinese global fashion*. Durham: Duke University Press, 2018.

764　Rojas, Carlos. *Ghost protocol: development and displacement in global China*. United States: Duke University Press, 2016.

765　Rolf, Steven. *China's uneven and combined development*. Basingstoke: Palgrave Macmillan, 2020.

766　Romano, Giulia C; Di Meglio, Jean-François. *China's energy security: a multidimensional perspective*. United Kingdom: Routledge, 2016.

767　Rosefielde, Steven. *China's market communism: challenges, dilemmas, solutions*. London: Routledge, 2017.

768　Rosen, Daniel H. *Broken abacus?: a more accurate gauge of China's economy*. United States: Rowman & Littlefield Inc., 2015.

769　Ross, Paul. *Barriers to entry: overcoming challenges and achieving breakthroughs in a Chinese workplace*. Basingstoke: Palgrave Macmillan, 2019.

770　Rothlin, Stephan; McCann, Dennis. *International business ethics: focus on China*. Germany: Springer, 2016.

771　Roumasset, James A. *The economics of cooperation: East Asian development and the case for pro-market intervention*. New York: Routledge, 2019.

772　Rovai, Serena. *Luxury the Chinese way: the emergence of a new competitive scenario*. United States: Palgrave Macmillan, 2016.

773　Rövekamp, Frank; Bälz, Moritz. *Central banking and financial stability in East Asia*. Switzerland: Springer, 2015.

774　Rovere, Renata Lèbre La. *Entrepreneurship in BRICS: policy and research to support entrepreneurs*. Switzerland: Springer, 2015.

775　Roy, Prashant. *China Pakistan economic corridor: realigning realities*. New Delhi: Surendra Publications, 2019.

776　Rozelle, Scott D. *Agricultural trade and policy in China: issues, analysis and implications*. London: Routledge, 2017.

777　Rozelle, Scott; Hell, Natalie. *Invisible China: how the urban-rural divide threatens China's rise*. Chicago: The University of Chicago Press, 2020.

778　Ruta, Michele. *Belt and Road economics: opportunities and risks of transport corridors*. Washington, DC: World Bank Group, 2019.

779　Ryu, Keikoh. *The impact of organizational ethical climate on organizational commitment and job performance: an economic ethics analysis of Japanese-funded manufacturing enterprises in China*. Gateway East, Singapore: Springer, 2020.

780　Sánchez, Yvette; Brühwiler, Claudia Franziska. *Transculturalism and business in the BRIC states: a handbook*. United Kingdom: Gower, 2015.

781　Sanfilippo, Marco; Weinar, Agnieszka. *Chinese migration and economic relations with Europe*. United Kingdom: Routledge, 2015.

782　Santasombat, Yos. *Chinese capitalism and economic integration in Southeast Asia*. Singapore: ISEAS Yusof Ishak Institute, 2018.

783　Santasombat, Yos. *Chinese capitalism in Southeast Asia: cultures and practices*. Basingstoke, Hampshire: Palgrave Macmillan, 2017.

784 Santasombat, Yos. *Impact of China's rise on the Mekong Region*. United States: Palgrave Macmillan, 2015.

785 Sardana, Deepak. *Conducting business in China and India: a comparative and contextual analysis*. London: Palgrave Macmillan, 2017.

786 Savery, Martin. *Supply-side structural reform ushers in China's new normal: authorities talk about how to view the current economy and what to do about it*. United Kingdom: Aca Publishing Limited, 2016.

787 Schaffmeister, Niklas. *Brand building and marketing in key emerging markets: a practitioner's guide to successful brand growth in China, India, Russia and Brazil*. Switzerland: Springer, 2015.

788 Scheppe, Wolfgang; Assandri, Frederike. *Supermarket of the dead: fire offerings in China and the cult of globalised consumption*. Germany: Walther Konig, 2015.

789 Schipke, Alfred [et al.]. *The future of China's bond market*. Washington, D.C.: International Monetary Fund, 2019.

790 Schmalzer, Sigrid. *Red revolution, green revolution: scientific farming in socialist China*. United States: University of Chicago Press, 2016.

791 Schmidpeter, René; Lu, Hualiang. *Sustainable development and CSR in China: a multiperspective approach*. Switzerland: Springer, 2015.

792 Schneewind, Sarah. *China's national balance sheet (2015): leverage adjustment and risk management*. Cambridge, Massacheucetts: Harvard University Asia Center, 2018.

793 Schramm, Ronald Michael. *The Chinese macroeconomy and financial system: a U.S. perspective*. United States: M E Sharpe, 2015.

794 Schwägermann, Helmut; Mayer, Peter. *Handbook event market China*. Germany: De Gruyter, 2015.

795 Schwemlein, James. *Strategic implications of the China-Pakistan economic corridor*. Washington, DC: United State Institute of Peace, 2019.

796 Schwoob, Marie-Hélène. *Food security and the modernisation pathway in China: towards sustainable agriculture*. Basingstoke, Hampshire: Palgrave Macmillan, 2017.

797 Scranton, Philip. *Enterprise, organization, and technology in China: a socialist experiment, 1950-1971*. Basingstoke, Hampshire: Palgrave Macmillan, 2018.

798 Sethi, Ashok. *Chinese consumers: exploring the world's largest demographic*. Basingstoke, Hampshire: Palgrave Macmillan, 2018.

799 Shan, Wenhua [et al.]. *China and international dispute resolution in the context of the "Belt and Road Initiative"*. Cambridge: Cambridge University Press, 2020.

800 Shan, Wenhua [et al.]. *Normative readings of the belt and road initiative: road to new paradigms*. Cham: Springer, 2018.

801 Shang, Huping. *The Belt and Road Initiative: key concepts*. Singapore: Springer; Beijing, China: Peking University Press, 2019.

802 Shao, Binhong. *China under Xi Jinping: its economic challenges and foreign policy initiatives*. Netherlands: Brill, 2015.

803 Shao, Zisheng. *The new urban area development: a case study in China*. Germany: Springer, 2015.

804 Sharma, Shalendra D. *A political economy of the United States, China, and India: prosperity*

with inequality. Cambridge, United Kingdom; New York, NY: Cambridge University Press, 2018.

805 Sheedy, Chris. *Unlocking the emperor's door: success, tradition and innovation in China*. London: Nicholas Brealey Publishing, 2020.

806 Sheehan, Brett. *Industrial eden: a Chinese capitalist vision*. United States: Harvard University Press, 2015.

807 Shell International B.V.; The Development Research Center (DRC) of the State Council of the People's Republic of China. *China's energy revolution in the context of the global energy transition*. Cham: Springer Open, 2020.

808 Shell International; The Development Research Center (DRC) of the State Council of the People's Republic of China. *China's gas development strategies*. Cham, Switzerland: Springer, 2017.

809 Shen, Jianfa. *Urbanization, regional development and governance in China*. London: Routledge, 2018.

810 Shen, Wei. *Conceptualizing the regulatory thicket: China's financial markets after the global financial crisis*. London: Routledge, 2020.

811 Shen, Wei. *Shadow banking in China: risk, regulation and policy*. United Kingdom: Edward Elgar, 2016.

812 Shen, Yang. *Beyond tears and laughter: gender, migration, and the service sector in China*. Basingstoke, Hampshire: Palgrave Macmillan, 2019.

813 Sheng, Andrew; Soon, Ng Chow. *Shadow banking in China: an opportunity for financial reform*. United States: Wiley, 2016.

814 Sheng, Chunhong. *Guanxi and local green development in China: the role of entrepreneurs and local leaders*. London: Routledge, 2020.

815 Sheng, Hong; Qian, Pu. *Opening up China's markets of crude oil and petroleum products: theoretical research and reform solutions*. Singapore: World Scientific, 2015.

816 Sheng, Hong; Zhao, Nong. *Administrative monopoly in China: causes, behaviors, and termination*. Singapore: World Scientific, 2015.

817 Sheng, Zhaohan. *Fundamental theories of mega infrastructure construction management: theoretical considerations from Chinese practices*. Cham, Switzerland: Palgrave Macmillan, 2018.

818 Shepard, Wade. *Ghost cities of China: the story of cities without people in the world's most populated country*. United Kingdom: Zed Books, 2015.

819 Shi, Jeffrey Zhengfu. *Supernormal growth: China's economy 1979-2049*. United States: World Scientific, 2015.

820 Shi, Li; Lin, Carl. *Minimum wages in China: evolution, legislation, and effects*. Basingstoke: Palgrave Macmillan, 2020.

821 Shi, Zhihong. *Agricultural development in Qing China: a quantitative study, 1661-1911*. Leiden: Brill, 2018.

822 Shi, Zhihong. *Central government silver treasury: revenue, expenditure and inventory statistics, ca. 1667-1899*. Netherlands: Brill, 2016.

823 Shucheng, Liu. *Chinese macroeconomic operation*. London: Routledge, 2017.

824 Sicular, Terry [et al.]. *Changing trends in China's inequality: evidence, analysis, and prospects*.

New York, NY: Oxford University Press, 2020.

825 Siddharthan, N. S.; Narayanan, K. *Indian and Chinese enterprises: global trade, technology and investment regimes*. New Delhi: Routledge India, 2020.

826 Sigdel, Anil. *India in the era of China's Belt and Road Initiative: how Modi responds to Xi*. Lanham: Lexington Books, 2020.

827 Simmons, Pamela. *Trade with China: trade agreements, agricultural imports and U.S. tradeissues*. United States: Nova Science Publishers, 2016.

828 Simms, Margaret C. *Chinese economy*. London: Routledge, 2020.

829 Siu, Kaxton. *Chinese migrant workers and employer domination: comparisons with Hong Kong and Vietnam*. Singapore: Palgrave Macmillan, 2020.

830 Skinner, G. William. *China's bright future: the views of a Chinese think-tank scholar on the world stage*. London: ACA Publishing Ltd, 2017.

831 Sladkovskiĭ, M. I. *History of economic relations between Russia and China: from modernization to Maoism*. [Place of publication not identified]: Routledge, 2017.

832 Slingerland, Edward G. *Handbook on China and globalization*. Northampton: Edward Elgar Publishing, 2019.

833 Smil, Vaclav. *Energy in China's modernization: advances and limitations*. London: Routledge, 2019.

834 Smith, David Horton. *Review and assessment of China's nonprofit sector after Mao: emergingcivil society?* Netherlands: Brill, 2016.

835 Snyder, Matt. *Chinese product safety: a persistent challenge to U.S. regulators and importers*. Washington, D.C.: U.S.-China Economic and Security Review Commission, 2017.

836 So, Alvin Y; Chu, Yin-Wah. *The global rise of China*. United Kingdom: Polity Press, 2016.

837 Song, Ligang; Garnaut, Ross. *China's domestic transformation in a global context*. Australia: Australian National University, 2015.

838 Song, Ligang; Garnaut, Ross. *China's new sources of economic growth: reform, resources and climate change [v. 1]*. Australia: Australian National University, 2016.

839 Song, Malin. *Sustainable marine resource utilization in China: a comprehensive evaluation*. Amsterdam: Elsevier, 2019.

840 Song, Shunfeng; Chen, Aimin. *China's rural economy after WTO: problems and strategies*. Abingdon, Oxon, 2018.

841 Song, Xianlin; Sun, Youzhong. *Transcultural encounters in knowledge production and consumption*. Singapore: Springer, 2017.

842 Song, Xiaowu. *The great change in the regional economy of China under the new normal*. Singapore: Palgrave Macmillan, 2019.

843 Soofi, Abdol S.; Zhang, Yuqin. *Global mergers and acquisitions: combining companies across borders*. New York, NY: Business Expert Press, 2018.

844 Sotiriou, Stylianos A. *Russian energy strategy in the European Union, the former Soviet Union region, and China*. United States: Lexington Books, 2015.

845 Sridhar, Kala S; Li, Jingfeng. *The rise of India and China: social, economic and environmental impacts*. New Delhi: Routledge India, 2020.

846 Stahl, Anna Katharina. *EU-China-Africa trilateral relations in a multipolar world: hic sunt dracones*. London: Palgrave Macmillan, 2018.

847 Street, Nancy Lynch Matelski, Marilyn J. *American businesses in China: balancing culture and communication.* Jefferson, North Carolina: McFarland & Company, Inc., 2019.

848 Steiber, Annika. *Management in the digital age: will China surpass Silicon Valley?* Cham: Springer, 2017.

849 Stent, James. *China's banking transformation: the untold story.* New York: Oxford University Press, 2017.

850 Strangio, Donatella. *Italy-China trade relations: a historical perspective.* Cham: Springer, 2020.

851 Su, Xiaoyan. *Reconstruction of the tradition: tourism and authentication of heritage in China.* New York: Nova Science Publishers, 2017.

852 Su, Zhenxing. *China and Latin America: economic and trade cooperation in the next ten years.* New Jersey: World Scientific Publishing, 2017.

853 Subacchi, Paola. *The people's money: how China is building a global currency.* New York: Columbia University Press, 2017.

854 Sulek, Emilia Roza. *Trading caterpillar fungus in Tibet: when economic boom hits rural area.* Amsterdam: Amsterdam University Press, 2019.

855 Summers, Tim. *China's regions in an era of globalization.* London: Routledge, 2018.

856 Sun, Guofeng. *Financial reforms in modern China: a frontbencher's perspective.* United States: Palgrave Macmillan, 2015.

857 Sun, Guofeng. *Reforms in China's monetary policy: a frontbencher's perspective.* United States: Palgrave Macmillan, 2015.

858 Sun, Haishun. *Foreign investment and economic development in China: 1979-1996.* Abingdon, Oxon: Routledge, 2018.

859 Sun, Irene Yuan. *The next factory of the world: how Chinese investment is reshaping Africa.* Boston, Massachusetts: Harvard Business Review Press, 2017.

860 Sun, Lei. *Economic growth and development: Chinese agribusiness enterprises development.* Basingstoke: Palgrave Macmillan, 2020.

861 Sun, Wei; Willems, Melanie. *Arbitration in China: a practitioner's guide.* Netherlands: Wolters Kluwer, 2015.

862 Sun, Yefang. *Social needs versus economic efficiency in China: Sun Yefang's critique of socialist economics.* [Place of publication not identified]: Routledge, 2017.

863 Sun, Yutao. *China and the global value chain: globalization and the information and communications technology sector.* London: Routledge, 2018.

864 Suri, Gopal. *China's expanding military maritime footprint in the Indian Ocean Region (IOR): India's response.* New Delhi: Pentagon Press, 2017.

865 *Sustainability Impact Assessment (SIA) in support of an investment agreement between the European Union and the People's Republic of China: executive summary English.* Luxembourg: Publications Office of the European Union, 2017.

866 *Sustainability Impact Assessment (SIA) in support of an investment agreement between the European Union and the People's Republic of China: final report.* Luxembourg: Publications Office of the European Union, 2017.

867 Swider, Sarah. *Building China: informal work and the new precariat.* United States: ILR Press, 2015.

868   Syed, Jawad. *China's Belt and Road Initiative in a global context: Volume I: A business and management perspective*. Cham: Palgrave Macmillan, 2019.
869   Szelényi, Iván. *Varieties of post-communist capitalism: a comparative analysis of Russia, Eastern Europe and China*. Leiden; Boston: Brill, 2020.
870   Tahir, Pervez. *Making sense of Joan Robinson on China*. Cham, Switzerland: Palgrave Macmillan, 2019.
871   Tai Wei Lim. *Energy transitions in Japan and China: mine closures, rail developments, and energy narratives*. Singapore: Palgrave Macmillan, 2016.
872   Talley, Christian. *Forgotten vanguard: informal diplomacy and the rise of United States-China trade, 1972-1980*. Notre Dame, Indiana: University of Notre Dame Press, 2018.
873   Tam, Virginia. *Corporate acquisitions and mergers in Hong Kong*. Alphen aan den Rijn, The Netherlands: Wolters Kluwer, 2017.
874   Tan, Michael N. T. *Corporate governance and banking in China*. United Kingdom: Routledge, 2015.
875   Tan, Yong. *Efficiency and competition in Chinese banking*. United Kingdom: Elsevier, 2016.
876   Tan, Yong. *Investigating the performance of Chinese banks: efficiency and risk features*. United Kingdom: Palgrave Macmillan, 2016.
877   Tang, Lixing. *Merchants and society in modern China. From guild to chamber of commerce*. London: Routledge, 2017.
878   Tang, Lixing. *Merchants and society in modern China. Rise of merchant groups*. London: Routledge, 2017.
879   Tang, Min. *Tencent: the political economy of China's surging internet giant*. New York: Routledge, 2020.
880   Tang, Xiaoyang. *Coevolutionary pragmatism: approaches and impacts of China-Africa economic cooperation*. Cambridge: Cambridge University Press, 2020.
881   Tanimoto, Masayuki; Wong, R. Bin. *Public goods provision in the early modern economy: comparative perspectives from Japan, China, and Europe*. Oakland, California: University of California Press, 2019.
882   Tao, Tian [et al.]. *Huawei: leadership, culture, and connectivity*. Los Angeles: SAGE, 2018.
883   Tao, Tian; Wu, Chunbo. *The Huawei story*. United States: Sage/Response Business Books, 2015.
884   Tao, Yitao; Yuan, Yiming. *Annual report on the development of China's Special Economic Zones (2017): Blue Book of China's Special Economic Zones*. Singapore: Springer, 2019.
885   Tao, Yitao; Yuan, Yiming. *Annual report on the development of China's special economic zones (2018): blue book of China's special economic zones*. Singapore: Springer, 2019.
886   Taylor, Peter; Ni, Pengfei. *Global research of cities: a case of Chengdu*. Singapore: Springer, 2015.
887   Taylor, Robert; Jaussaud, Jacques. *China's global political economy: managerial perspectives*. London: Routledge, 2018.
888   Teiwes, Frederick C. *Paradoxes of post-Mao rural reform: initial steps toward a new Chinese countryside, 1976-1981*. United Kingdom: Routledge, 2015.
889   Teo, Victor; Yoon, Sungwon. *Illicit industries and China's shadow economy: challenges and prospects for global governance and human security*. London: Routledge, 2018.

890 Thai, Philip. *China's war on smuggling: low, economic life and the making of the modern state 1842-1965*. New York: Columbia University Press, 2018.

891 *The sectoral impact of the digitisation of the economy: executive summary*. Luxembourg: Publications Office of the European Union, 2017.

892 *The sectoral impact of the digitisation of the economy: final report*. Luxembourg: Publications Office of the European Union, 2017.

893 Tian, Li. *Peri-urban China: land use, growth, and integrated urban-rural development*. London: Routledge, 2019.

894 Tian, Robert Guang [et al.]. *Journal of China marketing. Volume 6 (2)*. Newcastle upon Tyne, UK: Cambridge Scholars Publishing, 2017.

895 Tian, Tao. *Huawei: leadership, culture, and connectivity*. Los Angeles: SAGE, 2018.

896 Tian, Xiaowen. *Managing international business in China [2nd ed]*. United Kingdom: Cambridge University Press, 2016.

897 Tien-Tung Hsueh. *China's provincial statistics, 1949-1989*. New York: Routledge, 2019.

898 Tilt, Bryan. *Dams and development in China: the moral economy of water and power*. United States: Columbia University Press, 2015.

899 Tjia, Linda Yin-Nor. *Explaining railway reform in China: a train of property rights re-arrangements*. United Kingdom: Routledge, 2016.

900 Toh, Han Shih. *Is China an empire?* New Jersey: World Scientific, 2017.

901 Tong, Daochi. *The heart of economic reform: China's banking reform and state enterprise restructuring*. London: Routledge, 2017.

902 Tong, Sarah Y. [et al.]. *China's economy in transformation under the new normal*. New Jersey: World Scientific, 2017.

903 Tong, Zhong. *Poverty, food insecurity and commercialization in rural China*. London: Routledge, 2018.

904 *Tourism flows from China to the European Union: current state and future developments: preparatory report for the 2018 EU China tourism year*. Luxembourg: Publications Office of the European Union, 2017.

905 Trappel, Rene. *China's agrarian transition: peasants, property, and politics*. United States: Lexington Books, 2016.

906 Trump, Donald. *An executive order addressing the threat from securities investments that finance communist Chinese military companies: communication from the President of the United States, transmitting an executive order addressing the threat from securities investments that finance communist Chinese military companies, pursuant to 50 U.S.C. 1703(b); Public law 95-223, Sec. 204(b); (91 Stat. 1627) and 50 U.S.C. 1621(a); Public law 94-412, Sec. 201(a); (90 Stat. 1255)*. Washington: U.S. Government Publishing Office, 2020.

907 Tsang, Denise. *Industrial democracy in the Chinese aerospace industry: the innovation catalyst*. London: Palgrave Macmillan, 2017.

908 Tsang, Steve Yui-Sang; Men, Honghua. *China in the Xi Jinping era*. Switzerland: Palgrave Macmillan, 2016.

909 Tse, David Kwai-Che. *Dynamic growth of Chinese firms in the global market: challenges, strategies, and implications*. Cambridge: Cambridge University Press, 2020.

910 Tse, Edward. *China's disruptors: how Alibaba, Xiaomi, Tencent, and other companies are*

changing the rules of business. United States: Portfolio, 2015.

911　Tsui, Anne; Zhang, Yingying. *Leadership of Chinese private enterprises: insights and interviews.* London: Palgrave Macmillan, 2017.

912　Tsung, Ping. *Economics of marketable surplus supply: a theoretical and empirical analysis for China.* London: Routledge, 2018.

913　Tubilewicz, Czeslaw. *Critical issues in contemporary China: unity, stability and development [2nd ed].* United Kingdom: Routledge, 2016.

914　Tucker, Jonathan; Theroux, Paul. *The Silk Road: China and the Karakorum highway: a travel companion.* United Kingdom: I B Tauris, 2015.

915　Tudoroiu, Theodor. *China's international socialization of political elites in the belt and road initiative.* London: Routledge, 2020.

916　Tulder, Rob van [et al.]. *The challenge of BRIC multinationals.* Bingley: Emerald, 2017.

917　Tyfield, David. *Liberalism 2.0 and the rise of China: global crisis, innovation and urban mobility.* London: Routledge, 2017.

918　U.S.-China Economic and Security Review Commission. *Evaluation of China's nonmarket economy status.* Washington, D.C.: U.S.-China Economic and Security Review Commission, 2017.

919　United Nations. Economic Commission for Europe. *Trade facilitation terms: an English - Russian - Chinese glossary.* Geneva: United Nations, 2019.

920　United States, enacting jurisdiction. *An act to prohibit the commercial export of covered munitions items to the Hong Kong Police Force.* Washington, D.C.: U.S. Government Publishing Office, 2019.

921　United States. Animal and Plant Health Inspection Service. Plant Protection and Quarantine Programs. *Ensuring continued U.S. soybean exports to China.* Washington, D.C.: United States Department of Agriculture, Animal and Plant Health Inspection Service, Plant Protection and Quarantine, 2017.

922　United States. Animal and Plant Health Inspection Service. Plant Protection and Quarantine Programs. *Frequently asked questions: ensuring continued U.S. soybean exports to China.* Washington, D.C.: United States Department of Agriculture, Animal and Plant Health Inspection Service, Plant Protection and Quarantine, 2017.

923　United States. Congress. Senate. Committee on Finance [et al.]. *Market access challenges in China: hearing before the Subcommittee on International Trade, Customs, and Global Competitiveness of the Committee on Finance, United States Senate, One Hundred Fifteenth Congress, second session, April 11, 2018.* Washington: U.S. Government Publishing Office, 2019.

924　United States. Office of the U.S. Trade Representative, issuing body. *Economic and trade agreement between the government of the United States of America and the government of the People's Republic of China.* Washington, D.C.: Office of the United States Trade Representative, Executive Office of the President, 2020.

925　United States. *The broken promises of China's WTO accession: reprioritizing human rights: hearing before the Congressional-Executive Commission on China, One Hundred Fifteenth Congress, first session, March 1, 2017.* Washington: U.S. Government Publishing Office, 2017.

926　Useem, Michael. *Fortune makers: the leaders creating China's great global companies.* New

York: Public Affairs, 2017.

927 Vaccarini, Katiuscia. *Cultural distance in international ventures: exploring perceptions of European and Chinese managers*. Basingstoke, Hampshire: Palgrave Macmillan, 2017.

928 Van Dyke, Paul Arthur. *Merchants of Canton and Macao: success and failure in eighteenth-century Chinese trade*. Hong Kong, China: Hong Kong University Press, 2016.

929 Van Harten, Gus. *Sold down the Yangtze: Canada's lopsided investment deal with China*. Canada: James Lorimer & Company, 2015.

930 Vannarith, Chheang. *The political economy of Chinese investment in Cambodia*. Singapore: ISEAS Publishing, 2017.

931 Vazquez Hernandez, C. [et al.]. *China: challenges and prospects from an industrial and innovation powerhouse: executive summary*. Luxembourg: Publications Office of the European Union, 2019.

932 Vecchi, Alessandra. *Chinese acquisitions in developed countries: operational challenges and opportunities*. Singapore: Springer, 2019.

933 Vekasi, Kristin. *Risk management strategies of Japanese companies in China: political crisis and multinational firms*. New York: Routledge, 2020.

934 Vér, Márton. *Old Uyghur documents concerning the postal system of the Mongol Empire*. Turnhout: Brepols, 2019.

935 Verhezen, Peter; Williamson, Ian. *Doing business in ASEAN markets: leadership challenges and governance solutions across Asian borders*. Switzerland: Palgrave Macmillan, Springer International Publishing Ag Switzerland, 2016.

936 Von Glahn, Richard. *The economic history of China: from antiquity to the nineteenth century*. United Kingdom: Cambridge University Press, 2016.

937 VonCannon, Bruce. *Status anxiety: Hong Kong's crisis of identity*. Basingstoke: Palgrave Macmillan, 2020.

938 Vries, Peer. *State, economy and the great divergence: Great Britain and China, 1680s-1850s*. United Kingdom: Bloomsbury Academic, 2015.

939 Wamboye, Evelyn. *China's finance in Africa: what and how much?* Cambridge; New York, NY: Cambridge University Press, 2020.

940 Wan, Guang Hua; Lu, Ming. *Cities of dragons and elephants: urbanization and urban development in China and India*. London: RIBA Publishing, 2019.

941 Wan, Haiyuan. *Income distribution and China's economic "new normal"*. New Jersey: World Scientific Publishing Co. Pte. Ltd., 2020.

942 Wan, Ming. *The Asian infrastructure investment bank: the construction of power and the struggle for the East Asian international order*. United Kingdom: Palgrave Macmillan, 2016.

943 Wang, Da Wei David. *Urban villages in the new China: case of Shenzhen*. United States: Palgrave Macmillan, 2016.

944 Wang, Dong; Cao, Dejun. *Re-globalisation: when China meets the world again*. London: Routledge, 2020.

945 Wang, Henry K. H. *Business negotiations in China: strategy, planning and management*. London: Routledge, 2017.

946 Wang, Hong. *Report on China's cruise industry*. Singapore, Singapore: Springer, 2018.

947 Wang, Hong. *Report on the development of cruise industry in China (2018): green book on

cruise industry. Singapore: Springer, 2019.

948 Wang, Huiyao. *China's domestic and international migration development*. Singapore: Springer, 2019.

949 Wang, Huiyao; Bao, Yue. *Reverse migration in contemporary China: returnees, entrepreneurship and the Chinese economy*. United Kingdom: Palgrave Macmillan, 2015.

950 Wang, Huiyao; Liu, Yipeng. *Entrepreneurship and talent management from a global perspective: global returnees*. United Kingdom: Edward Elgar, 2016.

951 Wang, Huiyao; Miao, Lu. *China goes global: how China's overseas investment is transforming its business enterprises*. United Kingdom: Palgrave Macmillan, 2016.

952 Wang, Jenn-Hwan; Hsung, Ray-May. *Rethinking social capital and entrepreneurship in Greater China: is guanxi still important?* United Kingdom: Routledge, 2016.

953 Wang, Jianlin. *The Wanda way: the managerial philosophy and values of one of China's largest companies*. United Kingdom: LID Publishing, 2016.

954 Wang, Jiazhuo G. *Financing the underfinanced: online lending in China*. Germany: Springer, 2015.

955 Wang, Jiazhuo G.; Yang, Juan. *Financing without bank loans: new alternatives for funding SMEs in China*. Singapore: Springer, 2016.

956 Wang, Jisi; Fan, Gang. *Dreams and reality: new era of China's reform*. Singapore: World Scientific Publishing, 2016.

957 Wang, Liming. *China's grain economy: the challenge of feeding more than a billion*. London: Routledge, 2019.

958 Wang, Ling; Lee, Shao-ju. *Contemporary logistics in China: new horizon and new blueprint*. Singapore: Springer, 2016.

959 Wang, Linggui; Zhao, Jianglin. *The Belt and Road Initiative in the global context*. Singapore: World Scientific, 2019.

960 Wang, Liqin. *East Asian economic integration: a China-ASEAN perspective*. United Kingdom: Paths International, 2015.

961 Wang, Luolin; China Development Research Foundation. *China's WTO accession reassessed*. United Kingdom: Routledge, 2015.

962 Wang, Ning. *Banished to the great northern wilderness: political exile and re-education in Mao's China*. Vancouver: UBCPress, 2017.

963 Wang, Qianyi. *City Development and Internationalization in China: Quanzhou, Yiwu, and Nanning*. Singapore: Palgrave Macmillan, 2020.

964 Wang, Rong; Zhu, Cuiping. *Annual report on the development of the Indian Ocean region (2017): the belt and road initiative and south Asia*. Singapore: Springer, 2018.

965 Wang, Shuo. *Chinese strategic decision-making on CSR*. Germany: Springer, 2015.

966 Wang, Tianyi [et al.]. *Annual report on the development of PPP in China*. Singapore: Springer, 2020.

967 Wang, Wei. *Achieving inclusive growth in China through vertical specialization*. United Kingdom: Elsevier, 2016.

968 Wang, Wei. *Media representation of migrant workers in China: identities and stances*. Bern: Peter Lang, 2017.

969 Wang, Wenge. *Institutional activism in corporate governance: qualified foreign institutional*

investors in China. Basingstoke: Palgrave Macmillan, 2019.
970 Wang, Xiaoyu Barbara. *Guanxi in the Western context: intra-firm group dynamics and expatriate adjustment*. Cham: Palgrave Pivot, 2019.
971 Wang, Yanlai. *China's economic development and democratization*. [Place of publication not identified]: Routledge, 2017.
972 Wang, Yiming. *Pseudo-public spaces in Chinese shopping malls: rise, publicness and consequences*. Abingdon, Oxon: Routledge, Taylor & Francis Group, 2019.
973 Wang, Yonggui. *Marketing in China*. United Kingdom: Sage Publications, 2016.
974 Wang, Yongqin. *Demystifying the Chinese miracle: the rise and future of relational capitalism*. United Kingdom: Routledge, 2015.
975 Wang, Zhaohua; Zhang, Bin. *Low-carbon consumption in China: residential behavior, corporate practices and policy implication*. Singapore: Springer; Beijing: Science Press, 2020.
976 Wang, Zhikai. *Private sector development and urbanization in China: strategies for widespread growth*. United Kingdom: Palgrave Macmillan, 2015.
977 Warner, Malcolm. *Human resource management in China revisited*. London: Routledge, 2020.
978 Warner, Malcolm; Rowley, Chris. *Demystifying Chinese management: issues and challenges*. United Kingdom: Routledge, 2015.
979 Weerakoon, Dushni. *Belt and Road Initiative, debt and diplomacy: challenges and opportunities for China – Sri Lanka economics relations*. Colombo, Sri Lanka: Institute of Policy Studies of Sri Lanka, 2019.
980 Wei, Dan. *Food exports from Brazil to China: a legal and economic analysis*. Cham, Switzerland: Springer, 2019.
981 Wei, Dan. *Settlements of trade disputes between China and latin American countries*. Germany: Springer, 2015.
982 Wei, Yiming. *Energy economics: understanding and interpreting energy poverty in China*. United Kingdom: Emerald Publishing, 2018.
983 Wei, Yiming; Liao, Hua. *Energy economics: energy efficiency in China*. Switzerland: Springer, 2016.
984 Weil, Stefanie. *Lobbying and foreign interests in Chinese politics*. New York, NY: Palgrave Macmillan, 2017.
985 Weiping, He. *The regulation of securities markets in China*. Basingstoke, Hampshire: Palgrave Macmillan, 2018.
986 Weiping, Wu. *Pioneering economic reform in China's special economic zones: the promotion of foreign investment and technology transfer in Shenzhen*. London: Routledge, 2018.
987 Wen, Guanzhong James. *China's economic globalization through the WTO*. London: Routledge, 2017.
988 Wen, Yi. *The making of an economic superpower: unlocking China's secret of rapid industrialization*. United States: World Scientific, 2016.
989 Westmore, Ben. *Do government transfers reduce poverty in China?: micro evidence from five regions*. Paris: OECD Publishing, 2017.
990 Westmore. Ben. *Sharing the benefits of China's growth by providing opportunities to all*. Paris: OECD Publishing, 2017.
991 White, Chris. *Heritage revitalisation for tourism in Hong Kong: the role of interpretative

planning. London: Routledge, 2018.
992 White, Lynn T. *Unstately power: local causes of China's intellectual, legal and governmental reforms.* [Place of publication not identified]: Routledge, 2017.
993 Wiens, Thomas B. *The micro-economics of peasant economy, China 1920-1940.* London: Routledge, 2018.
994 Wilkinson, Endymion Porter. *Studies in Chinese price history.* London: Routledge, 2018.
995 Williams, Guy. *The evolution of China's banking system, 1993-2017.* London: Routledge, 2019.
996 Winter, Tim. *Geocultural power: China's quest to revive the Silk Roads for the twenty-first century.* Chicago: University of Chicago Press, 2019.
997 Wołek, Marcin [et al.]. *Research for TRAN Committee: transport and tourism in China.* Brussels: European Parliament, 2018.
998 Wolf, Siegfried O. *The China-Pakistan economic corridor of the belt and road initiative: concept, context and assessment.* Cham: Springer, 2019.
999 Wong, John. *China's economic modernisation and structural changes: essays in honour of John Wong.* New Jersey: World Scientific, 2019.
1000 Wong, John. *Global trade in the nineteenth century: the house of Houqua and the Canton system.* United Kingdom: Cambridge University Press, 2016.
1001 Wong, John. *Zhu rongji and China's economic take-off.* United States: World Scientific, 2016.
1002 Wong, Y. C. Richard. *Fixing inequality in Hong Kong.* Hong Kong: Hong Kong University Press, 2017.
1003 Woo, J. J. *The evolution of the Asian developmental state: Hong Kong and Singapore.* London: Routledge, 2018.
1004 World Bank Group [et al.]. *Innovative China: new drivers of growth.* Washington, DC: World Bank Group, 2019.
1005 *WTO cases brought by the United States against China.* Washington, D.C.: U.S.-China Economic and Security Review Commission, 2017.
1006 Wu, Chongqing. *Mapping China: peasants, migrant workers and informal labor.* Netherlands: Brill, 2016.
1007 Wu, Fengshi; Zhang, Hongzhou. *China's global quest for resources: energy, food and water.* United Kingdom: Routledge, 2016.
1008 Wu, Fuzuo. *Energy and climate policies in China and India: a two-level comparative study.* Cambridge: Cambridge University Press, 2018.
1009 Wu, Guoguang. *Paradoxes of China's prosperity: political dilemmas and global implications.* Singapore: World Scientific Publishing Company, 2015.
1010 Wu, Huiying; Patel, Christopher. *Adoption of Anglo-American models of corporate governance and financial reporting in China.* United Kingdom: Emerald Group Publ, 2015.
1011 Wu, Jinglian; Ma, Guochuan. *Whither China?: restarting the reform agenda.* United States: Oxford University Press, 2016.
1012 Wu, Lu. *Information acquisitions and sharing through inter-organizational collaboration: impacts of business performance in China.* United States: Business Science Reference, 2015.
1013 Wu, Wenjie; Wang, Yiming. *The geography of mobility, wellbeing and development in China: understanding transformations through big data.* London: Routledge, 2020.

1014 Wu, Wenyuan. *Chinese oil enterprises in Latin America: corporate social responsibility.* Basingstoke, Hampshire: Palgrave Macmillan, 2018

1015 Wu, Xiang. *Contemporary Chinese rural reform.* Singapore: Springer, 2015.

1016 Wu, Yanrui. *The economics of the East Asia steel industries: production, consumption, and trade.* London: Routledge, 2019.

1017 Wu, Yi. *Achieving supply chain agility: information system integration in the Chinese automotive industry.* Basingstoke, Hampshire: Palgrave Macmillan, 2018.

1018 Wu, Yi. *Negotiating rural land ownership in southwest China: state, village, family.* United States: University of Hawaii Press, 2016.

1019 Xiamen da xue. *China's macroeconomic outlook: quarterly forecast and analysis report, October 2017.* Singapore: Springer, 2018.

1020 Xiamen da xue; Center for Macroeconomic Research. *China's macroeconomic outlook: quarterly forecast and analysis report, February 2019.* Singapore: Springer, 2019.

1021 Xiao, Honggen; Li, Mimi. *China tourism: cross-cultural studies.* United Kingdom: Routledge, 2015.

1022 Xiao, Lin. *National test: system design of China (Shanghai) pilot free trade zone.* Singapore: Springer, 2016.

1023 Xiao, Lin. *New supply side economics: the structural reform on supply side and sustainable growth.* Singapore: Springer, 2017.

1024 Xiao, Wen. *Internationalization of China's privately owned enterprises: determinants and pattern selection.* Singapore: World Scientific, 2015.

1025 Xie, Lei. *China's international transboundary rivers: politics, security and diplomacy of shared water resources.* London: Routledge, 2017.

1026 Xie, Ping; Zou, Chuanwei. *Internet finance in China: introduction and practical approaches.* London: New York, NY: Routledge, 2016.

1027 Xin, Li; Xu, Dianqing. *From trade surplus to the dispute over the exchange rate: quantitative analysis of RMB appreciation.* United States: World Scientific Publishing, 2016.

1028 Xin, Ming. *China's new strategic layout.* Singapore: Springer, 2018.

1029 Xu, Chenggang. *A different transition path: ownership, performance, and influence of Chinese rural industrial enterprises.* London: Routledge, 2018.

1030 Xu, Dianqing. *Understanding China's overcapacity.* Singapore: Springer, 2018.

1031 Xu, Shaoshi [et al.]. *China inward and outward investment development report 2016.* London: Routledge, 2020.

1032 Xu, Yi-Chong. *Sinews of power: the politics of the State Grid Corporation of China.* New York: Oxford University Press, 2017.

1033 Xu, Yunan. *Industrial tree plantations and the land rush in China: implications for global land grabbing.* London: Routledge, 2020.

1034 Xu, Zhun. *From commune to capitalism: how China's peasants lost collective farming and gained urban poverty.* New York: Monthly Review Press, 2018.

1035 Xue, Muqiao. *Current economic problems in China.* London: Routledge, 2019.

1036 Xue, Tiandong; Li, Qiang. *China's national income, 1952-1995.* New York: Routledge, 2019.

1037 Yabuki, Susumu. *China's new political economy.* London: Routledge, 2018.

1038 Yan, Kun. *Poverty alleviation in China: a theoretical and empirical study.* Germany: Springer,

2016.

1039　Yan, Qicheng. *Jack Ma & Alibaba: a business and life biography*. London: LID, 2017.

1040　Yan, Qingmin; Li, Jianhua. *Regulating China's shadow banks*. London; New York, NY: Routledge, Taylor & Francis Group, 2016.

1041　Yan, Wenshou. *Political economy of agricultural trade-related policies in China*. USA: World Scientific, 2020.

1042　Yang, Chi-Jen. *Energy policy in China*. London: Routledge, 2017.

1043　Yang, Fan. *Faked in China: nation branding, counterfeit culture, and globalization*. United States: Indiana University Press, 2016.

1044　Yang, Hailan; Morgan, Stephen. *The strategies of China's firms: resolving dilemmas*. United States: Elsevier Science & Technology Books, 2015.

1045　Yang, Jan, Y. *Chinese M&As in Germany: an integration oriented and value enhancing story*. Cham, Switzerland: Springer Nature, 2019.

1046　Yang, Jie. *Unknotting the heart: unemployment and therapeutic governance in China*. United States: ILR Press, 2015.

1047　Yang, Jing; Mukhopadhaya, Pundarik. *China's war against the many faces of poverty: towards a new long march*. United Kingdom: Routledge, 2016.

1048　Yang, Jingjing; Zhang, Lingyun. *Social conflict and harmony: tourism in China's multi-ethnic communities*. United Kingdom: Emerald Group Publishing, 2016.

1049　Yang, Yi Edward [et al.]. *Challenges to China's economic statecraft: a global perspective*. Lexington Books, 2019.

1050　Yang, Zaigui. *Chinese public pensions analyzed by OLG models*. United States: Nova Science, 2015.

1051　Yao, Huiqin; Xu, Zhangyong. *Redevelopment of western China*. Singapore: Springer, 2017.

1052　Yasuda, John K. *On feeding the masses: an anatomy of regulatory failure in China*. New York, NY: Cambridge University Press, 2018.

1053　Yeh, Anthony G.O. [et al.]. *Mega-city region development in China*. London: Routledge, 2020.

1054　Yeh, Echo; Begg, P. F, C. *Corporate acquisitions and mergers in Taiwan*. Netherlands: Wolters Kluwer, 2016.

1055　Yelery, Aravind; Nile, Mrudul. *Tailspin: the politics of India-China economic relations*. New Delhi: KW Publishers Pvt Ltd, 2020.

1056　Yen, Wei. *From the Great Wall to Wall Street: a cross-cultural look at leadership and management in China and the US*. Cham, Switzerland: Palgrave Macmillan, published by Springer Nature, 2017.

1057　Yeo, Yukyung. *Varieties of state regulation: how China regulates its socialist market economy*. Cambridge: Harvard University Asia Center, 2020.

1058　Yep, Ray [et al.]. *Handbook on urban development in China*. Cheltenham, UK; Northampton, MA: Edward Elgar Publishing, 2019.

1059　Yi, Gang. *Money, banking, and financial markets in China*. London: Routledge, 2018.

1060　Yin-Wang, Kwok, Reginald. *The Hong Kong-Guangdong Link: partnership in flux*. London: Routledge, 2019.

1061　Yip Kwok-wah. *The China model: an alternative path to success*. Hong Kong: Living Learning Culture & Education Co. Ltd. , 2018

1062 Yip, George S. *China's next strategic advantage: from imitation to innovation*. United States: MIT Press, 2016.

1063 Yu, Fu-Lai Tony; Kwan, Diana S. *Chinese entrepreneurship: an Austrian economics perspective*. United Kingdom: Routledge, 2016.

1064 Yu, Li. *Chinese city and regional planning systems*. [Place of publication not identified]: Routledge, 2017.

1065 Yu, Miaojie. *China-US trade war and trade talk*. Singapore: Springer, 2020.

1066 Yuan, Xinhua [et al.]. *Fishery and aquaculture insurance in China*. Rome: Food and Agriculture Organization of the United Nations, 2017.

1067 Yuan, Yiming. *Studies on China's special economic zones. 2*. Singapore: Springer, 2019.

1068 Yuan, Yiming. *Studies on China's special economic zones*. Singapore: Springer, 2017.

1069 Yuan, Yiming. *Studies on China's special economic zones. 3*. Singapore: Springer, 2020.

1070 Yuan, Yue; Zhang, Jun. *A changing China: day to day life in the new century*. United Kingdom: Paths International, 2015.

1071 Yuan, Zhigang. *New strategic research on China (Shanghai) pilotfree trade zone*. United States: World Scientific Publishing, 2016.

1072 Yue, Jianyong. *China's rise in the age of globalization: myth or reality?* Basingstoke, Hampshire: Palgrave Macmillan, 2017.

1073 Yue, Taotao. *Different paths towards sustainable biofuels?: a comparative study of the International, EU, and Chinese regulation of the sustainability of biofuels*. United Kingdom: Intersentia, 2016..

1074 Yueh, Linda Y. *China's macroeconomic policy: critical concepts in economics*. United Kingdom: Routledge, 2015.

1075 Yusuf, Shahid. *China and the global economy*. Cheltenham, UK: Edward Elgar Publishing, 2017.

1076 Zajak, Sabrina. *Transnational activism, global labor governance, and China*. New York, NY: Palgrave Macmillan, 2017.

1077 Zeng, Guojun. *Restaurant chains in China: the dilemma of standardisation versus authenticity*. Basingstoke, Hampshire: Palgrave Macmillan, 2018.

1078 Zeng, Ka. *Handbook on the international political economy of China*. Cheltenham, UK: Edward Elgar Publishing, 2019.

1079 Zeng, Mingbin. *Balance: the art of Chinese business*. United Kingdom: Paths International, 2016.

1080 Zhan, Shaohua. *The land question in China: agrarian capitalism, industrious revolution, and East Asian development*. London: Routledge, 2019.

1081 Zhang, Anming. *Air cargo in mainland China and Hong Kong*. [Place of publication not identified]: Routledge, 2017.

1082 Zhang, Changzheng. *A comprehensive investigation on executive-employee pay gap of Chinese enterprises: antecedents and consequences*. New York: Nova Science Publishers, 2018.

1083 Zhang, Changzheng. *Manipulation effects of managerial discretion on executive compensation: a comparative study between Fresh CEOs and Senior CEOs*. United States: Nova Science Publishers, 2016.

1084 Zhang, Chen [et al.]. *Governing corporate tax management: the role of state ownership, institutions and markets in China*. Singapore: Palgrave Macmillan, 2019.

1085 Zhang, Chengsi. *Inflation in China: microfoundations, macroeconomic dynamics and monetary policy*. London: Routledge, 2020.

1086 Zhang, Chi. *Domestic dynamics of China's energy diplomacy*. Singapore: World Scientific Pub, 2016.

1087 Zhang, Chrystal. *China's trade policy on international air transport: policy goals, driving forces and impact*. London: Routledge, 2020.

1088 Zhang, Dashi. *Corporate social responsibility in China: cultural and ownership influences on perceptions and practices*. Cham: Springer, 2017.

1089 Zhang, Fan. *The institutional evolution of China: government vs market*. Cheltenham, UK: Edward Elgar Publishing, 2018.

1090 Zhang, Haihua. *Think more like Chinese*. Annandale, N.S.W.: The Federation Press, 2017.

1091 Zhang, Heather Xiaoquan. *Rural livelihoods in China: political economy in transition*. United Kingdom: Routledge, 2015.

1092 Zhang, Jie. *Structure and changes of China's financial system*. Abingdon, Oxon; New York, NY: Routledge, Taylor & Francis Group, 2018.

1093 Zhang, Joe. *Chasing subprime credit: how China's fintech sector is thriving*. Honolulu, HI: Enrich Professional Publishing, 2017.

1094 Zhang, Jun. *End of hyper growth in China?* United States: Palgrave Macmillan, 2016.

1095 Zhang, Jun. *Wages in China: an economic analysis*. United States: Enrich Professional Publishing, 2015.

1096 Zhang, Lin. *China's venture capital market: current legal problems and prospective reforms*. Netherlands: Elsevier, 2015.

1097 Zhang, Miao; Rasiah, Rajah. *Institutionalization of state policy: evolving urban housing reforms in China*. Singapore: Springer, 2015.

1098 Zhang, Mingqiong Mike. *Institution of hukou-based social exclusion in contemporary China and strategies of multinationals: an institutional analysis*. United States: Nova Science, 2016.

1099 Zhang, Qizi. *Transforming economic growth and China's industrial upgrading*. Singapore: Springer, 2018.

1100 Zhang, Shouwen. *Distributive institutions: the view of economic law*. London: Routledge, 2020.

1101 Zhang, Shouyi; Wang Tongsan. *Quantitative economics in China: a thirty-year review*. Singapore: World Scientific Publishing Co Pte Ltd, 2016.

1102 Zhang, Shuguang. *Game: the segmentation, implementation and protection of land rights in China*. Singapore: World Scientific, 2016.

1103 Zhang, Shujian. *Budgetary supervision in China: an institutional perspective of provincial People's Congress*. United States: World Century, 2015.

1104 Zhang, Shuxiu. *Chinese economic diplomacy: decision-making actors and processes*. United Kingdom: Routledge, 2016.

1105 Zhang, Weiying. *Ideas for China's future*. Basingstoke: Palgrave Macmillan, 2020.

1106 Zhang, Weiying; Dale, Matthew. *The logic of the market: an insider's view of Chinese economic reform*. United States: Cato Institute, 2015.

1107 Zhang, Wenxian [et al.]. *Huawei goes global. Volume I, Made in China for the rest of the world*. Basingstoke: Palgrave Macmillan, 2020.

1108　Zhang, Xianzhi. *Standards for enterprise management control*. Germany: Springer, 2015.

1109　Zhang, Xiao; Jun, Jin. *China environment and development review: the rural eco-environment of China*. United Kingdom: Paths International, 2016.

1110　Zhang, Xiaojiang. *Capital markets trading and investment strategies in China: a practitioner's guide*. Singapore: Springer, 2018.

1111　Zhang, Xiaojiang. *Mechanical analysis of China's macro economic structure: fundamentals behind its macro investment strategy formulation*. Singapore: Springer, 2020.

1112　Zhang, Xiaojing. *Logic of economic reform in China*. Germany: Springer, 2016.

1113　Zhang, Xiaokel; Zhu, Tianbiao. *Business, government and economic institutions in China*. Basingstoke, Hampshire: Palgrave Macmillan, 2017.

1114　Zhang, Xiaoshan; Li, Zhou. *China's rural development road*. Singapore: Springer, 2018.

1115　Zhang, Xiuping. *Investing in China and Chinese investment abroad*. Singapore: Springer, 2018.

1116　Zhang, Yanlong; Keister, Lisa. *Management and organizations in transitional China*. United States: Florence Taylor and Francis, 2016.

1117　Zhang, Ying Ying; Zhou, Yu. *The source of innovation in China: highly innovative systems*. United Kingdom: Palgrave Macmillan, 2015.

1118　Zhang, Yuyan. *Peaceful development path in China*. Singapore: Springer, 2019.

1119　Zhang, Zhe. *Bridge research and development for 30 years*. United States: Nova Science, 2015.

1120　Zhao, Gang. *The Qing opening to the ocean: Chinese maritime policies, 1684-1757*. United States: University of Hawai'i Press, 2016.

1121　Zhao, Hongjun. *China's long-term economic development: how have economy and governance evolved since 500BC?* Cheltenham, UK: Edward Elgar Publishing, 2018.

1122　Zhao, Hongtu. *The economics and politics of China's energy security transition*. London, United Kingdom: Academic Press, an imprint of Elsevier, 2019.

1123　Zhao, Jianglin. *21st-century maritime silk road initiative: aims and objectives, implementation strategies and policy recommendations*. Singapore: World Scientific Publishing, 2020.

1124　Zhao, Jie. *Brush, seal and abacus: troubled vitality in late Ming China's economic heartland, 1500-1644*. Shatin: The Chinese University Press, 2018.

1125　Zhao, Jinlin. *The hospitality and tourism industry in China: new growth, trends, and developments*. Oakville, ON: Apple Academic Press, 2018.

1126　Zhao, Liming. *Survivable restructuring of vegetable distribution and wholesale markets in Western China*. Germany: Springer, 2015.

1127　Zhao, Renwei. *China economic transition research*. London: Routledge, 2019.

1128　Zhao, Renwei. *China income distribution research*. London: Routledge, 2019.

1129　Zhao, Shukai. *The politics of peasants*. Singapore: Springer, 2017.

1130　Zhao, Suisheng. *China's new global strategy: the belt and road initiative (BRI) and Asian infrastructure investment bank (AIIB)*. London: Routledge, 2020.

1131　Zhao, Xi. *Return migration and productive employment in rural China: empirical evidence from Hunan province*. Germany: Kassel University Press, 2015.

1132　Zheng, Li; Huang, Simin. *Manufacturing productivity in China*. United States: CRC Press,

2016.

1133 Zheng, Xinli. *China's 40 years of economic reform and development: how the miracle was created.* Singapore: Springer, 2018.

1134 Zheng, Xinye; Wei, Chu. *Household energy consumption in China: 2016. report.* Singapore: Springer, 2019.

1135 Zheng, Yafei. *Forecasting air travel demand: looking at China.* London: Routledge, 2018.

1136 Zheng, Yazhuo. *State failure and distorted urbanisation in post-Mao's China, 1993-2012.* Basingstoke, Hampshire: Palgrave Macmillan, 2018.

1137 Zheng, Zhijie. *Middle-income trap: an analysis based on economic transformations and social governance.* Basingstoke: Palgrave Macmillan, 2020.

1138 Zhong, Yongsheng. *Chinese classic economics.* United Kingdom: Paths International, 2016.

1139 Zhongguancun Listed Companies Association. *The competitiveness report of Zhongguancun listed companies (2018).* Singapore: Springer, 2019.

1140 Zhongguancun Listed Companies Association. *The Competitiveness Report of Zhongguancun Listed Companies (2019).* Singapore: Springer, 2020.

1141 Zhou, Ella. *Analysis of the cost and value of concentrating solar power in China.* Golden, CO: National Renewable Energy Laboratory, 2019.

1142 Zhou, Feizhou. *Institutional change and rural industrialization in China: the putting-out system in handicraft industry in late Qing and early Republic Period.* Singapore: World Scientific Publishing, 2019.

1143 Zhou, Haiyan. *The Routledge companion to accounting in China.* London: Routledge, 2018.

1144 Zhou, Hong. *Foreign aid in China.* Germany: Springer, 2015.

1145 Zhou, Hui. *China's monetary policy regulation and financial risk prevention: the study of effectiveness and appropriateness.* Germany: Springer, 2015.

1146 Zhou, Minghai. *Labor's share of income: another key to understand China's income inequality.* Singapore: Springer, 2016.

1147 Zhou, Shaojie. *China: surpassing the "middle income trap".* Basingstoke: Palgrave Macmillan, 2020.

1148 Zhou, Xuan. *Wang Jianlin & Dalian Wanda.* London: LID, 2017.

1149 Zhou, Yanhui. *Seeking changes: the economic development in contemporary China.* Singapore: World Scientific, 2015.

1150 Zhou, Yu; Lazonick, William. *China as an innovation nation.* United Kingdom: Oxford University Press, 2016.

1151 Zhou, Zhang-Yue. *Achieving food security in China: the challenges ahead.* London: Routledge, 2017.

1152 Zhou, Zhenhua. *The development of service economy: a general trend of the changing economy in China.* Singapore: Springer, 2015.

1153 Zhu, Jieming. *Urban development in China under the institution of land rights.* London: Routledge, 2019.

1154 Zhu, Ning. *China's guaranteed bubble: how implicit government support has propelled China's economy while creating systemic risk.* United States: Mcgraw-Hill Education, 2016.

1155 Zhu, Ning. *Financial decision making: understanding Chinese investment behavior.* London: Routledge, 2017.

1156 Zhu, Xiaohuang. *A study of the turning point of China's debt*. Singapore: Springer Science and Business Media: Springer, 2018.

1157 Zhu, Xiaoming. *China's technology innovators: selected cases on creating and staying ahead of business trends*. Singapore: Springer, 2017.

1158 Zhu, Ying [et al.]. *Changing labour policies and organization of work in China: impact on firms and workers*. London: Routledge, 2020.

1159 Zhuang, Juhzon; Vandenberg, Paul. *Managing the middle-income transition: challenges facing the People's Republic of China*. United Kingdom: Edward Elgar, 2015.

1160 Zi, Yang. *Securing China's Belt and Road initiative*. Washington, DC: United States Institute of Peace, 2018.

1161 Zi, Yanyin. *Iron sharpens iron: social interactions at China shops in Botswana*. Bamenda: Langaa RPCIG/Langaa Research & Publishing Common Initiative Group, 2017.

1162 Zou, Lixing. *China base: county-level economy and society*. Singapore: World Scientific, 2015.

1163 Zou, Weikang. *Corporate governance in the banking sector in China*. Singapore: Springer, 2019.

1164 Zuo, Changsheng. *The evolution of China's poverty alleviation and development policy (2001-2015.)*. Singapore: Springer, 2019.

1165 Zweig, David; Hao, Yufan. *Sino-US energy triangles: resource diplomacy under hegemony*. United Kingdom: Routledge, 2015.

法语

1166 Albagli, Claude. *Les routes de la soie ne mènent pas où l'on croit*. Paris: l'Harmattan: Institut CEDIMES, 2020.

1167 Andréani, Tony. *Le modèle chinois et nous*. Paris: l'Harmattan, 2018.

1168 Attané, Isabelle. *La Chine à bout de souffle: le fardeau de la démographie*. Paris: Fayard, 2016.

1169 Barré, Geneviève. *Quand les entreprises chinoises se mondialisent: Haier, Huawei et TCL*. Paris: CNRS éditions, 2016.

1170 Bourzat, Catherine. *Les chants du fil: textiles tribaux du Sud-Ouest de la Chine*. Genève: Éditions Olizane, 2016.

1171 Carton, Malo; Jazaerli, Samy. *Et la Chine s'est éveillée: la montée en gamme de l'industrie chinoise*. Paris: Mines ParisTech, 2015.

1172 Chen, Camille-Yihua. *E-commerce avec la Chine: mode d'emploi pour les PME-TPE*. Paris: Éditions Pacifica, 2016.

1173 Chen, Camille-Yihua. *RMB, la monnaie qui monte: comprendre les enjeux, saisir les opportunités, jongler avec les contraintes, savoir l'utiliser*. Paris: Editions Pacifica, 2015.

1174 Chevalier, Michel; Lu, Xiao. *Quand la Chine s'éveille au luxe: la montée en puissance des marques chinoises*. Paris: Eyrolles, 2016.

1175 Corniou, Jean-Pierre. *Et la voiture du XXIe siècle sera chinoise!* [Clichy]: Éditions Marie B, 2019.

1176 De Lumley, Henry [et al.]. *Les industries lithiques du paléolithique ancien du bassin de Bose: province autonome du Guangxi Zhuang, Chine du Sud.* Paris: CNRS éditions, 2020.

1177 De Rambures, Dominique. *La Chine, une transition à haut risque: vers une économie de la consommation.* La Tour d'Aigues: Éditions de l'Aube, 2016.

1178 Delas, Olivier. *Relations commerciales internationales: l'Union européenne et l'Amérique du Nord à l'heure de la Nouvelle Route de la soie.* Bruxelles: Bruylant, 2020.

1179 Dhomps, Pierre; Tsiang, Henri. *Le big bang des nouvelles routes de la soie.* Paris: l'Harmattan, 2017.

1180 Donnet, Pierre-Antoine. *Quand la Chine achète le monde.* Arles: Éditions Picquier, 2019.

1181 Dufour, Jean-François. *China corp. 2025: dans les coulisses du capitalisme à la chinoise.* Paris: Maxima-Laurent du Mesnil éditeur, 2019.

1182 Fan, Gang. *Le système économique chinois face à ses défis.* Paris; Pékin; Philadelphie: Nuvis, 2017.

1183 Fiquet, Jean-Pierre. *Chine 2020: l'illusion d'une prospérité sans fin.* Paris: Manitoba, 2019.

1184 Giese, Karsten; Mafaing, Laurence. *Entrepreneurs africains et chinois: les impacts sociaux d'une rencontre particulière.* Paris: Éditions Karthala, 2016.

1185 Herrera, Rémy; Long, Zhiming. *La Chine est-elle capitaliste?* Paris: Éditions critiques, 2019.

1186 Herschtal, Maurice; Monfret, Anne-Laure. *Réussir ses négociations avec les Chinois: subtilités, expériences et bonnes pratiques en Chine, les acteurs racontent Monfret.* Paris: Dunod, 2016.

1187 Huchet, Jean-François [et al.]. *Chine, Inde, les firmes au coeur de l'émergence.* Rennes: Presses universitaires de Rennes, 2015.

1188 Lasserre, Frédéric [et al.]. *Les nouvelles routes de la soie: géopolitique d'un grand projet chinois.* Québec (Québec): Presses de l'Université du Québec, 2019.

1189 Mu, Lin. *Les réformes en Chine et maintenant?* Paris; Pekin; Philadelphie: Nuvis, 2018.

1190 Jacquet, Denis; De Sarthe, Homéric. *Pourquoi votre prochain patron sera Chinois: peut-on renverser la vapeur avant qu'il ne soit trop tard?* Paris: Eyrolles; [Nanterre]: Fondation Manpowergroup, 2019.

1191 Jankowski, Lyce. *Les amis des monnaies: la sociabilité savante des collectionneurs et numismates chinois de la fin des Qing.* Paris: Maisonneuve & Larose nouvelles éditions: Hémisphères éditions, 2018.

1192 Negreponti-Delivanis, Maria. *La fin de la domination économique de l'Occident, et l'invasion orientale.* Paris: l'Harmattan, 2020.

1193 Ordonneau, Pascal. *Le crypto-yuan: une première mondiale, le bond en avant de la Chine pour lancer la première monnaie cryptée souveraine au monde.* [Paris]: la Route de la soie éditions, 2020.

1194 Picquart, Pierre. *La renaissance de la route de la soie: l'incroyable défi chinois du XXIe siècle.* Lausanne (Suisse); Paris: Favre, 2018.

1195 Renard, Mary-Françoise. *L'économie de la Chine.* Paris: la Découverte, 2018.

1196 Thierry, François. *Les monnaies de la Chine ancienne: des origines à la fin de l'Empire.* Paris: les Belles lettres, 2017.

1197 Vercueil, Julien. *Les pays émergents: Brésil, Russie, Inde, Chine: mutations économiques, crises et nouveaux défis.* [Levallois-Perret]: Bréal, cop. 2015.

1198 Zhou, Qiren [et al.]. *Les réformes chinoises ou l'art de l'expérimentation*. Paris; Pékin; Philadelphie: Nuvis, 2017.

德语

1199 Achten, Peter. *Abschied von China*. Bern: Stämpfli Verlag, 2016.
1200 Agten, Sven; König, Thomas. *So schafft man China: wie Sie Business und Alltag meistern*. Wiesbaden, Germany: Springer, 2018.
1201 Baron, Stefan; Yin-Baron, Guangyan. *Die Chinesen: Psychogramm einer Weltmacht*. Berlin: Econ, 2018.
1202 Bergmann, Theodor. *Der chinesische Weg: Versuch, eine ferne Entwicklung zu verstehen*. Hamburg: VSA: Verlag, 2017.
1203 Blum, Ulrich (Hrsg.). *Cultural heritage and green economy: technology, industrial growth, mobility*. Halle (Saale): Universität Halle-Wittenberg, Lehrstuhl für Wirtschaftspolitik und -forschung, 2015.
1204 Buitenhuis, Adolf et al. *Chinas Aufstieg: mit Kapital, Kontrolle und und Konfuzius*. Berlin: taz Verlags- und Vertriebs GmbH, 2018.
1205 Bünte, Claudia. *Die chinesische KI-Revolution: Konsumverhalten, Marketing und Handel: wie China mit Künstlicher Intelligenz die Wirtschaftswelt verändert*. Wiesbaden, Germany: Springer Gabler, 2020.
1206 Büttner, Lars. *Due Diligence bei M&A-Transaktionen in China: eine informationsökonomische und empirische Analyse*. Bayreuth: Verl. für Nationalökonomie, Management und Politikberatung (NMP), 2015.
1207 Cardenal, Juan Pablo et al. *Freundliche Übernahme: Chinas Griff nach Europa*. München: Carl Hanser Verlag, 2017.
1208 Coka, Daniela Arregui et al. *Von Trump und Xi lernen?: Globalisierung und Innovation als Treiber einer neuen Industriepolitik*. Gütersloh: Bertelsmann Stiftung, 2020.
1209 Darimont, Barbara. *Wirtschaftspolitik der Volksrepublik China*. Wiesbaden, Germany: Springer Gabler, 2020.
1210 Dederichs, Anno. *Kulturelle Differenzierung in Wirtschaftskooperationen: deutsche und chinesische Entsendenarrative und diskursive Einflüsse*. Wiesbaden: Springer VS, 2018.
1211 Fleischer, Jürgen et al. (Hrsg.). *Wertschöpfung in China*. Aachen: Shaker, 2015.
1212 Follath, Erich. *Die neuen Großmächte: wie Brasilien, China und Indien die Welt erobern*. München: Goldmann - Hamburg: Spiegel-Buchverl., 2015.
1213 Freimuth, Joachim; Schädler, Monika (Hrsg.). *Chinas Innovationsstrategie in der globalen Wissensökonomie: Unternehmen, Hochschulen und Regionen im Spannungsfeld von Politik und Autonomie*. Wiesbaden: Springer Gabler, 2017.
1214 Fritz, Miriam et al. *Mit leichter Hand das Schaf wegführen: Chancen im chinesischen Markt strategisch meistern*. Esslingen: Drachenhaus Verlag, 2018.
1215 Gärtner, Markus. *Drachensturm: wie China und Co. den Westen erobern*. Rottenburg: Kopp, 2015.

1216 Gatti, Elena; Richter, Christina. *Digitales China: Basiswissen und Inspirationen für Ihren Geschäftserfolg im Reich der Mitte*. Wiesbaden: Springer Gabler, 2019.

1217 Giacché, Vladimiro. *Wirtschaft und Eigentum: Staat und Markt im heutigen China*. Essen: Neue Impulse Verlag, 2020.

1218 Graewe, Daniel. *Deutsch-chinesische M&A Transaktionen im Mittelstand: Rahmenbedingungen, Erfolgsfaktoren, Umsetzung*. Wiesbaden: Springer Gabler, 2020.

1219 Grönhardt, Nina. *Chinas Weg zur Weltmarkführerschaft: eine Analyse der chinesischen Industriepolitik im Solarsektor*. Erlangen, Nürnberg, 2019.

1220 Halver, Werner et al. *Emerging Markets: China: Eine anwendungsorientierte Länderanalyse*. Berlin: De Gruyter Oldenbourg, 2020.

1221 Hartmann, Wolf D. et al. *Chinas neue Seidenstraße: Kooperation statt Isolation - der Rollentausch im Welthandel*. Frankfurt am Main: Frankfurter Allgemeine Buch, 2017.

1222 Herrmann-Pillath, Carsten. *Wachstum, Macht und Ordnung: eine wirtschaftsphilosophische Auseinandersetzung mit China*. Marburg: Metropolis-Verl., 2015.

1223 Hirn, Wolfgang. *Chinas Bosse: unsere unbekannten Konkurrenten*. Frankfurt am Main: Campus Verlag, 2018.

1224 Hirn, Wolfgang. *Der nächste Kalte Krieg: China gegen den Westen*. Frankfurt am Main: FISCHER Taschenbuch, 2015.

1225 Hoering, Uwe. *Der Lange Marsch 2.0: Chinas Neue Seidenstraßen als Entwicklungsmodell*. Hamburg: VSA: Verlag, 2018.

1226 Huang, Joanne. *Unternehmensführung und Projektmanagement in China*. Düsseldorf: Symposion, 2015.

1227 Institut für Angewandte Arbeitswissenschaft. *Lernen von den Weltbesten: exzellente Unternehmen in Japan und China*. Berlin; Heidelberg: Springer Vieweg, 2015.

1228 Knappe, Maren E. *Kundenloyalität im internationalen Vergleich: empirische Analyse in deutschen und chinesischen Automobilmärkten*. Hamburg: Verlag Dr. Kovač, 2017.

1229 Knoblich, Ruth. *Die globale Regulierung geistiger Eigentumsrechte: Interessen, Strategien und Einfluss Brasiliens, Indiens und Chinas*. Wiesbaden: Springer VS, 2017.

1230 Kopf, Eike. *Die China-Formel des 21. Jahrhunderts: Wohl des Volkes*. Bad Langensalza/Thüringen: Verlag Rockstuhl, 2016.

1231 Kopf, Eike. *Eine chinesische Reformation: zum Werden eines neuen Zivilationstyps*. Köln: PapyRossa Verlag, 2019.

1232 Kopf, Eike. *Erfolgreiches China: Quellen, Fakten und Zusammenhänge zur Verwirklichung Chinas Traum*. Bad Langensalza/Thüringen: Verlag Rockstuhl, 2018.

1233 Kopf, Eike; Rockstuhl, Harald. *Chinas Wiederaufleben: Erfahrenes, Erlebtes, Bedenkenswertes eines Thüringers seit 1997*. Bad Langensalza: Verl. Rockstuhl, 2015.

1234 Kortum, Carsten. *Corporate social responsibility in industriellen Clustern: Akteure, Aktionen, Institutionen und Ergebnisse im Schuhproduktionscluster in Jinjiang, V.R. China*. Berlin; Münster: LIT, 2016.

1235 Lamm, Sebastian. *Wirtschaftshegemon China?: internationale Organisationen, internationale Handelsbeziehungen*. Berlin: mbv, 2015.

1236 Li, Kaifu; Haas, Jan W. (Übers). *AI Superpowers: China, Silicon Valley und die neue Weltordnung*. Frankfurt: Campus Verlag, 2019.

1237 Liebmann, Bernd P. *Business Communication in China: wie die aufstrebende Weltmacht funktioniert: Analysen und Impressionen*. Graz, Wien: Leykam, 2019.

1238 Lillge, Wolfgang. *Die Neue Seidenstrasse wird zur Weltlandbrücke*. Wiesbaden: E.I.R. GmbH, 2017.

1239 Liu, Mengyue. *Macht ohne Gewehrläufe: die Entwicklungsdynamik sozialer Institutionen in China*. Wiesbaden: Springer VS, 2016.

1240 Loitsch, Tobias. *China im Blickpunkt des 21. Jahrhunderts: Impulsgeber für Wirtschaft, Wissenschaft und Gesellschaft*. Berlin: Springer Gabler, 2019.

1241 Ma, Winston. *Die digitale Seidenstraße: Chinas neue Wachstumsstory*. Berlin: NP & I, 2018.

1242 Mahbobi, Goodarz. *Industrie 4.0 - ein internationaler Vergleich zwischen chinesischen Unternehmen und dem deutschen produzierenden Mittelstand*. Aachen: Apprimus Verlag, 2019.

1243 Matthes, Jürgen. *Die europäische Handelspolitik und China: Schritte zu einer neuen Balance mit fairem Wettbewerb*. Köln: IW Medien, 2020.

1244 Meyer, Philipp. *Die Hohe Schule der Kriegskunst bei Geschäftsverhandlungen: kommentierte Übersetzung eines an Chinesen gerichteten Ratgebers des Verhandlungsforschers Liu Birong*. Wiesbaden: Springer Gabler, 2017.

1245 Müller, Bernhard. *Die Neue Seidenstraße: Vision - Strateagie - Wirklichkeit: mit einem Österreich-Schwerpunkt*. Wiener Neustadt: Urban Forum - Egon Matzner-Institut für Stadtforschung, 2017.

1246 Müller, Sandra; Yuan, Xueli. *Führungskräfteentwicklung made in China: konkrete Fallbeispiele aus der Praxis*. Wiesbaden: Springer Gabler, 2017.

1247 Naisbitt, Doris et al. *Im Sog der Seidenstraße: Chinas Weg in eine neue Weltwirtschaft*. Stuttgart: LangenMüller, 2019.

1248 Perger, Johannes. *Wirtschaftsmächte auf den metallischen Rohstoffmärkten - ein Vergleich von China, der EU und den USA*. Berlin: Deutsche Rohstoffagentur (DERA) in der Bundesanstalt für Geowissenschaften und Rohstoffe (BGR), 2020.

1249 Qin, Jian-Ping. *Deutsche Unternehmen in China - Rückblick auf 20 Jahre Geschäftserfahrungen*. Hamburg: tredition, 2020.

1250 Reibold, Holger. *Die neue Seidenstraße: Impulse zur Entwicklung der zentralasiatischen Staaten*. Saarbrücken: Trendwerke, 2019.

1251 Rudolf, Joachim; Tester, Elisabeth. *China: der nächste Horizont: ein Kompass für Anleger und Unternehme*. Zürich: Verlag Neue Zürcher Zeitung - Frankfurt am Main: Frankfurter Allgemeine Buch, 2016.

1252 Schollmayer, Martin. *Die Internationalisierung der Produktentwicklung unter Berücksichtigung interkultureller Herausforderungen in China*. Lohmar; Köln: Eul Verlag, 2016.

1253 Schreiber, Rene. *Deng Xiaoping: und das Wirtschaftswunder China*. Norderstedt: BoD – Books on Demand, 2019.

1254 Schüler-Zhou, Yun et al. *Einblicke in die chinesische Rohstoffwirtschaft*. Berlin: Deutsche Rohstoffagentur (DERA) in der Bundesanstalt für Geowissenschaften und Rohstoffe (BGR), 2020.

1255 Shih, Lea. *Chinas Industriepolitik von 1978-2013: Programme, Prozesse und Beschränkungen*.

Wiesbaden: Springer VS, 2015.
1256 Sieren, Frank. *Zukunft? China!: wie die neue Supermacht unser Leben, unsere Politik, unsere Wirtschaft verändert.* München: Penguin Verlag, 2018.
1257 Slegers, Arnd; Atzler, Peter. *Chinesische Staatsunternehmen verstehen: Leben und Arbeiten in China und die Möglichkeiten eines State Owned Enterprises.* Wiesbaden: Springer Gabler, 2017.
1258 Sodian, Angelika. *Im Jahr des Tigers: warum es noch nicht zu spät ist, von China zu lernen.* Moos: Orgshop GmbH, 2020.
1259 Voß, Tobias. *Wie werden auch die Zweiten reich?: Chinas nationale Verteilungspolitik im Spiegel wirtschaftswissenschaftlicher Auseinandersetzungen zwischen 1992 und 2012.* Marburg: Tectum-Verl., 2015.
1260 Wang, Yanglan; Heupel, Thomas. *Green controlling: integriertes Nachhaltigkeitsmanagement in der Unternehmensführung - ein globaler Vergleich zwischen China und Deutschland.* Marburg: Metropolis-Verlag, 2015.
1261 Witt, Eva. *Arbeitsbedingungen in der Textil- und Bekleidungsindustrie in China im 21. Jahrhundert: Lösungsansätze zur zeitgemäßen Umsetzung sozialverträglicher Unternehmenspolitik.* Hamburg: Verlag Dr. Kovač, 2016.
1262 Zhang, Lu. *Arbeitskämpfe in Chinas Autofabriken.* Wien: mandelbaum, 2018.
1263 Zhu, Jing. *Ertragsteuerneutralität der Umstrukturierungsbesteuerung bei Kapitalgesellschaften in China.* Hamburg: Verlag Dr. Kovač, 2020.

西班牙语

1264 Alejandro Girado, Gustavo. *¿Cómo lo hicieron los chinos?: algunas de las causas del gran desarrollo del gigante asiático.* Ciudad de Buenos Aires: Astrea, 2017.
1265 Alonso, Mónica. *Cómo comer cangrejo y no morir en el intento: entender la China de hoy para construir nuevos puentes con Europa.* Barcelona: Profit Editorial, 2020.
1266 Bernabéu Albert, Salvador. *La Nao de China, 1565-1815: navegación, comercio e intercambios culturales.* Sevilla: Editorial Universidad de Sevilla-Secretariado de Publicaciones, 2018.
1267 Busanello, Horacio. *China, el gran desafío: conquistador o socio estratégico.* C.A.B.A.: Planeta, 2015.
1268 Cai, Fang. *Desmitificar el desarrollo económico de China.* Madrid: Editorial Popular, D.L., 2017.
1269 Caldeón Villarreal, Cuauhtémoc; González Garcí, Juan. *China y México en la órbita del mercado mundial del siglo XXI.* Tijuana, Baja California: El Colegio de la Frontera Norte, 2019.
1270 Dirección General de Relaciones Económicas Internacionales. *Tratado de libre comercio entre Chile y Hong Kong, China.* Santiago, Chile: Ministerio de Relaciones Exteriores, Dirección General de Relaciones Económicas Internacionales, 2017.
1271 Gil Ibáñez, Marta. *El comercio justo en China: situación actual.* Valencia: Publicacions de la Universitat de València, 2015.

1272 Girón, Alicia. *China, un sistema financiero en evolución*. Ciudad de México: Universidad Nacional Autónoma de México, Coordinación de Humanidades, 2018.

1273 Instituto Español de Estudios Estratégicos. *La dualidad económica Estados Unidos-China en el siglo XXI*. Madrid: Ministerio de Defensa, Secretaría General Técnica, 2020.

1274 Irún, Beatriz. *Comprar en China: recursos clave para el emprendedor*. Pozuelo de Alarcón, Madrid: ESIC Editorial, 2016.

1275 Li, Yining. *Reforma económica china: desarrollo actual*. Madrid: Editorial Popular, D.L., 2016.

1276 Milia, Juan Guillermo. *El triángulo de oro chino*. Buenos Aires: Dunken, 2016.

1277 Ngai, Pun. *Morir por un Iphone: Apple, Foxconn y las luchas de los trabajadores en China*. Barcelona: Descontrol, 2017.

1278 Nueno, Pedro. *Gracias, China*. Barcelona: Plataforma, 2017.

1279 OECD Development Centre. *Perspectivas económicas de América Latina 2016: Hacia una nueva asociación con China: Edition 2016*. Francia: Comisión Económica para América Latina y el Caribe (CEPAL), 2015.

1280 Osnos, Evan. *China: la edad de la ambición*. Barcelona: El Hombre del Tres, D.L., 2017.

1281 Paulson, Henry M. *Negociando con China: la nueva potencia económica mundial, al descubierto*. Barcelona: Deusto, 2016.

1282 Rosales, Osvaldo. *El sueño chino: cómo se ve China a sí misma y cómo nos equivocamos los occidentales al inter*. Buenos Aires: Siglo XXI, 2020.

1283 Ríos, Xulio. *La china de Xi Jinping: de la amarga decadencia a la modernización soñada*. Madrid: Editorial Popular, 2018.

1284 Ríos, Xulio. *La globalización china: la franja y la ruta*. Madrid: Editorial Popular, 2019.

1285 Solana González, Gonzalo. *China, una necesidad para una empresa global*. Madrid: Servicio de Publicaciones, Universidad Antonio de Nebrija: McGraw-Hill/Interamericana de España, 2016.

俄语

1286 Абрамова, Наталья Андреевна; Морозова, В. С. ред. *Актуальные проблемы развития КНР в процессе ее регионализации и глобализации: VII Международная научно-практическая конференция (12-13 марта 2015 г.)*. Чита: Забайкальский гос. ун-т, 2015.

1287 Абрамова, Наталья Андреевна; Морозова, В. С. ред. *Актуальные проблемы развития КНР в процессе ее регионализации и глобализации: VIII Международная научно-практическая конференция, 10 марта 2016 г*. Чита: Чита: Забайкальский гос. ун-т, 2016.

1288 Акаев, А. А.; Садовничий, В. А. *Математическое моделирование и прогнозирование китайского мегапроекта «Один пояс - один путь» и его влияния на долгосрочное экономическое развитие Евросоюза, Китая и России*. Москва: Учитель, 2018.

1289 Актамов, Иннокентий Галималаевич и др. *Социальные эффекты развития горнорудной отрасли трансграничных регионов (на материале России, Монголии, Китая)*. Улан-Удэ: Изд-во Бурятского госуниверситета, 2017.

1290 Александров, Юрий Георгиевич. *Человеческий капитал в переходных экономиках Россия - Китай*. Москва: ИВ РАН, 2020.

1291 Амелина, Елена Михайловна и др. *Идеал управления в традиционной культуре России и Китая*. Москва: Изд. дом ГУУ, 2019.

1292 Архипов, Юрий Георгиевич и др. *Экономика Китая: анализ влияния негативных факторов*. Москва: Сам Полиграфист, 2020.

1293 Базаров, Борис Ванданович; Яп Чэньхуа ред. *Экономический коридор Китай - Монголия - Россия: дорожная карта = China - Mongolia - Russia economic corridor: road mar = Хятад, монгол, оросын эдийн засгийн коридор: замын зураг: сборник материалов III Международного форума Ассоциации экспертных центров Китая, Монголии и России (18-22 сентября 2017 г. Улан-Удэ)*. Улан-Удэ: Изд-во БНЦ СО РАН, 2017.

1294 Батанов, Константин Николаевич. *Ни хао!: как вести дела с китайскими партнерами*. Москва: Альпина Паблишер, 2019.

1295 Бельский, Валерий Иванович и др. ред. *Проблемы сопряжения Экономического пояса Шелкового пути и Евразийского экономического союза: материалы Второго белорусско-китайского гуманитарного научного форума: Минск, 15-17 июня 2017 г.*. Минск: Право и экономика, 2017.

1296 Береснев, Дмитрий Викторович и др. *Торгово-экономическое сотрудничество Беларуси и Китая в условиях усиления протекционизма в мировой экономике*. [научный редактор В. И. Бельский]. Минск: Беларуская навука, 2020.

1297 Брянцева, Ирина Витальевна; Воронина, Н. В. *Развитие инвестиционно-строительной деятельности в России и КНР*. Хабаровск: Изд-во ТОГУ, 2020.

1298 Вертинская, Татьяна Сергеевна и др. *Межрегиональные связи Беларуси и Китая: состояние, проблемы и перспективы развития*. Минск: Беларуская навука, 2020.

1299 Виноградов, Андрей Владимирович и др. *Инновационные модели и механизмы управления модернизационным развитием (компаративистский анализ российского и китайского опыта)*. Москва: ГУУ, 2017.

1300 Виноградов, Андрей Владимирович и др. *Инновационные модели и механизмы управления модернизационным развитием (компаративистский анализ российского и китайского опыта) = Innovative models and management mechanisms of modernization development (comparative analysis of russian and chinese experience)*. Москва: ГУУ, 2015.

1301 Волков, Сергей Николаевич. *Земельная политика и управление земельными ресурсами в Китае: учебно-научное издание*. Москва: ГУЗ, 2019.

1302 Гелдарт, Джонатан. *Заметки из пекинской кофейни: тонкости жизни и бизнеса в Поднебесной*. [пер. с англ. Т. Мамедова]. Москва: Олимп-Бизнес, 2017.

1303 Гельбрас, Виля Гдаливич. *Экономика Китайской Народной Республики: важнейшие этапы развития 1949-2008: курс лекций. 3-е изд., испр. и доп.* Москва: Квадрига, 2019.

1304 Гишар, Жан-Поль. *Китайская «партия-государство» и мультинациональные фирмы*. [перевод с французского Григорий Томский и Бахтияр Юлдашходжаев]. Москва: Новый хронограф, 2017.

1305 Глинкина, Светлана Павловна и др. *Китайская стратегия освоения постсоветского пространства и судьба Евразийского экономического союза*. Москва: Ин-т экономики, 2016.

1306 Го Шухун и др. *Свободные экономические зоны и территории опережающего развития: опыт Китая и России. 2-е изд., доп.* Хабаровск: Изд-во ТОГУ, 2015.

1307 Гордон, А. В. *Китай: растущие проблемы: специализированная информация.* Москва: ИНИОН РАН, 2015.

1308 Гулин, Константин Анатольевич и др. ред. *Актуальные вопросы развития регионов России и Китая = Topical issues of development of the Russian and Chinese regions: материалы российско-китайских семинаров, 2015-2016 гг..* Вологда: ИСЭРТ РАН, 2017.

1309 Гулин, Константин Анатольевич и др. ред. *Экономические и социальные ресурсы развития регионов России и Китая = Economic and social resources for regional development in Russia and China: материалы российско-китайского научно-практического семинара (г. Вологда, 10 октября 2017 г.).* Вологда: ВолНЦ РАН, 2018.

1310 Гусевская, Наталья Юрьевна ред. *Региональное измерение российско-китайского сотрудничества и взаимодействия в контексте Экономического пояса Шёлкового пути: XIV Международная научно-практическая конференция, 22 апреля 2016 г., Чита.* Чита: Забайкальский государственный университет, 2016.

1311 Делягин, Михаил Геннадьевич; Шеянов, Вячеслав. *Империя в прыжке. Китай изнутри. Как и для чего «алеет Восток». Главное событие XXI века. Возможности и риски для России.* Москва: Книжный мир, 2015.

1312 Единархова, Нина Евгеньевна. *Кяхта и кяхтинская торговля: (40-60-е гг. XIX в.).* Иркутск: Оттиск, 2015.

1313 Завьялова, Елена Борисовна; Лю Цзюань ред. *Социально-экономические векторы развития России и Китая: сборник материалов российско-китайского круглого стола V международного форума «Сотрудничество государства и бизнеса для решения социальных проблем» (Москва, 4 декабря 2015 г.).* Москва: МГИМО-Университет, 2017.

1314 Иванов, Виктор Владимирович и др. *Финансовая система Китая = The financial system of China: учебник. [под редакцией доктора экономических наук, профессора В. В. Иванова, кандидата экономических наук, доцента Н. В. Покровской].* Москва: Проспект, 2020.

1315 Ильин, Владимир Александрович и др. *Экономическое развитие регионов: опыт России и Китая = Economic development of the regions: experience of Russia and China.* Вологда: ИСЭРТ РАН, 2017.

1316 Казанцев, Андрей Анатольевич и др. *Перспективы сотрудничества России и Китая в Центральной Азии: рабочая тетрадь. [гл. ред. И. С. Иванов].* Москва: НП РСМД, 2016.

1317 Каменнов, Павел Борисович сост. *Китай на новом этапе экономической реформы.* Москва: URSS, 2016.

1318 Каменнов, Павел Борисович сост. *КНР: экономика регионов.* Москва: ИДВ РАН: МБА, 2015.

1319 Каменнов, Павел Борисович сост. *Экономика КНР в годы 13-й пятилетки (2016-2020) = PRC economy in the period of the 13-th five year plan (2016-2020).* Москва: ИДВ РАН, 2020.

1320 Карлик, Александр Евсеевич ред. *Сборник научных трудов по итогам Конференции молодых ученых Академии общественных наук КНР и Санкт-Петербургского государственного экономического университета.* Санкт-Петербург: Изд-во Санкт-Петербургого гос. экономического ун-та, 2016.

1321 Катаносов, Валентин Юрьевич. *Китайский дракон на мировой финансовой арене. Юань против доллара*. Москва: Кн. мир, 2016.

1322 Кива, Алексей Васильевич. *Реформы в Китае и России: сравнительный анализ*. Москва: Центр стратегической конъюнктуры, 2015.

1323 Киреев, А. А. и др. *Современный Китай в условиях трансформации*. Москва: URSS: Ленанд, 2015.

1324 Кларк, Дункан. *Alibaba: история мирового восхождения от первого лица*. [перевод с английского Сарычевой К. М.]. Москва: Бомбора, 2018.

1325 Кларк, Дункан. *Alibaba: история мирового восхождения от первого лица*. [перевод с английского Сарычевой К. М.]. Москва: Э, 2017.

1326 Кливиткин, Глеб Владимирович. *Особенности влияния конъюнктуры внутреннего рынка и спроса со стороны Китайской Народной Республики на современное развитие железорудной отрасли Бразилии*. Москва: Горная книга, 2015.

1327 Кнауэр, Ксения Юрьевна. *Влияние институциональных сдвигов на рынке труда на динамику неравенства доходов в Китае в реформенный период*. Москва: Книга-Мемуар, 2016.

1328 Кокарев, Константин Анатольевич ред. *Один пояс - один путь: ведущая стратегия внутренней и внешней политики Китая*. Москва: РИСИ, 2016.

1329 Кондрашова, Людмила Ивановна. *Китай: к новой модели общественного развития*. Москва: Форум, 2017.

1330 Котляров, Николай Николаевич и др. *Инвестиционное сотрудничество России и Китая*. Москва: Ruscience, 2016.

1331 Коуз, Рональд; Ван Нин. *Как Китай стал капиталистическим*. [перевод с английского Анна Разинцева]. Москва: Новое издательство, 2016.

1332 Кудин, Андрей Павлович. *Частные предприятия в Китае: политика и экономика: ретроспективный анализ развития в 1980-2010-е годы*. Москва: Дашков и К°, 2017.

1333 Кун Линь. *Туристические издания в системе СМИ Китая: структурно-типологические особенности и влияние на развитие экономического потенциала страны*. Москва: Спутник+, 2017.

1334 Кучинская, Татьяна Николаевна ред. *Актуальные проблемы развития КНР в процессе её регионализации и глобализации: XI Международная научно-практическая конференция, 27 марта 2019 г., Чита*. Чита: Забайкальский гос. ун-т, 2019.

1335 Кучинская, Татьяна Николаевна; Абрамова, Н. А. ред. *Актуальные проблемы развития КНР в процессе её регионализации и глобализации: XII Международная научно-практическая конференция, 27 марта 2020 г., Чита*. Чита: ЗабГУ, 2020.

1336 Кучинская, Татьяна Николаевна; Морозова, В. С. ред. *Актуальные проблемы развития КНР в процессе её регионализации и глобализации: X международная научно-практическая конференция, 16 апреля 2018 г., Чита*. Чита: Забайкальский гос. ун-т, 2018.

1337 Ларин, Александр Георгиевич сост.; Петровского, В. Е. отв. ред. *Новый шелковый путь и его значение для России: [сборник статей]*. Москва: ДеЛи плюс, 2016.

1338 Латкин, Александр Павлович и др. *Приграничное сотрудничество российского Дальнего Востока с Китайской Народной Республикой: маркетинговый анализ и проблемы* развития. Владивосток: Изд-во ВГУЭС, 2017.

1339 Латкин, Александр Павлович ред. *Россия и Китай: от проектов к результатам: материалы Международного научного форума магистрантов, аспирантов и молодых ученых и вузов Ассоциации Дальнего Востока и Сибири Российской Федерации и северо-восточных регионов Китайской Народной Республики (АВРИК), 24-26 мая 2017 года*. Владивосток: Изд-во ВГУЭС, 2017.

1340 Луценко, Екатерина Леонидовна ред. *Социально-экономическое развитие России и Китая: сборник материалов Международной научно-практической конференции, Биробиджан, 28 декабря 2015 года*. Биробиджан: ФГБОУ ВПО "ПГУ им. Шолом-Алейхема", 2016.

1341 Люттвак, Эдвард Н. *Возвышение Китая наперекор логике стратегии*. [пер. с англ. Н. Н. Платошкина]. Москва: Ун-т Дмитрия Пожарского, 2016.

1342 Ма Хуатэн. *Цифровая трансформация Китая: опыт преобразования инфраструктуры национальной экономики [перевод с китайского]*. Москва: Альпина паблишер: Интеллектуальная лит., 2019.

1343 Ма, Джек (马云). *Никогда не сдавайся! = Never give up!: бизнес-мотиватор от Джека Ма*. [составители: Сук Ли, Боб Сун]. Москва: Олимп-Бизнес, сор. 2018.

1344 Макеева, Светлана Борисовна. *История регионального развития Китая в русле формирования системы китайских регионоведческих знаний*. Санкт-Петербург: РГПУ им. А. И. Герцена, 2019.

1345 Межевич, Николай Маратович; Шамахов, В. А. *Беларусь и государства Прибалтики в системе транзитно-транспортной политики России и Китая: научный доклад*. Санкт-Петербург: ИПЦ СЗИУ РАНХиГС, 2019.

1346 Мизинцева, Мария Федоровна и др. *Методологические и практические аспекты управления человеческими ресурсами в Китае*. Москва: Российский ун-т дружбы народов, 2016.

1347 Миронова, Валентина Николаевна и др. *Экономика Китая: учебное пособие*. Москва: Перо, 2020.

1348 Михалев, Максим Сергеевич и др. *Пояса и пути Евразии: в поисках человека*. Москва: Наука, 2018.

1349 Михеев, Василий Васильевич; Швыдко, В. Г. ред. *Китай и Восточная Европа: звенья нового Шелкового пути: [сборник]*. Москва: ИМЭМО РАН, 2016.

1350 Мукучян, Размон Рубенович ред. *Актуальные вопросы экономического развития России и КНР: материалы Международной научно-практической конференции (г. Армавир, 8 мая 2018 года)*. Армавир: РИО АГПУ, 2018.

1351 Муромцева, Зоя Андреевна; Шао Жань. *Государственные предприятия КНР. Реформы и развитие*. Москва: ИДВ, 2017.

1352 Никуленков, Василий Валентинович. *Российско-китайское сотрудничество на евразийском экономическом пространстве с 1990-х гг. по настоящее время*. Красноярск: СФУ, 2020.

1353 Ознос, Эван. *Век амбиций: богатство, истина и вера в новом Китае*. [пер. с англ. Марии Солнцевой]. Москва: Изд-во АСТ, сор. 2016.

1354 Островский, А. В. ред. *Проблемы торгово-экономического сотрудничества российского*

Дальнего Востока и Северо-Востока Китая: в 2 книгах. Москва: ИДВ РАН, 2019.

1355 Островский, Андрей Владимирович ред. *13-я пятилетка (2016-2020 гг.) - важнейший этап построения в Китае общества малого благоденствия "сяокан": [сборник статей]*. Москва: ИДВ РА, 2018.

1356 Островский, Андрей Владимирович ред. *40 лет экономических реформ в КНР*. Москва: ИДВ РАН, 2020.

1357 Островский, Андрей Владимирович ред. *Итоги 12-й пятилетки (2011-2015 годы) и перспективы развития экономики КНР до 2020 года: [сборник статей]*. Москва: ИДВ РАН, 2017.

1358 Островский, Андрей Владимирович ред. *Экономика КНР в свете решений XIX съезда КПК: [сборник статей]*. Москва: ИДВ РАН, 2019.

1359 Островский, Андрей Владимирович. *Китай становится экономической сверхдержавой = China is on it›s path to economic superpower*. Москва: МБА, 2020.

1360 Перская, Виктория Вадимовна; Эскиндаров, М. А. *Конкурентноспособность национального хозяйства в условиях многополярности. Россия, Индия, Китай*. Москва: Экономика, 2015.

1361 Петров, Александр Михайлович; Лымарь, М. П. *Конвергенция и социокультурные особенности национальных учетно-статистических моделей России и Китая в условиях глобальных изменений*. Москва: КУРС, 2019.

1362 Петровский, Владимир Евгеньевич и др. *Проблемы развития российско-китайских торгово-экономических,, финансовых и приграничных отношений*. [гл. ред.: И. С. Иванов]. Москва: Спецкнига, 2015.

1363 Пивоварова, Элеонора Петровна. *Черты преемственности и новизны в экономической политике пяти поколений руководства КНР*. Москва: ИДВ РАН, 2018.

1364 Пиотрович, Алексей Анатольевич; Су Да. *Особенности развития железных дорог Китая*. Хабаровск: Изд-во ДВГУПС, 2015.

1365 Портяков, Владимир Яковлевич. *Шэньчжэньский камертон: трансформация модели экономического роста в Китае и развитие Шэньчжэня*. Москва: ИД "Форум", 2017.

1366 Просеков, Сергей Анатольевич ред. *Достижения и проблемы модернизации современного Китая = Achievements and problems of modern China modernization: сборник докладов Международной научной конференции «Достижения и проблемы модернизации современного Китая»: (к 40-летию начала социально-экономических реформ под руководством Дэн Сяопина), Москва, 17-18 декабря 2018 г.*. Москва: Отечество, 2018.

1367 Просеков, Сергей Анатольевич. *Проблемы социально-экономической трансформации современного Китая*. Москва: Финансовый университет; Казань: Отечество, 2019.

1368 Сазонов, Сергей Леонидович. *Автомобильный транспорт КНР: императивы инновационного развития*. Москва: ИДВ РАН, 2020.

1369 Сазонов, Сергей Леонидович. *Транспорт КНР: место и роль в развитии национальной экономики*. Москва: ИДВ РАН, 2018.

1370 Сазонов, Сергей Леонидович; У Цзы. *Железнодорожный транспорт КНР: императивы развития*. Москва: ИДВ РАН, 2019.

1371 Самуйлов, Валерий Михайлович. *Организация инновационной деятельности на* транспорте (на примере Россия-Китай): монография. Екатеринбург: УрФУ, 2019.

1372 Селищев, Александр Сергеевич и др. *Финансовые рынки и институты Китая*. Москва: ИНФРА-М, 2016.

1373 Селищев, Александр Сергеевичи др. *Китайский юань: на пути к глобальному статусу*. Москва: ИНФРА-М, 2018.

1374 Семенова, Нелли Кимовна. *Российско-китайское взаимодействие в Центральной Азией: нефтегазовые аспекты*. Москва: ИВ РАН, 2018.

1375 Синг Онг Ю. *Азиатский стиль управления: как руководят бизнесом в Китае, Японии и Южной Корее*. [перевод с английского Ю. Коняхова]. Москва: Альпина Пблишер, 2018.

1376 Смирнов, Д. А. и др. ред. *Китайское государство на заключительном этапе построения «среднезажиточного общества»* = Chinese state at the final stage of the building of a «moderately prosperous society»: материалы ежегодной научной конференции Центра политических исследований и прогнозов ИДВ РАН. Москва: ИДВ РАН, 2020.

1377 Стрельцов, Роман Сергеевич; Щека А. А. *Особенности торгово-экономического сотрудничества России и Китая*. Владимир: ФГБОУ ВПО ВлГУ, 2015.

1378 Суходолов, Яков Александрович. *Российско-китайское внешнеторговое сотрудничество в контексте повышения национальной конкурентоспособности*. [под ред. Н. В. Гордеева]. Новосибирск: Наука, 2016.

1379 Творческая мастерская Анатолия Жукова. *Банкноты Китая с 1949 по 2010 год: [каталог]*. [пер. Сычева В. Д.]. Санкт-Петербург: Свое изд-во, 2015.

1380 Тянь Тао и др. *Huawei: лидерство, корпоративная культура, открытость*. [переводчики с англ. Г. Агафонов, О. Лобачева]. Москва: Олимп-Бизнес, 2017.

1381 У Пин; Чжан На. *Исследование торгово-экономической взаимодополняемости между Китаем и Россией на современном этапе*. Тамбов; Хайкоу: Хайнаньский ун-т, 2015.

1382 Федоренко, Александр Александрович. *Модернизация Китая (70-90-е годы XX в.): учебно-методическое пособие (для студентов исторического факультета)*. Орехово-Зуево: Серебро слов, 2017.

1383 Хакимов, Галия Ринатовна. *Экономика предприятия КНР: учебное пособие*. Санкт-Петербург: Санкт-Петербургский гос. экономический ун-т, 2019.

1384 Хасбулатов, Руслан Имранович ред. *Китай в мировой экономике и международном бизнесе: сборник научных статей*. Москва: ФГБОУ ВО "РЭУ им. Г. В. Плеханова", 2019.

1385 Хейфец, Борис Аронович. *Каким маршрутом пойдет Россия по одному непростому китайскому пути*. Москва: Ин-т экономики РАН, 2020.

1386 Храмчихин, Александр Анатольевич. *Дракон проснулся?: внутренние проблемы Китая как источник китайской угрозы для России*. Москва: Ключ-С, 2015.

1387 Ху Юн; Хао Ячжоу. *Эволюция Haier: от убыточного завода до глобальной суперплатформы* [пер. с англ. В. Горохова]. Москва: Манн, Иванов и Фербер, 2019.

1388 Хэ Яоминь. *Траектория экономического развития Китая*. [пер. с кит. Л. С. Сагандыковой]. Москва: Восток-Бук, 2015.

1389 Цай Фан. *Демистификация экономического развития Китая*. Москва: Издательство МГУ, 2020

1390 Цао, Янфэн. *Философия Haier: перерождение 2.0*. [перевод с англ. Е. Незлобиной]. Москва: Олимп-Бизнес, 2019.

1391 Цветков, Валерий Анатольевич; Логинов, Е. Л. *Системная финансовая нестабильность в экономике Китая: в каком направлении движется китайский «локомотив» развития мировой экономики?: аналитический доклад.* Москва: ИПР РАН, 2015.

1392 Цепелев, Олег Анатольевич ред. *Современные проблемы развития экономики России и Китая: материалы [II] Международной научно-практической конференции, посвященной 20-летию экономического факультета АмГУ (26-27 ноября 2020 г.).* Благовещенск: Изд-во АмГУ, 2020.

1393 Цепелев, Олег Анатольевич ред. *Современные проблемы развития экономики России и Китая: материалы Международной научно-практической конференции (20-21 ноября 2017 г.).* Благовещенск: Изд-во АмГУ, 2018.

1394 Цуй Чжэн; Цюй Вэньи ред. *Сотрудничество Китая со странами с переходной экономикой в рамках проекта «Один пояс - один путь» = Cooperation between China and Transition Countries under the Framework of «the Belt and Road»: сборник статей.* Москва: МАКС Пресс, 2018.

1395 Чжао Линлин. *Как прокормить нацию: аграрные инновации Китая.* [перевод: Чжоу Юньтин]. Санкт-Петербург: Изд-во Санкт-Петербургского гос. экономического ун-та, 2017.

1396 Чжао Чжучэн и др. *Сравнительный анализ правового регулирования финансово-банковского сектора России и Тайваня = Comparative analysis of the legal regulation of Russia and Taiwan financial-banking system.* [под ред. С. Н. Сильвестрова]. Москва: Когито-Центр, 2016.

1397 Чэнь Вэй. *Кто такой Джек Ма: о первопроходце электронной торговли рассказывает его друг, ученик и ассистент.* [пер. с кит. Ф. Сергеевой]. Москва: Восток-Бук, 2016.

1398 Шабунова, Александра Анатольевна и др. ред. *Социально-экономическое развитие России и Китая в рамках инициативы «Один пояс-один путь» = Socio-Economic Development of Russia and China within the Framework of the Belt and Road Initiative: материалы российско-китайской научно-практической конференции (г. Вологда, 28-29 ноября 2019 г.).* Вологда: ВолНЦРАН, 2020.

1399 Шаламов, Георгий Александрович. *Роль малого бизнеса в развитии инноваций в Китае.* Иркутск: Изд-во Иркутского нац. исслед. технического ун-та, 2017.

1400 Шаронова, Виктория Геннадьевна. *Цыбик чайных историй: очерки по истории русско-китайской чайной торговли.* Москва: [б. и.]; Санкт-Петербург: Центр гуманитарных инициатив, 2017.

1401 Эрисман, Портер. *Вселенная Alibaba.com: как китайская интернет-компания завоевала мир.* Москва: Individuum, 2016.

1402 Юншэн, Ян. *От конкурентоспособности к ключевой компетенции: теоретический и практический анализ информационных китайских корпораций, подробный графический сравнительный анализ создания китайскими корпорациями бизнеса за рубежом, Информационная дорожная карта ускорения китайскими корпорациями реализации инициативы «Один пояс - один путь».* [перевод с китайского Дун Наянь, Сунь Син]. Москва: Дело и сервис, 2019.

1403 Яковлев, Артём Александрович и др. *Глобализация экономики Китая. Всеобъемлющее стратегическое партнёрство Китая с Россией.* Москва: Эдитус, 2017.

日语

1404 貿易、環境、エネルギーの国際制度形成に係る調査研究報告書. 経済産業研究所, 2019.

1405 日中貿易必携: 中国ビジネスの実用ガイドブック 2017. 日本国際貿易促進協会, 2017.

1406 在アジア日系企業における現地スタッフの給料と待遇に関する調査 2017 香港編. 日経リサーチ, 2017.

1407 在アジア日系企業における現地スタッフの給料と待遇に関する調査 2017 中国編. 日経リサーチ, 2017.

1408 在アジア日系企業における現地スタッフの給料と待遇に関する調査 2020 台湾編（別タイトル: The survey of salaries and employment benefits for local staff in Japanese companies in Asia）. 日経リサーチ, 2019.

1409 在アジア日系企業における現地スタッフの給料と待遇に関する調査. 日経リサーチ, 2015.

1410 中国 EV 産業 2019. 東京: エヌ・エヌ・エーグローバルリサーチグループ, 2019.

1411 中国の化粧品市場 2017 年. TPC マーケティングリサーチ, 2017

1412 中国の健康食品市場 2017 年. TPC マーケティングリサーチ, 2017

1413 中国大水資源開発構想. 未来予測研究所, 2015.

1414 21 世紀政策研究所. 現代中国理解の要所: 今とこれからのために: シンポジウム. 21 世紀政策研究所, 2019.

1415 21 世紀政策研究所. 現代中国理解の要所: 今とこれからのために: 報告書: 21 世紀政策研究所研究プロジェクト. 21 世紀政策研究所, 2019.

1416 21 世紀政策研究所. 中国のイノベーションの実力とその持続可能性. 21 世紀政策研究所, 2018.

1417 21 世紀政策研究所. 中国の産業競争力・technology の展望: 第 3 回中国セミナー. 21 世紀政策研究所, 2019.

1418 21 世紀政策研究所. 中国経済・社会の展望と課題: 第 2 回中国セミナー. 21 世紀政策研究所, 2019.

1419 ARC 国別情勢研究会. 台湾 2016/17 年版. ARC 国別情勢研究会, 2016.

1420 ARC 国別情勢研究会. 香港 2015/16 年版. ARC 国別情勢研究会, 2015.

1421 ARC 国別情勢研究会. 中国: 経済・貿易・産業報告書. ARC 国別情勢研究会, 2015.

1422 ARC 国別情勢研究会. 中国 2018/19 年版. ARC 国別情勢研究会, 2018.

1423 K. ポメランツ［著］川北稔［監訳］. 大分岐: 中国、ヨーロッパ、そして近代世界経済の形成（原タイトル: THE GREAT DIVERGENCE）. 名古屋大学出版会, 2015.

1424 NHK スペシャル取材班. 米中ハイテク覇権のゆくえ. NHK 出版, 2019.

1425 PricewaterhouseCoopers Taiwan. わかる！！台湾ビジネス Q&A: 専門家による台湾ビジネス解説書 2016 年改訂版. メディアパル, 2016.

1426 イーグルマトリックスコンサルティング株式会社. 中国子会社管理の実践（別タイトル: Practical Manual of The Subsidiary Management in China）. 中央経済社, 2015.

1427 エドワード・ツェ. チャイナズ・ディスラプターズ: 中国の起業家たちがつくる新しいビジネスのルール（別タイトル: CHINA'S DISRUPTORS）. 左右社, 2019.

1428　コーリン S.C. ホーズ［著］酒井正三郎，武石智香子［監訳］. 中国における企業文化の変容（原タイトル：The Chinese Transformation of Corporate Culture）. 中央大学出版部, 2015.

1429　シバタナオキ，吉川欣也. テクノロジーの地政学：シリコンバレー vs 中国、新時代の覇者たち. 日経 BP 社, 2018.

1430　スティーブン・ローチ［著］田村勝省［訳］. アメリカと中国もたれ合う大国. 日本経済新聞出版社, 2015.

1431　ちゅうごく産業創造センター. 調査報告書平成 29 年度. ちゅうごく産業創造センター, 2018.

1432　トーマツ. 香港の税制と投資. トーマツ, 2015.

1433　トニー・サイチ，胡必亮［著］谷村光浩［訳］. 中国グローバル市場に生きる（原タイトル：CHINESE VILLAGE, GLOBAL MARKET）. 鹿島出版会, 2015.

1434　トム・ミラー. 中国の「一帯一路」構想の真相：海と陸の新シルクロード経済圏. 原書房, 2018.

1435　トラン・ヴァン・トウ，苅込俊二. 中所得国の罠と中国・ASEAN（別タイトル：The Middle Income Trap from a China and ASEAN Perspective）. 勁草書房, 2019.

1436　パイク・グンウク. 中ロの石油・ガス協力：その実際と影響（別タイトル：Sino-Russian Oil and Gas Cooperation）. 文眞堂, 2016.

1437　ハワード・W・フレンチ. 中国第二の大陸アフリカ：一〇〇万の移民が築く新たな帝国. 白水社, 2016.

1438　フォーイン中国調査部. 2025 年中国乗用車市場展望. フォーイン, 2015.

1439　フォーイン中国調査部. 中国自動車部品産業 2015. フォーイン, 2015.

1440　マルチメディア振興センター. 拡大する中国の「QR コード式」モバイル決済. マルチメディア振興センター, 2018.

1441　マルチメディア振興センター. 中国における ICT 新興企業の台頭と展望. マルチメディア振興センター, 2015.

1442　マルチメディア振興センター. 中韓における ICT 事業者によるコーポレート・ベンチャリングの取組み動向　マルチメディア振興センター, 2016.

1443　ゆうちょ財団. 海外の郵便貯金等リテール金融サービスの現状：ベトナム、台湾、フィリピン. ゆうちょ財団, 2016.

1444　リシャラテ・アビリム，加藤公夫. シルクロードの農村観光：中国・新疆ウイグル自治区の民泊事情. 連合出版, 2018.

1445　リチャード・フォン・グラン. 中国経済史：古代から 19 世紀まで. みすず書房, 2019.

1446　安田峰俊. 和僑：農民、やくざ、風俗嬢。中国の夕闇に住む日本人. KADOKAWA, 2016.

1447　奥北秀嗣. 変化する法務と中国人の商習慣・国民性：中国のビジネス実務. 第一法規, 2019.

1448　白明. 複合型産業経営と地域創生：内モンゴルの 6 次産業化への日中比較アプローチ. 三恵社, 2018.

1449　白木沢旭児. 日中戦争と大陸経済建設. 吉川弘文館, 2016.

1450　白石麻保. 計画経済の実証分析：中国の経済開発（別タイトル：Empirical Analysis of a Planned Economy）. 京都大学学術出版会, 2016.

1451　宝剣久俊．産業化する中国農業：食料問題からアグリビジネスへ．名古屋大学出版会，2017．

1452　北川秀樹，窪田順平．流域ガバナンスと中国の環境政策：日中の経験と知恵を持続可能な水利用にいかす．白桃書房，2015．

1453　弁納才一．近代中国の食糧事情：食糧の生産・流通・消費と農村経済．丸善出版，2019．

1454　蔡昉．現代中国経済入門：人口ボーナスから改革ボーナスへ．東京大学出版会，2019．

1455　倉持一．中国のCSR〈企業の社会的責任〉の課題と可能性：善き経営の実現に向けて（別タイトル：CORPORATE SOCIAL RESPONSIBILITY IN CHINA）．丸善プラネット，2016．

1456　岑玲．清代中国漂着琉球民間船の研究．榕樹書林，2015．

1457　曽培炎．中國：市場経済と対外開放．日本経済新聞出版社，2017．

1458　柴田聡．中国金融の実力と日本の戦略．PHP研究所，2019．

1459　産政総合研究機構．対中国輸出管理：軍民融合の進展とリスク評価2018年版．産政総合研究機構，2018．

1460　朝元照雄，中原裕美子．台湾の企業と企業家．九州大学出版会，2016．

1461　朝元照雄，中原裕美子．台湾の企業研究．九州大学出版会，2020．

1462　朝元照雄．台湾企業の発展戦略：ケーススタディと勝利の方程式．勁草書房，2016．

1463　陳氷雅．3分でつかむ！超実践中国ビジネス会話のコツ．ディスカヴァー・トゥエンティワン，2018．

1464　陳來幸．近代中国の総商会制度：繋がる華人の世界．京都大学学術出版会，2016．

1465　陳文挙．中国経済の発展と構造変化：サービス化社会への変貌と課題．フリープレス，2018．

1466　陳雲，森田憲．中国モデルと格差：長江デルタの挑戦．多賀出版，2015．

1467　陳志勤．崇禎年間における山陰・会稽の救荒と郷紳の役割．一粒書房，2019．

1468　池部亮，藤江秀樹．分業するアジア：深化するASEAN・中国の分業構造．日本貿易振興機構，2016．

1469　池田博義［ほか］．中国EC市場調査報告書2016．インプレス，2016．

1470　赤羽淳［ほか］．アジアローカル企業のイノベーション能力：日本・タイ・中国ローカル2次サプライヤーの比較分析．同友館，2018．

1471　此本臣吾［ほか］．2020年の中国：「新常態」がもたらす変化と事業機会（別タイトル：China in 2020）．東洋経済新報社，2016．

1472　村上衛．近現代中国における社会経済制度の再編．京都大学人文科学研究所，2016．

1473　村上裕．中国・社会主義市場経済と国有企業の研究：鉱工業部門についての考察．八朔社，2017．

1474　村田雅志．人民元切り下げ：次のバブルが迫る．東洋経済新報社，2016．

1475　大川裕子．中国古代の水利と地域開発．汲古書院，2015．

1476　大高勇気．中国茶の魅力を日本へ！そして世界へ！：異国に魅了された日本人が"中国茶"を次世代へと紡ぐ．カナリアコミュニケーションズ，2019．

1477　大江宏．中国およびモンゴルにおける経済発展と環境問題の諸相．亜細亜大学アジア研究所，2016．

1478　大西広．中成長を模索する中国：「新常態」への政治と経済の揺らぎ．慶應義塾大学出版会，2016．

1479　大西康雄．習近平時代の中国経済．アジア経済研究所，2015．
1480　大澤正昭．春耕のとき：中国農業史研究からの出発．汲古書院，2015．
1481　島根大学・寧夏大学国際共同研究所．中国農村における持続可能な地域づくり：中国西部学術ネットワークからの報告．今井出版，2017．
1482　嶋倉民生，井上正也．LT・MT 貿易関係資料：愛知大学国際問題研究所所蔵 第 1 巻．ゆまに書房，2018．
1483　嶋倉民生，井上正也．LT・MT 貿易関係資料：愛知大学国際問題研究所所蔵 第 2 巻．ゆまに書房，2018．
1484　嶋倉民生，井上正也．LT・MT 貿易関係資料：愛知大学国際問題研究所所蔵 第 3 巻．ゆまに書房，2018．
1485　嶋倉民生，井上正也．LT・MT 貿易関係資料：愛知大学国際問題研究所所蔵 第 4 巻．ゆまに書房，2018．
1486　嶋倉民生，井上正也．LT・MT 貿易関係資料：愛知大学国際問題研究所所蔵 第 5 巻．ゆまに書房，2018．
1487　嶋倉民生，井上正也．LT・MT 貿易関係資料：愛知大学国際問題研究所所蔵 第 6 巻．ゆまに書房，2018．
1488　嶋倉民生，井上正也．LT・MT 貿易関係資料：愛知大学国際問題研究所所蔵 第 7 巻．ゆまに書房，2018．
1489　嶋倉民生，井上正也．LT・MT 貿易関係資料：愛知大学国際問題研究所所蔵 第 8 巻．ゆまに書房，2018．
1490　東京マーケティング本部第二部．中国向け越境 EC 市場の実態と今後．富士経済，2016．
1491　董光哲．中国の上場会社と大株主の影響力：構造と実態．文眞堂，2017．
1492　都留康．製品アーキテクチャと人材マネジメント：中国・韓国との比較からみた日本．岩波書店，2018．
1493　渡邊哲也．「米中関係」が決める 5 年後の日本経済：新聞・ニュースが報じない貿易摩擦の背景とリスクシナリオ．PHP 研究所，2018．
1494　渡邊哲也．GAFA vs. 中国：世界支配は「石油」から「ビッグデータ」に大転換した．ビジネス社，2018．
1495　渡邊哲也．これからヤバイ米中貿易戦争．徳間書店，2018．
1496　渡邊哲也．米中決戦後の世界地図：日本再興が始まる．徳間書店，2020．
1497　渡邊信一郎．『舊唐書』食貨志譯注．汲古書院，2018．
1498　渡辺達朗．中国・東南アジアにおける流通・マーケティング革新：内なるグローバリゼーションのもとでの市場と競争．白桃書房，2015．
1499　渡辺幸男．現代中国産業発展の研究：製造業実態調査から得た発展論理．慶應義塾大学出版会，2016．
1500　峰毅．中国工業化の歴史：化学の視点から：日中国交正常化 45 周年記念出版．日本僑報社，2017．
1501　馮力，孫根志華．国際観光コミュニティの形成：訪日中国人観光客を中心として．学文社，2019．
1502　服部健治［ほか］．米中激突中国ビジネスの行方：日本企業は激動期をどう勝ち抜くか．文眞堂，2019．
1503　服部健治［ほか］．中国 創造大国への道：ビジネス最前線に迫る．文眞堂，2018．

1504　福山隆.軍事的視点で読み解く米中経済戦争.ワニ・プラス，2019.
1505　副島隆彦.中国、アラブ、欧州が手を結びユーラシアの時代が勃興する.ビジネス社，2015.
1506　富坂聰.「米中対立」のはざまで沈む日本の国難：アメリカが中国を倒せない5つの理由.ビジネス社，2019.
1507　岡部守，薛宇峰.中国農業の転換と課題.ブイツーソリューション，2016.
1508　岡田実.日中未来遺産：中国「改革開放」の中の"草の根"日中開発協力の「記憶」.拓殖大学，2019.
1509　高橋五郎.チャイナ・トリックス：経済大国中国の深層.イースト・プレス，2018.
1510　高澤真治.まだまだ日本が中国で儲けられる9つの理由.成甲書房，2016.
1511　根本隆吉.こうすれば失敗しない！中国工場の品質改善：虎の巻.日刊工業新聞社，2015.
1512　宮本雄二.日中経済交流の次世代構想：学生懸賞論文集.日本僑報社，2016.
1513　宮田絵津子.マニラ・ガレオン貿易：陶磁器の太平洋貿易圏.慶應義塾大学出版会，2017.
1514　宮塚治好［ほか］.中国ビジネス実態と対策：対中国免疫力増強マニュアル.銀河書籍，2015.
1515　古森義久.ODA幻想：対中国政策の大失態.海竜社，2019.
1516　谷口洋志.中国政治経済の構造的転換.中央大学出版部，2017.
1517　谷崎光.本当は中国で勝っている日本企業：なぜこの会社は成功できたのか？.集英社，2017.
1518　谷下喬一.日中融合・日中友好とは何か-現場で尽くした人々-：これからの日本企業の中国進出のあり方を問う.湘南社，2016.
1519　関下稔.米中政治経済論：グローバル資本主義の政治と経済.御茶の水書房，2015.
1520　関志雄.未完の人民元改革：国際通貨への道.文眞堂，2020.
1521　関志雄.中国「新常態」の経済.日本経済新聞出版社，2015.
1522　光瀬憲子.美味しい台湾食べ歩きの達人：台北＆郊外のグルメタウンから、高雄まで.光文社，2016.
1523　広島県教育事業団事務局埋蔵文化財調査室.鉄の古代史：ひろしまの鉄の歴史：記録集.広島県教育事業団，2016.
1524　亀田壽夫.中国経済の行方：市場経済の明暗.山椒出版社，2015.
1525　貴志俊彦.日中間海底ケーブルの戦後史：国交正常化と通信の再生.吉川弘文館，2015.
1526　郭四志.米中摩擦下の中国経済と日中連携：産業高度化及び日中産業・ビジネス連携の新動向.同友館，2019.
1527　郭四志.中国経済の新時代：成長パターンの転換と日中連携.文眞堂，2017.
1528　国際フレイトフォワーダーズ協会.中国東北エリア物流事情調査：ハルビン・長春・大連地区.国際フレイトフォワーダーズ協会，2016.
1529　国際フレイトフォワーダーズ協会.中国華南エリア物流事情調査.国際フレイトフォワーダーズ協会，2018.
1530　国際フレイトフォワーダーズ協会.中国内陸エリア物流事情調査：重慶・成都・西安地区.国際フレイトフォワーダーズ協会，2015.
1531　国際貿易投資研究所.『新常態』下における中国の対内・対外発展戦略の行方：一帯

一路、都市化との関連を中心に：報告書．国際貿易投資研究所，2016．

1532 国際貿易投資研究所．世界経済の新潮流となった"走出去"（中国の対外展開）の現状とその行方：報告書．国際貿易投資研究所，2015．

1533 国際貿易投資研究所．中国の第13次5ヵ年計画と一帯一路戦略を中心とする対外発展戦略の国際経済への影響平成28年度．国際貿易投資研究所，2017．

1534 国際貿易投資研究所．中国の新時代の新矛盾に対処する国内外における経済・社会統治のあり方．国際貿易投資研究所，2019．

1535 国際貿易投資研究所．中国型グローバリズムの発展可能性と世界経済体制への影響：一帯一路構想と法整備の視点からの分析平成29年度．国際貿易投資研究所，2018．

1536 国際協力機構．中華人民共和国「企業の社会的責任（CSR）実践における企業と社会組織との連携」調査事例集．国際協力機構中華人民共和国事務所，2016．

1537 国際協力機構．中華人民共和国「企業の社会的責任（CSR）実践における企業と社会組織との連携」調査最終報告書．国際協力機構中華人民共和国事務所，2016．

1538 国際協力機構．中華人民共和国プロジェクト研究「中国地域総合開発計画調査の成果の評価」：ファイナル・レポート．国際協力機構，2016．

1539 国際協力機構．中華人民共和国大気中の窒素酸化物総量抑制プロジェクトプロジェクト業務完了報告書：NOx抑制に係る技術ガイドライン1（別タイトル：セメント分野）．国際協力機構，2016．

1540 国際協力機構．中華人民共和国大気中の窒素酸化物総量抑制プロジェクトプロジェクト業務完了報告書：NOx抑制に係る技術ガイドライン2（別タイトル：鉄鋼分野（コークス炉、焼結炉））．国際協力機構，2016．

1541 国際協力機構．中華人民共和国大気中の窒素酸化物総量抑制プロジェクトプロジェクト業務完了報告書：NOx抑制に係る技術ガイドライン3（別タイトル：石炭火力発電所、工業用ボイラー）．国際協力機構，2016．

1542 国際協力機構．中華人民共和国大気中の窒素酸化物総量抑制プロジェクトプロジェクト業務完了報告書：別添資料．国際協力機構，2016．

1543 国際協力機構．中華人民共和国大気中の窒素酸化物総量抑制プロジェクト終了時評価調査報告書．国際協力機構中華人民共和国事務所，2015．

1544 国際協力機構．中華人民共和国黒河金盆ダム湖および上流域水環境管理向上プロジェクトプロジェクト業務完了報告書．国際協力機構，2015．

1545 国際協力機構．中華人民共和国家庭保健を通じた感染症予防等健康教育強化プロジェクト終了時評価調査調査報告書．国際協力機構中華人民共和国事務所，2015．

1546 国際協力機構．中華人民共和国人とトキが共生できる地域環境づくりプロジェクト終了時評価調査報告書．国際協力機構地球環境部，2015．

1547 国際協力機構．中華人民共和国中国ジェンダー動向情報収集・確認調査報告書．国際協力機構中華人民共和国事務所，2016．

1548 国際協力銀行．中国の投資環境．国際協力銀行産業ファイナンス部門中堅・中小企業ファイナンス室，2018．

1549 海外の郵便貯金等リテール金融サービスの現状：中国、韓国．ゆうちょ財団，2018．

1550 韓晏元，奥北秀嗣．中国のビジネス実務人事労務の現場ワザQ&A100．第一法規，2018．

1551 何彦旻．中国の資源税．京都大学学術出版会，2015．

1552 和中清．中国はなぜ成長し、どこに向かうか、そして日本は？．クロスメディア・パブリッシング，2019．

1553 河合洋尚，飯田卓．中国地域の文化遺産：人類学の視点から．人間文化研究機構国立民族学博物館，2016．
1554 黒政典善．ChinaTech 中国・電子デバイス産業レポート 2018-2019 年版．産業タイムズ社，2018．
1555 横山宏章．上海の日本人街・虹口：もう一つの長崎．彩流社，2017．
1556 侯祺．農民工と中国農村：都市部の農民工と農村部の貧困実態．御茶の水書房，2019．
1557 後藤康浩［ほか］．「中国の夢」は実現するのか．亜細亜大学アジア研究所，2019．
1558 胡寄窓．中国古代経済思想の輝かしい成果：世界的範囲から考察した．河野明，2017．
1559 許珩．戦後日華経済外交史：1950-1978．東京大学出版会，2019．
1560 黄未来．TikTok 最強の SNS は中国から生まれる．ダイヤモンド社，2019．
1561 機械振興協会経済研究所．人口減少社会における自動車産業：中国地方の自動車産業集積に考える課題解決に向けた糸口．機械振興協会経済研究所，2019．
1562 加納尚．中国現地法人の財務会計業務チェックリスト．税務経理協会，2018．
1563 加藤辰夫．東アジアの産業発展と水産食品企業の事業転換．晃洋書房，2018．
1564 加藤弘之．中国経済学入門：「曖昧な制度」はいかに機能しているか．名古屋大学出版会，2016．
1565 江向華．中国大企業の競争力分析．中央経済社，2016．
1566 江原規由．中国の新たな発展戦略：「一帯一路」発展戦略と「伙伴関係」の構築．霞山会，2015．
1567 交流協会．台湾の経済 data book 2016．交流協会，2016．
1568 交流協会．台湾の経済 data book．交流協会，2015．
1569 金子あき子．日系食品企業の海外販売戦略：中国・香港・台湾における実証研究からみえるもの．農林統計出版，2018．
1570 津上俊哉．「米中経済戦争」の内実を読み解く．PHP 研究所，2017．
1571 近藤大介．ファーウェイと米中 5G 戦争．講談社，2019．
1572 近藤大介．二〇二五年、日中企業格差：日本は中国の下請けになるか？．PHP 研究所，2018．
1573 進藤榮一［ほか］．一帯一路からユーラシア新世紀の道．日本評論社，2018
1574 井熊均［ほか］．中国が席巻する世界エネルギー市場リスクとチャンス：協働化で見出せるか、日本の活路．日刊工業新聞社，2019．
1575 久保亨．20 世紀中国経済史論．汲古書院，2020．
1576 久保亨［ほか］．統計でみる中国近現代経済史（別タイトル：ECONOMIC HISTORY OF MODERN CHINA: AN APPROACH BASED ON STATISTICAL DATA）．東京大学出版会，2016．
1577 久保田裕次．対中借款の政治経済史：「開発」から二十一カ条要求へ．名古屋大学出版会，2016．
1578 久野康成公認会計士事務所，東京コンサルティングファーム．中国の投資・M&A・会社法・会計税務・労務．TCG 出版，2015．
1579 鷲田祐一，一橋大学商学部グローバルマーケティング研究室．インドネシアはポスト・チャイナとなるのか：アジア巨大市場の 10 年後．同文舘出版，2018．
1580 菊池真純．農村景観の資源化：中国村落共同体の動態的棚田保全戦略．御茶の水書房，2016．

1581 科学技術振興機構中国総合研究・さくらサイエンスセンター．中国におけるIoT研究開発の現状と動向．科学技術振興機構中国総合研究・さくらサイエンスセンター，2018．

1582 科学技術振興機構中国総合研究・さくらサイエンスセンター．中国の10大重点製造業とトップ企業の現状と動向．科学技術振興機構中国総合研究・さくらサイエンスセンター，2018．

1583 科学技術振興機構中国総合研究交流センター．中国におけるイノベーション型産業クラスターの現状と動向．科学技術振興機構中国総合研究交流センター，2015．

1584 科学技術振興機構中国総合研究交流センター．中国のロボット分野における研究開発の現状と動向．科学技術振興機構中国総合研究交流センター，2018．

1585 科学技術振興機構中国総合研究交流センター．中国の食料問題と農業革命．科学技術振興機構中国総合研究交流センター，2015．

1586 科学技術振興機構中国総合研究交流センター．中国の医薬品産業の現状と動向．科学技術振興機構中国総合研究交流センター，2015．

1587 堀口正，大阪市立大学．中国内陸地域の過疎化の現状と要因に関する社会経済学的研究．堀口正，2018．

1588 堀口正．周縁からの市場経済化：中国農村企業の勃興とその展開過程．晃洋書房，2015．

1589 労働政策研究・研修機構．中国におけるシェアリング・エコノミー下の「新たな就労形態」と就労者保護：その光と影．労働政策研究・研修機構，2019．

1590 労働政策研究・研修機構．中国進出日系企業の研究．労働政策研究・研修機構，2017．

1591 李幇喜．線型経済理論と中国経済のターンパイク：Marx, Sraffa, von Neumannを基礎として．日本経済評論社，2015．

1592 李博．中国における産業構造変化と地域経済成長：供給・需要の両サイドからの検証．三恵社，2018．

1593 李春霞．中国の産業発展とイノベーション政策．専修大学出版局，2018．

1594 李春子．東アジアの「伝統の森」100撰：山・川・里・海をつなぐ森の文化．サンライズ出版，2020．

1595 李恩民．中国華北農民の生活誌（別タイトル：Daily Life in Rural North China）．御茶の水書房，2019．

1596 李海峰．中国の消費社会と消費者行動．晃洋書房，2017．

1597 李海訓．中国東北における稲作農業の展開過程．御茶の水書房，2015．

1598 李慧敏．日中電力産業の規制改革：競争政策からみた自由化への歩み．早稲田大学出版部，2018．

1599 李豊．中国穀作地帯における農民の就業構造と農業経営の変化．筑波書房，2015．

1600 李玲．中国人消費者の行動分析：「面子」、原産国イメージとグローバル・ブランド消費．文眞堂，2017．

1601 李滕鋒．これからの中国オフショア開発．デザインエッグ，2016．

1602 李彦銘．日中関係と日本経済界：国交正常化から「政冷経熱」まで．勁草書房，2016．

1603 李揚，張曉晶．中国の新常態（ニューノーマル）：新しい経済戦略を知るキーポイント（別タイトル：China's New Normal 中国の新常態）．日本僑報社，2019．

1604 李澤建．新興国企業の成長戦略：中国自動車産業が語る"持たざる者"の強み（別タイトル：Growth Strategy of EMNCs in Emerging Markets）．晃洋書房，2019．

1605　李智雄. 故事成語で読み解く中国経済. 日経BP社，2016.
1606　豊岡康史，大橋厚子. 銀の流通と中国・東南アジア（別タイトル：The Circulation of Silver in China and Southeast Asia）. 山川出版社，2019.
1607　礪波護. 隋唐都城財政史論考. 法藏館，2016.
1608　簗瀬正人，趙雪巍. 実例でわかる中国進出企業の税務・法務リスク対策：法制度から現地の商慣習まで. 第一法規，2018.
1609　簗瀬正人，趙雪巍. 図表でわかる中国進出企業の合弁解消プランニング：多難な中国事業の撤退・縮小をスムーズに行うために. 第一法規，2017.
1610　梁鴻. 中国はここにある：貧しき人々のむれ. みすず書房，2018.
1611　劉建華. 中国コンテンツ産業対外貿易の研究. 日本僑報社，2018.
1612　劉敬文［ほか］. 現代中国経済. 朝日出版社，2015.
1613　劉潤. 事例でわかる新・小売革命：中国発ニューリテールとは？. 中信出版日本，2019.
1614　瀧本文浩［ほか］. 中国人・台湾人との金融取引. 金融財政事情研究会，2017.
1615　呂帥. 農村観光の発展とルーラリティ. 創泉堂出版，2019.
1616　馬文彦. 14億人のデジタル・エコノミー：中国AIビッグバン. 早川書房，2019.
1617　苗金芳. グローバル化により変容する中国・米国間の金融経済. 五絃舎，2017.
1618　末廣昭［ほか］. 中国・新興国ネクサス：新たな世界経済循環. 東京大学出版会，2018.
1619　木内登英. トランプ貿易戦争：日本を揺るがす米中衝突. 日本経済新聞出版社，2018.
1620　牧野茂雄. 中国のワナ：自動車産業月例報告10年分. 三栄書房，2017.
1621　穆尭芊［ほか］.「一帯一路」経済政策論：プラットフォームとしての実像を読み解く. 日本評論社，2019.
1622　南亮進，牧野文夫. 中国経済入門：高度成長の終焉と安定成長への途 第4版（別タイトル：Economic Development in CHINA）. 日本評論社，2016.
1623　南玉瓊. 第2のコリアン・ディアスポラ：中国朝鮮族の国内移動とコミュニティ形成. 創土社，2018.
1624　南裕子，閻美芳. 中国の「村」を問い直す：流動化する農村社会に生きる人びとの論理. 明石書店，2019.
1625　楠本雅弘，中島紀一. ともに豊かになる有機農業の村：中国江南・戴庄村の実践. 農山漁村文化協会，2018.
1626　内山雅生. 中国農村社会の歴史的展開：社会変動と新たな凝集力. 御茶の水書房，2018.
1627　鳥谷一生. 中国・金融「自由化」と人民元「国際化」の政治経済学：「改革・開放」後の中国金融経済40年史. 晃洋書房，2020.
1628　農林水産省. 海外農業・貿易事情調査分析事業（アジア・大洋州）. 農林水産省大臣官房国際部国際政策課，2015.
1629　農林水産省. 海外農業・貿易事情調査分析事業（中国）：中国の食料安全保障政策と食料輸入. 農林水産省大臣官房国際部国際政策課，2016.
1630　農林水産省農林水産政策研究所. タイ，オーストラリア，中国：平成26年度カントリーレポート. 農林水産省農林水産政策研究所，2015.
1631　棚瀬慈郎，島村一平. 草原と鉱石：モンゴル・チベットにおける資源開発と環境問題. 明石書店，2015.

1632　片岡伴維．詳解新・中国増値税の実務．中央経済社，2017．
1633　片山剛．近代東アジア土地調査事業研究．大阪大学出版会，2017．
1634　平川均［ほか］．一帯一路の政治経済学：中国は新たなフロンティアを創出するか．文眞堂，2019．
1635　平野秀樹．日本はすでに侵略されている．新潮社，2019．
1636　蒲堅．現代中国の土地問題への金融アプローチ．日本経済新聞出版社，2019．
1637　朴紅．中国国有農場の変貌：巨大ジャポニカ米産地の形成．筑波書房，2015．
1638　銭小平．JIRCAS-CAAS 農業科学技術研究協力の歩み：20 周年記念シンポジウムプロシーディングス：中日農業科技合作 20 周年学術研討会論文集（国際農業研究情報；第 87 号）．国際農林水産業研究センター，2019．
1639　淺井虎夫．中國ニ於ケル法典編纂ノ沿革．律令研究會，2016．
1640　秦小紅．現地市場における国際総合小売企業の発展プロセス研究：成都イトーヨーカ堂の事例を中心にして．五絃舎，2019．
1641　青樹明子．中国人が上司になる日．日本経済新聞出版社，2019．
1642　人民日報国際部．人民日報で読み解く第 2 回中国国際輸入博覧会：世界と共に発展していく（別タイトル：The 2nd China International Import Expo 2019）．日本僑報社，2019．
1643　日本舶用工業会．中国の内航船市場に関する調査報告書．日本舶用工業会，2016．
1644　日本舶用工業会．中国舶用企業の事業概況に関する調査報告書．日本舶用工業会，2015．
1645　日本舶用工業会．中国造船業における各国舶用品のシェアに関する調査報告書．日本舶用工業会，2015．
1646　日本国際貿易促進協会．日中貿易必携：中国ビジネスの実用ガイドブック 2016．日本国際貿易促進協会，2016．
1647　日本経済研究センター．中国新産業論：「創造大国」への道：日本経済新聞社からの受託研究・「中国研究」報告書．日本経済研究センター中国研究室，2018．
1648　日本貿易振興機構．中国データ・ファイル．日本貿易振興機構，2015．
1649　日本貿易振興機構．中国データ・ファイル．日本貿易振興機構，2016．
1650　日本在外企業協会．海外派遣者ハンドブック：経験者が語るビジネス事例集中国編．日本在外企業協会，2018．
1651　日本住宅総合センター．住宅産業の円滑な海外展開を支援するためのビジネスライブラリー ミャンマー・中国編．日本住宅総合センター，2015．
1652　日経 BP 総研．BATH の企業戦略分析．日経 BP 社，2019．
1653　日経ビジネス．世界を戦慄させるチャイノベーション：CHINA+INNOVATION．日経 BP，2019．
1654　日経リサーチ．在アジア日系企業における現地スタッフの給料と待遇に関する調査 2016 台湾編．日経リサーチ，2016．
1655　日中経済協会．日中経済産業白書 2014/2015（新常態への移行が求める中国ビジネスの挑戦）．日中経済協会，2015．
1656　日中貿易必携：中国ビジネスの実用ガイドブック 2018．日本国際貿易促進協会，2018．
1657　三橋貴明．中国との貿易をやめても、まったく日本は困らない！：中国経済の真実．ワック，2015．

1658	三尾幸吉郎．3つの切り口からつかむ図解中国経済．白桃書房，2019．	
1659	森村元．中国子会社の清算・持分譲渡の実務：法務・税務・労務・経営判断．税務経理協会，2016．	
1660	森田憲．中国市場経済化の政治経済学．多賀出版，2017．	
1661	森一道．台頭する「ポスト華南経済圏」："脱・経済"を目指す中国改革開放の新たな地平．芙蓉書房出版，2017．	
1662	山本英史．北京餐庁（れすとらん）情報：北京を食べて三十四年（別タイトル：北京餐庁情報）．研文出版，2016．	
1663	山村睦夫．上海日本人居留民社会の形成と展開：日本資本の進出と経済団体．大月書店，2019．	
1664	山田＆パートナーズ［ほか］．中国進出企業のための移転価格税制ハンドブック．同文舘出版，2015．	
1665	山田七絵．現代中国の農村発展と資源管理：村による集団所有と経営．東京大学出版会，2020．	
1666	商工中金国際部．中国投資ガイド2018．商工中金国際部，2018．	
1667	上海毎日新聞社．華中貿易読本．大空社出版，2019．	
1668	上念司．習近平が隠す本当は世界3位の中国経済．講談社，2017．	
1669	上田修，李捷生．日本鉄鋼業の経営・生産管理方式の形成と再編：競争力の構築から海外展開へ‐東アジアとの比較を視野に．御茶の水書房，2018．	
1670	射手矢好雄．中国経済六法．日本国際貿易促進協会，2019．	
1671	申淑子．いま、企業の中間管理者になにが起きているのか：リーダー行動に関する日中比較研究．北斗書房，2018．	
1672	深田萌絵．「5G革命」の真実：5G通信と米中デジタル冷戦のすべて．ワック，2019．	
1673	沈才彬．中国新興企業の正体．KADOKAWA，2018．	
1674	勝又壽良．バブルで衰退する中国技術力で復活する日本．アイバス出版，2017．	
1675	石油天然ガス金属鉱物資源機構．中国における石炭需給政策の転換と策定背景に関する調査：平成26年度海外炭開発支援事業海外炭開発高度化等調査．石油天然ガス・金属鉱物資源機構，2015．	
1676	石油天然ガス金属鉱物資源機構．中国における脱石炭の動きと石炭需給及び石炭輸出入動向調査：平成27年度海外炭開発支援事業海外炭開発高度化等調査．石油天然ガス・金属鉱物資源機構，2016．	
1677	石油天然ガス金属鉱物資源機構．中国の第13次5ヵ年計画の石炭事業への影響等調査：平成28年度海外炭開発支援事業海外炭開発高度化等調査．石油天然ガス・金属鉱物資源機構，2017．	
1678	石原潤．中国の市：発達史・地域差・実態．ナカニシヤ出版，2019．	
1679	石原享一．習近平の中国経済：富強と効率と公正のトリレンマ．筑摩書房，2019．	
1680	石塚浩美．日中韓働き方の経済学分析：日本を持続するために中国・韓国から学べること．勁草書房，2019．	
1681	矢野剛．中国の企業間信用：経済発展とオルタナティブ金融．京都大学学術出版会，2015．	
1682	氏兼惟和［ほか］．中国の金融機関の現状と課題：シャドーバンキングを視野に入れて．松山大学総合研究所，2015．	
1683	柿沼陽平．中国古代の貨幣：お金をめぐる人びとと暮らし．吉川弘文館，2015．	

1684　柿沼陽平．中国古代貨幣経済の持続と転換．汲古書院，2018．
1685　水野真澄．永楽政権成立史の研究．チェイス・チャイナ，2016．
1686　水野真澄．中国・外貨管理マニュアル Q&A：この 1 冊でビジネス実務の疑問解消！．チェイス・チャイナ，2016．
1687　水野真澄．中国・増値税の制度と実務：中国ビジネスは増値税制度の理解から．チェイス・チャイナ，2015．
1688　四方田雅史．日中比較産業史：取引慣行と制度に見る戦前期日中経済の特質．春風社，2016．
1689　寺町信雄．国際貿易論の理論と日中貿易．成文堂，2015．
1690　松田利彦．植民地帝国日本における知と権力．思文閣出版，2019．
1691　宋文洲．日中のはざまに生きて思う．日経 BP 社，2016．
1692　孫維維．中国におけるドラッグストア発展のダイナミクス：薬店と薬粧店を中心に（別タイトル：Development of China's Drugstore）．専修大学出版局，2019．
1693　湯進．2030 中国自動車強国への戦略：世界を席巻するメガ EV メーカーの誕生．日本経済新聞出版社，2019．
1694　滕鑑．中国の対外開放と経済の国際化：岡山大学版教科書．岡山大学出版会，2018．
1695　滕鑑．中国の体制移行と経済発展．御茶の水書房，2017．
1696　藤川清史．中国経済の産業連関分析と応用一般均衡分析．法律文化社，2016．
1697　藤村幸義．チャイニーズ・スタンダード：世界標準に挑む中国．勁草書房，2015．
1698　藤村幸義．どこに向かう習近平体制：中国デスク日記 続．桜美林大学北東アジア総合研究所，2015．
1699　藤岡淳一．「ハードウェアのシリコンバレー深圳」に学ぶ：これからの製造のトレンドとエコシステム：たった一人で深圳へ乗り込んだ、若き経営者の 10 年奮闘記．インプレス R&D，2017．
1700　藤田勝久．中国古代国家と情報伝達：秦漢簡牘の研究．汲古書院，2016．
1701　藤原敬士．商人たちの広州：一七五〇年代の英清貿易．東京大学出版会，2017．
1702　田村秀男．人民元の正体：中国主導「アジアインフラ投資銀行」の行末．マガジンランド，2015．
1703　出島俊雄，池上彰英．WTO 体制下の中国農業・農村問題．東京大学出版会，2017．
1704　田原史起．草の根の中国：村落ガバナンスと資源循環（別タイトル：The Circulation of Silver in China and Southeast Asia）．東京大学出版会，2019．
1705　田中道昭．GAFA×BATH：米中メガテックの競争戦略．日本経済新聞出版社，2019．
1706　田中孝枝．日中観光ビジネスの人類学：多文化職場のエスノグラフィ．東京大学出版会，2020．
1707　万建華．金融 e 時代：中国における金融デジタル化の現在と未来．東洋経済新報社，2017．
1708　汪中求．茅台酒の奇跡：中国の「赤い白酒」．日本東方出版社，2018．
1709　王義桅．「一帯一路」詳説：習近平主席が提唱する新しい経済圏構想．日本僑報社，2017．
1710　王玉．中国経済とビジネスがわかる本．大学教育出版，2018．
1711　王昱．現代中国の会計法規範と戦略：和して同ぜず．同文舘出版，2018．
1712　王在喆［ほか］．日中連関構造の経済分析．勁草書房，2016．
1713　梶谷懐，藤井大輔．現代中国経済論．ミネルヴァ書房，2018．

1714　梶谷懐．日本と中国経済：相互交流と衝突の一〇〇年．筑摩書房，2016.

1715　梶谷懐．中国経済講義：統計の信頼性から成長のゆくえまで．中央公論新社，2018.

1716　梶田幸雄［ほか］．中国対外経済戦略のリアリティー．麗澤大学出版会，2017.

1717　尉立東［ほか］．2017- 産業統合のチャイナ・エンジン．明月堂書店，2017.

1718　温泉やど中国・四国 2018. 昭文社，2018.

1719　西村友作．キャッシュレス国家：「中国新経済」の光と影．文藝春秋，2019.

1720　西谷格．ルポデジタルチャイナ体験記．PHP 研究所，2020.

1721　西田ひろ子．中国、ベトナム進出日系企業における異文化間コミュニケーション考察．風間書房，2016.

1722　夏目啓二，陸云江．現代中国の ICT 多国籍企業．文眞堂，2017.

1723　箱﨑大，日向裕弥．2020 年の中国と日本企業のビジネス戦略．日本貿易振興機構，2015.

1724　小浜正子．一人っ子政策と中国社会．京都大学学術出版会，2020.

1725　小川さやか．チョンキンマンションのボスは知っている：アングラ経済の人類学（別タイトル：HEKIMA YA BOSI WA CHUNGKING MANSIONS）．春秋社，2019.

1726　小島末夫．世界の物流を変える中国の挑戦．ケイセイ出版，2017.

1727　小島末夫．世界の物流を変える中国の挑戦．創土社，2017.

1728　小堀光一，彭涛．親会社が気づいていない中国子会社のリスクとそのマネジメント：リスク事例から学ぶ事前予防・事後対策．第一法規，2017.

1729　小林一穂［ほか］．中国農村の集住化：山東省平陰県における新型農村社区の事例研究．御茶の水書房，2016.

1730　小原篤次［ほか］．中国の金融経済を学ぶ：加速するモバイル決済と国際化する人民元．ミネルヴァ書房，2019.

1731　暁剛．近現代東部内モンゴルにおける土地利用方式の転換と農法移転．晃洋書房，2018.

1732　篠永宣孝．中国興業銀行の崩壊と再建：第一次大戦後フランスの政治・経済・金融的対抗．春風社，2017.

1733　篠原三代平．中国経済の巨大化と香港：そのダイナミズムの解明．勁草書房，2015.

1734　新宮学．明清都市商業史の研究．汲古書院，2017.

1735　徐方啓．中国発グローバル企業の実像．千倉書房，2015.

1736　徐佳盈，張弘．平安保険グループの衝撃：顧客志向 NPS 経営のベストプラクティス．金融財政事情研究会，2018.

1737　薛軼群．近代中国の電信建設と対外交渉：国際通信をめぐる多国間協調・対立関係の変容．勁草書房，2016.

1738　学技術振興機構中国総合研究・さくらサイエンスセンター．一帯一路の現況分析と戦略展望．科学技術振興機構中国総合研究・さくらサイエンスセンター，2019.

1739　学技術振興機構中国総合研究交流センター．中国「一帯一路」構想および交通インフラ計画について．科学技術振興機構中国総合研究交流センター，2016.

1740　岩見辰彦．基礎から学ぶ中国貿易実務．日本関税協会，2019.

1741　研究開発本部第二研究開発部門．中国車載電装部品におけるサプライチェーン調査．富士キメラ総研，2016.

1742　厳善平［ほか］．2020 年に挑む中国：超大国のゆくえ．文眞堂，2016.

1743　楊陽．変化する中国の小売業：小売業態の発展プロセス（別タイトル：The Changing

Retail Formats in China）. 専修大学出版局，2015.

1744　姚国利. 食をめぐる日中経済関係：国際経済学からの検証. 批評社，2015.

1745　伊夫伎孫治郎. 中国長江貿易詳覧. 大空社出版，2019.

1746　伊能忠敬. 伊能図大全第 3 巻. 河出書房新社，2018.

1747　伊藤博. 中国保険業における開放と改革：政策展開と企業経営. 御茶の水書房，2015.

1748　伊藤亜聖，高口康太. 中国 14 億人の社会実装：「軽い IoT」が創るデジタル社会. 東京大学社会科学研究所現代中国研究拠点，2019.

1749　伊藤亜聖. 現代中国の産業集積：「世界の工場」とボトムアップ型経済発展. 名古屋大学出版会，2015.

1750　尹相国. 中国国有企業の株式会社化：コーポレート・ガバナンス論の視点から. 時潮社，2016.

1751　永井竜之介，村元康. イノベーション・リニューアル：中国ベンチャーの革新性. 千倉書房，2019.

1752　永井竜之介. リープ・マーケティング：中国ベンチャーに学ぶ新時代の「広め方」. イースト・プレス，2020.

1753　兪祖成. 現代中国の NPO セクターの展開：公共性の変容の視点から. 山口書店，2017.

1754　原国太郎.「攻め」と「守り」で成功する中国事業の経営管理. 中央経済社，2017.

1755　園田茂人，蕭新煌. チャイナ・リスクといかに向きあうか：日韓台の企業の挑戦. 東京大学出版会，2016.

1756　遠藤誉，白井一成. ポストコロナの米中覇権とデジタル人民元. 実業之日本社，2020.

1757　遠藤誉.「中国製造 2025」の衝撃：習近平はいま何を目論んでいるのか. PHP エディターズ・グループ，2019.

1758　遠藤誉. 米中貿易戦争の裏側：東アジアの地殻変動を読み解く. 毎日新聞出版，2019.

1759　増田悦佐. 米中貿易戦争アメリカの真の狙いは日本. コスミック出版，2019.

1760　張兵. 訪日中国人から見た中国と日本：インバウンドのあり方. 日本僑報社，2016.

1761　張小平. 中国の租税制裁制度：中国税制と税務調査の日中比較. 税務経理協会，2016.

1762　張暁紅. 近代中国東北地域の綿業：奉天市の中国人綿織物業を中心として. 大学教育出版，2017.

1763　張暁山，李周. 中国農村発展の歩み. 農林統計出版，2019.

1764　張英莉. 中国企業における組織と個人の関係. 八千代出版，2015.

1765　趙春明. 中国経済 図解現代中国の軌跡. 科学出版社東京，2018.

1766　趙江林. 勃興する中国とアジア地域の市場再編. 三元社，2020.

1767　真壁昭夫. VW（フォルクスワーゲン）不正と中国・ドイツ経済同盟：世界経済の支配者か，破壊者か. 小学館，2016.

1768　真壁昭夫. ディープインパクト不況：中国バブル崩壊という巨大隕石が世界経済を直撃する. 講談社，2019.

1769　鄭世彬. 爆買いの正体. 飛鳥新社，2016.

1770　中村圭. なぜ中国企業は人材の流出をプラスに変えられるのか. 勁草書房，2019.

1771　中国国家行政学院経済学教研部.「新常態」（ニューノーマル）を迎える中国経済. 科学出版社東京，2018.

1772　中国人民大学国際通貨研究所. 国際化する人民元：求められるマクロ・プルーデンス管理. グローバル科学文化出版，2019.

1773　中国人民大学国際通貨研究所. 人民元 2. 科学出版社東京,2017.
1774　中国鉄道時刻研究会. 中国鉄道 10 万キロを究める本:人生が楽しくなる人民鉄路の世界を. 中国鉄道時刻研究会,2017.
1775　中国塗料株式会社. 中国塗料 100 年史. 中国塗料,2017.
1776　中華民國資訊軟體協會,ブレインワークス. 台湾 IT 成長企業厳選 21 社. カナリアコミュニケーションズ,2016.
1777　中津孝司［ほか］. 岐路に立つ中国とロシア. 創成社,2016.
1778　中條誠一,唐成. 世界から見た中国経済の転換. 中央大学出版部,2017.
1779　中央果実協会. 台湾における日本産果実の流通及び輸入促進に向けた諸課題に係る調査. 中央果実協会,2015.
1780　中央果実協会. 台湾における日本産食品の輸入規制強化にともなう日本産果実の流通への影響に係る調査報告書. 中央果実協会,2016.
1781　中野好純. 中国市場で日本の商品を「高く売る」ためのマーケティング戦略. 総合法令出版,2015.
1782　週刊ホテルレストラン編集部. ホテリエ向け「おもてなし外国語会話」英語中国語韓国語実用フレーズ 77. オータパブリケイションズ,2016.
1783　朱寧. 中国バブルはなぜつぶれないのか. 日本経済新聞出版社,2017.
1784　佐々木信彰. 現代中国の産業と企業. 晃洋書房,2016.
1785　佐々木信彰. 転換期中国の企業群像. 晃洋書房,2018.
1786　佐々木智弘. 変容する中国・国家発展改革委員会:機能と影響に関する実証分析. アジア経済研究所,2015.
1787　座間紘一. 変貌する中国農村:湖北・四川省の「三農」問題と近代化. 蒼蒼社,2015.

阿拉伯语

1788　كواي داو هونغتشي. ما يون : عبقرية قلب موازين التجارة : قصة نجاح موقع علي بابا. الوادي للثقافة والاعلام, دار نشر انتركونتنتال الصينية, 2015.
1789　هان باو جيانغ. الاقتصاد الصيني - أزمات وحلول : أزمات عايشها الاقتصاد الصيني - اكبر 18 مشكلة اقتصادية تواجه الصين وكيفية حلها. المكتب المصرى لتوزيع المطبوعات, 2017.

其他语种

1790　Ådahl, Björn. Vääntöä Kiinassa: legendaarisen Kiina-konkarin Jari Vepsäläisen liiketoimintaa. Apsara, 2015.
1791　Alan Phan. 42 năm làm ăn tại Mỹ & Trung Quốc. Văn hoá dân tộc, 2016.
1792　Beņkovskis, Konstantīns. Eksporta tirgus daļu dinamika: (empīriskā analīze, izmantojot Beijesa modeļu svērumu). Latvijas Banka, 2017.
1793　Benvirá. Por dentro do Alibaba: como a maior empresa de e-commerce do mundo está mudando os rumos dos negócios on-line. Benvirá, 2016.
1794　Bieliński, Tomasz. Inicjatywa Pasa i Szlaku: polska perspektywa. Wydawnictwo Uniwersytetu

Gdańskiego, 2020.
1795 Bieliński, Tomasz. Kapitał ludzki a innowacyjność gospodarki Chin. Polskie Wydawnictwo Ekonomiczne, 2016.
1796 Bulis, Aldis. Latvijas ražošanas uzņēmumu konkurētspējas kavējošo faktoru novērtējums Ķīnas Tautas Republikas tirgū: promocijas darba kopsavilkums doktora grāda iegūšanai ekonomikā, apakšnozare: Latvijas tautsaimniecība. Latvijas Universitāte, 2016.
1797 Bulis, Aldis. Latvijas ražošanas uzņēmumu konkurētspējas uzlabošana Ķīnas Tautas Republikas tirgū. LU Akadēmiskais apgāds, 2016.
1798 Buzărnescu, Ştefan. China - economie socialistă de piaţă: o posibilă a treia cale de dezvoltare sustenabilă. Eurostampa, 2015.
1799 Cai, Fang. Aspecte ale noii normalităţi a economiei Chinei: prezent, structură şi progres. Libris Editorial, 2019.
1800 Çelik, Cesim. Türkiye'nin ihracat potansiyelinin artırılması kapsamında Çin'in ihracat politikalarının değerlendirilmesi. Kalkınma Bakanlığı Ekonomik Modeller ve Stratejik Araştırmalar Genel Müdürlüğü, 2016.
1801 Chan, Thomas. Delta do Rio das Pérolas: Foshan, da montanha de Buda a centro de produção mundial. Macau Link, 2015.
1802 Chan, Thomas. Delta do Rio das Pérolas: Zhaoqing e Huizhou: cidades rumo ao desenvolvimento. MacauLink, 2016.
1803 Chan, Thomas. Faixa e rota, uma iniciativa da China: o papel de Macau e dos países de língua portuguesa. Instituto Internacional de Macau, 2018.
1804 Chen, Yulu. לאור הוצאה - אנטרפרייז .פ לביא .והעולם הסיני המטבע, 2017.
1805 Chołaj, Henryk. Chiński wariant społecznej gospodarki rynkowej. Wydawnictwo "Kto Jest Kim", 2016.
1806 Choroś-Mrozowska, Dominika. Rola wymiany zagranicznej we wzroście gospodarczym Chin. Wydawnictwo Uniwersytetu Ekonomicznego, 2015.
1807 Cieślik, Ewa. Rozwój gospodarczy Chin od roku 1978 do kryzysu globalnego. Wydawnictwo Key Text, 2015.
1808 Clark, Duncan. Alibaba: Jack Ma'nın evi. Ceo Plus, 2017.
1809 Costa, Cristiane. China made in Brasil: [Brazil in the eyes of China]: personagens, curiosidades e histórias sobre dois séculos de aproximação entre o Brasil e seu principal parceiro comercial. Babilonia, 2015.
1810 Đặng Thị Phương Hoa. Chính sách tỷ giá của Trung Quốc từ sau khi gia nhập WTO và hàm ý chính sách cho Việt Nam: Sách chuyên khảo. Khoa học xã hội, 2017.
1811 Doński-Lesiuk, Jakub. Nowy Jedwabny Szlak: transport kolejowy w obsłudze logistycznej. CeDeWu, 2020.
1812 Erisman, Porter. Thế giới Alibaba của Jack Ma: Cách một công ty Trung Quốc xuất chúng làm thay đổi bộ mặt thương mại toàn cầu. Nxb. Trẻ, 2017.
1813 Eronen, Eeva. Jättiläisen askeleet: matka Kiinan talouteen. Gaudeamus, 2017.
1814 Fodor Györgyi Szeréna. Selyemútközben: Marco Polo nyomában. Flagrans-2001 Kft., 2018.
1815 Fojtíková, Lenka. Compliance Číny s WTO: jak Čína dodržela mnohostranné obchodní závazky a jak usilovala o získání statusu tržní ekonomiky. Wolters Kluwer, 2019.
1816 Gården, Hugo. Danske succeser i Kina: vinderstrategier på verdens største marked. Gyldendal

Business, 2015.
1817 Giang, Duy. Thuê ngoài dịch vụ và con đường phát triển của Trung Quốc. Nhà xuất bản Thế giới, 2019.
1818 Han, Changfu. Pracownicy migracyjni w Chinach. Time Marszałek Group, 2017.
1819 He, Yaomin. Calea chinezească de dezvoltare economică. Rawex Coms, 2020.
1820 He, Yaomin. Drogi ekonomicznego rozwoju Chin. Wydawnictwo Adam Marszałek, 2015.
1821 Hebnar, Jan. Obchod s Čínou bez rizika a se ziskem. Mladá fronta, 2016.
1822 Hsiao, Po Yuan. Integrācija un brīvo ekonomisko zonu reģionālās ekonomikas attīstība Taivānā un Ķīnā: promocijas darba kopsavilkums ekonomikas doktora (Dr.oec.) zinātniskā grāda iegūšanai. Baltijas Starptautiskā akadēmija, 2016.
1823 Huang, Weiping. Przyszłość bez przegranych. Time Marszałek Group, 2018.
1824 Huang, Weiping. הגלובליזציה בעידן סינית כלכלה : מנצח עתיד. פ. לביא. אנטרפרייז - הוצאה לאור, 2017.
1825 Huang, Yukon. A Kína-talány megfejtése: miért nem helytálló a konvencionális gazdasági bölcsesség? Pallas Athéné Kvk., 2018.
1826 Hübner, Wojciech Marek. Azja XXI wieku i renesans Szlaku Jedwabnego: tradycja kształtująca przyszłość. Akademia Finansów i Biznesu Vistula, 2016.
1827 Hübner, Wojciech Marek. Szlak Jedwabny i Chiny: historia i dzień dzisiejszy. Akademia Finansów i Biznesu Vistula, 2018.
1828 Jenny Phương. Tôi đã trở thành thương gia vui vẻ và sung túc: kinh nghiệm buôn bán hàng Trung Quốc = How to be rich: the guide to doing business in China. Nhà xuât bán Thanh niên, 2019.
1829 Jing Limbo. Creşterea consumului şi a prosperităţii economice în China. Libris Editorial, 2020.
1830 Kadılar, Rıza. Çin. Destek Yayınları, 2016.
1831 Kaitila, Ville. Leijona ja lohikäärme: Suomen ja Kiinan taloussuhteet. Taloustieto Oy, 2017.
1832 Kajdańska, Aleksandra. Jedwab: szlakami dżonek i karawan. Wydawnictwo "Książka i Wiedza", 2017.
1833 Karczewski, Leszek. Chiny - biznes, gospodarka, zarządzanie: współczesne wyzwania. Oficyna Wydawnicza Politechniki Opolskiej, 2016.
1834 Klímová, Monika. Specifika čínské klientely v hotelech a restauracích v České republice. Vysoká škola hotelová v Praze, 2016.
1835 Kotan, Melahat. Çin Halk Cumhuriyeti'nde sosyal piyasa ekonomisi. Detay Yayıncılık, 2016.
1836 Kučera, Lukáš. Postavení Číny v mezinárodním obchodě: vysokoškolská učebnice. Vysoká škola technická a ekonomická v Českých Budějovicích, 2015.
1837 Landes, David S. Γιατί η Ευρώπη και η Δύση; Γιατί όχι η Κίνα. Πλέθρον, 2018.
1838 Leeuwen, Hans van. De Chinese kampeermarkt in beeld. Pleisureworld, 2015.
1839 Li, Yining. Chińska droga do podwójnej transformacji gospodarczej. Time Marszałek Group, 2019.
1840 Lin, Džastin Jifu. Demistifikacija kineske ekonomije. Albatros plus, 2016.
1841 Ližbetinová, Lenka. Etika a obchodní jednání na čínských trzích: vysokoškolská učebnice. Vysoká škola technická a ekonomická v Českých Budějovicích, 2015.
1842 Lowrey, Ying. דיגיטאלי ומיתוג לאור ליציאה בינלאומי בית - נאו קונטנטו. עליבאבא של המודל, 2019.
1843 Luru, Thế Anh. Số 1 thế giới: Mã Vân và đế chế Alibaba. Nhà xuất bản Hồng đức, 2016.
1844 Macau. Direcção dos Serviços de Economia. Histórias de sucesso do CEPA. Direcção dos

Serviços de Economia, 2018.
1845 Maia, Altair de Sousa. África: um negócio da China. Expressão Gráfica e Editora, 2016.
1846 Marszałek-Kawa, Joanna. Perspektywy i bariery rozwoju chińskiej gospodarki. Wydawnictwo Adam Marszałek, 2016.
1847 Matson, Håkan. Volvos revansch: så befriades tigern. Brombergs, 2020.
1848 Mazur-Włodarczyk, Katarzyna. Efektywna komunikacja biznesowa w Chinach - teoria trzech pytań. Oficyna Wydawnicza Politechniki Opolskiej, 2019.
1849 Midler, Paul. Made in Čína: pohled do zákulisí čínské velkovýroby. Práh, 2015.
1850 Moleman, Hans. De rode miljardair: hoe Jack Ma met Alibaba de wereld wil veroveren. Uitgeverij Lias, 2015.
1851 Müzəffərli, Nazim. Azərbaycan və Çin iqtisadiyyatları: müqayisəli araşdırmalar: ("Azərbaycan-Çin iqtisadi əməkdaşlığı" beynəlxalq elmi-praktik konfransının materialları əsasında, Bakı, 21 sentyabr 2017-ci il). Elm və bilik, 2018.
1852 Ngô, Hiếu Ba. Cải cách kinh tế, Trung Quốc qua các thời đại. Nhà xuất bản Hồng đức, 2018.
1853 Nie, Shengzhe. Chiński model zarządzania przedsiębiorstwem. Time Marszałek Group, 2017.
1854 Nie, Shengzhe. Şirket yönetiminde Çin modeli. Kırmızı Elma Yayınları, 2019.
1855 Pauhofová, Iveta. Investičné stratégie Číny v podmienkach krízy. Ekonomický ústav Slovenskej akadémie vied, 2015.
1856 Pedersen, Morten. When China awakens: dansk multinational virksomhed i Asien før Anden Verdenskrig. Nordjyllands Historiske Museum, 2018.
1857 Phạm Bích Ngọc. Vấn đề nhập siêu trong quan hệ thương mại Việt Nam - Trung Quốc: Sách chuyên khảo. Khoa học xã hội, 2017.
1858 Phạm Sỹ Thành. Vành đai, con đường: Sáng kiến của Trung Quốc và hàm ý chính sách đối với Việt Nam: Sách tham khảo. Thế giới, 2017.
1859 Pillsbury, Michael. Maratonul de o sută de ani: strategia secretă a Chinei de a înlocui SUA ca superputere globală. Editura Niculescu, 2020.
1860 Rădulescu, Ştefan. China şi Japonia în economia mondială. Editura Nouă, 2015.
1861 Sass, Magdolna. Čínské přímé zahraniční investice ve středovýchodní Evropě. MDA, 2019.
1862 Skrzypczyńska, Joanna. Instrumenty ochrony handlu Unii Europejskiej wobec Chin a reguły WTO. Uniwersytet im. Adama Mickiewicza w Poznaniu. Wydawnictwo Naukowe Wydziału Nauk Politycznych i Dziennikarstwa, 2020.
1863 Slabá, Marie. Postavení Číny v mezinárodním obchodě: vysokoškolská učebnice. Vysoká škola technická a ekonomická v Českých Budějovicích, 2015.
1864 Song, Hongbing. Wojna o pieniądz. 5, Decydujące starcie. Wektory, 2020.
1865 Tô Thị Ánh Dương. Sự điều chỉnh chiến lược của Trung Quốc trong lĩnh vực tài chính - tiền tệ: Tác động và hàm ý chính sách: Sách chuyên khảo. Khoa học xã hội, 2017.
1866 Trì Phúc Lâm. Chuyển đổi hình thức phát triển kinh tế Trung Quốc trong 30 năm tới. Văn hoá Văn nghệ Tp. Hồ Chí Minh, 2017.
1867 Triệu, Vỹ. Quản trị kinh doanh kiểu Jack Ma. Nhà xuất bản Phụ nữ, 2017.
1868 Udenrigsministeriet. Ekspertpanel for globale vækstcentre - Kina: Anbefalinger. Udenrigsministeriet, 2019.
1869 Wang, Yiwei. Inicjatywa "Jeden pas i jedna droga": co rozwój Chin oznacza dla świata. Wydawnictwo Adam Marszałek, 2016.

1870 Wang, Yiwei. Kina povezuje svet: na čemu se zasniva Inicijativa "Pojas i put". CIRSD [i. e.] Centar za međunarodnu saradnju i održivi razvoj, 2018.
1871 Wei, Jianwen. Transformacja i promocja: interpretacja urbanizacji Chin. Wydawnictwo Adam Marszałek, 2019.
1872 Wei, Xiaoping. Ekonomická a politická transformace Číny: nové rozbory. Filosofia, 2017.
1873 Wróbel, Janusz. Chipolbrok: z dziejów polsko-chińskiego sojuszu morskiego 1950-1957. Instytut Pamięci Narodowej - Komisja Ścigania Zbrodni przeciwko Narodowi Polskiemu. Oddział, 2016.
1874 Wu, Xiaobo. Turbulentní dekáda: proměny čínského byznysu v letech 2008-2018: ve velkých řekách žijí velké ryby. Mladá fronta, 2019.
1875 Wydawnictwo Uniwersytetu Gdańskiego. Czas smoka: fenomen przemian chińskiej gospodarki: spojrzenie z zewnątrz. Wydawnictwo Uniwersytetu Gdańskiego, 2020.
1876 Xây dựng phiên bản nâng cấp nền kinh tế Trung Quốc: Sách tham khảo. Chính trị Quốc gia, 2020.
1877 Xu Deming. 100 pytań o jedwabiu: praca zespołowa. Wydawnictwo Kwiaty Orientu, 2019.
1878 Yang, Shaolong. ואווי של הכוח סוד. Contentonow, 2017.
1879 Zhang, Yu. Chińska reforma gospodarcza: doświadczenia i implikacje. Time Marszałek Group, 2019.
1880 Zhang, Yunfei. Zielony rozwój. Time Marszałek Group, 2019.
1881 ΠΑΠΑΘΑΝΑΣΙΟΥ-ΦΩΤΟΠΟΥΛΟΥ, Θωμαΐς. Ιχνηλατώντας τον δρόμο του μεταξιού. Μπαρτζουλιάνος, 2020.
1882 Иванов, Божидар Антонов. Изследване на екологичните дадености и културните ресурси за развитие на туризма в селските райони на България и Китай. 2019.
1883 Јанковић, Александар. Привредни развој Кине: повезивање на кински начин. Центар за истраживање повезивања Пута свиле -ЦИПО, 2017.
1884 Кинеска акдемија друштвених наука (Пекинг). Одељење за економију. Нова нормала у кинеској економији. Чигоја штампа, 2020.
1885 Кларк, Дънкан. Alibaba - империята, която Джак Ма изгради. Locus, 2017.
1886 Лю, Вэй. Қытай экономикасының тығырықтан шығар жолы: мақалалар жинағы. Қазақ университеті, 2019.
1887 Млади предприемачи: наръчник за регистрация на търговска марка или марка за услуги в Китай. Дедракс, 2019.
1888 Мороз, Микола Сергійович. Китайський дубовий шовкопряд: оптимізація продуктивності і життєздатності. Компринт, 2016.
1889 Новые горизонты — 2019. Новые горизонты — 2019: сборник материалов [VI] Белорусско-Китайского молодежного инновационного форума, Минск, 12—13 ноября 2019 г. БНТУ, 2019.
1890 Полсън, Хенри. Китай - събуждането на един гигант. Ciela, 2018.
1891 Радев, Тодор Щерев. «Един пояс, един път»: китайската перспектива. Ентропи 1, 2017.
1892 Република Беларусь. Министерство образования. Новые горизонты — 2015: сборник материалов Белорусско-Китайского молодежного инновационного форума, 26—27 ноября 2015 г. БНТУ, 2015.
1893 Cjao, Генг. Modernizacija kineske ekonomije: institucionalna promena i strukturna

transformacija. Albatros plus, 2015.

1894 Скарлатов, Николай Христов. БРИКС: към нов световен ред: Бразилия, Русия, Индия, Китай, ЮАР. Изток-Запад, 2017.

1895 Сретков, Борислав. Защо и как Китай. Изд. авт., 2018.

1896 Стефанов, Нако Райнов, et al. Китай: социално-икономическо развитие от древността до наши дни. Изток-Запад, 2015.

1897 Українець, Лілія Анатоліївна. Економічна експансія Китаю в країни, що розвиваються: монографія. ПАІС, 2019.

1898 Хэ, Яоминь. Қытайдың экономикалық даму жолы. Шығыс әдебиеті және өнері, 2018.

1899 Цанг, Ђици. Трансформација модела привредног раста и унапређење индустрије у Кини. Чигоја штампа, 2019.

1900 Անանյան, Անուշ Լավրենտիի. Տնտեսական զարգացումը Չինաստանի ժողովրդական Հանրապետությունում. պատմություն, միտումներ և մարտահրավերներ : (Դասախոսության տեքստ). Հեղինակային հրատարակություն, 2016.

1901 Սահակյան, Մհեր. Չինաստանի «Մեկ գոտի, մեկ ճանապարհի» նախաձեռնությունը և Հայաստանը. Նորավանք, 2018.

1902 - לוינטר, איל. מה שמסתיר הדרקון : הסיפורים המרתקים החושפים את מה שבאמת מתרחש בכלכלת סין . אפוק טיימס ישראל, 2015.

文化教育体育

英语

1 Alford, William P. [et al.]. *An oral history of the Special Olympics in China. Volume 2: The movement.* Singapore: Springer, 2020.

2 Allen, Barry. *Striking beauty: a philosophical look at the Asian martial arts.* United States: Columbia University Press, 2015.

3 Allen, Franklin. *A review of China's institutions.* London: Centre for Economic Policy Research, 2018.

4 Armitage, John [et al.]. *Cultural histories, creative futures 2019: conference proceedings: the 3rd Joint British-Sino International Conference on the Cultural and Creative Industries: 15th & 16th July 2019.* Winchester: Winchester School of Art, University of Southampton, 2019.

5 Arrilucea, Eva; Kuittinen, Hanna. *Mission-oriented R&I policies: in-depth case studies: US SunShot Initiative and reflections of the Chinese solar energy policies: case study report.* Luxembourg: Publications Office of the European Union, 2018.

6 Baark, Erik; Sigurdson, Jon. *India-China comparative research: technology and science for development.* London: Routledge, 2017.

7 Baensch, Robert E. *The publishing industry in China.* London: Routledge, 2017.

8 Balbi, Gabriele [et al.]. *China and the global media landscape: remapping and remapped.* Newcastle-upon-Tyne: Cambridge Scholars Publishing, 2019

9 Bekken, Deborah A. [et al.]. *China: visions through the ages.* Chicago: The University of Chicago Press, 2018.

10 Bollen, James. *See You: the Shanghai issue.* London: Calverts, 2017.

11 *Bourdieu and Chinese education: inequality, competition, and change.* London: Routledge, 2018.

12 Bregnbæk, Susanne. *Fragile elite: the dilemmas of China's top university students.* United States: Stanford University Press, 2016.

13 Bridges, Brian; Chu, Marcus P. *The sports development of Hong Kong and Macau: new challenges after the handovers.* London: Routledge, 2019.

14 Burkinshaw, Paul. *The fall of the Southern Shaolin Temple and rise of the ten tigers of Canton.* Bloomington, Indiana: Author House UK, 2019.

15 Burrows, Karen. *Engaging Chinese students in teaching and learning at western higher education institutions.* United Kingdom: Cambridge Scholars, 2016.

16 Carbone, Iside. *China in the frame: materialising ideas of China in Italian museums.* United Kingdom: Cambridge Scholars, 2015.
17 Cen, Yuhao. *Student learning and development in Chinese higher education: college students' experience in China.* United Kingdom: Routledge, 2016.
18 Chakrabarti, Sreemati. *Higher education in India and China: select perspectives.* Delhi, India: Aakar, 2018.
19 Chan, Evelyn Tsz Yan [et al.]. *The value of the humanities in higher education: perspectives from Hong Kong.* Singapore: Springer, 2020.
20 Chan, Evelyn Tsz Yan; O'Sullivan, Michael. *The humanities in contemporary Chinese contexts.* Singapore: Springer, 2016.
21 Chan, Jachinson. *Chinese American masculinities: from Fu Manchu to Bruce Lee.* London: Routledge, 2020.
22 Chan, Kelly Kar Yue; Lau, Chi Sum Garfield. *Chinese culture in the 21st century and its global dimensions: comparative and interdisciplinary perspectives.* Singapore: Springer, 2020.
23 Chan, Philip Wing Keung [et al.]. *Public education reform and network governance: lessons from Chinese state-owned enterprise schools.* London: Routledge, 2019.
24 Chao, Hing. *Lingnan Hung Kuen: Kung Fu in cinema and community.* Kowloon, Hong Kong: City University of Hong Kong Press, 2018.
25 Che, Xianhui; Ip, Barry. *Social networks in China.* Oxford: Chandos Publishing, 2017.
26 Chen, Jiexiu. *Cross-cultural adaptation experiences of international scholars in Shanghai: from the perspective of organisational culture.* Singapore: Springer, 2020.
27 Chen, Qiongqiong. *Globalization and transnational academic mobility: the experiences of Chinese academic returnees.* Singapore/China: Springer / Higher Education Press, 2016.
28 Chen, Wenhong; Reese, Stephen D. *Networked China: global dynamics of digital media and civic engagement.* United States: Routledge, 2015.
29 Cheng, Baoyan. *The new Journey to the West: Chinese students' international mobility.* Singapore: Springer, 2020.
30 Cheng, Yin Cheong; Cheung, Alan Chi Keung. *Internationalization of higher education: the case of Hong Kong.* Singapore: Springer, 2016.
31 Cheung, Charles Chi-Wai. *Media power in Hong Kong: hyper-marketized media and cultural resistance.* United Kingdom: Routledge, 2016.
32 Cheung, Chau-kiu. *Creativity in Chinese contexts: sociocultural and dispositional analyses.* London: Routledge, 2019.
33 Cheung, Chi-Kim. *Media literacy education in China.* Singapore: Springer, 2016.
34 Chi, Xiaohong. *Cross-cultural experiences of Chinese immigrant mothers in Canada: challenges and opportunities for schooling.* Basingstoke: Palgrave Macmillan, 2020.
35 Choi, Sheena. *Gender, ethnicity, market forces, and college choices: observations of ethnic Chinese in Korea.* [Place of publication not identified]: Routledge, 2020.
36 Chong, Eric King-man. *From citizenship education to national education: perceptions of national identity and national education of Hong Kong's secondary school teachers.* London: Routledge, 2017.
37 Chong, Gladys Pak Lei. *Chinese subjectivities and the Beijing Olympics.* London; Lanham, Maryland: Rowman & Littlefield International Ltd, 2017.

38 Chou, Mark. *Political meritocracy and populism: cure or curse?* London: Routledge, 2019.
39 Chu, Lenora. *Little soldiers.* London: Piatkus, 2017.
40 Chu, Marcus P. *China's quest for sporting mega-events: the politics of international bids.* London: Routledge, 2020.
41 Ciupak, Yan Zhao; Johnstone, D. Bruce. *On the nexus of local and global: Chinese higher education and college students in the era of globalization.* United States: Ams Press, 2016.
42 Clements, Philip W. *Science in an extreme environment: the 1963 American Mount Everest expedition.* Pittsburgh, Pa.: University of Pittsburgh Press, 2018.
43 Coniam, David; Falvey, Peter. *High-stakes testing: the impact of the LPATE on English language teachers in Hong Kong.* Singapore: Springer, 2018.
44 Coniam, David; Falvey, Peter. *Validating technological innovation: the introduction and implementation of onscreen marking in Hong Kong.* Singapore: Springer, 2016.
45 Courtney, Michael. *Study skills for Chinese students.* United Kingdom: Sage, 2015.
46 Coverdale-Jones, Tricia; Rastall, Paul. *Internationalising the university: the Chinese context.* Cham: Palgrave Macmillan, 2019.
47 Cowan, Steven; Jin, Tinghe. *New directions for education in China.* United Kingdom: Inst of Education, 2015.
48 Crouch, Daniel R. *The Middle Kingdom: Zhongguo.* London: Daniel Crouch Rare Books, 2019.
49 *Cultural exchanges, property and cooperation: import restrictions: memorandum of understanding between the United States of America and China, signed at Beijing, January 10, 2019.* Washington, D.C.: United States Department of State, 2019.
50 Culp, Robert Joseph. *The power of print in modern China: intellectuals and industrial publishing from the end of empire to Maoist state socialism.* New York: Columbia University Press, 2019.
51 De Burgh, Hugo [et al.]. *China's media go global.* London: Routledge, 2017.
52 Deng, Zhihui. *A Parisian in Xi'an.* London, UK: ACA Publishing Ltd., 2017.
53 Dennis, Joseph. *Writing, publishing, and reading local gazetteers in imperial China, 1100-1700.* United States: Harvard University Asia Center, 2015.
54 Der Wende, Marijk van [et al.]. *China and Europe on the New Silk Road: connecting universities across Eurasia.* Oxford: Oxford University Press, 2020.
55 Dervin, Fred. *Chinese educational migration and student-teacher mobilities: experiencing otherness.* United Kingdom: Palgrave Macmillan, 2015.
56 Dervin, Fred. *Education systems and social justice: comparing and contrasting learning in China and Finland.* London: Routledge, 2019.
57 Dervin, Fred; Machart, Regis. *Intercultural communication with China: beyond (reverse) essentialism and culturalism?* Singapore: Springer, 2017.
58 Di, Xu; McEwan, Hunter. *Chinese philosophy on teaching and learning: Xue ji in the twenty-first century.* United States: State University of New York Press, 2016.
59 Diamantidaki, Fotini. *Mandarin Chinese Teacher education: issues and solutions.* London: IOE Press, 2018.
60 Du, Yuhong. *Research on compulsory education financing in China.* Germany: Springer, 2016.
61 Duhig, Holly. *Chinese culture.* King's Lynn: BookLife, 2017.
62 Edmunds, Nick. *Wushu were here: training Shaolin Kung Fu in China.* England: Nick Edmunds, 2020.

63 Epstein, Irving. *Chinese education: problems, policies, and prospects*. Abingdon, Oxon: Routledge, Taylor & Francis Group, 2018.

64 Fang, Zhongxiong. *Beijing model of gifted education and talent development*. Denmark: River Publishers, 2016.

65 Feng, Anwei; Adamson, Bob. *Trilingualism in education in China: models and challenges*. Netherlands: Springer, 2015.

66 Ferrara, Mark S. *Palace of ashes: China and the decline of American higher education*. United States: Johns Hopkins University Press, 2015.

67 Fraiberg, Steven. *Inventing the world grant university: Chinese international students' mobilities, literacies, and identities*. Logan: Utah State University Press, 2017.

68 Freedman, Shin; Munday, Patrick. *Narrative inquiries from Fulbright lecturers in China: cross-cultural connections in higher education*. New York: Routledge, 2019.

69 Fung, Dennis Chun-Lok. *Fostering critical thinking through collaborative groupwork: insights from Hong Kong*. Singapore: Springer, 2018.

70 Giles, Robert H. [et al.]. *Covering China*. Milton Park, Abingdon, Oxon; New York, NY: Routledge, Taylor & Francis Group, 2017.

71 Grasskamp, Anna [et al.]. *EurAsian matters: China, Europe, and the transcultural object, 1600-1800*. Cham, Switzerland: Springer, 2018.

72 Gong, Qian. *Children's healthcare and parental media engagement in urban China: a culture of anxiety?* United Kingdom: Palgrave Macmillan, 2016.

73 Gu, Jianmin. *Higher education in China*. Singapore: SPRINGER, 2018.

74 Gu, Mingyuan. *Portraits of Chinese schools*. Singapore: Springer; Beijing: Higher Education Press, 2017.

75 Gu, Qing. *The work and lives of teachers in China*. United Kingdom: Routledge, 2015.

76 Guo, Shibao; Guo, Yan. *Spotlight on China: changes in education under China's market economy*. Netherlands: Sense, 2016.

77 Guo, Shibao; Guo, Yan. *Spotlight on China: Chinese education in the globalized world*. Netherlands: Sense, 2016.

78 Hale, Christine; Ames, Roger. *The Chinese continuum of self-cultivation: a Confucian-Deweyan learning model*. United Kingdom: Cambridge Scholars, 2016..

79 Han, Jinghe. *Theorising culture: a chinese perspective*. Cham: Springer International Publishing: Imprint: Palgrave Pivot, 2020.

80 Han, Yuan. *Culture and security: a strategy for China*. United Kingdom: Paths International, 2016.

81 Hansen, Mette Halskov. *Educating the Chinese individual: life in a rural boarding school*. United States: University of Washington Press, 2015.

82 Hansen, Mette Halskov. *Lessons in being Chinese: minority education and ethnic identity in Southwest China*. Hong Kong, China: Hong Kong University Press, 2015.

83 Harfitt, Gary James. *Class size reduction: key insights from secondary school classrooms*. Singapore: Springer, 2015.

84 Harrison, John. *Trapped between cultures: the rude awakening of an English dilettante in China*. Ely, Cambridgeshire: Melrose Books, 2018.

85 Hayhoe, Ruth. *China through the lens of comparative education: the selected works of Ruth*

Hayhoe. United Kingdom: Routledge, 2015.

86 Hayhoe, Ruth. *Contemporary Chinese education.* London: Routledge, 2019.

87 Hayhoe, Ruth; Pan, Julia Nai-Rong. *Canadian universities in China's transformation: an untold story.* Canada: McGill-Queen's University Press, 2016.

88 He, Qiliang. *Newspapers and the journalistic public in Republican China: 1917 as a significant year of journalism.* London: Routledge, 2018.

89 Hearns-Branaman, Jesse Owen. *The political economy of news in China: manufacturing harmony.* United States: Lexington Books, 2015.

90 Ho, Wai-Chung. *Education, society, and cultures: Hong Kong higher education in transition.* United States: Nova Science, 2016..

91 Hockx, Michel [et al.]. *Women and the periodical press in China's long twentieth century: a space of their own?* Cambridge: Cambridge University Press, 2018.

92 Hsu, Shihkuan; Wu, Yuh-Yin. *Education as cultivation in Chinese culture.* Singapore: Springer, 2015.

93 Hu, Bo. *Educating migrant children in urban public schools in China: unravelling the implementation paradox.* Singapore: Springer, 2018.

94 Hu, Yongmei. *Evaluating research efficiency of Chinese universities.* Singapore: Springer, 2017.

95 Hua, Hannah Hui-Chen. *Gu wu for secondary Mandarin Chinese. Teacher pack & CD-ROM.* Oxford: Oxford University Press, 2017.

96 Huang, Eva; Benson, John. *Teacher management in China: the transformation of educational systems.* United Kingdom: Routledge, 2016.

97 Huang, Fuhua; Hong, Fan. *A history of Chinese martial arts.* London: Routledge, 2018.

98 Huang, Ju. *Pre-service teacher education and induction in Southwest China: a narrative inquiry through cross-cultural teacher development.* Cham: Palgrave Macmillan, 2018.

99 Huang, Miao. *Transformation of Chinese newspaper companies: management, production and administration.* London: Routledge, 2018.

100 Huang, Ronghuai [et al.]. *Current state of open educational resources in the "Belt and Road" countries.* Singapore: Springer, 2020.

101 Huang, Xuefeng. *Teacher education in professional learning communities: lessons from the reciprocal learning project.* Basingstoke, Hampshire: Palgrave Macmillan, 2018.

102 Huang, Yu. *The evolving landscape of media and communication in Hong Kong.* Kowloon, Hong Kong: City University of Hong Kong Press, 2018.

103 Hunter, Carman St. John; Keehn, Martha McKee. *Adult education in China.* London: Routledge, 2018.

104 Huo, Liyan. *Early childhood education in three cultures China, Japan and the United States.* Germany: Springer, 2015.

105 Inkster, Nigel. *China's cyber power.* [Place of publication not identified]: Routledge, 2018.

106 Jackson, Liz. *Contesting education and identity in Hong Kong.* London: Routledge, 2020.

107 Jiang, Heng. *Learning to teach with assessment: a student teaching experience in China.* Singapore: Springer, 2015.

108 Jiang, Lijing. *Educational memory of Chinese female intellectuals in early Twentieth Century.* Singapore: Springer, 2018.

109 Jiang, You Guo. *Liberal arts education in a changing society: a new perspective on Chinese*

higher education. United Kingdom: Brill, 2015.

110　Jiang, Yuhong. *A study on professional development of teachers of English as a foreign language in institutions of higher education in western China*. Berlin, Germany: Springer, 2017.

111　Judkins, Benjamin N; Nielson, Jon. *The creation of Wing Chun: a social history of the Southern Chinese martial arts*. United States: State University of New York Press, 2015.

112　Kajanus, Anni. *Chinese student migration, gender and family*. United Kingdom: Palgrave Macmillan, 2015.

113　Keane, Michael. *The Chinese television industry*. United Kingdom: Bfi, 2015.

114　Kember, David. *Understanding the nature of motivation and motivating students through teaching and learning in higher education*. Singapore: Springer, 2016.

115　Kirby, William C. *Experiences in liberal arts and science education from America, Europe, and Asia: a dialogue across continents*. United States: Palgrave Macmillan, 2016.

116　Kondo-Brown, Kimi; Brown, James Dean. *Teaching Chinese, Japanese, and Korean heritage language students: curriculum needs, materials, and assessment*. London: Routledge, 2017.

117　Kong, Peggy A. [et al.]. *Rural education in China's social transition*. London: Routledge, 2020.

118　Kong, Peggy A. *Parenting, education, and social mobility in rural China: cultivating dragons and phoenixes*. United Kingdom: Routledge, 2016.

119　Kumar, Sanjay [et al.]. *China, India and alternative Asian modernities*. Abingdon, Oxon; New York, NY: Routledge, 2019.

120　Kuo, Way. *Soulware: the American way in China's higher education*. Hoboken: Wiley-Scrivener, 2019.

121　Lam, Chi-Ming. *Childhood, philosophy and open society: implications for education in Confucian heritage cultures*. Singapore: Springer, 2015.

122　LaMuCuo, YiXi. *Becoming bilingual in school and home in Tibetan areas of China: stories of struggle*. Cham, Switzerland: Springer, 2019.

123　Law, Hau-fai Edmond. *Developing distributed curriculum leadership in Hong Kong schools*. London: Routledge, 2017.

124　Law, Wing-Wah. *Politics, managerialism, and university governance: lessons from Hong Kong under China's rule since 1997*. Singapore: Springer, 2019.

125　Lee, John Chi-Kin; Day, Christopher. *Quality and change in teacher education: Western and Chinese perspectives*. Germany: Springer, 2016.

126　Lee, John Chi-Kin; Yu, Zeyuan. *Educational development in Western China: towards quality and equity*. Netherlands: Sense Publishers, 2016.

127　Lei, Ya-Wen. *The Contentious Public Sphere: Law, Media, and Authoritarian Rule in China*. Princeton: Princeton University Press, 2018.

128　Leung, Grace L. K. *Innovative and creative industries in Hong Kong: a global city in China and Asia*. London: Routledge, 2018.

129　Lewis, Tania. *Telemodernities: television and transforming lives in Asia*. United States: Duke University Press, 2016.

130　Li, Deshun. *On Chinese culture*. Singapore: Springer, 2016.

131　Li, Jiajun. *The structure of Chinese values: indigenous and cross-cultural perspectives*. United

Kingdom: Paths International, 2016.

132 Li, Jian. *Conceptualizing soft power of higher education: globalization and universities in China and the World.* Singapore: Springer, 2018.

133 Li, Jian. *Global higher education shared communities: efforts and concerns from key universities in China.* Singapore: Springer, 2019.

134 Li, Jian. *Innovation competence model: shaping faculty academic innovation development in China's higher education.* London: Routledge, 2020.

135 Li, Jian. *Shaping education reform in China: overviews, policies and implications.* Singapore: Springer, 2020.

136 Li, Jilin. *Curriculum and practice for children's contextualized learning.* Berlin, Germany: Springer, 2018.

137 Li, Jun. *Quest for world-class teacher education?: a multiperspectival study on the Chinese model of policy implementation.* Germany: Springer, Published by Springer Nature, 2016.

138 Li, Ling [et al.]. *Reform and development of educational system: history, policy and cases.* Berlin, Germany: Springer, 2018.

139 Li, Mei. *Chinese television and soft power communication in Australia.* New York, NY: Anthem Press, an imprint of Wimbledon Publishing, 2020.

140 Li, Miao. *Citizenship education and migrant youth in China: pathways to the urban underclass.* United States: Routledge, 2015.

141 Li, Qingben. *Rethinking the relationship between China and the West through a focus on literature and aesthetics.* Newcastle upon Tyne: Cambridge Scholars Publishing, 2018.

142 Li, Shulei. *The "States" in villages: a look at schools in rural China.* Singapore: Springer, 2016.

143 Li, Wai-yee; Pines, Yuri. *Keywords in Chinese culture.* Hong Kong: The Chinese University of Hong Kong Press, 2020.

144 Li, Yulong. *Educational change amongst English language college teachers in China: transitioning from teaching for general to academic purposes.* Singapore: Springer, 2020.

145 Liang, Xiaoyan. *How Shanghai does it: insights and lessons from the highest-ranking education system in the world.* United States: World Bank, 2016.

146 Lin, Jinhui. *Chinese-foreign cooperation in running schools.* London: Routledge, 2019.

147 Liu, Betty. *My Shanghai: recipes and stories from a city on the water.* New York, NY: Harper Design, an Imprint of HarperCollins Publishers, 2020.

148 Liu, Dejian [et al.]. *Comparative analysis of ICT in education between China and Central and Eastern European countries.* Singapore: Springer, 2020.

149 Liu, Dejian. *Smart learning in smart cities.* Singapore: Springer, 2017.

150 Liu, Fang. *Paper flowers Chinese style: create handmade gifts and decorations.* New York, NY: Better Link Press, 2017.

151 Liu, Haiqin [et al.]. *Nordic-Chinese intersections within education.* Cham: Palgrave Macmillan, 2019.

152 Liu, Jing. *Inequality in public school admission in urban China: discourses, practices and new solutions.* Singapore: Springer, 2018.

153 Liu, Ming. *Understanding the impact of INSET on teacher change in China.* Singapore: Palgrave Macmillan, 2019.

154　Liu, Shuiyun. *Quality assurance and institutional transformation: the Chinese experience.* Singapore: Springer, 2016.

155　Liu, Shuning. *Neoliberalism, globalization, and 'elite' education in China: becoming international.* London: Routledge, 2020.

156　Liu, Xin. *Research on the development and education of 0-3-year-old children in China.* Berlin, Germany: Springer, 2019.

157　Liu, Xiufeng; Ma, Wen. *Confucianism reconsidered: insights for American and Chinese education in the 21st century.* Albany, NY: SUNY PRESS, 2018.

158　Liu, Yang. *East meets West.* Germany: Taschen, 2015.

159　Liu, Ye. *Higher education, meritocracy and inequality in China.* Singapore: Springer, 2016.

160　Liyanage, Indika; Badeng Nima. *Multidisciplinary research perspectives in education: shared experiences from Australia and China.* Netherlands: Sense Publishers, 2016.

161　Lloyd-Damnjanovic, Anastasya. *Overseas Chinese students and scholars in China's drive for innovation.* [Washington, D.C.]: U.S.-China Economic and Security Review Commission, 2020.

162　Lo, Kwai-Cheung; Yeung, Jessica. *Chinese shock of the anthropocene: image, music and text in the age of climate change.* Singapore: Palgrave Macmillan, 2019.

163　Lord, Gail Dexter [et al.]. *Museum development in China: understanding the building boom.* Lanham, Maryland: Rowman & Littlefield, 2019.

164　Lu, Yang. *Donglin Academy.* London: Xanadu, 2018.

165　Lu, Zhouxiang. *Chinese national identity in the age of globalisation.* Basingstoke: Palgrave Macmillan, 2020.

166　MA Hok-ka, Carol [et al.]. *Service-learning as a new paradigm in higher education of China.* East Lansing: Michigan State University Press, 2018.

167　Ma, Liping. *Knowing and teaching elementary mathematics: teachers' understanding of fundamental mathematics in China and the United States.* London: Routledge, 2020.

168　Ma, Yingyi. *Ambitious and anxious: how Chinese college students succeed and struggle in American higher education.* New York: Columbia University Press, 2020.

169　Mandy Stanley. *My first Mandarin word book.* London: Kingfisher, 2020.

170　Marone, Matt. *Teaching physics through ancient Chinese science and technology.* San Rafael, CA: Morgan & Claypool Publishers, 2019.

171　Maslak, Mary Ann. *Vocational education of female entrepreneurs in China: a multitheoretical and multidimensional analysis of successful businesswomen's everyday lives.* United Kingdom: Routledge, 2015.

172　Mcdonald, Tom. *Social media in rural China: social networks and moral frameworks.* United Kingdom: Ucl Press, 2016.

173　McNeil, James W. *Hsing-I chuan: the practice of heart and mind boxing.* London: Clink Street Publishing, 2018.

174　Meng, Xiangfei. *National image: China's communication of cultural symbols.* Singapore: Springer, 2020.

175　Miao, Zhenzhen. *The effectiveness of mathematics teaching in primary schools: lessons from England and China.* Abingdon, Oxon: Routledge, 2018.

176　Min, Min. *Improving competitiveness through human resource development in China: the role of vocational education.* London: Routledge, 2019.

177   Minford, John. *The best China: essays from Hong Kong.* Hong Kong: The Chinese University of Hong Kong, 2020.

178   Mitchell, Damo. *A comprehensive guide to Daoist Nei Gong.* New York: Cambria Press, 2018.

179   Morgan, W. John. *Handbook of education in China.* Cheltenham, UK; Northampton, MA: Edward Elgar Publishing, 2017.

180   Mu, Guanglun Michael. *Building resilience of floating children and left-behind children in China: power, politics, participation, and education.* London: Routledge, 2018.

181   Mu, Michael [et al.]. *Bourdieu and Chinese education: inequality, competition, and change.* New York: Routledge, 2019.

182   Navarre, Amber. *Technology-assisted instruction in teaching Chinese as a foreign language.* London: Routledge, 2017.

183   Newill, Kester. *Collins easy learning, Mandarin Chinese characters.* London: Collins, 2017.

184   Ning, Bo. *School climate matters: Shanghai schools from a comparative perspective.* London: Routledge, 2020.

185   Obendiek, Helena. *Changing fate: education, poverty and family support in contemporary Chinese society.* Germany: Lit, 2016.

186   Organisation for Economic Co-operation and Development. *Benchmarking the performance of China's education system.* Paris: OECD Publishing, 2020.

187   Organisation for Economic Co-operation and Development. *Global teaching insights: a video study of teaching.* Paris: OECD Publishing, 2020.

188   Pan, Maoyuan; Ji, Linying. *Selected academic papers of Pan Maoyuan on higher education.* Netherlands: Brill, 2016.

189   Pan, Su-Yan. *Higher education and China's global rise: a neo-tributary perspective.* London: Routledge, 2018.

190   Pang, Jeremy. *Hong Kong diner.* London: Quadrille, 2017.

191   Pang, Yuliang. *The Quintong Boat Festival.* London: Xanadu, 2019.

192   Pawan, Faridah [et al.]. *Teacher training and professional development of Chinese English language teachers: changing from fish to dragon.* London: Routledge, 2017.

193   Phillips, Carolyn J. *The dim sumfield guide: a taxonomy of dumplings, buns, meats, sweets, and other specialties of the Chinese teahouse.* United States: Ten Speed Press, 2016.

194   Pong, Myra. *Educating the children of migrant workers in Beijing: migration, education, and policy in urban China.* United Kingdom: Routledge, 2015.

195   Postiglione, Gerard A.; Jung, Jisun. *The changing academic profession in Hong Kong.* Cham: Springer, 2017.

196   Postiglione, Gerard A.; Ming, Julian Leung Yat. *Education and society in Hong Kong: toward one country and two systems.* Abingdon, Oxon: Routledge, 2018.

197   Print, Murray; Tan, Chuanbao. *Educating "good" citizens in a globalising world for the twenty-first century.* Netherlands: Sense Publishers, 2015.

198   Qin, Bei. *Why does China allow freer social media?: protests versus surveillance and propaganda.* London: Centre for Economic Policy Research, 2017.

199   Rajaram, Kumaran. *Educating Mainland Chinese learners in business education: pedagogical and cultural perspectives--Singapore experiences.* Cham, Switzerland: Springer, 2020.

200 Rao, Nirmala [et al.]. *Early childhood education in Chinese societies.* Dordrecht: Springer, 2017.

201 Rawnsley, Gary D.; Rawnsley, Ming-Yeh T. *Routledge handbook of Chinese media.* United Kingdom: Routledge, 2015.

202 Rea, Christopher G; Nicolai Volland. *The business of culture: cultural entrepreneurs in China and Southeast Asia, 1900-65.* Canada: UBC Press, 2015.

203 Redse, Arne. *"Justification by grace alone" facing Confucian self-cultivation: the Christian doctrine of justification contextualized to new Confucianism.* Netherlands: Brill, 2016.

204 Reynolds, Rosemary A. *Chinese students in UK further education: examining aspirations, motivations and choices.* London: Routledge, 2018.

205 Richardson, Thomas. *Extraordinary Chinese medicine: the extraordinary vessels, extraordinary organs, and the art of being human.* London: Singing Dragon, 2018.

206 Robin Jeffrey. *Media at work in China and India.* India: Sage Publications Ltd, 2015.

207 Rong, Yueming; O'Connor, Justin. *Cultural industries in Shanghai: policy and planning inside a global city.* Bristol: Intellect, 2018.

208 Rosen, Ross. *Heart shock: diagnosis and treatment of trauma with Shen-Hammer and classical Chinese medicine.* London: Xanadu Publishing Ltd. , 2018.

209 Rosenbaum, Arthur Lewis. *New perspectives on Yenching University, 1916-1952: a liberal education for a new China.* Netherlands: Brill, 2015.

210 Ruan, Ji. *Guanxi, social capital and school choice in China: the rise of ritual capital.* Switzerland: Cham Springer International Publishing Palgrave Macmillan, 2016.

211 Ryan, Janette. *Education in China: philosophy, politics and culture.* Cambridge, UK: Polity, 2019.

212 Sato, Mistilina. *Empowered educators in China: how high-performing systems shape teaching quality.* San Francisco: Jossey-Bass, 2017.

213 Schlein, Candace. *(Un)learning to teach through intercultural professional development.* Charlotte, NC: Information Age Publishing, Inc. , 2018.

214 Shankar, Ravi. *A field guide to Southern China.* Marylebone, London: Eyewear Publishing Ltd, 2019.

215 Shao, Jiang. *Citizen publications in China before the internet.* United States: Palgrave Macmillan,2015.

216 Shek, Daniel T. L. [et al.]. *Leadership: promoting leadership and intrapersonal development in university students.* New York: Nova Science Publishers, 2017.

217 Shek, Daniel T. L. [et al.]. *Service leadership education for university students.* New York: Nova Science Publishers, 2017.

218 Shek, Daniel T. L. [et al.]. *Service-learning for youth leadership: the case of Hong Kong.* Singapore: Springer, 2019.

219 Shek, Daniel T. L. *Psychosocial needs: success in life and career planning.* New York: Nova Science Publishers, Inc., 2017.

220 Shek, Daniel T. L.; Chung Po. *Promoting service leadership qualities in university students: the case of Hong Kong.* Singapore: Springer, 2015.

221 Shek, Daniel T. L.; Lee, Tak Yan. *Children and adolescents: future challenges.* United States: Nova Science Publishers, 2016.

222 Shek, Daniel T. L; Ma, Cecilia. *Education in Hong Kong: service leadership for university students*. United States: Nova Science, 2016.

223 Shek, Daniel T. L; Siu, Andrew M. H. *Higher education in Hong Kong: nurturing students to be caring service leaders*. United States: Nova Science, 2016.

224 Shek, Daniel T. L; Wu, Florence K. Y. *Adolescence: positive youth development programs in Chinese communities*. United States: Nova Science Publishers, 2016.

225 Shek, Daniel T. L; Wu, Florence K. Y. *Leadership and service learning education: holistic development for Chinese university students*. United States: Nova Science Publishers, 2015.

226 Shek, Daniel T.L. [et al.]. *Positive youth development: long term effects in a Chinese program*. New York: Nova Science Publishers, 2017.

227 Shih, Kwun Shun. *Gu wu for secondary Mandarin Chinese. Student book & CD-ROM*. Oxford: Oxford University Press, 2017.

228 Shin, Jung Cheol; Postiglione, Gerard A. *Mass higher education development in East Asia: strategy, quality, and challenges*. Switzerland: Springer, 2015.

229 Singh, Michael. *Localising Chinese: educating teachers through service-learning*. Basingstoke, Hampshire: Palgrave Macmillan, 2018.

230 Sinn, Elizabeth; Munn, Christopher. *Meeting place: encounters across cultures in Hong Kong, 1841-1984*. Hong Kong: Hong Kong University Press, 2017.

231 Solinger, Dorothy J. [et al.]. *Polarized cities: portraits of rich and poor in urban China*. Lanham: Rowman & Littlefield, 2019.

232 Somerville, Neil. *Your Chinese horoscope for each and every year*. London: HarperThorsons, 2017

233 Son, Suyoung. *Writing for print: publishing and the making of textual authority in late imperial China*. Cambridge: Harvard University Asia Center, 2018.

234 Soto, Carlos. *Critical pedagogy in Hong Kong: classroom stories of struggle and hope*. London: Routledge, 2019.

235 Sroufe, Del; Campbell, LeAnne. *The China study quick & easy cookbook: cook once, eat all week with whole food, plant-based recipes*. United States: Benbella Books, Inc., 2015.

236 Stokes-Rees, Emily W. *Imagining Asia: cultural citizenship and nation building in the national museums of Singapore, Hong Kong, and Macau*. London: Rowman & Littlefield International, 2019.

237 Studios, Quantum. *Phenomena: art of Asura*. Singapore: Basheer Graphic Books, 2015.

238 Sude [et al.]. *An introduction to ethnic minority education in China: policies and practices*. Berlin, Germany: ESPN: Springer, 2020.

239 Suebsman, Daniel. *Have a cup of tea!: Chinese porcelain and tea in North-West Germany*. Germany: Isensee Verlag, 2015.

240 Sullivan, Lawrence R; Liu, Nancy Y. *Historical dictionary of science and technology in modern China*. United States: Rowman & Littlefield International, 2015.

241 Sung, Joseph J. Y. *The principal's graduation: my heartfelt words*. Hong Kong: The Chinese University Press, 2018.

242 Sung, Ko-Yin [et al.]. *Teaching and learning Chinese as a second or foreign language: emerging trends*. Lexington Books, 2019.

243 Szablewicz, Marcella. *Mapping digital game culture in China: from Internet addicts to e-sports*

athletes. Basingstoke: Palgrave Macmillan, 2020.
244 T. Yang, Dennis. *American universities in Japan and China.* Lanham: Lexington Books, 2017.
245 Tan, Charlene. *Comparing high-performing education systems: understanding Singapore, Shanghai, and Hong Kong.* London: Routledge, 2018.
246 Tan, Charlene. *Educational policy borrowing in China: looking West or looking East?* United Kingdom: Routledge, 2016.
247 Tan, Hann Tzuu. *The beasts, the graves, and the ghosts: a study of contextualized preaching during Chinese festivals.* Carlisle: Langham Monographs, 2020.
248 Tan, Moon; Wang, Haitong. *Talk Chinese.* Hayes: Cypress Books, 2017.
249 Tang, Xujun [et al.]. *Development report on China's new media.* Singapore: Springer, 2017.
250 Tao, Xingzhi. *The transformation of Chinese traditional education: selected papers by Tao Xingzhi on education.* Netherlands: Brill, 2016.
251 Targowski, Andrew; Han, Bernard. *Chinese civilization in the 21st century.* United States: Nova Science Publishers, 2016.
252 Teoh, Karen M. *Schooling diaspora: women, education, and the overseas Chinese in British Malaya and Singapore, 1850s-1960s.* New York, NY: Oxford University Press, 2018.
253 Tian, Felicia F. *Higher education and career prospects in China.* Singapore: Palgrave Macmillan, 2020.
254 Tian, Huisheng. *Assessment report on Chinese primary school students' academic achievement: 4 subjects of grade 6 in primary school taken as examples.* Berlin: Springer, 2019.
255 Tian, Jie. *The way of archery: a 1637 Chinese military training manual.* United States: Schiffer Publishing, 2015.
256 Tian, Qingyan. *Glocalization and the development of a hybrid leadership model: a study of Chinese university presidents' experiences.* London: Routledge, 2020.
257 Tong, Jingrong. *Investigative journalism, environmental problems and modernisation in China.* United Kingdom: Palgrave Macmillan, 2015.
258 Trapp, James. *Chinese astrology: understanding your horoscope.* London: Amber Books, 2019.
259 Tsaih, Rua-Huan. *Managing innovation and cultural management in the digital era: the case of the National Palace Museum.* United Kingdom: Routledge, 2016.
260 Turner, Yvonne. *Education in the new China: shaping ideas at work.* London: Routledge, 2017.
261 United States [et al.]. *China's impact on the U.S. education system: hearing before the Permanent Subcommittee on Investigations of the Committee on Homeland Security and Governmental Affairs,* United States Senate, One Hundred Sixteenth Congress, first session, February 28, 2019. Washington: U.S. Government Publishing Office, 2019.
262 United States. Congress. Senate. Committee on Homeland Security and Governmental Affairs. Permanent Subcommittee on Investigations. *China's impact on the U.S. education system: Staff report.* Washington, D.C.: United States Senate, Permanent Subcommittee on Investigations, Committee on Homeland Security and Governmental Affairs, 2019.
263 United States. Congress. Senate. Committee on Homeland Security and Governmental Affairs. Permanent Subcommittee on Investigations. *China's talent recruitment plan case*

studies. Washington, D.C.: United States Senate, Permanent Subcommittee on Investigations, Committee on Homeland Security and Governmental Affairs, 2019.

264 Varsano, Paula M. *Rhetoric of hiddenness in traditional Chinese culture*. United States: State Univ of New York Pr, 2016.

265 Varty, Lindsay. *Sunset survivors: meet the people keeping Hong Kong's traditional industries alive*. Hong Kong: Blacksmith Books, 2018.

266 Vickers, Edward. *Education and society in post-Mao China*. London: Routledge, 2017.

267 Wallimann, Helen. *A Visit to Gansu Province for the Chinese New Year*. Leicester: Matador, 2020.

268 Walker, Allan. *Deciphering Chinese school leadership: conceptualisations, context and complexities*. London: Routledge, 2017.

269 Wang, Cangbai. *The Overseas Museums of China: diasporic histories and the cultural heritage of the homeland*. London: Routledge, 2020.

270 Wang, Chuang; Ma, Wen. *Chinese education from the perspectives of American educators: lessons learned from study-abroad experiences (hc)*. United States: Information Age Publishing, 2015.

271 Wang, Fang. *Navigating educational change in China: contemporary history and lived experiences*. Cham, Switzerland: Palgrave Macmillan, 2018.

272 Wang, Ge. *Pains and gains of ethnic multilingual learners in China: an ethnographic case study*. Singapore: Springer, 2016.

273 Wang, Jing. *The other digital China: nonconfrontational activism on the social web*. Cambridge, Massachusetts: Harvard University Press, 2019.

274 Wang, Klavier J. *Hong Kong popular culture: worlding film, television, and pop music*. Basingstoke: Palgrave Macmillan, 2020.

275 Wang, Li. *A comparative study on the role of universities in transformation of knowledge and skills in rural areas*. India: Sage Publications India, 2015.

276 Wang, Lihong. *Chinese students, learning cultures and overseas study*. United States: Palgrave Macmillan, 2015.

277 Wang, Lixun. *Trilingual education in Hong Kong primary schools*. Cham, Switzerland: Springer, 2019.

278 Wang, Lu; Lewin, Keith. *Two decades of basic education in rural China: transitions and challenges for development*. Singapore: Springer, 2016.

279 Wang, Lu; Lewin, Keith. *Two decades of compulsory education in rural China: transition and challenges for rich, poor and national minority areas*. Singapore: Springer, 2016.

280 Wang, Pu. *The translatability of revolution: Guo Moruo and twentieth-century Chinese culture*. Cambridge, Massachusetts: Published by the Harvard University Asia Center, 2018.

281 Wang, Xi. *The discursive construction of intercultural understanding in China: a case study of an international baccalaureate diploma program*. United States: Lexington Books, 2015.

282 Wang, Xinyuan. *Social media in industrial China*. United Kingdom: UCL Press, 2016.

283 Wee, Edmund. *Why do the Chinese shout "yam seng"? and other questions*. Singapore: Epigram Books, 2017.

284 Wei, Shuge. *News under fire: China's propaganda against Japan in the English-language press, 1928-1941*. Hong Kong: Hong Kong University Press, 2017.

285 Wen, Xiaohong. *Studies on learning and teaching Chinese as a second language.* London; New York: Routledge, 2018.

286 White, Gordon. *Party and professionals: the political role of teachers in contemporary China.* [Place of publication not identified]: Routledge, 2017.

287 Wilczewski, Michał. *Intercultural experience in narrative: expatriate stories from a multicultural workplace.* Amsterdam; Philadelphia: John Benjamins Publishing Company, 2020.

288 Willis, Paul E. *Being modern in China: a Western cultural analysis of modernity, tradition and schooling in China today.* Cambridge, UK, 2020.

289 Wong, Ovid K. *Distilling Chinese education into 8 concepts.* Lanham: Rowman & Littlefield Publishers, 2017.

290 Woronov, T. E. *Class work: vocational schools and China's urban youth.* United States: Stanford University Press, 2016.

291 Wu, Bin; Morgan, John. *Chinese higher education reform and social justice.* United Kingdom: Routledge, 2016.

292 Wu, Jinting. *Fabricating an educational miracle: compulsory schooling meets ethnic rural development in southwest China.* United States: State University of New York Press, 2016.

293 Wu, Ka-Ming. *Reinventing Chinese tradition: the cultural politics of late socialism.* United States: University of Illinois Press, 2015.

294 Wu, Xinxun [et al.]. *New media and transformation of social life in China.* Thousand Oaks: SAGE Publications Inc, 2017.

295 Wu, Xinyi. *Educational journeys, struggles and ethnic identity: the impact of state schooling on Muslim Hui in rural China.* Basingstoke, Hampshire: Palgrave Macmillan, 2017.

296 Xia, Liang. *A discourse analysis of news translation in China.* London: Routledge, 2019.

297 Xian, Huiping. *Business research methods for Chinese students: a practical guide to yourr esearch project.* Los Angeles: SAGE, 2018.

298 Xiao, Wei. *Epistemology of news frame.* London: Routledge, 2019.

299 Xie, Ailei. *Family strategies, guanxi, and school success in rural China.* United Kingdom: Routledge, 2016.

300 Xie, Yungeng. *New media and China's social development.* Singapore: Springer, 2017.

301 Xiong, Weiyan. *Ethnic minority-serving institutions: higher education case studies from the United States and China.* Basingstoke: Palgrave Macmillan, 2020.

302 Xu, Shuqin. *School leadership, citizenship education and politics in China: experiences from junior secondary schools in Shanghai.* Singapore: Springer, 2016.

303 Xu, Xiaozhou. *Educational policies and legislation in China.* Singapore: Springer, 2018

304 Xu, Xing [et al.]. *The Eastern train on the Western track: an Australian case of Chinese doctoral students' adaptation.* Singapore: Springer, 2020.

305 Xue, Eryong. *The Chinese education policy landscape: a concept-added policy chain analysis.* Singapore: Springer, 2019.

306 Yamada, Naomi C. F. *Preferential education policies in multi-ethnic China: national rhetoric, local realities.* London: Routledge, 2020.

307 Yan, Fengmin. *Image, reality and media construction: a frame analysis of German media representations of China.* Singapore: Springer, 2019.

308 Yan, Kun. *Chinese international students' stressors and coping strategies in the United States.* Singapore: Springer, 2017.

309 Yang, Dennis Tao. *The pursuit of the Chinese dream in America: Chinese undergraduate students at American universities.* United States: Lexington Books, 2015.

310 Yang, Hongzhi. *Teacher mediated agency in educational reform in China.* Switzerland: Springer, 2015.

311 Yang, Miaoyan. *Learning to be Tibetan: the construction of ethnic identity at Minzu University of China.* Lanham: Lexington Books, 2017.

312 Yang, Peidong. *International mobility and educational desire: Chinese foreign talent students in Singapore.* United States: Palgrave Pivot, 2016.

313 Yang, Rui. *Third delight: the internationalization of higher education in China.* New York: Routledge, 2018.

314 Yang, Weipeng. *Early childhood curriculum in Chinese societies: policies, practices and prospects.* London: Routledge, 2019.

315 Ye, Lei Lily. *Intercultural experience and identity: narratives of Chinese doctoral students in the UK.* Basingstoke, Hampshire: Palgrave Macmillan, 2018.

316 Yochim, Lorin Geoffrey. *Navigating the aspirational city: urban educational culture and the revolutionary path to socialism with Chinese characteristics.* Leiden; Boston: Brill Sens 2017.

317 You, Zhuran. *The philosophy of Chinese moral education: a history.* Basingstoke, Hampshire: Palgrave Macmillan, 2018.

318 Yu, Lu. *University students: promotion of holistic development in Hong Kong.* New York: Nova Science Publishers, 2017.

319 Yu, Min. *The politics, practices, and possibilities of migrant children schools in contemporary China.* United States: Palgrave Macmillan, 2016.

320 Yu, Yu. *Strategy and performance of knowledge flow: university-industry collaborative innovation in China.* Cham: Springer, 2018.

321 Yuan, Vivian Yuan. *The economic logic of Chinese cultural-creative industries parks: Shenzhen and Guangzhou.* Basingstoke: Palgrave Macmillan, 2020.

322 Yuchi, Zhao; Jing Liu. *Developing support systems for rural teachers' continuing professional development.* India: Sage Publications India, 2015.

323 Yue, Xiaodong. *Idol worship in Chinese society: a psychological approach.* London: Routledge, 2018.

324 Yun, Qidong. *China's publishing industry: from Mao to the market.* Oxford: Chandos Publishing, 2018.

325 Zan, Luca. *Heritage sites in contemporary China: cultural policies and management practices.* London: Routledge, 2018.

326 Zanella, Nik. *Children of the Tide: an exploration of surfing in dynastic China.* Portomaggiore: Nik Zanella, 2019.

327 Zang, Xiaowei; Zhao, Lucy Xia. *Handbook on the family and marriage in China.* Cheltenham, UK: Edward Elgar Publishing, 2017.

328 Zarrow, Peter Gue. *Educating China: knowledge, society and textbooks in a modernizing world, 1902-1937.* United Kingdom: Cambridge University Press, 2015.

329 Zeng, Haijun. *Approach of ICT in education for rural development: good practices from*

developing countries. United States: Sage, 2015.

330 Zeng, Yuan. *Reporting China on the rise: habitus and prisms of China correspondents.* London: Routledge, 2019.

331 Zhang, Cynthia Baiqing. *Identity and social networks: a case of Chinese graduate students in the United States.* Lanham: Lexington Books, 2020.

332 Zhang, Dongmei. *The situation of Chinese students in Germany: an intercultural perspective and study.* Germany: Utz, 2015.

333 Zhang, Guozuo. *Research outline for China's cultural soft power.* Singapore: Springer, 2017.

334 Zhang, Hua; Pinar, William F. *Autobiography and teacher development in China: subjectivity and culture in curriculum reform.* United States: Palgrave Macmillan, 2015.

335 Zhang, Limei. *Metacognitive and cognitive strategy use in reading comprehension: a structural equation modelling approach.* Singapore: Springer, 2018.

336 Zhang, Lubei. *Bilingual education and minority language maintenance in China: the role of schools in saving the Yi language.* Cham, Switzerland: Springer, 2019.

337 Zhang, Shixin Ivy. *Chinese war correspondents: covering wars and conflicts in the twenty-first century.* Singapore: Palgrave Macmillan, 2016.

338 Zhang, Xiaoling; Wasserman, Herman. *China's media and soft power in Africa: promotion and perceptions.* United Kingdom: Palgrave Macmillan, 2016.

339 Zhang, Xing. *The Chinese community in Calcutta: preservation and change.* Germany: UVHW, Universitätsverlag Halle-Wittenberg, 2015.

340 Zhang, Xiudi. *Chinese international students and citizenship: a case study in New Zealand.* Singapore: Springer, 2020.

341 Zhang, Yu. *National college entrance exam in China: perspectives on education quality and equity.* Singapore: Springer, 2016.

342 Zhao, Guoping; Deng, Zongyi. *Re-envisioning Chinese education: the meaning of person-making in a new age.* United Kingdom: Routledge, 2015.

343 Zhao, Weili. *China's education, curriculum knowledge and cultural inscriptions: dancing with the wind.* London: Routledge, 2018.

344 Zhao, Xu. *Competition and compassion in Chinese secondary education.* United States: Palgrave Macmillan, 2015.

345 Zhao, Yunze. *A history of journalism and communication in China.* London: Routledge, 2018.

346 Zheng, Hongying. *Teacher beliefs as a complex system: English language teachers in China.* Switzerland: Springer, 2015.

347 Zheng, Jinming [et al.]. *Sport policy in China.* London; New York, NY: Routledge, 2019

348 Zheng, Qinhua. *The development of MOOCs in China.* Singapore: Springer, 2018.

349 Zheng, Qinhua; Ma, Dongming. *Adult competencies for lifelong learning: BILS survey in Beijing 2012.* Denmark: River Publishers, 2016.

350 Zhixun, Guan. *Body and politics: elite disability sport in China.* New York: Nova Science Publisher's, 2018.

351 Zhou, Haitao [et al.]. *Private education in China: achievement and challenge.* Singapore: Springer, 2018.

352 Zhou, Xuelin. *Youth culture in Chinese language film.* United Kingdom: Routledge, 2016.

353 Zhou, Zhuying; Spangler, Jonathan. *Chinese education models in a global age.* Singapore:

Springer, 2016.
354 Zhu, Jiabin. *Understanding Chinese engineering doctoral students in U.S. institutions: a personal epistemology perspective.* Singapore: Springer, 2017.
355 Zhu, Jiani. *Chinese overseas students and intercultural learning environments: academic adjustment, adaptation and experience.* United Kingdom: Palgrave Macmillan, 2016.
356 Zhu, Xudong. *Faculty development in Chinese higher education: concepts, practices, and strategies.* Singapore: Springer, 2019.
357 Zhu, Yongxin. *Advice on the education of China: works by Zhu Yongxin on education.* United States: Mcgraw-Hill Education, 2015.
358 Zhu, Yongxin. *Analects of educational psychology.* United States: Mcgraw-Hill, 2016.
359 Zhu, Yongxin. *New education experiment in China: works by Zhu Yongxin on education.* United States: Mcgraw-Hill Education, 2015.
360 Zhu, Yongxin. *The history of Chinese contemporary educational thoughts.* United States: Mcgraw-Hill, 2016.

法语

361 Bouchot, Jean. *Croquis des moeurs pékinoises: scènes de la vie des hutongs.* Paris: les Éditions du Pacifique, 2016.
362 Chan Tat Chuen, William. *Dialogue culturel entre les cuisines chinoise et française: canard laqué, canard au sang.* Paris: les Éditions de l'Épure, 2016.
363 Chan Tat Chuen, William. *Fêtes et banquets en Chine.* Arles: Éditions Philippe Picquier, 2017.
364 Chang, Zonglin. *Guide de la culture chinoise.* Pékin: Tsinghua University press; Quebec; New Delhi: Royal Collins publishing Group Inc., 2018.
365 Cheval, Jérémy. *Vies d'un lilong.* Paris: les Xérographes, 2016.
366 Coron, Édith; Garrigue, Anne. *Les nouveaux éclaireurs de la Chine: hybridité culturelle et globalisation.* Paris: Manitoba: les Belles Lettres, 2015.
367 Dervin, Fred. *La Chine autrement: perspectives interculturelles critiques.* Paris: l'Harmattan, 2015.
368 Guo, Yufei. *Politique linguistique intérieure de la Chine: entre unité et diversité.* Paris: l'Harmattan, 2018.
369 Huang, Chuanhui. *Je veux aller à l'école: Opération espoir.* Paris: Éditions You feng, 2018.
370 Javary, Cyrille. *La souplesse du dragon: les fondamentaux de la culture chinoise.* Paris: Albin Michel, 2017.
371 Lagorce, Stéphan. *Cuisine, marxisme et autres fantaisies: Pékin 1984, un récit culinaire.* Paris: les Éditions de l'Épure, 2017.
372 Lauwaert, Françoise. *«Quel dommage que tu ne sois pas un garçon!»: rencontres avec des femmes remarquables en Chine impériale.* Bruxelles: Académie Royale de Belgique, 2020.
373 Lebigot, Lionel. *Aux sources du karaté: Fujian et Okinawa.* Neuilly: Atlande, 2017.
374 Lee, Hsin-I; Xu, Yiru. *Regards croisés sur la didactique, l'éducation et la culture sino-françaises.* Paris: l'Harmattan, 2018.

375 Liang, Shuming. *Aspects de la culture chinoise*. Paris: Nuvis éditions, 2019.
376 Liu, Tiannan. *L'image de la Chine chez le passeur de culture François Cheng*. Paris: l'Harmattan, 2015.
377 Liu, Yang. *Adultes/enfants, mode d'emploi*. Cologne; [Paris]: Taschen, 2018.
378 Loubes, Jean-Paul. *La Chine et la ville au XXIe siècle: la sinisation urbaine au Xinjiang ouïghour et en Mongolie intérieure*. Paris: Éditions du Sextant, 2015.
379 Mei, Duanmu [et al.]. *L'Université franco-chinoise dans l'histoire: 1920-1950*. Paris: Éditions You Feng, 2020.
380 Pimpaneau, Jacques. *Chine, culture et traditions*. Arles: Éditions Philippe Picquier, 2015.
381 Prospective et Innovation. *Les atouts en Chine du savoir-faire français: sports, loisirs, environnement*. Paris: Ginkgo, 2018.
382 Soune-Seyne, Idriss [et al.]. *La danse du lion dans la communauté sinoise réunionnaise et à Taïwan: étude des pratiques de médiation interculturelle*. Saint-Denis (Réunion): Presses universitaires indianocéaniques, 2020.
383 Tang, Jialu. *Le modèle de l'enseignement supérieur chinois dans le cadre de la globalisation*. Paris: Éditions You Feng, 2015.
384 Tison, Brigitte. *Enseignante en Chine du Nord: à l'Institut des langues étrangères de Dalian, 1997-1998*. Paris: l'Harmattan, 2020.
385 Van Staen, Christophe. *La Chine au prisme des lumières françaises*. Bruxelles: Académie royale de Belgique, 2016.
386 Wang, Lijuan. *L'école chinoise et l'action affirmative envers ses minorités: entre égalité et reconnaissance*. Paris: l'Harmattan, 2018.
387 Will, Pierre-Étienne; Zink, Michel. *Jean-Pierre Abel-Rémusat et ses successeurs: deux cents ans de sinologie française en France et en Chine*. Paris: Académie des inscriptions et belles-lettres, 2020.
388 Vandermeersch, Léon. *Ce que la Chine nous apprend: sur le langage, la société, l'existence*. [Paris]: Gallimard, 2019.
389 Zhang, Xiaoyu. *L'enseignement du français et la diffusion de la culture française: la culture des élèves de français langue étrangère au Yunnan*. Paris: Glyphe, 2015.

德语

390 Berger, Yvonne. *Biographische Orientierungen im Bildungsverlauf: eine rekonstruktive Studie im städtischen China*. Wiesbaden, Germany: Springer VS, 2020.
391 Buch, Hans Christoph. *Kulturschock China oder: wie ich die Grosse Mauer erklomm: Erzählungen und Essays*. Schiedlberg/Austria: BACOPA VERLAG, 2019.
392 Burgmann, Timo Daniel. *Management-Ausbildung in China*. Hamburg: Dr. Kovač, 2015.
393 Capaul, Severin. *Chinas Weg zur Fussballmacht: wie die Chinesen den Fussball aufmischen*. Norderstedt: BoD – Books on Demand, 2019.
394 Chen, Max Luo-Xiang. *Die Rezeption und Entwicklung der westlichen bzw. deutschen Pädagogik in Taiwan: Sichtweisen der Geisteswissenschaftlichen Pädagogik und der*

Kritischen Erziehungswissenschaft. Baden-Baden: Ergon Verlag, 2018.
395　Chen, Yan. *Chinesische Folklore.* Schiedlberg: BACOPA Verlag, 2015.
396　Cheng, Wenting. *Chinesische Esskultur im Zeitalter der Globalisierung: das Chu-Restaurant als nationaler Bestandteil einer globalen Esskultur.* Weimar: Bauhaus Universitätsverlag, 2017.
397　Drenkelfort, Jörg. *Sieben Jahre China: Erfahrungen aus dem Reich der Mitte.* Bonn: Drenkelfort, Jörg, 2017.
398　Golissa, Gabriele. *Qigong: eine Entdeckungsreise.* Missoula, MT, USA: Tian Books, 2019.
399　Guo, Qijia; Schulte, Peter (Übers.). *Die Historie der chinesischen Erziehungsphilosophie.* Wien: LIT Verlag, 2020.
400　Hägele, Werner. *Kampfkunst in China: drei kulturphilosophische Essays.* München: Homo Ludens Verlag, 2016.
401　Harre, Simone. *China, wer bist du?: eine Reise in die Seele eines unbekannten Landes.* Berlin: Reisedepeschen, 2020.
402　Heubel, Volker. *Qigong-Wissenschaft und Kultur in China: Zhineng Qigong im Diskurs über Qigong, kulturelle Identität und Kultur.* Berlin; Münster: LIT, 2018.
403　Kaminski, Gerd et al. *Der Fremde kennt nicht unsere Wege: Chinaknigge für Langnasen.* Schiedlberg/Austria: BACOPA Verlag, 2020.
404　Kaminski, Gerd. *Von roten Schleiern und bunten Eiern: chinesische Lebensbräuche.* Schiedlberg/Austria: BACOPA Verlag, 2017.
405　Kerner, Linda. *Universale Logik in heterogenen Kulturräumen: eine theoretisch-empirische Untersuchung zum Vergleich Deutschland - Taiwan.* Wiesbaden, Germany: Springer, 2019.
406　Kispal, Margriet Gabrielle von. *Goldene Haarnadeln in silbernen Vasen: kulturhistorische Notizen zur Katze im alten China.* München: Utz, 2015.
407　Koblin, Li-Hong; Weber-Loewe, Sabine H. *Teezeit.* Esslingen: Drachenhaus Verlag, 2017.
408　Leimeister, Jan Marco; Klusmeyer, Jens. *Export beruflicher Aus- und Weiterbildung: Entwicklung und Evaluation kultursensitiver Lerndienstleistungen am Beispiel China.* Wiesbaden, Germany: Springer Gabler, 2020.
409　Leitner, Miriam; Romberg-Frede, Theresia. *Anders gleich: 45 Perspektiven auf Leben und Alltag in China.* Esslingen: Drachenhaus Verlag, 2020.
410　Li, Junmin. *Policy-Transfer von deutschen Evaluationskonzepten der Berufsbildung nach China: eine Analyse am Beispiel des Peer-Review-Verfahrens.* Wiesbaden, Germany: Springer VS, 2017.
411　Linnemann, Maja. *Letzte Dinge: Tod und Bestattungskultur in China.* Esslingen: Drachenhaus Verlag, 2020.
412　Liu, Mei-Ling. *Lehrerhabitus an exklusiven Schulen in China und Deutschland.* Wiesbaden: Springer VS, 2018.
413　Ma, Xiaojuan; Becker, Florian. *Business-Kultur in China: China-Expertise in Werten, Kultur und Kommunikation.* Wiesbaden: Springer Gabler, 2015.
414　Ploberger, Florian. *Chinesische Astrologie: die Jahre 2021 bis 2030.* Schiedlberg/Austria: BACOPA VERLAG, 2020.
415　Pohl, Karl-Heinz. *China für Anfänger: eine faszinierende Welt entdecken.* Bochum: Europäischer Universitätsverlag et al., 2020.

416 Pscheiden, Daniela. *Die Wiener in China: Fluchtpunkt Shanghai: little Vienna in Shanghai.* Wien: Amalthea, 2020.

417 Pu, Xiaoyi. *Architektonisches China in den Augen einer jungen chinesischen Architektin.* Berlin, Bochum, Dülmen: Europäischer Universitätsverlag, 2020.

418 Raschke, Nicole. *Umweltbildung in China: explorative Studien an Grünen Schulen.* Münster: Verl.-Haus Monsenstein und Vannerdat, 2015.

419 Ritzl, Alexander. *Mein Jahr in Wudang: eine Reise ins alte China.* München: Andreas Leffler Medienverlag, 2020.

420 Schmidt-Yin, Meng. *Private Museen für Gegenwartskunst in China: Museumsentwicklung in der chinesischen Kultur- und Gesellschaftstransformation.* Bielefeld: transcript, 2019.

421 Schnarr, Alexander. *Berufsschullehrkräfte aus China und ihre professionellen Orientierungen.* Opladen; Berlin: Verlag Barbara Budrich, 2016.

422 Schreiber, Rene. *China Von Shanghai über Ma'anshan und Nanjing nach Beijing (Peking): Reiseführer durch die Volksrepublik China.* Berlin: epubli, 2019.

423 Schreiber, Rene. *Leben in China: Einblick ins Leben der Chinesen.* Berlin: epubli, 2020.

424 Schreiber, Rene. *Sport und Medien in der Volksrepublik China.* Berlin: epubli, 2019.

425 Steinberg, Silke. *Kooperative Entwicklung von Altenpflegeausbildung für China: ein Modell für den Bildungsexport.* Berlin: LIT, 2016.

426 Stockmann, Reinhard; Meyer, Wolfgang. *Chinas Berufsbildung im Wandel: 30 Jahre Entwicklungszusammenarbeit mit der Hanns-Seidel-Stiftung.* Münster; New York: Waxmann, 2017.

427 Sun, Xiaokang. *Bildung für eine nachhaltige Entwicklung in chinesischen Grundschulen: Implementierung über Schülerpartizipation im Unterricht.* Wiesbaden: Springer VS, 2018.

428 Szurawitzki, Michael. *Nicht Lost in Germanistik: Essays zu Forschung und Lehre in China.* Würzburg: Königshausen & Neumann, 2020.

429 Trumpa, Silke (Hrsg.). *Die Bildungssysteme der erfolgreichsten PISA-Länder: China, Finnland, Japan, Kanada und Südkorea.* Münster; New York: Waxmann, 2017.

430 Unverzagt, Christian. *Die Klassischen Schriften des Taijiquan: Theorie - Praxis - Kulturgeschichte.* Norderstedt: BoD – Books on Demand, 2019.

431 Vermeer, Manuel. *KulturSchock China.* Bielefeld: Reise Know-How Verlag Peter Rump, 2018.

432 Vogelsang, Kai. *China und Japan: zwei Reiche unter einem Himmel: eine Geschichte der sino-japanischen Kulturbeziehungen.* Stuttgart: Kröner Verlag, 2020.

433 Wagner, Monika; Friedrich, Michael (Hrsg.). *Steine: kulturelle Praktiken des Materialtransfers.* Berlin; Boston: De Gruyter, 2017.

434 Wagner, Tina et al. *Gong Fu Cha: vom Tee als Handwerkskunst und vom bewussten Geniessen.* Thun: Werd & Weber Verlag AG, 2019.

435 Wang, Hsiao-Ling. *Schüler mit Migrationshintergrund als Gegenstand der Interkulturellen Pädagogik: ein Vergleich zwischen Deutschland und Taiwan.* Hamburg: Verlag Dr. Kovač, 2019.

436 Wang, Lei. *John Deweys pragmatische Pädagogik und ihr Einfluss auf die Pädagogik in China 1917 bis 1937.* Wiesbaden, Germany: Springer VS, 2019.

437 Waxmann, Münster. *Vom Nachdenken zum Vordenken: Chinas Weg zu nachhaltiger Umweltbildung.* Christina Hansen and Kathrin Plank, 2019.

438 Xie, Cheng. *Kultursensible Rhythmik und Jing Ju („Pekingoper"): ein musik- und bewegungspädagogisches Konzept für China.* Mainz: Schott Music et al., 2020.

439 Zhang, Ye. *Das Studienmodell an der dualen Hochschule in Deutschland und seine Adaption in China.* Hamburg: Verlag Dr. Kovač, 2016.

440 Zheng, Weijian; Weirich, Brit. *Das große Buch der chinesischen Horoskope.* Köln: Anaconda, 2020.

441 Zhou, John. *Die traditionelle Kultur Chinas: Kompendium.* Bad Pyrmont: OZV, 2016.

西班牙语

442 Domínguez Carrasco, Daniel. *Reflexiones y vivencias sobre el desarrollo del fútbol en China.* Vigo: MCSports, 2019.

443 Hua, Mei. *Vestimenta en la cultura china.* Madrid: Popular, D.L., 2016.

444 Liu, Junru. *Alimentos en la cultura china.* Madrid: Popular, D.L., 2016.

445 Rijckenborgh, Jan van. *La gnosis china: primera parte del Tao Te King de Lao Tse.* Villamayor, Zaragoza: Fundación Rosacruz, 2015.

446 Wang, Xuewen. *Fiestas tradicionales en la cultura china.* Madrid: Popular, D.L., 2016.

俄语

447 Аликберова, Альфия Рафисовна; Валеев, Р. М. *Россия - Китай: отношения в области культуры и образования (1990-2000-е гг.).* Казань: Изд-во Казанского ун-та, 2017.

448 Бай Сяобинь; Чжень Чжилянь. *Становление образования в контексте взаимодействия культуры Востока и Запада: (на материалах системы высшего образования в Китае).* Новосибирск: Изд-во ЦРНС, 2017.

449 Бакаева, Эльза Петровна и др. *Трансграничная культура: очерки сравнительно-сопоставительного исследования традиций западных монголов и калмыков.* Элиста: КалмНЦ РАН, 2016.

450 Беляева, Екатерина Александровна; Грунт, Е. В. *Взаимодействие российских и китайских вузов в общемировом образовательном пространстве.* Екатеринбург: Изд-во УГГУ, 2020.

451 Богачихин, Май Михайлович. *Уроки китайской гимнастики. 2-е изд.* Москва: Амрита-Русь, 2016.

452 Болотова, Елена Леонидовна; Ло Ваньци. *Российско-китайские проекты по подготовке педагогических кадров.* Москва: МПГУ, 2019.

453 Борисенков, Владимир Пантелеймонович; Мэй Ханьчэн ред. сост. *Россия - Китай: тенденции развития образования в XXI веке: сравнительный анализ.* Москва: Наука, 2019.

454 Бражник, Евгения Ивановна и др. *Тенденции развития научно-образовательной среды в современных университетах Китая и России.* Санкт-Петербург: Свое изд-во, 2019.

455　Валеева, Раушан Сириновна. *Развитие академической мобильности в системе высшего образования Китая: монография.* Казань: Изд-во КНИТУ, 2019.

456　Ван Чаньцзюань. *Книгоиздание в Китае: современное состояние и перспективы развития [Книга: Сибирь - Евразия: труды I Международного научного конгресса]. Том 1.* Новосибирск: ГПНТБ СО РАН, 2017.

457　Виногродская, Вероника Брониславовна сост. ред. *Человек и культура Востока: исследования и переводы, 2017-2018.* Москва: ИДВ РАН, 2018.

458　Гране, Марсель. *Китайская цивилизация: Марсель Гране.* Москва: Алгоритм, 2018.

459　Гу Вэйле. *Общий обзор китайской культуры.* [пер. с кит. Гэ Яньлэй, У Сяося, Ван Юе]. Санкт-Петербург: Нестор-История; Москва: [б. и.], 2020.

460　Гурулева, Татьяна Леонидовна. *Система образования Китайской Народной Республики и российско-китайское образовательное сотрудничество.* Москва: ВКН, 2018.

461　Данилова, А. В. ред. *Актуальные проблемы художественного образования России и Китая: материалы Международной научно-практической конференции, Владимир, 25 сентября 2018 года.* Владимир: ВлГУ, 2018.

462　Дерюгин, Павел Петрович и др. *Университеты, предпринимательство и ценности: сравнительный анализ России и Китая.* Санкт-Петербург: Изд-во СПбГЭТУ "ЛЭТИ", 2020.

463　Дун Яфэн. *Радиовещание в системе современных СМИ Китая.* Москва: Этносоциум, 2020.

464　Задорожин, Вадим Алексеевич и др. *Китайские студенты в России и российские студенты в КНР: общее и особенное в социальных портретах.* Хабаровск: Изд-во ТОГУ, 2018.

465　Зубарев, Александр Евстратьевич; Пинегина, И. Т. *Научно-методическое и нормативно-правовое обеспечение российско-китайских совместных образовательных программ.* Хабаровск: Изд-во ТОГУ, 2018.

466　ИДВ РАН. *Китай, китайская цивилизация и мир. История, современность, перспективы: тезисы докладов XXIII Международной научной конференции, Москва, 24-25 октября 2018 г.* Москва: ИДВ РАН, 2018.

467　Ишутина, Юлия Александровна. *Китайский опыт нравственного воспитания: восхождение к идеалу.* Владивосток: Изд-во ДВФУ, 2018.

468　Кварталова, Наталия Леонидовна; Ван Ицзюнь ред. *Россия и Китай: диалог культур: статьи, доклады, тезисы: I и II Международные конференции (Чэнду - Москва, 2018).* Чэнду: [б. и.]; Москва: ФГБУН Ин-т Дальнего Востока РАН, 2019.

469　Кислюк, Лев. *Учитесь играть в китайские шахматы сянци.* Москва: ИП Артамонов А. В., 2016.

470　Коростовец, Иван Яковлевич. *Китайцы и их цивилизация. Семья, наука, искусство. Русские и европейцы в Пекине.* Изд. 2-е. Москва: URSS: Ленанд, 2015.

471　Кузьмин, Сергей Владимирович; Куюмчян, Н. Ю. *Цигун: базовый курс для идеального здоровья и долголетия.* Москва: А-проджект, 2018.

472　Кучинская, Татьяна Николаевна и др. *Китайская культура в условиях модернизации.* Чита: Забайкальский гос. ун-т, 2019.

473　Ли Лянь. *Подлинная традиция тренировочного комплекса тайцзицюань мастера Ян*

Шаохоу: в передаче мастера У Тунаня). [пер. с кит. А. О. Милянюка]. Москва: ИДВ РАН, 2019.

474 Ли Лянь. *Подлинная традиция тренировочного комплекса тайцзицюань.* [пер. с кит. А. О. Милякова]. Москва: ИДВ РАН, 2018.

475 Лу Хуачжао. *Развитие вокально-исполнительского потенциала китайских студентов в процессе музыкального образования: монография.* Воронеж: Воронежский гос. пед. ун-т, 2019.

476 Луба, Елена Станиславовна. *Китайская омолаживающая и оздоровительная система Ху Чун Гонг: тайна вечной молодости китайских императоров. Изд. 4-е.* Москва: Ленанд, cop. 2015.

477 Макеева, Светлана Борисовна. *Иркутская область в системе образовательного российско-китайского сотрудничества: (опыт сравнительно-социологического анализа).* Иркутск: Изд-во ИГУ, 2018.

478 Науч. совет РАН по проблемам комплексного изучения современного Китая ИДВ РАН. *Тезисы докладов XXII Международной научной конференции «Китай, китайская цивилизация и мир. История, современность, перспективы», Москва, 12-13 октября 2016 г.* Москва: ИДВ РАН, 2016.

479 Непомнин, Олег Ефимович и др. *Китайская культура. Древность, Средневековье, Новое и Новейшее время.* Москва: ИВ РАН, 2019.

480 Отдел истории и культуры Древнего Востока, ИВ РАН.*Индия - Тибет: текст и интертекст в культуре = India - Tibet: text and intertext in culture: «Рериховские чтения» в Институте востоковедения РАН, 2012-2015.* Москва: Изд. дом ЯСК: Языки славянской культуры, 2017.

481 Оуян Сюэмэй. *Современная китайская культура.* [пер. с кит. Татьяна Карпова, Тао Лицзяо]. Санкт-Петербург: Изд-во Санкт-Петербургского гос. экономического ун-та, 2017.

482 Поздняков, Игорь Александрович. *Экспорт российского образования в КНР: методическое пособие.* Санкт-Петербург: Книжный дом, 2016.

483 Сюй Цзялян. *Настольные интеллектуальные игры в Древнем Китае.* [перевод: Владимир Нестеров]. Санкт-Петербург: ВВМ, 2017.

484 Ся Мэн; Царева, Н. Ю. *Культура Китая: страницы прошлого.* Москва: Наука - Восточная литература, 2019.

485 Тарабарко, Ксения Александровна. *Мягкая сила культуры Китая: концепция и практика.* Чита: ЗабГУ, 2020.

486 Терентьева, Т. В. ред. *Россия и Китай в условиях многополярного мира: вызовы образованию и науке: материалы Третьего Международного магистерского форума (13 сентября 2017 года).* Владивосток: Изд-во ВГУЭС, 2017.

487 Ушаков, Александр Геннадьевич. *Цигун. Простые упражнения для поддержания тонуса организма.* Москва: Эксмо, 2020.

488 Фэн Цзунжэнь. *Институционализация современной художественной культуры в контексте культурных индустрий (на примере АРВМ КНР).* Чита: ЗабГУ, 2020.

489 Фэн Цзунжэнь. *Основные тенденции современной художественной культуры АРВМ КНР.* Иркутск: ЗабГУ, 2020.

490 Хао Пин. *Пекинский университет и генезис высшего образования в Китае.* [пер. с кит. К.

А. Орышич]. Москва: Восток-Бук, 2016.

491 Харитонова, Елена Юрьевна ред. *Китайская цивилизация в диалоге культур: материалы III Международной научно-практической студенческой конференции (г. Москва, МГОУ, 25 февраля 2020 г.)*. Москва: ИИУ МГОУ, 2020

492 Ху Яньли. *Специфика глобализационных процессов в культуре Китая: монография*. Владивосток: Изд-во ДВФУ, 2018.

493 Хуан Чжунцзин. *Китайский путь развития фундаментального образования*. [перевод с китайского Ван Юе и др.]. Санкт-Петербург: Нестор-История, 2020.

494 Цой, Евгений Борисович ред. *Институту Конфуция 10 лет*. Новосибирск: Изд-во НГТУ, 2017.

495 Цыремпилова, Ирина Семеновна ред. *Актуальные проблемы литературоведения, языкознания и культуры Восточной Сибири, Монголии и Китая: сборник материалов II Международной конференции молодых учёных*. Улан-Удэ: Издательско-полиграфический комплекс ФГБОУ ВО ВСГИК, 2019.

496 Цыремпилова, Ирина Семеновна; Серебрякова З. А. ред. *Актуальные проблемы литературоведения, языкознания и культуры Восточной Сибири, Монголии и Китая: сборник научных статей / Министерство культуры Российской Федерации, ФГБОУ ВО «Восточно-Сибирский государственный институт культуры»*. [ответственные редакторы: Цыремпилова И. С., Серебрякова З. А.]. Улан-Удэ: ФГБОУ ВО ВСГИК, 2018.

497 Цыремпилова, Ирина Семеновна; Серебрякова, З. А. ред. *Актуальные проблемы литературоведения, языкознания и культуры Восточной Сибири, Монголии и Китая: сборник материалов III Международной научно-практической конференции молодых ученых*. [переводчик: Хобракова Л. М]. Улан-Удэ: Издательско-полиграфический комплекс ФГБОУ ВО ВСГИК, 2020.

498 Чжао Цзинь. *Духовно-нравственное воспитание студентов в системах музыкального образования Китая и России: монография*. Волгоград: Принт Терра-Дизайн, 2019.

499 Чжао Юн. *Кто боится большого злого дракона?: почему в Китае лучшая (и худшая) система образования в мире*.[перевод с английского Ирины Полоноской]. Москва. Изд. дом Высш. шк. экономики, 2017.

500 Чжень Чжилянь; Бай Сяобинь. *Влияние европейской системы образования на образование в Китае*. Новосибирск: Изд-во ЦРНС, 2017.

501 Чжоу Юй; Абрамова, Н. А. *Практики развития социокультурного пространства китайского приграничья в условиях межкультурного взаимодействия = Development practice of sociocultural space at the Chinese border under the intercultural exchange: монография*. Москва: Библио-Глобус, 2016.

502 Чувалов, Евгений Владимирович. *ДАДАО*. Сочи: Кривлякин С. П., 2019.

503 Чувалов, Евгений Владимирович; Пастухов А. В. *Китайские кортики (кортики «Вампу»)*. Сочи: Оптима (ИП Кривлякин С. П.), 2019.

504 Чэнь, Чжан; Куликова, С. В. *Гуманистические традиции семейного воспитания в России и Китае*. Волгоград: ВГАПО, 2017.

505 Янь Шуфан. *Культурная регионализация: опыт России и Китая в практиках развития социокультурного пространства = Cultural regionalization: experience of Russia and China in practices of the development of socio-cultural space*. Москва: Библио-Глобус, 2018.

日语

506 アナトラ・グリジャナティ.中国の少数民族教育政策とその実態：新疆ウイグル自治区における双語教育.三元社，2015.

507 お茶の水女子大学グローバル協力センター.国際調査報告書「国連・持続可能な開発目標の17ゴールに関するテーマ」「開発途上国の女子教育、基礎教育、ノンフォーマル教育に関するテーマ」：グローバル社会における平和構築のための大学間ネットワークの創成-女性の役割を見据えた知の国際連携平成29年度版.お茶の水女子大学グローバル協力センター，2018.

508 阿部泰記.宣講による民衆教化に関する研究.汲古書院，2016.

509 阿部洋.日本植民地教育政策史料集成.龍溪書舎，2019.

510 阿古智子［ほか］.変容する中華世界の教育とアイデンティティ.国際書院，2017.

511 草津祐介，都留文科大学.日中比較による中国写字書法教育史の基礎的研究：中華人民共和国建国を起点として.草津祐介，2020.

512 陳翀.日宋漢籍交流史の諸相：文選と史記、そして白氏文集.大樟樹出版社，2019.

513 陳虹彣.日本統治下の教科書と台湾の子どもたち.風響社，2019.

514 川端晶子，澤山茂.応用自在な調理の基礎：フローチャートによる系統的実習書中国料理篇.建帛社，2018.

515 代玉.中国の素質教育と教育機会の平等：都市と農村の小学校の事例を手がかりとして.東信堂，2018.

516 渡昌弘.明代国子監政策の研究.汲古書院，2019.

517 二見剛史.日中の道，天命なり：松本亀次郎研究.学文社，2016.

518 方光鋭.中国清末民初期の修身教科書と日本.東方書店，東京.

519 福井和雄.新中国切手2019.日本郵趣協会，2018.

520 高静.中国の希望格差：「コネ社会」における大学生就職意識調査.幻冬舎メディアコンサルティング，2019.

521 髙綱博文［ほか］.戦時上海のメディア：文化的ポリティクスの視座から.研文出版，2016.

522 関根宗中.茶道と中国文化（別タイトル：Chado & Chinese Culture）.淡交社，2016.

523 黄福涛，李敏.中国における高等教育の変貌と動向：2005年以降の動きを中心に.広島大学高等教育研究開発センター，2016.

524 磯部香，黄一峰.日中における幼児教育とジェンダー：「教育家族」の中の父親役割.アジア女性交流・研究フォーラム，2019.

525 吉岡勝美.新しい中国点心：生地からわかる基本とバリエーション.柴田書店，2015.

526 吉松孝.中国テレビ業界潮流と可能性：テレビの世界からアプローチする中華圏.東京図書出版，2016.

527 見城悌治.留学生は近代日本で何を学んだのか：医学・園芸・デザイン・師範.日本経済評論社，2018.

528 教員研修センター.平成27年度教育課題研修指導者海外派遣プログラム研修成果報告書：「学校と地域等の連携」台湾（I-2団）.教員研修センター，2016.

529 金湘斌，大久保英哲.纏足から天然足へ：日本統治前期台湾の学校女子体育.不昧堂出版，2015.

530 井桁良樹．現代に生きる老四川：伝統四川料理を現代の技で継承する．旭屋出版，2018.
531 井上達男．山と人21号（特別号）．神戸大学山岳会，2016.
532 井上克人．東アジア圏における文化交渉の軌跡と展望．関西大学東西学術研究所，2020.
533 科学技術振興機構中国総合研究・さくらサイエンスセンター．日中の中高等職業教育制度．科学技術振興機構中国総合研究・さくらサイエンスセンター，2018.
534 科学技術振興機構中国総合研究交流センター．産学連携に関する日中比較．科学技術振興機構中国総合研究交流センター，2015.
535 孔喆．図説国子監：中国歴代王朝における最高学府．科学出版社東京，2019.
536 李国棟．稲作文化にみる中国貴州と日本．雄山閣，2015.
537 笠尾恭二．中国武術史大観．国書刊行会，2019.
538 林伯原．中国武術史：先史時代から十九世紀中期まで．技藝社，2015.
539 林圭子．五感で楽しむ中国茶：季節とともに、人生の折節とともに．オフィスエム，2015.
540 鈴木香代．二十四節気の中国茶席のしつらえ．優しい食卓，2016.
541 馬麗華．中国都市部における社区教育政策．大学教育出版，2016.
542 梅村尚樹．宋代の学校：祭祀空間の変容と地域意識．山川出版社，2018.
543 青木豊，張哲．中国博物館学序論．雄山閣，2019.
544 清水豊．中国武術秘訣：太極拳・君子の武道．ビイング・ネット・プレス，2015.
545 阮将軍．中国湖南省の少数民族花瑶族女性の服飾文化．デザインエッグ，2019.
546 山口香苗．市民がつくる社会の学び：台湾「社区大学」の展開と特質．大学教育出版，2020.
547 宋恩栄，余子侠．日本の中国侵略植民地教育史4（別タイトル：台湾編）．明石書店，2016.
548 孫安石，大里浩秋．中国人留学生と「国家」・「愛国」・「近代」．東方書店，2019.
549 湯城吉信，大阪府立大学工業高等専門学校．普遍性と多様性を考慮した漢文教材の開発．湯城吉信，2016.
550 陶徳民．西教東漸と中日事情：拝礼・尊厳・信念をめぐる文化交渉．関西大学出版部，2019.
551 田和正孝．石干見の文化誌：遺産化する伝統漁法．昭和堂，2019.
552 王帥．中国における大学奨学金制度と評価．東信堂，2016.
553 呉宏明．日本統治下台湾の教育認識：書房・公学校を中心に．春風社，2016.
554 呉愈暁．中国の教育改革．浙江出版集団東京，2018.
555 西川真子．論文とエッセイ．名古屋外国語大学出版会，2018.
556 霞．文革後中国基礎教育における「主体性」の育成．東信堂，2015.
557 夏坂真澄，稲葉雅人．日本と中国「歴史の接点」を考える：教科書にさぐる歴史認識改訂版．主婦と生活社，2015.
558 小道迷子，渡邉豊沢．日本猫ワタナベのニャンでも比較文化論．芸術新聞社，2018.
559 小林善文．中国の教育救国：近現代教育家評伝．汲古書院，2016.
560 篠崎美生子．1910～30年代の文化メディアにおける日中相互表象の形成と展開．篠崎美生子，2018.
561 新保敦子．日本占領下の中国ムスリム：華北および蒙疆における民族政策と女子教育．

早稲田大学出版部，2018.

562　徐航明．中華料理進化論．イースト・プレス，2018.

563　旭屋出版編集部．広東料理焼物の真髄：名職人の"焼味"の技とおいしさの解明．旭屋出版，2018.

564　岩間一弘．中国料理と近現代日本：食と嗜好の文化交流史．慶應義塾大学出版会，2019.

565　岩田康之，三石初雄．教員養成における「実践的」プログラム：中国の知見に学ぶ．東京学芸大学出版会，2019.

566　岩佐光晴，成城大学．東アジアにおける木彫像の樹種と用材観に関する調査研究．岩佐光晴，2018.

567　塩入すみ．ロケーションとしての留学：台湾人留学生の批判的エスノグラフィー．熊本学園大学付属海外事情研究所，2019.

568　楊春華．中国における「一人っ子」の家庭教育の特質：親の教育意識構造をめぐって．青山社，2018.

569　桜美林大学・北京大学学術交流論集編集委員会．日中新時代の基本的視座：教育・環境・文化から．はる書房，2018.

570　早稲田大学教育総合研究所．東アジア地域における小学校英語教育：日・中・韓の国際比較．学文社，2019.

571　斎木喜美子，福山市立大学．川平朝申のライフコースを基軸とした戦前から戦後沖縄の教育・文化実践史研究．斎木喜美子，2016.

572　戦前期中国関係雑誌細目集覧刊行会．戦前期中国関係雑誌細目集覧．三人社，2018.

573　張磊．中国の茶文化について．皇學館大学出版部，2015.

574　中島恵．中国人エリートは日本をめざす：なぜ東大は中国人だらけなのか？．中央公論新社，2016.

575　中津幸久．北京1998：中国国外退去始末記．集広舎，2019.

576　種籽設計．台灣漬：二十四節氣の保存食：食物風土．翔泳社，2019.

577　周慧梅．中国教育．科学出版社東京，2018.

578　朱永新．中国教育史 古代篇．科学出版社東京，2018.

579　朱永新．中国教育史 近現代篇．科学出版社東京，2018.

阿拉伯语

580　شي تشياو جيوان. التعليم والعلوم في الصين. بيت الحكمة للاستثمارات الثقافية ,2017.

其他语种

581　Bakioğlu, Ayşen. Çin'de eğitim. Nobel Akademik Yayıncılık, 2017.

582　Banio, Adrianna. Turystyka olimpijska: moje pierwsze igrzyska. Zapol Sobczyk Spółka Jawna, 2020.

583　Bizon, Wojciech. Chińskie sztuki walki: ciało, umysł, sport i tradycja. Wydawnictwo

Uniwersytetu Gdańskiego, 2020.
584 Blažek, Václav. Raní Indoevropané v Centrální Asii a Číně: kulturní vztahy v zrcadle jazyka. NLN, Nakladatelství Lidové noviny, 2017.
585 Brylewska, Justyna Redakcja. Chiny: w kręgu nowych kultów. Wydawnictwo Adam Marszałe, 2015.
586 Chu, Lenora. Kis katonák: egy amerikai kisfiú, a kínai oktatási rendszer és az érvényesülés a világban. HVG Kv., 2019.
587 Chua, Amy. Kaplan anne'nin zafer marşı. Aura Kitapları, 2016.
588 Eötvös Loránd Tudományegyetem (Budapest). Konfuciusz Intézet. Kínai - magyar kulturális kapcsolatok 70 éve. Holnap, 2019.
589 Fajcsák Györgyi. Az ősi Kína kincsei: élet az ázsiai birodalom központjaiban: kiállítási katalógus. Iparműv. Múz., 2015.
590 Fidan, Giray. Cumhuriyet'in Çinli misafirleri. Türkiye İş Bankası Kültür Yayınları, 2019.
591 Haakestad, Jorunn. Porselen og revolusjon: Johan Munthe og Kina-samlingen i Bergen. Fagbokforl., 2018.
592 Heroldová, Helena. Říše středu = Middle Kingdom. Národní muzeum, 2015.
593 Jiang, Xue-Qin. China criativa: novo paradigma chinês para o currículo educacional. Kelps, 2018.
594 Jin, Zhouying. Az emberiség jövője: globális civilizáció és Kína megújulása. Pallas Athéné Kvk., 2019.
595 Johannessen, Randi M. Kinesisk porselen i Norge på 1700-tallet. Museumsforl., 2018.
596 Kakkonen, Marja-Liisa. Elämyksiä, kokemuksia ja kulttuuria: Xamkin Kiina-yhteistyön alkuvaiheita. Kaakkois-Suomen ammattikorkeakoulu, 2020.
597 Kiss Attila Csaba. Kínai könyvtárügy, 1860-2016. [Kiss A. Cs.], 2018.
598 Kraushārs, Franks. Civilizācijas nospiedumi: grāmatu kultūra literārajā Ķīnā no 10. līdz 20. gs. = Imprint of Civilization: Book Culture in Literary China, (AD 900-1900). Latvijas Universitāte: Harro von Hirschheydt apgāds, 2015.
599 Künstler, Mieczysław Jerzy. Dzieje kultury chińskiej. Wydawnictwo Naukowe PWN, 2019.
600 Łakomska, Bogna. Kolekcjonerstwo w Chinach do XII wieku n.e. Polski Instytut Studiów nad Sztuką Świata, 2015.
601 Lê, Tiên Diệu. Bảo tàng Trung Quốc. Nhà xuất bản Tổng hợp T.P. Hồ Chí Minh, 2015.
602 Lê, Tiên Diệu. Bảo tàng Trung Quốc. Nxb. Tp. Hồ Chí Minh, 2015.
603 Leu Tzu-ling. A civilizáció lenyomata: a könyvek káprázatos útja. Guojia tushuguan, 2016.
604 Luostarinen, Heikki. Kiinan median suuri harppaus. Into, 2017.
605 Matias, José Carlos. 15 anos depois: a imprensa portuguesa de Macau. Fundação Rui Cunha, 2016.
606 Moestl, Bernhard. Jednejte jako šaolinští mistři: osm kroků k úspěšné změně. Beta, 2017.
607 Motoh, Helena. Nacija s kitajskimi značilnostmi: razmislek o medsebojnem konstruiranju kitajske nacije in kulture v 20. stoletju in naprej. Univerzitetna založba Annales, 2015.
608 Mudra, Václav. Drak ve stínu lva = Long zai shi zi de ying zi. ČBF s.r.o., 2019.
609 Nguyễn Thị Thu Phương. Sức mạnh mềm văn hoá Trung Quốc tác động tới Việt Nam và một số nước Đông Á: Sách tham khảo. Chính trị Quốc gia, 2016.
610 Osińska, Małgorzata. Międzymiejsce: współczesny Hongkong w poszukiwaniu własnej

611 Rajczyk, Robert. Oblicza współczesnej propagandy: przypadek chińsko-tajwańskiej wojny informacyjnej. Wydawnictwo Uniwersytetu Śląskiego, 2019.
612 Savaş, Vural Fuat. Bilmediğimiz Çin. Efil Yayınevi, 2016.
613 Schreiber, Hanna. Niematerialne dziedzictwo kulturowe: doświadczenia w ochronie krajów Europy Środkowej i Wschodniej oraz Chin: 10-lecie wejścia w życie Konwencji UNESCO z 2003 roku w perspektywie zrównoważonego rozwoju. 2017.
614 Sifei. Sifeiho velký průvodce: setkat se s národními klíčovými památkami v Číně. Marketpro, 2017.
615 Song, Šuhung. Studiranje u Kini: vodič kroz Kinu. Svetionik plus, 2017.
616 Späth, Thomas. Šaolin: tajemství vnitřní síly. Knižní klub, 2016.
617 Szymczyński, Tomasz R. Polityka drogi okrężnej jako strategia sensu w chińskim obszarze kulturowym z perspektywy hermeneutyki wielojęzykowości. Uniwersytet im. Adama Mickiewicza w Poznaniu Wydawnictwo Naukowe Wydziału Nauk Politycznych i Dziennikarstwa UAM, 2020.
618 Tai, Hsuan-An. Ideogramas e a cultura chinesa. É Realizações, 2017.
619 Tribuna Graphic 2020 (Expoziție internațională de grafică); 2020; Cluj-Napoca. Tribuna Graphic 2020 = expoziție de grafică din Kong Kong şi Taiwan. Tribuna, 2020.
620 Wang, Bolu. Nauka, technologia i edukacja. Time Marszałek Group, 2019.
621 Wang, Kai. Historia chińskiego sportu. Time Marszałek Group, 2017.
622 Ye, Lang. Vështrime në kulturën kineze. Ombra GVG, 2017.
623 Zhang, Lan. Dialóg kultúr 2010-2015. Štátna vedecká knižnica, 2015.
624 Zhu, Yongxin. Educația chineză azi. Corint Books, 2019.
625 Zhu, Yongxin. Eksperyment Nowej Edukacji w Chinach. Time Marszałek Group, 2019.
626 Zhu, Yongxin. Noua educație în China: un experiment reușit. Corint Books, 2020.
627 Zmeškal, Ondřej. Temnotou po Velké čínské zdi. Apis Press, 2017.
628 Αλεξίου, Μαρία. Τα μεγάλα μνημεία του παγκόσμιου πολιτισμού: Κίνα - Πήλινος Στρατός. Φιλοσοφική Εταιρεία, 2016.
629 Александров, Дориян Венков. Класически текстове на Син-И-Цюан: «бокс на насочената воля». Аратрон, 2020.
630 Алиханқызы, Гулия. Қытай Халық Республикасының орта білім берудегі тиімді әдістемелік жүйесін Қазақстанда жүзеге асыру. 2018.
631 Ван Дацзюнь и др. Белорусско-китайский культурный и образовательный диалог: история и современное состояние: сборник научных статей. Республиканский институт высшей школы, 2017.
632 Васильченко, Н. В. (Надежда Васильевна). Китай глазами белорусских студентов. Позитив-центр, 2017.
633 Величко, Валентин Вікторович. Культурні індустрії Китаю: регіональний вимір. Українська академія друкарства, 2019.
634 Динг Хао. Здравей, Китай: мултимедиен културен поглед в 100 теми: двуезично издание. Ентропи 1, 2015.
635 Динг Хао. По следите на древността: световното културно и природно наследство в Китай. Ентропи 1, 2019.

636 Дукова, Йоанна Димитрова. История за бъдещето: организация и управление на музейната дейност в Китайската народна република. Матадор 74, 2018.

637 Лоу Юйле. Духоўныя асновы кітайскай культуры: пераклад з кітайскай. Восточная культура, 2020.

638 Мишкевич, М. В. (Михаил Вацлавович). Картина мира через призму китайской и белорусской культур: сборник статей международной научно-практической конференции, Минск, 14 декабря 2018 г. Белорусский государственный аграрный технический университет, 2019.

639 Мишкевич, М. В. (Михаил Вацлавович). Картина мира через призму китайской и белорусской культур: сборник статей международной научно-практической конференции, Минск, 6 декабря 2019 г. Колорград, 2020.

640 Попок, Н. В. (Наталия Всеволодовна). Картина мира через призму китайской и белорусской культур: сборник статей научно-практического круглого стола, Минск, 15 декабря 2017 г. Издательский центр БГУ, 2018.

641 Тјен, Ју. Kineska riznica kulture. Čigoja štampa, 2015.

642 Хе Фен. Культура гармонії: пер. з кит. ArtHuss, 2019.

643 Хмельницкий, Н. Н. (Николай Николаевич). Белорусско-китайский культурный и образовательный диалог: история, современное состояние, перспективы: сборник научных статей. Республиканский институт высшей школы, 2016.

644 Хмельницкий, Н. Н. (Николай Николаевич). Китайско-белорусские языковые, литературные и культурные связи: история и современность: материалы международной научной конференции, Минск, 17—18 мая 2019 г. БГУ, 2019.

645 Хотченко, Ірина Анатоліївна. Організація контролю навчальних досягнень студентів у вищих закладах освіти Китаю в другій половині XX століття. УІПА, 2018.

646 Чжу Фен. Организация управления внедрением государственных стандартов физической подготовленности студентов в высших учебных заведениях Китайской Народной Республики: монография. Бровин А. В., 2019.

647 מוריה, אברהם. נמר בהיר דרקון אפל : אמנויות לחימה סיניות בראי התרדוח מדף בית הוצאה לאור, 2018.

语言文字

英语

1 A Yi. *Two lives: tales of life, love & crime*. London: Flame Tree Press, 2020.
2 Abish, Aynur. *Modality in Kazakh as spoken in China*. Germany: Harrassowitz Verlag, 2016.
3 Abraham, Wendy. *Chinese for dummies*. Hoboken, NJ: For Dummies, 2018.
4 Adelson-Goldstein, Jayme. *Oxford picture dictionary. English*. Oxford: Oxford University Press, 2017.
5 Amelung, Iwo; Kurtz, Joachim. *Reading the signs: philology, history, prognostication: festschrift for Michael Lackner*. München: Iudicium, 2018.
6 Ao, Benjamin. *Nantong Chinese*. London: Routledge, 2020.
7 Beattie, Susie. *Collins easy learning Mandarin Chinese dictionary*. London: Collins, 2019.
8 Benkato, Adam. *Studies in the Sogdian epistolary tradition*. Turnhout: Brepols, 2018.
9 Berlitz Publishing. *Mandarin Chinese phrase book & dictionary*. New York: Berlitz Publishing, 2018.
10 Blažek, Václav. *Early Indo-Europeans in Central Asia and China: cultural relations as reflected in language*. Innsbruck: Institut für Sprachen und Literatur der Universität Innsbruck, Bereich Sprachwissenschaft, 2017.
11 Bod-kyi Gro-ba-mi'i thob-thang dang Mang-gtso phel-rgyas Lte-gnas-khang (Dharmsāla, India). *Bilingual education policy in Tibet: the systematic replacement of Tibetan language with Mandarin Chinese*. Dharamsala, H.P., India: Tibetan Centre for Human Rights & Democracy, 2017.
12 Burch, Yan. *Mandarin B for the IB diploma*. London: Hodder Education, 2018.
13 Burch, Yan. *Mandarin chinese. Cambridge IGCSE*. London: Hodder Education, 2017.
14 Burgh, Hugo de. *China's media in the emerging world order*. London: University of Buckingham Press, 2017.
15 Cai, Qiao Yu. *Chinese as a second and foreign language education: pedagogy and psychology*. Basingstoke, Hampshire: Palgrave Macmillan, 2018.
16 Cai, Shenshen. *State propaganda in China's entertainment industry*. United Kingdom: Routledge, 2016.
17 Canepari, Luciano. *Chinese pronunciation & accents: geo-social applications of the natural phonetics & tonetics method*. Germany: Lincom Gmbh, 2015.
18 Chai, Donglin. *Action! China: a field guide to using Chinese in the community*. London:

Routledge, 2017.
19　Chan, Shelby Kar-Yan. *Identity and theatre translation in Hong Kong.* Germany: Springer, 2015.
20　Chan, Sin-wai. *An encyclopedia of practical translation and interpreting.* Hong Kong: The Chinese University Press, 2018.
21　Chan, Sin-wai; Minett, James. *The Routledge encyclopedia of the Chinese language.* United States: Routledge, 2016.
22　Chappell, Hilary M. *Diversity in Sinitic languages.* United Kingdom: Oxford University Press, 2015.
23　Chen, Dongyan; Bell, Daniel. *Explorations of Chinese theoretical and applied linguistics.* Newcastle upon Tyne: Cambridge Scholars Publishing, 2020.
24　Chen, I-Hsuan. *Diachronic changes underlying synchronic distribution: scalar inferences and word order.* Singapore: Springer, 2018.
25　Chen, Li. *Downward entailing and Chinese polarity items.* London; New York: Routledge, Taylor & Francis Group, 2018.
26　Chen, Qinghai. *The Routledge course in business Chinese.* London: Routledge, 2019.
27　Chen, Xinren. *Critical pragmatic studies on Chinese public discourse.* Abingdon, Oxon; New York, NY: Routledge, 2020.
28　Chen, Xinren. *Politeness phenomena across Chinese genres.* Sheffield: Equinox Publishing, 2017.
29　Chen, Ya-chen. *Early 21st-century power struggles of Chinese languages teaching in UShigher education.* Newcastle upon Tyne, UK: Cambridge Scholars Publishing, 2018.
30　Chen, Yanru. *Communication campaigns and national integration in China's market economy era: reviving the national soul.* Germany: Springer, 2016.
31　Chen, Yuan-shan; Rau, Der-Hwa V. *Email discourse among Chinese using English as a lingua franca.* Germany: Springer, 2016.
32　Cheung, Candice Chi-Hang. *Parts of speech in Mandarin: the state of the art.* Germany: Springer, 2016.
33　Chi, Limin. *Modern selfhood in translation: a study of progressive translation practices in China (1890s-1920s).* Singapore: Springer, 2018.
34　Chou, Chih-p'ing [et al.]. *Eyes on China: an intermediate-advanced reader of modern Chinese.* Princeton: Princeton University Press, 2019.
35　CLSW (Workshop) (20th: 2019: Beijing, China). *Chinese Lexical Semantics: 20th Workshop, CLSW 2019, Beijing, China, June 28–30, 2019, Revised Selected Papers.* Cham, Switzerland: Springer, 2020.
36　CLSW (Workshop). *Chinese lexical semantics: 18th Workshop, CLSW 2017, Leshan, China, May 18-20, 2017: revised selected papers.* Cham, Switzerland: Springer, 2018.
37　*Collins FLTRP English-Mandarin Chinese dictionary.* Glasgow: Collins, 2018.
38　Collins, Dictionaries. *Collins Mandarin Chinese dictionary.* London: Collins, 2020.
39　Crezee, Ineke H. M.; Ng, Eva N.S. *Introduction to healthcare for Chinese-speaking interpreters and translators.* Netherlands: John Benjamins Publishing Company, 2016.
40　Dai, Guangrong. *Hybridity in translated Chinese: a corpus analytical framework.* Germany: Springer, Published by Springer Nature, 2016.
41　De Burgh, Hugo [et al.]. *China's media go global.* London: Routledge, 2017.

42 Dictionaries, Collins. *Collins Mandarin phrasebook and dictionary: essential phrases and words in a mini, travel-sized format*. London: Collins, 2017.
43 Ding, Jing. *A lexical semantic study of Chinese opposites*. Singapore: Springer, 2018.
44 Ding, Picus Sizhi. *Southern Min (Hokkien) as a migrating language: a comparative study of language shift and maintenance across national borders*. Germany: Springer, 2016.
45 DK. *Mandarin Chinese English visual bilingual dictionary*. London: Dorling Kindersley, 2019.
46 Dong, Hongyuan. *A history of the Chinese language*. London: Routledge, 2020.
47 Dong, Hongyuan. *Semantics of Chinese questions: an interface approach*. London: Routledge, 2018.
48 Du, Zhengming. *The Chinese language demystified*. United Kingdom: Cambridge Scholars, 2015.
49 Edwards, Jette G. Hansen. *The politics of English in Hong Kong: attitudes, identity and use*. London: Routledge, 2018.
50 Evans, Stephen. *The English language in Hong Kong: diachronic and synchronic perspectives*. United Kingdom: Palgrave Pivot, 2016.
51 Feng, Haoda. *Form, meaning and function in collocation: a corpus study on commercial Chinese-to-English translation*. London: Routledge, 2020.
52 Feng, Shengli. *Prosodic morphology in Mandarin Chinese*. London: Routledge, 2017.
53 Feng, Shengli. *Prosodic syntax in Chinese. History and changes*. London: Routledge, 2019.
54 Feng, Shengli. *Prosodic syntax in Chinese. Theory and facts*. London: Routledge, 2019.
55 Feng, Xiuwen. *On aesthetic and cultural issues in pragmatic translation: based on the translation of brand names and brand slogans*. United Kingdom: Routledge, 2016.
56 Fogel, Joshua A. *Japanese for Sinologists: a reading primer with glossaries and translations*. Oakland, California: University of California Press, 2017.
57 Fogel, Joshua A. *The emergence of the modern Sino-Japanese lexicon: seven studies*. Netherlands: Brill, 2015.
58 Ganassin, Sara. *Language, culture and identity in two Chinese community schools: more than one way of being Chinese*. Blue Ridge Summit: Multilingual Matters, 2020.
59 Garnaut, Anthony. *Mandarin phrasebook & dictionary / language writers: Anthony Garnaut, Tim Lu*. Carlton, Victoria: Lonely Planet, September 2018.
60 Ge, Benyi. *Modern Chinese lexicology*. London: Routledge, 2018.
61 Geaney, Jane. *Language as bodily practice in early China: a Chinese grammatology*. Albany: SUNY Press, 2018.
62 Goh, Hock Huan. *Mandarin competence of Chinese-English bilingual preschoolers: a corpus-based analysis of Singaporean children's speech*. Singapore: Springer, 2017.
63 Gu, Qian. *Research in Tong-Tai dialect phonology*. Germany: Lincom Gmbh, 2015.
64 Gu, Shanshan. *Interaction process and Chinese EFL learners' proficiency development: a cognitive and interactionist approach*. Singapore: Springer, 2017.
65 Guo, Rui. *Modern Chinese parts of speech: classification theory*. London: Routledge, 2019.
66 Guo, Rui. *Modern Chinese parts of speech: systems research*. Cambridge: Harvard University Asia Center, 2018.
67 Han, Jinghe. *Post-lingual Chinese language learning: Hanzi pedagogy*. London: Palgrave Macmillan, 2017.

68 Han, Ziman; Li, Defeng. *Translation studies in China: the state of the art*. Singapore: Springer, 2019.
69 Handel, Zev. *Sinography: the borrowing and adaptation of the Chinese script*. Leiden; Boston: Brill, 2019.
70 Hart, Steve. *English exposed: common mistakes made by Chinese speakers*. Hong Kong: Hong Kong University Press, 2017.
71 Hartnett, Stephen J. [et al]. *Imagining China: rhetorics of nationalism in an age of globalization*. East Lansing: Michigan State University Press, 2017.
72 Hattingh, Tian. *IELTS-7-glossary: English-Chinese glossary*. Kibworth Beauchamp: Matador, 2018.
73 Hill, Nathan W. *The historical phonology of Tibetan, Burmese, and Chinese*. Cambridge: Cambridge University Press, 2019.
74 Hillier, Walter. *An English-Chinese dictionary of Peking colloquial*. Sir. MiltonPark, Abingdon, Oxon, 2018.
75 Hlavac, Jim. *Chinese-English interpreting and intercultural communication*. London: Routledge, 2020.
76 Hlavac, Jim; Xu, Zhichang. *Chinese-English interpreting and intercultural communication*. London: Routledge, 2020.
77 Höllmann, Thomas O. *Chinese script: history, characters, calligraphy*. New York: Columbia University Press, 2017.
78 Hong, Jia-Fei [et al.]. *Chinese lexical semantics: 19th Workshop, CLSW 2018, Chiayi, Taiwan, May 26-28, 2018, Revised selected papers*. Cham, Switzerland: Springer, 2018.
79 Hong, Jia-Fei [et al.]. *Chinese lexical semantics: 20th workshop, CLSW 2019, Beijing, China, June 28-30, 2019, revised selected papers*. Cham: Springer, 2020.
80 Hong, Jia-Fei. *Verb sense discovery in Mandarin Chinese: a corpus based knowledge-intensive approach*. Germany: Springer, 2015.
81 Hsueh, ShaoLan. *Chineasy for children*. London: Thames & Hudson, 2018.
82 Hsueh, ShaoLan. *Chineasy travel*. London: Thames and Hudson, 2018.
83 Hu, Bo. *Manual for teaching and learning Chinese as a foreign language*. Hayes: Cypress Book Co. UK Ltd., 2018.
84 Hu, Jianhua. *Prominence and locality in grammar: the syntax and semantics of wh-questions and reflexives*. New York: Routledge, 2019.
85 Hu, Wan. *Education, translation and global market pressures: curriculum design in China and the UK*. Basingstoke, Hampshire: Palgrave Macmillan, 2018.
86 Huang, Al Chungliang. *Chinese symbols for baby brains*. London: Singing Dragon, 2017.
87 Huang, Chu-Ren [et al]. *The Routledge handbook of Chinese Applied Linguistics*. London: Routledge, 2019.
88 Huang, Chu-Ren. *Mandarin Chinese words and parts of speech: corpus-based foundational studies*. London: Routledge, 2017.
89 Huang, Dekuan. *The key to Chinese civilization: the explication and exploration of Chinese characters*. Los Angeles: SAGE, 2018.
90 Huang, Xiaojia. *English-Chinese translation as conquest and resistance in the Late Qing 1811-1911: a postcolonial perspective*. Singapore: Springer, 2019.

91 Huang, Yinghong. *Business Chinese: 20 essential topics workbook*. Hayes: Cypress Books, 2018.
92 Huang, Zheng. *Native and non-native English speaking teachers in China: perceptions and practices*. Singapore: Springer Singapore: Imprint: Springer, 2018.
93 Jarkey, Nerida. *Serial verbs in White Hmong*. Netherlands: Brill, 2015.
94 Ji, Meng. *Translation and health risk knowledge building in China*. Singapore: Palgrave Macmillan, 2017.
95 Jian, Xiaobin. *Perform Suzhou: a course in intermediate to advanced spoken Mandarin*. London: Routledge, 2018.
96 Jiang, Li. *A grammar of Guìqióng: a language of Sichuan*. Netherlands: Brill, 2015.
97 Jiao, Liwei. *A cultural dictionary of the Chinese language: 500 proverbs, idioms and maxims*. London: Routledge, 2019.
98 Jiao, Liwei. *A thematic dictionary of contemporary Chinese*. London: Routledge, 2019.
99 Jin, Chunlan. *Textual patterns of the eight-part essays and logic in Ancient Chinese texts*. Singapore: Springer, 2020.
100 Jin, Honggang; Xue, Lian. *The Routledge advanced language training course for K-16 non-native Chinese teachers*. United Kingdom: Routledge, 2016.
101 Jin, Jing. *Partition and quantity: numerical classifiers, measurement, and partitiveconstructions in Mandarin Chinese*. London: Routledge, 2018.
102 Jin, Lixian; Cortazzi, Martin. *Researching Chinese learners: skills, perceptions and intercultural adaptations*. United Kingdom: Palgrave Macmillan, 2016.
103 Jin, Tinghe. *Interculturality in learning Mandarin Chinese in British universities*. London: Routledge, 2020.
104 Jin, Tinghe; Dervin, Fred. *Interculturality in Chinese language education*. London: Palgrave Macmillan, 2017.
105 Ke, Chuanren. *The Routledge handbook of Chinese second language acquisition*. London: Routledge, 2018.
106 Kecskés, István. *Explorations into Chinese as a second language*. Cham: Springer, 2017.
107 Kecskés, István; Sun, Chaofen. *Key issues in Chinese as a second language research*. London: Routledge, 2017.
108 Klöter, Henning; Saarela, Mårten Söderblom. *Language diversity in the Sinophone world: historical trajectories, language planning, and multilingual practices*. London: Routledge, 2020.
109 Ko, Leong. *Translation and cross-cultural communication studies in the Asia Pacific*. Netherlands: Brill, 2015.
110 Kroll, Paul W.; Boltz, William G. *A student's dictionary of classical and medieval Chinese*. Netherlands: Brill, 2015.
111 Künstler, Mieczysław Jerzy. *The Sinitic languages: a contribution to sinological linguistics*. London: Routledge, 2019.
112 Kuo, Jenny Yi-Chun. *Mandarin development of Indonesian immigrants' children: a longitudinal study in Taiwan*. Germany: Springer, 2016.
113 Lee, Chin-Chuan. *China's media, media's China*. New York: Routledge, 2019.
114 Lee, Chungmin [et al.]. *Numeral classifiers and classifier languages: Chinese, Japanese, and

Korean. London: Routledge, 2020.

115 Lee, Claire Seungeun. *Soft power made in China: the dilemmas of online and offline media and transnational audiences.* Basingstoke, Hampshire: Palgrave Macmillan, 2018.

116 Lee, Cynthia. *Researching and teaching second language speech acts in the Chinese context.* Singapore: Springer, 2018.

117 Lewis, Benny. *Language hacking Mandarin (learn how to speak mandarin - right away): a conversation course for beginners.* London: John Murray, 2018.

118 Li, Aijun. *Encoding and decoding of emotional speech: a cross-cultural and multimodal study between Chinese and Japanese.* Germany: Springer, 2015.

119 Li, David C. S. *Multilingual Hong Kong: languages, literacies and identities.* Cham, Switzerland: Springer, 2017.

120 Li, David C. S. *Chinese-English contrastive grammar: an introduction.* Hong Kong: Hong Kong University Press, 2017.

121 Li, Jilin. *The theory and practice for children's contextualized learning of their first language.* Berlin, Germany: Springer, 2018.

122 Li, Juanzi; Ji, Heng. *Natural language processing and Chinese computing: 4th CCF conference, NLPCC 2015, Nanchang, China, October 9-13, 2015, proceedings.* Switzerland: Springer, 2015.

123 Li, Linda M. *Language management and its impact: the policies and practices of Confucius Institutes.* New York: Routledge, 2019.

124 Li, Nan. *Four Chinese ELLs: their school experiences and journeys in pursuing the American Dream.* Charlotte, NC: IAP/Information Age Publishing Inc., 2019.

125 Li, Wei. *Multilingualism in the Chinese diaspora worldwide: transnational connections and local social realities.* United States: Routledge, 2015.

126 Li, Wei. *Pragmatic transfer and development: evidence from EFL learners in China.* Amsterdam; Philadelphia: John Benjamins Publishing Company, 2018.

127 Li, Wendan. *Grounding in Chinese written narrative discourse.* Leiden; Boston: Brill, 2018.

128 Li, Xiaoting; Ono, Tsuyoshi. *Multimodality in Chinese Interaction.* Berlin: De Gruyter Mouton, 2019.

129 Li, Yuming. *Language planning in China.* Germany: De Gruyter Mouton, 2015.

130 Liang, Sihua. *Language attitudes and identities in multilingual China: a linguistic ethnography.* Switzerland: Springer International Publishing Ag, 2015.

131 Lin, Lin. *Investigating Chinese HE EFL classrooms: using collaborative learning to enhance learning.* Germany: Springer, 2015.

132 Lin, Lin. *The German demonstratives: a study in the Columbia School Framework.* Singapore: Springer, 2020.

133 Lin, Qing. *The diachrony of Tone Sandhi: evidence from southern Min Chinese.* Singapore: Springer, 2018.

134 Lin, Wen-Chuan. *Learning English and Chinese as foreign languages: sociocultural and comparative perspectives.* Bristol: Multilingual Matters, 2019.

135 Lin, Yue. *Developing critical thinking in EFL classes: an infusion approach.* Singapore: Springer, 2018.

136 Ling, Vivian. *The field of Chinese language education in the U. S.: a retrospective of the 20th*

century. London: Routledge, 2018.

137 Liu, Huei-Mei [et al.]. *Speech perception, production and acquisition: multidisciplinary approaches in Chinese languages*. Singapore: Springer, 2020.

138 Liu, Junshuan. *Native-speakerism in English language teaching: the current situation in China*. Newcastle upon Tyne, UK: Cambridge Scholars Publishing, 2019.

139 Liu, Min. *Tone and intonation processing: from ambiguous acoustic signal to linguistic representation*. Utrecht, The Netherlands: LOT, 2018.

140 Liu, Mingming. *Varieties of alternatives: focus particles and wh-expressions in Mandarin*. Singapore: Springer, 2017.

141 Liu, XiuzhiNancy. *News framing through English-Chinese translation: a comparative study of Chinese and English media discourse*. London: Routledge, 2018.

142 Liu, Yuehua. *Practical grammar of modern Chinese II*. London: Routledge, 2020.

143 Liu, Yuehua. *Practical grammar of modern Chinese III*. London: Routledge, 2020.

144 Liu, Yuehua. *Practical grammar of modern Chinese. I, Overview and notional words*. London: Routledge, 2020.

145 Liu, Yuntong; Europa, Lincom. *A dictionary of slang among Chinese youth*. Germany: LincomGmbh, 2016.

146 Loar, Jian Kang. *Learn to use Chinese aspect particles*. London: Routledge, 2018.

147 Low, Ian. *Easy lookup Chinese character dictionary: includes new 90 radical index easy lookup of over 12,000 simplified and traditional characters with Mandarin and Cantonese pronunciation and the three primer classics*. Cardiff: Goldcrest Publications, 2017.

148 Low, Ian. *Pocket dictionary of ten thousand Cantonese characters: includes simplified and traditional characters with new ninety radical easy lookup index*. Cardiff: Goldcrest Publications, 2017.

149 Low, Ian. *Pocket dictionary of ten thousand Shanghainese characters: includes simplified and traditional characters with new ninety radical easy lookup index*. Cardiff: Goldcrest Publications, 2017.

150 Lu, Qin; Gao, Helena Hong. *Chinese lexical semantics: 16th Workshop, CLSW 2015, Beijing, China, May 9-11, 2015, revised selected papers*. Switzerland: Springer, 2015.

151 Lu, Yang. *Teaching and learning Chinese in higher education: theoretical and practical issues*. London: Routledge, 2017.

152 Luca, Dinu. *The Chinese language in European texts: the early period*. United States: Palgrave Macmillan, 2016.

153 Lui, Fei-Wen. *Gendered words: sentiments and expression in changing rural China*. United States: Oxford University Press, 2015.

154 Luk, Jasmine C. M. *Classroom interactions as cross-cultural encounters: native speakers in EFL lessons*. New York: Routledge, 2017.

155 Luo, Tianhua. *Interrogative strategies: an areal typology of the languages of China*. Netherlands: John Benjamins Publishing Company, 2016.

156 Ma, Yuanyi. *Translating Tagore's stray birds into Chinese: applying systemic functional linguistics to Chinese poetry translation*. London: Routledge, 2020.

157 McPherron, Paul. *Internationalizing teaching, localizing learning: an examination of English language teaching reforms and English use in China*. London, United Kingdom; New York,

NY: Palgrave Macmillian, 2017.
158 Meisterernst, Barbara. *New aspects of classical Chinese grammar*. Germany: Harrassowitz Verlag, 2016.
159 Meisterernst, Barbara. *New perspectives on aspect and modality in Chinese historical linguistics*. Singapore: Peking University Press; Springer, 2019.
160 Meisterernst, Barbara. *Tense and aspect in Han period Chinese: a linguistic analysis of the Shiji*. Germany: De Gruyter Mouton, 2015.
161 Men, Haiyan. *Vocabulary increase and collocation learning: a corpus-based cross-sectional study of Chinese learners of English*. Singapore: Springer, 2018.
162 Meng, Bingchun. *The politics of Chinese media: consensus and contestation*. Basingstoke, Hampshire: Palgrave Macmillan, 2017.
163 Mo, Xinyu. *Teaching reading and teacher beliefs: a sociocultural perspective*. Cham, Switzerland: Springer, 2020.
164 Moloney, Robyn. *Teaching and learning Chinese in schools: case studies in quality language education*. London: Palgrave Macmillan, 2018.
165 Mou, Bo. *Philosophy of language, Chinese language, Chinese philosophy: constructive engagement*. Leiden; Boston: Brill, 2018.
166 Mu, Congjun. *Understanding Chinese multilingual scholars' experiences of writing and publishing in English: a social-cognitive perspective*. Cham: Palgrave Macmillan, 2020.
167 Nakayama, Mineharu [et al.]. *Studies in Chinese and Japanese language acquisition: in honor of Stephen Crain*. Amsterdam; Philadelphia: John Benjamins Publishing Company, 2017.
168 Nana, Genevoix; Ngeh, Andrew. *Rethinking language and literature in a changing world*. Newcastle upon Tyne, UK: Cambridge Scholars Publishing, 2019.
169 New, Christopher. *Chinese spring*. Glasgow: Contraband, 2019.
170 Ng, Patrick C. L. *A study of attitudes of dialect speakers towards the Speak Mandarin Campaign in Singapore*. Singapore: Springer, 2017.
171 Norden, Bryan W. Van. *Classical Chinese for everyone: a guide for absolute beginners*. Indianapolis: Hackett Publishing Company, Inc., 2019.
172 Norquest, Peter K. *A phonological reconstruction of Proto-Hlai*. Netherlands: Brill, 2016.
173 O'Neill, Timothy Michael. *Ideography and Chinese language theory: a history*. Germany: De Gruyter Mouton, 2016.
174 Ou, Shu-chen. *Perceptual training on lexical stress contrasts: a study with Taiwanese learners of English as a foreign language*. Cham: Springer, 2020.
175 Palfreyman, David; Van der Walt, C. *Academic biliteracies: multilingual repertoires in higher education*. Bristol: Multilingual Matters, 2017.
176 Pan, Victor Junnan. *Resumptivity in Mandarin Chinese: a minimalist account*. United States: De Gruyter Mouton, 2016.
177 Park, Haeree. *The writing system of scribe Zhou: evidence from late pre-imperial Chinese manuscripts and inscriptions (5th-3rd centuries BCE)*. Germany: De Gruyter, 2016.
178 Paul, Waltraud. *New perspectives on Chinese syntax*. Germany: De Gruyter, 2015.
179 Peverelli, Peter. *The history of modern Chinese grammar studies*. Germany: Springer, 2015.
180 Pidhainy, Ihor. *Chinese literature: an introduction*. Ann Arbor, MI: Association for Asian Studies, 2017.

181 Platt, Stephen. *China: people's republic*. Cambridge: Leveret Publishing, 2017.
182 Qian, Kan. *Colloquial Chinese: the complete course for beginners*. London: Routledge, 2020.
183 Qian, Youyong. *A study of Sino-Korean phonology: its origin, adaptation and layers*. New York: Routledge/Taylor & Francis Group, 2018.
184 Rao, Xiaofei. *University English for academic purposes in China: a phenomenological interview study*. Singapore: Springer, 2018.
185 Reinders, Hayo [et al.]. *Innovation in language learning and teaching: the case of China*. London, United Kingdom: Palgrave Macmillan, 2017.
186 Repnikova, Maria. *Media politics in China: improvising power under authoritarianism*. Cambridge: Cambridge University Press, 2017.
187 Robson, Shin Yong. *Speed up your Chinese: strategies to avoid common errors*. London: Routledge, 2018.
188 Ross, Claudia. *Modern Mandarin Chinese grammar: a practical guide*. London: Routledge, 2017.
189 Rupprecht, Hsiao-wei [et al.]. *Speaking out: issues and controversies: an advanced Chinese reader*. London: Routledge, 2020.
190 Saussy, Haun. *Translation as citation: Zhuangzi inside out*. Oxford: Oxford University Press, 2017.
191 Schneider, Florian. *Staging China: the politics of mass spectacle*. Leiden: Leiden University Press, 2019.
192 Sewell, Andrew John. *English pronunciation models in a globalized world: accent, acceptability and Hong Kong English*. United Kingdom: Routledge, 2016.
193 Shei, Chris [et al.]. *The Routledge handbook of Chinese language teaching*. Abingdon, Oxon: Routledge, 2020.
194 Shei, Chris. *The Routledge handbook of Chinese discourse analysis*. London: Routledge, 2019.
195 Shen, Zhongwei. *A phonological history of Chinese*. Cambridge: Cambridge University Press, 2020.
196 Shi, Youwei. *Loanwords in the Chinese language*. London: Routledge, 2020.
197 Shin-Mei, Kao. *Narrative development of school children: studies from multilingual families in Taiwan*. Singapore: Springer, 2015.
198 Shogaito, Mashiro; Shogaito, Masahiro. *The Berlin Chinese text U 5335 written in Uighur script: a reconstruction of the inherited Uighur pronunciation of Chinese*. Belgium: Brepols, 2015
199 Shu, Dingfang [et al.]. *Cognitive linguistics and the study of Chinese*. Philadelphia: John Benjamins Publishing Company, 2019.
200 Shum, Mark Shiu-Kee; Mickan, Peter. *Researching Chinese language education: functional linguistic perspectives*. London: Routledge, 2018.
201 Singh, Michael. *Localising Chinese: educating teachers through service-learning*. Basingstoke, Hampshire: Palgrave Macmillan, 2018.
202 Sit, Hing Wa (Helena). *Inclusive teaching strategies for discipline-based English studies: enhancing language attainment and classroom interaction in a multicultural learning environment*. Singapore: Springer, 2017.
203 Soh, Kaycheng. *Teaching Chinese language in Singapore: concerns and visions*. Singapore:

Springer, 2020.
204　Soh, Kaycheng. *Teaching Chinese language in Singapore: retrospect and challenges.* Singapore: Springer, 2018.
205　Song, Chris; Mattison, Christopher. *Poetry and conflict anthology.* Hong Kong, China: Chinese University Press, 2015,
206　Spira, Ivo. *A conceptual history of Chinese -Isms: the modernization of ideological discourse, 1895-1925.* Netherlands: Brill, 2015.
207　Su, Qi; Zhan, Weidong. *From minimal contrast to meaning construct: corpus-based, near synonym driven approaches to Chinese lexical semantics.* Singapore: Springer, 2020.
208　Sun, Maosong [et al.]. *Chinese computational linguistics and natural language processing based on naturally annotated big data: 16th China National Conference, CCL 2017, and 5th International Symposium, NLP-NABD 2017, Nanjing, China, October 13-15, 2017, Proceedings.* Cham: Springer, 2017.
209　Sun, Maosong [et al.]. *Chinese computational linguistics and natural language processing based on naturally annotated big data: 17th China National Conference, CCL 2018, and 6th International Symposium, NLP-NABD 2018, Changsha, China, October 19-21, 2018, Proceedings.* Cham, Switzerland: Springer, 2018.
210　Sun, Maosong. *Chinese computational linguistics and natural language processing based on naturally annotated big data: 14th China National Conference, CCL 2015, and third International Symposium, NLP-NABD 2015, Guangzhou, China, November 13-14, 2015. Proceedings.* Switzerland: Springer, 2015.
211　Sun, Maosong; Zhang Min. *Chinese computational linguistics and natural language processing based on naturally annotated big data: 15th China National Conference, CCL 2016, and 4th International Symposium, NLP-NABD 2016, Yantai, China, October 15-16, 2016, Proceedings.* Switzerland: Springer, 2016.
212　Sun, Peijian Paul. *Chinese as a second language multilinguals' speech competence and speech performance: cognitive, affective, and sociocultural perspectives.* Singapore: Springer, 2020.
213　Sun, Yifeng. *Translating foreign otherness: cross cultural anxiety in modern China.* London: Routledge, 2017.
214　Sun, Yifeng. *Translation and academic journals: the evolving landscape of scholarly publishing.* United Kingdom: Palgrave Macmillan, 2015.
215　Sun, Yifeng. *Translational spaces: towards a Chinese-Western convergence.* London: Routledge, 2020.
216　Tang, Yanfang. *Acting Chinese: an intermediate-advanced course in discourse and behavioral culture.* London: Routledge, 2020.
217　Tao, Hongyin. *Integrating Chinese linguistic research and language teaching and learning.* Netherlands: John Benjamins Publishing Company, 2016.
218　Tao, Hongyin; Chen, Howard Hao-Jan. *Chinese for Specific and Professional Purposes: Theory, Pedagogical Applications, and Practices.* Singapore: Springer, 2019.
219　Tao, Min. *Social changes and 'yuwen' education in post-Mao China: control, conformity and contradiction.* Abingdon, Oxon; New York, NY: Routledge, 2019.
220　Tashi, Nyima. *Research on Tibetan spelling formal language and automata with application.* Singapore: Springer, 2019.

221 Tracanelli, Carine. *Mandarin Chinese picture dictionary.* London: Berlitz, 2019.

222 Trapp, James. *Chinese characters: the art and meaning of Hanzi.* London: Amber Books, 2019.

223 Tsai, Wei-Tien Dylan. *The cartography of Chinese syntax: the cartography of syntactic structures* [v. 11]. United States: Oxford University Press, 2015.

224 Tsung, Linda; Wang, Wei. *Contemporary Chinese discourse and social practice in China.* Netherlands: John Benjamins Publishing Company, 2015.

225 Tu, Ching-i. *Interpretation and intellectual change: Chinese hermeneutics in historical perspective.* London: Routledge, 2017.

226 Umejei, Emeka. *Chinese media in Africa: perception, performance, and paradox.* Lanham: Lexington Books, 2020.

227 Wang, Bo; Ma, Yuanyi. *Lao She's Teahouse and its two English translations: exploring Chinese drama translation with systemic functional linguistics.* Abingdon, Oxon, 2020.

228 Wang, Chong. *Critical discourse analysis of Chinese advertisement: case studies of household appliance advertisements from 1981 to 1996.* Singapore: Springer; Shanghai: Shanghai Jiao Tong University Press, 2017.

229 Wang, Danping. *Multilingualism and Translanguaging in Chinese Language Classrooms.* Cham: Palgrave Macmillan, 2018.

230 Wang, Gaiyan. *Using pedagogic intervention to cultivate contextual lexical competence in L2: an investigation of Chinese EFL learners.* Basingstoke, Hampshire: Palgrave Macmillan, 2018.

231 Wang, Hsiao-wei Rupprecht. *Speaking out: issues and controversies: an advanced Chinese reader.* London: Routledge, 2020.

232 Wang, Isobel Kai-Hui. *Learning vocabulary strategically in a study abroad context.* New York, NY: Springer International Pub. AG, 2017.

233 Wang, Lin. *Intensifiers and reflexive pronouns in English and Mandarin Chinese: a contrastive study.* Germany: Pl Academic Research, Imprint of Peter Lang Gmbh, 2015.

234 Wang, Lu. *Linguistic distance and mutual intelligibility among five Wu dialects.* Germany: Shaker, 2015.

235 Wang, Ping. *Chinese for advanced learners: language, society and culture.* Sydney, NSW: UNSW Press, 2017.

236 Wang, Shan. *Chinese multiword expressions: theoretical and practical perspectives.* Singapore: Springer, 2020.

237 Wang, Wei. *Researching learning and learners in genre-based academic writing instruction.* Bern: Peter Lang, 2018.

238 Wang, William S. Y; Sun, Chaofen. *The Oxford handbook of Chinese linguistics.* United States: Oxford University Press, 2015.

239 Wang, Yichuan. *Rhetorical aesthetics: twentieth-century Chinese arts in the context of culture.* Los Angeles: Bridge21 Publications, 2017.

240 Webster, Jonathan J.; Peng, Xuanwei. *Applying systemic functional linguistics: the state of the art in China today.* London: Bloomsbury Academic, an imprint of Bloomsbury Publishing Plc, 2017.

241 Wee, Lian-Hee. *Phonological tone.* Cambridge, United Kingdom: Cambridge University Press,

2019.
242 Wei, Jing. *Theme and thematic progression in Chinese college students' English essays.* Germany: Springer, Published by Springernature, 2016.
243 Wen, Yun. *Computer-supported collaborative Chinese second language learning: beyond brainstorming.* Singapore: Springer, 2019.
244 Wiedenhof, Jeroen. *A grammar of Mandarin.* Netherlands: John Benjamins Publishing Company, 2015.
245 Wong, May Lai-Yin. *Hong Kong English: exploring lexicogrammar and discourse from a corpus-linguistic perspective.* London, United Kingdom: Palgrave Macmillan, 2017.
246 Wu, Shiyu. *The use of L1 cognitive resources in L2 reading by Chinese EFL learners.* United Kingdom: Routledge, 2016.
247 Wu, Shu-Ling. *Mastering advanced modern Chinese through the classics: an advanced language and culture course.* London: Routledge, 2018.
248 Wynn, Malin. *What will this Baby/Bao Bay/ eat next?: a starter book of Chinese words.* Borehamwood: Bao Books, 2020.
249 Xiang, Catherine Hua; Wang, Xuan Lorna. *China ready!: Chinese for hospitality and tourism.* London: Routledge, 2020.
250 Xiao, Yun. *Current studies in Chinese language and discourse: global context and diverse perspectives.* Amsterdam: John Benjamins Publishing Company, 2019.
251 Xie, Qing. *English language training in the workplace: case studies of corporate programs in China.* Switzerland: Springer, 2016.
252 Xing, Fuyi. *Modern Chinese grammar: a clause-pivot theoretical approach.* United Kingdom: Routledge, 2016.
253 Xiong, Jiajuan. *Chinese middle constructions: lexical middle formation.* Singapore: Peking University Press: Routledge, 2018.
254 Xu, Dan. *The Tangwang language: an interdisciplinary case study in Northwest China.* Cham: Springer, 2017.
255 Xu, Dan; Fu, Jingqi. *Space and quantification in languages of China.* Switzerland: Springer, 2015.
256 Xu, Jun. *Displaying recipiency: reactive tokens in Mandarin task-oriented interaction.* Netherlands: John Benjamins Publishing Company, 2016.
257 Yan, Hanbo. *The nature of variation in tone sandhi patterns of Shanghai and Wuxi Wu.* Singapore: Springer Verlag, 2018.
258 Yang, Bei. *Perception and production of Mandarin tones by native speakers and L2 learners.* Germany: Springer, 2015.
259 Yang, Chunsheng. *The acquisition of l2 Mandarin prosody: from experimental studies to pedagogical practice.* Netherlands: John Benjamins Publishing, 2016.
260 Yip, Po-ching. *Intermediate Chinese: a grammar and workbook.* London: Routledge, 2018.
261 You, Shuxiang. *Prosodic phonology of the Fuzhou dialect: domains and rule application.* London: Routledge, 2020.
262 Yu, Guoxing; Jin, Yan. *Assessing Chinese learners of English: language constructs, consequences and conundrums.* United Kingdom: Palgrave Macmillan, 2015.
263 Yu, Hui Er. *Translating nephesh in the Psalms into Chinese: an exercise in intergenerational*

and literary Bible translation. Carlisle: Langham Monographs, 2018.

264 Yu, Zhongli. *Translating feminism in China: gender, sexuality and censorship.* United Kingdom: Routledge, 2015.

265 Yuan, Fangyuan; Li, Shuai. *Classroom research on Chinese as a second language.* London: Routledge, 2019.

266 Yuan, Haiwang. *Becoming a dragon: forty Chinese proverbs for lifelong learning and classroom study: English - Chinese.* Great Barrington, Massachusetts: Berkshire Publishing Group, 2019.

267 Zeitoun, Elizabeth; Chu, Tai-hwa. *A study of saisiyat morphology.* United States: Univ of Hawai'I Press, 2015.

268 Zhang, Bojiang; Fang, Mei. *Research on functional grammar of Chinese I: information structure and word ordering selection.* London: Routledge, 2020.

269 Zhang, Bojiang; Fang, Mei. *Research on functional grammar of Chinese. II, reference and grammatical category.* Abingdon, Oxon; New York, NY: Routledge, 2020.

270 Zhang, Dongbo; Lin, Chin-Hsi. *Chinese as a second language assessment.* Singapore: Springer, 2017.

271 Zhang, Hang. *Second language acquisition of Mandarin Chinese tones: beyond first-language transfer.* Leiden; Boston: Brill Rodopi, 2018.

272 Zhang, Hua. *Chinese (ideograms & pinyin), English & French level 1 & 2 words in use: 1800 everyday sentences to master for it.* Milton Keynes: AuthorHouse UK, 2017.

273 Zhang, Limei. *Metacognitive and cognitive strategy use in reading comprehension: a structural equation modelling approach.* Singapore: Springer, 2018.

274 Zhang, Ling. *Intonation effects on Cantonese lexical tones in speaking and singing.* Germany: Lincom Gmbh, 2016.

275 Zhang, Meifang; Feng, Dezheng. *Multimodal approaches to Chinese-English translation and interpreting.* London: Routledge, 2020.

276 Zhang, Sihong. *A reference grammar of Ersu, a Tibeto-Burman language of China.* Germany: Lincom Gmbh, 2016.

277 Zhang, Xiaoling; Wasserman, Herman. *China's media and soft power in Africa: promotion and perceptions.* United Kingdom: Palgrave Macmillan, 2016.

278 Zhang, Xiaoming. *Chinese for advanced subsidiary level.* Hayes: Cypress Book Co. UK Ltd. , 2018.

279 Zhang, Xin; Jian, Xiaobin. *The third space and Chinese language pedagogy: negotiating intentions and expectations in another culture.* London: Routledge, 2020.

280 Zhang, Yan. *Adversative and concessive conjunctions in EFL writing: corpus-based description and rhetorical structure analysis.* Singapore: Springer, 2020.

281 Zhang, Yunqiu. *Early language acquisition of Mandarin-speaking children.* Abingdon, Oxon; New York, NY: Routledge; [Beijing]: The Commercial Press, 2020.

282 Zhang, Zheng-sheng. *Dimensions of variation in written Chinese.* New York: Routledge/Taylor & Francis Group, 2017.

283 Zhang, Zuocheng. *Learning business English in China: the construction of professional identity.* Cham, Switzerland: Palgrave Macmillan, 2017.

284 Zhao, Jing; Dixon, L. Quentin. *English-medium instruction in Chinese universities: perspectives, discourse and evaluation.* London: Routledge, 2017.

285　Zhao, Shuai; Guo, Zhiyan. *Inheritance and innovation: teaching and learning Chinese as a foreign language*. London: Sinolingua London Ltd., June 2017.
286　Zheng, Meihua. *A conceptual metaphor account of word composition: potentiality of "light" in English and Chinese*. Newcastle-upon-Tyne: Cambridge Scholars Publishing, 2017.
287　Zhong, Yurou. *Chinese grammatology: script revolution and Chinese literary modernity, 1916-1958*. New York: Columbia University Press, 2019.
288　Zhu, Weihua. *Interaction in Mandarin Chinese and English as a multilingua franca: context, practice, and perception*. London: Routledge, 2019.

法语

289　Allanic, Bernard. *La voie des signes: l'apprentissage de la lecture en Chine*. Rennes: Presses universitaires de Rennes, 2017.
290　Alves Jr, Ozias. *Parlons patois de Macao: lingu maquista: dialecte portugais de Chine et patrimoine du théâtre comique mondial*. Paris: l'Harmattan, 2020.
291　Pu, Zhihong; Wang, Xinxia. *Recherches et actions dans le FLE en Chine*. Paris: Klincksieck: Didier érudition, 2020.
292　Wu, Huiyi. *Traduire la Chine au XVIIIe siècle: les jésuites traducteurs de textes chinois et le renouvellement des connaissances européennes sur la Chine, 1687-ca. 1740*. Paris: Honoré Champion éditeur, 2017.
293　Yiltiz, Palizhati Sulaiman. *Le dialecte de kashgar en Chine*. Paris: l'Harmattan, 2018.

德语

294　Chabbi, Thekla. *Die Zeichen der Sieger: der Aufstieg Chinas im Spiegel seiner Sprache*. Hamburg: Rowohlt, 2019.
295　Chu, Wen-huei. *Sprachspass beim Fischen im Wörtermeer*. Embrach: Prong Press, 2016.
296　Gu, Zhengxiang. *Hölderlin in chinesischer Übersetzung und Forschung seit hundert Jahren*. Berlin, Germany: J.B. Metzler, 2020.
297　Hänke, Sven. *Chinesische Zeit – Deutsche Zeit: eine sprachvergleichende Untersuchung metaphorischer Konzeptualisierung*. Hamburg: Verlag Dr. Kovač, 2016.
298　Höllmann, Thomas O. *Die chinesische Schrift: Geschichte, Zeichen, Kalligraphie*. München: Verlag C.H. Beck, 2015.
299　Lei, Tingxiao. *Definitheit im Deutschen und im Chinesischen*. Tübingen: Narr Francke Attempto, 2017.
300　Li, Rui. *Wirtschaftskrisen in Deutschland und China: eine linguistische Printmedienanalyse*. Berlin: De Gruyter, 2016.
301　Li, Xue. *Übersetzen als Problemlöseprozess: praktisches Übersetzen anhand von Übersetzungsbeispielen aus der Automobilbranche im Sprachenpaar Deutsch-Chinesisch*. Frankfurt, M.: PL Acad. Research, 2015.

302　Liu, Han. *Die Position des Übersetzers in der Rezeption: eine Studie über die Übersetzung und Rezeption der Dichtung Friedrich Hölderlins in China.* Münster: readbox unipress in der readbox publishing GmbH, 2019.

303　Sheng, Wenting. *Sprachförderungspolitik Deutschlands, Großbritanniens und Chinas im Vergleich.* Frankfurt am Main: Peter Lang Edition, 2015.

304　Xu, Xiaonan. *Interaktion zwischen Agentivität und Telizität in intransitiven Sätzen im Chinesischen und Deutschen.* Berlin, Bern, Wien: Peter Lang, 2019.

305　Zhao, Jin. *Wissenschaftsdiskurse kontrastiv: Kulturalität als Textualitätsmerkmal im deutsch-chinesischen Vergleich.* Berlin; München: de Gruyter, 2018.

西班牙语

306　Lezcano Naudszus, Daniel.*Chengyu: guía de expresiones idiomáticas chinas.* Barcelona: Herder, 2020.

307　Miranda Márquez, Gonzalo. *Un viaje por la cultura china a través de su lengua.* Sevilla: Editorial Universidad de Sevilla, 2018.

308　San Ginés, Pedro; Martín Ríos, Javier. *Estudios lingüísticos y culturales sobre China: homenaje a Pedro San Ginés Aguilar.* Albolote (Granada): Editorial Comares, 2019.

俄语

309　Акимова, Инга Игоревна. *Субстантивное число и детерминация в русском и китайском языках: лингво-культурологический аспект.* Москва: Знак: ЯСК, 2015.

310　Алексахин, Алексей Николаевич. *Китайские фонологические системы в межцивилизационном контакте Востока и Запада.* Москва: ВКН, 2015.

311　Аликберова, Альфия Рафисовна ред. *Актуальные вопросы преподавания китайского и других восточных языков в XXI веке: международный форум восточных языков и культур: сборник статей и докладов участников форума.* Казань: Фэн, 2019.

312　Вань Ланьсяосюань. *Сравнительное исследование номинальных единиц в русской и китайской культуре языка в межкультурной коммуникации (с позиции носителя китайского языка).* Москва: Этносоциум, 2020.

313　Георгиевский, Сергей Михайлович. *Мифические воззрения и мифы китайцев: с таблицами китайских иероглифов: [репринтное издание]. Изд. 2-е.* Москва: ЛЕНАНД, 2015.

314　Глушкова, Светлана Юрьевна. *Лингвопрагматические аспекты категории вежливости в английском и китайском языках.* Казань: Изд-во Казанского ун-та, 2019.

315　Готлиб, Олег Маркович ред. *Азиатско-Тихоокеанский регион: диалог языков и культур: материалы II Международной научно-практической конференции (Иркутск, 30-31 мая 2016 г.).* Иркутск: МГЛУ ЕАЛИ, 2016.

316　Готлиб, Олег Маркович. *Китайско-русский фразеологический словарь: около 3500 выражений. Изд. 2-е, стер.* Иркутск: Изд-во ИГУ, 2019.

317 Готлиб, Олег Маркович; Ван Ланьцзюй. *Китайский язык. Пособие по письму (скоропись и чжуань): учебное пособие.* Иркутск: Изд-во ИГУ, 2016.

318 Гурулева, Татьяна Леонидовна. *Речевой портрет китайской языковой личности.* Москва: ИТЦ, 2017.

319 Даулет, Фатимабиби Ногайкызы. *Китайская картина мира в культуре и языке.* Москва: Триумф, 2018.

320 Даулет, Фатимабиби Ногайкызы. *Языковая картина мира во фразеологии китайского и казахского языков (сопоставительный анализ).* Москва: Триумф, 2018.

321 Девятов, Андрей Петрович. *Китай и вопросы языкознания.* Москва: Жигульский, 2020.

322 Илюхина, Тамара Борисовна. *Говорим 300 фраз на тибетском языке = Say 300 phrases in Tibetan.* Москва: Пресс Бюро, 2015.

323 Илюхина, Тамара Борисовна. *Тибетский язык в тексте «37 практик Бодхисаттвы».* Москва: ПРЕСС-БЮРО, 2015.

324 Илюхина, Тамара Борисовна. *Тибетский язык о жизни и смерти кота Шредингера или Чем заканчивается тибетское предложение.* Москва: Пресс Бюро, 2015.

325 Ин-т востоковедения Российской акад. наук, Ун-т Джорджа Вашингтона (США) и др. *История, культура, общество: Третья международная уйгуроведческая конференция (Звенигород, 23-26 октября 2016 г.).* Москва: Пробел-2000, 2016.

326 Колпачкова, Елена Николаевна ред. *Проблемы китайского и общего языкознания = Problems in Chinese and general linguistics: к 90-летию С. Е. Яхонтова.* Санкт-Петербург: Студия "НП-Принт", 2016.

327 Курдюмов, Владимир Анатольевич; Скворцов, А. В. *Средства топикализации в классическом китайском языке вэньянь: учебное пособие для студентов факультетов иностранных языков педагогических вузов.* Москва: ГАОУ ВО МГПУ, 2016.

328 Леонтович, Ольга Аркадьевна; Нин Хуайин ред. *Китайская и русская лингвокультуры в современном мире: сборник научных трудов.* Волгоград: Перемена, 2015

329 Ли Юецзяо. *Лингвокультурологический потенциал фитонимов (русско-китайские параллели).* Санкт-Петербург: Изд-во РГПУ им. А. И. Герцена, 2019.

330 Литвинцев, Олег Сергеевич. *Практическая грамматика китайского языка: учебное пособие.* Абакан: Хакасский гос. ун-т им. Н. Ф. Катанова, 2018.

331 Морозова, Ольга Николаевна и др. ред. *Орочонский язык: материалы корпусного исследования звучащей речи орочонов КНР: сборник.* Благовещенск: Одеон, 2018.

332 Нагибина, Ирина Геннадьевна; Ван Даньдань. *Теоретическая грамматика. Морфологический строй современного китайского языка: учебное пособие.* Красноярск: СФУ, 2020.

333 Нагорный, Игорь Анатольевич; Ван Синсинь. *Междометия и звукоподражания в русском и китайском языках: семантика и функционирование.* Белгород: БелГУ: Белгород, 2017.

334 Нестеров, Владимир Геннадьевич. *Китайские пословицы и идиомы с комментариями. 2-е изд., доп.* Санкт-Петербург: ВВМ, 2019.

335 Нестеров, Владимир Геннадьевич. *Китайские пословицы и идиомы с комментариями.* Санкт-Петербург: ВВМ, 2017.

336 Пещуров, Дмитрий Алексеевич. *Китайско-русский словарь: по графической системе. Изд. 2-е.* Москва: URSS: ЛЕНАНД, 2016 (cop. 2015).

337 Попова, Ирина Фёдоровна; Токио, Таката пер. *Словари кяхтинского пиджина.* Москва: Наука - Восточная литература: Восточная литература, 2017.

338 Родионов, А. А.; Чэнь Лися пер. ред. *Доклады о языковой ситуации в Китае. Языковая политика: сборник статей.* Санкт-Петербург: Санкт-Петербургский государственный университет, 2020.

339 Сбоев, Александр Николаевич. *Язык китайского интернета.* Москва: Наука - Восточная литература, 2020.

340 Скворцов, Арсений Владимирович. *Предпереводческий анализ текстов на китайском языке: учебник.* Москва: ВКН, 2016.

341 Скрипник, Ксения Васильевна ред. *Современный китайский язык и культура. Подмосковье: сборник научно-популярных работ.* Москва: Перо, 2020-. Вып. 1: *Лингвистические и культурологические аспекты*, 2020.

342 Соловьева, Виктория Николаевна и др. ред. *Китайский язык: лингвистические и методические аспекты: международная научно-техническая конференция, 27 октября 2016 г., Чита.* Чита: Забайкальский гос. ун-т, 2016.

343 Стефановская, Светлана Владимировна. *Семиотизация звукового мира: звукоподражания китайского языка.* Иркутск: МГЛУ ЕАЛИ, 2015.

344 Хрипля, Татьяна Сергеевна. *Практикум по грамматике китайского языка.* Омск: Изд-во Омского государственного университета, 2018.

345 Хуан Синтао. *Культурно-исторический взгляд на китайский иероглиф* 她: *новое местоимение для номинации женщины и его восприятие.* [перевод Ма Сянфэй]. Санкт-Петербург: Нестор-История, 2020.

346 Хуан Тяньдэ. *"Свой-чужой": языковое сознание русских и китайцев.* Москва: Канцлер, 2017.

347 Цуй Дайюань. *Словарь китайского гурмана.* [перевод с китайского Е. И. Митькина и др.]. Санкт-Петербург: Гиперион, 2020.

348 Цуй Юй. *Сопоставительный анализ анекдота в русском и китайском языках по лингвоспецифичному аспекту.* Москва: МАКС Пресс, 2015.

349 Шевцова, Наталья Ивановна. *Стилистика современного китайского языка: курс лекций.* Владивосток: Дальневосточный федеральный ун-т, 2018.

350 Ши Лэй и др. *Функционально-параметрическое описание фразеологизмов русского и китайского языков.* Москва: Спутник+, 2016.

351 Ши Лэй. *Фразеологические единицы, относящиеся к теме «Учеба», в русском и китайском языках.* Москва: Спутник+, 2016.

352 Шимшарева, Татьяна Евгеньевна и др. *Словарь этимологий базовых знаков китайской письменности.* Иркутск: ИГУ, 2019.

353 Шишмарева, Татьяна Евгеньевна. *Китайский словарь «Эръя» в идеографическом и этнокультурном аспектах.* Иркутск: Изд-во ИГУ, 2016.

354 Щичко, Владимир Федорович и др. *Курс лекций по истории китайского языка.* Москва: ВКН, 2015.

355 Якунина, Татьяна Вячеславовна. *Рабочие тетради по китайскому языку.* Санкт-

Петербург: ОМ-Пресс, cop. 2015-. [T. 1]., 2015.

日语

356 エリザベス・C・トラウゴット，リチャード・B・ダッシャー．意味変化の規則性．ひつじ書房，2019.

357 安倍明義．蕃語研究．近現代資料刊行会，2019.

358 安岡孝一．古典中国語 universal dependencies で読む『孟子』．京都大学人文科学研究所附属東アジア人文情報学研究センター，2019.

359 奥村佳代子．近世東アジアにおける口語中国語文の研究：中国・朝鮮・日本．関西大学東西学術研究所，2019.

360 奥村佳代子［ほか］．完全攻略！中検4級：5週間の学習プログラム．アルク，2018.

361 白川静．文字講話2.平凡社，2016.

362 包聯群．現代中国における言語政策と言語継承第2巻．三元社，2015.

363 包聯群．現代中国における言語政策と言語継承第4巻．三元社，2019.

364 本間由香利，蘇紅．中国語でおもてなし入門編．郁文堂，2018.

365 濱田武志．中国方言系統論：漢語系諸語の分岐と粤語の成立．東京大学出版会，2019.

366 氷野善寛［ほか］．完全攻略！中検準4級：4週間の学習プログラム．アルク，2018.

367 柴森．中国語の類義語攻略ドリル：初級から中級へ！．白水社，2018.

368 陳鳳鳴．中国語四声の法則：歴史的大発見3千年前の哲学が教えてくれる．一粒書房，2019.

369 池田巧．シナ＝チベット系諸言語の文法現象（別タイトル：Grammatical phenomena of Sino-Tibetan languages）．京都大学人文科学研究所，2019.

370 船田秀佳．中国語は英語と比べて学ぼう！実践編．IBC パブリッシング，2018.

371 春山明哲．日中中日翻訳必携．金沢文圃閣，2016.

372 村松恵子．現代中国語談話論：その帰納的実証研究．好文出版，2019.

373 大茂利充．中国語文法ワールド：日・英・中三方攻読：Learn Chinese Together with Japanese-English．朝日出版社，2018.

374 単艾婷．論説文におけるテクスト構造の日中対照研究：新聞社説を分析資料として．花書院，2020.

375 冨谷至．漢簡語彙考証．岩波書店，2015.

376 高橋勇進．最短最速で上達する中国語学習法：ビジネス中国語なんて超簡単！．CCC メディアハウス，2017.

377 高木丈也．中国朝鮮族の言語使用と意識．くろしお出版，2019.

378 根岸佶．根岸佶著作集第4巻．不二出版，2017.

379 根岸佶．根岸佶著作集第5巻．不二出版，2017.

380 宮本徹．中国語1.放送大学教育振興会，2018.

381 宮本徹．中国語2.放送大学教育振興会，2018.

382 宮島美花．中国朝鮮族のトランスナショナルな移動と生活．国際書院，2017.

383 郭春貴［ほか］．HSK 成語用法：解釈・例文・練習．白帝社，2018.

384 海老原志穂．アムド・チベット語文法（別タイトル：A Grammar of Amdo Tibetan）．ひつじ書房，2019.
385 何元建．現代中国語生成文法．好文出版，2018.
386 戸内俊介．先秦の機能語の史的発展：上古中国語文法化研究序説．研文出版，2018.
387 荒川清秀．漢語の謎：日本語と中国語のあいだ．筑摩書房，2020.
388 荒川清秀．日中漢語の生成と交流・受容：漢語語基の意味と造語力．白帝社，2018.
389 荒川清秀．中国語を歩く：辞書と街角の考現学．東方書店，2018.
390 荒川慎太郎，東京外国語大学．「方向接辞」からみたチベット・ビルマ語系言語の諸相．荒川慎太郎，2016.
391 黄英甫，傳田晴久．台湾の北京語．成大出版社，2018.
392 吉村豊．陰陽思考で分析解釈する中国語：謎解きの決定版．ブイツーソリューション，2018.
393 今泉喜一［ほか］．日本語・中国語・印欧語：日本語構造伝達文法・発展 D．揺籃社，2018.
394 近藤健二．弥生言語革命．松柏社，2020.
395 京都大学人文科学研究所簡牘研究班．漢簡語彙中国古代木簡辞典．岩波書店，2015.
396 孔子学院総部国家漢辦問題文・音声．中国語検定 HSK 公式過去問集 1 級 2018 年度版．スプリックス，2018.
397 孔子学院総部国家漢辦問題文・音声．中国語検定 HSK 公式過去問集 2 級 2018 年度版．スプリックス，2018.
398 孔子学院総部国家漢辦問題文・音声．中国語検定 HSK 公式過去問集 3 級 2018 年度版．スプリックス，2018.
399 孔子学院総部国家漢辦問題文・音声．中国語検定 HSK 公式過去問集 4 級 2018 年度版．スプリックス，2018.
400 孔子学院総部国家漢辦問題文・音声．中国語検定 HSK 公式過去問集 5 級 2018 年度版．スプリックス，2018.
401 孔子学院総部国家漢辦問題文・音声．中国語検定 HSK 公式過去問集 6 級 2018 年度版．スプリックス，2018.
402 李佳樑．現代中国語における情報源表出形式：本来の守備範囲と拡張用法．関西大学出版部，2019.
403 李軼倫．ちょこっと中国語翻訳：ネイティヴらしく表現するコツ．白水社，2019.
404 李穎．やさしい中国語カタコト会話帳：まずはここから！増補改訂版．すばる舎，2016.
405 李宇明［ほか］．中国言語生活状況報告書（別タイトル：The language situation in China 2016）．中国書店，2019.
406 立命館大学法学会．島津幸子教授追悼論集．立命館大学法学会，2018.
407 立石謙次．雲南大理白族の白文用例集：大本曲『黄氏女対金剛経』を例に．東海大学社会学部アジア学科，2020.
408 林洪．現代中国日本語教育の理論と実践：履修カリキュラムと教材開発を中心に．両風堂，2018.
409 林松濤［ほか］．日本人が知りたい中国人の当たり前：中国語リーディング．三修社，2016.
410 劉雅新．音が見える！中国語発音がしっかり身につく本．コスモピア，2018.
411 落合淳思．漢字の構造：古代中国の社会と文化．中央公論新社，2020.

412 南雲大悟.基礎からレッスンはじめての中国語：オールカラー：イラストでパッと見てわかる!.ナツメ社，2018.

413 内田慶市.北京官話全編の研究：付影印・語彙索引下巻.関西大学東西学術研究所，2018.

414 斉霞.耳が喜ぶ中国語：リスニング体得トレーニング.三修社，2018.

415 千野万里子.現代中国語に見られる近世中国語の影響：『紅楼夢』と『儒林外史』を資料として.晃洋書房，2017.

416 青木隆浩.基礎から学ぶ中国語発音レッスン.ベレ出版，2018.

417 清地ゆき子.近代訳語の受容と変容：民国期の恋愛用語を中心に.白帝社，2018.

418 慶谷壽信.中国音韻学論集.好文出版，2018.

419 任麗潔［ほか］.耳から突破！HSK語彙対策〈1級-4級〉：フレーズ・例文・実践問題.朝日出版社，2018.

420 日本中国語検定協会.中検2級試験問題：解答と解説2018年版.白帝社，2018.

421 日本中国語検定協会.中検3級試験問題：解答と解説2018年版.白帝社，2018.

422 日本中国語検定協会.中検4級試験問題：解答と解説2018年版.白帝社，2018.

423 日本中国語検定協会.中検準1級・1級試験問題：解答と解説2018年版.白帝社，2018.

424 日本中国語検定協会.中検準4級試験問題：解答と解説2018年版.白帝社，2018.

425 日中対照言語学会.日本語と中国語の副詞.白帝社，2020.

426 日中韓共通語彙集.日中韓三国協力事務局，2020.

427 三保忠夫.尺牘資料における助数詞の研究：明国から日本へ：武蔵野書院創業百周年記念出版.武蔵野書院，2019.

428 三枝茂人.漢語中古音のアルタイ語的解釈.丸善プラネット，2018.

429 三潴正道.「人民日報」で学ぶ「論説体中国語」翻訳ドリル：入門・初級.浙江出版集団東京，2018.

430 上野恵司.ことばの散歩道6（きょうは漱石，あしたは魯迅）.白帝社，2015.

431 神崎多實子［ほか］.聴いて鍛える中国語通訳実践講座：ニュースとスピーチで学ぶ.東方書店，2018.

432 沈家煊.認知と中国語文法.日中言語文化出版社，2018.

433 施旭.文化的談話分析：中国を探る理論・方法.八朔社，2020.

434 石剛.危機言語へのまなざし：中国における言語多様性と言語政策.三元社，2016.

435 時衛国.中国語の少量と低程度表現の対照研究（別タイトル：A comparative study of small and low degree expressions in Chinese）.愛知教育大学出版会，2019.

436 矢野光治［ほか］.HIKARU中国語力.駿河台出版社，2018.

437 水谷誠.詩聲樸學：中國古典詩用韻の研究.研文出版，2015.

438 寺尾.〈大活字〉故事物語：特選生きる心の糧9（別タイトル：漢詩故事物語）.河出書房新社，2015.

439 松岡雄太.長崎唐通事の満洲語学.明石書店，2019.

440 孫樹喬.意志表現をめぐる日中対照研究.佛教大学，2018.

441 譚昕.テキスト言語学の観点からみた中国語におけるテキストの結束性：二つの非明示的表現を中心に.ITSC静岡学術出版事業部，2019.

442 藤崎裕子.リアル中国語フレーズ1500：今すぐ使える！中国語がわからなくても大丈夫爆買い接客編.秀和システム，2016.

443 藤森智子.日本統治下台湾の「国語」普及運動:国語講習所の成立とその影響.慶應義塾大学出版会,2016.
444 藤堂明保.漢字文化の世界.KADOKAWA,2020.
445 田中祐輔.現代中国の日本語教育史:大学専攻教育と教科書をめぐって.国書刊行会,2015.
446 丸尾誠.文法の基礎をひと通り学んだ人のための中国語表現実力アップドリル450問.NHK出版,2018.
447 王丹.新ゼロからスタート中国語会話編.Jリサーチ出版,2018.
448 王其莉.判断のモダリティに関する日中対照研究.ひつじ書房,2016.
449 王婷婷.超入門!書いて覚える中国語ドリル:オールカラー.ナツメ社,2018.
450 王占華.语义蕴涵与句法结构及话语理解.朋友书店,2015.
451 尾崎雄二郎.尾崎雄二郎中國語音韻史の研究・拾遺.臨川書店,2015.
452 武吉次朗.日中中日翻訳必携.日本僑報社,2016.
453 武吉次朗.日中中日翻訳必携実戦編4.日本僑報社,2018.
454 西田文信.ナムイ語文法の記述言語学的研究(別タイトル:A descriptive linguistic study of Namuyi).東北大学出版会,2019.
455 西香織.中国語の三人称代名詞"它"に関する研究.日中言語文化出版社,2019.
456 喜多山幸子.ニューエクスプレス+中国語.白水社,2018.
457 細川邦三.戦国成語史話.文芸社,2019.
458 相原茂.発音の基礎から学ぶ中国語.朝日出版社,2018.
459 相原茂.日中は異文化だから面白い:言語と文化のプロたちが綴るエッセイ集.現代書館,2016.
460 相原茂.中国語ひらめき塾.現代書館,2018.
461 相原茂[ほか].Why?にこたえるはじめての中国語の文法書.同学社,2016.
462 小川陽一.明清のおみくじと社会:関帝霊籤の全訳.研文出版,2017.
463 小林和代,韓軍.はじめよう楽々中国語.白水社,2018.
464 星泉.古典チベット語文法:『王統明鏡史』(14世紀)に基づいて.東京外国語大学アジア・アフリカ言語文化研究所,2016.
465 楊光俊[ほか].ネイティブが教えるマンガで身につく!中国語.ナツメ社,2018.
466 楊凱栄.中国語学・日中対照論考.白帝社,2018.
467 楊鉄錚.明治期中国語教育における伝統継承と近代化:金国璞、張廷彦と『官話指南』を中心として.両風堂,2018.
468 于一楽.中国語の非動作主卓越構文.くろしお出版,2018.
469 園田博文.日清戦争以前の日本語・中国語会話集.武蔵野書院,2020.
470 札幌中国語工房.中国語でperapera北海道:とっさの接客・案内にプロ直伝のフレーズ集.北海道新聞社,2017.
471 斎藤裕子.中国語を母語とする人のための介護用語・表現集.中国残留孤児援護基金,2018.
472 張麗花.木霊の精になったアシマ:中国雲南省少数民族民話選.冨山房インターナショナル,2019.
473 張麟声.日中ことばの漢ちがい.日中言語文化出版社,2016.
474 張麟声.中文日訳の基礎的研究.日中言語文化出版社,2019.
475 張照旭.明治期中国語教科書における中国語カナ表記についての研究.クロスカルチ

476 中国語. JTB パブリッシング，2018.
ャー出版事業部，2018.
477 中国語教育実践方法論研究会. 李麗と話そう！：中国語初級文法 & 会話. 郁文堂，2018.
478 中検研究会. 中検 2 級問題集 2018 年版. 光生館，2018.
479 中検研究会. 中検 3 級問題集 2018 年版. 光生館，2018.
480 中検研究会. 中検 4 級問題集 2018 年版. 光生館，2018.
481 中検研究会. 中検準 1 級・1 級問題集 2018 年版. 光生館，2018.
482 中検研究会. 中検準 4 級問題集 2018 年版. 光生館，2018.
483 中井好男. 中国人日本語学習者の学習動機はどのように形成されるのか：M-GTA による学習動機形成プロセスの構築を通して見る日本語学校での再履修という経験. ココ出版，2018.
484 中央大学人文科学研究所. 文法記述の諸相 2. 中央大学出版部，2016.
485 竹越孝.『一百條』・『清文指要』対照本（補遺・索引篇）. 神戸市外国語大学外国学研究所，2018.
486 庄声. 帝国を創った言語政策：ダイチン・グルン初期の言語生活と文化. 京都大学学術出版会，2016.

阿拉伯语

487 اللجنة المنظمة للدورة الأولى للمسابقة الدولية لترجمة الأعمال الأدبية الصينية المعاصرة الممتازة. الأعمال الكاملة الفائزة في المسابقة الدولية الأولى للترجمة في الصين. دار النشر باللغات الأجنبية, 2015.
488 تشانغ شيو لي. التعليم السرع للمحادثة الصينية التطبيقية : الحياة اليومية. الناشر " تجل الشعبية " المحدودة للنشر ببكين, 2019.
489 تشانغ شيو لي. التعليم السرع للمحادثة الصينية التطبيقية : التبادلات التجارية. الناشر " تجل الشعبية " المحدودة للنشر ببكين, 2019.
490 تشانغ شيو لي. التعليم السرع للمحادثة الصينية التطبيقية : الزيارة والترفيه. الناشر " تجل الشعبية " المحدودة للنشر ببكين, 2019.

其他语种

491 Annala, Sari Elina. Chi le ma?: kiinan peruskurssi. Finn Lectura, 2020.
492 Brzozowska, Dorota. Chińskie ślady w polskich dyskursach współczesnych. Wydawnictwo Uniwersytetu Opolskiego, 2018.
493 Châu A Phí. Ngữ âm - Văn tự - Từ vựng tiếng Trung Quốc. Đại học Sư phạm Tp. Hồ Chí Minh, 2017.
494 Čok, Tina. Kultura na koncu jezika: razprave o prepletu kitajskega jezika in kulture. Znanstveno-raziskovalno središče, Založba Annales ZRS Koper, 2017.
495 Da, Shipin. מ"בע ישראלי הסיני המרכז - סינרגיה. בקצב סינית לומדים, 2016.
496 Feng, Zhiwei. Τα κινέζικα σύμβολα γραφής: μια ανάλυση στο χρόνο. Παπαζήσης, 2017.
497 Gao, Jingyi, et al. Hiina keel. Tartu Ülikooli Kirjastus, 2015.

498 Gao, Jingyi. Eesti-hiina põhisõnavara sõnastik. Eesti Keele Instituut, 2019.
499 Gulyás Csenge. Kínai közmondások. Kelet K., 2015.
500 Hirci, Nataša. Večjezični priročnik za lažje sporazumevanje v zdravstvu = Многоязычное руководство для лучшей коммуникации в системе здравоохранения. Znanstvena založba Filozofske fakultete, 2019.
501 Hoàng Thị Băng Tâm. Nghiên cứu đối chiếu từ ngữ xưng hô xã hội trong tiếng Hán và tiếng Việt: Sách chuyên khảo. Đại học Quốc gia Hà Nội, 2018.
502 Hsueh, ShaoLan. Chineasy: kiinaa helposti. Tammi, 2015.
503 Hsueh, ShaoLan. Chineasy: lihtne nagu hiina keel. Argo, 2015.
504 Kalkır, Nurcan. Çin dilinde bağlaçlar: tasnifi ve kullanımları. Likya Kitap, 2018.
505 Kilpi, Tuomas. Suomi englanti kiina kuvasanakirja. Oppian, 2020.
506 Kırilen, Gürhan. Çin dili. Gece Kitaplığı, 2016.
507 Lê Kim Ngọc Tuyết. 365 câu tiếng phổ thông Trung Quốc cho người Việt Nam tự học =. Thanh niên, 2017.
508 Li, Guangyun. Suomi-kiina suursanakirja. Art House, 2017.
509 Lin, Weida. Chińskie ABC. Wydawnictwo Poligraf, 2016.
510 Lingea. Kitajščina: priročnik za konverzacijo: [s slovarjem in slovnico]. Lingea, 2017.
511 Majcenovič Kline, Barbara. Slovensko-kitajski slikovni slovar. Skrivnost, 2018.
512 Maršálek, Jakub. Proso, pastevectví a dvojuché nádoby: šíření tibetobarmských jazyků ve světle archeologie. Togga, spol. s r.o., 2015.
513 Ngô, Để Thông. Nói hay như Jack Ma. Nhà xuất bản Hồng đức, 2019.
514 Okay, Bülent. Pratik Çince konuşma kitabı. Ankara Üniversitesi, 2017.
515 Prokop, Daria. Język polski i kultura polska w Chinach. Wydawnictwo Primum Verbum, 2017.
516 Raspor, Andrej. Spoznajmo kitajske goste: nasveti za izboljšanje komunikacije s kitajskimi gosti. BoMa, 2016.
517 Tang, Jiankun. Çin ansiklopedisi. Kırmızı Kedi Yayınevi, 2017.
518 Thu Trang. 8000 mẫu câu đàm thoại Việt - Hoa thông dụng. Nhà xuất bản Đại học Quốc gia Hà Nội, 2015.
519 Tomozei, Dan. Timpul Chinei: proiect dedicat Centenarului României, Semicentenarului Secției de limbă română a RCI. Corint Books, 2018.
520 Trần, Văn Chánh. Từ điển - sách công cụ chữ Hán của Việt Nam và Trung Quốc. Nhà xuất bản Tổng hợp Thành phố Hồ Chí Minh, 2018.
521 Válogatott kínai közmondások. Tinta Kvk., 2019.
522 Zhu, Song. Jací jsou? - Číňané: zábavný průvodce národní povahou. Lingea, 2020.
523 Zlotea, Mugur. Istoria și teoria traducerii în China: de la începuturi până la mișcarea de la 4 mai. Printech, 2019.
524 Абдраев, Нұрманғазы Кенесұлы. Қытай және қазақ тілдеріндегі табу мен эвфемизмдерді салғастырмалы зерттеу. 2016.
525 Гу Фан. Китайско-български двупосочен речник. Изток-Запад, 2017.
526 Кулiковiч, У. I. (Уладзiмiр Iванавiч). Лiтаратура ў культурнай прасторы Беларусi i Кiтая: зборнiк навуковых артыкулаў па матэрыялах Мiжнароднай канферэнцыi, прысвечанай народнаму паэту Беларусi Якубу Коласу, г. Цяньцзiнь, Кiтайская Народная Рэспублiка, 17—18 мая 2019 г. Беларускi дзяржаўны тэхналагiчны ўнiверсiтэт, 2019.

527　Радев, Игор. Трословната книга. Македоника литера, 2020.
528　Хан, Ђијентанг. Kineska kultura. Pismo. Albatros plus, 2016.
529　Цанкова, Антония Димова. Да открием Китай: учебник по китайски език 1. Изток-Запад, 2019.
530　Цанкова, Антония Димова. Да открием Китай: учебник по китайски език 1. Изток-Запад, 2020.
531　Цанкова, Антония Димова. Морфологичната система на съвременния китайски език: части на речта и функционално-семантични категории. Изток-Запад, 2017.
532　ሊና ጌታቸው አየነው. ዳሉ ቻይንኛን በቀላሉ. Dalu Media, 2016.

文学

英语

1. A'Rabbitt, Shamus; Sapajou. *Ballads of the East*. Hong Kong, China: Earnshaw Books, 2015.
2. A'Rabbitt, Shamus; Sapajou. *China coast ballads*. Hong Kong, China: Earnshaw Books, 2015.
3. Admussen, Nick. *Recite and refuse: contemporary Chinese prose poetry*. United States: University of Hawai'i Press, 2016.
4. Allan, Sarah. *The heir and the sage: dynastic legend in early China*. United States: State University of New York Press, 2016.
5. Allen, Ryan M; Liu, Ji. *Kuo Ping Wen: scholar, reformer, statesman*. United States: Long River Press, 2016.
6. Andolfatto, Lorenzo. *Hundred days' literature: Chinese utopian fiction at the end of empire, 1902-1910*. Leiden: Brill, 2019.
7. André, James St. *Translating China as cross-identity performance*. Honolulu: University of Hawai'i Press, 2020.
8. Angus, William R. *South Fukien missionary poems, 1925-1951*. United States: University of Hawai'I Press, 2015.
9. Anonymous. *Chinese myths & folk tales*. New York: Barnes & Noble, 2020.
10. Ao, Yumin. *A study on the thematic, narrative, and musical structure of Guan Hanqing's Yuan Zaju, Injustice to Dou E*. Switzerland: Peter Lang, 2015.
11. Ash, Alec; Pellman, Tom. *While we're here: China stories from a writers' colony*. Hong Kong, China: Earnshaw Books, 2015.
12. Au, Chung-to. *The Hong Kong modernism of Leung Ping-kwan*. Lanham: Lexington Books, 2019.
13. Aurelius, Eva Haettner. *Performativity in literature: the Lund-Nanjing seminars*. Sweden: Kungl. Vitterhets Historie Och Antikvitets Akademien, 2016.
14. Barnes, Simon. *Hong Kong belongers*. London: Harper Collins Publishers, 2017.
15. Batt, Herbert; Zitner, Sheldon. *The flowering of modern Chinese poetry: an anthology of verse from the republican period*. Canada: Mcgill-Queen'S University Press, 2016.
16. Bender, Mark. *The Nuosu book of origins: a creation epic from southwest China*. Seattle: University of Washington Press, 2019.
17. Berëzkin, R. V. *Many faces of Mulian: the precious scrolls of late imperial China*. Seattle: University of Washington Press, 2017.

18 Bernards, Brian. *Writing the South Seas: imagining the Nanyang in Chinese and Southeast Asian postcolonial literature*. United States: University of Washington Press, 2015.
19 Bettinson, Gary; Martin, Daniel. *Hong Kong horror cinema*. Edinburgh: Edinburgh University Press, 2018.
20 Bien, Gloria. *Baudelaire in China: a study in literary reception*. United States: University of Delaware Press, 2015.
21 Blakemore, A.K.; Haysom, Dave. *My tenantless body*. London: Poetry Translation Centre Ltd, 2019.
22 Bloom, Michelle E. *Contemporary Sino-French cinemas: absent fathers, banned books, and red balloons*. United States: University of Hawaii Press, 2016.
23 Bogusevskaja, Viktorija Alekseevna; Colla, Elisabetta. *Thinking colors: perception, translation and representation*. United Kingdom: Cambridge Scholars, 2015.
24 Braaten, Rachel. *Historical dictionary of Hong Kong cinema*. Lanham: Rowman & Littlefield Publishers, 2020.
25 Brown, Lachlan. *Luunar inheritance*. Artarmon, NSW, Australia: Giramondo Publishing Company, 2017.
26 Brumfield, Dina Gu. *Unbound: a tale of love and betrayal in Shanghai*. Austin, Texas: Greenleaf Book Group Press, 2020.
27 Cai, Shenshen. *Xiangsheng and the Emergence of Guo Degang in Contemporary China*. Singapore: Palgrave Macmillan, 2020.
28 Cai, Xiang. *Revolution and its narratives: China's socialist literary and cultural imaginaries (1949-1966)*. United States: Duke University Press, 2016.
29 Cai, Zong-qi. *How to read Chinese poetry in context: poetic culture from antiquity through the Tang*. New York: Columbia University Press, 2018.
30 Calzati, Stafano. *Beyond the genre: approaching travel (and) writing through interviews with authors and bloggers*. Newcastle-upon-Tyne: Cambridge Scholars Publishing, 2018.
31 Campany, Robert Ford. *A garden of marvels: tales of wonder from early medieval China*. United States: University of Hawaii Press, 2015.
32 Carson, Louise. *Executor*. Canada: Signature Editions, 2015.
33 Chai, May-lee. *Useful phrases for immigrants: stories*. Durham: Blair, 2018.
34 Chan, Evans; Lai, Jane. *Datong: the Chinese utopia*. Hong Kong, China: Hong Kong University Press, 2015.
35 Chan, Jessica Ka Yee. *Chinese revolutionary cinema: propaganda, aesthetics and internationalism, 1949-1966*. London: I.B. Tauris, 2019.
36 Chang, Dongshin. *Representing China on the historical London stage: from orientalism to intercultural performance*. United States: Routledge, 2015.
37 Chang, Eileen. *Little reunions*. New York, NY: New York Review Books, 2018.
38 Chatting, Philip. *As leaves blow*. Hong Kong: Proverse Hong Kong, 2019.
39 Chau, Bonnie. *All roads lead to blood*. Santa Fe, NM: 2040 Books, 2018.
40 Chen, Dan. *Convenient criticism: local media and governance in urban China*. Albany: SUNY Press, 2020.
41 Chen, Minjie. *The Sino-Japanese War and youth literature: friends and foes on the battlefield*. United Kingdom: Routledge, 2016.

42 Chen, Pingyuan; Peterson, Victor. *The development of Chinese martial artsfiction*. United States: Cambridge University Press, 2016.

43 Chen, Shih-Wen. *Children's literature and transnational knowledge in modern China: education, religion, and childhood*. Singapore: Palgrave Macmillan, 2019.

44 Chen, Shudong. *Comparative literature in the light of Chinese prosody*. Carlton, Victoria: Lonely Planet Kids, 2018.

45 Chen, Xunwu. *Another phenomenology of humanity: a reading of a dream of red mansions*. United States: Lexington Books, 2015.

46 Chen, Zu-yan. *Chinese voices: classical poetry*. London, United Kingdom: Flame Tree Publishing, 2019.

47 Cheng, Francois. *Chinese poetic writing: with an anthology of Tang poetry*. United States: New York Review Books, 2016.

48 Chim, Wai. *Shaozhen*. Crows Nest: Allen & Unwin, 2018.

49 Chiu, Elena Suet-Ying. *Bannermen tales (Zidishu): Manchu storytelling and cultural hybridity in the Qing dynasty*. Cambridge, MA: Harvard University Asia Center, 2018.

50 Cho, Sookja. *The tale of Cho Ung: a classic of vengeance, loyalty, and romance*. New York: Columbia University Press, 2018.

51 Cho, Sookja. *Transforming gender and emotion: the Butterfly Lovers story in China and Korea*. Ann Arbor: University of Michigan Press, 2018.

52 Chou, Chih-P'Ing. *Literature and society: an advanced reader of modern Chinese*. United States: Princeton University Press, 2016.

53 Cole, Alan. *Patriarchs on paper: a critical history of medieval Chan literature*. United States: University of California Press, 2016.

54 Cowhig, Frances Ya-Chu. *The king of Hell's Palace*. London: Methuen Drama, Bloomsbury Publishing, Plc, 2019.

55 Curry, Alexandra Gambrill. *The courtesan: a novel in six parts*. United States: Dutton, Penguin Group USA, 2015.

56 Czaja, Olaf. *Illuminating mirror: Tibetan studies in honour of Per K. Sørensen on the occasion of his 65th birthday*. Germany: Dr. Ludwig Reichert Verlag, 2015.

57 Da, Nan Z. *Intransitive encounter: Sino-U. S. literatures and the limits of exchange*. New York: Columbia University Press, 2018.

58 Dadswell, Fengqin. *Fate*. London: Olympia Publishers, 2018.

59 Dai, Sijie. *Balzac and the little Chinese seamstress*. London: Vintage Digital, 2019.

60 Davis, Brendan. *Righteous blood, ruthless blades: Wuxia roleplaying*. London: Osprey Games, 2020.

61 Delisle, Guy. *Shenzhen: a travelogue from China*. London: Jonathan Cape, 2017.

62 DeMare, Brian James. *Mao's cultural army: drama troupes in China's rural revolution*. United Kingdom: Cambridge University Press, 2015.

63 Denecke, Wiebke [et al.]. *The Oxford handbook of classical Chinese literature (1000 BCE-900 CE)*. New York: Oxford University Press, 2017.

64 Denton, Kirk A. *The Columbia companion to modern Chinese literature*. United States: Columbia University Press, 2016.

65 Diao, Dou. *Points of origin*. United Kingdom: Comma Press, 2015.

66 Dickins, Rosie. *Usborne illustrated stories from China*. London: Usborne Publishing Ltd., 2019.
67 Digby, John; Bai, Hong Ai. *Passing memories: a collection of Chinese poems on cold food festival*. United States: Cross-Cultural Communications, 2016.
68 Ditter, Alexei Kamran [et al.]. *Tales from Tang Dynasty China: selections from the Taiping Guangji*. Indianapolis; Cambridge: Hackett Publishing Company, Inc., 2017.
69 Doblin, Alfred; Godwin, C. D. *Three leaps of Wang Lun: a Chinese novel*. United States: New York Review Books, 2015.
70 Duo Ji Zhuo Ga. *Love in no man's land*. London: Head of Zeus, 2019.
71 Durrant, Stephen; Li, Wai-yee. *Zuo tradition=zuozhuan: commentary on the 'Spring and Autumn Annals'*. United States: University of Washington Press, 2016.
72 Elbeshlawy, Ahmed. *Savage Charm*. Hong Kong: Proverse Hong Kong, 2019.
73 Fahlstedt, Kim K. *Chinatown film culture: the appearance of cinema in San Francisco's Chinese neighborhood*. New Brunswick: Rutgers University Press, 2020.
74 Fairweather, Ian. *The drunken Buddha*. Australia: University of Queensland Press, 2015.
75 Fan, Boqun. *A history of modern Chinese popular literature*. Cambridge: Cambridge University Press, 2020.
76 Fan, Gengxi; Li, Jingru. *Folk legends of Gengcun in China*. United States: Homa & Sekey Books, 2015.
77 Fan, Victor. *Extraterritoriality: locating Hong Kong cinema and media*. Edinburgh: Edinburgh University Press, 2019.
78 Fang, Lizhi; Link, E. Perry. *The most wanted man in China: my journey from scientist to enemy of the state*. United States: Henry Holt and Company, 2016.
79 Fang, Weigui. *Tensions in world literature: between the local and the universal*. Singapore: Springer Singapore: Imprint: Palgrave Macmillan, 2018.
80 Fei, Xiaotong. *Globalization of cultural self-awareness*. Germany: Springer, 2015.
81 Fendos, Paul G. *The Book of changes: a modern adaptation & interpretation*. Wilmington, Delaware: Vernon Press, 2018.
82 Feng, Linda Rui. *City of marvel and transformation: Chang'an and narratives of experience in Tang Dynasty China*. United States: University of Hawaii Press, 2016.
83 Feng, Menglong; Yang, Shuhui. *Sanyan stories: favorites from a Ming Dynasty collection*. United States: University of Washington Press, 2015.
84 Fleming, David H.; Harrison, Simon. *Chinese urban shi-nema: cinematicity, society and millennial China*. Basingstoke: Palgrave Macmillan, 2020.
85 Flint, Eric. *1636: the China Venture*. New York: Baen, 2019.
86 Fogel, Joshua A. *A friend in deed: Lu Xun, Uchiyama Kanzō, and the intellectual world of Shanghai on the eve of war*. Ann Arbor, MI: Association of Asian Studies, 2019.
87 Franglen, Nora. *Blogging a five element life*. London: Singing Dragon, 2017.
88 French, Paul. *Destination Shanghai*. Hong Kong: Blacksmith Books, 2019.
89 Fu, Jingqi; Zhao, Min. *Chinese ethnic minority oral traditions: a recovered text of Baifolk songs in a sinoxenic script*. United States: Cambria Press, 2015.
90 Fuller, Michael. *An introduction to Chinese poetry: from the canon of poetry to the lyrics of the Song dynasty*. Cambridge: Harvard University Asia Center, 2018.
91 Fusini, Letizia. *Dionysus on the other shore: Gao Xingjian's theatre of the tragic*. Leiden;

Boston: Brill, 2020.
92 Gao, Xingjian; Fong, Gilbert C. F. *City of the dead and song of the night.* Hong Kong, China: Chinese University Press, 2015.
93 Gao, Yu. *The birth of twentieth-century Chinese literature: revolutions in language, history, and culture.* New York, NY: Palgrave Macmillan, 2018.
94 Gaub, Florence. *What if...?: 14 futures for 2024.* Luxembourg: Publications Office of the European Union, 2020.
95 Ge, Fei; Morse, Canaan. *The invisibility cloak.* United States: New York Review Books, 2016.
96 Ge, Liangyan. *The scholar and the state: fiction as political discourse in late imperial China.* United States: University of Washington Press, 2015.
97 Geng, Youzhuang. *Between East and West: word and image.* United States: Baylor University Press, 2016.
98 Gérard, Francis. *Monkey King, the early years.* London: Totem Productions Ltd, 2018.
99 Gérard, Francis. *The cowherd and the weaver girl.* London: Totem Productions Ltd, 2018.
100 Gérard, Francis. *The legend of Nezha.* London: Totem Productions Ltd, 2018.
101 Gerard, Sebastian. *The river dragon's daughters: four women of the Yangtze in interesting times.* Pennsauken: Urbis Media & Bamboo Books, 2018.
102 Gerber, Leah; Qi, Lintao. *A century of Chinese literature in translation (1919-2019): English publication and reception.* London: Routledge, 2020.
103 Ghosh, Amitav. *Flood of fire.* Canada: Viking, 2015.
104 Gil Jeffrey. *Soft power and the worldwide promotion of Chinese language learning: the confucius institute project.* Bristol: Multilingual Matters, 2017.
105 Gong, Chloe. *These violent delights.* London: Hodder & Stoughton, 2020.
106 Gorfinkel, Lauren. *Chinese television and national identity construction; the cultural politics of music entertainment programmes.* London: Routledge, 2017.
107 Greer, John Michael. *Twilight's last gleaming.* London: Aeon, 2019.
108 Grey, Tony. *The tortoise in Asia.* United Kingdom: John Libbey, 2016.
109 Gu, Ming Dong. *Routledge handbook of modern Chinese literature.* London: Routledge, 2018.
110 Gu, Yanwu. *Record of Daily Knowledge and Collected Poems and Essays: selections.* New York: Columbia University Press, 2017.
111 Guarde-Paz, César. *Modern Chinese literature, Lin Shu and the Reformist movement: between classical and vernacular language.* Singapore: Palgrave Macmillan, 2017.
112 Guo, Li. *Women's Tanci fiction in late imperial and early twentieth-century China.* United States: Purdue University Press, 2015.
113 Guo, Rong. *Approaching history: the fictional worlds of Ha Jin and Yan Geling.* Paris: Honoré Champion éditeur, 2018.
114 Guo, Xiaolu. *Nine continents: a memoir in and out of China.* New York: Grove Press, 2017.
115 Guo, Xiaolu. *Once upon a time in the East: a story of growing up.* London: Vintage Digital, 2017.
116 Haizi; Ye, Chun. *Ripened wheat: selected poems of Hai Zi.* United States: Bitter Oleander Press, 2015.
117 Han, Han. *The problem with me: and other essays about making trouble in China today.* London: Simon & Schuster, 2017.

118　Han, Sunny Han. *Literature journals in the war of resistance against Japanese aggression in China (1931-1938)*. Singapore: Springer, 2017.
119　Han, Wenning. *My workspace Sun Yat-sen Mausoleum*. London: Xanadu, 2017.
120　Handler-Spitz, Rebecca. *Symptoms of an unruly age: Li Zhi and cultures of early modernity*. Seattle: University of Washington Press, 2017.
121　Hargett, James M. *Jade mountains & cinnabar pools: the history of travel literature in imperial China*. Seattle: University of Washington Press, 2018.
122　Harland, Mark. *The takeaway*. Scarborough: MVH Publishing, 2020.
123　Harmes, Susan. *Falling leaves*. Harlow, England: Pearson Education Limited, 2019.
124　Hart, Elsa. *Jade Dragon Mountain*. United States: Minotaur Books, 2015.
125　Hart, Elsa. *The white mirror: a mystery*. United States: St. Martin'S Press, 2016.
126　Hattaway, Paul. *An Asian harvest: an autobiography*. Oxford: Monarch Books, 2017.
127　Hawkes, David. *A little primer of Tu Fu*. United States: New York Review Books, 2016.
128　Hay, Trevor. *Redgrave's Ghost*. North Melbourne, Vic.: Tantanoola, 2019.
129　He, Liyi. *Mr. China's son: a villager's life*. [Place of publication not identified]: Routledge, 2018.
130　Hedberg, William C. *The Japanese discovery of Chinese fiction: the water margin and the making of a national canon*. New York: Columbia University Press, 2020.
131　Herbert, Julián. *The house of the pain of others: chronicle of a small genocide*. Minneapolis: Graywolf Press, 2019.
132　Hewson FRGS, Eileen. *Everest or bust: a trekking adventure*. United Kingdom: The Kabristan Archives, 2018.
133　Hill, Justin; Fusco, John. *Crouching tiger, hidden dragon: sword of destiny*. United States: Weinstein Books, 2015.
134　Hinton, David. *I Ching: the book of change*. United States: Farrar, Straus & Giroux, 2015.
135　Ho, Jeff. *Trace*. Toronto: Playwrights Canada Press, 2019.
136　Hockx, Michel. *Internet literature in China*. United States: Columbia University Press, 2015.
137　Ho-Kei, Chan. *Second Sister*. London: Head of Zeus, 2020.
138　Holm, David; Meng, Yuanyao. *Hanvueng: the Goose King and the Ancestral King: an epic from Guangxi in Southern China*. Netherlands: Brill, 2015.
139　Holton, Brian. *Staunin Ma Lane: Chinese verse in Scots and English*. United Kingdom: Shearsman Books, 2016.
140　Hon, Lai-Chu; Lingenfelter, Andrea. *Kitefamily*. Hong Kong, China: East Slope Pub, 2015.
141　Hong, Mai. *Record of the listener: selected stories from Hong Mai's Yijian Zhi*. Indianapolis: Hackett Publishing Company, 2018.
142　Howan, Lillian. *The charm buyers*. Honolulu: University of Hawai'i Press, 2017.
143　Hsia, Chih-Tsing. *Classic Chinese novel: a critical introduction* [rev ed]. Hong Kong, China: Chinese University Press, 2015.
144　Hsia, Chih-Tsing. *History of modern Chinese fiction*. Hong Kong, China: Chinese University Press, 2016.
145　Hsia, Tsi-an. *The gate of darkness: studies on the leftist literary movement*. Hong Kong, China: Chinese University Press, 2015.
146　Hsu, Pi-Ching. *Feng Menglong's treasury of laughs: a seventeenth-century anthology of*

traditional Chinese humour. Netherlands: Brill, 2015.

147 Hu, Yamin. *Keywords in Western literary criticism and contemporary China. Volume 1.* London: Routledge, 2020.

148 Hu, Yamin. *Keywords in Western literary criticism and contemporary China. Volume 2.* London: Routledge, 2020.

149 Hu, Ying. *Burying autumn: poetry, friendship, and loss.* United States: Harvard University Asia Center, 2016.

150 Hu, Zhifeng. *Film and television culture in China.* Reading, United Kingdom: Paths International Ltd, 2018.

151 Hua, Vanessa. *A river of stars: a novel.* New York: Ballantine Books, 2018.

152 Huang, Guosheng. *The road to Shenzhen: a novel.* Cirencester: Mereo, 2017.

153 Huang, Jinshu. *Slow boat to China and other stories.* United States: Columbia University Press, 2016.

154 Huang, Peter I-Min. *Linda Hogan and contemporary Taiwanese writers: an ecocritical study of indigeneities and environment.* United States: Lexington Books, 2016.

155 Huang, Vanessa. *Quiet of chorus: poems.* Brooklyn, NY: UpSet Press, Inc. , 2018.

156 Huang, Yonglin. *Narrative of Chinese and Western popular fiction: comparison and interpretation.* Berlin, Germany: Springer, 2018.

157 Huang, Yunte. *The big red book of modern Chinese literature: writings from the mainland in the long twentieth century.* United States: W. W. Norton & Company, 2016.

158 Huang, Yu-ting Phyllis. *Literary representations of "mainlanders" in Taiwan: becoming Sinophone.* London: Routledge, 2020.

159 Hubbert, Jennifer. *China in the world: an anthropology of Confucius Institutes, soft power, and globalization.* Honolulu: University of Hawaii Press, 2019.

160 Humphreys, Peter. *Hong Kong rocks.* Hong Kong: Proverse Hong Kong, 2019.

161 Huntington, Rania. *Ink and tears: memory, mourning, and writing in the Yu family.* Honolulu: University of Hawaiʻi Press, 2018.

162 Hutcheon, Jane. *China baby love: an Australian grandmother's life-changing mission to help China's orphans.* Sydney, N.S.W.: Harper Collins Publishers Australia, 2017.

163 Idema, Wilt L. *Mouse vs. cat in Chinese literature: tales and commentary.* Seattle: University of Washington Press, 2019.

164 Idema, Wilt L. *Passion, poverty and travel: traditional Hakka songs and ballads.* United States: World Scientific Publishing, 2015.

165 Idema, Wilt L. *Records of the Three Kingdoms in plain language.* United States: Hackett Publishing Company, Inc, 2016.

166 Idema, Wilt L. *The "Immortal Maiden Equal to Heaven" and other precious scrolls from Western Gansu.* United States: Cambria Press, 2015.

167 Isaacson, Nathaniel. *Celestial empire: the emergence of Chinese science fiction.* Middletown, Middletown, Connecticut: Wesleyan University Press, 2017.

168 Isbister, Dong [et al.]. *Chinese women writers on the environment: a multi-ethnic anthology of fiction and nonfiction.* Jefferson, North Carolina: McFarland & Company, Inc., Publishers, 2020.

169 Itoh, Keiko. *My Shanghai, 1942-1946: a novel.* United Kingdom: Global Books, 2016.

170 Jao, Tsung-I; Williams, Nicholas Morrow. *The residue of dreams: selected poems of JaoTsung-I*. United States: East Asia Program Cornell, 2016.

171 Jasper, David; Geng, Youzhuang. *A poetics of translation: between Chinese and English literature*. United States: Baylor University Press, 2016.

172 Jia, Pingwa. *The lantern bearer*. Jericho, New York: CN Times Books, 2017.

173 Jia, Pingwa; Goldblatt, Howard. *Ruined city: a novel*. United States: Univ of Oklahoma Press, 2016.

174 Jiang, Lan. *A history of western appreciation of English-translated Tang poetry*. Berlin, Germany: Springer, 2018.

175 Jiang, Zilong. *Empires of dust*. London: ACA Publishing Ltd, 2018.

176 Jin, Meng. *Little gods: a novel*. New York, NY: Custom House, 2020.

177 Jin, Siyan. *Subjective writing in contemporary Chinese literature*. Hong Kong: The Chinese University of Hong Kong Press, 2020.

178 Jin, Yong. *A hero born*. London: MacLehose Press, 2017.

179 Jin, Yong. *A snake lies waiting*. London: MacLehose Press, 2020.

180 Jingwei. *Yijing: wisdom of 4 sages: a translation and appreciation of the Yijing*. Singapore: Jingwei, 2019.

181 Jiong, Zhang. *Literature and literary criticism in contemporary China*. London: Routledge, 2017.

182 Jones, Peggy. *The I ching: points of balance and cycles of change*. [Place of publication not identified]: Routledge, 2018.

183 Kang, Kyeong-ae. *The underground village*. Handforth: Honford Star, 2018.

184 Kangxi Emperor; Strassberg, Richard E. *Thirty-six views: the Kangxi Emperor's mountain estate in poetry and prints*. United States: Dumbarton Oaks, 2016.

185 Kay, Guy Gavriel. *River of stars*. Canada: Penguin, 2016.

186 Kern, Martin. *Text and ritual in early China*. United States: University of Washington Press, 2015.

187 Kesang, Thuten. *Tibet: the home I left behind but will never forget, my story*. Auckland: Thuten Kesang, 2017.

188 Kim, Ha Poong. *"Oh, Let Me Return!": nature's poets: Chinese poetry of two millennia*. Brighton: Sussex Academic Press, 2017.

189 Kim, Ha Poong. *Joy and sorrow: songs of ancient China: a new translation of Shi Jing Guo Feng*. United Kingdom: Sussex Academic Press, 2016.

190 King, Maggie. *An excess male: a novel*. New York: Harper Collins, 2017.

191 Kirkova, Zornica. *Roaming into the beyond: representations of Xian immortality in early medieval Chinese verse*. Netherlands: Brill, 2016.

192 Kitson, Peter J.; Markley, Robert. *Writing China: essays on the Amherst Embassy (1816) and Sino-British cultural relations*. United Kingdom: D.S. Brewer, 2016.

193 Klein, Lucas. *The organization of distance: poetry, translation, Chineseness*. Leiden; Boston: Brill, 2018.

194 Knowles, Christopher. *The red line: a railway journey through the Cold War*. Barnsley, South Yorkshire: Pen & Sword Transport, 2017.

195 Knüsel, Ariane. *Framing China: media images and political debates in Britain, the USA and*

Switzerland, 1900-1950. United Kingdom: Ashgate, 2016.
196 Koh, Tai Ann. *Literature*. Singapore: Institute of Policy Studies: Straits Times Press Pte Ltd, 2018.
197 Kong, Shangren; Chen, Shih-hsiang. *The peach blossom fan*. United States: New York Review Books, 2015.
198 Kornicki, Peter Francis. *Languages, scripts, and Chinese texts in East Asia*. Oxford: Oxford University Press, 2018.
199 Koyama, Michael S. *Shanghai intrigue*. United Kingdom: Seagull Books, 2016.
200 Krasznahorkai, László; Mulzet, Ottilie. *Destruction and sorrow beneath the heavens: reportage*. United Kingdom: Seagull Books, 2016.
201 Kroll, Paul W. *Reading medieval Chinese poetry: text, context, and culture*. Netherlands: Brill, 2015.
202 Künnemann, Vanessa. *Middlebrow mission: Pearl S. Buck's American China*. Germany: Transcript, 2015.
203 Kuruppath, Manjusha. *Staging Asia: the Dutch East India Company and the Amsterdam theatre, c. 1650 to 1780*. Netherlands: Leiden University Press, 2016.
204 Kwa, Lydia. *Oracle bone: a chuanqi novel*. Vancouver: Arsenal Pulp Press, 2017.
205 Kwong, Luke S. K. *The phony reformer: greed, status, and patronage in late Qing China*. Lanham, Maryland: Rowman & Littlefield, 2018.
206 Kyn, J. B. Yn-Yu. *The tragedy of Ah Qui: and other modern Chinese stories*. Abingdon, Oxon: Routledge, Taylor & Francis Group, 2018.
207 Laban, Barbara. *Mulan and other legendary Chinese tales*. London: Rising Stars, 2019.
208 Lai-Henderson, Selina. *Mark Twain in China*. United States: Stanford University Press, 2015.
209 Lam, Ling Hon. *The spatiality of emotion in early modern China: from dreamscapes to theatricality*. New York: Columbia University Press, 2018.
210 Lane, Rachel. *To die is gain: John and Betty Stam*. Fearn, Tain, Ross-shire: CF4K, 2020.
211 Latini, Davide. *Chinese myths & tales: anthology of classic tales*. London: Flame Tree Publishing, 2018.
212 Laughlin, Charles A.; Liu, Hongtao. *By the river: seven contemporary Chinese novellas*. United States: University of Oklahoma Press, 2016.
213 Lee, Janice Y. K. *The expatriates: a novel*. United States: Viking, 2016.
214 Lee, Julia H. *Understanding Maxine Hong Kingston*. Columbia, South Carolina: The University of South Carolina Press, 2018.
215 Lee, Li-Young. *The undressing: poems*. New York: W. W. Norton & Company, 2018.
216 Lee, M. J. *The killing time*. London: Canelo, 2018.
217 Lee, Mabel; Zhang, Zhaoyi. *Lu Xun and Australia*. Australia: Australian Scholarly Publishing, 2016.
218 Lee, Suk. *Never give up: Jack Ma in his own words*. United States: Agate Pub., 2016.
219 Lee, Tong-King. *Experimental Chinese literature: translation, technology, poetics*. Netherlands: Brill, 2015.
220 Letters, Paul. *The slightest chance*. Hong Kong: Blacksmith Books, 2018.
221 Leung, Charmaine. *17A Keong Saik Road*. Singapore: Ethos Books, 2017.
222 Leung, Laifong. *Contemporary Chinese fiction writers: biography, bibliography, and critical*

assessment. United States: Routledge, 2016.
223   Lewis, Megan Knoyle. *In the shadow of the Great Wall.* Llandysul: Gomer, 2019.
224   Li, Bin. *Communication, civilization and China: discovering the Tang Dynasty (618-907).* Basingstoke: Palgrave Macmillan, 2020.
225   Li, He; Rouzer, Paul F. *Collected poems of Li He.* United States: New York Review Books, 2016.
226   Li, Hui. *Teaching Chinese literacy in the early years: psychology, pedagogy and practice.* United Kingdom: Routledge, 2015.
227   Li, Jian. *I can eat with chopsticks: a tale of chopsticks and how they became a pair: a story in English and Chinese.* New York: Shanghai Press, 2018.
228   Li, Jian. *The bronze dog: a story in English and Chinese.* New York: Better Link Press; Shanghai, China: Shanghai Press and Publishing Development Company, Ltd., 2017.
229   Li, Jian. *The little pigs and the sweet rice cakes: a story told in English and Chinese.* New York, NY: Better Link Press, 2018.
230   Li, Kay. *Bernard Shaw's bridges to Chinese culture.* Switzerland: Palgrave Macmillan, 2016.
231   Li, LI Qiang. *Silk Road: the study of drama culture.* New Jersey: World Scientific, 2019.
232   Li, Qiancheng. *Transmutations of desire: literature and religion in late imperial China.* Hong Kong: The Chinese University of Hong Kong Press, 2020.
233   Li, Qingben. *Rethinking the relationship between China and the West through a focus on literature and aesthetics.* Newcastle upon Tyne: Cambridge Scholars Publishing, 2018.
234   Li, Shuangyi. *Proust, China and intertextual engagement: translation and transcultural dialogue.* Singapore: Palgrave Macmillan, 2017.
235   Li, Wen-Chao; Tsao, Hosephine H. *The Routledge course in Chinese media literacy.* United Kingdom: Routledge, 2016.
236   Li, Wenjie. *The Chinese versions of Hans Christian Andersen's tales: a history of translation and interpretation.* Odense: University Press of Southern Denmark, 2017.
237   Li, Xiao. *Non-Han literature along the Silk Road.* Gateway East, Singapore: Springer, 2020.
238   Li, Yang. *The formation of Chinese art cinema: 1990-2003.* Cham, Switzerland: Springer Nature, 2018.
239   Li, Yiyun. *Dear friend, from my life I write to you in your life.* UK: Hamish Hamilton, 2017.
240   Li, Zhi; Handler-Spitz, Rivi. *A book to burn and a book to keep (hidden): selected writings.* United States: Columbia University Press, 2016.
241   Lianke, Yan. *The explosion chronicles.* London: Vintage Digital, 2017.
242   Liao, Weitang; Tam, Enoch Yee-lok. *Wandering Hong Kong with spirits: selected poetry of Liu Waitong.* United States: Zephyr Press, 2016.
243   Lin, Chin-Hui; Crevel, Maghiel van. *Paint feet on a snake: an intermediate Mandarin reader.* Netherlands: Leiden University, 2015.
244   Lin, Ed. *Incensed.* United States: Soho Crime, 2016.
245   Lin, Geng. *A comprehensive study of Tang poetry II.* London: Routledge, 2020.
246   Lin, Geng. *A comprehensive study of Tang poetry.* London: Routledge, 2020.
247   Lin, Haiyin. *Memories of Peking: south side stories.* Hong Kong: The Chinese University of Hong Kong Press, 2020.
248   Ling, Xiaoqiao. *Feeling the past in seventeenth-century China.* Cambridge, Massachusetts:

Harvard University Asia Center, 2019.

249 Link, Perry. *Wittgenstein, a one way ticket and other unforseen benefits of studying Chinese.* Hong Kong: Chinese University Press of Hong Kong, 2019.

250 Little, Nina Neilson. *Spirit baby: travels through China on the long road to motherhood.* Littleton: Illumify Media Global, 2019.

251 Liu, Cixin. *Hold up the sky.* London: Head of Zeus -- an AdAstra book, 2020.

252 Liu, Cixin. *The Three-Body Problem Trilogy: Remembrance of Earth's Past.* London: Head of Zeus, 2017.

253 Liu, Cixin. *The wandering earth.* London: Head of Zeus, 2017.

254 Liu, Cixin; Bruno, Roubicek. *The dark forest.* United States: TOR, 2015.

255 Liu, Cixin; Liu Ken. *Death's end.* United States: TOR, 2016.

256 Liu, Hsieh; Vincent, Yu-chung Shih. *The literary mind and the carving of dragons.* United States: Chinese University Press, 2015.

257 Liu, Ken. *Broken stars: contemporary Chinese science fiction in translation.* London: Head of Zeus, 2019.

258 Liu, Ken. *Invisible planets: contemporary Chinese science fiction in translation.* United States: TOR, 2016.

259 Liu, Mia Yinxing. *Literati lenses: Wenren landscape in Chinese cinema of the Mao era.* Honolulu, Hawaii: University of Hawai'i Press, 2019.

260 Liu, Qian. *Transcultural lyricism: translation, intertextuality, and the rise of emotion in modern Chinese love fiction, 1899-1925.* Leiden, 2017.

261 Liu, Xia; Ming, Di. *Empty chairs: selected poems.* United States: Graywolf, 2015.

262 Liu, Xun. *The noodle shop.* Starfish Bay Children's Books, 2019.

263 Liu, Yiqing. *Hidden and visible realms: early medieval Chinese tales of the supernatural and the fantastic.* New York: Columbia University Press, 2018.

264 Liu, Zhenyun. *Someone to talk to: a novel.* Durham: Duke University Press, 2018.

265 Liu, Zhenyun; Goldblatt, Howard. *The cook, the crook, and the real estate tycoon: a novel of contemporary China.* United States: Arcade Publishing, 2015.

266 Loh, Daniel York. *Forgotten: a new/old Chinese story in two acts.* London: Oberon Books, 2018.

267 Lu, Mingjun. *The Chinese impact upon English renaissance literature: a globalization and liberal cosmopolitan approach to Donne and Milton.* United Kingdom: Routledge, 2015.

268 Lu, Sheldon H.; Gong, Haomin. *Ecology and Chinese-language cinema: reimagining a field.* London: Routledge, 2019.

269 Lu, Shuyuan. *The ecological era and classical Chinese naturalism: a case study of Tao Yuanming.* Singapore: Springer, 2017.

270 Lu, Xun. *Jottings under lamplight.* Cambridge, Massachusetts: Harvard University Press, 2017.

271 Lunn, Jonathan. *Killigrew and the golden dragon.* London: Canelo, 2017.

272 Luo, Guanzhong. *The romance of the three kingdoms.* London: Penguin Books, 2018.

273 Luo, Guanzhong. *Three kingdoms: a historical novel.* Oakland: University of California Press, 2020.

274 Luo, Manling. *Literati story telling in late Medieval China.* United States: University of

Washington Press, 2015.
275 Luo, Ye; Inglis, Alister D. *The drunken man's talk: tales from medieval China*. United States: University of Washington Press, 2015.
276 Lustgarten, Anders. *The sugar-coated bullets of the bourgeoisie: the formation of modern China*. United Kingdom: Bloomsbury Methuen Drama, 2016.
277 Ma, Daishu. *Leaf.* United States: Fantagraphics Books, 2015.
278 Ma, Pinglai. *The elm tree. Volume one, Seeds of change*. London: ACA Publishing Ltd, 2018.
279 Ma, Sheng-mei. *Off-white: yellow face and Chinglish by Anglo-American culture*. New York: Bloomsbury Academic, 2020.
280 Ma, Sheng-mei. *Sinophone-Anglophone cultural duet / Sheng-mei Ma*. Cham, Switzerland: Palgrave Macmillan, 2017.
281 Mai, Jia. *The message*. London: Head of Zeus, 2020.
282 Mai, Jia; Milburn, Olivia. *Decoded*. United States: Farrar, Straus & Giroux, 2015,
283 Majia, Jidi. *I, snow leopard*. United States: Manoa Books, 2016.
284 Majia, Jidi. *Words from the fire: poems*. Hononlulu: University of Hawai'i Press, 2018.
285 Majumdar, Abhishek. *Pah-la*. London: Oberon, 2019.
286 Man-Fung, Yip. *Martial arts cinema and Hong Kong modernity: aesthetics, representation, circulation*. Hong Kong: Hong Kong University Press, 2017.
287 Manning, Kirsty. *The song of the Jade Lily: a novel*. New York, New York: William Morrow, Harper Collins Publishers, 2019.
288 Mao, Xiang. *Plum shadows and Plank Bridge: two memoirs about courtesans*. New York: Columbia University Press, 2020.
289 Marchetti, Gina. *Citing China: politics, postmodernism, and world cinema*. Honolulu: University of Hawai'i Press, 2018.
290 Marshall, William Leonard. *Inches*. London: Farrago, 2018.
291 Marshall, William Leonard. *Nightmare syndrome*. London: Farrago, 2018.
292 Marshall, William Leonard. *Out of nowhere*. London: Farrago, 2018.
293 Marshall, William Leonard. *Roadshow*. London: Farrago, 2017.
294 Mason, Rod. *Operation Clinker*. London: Austin Macauley Publishers, 2020.
295 Mather, Jeffrey. *Twentieth-century literary encounters in China: modernism, travel, and form*. New York, NY: Routledge, 2020.
296 May, Peter. *The ghost marriage*. London: riverrun, 2017.
297 Maynard, Kevin. *The iron flute: war poetry from ancient and medieval China*. Todmorden: Arc Publications, 2019.
298 Mazzilli, Mary. *Gao Xingjian's post-exile plays: transnationalism and postdramatic theatre*. United Kingdom: Bloomsbury, 2015.
299 McCaughrean, Geraldine. *The kite rider*. Oxford: Oxford University Press, 2019.
300 McKay, Frances. *Pieces of China: how a mother's heart heals after the loss of her daughter*. Melbourne: Brolga, 2018.
301 McLaughlin, Michael. *Musa Masala: mountaing girl of the Himalaya*. Pennsauken, New Jersey: Book Baby, 2019.
302 Métail, Michèle. *Wild geese returning: Chinese reversible poems*. Hong Kong: The Chinese University Of Hong Kong Press, 2017.

303 Meulenbeld, Mark R. E. *Demonic warfare: Daoism, territorial networks, and the history of a Ming novel*. United States: University of Hawaii Press, 2015.

304 Miller, Arthur; Conceison, Claire. *Death of a salesman in Beijing*. United Kingdom: Bloomsbury, 2015.

305 Miller, J. Hillis. *An innocent abroad: lectures in China*. United States: Northwestern University Press, 2015.

306 Min, Eun Kyung. *China and the writing of English literary modernity, 1690-1770*. Cambridge: Cambridge University Press, 2018.

307 Ming, Zhao. *Mount Huaguo: exploring the setting of Journey to the West*. London: Xanadu Publishing Ltd., 2017.

308 Mo Yan; Goldblatt, Howard. *Frog: a novel*. United States: Viking, 2015.

309 Mo Yan; Goldblatt, Howard. *Radish* [2015 reprint of the 1985 ed]. Australia: Penguin Books, 2015.

310 Mo, Yan. *The republic of wine: China library*. Australia: Penguin Books, 2016.

311 Molesworth, Carl. *Flying Tiger ace: the story of Bill Reed, China's shining mark*. London: Osprey Publishing, 2020.

312 Moore, Heather B. *The paper daughters of Chinatown*. Salt Lake City: Shadow Mountain, 2020.

313 Moran, Jean. *Summer of the three pagodas*. London: Head of Zeus, 2020.

314 Mutschler, Fritz-Heiner. *The Homeric epics and the Chinese "Book of songs": foundational texts compared*. Newcastle upon Tyne: Cambridge Scholars Publishing, 2018.

315 Newland, Justin. *The Old Dragon's head*. Kibworth Beauchamp: Matador, 2018.

316 Ng, Amy. *Shangri-La*. United Kingdom: Nick Hern, 2016.

317 Ng, Kenny Kwok-Kwan. *The lost geopoetic horizon of Li Jieren: the crisis of writing Chengdu in revolutionary China*. Netherlands: Brill, 2015.

318 Noyes, Steve. *November's radio*. Canada: Oolichan Books, 2015.

319 Nyíri, Pál. *Reporting for China: how Chinese correspondents work with the world*, Seattle: University of Washington Press, 2017.

320 Ong, Chang Woei. *North-south divide and literati learning in Ming China: Li Mengyang (1473-1530) and his legacy*. United States: Harvard University Asia Center, 2016.

321 Ouyang, Yu. *Billy Sing*. Melbourne: Transit Lounge Publishing, 2017.

322 Owen, Stephen. *Just a song: Chinese lyrics from the eleventh and early twelfth centuries*. Cambridge: Harvard University Asia Center, 2019.

323 Owen, Stephen. *The poetry of Du Fu*. Boston: De Gruyter, 2016.

324 Pang-yuan, Chi. *The great flowing river: a memoir of China, from Manchuria to Taiwan*. New York: Columbia University Press, 2018.

325 Pearson, Jan. *Blue dragon spring*. Hong Kong: Proverse Hong Kong, 2020.

326 Pellatt, Valerie. *Sunflowers and stars: the ideological role of Chinese children's rhymes and poems in the twentieth century*. Switzerland: Peter Lang, 2015.

327 Pellatt, Valerie. *Twenty-first-century Chinese drama: four plays by Wan Fang*. Oxford: Peter Lang, 2019.

328 PEN Hong Kong. *Hong Kong 20/20: reflections on a borrowed place: a PEN Hong Kong anthology*. Hong Kong: Blacksmith Books, 2017.

329 Peng, Xiaoyan; Raidel, Ella. *The politics of memory in sinophone cinemas and image culture: altering archives*. London: Routledge, 2017.
330 Pidhainy, Ihor [et al.]. *Representing lives in China: forms of biography in the Ming-Qing Period, 1368-1911*. Ithaca, New York, USA: Cornell University East Asia Program, 2020.
331 Pilar, Elizabeth; Ross, Christopher. *A blue moon in China*. United States: Matilda Press, 2015.
332 Poceski, Mario. *The records of Mazu and the making of classical Chan literature*. United States: Oxford University Press, 2015.
333 Poon, Alice. *Tales of Ming courtesans*. Hong Kong: Earnshaw Books Limited, 2020.
334 Porter, Bill; Pine, Red. *Finding them gone: visiting China's poets of the past*. United States: Copper Canyon Press, 2016.
335 Pound, Ezra. *Cathay: a critical edition*. New York: Fordham University Press, 2019.
336 Price, Jo. *The suitcase*. United Kingdom: Book Bubble Press, 2017.
337 Proverbio, Delio Vania. *Studies in historical graphemics*. Città del Vaticano: Biblioteca apostolica vaticana, 2019.
338 Pudota, Neelima. *From Everest, with love*. Hyderabad: BSC Publishers & Distributors, 2018.
339 Qi, Bangyuan. *The great flowing river: a memoir of China, from Manchuria to Taiwan*. New York: Columbia University Press, 2018.
340 Qi, Fang. *Elegy of a river shaman: a novel*. United States: Merwin Asia, 2016.
341 Qi, Gong. *Lectures of Master Qi Gong on literature*. Oxford: Chartridge Books, 2018.
342 Qi, Gong. *Miscellaneous works of Master Qi Gong*. Witney, Oxford, UK: Chartridge Books Oxford, 2018.
343 Qian, Nanxiu. *Politics, poetics, and gender in late Qing China: Xue Shaohui (1866-1911) and the era of reform*. United States: Stanford University Press, 2015.
344 Qian, Suoqiao. *Lin Yutang and China's search for modern rebirth*. Basingstoke, Hampshire: Palgrave Macmillan, 2017.
345 Qin, Xiaoyu; Goodman, Eleanor. *Iron moon: an anthology of Chinese migrant worker poetry*. United States: White Pine Press, 2016.
346 Qiu, Xiaolong. *Shanghai redemption: an Inspector Chen novel*. United States: Minotaur, 2015.
347 Rabinovitch, Judith N.; Bradstock, Timothy R. *No moonlight in my cup: Sinitic poetry (Kanshi) from the Japanese court, eighth to the twelfth centuries*. Leiden: Brill, 2019.
348 Ragg, Edward. *Holding unfailing*. Blaenau Ffestiniog: Cinnamon Press, 2017.
349 Ramsay, Guy Malcolm. *Reporting mental illness in China*. London: Routledge, 2020.
350 Randel, Weina Dai. *The empress of bright moon: a novel of Empress Wu*. United States: Sourcebooks Landmark, 2016.
351 Randel, Weina Dai. *The moon in the palace*. United States: Sourcebooks Landmark, 2016.
352 Rao, Pingru. *Our story: a memoir of love and life in China*. London: Square Peg, 2018.
353 Rayns, Tony. *In the mood for love*. United Kingdom: Palgrave Macmillan, 2015.
354 Rea, Christopher G. *China's literary cosmopolitans: Qian Zhongshu, Yang Jiang, and the world of letters*. Netherlands: Brill, 2015.
355 Rea, Christopher G. *The age of irreverence: a new history of laughter in China*. United States: University of California Press, 2015.
356 Reaves, Mallory. *Disney Kilala Princess: rescue the village with Mulan!* Los Angeles, CA: TokyoPop, 2020.

357   Redfern, Derek H. *Three years in Nanjing*. Dartford: Xlibris UK, 2019.
358   Ren, Quah Sy; Siam, Hee Wai. *Memorandum: a Sinophone Singaporean short story reader*. Singapore: Ethos Books, 2020.
359   Rheingans, Jim; Franz-Karl, Ehrhard. *Tibetan literary genres, texts, and text types: from genre classification to transformation*. Netherlands: Brill, 2015.
360   Richmond, Simon. *Trans-Siberian railway*. Carlton, Victoria: Lonely Planet, 2018.
361   Richter, Antje. *A history of Chinese letters and epistolary culture*. Netherlands: Brill, 2015.
362   Rickett, Adele; Yeh, Chia-ying. *Chinese approaches to literature from Confucius to Liang Chi-chao*. United States: Princeton University Press, 2015.
363   Rogers, Kate. *Foreign skin*. Canada: Aeolus House, 2015.
364   Rojas, Carlos; Bachner, Andrea. *The Oxford handbook of modern Chinese literatures*. United States: Oxford University Press, 2016.
365   Rojas, Carlos; Sung, Mei-hwa. *Reading China against the grain: imagining communities*. London: Routledge, 2020.
366   Rong, Guo. *Approaching history: the fictional worlds of Ha Jin and Yan Geling*. Paris: Honoré Champion éditeur, 2018.
367   Rose, Damon. *The handover murders*. Hong Kong: Proverse Hong Kong, 2018.
368   Rose, Kate; Gong, Qiangwei. *China beyond the binary: race, gender, and the use of story*. Newcastle upon Tyne, UK: Cambridge Scholars Publishing, 2019.
369   Rosenmeier, Christopher. *On the margins of modernism: Xu Xu, Wumingshi and popular Chinese literature in the 1940s*. Edinburgh: Edinburgh University Press Ltd, 2017.
370   Rouzer, Paul F. *On Cold Mountain: a Buddhist reading of the Hanshan poems*. United States: University of Washington Press, 2016.
371   Roy, Zoë S. *Calls across the Pacific: a novel*. Canada: Inanna Publications and Education Inc., 2015.
372   Rutherfurd, Edward. *China*. London: Hodder & Stoughton, 2019.
373   Ryan, Shawna Yang. *Green island: a novel*. United States: Alfred A Knopf, 2016.
374   Sampson, Geoffrey. *Voices from early China: the odes demystified*. Newcastle-upon-Tyne: Cambridge Scholars Publishing, 2020.
375   Scheen, Lena. *Shanghai literary imaginings: a city in transformation*. Netherlands: Amsterdam University Press, 2015.
376   Schmidt, Björn A. *Visualizing Orientalness: Chinese immigration and race in U.S. motion pictures, 1910s-1930s*. Schmidt. Köln: Böhlau Verlag, 2017.
377   Schonebaum, Andrew. *Novel medicine: healing, literature, and popular knowledge in early modern China*. United States: University of Washington Press, 2016
378   Sciban, Shu-ning; Pidhainy, Ihor. *Reading Wang Wenxing: critical essays*. Ithaca, New York: East Asia Program, Cornell University, 2015.
379   Scruggs, Bert Mittchell. *Translingual narration: colonial and postcolonial Taiwanese fiction and film*. United States: University of Hawaii Press, 2015.
380   See, Lisa. *The tea girl of Hummingbird Lane: a novel*. New York: Scribner, 2018.
381   See, Teresita Ang. *The ties that bind: the saga of the Sultan of Sulu in China*. Manila: Kaisa Para Sa Kaunlaran, June 2017.
382   Segalen, Victor; Lehrer, Natasha. *Journey to the land of the real*. United Kingdom: Atlas Press,

2016.
383 Sendker, Jan-Philipp. *The far side of the night*. dinburgh: Polygon, 2018.
384 Serrano, Richard. *Neither a borrower: forging traditions in French, Chinese and Arabic poetry*. Abingdon: Routledge, 2017.
385 Seybolt, Peter J. *Throwing the emperor from his horse: portrait of a village leader in China, 1923-1995*. New York: Routledge, 2018.
386 Shanle, Leland. *American airline's secret war in China: Project Seven Alpha, WWII*. United Kingdom: Pen and Sword Aviation, 2016.
387 Shao, Xunmei; Sun, Jicheng. *The verse of Shao Xunmei: Heaven and May (1927) and Twenty-five poems (1936)*. United States: Homa & Sekey Books, 2016.
388 Shem, Samuel. *At the heart of the universe: a novel*. United States: Seven Stories Press, 2016.
389 Shen, Yipeng. *Public discourses of contemporary China: the narration of the nation in popular literatures, film, and television*. United States: Palgrave Macmillan, 2015.
390 Sheng, Keyi. *Northern girls: life goes on*. United States: Penguin Books, 2016.
391 Shi, Diana; O'Connell, George. *Crossing the habour: ten contemporary Hong Kong poets*. Xianggang: Pangolin House Ltd., 2017.
392 Shields, Anna M. *One who knows me: friendship and literary culture in Mid-Tang China*. United States: Harvard University Asia Center, 2015.
393 Shuai, Xuejian. *Anshun local drama in China*. United States: Homa & Sekey Books, 2015.
394 Sibau, Maria Franca. *Reading for the moral: exemplarity and the Confucian moral imagination in seventeenth-century Chinese short fiction*. Albany: SUNY Press, 2018.
395 Slauerhoff, Jan Jacob. *Adrift in the Middle Kingdom*. Bath: Handheld Press, 2019.
396 Smith, George. *Journeys with a mission: travel journals of The Right Revd George Smith (1815-1871), first Bishop of Victoria (Hong Kong)(1849-1865)*. Hong Kong: Proverse Hong Kong, 2018.
397 Snyder, Gary. *The great clod: notes and memories on natural history in East Asia*. United States: Counterpoint, 2016.
398 So, Richard Jean. *Transpacific community: the rise and fall of a Sino-American cultural network*. United States: Columbia University Press, 2016.
399 Song, Geng; Yang, Qingxiang. *The sound of salt forming: short stories by the post-80s generation in China*. United States: University of Hawaii Press, 2016.
400 Song, Mingwei. *Young China: national rejuvenation and the bildungsroman, 1900-1959*. United States: Harvard University Asia Center, 2015.
401 Song, Mingwei; Huters, Theodore. *The reincarnated giant: an anthology of twenty-first-century Chinese science fiction*. New York: Columbia University Press, 2018.
402 Song, Weijie. *Mapping modern Beijing: space, emotion, literary topography*. New York, NY: Oxford University Press, 2018.
403 Song, Ying; Howard, Goldblatt. *Apricot's revenge: a crime novel*. United States: St. Martin'S Minotaur, 2016.
404 Sonnichsen, A. L. *Red butterfly*. United States: Simon & Schuster Books for Young Readers, 2015.
405 Stalling, Jonathan [et al.]. *Contemporary Taiwanese women writers: an anthology*. New York: Cambria Press, 2018.

406 Steininger, Brian. *Chinese literary forms in Heian Japan: poetics and practice*. Cambridge: Harvard University Asia Center, 2017.

407 Stenberg, Josh. *Minority stages: Sino-Indonesian performance and public display*. Honolulu: University of Hawai'i Press, 2019.

408 Stewart, Frank. *Republic of apples, democracy of oranges: new eco-poetry from China and the United States*. Honolulu: University of Hawai'i Press, 2019.

409 Su, Wendy. *China's encounter with global Hollywood: cultural policy and the film industry, 1994-2013*. United States: University Press of Kentucky, 2016.

410 Sun, Hongmei. *Transforming monkey: adaptation and representation of a Chinese epic*. Seattle: University of Washington Press, 2018.

411 Sun, Saiyin. *Beyond the iron house: Lu Xun and the modern Chinese literary field*. United Kingdom: Routledge, 2016.

412 Sun, Teresa. *A study of literary trends in China since the 1980s: the revival of classical and modern literature*. Lanham: Hamilton Books, 2019.

413 Sun, Yifeng; Song, Chris. *Translating Chinese art and modern literature*. London: Routledge, 2019.

414 Sun, Zhenbin. *Language, discourse, and praxis in ancient China*. Germany: Springer, 2015.

415 Svendsen, Zoe; Daw, Simon. *World factory: the game*. London: Nick Hern Books, 2017.

416 Swartz, Wendy. *Reading philosophy, writing poetry: intertextual modes of making meaning in early medieval China*. Cambridge: Harvard University Asia Center, 2018.

417 Talmacs, Nicole. *China's cinema of class: audiences and narratives*. London: Routledge, 2017.

418 Tam, Kwok-kan. *Chinese Ibsenism: reinventions of women, class and nation*. Singapore: Springer, 2019.

419 Tam, Kwok-kan. *Ibsen, power and the self: postsocialist Chinese experimentations in stage performance and film*. Oslo: Novus Press, 2019.

420 Tan, Amy. *Where the past begins: a writer's memoir*. New York: Ecco, 2017.

421 Tan, Chee Layn. *Constructing a system of irregularities: the poetry of Bei Dao, Yang Lian, and Duo duo*. United Kingdom: Cambridge Scholars, 2016.

422 Tan, Lucy. *What we were promised*. New York: Little, Brown and Company, 2018.

423 Tan, Tian Yuan; Edmondson, Paul. *1616: Shakespeare and Tang Xianzu's China*. United Kingdom: Arden Shakespeare, 2016.

424 Tang, Fang. *Literary fantasy in contemporary Chinese diasporic women's literature: imagining home*. Lanham: Lexington Books, 2019.

425 Tang, Qicui. *Ritual civilization and mythological coding: cultural interpretation of Li Ji*. Singapore: Springer, 2020.

426 Tang, Xianzu. *The complete dramatic works of Tang Xianzu*. London: Bloomsbury China, an imprint of Bloomsbury Publishing Plc, 2018.

427 Tarvydas, Rea. *How to pick up a maid in Statue Square*. Canada: Thistledown Press, 2016.

428 Teo, Stephen. *Hong Kong cinema: the extra dimensions*. London: British Film Institute, 2019.

429 Terry, Brian. *Gold 2 dust*. Kibworth Beauchamp: Matador, 2017.

430 Thien, Madeleine. *Do not say we have nothing: a novel*. United States: W.W. Norton, 2016.

431 Thomas, Mark Alywin. *Blades of grass: the story of George Aylwin Hogg*. Bloomington, Indiana: Author House UK, 2017.

432 Thorne, T. P. M. *Eastern Wu: realm of the Sun Clan*. London: PaMat Publishing, 2018.
433 Thornton, J. R. *Beautiful country: a novel*. United States: Harpercollins, 2016.
434 Tian, Xiaofei. *The halberd at Red Cliff: Jian'an and the Three Kingdoms*. Cambridge, Massachusetts: Published by the Harvard University Asia Center, 2018.
435 Tong, Bei; Myers, Scott E. *Beijing comrades: a novel*. United States: Feminist Press, 2016.
436 Tsao, Joanne. *The city of Ye in the Chinese literary landscape*. Leiden Boston: BRILL, 2020.
437 Tseden, Pema. *Enticement: stories of Tibet*. Albany, NY: SUNY Press, 2018.
438 Tsiang, H. T; Cheung, Floyd. *And China has hands*. United States: Kaya Press, 2016.
439 Tsim, T. L. *Between two shores*. [Hong Kong]: Angelina Lai Fun Wong, 2020.
440 Tu, Ching-I. *Classics and interpretations: the hermeneutic traditions in Chinese culture*. Abingdon, Oxon: Routledge, 2017.
441 Tu, Ching-I. *Interpretation and intellectual change: Chinesehermeneutics in historical perspective*. London: Routledge, 2017.
442 Tu, Kuo-ching; Russell, Terence. *Taiwan literature, English translation series. no. 43, Special issue in memory of Tzeng Ching-wen*. Santa Barbara, CA: US-Taiwan Literature Foundation, 2019.
443 Uchida, Keiichi. *A study of cultural interaction and linguistic contact: approaching Chinese linguistics from the periphery*. Taipei, Taiwan: National Taiwan University Press, 2017.
444 Volland, Nicolai. *Socialist cosmopolitanism: the Chinese literary universe, 1945-1965*. New York: Columbia University Press, 2017.
445 Wan, Margaret B. *Regional literature and the transmission of culture: Chinese drum ballads, 1800-1937*. Cambridge, Massachusetts: Published by the Harvard University Asia Center, 2020.
446 Wang, Anshi; Hinton, David. *Late poems of Wang An-shih*. United States: New Directions, 2015.
447 Wang, Anyi. *Fu Ping: a novel*. New York: Columbia University Press, 2019.
448 Wang, Bing. *Classical Chinese poetry in Singapore: witnesses to social and cultural transformations in the Chinese community*. Lanham: Lexington Books, 2017.
449 Wang, David Der-wei. *A new literary history of modern China*. Cambridge, Massachusetts: The Belknap Press of Harvard University Press, 2017.
450 Wang, David Der-Wei. *The lyrical in epic time: modern Chinese intellectuals and artists through the 1949 crisis*. United States: Columbia University Press, 2015.
451 Wang, Gungwu. *Home is not here*. Singapore: Ridge Books, 2018.
452 Wang, Haiyan. *The transformation of investigative journalism in China: from journalists to activists*. United States: Lexington Books, 2016.
453 Wang, Pengfei. *Metaphysical and mid-late Tang poetry: a Baroque comparison*. Wilmington, Delaware, United States: Vernon Press, 2020.
454 Wang, Ping; Morrow Williams Nicholas. *Southern identity and southern estrangement in medieval Chinese poetry*. Hong Kong, China: Hong Kong University Press, 2015.
455 Wang, Qin. *Configurations of the individual in modern Chinese literature*. Singapore: Palgrave Macmillan, 2020.
456 Wang, Weike. *Chemistry: a novel*. New York: Alfred A. Knopf, 2017.
457 Wang, Xiaoping. *Ideology and utopia in China's new wave cinema: globalization and its*

Chinese discontents. Basingstoke, Hampshire: Palgrave Macmillan, 2018.
458　Wang, Xiulu. *Bridging the political and the personal: literary translation in contemporary China*. Switzerland: Peter Lang Ag, Internationaler Verlag der Wissenschaften, 2016.
459　Wang, Zuoliang. *Degrees of affinity: studies in comparative literature and translation*. Germany: Springer, 2015.
460　Wangmo, Tenzin; Kohn, Sherab Chödzin. *Prince and the zombie: Tibetan tales of karma*. United States: Shambhala, 2015.
461　Watson, Burton. *Chinese rhyme-prose: poems in the fu form from the Han and Six Dynasties periods*. United States: New York Review Books, 2015.
462　Watson, J. A. *Crab campaign: an invasive species tracker's journal*. Mendota Heights, Minnesota: Jolly Fish Press, 2020.
463　Wawa; Leung, Henry W. *Hou wang Bibi = Pei Pei the Monkey King*. United States: Tinfish Press, 2016.
464　Way, Daniel. *Hit-Girl. In Hong Kong*. Portland, OR: Image Comics, Inc., October 2019.
465　Wei, Jie. *Home for Chinese New Year= Huí jiā: a story told in English and Chinese*. New York: Better Link Press, 2017.
466　Wei, Yan. *Detecting Chinese modernities: rupture and continuity in modern Chinese detective fiction (1896-1949)*. Leiden; Boston: Brill, 2020.
467　Weinberger, Eliot. *19 ways of looking at Wang Wei: with more ways*. United States: New Directions Books, 2016.
468　Weinstein, John B. *Voices of Taiwanese women: three contemporary plays*. United States: Cornell East Asia Programme, 2015.
469　West, Stephen H.; Idema, Wilt L. *Orphan of Zhao and other Yuan plays: the earliest known versions*. United States: Columbia University Press, 2015.
470　Westlake, Donald E. *Forever and a Death*. London: Hard Case Crime, 2017.
471　White, Luke; Alexy, Allison. *Legacies of the Drunken Master: politics of the body in Hong Kong kung fu comedy films*. Honolulu: University of Hawai'i Press, 2020.
472　Widmer, Ellen. *Fiction's family: Zhan xi, Zhan Kai, and the business of women in late-qing China*. United States: Harvard University Asia Center, 2015.
473　Wilhelm, Richard; Martens, Frederick H. *Chinese fairy tales and legends*. London: Bloomsbury China, 2019.
474　William Leonard Marshall. *Frogmouth*. London: Farrago, 2017.
475　William Leonard Marshall. *Perfect end*. London: Farrago, 2017.
476　William Leonard Marshall. *The far away man*. London: Farrago, 2017.
477　Williams, Nicholas Morrow. *Imitations of the self: Jiang Yan and Chinese poetics*. Netherlands: Brill, 2015.
478　Williams, S. Wells. *The Middle Kingdom. Volume 1: a survey of the geography, government, literature, social life, arts and history of the Chinese empire and its inhabitants*. Abingdon: Routledge, 2018.
479　Wilson, K. R. *An idea about my dead uncle: a novel*. Toronto: Guernica Editions, 2019.
480　Wise, Spencer. *The emperor of shoes*. Toronto, Ontario: Hanover Square Press, 2018.
481　Witchard Anne. *British modernism and chinoiserie*. United Kingdom: Edinburgh University Press, 2015.

482 Witchard, Anne Veronica. *Thomas Burke's dark chinoiserie: Limehouse nights and the queer spell of Chinatown*. [Place of publication not identified]: Routledge, 2017.
483 Wong, PP. *The life of a banana*. London: Legend Press Ltd, 2014.
484 Wong, Kar-Wai; Powers, John. *WKW: the cinema of Wong Kar Wai*. United States: Rizzoli International Publications, 2016.
485 Wong, Lawrence Wang-Chi; Fuehrer, Bernhard. *Sinologists as translators in the seventeenth to nineteenth centuries*. Hong Kong, China: Chinese University Press, 2015.
486 Wood, Frances. *Great books of China: from ancient times to the present*. London: Head of Zeus, 2017.
487 Wu, Chia-Rong. *Supernatural Sinophone Taiwan and beyond*. United States: Cambria Press, 2016.
488 Wu, Fuhui. *A cultural history of modern Chinese literature*. Cambridge, United Kingdom; New York: Cambridge University Press, 2020.
489 Wu, Shengqing. *Photo poetics: Chinese lyricism and modern media culture*. New York: Columbia University Press, 2020.
490 Xiao, Hong; Goldblatt, Howard. *Market Street: a Chinese woman in Harbin*. United States: Univ of Washington Press, 2015.
491 Xie, Mian. *The ideological transformation of 20th century Chinese literature*. United States: Silkroad Press, 2016.
492 Xixi; Feeley, Jennifer. *Not written words: selected poetry of Xi Xi*. United States: Zephyr Press, 2016.
493 Xu, Wendy. *Phrasis*. Albany: Fence Books, 2017.
494 Xue, Can. *I live in the slums: stories*. New Haven: Yale University Press, 2020.
495 Xue, Yiwei; Darryl, Sterk. *Shenzheners*. Canada: L. Leith Pub., 2016.
496 Yan, Geling; Tyldesley, Esther. *Little Aunt Crane*. United Kingdom: Harvill Secker, 2015.
497 Yan, Lianke. *The Day the Sun Died*. London: Vintage Books, 2019.
498 Yan, Lianke. *The four books: a novel*. United States: Grove, 2015.
499 Yan, Lianke. *Three brothers: memories of my family*. London: Vintage Digital, 2020.
500 Yang, Haihong. *Women's poetry and poetics in late imperial China: a dialogic engagement*. Lanham: Lexington Books, 2017.
501 Yang, Haosheng. *A modernity set to a pre-modern tune: classical-style poetry of modern Chinese writers*. Netherlands: Brill, 2016.
502 Yang, Lian. *A massively single number*. United Kingdom: Shearsman Books, 2015.
503 Yang, Lian. *Narrative poem*. Hexham: Bloodaxe Books, 2017.
504 Yang, Susie. *White ivy*. London: Wildfire, 2020.
505 Yang, Zhijun. *Mastiff of the plateau*. London: ACA Publishing Ltd, 2018.
506 Yang, Zhiyi. *Dialectics of spontaneity: the aesthetics and ethics of Su Shi (1037-1101) in poetry*. Netherlands: Brill, 2015.
507 Yaxian; Balcom, John. *Abyss*. United States: Zephyr Press, 2016.
508 Ye, Guangqin. *Mountain stories*. Scarborough: Valley Press, 2017.
509 Ye, Tan. *Historical dictionary of Chinese theater*. Lanham: Rowman & Littlefield Publishers, 2020.
510 Ye, Wei. *Taking Chinese to the world: language, culture and identity in Confucius Institute

	teachers. Bristol: Multilingual Matters, 2017.
511	Yeh, Catherine Vance. *The Chinese political novel: migration of a world genre*. United States: Harvard University Asia Center, 2015.
512	Yeh, Chia-ying. *Seven lectures on Wang Guowei's RenjianCihua*. London: Routledge, 2018.
513	Yeh, Max. *Stolen oranges: letters between Cervantes and the Emperor of China, a pseudo-fiction*. Los Angeles: Kaya Press, 2017.
514	Yi, Lu. *Sea summit: poems*. United States: Milkweed Editions, 2015.
515	Yn-Yu, Kyn, J. B. *The tragedy of Ah Qui: and other modern Chinese stories*. Abingdon, Oxon: Routledge, Taylor & Francis Group, 2018.
516	Young, Ethan. *Nanjing: the burning city*. United States: Dark Horse Books, 2015.
517	Yu, An. *Braised pork*. London: Vintage Digital, 2020.
518	Yu, Bing. *A river by the window: China remembered*. London: Austin Macauley Publishers, 2018.
519	Yu, Hua. *The April 3rd incident: stories*. New York: Pantheon Books, 2018.
520	Yu, Hua. *The seventh day: a novel*. United States: Pantheon Books, 2015.
521	Yu, Kiki Tianqi. *'My' self on camera: first person documentary practice in an individualising China*. Edinburgh: Edinburgh University Press, 2018.
522	Yu, Ouyang. *Poems of Wu Suzhen, Yue Xuan & Qing Shui*. Newtown: Vagabond Press, 2017.
523	Yu, Qiuyu. *The Chinese literary canon: exploring 3000 years of history and culture*. United States: CN Times Books, 2015.
524	Yu, Qiuyu; Tiang, Jeremy. *The book of mountains and rivers*. United States: CN Times Books, 2015.
525	Yu, Rongjun; Zhang, Jing. *Wu he zhi zhong = The crowd, playwright*. Hong Kong, China: Hong Kong Arts Festival, 2015.
526	Yu, Timothy. *100 Chinese silences*. United States: Les Figues Press, 2016.
527	Yuan, Haiwang [et al.]. *Tibetan folktales*. Santa Barbara, CA: Libraries Unlimited, 2015.
528	Yuan, Jixi. *Redefining Chinese literature and art*. Basingstoke, Hampshire: Palgrave Macmillan, 2019.
529	Yuan, Xingpei. *An outline of Chinese literature*. London; New York: Routledge, Taylor & Francis Group, 2018.
530	Yue, Daiyun. *China and the West at the crossroads: essays on comparative literature and culture*. Singapore: Springer Singapore, 2016.
531	Yulinglaoren; Hanan, Patrick. *Mirage: an anonymous novel*. United States: Chinese University Press, 2016.
532	Zeitlin, Judith T. *The phantom heroine: ghosts and gender in seventeenth-century Chinese literature*.Honolulu: University of Hawai'i Press, 2017.
533	Zhang, Ailing; Kingsbury, Karen S. *Half a lifelong romance: a novel*. United States: Anchor, 2016.
534	Zhang, Ailing; Link, E. Perry. *Naked earth*. United States: New York Review Books, 2015.
535	Zhang, Chunjie. *Composing modernist connections in China and Europe*. London: Routledge, 2018.
536	Zhang, Jiong. *Literature and literary theory in contemporary China*. London: Routledge, 2017.
537	Zhang, Karen. *Golden orchid: the true story of an only child in contemporary China*. London:

Austin Macauley Publishers Ltd., 2018.
538 Zhang, Ling. *Gold Mountain blues.* London: Corvus, 2017.
539 Zhang, Longxi. *From comparison to world literature.* United States: State University of New York Press, 2016.
540 Zhang, Qiande; Yuan, Hongdao, *Modern reader on the Chinese classics of flower arrangement: on vase flower arrangement and history of vases.* New York: Better Link Press, 2018.
541 Zhang, Yingjin. *Companion to modern Chinese literature.* United Kingdom: Wiley Blackwell, 2016.
542 Zhang, Yingyu. *The book of swindles: selections from a late Ming collection.* New York: Columbia University Press, 2017.
543 Zhang, Yu. *Interfamily tanci writing in nineteenth-century China: bonds and boundaries.* Lanham: Lexington Books, 2017.
544 Zheng, Da. *Shih-I Hsiung: A glorious showman.* Vancouver, Madison: Fairleigh Dickinson University Press, 2020.
545 Zheng, Yiran. *Writing Beijing: urban spaces and cultural imaginations in contemporary Chinese literature and films.* United States: Lexington Books, 2016.
546 Zhou, Meisen. *In the name of the people.* London: Sinoist Books, 2020.
547 Zhou, Xiaojing. *Migrant ecologies: Zheng Xiaoqiong's women migrant workers.* Lanham: Lexington Books, 2020.
548 Zhou, Xuelin. *Globalization and contemporary Chinese cinema: Zhang Yimou's genre films.* Singapore: Palgrave Macmillan, 2017.
549 Zhu, Ping. *Gender and subjectivities in early twentieth-century Chinese literature and culture.* United States: Palgrave Macmillan, 2015.
550 Zhu, Yun. *Imagining sisterhood in modern Chinese texts, 1890-1937.* Lanham: Lexington Books, 2017.
551 Zhu, Zhenwu; Zhang, Aiping. *The Dan Brown craze: an analysis of his formula for thriller fiction.* United Kingdom: Cambridge Scholars, 2016.
552 Zopqu, Jjivot. *The Nuosu Book of Origins: a creation epic from Southwest China.* Seattle: University of Washington Press, 2019.
553 Zuo, Ya. *Shen Gua's empiricism.* Cambridge, Massachusetts: Harvard University Asia Center, 2018.

法语

554 Arouimi, Michel. *La Chine qui nous devançait.* Paris: Hermann, 2019.
555 Bao, Yening. *Trois paradoxes de la littérature française en Chine moderne: une étude des revues de l'Université franco-chinoise de Pékin (1920-1950).* Paris: l'Harmattan, 2019.
556 Booth, Martin. *Gweilo: récit d'une enfance hongkongaise.* [Scientrier]: Gope éditions, 2016.
557 Cusset, Catherine. *Trois fois au bout du monde: Népal, Costa Rica, Chine.* [Paris]: Gallimard, 2020.
558 Dey, Bimal. *La dernière fois que j'ai vu le Tibet.* Chamonix: Éditions Guérin, 2015.

559　Féray, Yveline. *Contes d'une grand-mère chinoise*. Arles: Éditions Philippe Picquier, 2016.
560　Gaffric, Gwennaël. *La littérature à l'ère de l'anthropocène: une étude écocritique autour des œuvres de l'écrivain taïwanais Wu Ming-yi*. Le Pré-Saint-Gervais: l'Asiathèque, 2019.
561　Huc, Évariste-Régis. *L'Empire chinois: souvenirs d'un voyage en Chine. Livre II*. Cressé: PRNG éditions, 2018.
562　Huc, Évariste-Régis. *Souvenirs d'un voyage dans la Tartarie et le Tibet: pendant les années 1844, 1845 et 1846; suivis de L'Empire chinois*. Paris: Omnibus, 2018.
563　Huc, Évariste-Régis. *Souvenirs d'un voyage dans la Tartarie, le Thibet et la Chine pendant les années 1844, 1845 et 1846. Livre I*. Cressé: PRNG éditions, 2016.
564　Huc, Évariste-Régis. *Souvenirs d'un voyage dans la Tartarie, le Thibet et la Chine pendant les années 1844, 1845 et 1846. Livre II*. Cressé: PRNG éditions, 2016.
565　Jaffredo, Marie. *Yuan: journal d'une adoption*. Grenoble: Vents d'Ouest, 2019.
566　Lupașcu, Silviu. *Arabesques littéraires: l'empire arabe et l'empire chinois en 750*. Paris: Honoré Champion éditeur, 2016.
567　Maugey, Axel. *Un patron français au coeur de l'empire chinois*. Saint-Chéron: Éditions Unicité, 2019.
568　Meng, Qingya. *L'échec du voyage en Chine (1974), de Sollers, Kristeva, Pleynet et Barthes*. Paris: Éditions Unicité, 2019.
569　Mollard, Michel. *Zhu Xiao-Mei: retour en Chine*. Paris: Salvator, 2016.
570　Niyongere, Blandine. *La Chine vue par une journaliste burundaise*. Vitry-sur-Seine: Éditions Horizon oriental, 2018.
571　Peiter, Ane [et al.]. *Brume et grilles: notes sur Pékin*. Saint-Denis (Réunion): Presses universitaires indianocéaniques, 2020.
572　Pimpaneau, Jacques. *Le tour de Chine en 80 ans*. Montreuil: l'Insomniaque, 2017.
573　Poinas, Jean-Pierre. *Je n'ai pas vu la muraille de Chine*. Bordeaux: Elytis, 2017.
574　Qian, Kong. *La traduction et la réception de Stendhal en Chine, 1922-2013*. Paris: Honoré Champion éditeur, 2019.

德语

575　Bag, Myeong sug. *Der Künstler in chinesischen Erzählungen der 80er und 90er Jahre*. Gossenberg: Ostasien Verlag, 2017.
576　Buber, Martin. *Chinesische Geister- und Liebesgeschichten*. Köln: Anaconda, 2015.
577　Cai, Jun; Schestag, Eva (Übers.). *Rachegeist*. München: Piper, 2020.
578　Franke, Otto; Franke, Renata Fu-sheng. *Der Sinologe Otto Franke: „Seine Gedanken fest auf eine Aufgabe gerichtet": ein familiärer Briefwechsel Berlin - Peking (1937 bis 1946)*. Berlin: Lit, 2020.
579　Frühauf, Manfred W. *Neunzehn alte Gedichte aus der Han-Zeit*. Wiesbaden: Harrassowitz Verlag, 2019.
580　Gu, Mu. *Fremderfahrung als Selbstreflexion: Goethes „Die Leiden des jungen Werther" in China*. Berlin: Peter Lang, 2018.

581 Höllmann, Thomas O. *Abscheu: politische Gedichte aus dem alten China*. München, Schupfart: Urs Engeler, 2020.
582 Jiang, Bo et al. *Die perfekte Diagnos*. Berlin, Hildesheim, Luzern: Fruehwerk Verlag, 2020.
583 Jobst, Kristina; Neumeyer, Harald (Hrsg.). *Kafkas China*. Würzburg: Königshausen & Neumann, 2017.
584 Kim, Lukas. *Der Ursprung der chinesischen Neuen-Literatur Bewegung: mit Berücksichtigung der „kritischen" Einstellung Zhou Zuorens gegenüber der zweckgebundenen Literatur der Neuen Literaturbewegung Chinas: anhand der Zhongguo xinwenxue de yuanliu von Zhou Zuoren*. Berlin; Münster: LIT, 2018.
585 Knight, Sabina. *Die chinesische Literatur: eine Einführung*. Stuttgart: Reclam, 2016.
586 Leutner, Mechthild. *Challenging narratives: blind spots of sinology*. Wien; Zürich: LIT, 2015.
587 Li, Daniela. *China als Muse: produktive Rezeption chinesischer Literatur und Kultur in der deutschen Literatur des 20. und 21. Jahrhunderts*. Berlin: Bachmann, 2015.
588 Li, Shuhong; Krott, Martin. *Der chinesische Zauberhut: philosophische Fabeln aus dem alten China: deutsch - chinesisch*. Schiedlberg/Austria: BACOPA VERLAG, 2019.
589 Liu, Cixin; Hermann, Marc (Übers.). *Kugelblitz*. München: Wilhelm Heyne Verlag, 2020.
590 Liu, Wei et al. (Hrsg.). *Jüdisches Österreich - jüdisches China: Geschichte und Geschichten aus dem 20. Jahrhundert*. Wien: Praesens Verlag, 2018.
591 Lu, Xun; Cremerius, Ruth et al. (Übers.). *Tagebuch eines Verrückten: und andere Erzählungen*. Zürich: Unionsverlag, 2020.
592 Qian, Zhongshu; Motsch, Monika; Shih, Jerome (Übers.). *Die umzingelte Festung*. Berlin: MSB Matthes & Seitz Berlin Verlagsgesellschaft mbH, 2020.
593 Quilitzsch, Frank. *Auf der Suche nach Wang Wei: eine Reise durch China zwischen Damals und Heute*. Esslingen: Drachenhaus Verlag, 2016.
594 Saechtig, Alexander. *Schriftstellerische Praxis in der Literatur der DDR und der Volksrepublik China während der fünfziger und frühen sechziger Jahre: Möglichkeiten, Entwicklungen und Tendenzen*. Hildesheim; Zürich: Georg Olms Verlag, 2017.
595 Shi, Zhanjun. *Die Hochzeit in Gummistiefeln. Erzählungen kleinerer Volksgruppen in China*. Wien: Löcker, 2015.
596 Walravens, Hartmut. *Chinesische Romane in deutscher Sprache im 18. und 19. Jahrhundert: zur frühen Kenntnis chinesischer Literatur in Deutschland*. Wiesbaden: Harrassowitz, 2015.
597 Walravens, Hartmut. *Zur klassischen poetischen Literatur Chinas: Leitfaden zu den Übersetzungen und Rezensionen von Erwin von Zach (1872-1942)*. Norderstedt: BoD – Books on Demand, 2019.
598 Wang, Min et al. *Die weisse Schlange: Mythen, Märchen und Legenden aus China und ihre kulturellen Bedeutungen*. Esslingen: Drachenhaus Verlag, 2019.
599 Wei, Ling. *Der Traum der roten Kammer: die erzählerische Komplexität eines chinesischen Meisterwerks*. Wiesbaden: Harrassowitz Verlag, 2019.
600 Weiss, Fritz; Walravens, Hartmut. *Als deutscher Konsul in China: Erinnerungen 1899–1911*. Wiesbaden: Harrassowitz Verlag, 2017.
601 Wense, Hans Jürgen von der et al. *6 Gedichte des Kaisers Li Yü*. Berlin: blauwerke, 2020.
602 Wippermann, Dorothea. *Richard Wilhelm: der Sinologe und seine Kulturmission in China und Frankfurt*. Frankfurt am Main: Societäts-Verlag, 2020.

603 Witt, Barbara. *Die „Nezha-Legende" im Roman „Investitur der Götter" (Fengshen yanyi): eine literaturwissenschaftliche Untersuchung und Kontextualisierung*. Wiesbaden: Harrassowitz Verlag, 2020.
604 Wittek, Kathleen. *Die literarische Umsetzung von Identitäts- und Krisenerfahrungen: die Suche nach einer modernen weiblichen Identität in der VR China der 1990er Jahre*. Hamburg: Verlag Dr. Kovač, 2019.
605 Wu, Cheng'en; Lüdi Kong, Eva (Übers.). *Die Reise in den Westen*. Stuttgart: Reclam, 2016.
606 Yang, Jiang; Motschm, Monika (Übers.). *Wir Drei*. Berlin: MSB Matthes & Seitz Berlin Verlagsgesellschft mbH, 2020.
607 Zhang, Wenfang. *Erziehbares Kind: eine Wissenschaftlerin aus der VR China: autobiografische Erzählung*. Berlin: Frieling, 2016.
608 Zheng, Jiaxin. *Zeit, Geschichte und Identität in weiblichen Bildungsromanen der Moderne: Deutschland - China: eine komparatistische Studie zu Irmgard Keuns Gilgi - eine von uns und Mao Duns Regenbogen*. Baden-Baden: Ergon Verlag, 2019.
609 Zimmer, Thomas. *Erwachen aus dem Koma?: eine literarische Bestimmung des heutigen Chinas*. Baden-Baden: Tectum Verlag, 2017.

西班牙语

610 Aguado, Jesús. *La invención de la pólvora, ciencia y poesía en la antigua China*. Lucena: Exmo. Ayuntamiento de Lucena, Delegación de Cultura: El orden del mundo, 2017.
611 Beltrán Llavador, Rafael. *Viajeros en China y libros de viajes a oriente, (siglos XV-XVII)*. Valencia: Publicacions de la Universitat de Valencia, 2019.
612 Calle, Ramiro A. *Los mejores cuentos de China*. Madrid: ELA, D.L., 2016.
613 Chen, Guojian. *La poesía china en el mundo hispánico*. Madrid: Miraguano, imp., 2015.
614 Ji, Xian. *Como el viento de la tormenta que nos envuelve: poesía china desde 1949*. Palma de Mallorca: La Lucerna, D.L., 2016.
615 Kafka, Franz. *La muralla china*. Madrid: Alianza Editorial, 2015.
616 Martín Ríos, Javier. *El camino de China hacia la modernidad: literatura y pensamiento*. Albolote, Granada: Comares, D.L., 2015.
617 Ning, Siwen. *Fragmentos del celeste imperio: la representación de China y su imagen literaria en la España del siglo XIX*. Madrid: Iberoamericana; Frankfurt am Main: Vervuert, 2020.
618 Norman, Hinsdale Pitman [et al.]. *Fábulas y leyendas de China*. San Fernando de Henares: Quaterni, D.L., 2016.
619 Owen, Stephen. *El pensamiento literario de la China clásica*. Madrid: Instituto Juan Andrés de Comparatística y Globalización, 2020.
620 Pisos, Cecilia. *¿Cómo mover una montaña?: (versión libre de una antigua fábula china)*. Madrid: Enclave-Ele, D.L., 2017.
621 Prado Fonts, Carles. *Regresar a China*. Madrid: Editorial Trotta, 2019.
622 See, Lisa. *Muñecas chinas*. Barcelona: Ediciones B, 2015.
623 Sáez Palazón, Enrique. *La cruz de ailanto: Diego de Pantoja, un misionero español en la*

China imperial. Albacete: Las Diez Ciudades Ediciones, 2018.

俄语

624 А Чэн（阿城）. *Царь шахмат; Царь-дерево; Царь детей: три повести.* [перевод с китайского В. С. Аджимамудовой; Г. А. Ткаченко; М. В. Семенюк]. Москва: Изд-во восточной литературы, 2016.

625 Абраменко, Владимир Петрович пер. *Канон поэзии. Ши цзин.* Москва: Ин-т Дальнего Востока РАН, 2015.

626 Абраменко, Владимир Петрович. *Китайская философская классика в поэтических переводах: [в 2 т.].* Москва: ИДВ; Чэнду: [б. и.], 2017.

627 Азарова, Наталия; Дрейзис, Юлия сост. *Китайская поэзия сегодня.* Москва: Культурная революция, 2017.

628 Алексеев, Василий Михайлович пер. коммент. *Чистые и ровные мелодии: традиционная китайская поэзия: антология.* Москва: Пальмира; Санкт-Петербург: РИПОЛ классик; 2020.

629 Алексеев, Василий Михайлович пер. *Искусство действовать на душу: традиционная китайская проза.* Санкт-Петербург; Москва: Пальмира; 2018.

630 Алексеев, Василий Михайлович пер. *Чистые и ровные мелодии. Традиционная китайская поэзия: [антология].* Санкт-Петербург: Пальмира; Москва: РИПОЛ классик, 2018.

631 Алимов, Игорь Александрович сост. *Проза Тан и Сун: сборник переводов классической китайской прозы.* [пер. с кит. В. М. Алексеева и др.]. Санкт-Петербург: Петербургское Востоковедение, 2015.

632 Алимов, Игорь Александрович. *Записи о сокровенных чудесах. Краткая история китайской прозы сяошо VII–X вв. = The notes of innermost miracles. A concise history of the VII–X century Chinese Xiaoshuo prose.* Санкт-Петербург: Петербургское Востоковедение, 2017.

633 Алимов, Игорь Александрович. *Записки о Сяо-Лянь: Лю Фу и его сборник «Высокие суждения у дворцовых ворот».* Санкт-Петербург: Петербургское востоковедение, 2020.

634 Ба Цзинь（巴金）. *Семья.* [пер. с кит. В. В. Петрова, Д. Н. Воскресенского]. Москва: Изд-во Восточной лит., 2016.

635 Баошу. *Возрождение времени.* [перевод с английского О. Глушковой]. Москва: Эксмо, Fanzon, 2020.

636 Би Фейюй（毕飞宇）. *Сестры: роман.* [перевод с китайского Игоря Егорова]. Санкт-Петербург: Гиперион, 2020.

637 Би Фэйюй（毕飞宇）. *Китайский массаж: роман.* [перевод с английского Н. Н. Власовой]. Санкт-Петербург: Гиперион, 2016.

638 Бо Цзюй-И（白居易）. *Сто стихов цзюэ-цзюй.* [перевод Наталии Орловой]. Москва: ИВ РАН, 2017.

639 Булдыгерова, Анна Николаевна. *Стилистика китайского языка: практикум.* Чита:

Забайкальский гос. ун-т, 2015.

640　Ван Аньи. *Песнь о бесконечной тоске*. [пер. с кит. М. В. Семенюк]. Москва: Изд-во восточной лит. (ИВЛ), 2015.

641　Ван Сюйфэн（王旭烽）. *Замок, возведенный из травы*. [пер. с кит. Т. К. Карповой]. Москва: Восток-Бук, 2015.

642　Ван Сюйфэн（王旭烽）. *Красивое южное дерево*. [пер. с кит. Т. К. Карповой]. Москва: Восток-Бук, 2016.

643　Ван Сюйфэн（王旭烽）. *Стойкий ночной страж*. [пер. с кит. Т. К. Карповой]. Москва: Восток-Бук, 2016.

644　Ван Цзиньлин и др. *Китайская поэзия Тан: голос гармонии*. Москва: Современные информ. системы, 2020

645　Василенко, Светлана В. сост. *Проза из Китая: рассказы современных китайских писателей*. Москва: Союз российских писателей, 2017-. [Вып. 1]. 2017.

646　Гу Юй сост. *Контуры ветра: современная поэзия Китая*. Санкт-Петербург: Гиперион, 2018.

647　Дарчинова, Гульназ Язкаровна ред. *Подборка современных китайских стихов: сборник*. Казань: Познание, 2019.

648　Демидо, Нина Юрьевна и др. пер. *Шедевры китайской женской прозы середины XX века*: [Чжан Айлин, Линь Хайинь]. Москва: Изд-во Восточной Литературы, 2018.

649　Дун Си（东西）. *Переломленная судьба*. [перевод с китайского О. П. Родионовой]. Санкт-Петербург: Гиперион, 2018.

650　Е Цзяин. *Разные суждения о поэзии жанра «цы» Ван Говэя: семь лекций*. [перевод с китайского Е. А. Завидовской]. Москва: Наука - Восточная литература, 2017.

651　Жэнь Шиин. *Нравы золотой эпохи Тан: бессмертная поэзия и процветание «золотой» эпохи Тан*. [перевод с китайского Кумилевой Н. В., Синельщиковой Е. А.]. Москва: Восток-Бук, 2020.

652　Келъян. *Женщины Тибета: [рассказы]*. [перевод с китайского Валентина Козинец]. Хабаровск: Валентина Козинец, 2020.

653　Ключников, Юрий Михайлович. *Поднебесная хризантема: 30 веков китайской поэзии: вольные переводы, свободные переложения, стихи по мотивам*. Москва: Беловодье, 2018.

654　Кобзев, Артем Игоревич сост. *Цзинь, Пин, Мэй, или Цветы сливы в золотой вазе: роман, иллюстрированный 200 гравюрами из дворца китайских императоров: [в 4-х т.]*. [перевод В. С. Манухина и др.; стихи в переводах О. М. Городецкой и др.; вступительная статья, с. 5-69, и примечания Д. Н. Воскресенского и др.]. Иркутск: Полигр. фирма «Улисс», 1994-2016. Т. 4, кн. 1. 2016.

655　Кожевников, Александр Юрьевич сост. *Мудрецы Поднебесной империи*. Москва: Абрис: ОЛМА, 2018.

656　Кондратова, Татьяна Ивановна. *Литература Китая: учебное пособие*. Москва: МГПУ, 2020.

657　Копцева, Наталья Петровна и др. *Новое сибирское китаеведение. Мифы и концепты китайской культуры*. Красноярск: СФУ, 2018.

658　Кравцова, Марина Евгеньевна. *Словарь китайских поэтов: с V в до н. э. по X в. н. э.*

Санкт-Петербург: Петербургское Востоковедение, 2019.

659 Крапивина, Раиса Николаевна пер. сост. *Старый болван людоед: старинные тибетские сказки.* Санкт-Петербург: Бранко, 2015.

660 Лао Ма（劳马）. *Карнавал Бахтина М. М.* [пер. с кит. А. С. Жмак]. Москва: Восток-Бук, 2015.

661 Леонтович, Ольга Аркадьевна и др. *Китайский нарратив как средство осмысления реальности.* Волгоград: Перемена; Тяньцзинь: Тяньцзиньский ун-т иностр. языков, 2019.

662 Ли Цинчжао（李清照）. *Я - птица: лирика Ли Цинчжао.* [перевод с китайского Сергея Торопцева]. Санкт-Петербург: Нестор-История, 2020.

663 Линь Цзян-хэ. *Мне пришлось стать снисходительным: [стихи].* [перевод с кит. А. Филимонов и др]. Москва: Русский импульс, сор. 2020.

664 Ло Ин. *Разрыв времён: сборник стихов.* [пер. с кит. Ли Ялань, Чжан Хуали]. Москва: Э, 2016.

665 Лу Синь（鲁迅）. *Подлинная история Акью.* [пер. с кит.: В. В. Петров и др.]. Санкт-Петербург: Гиперион, 2016.

666 Лю Цысин（刘慈欣）. *Вечная жизнь смерти.* [пер. с англ. О. Глушковой, Д. Накамуры]. Москва: Fanzon, 2018.

667 Лю Цысин（刘慈欣）. *Вечная жизнь смерти.* [пер. с англ. О. Глушковой, Д. Накамуры]. Москва: Эксмо, Fanzon, 2019.

668 Лю Цысин（刘慈欣）. *Воспоминания о прошлом Земли: трилогия.* [перевод с китайского О. Глушковой, Д. Накамура]. Москва: Эксмо, 2019.

669 Лю Цысин（刘慈欣）. *Задача трех тел.* [пер. с англ. О. Глушковой]. Москва: Fanzon, 2017.

670 Лю Цысин（刘慈欣）. *Задача трех тел.* [пер. с англ. О. Глушковой]. Москва: Fanzon, 2018.

671 Лю Цысин（刘慈欣）. *Темный лес.* [пер. с англ. Д. Накамуры]. Москва: Э, 2018.

672 Лю Цысин（刘慈欣）. *Темный лес.* [пер. с англ. Д. Накамуры]. Москва: Эксмо, Fanzon, 2020.

673 Лю Цысин（刘慈欣）. *Шаровая молния.* [пер. с англ. С. Саксина]. - Москва: Эксмо, Fanzon, 2019.

674 Лю Цысин（刘慈欣）. *Эпоха сверхновой.* [перевод с английского С. Саксина]. Москва: Эксмо, 2020.

675 Лю Чжицян; Первушина, Е. А. *Заветная звезда Леонида Черкасского: о переводах китайских поэтов первой трети XX века: монография.* Владивосток: Изд-во ДВФУ, 2019.

676 Лю Чжэньюнь（刘震云）. *Дети стадной эпохи: [роман].* [перевод с китайского О. П. Родионовой]. Санкт-Петербург: Гиперион, 2019.

677 Лю Чжэньюнь（刘震云）. *Меня зовут Лю Юэцзинь.* [пер. с кит. О. П. Родионовой]. Санкт-Петербург: Гиперион, 2017.

678 Лю Чжэньюнь（刘震云）. *Мобильник.* [пер. с кит. О. П. Родионовой]. Санкт-Петербург: Гиперион, 2016.

679 Лю Чжэньюнь（刘震云）. *Одно слово стоит тысячи.* [перевод с китайского О. П. Родионовой]. Санкт-Петербург: Гиперион, 2017.

680 Лю Чжэньюнь (刘震云). *Я не Пань Цзиньлянь*. [пер. с кит О. П. Родионовой]. Санкт-Петербург: Гиперион, 2015

681 Лю Э (刘鹗). *Путешествие Лао Цаня*. [пер. с кит. и вступ. ст. В. И. Семанова; предисл. Д. Н. Воскресенского]. Москва: Изд-во восточной лит. (ИВЛ), 2015.

682 Ма Цзиньлянь. *Цветение ириса: роман*. [подстрочный перевод с китайского Виктория Тузова и др.]. Иркутск: Ирси, 2020.

683 Май Цзя (麦家). *Заговор: [роман]*. [пер. с кит. Евгении Митькиной]. Санкт-Петербург: Гиперион, 2016.

684 Мао Дунь (茅盾). *Перед рассветом*. [перевод с китайского Вл. Рудман, В. Сухорукова, Л. Урицкий]. Санкт-Петербург: Гиперион, 2018.

685 Мао Цзэдун (毛泽东). *Стихотворения: (впервые опубликованы в журнале "Огонёк" в 1957 году)*. Москва: Изд-во Московского ун-та: МАКС-Пресс, 2017.

686 Мацзя, Джиди. *Ушедший в бессмертие*. [перевод с китайского [Ли Иннань и др.]. Москва: ОГИ, 2017.

687 Маяцкий, Дмитрий Иванович. *Гао Цзэчэн и его пьеса «Пипа цзи»*. Санкт-Петербург: Изд-во Санкт-Петербургского гос. ун-та, 2015.

688 Мо Янь (莫言). *Красный Гаолян: история одного рода*. [перевод с китайского Наталии Власовой]. Москва: Текст, 2018.

689 Мо Янь (莫言). *Красный гаолян. История одного рода: роман*. [перевод с китайского Наталии Власовой]. Москва: Текст, 2019.

690 Мо Янь (莫言). *Лягушки*. [перевод с китайского Игоря Егорова]. Москва: Эксмо, 2020.

691 Мо Янь (莫言). *Перемены*. [пер. с кит. Н. Власовой]. Москва: Э, 2017.

692 Пань Цзюнь и др. *Блуждающий на ветру: современная китайская проза провинции Аньхой*. [перевод с китайского Н. Демидо и др.]. Москва: Наука - Восточная литература, 2018.

693 Пин Лу. *Тёмная река: роман*. [перевод с китайского М. С. Осташёвой]. Санкт-Петербург: Гиперион, 2020.

694 Пу Сун-Лин (蒲松龄). *Странные истории*. [перевод с китайского В. М. Алексеев]. Санкт-Петербург: Пальмира, 2018.

695 Родионов, А. А. пер. сост. *Времена и нравы: проза писателей провинции Гуандун: [сборник]*. Санкт-Петербург: Гиперион, 2017.

696 Родионов, А. А. пер. ред. сост. *Жизнь без слов: проза писателей из Гуанси: [сборник]*. [перевод с китайского: А. А. Родионова и др.]. Санкт-Петербург: Гиперион, 2018.

697 Родионов, А. А. ред. сост. *Между черным и белым: эссе и поэзия провинции Гуандун*. [перевод с кит. Ю. Ю. Булавкина и др.]. Санкт-Петербург: Гиперион, 2017.

698 Родионов, А. А. ред. сост. *Слова, упавшие в воду: современная поэзия Гуанси*. [перевод с китайского Д. Р. Валеева и др.]. Санкт-Петербург: Гиперион, 2018.

699 Сисаури, Владислав Ираклиевич. *Книга о Ли Бо*. Санкт-Петербург: Гиперион, 2015.

700 Смертин, Юрий Григорьевич. *Китайская классическая поэзия в контексте языка, истории и культуры: учебное пособие*. Краснодар: Кубанский гос. ун-т, 2020.

701 Старостина, Аглая Борисовна. *Золотой шелкопряд: Сюй Сюань и его сборник «Записи об изучении духов»*. Санкт-Петербург: Петербургское Востоковедение, 2020.

702 Стеженская, Лидия Владимировна. *Ажурная мысль китайской словесности:*

литературная концепция Лю Се: по избранным главам «Вэнь синь дяо лун». Москва: ИДВ РАН, 2015.

703 Сюн Юйцюнь. *Дождь и снег в тридцать девятом.* [перевод с китайского Н. Н. Власовой]. Санкт-Петербург: Гиперион, 2020.

704 Сюэ Тао. *Вернись, Сентябрь.* [перевод с китайского Александры Ланских]. Москва: Наука, 2020.

705 Сяо Кэфань. *Бег: Сяо Кэфань.* [пер. с кит. Д. А. Сицко]. Москва: Восток-Бук, 2015.

706 Сяо Юньжу. *Белые облака и луна на Шелковом пути.* [перевод с китайского Мэн Ся и Н. Ю. Царевой]. Москва: Наука, 2020.

707 Томихай, Тамара Хинчевна сост. *В сердце моем осени свет: путешествие в мир китайской классической поэзии.* [пер. А. Штукина и др.]. Санкт-Петербург: Свое изд-во, 2016.

708 Торопцев, Сергей пер. *Стихи тишины: лирика иносказаний.* Санкт-Петербург: Гиперион, 2020.

709 Тугулова, Ольга Доржиевна. *Китайская поэзия «нового периода» (1980-е годы): смена художественных парадигм.* Улан-Удэ: Изд-во Бурятского госуниверситета, 2016.

710 У Чэн-энь（吴承恩）. *Путешествие на Запад: [роман: в 2 т.].* [пер. с кит. А. П. Рогачёва]. Санкт-Петербург: Наука, 2015.

711 Фан Фан（方方）. *Пейзаж.* [перевод с китайского]. Москва: Изд-во восточной лит. (ИВЛ), 2017.

712 Фань Боцюнь. *История современной популярной литературы Китая. Том 1.* [перевод с китайского С. А. Кочминой, М. А. Тишковец]. Москва: Восток-Бук, 2016.

713 Фань Ипин（凡一平）. *Гора Тяньдэншань.* [перевод с китайского Е. И. Митькиной]. Санкт-Петербург: Гиперион, 2018.

714 Фэн Цзицай（冯骥才）. *Десятилетие бедствий. Записки о "культурной революции": документальная проза.* [пер. с кит. А. Н. Коробовой]. Москва: Изд-во восточной литературы, 2015.

715 Хайдапова, Марина Бато-Очировна. *Поэзия Шу Тин.* Улан-Удэ: Изд-во Бурятского госуниверситета, 2019.

716 Хань Бо. *Банкет с узелками: стихотворения.* [перевод с китайского Н. Азаровой и др.]. Москва: Книжное обозрение (АРГО-РИСК), 2020.

717 Хуан Бэйцзя. *Я буду умницей.* [перевод с китайского и предисл. Н. Ю. Демидо]. Москва: Изд-во восточной литературы, 2017.

718 Цао Вэньсюань. *Небесный ковш.* [пер. с кит. А. С. Жмак]. Москва: Восток-Бук, 2015.

719 Цзя Пинва. *Циньские напевы.* [перевод с китайского, предисловие и примечания А. Н. Коробовой]. Москва: Изд-во Вост. лит., 2017.

720 Цыбикова, Бадма-Ханда Бадмадоржиевна. *Фольклор бурят внутренней Монголии КНР: устные рассказы.* Иркутск: Оттиск, 2020.

721 Цыбикова, Бадма-Ханда Бадмадоржиевна. *Фольклор шэнэхэнских бурят.* [отв. ред. Л. С. Дампилова]. Улан-Удэ: Изд-во БНЦ СО РАН, 2016.

722 Цянь Чжуншу; Ян Цзян. *Осажденная крепость. Шесть рассказов о «школе кадров».* [перевод с китайского и предисловие В. Ф. Сорокина]. Москва: Изд-во восточной литературы (ИВЛ), 2017.

723 Чжан Вэй. *Старый корабль: роман.* [перевод с китайского Игоря Егорова]. Санкт-Петербург: Гиперион: Аньхойское лит.-худож. изд-во, 2017.

724 Чжан Сюэдун. *Поцелуй змеи.* [перевод с китайского О. П. Родионовой]. Санкт-Петербург: Гиперион, 2020.

725 Чжан Цзыян. *Сон о море: [сборник стихотворений].* [перевод с китайского Наталии Буровцевой, Натальи Черныш, Гу Юй; составитель Гу Юй]. Санкт-Петербург: Гиперион, 2019.

726 Чэн Сюсю и др. пер. *Шляпа Ирины: современный китайский рассказ.* Москва: Наука: Вост. лит., 2016.

727 Чэнь Пинюань. *Мечты древнего литератора о благородстве. Изучение романов в жанре уся.* [пер. с кит. Е. В. Ольховской]. Москва: Восток-Бук: Шанс, сор. 2015.

728 Шатохин, Дмитрий Михайлович. *Рябиновый фейерверк: сборник стихов и переводов произведений классической китайской поэзии.* Хабаровск: Хабаровская краевая тип., 2019.

729 Шэн Кэи（盛可以）. *Сестрички с Севера.* [пер. с китайск. Н. Н. Власовой]. Санкт-Петербург: Гиперион, 2016.

730 Юй Хуа（余华）. *Братья: роман.* [пер. с кит., примеч. и послеслов. Юлии Дрейзис]. Москва: Текст, 2015.

731 Юй Хуа（余华）. *Как Сюй Саньгуань кровь продавал.* [пер. с кит. Р. Шапиро]. Москва: Текст, 2016.

732 Янь Гэлин（严歌苓）. *Маленький журавль из мертвой деревни.* [перевод с китайского Алина Перлова]. Санкт-Петербург: Аркадия, 2018.

日语

733 『野草』百号記念号編集委員会．中華文藝の饗宴．研文出版，2018．

734 『越境する中国文学』編集委員会．越境する中国文学：新たな冒険を求めて．東方書店，2018．

735 Sernya 編集部，チベット文学研究会．Sernya：チベット文学と映画制作の現在．東京外国語大学アジア・アフリカ言語文化研究所，2019．

736 Sernya 編集部，チベット文学研究会．Sernya：チベット文学と映画制作の現在 vol. 4．東京外国語大学アジア・アフリカ言語文化研究所，2017．

737 Sernya 編集部，チベット文学研究会．Sernya：チベット文学と映画制作の現在 vol. 5．東京外国語大学アジア・アフリカ言語文化研究所，2018．

738 Sernya 編集部．Sernya = セルニャ：チベット文学と映画制作の現在．東京外国語大学アジア・アフリカ言語文化研究所，2015．

739 TEAS 事務所．萌える！中国妖怪事典．ホビージャパン，2016．

740 ユガンハ．美、その不滅の物語：韓国・中国に美しき伝説を訪ねて．クオン，2020．

741 百田弥栄子．中国神話の深層：天地の循環図曼荼羅の世界．三弥井書店，2020．

742 濵中仁．漢詩を読んでみませんか．デザインエッグ，2019．

743 倉田貞美．倉田貞美著作集．明徳出版社，2019．

744　陳麗君. 呪はれた文学：戦後初期（1945-1949）台湾文学論集（別タイトル：被詛咒的文學）. 集広舎，2019.
745　川合康三. 生と死のことば：中国の名言を読む. 岩波書店，2017.
746　串田久治，諸田龍美. 漢詩酔談：酒を語り、詩に酔う. 大修館書店，2015.
747　崔香蘭［ほか］. 中国古典小説と日本怪異小説の比較研究. 博聞社，2018.
748　大東和重. 台南文学の地層を掘る：日本統治期台湾・台南の台湾人作家群像. 関西学院大学出版会，2019.
749　大賀晶子. 明代短篇小說と戲曲の研究. 汲古書院，2018.
750　大木康. 明清江南社會文化史研究. 汲古書院，2020.
751　大木康. 明清江南社會文化史研究：東京大學東洋文化研究所報告. 東京大學東洋文化研究所，2020.
752　嶋津訓一. 中国人の素顔. 陝西人民出版社，2016.
753　東京学芸大学教育学部. 東アジア知識人文学国際学術大会：東アジアの知識と知識権力：知識に対する認識と伝統 2018年度. 東京学芸大学古典文学研究室，2018.
754　東英寿. 唐宋八大家の世界. 花書院，2019.
755　東英寿. 唐宋八大家の諸相. 花書院，2020.
756　渡邉義浩.「古典中國」における文學と儒教. 汲古書院，2015.
757　渡邉義浩.「古典中國」における小説と儒教. 汲古書院，2017.
758　渡邉義浩. 三国志英雄たちと文学. 人文書院，2015.
759　渡部英喜. 漢詩花ごよみ：百花譜で綴る名詩鑑賞. 亜紀書房，2017.
760　段躍中. 忘れられない中国留学エピソード：日中対訳. 日本僑報社，2017.
761　二松學舍大学文学部中国文学科. 中国学入門：中国古典を学ぶための13章. 勉誠出版，2017.
762　飯倉照平. 中国民話と日本：アジアの物語の原郷を求めて. 勉誠出版，2019.
763　方外閑人素履. 文人趣味歳時記. 全日本煎茶道連盟，2016.
764　芳賀徹. 桃源の水脈：東アジア詩画の比較文化史. 名古屋大学出版会，2019.
765　福井佳夫. 六朝文評価の研究. 汲古書院，2017.
766　福田茂子. 満州開拓団棄民の私：中国残留孤児の波乱の生涯. 福田茂子，2020.
767　福田素子. 償鬼転生：討債鬼故事に見る中国の親と子. 知泉書館，2019.
768　富永一登先生退休記念論集刊行委員会. 中国古典テクストとの対話：富永一登先生退休記念論集. 研文出版，2015.
769　岡本不二明.「李娃伝」と鞭：唐宋文学研究余滴. 汲古書院，2015.
770　岡田英樹.「満洲国」の文学とその周辺. 東方書店，2019.
771　高橋稔.「玄怪録」と「伝奇」：古代中国の語り物と説話集 続：志怪から伝奇へ. 東方書店，2018.
772　高橋稔. 古代中国の語り物と説話集. 東方書店，2017.
773　葛継勇. 漢詩・漢籍の文化交流史. 大樟樹出版社，2019.
774　古川末喜. 二十四節気で読みとく漢詩. 文学通信，2020.
775　黒澤和規. 私と和漢名詩：日本・中国の漢詩を折にふれて. 北國新聞社，2017.
776　胡志昂. 古代日本漢詩文と中国文学. 笠間書院，2016.
777　吉川幸次郎. 吉川幸次郎全集：決定版. 筑摩書房，2019.
778　甲斐雄一. 南宋の文人と出版文化：王十朋と陸游をめぐって. 九州大学出版会，2016.
779　江藤茂博. 読む流儀：小説・映画・アニメーション. 言視舎，2020.

780 井波律子. 中国名詩集. 岩波書店，2018.
781 井波律子. 中国文学の愉しき世界. 岩波書店，2017.
782 鷲野正明. 基礎からわかる漢詩の読み方・楽しみ方：読解のルールと味わうコツ 45. メイツ出版，2019.
783 堀誠. 日中比較文学叢考. 研文出版，2015.
784 郎潔. 明清「文学世家」の研究. 一粒書房，2018.
785 廖瑞銘. 知られざる台湾語文学の足跡. 国書刊行会，2020.
786 林麗婷. 中日近代文学における留学生表象：二〇世紀前半期の中国人の日本留学を中心に. 日中言語文化出版社，2019.
787 鈴木章能. 日中英語圏文学・文学史比較概論：異なる言語・社会・文化に生まれた文学とその歴史およびその類似性. 一粒書房，2018.
788 劉大先. 現代中国と少数民族文学（別タイトル：MODERN CHINA ETHNIC MINORITIES LITERATURE). 東方書店，2019.
789 劉静華. 円環構造の作品論：高行健・黄翔・劉震雲の場合. 澪標，2015.
790 牧角悦子. 経國と文章：漢魏六朝文学論. 汲古書院，2018.
791 彭丹. いにしえの恋歌：和歌と漢詩の世界. 筑摩書房，2018.
792 平尾ヒサヱ. 懐かしの鏡泊湖畔：中国残留婦人の手記. 芳草社，2019.
793 朴美子. 韓国古典詩における隠逸の心とその生活：中国古典詩との比較を中心として. 風間書房，2018.
794 前野直彬. 風月無尽：中国の古典と自然. 東京大学出版会，2015.
795 浅見洋二. 中国宋代文学の圏域：草稿と言論統制. 研文出版，2019.
796 浅見洋二［ほか］. 皇帝のいる文学史：中国文学概説. 大阪大学出版会，2015.
797 橋本循. 橋本循著作集 第 1 巻（別タイトル：中國文學思想管見). 橋本循記念會，2016.
798 青野繁治. 中国モダニズム作家の歴史再構築：施蟄存歴史小説論. 朋友書店，2020.
799 萩原正樹［ほか］. 日中韓文人交流と相互理解：明治大正期の詩詞を通して. あるむ，2020.
800 日本放送協会，NHK. 漢詩をよむ 2017 年 10 月→2018 年 3 月. NHK 出版，2017.
801 日本放送協会，NHK. 漢詩をよむ 2017 年 4 月→9 月. NHK 出版，2017.
802 日本放送協会，NHK 出版 編集. 漢詩をよむ. NHK 出版，2019.
803 日本放送協会，NHK 出版. 漢詩をよむ. NHK 出版，2020.
804 日本放送協会，NHK 出版. 漢詩をよむ 2018 年 10 月→2019 年 3 月. NHK 出版，2018.
805 日本放送協会，NHK 出版. 漢詩をよむ 2018 年 4 月→9 月. NHK 出版，2018.
806 日夏耿之介. 唐山感情集. 講談社，2018.
807 三羽邦美. おとなのためのやさしい漢詩教室. 瀬谷出版，2017.
808 桑島由美子. 九十年代文化批評：「文化転換」をめぐる新思潮と審美モダニティ. 汲古書院，2017.
809 山口謠司. ディストピアとユートピア：パズルを解くように漢詩を読む. dZERO，2015.
810 山崎藍. 中国古典文学に描かれた厠・井戸・籃：民俗学的視点に基づく考察. 勉誠出版，2020.
811 上野恵司. ことばの散歩道 7. 白帝社，2017.
812 尚永亮. 貶謫文化と貶謫文学：中唐元和期の五大詩人の貶謫とその創作を中心に. 勉

誠出版，2017.
813 石川九楊．石川九楊著作集別巻 2．ミネルヴァ書房，2017.
814 石川千代．命：私の戦後、中国と日本．リーブル出版，2020.
815 守屋淳．中国古典名著の読みどころ、使いどころ：人生とビジネスに効く原理原則．PHP 研究所，2020.
816 狩野直禎．「三国志」の世界孔明と仲達．清水書院，2017.
817 宋莉華．宣教師漢文小説の研究．東方書店，2017.
818 藪内清．藪内清著作集 第 1 巻．臨川書店，2017.
819 太田出．関羽と霊異伝説：清朝期のユーラシア世界と帝国版図．名古屋大学出版会，2019.
820 桃の会．桃の会論集 7 集．桃の会，2016.
821 桃の会．桃の会論集 8 集．桃の会，2018.
822 藤井省三．魯迅と世界文学．東方書店，2020.
823 藤沼敏子．あの戦争さえなかったら：62 人の中国残留孤児たち．津成書院，2020.
824 土屋英明．中国艶書大全．研文出版，2018.
825 土屋英明．中国艶書大全．研文出版，2019.
826 丸井貴史．白話小説の時代：日本近世中期文学の研究．汲古書院，2019.
827 王徳威．抑圧されたモダニティ：清末小説新論．東方書店，2017.
828 王曉平．詩の交流史．大樟樹出版社，2019.
829 王運熙［ほか］．中国文学理論批評史：文学理論批評から考える中国文学研究入門唐宋編．卿雲堂,2017.
830 王兆鵬．宋代文学伝播原論：宋代の文学はいかに伝わったか．朋友書店，2019.
831 尾上兼英．中國小説史研究序説．汲古書院，2020.
832 文彦生．鬼の話．青土社，2020.
833 武田雅哉．中国飛翔文学誌：空を飛びたかった綺態な人たちにまつわる十五の夜噺．人文書院，2017.
834 下村作次郎．台湾文学の発掘と探究（別タイトル：The discover and research of Taiwanese literature）．田畑書店，2019.
835 相島宏．中国詩詞翻訳索引 第 1 巻（先秦 - 五代）．金沢文圃閣，2015.
836 相島宏．中国詩詞翻訳索引 第 2 巻（宋代 - 清代）．金沢文圃閣，2015.
837 小髙修司．唐代文人疾病攷．知泉書館，2016.
838 小黒浩司．図書館をめぐる日中の近代：友好と対立のはざまで．知泉書館，2016.
839 小山三郎．中国近現代作家の政治：批判と粛清の文学史．晃洋書房，2016.
840 小山三郎［ほか］．台湾現代文学・映画史年表（別タイトル：A Chronological Table of Modern Taiwan Literature and Cinema）．晃洋書房，2016.
841 小松健一．心に残る「三国志」の言葉：写真紀行．新潮社，2015.
842 小松謙．中國白話文學研究：演劇と小説の關わりから．汲古書院，2016.
843 星名宏修．植民地を読む：「贋」日本人たちの肖像：閱讀殖民地．法政大学出版局，2016.
844 興膳宏．中国詩文の美学．創文社，2016.
845 押切寛子．石川信夫の中国詠：歌集『太白光』の「江南春」抄を読む．鵜書房，2019.
846 閻小妹，信州大学．『杜騙新書』の研究．閻小妹，2015.
847 楊翠．少数者は語る：台湾原住民女性文学の多元的視野 上．草風館，2020.

848 楊翠．少数者は語る：台湾原住民女性文学の多元的視野 下．草風館，2020．
849 一海知義．ことばの万華鏡．藤原書店，2017．
850 伊藤善隆．初期林家林門の文学．古典ライブラリー，2020．
851 桜木陽子．中国古典芸能論考：元代の楊貴妃の物語を中心として．汲古書院，2020．
852 永田知之．理論と批評：古典中国の文学思潮．臨川書店，2019．
853 永田知之．唐代の文学理論：「復古」と「創新」．京都大学学術出版会，2015．
854 有馬義貴[ほか]．教科書で出会った古文・漢文一〇〇．新潮社，2017．
855 遠間保．中国残留孤児のとまどい：二つの祖国．遠間保，2020．
856 遠藤耕太郎．万葉集の起源：東アジアに息づく抒情の系譜．中央公論新社，2020．
857 増子和男．日中怪異譚研究．汲古書院，2020．
858 張欣．越境・離散・女性：境にさまよう中国語圏文学．法政大学出版局，2019．
859 趙敏俐．中国詩歌史通論：日本語版：中国・国家哲学社会科学成果文庫．白帝社，2019．
860 植木久行．中国詩跡事典：漢詩の歌枕．研文出版，2015．
861 中鉢雅量．中国古典叢林散策：中鉢雅量遺稿集．汲古書院，2018．
862 中島幼八．この生あるは：一中国残留孤児がつづる．幼学堂，2015．
863 中山逍雀．漢字文化圏通用詩歌：新短詩：日中語併記版．デザインエッグ，2019．
864 中山逍雀．散曲楹聯漢俳．デザインエッグ，2019．
865 中尾青宵．恋句曼荼羅：青宵さん聞き書き：俳諧連句演習 第3章（別タイトル：中国大陸の情歌）．柴庵，2019．
866 中由美子．学校がなくなった日：中国の子どもたちと戦争．素人社，2017．
867 塚本嘉壽．異常心理学からみた中国古典詩：露伴、中島敦、井上靖から晩唐の詩人まで．文藝春秋企画出版部，2018．
868 舟部淑子．元代散曲と作品．中国文庫，2018．
869 諸田龍美．茶席からひろがる漢詩の世界．淡交社，2017．
870 佐藤保．詳講漢詩入門．筑摩書房，2019．
871 佐藤利行教授還暦記念論集刊行会．日中比較文化論集：佐藤利行教授還暦記念．白帝社，2019．
872 佐野誠子．怪を志す：六朝志怪の誕生と展開．名古屋大学出版会，2020．

阿拉伯语

873 دانتزن. الراهب الصغير. بيت الحكمة للاستثمارات الثقافية, 2017.
874 دجوودا شين. ترانيم الموت: رواية. بيت الحكمة للاستثمارات الثقافية, 2017.
875 فنغ جيون كه. مذكرات حول قرية جيويليانغ وقصص أخرى. دار النشر باللغات الاجنبية, 2015.
876 قو، ينغ. حلم الطفل الصيني: 56 قومية وطفلا وحكاية. بيت الحكمة للاستثمارات الثقافية،, 2017.
877 لو شون. يوميات مجنون و قصص أخرى : مختارات قصصية لأديب الصين لوشون . , مطابع الهيئة المصرية العامة للكتاب, 2016.
878 لى جين شيانغ. عائشة والنهر وقصص اخرى. الوادي للثقافة والاعلام, بيت الحكمة للثقافة والاعلام, 2015.
879 ليو جن يون. رب جملة بعشرة آلاف جملة :رواية. بيت الحكمة للاستثمارات الثقافية, 2017.
880 ليو جين يون. البرج. بيت الحكمة للاستثمارات الثقافية, 2017.

881 ليوجين يون. الموبايل : رواية. منشورات ضفاف ـ منشورات الاختلاف ـ دار الأمان ـ بيت الحكمة ـ دار نشر إنتركونتنتال الصينية, 2015.

882 ماي جيا. الشيفرة : أكثر رواية صينية انتشرت في العالم خلال القرن الحادي والعشرين. بيت الحكمة للاستثمارات الثقافية, 2017.

883 ناديه. خواطر قبل النوم. بيت الحكمة للاستثمارات الثقافية ,كنوز للنشر والتوزيع, 2017.

884 هوانغ باي جيا. كيف أكون طفلا جيدا. بيت الحكمة للاستثمارات الثقافية ,كلمة للنشر والتوزيع, 2017.

885 يانغ بانغ. أبي في الجيب : عندما كان أبي قزما. تنجل الشعبية المحدودة للنشر ببكين ,دار الأمان للنشر والتوزيع, 2018.

886 ياو دان. الأدب الصيني. بيت الحكمة للاستثمارات الثقافية, 2016.

887 يركسي هولمانبيك. النجمة الحمراء : رواية من الصينية. العربي للنشر والتوزيع, 2016.

888 يوهوا. مذكرات بائع الدماء : رواية. أطلس للنشر والإنتاج الإعلامي, 2016.

889 يي ماي. سبع ليال في حدائق الورد. لعربي للنشر والتوزيع,, 2017.

其他语种

890 Alai. Muntele Go. RAO Distribuție, 2018.
891 An Tri Hiểu. Bà xã triệu đô mua 1 tặng 1. Nhà xuất bản Văn học, 2015.
892 Ân, Tầm. Bảy năm vẫn ngoảnh về phương Bắc. Nhà xuất bản Thanh niên, 2019.
893 Ân, Tầm.. Đêm định Mệnh. Nhà xuất bản Văn học, 2019.
894 Âu Dương Mặc Tâm. Đến phủ Khai Phong làm nhân viên công vụ: tiểu thuyết. Nhà xuất bản Lao động, 2018.
895 Ayi. Och sen då?. Chin Lit, 2017.
896 Bạch Lạc Mai. Gặp lại chốn hồng trần sâu nhất. Nhà xuất bản Lao động, 2017.
897 Bạch Lạc Mai. Mọi sự gặp gỡ trên thế gian đều là cửu biệt trùng phùng: duyên. Nhà xuất bản Lao động, 2015.
898 Bạch, Lạc Mai. Người là cuộc tu hành đẹp nhất kiếp này của tôi: Tản văn. Nhà xuất bản Văn học, 2019.
899 Bai, Juyi. Çiçek olmayan çiçek: seçilmiş şiirler. Dergâh Yayınları, 2016.
900 Bai, Juyi. Korotan ääneni ja laulan. Basam Books, 2015.
901 Balajieyi, Keradam. Ett brokigt band om renens horn. Bokförlaget Wanzhi, 2017.
902 Barâkina, Èlvira Valer'evna. Biały Szanghaj. Prószyński Media, 2017.
903 Bát Nguyệt Trường An. Diều tuyệt vời nhất của thanh xuân: tiểu thuyết. Nhà xuất bản Hà Nội, 2017.
904 Bát Nguyệt Trường An. Thầm yêu quất sinh hoài nam: tiểu thuyết. Nhà xuất bản Thế giới, 2017.
905 Bi, Feiyu. Slätten. Bokförlaget Wanzhi, 2020.
906 Bi, Feiyu. Tre systrar. Bokförlaget Wanzhi, 2018.
907 Bồ, Tùng Linh. Liêu trai chí dị. Nhà xuất bản Hội nhà văn, 2018.
908 Bồ, Tùng Linh. Liêu trai chí dị. Nhà xuất bản Phụ nữ, 2016.
909 Bồ, Tùng Linh. Liêu trai chí dị. Nhà xuất bản Văn học, 2017.
910 Børdahl, Vibeke. Jin Ping Mei - i vers og prosa. Vandkunsten, 2017.
911 Børdahl, Vibeke. Jin Ping Mei - i vers og prosa. Vandkunsten, 2018.

912 Bourkane, Mateusz. Chińskie fascynacje Zofii Kossak i Teodora Parnickiego. Wydawnictwo Rys, 2018.
913 Bronkhorst, Daan. De weg: gedichten en prenten uit China en Japan. Bekking & Blitz Uitgevers, 2019.
914 Buck, Pearl. Den goda jorden. Albert Bonniers förlag, 2018.
915 Büker, A. Cengiz. Çin şiirinden seçmeler. Cinius Yayınları, 2019.
916 Burell, Emei. Berättelser om Yunnan. Tusen Serier, 2017.
917 Calvino, Italo. De osynliga städerna. Natur & Kultur, 2017.
918 Calvino, Italo. מעין ספרית. מעין הסמויות הערים, 2019.
919 Can, Xue. Aldrende skyer i drift. Korridor, 2019.
920 Cao Xueqin. ביאליק וסד. האדומים המשכנות חלום, 2018-2021.
921 Cao, Minh. Thiên tài bên trái, kẻ điên bên phải. Nhà xuất bản Thế giới, 2019.
922 Cao, Wenxuan. Bron in Sončnica. Mladinska knjiga, 2017.
923 Cao, Xueqin. Ëndërr në pallatin e kuq. Dituria, 2020.
924 Cát, Thánh Khiết. Họa sĩ vẽ chân dung tội phạm. Nhà xuất bản Hà Nội, 2019.
925 Chang, Janie. Droga Smoczych Źródeł. Prószyński i S-ka - Prószyński Media, 2018.
926 Chang, Jung. Dzikie łabędzie: trzy córki Chin. Znak Litera Nova - Społeczny Instytut Wydawniczy Znak, 2017.
927 Chang, Jung. Vilde svaner: tre kvinder - tre generationer: Kina i det 20. århundrede. Rosinante, 2018.
928 Châu Văn Văn. Bên trời ngân mãi khúc đào hoa. Nhà xuất bản Hà Nội, 2018.
929 Chen, Cun. Slon. Književni klub Brčko distrikt, 2015.
930 Chen, Qiufan. Råttans år: fem noveller. Bokförlaget Wanzhi, 2020.
931 Chen, Ran. Moje życie. Time Marszałek Group, 2019.
932 Chi Li Anh Chước. Dạ đề. Nhà xuất bản Hà Nội, 2019.
933 Chi, Wei-Jan. Özel dedektif. Kahve Yayınlar, 2015.
934 Chi, Zijian. Godnatt, ros. Bokförlaget Wanzhi, 2020.
935 Chi, Zijian. På floden Arguns södra strand. Bokförlaget Wanzhi, 2018.
936 Chiang, Gonca Ünal. Çin modern edebiyatı deneme eserleri seçkisi. Kesit Yayınları, 2016.
937 Clancy, Tom. Wektor zagrożenia. Wydawnictwo Albatros, 2017.
938 Clavell, James. Tai-Pan. Wydawnictwo Vis-à-vis Etiuda, 2017.
939 Cửu Bả Đao. Hắt xì. Nhà xuất bản Hội nhà văn, 2017.
940 Cửu Dạ Hồi. Năm tháng vội vã. Nhà xuất bản Văn học, 2019.
941 Cửu Dạ Hồi. Năm tháng vội vã. Tập 1: tiểu thuyết. Nhà xuất bản Văn học, 2019.
942 Cửu Dạ Hồi. Từng niên thiếu: tiểu thuyết. Nhà xuất bản Dân trí, 2016.
943 Cửu Nguyệt Hi. Cây Olive màu trắng: tiểu thuyết. Nhà xuất bản Thanh niên, 2019.
944 Cửu Nguyệt Hi. Thời niên thiếu của anh và em: tiểu thuyết. Nhà xuất bản Hà Nội, 2019.
945 Cửu Tranh. Phong thần chi thú. Nhà xuất bản Văn học, 2015.
946 Dadejík, Ondřej. Ťing-ťie: poznámky k písním ze světa lidí. Univerzita Karlova v Praze, nakladatelství Karolinum, 2015.
947 Đào, Uyên Minh. Đào Uyên Minh toàn tập. Nhà xuất bản Tổng hợp thành phố Hồ Chí Minh, 2018.
948 Dịch Chi. Tôi là thầy tướng Số. Nhà xuất bản Lao động, 2015.

949 Diêm, Liên Khoa. Tư thư: tiểu thuyết. Nhà xuất bản Hội nhà văn, 2019.
950 Diệp Lạc Vô Tâm. Mãi mãi là bao xa: tiểu thuyết. Nhà xuất bản Văn học, 2018.
951 Ding, Chao. Chiny i Europa Środkowo-Wschodnia: historia kontaktów literackich. Wydawnictwo Akademickie Dialog, 2020.
952 Đinh Mặc. Mạc phụ hàn hạ: tiểu thuyết. Nhà xuất bản Dân trí, 2016.
953 Đinh Mặc. Mây đen gặp trăng sáng: tiểu thuyết. Nhà xuất bản Thanh niên, 2018.
954 Đinh Mặc. Người láng giềng ánh trăng: tiểu thuyết. Nhà xuất bản Hội nhà văn, 2015.
955 Đinh Mặc. Truy tìm ký ức: tiểu thuyết. Nhà xuất bản Văn học, 2015.
956 Đinh, Mặc. Chí dã: tiểu thuyết. Nhà xuất bản Thanh xuân, 2019.
957 Dong, Xi. Ödets lott. Bokförlaget Wanzhi, 2019.
958 Drahovzalová, Lucie. Tři až pět let v Číně. Lucie Drahovzalová, 2018.
959 Dư, Thu Vũ. Ngàn năm một tiếng thở dài. Nhà xuất bản Văn học, 2017.
960 Đường Thất Công Tử. Hoa tư dẫn. Nhà xuất bản Văn học, 2020.
961 Dzikowicz, Marek. Chiny: o miłości i pieniądzach. Wydawnictwo Asian Century, 2018.
962 Ebbesen, Leif. Harmoni: kinesiske digte og træsnit. Reflect, 2016.
963 Estes, Kelli. Dekle, ki je pisalo s svilo. Učila International, 2018.
964 Fan, Yiping. Mordet i byn Shangling. Bokförlaget Wanzhi, 2017.
965 Gao, Hongbo. Maçoku persian i quajtur Pek. Dituria, 2020.
966 Giảo Giảo. Thành thời gian. Nhà xuất bản Văn học, 2016.
967 Gulik, Robert van. Di gong an: algupärane 18. sajandi Hiina detektiivromaan. Tänapäev, 2015.
968 Gulik, Robert van. Klokkemordene. Lindhardt og Ringhof, 2017.
969 Gulik, Robert van. Labyrintmordene. Lindhardt og Ringhof, 2017.
970 Gulik, Robert van. Lakskærmen. Lindhardt og Ringhof, 2017.
971 Gulik, Robert van. Tan gram mysteriet. Lindhardt og Ringhof, 2017.
972 Hạ, Long H. Độc chú. Nhà xuất bản Văn học, 2015.
973 Hanshan. Jeg bor på et bjerg: digte. Hoff & Poulsen, 2020.
974 Hao, Jingfang. Människans spegel. Chin Lit, 2019.
975 Hao, Jingfang. Peking: den hopfällbara staden. Chin Lit, 2018.
976 Hedström, Per-Martin. En norrlänning i Hong Kong. Books on Demand, 2015.
977 Hergé. Tintin ar grib Tibet. Dalen, 2017.
978 Hergé. Tintin sa Tibéid. Eochaill, Co. Chorcái, 2017.
979 Hoa Thanh Thần. Em kể anh nghe chuyện yêu thầm. Nhà xuất bản Phụ nữ Việt Nam, 2019.
980 Hoài Châm Công Chúa. Cửu dung: tiểu thuyết. Nhà xuất bản Lao động, 2015.
981 Hoài Nam. Trung Quốc. Kim Đồng, 2018.
982 Huyền Mặc. Đời này không đổi thay: tiểu thuyết. Nhà xuất bản Dân trí, 2016.
983 Huyền Mặc. Tình yêu cú thức tinh: tiểu thuyết. Nhà xuất bản Hội nhà văn, 2015.
984 Huyền Sắc. Tiệm đồ cổ Á Xá: Tiểu thuyết. Nhà xuất bản Phụ nữ, 2017.
985 Ishiguro, Kazuo. Kiedy byliśmy sierotami. Wydawnictwo Albatros, 2017.
986 Ishiguro, Kazuo. Vi som var föräldralösa. Wahlström & Widstrand, 2017.
987 Jacoby, Marcin. Sztuka perswazji w starożytnych Chinach: opowiastka alegoryczna w okresie Walczących Państw (453-221 r. p.n.e.). Wydawnictwo Akademickie Dialog, 2018.
988 Jia, Pingwa. Makalös. Bokförlaget Wanzhi, 2019.
989 Jia, Pingwa. Opera. Bokförlaget Wanzhi, 2017.

990 Jia, Pingwa. Öppnas först om tjugo år. Bokförlaget Wanzhi, 2020.
991 Jiang, Rong. Wilczy totem. Wydawnictwo Akademickie Dialog, 2020.
992 Jidi Majia. Aeg: valik luulet. Ars Orientalis, 2016.
993 Jidi Majia. Det blivendes stifinder: digte. mellemgaard, 2019.
994 Jidi Majia. Gök ve yer arasında: şiir. Tekin Yayın Dağıtım, 2015.
995 Jidi Majia. Ngôn ngữ của lửa: tuyển tập thơ. Nhà xuất bản Văn học, 2020.
996 Jidi, Majia. Maneno ya moto kutoka China. Twaweza communications, 2015.
997 Jodorowsky, Alejandro. Legenda Białego Lamy. Scream, 2017.
998 Kaluta, Izabella. Man zou: Chiny dla dociekliwych. Wydawnictwo Dwie Siostry, 2018.
999 Karlin, Alma M. Moj kitajski ženin: [roman s Kitajskega]. Sanje, 2020.
1000 Karlin, Alma M. Najmlajša vnukinja častitljivega I Čaa. Založništvo J. Jezernik, 2016.
1001 Karlin, Alma M. Vodna vrba. Založništvo J. Jezernik, 2016.
1002 Karlsen, Hugo Hørlych. Sangenes bog: den kinesiske klassiker = Shi jing. Hovedland, 2020.
1003 Khưu Trì. Qúy ngài định kiến. Nhà xuất bản Thanh niên, 2019.
1004 Khuyết danh. Đại Minh anh liệt truyện. Nhà xuất bản Văn học, 2018.
1005 Kim Dung. Tiếu ngạo giang hồ. Nhà xuất bản Văn học, 2016.
1006 Klubien, S A. Gule skæbner. Roman fra Kina. Lindhardt og Ringhof, 2017.
1007 Král, Oldřich. Kniha mlčení: texty staré Číny. Galerie Zdeněk Sklenář, 2015.
1008 Król, Anna Izabella. Od poezji moralizatorskiej do poezji metafizycznej w starożytnych Chinach. Wydawnictwo "Scriptum" Tomasz Sekunda, 2020.
1009 Król, Anna Izabella. Su Shi - wiersze z zesłania. Wydawnictwo "Scriptum" Tomasz Sekunda, 2018.
1010 Kučík, Vladislav. Čína, má láska. Olympia, 2018.
1011 Kváča, Martin. Čína, země starých mistrů. Druhý díl, Cesta do středu Říše středu. Tribun EU, 2015.
1012 Lã Bạch. Đừng để tương lai chết trước tuổi 30. Nhà xuất bản Thanh niên, 2020.
1013 La, Quán Trung. Tam quốc diễn nghĩa. Nhà xuất bản Văn học, 2020.
1014 Lâm, Thanh Huyền. Trước khi muốn từ bỏ hãy nghĩ tới ngày mai. Nhà xuất bản Hà Nội, 2020.
1015 Lao Ma. Indywidualista w społeczeństwie. Wydawnictwo Adam Marszałek, 2018.
1016 Lao, Ma. Bakhtins karneval: tre pjäser. Bokförlaget Wanzhi, 2016.
1017 Laoma. Fərqli adam: [hekayələr]. [Qanun], 2015.
1018 Laoma. מסיבת מחזור של איש אחד. לביא פ. אנטרפרייז - הוצאה לאור, 2017.
1019 Lavrač, Maja. Svet v kaplji rose: mojstri kitajske pesniške tradicije iz obdobja dinastije Tang (618-907). Aristej, 2018.
1020 Lee, Janice Y. K. Emigrantki. Wydawnictwo Literackie, 2018.
1021 Lee, Kuei-shien. Alacakaranlık saati: şiirler = the hour of twilight: poems. Artshop, 2019.
1022 Leenhouts, Mark Antoine. Wie wij zijn: een literaire kennismaking met China. Het Literatuurhuis, 2017.
1023 Li, Bai. Poeta stworzony nie dla tego świata. Wydawnictwo "Scriptum" Tomasz Sekunda, 2017.
1024 Li, Er. Cireaşa din rodier. Ideea Europeană, 2019.
1025 Li, Na. Pierwsza z miliarda. Wydawnictwo Bukowy Las, 2015.
1026 Li, Shanshan. Ekmek çocuk. Kopernik Çocuk, 2020.
1027 Li, Yi-nan. Literatura polska w Chinach. Uniwersytet Śląski. Szkoła Języka i Kultury Polskiej.

Katedra Międzynarodowych Studiów Polskich, 2017.
1028　Li, Yiyun. Bin yıllık dua. Domingo, 2016.
1029　Li, Yiyun. Ensamhetens konst. Norstedt, 2015.
1030　Li, Yiyun. Złoty chłopak, szmaragdowa dziewczyna. Wydawnictwo Czarne, 2016.
1031　Lin, Haiyin. Min barndoms Peking. Bokförlaget Wanzhi, 2015.
1032　Liu, Cixin. Het drielichamenprobleem. Prometheus, 2020.
1033　Liu, Cixin. Kolme keha probleem. Eesti Raamat, 2019.
1034　Liu, Cixin. Ölümün sonu. İthaki, 2020.
1035　Liu, Cixin. Pime mets. Eesti Raamat, 2020.
1036　Liu, Cixin. Problema celor trei corpuri. Nemira, 2017.
1037　Liu, Cixin. Trelegemeproblemet. Kagge forlag, 2020.
1038　Liu, Cixin. Üç cisim problemi. İthaki Yayınlar, 2015.
1039　Liu, Cixin. Σκοτεινό δάσος. Σελινι, 2019.
1040　Liu, Cixin. Το πρόβλημα των τριών σωμάτων. Σελινι, 2017.
1041　Liu, Cixin. Το τέλος του θάνατου. Σελινι, 2020.
1042　Liu, Fengyi. Ĉina antologio: (1979-2009). Fremdlingva Eldonejo, 2016.
1043　Liu, Xianping. Jak złote małpy walczyły z sępami. Time Marszałek Group, 2017.
1044　Liu, Xianping. Po bitwach król jeleni dochodzi do władzy. Time Marszałek Group, 2017.
1045　Liu, Zhenyun. Barn av sin tid. Bokförlaget Wanzhi, 2019.
1046　Liu, Zhenyun. Ett ord i rättan tid. Bokförlaget Wanzhi, 2015.
1047　Liu, Zhenyun. Kucharz, krętacz i baron rynku nieruchomości: powieść o współczesnych Chinach. Time Marszałek Group, 2019.
1048　Liu, Zhenyun. Nie zabiłam mojego męża. Time Marszałek Group, 2019.
1049　Liu, Zhenyun. Processen. Bokförlaget Wanzhi, 2015.
1050　Liu, Zhenyun. Tillbaka till 1942. Bokförlaget Wanzhi, 2017.
1051　Lỗ Tấn. Đường - Tống truyền kỳ. Nhà xuất bản Hội nhà văn, 2017.
1052　Lôi, Mễ. Tâm nguyện cuối cùng: tiểu thuyết trinh thám. Nhà xuất bản Văn học, 2019.
1053　Lu, Min. Middag för sex. Bokförlaget Wanzhi, 2020.
1054　Lư, Tân Hoa. Thương hồn. Nhà xuất bản Văn học, 2015.
1055　Lư, Tư Hạo. Dám mơ lớn, đừng hoài phí tuổi trẻ. Nhà xuất bản Phụ nữ Việt Nam, 2020.
1056　Lư, Tư Hạo. Đừng cúi đầu mà khóc hãy ngẩng đầu mà đi. Nhà xuất bản Phụ nữ Việt Nam, 2020.
1057　Lu, Xun. Bir delinin günces. Aylak Adam Kültür Sanat Yayıncılık, 2015.
1058　Lu, Xun. Opråb. Sand & Jern, 2018.
1059　Lu, Xun. Prawdziwa historia A Q = A Q zheng chuan. Wydawnictwo Akademickie "Dialog", 2017.
1060　Lục Dã Thiên Hạc. Chước lộc: tiểu thuyết. Nhà xuất bản Hồng đức, 2020.
1061　Lục Xu. Ai hiểu được lòng em. Nhà xuất bản Văn học, 2016.
1062　Lục Xu. Câu chuyện mà anh không biết: tiểu thuyết. Nhà xuất bản Văn học, 2015.
1063　Lục Xu. Chưa từng hẹn ước: tiểu thuyết. Nhà xuất bản Hội nhà văn, 2015.
1064　Lục Xu. Pháo hoa: tiểu thuyết. Nhà xuất bản Văn học, 2016.
1065　Lục, Thu Tra. Lễ tế mùa xuân. Nhà xuất bản Văn học, 2016.
1066　Lưu, Khánh Bang. Gỗ thần. Nhà xuất bản Hội nhà văn, 2019.
1067　Lưu, Liễm Tử. Hậu cung Chân Hoàn truyện: tiểu thuyết. Nhà xuất bản Thanh niên, 2015.

1068 Lưu, Tử Khiết. Ký ức về cha: hồi ký. Nhà xuất bản Lao động, 2016.
1069 Lý, Kính Trạch. Người thổi đường. Nhà xuất bản Phụ nữ Việt Nam, 2020.
1070 Lý, Thương Long. Mặt nạ. Nhà xuất bản Thế giới, 2020.
1071 Lý, Vi Y. Trở về với sói. Nhà xuất bản Văn học, 2020.
1072 Ma, Jian. Rødt støv. Aschehoug, 2017.
1073 Mặc Bảo Phi Bảo. Cá mực hầm mật: tiểu thuyết. Nhà xuất bản Văn học, 2019.
1074 Mặc Bảo Phi Bảo. Mười hai năm, Kịch cố nhân: tiểu thuyết. Nhà xuất bản Thanh niên, 2019.
1075 Mặc Bảo Phi Bảo. Tùy tiện phóng hòa. Nhà xuất bản Văn học, 2015.
1076 Macchiato. Sả chanh ngày hạ. Nhà xuất bản Hà Nội, 2017.
1077 Magalhães, Ana Maria. Uma aventura em Macau. Caminho, 2015.
1078 Mah, Adeline Yen. Cinderela chinesa: a história secreta de uma filha renegada. Seguinte, 2016.
1079 Mai, Jia. פן. מפוענח - לאור הוצאה, 2015.
1080 Malik, Jan Wojciech. Ni hao = Witaj. Wydawnictwo Jan W. Malik, 2019.
1081 Malovic, Dorian. Miłość made in China: jak kochają Chińczycy? Znak Horyzont - Społeczny Instytut Wydawniczy Znak, 2018.
1082 Malraux, Andre. Η ανθρώπινη μοίρα. Μεταίχμιο, 2018.
1083 Manning, Kirsty. משכל - הירקן אבן תליון של סודו. לאור הוצאה, 2019.
1084 Mathura. Tantsisklevail lehtedel ta keerleb: 54 haikupilti Hong Kongist. Allikaäärne, 2019.
1085 Miettinen, Jukka O. Samaan aikaan idässä: aasialaisen draamakirjallisuuden antologia. Taideyliopiston Teatterikorkeakoulu, 2016.
1086 Minh Khai Dạ Hợp. Yêu thầm mười năm chưa dám nói: tiểu thuyết. Nhà xuất bản Thanh niên, 2020.
1087 Minh Nguyệt Đang. Chân lý thuộc về tay ai: tiểu thuyết. Nhà xuất bản Phụ nữ Việt Nam, 2019.
1088 Minh Nguyệt Thính Phong. Đừng khách sáo, anh yêu em. Nhà xuất bản Thanh niên, 2019.
1089 Minh Tiền Vũ Hậu. Mùa hạ thoáng qua: tiểu thuyết. Nhà xuất bản Thanh niên, 2018.
1090 Mo Yan. צפרדעים. מודן הוצאה לאור, 2015.
1091 Mo, Yan. Değişim: roman. Can Sanat Yayınları, 2016.
1092 Mo, Yan. İçki Cumhuriyeti. Can Sanat Yayınları, 2020.
1093 Mo, Yan. Kızıl darı tarlaları. Can Sanat Yayınları, 2017.
1094 Mo, Yan. Sydam turp: seçme öyküler. Can Sanat Yayınları, 2017.
1095 Mo, Yan. Yaşam ve ölüm yorgunu: roman. Can Sanat Yayınları, 2015.
1096 Mộc Phù Sinh. Khách bộ hành thời gian: tiểu thuyết. Nhà xuất bản Thanh niên, 2019.
1097 Mộc Thanh Vũ. Mây bay qua trời, em qua tim tôi: tiểu thuyết. Nhà xuất bản Hà Nội, 2019.
1098 Molenkamp-Visscher, Fanny. De berg die verdween: humoristische ervaringen van een zendelinge in Japan en China. New Energy Drukwerk, 2019.
1099 Nam Phái Tam Thúc. Đạo mộ bút ký. Nhà xuất bản Thời đại, 2015.
1100 Ngô Minh Ích. Chiếc xe đạp mất cắp. Nhà xuất bản Hội nhà văn, 2020.
1101 Ngô, Thừa Ân. Tây du ký. Nhà xuất bản Văn học, 2019.
1102 Nhạc Phi diễn nghĩa. Nhà xuất bản Văn học, 2019.
1103 Nhiêu Tuyết Mạn. Bí mật thanh xuân: tiểu thuyết. Nhà xuất bản Thanh niên, 2018.
1104 Nhiêu, Tuyết Mạn. Như gần như xa: truyện ngắn. Nhà xuất bản Thanh Hóa, 2015.
1105 Như Thị Phi Nghênh. Kinh niên lưu ảnh. Nhà xuất bản Phụ nữ Việt Nam, 2020.
1106 Niemi, Tiina. Lapsuus Kiinassa: 5-12-vuotiaiden ulkosuomalaislasten käsityksiä siirtymistä, sopeutumisesta ja arjen hallinnasta Pekingissä. Turun yliopisto, 2018.

1107　Ó Baoill, Brian. Pátrún na sailí. Coiscéim, 2016.
1108　Peuranen, Anu-Riikka. Eemil - erään adoption tarina. Aarnihopea-julkaisut, 2015.
1109　Phá Phá. Sinh viên "tồi" trường Bắc Kinh. Nhà xuất bản Phụ nữ, 2020.
1110　Phạn Ca. Phạn Ca. Nhà xuất bản Phụ nữ, 2017.
1111　Phùng, Kí Tài. Âm dương bát quái: tiểu thuyết. Nhà xuất bản Hội nhà văn, 2019.
1112　Phùng, Kí Tài. Gót sen ba tấc. Nhà xuất bản Hội nhà văn, 2019.
1113　Phùng, Kí Tài. Roi thần: tiểu thuyết. Nhà xuất bản Hội nhà văn, 2019.
1114　Phùng, Mộng Long. Đông Chu Liệt Quốc. Nhà xuất bản Văn học, 2017.
1115　Ping, Feng. Love in Warsaw. Oficyna Wydawnicza Aspra, 2015.
1116　Ping, Lu. Láska a revoluce: román o Sunjatsenovi a Sung Čching-ling. IFP Publishing, 2015.
1117　Pound, Ezra Loomis. Cathay. Jaguar Kitap, 2017.
1118　Příběhy ze staré Číny: dvacet čínských dynastií, pět tisíc let civilizace, císaři, lékaři, mudrcové, obyčejní lidé - jejich příběhy a morální ponaučení. Milan Kajínek, 2016.
1119　Priest. Đọc thầm: trinh thám tâm lý. Nhà xuất bản Văn học, 2019.
1120　Pu, Songling. Konuk kaplan. Kırmızı Kedi Yayınevi, 2017.
1121　Pu, Songling. Παράξενες ιστορίες από το κινέζικο σπουδαστήριο. Αιώρα, 2016.
1122　Putten, Johannes Maria Paulus Bonaventura van der. Fabels over China: hardnekkige westerse misvattingen over de nieuwe wereldmacht. De Geus, 2019.
1123　Qin, Wenjun. När jag var sexton år. Bokförlaget Wanzhi, 2020.
1124　Qin, Wenjun. Po vjen kushëriri. Dituria, 2020.
1125　Qiu, Miaojin. Montmartre'dan son sözler. Aylak Adam, 2015.
1126　Quan Đông Dã Khách. Tôi có một chén rượu, có thể xoa dịu hồng trần. Nhà xuất bản Thanh niên, 2020.
1127　Quân Ước. Mười chín ngày. Nhà xuất bản Thanh niên, 2019.
1128　Quân Ước. Tìm đường. Nhà xuất bản Văn học, 2019.
1129　Quân Ướcs. Mười chín ngày. Tập 2: tiểu thuyết. Nhà xuất bản Thanh niên, 2019.
1130　Ran, Chen. Privatliv. Bokförlaget Wanzhi, 2020.
1131　Randel, Weina Dai. A fényes hold császárnője. I. P. C. Kv., 2017.
1132　Randel, Weina Dai. Hold a palotában: Vu császárnő története. I. P. C. Kv., 2016.
1133　Ransmayr, Christoph. Cox ali Tok časa. Cankarjeva založba, 2018.
1134　Rowe, Thomas L. Kiinalainen yksisarvinen: merkintöjä kiinalaisesta sanakirjasta. Osuuskunta Poesia, 2017.
1135　Sarıtaş, Eyüp. Çin köy edebiyatının dünü ve bugünü. Demavend Yayınları, 2016.
1136　Sát Tuấn. Trò chơi sinh tồn. Nhà xuất bản Thế giới, 2019.
1137　Schmitz, Rob. Ulica Wiecznej Szczęśliwości: o czym marzy Szanghaj. Wydawnictwo Czarne, 2018.
1138　See, Lisa. Herbaciana dziewczyna. Świat Książki, 2018.
1139　See, Lisa. Interior. Świat Książki, 2017.
1140　See, Lisa. Kości smoka. Bellona, 2019.
1141　See, Lisa. Kwiat śniegu i sekretny wachlarz. Świat Książki wydawnictwo, 2018.
1142　See, Lisa. Sieć rozkwitającego kwiatu. Bellona, 2018.
1143　See, Lisa. נערת התה מודן הוצאה לאור, 2017.
1144　Sendker, Jan-Philipp. הצד הרחוק של הלילה. הכורסא, 2018.

1145　Sendker, Jan-Philipp. שפת הבדידות. לאור הוצאה הכורסא, 2016.
1146　Sheng, Keyi. Dödsfuga. Bokförlaget Wanzhi, 2019.
1147　Shi, Tiesheng. Histori kineze. Ombra GVG, 2018.
1148　Shiwu. Kaivoin lammen kuuta varten: ajatuksia vuorilta. Art House, 2018.
1149　Sun, Pin. Uendelig lidelse. Korridor, 2019.
1150　Sunness. Mắt bão: tiểu thuyết. Nhà xuất bản Hà Nội, 2019.
1151　Tạ, Tấn. Mắt thiên phật. Nhà xuất bản Văn học, 2015.
1152　Tähtinen, Tero. Hiljaiset vuoret, kirkas kuu: klassista kiinalaista luontorunoutta. Kustannusosakeyhtiö Savukeidas, 2016.
1153　Tái Kiến Đông Lưu Thủy. Bầu trời trong trẻo. Nhà xuất bản Hội nhà văn, 2016.
1154　Tân Di Ổ. Chúng ta. Nhà xuất bản Hà Nội, 2019.
1155　Tân Di Ổ. Gửi thanh xuân = So young: tiểu thuyết. Nhà xuất bản Thanh niên, 2020.
1156　Tan, Amy. המטבח הוצאת מחברות לספרות. ספרותל אשת אל, 2015.
1157　Tan, Amy. הפלאות עמק. כנרת, זמורה-ביתן - דביר, לאור מוציאים, 2015.
1158　Tang Giới. Người đến từ bóng tối. Nhà xuất bản Văn học, 2019.
1159　Tanninen, Hannamiina. Kahdeksan kiinalaista juttua. Kanttarelli, 2015.
1160　Tào, Tuyết Cần. Hồng lâu mộng: tiểu thuyết. Nhà xuất bản Văn học, 2015.
1161　Thâm Tuyết. Hiệu cầm đồ số 8 = the pawnshop no. 8. Nhà xuất bản Văn học, 2015.
1162　Thẩm, Phục. Phù sinh lục ký: tiểu thuyết tản văn. Nhà xuất bản Hội nhà văn, 2018.
1163　Thien, Madeleine. Nie mówcie, że nie mamy niczego. Wydawnictwo Literackie, 2017.
1164　Tian, He. Jiangnan ipeği: seçilmiş şiirler. Hayal Yayınlar, 2016.
1165　Tinh Dã Anh. Hy du ký: tiểu thuyết. Nhà xuất bản Lao động, 2015.
1166　Tô Mịch. Trầm vụn hương phái. Nhà xuất bản Hội nhà văn, 2015.
1167　Tô Niên Cận Thời. Huyết mạch Phượng hoàng. Nhà xuất bản Văn học, 2016.
1168　Tô, Mịch. Âm láy ma quỷ: tiểu thuyết. Nhà xuất bản Hội nhà văn, 2015.
1169　Toàn Mộc. Anh là định mệnh trong đời. Nhà xuất bản Văn học, 2015.
1170　Trần Ích Nguyên. Thư tịch Trung Quốc và thơ văn đi sứ Trung Hoa thời Nguyễn. Đại học Sư phạm, 2018.
1171　Triệt Dạ Lưu Hương. Thiên vương. Nhà xuất bản Lao động, 2015.
1172　Trình Quang Vỹ. 60 năm văn học đương đại Trung Quốc. Phụ nữ Việt Nam, 2020.
1173　Trương, Gia Giai. Ngang qua thế giới của em: tiểu thuyết. Nhà xuất bản Văn học, 2015.
1174　Trương, Gia Giai. Ngang qua thị trấn ngàn mây. Nhà xuất bản Thanh niên, 2019.
1175　Tư Mã, Quang. Tư trị thông giám. tập 7. Nhà xuất bản Văn học, 2020.
1176　Tử Ngư Nhi. Cả thế giới hát tình ca cho em. Nhà xuất bản Thanh Hóa, 2015.
1177　Túng Mã Càn Khôn. Sách thiên cơ. Nhà xuất bản Văn học, 2015.
1178　Twentine. Con đường rực lửa: tiểu thuyết. Nhà xuất bản Thanh niên, 2019.
1179　Uyển Tử Văn. Mọi nỗ lực và chờ đợi của bạn đều có ý nghĩa: tản văn. Nhà xuất bản Hà Nội, 2019.
1180　Văn Kỳ. Toái long môn. Nhà xuất bản Văn học, 2015.
1181　Verne, Jules. Tarapaty Chińczyka w Chinach. Jamakasz, 2017.
1182　Vĩ Ngư. Tây xuất ngọc môn: tiểu thuyết. Nhà xuất bản Thanh niên, 2018.
1183　Viên Thái Cực. Lời nguyền Lỗ Ban. Nhà xuất bản Văn học, 2015.
1184　Vũ, Đức Sao Biển. Kim Dung giữa đời tôi. Nhà xuất bản Trẻ, 2015.
1185　Vương Nghiêu. Văn học đương đại Trung Quốc: Tác giả và luận bình: Chuyên luận. Khoa học

xã hội, 2017.
1186 Vương, Tiểu Ba. Yêu em như yêu sinh mệnh: tản văn. Nhà xuất bản Thế giới, 2019.
1187 Walter, Elżbieta. Sługa lamy: baśnie tybetańskie. Media Rodzina, 2017.
1188 Wang, Huiqin. Liúsonglíng: Zijìnchéng li de siluòwénníyǎ rén = Ferdinand Avguštin Hallerstein: Slovenec v Prepovedanem mestu. Mladinska knjiga, 2017.
1189 Wang, Meng. Krajobrazy Sinciangu. 1. Wydawnictwo Adam Marszałek, 2020.
1190 Wang, Meng. Krajobrazy Sinciangu. 2. Wydawnictwo Adam Marszałek, 2020.
1191 Wang, Wei. Poeta uniwersalnego piękna. Wydawnictwo "Scriptum" Tomasz Sekunda, 2018.
1192 Wu Mingyi. Rovar szemű ember. Jelenkor, 2018.
1193 Wu, Lan. Z notatnika tłumacza literatury polskiej i chińskiej. Wydawnictwo Uniwersytetu Gdańskiego, 2019.
1194 Wu, Ming-Yi. Den stulna cykeln. Chin Lit, 2020.
1195 Wu, Ming-Yi. Fasetter av liv. Chin Lit, 2020.
1196 Wu, Ming-Yi. Petekgözlü adam. Kahve Yayınları, 2015.
1197 Xiao, Bai. Avspärrningen. Nirstedt/litteratur, 2019.
1198 Xue, Yiwei. Mitt tomma bo. Bokförlaget Wanzhi, 2017.
1199 Yan, Lianke. År, månader, dagar. Bokförlaget Wanzhi, 2020.
1200 Yan, Lianke. Całusy Lenina. Państwowy Instytut Wydawniczy, 2020.
1201 Yan, Lianke. Czteroksiąg. Państwowy Instytut Wydawniczy, 2020.
1202 Yan, Lianke. De fire bøger: roman. Gyldendal, 2018.
1203 Yan, Lianke. De fire bøkene. Font forlag, 2019.
1204 Yan, Lianke. De fyra böckerna. Atlantis, 2017.
1205 Yan, Lianke. Explosionskrönika. Atlantis, 2019.
1206 Yan, Lianke. Kroniki Eksplozji. Państwowy Instytut Wydawniczy, 2019.
1207 Yan, Lianke. Lenin'den öpücükler. Final Yayıncılık, 2015.
1208 Yan, Lianke. Lenins kyssar. Atlantis, 2015.
1209 Yan, Lianke. Patlama kayıtları: roman. Can Sanat Yayınları, 2019.
1210 Yan, Lianke. Sen wioski Ding. Państwowy Instytut Wydawniczy, 2019.
1211 Yan, Lianke. Upptäck romanen. Bokförlaget Wanzhi, 2019.
1212 Yang, Zhipeng. Hemligheten i världen. Bokförlaget Wanzhi, 2019.
1213 Yao, Dan. Çin edebiyatı: şarkılar kitabı'ndan günümüze köklü gelenek. Kaynak Yayınları, 2016.
1214 Yu, Hua. Bröderna. Bokförlaget Wanzhi, 2016.
1215 Yu, Hua. Brødre. Klim, 2019.
1216 Yu, Hua. China em dez palavras. Relógio d'Água, 2018.
1217 Yu, Hua. China în zece cuvinte. Humanitas, 2018.
1218 Yu, Hua. Chiny w dziesięciu słowach. Wydawnictwo Akademickie Dialog, 2018.
1219 Yu, Hua. Čína v deseti slovech: lid, vůdce, čtení, psaní, Lu Sün, revoluce, rozdíly, podhoubí, napodobeniny, švindly. Verzone, 2020.
1220 Yu, Hua. Cronica unui negustor de sânge. Humanitas Fiction, 2017.
1221 Yu, Hua. Den sjunde dagen. Bokförlaget Wanzhi, 2017.
1222 Yu, Hua. Den syvende dag. Klim, 2017.
1223 Yu, Hua. Den syvende dag. Klim, 2019.

1224 Yu, Hua. En virkelighed. Korridor, 2019.
1225 Yu, Hua. Fortællingen om dengang Xu Sanguan solgte sit blod. Klim, 2017.
1226 Yu, Hua. În viață: roman. Humanitas Fiction, 2016.
1227 Yu, Hua. Kiina kymmenellä sanalla. Aula & Co, 2019.
1228 Yu, Hua. Kína tíz szóban. Magvető, 2020.
1229 Yu, Hua. Kina u deset reči. Geopoetika izdavaštvo, 2018.
1230 Yu, Hua. Kroniki sprzedawcy krwi. Wydawnictwo Akademickie Dialog, 2018.
1231 Yu, Hua. Krzyk w deszczu. Wydawnictwo Akademickie Dialog, 2020.
1232 Yu, Hua. Mânia lui Mao: China de astăzi văzută prin ochii unui scriitor. Humanitas, 2019.
1233 Yu, Hua. Rop i duggregn. Bokförlaget Wanzhi, 2017.
1234 Yu, Hua. Yaşamak. Jaguar Kitap, 2016.
1235 Yu, Hua. Yedinci gün. Alabanda, 2016.
1236 Yu, Hua. Živeti. Cankarjeva založba, 2016.
1237 Yu, Hua. Żyć! Wydawnictwo Akademickie Dialog, 2018.
1238 Yves Sente. De Udødeliges Dal. Cobolt, 2018.
1239 Zhang, Ailing. Ett halvt liv av kärlek. Atlantis, 2019.
1240 Zhang, Lijia. Lotosas: romanas. Tyto alba, 2020.
1241 Zhang, Wei. Pradawna łódź = Gu Chuan. Wydawnictwo Akademickie Dialog, 2019.
1242 Zhao, Zhiming. Vi hade hemorrojder allihop. Chin Lit, 2015.
1243 Zhou, Daxin. Rekviem. Bokförlaget Wanzhi, 2020.
1244 Zhou, Haohui. Ölüm ilanı. The Roman, 2019.
1245 Γενακρίτης, Χρίστος. Ζωή: φωτοποιήματα. Π. Πλάτωνος, 2018.
1246 Акжолова Гүлзат. Қытай халық ертегілері. Фолиант, 2018.
1247 Алай. Коли курява спаде: роман. Фоліо, 2016.
1248 Бояджиева, Наталия Иванова. Светлина от Изтока: разкази от Китай. Българи, 2016.
1249 Воробей, Ольга Сергіївна. Новітня література Китаю. Логос, 2017.
1250 Гамурарь, Олена. Мейхуа. Китайска лірика: збірка віршів. Підручники і посібники, 2017.
1251 Гилмор, Дејвид. Совршена ноќ да се замине во Кина. Антолог, 2017.
1252 Джан Йен-и. Отдалеч: 15 истории за Китай, разказани на български от едно китайско момиче. Фабер, 2020.
1253 Джао Мей. Гласът на разказвача. Издателство «Захарий Стоянов», 2018.
1254 Дзин Жъншун. Монашески танц. Издателство «Захарий Стоянов», 2018.
1255 Дюкесноа, Изабел. Ли Мей: придворна дама в Забранения град 1692-1693 г., Китай. ИК Пан, 2015.
1256 Зинь Рэнь Шүнь. Хувраг бужиг. Гэгээ Паблишинг, 2017.
1257 Йе Мей. Пръчка песнопойка = Song rod. Издателство «Захарий Стоянов», 2018.
1258 Йеркеси Хулманбиек. Агнето винаги е жертва = An eternal lamb. Издателство «Захарий Стоянов», 2018.
1259 Ісаєва, Н. С. Словник китайських літературознавчих термінів. Логос, 2019.
1260 Ісаєва, Наталя С. Китайська жіноча проза: ревізія канону. Логос, 2017.
1261 Карастойчев, Веселин Георгиев. Думи в полет: китайската модерна поезия през 80-те години на XX в. и нейните вътрешни граници. Изток-Запад, 2019.
1262 Луо Гуаньжун. Сүн улсын хүйтэн уулын бичиг. ТЕГ хэвлэх., 2017.

1263 Май Дзя. Дешифрувати. Сафран, 2019.
1264 Мәсімханұлы, Дүкен. Қытай әдебиетінен таңдамалы үлгілер: бес томдық. 2-том: Мао Дун. Түн: роман. Фолиант, 2017.
1265 Мәсімханұлы, Дүкен. Қытай әдебиетінен таңдамалы үлгілер: бес томдық. 1-том: Лу Шүн таңдамалы шығармалары. Фолиант, 2017.
1266 Мо, Янь. Країна вина: роман. Фоліо, 2015.
1267 Мо, Янь. Червоний ґаолян: історія одного роду: роман. Фоліо, 2015.
1268 На Йе. Писане преди сън: стихотворения. Издательство «Захарий Стоянов», 2018.
1269 Рајли, Метју. Голема зоолошка градина на Кина. Култура, 2017.
1270 Сонг, Генг. Звукот на формирањето на солта: раскази на генерациите од постосумдесеттите години во Кина. Македоника литера, 2020.
1271 Терлікбайтегі, Әбіл Оспанұлы. Қытай-қазақ хикаяттары...: мақалалар, эсселер, деректі әңгімелер. Тоғанай Т,, 2020.
1272 У Чэн Энь. Барууш зорчсон тэмдэглэл (Тэргүүн боть). Соёмбо принтинг., 2018.
1273 Хуан Дъхай. Илюстровани митове и легенди на Китай: епоха на хаос и герои. Изток-Запад, 2020.
1274 Цао Вэньшюань. Гал тамга. Удам соёл, 2018.
1275 Цао Сюецин. Сън в алени покои. Т. 4. Изток-Запад, 2019.
1276 Цзян, Жун. Вовк-тотем. Фоліо, 2016.
1277 Цончева, Полина Валентинова. Изгубили «скъпоценното»: евнусите в двора на императорски Китай - отзвуци в литературата и културата. ПИК, 2018.
1278 Чан, Джеки. Остаряй, преди да пораснеш. Изток-Запад, 2017.
1279 Ысқақұлы, Сырайыл. Қытайдағы қазақ әдебиеті дамуының алғашқы кезеңі. Қазақ университеті, 2015.
1280 Մորմ, Սոմերսեթ. Երփներանգ շղարշը : Վեյլ = The painted veil. Զանգակ, 2016.
1281 פול-כהן, תמר. ילדי הלילה . משכל - הוצאה לאור מיסודן של ידיעות אחרונות וספרי חמד,2017.
1282 שלום, שלומי. דג הברזל : סיפורים קצרים ממופת הספרות הסינית. הוצאת כתיב חסר,2017.

艺术

英语

1. Adler, Tracy L. *Yun-Fei Ji: the intimate universe*. Germany: Delmonico Books, Prestel, 2016.
2. Aeschlimann, Heinz. *Crocodile in the pond: 11 artists from ShanghART*. Germany: Kerber Art, 2016.
3. Agnew, Neville; Reed, Marcia. *Cave temples of Dunhuang: Buddhist art on China's Silk Road*. United States: Getty Conservation Inst, 2016.
4. Ai, Weiwei. *Ai Weiwei*. Germany: Taschen, 2016.
5. Ai, Weiwei; Haagemann, Jannie. *Ai Weiwei ruptures*. Denmark: Faurschou Foundation Copenhagen, 2015.
6. Ai, Weiwei; Homs, Llucia. *Ai Weiwei: on the table*. Spain: La Fabrica, 2015.
7. Aitken, Annika [et al.]. *The centre: on art and urbanism in China*. Melbourne: National Gallery of Victoria, 2019.
8. Alexander, André. *The traditional Lhasa house: typology of an endangered species*. Chicago: Serindia, 2018.
9. Almqvist, Kurt. *The sampans from Canton: F. H. af Chapman's Chinese gouaches*. Stockholm, Sweden: Bokförlaget Stolpe, 2018.
10. Anderson, Chris. *Approximate joy*. London: STANLEY/BARKER, 2018.
11. Arlin, Mary I.; Radice, Mark A. *Polycultural synthesis in the music of Chou Wen-Chung*. London: Routledge, 2018.
12. Ayas, Defne; Esche, Charles. *Qiu Zhijie: unicorns in a blueprint*. Netherlands: Witte De With, 2016.
13. Bai, Ming. *Bai: the new language of porcelain in China*. Woodbridge, Suffolk, England: ACC Art Books, 2018.
14. Bai, Yonghua. *The glove puppet show in China,* Paramus, N.J.: Homa & Sekey Books, 2015.
15. Bao, Huai. *Cross-gender China: the revival of nandan performance in Jingju*. Abingdon, Oxon: New York: Routledge, 2017.
16. Bao, Weihong. *Fiery cinema: the emergence of an affective medium in China, 1915-1945*. United States: University of Minnesota Press, 2015.
17. Barth, Nadine. *Stefano Cerio: Chinese fun*. Germany: Hatje Cantz, 2015.
18. Basheer Graphic Books. *Sketching times 2: inspirations from artists sketch collection*. Singapore: Basheer Graphic Books, 2016.

19 Basheer Graphic Books. *Sketching times: inspirations from 25 artists' sketch collections.* Singapore: Basheer Graphic Books, 2015.

20 Beattie, James; Bullen, Richard. *New China eye witness: Roger Duff, Rewi Alley and the art of museum diplomacy.* Christchurch, New Zealand: Canterbury University Press, 2017.

21 Becker, Vivienne. *Carnet by Michelle Ong.* London: Thames & Hudson, 2018.

22 Beijing dian ying xue yuan. *Beijing Film Academy yearbook: 2016.* Bristol: Intellect, 2017.

23 Bennett, Natasha. *Chinese arms and armour.* Leeds: Trustees of the Royal Armouries, 2018.

24 Beres, Tiffany Wai-ying [et al.]. *From 2 arises 3: the collaborative works of Arnold Chang and Michael Cherney 2014-2017.* Hong Kong: University Museum and Art Gallery, The University of Hong Kong, 2018.

25 Berliner, Nancy. *The 8 brokens: Chinese bapo painting.* Boston: MFA Publications, 2018.

26 Bernstein, Lisa; Cheng, Chu-chueh. *Revealing/reveiling Shanghai: cultural representations from the twentieth and twenty-first centuries.* Albany: SUNY Press, 2020.

27 Berry, Chris. *Chinese films in focus II.* London: British Film Institute, 2019.

28 Berry, Chris; Robinson, Luke. *Chinese film festivals: sites of translation.* New York: Palgrave Macmillan, 2017.

29 Bettinson, Gary. *Directory of world cinema: China 2.* United Kingdom: Intellect Ltd, 2015.

30 Bettinson, Gary. *Sensuous cinema of Wong Kar-wai: film poetics and the aesthetic of disturbance.* Hong Kong, China: Hong Kong University Press, 2015.

31 Bettinson, Gary; Udden, James. *The poetics of Chinese cinema.* United States: Palgrave Macmillan, 2016.

32 Bevan, Paul. *A modern miscellany: Shanghai cartoon artists, Shao Xunmei's circle and the travels of Jack Chen, 1926-1938.* Netherlands: Brill, 2015.

33 Bollen, James H. *Some walls, China.* Bath: James H Bollen, January 2019.

34 Bologna, Alberto. *Chinese Brutalism today: concrete and avant-garde architecture.* Novato: ORO Editions, 2019.

35 Bonds, Alexandra B. *Beijing opera costumes: the visual communication of character and culture.* New York, NY: Routledge, 2019.

36 Boudot, Eric. *The roots of Asian weaving: the He Haiyan collection of textiles and looms from Southwest China.* United Kingdom: Oxbow Books, 2015.

37 Bourzat, Catherine; Arensma, Thierry. *Tribal textiles from Southwest China: threads from misty lands: the Philippe Fatin collection.* Thailand: River Books, 2016.

38 Brown, Claudia. *Great Qing: painting in China, 1644-1911.* United States: University of Washington Press, 2015.

39 Brubaker, David Adam. *Jizi and his art in contemporary China: unification.* Germany: Springer, 2015.

40 Bruijn, Emile de. *Chinese wallpaper in Britain and Ireland.* London: Philip Wilson Publishers, 2017.

41 Buck, Pearl S. *The good earth.* New York: Simon & Schuster Paperbacks, 2018.

42 Buddeberg, Michael. *From the land of the snow lion: Tibetan treasures from the 15th to 20th century: the Justyna and Michael Buddeberg Collection.* Germany: Hirmer Publishers, 2016.

43 Bühler, Kathleen. *Chinese whispers: recent art from the Sigg and M+ Sigg collections.* Germany: Prestel Verlag, 2016.

44 Cabestan, Jean-Pierre. *Art of China: highlights from the Philadelphia Museum of Art*. Washington, DC: United States Institute of Peace, 2018.
45 Cai, Guoqiang; Huijts, Stijn. *Cai Guo - Qiang: my stories of painting*. Germany: Bonnefanten museum, 2016.
46 Cai, Jindong. *Beethoven in China: how the great composer became an icon in the People's Republic*. Australia: Penguin Books Australia, 2015.
47 Cai, Shenshen. *Contemporary Chinese films and celebrity directors*. Singapore: Palgrave Macmillan, 2017.
48 Canepa, Teresa. *Jingdezhen to the world: the Lurie collection of Chinese export porcelain from the late Ming dynasty*. London: Ad Ilissum, 2019.
49 Cao, Fei [et al.]. *Cao Fei. Splendid river: a text and drawing book*. Austria: Secession, 2015.
50 Cao, Fei; Pagé, Suzanne. *Bentu: Chinese artists in a time of turbulence and transformation*. France: Yale University Press, 2016.
51 Cao, Fei; Wiehager, Renate. *Cao Fei: I watch that worlds pass by*. Germany: Dac, Daimler Art Collection, 2015.
52 Cao, Yin. *Tang: treasures from the Silk Road capital*. Australia: Art Gallery of New South Wales, 2016.
53 Cassettari, Stephen. *The essence of Chinese brush painting: birds, blossoms, butterflies*. Australia: Brolga, 2015.
54 Ch'ing, Lo; Rose, Thomas. *Nocturnal whispers of Pan*. Minneapolis: Indulgence Press, 2019.
55 Chabrowski, Igor Iwo. *Singing on the river: Sichuan boatmen and their work songs, 1880s-1930s*. Netherlands: Brill, 2015.
56 Chan, Felicia; Andy Willis. *Chinese cinemas: international perspectives*. United Kingdom: Routledge, 2016.
57 Chang, Alexandra. *Circles and circuits: Chinese Caribbean art*. Durham: Duke University Press, 2017.
58 Chang, Arnold. *Painting in the People's Republic of China: the politics of style*. New York: Routledge, 2019.
59 Chang, Chien-Chi. *Jet lag*. Germany: Hatje Cantz, 2015.
60 Chang, Shih-Ming Li. *Chinese dance: in the vast land and beyond*. United States: Wesleyan University Press, 2016.
61 Chang, Wen. *Jintan paper cutting*. London: Xanadu, 2017.
62 Chen, Fan-Pen Li. *Marionette plays from northern China*. Albany: State University of New York Press, 2017.
63 Chen, Fei. *Chen Fei*. Germany: Distanz, 2015.
64 Chen, Zongrui. *Unfettered ink: the writings of Chen Chong Swee*. Singapore: National Gallery Singapore, 2017.
65 Cheng, Jim. *An annotated bibliography of Taiwan film studies*. United States: Columbia University Press, 2016.
66 Cheng, Liyao. *Private gardens: personal gardens of ancient China*. United States: CN Times Books, 2015.
67 Cheng, Maria Po Suen. *Essential terms of Chinese painting*. Hong Kong: City University of Hong Kong Press, 2017.

68 Cheung, Esther M. K.; Marchetti, Gina. *A companion to Hong Kong cinema*. United Kingdom: John Wiley & Sons Inc., 2015.

69 Cheung, Ruby. *New Hong Kong cinema: transitions to becoming Chinese in 21st-century East Asia*. United States: Berghahn Books, 2016

70 Chia, Caroline. *Hokkien theatre across the seas: a socio-cultural study*. Singapore: Springer, 2019.

71 Chiu, Kuei-fen; Zhang, Yingjin. *New Chinese-language documentaries: ethics, subject and place*. United Kingdom: Routledge, 2015.

72 Chong, Doryun. *Taiping Tianguo: a history of possible encounters: Ai Weiwei, Frog Kwok, Tehching Hsieh, and Martin Wong in New York*. Germany: Sternberg Press, 2015.

73 Chou, Ju His; Chung, Anita. *Silent poetry: Chinese paintings from the collection of the Cleveland Museum of art*. United States: Yale University Press, 2015.

74 Christopher, Phillips; Wu, Hung. *Life and dreams: contemporary Chinese photography and media art*. Gottingen: Steidl, 2018.

75 Chu, Katherine. *Singing in Mandarin: a guide to Chinese lyric diction and vocal repertoire*. Lanham: Rowman & Littlefield Publishers, 2020.

76 Chu, Petra Ten-Doesschate. *Qing encounters: artistic exchanges between China and the West*. United States: Getty Research Institute, 2015.

77 Chua, Ee Kiam. *Flying sleeves: the grandeur of Chinese opera*. Singapore: SimplyGreen, 2018.

78 Chumley, Lily. *Creativity class: art school and culture work in post-socialist China*. United States: Princeton University Press, 2016.

79 Cilmi, Monika. *Beginning Chinese brush: discover the art of traditional Chinese brush painting*. Lake Forest: Walter Foster Pubishing, 2017.

80 Clark, Anthony E. *China Gothic: the bishop of Beijing and his cathedral*. Seattle: University of Washington Press, 2019.

81 Clarke, David; Xu, Xi. *Interruptions*. Hong Kong, China: University of Hong Kong, 2016.

82 Clunas, Craig. *Chinese painting and its audiences*. Princeton, New Jersey: Princeton University Press, 2017.

83 Clunas, Craig. *Ming China: courts and contacts 1400-1450*. United Kingdom: British Museum Press, 2016.

84 Cohen, Preston Scott. *Preston Scott Cohen: Taiyuan Museum of Art*. San Francisco: Applied Research and Design Publishing, 2017.

85 Crespi, John A. *Manhua modernity: Chinese culture and the pictorial turn*. Oakland, California: University of California Press, 2020.

86 Crick, Monique; Loveday, Helen. *Alfred baur: pioneer and collector*. Switzerland: Fondation Baur, 2015.

87 Cui, Shuqin. *Gendered bodies: toward a women's visual art in contemporary China*. United States: University of Hawaii Press, 2016.

88 Curtis, Emily Byrne. *Chinese-Islamic works of art, 1644-1912: a study of some Qing Dynasty examples*. London: Routledge, 2019.

89 Davidson, Jane Chin. *Staging art and Chineseness: the politics of trans/nationalism and global expositions*. Manchester: Manchester University Press, 2020.

90 Davis, Sarah. *Anna Hu: symphony of jewels: Opus 2*. New York: Vendome Press, 2018.

91　Dean, Kenneth. *Chinese epigraphy in Singapore, 1819-1911*. Singapore: NUS Press, 2017.
92　Decrop, Jean-Marc. *China: the new generation*. Italy: Skira, 2015.
93　Deitch, Jeffrey; Tinari, Philip. *Michael Chow: voice for my father*. United States: Ullens Center for Contemp, 2015.
94　DeMare, Brian James. *Mao's cultural army: drama troupes in China's rural revolution*. Cambridge: Cambridge University Press, 2017.
95　Dew, Oliver. *Zainichi cinema: Korean-in-Japan film culture*. Switzerland: Palgrave Macmillan, Springer International Publishing Ag Switzerland, 2016.
96　Ding, Liu; Lu, Carol Yinghua. *Salon salon: fine art practices from 1972 to 1982 in profile - a Beijing perspective*. Hong Kong: The Chinese University Press, The Chinese University of Hong Kong, 2019.
97　Du, Daisy Yan. *Animated encounters: transnational movements of Chinese animation, 1940s-1970s*. Honolulu: University of Hawai'i Press, 2019.
98　Du, Jianhua; Wang, Dingou. *Sichuan opera in China*. United States: Homa & Sekey Books, 2015.
99　Duan, Lian. *Semiotics for art history: reinterpreting the development of Chinese landscape painting*. Newcastle-upon-Tyne: Cambridge Scholars Publishing, 2018.
100　Dusenbury, Mary M. *Color in ancient and medieval East Asia*. United States: University of Kansas, 2015.
101　Edwards, Dan. *Independent Chinese documentary: alternative visions, alternative publics*. United Kingdom: Edinburgh University Press, 2015.
102　Erickson, Britta; Kóvskaya, Maya. *Chen Haiyan: carving the unconscious*. United States: Ink Studio, 2016
103　Exell, Karen. *The global spectacular: contemporary museum architecture in China and the Arabian Peninsula*. London: Lund Humphries, 2018.
104　Fan, Victor. *Cinema approaching reality: locating Chinese film theory*. United States: University of Minnesota Press, 2015.
105　Fei, Wenming. *Yangzhou Jade Art*. London: Xanadu, 2019.
106　Feng, Wei. *Intercultural aesthetics in traditional Chinese theatre: from 1978 to the present*. Basingstoke: Palgrave Macmillan, 2020.
107　Fiell, Charlotte. *Contemporary Chinese furniture design: A new wave of creativity*. London: Laurence King Publishing, 2019.
108　Fiell, Charlotte; Fiell, Peter. *Samuel Chan: design purity and craft principles*. United Kingdom: Laurence King Publishing, 2016.
109　Fineberg, Jonathan David; Xu, Gary G. *Zhang Xiaogang: disquieting memories*. United Kingdom: Phaidon Press, 2015.
110　Fonoroff, Paul. *Chinese movie magazines: from Charlie Chaplin to Chairman Mao 1921-1951*. London: Thames & Hudson, 2018.
111　Foong, Leong Ping. *Efficacious landscape: on the authorities of painting at the Northern Song court*. United States: Harvard Univ Asia Center, 2015.
112　Fordham, Douglas. *Aquatint worlds: travel, print, and empire, 1770-1820*. London: Paul Mellon Centre for Studies in British Art, 2019.
113　Forsyth, Angus. *Celestial beings and bird-men: human flight in Chinese jade*. London: Philip

Wilson Publishers, 2020.

114 Forsyth, Angus. *Ships of the Silk Road: the Bactrian camel in Chinese jade.* London: Philip Wilson Publishers, 2019.

115 Freundl, Diana; Lu, Carol Yinghua. *Unscrolled: reframing tradition in Chinese contemporary art.* United Kingdom: Black Dog Publishing, 2015.

116 Frizot, Michel; Su, Ying-lung. *Henri Cartier-Bresson: China 1948-1949,1958.* London; New York: Thames and Hudson, 2019.

117 Fu, Jin. *A history of Chinese theatre in the 20th century.* London: Routledge, 2020.

118 Fu, Yongchun. *The early transnational Chinese film industry, 1897-1937.* London: Routledge, 2019.

119 Fung, C. Victor. *A way of music education: classic Chinese wisdoms.* New York, NY: Oxford University Press, 2018.

120 Fung, Stephanie [et al.]. *Ink and wood: modern Chinese paintings in the scholar's studio.* Hong Kong: Liang Yi Museum, 2018.

121 Gaensheimer, Susanne; Beßen, Kathrin. *Cao Fei.* Munich: Hirmer Publishers, 2018.

122 Gao, Shiming; Chang, Tsong-zung. *3 parallel artworlds: 100 art things from Chinese modern history.* Hong Kong, China: Asia One, 2015.

123 Gensler, Arthur. *Shanghai Tower.* United States: Gensler Publications, 2015.

124 Gerkan, Meinhard von. *The Chongqing Grand Theater in China.* Germany: JOVIS, 2016.

125 Gibbs, Levi. *Song king: connecting people, places, and past in contemporary China.* Honolulu: University of Hawai'i Press, 2018.

126 Giuffrida, Noelle. *Separating sheep from goats: Sherman E. Lee and Chinese art collecting in postwar America.* University of California Press, 2018.

127 Gladston, Paul. *Contemporary Chinese art, aesthetic modernity and Zhang Peili: towards a critical contemporaneity.* London: Bloomsbury Academic, 2020.

128 Gladston, Paul. *Deconstructing contemporary Chinese art: selected critical writings and conversations, 2007-2014.* Germany: Springer, 2015.

129 Gludovatz, Karin. *The itineraries of art: topographies of artistic mobility in Europe and Asia.* Germany: Wilhelm Fink, 2015.

130 Golas, Peter J. *Picturing technology in China: from earliest times to the nineteenth century.* Hong Kong, China: Hong Kong University Press, 2015.

131 Goldwater, Mike. *China coal 2007.* Southport: Café Royal Books, 2019.

132 Gonick, Gloria. *Early carpets and tapestries on the eastern Silk Road.* United Kingdom: Antique Collectors' Club, 2015.

133 Greene, Maggie. *Resisting spirits: drama reform and cultural transformation in the People's Republic of China.* Ann Arbor: University of Michigan Press, 2019.

134 Gu, Yi. *Chinese ways of seeing and open-air painting.* Cambridge (Massachusetts): Harvard University Asia Center, 2020.

135 Guest, Luise. *Half the sky: conversations with women artists in China.* Australia: Piper Press, 2016.

136 Guo, Huaiyu. *5000 years of Chinese art.* Middlesex, UK: Cypi Press, 2017.

137 Hall, Casey. *Shanghai: an interior design reference.* Ireland: Roads Publishing, 2016.

138 Ham, Peter van. *Guge - ages of gold: the West Tibetan masterpieces.* Germany: Hirmer

Publishers, 2016.
139   Hammond, Drew. *Jia = Jia: the Chinese version*. Germany: Verlag der Buchhandlung Walther König, 2015.
140   Han, Huirong. *Revolutionary Chinese paper cuts from the Newark Museum*. United States: Newark Museum, 2015.
141   Harni, Heli; Pusa, Erja. *Ai Weiwei @ Helsinki, Sep 25, 2015-Feb 28, 2016*. Finland: HAM, Helsinki Art Museum, 2016.
142   Harris, Clare. *Photography and Tibet*. United Kingdom: Reaktion Books, 2016.
143   He, Xiangyu. *Yellow book*. Berlin: Hatje Cantz, 2019.
144   He, Xiangyu; Bao, Dong. *He Xiangyu*. Germany: Distanz, 2016.
145   Hei, Tao. *The moon over a fountain*. London: Xanadu, 2017.
146   Heimarck, Bentley Tamara. *The figurative works of Chen Hongshou (1599-1652): authentic voices*. [Place of publication not identified]: Routledge, 2017.
147   Herridge, Elizabeth. *Bringing heaven to earth: silver jewellery and ornament in the late Qing dynasty*. United Kingdom: Ianthe Press Ltd, 2016.
148   Hetherington, A. L. *Chinese ceramic glazes*. United Kingdom: Cambridge University Press, 2015.
149   Ho, Christine I. *Drawing from life: sketching and socialist realism in the People's Republic of China*. Oakland: University of California Press, 2020.
150   Ho, Wai-chung. *Culture, music education, and the Chinese dream in mainland China*. Singapore: Springer, 2018.
151   Ho, Wai-chung. *Popular music, cultural politics and music education in China*. Abingdon, Oxon; New York, NY: Routledge, 2017.
152   Ho, Wing Shan. *Screening post-1989 China: critical analysis of Chinese film and television*. United States: Palgrave Macmillan, 2015.
153   Hong Kong Designers Association. *HKDA global design awards 2016*. Hong Kong, China: Artpower, 2016.
154   Hong, Xixu. *Changzhou free-stitch embroidery*. London: Xanadu, 2018.
155   Hu, Fang. *Towards a non-intentional space. Vol. 1, About Sou Fujimoto's architectural design for Mirrored Gardens*. United Kingdom: König, 2016.
156   Hu, Jiaxiang. *Study on Chinese traditional theory of artistic style*. Hackensack, NJ: World Scientific, 2019.
157   Huang, Chao. *The research on Chinese paktong and its transmission to Europe during the 18th and 19th centuries*. Germany: Shaker Verlag, 2016
158   Huang, Hanmin. *Fujian's Tulou: a treasure of Chinese traditional civilian residence*. Singapore: Springer, 2020.
159   Huang, Shaolong; Wang, Jingxian. *Quanzhou string puppetry in China*. United States: Homa & Sekey Books, 2015.
160   Huang, Shengyuan. *Living in place*. Japan: Toto, 2015.
161   Huang, Yong Ping. *Huang Yong Ping: baton serpent*. Italy: Mousse Publishing, 2015.
162   Hung, Wu; Cacchione, Orianna. *The allure of matter: material art from China*. Chicago, Illinois: Smart Museum of Art, 2019.
163   Huo, Jiena. *White Gold: porcelain and architectural ceramics from China 1400 to 1900*.

Germany: Walther Konig, 2015.
164 Idema, Wilt L. *Metamorphosis of Tianxian pei: local opera under the revolution (1949-1956)*. Hong Kong, China: Chinese University Press, 2015.
165 Institute of Advanced Studies, NTU, Singapore. *Singapore and Hong Kong: comparative perspectives: on the 20th anniversary of Hong Kong's handover to China*. New Jersey: World Scientific, 2019.
166 Irvine, Thomas. *Listening to China: sound and the Sino-Western encounter, 1770-1839*. Chicago: The University of Chicago Press, 2020.
167 Jackson, David Paul. *Painting traditions of the Drigung Kagyu school*. United States: Rubin Museum of Art, 2015.
168 Jackson, David Paul; Fermer, Mathias. *A revolutionary artist of Tibet: Khyentse Chenmo of Gonkar*. United States: Rubin Museum of Art, 2016.
169 Jaguaribe, Claudia. *Beijing overshoot*. Paris: Éditions Bessard, 2017.
170 Jewell, Nicholas. *Shopping malls and public space in modern China*. United Kingdom: Routledge, 2016.
171 Ji, Yun-Fei; Chung, Anita. *Ji Yun-Fei: last days of village Wen*. United States: Yale University Press, 2016.
172 Jiang, Jiehong. *An era without memories: Chinese contemporary photography on urban transformation*. United Kingdom: Thames & Hudson, 2015.
173 Jiang, Tingyu; Liao, Mingjun. *Bronze drums in China*. United States: Homa & Sekey Books, 2015.
174 John Marlow, Tim. *Ai Weiwei: [Royal Academy of Arts, 19 September - 13 December 2015]*. United Kingdom: Royal Academy of Arts, 2015.
175 Journal of Beijing Film Academy. *Beijing Film Academy yearbook 2017*. Bristol: Intellect, 2019.
176 Kadoi, Yuka. *Islamic chinoiserie: the art of Mongol Iran*. Edinburgh: Edinburgh University Press, 2019.
177 Kan, Xuan. *Kan Xuan*. United Kingdom: Ikon Gallery, 2016.
178 Karetzky, Patricia Eichenbaum; Er, Zhang. *The art of women in contemporary China: both sides now*. Newcastle upon Tyne: Cambridge Scholars Publishing, 2020.
179 Kerr, Rose; Allen, Phillip. *Chinese ivory carvings: the Sir Victor Sassoon collection*. United Kingdom: Scala, 2016.
180 Kindall, Elizabeth. *Geo-narratives of a filial son: the paintings and travel diaries of Huang Xiangjian (1609-1673)*. United States: Harvard University Asia Center, 2015.
181 Kinugasa-Tsui, Kenny. *Big design for small workspaces*. Australia: Images Publishing Group, 2016.
182 Kleutghen, Kristina. *Imperial illusions: crossing pictorial boundaries in the Qing palaces*. United States: University of Washington Press, 2015.
183 Klimburg-Salter, Deborah E. *Discovering Tibet: the Tucci Expeditions and Tibetan paintings*. Italy: Skira, 2015.
184 Knothe, Florian. *Classic furniture: craftsmanship, trade organisations and cross-cultural influences in East and West*. Hong Kong, China: University of Hong Kong, 2016.
185 Kokas, Aynne. *Hollywood made in China*. Oakland, California: University of California Press,

2017.

186 Krahl, Regina. *China without dragons: rare pieces from Oriental Ceramic Society members.* Cambridge: The Oriental Ceramic Society, 2018.

187 Krenner, Walther G; Jeremiah, Ken. *Creatures real and imaginary in Chinese and Japanese art: an identification guide.* United States: Mcfarland & Co Inc, 2015.

188 Kruse, Christiane; Majewski, Antje. *Ziran / Nature: art, nature, and ethics.* Germany: Sternberg Press, 2015.

189 Kucera, Karil J. *Ritual and representation in Chinese Buddhism: visualizing enlightenment at Baodingshan from the 12th to 21st centuries.* United States: Cambria Press, 2016.

190 Kuo, Jason C. *Poet's brush: Chinese ink paintings by Lo Ch'ing.* United States: New AcademiaPublishing, 2016.

191 Kwan, Sharmaine. *Traditional Chinese painting masterpieces of art.* London: Flame Tree Publishing, 2019.

192 Kwok, Zoe S. *The eternal feast: banqueting in Chinese art from the 10th to the 14th century.* Princeton, New Jersey: Princeton University Art Museum, 2019.

193 Kwon, Cheeyun Lilian. *Efficacious underworld: the evolution of Ten Kings paintings in medieval China and Korea.* Honolulu: University of Hawai'i Press, 2019.

194 Lai, Eric Chiu Kong. *The music of Chou Wen-chung.* [Place of publication not identified]: Routledge, 2017.

195 Lau, Dorothy Wai Sim. *Chinese stardom in participatory cyberculture.* Edinburgh: Edinburgh University Press, 2018.

196 Law, Sophia Suk-Mun; Blishen, Tony. *Reading Chinese painting: beyond forms and colors, a comparative approach to art appreciation.* United States: Better Link Press, 2016.

197 Layton, Robert; Yifei, Luo. *Contemporary anthropologies of the arts in China.* Newcastle upon Tyne, UK: Cambridge Scholars Publishing, 2019.

198 Leduc, Marie. *Dissidence: the rise of Chinese contemporary art in the West.* Cambridge, MA: The MIT Press, 2018.

199 Lee, Ang; Fuller, Karla Rae. *Ang Lee: interviews.* United States: University Press of Mississippi, 2016.

200 Lee, Christopher C. *Common frameworks: rethinking the developmental city in China.* United States: Harvard University Graduate School of Design, 2016.

201 Lee, Joseph Tse-Hei; Kolluri, Satish. *Hong Kong and Bollywood: globalization of Asian cinemas.* United States: Palgrave Macmillan, 2016.

202 Lee, Meihua Luchia; Silbergeld, Jerome. *Zhang Hongtu: expanding visions of a shrinking world.* United States: Duke University Press, 2015.

203 Lee, Mingwei; Chong, Alan. *Luminous depths: a contemporary project on the museum.* Singapore: Asian Civilizations Mus, 2015.

204 Lee, Vivian P. Y. *The other side of glamour: the left-wing studio network in Hong Kong cinema in the Cold War era and beyond.* Edinburgh: Edinburgh University Press, 2020.

205 Lee-Kalisch, Jeong-Hee. *Ritual and representation in Buddhist art.* Germany: Verlag und Datenbank Für Geisteswissenschaften, 2015.

206 Lei, Daphne P. *Uncrossing the borders: performing Chinese in gendered (trans)nationalism.* Ann Arbor: University of Michigan Press, 2019.

207   Leidy, Denise Patry. *How to read Chinese ceramics*. United States: Yale University Press, 2015.
208   Leidy, Denise Patry. *Treasures of Asian art: the Asia Society Museum Collection*. Germany: Asia Society Museum, 2016.
209   Lent, John A. *Comics art in China*. Jackson: University Press of Mississippi, 2017.
210   Leung, Wing-Fai. *Multimedia stardom in Hong Kong: image, performance and identity*. United Kingdom: Routledge, 2015.
211   Lewis, O. M. *China's Summer Palace: finding the missing imperial treasures*. Manchester: High Tile Books Ltd., 2017.
212   Li, David Leiwei. *Economy, emotion, and ethics in Chinese cinema: globalization on speed*. United Kingdom: Routledge, 2016.
213   Li, Denan. *The Grand Canal*. London: Xanadu, 2017.
214   Li, Ruru. *Staging China: new theatres in the twenty-first century*. United States: Palgrave Macmillan, 2015.
215   Li, Song; Jin, Weinuo. *History of Chinese art*. United Kingdom: Cambridge University Press, 2016.
216   Li, Songsong. *Li Songsong: historical materialism*. Germany: Kerber Verlag, 2015.
217   Li, T. June; Wright, Suzanne E. *Garden, art, and commerce in Chinese woodblock prints*. United States: Huntington Library Press, 2016.
218   Li, Xiaoti. *Opera, society, and politics in modern China*. Cambridge: Harvard University Asia Center, 2019.
219   Li, Xiuzhen. *Bronze weapons of the Qin terracotta warriors: standardisation, craft specialisation and labour organization*. Oxford: BAR Publishing, 2020.
220   Lim, Song Hwee; Ward, Julian. *The Chinese cinema book*. London: BFI, 2018.
221   Lin, Jenny. *Above sea: contemporary art, urban culture, and the fashioning of global Shanghai*. Manchester: Manchester University Press, 2019.
222   Lin, John. *As found houses: experiments from self-builders in rural china*. Novato: ORO Editions, 2020.
223   Lin, Shijian. *Pictograms: the pictographic evolution & graphic creation of Hanzi*. Hong Kong, China: SendPoints, 2016.
224   Little, Stephen. *17th-century Chinese paintings from the Tsao family collection*. Germany: Los Angeles County Museum of Art, 2016.
225   Liu, An Te. *An Te Liu*. United Kingdom: Black Dog, 2015.
226   Liu, April. *Divine threads: the visual and material culture of Cantonese opera*. Vancouver; Berkeley: Figure 1 Publishing: MOA, 2019.
227   Liu, Jianhua; Beres, Tiffany Wai-Ying. *Collected letters: an installation by Liu Jianhua*. United States: Asian Art Museum, 2016.
228   Liu, Xiaodong. *Liu Xiaodong: painting as shooting*. Denmark: Faurschou Foundation Copenhagen, 2016.
229   Liu, Yan. *Qu Leilei: a Chinese artist in Britain*. Oxford: Ashmolean, 2017.
230   Liu, Ye; Noe, Christoph. *Liu Ye, catalogue raisonné 1991-2015*. Germany: Hatje Cantz, 2015.
231   Lo, Rebecca. *The new heart of Hong Kong: International Commerce Centre*. San Francisco, California: Oro Editions, 2019.

232　Lo, Vivienne [et al.]. *Film and the Chinese medical humanities*. London: Routledge, 2019.
233　Low, Sze Wee. *Xiu Hai Lou: rediscovering treasures: ink art from Xiu Hai Lou*. Singapore: National Gallery Singapore, 2017.
234　Ltd, Eskenazi. *Room for study: fifty scholars' objects*. London: Eskenazi, 2019.
235　Lu, Xun. *Lu Xun's legacy: printmaking in modern China: an exhibition of prints from the collection of The Muban Educational Trust*. London: The Muban Educational Trust in association with Bernard Quaritch Ltd, 2020.
236　Luard, Honey. *Zhou Li: Original State of Mind*. London: White Cube, 2019.
237　Lufkin, Felicity. *Folk art and modern culture in Republican China*. United States: Lexington Books, 2016.
238　Lupke, Christopher. *The Sinophone cinema of Hou Hsiao-hsien: culture, style, voice andmotion*. United States: Cambria Press, 2016.
239　Lv, Xiao. *Hills of grain and the misty moon: the Jinling School painting*. London: Xanadu, 2019.
240　Ma, Haili. *Urban politics and cultural capital: the case of Chinese Opera*. United Kingdom: Taylor & Francis, 2016.
241　Ma, Jean. *Sounding the modern woman: the songstress in Chinese cinema*. United States: Duke University Press, 2015.
242　Ma, Sheng-mei. *Off-white: yellowface and Chinglish by Anglo-American culture*. New York: Bloomsbury Academic, 2020.
243　Ma, Sheng-mei. *The last isle: contemporary Taiwan film, culture and trauma*. United Kingdom: Rowman & Littlefield Inc., 2015.
244　Macdonald, Sean. *Animation in China: history, aesthetics, media*. United States: Routledge, 2016.
245　MacDowell, Marsha; Zhang, Lijun. *Quilts of southwest China*. United States: Yunnan Nationalities Musm, 2016.
246　Madsen, Andrew D.; White, Carolyn L. *Chinese export porcelains*. New York: Routledge, 2017.
247　Man, Eva Kit Wah. *Issues of contemporary art and aesthetics in Chinese context*. Germany: Springer, 2015.
248　Manginis, George. *China rediscovered: the Benaki Museum collection of Chinese ceramics*. United Kingdom: Haus Publishing Ltd, 2016.
249　Matos, Maria Antonia Pinto de. *The RA collection of Chinese ceramics: a collector's vision*. London: Jorge Welsh Research & Publishing, 2019.
250　Mccausland, Shane. *The Mongol century: visual cultures of Yuan China, 1271-1368*. United States: University of Hawaii Press, 2015.
251　McElney, Brian S. *Collecting China: the memoirs of a Hong Kong art addict*. Hong Kong: Earnshaw Books, 2017.
252　McIntyre, Sophie. *Imagining Taiwan: the role of art in Taiwan's quest for identity (1987-2010)*. Leiden: Brill, 2018.
253　McNair, Amy. *Xuanhe catalogue of paintings: an annotated translation with introduction*. Ithaca, New York: East Asia Program, Cornell University, 2019.
254　Meng, Ding. *A golden age of China: Qianlong Emperor, 1736-1795*. Australia: National

Gallery of Victoria, 2015.
255 Meyer, Karl E; Brysac, Shareen Blair. *The China collectors: America's century-long hunt for Asian art treasures*. United States: Palgrave Macmillan, 2015.
256 Meyer-Clement, Elena. *Party hegemony and entrepreneurial power in China: institutional change in the film and music industries*. United Kingdom: Routledge, 2016.
257 Mon, Ya-Feng. *Film production and consumption in contemporary Taiwan: cinema as a sensory circuit*. Netherlands: Amsterdam University Press, 2016.
258 Moore Ruble Yudell Architects & Planners. *Winsing AIT residential towers*. Australia: Images Publishing Group, 2015.
259 Mu, Li; Birch, Jesse. *A man, a village, a museum: Li Mu: Qiuzhuang project*. Netherlands: Onomatopee, 2015.
260 Munroe, Alexandra [et al.]. *Art and China after 1989: theater of the world*. New York, NY: Guggenheim Museum Publications, 2017.
261 Musillo, Marco. *The shining inheritance: Italian painters at the Qing court, 1699-1812*. United States: Getty Research Institute, 2016.
262 Nakamura, Fuyubi. *Traces of words: art and calligraphy from Asia*. Vancouver: Figure 1 Publishing Inc.: Museum of Anthropology at UBC, 2017.
263 Ng, Wing Chung. *The rise of Cantonese opera*. United States: University of Illinois Press, 2015.
264 Nochimson, Martha. *A companion to Wong Kar-Wai*. United Kingdom: Wiley-Blackwell, 2016.
265 Noe, Christoph; Shao, Thomas. *Buy what you like: tips, thoughts, and words of wisdom on collecting Chinese contemporary art*. Austria: Modern Arts Publishing, 2015.
266 O'Dea, Madeleine. *The phoenix years: art, resistance and the making of modern China*. Australia: Allen & Unwin, 2016.
267 OPEN (Architectural firm). *Towards openness*. Novato, California: Applied Research + Design Publishing, 2017.
268 Opotowsky, Anne. *His dream of the Skyland*. San Diego, CA: Top Shelf Productions, 2018.
269 Pakhoutova, Elena. *The Second Buddha: master of time*. Munich, 2018.
270 Pantall, Colin [et al.]. *Magnum China*. London: Thames and Hudson, 2018.
271 Parr, Martin. *The Chinese photobook: from the 1900s to the present*. United States: Aperture, 2015.
272 Pecic, Zoran Lee. *New queer Sinophone cinema: local histories*. United Kingdom: Palgrave Pivot, 2016.
273 Philadelphia Museum of Art. *Art of China: highlights from the Philadelphia Museum of Art*. Philadelphia, PA: Philadelphia Museum of Art in association with Yale, 2018.
274 Piazzoni, Maria Francesca. *The real fake: authenticity and the production of space*. New York: Fordham University Press, 2018.
275 Pollack, Barbara. *Brand new art from China: a generation on the rise*. London; NewYork: I. B. Tauris, 2018.
276 Powers, Martin Joseph; Tsiang, Katherine R. *A companion to Chinese art*. United States: Wiley- Blackwell, 2016.
277 Pownall, Rachel A. J. *TEFAF art market report 2017*. Helvoirt: European Fine Art Foundation,

2017.
278 Psarras, Sophia-Karin. *Sources of Han décor: foreign influence on the Han dynasty Chinese iconography of paradise (206 BC-AD 220)*. Summertown, Oxford: Archaeopress Publishing Ltd., 2019.
279 Pu, Junyi. *Suzhou furniture*. London: Xanadu, 2017.
280 Qi, Li. *Chen Zhen: without going to New York and Paris, life could be internationalized*. Germany: Sternberg Press, 2016.
281 Qi, Shouhua. *Adapting Western classics for the Chinese stage*. London: Routledge, 2018.
282 Qiu, Jiping. *Chinese paintings on tea*. Paramus, New Jersey: Homa & Sekey Books, 2017.
283 Qualls, Thomas Lloyd. *Painted Oxen*. Pawcatuck: Homebound Publications, 2019.
284 Rao, Zongyi; Deng, Weixiong. *Opulence of the Jao's lotus: the formation and development of the Jao's lotus*. Hong Kong, China: Hong Kong University Press, 2015.
285 Rice, John Henry; Durham, Jeffrey. *Awaken: a Tibetan Buddhist journey toward enlightenment*. Richmond, Virginia: Virginia Museum of Fine Arts, 2019.
286 Richards, Jeffrey. *China and the Chinese in popular film: from Fu Manchu to Charlie Chan*. London: I.B. Tauris, 2017.
287 Rooney, Dawn. *Bencharong: Chinese porcelain for Siam*. Bangkok: River Books, 2017.
288 Roskam, Cole. *Improvised city: architecture and governance in Shanghai, 1843-1937*. Seattle: University of Washington Press, 2019.
289 Rubin, Susan Goldman. *Maya Lin: thinking with her hands*. San Francisco: Chronicle Books, 2017.
290 Ruitenbeek, Klaas. *Faces of China: portrait painting of the Ming and Qing dynasties (1368-1912)*. Petersberg: Michael Imhof Verlag, 2017.
291 Sam, Lok-kei. *GEN CMD Z: a visual documentation of a Hong Kong university in March to April, 2020*. Hong Kong: Small Tune Press, 2020.
292 Samson, Artist. *For whom the bell tolls: Samson Young's art journey*. Germany: Hatje Cantz Verlag, 2016.
293 Schittich, Christian; Ishige, Naomichi. *Asian flavours creating architecture for culinary culture*. Germany: Detail - Institut Für Internationale Architektur-Dokumentation Gmbh & Co. Kg, 2015.
294 Schultheis, Franz; Single, Erwin. *Art unlimited?: dynamics and paradoxes of a globalizing art world*. United States: Transcript Verlag, 2016.
295 Setton, Sungsook Hong. *The spirit of the brush: Chinese brush painting techniques: simplicity, spirit, and personal journey*. Beverly, 2017.
296 Shambaugh, David L; Elliott, Jeannette Shambaugh. *The odyssey of China's imperial art treasures*. United States: University of Washington Press, 2015.
297 Shi, Liang. *Chinese lesbian cinema: mirror rubbing, lala, and les*. United States: Lexington Books, 2015.
298 Shi, Yinyun. *Ping Tan: the Suzhou style of storytelling and singing*. London: Xanadu, 2019.
299 Sibergeld, Jerome; Wang, Eugene Yuejin. *The zoomorphic imagination in Chinese art and culture*. United States: University of Hawaii Press, 2016.
300 Silberstein, Rachel. *A fashionable century: textile artistry and commerce in the late Qing*. Seattle: University of Washington Press, 2020.

301　Song, Dong; Wang, Sabine. *Song Dong.* Germany: Groninger Museum, 2015.
302　Song: Chinese Ceramics, 10th to 13th Century (Exhibition) (5th: 2018: London, England). *Song: Chinese ceramics, 10th to 13th century. Part 5.* London: Eskenazi Ltd, 2018.
303　Spalding, David. *At Large: Ai Weiwei on Alcatraz.* United States: Chronicle, 2015.
304　St. Clair, Michael. *The great Chinese art transfer: how so much of China's art came to America.* United States: Fairleigh Dickinson University Press, 2016.
305　Steinhardt, Nancy Shatzman. *China's early mosques.* Edinburgh: Edinburgh University Press, 2015.
306　Stuckey, G. Andrew. *Metacinema in contemporary Chinese film.* Hong Kong: Hong Kong University Press (HKU Press), 2018.
307　Su, Xiaobai. *Su Xiaobai.* Italy: Skira, 2016.
308　Sullivan, Michael. *The arts of China.* Oakland, California: University of California Press, 2018.
309　Sun, Lijun. *The history of Chinese animation.* London: Routledge, 2020.
310　Sun, Teresa Chi-Ching. *Chinese drama and society.* Lanham, Maryland: Hamilton Books, The Rowman & Littlefield Publishing Group, Inc., 2019.
311　Sun, Zhixin. *Age of empires: art of the Qin and Han dynasties.* New York: Metropolitan Museum of Art, 2017.
312　Sylvia J. Martin. *Haunted: an ethnography of the Hollywood and Hong Kong media industries.* New York: Oxford University Press, 2017.
313　Taklha, Namgyal Lhamo. *Costumes and jewellery of Tibet.* Dharamshala, H. P., India: The Tibet Museum, 2018.
314　Tan, Rita C. *Fujian ware found in the Philippines: Song-Yuan period, 11th-14th century.* Manila: Oriental Ceramic Society of the Philippines, 2017.
315　Tan, See Kam. *Tsui Hark's Peking opera blues.* Hong Kong, China: Hong Kong University Press, 2016.
316　Tan, Shzr Ee. *Beyond 'innocence': Amis aboriginal song in Taiwan as an ecosystem.* [Place of publication not identified]: Routledge, 2017.
317　Tao, Yi. *Qin: the Guangling School.* London: Xanadu, 2019.
318　Taylor, Jeremy E. *Rethinking transnational Chinese cinemas: the Amoy-dialect film industry in Cold War Asia.* London: Routledge, 2020.
319　Teng, Jianfeng. *The stone and stele calligraphy: Jiaoshan Hill.* London: Xanadu, 2019.
320　Teo, Phyllis. *Rewriting modernism three women artists in twentieth-century China: Pan Yuliang, Nie Ou and Yin Xiuzhen.* Netherlands: Leiden University Press, 2016.
321　Teo, Stephen. *Wong Kar-Wai.* London: British Film Institute, 2019.
322　Thorpe, Ashley. *Performing China on the London stage: Chinese opera and global power, 1759-2008.* United Kingdom: Palgrave Macmillan, 2016.
323　Thrasher, Alan R. *Qupai in Chinese music: melodic models inform and practice.* United States: Routledge, 2016.
324　*Through distant eyes: portraiture in Chinese export art.* London; Lisbon: Jorge Welsh Oriental Porcelain & Works of Art, 2018.
325　Tian, Wei. *Tian Wei.* London: October Gallery, 2018.
326　Tien, Adrian. *The semantics of Chinese music: analysing selected Chinese musical concepts.*

Netherlands: John Benjamins Publishing Company, 2015.
327　Tillim, Guy. *Edit Beijing*. [Place of publication not identified]: Éditions Bessard, 2017.
328　TJAD. *TJAD: selected works*. Victoria, Australia: Images Publishing, 2017.
329　Törmä, Minna. *Nordic private collections of Chinese objects*. London: Routledge, 2020.
330　Tythacott, Louise. *Collecting and displaying China's "Summer Palace" in the West: the Yuanmingyuan in Britain and France*. London: Routledge, Taylor & Francis Group, 2018.
331　Unali, Lina. *Beautiful China*. United Kingdom: Cambridge Scholars, 2016.
332　Urrows, David Francis. *Keys to the kingdom: a history of the pipe organ in China*. Leuven: Ferdinand Verbiest Institute, KU Leuven, 2017.
333　Vainker, Shelagh. *Liu Dan: new landscapes and old masters*. United Kingdom: Ashmolean Museum Pubns, 2016.
334　Van Dyke, Paul Arthur; Mok, Maria Kar-wing. *Images of the Canton factories 1760-1822: reading history in art*. Hong Kong, China: Hong Kong University Press, 2015.
335　Veen, Saskia van. *Treasures of stone uncovered: Buddhist sculptures from the Northern Qi*. Antwerp: Pandora Publishers, 2017.
336　Viction Workshop. *Hong Kong: 60 creatives show you the best of the city*. Hong Kong, China: Gingko Press, 2015.
337　Vigneron, Frank. *Hong Kong soft power: art practices in the special administrative region, 2005-2014*. Sha Tin, N. T. , Hong Kong: The Chinese University Press, 2018.
338　Vinhais, Luísa; Welsh, Jorge. *Pocket treasures: snuff boxes from past times*. London: Jorge Welsh - Research and Publishing, 2019.
339　Vinhais, Luísa; Welsh, Jorge. *The vases of the "hundred treasures"*. London: Jorge Welsh Research & Publishing, 2019.
340　Vlassenrood, Linda. *Shenzhen: from factory of the world to world city*. Netherlands: Nai010, 2016.
341　Von Gerkan, Meinhard. *Tianjin grand theater in China: the Tianjin grand theater in China*. Germany: JOVIS, 2016.
342　Von Holstein, Jan Stael. *An original copy*. London: Impress, 2019.
343　Wan, Xinhua. *The Wu School of Chinese painting*. London: Xanadu, 2018.
344　Wang, Kui. *Cantonese opera in China*. United States: Homa & Sekey Books, 2015.
345　Wang, Li. *The peak time of entertainment in China: a study of the jiaofang during the Tang dynasty (618-907 AD)*. Newcastle-upon-Tyne: Cambridge Scholars Publishing, 2020.
346　Wang, Meiqin. *Urbanization and contemporary Chinese art*. United States: Taylor and Francis, 2015.
347　Wang, Xiaoping. *China in the age of global capitalism: Jia Zhangke's filmic world*. London: Routledge, 2019.
348　Wang, Yiyan. *Modern art for a modern China: the intellectual debate in China, 1900-1930*. London: Routledge, 2020.
349　Wang, Zhiyuan; Bai, Jiafeng. *Wang Zhiyuan: bigger, better, and cheaper*. Italy: Skira, 2016.
350　Weilin, Yuan. *Silk ribbon embroidery Chinese style: an illustrated stitch guide*. New York, NY: Better Link Press, 2017.
351　Welland, Sasha Su-Ling. *Experimental Beijing: gender and globalization in Chinese contemporary art*. Durham: Duke University Press, 2018.

352 Williams, Austin. *New Chinese architecture: twenty women building the future.* London: Thames and Hudson, 2019.

353 Williams, Tony. *Postcolonialism, diaspora, and alternative histories: the cinema of Evans Chan.* Hong Kong, China: Hong Kong University Press, 2015

354 Wilson, Sean Michael; Shide. *Cold Mountain: the legend of Han Shan and Shih Te, the original Dharma Bums.* United States: Shambhala, 2015.

355 Wiseman, Mary Bittner. *A grand materialism in the new art from China.* Lanham: Lexington Books, 2020.

356 Wolf, Michael. *Some more Hong Kong seating arrangements.* Germany: Peperoni Books, 2015.

357 Wong, Aida Yuen. *The other Kang Youwei: calligrapher, art activist and aesthetic reformer in modern China.* Netherlands: Brill, 2016.

358 Wong, Alexander. *Alexander Wong: Archiphantasy.* Mulgrave, Victoria: Images Publishing Group Pty Ltd, 2019.

359 Wong, Kai Tat; Knothe, Florian. *Painted ceramics: contemporary treasures by Jingdezhen's national masters from the Lamda Foundation.* Hong Kong, China: Hong Kong University Press, 2016.

360 Wong, Lily. *Transpacific attachments: sex work, media networks, and affective histories of Chineseness.* New York: Columbia University Press, 2018.

361 Wu, Enqin. *What does design expose?: a comparative study of Finnish modern furniture and Chinese Ming-style furniture.* Finland: University of Eastern Finland, 2015.

362 Wu, Hung; Hou, Hanru. *Yin Xiuzhen.* United Kingdom: Phaidon, 2015.

363 Xiao, Ying. *China in the mix: cinema, sound, and popular culture in the age of globalization.* Jackson: University Press of Mississippi, 2017.

364 Xie, Nanxing. *Xie Nanxing, a gift like kung pao chicken.* London: Thomas Dane Gallery, 2019.

365 Xu, Jay; He, Li. *Emperors' treasures: Chinese art from the national Palace Museum, Taipei.* United States: Asian Art Museum, 2016.

366 Xu, Qi. *Hilton Wuhan Optics Valley: the story of a landmark resort.* Mulgrave, Victoria: Images Publishing, 2017.

367 Xu, Xiutang. *Violet sand crafts in China.* United States: Homa & Sekey Books, 2015.

368 Xue, Charlie Q. L. *Grand theater urbanism: Chinese cities in the 21st century.* Singapore: Springer, 2019.

369 Xue, Juane. *Juane Xue: color is my greatest wealth.* Netherlands: Uitgeverij De Kunst, 2015.

370 Xue, Wei. *The carvings of the Six Dynasties.* London: Xanadu, 2018.

371 Yan, Pei-Ming; Francés, Fernando. *Yan Pei-Ming: no comment.* Spain: Cac Malaga, 2015.

372 Yanarella, Ernest J. *From eco-cities to sustainable city-regions: China's uncertain quest for an ecological civilization.* Northampton, MA: Edward Elgar Publishing, 2020.

373 Yang, Hon-Lun; Saffle, Michael. *China and the West: music, representation, and reception.* Ann Arbor: University of Michigan Press, 2017.

374 Yang, Meili. *The circulation of elite Longquan celadon ceramics from China to Japan: an interdisciplinary and cross-cultural study.* Eastbourne: Sussex Academic Press, 2018.

375 Yang, Zhichao; Roberts, Claire. *Yang Zhichao: Chinese bible.* Australia: Art Gallery of N S W, 2015.

376 Yasuda, Takeshi; Blackie, Sebastian. *Takeshi Yasuda*. Lagos: Goldmark, 2019.
377 Yau, Ching-Mei Esther; Williams, Tony. *Hong Kong neo-noir*. Edinburgh: Edinburgh University Press, 2017.
378 Ye, Tan. *Historical dictionary of Chinese theater*. Lanham: Rowman & Littlefield Publishers, 2020.
379 Yi, Lidu. *Yungang: art, history, archaeology, liturgy*. London: Routledge, 2017.
380 Yi, Ying. *Art and artists in China since 1949*. Cambridge: Cambridge University Press, 2017.
381 Yip, Leo Shingchi. *China reinterpreted: staging the other in muromachi noh theater*. United States: Lexington Books, 2016.
382 Yoong, Jackie. [et al.]. *Guo Pei: Chinese art and couture*. Singapore: Asian Civilisations Museum, 2019.
383 Yu, Han. *Bead embroidery Chinese style*. New York, NY: Better Link Press, 2019.
384 Yu, Wang. *The works of matrix design II: 2010-2015*. Hong Kong, China: Artpower, 2015.
385 Yun, Michelle; Walt, Melissa. *No limits: Zao Wou-ki*. United States: Yale University Press, 2016.
386 Zaoui, Tania. *Painting on pottery: 22 modern, colourful designs*. Tunbridge Wells: Search Press, 2019.
387 Zhang, Enli. *Zhang Enli: four seasons*. Germany: Distanz, 2015.
388 Zhang, Fa. *History and spirit of Chinese art [2 v]*. United States: Silkroad Press, 2016.
389 Zhang, Fan Jeremy; Barnes, Laurie E. *Royal taste: the art of princely courts in fifteenth-century China*. United States: Scala, 2015.
390 Zhang, Quan. *Huai opera: a celebration of musical drama, dance and acrobatics*. London: Xanadu Publishing Ltd, 2017.
391 Zhang, Shi. *The new year woodcut prints of Taohuawu*. London: Xanadu, 2017.
392 Zhang, Wei. *Chinese adaptations of Brecht: appropriation and intertextuality*. Basingstoke: Palgrave Macmillan, 2020.
393 Zhang, Zhen; Zito, Angela. *DV-made China: digital subjects and social transformations after independent film*. United States: University of Hawai'i Press, 2015.
394 Zheng, Jane. *Modernization of Chinese art: the Shanghai Art College, 1913-1937*. Netherlands: Leuven University Press, 2016.
395 Zheng, Zhonghua. *Oriental birds: Chinese brush paintings*. United Kingdom: CYPI Press, 2015.
396 Zhou, Wenhai. *Chinese independent animation: renegotiating identity in modern China*. Cham: Palgrave Macmillan, 2020.
397 Zhou, Yan. *Odyssey of culture: Wenda Gu and his art*. Germany: Springer, 2015.
398 Zhu Liqun Paper Arts Museum. *Paper quilling Chinese style: create unique paper quilling projects that bridge Western crafts and traditional Chinese arts*. New York, NY: Better Link Press, 2018.
399 Zhu, Jing. *Visualising ethnicity in the Southwest borderlands: gender and representation in Late Imperial and Republican China*. Leiden; Boston: Brill, 2020.
400 Zhu, Liqun. *Paper quilling four seasons Chinese style*. New York: Better Link Press, 2018.
401 Zhuo, Sun. *The Chinese Zheng Zither: contemporary transformations*. United Kingdom: Ashgate, 2015.

402 Zimmermann, Basile. *Waves and forms: electronic music devices and computer encodings in China.* United States: MIT Press, 2015.

403 Zin, Monika. *Representations of the Parinirvāṇa story cycle in Kucha.* New Delhi: Dev publishers & Distributors, 2020.

404 Zuo, Lala. *Diversity in the great unity: regional Yuan architecture.* Honolulu: University of Hawai'i Press, 2019.

法语

405 Aim, Coraline. *Red flag: une histoire du rock chinois.* [Marseille]: le Mot et le reste, 2018.

406 André, Jean-Marie. *Fleuve jaune, papillons amoureux et musique classique de la Chine du XXe siècle.* Bruxelles: Académie royale de Belgique, 2015.

407 Bertholet, Ferry; Pimpaneau, Jacques. *Les jardins du plaisir: érotisme et art dans la Chine ancienne.* Paris: Philippe Rey, 2015.

408 Bittinger, Nathalie. *Dictionnaire des cinémas chinois: Chine, Hong Kong, Taiwan.* [Paris]: Maisonneuve & Larose nouvelles éditions: Hémisphères éditions, 2019.

409 Blanc, Françoise [et al.]. *Villes chinoises fortifiées en projet: propos d'ateliers: Jingzhou et Xiangfan dans le Hubei.* Pessac: Maison des sciences de l'homme, 2018.

410 Breton, Inès; Prudhomme, Vincent. *Shanghai blink.* [Paris]: les Xérographes, 2018

411 Castelluccio, Stéphane. *De la cale au paravent: importation, commerce et usages des papiers peints chinois au XVIIIe siècle.* Montreuil: Gourcuff Gradenigo, 2018.

412 Chazalon, Romain [et al.]. *Chine, construire l'héritage.* Saint-Étienne: Publications de l'Université Saint-Étienne, 2019.

413 Chen, Huijie. *Les fleurs dans la peinture chinoise: beautés des quatre saisons, Xe-XXe siècle.* Paris: Citadelles & Mazenod, 2015.

414 Coomaraswamy, Ananda. *La transformation de la nature en art: les théories de l'art en Inde, en Chine et dans l'Europe médiévale.* Paris: Éditions Dervy, 2017.

415 De Lapeyrière, Albane. *Hutong.* Bordeaux: Albane de Lapeyrière, 2016.

416 Détrie, Muriel [et al.]. *Connaissance de l'Ouest: artistes et écrivains chinois en France, 1920-1950.* Paris: Éditions You Feng, 2016.

417 Elisseeff, Danielle. *Esthétiques du quotidien en Chine.* Paris: Éditions du Regard: IFM, Institut français de la mode, 2016.

418 Elisseeff, Danielle. *La Chine: du néolithique à la fin des Cinq Dynasties (960 de notre ère).* Paris: École du Louvre: Éditions de la Réunion des musées nationaux-Grand Palais, 2019.

419 Garcia, Patrice; Lebreton, Yves. *Chine: Setchuan & Haut Yang-Tse-Kiang: Victor Bermon,1875-1958, photographe de 1906 à 1908 & l'édition VB.* [Meudon-la-Forêt]: Patrice Garcia, 2015.

420 Gombeaud, Adrien. *Hong Kong et Macao mis en scènes.* Paris: Espaces & signes, 2016.

421 Gournay, Antoine. *La maison chinoise: construire et habiter en Chine à la fin de l'époque impériale.* Paris: Klincksieck, 2016.

422 Greco, Pascal. *Hong Kong: perspectives, prospectives, typologies.* Gollion (Suisse): Infolio,

2018.
423 Henrion-Dourcy, Isabelle. *Le théâtre ache lhamo: jeux et enjeux d'une tradition tibétaine.* Leuven; Paris; Bristol (Conn.): Peeters, 2017.
424 Hougron, Alexandre. *La céramique chinoise ancienne.* Paris: les Éditions de l'Amateur, 2015.
425 Jin, Siyan; Ye, Xin. *L'art chinois contemporain.* Paris: Nuvis, 2018.
426 Journeau, Véronique. *Poétique de la musique chinoise.* Paris: l'Harmattan, 2015.
427 Kerlan, Anne. *Hollywood à Shanghai: l'épopée des studios Lianhua, 1930-1948.* Rennes: Presses universitaires de Rennes, 2015.
428 Kolatte, Matthieu. *Le cinéma taiwanais: son histoire, ses réalisateurs et leurs films.* Villeneuve-d'Ascq: Presses universitaires du Septentrion, 2019
429 Kontler, Christine. *L'art chinois: une histoire culturelle.* Paris: CNRS éditions, 2016.
430 *La mode femme en Chine: 25 marques chinoises de pap féminin, 8 profils de consommatrices.* Paris: Institut français de la mode, 2018.
431 Landi, Diana. *Chang Shuhong, 1904-1994: chaque instant à la recherche de l'éternité.* Cagnes-sur-Mer: Nysconcept éditions, 2019.
432 Landi, Diana. *Chang Shuhong, 1904-1994: une vie dévouée à Dunhuang.* Cagnes-sur-Mer: Nysconcept éditions, 2019.
433 Lanuque, Arnaud. *Police vs syndicats du crime: les polars et films de triades dans le cinéma de Hong Kong.* Scientrier: Gope éditions, 2017.
434 Laurent, Cédric. *Voyages immobiles dans la prose ancienne: la peinture narrative sous la dynastie.* Paris: les Belles lettres, 2017.
435 Lazarus, Anny. *La critique d'art chinoise contemporaine: textes et contexte.* Aix-en-Provence: Presses universitaires de Provence, 2017.
436 Lee, Ju-Ling. *Imaginer l'indigène: la photographie coloniale à Taiwan (1895-1945).* Paris: Maisonneuve & Larose nouvelles éditions-Hémisphères éditions, 2020.
437 Liu, Chan yueh. *La marche et le corps dansant: une réflexion au croisement des cultures française et chinoise.* Belaye: Éditions René Viénet, 2015.
438 Liu, Yang. *Jinshan: une ville nouvelle dans la métropole de Shanghai.* Rennes: Presses universitaires de Rennes, 2018.
439 Martinaud, Aurélie. *Pour un autre contemporain: He Jiaying, un peintre d'aujourd'hui.* Paris: L'Harmattan, 2020.
440 Mazzoni, Cristiana. *Shanghai: ville kaléidoscopique.* Paris: la Commune, 2017.
441 Miller, Arthur. *Un commis voyageur à Pékin: un journal.* [Paris]: Éditions du Sous-sol, 2017.
442 Munier, Vincent. *Tibet: promesse de l'invisible.* [Brantigny]: Kobalann éditions, 2018.
443 Munier, Vincent; Tesson, Sylvain. *Tibet: minéral animal.* [Brantigny]: Kobalann éditions, 2018.
444 Neri, Corrado. *Rétro Taiwan: le temps retrouvé dans le cinéma sinophone contemporain.* Paris: l'Asiathèque, 2016.
445 Nuridsany, Michel. *Quand la Chine réveille l'art contemporain: de Huang Yong Ping à Hu Weiyi.* Paris: Larousse, 2016.
446 Papadopoulos, Kalliopi. *La scène artistique pékinoise, génération 60: altérité sociale, transmission du capital culturel, soft power.* Paris: l'Harmattan, 2019.
447 *Ponts et stupas-tours de Bei-jing.* Paris: Éditions You Feng, 2019.

448 Poupaud, Melvil. *Voyage à film city*. Paris: Pauvert, 2016.
449 Riboud, Marc. *Chines*. [Paris]: Éditions de La Martinière, 2019.
450 Ricordeau, Rémy. *Visionnaires de Taïwan: art brut, art populaire insolite et visionnaires autodidactes de l'île de Taïwan*. [Montreuil]: l'Insomniaque, 2015.
451 Wang, Bomin [et al.]. *Histoire illustrée de la peinture chinoise*. Vitry-sur-Seine: Éditions Horizon Oriental, 2021.
452 Wei, Xiaoli. *L'architecture contemporaine chinoise & l'Occident: 1840-2008*. [Paris]: Aux éditions des Cendres, 2019.
453 Weissbecker, Laura. *Comment je suis devenue chinoise: une actrice française star à Pékin*. Strasbourg: la Nuée bleue; Paris: Tchou, 2016.
454 Yang, Guoqing; Hattstein, Markus. *Villes fortifiées en Chine: un patrimoine redécouvert*. [Wabern-Berne (Suisse)]: Benteli, 2020.
455 Yuan, Ze; Hu, Yue. *Cent ans de styles chinois au cours du 20ème siècle*. Paris: Éditions You Feng, 2020.
456 Zachmann, Patrick. *So long, China*. Paris: Éditions Xavier Barral, 2016.
457 Zhang, Na. *La pensée musicale de Jean-Jacques Rousseau en Chine*. Paris: l'Harmattan, 2018.
458 Zimmermann, Jean-Benoît. *La Chine au tournant du siècle: 1982-2018*. [Marseille]: Photo#graphie, 2019.
459 Zittoun, Catherine. *Zao Wou-Ki, Henri Michaux, une amitié; précédé de Zao Wou-Ki et la Chine: une libre destinée*. Paris: Éditions des Crépuscules, 2018.

德语

460 Appenzell, Ernst-Hohl-Kulturstiftung. *Zuckerschleck & Mehlgebäck: Teigfiguren und Zuckerkunst von Appenzell bis China*. Zürich: Ernst-Hohl-Kulturstiftung Appenzell, 2019.
461 Boerschmann, Ernst; Walravens, Hartmut. *Pagoden in China: das unveröffentlichte Werk,, Pagoden II "*. Wiesbaden: Harrassowitz Verlag, 2016.
462 Bügener, Annette. *Die Heldengalerie des Qianlong-Kaisers: ein Beitrag zur chinesischen Porträtmalerei im 18. Jahrhundert*. Frankfurt: Peter Lang Verlag, 2015.
463 Cao, Kefei et al. (Hrsg.). *Zeitgenössisches Theater in China*. Berlin: Alexander Verlag, 2017.
464 Deutsches Textilmuseum et al. *Drachen aus goldenen Fäden: chinesische Textilien aus der Sammlung des Deutschen Textilmuseums Krefeld*. Oppenheim: Nünnerich-Asmus Verlag & Media, 2020.
465 Dinkla, Söke; Smerling, Walter. *China 8: zeitgenössische Kunst aus China an Rhein und Ruhr*. Köln: Wienand, 2015.
466 Dreiling, Semjon Aron; Jäger, Jennifer (Hrsg.). *Der Künstler als Augenöffner und Seher?: Yongbo Zhaos Grenzgang zwischen europäischen und chinesischen Bildkulturen*. Kromsdorf; Weimar: VDG, 2018.
467 Eberle, Martin. *Götter aus Stein: die Sammlung chinesischer Specksteinfiguren auf Schloss Friedenstein Gotha*. Halle (Saale); Heidelberg: Morio-Verl, 2015.
468 Fehlinger, Walter. *Yellow Colour: chinesische Avantgardefotografie der 80-ziger Jahre*.

Schiedlberg: BACOPA, 2020.

469 Filipiak, Yu. *Chen Yangs Darstellung der „barbarischen" Musikinstrumente im Buch der Musik (Yueshu): ein Beitrag zur Erforschung des Musiklebens am Kaiserhof der Song-Dynastie (960-1279)*. Gossenberg: OSTASIEN Verlag, 2015.

470 Gebbers, Anna-Catharina et al. *Micro Era: Medienkunst aus China*. Bielefeld: Kerber Verlag, 2019.

471 Haselberg, Clemens von. *Erzählen von China: genrespezifische Identitätskonstruktionen im Wuxia-Film*. Wiesbaden, Germany: J. B. Metzler, 2019.

472 Haustein, Lydia. *Zeitgenössische Kunst in China*. Berlin; Boston, Mass.: De Gruyter, 2015.

473 Hofmann, Michael. *Deutsche Kolonialarchitektur in China und der Südsee*. Petersberg: Michael Imhof Verlag, 2016.

474 Huo, Jiena; Schlombs, Adele. *Weisses Gold: Porzellan und Baukeramik aus China 1400 bis 1900*. Köln: König, 2015.

475 Karlsson, Kim; Przychowski, Alexandra$cvon. *Sehnsucht Natur: sprechende Landschaften in der Kunst Chinas*. Berlin: Hatje Cantz Verlag, 2020.

476 Koch, Franziska. *Die „chinesische Avantgarde" und das Dispositiv der Ausstellung: Konstruktionen chinesischer Gegenwartskunst im Spannungsfeld der Globalisierung*. Bielefeld: transcript, 2016.

477 Konfuzius-Institut an der Universität Freiburg. *China Europa: Porzellan im Wechselbezug zweier Welten*. Freiburg: Konfuzius-Institut an der Universität Freiburg e.V., 2019.

478 Kuhn, Sandy Taikyu. *Mit Buddha Tee trinken*. Embrach: PRONG PRESS, 2019.

479 Lackner, Michael. *Kungfu, Drachen, Abenteuer: China und die Chinesen im Spiegel des europäischen Comics*. Berlin: Ch. A. Bachmann Verlag, 2020.

480 Langgartner, Peter. *Konfuzius für Musiker*. Norderstedt: BoD – Books on Demand, 2020.

481 Libera, Svetlana. *Der Einfluss chinesischer Malerei auf Immigranten-Maler in China und sowjetische Maler: unter besonderer Berücksichtigung des Werkes von Konstantin Maksimov*. Hamburg: Verlag Dr. Kovač, 2016.

482 Mertens, Anette; Flitsch, Mareile. *Seladon im Augenmerk: Jadegleiche Porzellane und ihre Meister in Longquan, VR China*. Stuttgart: arnoldsche, 2019.

483 Ruitenbeek, Klaas. *Gesichter Chinas: Porträtmalerei der Ming- und Qing-Dynastie (1368–1912)*. Petersberg: Michael Imhof Verlag, 2017.

484 Schittich, Christian. *Chinas neue Architektur*. Basel: Birkhäuser, 2019.

485 Sierek, Karl. *Der lange Arm der Ufa: filmische Bilderwanderung zwischen Deutschland, Japan und China 1923-1949*. Wiesbaden: Springer VS, 2018.

486 Steenbock, Regine; Vinken, Barbara. *Chinesisches Gewebe*. Hamburg: Textem Verlag, 2020.

487 Suebsman, Daniel. *Porzellanschätze der Kangxi-Zeit*. Düsseldorf: Deutsch-Chinesische Verlagsanstalt, 2015.

488 Tang, Yuanyuan. *Die Neue Berliner Schule und die chinesische Sechste Generation: Analyse und Vergleich zweier zeitgenössischer Filmströmungen*. Bielefeld: transcript, 2018.

489 Tian, Mansha; Jost, Torsten (Hrsg.). *Regiekunst heute: Stimmen und Positionen aus China*. Berlin: Alexander Verlag, 2018.

490 Till, Christa Maria. *Das Asiatische in mir: China und Japan in Gedicht, Essay, Kalligrafie und Tuschmalerei*. Zürich: Edition Ki, 2016.

491 Wagner, Florian. *Das Ringen um „China" in der chinesischen Gegenwartskunst: der Kunstkritiker Wang Nanming*. Baden-Baden: Nomos, 2017.

492 Wiede, Jochen. *Fernöstliche Gartenkultur: geheimnisvolle Gärten Chinas und Japans*. Wiesbaden: marix verlag, 2018.

493 Xu, Dan. *Zwischen Tradition und Gegenwart: zeitgenössische Chinesische Kunst als transkulturelle Reflexionsräume*. Köln: Wienand, 2019.

西班牙语

494 Dwight, Jane. *Kit completo de pintura china: técnicas, herramientas y proyectos para dominar la pintura china*.Tres Cantos, Madrid: H. Blume, 2015.

495 Munroe, Alexandra [et al.]. *Arte y China después de 1989: el teatro del mundo*. Bilbao: Guggenheim Bilbao, 2018.

496 Parque Museo Pedro del Río Zañartu [et al.]. *Colección china Museo Pedro Del Río Zañartu: Una mirada a Asia desde la Región del Biobío, Chile*. Chile: Asesoría Comunicacional Ltda, 2016.

497 Qi, Fang. *La mirada de Gong Li: estudio del sujetoactoralfemeninoenel cine chino*. Valencia: Asociación Shangrila Textos Aparte, 2020.

498 Segalen, Victor. *Los orígenes de la estatuaria china*. Madrid: Siruela, cop., 2018.

499 Simone, Graciela. *Una argentina en la ópera de Beijing*. Buenos Aires: Almaluz, 2016.

俄语

500 Анчуков, Сергей Васильевич; Фу Шуай. *Пекинская опера: история, традиции, визуальные символы в дизайне и пластическом искусстве*. Санкт-Петербург: Астерион, 2020.

501 Бирюков, Николай Георгиевич; Бодопростова, Ю. А. *"Кризис безвременья" в современном китайской кинематографе*. Ростов-на-Дону: Фонд науки и образования, 2019.

502 Будаева, Туяна Баторовна. *Пекинская опера цзинцзюй: музыка, актёр и сцена китайского традиционного театра*. Москва; Санкт-Петербург: Нестор-История, 2019.

503 Ван Шуан. *Школа танка Тибета: история и современные проблемы бытования: монография*. Санкт-Петербург: Изд-во РГПУ им. А. И. Герцена, 2019.

504 Виноградова, Надежда Анатольевна и др. сост. *Искусство Старого Китая в трудах Н. А. Виноградовой*. Москва: БУКСМАРТ, 2016.

505 Данилова, Анна Викторовна и др. ред. *Философия музыки - философия человека: Россия - Китай: материалы Международной научно-практической конференции, Владимир, 6 декабря 2016 года*. Владимир: Изд-во ВлГУ, 2017.

506 Забияко, Андрей Павлович; Ван Цзяньлинь. *Наскальные изображения Северо-Восточного Китая = Rock art in Northeast China*. Благовещенск: Амурский

госуниверситет, 2015.

507 Карлюченко, Наталья Ф. сост. *Сделано в Китае: произведения китайского декоративно-прикладного искусства - подарки советскому народу и его руководителям 1945-1989 гг. в собрании Государственного центрального музея современной истории России.* Москва: ГЦМСИР, 2019 (Москва).

508 Комм, Дмитрий. *Гонконг: город, где живет кино. Секреты успеха кинематографической столицы Азии.* Санкт-Петербург: БХВ-Петербург, 2015.

509 Лебединская, Марина Петровна. *Декоративный металл и буддийская пластика Китая и Японии XVII-начала XX века.* Санкт-Петербург; Пушкин: Царское Село, 2019.

510 Лемигова, Г. В.; Ши Цзиньмин ред. *Древнее искусство провинции Шаньси: [выставка в Историческом музее, 23.11.2016-27.02.2017: каталог выставки].* Москва: Исторический музей, 2016.

511 Меньшикова, М. Л. и др. *Пять символов счастья. Благопожелания в китайском искусстве = Five symbols of happiness. Blessings in Chinese art: каталог выставки.* Санкт-Петербург: Славия, 2016.

512 Неглинская, Марина Александровна. *Китайский стиль цинского двора (1644-1911) и европейский предмодернизм: М. А. Неглинская; Федеральное государственное бюджетное учреждение науки Институт востоковедения Российской академии наук.* Москва: Спутник+, 2018.

513 Попова, Ирина Федоровна. *Жемчужины китайских коллекций Института восточных рукописей РАН = Pearls from the Chinese collections of the Institute of Oriental Manuscripts, RAS: [художественный альбом].* Санкт-Петербург: Кварта, 2018.

514 Родионов, А. А. ред. сост. *Китайская драма XX-XXI вв.* [перевод с китайского В. Н. Кривцова и др.; ответственный редактор и составитель А. А. Родионов]. Москва: Гиперион, 2019.

515 Серова, Светлана Андреевна. *Китайский традиционный театр: история, эстетика, актерское мастерство: [хрестоматия].* Москва: ИВ РАН, 2020.

516 Фэн Шуанбай. *Сто лет истории китайского танца (1900-2000 гг.).* [пер. с кит. Ю. М. Чарной]. Москва: Восток-Бук, сор. 2015.

517 Цай Чжиюнь. *Фортепианные сюиты китайских композиторов.* Санкт-Петербург: Скифия-принт, 2020.

518 Цзоу Юецзинь; Цзоу Цзяньлинь. *Сто лет истории китайского изобразительного искусства (1900-2000 гг.).* [перевод с китайского Чжуан Лицин]. Москва: Восток-Бук, 2015.

519 Цзюй Цихун. *Сто лет истории китайской музыки (1900-2000 гг.).* [перевод с китайского Чжуан Лицин]. Москва: Восток-Бук, 2015.

520 Цуй Жучжо. *Мерцание Гладкой Яшмы = Glossiness of Unscarved Jade: [каталог].* [ред. Дарья Борисенко]. Москва: Триумф, сор. 2016.

521 Шаклеин, Виктор Михайлович и др. *Лингвокультурные образы России и Китая в художественных произведениях представителей русской дальневосточной эмиграции.* Воронеж: ФГБОУ ВО «Воронежский государственный педагогический университет», 2017.

522 Щербина, Екатерина сост. *Сокровища императорского дворца Гугун. Эпоха процветания Китая в XVIII веке: [каталог выставки].* Москва: Музеи Московского Кремля, 2019.

523 Юй Хуэй. *Восточная музыка цифровой эпохи*. [перевод с китайского Ли Эрюна]. Москва: Изд-во Московского ун-та, 2020.

日语

524 Japan-China textile arts exhibition：ひろがる布つながる糸：展覧会図録. 東京藝術大学美術学部工芸科染織研究室，2017.
525 キングダム血塗られた戦の真実. マイウェイ出版，2017.
526 まるわかり！中国時代劇・ドラマ：話題作から名作まで、全60作品を掲載！. 英和出版社，2020.
527 東アジア2（別タイトル：隋・唐）. 中央公論美術出版，2019.
528 東アジア4. 中央公論美術出版，2020.
529 急須でお茶を：宜興・常滑・急須めぐり. LIXIL出版，2018.
530 見るべき中国時代劇ドラマ（別タイトル：歴史大作からラブ史劇、ファンタジーまで中国時代劇の魅力をたっぷり紹介！）. ぴあ，2020.
531 連環画研究 第9号. [連環画研究会]，2020.
532 『中国絵画史図鑑』編集委員会. 中国絵画史図鑑. 浙江出版集団東京，2019.
533 ウィニー・ウォン・イン・ウォング［著］松田和也［訳］. ゴッホ・オンデマンド：中国のアートとビジネス（原タイトル：Van Gogh on Demand）. 青土社，2015.
534 キネマ旬報社. 台湾エンタメパラダイス vol.14. キネマ旬報社，2016.
535 キネマ旬報社. 台湾エンタメパラダイス vol.15. キネマ旬報社，2016.
536 キネマ旬報社. 台湾エンタメパラダイス vol.16. キネマ旬報社，2016.
537 クレイグ・クルナス. 図像だらけの中国：明代のヴィジュアル・カルチャー. 国書刊行会，2017.
538 サントリー美術館. ガレも愛した-清朝皇帝のガラス. サントリー美術館，2018.
539 センドポインツ・パブリッシング 中国の伝統文様×デザイン. グラフィック社，2017.
540 ソフィー・マカリウ. 世界を魅了した中国陶磁：イセコレクション：国際巡回企画展：図録. イセ文化財団，2017.
541 パクソンヒ［著］吉川凪［訳］. 日・中・韓伝統インテリア：四合院、書院造、班家韓屋の装飾と美. シリーズ クオン人文・社会シリーズ，2020.
542 ヤクランド. 染織の旅報告書：ブータン＋チベット＋アッサム. ヤクランド，2018.
543 レジーヌ・ティリエ［著］中野美代子，鴇田潤［訳］. バーバリアン・レンズ：中国における西洋廃墟の写真史（原タイトル：Barbarian Lens）. 国書刊行会，2016.
544 阿南・ヴァージニア・史代. 中国山西の古刹を求めて：1934年-そして今：米中の2組が時空を超えて辿る友情の旅. Mashup LLC，2018.
545 岸文和, 同志社大学. 広告図像のレトリック：視覚文化論の視点から. 岸文和，2016.
546 八木春生. 中国仏教美術の展開：唐代前期を中心に. 法藏館，2019.
547 白井啓介. 銀幕發光：中国の映画伝来と上海放映興行の展開. 作品社，2019.
548 坂和章平. 坂和的中国電影大觀. ブイツーソリューション，2019.
549 板倉聖哲［ほか］. 典雅と奇想：明末清初の中国名画. 東京美術，2017.

550　板垣俊一.花儿会と歌垣：辺境の歌文化.三弥井書店，2019.
551　北京市古代建築研究所.北京古代建築文化大系1（橋・塔編）.グローバル科学文化出版，2017.
552　北京市古代建築研究所.北京古代建築文化大系10（その他の文化財建築編）.グローバル科学文化出版，2017.
553　北京市古代建築研究所.北京古代建築文化大系2（宮殿編）.グローバル科学文化出版，2017.
554　北京市古代建築研究所.北京古代建築文化大系3（寺院・宮観編）.グローバル科学文化出版，2017.
555　北京市古代建築研究所.北京古代建築文化大系4（壇廟編）.グローバル科学文化出版，2017.
556　北京市古代建築研究所.北京古代建築文化大系5（城壁編）.グローバル科学文化出版，2017.
557　北京市古代建築研究所.北京古代建築文化大系6（庭園編）.グローバル科学文化出版，2017.
558　北京市古代建築研究所.北京古代建築文化大系7（府邸・宅院編）.グローバル科学文化出版，2017.
559　北京市古代建築研究所.北京古代建築文化大系8（陵・墓編）.グローバル科学文化出版，2017.
560　北京市古代建築研究所.北京古代建築文化大系9（近代建築編）.グローバル科学文化出版，2017.
561　比田井南谷，北川博邦.新編篆書基本叢書1.雄山閣，2018.
562　比田井南谷，北川博邦.新編篆書基本叢書2.雄山閣，2018.
563　比田井南谷，北川博邦.新編篆書基本叢書3.雄山閣，2018.
564　比田井南谷，北川博邦.新編篆書基本叢書4.雄山閣，2018.
565　比田井南谷，北川博邦.新編篆書基本叢書5.雄山閣，2018.
566　比田井南谷，北川博邦.新編篆書基本叢書6.雄山閣，2018.
567　比田井南谷，北川博邦.新編篆書基本叢書7.雄山閣，2018.
568　比田井南谷，北川博邦.新編篆書基本叢書8.雄山閣，2018.
569　比田井南谷，北川博邦.新編篆書基本叢書9.雄山閣，2018.
570　比田井南谷，北川博邦.新編篆書基本叢書10.雄山閣，2018.
571　濱田瑞美［ほか］.東アジア1.中央公論美術出版，2017.
572　兵庫県立考古博物館分館開設準備室.千石コレクション鏡鑑編.兵庫県立考古博物館，2017.
573　播磨康泰.中国書道文化史概説.アートライフ社，2015.
574　草津祐介，都留文科大学.日中比較による中国写字書法教育史の基礎的研究：中華人民共和国建国を起点として.草津祐介，2017.
575　茶道裏千家淡交会青年部東中国ブロック・9青年部.伝統の継承-next 50：茶道裏千家淡交会青年部東中国ブロック50周年記念大会.茶道裏千家淡交会青年部東中国ブロック，2018.
576　長崎県美術館.日中美術交流展：日中平和友好条約締結40周年記念.長崎県美術館，2018.
577　成本高壱.古代からの贈り物：帯鉤の魅力.東京図書出版，2017.

578	成田健太郎. 中国中古の書学理論. 京都大学学術出版会, 2016.	
579	出光美術館. 宋磁：神秘のやきもの. 出光美術館, 2018.	
580	川瀬健一. 台湾映画 2016 年. 東洋思想研究所, 2016.	
581	川瀬健一. 台湾映画. 東洋思想研究所, 2019.	
582	川瀬健一. 台湾映画. 東洋思想研究所, 2020.	
583	大阪市博物館機構大阪市立東洋陶磁美術館. 李秉昌博士記念韓国陶磁研究報告 13. 大阪市博物館機構大阪市立東洋陶磁美術館, 2020.	
584	大阪市立東洋陶磁美術館. 李秉昌博士記念韓国陶磁研究報告 10. 大阪市立東洋陶磁美術館, 2017.	
585	大阪市立東洋陶磁美術館. 李秉昌博士記念韓国陶磁研究報告 11. 大阪市立東洋陶磁美術館, 2018.	
586	大橋康二. 海を渡った陶磁器. 吉川弘文館, 2018.	
587	大西磨希子. 唐代佛教美術史論攷：仏教文化の伝播と日唐交流. 法藏館, 2017.	
588	東京大学東洋文化研究所東アジア部門美術研究分野. 中國繪畫總合圖錄 3 編 第 5 巻（日本篇）. 東京大学東洋文化研究所, 2019.	
589	東京文化財研究所. 敦煌壁画の保護に関する日中共同研究 2014. 国立文化財機構東京文化財研究所保存修復科学センター, 2015.	
590	渡邉義浩. 中国時代劇で学ぶ中国の歴史 2018 年版. キネマ旬報社, 2017.	
591	渡邉義浩. 中国時代劇で学ぶ中国の歴史（別タイトル：ドラマ・時代・人物超解説：戦国アクションから宮廷絵巻まで）. キネマ旬報社, 2019.	
592	範迪安. 中国の現代美術 第 3 巻. 大樟樹出版社, 2017.	
593	範迪安. 中国の現代美術 第 4 巻. 大樟樹出版社, 2017.	
594	範迪安. 中国の現代美術 第 5 巻. 大樟樹出版社, 2017.	
595	範迪安. 中国の現代美術 第 6 巻. 大樟樹出版社, 2017.	
596	範麗雅. 中国芸術というユートピア：ロンドン国際展からアメリカの林語堂へ. 名古屋大学出版会, 2018.	
597	福井和雄. 新中国切手 2018. 日本郵趣協会, 2017.	
598	岡部隆志. アジア「歌垣」論：附・中国雲南省白族の歌掛け資料. 三弥井書店, 2018.	
599	岡村秀典. 清玩：文人のまなざし. 研文出版, 2015.	
600	宮村泰明. 私のシルクロード：中国（唐）に日本美術の源流を求めて. 宮村泰明, 2020.	
601	宮崎法子. 花鳥・山水画を読み解く：中国絵画の意味. 筑摩書房, 2018.	
602	宮治昭［ほか］. 中央アジア 2. 中央公論美術出版, 2018.	
603	谷晃. 中国・韓国やきものと茶文化をめぐる旅. 淡交社, 2015.	
604	関紅. 皮影：伝統芸術影絵の世界. 科学出版社, 2017.	
605	關西中國書畫コレクション研究會. 關西九館所藏中國書畫錄 2. 關西中國書畫コレクション研究會, 2015.	
606	關西中國書畫コレクション研究會. 關西九館所藏中國書畫錄 3. 關西中國書畫コレクション研究會, 2018.	
607	河内利治, 大東文化大学. 書の芸術性に関する術語と現代学者の解釈との比較研究（別タイトル：A comparative study of technical terms on the artistry of calligraphy and contemporary scholars' interpretations 書の芸術性に関する術語と現代学者の解釈をめぐる比較研究）. 河内利治, 2015.	

608 河内利治，大東文化大学．書の芸術性に関する術語と現代学者の解釈との比較研究．河内利治，2017．
609 河野道房．中国山水画史研究：奥行き表現を中心に．中央公論美術出版，2018．
610 横田恭三．木簡・竹簡．天来書院，2017．
611 横田恭三．書の旅 55：中国の碑刻・名跡・博物館．天来書院，2015．
612 黄山美術社．漢字三千年 - 漢字の歴史と美（別タイトル：Chinese characters：a legacy and marvel perfected over three millennia）．黄山美術社，2016．
613 吉村怜．仏像の着衣と僧衣の研究：東洋美術史論考．法藏館，2019．
614 吉田豊．中国江南マニ教絵画研究（別タイトル：Studies of the Chinese Manichaean paintings of South Chinese origin preserved in Japan）．臨川書店，2015．
615 季国平．中国の伝統劇入門：季国平演劇評論集．晚成書房，2017．
616 加島勝．仁寿舎利塔の信仰と荘厳に関する総合的調査研究．加島勝，2015．
617 加島勝．日中古代仏教工芸史研究．雄山閣，2016．
618 家永真幸．国宝の政治史：「中国」の故宮とパンダ．東京大学出版会，2017．
619 駱献躍．中国の現代美術．大樟樹出版社，2019．
620 菅原慶乃．映画館のなかの近代：映画観客の上海史．晃洋書房，2019．
621 見るべき中国時代劇ドラマ：名作から最新作まで話題のドラマを 105 本厳選紹介！．ぴあ，2020．
622 降矢哲男．中国朝鮮の陶磁器．淡交社，2018．
623 今井祐子，福井大学．セーヴルの新硬質磁器に関する研究（国際共同研究強化）．今井祐子，2017．
624 京都国立博物館．美麗を極める中国陶磁：特集展示松井コレクション受贈記念．京都国立博物館，2018．
625 井口淳子．亡命者たちの上海楽壇：租界の音楽とバレエ．音楽之友社，2019．
626 九州国立博物館．王羲之と日本の書：テレビ西日本開局六十周年記念：特別展．西日本新聞社，2018．
627 可成屋．すぐわかる中国の書：古代～清時代の名筆．東京美術，2018．
628 瀬戸宏．中国のシェイクスピア．松本工房，2016．
629 瀬戸宏．中国の現代演劇：中国話劇史概況．東方書店，2018．
630 李松．中国美術全史 1（別タイトル：HISTORY OF CHINESE ART 先史・殷・周・秦・漢）．科学出版社東京，2019．
631 李崢，孔巧云．日中古墨・東垣書法家作品展 第 2 回．日中古墨書法家協会出版社，2016．
632 李崢．日中八都市八人書画篆刻展 第 1 回．日中古墨書法家協会，2016．
633 連環画研究会．連環画研究 第 5 号．連環画研究会，2016．
634 連環画研究会．連環画研究 第 6 号．連環画研究会，2017．
635 林宏作．中國名家書翰選粹：民間に眠る名品 1．アートライフ社，2017．
636 林宏作．中國名家書翰選粹：民間に眠る名品 2．アートライフ社，2017．
637 林謙三．林謙三『隋唐燕楽調研究』とその周辺．関西大学出版部，2017．
638 林原美術館．中国絵画名品図録．林原美術館，2017．
639 劉文兵．日中映画交流史．東京大学出版会，2016．
640 劉文兵．映画がつなぐ中国と日本：日中映画人インタビュー．東方書店，2018．
641 六朝楽府の会．『隋書』音楽志訳注．和泉書院，2016．

642 瀧本弘之. 中国古典文学挿画集成 10. 遊子館，2017.
643 馬成芬. 唐船法帖の研究. 清文堂出版，2017.
644 美術工芸振興佐藤基金石洞美術館. あつめて楽しい中国陶磁：石洞美術館コレクション. 美術工芸振興佐藤基金石洞美術館，2017.
645 美術工芸振興佐藤基金石洞美術館. 古染付：このくにのひとのあこがれ：かのくにのひとのねがい. 美術工芸振興佐藤基金石洞美術館，2017.
646 奈良文化財研究所飛鳥資料館. 日本所在の銭弘俶八万四千塔の調査 1. 国立文化財機構奈良文化財研究所飛鳥資料館，2018.
647 南鶴溪. 信可楽也：呉昌碩と日下部鳴鶴の友情. 毎日新聞出版，2019.
648 平澤毅，奈良文化財研究所. 東アジアを中心とした名勝地の保護に関する研究. 平澤毅，2016.
649 秦爽. 富岡鉄斎における中国：「伝統と創造」、そして「美術と自然」を視点として. 澪標，2019.
650 日本書道美術館. 書の歴史. 日本書道美術館，2019.
651 森達也. 中国青瓷の研究：編年と流通. 汲古書院，2015.
652 森平崇文. 社会主義的改造下の上海演劇. 研文出版，2015.
653 山口県立萩美術館・浦上記念館. 山東のやきものを楽しむ：山口県・山東省友好協定締結 35 周年記念. 山口県立萩美術館・浦上記念館，2018.
654 山元宣宏. 古代書体論考. 京都大学学術出版会，2016.
655 杉村邦彦. 書学論纂. 知泉書館，2018.
656 神奈川県立金沢文庫. 唐物：中世鎌倉文化を彩る海の恩恵：特別展. 神奈川県立金沢文庫，2017.
657 石光生［ほか］. 中華圏の伝統芸能と地域社会. 好文出版，2019.
658 是永美樹. マカオの空間遺産：観光都市の形成と居住環境. 萌文社，2017.
659 水野さや. 八部衆像の成立と展開. 中央公論美術出版，2017.
660 松村龍古. 人と書に学ぶ. 文芸社，2017.
661 松村茂樹. 書と画を論じる. 研文出版，2019.
662 松宮貴之. 書と思想：歴史上の人物から見る日中書法文化. 東方書店，2019.
663 松宮貴之. 中国の政治家と書：激動の時代を生きた政治家達の残したもの. 雄山閣，2017.
664 松瀬七織. 王さまになった羊飼い：チベットの昔話. 福音館書店，2018.
665 台東区立書道博物館. 董其昌とその時代：明末清初の連綿趣味：董其昌没後三八〇年. 台東区芸術文化財団，2017.
666 台東区立書道博物館. 王羲之書法の残影：唐時代への道程. 台東区芸術文化財団，2019.
667 台東区立書道博物館. 顔真卿と唐時代の書：顔真卿没後一二三〇年. 台東区芸術文化財団，2015.
668 湯浅邦弘. 中国の世界遺産を旅する：響き合う歴史と文化. 中央公論新社，2018.
669 藤本健太郎. タイポさんぽ台湾をゆく：路上の文字観察. 誠文堂新光社，2016.
670 田村容子. 男旦〈おんながた〉とモダンガール：二〇世紀中国における京劇の現代化. 中国文庫，2019.
671 田林啓［ほか］.「劉薩訶像表現の時間的・地域的変遷からみる仏教機能の様相」報告書. 田林啓，2018.
672 田偉. 田漢 轟耳中国国歌八十年. 論創社，2016.

673 田中淡. 田中淡著作集 1. 中央公論美術出版，2018.
674 田中有紀. 中国の音楽思想：朱載堉と十二平均律. 東京大学出版会，2018.
675 田仲一成. 明代江南戯曲研究. 汲古書院，2020.
676 田仲一成. 中国鎮魂演劇研究. 東京大学出版会，2016.
677 王海霞「ほか」. タンカ：チベット仏教美術の精華. 科学出版社東京，2017.
678 王凱. 清王朝の宮廷絵画：郎世寧とその周辺の画家たち（別タイトル：Court painting of the Qing dynasty）. 大学教育出版，2016.
679 王凱. 中国宮廷美術史（別タイトル：Chinese Imperial Court history of art）. 大学教育出版，2015.
680 武田雅哉，北海道大学. 連環画の総合的研究. 武田雅哉，2016.
681 武田雅哉，北海道大学. 連環画の総合的研究. 武田雅哉，2018.
682 武田雅哉. 中国のマンガ〈連環画〉の世界. 平凡社，2017.
683 西本鶏介，太田大八. まほうのふで. チャイルド本社，2018.
684 細井尚子. 見る・見せる：中国四川・福建の表演にみる「演じる」こと・人・空間. 春風社，2020.
685 小川裕充，板倉聖哲. 中國繪畫總合圖錄 3 編第 5 巻（別タイトル：Comprehensive Illustrated Catalog of Chinese Paintings）. 東京大学出版会，2019.
686 小島康誉. 中国新疆 36 年国際協力実録：キジル・ニヤ・ダンダンウイリク. 東方出版，2018.
687 小林宏光. 近世画譜と中国絵画：十八世紀の日中美術交流発展史. Sophia University Press 上智大学出版，2018.
688 小林宏光. 中国版画史論. 勉誠出版，2017.
689 小林美恵子. 華影天地：電影倶楽部の選んだ中国語圏映画 100 本. 多摩中央交流相談センター，2019.
690 小林忠，岡田美術館. 岡田美術館名品撰 第 2 集. 岡田美術館，2018.
691 新潟市歴史博物館. 玉と鏡の世界：西安・新潟友好交流特別展：新潟開港 150 周年記念 / 新潟市歴史博物館・西安博物院友好提携 10 周年記念. 新潟市歴史博物館，2018.
692 星野紘. 暴れ牛と神さびる熊：供犠と霊送りの民俗誌. 国書刊行会，2017.
693 熊本市現代美術館. 魔都の鼓動：上海現代アートシーンのダイナミズム. 熊本市現代美術館，2018.
694 岩田澄子. 天目茶碗と日中茶文化研究：中国からの伝播と日本での展開. 宮帯出版社，2016.
695 俞膺潔，俞建華. 中国書法通解. 大樟樹出版社，2017.
696 宇佐美文理. 中国藝術理論史研究. 創文社，2015.
697 遠藤昌弘. もっと知りたい『臨書』の世界：歴代名家 100- 人は古典をいかに理解し継承したか -. 匠出版，2018.
698 早稲田大学會津八一記念博物館. 古代中国鏡の世界：穴澤コレクション. 早稲田大学會津八一記念博物館，2018.
699 増記隆介. 院政期仏画と唐宋絵画. 中央公論美術出版，2015.
700 張小鋼. 日本における中国画題の研究. 勉誠出版，2015.
701 沼崎一郎. 人類学者、台湾映画を観る：魏徳聖三部作『海角七号』・『セデック・バレ』・『Kano』の考察. 風響社，2019.
702 正木美術館. 正木美術館名品図録. 正木美術館，2018.

703 中村彰憲. 中国ゲーム産業史：テンセント・NetEaseなどの企業躍進の秘密. Gzブレイン，2018.
704 中根研一. 映画は中国を目指す：中国映像ビジネス最前線. 洋泉社，2015.
705 中国社会科学院歴史研究所「簡明中国歴史読本」編纂グループ. 中国歴史読本：古えより、絶えることなく発展し、受け継がれ、今日に至る中華五千年の文明史. 科学出版社東京，2018.
706 中国芸術研究院戯曲研究所. 中国演劇史図鑑. 科学出版社東京，2018.
707 中山文. 越劇の世界：中国の女性演劇. エヌ・ケイ・ステーション，2019.
708 中山文. 越劇の世界：中国の女性演劇. 水山産業出版部，2016.
709 中田勇次郎. 中国書人伝. 中央公論新社，2015.
710 中脇初枝，櫻井美知代. たなばたのおはなし. ポプラ社，2018.
711 中野徹. 中国金工史. 中央公論美術出版，2015.
712 中野泰光. 日華（中日）連合絵画展覧会集成8. 中野泰光，2017.
713 鍾明善［著］中村伸夫［訳］. 中国書法史：読んでわかる！見てわかる！ビジュアル入門編6（元明）. 美術新聞社，2016.
714 鍾明善［著］中村伸夫［訳］. 中国書法史1. 美術新聞社，2021.
715 鍾明善［著］中村伸夫［訳］. 中国書法史2. 美術新聞社，2020.
716 鍾明善［著］中村伸夫［訳］. 中国書法史3. 美術新聞社，2018.
717 鍾明善［著］中村伸夫［訳］. 中国書法史4. 美術新聞社，2017.
718 鍾明善［著］中村伸夫［訳］. 中国書法史5. 美術新聞社，2016.
719 鍾明善［著］中村伸夫［訳］. 中国書法史7. 美術新聞社，2017.
720 塚本麿充. 北宋絵画史の成立. 中央公論美術出版，2016.
721 仲野泰裕. 文人趣味と煎茶：木村定三コレクション. 愛知県美術館，2018.
722 竹浪遠，京都市立芸術大学. 宋代文人士大夫の絵画制作・鑑賞に関する研究：北宋後期を中心に. 竹浪遠，2016.
723 竹浪遠，京都市立芸術大学. 宋代文人士大夫の絵画制作・鑑賞に関する研究：北宋後期を中心に. 竹浪遠，2018.
724 竹浪遠. 唐宋山水画研究. 中央公論美術出版，2015.
725 諏訪春雄. 日中比較芸能史. 吉川弘文館，2020.
726 佐藤賢. 中国ドキュメンタリー映画論. 平凡社，2019.
727 佐々木達夫. 中国陶磁元青花の研究. 高志書院，2015.

阿拉伯语

728 الهاجري، علي بن غانم. الفنون في أسرة مينغ 1368-1644م. [دار النشر غير معروف], 2020.

其他语种

729 Almqvist, Kurt. Sampanerna från Kanton: F.H af Chapmans kinesiska gouacher. Bokförlaget Stolpe, 2018.

730　Andrijauskas, Antanas. Vaizduotės erdvės: tradicinė kinų estetika ir menas. Lietuvos kultūros tyrimų institutas, 2015.

731　Berlot, Uršula. The earth is flat: Slovenian and Chinese contemporary art: Maribor Art Gallery, 3 June - 14 August 2016 = Zemlja je ploščata: sodobna slovenska in kitajska umetnost: Umetnostna galerija Maribor: 3. junij - 14. avgust 2016. Flat and distant: China/Slovenia - Contemporary art: Today Art Museum, 10 September - 9 October 2016 = Ploščato in oddaljeno: Kitajska/Slovenija - Sodobna umetnost: Today Art Museum, 10. september - 9. oktober 2016. Umetnostna galerija = Maribor Art Gallery, 2016.

732　Bieczyński, Mateusz Maria. Tour exhibition of SIPF2016 in Poznań = Shenzhen guoji haibao jie quanqiu xunzhan Bozinan shou zhan. Posnania Municipal Publishing House, 2018.

733　Cận, Chi Lâm. Mỹ thuật dân gian Trung Quốc. Nhà xuất bản Tổng hợp T.P. Hồ Chí Minh, 2015.

734　Chen Tingyou. Kínai kalligráfia. H.C.L. Kft., 2015.

735　Dai, Dingcheng. Música católica em Macau no século XX: os compositores e as suas obras vocais num contexto histórico único. Instituto Cultural do Governo da R.A.E. de Macau, 2017.

736　Ebbesen, Leif. Kinesisk guldalderkunst: bloktryk og tegninger fra det 15. til det 18. århundrede. Reflect, 2017.

737　Fajcsák Györgyi. Pagodák, napernyők, Buddhák: Chinoiserie falfestmények Eszterházán. EKKF, 2019.

738　Frampton, Kenneth. Wang Shu Amateur Architecture Studio. Louisiana Museum of Modern Art, 2017.

739　Furmanik-Kowalska, Magdalena. Uwikłane w kulturę: o twórczości współczesnych artystek japońskich i chińskich. Wydawnictwo Kirin, 2015.

740　Gibas, Piotr. Życie wśród piękna: świat chińskiego uczonego: sztuka z Chińskiego Muzeum Narodowego. Muzeum Narodowe, 2016.

741　Guo, Xi. Vznešené hodnoty lesů a potoků. ExOriente, 2016.

742　Hejzlar, Josef. Básníci světla: výbor o čínském umění. Academia, 2018.

743　Hejzlar, Josef. Jak pěstovat klid a mír, aneb, Pekingské paláce a parky v obrazech Zdeňka Sklenáře a ve vzpomínkovém eseji Josefa Hejzlara. 2015.

744　Herjulfsdotter, Ritwa. Wulffs Kinasamling. Göteborgstryckeriet, 2016.

745　Hladíková, Kamila. Lexikon kinematografie čínského světa. Univerzita Palackého v Olomouci, 2018.

746　Jin, Jie. Çin müziği: eski ve modern çağlardan yankılar. Kaynak Yayınları, 2015.

747　Kajdański, Edward. Edward Kajdański: malarstwo. Wydawnictwo Uniwersytetu Gdańskiego, 2016.

748　Kovács Gábor Művészeti Alapítvány. Szín-játék: a kínai színház képekben = Ink and play: the art of Chinese opera ink painting. Kogart, 2016.

749　Král, Oldřich. Stopy tuše: čínské malířské texty. Galerie Zdeněk Sklenář, 2016.

750　Król, Anna. Chiny w latach 1889-1937: między artystyczna tradycją a sztuka Zachodu = China between artistic tradition and Western art 1898-1937. Polski Instytut Studiów nad Sztuką Świata, 2016.

751　Kšela, Sanela. Oglaševalni plakati na Kitajskem v 21. stoletju: analiza in vloga oglaševalnih plakatov "ohranjanja civiliziranosti in ustvarjanja novih trendov". Kulturni center, zavod za

umetniško produkcijo in založništvo, 2020.
752 Künstler, Mieczysław Jerzy. Mały słownik sztuki chińskiej. Wydawnictwo Akademickie DIALOG, 2015.
753 Lâm Từ. Hội hoạ Trung Quốc. Nxb. Tp. Hồ Chí Minh, 2015.
754 Li Xu. Čínsky grafický plagát 2018. Peter Javorík, 2018.
755 Li, Kunwu. Μια ζωή στην Κίνα. Γράμματα, 2017.
756 Liao Honghua. Kultúrák és generációk: a kínai és a magyar modern művészet megalapítói és örökösei: Országos Széchényi Könyvtár, Budapest..., 2017. december 14 - 2018. január 12. MKE, 2017.
757 Ma Zhiqiang. Kínai újévi képek gyűjteménye. Q.E.D., 2018.
758 Mazur, Rafał. Wielki Dźwięk nie brzmi: daoistyczna praktyka dźwiękowa w kontekście wybranych nurtów współczesnej sztuki i filozofii. Wydawnictwo Uniwersytetu Jagiellońskiego, 2018.
759 Mei, Ruo. Čínská malba štětcem: podrobné návody pro začátečníky. Euromedia Group, 2020.
760 Mikrut-Żaczkiewicz, Agnieszka. "Mali ludzie" w czasach wielkiej zmiany: twórczość filmowa Jia Zhangke. Wydawnictwo Uniwersytetu Jagiellońskiego, 2017.
761 Murczyńska, Jagoda. Made in Hong Kong: kino czasu przemian. Wydawnictwo w Podwórku, 2019.
762 Oleśkiewicz, Anastazja. Modernizm udomowiony: współczesna architektura chińska = Localized modernism: contemporary Chinese architecture: AIIA, Approach Architecture Studio, Atelier Archmixing, Atelier Li Xinggang - China Architecture Design Group, Atelier TeamMinus, Atelier Z+, DnA_Design and Architecture, Duoxiang Studio, Hu Yue Studio, Liu Kecheng Architects Ltd., META-Project, Rùn Atelier, Shan Jun Atelier, TAOA, Wang Weijen Architecture, Wutopia Lab, ZAO/standardarchitecture, Zhaoyang Architects. Manggha, 2017.
763 Pejčochová, Michaela (ed.). Pohledy z a do jiného světa: čínské portréty předků ze sbírky Národní galerie v Praze. Národní galerie, 2015.
764 Pejčochová, Michaela. Posel z Dálného východu: Vojtěch Chytil a sběratelství moderní čínské tušové malby v meziválečném Československu. National Gallery, 2019.
765 Płotka, Bartosz. Historia chińskiej porcelany. Time Marszałek Group, 2019.
766 Ravn, Lars. Who are we? - gifts from Denmark and China = Hvem er vi? - gaver fra Danmark og Kina. Eget forlag, 2020.
767 Romanowicz, Beata. Zaproszenie do świata chińskiego smoka: kody, symbolika, odczytywanie znaczeń. Muzeum Narodowe, 2015.
768 Sandahl, Tore. Dit skogen aldrig når. Tore Sandahl, 2016.
769 Sente, Yves. De Udødeliges Dal. Cobolt, 2019.
770 Souza, Enio de. Instrumentos musicais chineses: coleção do Museu do Centro Científico e Cultural de Macau/Lisboa. Instituto Internacional Macau, 2017.
771 Stőhr Lóránt. A kortárs tajvani filmművészet. Gondolat, 2020.
772 Straka, Jiří. Čínský sendvič = Chinese sandwich = Zhongguo san ming zhi. Academia, Středisko společných činností AV ČR, v.v.i., 2019.
773 Sun, Min. Papier, tusz i pędzel, czyli Traktat o chińskiej kaligrafii. Wydawnictwo Uniwersytetu Gdańskiego, 2017.
774 Vampelj Suhadolnik, Nataša. V svetu nesmrtnih bitij: grobna umetnost dinastije Han in njena

kozmološka zasnova. Znanstvena založba Filozofske fakultete, 2017.

775 Wang, Huaxiang. Far east - close look = Daleki Wschód - bliskie spojrzenie. Wydawnictwo Akademii Sztuk Pięknych im. Jana Matejki, 2019.

776 Wang, Huiqin. Dongxi zongheng = Prepletena pot = An interwoven path. Beletrina, 2015.

777 Weststeijn, Matthijs Arie. Barbaren & wijsgeren: het beeld van China in de Gouden Eeuw. Vantilt, 2017.

778 Wu, Weishan. Kinų šeji: rinktiniai kūriniai iš Kinijos nacionalinio dailės muziejaus. Nacionalinė dailės galerija, 2019.

779 Wu, Weishan. O mundo de escultura de Wu Weishan. Instituto Politécnico de Macau, 2017.

780 Wulff, Thorild. Mitt namn är Wu-Lu-Fu: Thorild Wulffs bilder från Kina 1912-1913. Orosdi-Back, 2016.

781 Xi'an Qujiang Museum of Fine Arts. Zlato kitajskih cesarjev: zlati predmeti iz obdobja Wanli dinastije Ming: zbirka Dong Bo Zhai = The gold of the Chinese emperors: royal gold wares of Wanli period, Ming dinasty: Dong Bo Zhai collection. Narodni muzej Slovenije = National Museum of Slovenia, 2019.

782 Xiao, Qin. Mans sākums ir manas beigas: Sjao Ciņa māksla = In My Beginning is My End: the Art of Hsiao Chin = В моем начале мой конец: исскуство Сяо Циня. Daugavpils Marka Rotko mākslas centrs, 2020.

783 Xie, Lilly. Måla kinesiska tecken: lär om det kinesiska horoskopet och hur du får din stela nacke smidigare!. Chin Lit, 2017.

784 Zhang Siyong. Derengés: akarat és forma: kínai kortárs kiállítás az Ybl Budai Kreatív Házban, 2019. október 10 - november 3.: Feng, Lei, Li, Jia, Ren, Wang, Weng, Zhang, Zhou, Zhu, Xia. [Vízház Zrt.], 2019.

785 Zhang, Mingjie. Pinch Tip: China Contemporary Prints Invitation Exhibition. Akademia Sztuk Pięknych - Wydział Grafiki, 2018.

786 Zhang, Xiaogang. Zhang Xiaogang: slivoň a dívka = the plum tree and the girl. Galerie Zdeněk Sklenář, 2015.

787 Zhang, Xiaogang. Zhang Xiaogang; Wang Guangyi: the reunion of poetry and philosophy. Galerie hlavního města Prahy, 2018.

788 Zhao, Nicole. Trójbarwnie szkliwiona ceramika czasów dynastii Tang, Luoyang, Chiny: katalog wystawy, Wojewódzka Biblioteka Publiczna im. Hieronima Łopacińskiego w Lublinie, 15 XII 2017 - 10 III 2018 = Tri-color glazed pottery of the Tang dynasty in Luoyang, China: exhibition catalogue, Hieronim Łopaciński Provincial Public Library in Lublin, 15th December 2017 - 10th March 2018 = Luoyang Tang sancai yishu zhan. Wojewódzka Biblioteka Publiczna im. Hieronima Łopacińskiego, 2017.

789 Бургић, Ненад. Kineska kaligrafija. Albatros plus, 2018.

790 Гуо, Ђуxуеj. Kineska kultura. Zanati. Albatros plus, 2016.

791 Еднаквост и различност в симбиоза. Изложба (София; 2018). Еднаквост и различност в симбиоза: изложба на съвременно изкуство Китай и държавите от ЦИЕ, [2 юли - 5 август 2018, София]. Кит. култ. Център, 2018.

792 Кенжебаева, Аида Әбдіғаниқызы. Қытайша/ағылшынша/орысша/қазақша. Орысша/қазақша/ағылшынша/қытайша. Қазақша/орысша/ағылшынша/қытайша. Ағылшынша/орысша/қазақша/қытайша өнертану термидер сөздігі = Китайско/англо/русско/казахский.

Русско/казахско/англо/китайский. Казахско/русско/англо/китайский. Англо/русско/казахско/китайский словарь искусствоведческих терминов = Chinese/English/Russian/Kazakh. Russian/Kazakh/English/Chinese. Kazakh/Russian/English/Chinese. English/Russian/Kazakh/Chinese dictionary of art terms. Қазақ университеті, 2018.

793　Легкоступ, Пламен Анатолиев. Пътят. Драконът. Художникът: за Китай от първо лице. Фабер, 2018.

794　Нұрсаидов, Мәди Абатұлы. Қытай каллиграфиясының шығу тарихы: оқу құралы. Қазақ университеті, 2017.

795　Пушић, Радосав. Празне руке: чан будизам и његов утицај на кинеску уметност. Чигоја штампа, 2015.

796　Цао Ю. Въведение в съвременната китайска драматургия. Кн. 1. Бълг. бестселър - Нац. музей на бълг. кн. и полиграфия, 2020.

797　Ши Юкун. Чудните дела на съдията Бао. Т. 3. Изток-Запад, 2020.

798　ברואנשטיין, דורון. מה יודעים בסין על השואה : או: Made in China : סין של המאה ה-21 בעיני תייר ישראלי. לב ספרים הוצאה לאור, 2019.

历史地理

英语

1. Aaron, Bradley. *Dear Hong Kong.* Hong Kong: Oskar Valles & Aggie Lam, 2020.
2. Aaron, Tesfaye. *China in Ethiopia: the long-term perspective.* Albany: SUNY Press, 2020.
3. Abdul Razak Abdullah Baginda. *China-Malaysia relations and foreign policy.* United Kingdom: Routledge, 2016.
4. Adam, Andrew E. *Thomas Cochrane and the dragon throne: confronting disease, distrust and murderous rebellion in Imperial China.* London: SPCK, 2018.
5. Agnew, Christopher S. *The Kongs of Qufu: the descendants of Confucius in late Imperial China.* Seattle: University of Washington Press, 2019.
6. Akerman, Sean. *Words and wounds: narratives of exile.* New York, NY: Oxford University Press, 2019.
7. Allan, Sarah. *Buried ideas: legends of abdication and ideal government in early Chinese bamboo-slip manuscripts.* United States: SUNY Press, 2015.
8. Allatson, Amy. *A city adventure in... Beijing.* Kings Lynn, Norfolk: Book Life, 2017.
9. Alsford, Niki J. P. *Transitions to modernity in Taiwan: the spirit of 1895 and the cession of Formosa to Japan.* London; New York: Routledge Taylor & Francis Group 2018.
10. Altenburger, Roland; Wan, Margaret B. *Yangzhou, a place in literature: the local in Chinese cultural history.* United States: University of Hawaii Press, 2015.
11. Amoah, Lloyd G. Adu. *Five Ghanaian presidents and China: patterns, pitfalls, and possibilities.* Legon, Accra, Ghana: University of Ghana Printing Press, 2020.
12. Amstutz, Lisa J. *Chinese New Year.* Oxford: Raintree, 2017.
13. Anderson, Kay. *Chinatown unbound: trans-Asian urbanism in the age of China.* London: Rowman & Littlefield International, Ltd., 2019.
14. Andrade, Tonio. *The gunpowder age: China, military innovation, and the rise of the West in world history.* Princeton: Princeton University Press, 2017.
15. Andrews, Dafydd. *Gobowen to everest: a Himalayan Journal.* Wales: David Andrews (Offa Books), 2017.
16. Antony, Robert J. *Unruly people: crime, community, and state in late imperial South China.* Hong Kong, China: Hong Kong University Press, 2016.
17. Apatóczky, Ákos Bertalan. *The "translation" chapter of the late Ming Lulongsai Lue: bilingual sections of a Chinese military collection.* Netherlands: Brill, 2016.

18　Arase, David. *China's rise and changing order in East Asia*. United States: Palgrave Macmillan, 2016.

19　Arnander, Christopher; Wood, Frances. *Betrayed ally: China in the great war*. United Kingdom: Pen & Sword Military, 2016.

20　Asian Civilisations Museum (Singapore). *The Tang Shipwreck: art and exchange in the 9th century*. Singapore: Asian Civilisations Museum, 2017.

21　Atha, Mick; Yip, Kennis. *Piecing together Sha Po: archaeological investigations and landscape reconstruction*. Hong Kong, China: Hong Kong University Press, 2016.

22　Ayres, Gene. *Inside the new China: an ethnographic memoir*. [Place of publication not identified]: Routledge, 2017.

23　Azad, Shirzad. *Iran and China: a new approach to their bilateral relations*. Lanham: Lexington Books, 2017.

24　Bagnall, Sean. *The high roads of Tibet: a trip taken in May 2016*. Dublin: Ellenborough Publishing, 2017.

25　Baisotti, Pablo. *Chinese immigration in Latin America: some cultural contributions*. Newcastle-upon-Tyne: Cambridge Scholars Publishing, 2020.

26　Baker, Ian. *The heart of the world: a journey to Tibet's lost paradise*. London: Thames and Hudson, 2020.

27　Banerjee, Gautam. *China's great war machine in the Sino-Indian context*. New Delhi: Wisdom Tree in association with Vivekananda International Foundation, 2017.

28　Barnett, A. Doak; Clough, Ralph N. *Modernizing China: post-Mao reform and development*. New York: Routledge, 2019.

29　Barrett-Lee, Lynne. *Able seacat Simon*. United Kingdom: Simon & Schuster, 2016.

30　Bartlett, Ray. *Cruise ports Northeast Asia*. Carlton: Lonely Planet, 2019.

31　Batchelor, Kathryn; Zhang, Xiaoling. *China-Africa relations: building images through cultural co-operation, media representation and on the ground activities*. London: Routledge, 2017.

32　Batuta, Ibn. *The travels of Ibn Battuta to India, the Spice Islands, and China*. Princeton, NJ: Markus Wiener Publishers, 2018.

33　Baumler, Alan. *Routledge handbook of revolutionary China*. London: Routledge, 2019.

34　Bell, Samantha. *Ancient China*. Lake Elmo, MN: Focus Readers, 2020.

35　Beller-Hann, Ildikó. *Negotiating identities: work, religion, gender, and the mobilisation of tradition among the Uyghur in the 1990s*. Switzerland: Lit, 2015.

36　Bellezza, John Vincent. *Besting the best: warriors and warfare in the cultural and religious traditions of Tibet: a historical, ethnographic and archaeological survey of martialism over the last three millennia*. Lumbini: Lumbini International Research Institute, 2020.

37　Bellis, David. *Old Hong Kong photos and the tales they tell*. Hong Kong: Gwulo, 2017.

38　Benabdallah, Lina. *Shaping the future of power: knowledge production and network-building in China-Africa relations*. Ann Arbor: The University of Michigan Press, 2020.

39　Beretta, Silvio [et al.]. *Understanding China today: an exploration of politics, economics, society, and international relations*. Cham, Switzerland: Springer, 2017.

40　Bergeton, Uffe. *The emergence of civilizational consciousness in early China: history word by word*. London: Routledge, 2018.

41　Berlitz Travel. *Berlitz Hong Kong pocket guide*. London: Berlitz Travel, 2017.

42 Bernstein, Ken. *China: pocket guide*. London: APA Publications, 2019.
43 Betts, A. V. G.; Jia, Weiming. *The cultures of ancient Xinjiang, western China: crossroads of the Silk Roads*. Summertown, Oxford: Archaeopress Publishing Ltd., 2019.
44 Bhowmik, Miron Kumar; Kennedy, Kerry J. *'Out of school' ethnic minority young people in Hong Kong*. Singapore: Springer, 2016.
45 Bianchi, Robert. *China and the Islamic world: how the new Silk Road is transforming global politics*. New York, NY: Oxford University Press, 2019.
46 Bibb, Elizabeth. *Shangri-la: along the Tea Road to Lhasa*. Milan: White Star, 2019.
47 Bickers, Robert. *Britain in China: community, culture and colonialism 1900-1949*. Manchester: Manchester University Press, 2017.
48 Bickers, Robert. *Out of China: how the Chinese ended the era of western domination*. UK: Allen Lane, 2017.
49 Bickley, Gillian. *Through American eyes: the journals of George Washington (Farley) Heard*. Hong Kong: Proverse Hong Kong, 2017.
50 Bingenheimer, Marcus. *Island of Guanyin: Mount Putuo and its gazetteers*. United States: Oxford University Press, 2016.
51 Bird, Thomas [et al.]. *Shenzhen: China's southern powerhouse*. Hong Kong: Odyssey, 2018.
52 Birnbaum, Phyllis. *Manchu princess, Japanese spy: the story of Kawashima Yoshiko, the cross-dressing spy who commanded her own army*. United States: Columbia University Press, 2015.
53 Bloodworth, Dennis. *The Chinese Machiavelli: 3000 years of Chinese statecraft*. [Place of publication not identified]: Routledge, 2017.
54 Bloomsbury (Firm). *Shanghai*. London: Bloomsbury Publishing, 2019.
55 Bolt, Paul J.; Cross, Sharyl N. *China, Russia, and twenty-first century global geopolitics*. Oxford: Oxford University Press, 2018.
56 Bond, Graham. *Hong Kong*. London: APA Publications (UK) Ltd, 2019.
57 Bonington, Chris. *Tibet's secret mountain: the triumph of Sepu Kangri*. Sheffield: Vertebrate Publishing, 2020.
58 Booth, Michael. *Three tigers, one mountain: a journey through the bitter history and current conflicts of China, Korea and Japan*. London: Vintage Digital, 2020.
59 Børdahl, Vibeke; Ge, Liangyan. *Han Xin's challenge: a tale of the founding of the Western Han*. Copenhagen: Nordic Institute of Asian Studies, 2019.
60 Bordahl, Vibeke; Ge, Liangyan. *Western Han: a Yangzhou storyteller's script*. Copenhagen: NIAS Press, 2017.
61 Bossen, Laurel. *Bound feet, young hands: tracking the demise of footbinding in village China*. Redwood City: Stanford University Press, 2017.
62 Boxer, C.R. *South China in the sixteenth century (1550-1575): being the narratives of Galeote Pereira, Fr. Gaspar da Cruz, O.P., Fr. Martin de Rada, O.E.S.A., (1550-1575)*. London: Routledge, 2017.
63 Bozóky, Dezső. *The city of flowers: Dezső Bozóky's Canton photographs*. Hong Kong: University Museum and Art Gallery, The University of Hong Kong, 2020.
64 Braae, Christel. *Among herders of Inner Mongolia: the Haslund-Christensen Collection at the National Museum of Denmark*. Aarhus: Aarhus University Press, 2017.
65 Bradman, Tom. *Welcome to China*. London: Rising Stars, 2020.

66　Bradshaw, Adrian. *The door opened: 1980s China.* London: Impress, 2018.
67　Breed, Ananda [et al]. *Creating culture in (post) socialist Central Asia.* Basingstoke: Palgrave Macmillan, 2020.
68　Brindley, Erica. *Ancient China and the Yue: perceptions and identities on the Southern frontier, c.400 BCE-50 CE.* United Kingdom: Cambridge University Press, 2015.
69　Bristow, Michael. *China in drag: travels with a cross-dresser.* Dingwall: Sandstone Press, 2017.
70　Brook, Timothy. *Great state: China and the world.* London: Profile Books, 2019.
71　Brooks, Charlotte. *Between Mao and McCarthy: Chinese American politics in the Cold War years.* United States: University of Chicago Press, 2015.
72　Brooks, E. Bruce; Brooks, A. Taeko. *The emergence of China: from Confucius to the empire.* United States: Univ of Massachusetts Pr, 2015.
73　Broomhall, Ruth. *James Hudson Taylor: called by God into the heart of the dragon.* Farnham: CWR, 2018.
74　Brophy, David John. *Uyghur nation: reform and revolution on the Russia-China frontier.* United States: Harvard University Press, 2016.
75　Brown, Jeremy. *Maoism at the grassroots: everyday life in China's era of high socialism.* United States: Harvard University Press, 2015.
76　Brown, Kerry. *China.* Medford, MA: Polity Press, 2020.
77　Brown, Kerry. *China's world: what does China want?.* London: I.B. Tauris, 2017.
78　Brown, Kerry. *Contemporary China* [2nd ed]. United Kingdom: Palgrave Macmillan, 2015.
79　Brown, Kerry. *Contemporary China.* London: Red Globe Press, 2019.
80　Brown, Kerry. *The future of UK-China relations.* Newcastle upon Tyne: Agenda Publishing, 2019.
81　Brown, Kerry. *The world according to Xi: everything you need to know about new China.* London: I. B. Tauris, 2018.
82　Bryant, Shelly. *The classical gardens of Shanghai.* Hong Kong, China: Hong Kong University Press, 2016.
83　Buchan, Eugenie. *A few planes for China: the birth of the Flying Tigers.* Lebanon NH: ForeEdge, 2017.
84　Buckley, Michael. *Tibet: the Bradt travel guide.* UK: Bradt Travel Guides Ltd, 2018.
85　Burger, Werner. *Ch'ing cash, Ch'ing cash year tables [2 v].* Hong Kong, China: Hong Kong University Press, 2016.
86　Burman, Edward. *Terracotta warriors: history, mystery and the latest discoveries.* London: Weidenfeld & Nicolson, 2018.
87　Bursey, Jon. *Captain Elliot and the founding of Hong Kong.* Barnsley, South Yorkshire: Pen & Sword History, 2018.
88　Bush, Richard C. *China briefing, 1982.* New York, NY: Routledge, 2018.
89　Buszynski, Leszek. *Geopolitics and the Western Pacific: China, Japan and the US.* London: Routledge, 2019.
90　Butterworth, Jess. *Running on the roof of the world.* London: Orion Children's Books, 2017.
91　Buzan, Barry. *Rethinking Sino-Japanese alienation: history problems and historical opportunities.* Oxford: Oxford University Press, 2020.
92　Byrnes, Corey J. *Fixing landscape: a techno-poetic history of China's Three Gorges.* New York:

Columbia University Press, 2018.
93   Campbell, Roderick. *Violence, kinship and the early Chinese state: the Shang and their world.* Cambridge: Cambridge University Press, 2018.
94   Cann, Candi K. *Dying to eat: cross-cultural perspectives on food, death, and the afterlife.* Lexington, Kentucky: The University Press of Kentucky, 2018.
95   Carradice, Phil. *The Shanghai massacre: China's White Terror, 1927.* Barnsley: Pen & Sword Military, 2018.
96   Carroll, Charlie. *Peaks on the horizon: two journeys in Tibet.* United States: Soft Skull Press, 2015.
97   Carroll, John M. *Canton days: British life and death in China.* Lanham: Rowman & Littlefield Publishers, 2020.
98   Carroll, John M; Mark, Chi-Kwan. *Critical readings on the modern history of Hong Kong.* Netherlands: Brill, 2015.
99   Castillo, Roberto. *African transnational mobility in China: Africans on the move.* London: Routledge, 2020.
100 Caughey, John Hart. *The letters and diaries of Colonel John Hart Caughey, 1944-1945: with Wedemeyer in World War II China.* Lanham: Lexington Books, 2018.
101 Chabot, Nicole. *Kowloon: unknown territory.* Hong Kong: Blacksmith Books, 2019.
102 Chaffee, John W; Twitchett, Denis Crispin. *The Cambridge history of China. V. 5, Pt. 2: Sung China, 960–1279 AD.* United Kingdom: Cambridge University Press, 2015.
103 Chai, Elena. *Of temple and tatung tradition in Singkawang.* Kota Samarahan, Sarawak, Malaysia: UNIMAS Publisher, Universiti Malaysia Sarawak, 2017.
104 Chan, Shelly. *Diaspora's homeland: modern China in the age of global migration.* Durham: Duke University Press, 2018.
105 Chan, Sin-wai. *The Routledge encyclopedia of traditional Chinese culture.* Abingdon, Oxon; New York: Routledge, 2020.
106 Chan, Steve. *Trust and distrust in Sino-American relations: challenge and opportunity.* Amherst, New York, U.S.A.: Cambria Press, 2017.
107 Chang, Jung. *Big sister, little sister, red sister: three women at the heart of twentieth-century China.* London: Vintage Digital, 2019.
108 Chan-Yeung, Moira. *Lam Woo: master builder, revolutionary, and philanthropist.* Sha tin, Hong Kong: The Chinese University Press, 2017.
109 Chaoquan, Ou. *Red, autobiography of Ou Chaoquan.* London: Austin Macauley Publishers, 2019.
110 Chapman, Patricia Luce. *Tea on the Great Wall: an American girl in war-torn China.* Hong Kong, China: Earnshaw Books, 2015.
111 Charleux, Isabelle. *Nomads on pilgrimage: Mongols on Wutaishan (China), 1800-1940.* Netherlands: Brill, 2015.
112 Charter, Anthony Crowley [et al.]. *The first shall be last: the war journal of John Charter and the memoirs of Yvonne Charter: Hong Kong 1940-1945 & Stanley Civilian Internment Camp.* Tolworth, Surrey: Grosvenor House Publishing Limited, 2018.
113 Chatwin, Jonathan. *Long peace street: a walk in modern China.* Manchester: Manchester University Press, 2019.

114 Cheek, Timothy. *The intellectual in modern Chinese history.* United Kingdom: Cambridge University Press, 2015.

115 Chen, Beichen. *Cultural interactions during the Zhou period (c. 1000-350 BC): a study of networks from the Suizaocorridor.* Summertown, Oxford: Archaeopress Publishing Ltd, 2019.

116 Chen, Gaohua; Poon, Phoebe. *The capital of the Yuan Dynasty.* Hong Kong, China: Silkroad Press/Enrich Professional Publishing, 2015.

117 Chen, Huaiyu; Rong, Xinjiang. *Great journeys across the Pamir Mountains: a festschrift in honor of Zhang Guangda on his eighty-fifth birthday.* Leiden: Brill, 2018.

118 Chen, Huiqin. *Daughter of good fortune: a Chinese peasant memoir.* United States: University of Washington Press, 2015.

119 Chen, Jianzhong. *Dehua porcelain in China.* United States: Homa & Sekey Books, 2015.

120 Chen, Jieru. *Chiang Kai-shek's secret past: the memoir of his second wife, Ch'en Chieh-ju.* New York: Routledge, 2019.

121 Chen, Leilei. *Re-orienting China: travel writing and cross-cultural understanding.* United States: Univ of Regina Press, 2016.

122 Chen, Nana. *Chungking Mansions: photographs from Hong Kong's last ghetto.* Hong Kong: Blacksmith Books, 2018.

123 Chen, Piera. *Pocket Hong Kong: top sights, local life, made easy.* Carlton, Victoria: Lonely Planet, 2017.

124 Chen, Shuang. *State-sponsored inequality: the banner system and social stratification in northeast China.* Redwood City: Stanford University Press, 2017.

125 Chen, Weixin. *Bed & breakfast in China.* London: Design Media Publishing (UK) Limited, 2017.

126 Chen, Xiaomei. *Staging Chinese revolution: theater, film, and the afterlives of propaganda.* New York: Columbia University Press, 2017.

127 Chen, Xinjie. *Culture, cognition, and emotion in China's religious ethnic minorities: voices of suffering among the Yi.* Basingstoke, Hampshire: Palgrave Macmillan, 2017.

128 Chen, Xuan. *Eastern Han (AD 25-220): tombs in Sichuan.* United Kingdom: Archaeopress, 2015.

129 Chen, Xuezhao. *Surviving the storm: a memoir.* New York: Routledge, 2019.

130 Chen, Yuanzhi. *Chinese urban transformation: a tale of six cities.* London: RIBA Publishing, 2019.

131 Cheng, Chu-yuan. *Sun Yat-sen's doctrine in the modern world.* London: Routledge, 2019.

132 Cheng, Long. *Never grow up.* London: Simon & Schuster, 2018.

133 Cheng, Yinghong. *Discourses of race and rising China.* Cham, Switzerland: Palgrave Macmillan, 2019.

134 Chi, Hsi-Sheng. *The much troubled alliance: US-China military cooperation during the Pacific War, 1941-1945.* Singapore: World Scientific, 2015

135 Chia, Ruth [et al.]. *Chia Ann Siang and family: the tides of fortune.* Singapore: Marshall Cavendish Editions, 2019.

136 Chiesa, Ben [et al.]. *Objectifying China: Ming and Qing Dynasty ceramics and their stylistic influences abroad.* Hong Kong: University Museum and Art Gallery, The University of Hong Kong, 2017.

137　Childs-Johnson, Elizabeth. *The Oxford handbook on early China*. New York, NY: Oxford University Press, 2020.

138　China Institutes of Contemporary International Relations. *Ten questions: American misunderstandings about China*. Reading: Paths International, 2020.

139　*Chinese New Year*. London: Ladybird Books Limited, 2018.

140　Chiu, Stephen Wing-kai. *City-states in the global economy: industrial restructuring in Hong Kong and Singapore*. New York: Routledge, 2019.

141　Choegyal, Lisa. *Everest: reflections on the Solukhumbu*. Kathmandu, Nepal: Vajra Books, 2019.

142　Choi, Mihwa. *Death rituals and politics in Northern Song China*. New York: Oxford University Press, 2017.

143　Choi, Pun. *My contemporaries in China*. London: Austin Macauley Publishers, 2019.

144　Chong, Alan; Stephen A. *The Tang shipwreck: art and exchange in the 9th century*. Singapore: Asian Civilisations Museum, 2017.

145　Choo, Wai Hong. *The kingdom of women: life, love and death in China's hidden mountains*. London; New York: I.B. Tauris & Co. Ltd, 2017.

146　Chow, Phoebe. *Britain's imperial retreat from China, 1900-1931*. United Kingdom: Routledge, 2016.

147　ChowBing, Ngeow. *Researching China in Southeast Asia*. London: Routledge, 2019.

148　Christensen, Matthew B. *Geek in China: discovering the land of bullet trains, Alibaba and dim sum*. Japan: Tuttle Publishing, 2016.

149　Chu, Yiu-Wai. *Hong Kong culture and society in the new millennium: Hong Kong as method*. Singapore: Springer, 2017.

150　Chu. Marcus P. *Politics of mega-events in China's Hong Kong and Macao;* Cham, Switzerland: Palgrave Macmillan, 2019.

151　Churchman, Catherine. *The people between the rivers: the rise and fall of a bronze drum culture, 200- 750 CE*. United States: Rowman & Littlefield Inc., 2016.

152　Clark, Anthony E. *Heaven in conflict: franciscans and the boxer uprising in Shanxi*. United States: University of Washington Press, 2015.

153　Clark, Hugh R. *The Sinitic encounter in Southeast China through the first millennium CE*. United States: University of Hawaii Press, 2016.

154　Clark, Sarah [et al.]. *Beijing: city guide*. London: Insight Guides, 2017.

155　Clements, Jonathan. *An armchair traveller's history of Beijing*. United Kingdom: Haus Publishing Ltd, 2016.

156　Clements, Jonathan. *The emperor's feast: a history of China in twelve meals*. London: Hodder & Stoughton, 2021.

157　Coble, Parks M. *China's war reporters: the legacy of resistance against Japan*. United States: Harvard University Press, 2015.

158　Cohen, Paul A. *A path twice traveled: my journey as a historian of China*. Cambridge, Massachusetts: The Fairbank Center for Chinese Studies at Harvard University, 2019.

159　Cohen, Warren I. *America's response to China: a history of Sino-American relations*. New York: Columbia University Press, 2019.

160　Coles, T. J. *Fire and fury: how the US isolates North Korea, encircles China and risks nuclear war in Asia*. W. Sussex: Clairview Books Ltd., 2017.

161 Colloquium on Contemporary History. *A new equation: Chinese intervention into the Korean War.* Washington, D.C.: Naval History and Heritage Command, 2020.

162 Cook, Constance A. *Birth in ancient China: a study of metaphor and cultural identity in pre-imperial China.* Albany: SUNY, 2017.

163 Cordier, Henri. *Cathay and the way thither: beign a collection of medieval notices of China. Volume II, Odoric of Pordenone.* London: Hakluyt Society, 2018.

164 Cosentino, Bianca [et al.]. *Research for TRAN Committee: the new silk route: opportunities and challenges for EU transport.* Brussels: European Parliament, 2018.

165 Cosmo, Nicola Di; Maas, Michael. *Empires and exchanges in Eurasian late antiquity: Rome, China, Iran, and the steppe, ca. 250-750.* Cambridge, 2018.

166 Costine, Billy. *My Chinese Experience: a personal story*. Rochestown, Cork, Ireland: Orla Kelly Publishing, 2019.

167 Cottrell, George. *The Shang dynasty*. Kings Lynn: BookLife, 2017.

168 Cox-Fill, Olivia. *Walking a tightrope: memories of Wujeiping, personal physician to China's leaders.* Bloxham: Skyscraper Publications, 2019.

169 Cracknell, Philip. *Battle for Hong Kong, December 1941*. Stroud: Amberley Publishing, 2019.

170 Crowden, James. *The frozen river.* London: William Collins, 2020.

171 Crowell, Todd. *Farewell, my colony: last days in the life of British Hong Kong.* Hong Kong: Blacksmith Books, 2017.

172 Dai, Jinhua. *After the post-cold war: the future of Chinese history.* Durham: Duke University Press, 2018.

173 Dainelli, Giotto. *Buddhists and glaciers of Western Tibet.* London: Routledge, 2018.

174 Damm, Jens [et al]. *China in a global context: erspectives on and from China.* Zurich: LIT, 2018.

175 Damm, Jens. *China's interaction with the world: historical and contemporary aspects.* Wien: LIT, 2017.

176 Damm, Jens, Cheng, Isabelle. *Taiwan: self vs. other.* Switzerland: Lit, 2016

177 Dardess, John W. *Four seasons: a Ming emperor and his grand secretaries in sixteenth-century China.* United States: Rowman & Littlefield Publishers, 2016.

178 David, John. *The hump: America's strategy for keeping China in World War II.* College Station: Texas A&M University Press, 2017.

179 Davis, Nancy E. *The Chinese Lady: Afong Moy in Early America.* New York, NY: Oxford University Press, 2019.

180 Davis, Richard L. *Fire and ice: Li Cunxu and the founding of the later Tang.* Hong Kong, China: Hong Kong University Press, 2016.

181 Davis, Timothy M. *Entombed epigraphy and commemorative culture in early medieval China: a brief history of early muzhiming.* Netherlands: Brill, 2015.

182 Day, Brian M. *Taiwan tattoo.* United States: Califirnia Global Directions/Things Asian Press, 2015.

183 De Pina-Cabral, João. *Between China and Europe: person, culture and emotion in Macao.* London: Routledge, 2020.

184 Delisle, Jacques; Goldstein, Avery. *China's challenges.* United States: University of

Pennsylvania Press, 2015.
185 Delporte, Corinne. *Chinese New Year.* Toronto: Chouette, 2018.
186 Denoon, David. *U.S.-China relations* [3 v]. United States: New York University Press, 2015.
187 Dere, William Ging Wee. *Being Chinese in Canada: the struggle for identity, redress and belonging.* Madeira Park, BC: Douglas & McIntyre, 2019.
188 Des Forges, Roger V. *The mythistorical Chinese scholar-rebel-advisor Li Yan: a global perspective, 1606-2018.* Leiden; Boston: Brill, 2020.
189 Desnoyers, Charles. *Patterns of modern Chinese history* New York: Oxford University Press, 2017.
190 Dhompa, Tsering Wangmo. *Coming home to Tibet: a memoir or love, loss, and belonging.* United States: Shambhala, 2016.
191 Diamond, Larry Jay. *China's influence & American interests: Promoting constructive vigilance: report of the working group on Chinese influence activities in the United States.* Stanford, California: Hoover Institution Press, 2019.
192 Dillon, Michael. *Deng Xiaoping: the man who made modern China.* United Kingdom: I B Tauris, 2015.
193 Dillon, Michael. *Lesser dragons: minority peoples of China.* London: Reaktion Books, 2018.
194 Dillon, Michael. *Zhou Enlai: The Enigma Behind Chairman Mao.* London: I.B. Tauris, 2020.
195 Dimbleby, Jonathan. *The last governor: Chris Patten and the handover of Hong Kong.* Barnsley, South Yorkshire: Pen & Sword History, 2018.
196 Dimitrakis, Panagiotis. *The secret war for China: espionage, revolution and the rise of Mao.* London: I.B. Tauris, 2017.
197 Ding, Min. *Rethinking Chinese cultural identity: "the Hualish" as an innovative concept.* Singapore: Springer, 2019.
198 Ding, Min; Xu, Jie. *The Chinese way.* United States: Routledge, 2015.
199 Ding, Yannan [et al.]. *China: a historical geography of the ubran.* Basingstoke, Hampshire: Palgrave Macmillan, 2017.
200 Diokno, Maria Serena I. [et al.]. *China's footprints in Southeast Asia.* Singapore: NUS Press, 2019.
201 Dittmer, Lowell. *China's Asia: triangular dynamics since the Cold War.* Lanham: Rowman & Littlefield Publishers, 2018.
202 DiValerio, David M. *The life of the madman of Ü.* United States: Oxford University Press, 2016.
203 DK Travel. *Top 10 Beijing.* London: Dorling Kindersley Limited, 2017.
204 DK. *Baby's first Chinese New Year.* London: Dorling Kindersley Limited, 2019.
205 DK. *China through time: a 2, 500 year journey along the world's greatest canal.* London: DK Children, 2020.
206 Doctor X. *The adventures of Doctor X in China: five years as an ESL teacher in a strange land.* [Place of publication not identified]: Limit Line Publishing, 2017.
207 Domenach, Jean-Luc. *The origins of the great leap forward: the case of one Chinese province.* London: Routledge, 2019.
208 Donnelly, Gerry. *Overland to Beijing: the greatest train journey in the world.* Ireland: Gerry Donnelly, 2020.

209 Donnithorne, Audrey. *China: in life's foreground*. North Melbourne, Vic: Australian Scholarly Publishing Pty Ltd, 2019.

210 Dorsey, James M. *China and the Middle East: venturing into the maelstrom*. Basingstoke, Hampshire: Palgrave Macmillan, 2018.

211 Dulley, Hugh. *A voyage to war: an Englishman's account of Hong Kong, 1936-41*. United Kingdom: Unicorn Press, 2016.

212 Durrant, Stephen W; Li, Wai-yee. *The letter to Ren An and Sima Qian's legacy*. United States: University of Washington Press, 2016.

213 E. Gamer, Robert. *Understanding contemporary China*. Boulder, Colorado: Lynne Reinner Publishers, 2017.

214 Ebrey, Patricia Buckley; Huang, Shih-shan Susan. *Visual and material cultures in middle period China*. Leiden; Boston: Brill, 2017.

215 Ebrey, Patricia Buckley; Smith, Paul J. *State power in China, 900-1325*. United States: University of Washington Press, 2016.

216 Edwards, Louise P. *Women warriors and wartime spies of China*. United Kingdom: Cambridge University Press, 2016.

217 Eichmann, Ricardo [et al.]. *Music archaeology from the perspective of anthropology: papers from the 10th Symposium of the International Study Group on Music Archaeology at the Hubei Provincial Museum, Wuhan, China, 21-25 October, 2016*. Rahden/Westf.: VML, Verlag Marie Leidorf GmbH, 2019.

218 Eimer, David. *Beijing*. Carlton, Victoria: Lonely Planet, 2017.

219 Elionne, Belden L. W. Elionne. *Claiming Chinese identity*. London: Routledge, Taylor & Francis Group, 2019.

220 Elizalde, María Dolores; Wang, Jianlang. *China's development from a global perspective*. Newcastle-upon-Tyne: Cambridge Scholars Publishing, 2017.

221 Elleman, Bruce A. *Modern China: continuity and change, 1644 to the present*. Lanham: Rowman & Littlefield, 2019.

222 Elleman, Bruce A. *Taiwan's offshore islands: pathway or barrier?*. Newport, Rhode Island: Naval War College Press, 2019.

223 Elman, Benjamin A.; Liu, Chao-Hui Jenny. *The "Global" and the "Local" in Early Modern and Modern East Asia*. Leiden: Brill, 2017.

224 Emma Constantine. *OCR GCSE history explaining the Modern World: China 1950-1981*. London: Hodder Education, 2017.

225 Emmerson, Donald K. *The deer and the dragon: Southeast Asia and China in the 21st century*. Stanford, CA: Stanford/Walter H. Shorenstein Asia-Pacific Research Center, Freeman Spogli Institute, 2020.

226 Emmett, Chris. *Hong Kong policeman: law, life and death on the streets of Hong Kong: an English police inspector tells it as it was*. Hong Kong, China: Earnshaw Books, 2015

227 Epstein, Maram. *Orthodox passions: narrating filial love during the high Qing*. Cambridge, Massachusetts: Harvard University Asia Center, 2019.

228 Esherick, Joseph; Combs, Matthew T. *1943: China at the crossroads*. United States: Cornell University. East Asia Program, 2015.

229 Ess, Hans van; Lomová, Olga. *Views from within, views from beyond: approaches to the Shiji*

as an early work of historiography. Germany: Harrassowitz Verlag, 2015.
230   Esselstrom, Erik. *That distant country next door: popular Japanese perceptions of Mao's China.* Honolulu: University of Hawai'i Press, 2019.
231   Evans-Pritchard, Blake. *City Trail Guide to Hong Kong: the guidebook for travellers and expats.* Lampeter: City Trail Publishing Limited, 2018.
232   Ewins, Neil. *Ceramics and globalization: Staffordshire ceramics, made in China.* New York: Bloomsbury Academic, 2017.
233   Eyewitness, DK. *Top 10 Beijing.* London: DK Eyewitness Travel, 2019.
234   Ezell, Scott. *A far corner: life and art with the open circle tribe.* United States: Univ of Nebraska Press, 2015.
235   Fagin, Anthony. *A cycle of Cathay: freewheeling in China 1982 – 1983.* Cornwall: Worldaway, 2018.
236   Fajcsák, Györgyi; Kelényi, Béla. *Sanghay Shanghai: parallel diversities between East and West.* Budapest: Hopp Ferenc Kelet-Ázsiai Művészeti Múzeum: Szépművészeti Múzeum, 2017.
237   Falk, Harry. *Kushan histories: literary sources and selected papers from a symposium at Berlin, December 5 to 7, 2013.* Germany: Hempen Verlag, 2015.
238   Fan, C. Simon. *Culture, institution, and development in China: the economics of national character.* United Kingdom: Routledge, 2016.
239   Fang, Chengyu. *Language and iconography of Chinese charms: deciphering a past belief system.* Singapore: Springer, 2016.
240   Fang, Huawen. *Traditional Chinese folk customs.* United Kingdom: Cambridge Scholars, 2015.
241   Fang, Weigui. *Modern notions of civilization and culture in China.* Basingstoke: Palgrave Macmillan, 2019.
242   Farrer, James; Field, Andrew David. *Shanghai nightscapes: a nocturnal biography of a global city.* United States: University of Chicago Press, 2015.
243   *Fashion in multiple Chinas: Chinese styles in the transglobal landscape.* London: I. B. Tauris, 2018.
244   Fatland, Erika. *The border - a journey around Russia: a journey around Russia through North Korea, China, Mongolia, Kazakhstan, Azerbaijan, Georgia, Ukraine, Belorussia, Lithuania, Poland, Latvia, Estonia, Finland, Norway and the Northwest Passage.* London: MacLehose Press, 2020.
245   Fellows, Alice. *Hong Kong.* Singapore: APA Publications, 2017.
246   Fellows, Alice. *Hong Kong: pocket guide.* Great Britain: Apa Publications (UK) Ltd, 2017.
247   Felton, Mark. *China station.* Barnsley: Pen & Sword Military, 2020.
248   Feng, Ge; Du, Zhengming. *Traditional Chinese rites and rituals.* United Kingdom: Cambridge Scholars, 2015.
249   Feng, Li. *Forged from silver dollar: one family's epic tale of survival in tumultuous twentieth-century China.* Australia: Hachette Australia, 2015.
250   Feng, Xianghong. *Tourism and prosperity in Miao land: power and inequality in rural ethnic China.* Lanham: Lexington Books, 2017.
251   Feuchtwang, tephan. *China in comparative perspective.* New Jersey; London; Singapore:

World Scientific, 2017.

252 Fidan, Giray. *Chinese travelers to the early Turkish republic*. Princeton, NJ: Markus Wiener Publishers, 2020.

253 Fitzgerald, C.P. *Revolution in China*. New York, NY: Routledge, 2019.

254 Fitzgerald, Stephen. *Comrade ambassador: Whitlam's Beijing envoy*. Australia: Melbourne University Press, 2015.

255 Fitzpatrick, Liam. *Top 10 Hong Kong*. London: Dorling Kindersley Limited, 2018.

256 Flanagan, Andy. *The endless battle: the fall of Hong Kong and Canadian POWs in imperial Japan*. Fredericton, New Brunswick: Goose Lane Editions, 2017.

257 Flath, James A. *Traces of the sage: monument, materiality, and the first temple of Confucius*. United States: University of Hawai'i Press, 2016.

258 Flint, Andrew. *Edexcel AS and A level history. Mao's China, 1949-76*. London: Hodder Education, 2017.

259 Fodor's. *Fodor's Hong Kong: with a side trip to Macau*. United States: Fodor's, 2015.

260 Fogel, Joshua A. *Recent Japanese studies of modern Chinese history: v. 2*. New York: Routledge, 2019.

261 Fogel, Joshua A.; Rowe, William T. *Perspectives on a changing China: essays in honor of Professor C. Martin Wilbur on the occasion of his retirement*. London: Routledge, 2019.

262 Fogle, Ben. *Up: my life journey to the top of Everest*. London: William Collins, 2018.

263 Fong, Brian C.H.; Lui, Tai-Lok. *Hong Kong 20 years after the handover: emerging social and institutional fractures after 1997*. Basingstoke, Hampshire: Palgrave Macmillan, 2017.

264 Forster, Keith. *Rebellion and factionalism in a Chinese province: Zhejiang, 1966-76*. New York: Routledge, 2019.

265 Franceschini, Ivan; Loubere, Nicholas. *Made in China yearbook*. Acton ACT, Australia: ANU Press, 2019.

266 Francis, Sangma. *Everest*. London: Flying Eye Books, 2018.

267 Fröhlich, Thomas; Schneider, Axel. *Chinese visions of progress, 1895 to 1949*. Leiden: Brill, 2020.

268 Fu, Chonglan. *An urban history of China*. Singapore: Palgrave Macmillan, 2019.

269 Fung, Lynn; Fong, Stephanie. *Wenfang: a treasure trove of Ming and Qing scholarly objects*. Hong Kong: Liang Yi Museum, 2018.

270 Furlong, Wayne. *Buddha is a punk skater*. Hong Kong: Proverse Hong Kong, 2018.

271 Gadādharasiṃha. *Thirteen months in China: a subaltern Indian and the colonial world: an annotated translation of Thakur Gadadhar Singh's Chīn me terah mās*. New Delhi, India: Oxford University Press, 2017.

272 Galambos, Imre. *Translating Chinese tradition and teaching Tangut culture: manuscripts and printed books from Khara-Khoto*. Germany: De Gruyter, 2015.

273 Galtung, Marte Kjør; Stenslie, Stig. *49 myths about China*. United States: Rowman & Littlefield, 2015.

274 Gan, Chunsong. *A concise reader of Chinese culture*. Singapore: Springer, 2019.

275 Gan, Fuxi; Li, Qinghui. *Recent advances in the scientific research on ancient glass and glaze*. United States: World Scientific Publishing, 2016

276 Gao, Hao. *Creating the Opium War: British imperial attitudes towards China, 1792-1840*.

Manchester, UK: Manchester University Press, 2019.
277 Gao, Yan. *China's rural-urban inequality in the countryside.* Singapore: Springer, 2018.
278 Garcia, Zenel. *China's military modernization, Japan's normalization and the South China Sea territorial disputes.* Basingstoke, Hampshire: Palgrave Macmillan, 2019.
279 Garrett, Richard J. *The Peak: an illustrated history of Hong Kong's top district.* Fo Tan, Hong Kong: Blacksmith Books, 2018.
280 Garver, John W. *China's quest: the history of the foreign relations of the People's Republic of China.* New York: Oxford University Press, 2016.
281 Gates, Chris; Morgan, Elizabeth. *China and revolution.* Australia: Cengage Learning Australia, 2015.
282 Gauci, Joe. *IB History SL & HL Paper 2 Authoritarian States: China 1911-1976.* Oxford: OSC, 2017.
283 Gauthier, Sharol. *Shanghai / Sharol Gauthier.* Singapore: Marshall Cavendish Editions, 2019.
284 Ge, Zhaoguang. *Here in "China" I dwell: reconstructing historical discourses of China for our time.* Leiden; Boston: Brill, 2017.
285 Geetha, A. *Land of legends and the holy mount: journeys to Kailash - Manasarovar: the best for reading & the must for pilgrims!* Chennai: Narmadha, February 2018.
286 Gelber, Harry. *Battle for Beijing, 1858-1860: Franco-British conflict in China.* Switzerland: Palgrave Macmillan, Springer International Publishing Ag Switzerland, 2016.
287 Geldart, Jonathan. *Inside the Middle Kingdom: insights into modern China - a collection of 50 personal stories.* London: LID, 2017.
288 Gescher, Jeanne-Marie. *Becoming China: The Story Behind the State.* London: Bloomsbury Caravel, 2017.
289 Gibbs, Levi S. *Song king: connecting people, places, and past in contemporary China.* Honolulu: University of Hawaiʻi Press, 2018.
290 Gimpel, Denise. *Chen Hengzhe: a life between orthodoxies.* United States: Lexington Books, 2015.
291 Gittings, John. *The world and China, 1922-1972.* London: Routledge, 2018.
292 Glover, Robert. *As many as the stars.* London: Hodder & Stoughton, 2020.
293 Godement, Francois; Miller, Rhoda. *Contemporary China: between Mao and market.* United States: Rowman & Littlefield, 2016.
294 Goldin, Paul R. *Routledge handbook of early Chinese history.* London: Routledge, 2017.
295 Goldstein, Steven M. *China briefing, 1984.* New York: Routledge, 2019.
296 Goncalves, Victor Alexandre. *China on stage: geopolitics, geostrategics and geoeconomics in the South China Sea dispute.* Lisboa: Sinapis, 2017.
297 González de Mendoza, Juan. *The history of the great and mighty kingdom of China and the situation thereof.* London: Hakluyt Society, 2017.
298 Goullart, Peter. *Forgotten kingdom: nine years in Yunnan 1939-48.* London: Eland Publishing, 2017.
299 Graham, David Crockett. *More songs and stories of the Ch'uan Miao.* Wiesbaden: Harrassowitz Verlag, 2018.
300 Graham, Fabian. *Voices from the underworld: Chinese hell deity worship in contemporary Singapore and Malaysia.* Manchester: Manchester University Press, 2020.

301　Grasso, June M. *Japan's "new deal" for China: propaganda aimed at Americans before Pearl Harbor.* London: Routledge, 2018.
302　Grewal Bikram. *Birds of the Himalayas.* London: Bloomsbury, 2017.
303　Gunn, Geoffrey C. *Overcoming Ptolemy: the revelation of an Asian world region.* Lanham: Lexington Books, 2018.
304　Guo, Daiheng. *Chinese master architect: Liang Sicheng.* UK: Paths International Ltd, 2019.
305　Guo, Ting. *Surviving in violent conflicts: Chinese interpreters in the second Sino-Japanese War 1931-1945.* United Kingdom: Palgrave Macmillan, 2016.
306　Guo, Vivienne Xiangwei. *Women and politics in wartime China: crossing geopolitical borders.* London: Routledge, 2018.
307　Guo, Zhitian. *Changing ethnicity: contemporary ethno-politics in China.* Singapore: Palgrave Macmillan US, 2020.
308　Gützlaff, Karl Friedrich August. *China opened: Karl Friedrich August Gutzlaff.* United Kingdom: Cambridge University Press, 2015.
309　Guyot-Rechard, Berenice. *Shadow states: India, China and the Himalayas, 1910-1962.* Cambridge: Cambridge University Press, 2017.
310　Habberstad, Luke. *Forming the early Chinese court: rituals, spaces, roles.* Seattle: University of Washington Press, 2017.
311　Halsey, Stephen R. *Quest for power: European imperialism and the making of Chinese statecraft.* United States: Harvard University Press, 2015.
312　Hampshire, Basingstoke. *Contesting British Chinese culture.* Basingstoke, Hampshire: Palgrave Macmillan, 2018.
313　Han, Seunghyun. *After the prosperous age: state and elites in early nineteenth-century Suzhou.* United States: Harvard University Press, 2016.
314　Hang, Xing. *Conflict and commerce in maritime East Asia: the Zheng family and the shaping of the modern world, c. 1620-1720.* United Kingdom: Cambridge University Press, 2015.
315　Hantzis, Steven James. *Rails of war: supplying the Americans and their allies in China-Burma-India.* Lincoln: Potomac Books, an imprint of the University of Nebraska Press, 2017.
316　Harmsen, Peter. *Nanjing 1937: battle for a doomed city.* United States: Casemate, 2015.
317　Harmsen, Peter. *War in the Far East.* Philadelphia: Casemate, 2018.
318　Harper, Damian. *China: top sights, authentic experiences.* Carlton, Victoria: Lonely Planet, 2017.
319　Harries, Owen. *China in the National interest.* [Place of publication not identified]: Routledge, 2017.
320　Harris, Nigel. *The mandate of heaven: Marx and Mao in modern China.* United States: Haymarket Books, 2015.
321　Harrison-Hall, Jessica. *China: a history in objects.* London: Thames & Hudson, 2017.
322　Hartmann, Christof; Noesselt, Nele. *China's new role in African politics: from non-intervention towards stabilization?.* London: Routledge, 2019.
323　Haslund-Christensen, Henning. *Men and gods in Mongolia.* London: Routledge, 2019.
324　Hayton, Bill. *The invention of China.* New Haven: Yale University Press, 2020.
325　He, Jianming. *Nanjing 1937: Memories of a Massacre.* London: ACA Publishing Ltd., 2020.
326　He, Kai. *China's crisis behavior: political survival and foreign policy after the Cold War.*

United Kingdom: Cambridge University Press, 2016.
327 He, Lillian. *Shanghai: the city at a glance*. London: Phaidon Press Limited, 2017.
328 He, Liyi. *Mr. China's son: a villager's life*. [Place of publication not identified]: Routledge, 2018.
329 Heikkila, Eric John. *China from a U.S. policy perspective*. London: Routledge, 2020.
330 Hein, Anke. *The burial record of prehistoric Liangshan in southwest China: graves as composite objects*. Cham: Springer, 2017.
331 Helgesen, Geir [et al.]. *East-West reflections on demonization: North Korea now, China Next?* Copenhagen, Denmark: NIAS Press, 2020.
332 Helsztyńska-Stadnik, Magdalena. *China*. London: Insight Guides, 2017.
333 Heng, Terence. *Diasporas, weddings and trajectories of ethnicity*. London: Routledge, 2020.
334 Heng, Terence. *Of gods, gifts and ghosts: spiritual places in urban spaces*. London: Routledge, 2020.
335 Herlijanto, Johanes. *Old stereotypes, new convictions: Pribumi perceptions of ethnic Chinese in Indonesia*. Singapore: ISEAS Publishing, 2017.
336 Herrick, Christopher; Gai, Zheya. *China's peaceful rise: perceptions, policy and misperceptions*. United Kingdom: Manchester University Press, 2016.
337 Hew, Wai Weng. *Chinese ways of being Muslim: negotiating ethnicity and religiosity in Indonesia*. Copenhagen K, Denmark: NIAS Press, 2018.
338 Hiebert, Murray. *Under Beijing's shadow: Southeast Asia's China challenge*. Washington, D.C: Center for Strategic and International Studies, 2020.
339 Higgins, Nadia. *Mount Everest*. Oxford: Raintree, 2018.
340 Hildebrandt, Berit. *Silk: trade and exchange along the silk roads between Rome and China in antiquity*. Oxford: Oxbow Books, 2017.
341 Hilgers, Lauren. *Patriot number one: American dreams in Chinatown*. New York: Crown, 2018.
342 HK Urbex. *Spatial cemetery: a journey beneath the surface of hidden Hong Kong*. Hong Kong: Blacksmith Books, 2019.
343 Ho, Denise Y. *Curating revolution: politics on display in Mao's China*. Cambridge: Cambridge University Press, 2018.
344 Hochstadt, Steve. *A century of Jewish life in Shanghai*. New York, NY: Touro University Press, 2019.
345 Hodzi, Obert. *Chinese in Africa: 'Chineseness' and the complexities of identities*. London: Routledge, 2020.
346 Hohler, Susanne. *Fascism in Manchuria: the Soviet-China encounter in the 1930s*. London: I.B. Tauris & Co. Ltd, 2017.
347 Holmes, Kirsty. *Whatever happened to... the Shang Dynasty?* King's Lynn: BookLife, 2019.
348 Hon, Tze-Ki. *The allure of the nation: the cultural and historical debates in late Qing and Republican China*. Netherlands: Brill, 2015.
349 Hong, Jeehee. *Theater of the dead: a social turn in Chinese funerary art, 1000-1400*. United States: University of Hawai'i Press, 2016.
350 Honig, Emily. *Across the great divide: the sent-downyouth movement in Mao's China, 1968–1980*. Cambridge: Cambridge University Press, 2019.

351	Hooper, Beverley. *Foreigners under Mao: Western lives in China, 1949-1976*. Hong Kong, China: Hong Kong University Press, 2016.
352	Horesh, Niv. *China's grand strategy under Xi Jinping: how history complicates Beijing's global outreach*. London: Routledge, 2020.
353	Hou, Renzhi. *Symposium on Chinese historical geography*. Germany: Springer, 2015.
354	Hsieh, Tsu-Sung. *The South China Sea disputes: historical, geopolitical and legal studies*. New Jersey: World Scientific, 2018.
355	Hsiung, James Chieh. *The South China Sea disputes and the US-China contest: international law and geopolitics*. Hackensack, New Jersey: World Scientific, 2018.
356	Hu, Jianyu [et al.]. *Regional oceanography of the South China Sea*. New Jersey: World Scientific, 2020.
357	Hu, Minghui; Elverskog, Johan. *Cosmopolitanism in China, 1600-1950*. United States: Cambria Press, 2016.
358	Hu, Mingyuan. *Fou Lei: an insistence on truth*. Leiden; Boston: Brill, 2017.
359	Huang, Eddie. *Double cup love: on the trail of family, food, and broken hearts in China*. United States: Spiegel & Grau, 2016.
360	Huang, Junjie; Rüsen, Jörn. *Chinese historical thinking: an intercultural discussion*. Germany: V&R Unipress, 2015.
361	Huang, Ping. *China and Central and Eastern European cooperation: the Belt and Road Initiative*. United Kingdom: Paths International Ltd, 2018.
362	Huenemann, Ralph William. *Imperialism and China, 1800-1945: critical concepts in Asian studies [4 v]*. United Kingdom: Routledge, 2016.
363	Hughes, Alex. *China: intercultural imaginings*. [Place of publication not identified]: Routledge, 2018.
364	Hummel, Arthur William; Crossley, Pamela Kyle. *Eminent Chinese of the Qing period (1644-1911/2)*. Great Barrington, Massachusetts: Berkshire Publishing Group, 2018.
365	Hung, Hing Ming. *From the Mongols to the Ming Dynasty: how a begging monk became emperor of China, Zhu Yuan Zhang*. United States: Algora Publishing, 2016.
366	Ing, Todd S. *Nobel and Lasker laureates of chinese descent: in literature and science*. Hackensack, New Jersey: World Scientific, 2019.
367	Inglis, Brian. *The opium war*. London: Endeavour Ink, 2017.
368	Insight Guides. *Beijing: city guide*. London: APA Publications (UK), 2017.
369	Insight Guides. *Experience Hong Kong*. London: APA Publications, 2018.
370	Insight Guides. *Hong Kong: pocket guide*. London: Apa Publications (UK), 2017.
371	Islamoglu, Huricihan; Perdue, Peter C. *Shared histories of modernity: China, India and the Ottoman Empire*. New Delhi: Routledge India, 2020.
372	Itoh, Mayumi. *The making of China's war with Japan: Zhou Enlai and Zhang Xueliang*. Singapore: Palgrave Macmillan, 2016.
373	Itoh, Mayumi. *The making of China's peace with Japan: what Xi Jinping should learn from Zhou Enlai*. Singapore: Palgrave Macmillan, 2017.
374	Itoh, Mayumi. *The origins of contemporary Sino-Japanese relations: Zhou Enlai and Japan*. United Kingdom: Palgrave Macmillan, 2016.
375	J. Meyer, Michael. *The road to Sleeping Dragon: learning China from the ground up*. New

York: Bloomsbury USA, 2017.
376 Jackson, Daniel. *Famine, sword & fire: the liberation of Southwest China in World War II*. United States: Schiffer Publishing Ltd., 2015.
377 Jacob, Jabin T.; Hoang, The Anh. *China's search for 'national rejuvenation': domestic and foreign policies under Xi Jinping*. Basingstoke: Palgrave Macmillan, 2020.
378 Jacobs, J. Bruce; Kang, Peter. *Changing Taiwanese identities*. London: Routledge, 2018.
379 Jacobs, Justin. *The compensations of plunder: how China lost its treasures*. Chicago: University of Chicago Press, 2020.
380 Jersild, Austin. *The Sino-Soviet alliance: an international history*. United States: The University of North Carolina Press, 2016.
381 Jiang, Shigong. *China's Hong Kong: a political and cultural perspective*. Singapore: Springer, 2017.
382 Jin, Chongji. *Mao Zedong: a biography*. Cambridge: Cambridge University Press, 2020.
383 Jin, Yaoji. *China's great transformation: selected essays on Confucianism, modernization, and democracy*. Hong Kong: The Chinese University Press, 2018.
384 Jin, Zhouying. *The future of humanity: global civilization and China's rejuvenation*. Bristol: Intellect, 2018.
385 Jing, Yuejin; Zhang, Xiaojin. *Understanding China politics: the key words approach*. United Kingdom: Paths International, 2016.
386 Joniak-Lüthi, Agnieszka. *The Han: China's diverse majority*. United States: University of Washington Press, 2015.
387 Joseph, William A. *China briefing, 1991*. London: Routledge, 2019.
388 Joseph, William A. *China briefing, 1992*. London: Routledge, 2019.
389 *Journey to the top of the world*. Oxford: Raintree, 2017.
390 Jowett, Philip S. *Chiang Kai-shek versus Mao Tse-tung: the battle for China 1946-1949*. Barnsley, South Yorkshire: Pen & Sword Military, 2018.
391 Jowett, Philip S. *China and Japan at war 1937-1945*. United Kingdom: Pen and Sword, 2016.
392 Judge, Joan. *Republican lens: gender, visuality, and experience in the early Chinese periodical press*. United States: University of California Press, 2016.
393 Jun, Niu. *The Cold War and the origins of foreign relations of the People's Republic of China*. Leiden: Brill, 2018.
394 K.S. Hilde, Rosalie. *Making critical sense of immigrant experience: a case study of Hong Kong Chinese in Canada*. United Kingdom: Emerald Publishing, 2017.
395 Kai, Jin. *Rising China in a changing world: power transitions and global leadership*. Singapore: Palgrave Macmillan, 2017.
396 Kam, Liza Wing Man. *Reconfiguration of "the stars and the queen": a quest for the interrelationship between architecture and civic awareness in post-colonial Hong Kong*. Germany: Nomos, 2015.
397 Kan, Karoline. *Under red skies: the life and times of a Chinese millennial*. London: Hurst & Company, 2019.
398 Kane, Anthony James. *China briefing, 1990*. London: Routledge, 2019.
399 Kashgar Revisited. *Kashgar revisited: Uyghur studies in memory of Ambassador Gunnar Jarring*. Leiden; Boston: Brill, 2017.

400 Kaufman, Jonathan. *Kings of Shanghai*. London: Little, Brown Book Group, 2020.
401 Keevak, Michael. *Embassies to China: diplomacy and cultural encounters before the Opium Wars*. Singapore: Palgrave Macmillan, 2017.
402 Keightley, David N. *These bones shall rise again: selected writings on early China*. United States: SUNY Press, 2015.
403 Keliher, Macabe. *The board of rites and the making of Qing China*. Oakland, California: University of California Press, 2019.
404 Kendall, Paul. *The sounds of social space: branding, built environment, and leisure in urban China*. Honolulu: University of Hawai'i Press, 2019.
405 Kenley, David. *Modern Chinese history*. Ann Arbor, MI: Association for Asian Studies, Inc., 2020.
406 Keswick, Tessa. *The colour of sky after rain*. London: Head of Zeus, 2020.
407 Khalil, Osamah F. *United States relations with China and Iran: toward the Asian century*. London: Bloomsbury Academic, 2019.
408 Khatri, Sunil. *Events leading to the Sino-Indian Conflict of 1962*. New Delhi: Institute for Defence Studies & Analyses, February 2017.
409 Kidd, David. *Peking story*. London: Eland Publishing, 2020.
410 Kim, Loretta E. *Ethnic chrysalis: China's Orochen people and the legacy of Qing borderland administration*. Cambridge, Massachusetts: Harvard University Asia Center, 2019.
411 Kim, Seonmin. *Ginseng and borderland: territorial boundaries and political relations between Qing China and Chosŏn Korea, 1636-1912*. Oakland, California: University of California Press, 2017.
412 Klein, Esther Sunkyung. *Reading Sima Qian from Han to Song: the father of history in pre-modern China*. Leiden; Boston: Brill, 2019.
413 Knothe, Florian. *Chen Xi: so we remember*. Hong Kong, China: University of Hong Kong press, 2016.
414 Knowles, Christopher. *Shanghai*. Basingstoke: AA Publishing, 2019
415 Ko, Humphrey. *The making of the modern Chinese state: cement, legal personality, and industry*. Singapore: Palgrave Macmillan, 2016,
416 Koga, Yukiko. *Inheritance of loss: China, Japan, and the political economy of redemption after empire*. United States: University of Chicago Press, 2016.
417 Kohrman, Matthew [et al]. *Poisonous pandas: Chinese cigarette manufacturing in critical historical perspectives*. Redwood City: Stanford University Press, 2018.
418 Kokobun, Ryosei. *Japan-China relations in the modern era*. London: Routledge, 2017.
419 Kolas, Ashild; Xie, Yuanyuan. *Reclaiming the forest: the Ewenki reindeer herders of Aoluguya*. United Kingdom: Berghahn Books, 2015.
420 Kósa, Gábor. *China across the centuries: papers from a lecture series in Budapest*. Budapest: Department of East Asian Studies, Eötvös Loránd University, 2017.
421 Koss, Stephen L. *Beautiful Su: a social and cultural history of Suzhou, China*. United States: China Books, 2015.
422 Kuiper, Koos. *The early Dutch sinologists (1854-1900): training in Holland and China, functions in the Netherlands Indies*. Leiden: Brill, 2017.
423 Kumar, Ashutosh. *China and Russia: a lifeline to North Korea*. Noida, U. P.: Bhairavi, 2018.

424　Kuo, Steven C.Y. *Chinese peace in Africa: peacemaking, peacebuilding and peacekeeping*. London: Routledge, 2019.

425　Kuok, Robert. *Robert Kuok, a memoir*. Singapore: Landmark Books, 2018.

426　Kwok, Kian-Woon. *Chinese*. Singapore: Institute of Policy Studies: Straits Times Press Pte Ltd, 2018.

427　Lagerwey, John. *Modern Chinese religion* [v. 1-2]. Netherlands: Brill, 2015.

428　Lai, Benjamin. *Chinese battleship vs Japanese cruiser: Yalu River 1894*. London: Osprey Publishing, 2019.

429　Lai, Benjamin. *The Long March 1934-35: the rise of Mao and the beginning of modern China*. Oxford: Osprey Publishing, 2019.

430　Lai, Benjamin; Rava, Giuseppe, Bogdanovic Nikolai. *Shanghai and Nanjing 1937: massacre on the Yangtze*. London: Osprey Publishing, 2017.

431　Lai, Celine Yuen Yan. *Contacts between the Shang and the South c. 1300-1045 BC: resemblance and resistance*. Oxford: British Archaeological Reports Oxford Ltd, 2019.

432　Lai, Guolong. *Excavating the afterlife: the archaeology of early Chinese religion*. United States: University of Washington Press, 2015.

433　Laidler, Keith. *The last empress*. Rookhope: Aziloth Books, 2019.

434　Laing, Yong. *Han tombs of Xuzhou*. London: Xanadu, 2018.

435　Lam, Dickson. *Paper sons: a memoir*. Pittsburgh: Autumn House Press, 2018.

436　Lam, Hang-chi. *Conjecturing Hong Kong's future: Lam Hang-chi's editorials from the Hong Kong economic journal 1975-1984*. Hong Kong: The Chinese University Press, 2018.

437　Lam, Peng Er. *China-Japan relations in the 21st century: antagonism despite interdependency*. Basingstoke, Hampshire: Palgrave Macmillan, 2017.

438　Lamb, Alastair. *British India and Tibet 1766-1910*. London: Routledge, 2018.

439　Lan, Rixu; Ng, Charlie. *Transformation of China's banking system from the late Qing era to the 1930s* [2 v]. United States: Enrich Professional Publishing, 2015.

440　Lane, George. *The Phoenix Mosque and the Persians of medieval Hangzhou*. London: Gingko, 2018.

441　Lane, Kevin. *Sovereignty and the status quo: the historical roots of China's Hong Kong policy*. London: Routledge, 2019.

442　Lary, Diana. *China's Civil War: a social history, 1945-1949*. United Kingdom: Cambridge University Press, 2015.

443　Latham, Kevin. *Routledge handbook of Chinese culture and society*. London: Routledge, 2020.

444　Lau, Raymond W. K. *Intellectual developments in Greece and China: contingency, institutionalization and path dependency*. Newcastle-upon-Tyne: Cambridge Scholars Publishing, 2020.

445　Laufer, Berthold. *Ancient Iran through Chinese records: commodities and culture from 500 BC to medieval times*. London: I.B. Tauris, 2017.

446　Laytner, Anson; Paper, Jordan D. *The Chinese Jews of Kaifeng: a millennium of adaptation and endurance*. Lanham, Maryland: Lexington Books, 2017.

447　Lean, Eugenia. *Vernacular industrialism in China: local innovation and translated technologies in the making of a cosmetics empire, 1900-1940*. New York: Columbia University Press, 2020.

448　Lee, Adele. *The English renaissance and the Far East: cross-cultural encounters*. Fairleigh Dickinson University Press, 2017.

449　Lee, Cheng F. *From East to West: memoirs of a finance professor on academia, practice, and policy*. New Jersey: World Scientific, 2017.

450　Leffman, David. *Hong Kong & Macau*. London: Rough Guides, 2019.

451　Leffman, David. *The rough guide to Beijing*. London: Rough Guides, 2017.

452　Leland, Charles Godfrey. *Fusang, or, the discovery of America by Chinese Buddhist priests in the fifth century*. London: October Gallery, 2018.

453　Leng, Tse-Kang; Aoyama, Rumi. *Decoding the rise of China: Taiwanese and Japanese perspectives*. Basingstoke, Hampshire: Palgrave Macmillan, 2018.

454　Leo, Jessieca. *Global Hakka: Hakka identity in the remaking*. Netherlands: Brill, 2015.

455　Leung, Pak-Wah. *The quasi-war in East Asia: China's dispute with Japan over the Ryukyu (Liu-Ch'iu) islands and its global implications*. United States: Homa & Sekey Books, 2016.

456　Leung, Vincent S. *The politics of the past in early China*. Cambridge, United Kingdom: Cambridge University Press, 2020.

457　Leutner, Mechthild; Neddermann, Hauke. *Challenging narratives: blind spots of sinology*. Switzerland: Lit Verlag, 2015.

458　Lewis, O. M. *China's lost art loan: finding the missing imperial treasures*. London: High Tile Books Ltd. , 2018.

459　Lewis, Simon. *The rough guide to Shanghai*. London: Rough Guides, 2017.

460　Li, Chen. *Han Dynasty (206BC-AD220) stone carved tombs in Central and Eastern China*. Summertown, Oxford: Archaeopress Publishing Ltd, 2018.

461　Li, Chenyang [et al]. *The beauty of geology: art of geology mapping in China over a century*. Singapore: Springer Open, 2019.

462　Li, Danhui. *Mao and the Sino-Soviet split, 1959-1973: a new history*. Lanham: Lexington Books, 2018.

463　Li, Guotong. *Migrating Fujianese: ethnic, family, and gender identities in an early modern maritime world*. Netherlands: Brill, 2016.

464　Li, Jacqueline; Suart, Peter. *On Misty Mountain: Lu Yu and the Book of Tea*. United Kingdom: Deep Water Books, 2020.

465　Li, Jessica Tsui-yan. *The transcultural streams of Chinese Canadian identities*. Montreal: McGill-Queen's University Press, 2019.

466　Li, Ling. *The Chu Silk manuscripts from Zidanku, Changsha (Hunan Province)*. Sha Tin, N.T., Hong Kong: The Chinese University of Hong Kong Press, 2020.

467　Li, Min. *Social memory and state formation in early China*. Cambridge, United Kingdom: Cambridge University Press, 2018.

468　Li, Phoebe H. *New Zealand Chinese in historical images: recollections of a distant shore*. China: Social Sciences Academic Press, 2017.

469　Li, Shubo. *Mediatized China-Africa relations: how media discourses negotiate the shifting of global order*. Singapore, Singapore: Palgrave Macmillan, 2017.

470　Li, Si; Zhao, Lin. *The poetic development of the Chinese poet Haizi (1964-1989): a case study of changing aesthetic sensibilities in modern China*. United States: Edwin Mellen, 2016.

471　Li, Xiang. *Chinese outbound tourism 2.0*. Canada: Apple Academic Press, 2016.

472 Li, Xiaobing. *Attack at Chosin: The Chinese second offensive in Korea*. Norman, OK: University of Oklahoma Press, 2020.

473 Li, Xiaobing. *China's war in Korea: strategic culture and geopolitics*. Basingstoke: Palgrave Macmillan, 2019.

474 Li, Xiaobing. *The dragon in the jungle: the Chinese army in the Vietnam War*. New York: Oxford University Press, 2020.

475 Li, Xinfeng. *China in Africa: in Zheng He's footsteps*. Cape Town: BestRed, 2017.

476 Li, Yi. *Chinese in Colonial Burma: a migrant community in a multiethnic state*. New York, NY: Palgrave Macmillan, 2017.

477 Li, Yu-ning. *The first emperor of China*. London: Routledge, 2017.

478 Liang, Yongjia. *Religious and ethnic revival in a Chinese minority: the Bai people of Southwest China*. Hong Kong: Liang Yi Museum, 2018.

479 Lieu, Samuel N. C.; Mikkelsen, Gunner B. *Between Rome and China: history, religions and material culture of the Silk Road*. Belgium: Brepols, 2016.

480 Lim, Audrey. *Memories of a Malaccan: the life and times of Lim Keng Watt (1909 - 96)*. Selangor, Malaysia: Mindskills Management and Consultancy, 2018.

481 Lin, Carlos Yu-Kai; Mair, Victor H. *Remembering May Fourth: the movement and its centennial legacy*. Leiden, 2020.

482 Lin, Gang. *Taiwan's party politics and cross-strait relations in evolution (2008-2018)*. Basingstoke, Hampshire: Palgrave Macmillan, 2019.

483 Lin, James C. S.; Li, Xiuzhen. *China's first emperor and the terracotta warriors*. Liverpool: National Museums Liverpool, 2018.

484 Lin, Xiaoqing Diana. *Feng Youlan and twentieth century China: an intellectual biography*. United States: Brill, 2016.

485 Linduff, Katheryn M. *Ancient China and its Eurasian neighbors: artifacts, identity and death in the frontier, 3000-700 BCE*. New York, NY: Cambridge University Press, 2018.

486 Ling, Wessie; Reinach, Simona Segre. *Fashion in multiple Chinas: Chinese styles in the transglobal landscape*. London: Bloomsbury Visual Arts, 2019.

487 Lintner, Bertil. *China's India war: collision course on the roof of the world*. New Delhi: Oxford University Press, 2018.

488 Lintner, Bertil. *The costliest pearl: China's struggle for India's Ocean*. London: Hurst & Company, 2019.

489 Lioy, Stephen. *Tibet*. Carlton, Victoria: Lonely Planet, 2019.

490 Liu, Chen. *Food practices and family lives in urban China*. Abingdon, Oxon; New York, NY: Routledge, 2020.

491 Liu, Elliott J. *Maoism and the Chinese revolution: a critical introduction*. United States: Pm Press, 2016.

492 Liu, Guozhong. *Introduction to the Tsinghua Bamboo-Strip Manuscripts*. Netherlands: Brill, 2016.

493 Liu, Jing. *Division to unification in imperial China: the Three Kingdoms to the Tang dynasty (220-907)*. United States: Stone Bridge Press, 2016.

494 Liu, Jing. *Foundations of Chinese civilization*. United States: Stone Bridge Press, 2016.

495 Liu, Liangni Sally. *Chinese transnational migration in the age of global modernity: the case of*

Oceania. London: Routledge, 2018.

496　Liu, Puning. *China's northern Wei dynasty, 386-535: the struggle for legitimacy*. London: Routledge, 2020.

497　Lloyd, G. E. R.; Zhao, Jingyi Jenny. *Ancient Greece and China compared*. Cambridge: Cambridge University Press, 2018.

498　Loewe, Michael. *Crisis and conflict in Han China, 104BC to AD9*. London: Routledge, 2018.

499　Loewe, Michael. *Problems of Han administration: ancestral rites, weights and measures, and the means of protest*. Netherlands: Brill, 2016.

500　Lorge, Peter Allan. *Reunification of China: peace through war under the Song dynasty*. United Kingdom: Cambridge University Press, 2015.

501　Loseby, Richard. *A boy of China*. New Zealand: Harpercollins, 2016.

502　Loy-Wilson, Sophie. *Australians in Shanghai: race, rights and nation in treaty port China*. London: Routledge, 2017.

503　Lt Gen JS Bajwa. *China: threat or challenge?* New Delhi: Lancer, 2017.

504　Lu, Suping. *A dark page in history: the Nanjing Massacre and post-massacre social conditions recorded in British diplomatic dispatches, admiralty document, and U.S. Naval Intelligence reports*. United States: University Press of America, 2015.

505　Lu, Suping. *A dark page in history: the Nanjing Massacre and post-massacre social conditions recorded in British diplomatic dispatches, Admiralty documents, and U.S. Naval Intelligence reports*. Lanham: Hamilton Books, 2019.

506　Lu, Suping. *The 1937-1938 Nanjing atrocities*. Singapore: Springer, 2019.

507　Lu, Xing. *The rhetoric of Mao Zedong: transforming China and its people*. Columbia, South Carolina: The University of South Carolina Press, 2017.

508　Lu, Yan. *Crossed paths: labor activism and colonial governance in Hong Kong, 1938-1958*. Ithaca, New York: Cornell University East Asia Program, 2019.

509　Lu, Zhouxiang. *Chinese national identity in the age of globalization*. Basingstoke: Palgrave Macmillan, 2020.

510　Luo, Zhitian. *Shifts of power: modern Chinese thought and society*. Boston: Brill, 2017.

511　Luo, Zhitian; Harris, Lane J. *Inheritance within rupture: culture and scholarship in early twentieth-century China*. Netherlands: Brill, 2015.

512　Lv, Shicheng. *The red-crowned cranes of Yancheng*. London: Xanadu Publishing Ltd, 2018.

513　Lynch, Catherine. *Liang Shuming and the populist alternative in China*. Leiden: Brill, 2018.

514　Lynch, Daniel C. *China's futures: PRC elites a Chinese immigrant's journey from the Far East to the faraway West*. United States: Rowman & Littlefield Publishers, 2015.

515　Lynch, Michael J. *Mao*. London: Routledge, 2017.

516　Lynch, Michael. *Access to history: China 1839-1997*. United Kingdom: Hodder Education, 2016.

517　Lynch, Michael. *Mao's China 1936-97*. London: Hodder Education, 2019.

518　Macgowan, J. *The imperial history of China: being a history of the empire as compiled by the Chinese historians*. London: Routledge, 2018.

519　Mackerras, Colin. *China in transformation, 1900-1949*. United Kingdom: Routledge, 2015.

520　Mackinnon, John. *Birds of China*. United Kingdom: Bloomsbury Press, 2016.

521　Macklin, Robert. *Dragon and kangaroo: Australia and China's shared history from the*

522 Macri, Franco David. *Clash of empires in South China: the allied nations' proxy war with Japan, 1935-1941.* United States: University Press of Kansas, 2015.
523 Mahbubani, Kishore. *Has China won?: the Chinese challenge to American primacy.* New York: PublicAffairs, 2020.
524 Major, John S. *China briefing, 1987.* London: Routledge, 2019.
525 Major, R. H. *History of the two Tartar conquerors of China, including the two journeys into Tartary of Father Ferdinand Verbiest in the suite of the Emperor Kang-Hi: from the French of Père Pierre Joseph d'Orléans, of the company of Jesus, to which is added Father Pereira's journey into Tartary in the Suite of the same Emperor, from the Dutch of Nicholaas Witsen.* London: Hakluyt Society, 2017.
526 Malek, Roman. *From Kaifeng--to Shanghai: Jews in China.* [Place of publication not identified]: Routledge, 2017.
527 Mamlok, Robert. *The international medical relief corps in wartime China, 1937-1945.* Jefferson, North Carolina: McFarland & Company, Inc., Publishers, 2018.
528 Man, John. *Barbarians at the wall: the first nomadic empire and the making of China.* London: Transworld Digital, 2019.
529 Mao, Haijian; Lawson, Joseph. *The Qing empire and the Opium War: the collapse of the heavenly dynasty.* United Kingdom: Cambridge University Press, 2016.
530 Mao, Joyce. *Asia first: China and the making of modern American conservatism.* United States: University of Chicago Press, 2016.
531 Mao, Zedong; Schram, Stuart R. *Mao's road to power: revolutionary writings, 1912-1949.* United States: Routledge, 2015.
532 *Marine functional zoning in Xiamen, China: case study summary report.* Luxembourg: Publications Office of the European Union, 2017.
533 Mark, Chi-kwan. *The everyday Cold War: Britain and China, 1950-1972.* London; New York: Bloomsbury Academic, an imprint of Bloomsbury Publishing Plc, 2017.
534 Markley, Jonathan. *Peace and peril: Sima Qian's portrayal of Han-Xiongnu relations.* Belgium: Brepols, 2016.
535 Matchar, Emily. *Hong Kong.* Carlton, Victoria: Lonely Planet, 2017.
536 Matsumura, Hirofumi. *Bio-anthropological studies of early Holocene hunter-gatherer sites at Huiyaotian and Liyupo in Guangxi, China.* Tokyo: National Museum of Nature and Science, 2017.
537 Maultsaid, Jim. *Star Shell reflections: the illustrated Great War diaries of Jim Maultsaid. 1918-1919, The dawn of victory: thank you China.* Barnsley, South Yorkshire: Pen & Sword Military, an imprint of Pen & Sword Books Ltd, 2017.
538 Mccormack, Jerusha Hull. *Thinking through China.* United States: Rowman & Littlefield Inc., 2015.
539 McEnnally, Greg. *China: behind the mask.* London: Austin Macauley, 2017.
540 McEnnally, Greg. *Journey to Beijing.* London: Austin Macauley Publishers, 2019.
541 McGuire, Elizabeth. *Red at heart: how Chinese communists fell in love with the Russian Revolution.* New York, NY: Oxford University Press, 2018.
542 Mcmahon, Daniel. *Rethinking the decline of China's Qing dynasty: imperial activism and*

borderland management at the turn of the nineteenth century. United Kingdom: Routledge, 2015.

543 McMahon, Keith. *Celestial women: imperial wives and concubines in China from Song to Qing*. United States: Rowman & Littlefield Inc., 2016.

544 McMullan, James. *Leaving China: an artist paints his World War II childhood*. United States: Algonquin, 2015.

545 McMullen, R. J. *War and occupation in China: the letters of an American missionary from Hangzhou, 1937-1938*. Bethlehem: Lehigh University Press, 2017.

546 McNicholas, Mark. *Forgery and impersonation in imperial China: popular deceptions and the high Qing state*. United States: University of Washington Press, 2016.

547 Meadows, Thomas Taylor. *Desultory notes on the government and people of China, and on the Chinese language: illustrated with a sketch of the province of Kwang-tung, shewing its division into departments and districts*. Cambridge: Cambridge University Press, 2017.

548 Medcalf, Rory. *Indo-Pacific empire: China, America and the contest for the world's pivotal region*. Manchester: Manchester University Press, 2020.

549 Mei, Qing. *The values of Gulangyu world cultural heritage*. Singapore: Springer, 2020.

550 Melitz, Jacques. *Some doubts about the economic analysis of the flow of silver to China in 1550-1820*. London, UK: Centre for Economic Policy Research, 07 November 2017.

551 Men, Honghua. *On China's road: in search of a new modernity*. Cham: Palgrave Macmillan, 2019.

552 Meng, Xiangfei. *National image: China's communication of cultural symbols*. Singapore: Springer, 2020.

553 Metzler, John J. *Taiwan's transformation: 1895 to the present*. New York: Palgrave Macmillan, 2017.

554 Meyer, Michael J. *In Manchuria: a village called Wasteland and the transformation of rural China*. United States: Bloomsbury Press, 2016.

555 Mierzejewski, Dominik. *China's selective identities: state, ideology and culture*. Basingstoke, Hampshire: Palgrave Macmillan, 2018.

556 *Migration profile China: end 2016*. Luxembourg: Publications Office of the European Union, 2017.

557 *Migration profile China: end 2017*. Luxembourg: Publications Office of the European Union, 2019.

558 Milburn, Olivia. *The Spring and Autumn Annals of Master Yan*. Netherlands: Brill, 2016.

559 Milburn, Olivia. *Urbanization in early and medieval China: gazetteers for the city of Suzhou*. United States: University of Washington Press, 2015.

560 Miller, Harry. *The Gongyang commentary on the spring and autumn annals: a full translation*. United States: Palgrave Macmillan, 2015.

561 Min, Han [et al.]. *Family, ethnicity and state in Chinese culture under the impact of globalization*. London: Taylor and Francis, 2017.

562 Mitter, Rana. *China's good war: how World War II is shaping a new nationalism*. Cambridge, Massachusetts: The Belknap Press of Harvard University Press, 2020.

563 Mitter, Rana. *Modern China: a very short introduction [2nd ed]*. United Kingdom: Oxford University Press, 2016.

564 Monnery, Neil. *Architect of prosperity: Sir John Cowperthwaite and the making of Hong Kong*. London: London Publishing Partnership, 2017.

565 Monstert, Tristan; Campen, Jan van. *Silk thread: China and the Netherlands from 1600*. Netherlands: Rijksmuseum, 2015.

566 Moser, Leo J. *The Chinese mosaic: the peoples and provinces of China*. New York: Routledge, 2019.

567 Mountain, Jules. *Aftershock: the quake on Everest and one man's quest*. [Place of publication not identified]: Eye Press, 2017.

568 Mueggler, Erik. *Songs for dead parents: corpse, text, and world in Southwest China*. Chicago: The University of Chicago Press, 2017.

569 Mühlhahn, Klaus. *Making China modern: from the great Qing to Xi Jinping*. Cambridge, Massachusetts: The Belknap Press of Harvard University Press, 2019.

570 Mukherjee, Paramita; Deb, Arnab K. *China and India: history, culture, cooperation and competition*. India: Sage Publications, 2016.

571 Mulroney, David. *Middle power, middle kingdom: Canada-China relations in the 21st century*. Canada: Penguin, 2015.

572 Muscolino, Micah S. *The ecology of war in China: Henan Province, the Yellow River, and beyond, 1938-1950*. United States: Cambridge University Press, 2015.

573 Myint-U, Thant. *The hidden history of Burma: race, capitalism, and the crisis of democracy in the 21st century*. London: Atlantic Books, 2020.

574 Nanchu. *Red sorrow: a memoir*. United States: Arcade Publishing, 2015.

575 Nazároff, P. S. *Moved on!: from Kashgar to Kashmir*. Abingdon: Routledge, 2018.

576 Nelson, Sarah Milledge. *Shamans, queens, and figurines: the development of gender archaeology*. United States: Left Coast Press, 2015.

577 Ness, Leland S.; Shih, Bin. *Kangzhan: guide to Chinese ground forces 1937-45*. United Kingdom: Helion and Company, 2016.

578 Newendorp, Nicole DeJong. *Chinese senior migrants and the globalization of retirement*. Stanford, California: Stanford University Press, 2020.

579 Nicolson, Ken. *Landscapes lost and found: appreciating Hong Kong's heritage cultural landscapes*. Hong Kong, China: Hong Kong University Press, 2016.

580 Nish, Ian. *The history of Manchuria, 1840-1948: a Sino-Russo-Japanese triangle*. United Kingdom: Renaissance Books, 2016.

581 Noda, Jin. *The Kazakh Khanates between the Russian and Qing empires: central Eurasian international relations during the eighteenth and nineteenth centuries*. Netherlands: Brill, 2016.

582 Nunan, David. *Other voices, other eyes: expatriate lives in Hong Kong*. Hong Kong: Blacksmith Books, 2018.

583 Nyíri, Pál; Saveliev, Igor. *Globalizing Chinese migration: trends in Europe and Asia*. London: Routledge, 2018.

584 Nylan, Michael; Vankeerberghen, Griet. *Chang'an 26 BCE: an Augustan age in China*. United States: University of Washington Press, 2015.

585 Oachs, Emily Rose. *China*. Minneapolis, MN: Bellwether Media, 2018.

586 Obbema, Fokke. *China and the West: hope and fear in the age of Asia*. United Kingdom: I.B.

Tauris, 2015.
587 O'Connor, Justin; Gu, Xin. *Red creative: culture and modernity in China*. Bristol: Intellect Books, 2020.
588 Oidtmann, Max. *Forging the golden urn: the Qing Empire and the politics of reincarnation in Tibet*. New York: Columbia University Press, 2018.
589 Olimat, Muhamad S. *China and North Africa since World War II: a bilateral approach*. United States: Lexington Books, 2016.
590 Olimat, Muhamad S. *China and the Middle East since World War II: a bilateral approach*. United States: Lexington Books, 2016.
591 Orofino, Giacomella [et al]. *Wind horses: Tibetan, Himalayan and Mongolian studies*. Napoli: Università deglistudi di Napoli "L'Orientale", 2019.
592 Orth, Stephan. *High tech and hot pot: revealing encounters inside the real China*. Vancouver; Berkley: Greystone Books, 2020.
593 Pak, Che-ga. *A Korean scholar's rude awakening in Qing China: Pak Chega's discourse on northern learning*. Honolulu: University of Hawai'i Press, 2019.
594 Pan, Guang. *A study of Jewish Refugees in China (1933-1945): history, theories and the Chinese pattern*. Singapore: Springer, 2019.
595 Pan, Jixing. *The four great inventions of ancient China: their origin, development, spread and influence in the world*. United Kingdom: Paths International Ltd., 2019.
596 Pan, Lu. *In-visible palimpsest memory, space and modernity in Berlin and Shanghai*. Switzerland: Peter Lang, 2016.
597 Pandey, Girish Kant; Sharma, Varnika. *India and China: beyond 2020*. New Delhi: G.B. Books, 2017.
598 Pantsov, Alexander V.; Steven, I. Levine. *Deng Xiaoping: a revolutionary life*. United States: Oxford University Press, 2015.
599 Parham, Steven. *China's borderlands: the faultline of Central Asia*. London: I.B. Tauris, 2017.
600 Parkes, Lorna. *Pocket Hong Kong: top sights, local experiences*. Carlton: Lonely Planet, 2019.
601 Pasternak, Burton. *Cowboys and cultivators: the Chinese of Inner Mongolia*. New York: Routledge, 2019.
602 Pednekar, Sudhir K. *China's India War of 1962: how Mao united the world's largest democracy*. Baden, Switzerland: Sushila Publishers, 2019.
603 Peng, Hua. *China Danxia*. Singapore: Springer, 2020.
604 Perry, Elizabeth J. *Chinese perspectives on the Nien rebellion*. [Place of publication not identified]: Routledge, 2017.
605 Peterson, Wilard J. *The Cambridge history of China. V. 9, Pt. -1-2: the Ch'ing dynasty to 1800*. United Kingdom: Cambridge University Press, 2016.
606 Pieke, Frank N. *Knowing China: a twenty-first century guide*. United Kingdom: Cambridge University Press, 2016.
607 Platt, Stephen R. *Imperial twilight: the opium war and the end of China's last golden age*. London: Atlantic Books, 2018.
608 Polley, Jason S. [et al.]. *Cultural conflict in Hong Kong: angles on a coherent imaginary*. Singapore: Springer, 2018.
609 Pollock, Sheldon I.; Elman, Benjamin. *What China and India once were: the pasts that may*

shape the global future. New York: Columbia University Press, 2018.

610 Polly, Matthew. *Bruce Lee: a life.* London: Simon, 2018.

611 Porter, Bill. *South of the Clouds: travels in Southwest China.* United States: Counterpoint, 2015.

612 Porter, Bill. *South of the Yangtze: travels through the heart of China.* United States: Counterpoint, 2016.

613 Porter, Jonathan. *Imperial China, 1350-1900.* United States: Rowman & Littlefield Publishers, 2016.

614 Powers, John. *Historical dictionary of Tibet.* Lanham: Rowman & Littlefield Publishers, 2020.

615 Prah, Kwesi Djapong Lwazi Sarkodee. *Ideology and practice: relations between China and Tanzania in historical perspective, 1968-1985.* United States: Africa World Press, 2016.

616 Prazniak, Roxann. *Dialogues across civilizations: sketches in world history from the Chinese and European experiences.* London: Routledge, 2018.

617 Preston, P. W. *Political-cultural developments in East Asia: interpreting logics of change.* London: Palgrave Macmillan, 2017.

618 Price, Barclay. *The Chinese in Britain: a history of visitors & settlers.* Stroud: Amberley Publishing, 2019.

619 Price, Rohan. *Resistance in colonial and communist China, 1950-1963: anatomy of a riot.* London: Routledge, 2019.

620 Priyadarshini, Meha. *Chinese porcelain in colonial Mexico: the material worlds of an early modern trade.* Basingstoke, Hampshire: Palgrave Macmillan, 2017.

621 Psarras, Sophia-Karin. *Han material culture: an archaeological analysis and vessel typology.* United Kingdom: Cambridge University Press, 2015.

622 Ptáčková, Jarmila. *Exile from the grasslands: Tibetan herders and Chinese development projects.* Seattle: University of Washington Press, 2020.

623 Ptáčková, Jarmila; Zenz, Adrian. *Mapping Amdo: dynamics of change.* Prague: Oriental Institute, The Czech Academy of Sciences, 2017.

624 Pu, Muzhou. *Daily life in ancient China.* Cambridge: Cambridge University Press, 2018.

625 Pyle, Ryan. *Sacred mountains: one remarkable adventure.* Watford, Hertfordshire: Ryan Pyle Productions, 2017.

626 Qian, Kun. *Imperial-time-order: literature, intellectual history, and China's road to empire.* Netherlands: Brill, 2016.

627 Qian, Suoqiao; Zhang, Longxi. *Cross-cultural studies: China and the world: a festschrift in honor of Professor Zhang Longxi.* Netherlands: Brill, 2015.

628 Qu, Tongzu. *The history of Chinese feudal society.* London: Routledge, 2020.

629 Rahav, Shakhar. *The rise of political intellectuals in modern China: May Fourth societies and the roots of mass-party politics.* United States: Oxford University Press, 2015.

630 Raine, Sarah. *Regional disorder: the South China Sea disputes.* Abingdon, Oxon: Routledge, 2017.

631 Ranade, Jayadeva. *Cadres of Tibet.* New Delhi: KW Publishers Pvt. Ltd., 2018.

632 Raquez, A. *In the land of pagodas: a classic account of travel in Hong Kong, Macao, Shanghai, Hubei, Hunan and Guizhou.* Copenhagen, Denmark: NIAS Press, 2017.

633 Rea, Kenneth W. *Canton in revolution.* Milton: Routledge, 2019.

634 Reardon-Anderson, James. *The red star and the crescent: China and the Middle East*. London: Hurst & Company, 2018.

635 Rebouh, Caroline. *The Jews of China: history of a community and its perspectives*. Newcastle upon Tyne: Cambridge Scholars Publishing, 2018.

636 *Research snapshot on the Chinese travel market 2017*. Luxembourg: Publications Office of the European Union, 2017.

637 Rice, Rebecca. *Terracotta warriors: guardians of immortality*. Wellington, New Zealand: Te Papa Press, 2018.

638 Rinaldi, Bianca Maria. *Ideas of Chinese gardens: Western accounts, 1300-1860*. United States: University of Pennsylvania Press, 2016.

639 Rinchen, Sadhutshang. *A life unforeseen: a memoir of service to Tibet*. United States: Wisdom Publications, 2016.

640 Roberts, Lew. *Over Hong Kong*. Hong Kong: Odyssey, 2018.

641 Roberts, Priscilla Mary; Carroll, John M. *Hong Kong in the Cold War*. Hong Kong, China: Hong Kong University Press, 2016.

642 Roberts, Priscilla. *The power of culture: encounters between China and the United States*. United Kingdom: Cambridge Scholars, 2016.

643 Roberts, Rosemary A.; Li Li. *The making and remaking of China's "Red Classics": politics, aesthetics, and mass culture*. Hong Kong: Hong Kong University Press, 2017.

644 Rohlf, Gregory. *Building new China, colonizing Kokonor: resettlement in Qinghai in the 1950s*. United States: Lexington Books, 2016.

645 Rollason, Jane. *The first emperor of China*. Harlow, United Kingdom: Pearson Education, 2019.

646 Romane, Julian. *Rise of the Tang dynasty: the reunification of China and the military response to the Steppe Nomads (AD581-626)*. Barnsley, South Yorkshire: Pen & Sword Military, 2018.

647 Rose, Kate. *China from where we stand: readings in comparative sinology*. United Kingdom: Cambridge Scholars, 2016.

648 Ross, James R.; Song, Lihong. *The Image of jews in contemporary China*. United States: Academic Studies Press, 2015.

649 Ross, Stewart. *Unfolding journeys: following the Great Wall*. Dublin: Lonely Planet Global Limited, June 2017.

650 Rough Guides. *Hong Kong & Macau*. London: Rough Guides, 2018.

651 Rough Guides. *The rough guide to China*. London: Rough Guides, 2017.

652 Rowe, William T. *Speaking of profit: Bao Shichen and reform in nineteenth-century China*. Cambridge: Harvard University Asia Center, 2018.

653 Ruffle, Chris. *A decent bottle of wine in China*. Hong Kong, China: Earnshaw Books, 2015.

654 Ruixin, Zhu. *A social history of middle-period China: the Song, Liao, Western Xia and Jin Dynasties*. United Kingdom: Cambridge University Press, 2016.

655 Russell-Smith, Lilla; Konczak-Nagel, Ines. *The ruins of Kocho: traces of wooden architecture on the ancient Silk Road*. Germany: Museum Für Asiatische Kunst, Staatliche Museen Zu Berlin, 2016.

656 Ryavec, Karl E. *A historical atlas of Tibet*. United States: University of Chicago Press, 2015.

657 Ryūji, Hattori. *Understanding history in Asia: what diplomatic documents reveal*. Tokyo,

Japan: Japan Publishing Industry Foundation for Culture, 2019.
658 S. Jowett, Philip. *The bitter peace: conflict in China 1928-37*. Stroud: Amberley, 2017.
659 S.C. Lam, Joseph. *Senses of the city: perceptions of Hangzhou and Southern Song China, 1127-1279*. Hong Kong: The Chinese University Press, 2017.
660 Saich, Tony. *State-society relations in the People's Republic of China post 1949*. Netherlands: Brill, 2016.
661 Sanft, Charles. *Literate community in early imperial China: the northwestern frontier in Han times*. Albany: State University of New York Press, 2019.
662 Santangelo, Paolo. *The culture of love in China and Europe*. Leiden; Boston: Brill, 2020.
663 Sárközi, Ildikó Gyöngyvér. *From the mists of martyrdom: Sibe ancestors and heroes on the altar of Chinese nation-building*. Berlin: Lit, 2018.
664 Śarmā, Rāghava Śaraṇa. *The unfought war of 1962: an appraisal*. London: Routledge, 2017.
665 Sasaki, Randall J. *Origins of the lost fleet of the mongol empire*. United States: Texas A & M University Press, 2015.
666 Schlesinger, Jonathan. *A world trimmed with fur: wild things, pristine places, and the natural fringes of Qing rule*. Stanford, California: Stanford University Press, 2017.
667 Schmitz, Rob. *Street of eternal happiness: big city dreams along a Shanghai road*. United States: Crown Publishers, 2016.
668 Schneider, Julia C. *Nation and ethnicity: Chinese discourses on history, historiography, and nationalism (1900s-1920s)*. Leiden; Boston: Brill, 2017.
669 Schoppa, R. Keith. *Revolution and its past: identities and change in modern Chinese history*. New York: Routledge, 2019.
670 Schubert, Gunter. *Routledge handbook of contemporary Taiwan*. United Kingdom: Routledge, 2016.
671 Schuman, Michael. *Superpower interrupted: the Chinese history of the world*. New York: PublicAffairs, 2020.
672 Schütte, Hans-Wilm. *Hongkong, Macau*. Chineham, Basingstoke, Hampshire: Marco Polo, 2018.
673 Sciutto, Jim. *The shadow war: inside Russia's and China's secret operations to defeat America*. New York, N.Y.: Harper, an imprint of Harper Collins Publishers, 2019.
674 Scott, Iain Robertson. *The creation of modern China, 1894-2008: the rise of a world power*. United Kingdom: Anthem Press, 2016.
675 Sealy, I. Allan. *China sketchbook*. India: Seagull Books, 2016.
676 Seamarks, Gary. *Hong Kong buses*. Stroud: Amberley Publishing, 2020.
677 Sela, Ori. *China's philological turn: scholars, textualism, and the Dao in the eighteenth century*. New York: Columbia University Press, 2018.
678 Sen, Tansen. *India, China, and the world: a connected history*. Lanham: Rowman & Littlefield Publishers, 2017.
679 Sena, Nabanītā Deba. *On a truck alone, to McMahon*. New Delhi: Oxford University Press, 2018.
680 Seybolt, Peter J. *Throwing the emperor from his horse: portrait of a village leader in China, 1923-1995*. London: Routledge, 2019.
681 Shaddick, Gill. *The Hong Kong letters: a travel memoir*. North Melbourne, Vic: Arcadia, 2019.

682 Shai, Aron. *China and Israel: Chinese, Jews; Beijing, Jerusalem (1890-2018)*. Boston: Academic Studies Press, 2019.
683 Shan, Patrick Fuliang. *Yuan Shikai: a reappraisal*. Copenhagen: NIAS Press, 2019.
684 *Shanghai city guide*. London: APA Publications, 2018.
685 Shaughnessy, Edward L. *Imprints of kinship: studies of recently discovered bronze inscriptions from ancient China*. Hong Kong: The Chinese University Press, 2017.
686 Shaw, Yu-ming. *Mainland China: politics, economics, and reform*. London: Routledge, 2018.
687 Sheehan-Dean, Aaron Charles. *Reckoning with rebellion: war and sovereignty in the nineteenth century*. Gainesville, FL: University Press of Florida, 2020.
688 Shelach-Lavi, Gideon. *The archaeology of early China: from prehistory to the Han Dynasty*. United Kingdom: Cambridge University Press, 2015.
689 Shen, Zhihua; Xia, Yafeng. *A misunderstood friendship: Mao Zedong, Kim Il-Sung, and Sino-North Korean relations, 1949-1976*. New York: Columbia University Press, 2020.
690 Shepherd, John Robert. *Footbinding as fashion: ethnicity, labor, and status in traditional China*. Seattle: University of Washington Press, 2019.
691 Sherpa, Kami Rita. *How to climb Everest*. London: Quercus, 2020.
692 Shi, Jie. *Modeling peace: royal tombs and political ideology in early China*. New York: Columbia University Press, 2019.
693 Shih, Chih-yu. *China studies in South and Southeast Asia: between pro-China and objectivism*. Singapore: World Scientific Publishing, 2019.
694 Shih, Chih-Yu. *Producing China in Southeast Asia: knowledge, identity, and migrant Chineseness*. Singapore: Springer, 2017.
695 Shih, Shu-Mei; Liao, Binghui. *Comparatizing Taiwan*. United Kingdom: Routledge, 2015.
696 Short, Philip. *Mao: The Man Who Made China*. London; New York: I.B. Tauris & Co Ltd, 2017.
697 Silva, António M. Pacheco Jorge da. *The Portuguese community in Macau: a pictorial history*. Macau: Instituto Internacional de Macau, 2019.
698 Sima, William. *China & ANU: diplomats, adventurers, scholars*. Australia: ANU E Press, 2015.
699 Simner, Mark. *The lion and the dragon: Britain's Opium Wars with China, 1839-1860*. Stroud: Fonthill, 2019.
700 Singh, Sanjay Kumar. *Shino centric vision of Asia*. Delhi: Prashant Publishing House, 2018.
701 Sinha, Shakti. *One mountain two tigers: India, China and the high Himalayas*. New Delhi: Pentagon Press LLP, 2020.
702 Sīrāfī, Abū Zayd Ḥasan ibn Yazīd. *Accounts of China and India*. New York: New York University Press, 2017.
703 Situ, Shangji. *The cultural history of the South China Sea*. Reading: Paths International Ltd. 2019.
704 Siu, Helen F. *Tracing China: a forty-year ethnographic journey*. Hong Kong, China: Hong Kong University Press, 2016.
705 Skinner, G. William. *Rural China on the eve of revolution: Sichuan fieldnotes, 1949-1950*. Seattle: University of Washington Press, 2017.
706 Skwerski, Thomas A. *China: visions through the ages*. Chicago: The University of Chicago

Press, 2018.

707　Small, Andrew. *The China-Pakistan axis: Asia's new geopolitics*. London: Hurst & Company, 2020.

708　Smith, Arthur H. *Chinese characteristics*. Hong Kong, China: Earnshaw Books, 2016.

709　Smith, Norman. *Empire and environment in the making of Manchuria*. Canada: UBC Press, 2016.

710　Smith, Richard J. *The Qing Dynasty and traditional Chinese culture*. United States: Rowman & Littlefield, 2015.

711　Snyder, Matt. *China's digital game sector*. Washington, D. C.: U. S. -China Economic and Security Review Commission, 2018.

712　Sofield, Trevor H.B; Xu, Honggang. *Heritage tourism and cities in China*. London: Routledge, 2019.

713　Song, Baiyu Andrew; Haykin, Michael A. G. *Training laborers for his harvest: a historical study of William Milne's mentorship of Liang Fa*. United States: Wipf & Stock Publishers, 2015.

714　Song, Jaeyoon. *Traces of grand peace: classics and state activism in imperial China*. United States: Harvard University Asia Center, 2015.

715　Song, Li. *Peony festival*. United Kingdom: Paths International, 2015.

716　Song, Li. *Saizhuang festival of Yi ethnic group*. United Kingdom: Paths International, 2015.

717　Song, Li. *Sister rice festival*. United Kingdom: Paths International, 2015.

718　Song, Li. *Spring festival*. United Kingdom: Paths International, 2015.

719　Song, Li. *The Lantern festival*. United Kingdom: Paths International, 2015.

720　Song, Li. *The maguai festival of the Zhuang people*. United Kingdom: Paths International, 2015.

721　Song, Li. *The Tibetan calendar new year*. United Kingdom: Paths International, 2015.

722　Souza, George Bryan; Turley, Jeffrey Scott. *The boxer codex transcription and translation of an illustrated late sixteenth-century Spanish manuscript concerning the geography, ethnography and history of the Pacific, South-East Asia and East Asia*. Netherlands: Brill, 2016.

723　Standaert, Nicolas. *The intercultural weaving of historical texts: Chinese and European stories about Emperor Ku and his concubines*. Netherlands: Brill, 2016.

724　Stapleton, Kristin. *Fact in fiction: 1920s China and Ba Jin's family*. United States: Stanford University Press, 2016.

725　Stephenson, Charles. *The siege of Tsingtau: The German-Japanese war 1914*. Barnsley, South Yorkshire: Pen & Sword Military, 2017.

726　Sterckx, Roel. [et al.]. *Animals through Chinese history: earliest times to 1911*. Cambridge: Cambridge University Press, 2019.

727　Sterckx, Roel. *Chinese thought: from Confucius to Cook Ding*. London: Pelican, 2019.

728　Stobdan, P. *The great game in the Buddhist Himalayas: India and China's quest for strategic dominance*. [Place of publication not identified]: Vintage Books, 2019.

729　Strafella, Giorgio. *Intellectual discourse in reform era China: the debate on the spirit of the humanities in the 1990s*. United Kingdom: Routledge, 2016.

730　Strangio, Sebastian. *In the dragon's shadow: Southeast Asia in the Chinese century*. New

Haven: Yale University Press, 2020.
731 Strassberg, Richard E. *A Chinese bestiary: strange creatures from the Guideways through mountains and seas.* Berkeley: University of California Press, 2018.
732 Suleski, Ronald Stanley. *Daily life for the common people of China, 1850 to 1950: understanding Chaoben culture.* Leiden: Brill, 2018.
733 Sullivan, Lawrence R. *Historical dictionary of the People's Republic of China [2nd ed].* United States: Rowman & Littlefield Inc., 2016.
734 Summers, Tim. *China's Hong Kong: the politics of a global city.* Newcastle upon Tyne: Agenda Publishing, 2019.
735 Sun, Weiping; Zhang, Mingcang. *The 'new culture': from a modern perspective.* Germany: Springer, 2015.
736 Suryadinata, Leo. *Prominent Indonesian Chinese: biographical sketches* [4th ed]. Singapore: Institute of Southeast Asian Studies, 2015.
737 Suryadinata, Leo. *The rise of China and the Chinese overseas: a study of Beijing's changing policy in Southeast Asia and beyond.* Singapore: ISEAS Yusof Ishak Institute, 2017.
738 Sutter, Robert G. *Chinese foreign relations: power and policy since the Cold War.* Lanham: Rowman & Littlefield Publishers, 2020.
739 Sutter, Robert G. *Shaping China's future in world affairs: the role of the United States.* New York: Routledge, 2019.
740 Suzuki, Yu. *Britain, Japan and China, 1876-1895: East Asian international relations before the First Sino-Japanese War.* London: Routledge, 2020.
741 Swamy, Subramanian. *Himalayan challenge: India, China and the quest for peace.* New Delhi: Rupa, 2020.
742 Swamy, Subramanian. *India's China strategic perspectives.* New Delhi: Har-Anand Publishes Pvt Ltd, 2019.
743 Swischer, Earl. *Early Sino-American relations, 1841-1912: the collected articles of Earl Swisher.* London: Routledge, 2018.
744 Szonyi, Michael. *A companion to Chinese history.* Chichester, West Sussex: John Wiley & Sons, Ltd, 2017.
745 Szonyi, Michael. *The art of being governed: everyday politics in late imperial China.* Princeton: Princeton University Press, 2017.
746 Szonyi, Michael; Zhao, Shiyu. *The Chinese empire in local society: Ming military institutions and their legacies.* London: Routledge, 2020.
747 T. Fromm, Martin. *Borderland memories: searching for historical identity in post-Mao China.* Cambridge; New York, NY: Cambridge University Press, 2019.
748 Tackett, Nicolas. *The origins of the Chinese nation: Song China and the forging of an East Asian world order.* Cambridge: Cambridge University Press, 2017.
749 Tae-Jin, Yi [et al.]. *Peace in the East: An Chunggŭn's vision for Asia in the age of Japanese.* Lanham, Maryland: Lexington Books, an imprint of Rowman & Littlefield Publishing Group, Inc., 2017.
750 Tai, Michael. *China and her neighbours: Asian diplomacy from ancient history to the present.* London: Zed Books, 2019.
751 Takashima, Ken-Ichi. *A little primer of Chinese oracle-bone inscriptions with some exercises.*

Germany: Harrassowitz Verlag, 2015.

752 Talim, M. V. *Religious and cultural impact of India on Dunhuang Caves of China: a comparative and critical study.* Delhi: Buddhist World Press, 2018.

753 Tan, Chung. *China: a 5, 000-year odyssey.* New Delhi: SAGE Publications India, 2018.

754 Tan, Shusen. *GNSS systems and engineering: the Chinese Beidou navigation and position location satellite.* Hoboken, New Jersey: John Wiley & Sons, Inc., 2017.

755 Tan, Tony. *Hong Kong, food city.* Sydney: Murdoch Books, 2017.

756 Tanner, Harold M. *Where Chiang Kai-Shek lost China: the Liao-Shen Campaign, 1948.* United States: Indiana University Press, 2015.

757 Tao, Dongfeng. *Cultural studies in modern China.* Singapore: Springer, 2017.

758 Tao, Wenzhao. *The US policy making process for post Cold War China: the role of US think tanks and diplomacy.* Singapore: Springer, 2018.

759 Teiwes, Frederick C. *Politics & purges in China: rectification and the decline of party norms, 1950-1965.* London: Routledge, 2017.

760 Teng, Jianfeng. *Jinshan Temple.* London: Xanadu, 2017.

761 The Institute of History of Chinese Academy of Social Sciences (CASS). *Introduction to the history of China: a concise reader. Volume I.* United Kingdom: Path International Ltd., 2019.

762 The Institute of History of Chinese Academy of Social Sciences (CASS). *Introduction to the history of China: a concise reader. Volume II.* United Kingdom: Path International Ltd., 2019.

763 The Institute of History of Chinese Academy of Social Sciences. *Handbook of the history of China: a concise reader.* [Place of publication not identified]: Paths International Ltd, 2019.

764 Thornton, Richard C. *China: a political history, 1917-1980.* London: Routledge, 2019.

765 Throp, Claire. *Why should I care about the ancient Chinese?* Oxford: Raintree, 2020.

766 Tjio, Kayloe. *The unfinished revolution: Sun Yat-Sen and the struggle for modern China.* Singapore: Marshall Cavendish Editions, 2017.

767 Toje, Asle. *Will China's rise be peaceful?: security, stability and legitimacy.* New York, NY: Oxford University Press, 2018.

768 Tonder, Gerry Van. *Red China: Mao crushes Chiang's Kuomintang, 1949.* Barnsley, South Yorkshire: Pen & Sword Military, 2018.

769 Townley, Susan Mary Keppel. *My chinese notebook.* Abingdon, Oxon; New York, NY: Routledge, 2019.

770 Trudeau, Alexandre. *Barbarian lost: travels in the new China.* Canada: Harpercollins, 2016.

771 Truex, Rory. *Making autocracy work: representation and responsiveness in modern China.* United Kingdom: Cambridge University Press, 2016.

772 Tsai, Shih-Shan Henry. *The peasant movement and land reform in Taiwan, 1924-1951.* United States: MerwinAsia, 2015.

773 Tse, Wicky W. K. *The collapse of China's Later Han dynasty, 25-220 CE: the northwest borderlands and the edge of empire.* London: Routledge, 2018.

774 U, Eddy. *Creating the intellectual: Chinese communism and the rise of a classification.* Oakland, California: University of California Press, 2019.

775 United States. Congressional-Executive Commission on China. *Will the Hong Kong model survive?: an assessment 20 years after the handover: hearing before the Congressional-Executive Commission on China, One Hundred Fifteenth Congress, first session, May 3, 2017.*

Bethesda, Md.: ProQuest, 2017.

776　Valencia, Richard. *Through distant eyes: portraiture in Chinese export art*. Lisbon: Jorge Welsh Oriental Porcelain & Works of Art, 2018.

777　Van Auken, Newell Ann. *The commentarial transformation of the spring and autumn*. United States: State University of New York Press, 2016.

778　Van de Ven, Hans J. *China at war: triumph and tragedy in the emergence of the new China 1937-1952*. London: Profile Books, 2017.

779　Van de Ven, Hans; Lary, Diana. *Negotiating China's destiny in World War II*. United States: Stanford University Press, 2015.

780　Veeck, Gregory. *China's geography: globalization and the dynamics of political, economic, and social change [3rd ed]*. United States: Rowman & Littlefield Publishers, 2016.

781　Vengasseri, Ismail. *1962 Border War: Sino-Indian territorial disputes and beyond*. Los Angeles: SAGE, 2020.

782　Verbiest Institute KU Leuven. *The Mongols and Sino-Mongol relations, 14th-20th centuries: in memory of Henry Serruys' scientific heritages*. Leuven: Ferdinand Verbiest Institute, 2017.

783　Verma, Navin. *Border disputes of India & post independence wars*. New Delhi: ABS Books, 2018.

784　Vermeer, E. B. *Chinese local history: stone inscriptions from Fukien in the Sung to Ch'ing periods*. New York: Routledge, 2019.

785　Via, Da. *Art for war*. London: Austin Macauley Publishers, 2020.

786　Waddell, L. A. *Lhasa and its mysteries: with a record of the British Tibetan expedition of 1903-1904*. Oxon: Routledge, 2018.

787　Wade, Geoff; Chin, James K. *China and Southeast Asia: historical interactions*. London; New York, NY: Routledge/Taylor and Francis Group, 2019.

788　Wakabayashi, Bob Tadashi. *The Nanking atrocity, 1937-38: complicating the picture*. New York: Berghahn Books, 2017.

789　Walker, Michael M. *The 1929 Sino-Soviet war: the war nobody knew*. Lawrence, Kansas: University Press of Kansas, 2017.

790　Walker, Peter B. *Powerful different equal: overcoming the misconceptions and differences between China and the US*. London: LID, 2019.

791　Wallech, Steven. *China and the West to 1600: empire, philosophy, and the paradox of culture*. United Kingdom: Wiley Blackwell, 2016.

792　Waller, Peter. *Lost Hong Kong: a history in pictures*. Brighton: Unique Books, 2019.

793　Waller, Peter. *The tramways of Hong Kong: a history in pictures*. Brighton: Unique Books, 2018.

794　Wang, Ban. *Chinese visions of world order: tianxia, culture, and world politics*. Durham: Duke University Press, 2017.

795　Wang, Bingyu. *New Chinese migrants in New Zealand: becoming cosmopolitan?: roots, emotions and everyday diversity*. London: Routledge, 2018.

796　Wang, Chengzhi; Chen, Su. *Archival resources of Republican China in North America*. United States: Columbia University Press, 2016.

797　Wang, Chi. *Obama's challenge to China: the Pivot to Asia*. United Kingdom: Ashgate, 2015.

798　Wang, Daisy Yiyou; Stuart, Jan. *Empresses of China's Forbidden City, 1644-1912*. Salem,

Massachusetts: Peabody Essex Museum; Washington, DC: Freer|Sackler, Smithsonian Institution, 2018.

799 Wang, Dong. *Longmen's stone Buddhas and cultural heritage: when antiquity met modernity in China.* Lanham: Rowman & Littlefield Publishers, 2020.

800 Wang, Dunqin. *Zhang Jian: the Chinese renaissance man.* London: Xanadu, 2019.

801 Wang, Fanxi. *Mao Zedong thought.* Leiden; Boston: Brill, 2020.

802 Wang, Gungwu. *Nanyang: essays on heritage.* Singapore: ISEAS Yusof Ishak Institute, 2018.

803 Wang, Guojun. *Staging personhood: costuming in early Qing drama.* New York: Columbia University Press, 2020.

804 Wang, Guozhen. *Collection of ancient Chinese cultural relics: primitive society 1.7 million-4000 BC, the Zia and Shang dynasties, 21st-11th century BC.* Hindmarsh, SA: ATF Asia, the ATF Ltd., 2019.

805 Wang, Hui; Thomas, Saul. *China's twentieth century: revolution, retreat and the road to equality.* United Kingdom: Verso, 2016.

806 Wang, Jiaju. *Tiger Hill.* London: Xanadu, 2019.

807 Wang, Juan. *A zooarchaeological study of the Haimenkou Site, Yunnan Province, China.* Oxford: BAR Publishing, 2018

808 Wang, Ke. *The East Turkestan independence movement, 1930s-1940s.* Sha Tin: The Chinese University Press, 2018.

809 Wang, Keping. *Chinese culture of intelligence.* Basingstoke, Hampshire: Palgrave Macmillan, 2019.

810 Wang, Ping. *Life of miracles along the Yangtze and Mississippi.* Athens: The University of Georgia Press, 2018.

811 Wang, Sheng-Wei. *The last journey of the San Bao Eunuch, Admiral Zheng He.* Hong Kong: Proverse Hong Kong, 2019.

812 Wang, Tao [et al.]. *Mirroring China's past: emperors, scholars, and their bronzes.* Chicago, Illinois: The Art Institute of Chicago, 2018.

813 Wang, Xiaode. *The empire of culture: the study of global Americanization in 20th century.* Reading, United Kingdom: Paths International Ltd, 2019.

814 Wang, Xiuli. *China in the eyes of the Japanese.* London: Routledge, 2020.

815 Wang, Yao. *The painted maps of the Grand Canal.* Portland: Paths International, Limited, 2020.

816 Wang, Ying. *Medieval Chinese autobiographical writing: the self-written epitaph.* Moldova: LAP LAMBERT Academic Publishing, 2017.

817 Wang, Zhenping. *Tang China in multi-polar Asia: a history of diplomacy and war.* Honolulu: University of Hawai'i Press, 2017.

818 Wardega, Joanna. *China-Central and Eastern Europe cross-cultural dialogue: society, business and education in transition.* Poland: Jagiellonian University Press, 2016.

819 Warikoo, Kulbhushan. *Xinjiang: China's northwestfrontier.* United Kingdom: Routledge, 2016.

820 Wasserstein, Bernard. *Secret war in Shanghai: treachery, subversion and collaboration in the Second World War.* London: Tauris Parke Paperbacks, 2017.

821 Wasserstrom, Jeffrey N. *China in the 21st century: what everyone needs to know.* New York:

Oxford University Press, 2018.
822 Wasserstrom, Jeffrey N. *The Oxford illustrated history of modern China*. United Kingdom: Oxford University Press, 2016.
823 Weatherley, Robert; Zhang, Qiang. *History and nationalist legitimacy in contemporary China: a double-edged sword*. London, United Kingdom: Palgrave Macmillan, 2017.
824 Weber, Torsten. *Embracing 'Asia' in China and Japan: Asianism discourse and the contest for hegemony, 1912-1933*. Basingstoke, Hampshire: Palgrave Macmillan, 2017.
825 Weerdt, Hilde De. *Information, territory, and elite networks: the crisis and maintenance of empire in Song China*. United States: Harvard University Asia Center, 2015.
826 Wen, Zhenheng. *Elegant life of the Chinese literati: from the Chinese classic, 'Treatise on Superfluous Things', finding harmony and joy in everyday objects*. New York, NY: Better Link Press, 2019.
827 *Wenfang: a treasure trove of Ming and Qing scholarly objects*. Hong Kong: Liang Yi Museum, 2018.
828 Wertmann, Patrick. *Sogdians in China: archaeological and art historical analyses of tombs and texts from the 3rd to the 10th century AD*. Germany: Verlag Philipp Von Zabern, 2015.
829 Wheatley, Paul. *The origins and character of the ancient Chinese city. Volume 2, The Chinese city in comparative perspective*. Abingdon, Oxon: Routledge, 2017.
830 White, Jay D. *China briefing: the contradictions of change*. London: Routledge, 2019.
831 Whiteman, Stephen H. *Where dragon veins meet: the Kangxi Emperor and his estate at Rehe*. Seattle: University of Washington Press, 2020.
832 Whitfield, Roderick. *Cave temples of Mogao at Dunhuang: art and history on the Silk Road*. United States: The Getty Conservation Institute, 2015.
833 Whitfield, Susan. *Life along the Silk Road*. United States: University of California Press, 2015.
834 Wiethoff, Bodo. *Introduction to Chinese history from ancient times to 1912*. London: Routledge, 2019.
835 Williams, David. *Before we go to war with China and North Korea: the unmastered lessons of America's wars against Confucian Asia, from Pearl Harbor to the fall of Saigon*. Abercynon: Accent Press Ltd, 2017.
836 Wilson, Stephen L. *Advising Chiang's army: an American soldier's World War II experience in China*. United States: Mill City Press, 2016.
837 Wong, David T. K. *Hong Kong confidential: life as a subversive*. Hong Kong: Blacksmith Books, 2018.
838 Wong, Dukesang. *The diary of Dukesang Wong: a voice from Gold Mountain*. Vancouver, British Columbia, Canada: Talonbooks, 2020.
839 Wong, Kar-wai. *Wong Kar-Wai: interviews*. Jackson: University Press of Mississippi, 2017.
840 Wong, Mathew Y. H. *Comparative Hong Kong politics: a guidebook for students and researchers*. Singapore: Palgrave Macmillan, 2017.
841 Wong, Young-tsu. *China's conquest of Taiwan in the seventeenth century: victory at Full Moon*. Singapore: Springer, 2017.
842 Wongsurawat, Wasana. *Sites of modernity: Asian cities in the transitory moments of trade, colonialism, and nationalism*. Germany: Springer, 2016.
843 Woo, X. L. *Love tales of ancient China*. United States: Algora Publishing, 2016.

844　Wood, Frances. *Did Marco Polo go to China?* [Place of publication not identified]: Routledge, 2018.

845　Wood, Michael. *The story of China: a portrait of a civilisation and its people.* London: Simon & Schuster, 2020.

846　Woodbridge, David. *Missionary primitivism and Chinese modernity: the brethren in twentieth-century China.* Boston: Brill, 2019.

847　Woodward, Jude. *The US vs China in Asia: a new Cold War?* Manchester: Manchester University Press, 2017.

848　Wooldridge, Chuck. *City of virtues: Nanjing in an age of utopian visions.* United States: University of Washington Press, 2015.

849　Woolley, Nathan. *Celestial empire: life in China, 1644-1911.* Australia: National Library of Australia, 2016.

850　Worthing, Peter M. *General He Yingqin: the rise and fall of nationalist China.* United Kingdom: Cambridge University Press, 2016.

851　Wu, Guo. *Narrating southern Chinese minority nationalities: politics, disciplines, and public history.* Singapore: Palgrave Macmillan, 2019.

852　Wu, Helena Y. W. *The hangover after the handover: things, places and cultural icons in Hong Kong.* Liverpool: Liverpool University Press, 2020.

853　Wu, Weimin; Tong, Harry. *Life on the cusp.* United States: World Scientific, 2016.

854　Wu, Weiping; Frazier, Mark. *The SAGE handbook of contemporary China.* Los Angeles: SAGE Reference, 2018.

855　Wu, Xiaolong. *Material culture, power, and identity in ancient China.* Cambridge: Cambridge University Press, 2017.

856　Wu, Xiaoqun. *Mourning rituals in archaic & classical Greece and pre-Qin China.* Singapore: Palgrave Macmillan, 2018.

857　Wu, Yulian. *Luxurious networks: salt merchants, status, and statecraft in eighteenth-century China.* Stanford, California: Stanford University Press, 2017.

858　Xi, Xu. *This fish is fowl: essays of being.* Lincoln: University of Nebraska Press, 2019.

859　Xiang, Lanxin. *The quest for legitimacy in Chinese politics: a new interpretation.* London: Routledge, 2019.

860　Xin, Jiyan. *Fake fear: America and China relations.* Reading: Paths International, 2020.

861　Xinran. *The promise: tales of love and loss.* London: I. B. Tauris, 2018.

862　Xiong, Victor Cunrui. *Historical dictionary of medieval China.* Lanham: Rowman & Littlefield Publishers, 2017.

863　Xiong, Victor Cunrui; Hammond, Kenneth J. *Routledge Handbook of Imperial Chinese History.* London: Routledge, 2018.

864　Xu, Guobin [et al.]. *Understanding western culture: philosophy, religion, literature and organizational culture.* Basingstoke, Hampshire: Palgrave Macmillan, 2018.

865　Xu, Jay [et al.]. *Tomb treasures: new discoveries from China's Han dynasty.* San Francisco: Asian Art Museum, 2017.

866　Xu, Jilin. *Rethinking China's rise: a liberal critique.* Cambridge: Cambridge University Press, 2018.

867　Xu, Tonghua. *Mei Lanfang: the Peking Opera star.* London: Xanadu, 2019.

868 Xue, Bing. *Jinling Sutra Press*. London: Xanadu, 2018.
869 Xue, Xinran. *The promise: love and loss in modern China*. London: Bloomsbury Caravel, 2020.
870 Yan, Haiming. *World heritage craze in China: universal discourse, national culture and local memory*. New York: Berghahn, 2018.
871 Yan, Hongliang. *Heritage tourism in China: modernity, identity and sustainability*. Bristol, Buffalo: Channel View Publications, 2017.
872 Yan, Sui. *China in symbolic communication*. London: Routledge, 2017.
873 Yang, Jianhua. *The metal road of the Eastern Eurasian steppe: the formation of the Xiongnu Confederation and the Silk Road*. Singapore: Springer, 2020.
874 Yang, Meili. *Art, archaeology and science: an interdisciplinary approach to Chinese archaeological and artistic materials*. United Kingdom: Sussex Academic Press, 2016.
875 Yang, Mu; Balcom, John. *Memories of Mount Qilai: the education of a young poet*. United States: Columbia University Press, 2015.
876 Yang, Shao-yun. *The way of the barbarians: redrawing ethnic boundaries in Tang and Song China*. Seattle: University of Washington Press, 2019.
877 Yang, Shu. *Xu Yong: negatives*. Germany: Verlag Kettler, 2015.
878 Yao, Alice. *The ancient highlands of southwest China: from the bronze age to the Han empire*. United States: Oxford University Press, 2016.
879 Yao, Betty. *China: through the lens of John Thomson, 1868-1872* [rev ed]. United Kingdom: River Books, 2015.
880 Yap, Joey. *Chinese traditions & practices*. Kuala Lumpur, Malaysia: Joey Yap Research Group Sdn. Bhd., 2017.
881 Ye, Min. *China-South Korea relations in the new era: challenges and opportunities*. Lanham: Lexington Books, 2017.
882 Yenne, Bill; Yen, Jonathan. *When tigers ruled the sky: the flying tigers: American outlaw pilots over China in World War II*. United States: Berkley Caliber, 2016.
883 Yi, Chung-hwan. *A place to live: a new translation of Yi Chung-hwan's T'aengniji, the Korean classic for choosing settlements*. Honolulu: University of Hawai'i Press, 2019.
884 Yiyong, Pan. *Chronicles on trade & culture of the South China Sea*. [Place of publication not identified]: Paths International Ltd, 2019.
885 You, Bin; Knepper, Timothy. *Religions of Beijing*. London: Bloomsbury Academic, 2020.
886 Yu, Dan Smyer. *Mindscaping the landscape of Tibet: place, memorability, ecoaesthetics*. United States: De Gruyter, 2015.
887 Yu, Keping; Heselton, Christopher. *On China's cultural transformation*. Netherlands: Brill, 2015.
888 Yu, Qiuyu. *A bittersweet journey through culture*. United States: CN Times Books, 2015.
889 Yu, Yingshi; Chiu-Duke, Josephine. *Chinese history and culture. V. 1: Sixth century B.C.E to seventeenth century*. United States: Columbia University Press, 2016.
890 Yu, Yingshi; Chiu-Duke, Josephine. *Chinese history and culture. V. 2: Seventeenth century through twentieth century*. United States: Columbia University Press, 2016.
891 Yudru Tsomu. *The rise of Gonpo namgyel in Kham: the blind warrior of Nyarong*. United States: Lexington Books, 2015.

892　Zachmann, Patrick. *Patrick Zachmann: so long, China.* France: Editions Xavier Barral, 2016.
893　Zee, Anthony; Feng, Linda Rui. *Swallowing clouds: a playful journey through Chinese culture, language, and cuisine.* United States: University of Washington Press, 2015.
894　Zeng, Guojun. *Tourism and hospitality development between China and EU.* Germany: Springer, 2015.
895　Zeng, yeying. *Contemporary studies on modern Chinese history I.* London: Routledge, 2020.
896　Zhang, An Lan. *Flowers in Chinese culture: folklore, poetry, religion.* United States: Three Pines Press, 2015.
897　Zhang, Baohui. *Revolutions as organizational change: the Communist Party and peasant communities in South China, 1926-1934.* Hong Kong, China: Hong Kong University Press, 2015.
898　Zhang, Enhua. *Space, politics, and cultural representation in modern China: cartographies of revolution.* United Kingdom: Routledge, 2016.
899　Zhang, Jingyu. *Mainland China after the thirteenth Party Congress.* London: Routledge, Taylor & Francis Group, 2019.
900　Zhang, Jingyu. *Perspectives on development in mainland China.* London: Routledge, 2019.
901　Zhang, Nicholas. *Jews in China: a history of struggle.* New Jersey: N House Publishing, 2019.
902　Zhang, Q. M. *Accomplice to memory.* Los Angeles: Kaya Press, 2017.
903　Zhang, Qizhi. *An introduction to Chinese history and culture.* Germany: Springer, 2015.
904　Zhang, Rouran. *Chinese heritage and their audiences: the power of the past.* London: Routledge, 2020.
905　Zhang, Sheng. *Sikuquanshu Hall.* Oxford, UK: Chartridge Books Oxford, 2019.
906　Zhang, Xingxing. *Selected essays on the history of contemporary China.* Netherlands: Brill, 2015.
907　Zhang, Yanhua; Tomaiko, Emrie. *Preserving the Shanghai ghetto: memories of Jewish refugees in 1940's China.* United States: Bridge21 Publications, 2016.
908　Zhao, Dingxin. *The Confucian-legalist state: a new theory of Chinese history.* United States: Oxford University Press, 2015.
909　Zhao, Suisheng. *China and East Asian regionalism: economic and security cooperation and institution-building.* London: Routledge, 2018.
910　Zheng, Yangwen. *Ten lessons in modern Chinese history.* Manchester: Manchester University Press, 2018.
911　Zheng, Yongnian; Gore, Lance. *China entering the Xi Jinping era.* United Kingdom: Routledge, 2015.
912　Zhou, Peng. *The theory and practice of China's tourism economy (1978-2017).* Singapore: Springer, 2019.
913　Zhou, Taomo. *Migration in the time of revolution: China, Indonesia, and the Cold War.* Ithaca: Cornell University Press, 2019.
914　Zhou, Xiaohong. *Chinese studies from the perspective of globalization.* United Kingdom: Paths International Ltd, 2017.
915　Zhu, Pingchao. *Wartime culture in Guilin, 1938-1944: a city at war.* United States: Lexington Books, 2015.
916　Zhu, Weizheng. *Coming out of the Middle Ages: comparative reflections on China and the*

West. London: Routledge, 2019.
917 Zhu, Weizheng; Dillon, Decreased Michael. *Rereading modern Chinese history*. Netherlands: Brill, 2015.
918 Zhuang, Yijie. *24 hours in ancient China: a day in the life of the people who lived there*. London: Michael O'Mara Books Limited, 2020.
919 Zhuang, Yuan. *Insights into Japanese Imperialism: original Japanese military documents with English translations*. London: ACA Publishing Ltd., 2020-2021.
920 Ziegler, Dominic. *Black dragon river: a journey down the Amur river at the borderlands of empires*. United States: Penguin Press, 2015.
921 Zielske, Horst; Zielske, Daniel. *Shanghai 2*. Germany: Verlag der Kunst, 2015.

法语

922 Alayrac-Fielding, Vanessa. *La Chine dans l'imaginaire anglais des Lumières: 1685-1798*. Paris: PUPS, 2015
923 Angeloff, Tania. *La société chinoise: depuis 1949*. Paris: la Découverte, 2018.
924 Arnaud, Clara. *Sur les chemins de Chine: récit de voyage*. Montfort-en-Chalosse: Gaïa éditions, 2018.
925 Baron, Clémentine. *La Chine impériale: civilisation*. Paris: Quelle histoire éditions, 2017.
926 Bazin, René. *La défenseur de la mission de Pékin: extraits de «L'enseigne de vaisseau Paul Henry»*. Allaire: Éditions Edilys, 2020.
927 Bennes, Marie-Florence. *Les Tibétains*. Boulogne-Billancourt: Ateliers Henry Dougier, 2016.
928 Bergère, Marie-Claire. *La Chine du coin de l'oeil: les amusements sérieux et comiques d'une sinologue*. Paris: les Indes savantes, 2018.
929 Bernard, Élodie. *Le vol du paon mène à Lhassa*. [Paris]: Gallimard, 2017.
930 Bernard, Jean-Marc. *Prof en Chine. Le Coudray-Macouard: Feuillage, 2015.
931 Berthier, Serge. *Vivre à Hong Kong*. Paris: l'Archipel, 2017.
932 Billeter, Jean-François. *Chine trois fois muette: essai sur l'histoire contemporaine et la Chine*. Paris: Éditions Allia, 2016.
933 Blanchard, Louis-Marie; Blanchard, Élise. *L'exploration du Tibet: missionnaires, espions et aventuriers au pays des neiges*. Paris: Paulsen, 2019.
934 Blitstein, Pablo. *Les fleurs du royaume: savoirs lettrés et pouvoir impérial en Chine, Ve-VIe siècles*. Paris: les Belles lettres, 2015.
935 Boothroyd, Ninette; Détrie, Muriel. *Le voyage en Chine: anthologie des voyageurs occidentaux du Moyen âge à la chute de l'Empire chinois*. Paris: Robert Laffont, 2020.
936 Bressler, Sonia. *À la découverte du Gansu*. La Neuville-aux-Joûtes: Jacques Flament éditions, 2015
937 Bressler, Sonia. *À la découverte du Tibet*. Vitry-sur-Seine: Éditions HO, 2016.
938 Bressler, Sonia. *Xinjiang: les mille & une merveilles de la Route de la soie*. [Paris]: la Route de la soie-éditions, 2017.
939 Brilman, Jean. *Cinq voyages en Chine*. Paris: l'Harmattan, 2019.

940　Brizay, Bernard. *Les trente empereurs qui ont fait la Chine.* Paris: Perrin, 2018.
941　Brook, Timothy. *La carte perdue de John Selden: sur la route des épices en mer de Chine.* Paris: Payot, 2015.
942　Brook, Timothy. *Le léopard de Kubilai Khan: une histoire mondiale de la Chine, XIIIe-XXIe siècle.* Paris: Éditions Payot & Rivages, 2019.
943　Buffetrille, Katia. *L'âge d'or du Tibet: XVIIe & XVIIIe siècles.* Paris: les Belles lettres, 2019.
944　Cadoux, Françoise. *Muztagh Ata, le père des glaciers: du pays des purs au pays qui s'efface.* Les Houches: Éditions du Mont-Blanc-Catherine Estivelle, 2019.
945　Cartier, Michel. *La Chine et l'Occident: cinq siècles d'histoire.* Paris: Odile Jacob, 2015.
946　Cazal, Bernadette. *Éclats de vie au Tibet.* [Paris]: [École Estienne], 2015.
947　Chaliand, Gérard. *Mao, stratège révolutionnaire.* [Paris]: Pocket, 2019.
948　Chang, Jung. *L'impératrice Cixi: la concubine qui fit entrer la Chine dans la modernité.* Paris: JC Lattès, 2015.
949　Chapellet, Josette. *À la découverte de la diététique chinoise.* Paris: Guy Trédaniel éditeur, 2017.
950　Chen, Uen; Le Saux, Soline. *Des assassins: d'après les Mémoires historiques de Sima Qian.* [Nantes]: Patayo éditions, 2020.
951　Chen, Xiaoqing; Zhu, Lexian. *Chroniques chinoises, 1944-2000.* Paris; Pékin; Philadelphie: Nuvis, 2017.
952　Chennebenoist, Henri. *Carnets de Chine: un Français dans la guerre des Boxers, 1900-1901.* Paris: l'Harmattan, 2016.
953　Couto, Dejanirah; Lachaud, François. *Empires en marche: rencontres entre la Chine et l'Occident à l'âge moderne, XVIe-XIXe siècles.* Paris: École française d'Extrême-Orient, 2017.
954　Crisi, Emilio. *Révolution anarchiste en Mandchourie, 1929-1932: approche historique de l'expérience de la Commune libertaire initiée par l'anarchisme coréen à l'est de la Mandchourie.* Paris: Noir et rouge, 2019.
955　Das, Chandra. *Voyage à Lhassa et au Tibet central.* Genève: Éditions Olizane, 2018.
956　De La Guérivière, Jean. *Les Français en Chine: portraits et récits choisis des longs-nez dans l'Empire céleste.* Paris: Éditions Bibliomane, 2015.
957　Dirlik, Arif. *La Chine au XXe siècle: histoire, idéologie, révolution.* Saint-Denis: Presses universitaires de Vincennes, 2020.
958　Drapeaud, Pierre. *Chine: chronologie simplifiée: des origines à 1949.* Paris: l'Harmattan, 2017.
959　Dupuy, Gérard. *Monter haut, regarder loin: la montagne en Chine ancienne.* Paris: Éditions I, 2018.
960　*Histoire de la République populaire de Chine. Tome I, 1949-1956.* Paris: Éditions You Feng, 2018.
961　Duteil, Jean-Pierre. *Chine.* Paris: PUF: Clio, 2016.
962　Duteil, Jean-Pierre. *La dynastie des Ming.* Paris: Ellipses, 2016.
963　Dutrait, Liliane. *La Chine.* Toulouse: Milan, 2018.
964　Fairbank, John; Goldman, Merle. *Histoire de la Chine: des origines à nos jours.* Paris: Éditions Tallandier, 2019.
965　Faligot, Roger. *Les tribulations des Bretons en Chine.* Rennes: les Portes du large, 2019.

966 Fontana, Michela. *Matteo Ricci: un jésuite à la cour des Ming*. Paris: Éditions Tallandier, 2019.
967 Forgues, Émile; Old, Nick. *La Chine ouverte: aventures d'un Fan-kouei dans le pays de Tsin*. Cressé: PRNG éditions, 2015.
968 Fortune, Robert. *La route du thé et des fleurs*. Paris: Éditions Payot & Rivages, 2017.
969 Frèches, José. *Il était une fois la Chine: 4500 ans d'histoire*. [Paris]: XO éditions, 2018.
970 Galy, Laurent [et al.]. *La Chine: du traité de Nankin à la proclamation de la RPC, 1842-1949*. Neuilly-sur-Seine: Atlande, 2020.
971 Godfard, Patrick. *La Chine depuis 1949*. [Levallois-Perret]: Bréal, 2018.
972 Grémont, Johann. *Maintenir l'ordre aux confins de l'empire: pirates, trafiquants et rebelles entre Chine et Viêt Nam, 1895-1940*. Paris: Maisonneuve & Larose nouvelles éditions; Hémisphères éditions, 2018.
973 Grescoe, Taras. *Shanghai la magnifique: grandeur et décadence dans la Chine des années 1930*. [Paris]; Lausanne: les Éditions Noir sur blanc, 2019.
974 Grousset, René. *Histoire de la Chine: des origines à la Seconde guerre mondiale*. Paris: Payot & Rivages, 2017.
975 Guiheux, Gilles. *La République populaire de Chine: de 1949 à nos jours*. Paris: les Belles lettres, 2018.
976 Hauser, Claude. *La Chine en partage: Ding Zuoshao-Auguste Viatte, une amitié intellectuelle au XXe siècle*. Neuchâtel: Éditions Alphil-Presses universitaires Suisses, 2018.
977 Hopkirk, Peter. *Bouddhas et rôdeurs sur la route de la soie*. Arles: Éditions Philippe Picquier, 2017.
978 Hopkirk, Peter. *Sur le toit du monde: hors-la-loi et aventuriers au Tibet*. Arles: Éditions Philippe Picquier, 2017.
979 Ilyina-Laylle, Olga; Jan, Michel. *Un long printemps d'exil: de Petrograd à Saigon, 1917-1946*. Paris: Points, 2015.
980 Jolivot, Nicolas. *Shanghaï: promenades*. Amboise: HongFei, 2016.
981 Jordan, Ilse. *C'était Shangaï: journal inédit d'une expatriée, 1926-1931*. Saint-Germain-des-Prés: Artisans-voyageurs éditeurs, 2016.
982 Joris, Lieve. *Sur les ailes du dragon: voyages entre l'Afrique et la Chine*. Arles: Actes Sud, 2019.
983 Kapstein, Matthew. *Les Tibétains*. Paris: les Belles lettres, 2015.
984 Kerlan, Anne. *Lin Zhao: combattante de la liberté*. [Paris]: Fayard, 2018.
985 Klein, Julie; Devouassoux, Philippe. *La route du thé: du Yunnan et du Sichuan aux confins tibétains*. Paris: Éditions Transboréal, 2015.
986 Kreissler, Françoise; Colin, Sébastien. *La France et la République populaire de Chine: contextes et répercussions de la normalisation diplomatique, 1949-1972*. Paris: l'Harmattan, 2017.
987 Landor, Arnold. *La route de Lhassa: à travers le Tibet interdit, 1897*. [Paris]: Libretto, 2015.
988 Larrey, Frédéric; Fagniart, Yves. *Tibet: en harmonie avec la panthère des neiges*. Castelnau-le-Lez: Regard du vivant, 2019
989 Levi, Jean. *La Chine en guerre: vaincre sans ensanglanter la lame, VIIIe-IIIe avant J.-C.* [Paris]: Arkhê, 2018.

990 Li, Jingze. *Relations secrètes: réflexions insolites sur les relations entre la Chine et l'Occident au fil des siècles*. Arles: Éditions Philippe Picquier, 2017.
991 Li, Kunwu; Ôtié, Philippe. *Une vie chinoise. 2, Le temps du Parti*. Bruxelles: Kana, 2017.
992 Li, Peilin [et al.]. *Les sociologues chinois de la première moitié du XXème siècle*. New York: Peter Lang publishing, 2020.
993 Lilius, Aleko. *Pirate en mer de Chine*. Arles: Éditions Philippe Picquier, 2018.
994 Lin, Yutang. *La Chine et les Chinois*. Paris: Éditions Payot & Rivages, 2019.
995 Liu Le Grix, Libin; Chancel, Claude. *Le grand livre de la Chine*. Paris: Eyrolles, 2016.
996 Londres, Albert. *Albert Londres et l'Extrême-Orient: Chine, Japon et paix mondiale, 1922-1932*. Vichy: Éditions du Michka, 2016.
997 Lovell, Julia. *La guerre de l'opium: 1839-1842*. Paris: Buchet-Chastel, 2017.
998 Ma, Li. *La Chine et la Grande guerre*. Paris: CNRS éditions, 2019.
999 Maillart, Ella; Etienne, Gilbert. *Envoyée spéciale en Mandchourie: en Asie où guettent les maîtres de demain*. Genève: Éditions Zoé, 2018.
1000 Martin, François; Chaussende, Damien. *Dictionnaire biographique du haut Moyen âge chinois: culture, politique et religion de la fin des Han à la veille des Tang, IIIe-VIe siècles*. Paris: les Belles lettres, 2020.
1001 Martin, Jean-Claude. *Les Européens en Chine aux XVIe-XIXe siècles: rencontres et échanges entre empires*. [Sète]: [Flam arts et jardins], 2020.
1002 Martin, Nathalie. *Dictionnaire insolite de la Chine*. Paris: Cosmopole, 2018.
1003 McMahon, Keith. *Sexe et pouvoir à la cour de Chine: épouses et concubines des Han aux Liao: IIIe s. av. J.-C.-XIIe s. apr. J.-C.* Paris: les Belles lettres, 2016.
1004 Moitessier, Marc. *36 poses: 36 jours à pékin, 1 seule pellicule photo*. Paris: Éditions le Monde pour passager, 2017.
1005 Morvan, Jean-David; Voulyzé, Frédérique. *Mao Zedong*. Grenoble: Glénat; Paris: Fayard, 2016.
1006 Nivelle, Pascale. *Histoire du «Petit livre rouge»*. Paris: Éditions de Noyelles, 2016.
1007 Ozanon, Laure. *La Chine en soi: dix ans d'aventure ethnographique*. Paris: Magellan & Cie, 2018.
1008 Paulès, Xavier. *La République de Chine: 1912-1949*. Paris: l'Harmattan, 2019.
1009 Pimpaneau, Jacques. *Les chevaux célestes: l'histoire du Chinois qui découvrit l'Occident*. Arles: Éditions Philippe Picquier, 2015.
1010 Pirazzoli-T'Serstevens, Michèle; Bujard, Marianne. *Les dynasties Qin et Han: 221 av. J.-C.* Paris: les Belles lettres, 2017.
1011 Prjevalski, Nikolaï. *Voyage en Mongolie et au Tibet*. Paris: Éditions Transboréal, 2018.
1012 Rebouh, Caroline. *Les juifs de Chine: histoire d'une communauté et ses perspectives: essai*. Aix-en-Provence: Éditions Persée, 2016.
1013 Ren, Hao [et al.]. *La Chine en grèves: récits de résistance ouvrière*. La Bussière: Acratie, 2018.
1014 Richard, Luc. *Voyage à travers la Chine interdite*. Paris: Pocket, 2016.
1015 Romano, Antonella. *Impressions de Chine: l'Europe et l'englobement du monde, XVIe-XVIIe siècle*. Paris: Fayard, 2016.
1016 Rosati Freeman, Francesca. *Sur les rives du lac Mère: un voyage aux confins du Tibet à la rencontre du peuple Moso*. [Buc]: Éditions Tensing, 2015.
1017 Roux, Alain. *Chiang Kaï-Shek: le grand rival de Mao*. Paris: le Grand livre du mois, 2016.

1018 Roux, Alain. *La Chine contemporaine.* Paris: Armand Colin, 2015.
1019 Roux, Alain; Xiao-Planes, Xiaohong. *Histoire de la République populaire de Chine: de Mao Zedong à Xi Jinping.* Malakoff: Armand Colin, 2018.
1020 Servais, Paul. *Connaissons-nous la Chine?* Louvain-la-Neuve: Academia-l'Harmattan, 2020.
1021 Simon. *Voyages d'encre: carnets de chine, 2005-2013.* [Paris]: Éditions Akinome, 2015.
1022 Singaravélou, Pierre. *Tianjin cosmopolis: une autre histoire de la mondialisation.* Paris: Éditions du Seuil, 2017.
1023 Souliac, Élisabeth; Despeux, Catherine. *Liukeng: mille ans d'histoire en Chine.* [Paris]: Éditions le Retour aux sources, 2015.
1024 Taleb-Rivière, Rosemary. *La Chine au bout des doigts: carnet ouvert et coeur battant.* Bordeaux: Elytis, 2020.
1025 Tang, Chinghua. *Le guide de l'empereur Tang: sagesse d'hier pour leaders d'aujourd'hui.* [Paris]: Flammarion, 2017.
1026 Trombert, Éric. *Le glaive et la charrue: soldats et paysans chinois à la conquête de l'Ouest.* Paris: Collège de France, Institut des hautes Etudes chinoises, 2020.
1027 Trudeau, Alexandre. *En Chine.* Paris: Paulsen, 2017.
1028 Tuan, Jean. *Mémoires chinoises: de la Chine impériale à la Chine contemporaine.* [Condom]: CLC éditions, 2017.
1029 Van Gulik, Robert. *Le gibbon dans la civilisation chinoise: essai sur la sagesse animale.* [Paris]: Klincksieck, 2020.
1030 Vannière, Antoine. *Kouang Tchéou-Wan, colonie clandestine: un territoire à bail français en Chine du Sud: 1898-1946.* Paris: Les Indes savantes, 2020.
1031 Villard, Florent. *Critique de la vie quotidienne en Chine à l'aube du XXIe siècle avec les Gao brothers.* Paris: l'Harmattan, 2015.
1032 Wang-Toutain, Françoise. *Le décor de la tombe de l'empereur mandchou Qianlong: r. 1735-1796.* Paris: IET-Collège de France, 2018.
1033 Wetzel, Alexandra. *Comment regarder la Chine ancienne: de la fondation de l'empire à la dynastie Ming.* [Vanves]: Hazan, 2020.
1034 Xin, Yu. *Savoir traditionnel et pratiques magiques sur la Route de la soie.* Paris: Demopolis, 2018.
1035 Xu, Bo. *De Shanghaï à Paris: mon regard sur la nouvelle Chine.* Paris: Odile Jacob, 2018.
1036 Xu, Zhiyuan. *Étranger dans mon pays.* Arles: Éditions Picquier, 2019.
1037 Yan, Lan. *Chez les Yan: une famille au coeur d'un siècle d'histoire chinoise.* Paris: Allary éditions, 2017.
1038 Yang, Liguang. *La voie de Zhongshan, vers la modernisation de la Chine.* Paris: Éditions You Feng, 2018.
1039 Young, Ethan. *Nankin: la cité en flammes.* Paris: Urban China, 2016.
1040 Zheng, Chantal. *Taiwan: les enjeux du patrimoine et de la mémoire.* Aix-en-Provence: Presses universitaires de Provence, 2019.

德语

1041 Andrade, António de; Aschoff, Jürgen C (übers.). *Beschreibung einer weiten und gefährlichen Reiß: die Reise nach Tsaparang in Tibet im Jahr 1624.* Ulm/Donau: Fabri Verlag, 2018.

1042 Badiou, Alain; Pohl, Brita. *Petrograd, Schanghai: die zwei Revolutionen des 20. Jahrhunderts.* Wien, Berlin: Turia + Kant, 2019.

1043 Becker-Kavan, Ingo. *Tsingtau: „deutsches Leben in China".* Würzburg: Königshausen & Neumann, 2018.

1044 Belz, Sabine. *Tausend Meilen unter meinem Fuß: ein Jahr im China von gestern.* Leipzig: Engelsdorfer Verlag, 2018.

1045 Bergmann, Ulrich. *Die Monde der gelben Mitte: acht Kapitel über China.* Berlin: epubli, 2017.

1046 Berndt, Andreas. *Der Kult der Drachenkönige (longwang) im China der späten Kaiserzeit.* Leipzig: Leipziger Universitätsverlag GmbH, 2020.

1047 Blänsdorf, Catharina. *Studien zur Farbfassung von Figuren aus der Terrakottaarmee und aus anderen Beigabengruben der Grabanlage des ersten Chinesischen Kaisers Qin Shihuang.* München: Siegl, 2015.

1048 Boerschmann, Ernst; Kögel, Eduard. *Hongkong, Macau und Kanton: eine Forschungsreise im Perlfluss-Delta 1933.* Berlin; Boston, Mass.: De Gruyter, 2015.

1049 Brook, Timothy; Cackett, Robin. *Wie China nach Europa kam: die unerhörte Karte des Mr. Selden.* Berlin: Wagenbach, 2015.

1050 Castner, Gaspar et al. *Sancian als Tor nach China: Kaspar Castners Bericht über das Grab des Heiligen Franz Xaver.* Regensburg: Schnell + Steiner, 2019.

1051 Christ, Stefan et al. *China: das Reich der Mitte von den Anfängen bis heute.* Darmstadt: wbg Theiss, 2020.

1052 Dabringhaus, Sabine. *Geschichte Chinas 1279 - 1949.* Berlin; Boston, Mass.: De Gruyter Oldenbourg, 2015.

1053 Daiber, Karl-Fritz. *Die Taiping-Revolution in China (1851-1864): Beispiele ihrer Rezeption in protestantischen und marxistischen Veröffentlichungen. Darstellungen und Randnotizen.* Norderstedt: Books on Demand, 2018.

1054 Facius, Michael. *China übersetzen: Globalisierung und chinesisches Wissen in Japan im 19. Jahrhundert.* Frankfurt: Campus Verlag, 2018.

1055 Frisch, Hermann-Josef. *Die Welt der Seidenstraße: von China nach Indien und Europa.* Darmstadt: Theiss, 2016.

1056 Frölich, Hajo. *Des Kaisers neue Schulen: Bildungsreformen und der Staat in Südchina, 1901-1911.* Berlin: De Gruyter Oldenbourg, 2018.

1057 Fülling, Oliver. *China: von den Metropolen Beijing, Shanghai und Hong Kong zu den heiligen Bergen, den Schluchten des Yangzi und entlang der Seidenstraße...: Entdeckungsreisen im Reich der Mitte.* Ostfildern: DuMont-Reiseverl., 2015.

1058 Gimm, Martin. *Ein Monat im Privatleben des chinesischen Kaisers Kangxi: Gao Shiqis Tagebuch „Pengshan miji" aus dem Jahre 1703.* Wiesbaden: Harrassowitz Verlag, 2015.

1059 Görk, Manfred. *Land der Mitte: Impressionen aus einer anderen Welt: mehr als ein China-Ratgeber für Neugierige.* Neckenmarkt: novum pro, 2017.

1060 Gottberg, Otto von. *Die Helden von Tsingtau*. Berlin: epubli, 2019.
1061 Gründer, Horst. *China - Europa - Deutschland: eine wechselvolle Begegnung von der Antike bis zur Gegenwart*. Göttingen: Cuvillier Verlag, 2018.
1062 Hamann, Amelie. *Die Sammlung später chinesischer Bronzen von Hans Oehmichen – ein Beispiel für eine im Zeitalter des Spätkolonialismus zusammengetragene Sammlung ostasiatischer Kunst in Deutschland*. München: utzverlag, 2020.
1063 Hauser, Françoise. *China für die Hosentasche: was Reiseführer verschweigen*. Frankfurt am Main: Fischer Taschenbuch, 2017.
1064 Hermanns, Cornelia. *China und die Kulturrevolution: der letzte lange Marsch*. Esslingen: Drachenhaus Verlag, 2016.
1065 Herrmann, Dietmar. *Mathematik im Mittelalter: die Geschichte der Mathematik des Abendlands mit ihren Quellen in China, Indien und im Islam*. Berlin; Heidelberg: Springer Spektrum, 2016.
1066 Hoffmann, Haiko (Hrsg.). *Die Ausweisung der Deutschen aus China: eine Darstellung der Ereignisse auf Grund englischer Shanghaier Zeitungen vom Oktober 1918 bis April 1919*. Schwerin: Seniorenbüro Schwerin, 2020.
1067 Isaacs, Harold Robert. *Die Tragödie der chinesischen Revolution*. Essen: Mehring Verlag, 2016.
1068 Jakubaschke, Sigrun. *Kalligraphische Reise: Erinnerungen an China: Tagebuchnotizen 1988/89*. Berlin: seltmann+söhne, 2016.
1069 Kaminski, Gerd. *Chinas Aufstieg: der Rückblick des Lao Ka*. Schiedlberg/Austria: BACOPA Verlag, 2020.
1070 Kaminski, Gerd. *Das Spiel von Wolken und Regen: Erotik im alten China*. Schiedlberg: BACOPA Verlag, 2018.
1071 Karrass, Stephanie; Tomas, Chris. *Nächster Halt: Steppe: 10000 Kilometer durch Kasachstan und China*. Ostfildern: DuMont, 2016.
1072 Kaul, Albrecht. *Mitten im Reich der Mitte: Leben und Glauben in China - mehr als ein Reisebericht*. Muldenhammer: conception Seidel OHG, 2018.
1073 Knörr, Alexander; Welle, Mario (Hrsg.). *Reis am Stiel: Begegnungen mit einer fremden Welt in China*. Hirschhorn: Galactic-Bookstore-Verlag, 2015.
1074 Kopf, Eike; Rockstuhl, Harald. *China geht seinen Jahrhundert-Weg: Vorgänge und Nachrichten seit 2020*. Bad Langensalza/Thüringen: Verlag Rockstuhl, 2020.
1075 Körber, Lili. *Begegnungen im Fernen Osten: eine Reise nach Japan, China und Birobidschan im Jahr 1934*. Wien: Promedia, 2020.
1076 Kröger, Helga. *Pulsierendes China: Chaos im Fluss: deutsch-französische Reiseerlebnisse und Reflektionen*. Hamburg: Kroeger & Kollegen Verlagsgesellschaft Ltd., 2016.
1077 Kuba, Martin. *Ökosystemare Prozesse und Ecosystem Services: eine geografische Betrachtung der anthropogenen Einwirkungen auf die Auwälder des Tarimflusses in Nordwest China*. München: oekom verlag, 2017.
1078 Kupfer, Peter. *Bernsteinglanz und Perlen des Schwarzen Drachen: die Geschichte der chinesischen Weinkultur*. Gossenberg: OSTASIEN Verlag, 2019.
1079 Lautenschläger, Deike. *Taiwan: wo Götter kuppeln und Ärzte gebrochene Herzen heilen*. Meerbusch: Conbook Medien GmbH, 2016.

1080 Leese, Daniel. *Die chinesische Kulturrevolution 1966 - 1976*. München: Verlag C.H. Beck, 2016.

1081 Leese-Messing, Kathrin. *Tradition im Wandel: historiographiegeschichtliche Studien zu Chen Shous Sanguo zhi*. Wiesbaden: Harrassowitz Verlag, 2016.

1082 Leibniz, Gottfried Wilhelm et al. *Briefe über China (1694-1716): die Korrespondenz mit Barthélemy des Bosses S.J. und anderen Mitgliedern des Ordens*. Hamburg: Felix Meiner Verlag, 2017.

1083 Levy, Katja (Hrsg.). *Geschichte und Gesellschaft des modernen China: Kritik - Empirie - Theorie: Festschrift für Mechthild Leutner*. Frankfurt am Main; Bern; Wien: PL Academic Research, 2016.

1084 Li, Wei; Tang, Yongliang. *Wahrheiten und Fakten: Interpretation der Zweiten Japanischen China-Invasion*. Bochum, Berlin, Dülmen: Europäischer Universitätsverlag et al., 2020.

1085 Lloyd, Sarah; Post, Petra. *China erfahren: Ein Reisebericht*. Reinbek: ROWOHLT Repertoire, 2018.

1086 Loges, Luise. *4000 Jahre China: von der Steinzeit zur Kulturrevolution*. Heidelberg: Spektrum-der-Wiss.-Verl.-Ges., 2015.

1087 Martini, Silke. *Postimperiales Asien: die Zukunft Indiens und Chinas in der anglophonen Weltöffentlichkeit 1919-1939*. Berlin: De Gruyter Oldenbourg, 2017.

1088 Menne, Mareike. *Chinesische Waren im 18. Jahrhundert: Unternehmertum, Handel und Konsum in Mitteleuropa*. Bielefeld: transcript et al., 2020.

1089 Menne, Mareike. *Diskurs und Dekor: die China-Rezeption in Mitteleuropa, 1600-1800*. Bielefeld: transcript, 2018.

1090 Messmer, Matthias et al. *China an seinen Grenzen: Erkundungen am Rand eines Weltreichs*. Ditzingen: Reclam, 2019.

1091 Messner, Angelika C. *Zirkulierende Leidenschaft: eine Geschichte der Gefühle im China des 17. Jahrhunderts*. Köln; Weimar; Wien: Böhlau Verlag, 2016.

1092 Minngh, Brice. *China*. München: Travel House Media GmbH, 2017.

1093 Mittler, Barbara; Wagner, Rudolf G. *China and the world - the world and China: essays in honor of Rudolf G. Wagner*. Gossenberg: Ostasien Verlag, 2019-.

1094 Mueller, Herbert; Walravens, Hartmut. *Herbert Muellers Forschungsreise nach China 1912–1913: aus den Akten und Korrespondenzen neu bearbeitet und durch historische Fotos ergänzt*. Wiesbaden: Harrassowitz Verlag, 2017.

1095 Mueller, Susanne. *China, Präsenz von Frankfurt bis Düsseldorf*. Frankfurt am Main: Cross Culture Publishing, 2018.

1096 Mühlhahn, Klaus. *Die Volksrepublik China*. Berlin; Boston: De Gruyter Oldenbourg, 2017.

1097 Müller, Bernhard; Seinitz, Kurt. *China, hinter dem Reis: Erlebnisberichte aus dem Reich der Mitte*. Wien: Seifert Verlag, 2015.

1098 Müller, Shing; Selbitschka, Armin (Hrsg.). *Über den Alltag hinaus: Festschrift für Thomas O. Höllmann zum 65. Geburtstag*. Wiesbaden: Harrassowitz Verlag, 2017.

1099 Mümken, Mathias; Hoffmann, Haiko. *Tagebuch - Erinnerungen aus meiner Chinazeit: Erlebnisse des Mathias Mümken, Teilnehmers des Feldzuges des Deutschen Kaiserreiches in China anlässlich des „Boxeraufstandes" (1900-1901)*. Schwerin: Seniorenbüro Schwerin, 2020.

1100 Nagel-Angermann, Monique. *Die Geschichte des Alten China*. Wiesbaden: marixverlag, 2018.
1101 Negt, Oskar. *Modernisierung im Zeichen des Drachen: China und der europäische Mythos der Moderne: Reisetagebuch und Gedankenexperimente*. Göttingen: Steidl, 2016.
1102 Ommerborn, Wolfgang. *Neo-Konfuzianisches Herrscherideal und politische Wirklichkeit in der Südlichen Song-Dynastie (1127-1279): Moral und Macht: Zhu Xis Memoranden aus dem Jahr 1194 und die Politik am Kaiserhof*. Bochum, Freiburg: projekt verlag, 2020.
1103 Orth, Stephan. *Couchsurfing in China: durch die Wohnzimmer der neuen Supermacht*. München: MALIK, 2019.
1104 Pan, Tat'jana Aleksandrovna. *Schriftliche mandschurische Quellen zur Geschichte und Kultur des Qing-Reiches des 17. und 18. Jahrhunderts*. Wiesbaden: Harrassowitz Verlag, 2015.
1105 Philipp, Raimund G. *Die Geschichte Chinas als Geschichte von Fetischverhältnissen: zur Kritik der Rückprojektion moderner Kategorien auf die Vormoderne: ausgehendes Neolithikum, die drei Dynastien*. Darmstadt: wbg Academic, 2019.
1106 Pröve, Andreas. *Gegen den Strom: von Shanghai ins Tibetische Hochland*. München: National Geographic, 2019.
1107 Ptak, Roderich. *China und Asiens maritime Achse im Mittelalter: Konzepte, Wahrnehmungen, offene Fragen*. Berlin: De Gruyter, 2019.
1108 Ptak, Roderich. *Fujian - Penghu - Taiwan: frühe Kontakte, nach Texten zusammengefaßt (ca. 200-1450 n.Chr.)*. Wiesbaden: Harrassowitz, 2015.
1109 Ptak, Roderich; Müller, Shing. *Aus geteilten Zeiten: Studien zur Nanbeichao-Periode: Geburtstagsgabe für Shing Müller*. Gossenberg: OSTASIEN Verlag, 2020.
1110 Rehage, Christoph. *The longest way: 4646 Kilometer zu Fuß durch China*. München; Berlin; Zürich: Piper, 2016.
1111 Reinhard, Wolfgang. *China oder Europa - wo liegt die Mitte der Welt?: ethnozentrische Borniertheit und ihre Überwindung*. Friedrichsruh: Otto-von-Bismarck-Stiftung, 2017.
1112 Rosner, Erhard. *Miasmen: Studien zur Geschichte der Malaria in Südchina*. Wiesbaden: Harrassowitz Verlag, 2019.
1113 Schaper, Iris. *China - Entdeckungen im „Reich der Mitte"*. München: Kunth Verlag GmbH & Co. KG, 2015.
1114 Schaper, ris. *Unterwegs in China: das grosse Reisebuch*. München: Kunth Verlag GmbH & Co. KG, 2019.
1115 Scheibert, Justus. *Der Krieg in China 1900-1901: nebst einer Beschreibung der Sitten, Gebräuche und Geschichte des Landes*. Wiesbaden: Springer Gabler, 2016.
1116 Schimmelpfeng-Schütte, Ruth. *Wie die Seide nach Norddeutschland kam*. Schwerin: Thomas Helms Verlag, 2016.
1117 Schittich, Christian; Kaltenbach, Frank. *Übernachten in China*. München: Edition DETAIL, 2019.
1118 Schmidt-Glintzer, Helwig. *Chinas leere Mitte: die Identität Chinas und die globale Moderne*. Berlin: Matthes & Seitz Berlin, 2018.
1119 Schmidt-Glintzer, Helwig. *Das alte China: von den Anfängen bis zum 19. Jahrhundert*. München: Verlag C.H. Beck, 2018.
1120 Schmidt-Glintzer, Helwig. *Das neue China: vom Untergang des Kaiserreichs bis zur Gegenwart*. München: C.H. Beck, 2020.

1121 Schobinger, Viktor. *Des Luzerner Apothekers Conrad Clauser Reise nach Tibet (1505) nach der mündlichen Überlieferung.* Zürich: Schobinger-Verlag, 2017.
1122 Schomann, Stefan. *Lesereise China: Streifzüge durch ein Weltreich.* Wien: Picus Verlag, 2017.
1123 Schreiber, Rene. *Beijing: Die nördliche Kaiser-Hauptstadt.* Berlin: epubli, 2019.
1124 Schreiber, Rene. *Entdecken Sie die Städte der Welt/Ma'anshan Ein Reiseführer.* Berlin: epubli, 2020.
1125 Schreiber, Rene. *Entdecken Sie die Städte der Welt/Shanghai Ein Reiseführer.* Berlin: epubli, 2020.
1126 Schreiber, Rene. *Nanjing: Die südliche Kaiser-Hauptstadt.* Berlin: epubli, 2019.
1127 Schreiber, Rene. *Shanghai: Die Mega City.* Berlin: epubli, 2019.
1128 Schütte, Hans-Wilm. *China unter der Lupe: Reportagen aus einer modernen Provinz.* Großenberg: OSTASIEN Verlag, 2017.
1129 Schütte, Hans-Wilm. *Von Yumen Guan nach Shanhai Guan: auf der Suche nach Chinas großen Mauern: ein Reisetagebuch.* Gossenberg: OSTASIEN Verlag, 2020.
1130 Schwarz, Rainer. *Fünf Arten von Glück: Betrachtungen, Erzählungen und historische Skizzen aus dem China des 15. bis 19. Jahrhunderts.* Gossenberg: Ostasien-Verl., 2015.
1131 Segalen, Victor. *Ziegel & Schindeln: eine Reise durch China und Japan 1909/10.* Berlin: Matthes & Seitz Berlin, 2017.
1132 Senger, Harro von; Hu-von Hinüber, Haiyan (Hrsg.). *Der Weise geht leise: im Gedenken an den Begründer der Freiburger Sinologie Professor Dr. Peter Greiner.* Wiesbaden: Harrassowitz Verlag, 2016.
1133 Spillmann, Joseph. *Die Brüder Yang und die Boxer: der Boxeraufstand in China (Nov.1899-7. Sept.1901).* Mering: Verlag Quo Primum, 2019.
1134 Stelling, Barbara; Hettlage, Thomas. *China - die Seele des Drachen: in 12 Aspekten und 12 dutzend Bildern.* Würzburg: Stürtz, 2016.
1135 Sterzel, Julia. *Vom Genossen Lei Feng lernen?: eine Analyse von 50 Jahren Kampagnengeschichte in der VR China.* Bochum; Freiburg: Projektverl., 2015.
1136 Strittmatter, Kai. *Gebrauchsanweisung für China.* München: Piper, 2018.
1137 Sulkowski, Kai Aeneas. *Prähistorische umwallte Anlagen in Nordostchina: die Befestigungswerke der frühbronzezeitlichen Kultur: Unteres Xiajiadian.* Darmstadt, Deutschland: Verlag Philipp von Zabern, 2015.
1138 Vogelsang, Kai. *Kleine Geschichte Chinas.* Ditzingen, Stuttgart: Reclam, 2019.
1139 Walravens, Hartmut; König, Albert. *Roter und gelber Papagei (Ara macao und Psittacula krameri, gelbe Mutation) am Kaiserhof in Peking.* Norderstedt: BoD – Books on Demand, 2020.
1140 Walter, Justine. *Erdbeben im antiken Mittelmeerraum und im frühen China: vergleichende Analyse der gesellschaftlichen Konstruktion von Naturkatastrophen bis zum 3. Jahrhundert n. Chr.* Berlin: Logos Verlag Berlin, 2019.
1141 Wang, Yi. *Constantin von Hanneken in China 1879 - 1925.* St. Ingbert: Röhrig, 2015.
1142 Weiß, Matthias et al. (Hrsg.). *Wechselblicke: zwischen China und Europa 1669-1907.* Berlin: Kunstbibliothek, Staatliche Museen zu Berlin - Petersberg: Michael Imhof Verlag, 2017.
1143 Wendorff, Jean-Jacques. *Der Boxeraufstand in China 1900/1901 als deutscher und französischer Erinnerungsort: ein Vergleich anhand ausgewählter Quellengruppen.* Frankfurt am Main: PL Academic Research, 2016.

1144 Werder, Lutz von. *Vom Mythos zum Logos: über den dreifachen Ursprung der philosophischen Lebenskunst in Griechenland, China, Indien.* Berlin; Strasburg: Schibri-Verlag, 2015.

1145 Xing, Wei. *Untersuchung des geomechanischen Verhaltens von Schichtsalzen aus China in Abhängigkeit von Verunreinigungen.* Göttingen: Cuvillier Verlag, 2016.

1146 Yamashita, Michael S. *Shangri-La: entlang der Teestraße von China nach Tibet.* Mailand, Italien: White Star Verlag, 2020.

西班牙语

1147 Ai, Qing. *Nostalgia imperial: crónicas de viajeros españoles por China (1870-1910).* Madrid, España: Miraguano Ediciones, 2019.

1148 Almarza, Rubén. *Breve historia de la China contemporánea.* Madrid: Nowtilus, 2020.

1149 Borràs Arumí, Javier. *Roja y gris: andanzas y tribulaciones de un joven corresponsal en China.* Madrid: Alfabeto, 2019.

1150 Cai, Yanxin. *Arquitectura en la cultura china.* Madrid: Popular, D.L., 2016.

1151 Chang, Jung. *Las hermanas Soong: tres mujeres extraordinarias en el centro del poder en China.* Barcelona: Taurus, 2020.

1152 Chang, Shiru. *101 cuentos clásicos de la China.* Madrid; Puebla, México; Buenos Aires, Argentina; Santiago, Chile: Edaf, 2019.

1153 Chinesische Märchen. *Cuentos y leyendas chinos: cuentos breves y leyendas sobre los dioses.* Madrid: Editorial ELA, 2019.

1154 Coler, Ricardo. *El reino de las mujeres: el último matriarcado.* Buenos Aires: Planeta, 2018.

1155 Cronin, Vincent. *El sabio de Occidente: Matteo Ricci, misionero en China.* Madrid: Ediciones Palabra, S.A., 2020.

1156 Diario El Mercurio. *Antiguas civilizaciones del Asia Oriental: el nacimiento de China, Japón y la India.* Barcelona, España: Bonalletra Alcompas, Santiago, Chile: distribuido por El Mercurio, 2016.

1157 Embid, Alfredo. *La falsificación de la historia, la cultura y la civilización china.* Pozuelo de Alarcón, Madrid: Asociación de Medicinas Complementarias, D.L., 2015.

1158 Galvany, Albert. *Figuras de la excepción en la China antigua: sabios, desviados y autócratas.* Madrid: Editorial Trotta, 2020.

1159 Gulik, Robert Hans van. *La vida sexual en la antigua China.* Madrid: Siruela, 2019.

1160 Herranz, Manuel. *China contemporánea: del fin de la dinastía Qing hasta nuestros días.* Eslovenia: Editorial Salvat, 2019.

1161 Keay, John. *China: una historia.* Barcelona: ECC, 2016.

1162 Juliá Ribot, Miguel. *Viajes a Oriente: China y Japón: 1982.* Torrelles de Llobregat, Barcelona: Nèc·tar Editorial, 2017.

1163 Krahe, Cinta. *La China imperial: (1506-1795).* Madrid: Síntesis, D.L., 2017.

1164 Leys, Simo. *Breviario de saberes inútiles: ensayos sobre sabiduría en China y literatura occidental.* Barcelona: Acantilado, 2016.

1165 Li, Shuxian. *Mi marido Puyi: el último emperador de China.* Madrid: Popular, D.L., 2015.

1166 Martínez Ariño, Teresa. *Japón y China en los siglos XIX y XX*. Don Benito: Editorial Edita, 2017.
1167 Martínez Coll, Juan Carlos. *Los tres poderes del emperador*. Málaga: Ediciones del Genal, 2020.
1168 Moreno García, Julia. *China contemporánea 1916-2017*. Tres Cantos, Madrid: Istmo, 2018.
1169 Moreno García, Julia. *China imperial: la fascinante historia de una civilización milenaria*. Barcelona: EMSE EDAPP, D.L., 2017.
1170 Ng, Jason Y. *Hong Kong no es ciudad para lentos: radiografía de unaurbe sin frenos*. Barcelona: Ediciones Península, 2020.
1171 Polo Martín, Bárbara. *El mundo visto desde China*. Barcelona: EMSE EDAPP, S.L., 2020.
1172 Restivo, Néstor. *Todo lo que necesitás saber sobre China*. Paidos Argentina, 2016.
1173 Reyes Matta, Fernando. *Hola China: Nǐ Hǎo*. Santiago de Chile: Liberalia Ediciones Ltda, 2020.
1174 Robert, Jean-Noël. *De Roma a China: la ruta de la seda en la época de los Césares*. Barcelona: Stella Maris, 2015.
1175 Rodríguez Gelfenstein, Sergio. *China en el siglo XXI: el despertar de un gigante*. Ciudad Autónoma de Buenos Aires: Fabro, 2019.
1176 Romano, Antonella. *Impresiones de China: Europa y el englobamiento del mundo (siglos XVI-XVII)*. Madrid: Marcial Pons Historia, 2018.
1177 Sola, Diego. *El cronista de China: Juan González de Mendoza, entre la misión, el imperio y la historia*. Barcelona: Edicions de la Universitat de Barcelona: FundacióInstitutConfuci de Barcelona, 2018.
1178 Soto Artuñedo, Wenceslao. *Diego de Pantoja, SJ: (1571-1618): un puente con la China de los Ming*. Aranjuez: Xerión, 2018.
1179 Squirru, Ludovica. *Mi China: diario íntimo de un viaje*. Buenos Aires: Ediciones B, 2020.
1180 Torres Santo Domingo, Marta. *Viaje al sur del Yangtsé: de Shangri-Lá a Hong Kong*. Toledo: El Perro Malo; Barcelona: Laertes, 2020.
1181 Waihong, Choo. *La tribu de las mujeres: vida, amor y muerte en las recónditas montañas de China*. Barcelona: Ediciones Península, 2018.
1182 Wenhu, Zhang. *El viaje de Tu Youyou en busca de la artemisinina*. Zaragoza-España: Grupo Asís, 2019.
1183 Xi, Lian. *Cartas de Sangre: la historia jamás contada de Lin Zhao, mártir en la China de Mao*. Madrid: Ediciones Encuentro S.A., 2020.
1184 Zhang, Kai. *Diego de Pantoja y China*. Madrid: Editorial Popular, 2018.
1185 Zhou, Erliu. *Mi tío Zhou Enlai*. Madrid: Editorial Popular, 2020.

俄语

1186 Абрамова, Наталья Андреевна; Кучинская, Т. Н. *Китай в мировой цивилизации: учебное пособие*. Чита: ЗабГУ, 2017.
1187 Аликберова, Альфия Рафисовна и др. ред. *Россия-Китай: история и культура: сборник*

статей и докладов участников XIII международной научно-практической конференции. Казань: Фэн, 2020.

1188 Анисимцев, Николай Владимирович. *Историография Китая и Японии: актуальные вопросы и тенденции*. Москва: Ваш формат, 2015.

1189 Анча, Дмитрий Алексеевич; Мизь, Н. Г. *Китайская диаспора во Владивостоке: страницы истории*. Владивосток: Дальнаука, 2015

1190 Аринчева, Д. А. *Китайские революционеры в Советской России (1920-1930-е годы): фотоальбом*. Москва: Весь Мир, 2015.

1191 Ауфшнайтер, Петер. *8 лет в Тибете. Дневники Петера Ауфшнайтера*. [собраны и обработаны Мартином Брауэном; перевод с немецкого Сергей Бойко]. Нижний Новгород: Деком, 2019.

1192 Баженова, Елена Степановна; Островский, Андрей. *Синьцзян - горизонты нового Шелкового пути: (краткая энциклопедия Синьцзяна)*. Изд. 2-е, доп. Москва: МБА, 2016.

1193 Базаров, Борис Ванданович и др. ред. *Баргуты: история и современность: сборник научных статей*. Улан-Удэ: [б. и.]; Иркутск: Оттиск, 2016.

1194 Баринова, Елена Борисовна. *Китай и Южная Сибирь в древности: два вектора взаимодействия*. Москва: РУДН, 2015.

1195 Березницкий, Сергей Васильевич. *Караванная торговля России с Китаем и отечественная наука XVIII века*. Санкт-Петербург: МАЭ РАН, 2017.

1196 Бичурин, Никита Яковлевич. *Китай. Его жители, нравы, обычаи, просвещение*. Москва: Э, 2016.

1197 Благодер, Юлия Гариевна. *Российская периодическая печать о Китае (конец XIX – начало XX века)*. Краснодар: КубГТУ, 2017.

1198 Блажкина, А. Ю. *Система философских категорий в конфуцианских годяньских рукописях*. Москва: ИДВ РАН, 2017.

1199 Бокщанин, Алексей; Непомнин, Олег. *Лики Срединного царства: занимательные и познавательные сюжеты средневековой истории Китая*. Москва: Ломоносовъ, 2015.

1200 Бугай, Николай Федорович. *И. Сталин - Мао Цзэдун: судьбы китайцев в СССР - России (1905 - 1940-е годы)*. Москва: Филинъ, 2018.

1201 Бугров, Дмитрий Витальевич и др. ред. *Китай: история и современность: материалы VIII международной научно-практической конференции, г. Екатеринбург, 7-8 октября 2014 г.*. Екатеринбург: Изд-во Уральского ун-та, 2015.

1202 Буяров, Дмитрий Владимирович; Кузнецов, Д. В. отв. ред. *Современный Китай: страницы истории*. Москва: URSS: Ленанд, 2016.

1203 Васильев, Василий Иванович. *Косморитмы в истории Китая, 1351-2017 гг.*. Москва: Ленанд, 2018.

1204 Вахненко, Римма Васильевна сост и др. *Колорит страны дракона*. Владивосток: Дальнаука, 2015.

1205 Воропаев, Николай Николаевич. *Китай: имена на все времена: прецедентные персонажи: лингвокультурологический словарь-справочник для изучающих китайский язык, культуру, историю, литературу Китая*. Москва: ВКН, 2015.

1206 Глушаков, Вадим А. *История Китая в двадцатом веке = History of China in twentieth century*. Москва: Энциклопедия, сор. 2019.

1207 Голдин, Владислав Иванович. *Китайская мозаика: Китайская Народная Республика в начале XXI века*. Архангельск: САФУ, 2017.

1208 Головачёв, Валентин Цуньлиевич ред. *Российское китаеведение - устная история: сборник интервью с ведущими российскими китаеведами XX-XXI вв.: в трёх томах. 2-е изд., испр. и доп.* Москва: Ин-т Востоковедения: МАКС Пресс, 2018.

1209 Головачёва, Виктория Борисовна. *Неизвестный Китай*. Владивосток: Рея, 2015.

1210 Груздева, Г. Ф. ред. *Образ Поднебесной. Взгляд из Европы: сборник научных статей XXI Царскосельской конференции*. Санкт-Петербург: Серебряный век, 2015.

1211 Дацышен, Владимир Григорьевич. *История русского китаеведения, 1917-1945*. Москва: Весь Мир, 2015.

1212 Деревянко, Анатолий Пантелеевич и др. *История археологических исследований в Китае: историографический очерк*. [ответственные редакторы: В. И. Молодин, С. А. Комиссаров]. Новосибирск: Новосибирский гос. ун-т, 2018.

1213 Доржиева, Дарима Дамбинимаевна. *Календарные праздники и обычаи уйгуров в контексте обрядовой культуры народов Центральной Азии = Uyghur calendar festivals and customs in the context of ceremonial culture of Central Asia*. Улан-Удэ: Изд-во Бурятского госуниверситета, 2016.

1214 Дудин, Павел Николаевич и др.; Базаров, Б. В. ред. *Государственная и квазигосударственная природа Маньчжоу-Го: исторические очерки*. Иркутск: Оттиск, 2016.

1215 Дылыкова-Парфионович, Вилена Санджеевна. *Тибетская агиографическая литература*. Москва: Авторская книга, 2015.

1216 Зайнуллин, Габделжмил Габделхак; Ли Ланьи и др. *Россия-Китай: история и культура: сборник статей и докладов участников IX Международной научно-практической конференции*. Казань: Фэн, 2016 (Казань).

1217 Захаренко, Игорь Антонович; Захаренко О. И. *Картографический образ России и Китая: XVI-XVII вв.*. Минск: Шелковый путь групп, 2016.

1218 Иванов-Ардашев, Владимир Васильевич. *Капитаны архивных дебрей: записки публициста*. Хабаровск: Хабаровский краев. музей им. Н. И. Гродекова, 2016.

1219 Иляхин, Юрий Михайлович. *Китай кусочками. 2-е изд., испр. и доп.* Санкт-Петербург: Петербургское Востоковедение, 2016.

1220 Институт Конфуция на базе КФУ. *Россия - Китай: история и культура: сборник статей и докладов участников X Международной научно-практической конференции*. Казань: Издательство Академии наук РТ, 2017.

1221 Исаева, Людмила Ивановна. *Страна уехала на праздник: (очерки по истории возникновения китайских народных праздников и их описание)*. Москва: МБА, 2017.

1222 Каменских, Михаил Сергеевич. *Китайцы Перми: история и культуры*. Санкт-Петербург: Маматов, 2018.

1223 Капран, Инесса Константиновна ред. сост. *Вопросы истории Китайско-Восточной железной дороги и города Харбина (120-летие строительства): [1898 - 2018]: сборник научных трудов*. Владивосток: Изд-во ВГУЭС, 2018.

1224 Каххаров, Абдулахат Ганиевич. *Древнетюркская Уйгурия: (этносоциальная история). 2-е изд., доп.* Алматы: Мир, 2015.

1225 Кей, Джон. *Китай от Конфуция до Мао Цзэдуна*. [перевод с английского Виктории Степановой]. Москва: КоЛибри, сор. 2020.

1226 Константинов, Геннадий Дмитриевич; Ляшковский, Виталий. *Китайская диаспора в Хабаровске. 1858-1938*. Хабаровск: Приамурские ведомости, 2019.

1227 Корешкин, Иван Алексеевич ред. сост. *Мудрость великих воинов. Чингисхан. Тамерлан. Сунь Цзы*. Москва: ОЛМА: БИНОМ. Лаб. знаний, 2020.

1228 Корсаков, Владимир Викторович. *Пекинские события: личные воспоминания участника об осаде в Пекине, май-август 1900 года. 2-е изд.* Москва: URSS: ЛЕНАНД, 2015.

1229 Котков, Кирилл Анатольевич. *Тибет - правда и вымыслы: «Развеяние» мифов и заблуждениц о Тибете и тибетцах*. Санкт-Петербург: [б. и.], 2015.

1230 Кузина, Анна. *Китай. Все тонкости*. Москва: АСТ, сор. 2018.

1231 Кузнецов, Дмитрий Владиславович. *Китайский пропагандистский плакат: история и современность*. Благовещенск: Изд-во Благовещенского гос. педагогического ун-а, 2020.

1232 Кузнецова-Фетисова, Марина Евгеньевна. *"Великий город Шан" (XIV-XI вв. до н.э. и его значение в древней истории Китая*. Москва: Наука: Восточная лит., 2015.

1233 Куликов, Андрей Михайлович. *"Ехали мы сюда с добрыми целями": русско-китайские переговоры в Тяньцзине (по дневникам архимандрита Палладия (Кафарова) и барона Ф. Р. Остен-Сакена, 1857-1858 гг.)*. Москва: ИВ РАН, 2020.

1234 Куликов, Андрей Михайлович. *Палладиум российского китаеведения: жизнь и труды архимандрита П. И. Кафарова: (к 200-летию со дня рождения)*. Москва: Институт востоковедения РАН, 2017.

1235 Куликов, Андрей Михайлович. *Человек из палладия: жизнь, научная, миссионерская и дипломатическая деятельность П. И. (Палладия) Кафарова*. Москва: ИВ РАН, 2020.

1236 Лепехова, Елена Сергеевна. *Императрицы и буддизм в Китае и Японии в VI-VIII вв.*. Москва: ИВ РАН, 2019.

1237 Ли Инь. *Записи с берегов рек Сяо и Сян; Удивительные события, случившиеся при Великой Тан.* [перевод с китайского А. Б. Старостиной]. Москва: Синосфера, 2019.

1238 Ли Сюэмэй. *Знакомство с Китием: краткие сведения с иллюстрациями*. [перевод Сунь Липин]. Санкт-Петербург: Изд-во СПбГЭУ, 2020.

1239 Льюис, Марк Эдвард. *Империи Древнего Китая. От Цинь к Хань: великая смена династий*. [пер. с англ. С. А. Белоусова]. Москва: Центрполиграф, сор. 2016.

1240 Лю Сянхуэй и др. *60 лет истории Синьцзяна: факты и цифры. 1955-2015.* [пер. с кит.: Ван Юе]. Санкт-Петербург: Изд-во СПбГЭУ, сор. 2017.

1241 Мадиван, М. Р. сост. *Дунгане. История и культура: российские дореволюционные работы о дунганах*. Москва: Наука: Восточная лит., 2017.

1242 Малышенко, Геннадий Иванович. *Российские казаки в Северо-Восточном Китае: исход, расселение и политическая борьба (1920-1937)*. Москва: РУСАЙНС, 2020.

1243 Мамаева, Наталья Леонидовна. *Отечественная историография КНР. Некоторые направления: [сборник статей]*. Москва: Наука - Восточная лит., 2015.

1244 Мартынов, Дмитрий Евгеньевич и др. ред. *Россия-Китай: история и культура: сборник статей и докладов участников XI Международной научно-практической конференции*. Казань: Изд-во Академии наук РТ, 2018.

1245 Миронова, Т. С. и др. сост. *Нравы народов Китая: иллюстрированное описание народов* юга и запада провинции Юньнань. Санкт-Петербург: Изд-во СПбГУ, 2020.

1246 Молоднякова, Э. В. и др. ред. *Тайвань под японским управлением: новые материалы и исследования: [сборник научных статей]*. Москва: Институт востоковедения РАН, 2016.

1247 Мяо Хуэй. *Традиционная китайская культура в русской эмигрантской литературе в Китае*. Владивосток: Дальневосточный федеральный ун-т, 2016.

1248 Мясников, Владимир Степанович. *Китай - катящийся камень*. Москва: Наука, 2018.

1249 Овчинников, Всеволод Владимирович. *Два лица Востока: впечатления и размышления от одиннадцати лет работы в Китае и семи лет в Японии*. Москва: Изд-во АСТ, Жанровая лит., cop. 2018.

1250 Панцов, Александр Вадимович. *Непобежденный: подлинная история Чан Кайши*. Москва: Молодая гвардия, 2019.

1251 Панцов, Александр Вадимович. *Чан Кайши*. Москва: Молодая гвардия, 2019.

1252 Пихоя, Р. Г. и др. ред. *Революции и реформы в XX веке в истории России и Китая: [сборник статей]*. Москва: Ин-т российской истории РАН, 2019.

1253 Погодин, Сергей Николаевич; Ли Цзинчэн. *Очерки по истории Российской духовной миссии в Пекине (середина XVII - начало XX в.) = Outlines of the history of Russian ecclesiastical mission in Beijing (mid-18th to early 20th century)*. Санкт-Петербург: ПОЛИТЕХ-ПРЕСС, 2020.

1254 Покотилов, Дмитрий Дмитриевич. *История восточных монголов в период династии Мин: 1368-1634: (по китайским источникам)*. Изд. 2-е. Москва: URSS, cop. 2016.

1255 Прокопенко, Игорь Станиславович. *Тайны Поднебесной. Все, что нужно знать о Китае*. Москва: Э, 2016.

1256 Пясецкий, Павел Яковлевич. *Путешествие по Китаю в 1874-1875 гг. (через Сибирь, Монголию, Восточный, Средний и Северо-Западный Китай): из дневника члена экспедиции П. Я. Пясецкаго: в двух томах*. Москва: Паулсен, cop. 2019.

1257 Репко, Сергей Иванович. *Реальная история Китая*. Москва: Лингво-бук, 2020.

1258 *Рерих, Николай Константинович 1874-1947. Дневник Маньчжурской экспедиции (1934-1935)*. Москва: Международный Центр Рерихов, 2015.

1259 Сиволап, Татьяна Евгеньевна; Виватенко, С. В. *Краткая история современного Китая: учебное пособие*. Санкт-Петербург: СПбГИКиТ, 2020.

1260 Силонов, Сергей Михайлович. *Интернированные китайцы в Сибири (1930-е годы)*. Красноярск: СФУ, 2015.

1261 Смертин, Юрий Григорьевич. *Китайская Народная Республика: история государства и общества (1949-1989 гг.): учебное пособие*. Краснодар: Кубанский государственный университет, 2017.

1262 Смирнов, Д. А. и др. ред. *Проблемы новой и новейшей истории Китая = Problems of modern and contemporary history of China*. Москва: ИДВ РАН, 2018.

1263 Смирнов, С. В. и др. ред. *Китай: история и современность = China: history and contemporary: материалы IX международной научно-практической конференции, Екатеринбург, 21-23 октября 2015 г.*. Екатеринбург: Изд-во Уральского ун-та, 2016.

1264 Смирнов, С. В. ред. и др. *Китай: история и современность = China: history and contemporary: материалы XI международной научно-практической конференции, Екатеринбург, 18-20 октября 2017 г.*. Екатеринбург: Изд-во Уральского ун-та, 2018.

1265 Соболивская, Елена Васильевна. *По памятным местам «русского» Харбина*. Владивосток: 48 часов, 2017.

1266 Соколов, Иван Алексеевич. *Тайваньский чай: от истории к современности (1890-е - 2020 гг.)*. Москва: Спутник+, 2020.

1267 Ставров, И. В. и др. ред. *История Северо-Восточного Китая XVII-XXI вв = History of Northeast China XVII-XXI century*. Владивосток: ИАЭ ДВО РАН, 2018.

1268 Тихвинский, Сергей Леонидович ред. *История Китая с древнейших времен до начала XXI века: в 10 т.* Москва: Наука: Восточная лит., 2013-2017.

1269 Тихомирова, Елена Евгеньевна и др. *Основные категории китайской традиционной культуры: учебно-методическое пособие*. Новосибирск: ФГБОУ ВО "НГПУ", 2018.

1270 Троицкая, Наталья Анатольевна сост. и ред. *Китайские мигранты на российском Дальнем Востоке по документам Приморского справочного бюро по рабочему вопросу (1910-1917 гг.): [сборник документов]*. Владивосток: Российский государственный исторический архив Дальнего Востока, 2019.

1271 Уваров, Павел Юрьевич; Рябинин, А. Л. *Китай в средневековом мире: взгляд из всемирной истории*. Санкт-Петербург: Наука, 2017.

1272 Уваров, Павел Юрьевич; Рябинин, А. Л. *Китай в средневековом мире: взгляд из всемирной истории. 2-е изд., стер.* Москва: Наука, 2020.

1273 Фальковский, Илья. *Володя, Вася и другие: истории старых китайских интеллигентов, рассказанные ими самими*. Санкт-Петербург: Алетейя, 2018.

1274 Хэ Цзяньмин. *Нанкинская резня: публицистические хроники*. [перевод с китайского: Ван Юмин]. Иркутск: Востсибкнига, 2020.

1275 Цзинь Бо. *Краткое описание Китая*. [перевод: Гао Тин и др.]. Санкт-Петербург: Изд-во Санкт-Петербургского гос. экономического ун-та, 2017.

1276 Цзюн Чан. *Императрица Цыси = Empress dowager Cixi: наложница, изменившая судьбу Китая. 1835-1908.* [пер. с англ. С. А. Белоусова]. Москва: Центрполиграф, сор. 2019.

1277 Цюй, Жулань. *Первая столица Китая: эволюция архитектурно-планировочной структуры Аньяна*. Санкт-Петербург: НП-Принт, 2019.

1278 Чан Цзюн. *Императрица Цыси. Наложница, изменившая судьбу Китая. 1835-1908.* [пер. с англ. С. А. Белоусова]. Москва: Центрполиграф, сор. 2016.

1279 Чан, Джеки. *Я счастливый*. [пер. с англ. Чэнь Вэйи, Александра Кислова]. Москва: Эксмо, 2016.

1280 Чекунов, Вадим Владимирович. *Китай*. Москва: АСТ, сор. 2019.

1281 Чернышева, Елена Викторовна сост. *Китай второй половины XIX - начала XX века глазами русских ученых, военных и дипломатов*. Челябинск: Энциклопедия, 2015.

1282 Чжао Жугуа (赵汝适). *"Чжу фань чжи" ("Описание иноземных стран"): важнейший историко-географический источник китайского средневековья*. [исследование, перевод с китайского, комментарий и приложения М. Ю. Ульянова]. Москва: Изд-во восточной литературы, 2018.

1283 Чжоу Вэньцзю. *От Канси до Цяньлуна: эпоха процветания: о трех выдающихся императорах династии Цин: отце, сыне и внуке*. [пер. с кит. Бодотько Е. Б.]. Москва: Междунар. издательская компания "Шанс", 2019.

1284 Чудодеев, Александр Юрьевич. *Как вчера (воспоминания о будущем). Китайское чудо*

1285　Чэн Чжуъин. *Шесть великих древних столиц Китая*. [перевод с китайского Екатерины Аникиной]. Москва: Авторская Мастерская, сор. 2016.

1286　Чэнь Юй; Цзянь Хонлян. *Чжухай*. [перевод с китайского: Ван Цзюньлань]. Нур-Султан: Фолиант, 2020.

1287　Шевцов, С. Н. *Империя Северная Сун. Монеты и события. Китай 960-1127 гг.*. Москва: Маска, 2020.

1288　Шевцов, С. Н. *Китайские монетовидные амулеты: надписи, сюжеты, символы*. Москва: Маска, 2019.

1289　Шоссанд, Дамьен. *Китай в XVIII веке. Расцвет империи Цин*. [пер. с фр. Зубкова Н. Н.]. Москва: Вече, сор. 2016.

1290　Шульга, Петр Иванович. *Могильник Юйхуанмяо в Северном Китае (VII-VI века до нашей эры) = Cemetery Yuhuangmiao in Northern China (the 7th-6th centuries B. C.)*. Новосибирск: Изд-во Ин-та археологии и этнографии СО РАН, 2015.

1291　Шульга, Пётр Иванович; Шульга, Д. П. *Могильник Мохучахань культуры чауху в предгорьях Тянь-Шаня (Синьцзян, Китай) = Xinjiang Mohuchahan cemetery (Chawuhu culture) in the Tien Shan foothills*. Новосибирск: Изд-во ИАЭТ СО РАН, 2020.

1292　Эпштейн, Израэль. *Китай в моих глазах: воспоминания еврея и журналиста Израэля Эпштейна*. [пер. Тао Лицзяо и др.]. Санкт-Петербург: Нестор-История, 2020.

1293　Юй Юцзюнь. *Социализм в Китае (1919-1965)*. [перевод с китайского В. Г. Бурова и др.]. Москва: Наука - Восточная литература, 2019.

1294　Юша, Жанна Монгеевна. *Фольклор и обряд тувинцев Китая в начале XXI века: структура, семантика, прагматика*. Новосибирск: Наука, 2018.

日语

1295　歴史REAL（別タイトル：三国志の真実：戦乱の100年がいっきにわかる！）．洋泉社，2019．

1296　歴史旅人（別タイトル：三国志最強武将ランキング：完全保存版）．晋遊舎，2019．

1297　三国志英雄100年の興亡：完全保存版：三国衰退・滅亡の原因とはなんだったのか？：英雄の世と人間の時代：「演義」だけでは語られない三国のその後．英和出版社，2017．

1298　史料で読み解く三国志の嘘と真実 第1巻．大樟樹出版社，2017．

1299　史料で読み解く三国志の嘘と真実 第2巻．大樟樹出版社，2017．

1300　史料で読み解く三国志の嘘と真実 第3巻．大樟樹出版社，2017．

1301　『宋代史から考える』編集委員會．宋代史から考える．汲古書院，2016．

1302　ABC企画委員会 企画・編集．友好、和解への架け橋：歩平さんをしのぶ追悼文集：アジアと世界恒久平和を考え、ともに歩むために：一進歩学者の遺志を未来に継承するために．ABC企画委員会，2018．

1303　ヴォロビヨフ．女真と金国の文化．ボロンテ，2018．

1304　イザヤ・ベンダサン．日本人と中国人：なぜ、あの国とまともに付き合えないのか．

祥伝社，2016.
1305 ヴィクター・H・メア「ほか」.96人の人物で知る中国の歴史.原書房，2017.
1306 おもしろ中国史学会.史記と三国志：天下をめぐる覇権の興亡が一気に読める!.青春出版社，2017.
1307 カンキョンヒョ，チームレインボー.世界の歴史アドベンチャー：オールカラー漫画［3］.コスミック出版，2018.
1308 さかいもとみ.海外で困る前に読む本 台湾編.キョーハンブックス，2016.
1309 ジョン・M・キャロル.香港の歴史：東洋と西洋の間に立つ人々（別タイトル：A Concise History of Hong Kong）.明石書店，2020.
1310 スーザン・マン.性からよむ中国史：男女隔離・纏足・同性愛（原タイトル：Gender and Sexuality in Modern Chinese History）.平凡社，2015.
1311 ダーク・ボッデ.李斯の生涯から見た秦王朝の興亡.ミヤオビパブリッシング，2018.
1312 ドク・ヨーコ.天使と翔ける冒険旅行 32.ブックコム，2017.
1313 ミンガド・ボラグ.草はらに葬られた記憶「日本特務」：日本人による「内モンゴル工作」とモンゴル人による「対日協力」の光と影.関西学院大学出版会，2019.
1314 安田喜憲.日本神話と長江文明.雄山閣，2015.
1315 岸本美緒，村川和宏.世界の歴史 14.小学館，2018.
1316 岸本美緒，鶴岡孝雄.世界の歴史 4.小学館，2018.
1317 岸本美緒，鶴岡孝雄.世界の歴史 5.小学館，2018.
1318 岸本美緒.明清史論集.研文出版，2020.
1319 岸本美緒.中国の歴史.筑摩書房，2015.
1320 奥村郁三.日本史上の中国：金印・那須国造碑・飛鳥・新律綱領・令集解.阿吽社，2015.
1321 奥山憲夫.明代武臣の犯罪と処罰.汲古書院，2018.
1322 八幡和郎.中国と日本がわかる最強の中国史.育鵬社，2018.
1323 白川静.白川静著作集.平凡社，2019.
1324 白川静.文字講話甲骨文・金文篇.平凡社，2018.
1325 白春岩.李鴻章の対日観：「日清修好条規」を中心に.成文堂，2015.
1326 白石昌也，早稲田大学.第 2 次世界大戦期日本・仏印・ベトナム関係研究の集大成と新たな地平.白石昌也，2017.
1327 坂出祥伸.初学者のための中国古典文献入門.筑摩書房，2018.
1328 坂口和澄.機略・策謀の三國志.徳間書店，2017.
1329 板野博行.一勝百敗の皇帝：項羽と劉邦の真実.ベストセラーズ，2015.
1330 伴瀬明美，大阪大学.東アジア諸王室における「后位」儀礼比較史の協業的研究.伴瀬明美，2018.
1331 伴瀬明美，東京大学.東アジア諸王室における「后位」比較史研究に関する国際的研究基盤の形成.伴瀬明美，2017.
1332 伴瀬明美，東京大学.東アジア諸王室における「后位」比較史研究に関する国際的研究基盤の形成.伴瀬明美，2015.
1333 浜口允子.現代中国都市と農村の 70 年.左右社，2019.
1334 北村昌之.メコンを下る.めこん，2017.
1335 北條，昌宏.きえもん.北條昌宏，2018.
1336 濱田耕策.渤海国興亡史オンデマンド版.吉川弘文館，2017.

1337 濱下武志，平勢隆郎. 中国の歴史：東アジアの周縁から考える：世界に出会う各国＝地域史. 有斐閣，2015.

1338 波多野澄雄，中村元哉. 日中の「戦後」とは何であったか：戦後処理、友好と離反、歴史の記憶. 中央公論新社，2020.

1339 波多野澄雄，中村元哉. 日中戦争はなぜ起きたのか：近代化をめぐる共鳴と衝突. 中央公論新社，2018.

1340 波多野澄雄「ほか」. 日中終戦と戦後アジアへの展望. 慶應義塾大学出版会，2017.

1341 布目潮渢. 隋の煬帝と唐の太宗：暴君と明君、その虚実を探る. 清水書院，2018.

1342 布野修司. 大元都市：中国都城の理念と空間構造. 京都大学学術出版会，2015.

1343 参議院協会. 二〇一七年参議院協会海外研修思い出集. 参議院協会，2017.

1344 柴田昇. 漢帝国成立前史：秦末反乱と楚漢戦争. 白帝社，2018.

1345 長谷川清，河合洋尚. 資源化される「歴史」：中国南部諸民族の分析から. 風響社，2019.

1346 常素霞. 中国玉器発展史. 科学出版社東京，2019.

1347 陳政. 埋もれた中国古代の海昏侯国 1（別タイトル：二十七日間の皇帝劉賀）. 樹立社，2019.

1348 陳政. 埋もれた中国古代の海昏侯国 2（別タイトル：劉賀が残した宝物）. 樹立社，2019.

1349 陳政. 埋もれた中国古代の海昏侯国 3（別タイトル：二千年前の歴史をさぐる）. 樹立社，2019.

1350 成家徹郎. 古蜀史：成都平原の黄金伝説：併せて巴族の古代を考察する. 大東文化大学人文科学研究所，2017.

1351 城倉正祥，ナワビ矢麻. 中国都城・シルクロード都市遺跡の考古学的研究：GIS を用いた衛星画像の分析を中心に. 早稲田大学東アジア都城・シルクロード考古学研究所，2017.

1352 城倉正祥. 衛星画像の GIS 分析による隋唐都城とシルクロード都市の空間構造の比較考古学的研究. 城倉正祥，2017.

1353 池上麻由子. 吉祥の文化史：幸福追求への祈りのかたち. グリーンキャット，2017.

1354 池田恭哉. 南北朝時代の士大夫と社會. 研文出版，2018.

1355 沖縄県教育庁文化財課. 在外沖縄関連文化財調査福建省琉球人墓碑編. 沖縄県教育委員会，2017.

1356 沖縄県教育庁文化財課史料編集班.『歴代宝案』校訂本全 15 冊刊行記念シンポジウム報告集：琉球王国の外交文書 - 歴代宝案への誘い. 沖縄県教育庁文化財課史料編集班，2018.

1357 沖縄県教育庁文化財課史料編集班.『歴代宝案』訳注本第 14 冊語注一覧表. 沖縄県教育庁文化財課史料編集班，2018.

1358 沖縄県教育庁文化財課史料編集班.『歴代宝案』訳注本第 9 冊語注一覧表. 沖縄県教育庁文化財課史料編集班，2016.

1359 沖縄県教育庁文化財課史料編集班. 歴代宝案：訳注本 第 14 冊. 沖縄県教育委員会，2018.

1360 沖縄県教育庁文化財課史料編集班. 歴代宝案：訳注本 第 9 冊. 沖縄県教育委員会，2016.

1361 沖縄県教育庁文化財課史料編集班. 歴代宝案：訳注本. 沖縄県教育委員会，2020.

1362 出土資料と漢字文化研究會．出土文獻と秦楚文化 第10號．日本女子大學文學部谷中信一研究室，2017.
1363 出土資料と漢字文化研究會．出土文獻と秦楚文化 第8號．日本女子大學文學部谷中信一研究室，2015.
1364 出土資料と漢字文化研究會．出土文獻と秦楚文化 第9號．日本女子大學文學部谷中信一研究室，2016.
1365 川本芳昭．東アジア古代における諸民族と国家．汲古書院，2015.
1366 川島真，中村元哉．中華民国史研究の動向：中国と日本の中国近代史理解．晃洋書房，2019.
1367 川合安．南朝貴族制研究．汲古書院，2015.
1368 川合信水，鈴木將．通俗三国志評論覚書．鈴木將，2016.
1369 川勝守．三角縁神獣鏡と東アジア世界 続．汲古書院，2015.
1370 川勝守．正倉院鏡と東アジア世界．汲古書院，2017.
1371 川越泰博．明朝档案が開く新地平：明代軍事・変乱史研究の新階梯：談話会．中央大学人文科学研究所，2017.
1372 川越泰博．永楽政権成立史の研究．汲古書院，2016.
1373 村山吉廣．楊貴妃：大唐帝国の栄華と滅亡．講談社，2019.
1374 村上文崇．中国最凶の呪い蠱毒．彩図社，2017.
1375 村松弘一．中国古代環境史の研究．汲古書院，2016.
1376 村元健一．漢魏晋南北朝時代の都城と陵墓の研究．汲古書院，2016.
1377 大阪市立大学大学院文学研究科東洋史学専修研究室．中国都市論への挑動．汲古書院，2016.
1378 大東和重．台湾の歴史と文化：六つの時代が織りなす「美麗島」．中央公論新社，2020.
1379 大谷和男．上海駐在員が歩いた中国 続（帰国後に係わった仕事と登山活動）．星雲社，2015.
1380 大津透．律令国家と隋唐文明．岩波書店，2020.
1381 大木康．中国人はつらいよ - その悲惨と悦楽：伝統から彼らの実像を知る．PHP研究所，2015.
1382 大平裕．卑弥呼以前の倭国五〇〇年：銅鐸、明刀銭、多紐鏡をめぐって．PHP研究所，2018.
1383 大日方克己．出雲に来た渤海人：東アジア世界のなかの古代山陰と日本海域．松江市歴史まちづくり部史料編纂課，2019.
1384 大室智人，竹内洋介．刻まれた記憶と記録：中国石刻史料データベースの構築・活用と可能性．東洋大学アジア文化研究所，2019.
1385 大庭脩．木簡学入門．志学社，2020.
1386 大西克也．戦国縦横家書．東方書店，2015.
1387 大澤正昭．南宋地方官の主張：『清明集』『袁氏世範』を読む．汲古書院，2015.
1388 大塚紀弘．日宋貿易と仏教文化．吉川弘文館，2017.
1389 島崎晋．春秋戦国の英傑たち：五覇七雄の光芒：秦帝国中華統一への道．双葉社，2019.
1390 稲畑耕一郎．出土遺物から見た中国の文明：地はその宝を愛しまず．潮出版社，2017.
1391 稲本泰生，安岡素子．松本文三郎舊藏龍門二十品拓本．京都大學人文科學研究所附屬

東アジア人文情報學研究センター，2017.
1392 德富孔一．方格規矩鏡集成分類データ．野良考古学研究所，2019.
1393 德富孔一．戦国 - 南北朝墓の随葬硯集成．野良考古学研究所，2020.
1394 鄧予立．旅行マスター Mr. タンの中国東北紀行：吉林省・黒竜江省・遼寧省．星雲社パレード，2017.
1395 荻野昌弘，李永祥．中国雲南省少数民族から見える多元的世界：国家のはざまを生きる民．明石書店，2017.
1396 荻野富士夫［ほか］．「満洲国」における抵抗と弾圧：関東憲兵隊と「合作社事件」．小樽商科大学出版会，2017.
1397 地球の歩き方編集室．地球の歩き方 D01．ダイヤモンド・ビッグ社，2017.
1398 地球の歩き方編集室．地球の歩き方 D02．ダイヤモンド・ビッグ社，2018.
1399 地球の歩き方編集室．地球の歩き方 D04．ダイヤモンド・ビッグ社，2018.
1400 地球の歩き方編集室．地球の歩き方 D06．ダイヤモンド・ビッグ社，2017.
1401 地球の歩き方編集室．地球の歩き方 D07．ダイヤモンド・ビッグ社，2017.
1402 东洋文库超域亚洲研究部门现代中国研究班．展望当代中国研究：档案资料的内与外．東洋文庫，2018.
1403 東北亞青銅文化比較研究國際學術研討會：論文・提要集．岩手大學，2019.
1404 東洋文庫近代中國研究班．近代中國研究と市古宙三．汲古書院，2016.
1405 渡邉義浩．「古典中國」の形成と王莽．汲古書院，2019.
1406 渡邉義浩．春秋戦国．洋泉社，2018.
1407 渡邉義浩．春秋戦国 500 年の興亡：五覇が駈け、七雄が競い始皇帝が統一を目指した中華争乱の時代：五覇七雄と始皇帝の時代が一気にわかる！．洋泉社，2015.
1408 渡邉義浩．漢帝国：400 年の興亡．中央公論新社，2019.
1409 渡邉義浩．集中講義三国志：正史の英雄たち．NHK 出版，2019.
1410 渡邉義浩．人事の三国志：変革期の人脈・人材登用・立身出世．朝日新聞出版，2019.
1411 渡邉義浩．三国志：研究家の知られざる狂熱．ワニブックス，2020.
1412 渡邉義浩．三国志の魅力：英雄たちの「志」．汲古書院，2015.
1413 渡邉義浩．三国志ビジュアル百科．講談社，2018.
1414 渡邉義浩．三国志事典．大修館書店，2017.
1415 渡邉義浩．三国志英傑完全ランキング：武力自慢から外交のカリスマまで No.1 決定戦！．宝島社，2020.
1416 渡邉義浩．三國政權の構造と「名士」．汲古書院，2020.
1417 渡邉義浩．十八史略で読む史記：始皇帝・項羽と劉邦．朝倉書店，2016.
1418 渡邉義浩．史実としての三国志：カラー版．宝島社，2019.
1419 渡邉義浩．史実三国志：新たな発見に満ちた真実の三国志に迫る！．宝島社，2019.
1420 渡邉義浩．始皇帝中華統一の思想：『キングダム』で解く中国大陸の謎．集英社，2019.
1421 渡邉義浩．図説一冊で学び直せる三国志の本：オールカラー．ワン・パブリッシング，2020.
1422 渡邉義浩．知識ゼロからの CG で読む三国志の戦い．幻冬舎，2017.
1423 渡邉義浩．中国古代史入門：中華思想の根源がわかる！．洋泉社，2016.
1424 渡邉義浩．中国時代劇で学ぶ中国の歴史 2019 年版．キネマ旬報社，2018.
1425 渡邉義浩．中国史学の方法論：第八回日中学者中国古代史論壇論文集．汲古書院，

2017.
1426 渡邊周雄. 符命：王莽とその時代 上. 岩波ブックセンター，2015.
1427 渡邊周雄. 符命：王莽とその時代 下. 岩波ブックセンター，2015.
1428 渡邊欣雄. 術としての生活と宗教：漢民族の文化システム. 森話社，2017.
1429 渡辺健哉. 元大都形成史の研究：首都北京の原型. 東北大学出版会，2017.
1430 渡辺精一.「その後」の三国志. 実業之日本社，2016.
1431 渡辺精一. 超ビジュアル！三国志人物大事典. 西東社，2017.
1432 渡辺精一. 三国志合戦読本：戦闘人数、変遷図など詳細データで三国時代が丸わかり!. 宝島社，2017.
1433 渡辺信一郎，西村成雄. 中国の国家体制をどうみるか：伝統と近代. 汲古書院，2017.
1434 渡辺信一郎. 中国の歴史★現在がわかる本第2期2. かもがわ出版，2018.
1435 渡辺信一郎. 中国の歴史★現在がわかる本第2期3. かもがわ出版，2018.
1436 渡辺信一郎. 中国の歴史★現在がわかる本第3期1. かもがわ出版，2018.
1437 渡辺信一郎. 中国の歴史★現在がわかる本第3期2. かもがわ出版，2018.
1438 渡辺信一郎. 中国の歴史★現在がわかる本第3期3. かもがわ出版，2018.
1439 渡辺信一郎. 中華の成立：唐代まで. 岩波書店，2019.
1440 段躍中. 新中国70年の変化と発展：日本人70名が見た感じた驚いた：中華人民共和国成立70周年. 日本僑報社，2019.
1441 多田麻希子. 秦漢時代の家族と国家. 専修大学出版局，2020.
1442 法政大学沖縄文化研究所. 楚南家文書「呈稟文集」：続篇/全訳注. 法政大学沖縄文化研究所，2018.
1443 飯島渉. 大国化する中国の歴史と向き合う. 研文出版，2020.
1444 飯島武次. 中国考古学のてびき. 同成社，2015.
1445 芳井研一. 難民たちの日中戦争：戦火に奪われた日常. 吉川弘文館，2020.
1446 峯崎恭輔.「正定事件」の検証：カトリック宣教師殺害の真実. 並木書房，2017.
1447 福村国春. 中国の見方がわかる中国史入門. ベレ出版，2019.
1448 福島大我. 秦漢時代における皇帝と社会. 専修大学出版局，2016.
1449 福島恵「ほか」. 東部ユーラシアのソグド人：ソグド人漢文墓誌の研究. 汲古書院，2017.
1450 福永光司.「馬」の文化と「船」の文化：古代日本と中国文化. 人文書院，2018.
1451 冨谷至，森田憲司. 概説中国史 上（古代 - 中世）. 昭和堂，2016.
1452 冨谷至，森田憲司. 概説中国史 下（近世 - 近現代）. 昭和堂，2016.
1453 冨谷至. 漢倭奴国王から日本国天皇へ：国号「日本」と称号「天皇」の誕生. 臨川書店，2018.
1454 冨谷至［ほか］. 木簡と中国古代. 研文出版，2015.
1455 冨永悠介.〈あいだ〉に生きる：ある沖縄女性をめぐる経験の歴史学. 大阪大学出版会，2019.
1456 岡本隆司.「中国」の形成：現代への展望. 岩波書店，2020.
1457 岡本隆司. G・E・モリソンと近代東アジア：東洋学の形成と東洋文庫の蔵書. 勉誠出版，2017.
1458 岡本隆司. 叢書東アジアの近現代史第1巻. 講談社，2017.
1459 岡本隆司. 教養としての「中国史」の読み方（別タイトル：How to read Chinese history for cultural refinement）. PHPエディターズ・グループ，2020.

1460　岡本隆司．近代日本の中国観：石橋湛山・内藤湖南から谷川道雄まで．講談社，2018.
1461　岡本隆司．歴史で読む中国の不可解．日本経済新聞出版社，2018.
1462　岡本隆司．日中関係史：「政冷経熱」の千五百年．PHP 研究所，2015.
1463　岡本隆司．世界史とつなげて学ぶ中国全史（別タイトル：A Brief History of China）．東洋経済新報社，2019.
1464　岡本隆司．一冊でわかる中国史：世界と日本がわかる国ぐにの歴史．河出書房新社，2020.
1465　岡本隆司．中国の誕生：東アジアの近代外交と国家形成．名古屋大学出版会，2017.
1466　岡本隆司．中国の論理：歴史から解き明かす．中央公論新社，2016.
1467　岡本隆司．中国近現代史：サクッとわかるビジネス教養．新星出版社，2020.
1468　岡部一明．．東アジア帝国システムを探る：中華、征服王朝、周辺民族．デザインエッグ，2018.
1469　岡部毅史．魏晋南北朝官人身分制研究．汲古書院，2017.
1470　岡村秀典．鏡が語る古代史．岩波書店，2017.
1471　岡島政美．中国盗墓史稿：未だ掘られざるの墓無し．せせらぎ出版，2019.
1472　岡田英弘．大清帝国隆盛期の実像：第四代康熙帝の手紙から 1661-1722 第 2 版．藤原書店，2016.
1473　高島敏夫．西周王朝論：話体版．朋友書店，2017.
1474　高井康典行．渤海と藩鎮：遼代地方統治の研究．汲古書院，2016.
1475　高村武幸．秦漢簡牘史料研究．汲古書院，2015.
1476　高村武幸．周縁領域からみた秦漢帝国．六一書房，2017.
1477　高村武幸［ほか］．周縁領域からみた秦漢帝国．六一書房，2019.
1478　高橋英司．中国史を彩った女たち．エムケープランニング，2017.
1479　高澤浩一．近出殷周金文考釈．研文出版，2015.
1480　葛兆光．中国は"中国"なのか：「宅茲中国」のイメージと現実．東方書店，2020.
1481　工藤元男．睡虎地秦簡訳注：秦律十八種・効律・秦律雑抄．汲古書院，2018.
1482　工藤元男先生退休記念論集編集委員会．中国古代の法・政・俗．汲古書院，2019.
1483　宮崎市定．大唐帝国：中国の中世．中央公論新社，2018.
1484　宮崎市定．中国史 上．岩波書店，2015.
1485　宮崎市定．中国史 下．岩波書店，2015.
1486　宮脇淳子．封印された中国近現代史．ビジネス社，2019.
1487　宮脇淳子．皇帝たちの中国史．徳間書店，2019.
1488　宮脇淳子．教科書で教えたい真実の中国近現代史．柏艪舎，2016.
1489　宮脇淳子．教科書には書かれていない封印された中国近現代史．ビジネス社，2017.
1490　宮脇淳子．真実の中国史 1840-1949．PHP 研究所，2018.
1491　宮脇千絵．装いの民族誌：中国雲南省モンの「民族衣装」をめぐる実践．風響社，2017.
1492　古瀬奈津子．遣唐使の見た中国．吉川弘文館，2018.
1493　古泉達矢．アヘンと香港：1845-1943．東京大学出版会，2016.
1494　古松崇志．草原の制覇：大モンゴルまで．岩波書店，2020.
1495　谷川道雄．谷川道雄中国史論集上巻．汲古書院，2017.
1496　谷川道雄．谷川道雄中国史論集下巻．汲古書院，2017.
1497　谷井陽子．八旗制度の研究．京都大学学術出版会，2015.

1498 谷口建速．長沙走馬楼呉簡の研究：倉庫関連簿よりみる孫呉政権の地方財政．早稲田大学出版部，2016.
1499 谷垣真理子［ほか］．戦後日本の中国研究と中国認識：東大駒場と内外の視点．風響社，2018.
1500 谷中信一．中國出土資料の多角的研究．汲古書院，2018.
1501 瓜几拉．かわいいねこの絵巻物：画猫・夢唐．KADOKAWA，2018.
1502 関根謙．近代中国その表象と現実：女性・戦争・民俗文化．平凡社，2016.
1503 関尾史郎，町田隆吉．磚画・壁画からみた魏晋時代の河西．汲古書院，2019.
1504 関尾史郎．河西魏晋・〈五胡〉墓出土図像資料〈塼画・壁画〉目録．汲古書院，2019.
1505 関尾史郎．河西魏晋・〈五胡〉墓出土鎮墓瓶銘〈鎮墓文〉集成．汲古書院，2020.
1506 関尾史郎．三国志の考古学：出土資料からみた三国志と三国時代．東方書店，2019.
1507 関西学院大学博物館．装いの上海モダン：近代中国女性の服飾：広岡今日子コレクション．関西学院大学博物館，2017.
1508 関友恵．敦煌装飾図案．科学出版社東京，2019.
1509 関裕二．縄文文明と中国文明．PHP研究所，2020.
1510 関智英．対日協力者の政治構想：日中戦争とその前後．名古屋大学出版会，2019.
1511 関智英．日中戦争期「対日協力政権」第4巻．ゆまに書房，2020.
1512 関智英．日中戦争期「対日協力政権」第5巻（別タイトル：国民政府要覧：昭和十七年・中華民国三十一年版）．ゆまに書房，2020.
1513 広瀬和雄［ほか］．講座畿内の古代学 第1巻．雄山閣，2018.
1514 広瀬和雄［ほか］．講座畿内の古代学 第3巻（別タイトル：王宮と王都）．雄山閣，2020.
1515 広中一成．冀東政権と日中関係．汲古書院，2017.
1516 広中一成．傀儡政権：日中戦争、対日協力政権史．KADOKAWA，2019.
1517 廣韓書林編輯部，笠原次郎．家庭百万吉凶宝鑑清韓染織視察報告書．龍溪書舎，2018.
1518 廣田律子．神奈川大学共同研究奨励助成金「ヤオ族の儀礼における文献と読誦歌唱法の総合的研究」成果報告書．ヤオ族文化研究所，2019.
1519 桂小蘭．古代中国の人文化：食用と祭祀を中心に．大阪大学出版会，2020.
1520 貴志白文．雨と西施と合歓の花：歴史によって悪女とされた女達．牧歌舎東京本部，2020.
1521 国立劇場おきなわ［ほか］．冊封琉球全図：一七一九年の御取り持ち．雄山閣，2020.
1522 国立文化財機構奈良文化財研究所．東アジア考古学論叢．国立文化財機構奈良文化財研究所，2020.
1523 國吉一樹．一九八八年、僕が見た中国の素顔：火車汽車船の旅．文芸社，2017.
1524 和田博文［ほか］．コレクション・台湾のモダニズム1（別タイトル：台湾総督府の植民地統治）．ゆまに書房，2020.
1525 和田博文［ほか］．コレクション・台湾のモダニズム2（別タイトル：日本・南支・南洋への航路）．ゆまに書房，2020.
1526 和田博文［ほか］．コレクション・台湾のモダニズム3（別タイトル：台湾縦貫鉄道と交通網）．ゆまに書房，2020.
1527 和田博文［ほか］．コレクション・台湾のモダニズム4（別タイトル：モダン都市景観）．ゆまに書房，2020.
1528 河上麻由子．古代日中関係史：倭の五王から遣唐使以降まで．中央公論新社，2019.

| 1529 | 河野明．人物で見る中国近現代史．河野明，2018．
| 1530 | 河野明．人物で見る中国近現代史．河野明，2020．
| 1531 | 河原功．台湾渡航記：霧社事件調査から台湾文学研究へ：Murazato notebook．村里社，2016．
| 1532 | 鶴間和幸，村松弘一．馬が語る古代東アジア世界史．汲古書院，2018．
| 1533 | 鶴間和幸．春秋戦国時代合戦読本：大人気漫画『キングダム』が描く古代中国史に迫る．宝島社，2017．
| 1534 | 鶴間和幸．秦の始皇帝：伝説と史実のはざま．吉川弘文館，2018．
| 1535 | 鶴間和幸．秦の始皇帝と兵馬俑の謎：二千年の時を超え、解き明かされる地下宮殿の全貌．宝島社，2015．
| 1536 | 鶴間和幸．俠の歴史：士は己を知る者のために死す、「俠」に生きた勇者たち．清水書院，2020．
| 1537 | 黒川古文化研究所．秦漢遺宝：器物に込めた願い．黒川古文化研究所，2019．
| 1538 | 横山宏章．孫文と陳独秀：現代中国への二つの道．平凡社，2017．
| 1539 | 洪大容．乾浄筆譚：朝鮮燕行使の北京筆談録 2．平凡社，2017．
| 1540 | 後藤多聞．漢とは何か、中華とは何か．人文書館，2017．
| 1541 | 胡德坤．世界反ファシズム戦争における中国抗戦の歴史的地位．アーツアンドクラフツ，2020．
| 1542 | 胡艶紅．江南の水上居民：太湖漁民の信仰生活とその変容．風響社，2017．
| 1543 | 許金生．近代日本在華報刊、通信社調査史料集成補遺．綾装書局，2018．
| 1544 | 戸部健．近代天津の「社会教育」：教育と宣伝のあいだ．汲古書院，2015．
| 1545 | 戸崎哲彦．中国桂林鍾乳洞内現存古代壁書の研究．白帝社，2018．
| 1546 | 戸川貴行．東晉南朝における傳統の創造．汲古書院，2015．
| 1547 | 荒牧万佐行．1967 中国文化大革命：荒牧万佐行写真集．集広舎，2017．
| 1548 | 黄能馥［ほか］．中国服飾史図鑑 第 1 巻．科学出版社東京，2018．
| 1549 | 黄能馥［ほか］．中国服飾史図鑑 第 3 巻．科学出版社東京，2020．
| 1550 | 黄能馥［ほか］．中国服飾史図鑑．科学出版社東京，2019．
| 1551 | 檜山幸夫．台湾植民地史の研究．ゆまに書房，2015．
| 1552 | 霍宏偉，史家珍．洛陽銅鏡 上巻．科学出版社東京，2016．
| 1553 | 霍宏偉，史家珍．洛陽銅鏡 下巻．科学出版社東京，2016．
| 1554 | 磯部淳史．清初皇帝政治の研究．風間書房，2016．
| 1555 | 吉池孝一，愛知県立大学．遼金元清文字資料の研究：電子データ化を中心として．吉池孝一，2015．
| 1556 | 吉川忠夫．侯景の乱始末記：南朝貴族社会の命運．志学社，2019．
| 1557 | 吉留昭弘．陳独秀と中国革命史の再検討．社会評論社，2019．
| 1558 | 吉田光男．東アジア近世近代史研究．放送大学教育振興会，2017．
| 1559 | 吉田友和．北京でいただきます、四川でごちそうさま。：四大中華と絶品料理を巡る旅．幻冬舎，2018．
| 1560 | 加納寛．書院生、アジアを行く：東亜同文書院生が見た 20 世紀前半のアジア．あるむ，2017．
| 1561 | 加藤真二，国立文化財機構奈良文化財研究所．東アジア旧石器・新石器移行期の基礎的研究：河南霊井遺跡出土品の徹底分析．加藤真二，2018．
| 1562 | 加藤直人，日本大学．清代「内陸アジア交易ネットワーク」の形成・展開と文化変

容における歴史的特徴の解明．加藤直人，2019．

1563 加藤直人．清代「内陸アジア交易ネットワーク」の形成・展開と文化変容における歴史的特徴の解明．加藤直人，2019．

1564 加藤直人．清代文書資料の研究．汲古書院，2016．

1565 榎本あゆち．中国南北朝寒門寒人研究．汲古書院，2020．

1566 榎本淳一．日唐賤人制度の比較研究．同成社，2019．

1567 建石一郎．ラストエンペラーの居た街で：新米日本語教師の記録．あけび書房，2017．

1568 江村治樹，龍谷大学．国古代国家の形成と都市社会．江村治樹，2017．

1569 姜徳相．呂運亨評伝 3．新幹社，2018．

1570 今こそ知りたい三国志：完全保存版：曹操・劉備・孫権三国英雄のホントの実像．英和出版社，2019．

1571 金子修一先生古稀記念論文集編集委員会．東アジアにおける皇帝権力と国際秩序：金子修一先生古稀記念論文集．金子修一先生古稀記念論文集編集委員会，2020．

1572 津田資久，井ノ口哲也．教養の中国史．ミネルヴァ書房，2018．

1573 近代中国人名辞典修訂版編集委員会．近代中国人名辞典．霞山会，2018．

1574 京都大学総合博物館．考古図録．京都大学総合博物館，2017．

1575 井波律子．史記・三国志英雄列伝：戦いでたどる勇者たちの歴史．潮出版社，2015．

1576 井波律子．中国俠客列伝．講談社，2017．

1577 井上徹．華と夷の間＝明代儒教化と宗族．研文出版（山本書店出版部），2019．

1578 井沢元彦．逆説の世界史．小学館，2019．

1579 久保亨［ほか］．現代中国の歴史：両岸三地100年の歩み．東京大学出版会，2019．

1580 久保田慎二．中国新石器時代の変遷と交流：環太行山脈地区文化圏の成立過程とその背景．六一書房，2015．

1581 久松文雄．まんがでわかる中国の歴史：わかりやすい！おもしろい！楽しく読める！始皇帝と万里の長城編．ゴマブックス，2018．

1582 久松文雄．まんがでわかる中国の歴史：わかりやすい！おもしろい！楽しく読める！長安の都とシルク・ロード編．ゴマブックス，2018．

1583 臼杵勲．東アジアの中世城郭：女真の山城と平城．吉川弘文館，2015．

1584 菊地章太．位牌の成立：儒教儀礼から仏教民俗へ．東洋大学出版会，2018．

1585 堀内淳一．北朝社会における南朝文化の受容：外交使節と亡命者の影響．東方書店，2018．

1586 李孝悌．恋恋紅塵：中国の都市、欲望と生活．東方書店，2018．

1587 豊島悠果．高麗王朝の儀礼と中国．汲古書院，2017．

1588 豊岡康史．海賊からみた清朝：十八〜十九世紀の南シナ海．藤原書店，2016．

1589 豊田久．周代史の研究：東アジア世界における多様性の統合．汲古書院，2015．

1590 立命館大學東洋史學會．中國古代史論叢 第8集．中国古代史論叢編集委員会，2015．

1591 歴史の謎を探る会．一番おもしろい中国古代史始皇帝と戦国時代．河出書房新社，2018．

1592 歴史遺産をめぐる会．シルクロードの旅：2019年．歴史遺産をめぐる会，2019．

1593 礪波護［ほか］．中国の歴史 1（別タイトル：神話から歴史へ：神話時代夏王朝）．講談社，2020．

1594 礪波護［ほか］．中国の歴史 2（別タイトル：都市国家から中華へ：殷周春秋戦国）．講談社，2020．

1595　礪波護［ほか］. 中国の歴史 3（別タイトル：ファーストエンペラーの遺産：秦漢帝国）. 講談社, 2020.

1596　礪波護［ほか］. 中国の歴史 4（別タイトル：三国志の世界：後漢三国時代）. 講談社, 2020.

1597　礪波護［ほか］. 中国の歴史 5（別タイトル：中華の崩壊と拡大：魏晋南北朝）. 講談社, 2020.

1598　礪波護［ほか］. 中国の歴史 6（別タイトル：絢爛たる世界帝国：隋唐時代）. 講談社, 2020.

1599　礪波護. 敦煌から奈良・京都へ. 法藏館, 2016.

1600　礪波護. 鏡鑑（かがみ）としての中国の歴史. 法藏館, 2017.

1601　礪波護. 隋唐佛教文物史論考. 法藏館, 2016.

1602　廖欽彬, 高木智見. 近代日本の中国学. 台湾大学出版中心, 2018.

1603　林巳奈夫. 中国古代の神がみ. 吉川弘文館, 2020.

1604　林巳奈夫. 中国古代車馬研究. 臨川書店, 2018.

1605　鈴木舞. 殷代青銅器の生産体制：青銅器と銘文の製作からみる工房分業. 六一書房, 2017.

1606　劉玲芳. 近代日本と中国の装いの交流史：身装文化の相互認識から相互摂取まで. 大阪大学出版会, 2020.

1607　柳斌傑, 李東東. 中国名記者列伝：正義を貫き、その文章を歴史に刻み込んだ先人たち第 2 巻. 日本僑報社, 2017.

1608　陸傳傑. 地図で読み解く日本統治下の台湾. 創元社, 2019.

1609　落合淳思. 殷：中国史最古の王朝. 中央公論新社, 2015.

1610　麻生伸一, 茂木仁史. 「火花方日記」の研究：琉球国王尚家文書. 榕樹書林, 2020.

1611　馬場健彦. アジア都市に学ぶ集住と共生のかたち. 花書院, 2019.

1612　満田剛. 「新説」三国志の虚構と真実. パンダ・パブリッシング, 2015.

1613　満田剛. 三国志：正史と小説の狭間. パンダ・パブリッシング, 2017.

1614　茂木光春. 始まりの人：東洋先駆者列伝. 文芸社, 2017.

1615　梅村卓. 中国共産党のメディアとプロパガンダ：戦後満洲・東北地域の歴史的展開. 御茶の水書房, 2015.

1616　明治大学東アジア石刻文物研究所. 「『新中國出土墓誌』刊行 20 周年紀念日中合同中國石刻國際シンポジウム（研討會）」論文集. 明治大學東アジア石刻文物研究所, 2015.

1617　木次線ローカルガイド. ハーベスト出版, 2018.

1618　乃南アサ. ビジュアル年表台湾統治五十年. 講談社, 2016.

1619　奈良女子大学古代学学術研究センター. 漢字文化の受容：東アジア文化圏からみる手紙の表現と形式：報告集. 奈良女子大学古代学学術研究センター, 2017.

1620　奈良女子大学古代学学術研究センター. 漢字文化の受容：手紙を学ぶ、手紙に学ぶ：報告集. 奈良女子大学古代学学術研究センター, 2018.

1621　内藤湖南. 内藤湖南敦煌遺書調査記録續編. 関西大学東西学術研究所, 2017.

1622　内藤湖南. 中国近世史. 岩波書店, 2015.

1623　籾山明. 秦漢出土文字史料の研究：形態・制度・社会. 創文社, 2015.

1624　籾山明［ほか］. 秦帝国の誕生：古代史研究のクロスロード. 六一書房, 2020.

1625　彭浩. 近世日清通商関係史. 東京大学出版会, 2015.

1626 平勢隆郎.「仁」の原義と古代の數理：二十四史の「仁」評價「天理」觀を基礎として.東京大學東洋文化研究所，2016.
1627 平勢隆郎.「仁」の原義と古代の數理：二十四史の「仁」評價「天理」觀を基礎として.雄山閣，2016.
1628 平野聡.大清帝国と中華の混迷.講談社，2018.
1629 蒲豊彦.三竃島事件：日中戦争下の虐殺と沖縄移民.現代書館，2018.
1630 氣賀澤保規.隋唐佛教社會の基層構造の研究.汲古書院，2015.
1631 千葉正史［ほか］.中国史研究と史料利用の現況：漢籍・石刻・檔案.東洋大学アジア文化研究所，2020.
1632 浅野和生.一八九五-一九四五日本統治下の台湾：戦後七十年の視座から.展転社，2015.
1633 浅野勝人.宿命ある人々：孫悟空-追っかけ"西域"ひとり旅.時評社，2017.
1634 秦の始皇帝と中国古代史.宝島社，2016.
1635 秦小麗.中国初期国家形成の考古学的研究：土器からのアプローチ.六一書房，2017.
1636 清木場東.北宋の都市と町.清木場東，2015.
1637 邱海涛.悠久の大地と歴史がダメにした、とても不幸な中国人.宝島社，2016.
1638 拳骨拓史.日中韓2000年の真実.育鵬社，2017.
1639 若林正丈，家永真幸.台湾研究入門（別タイトル：Invitation to Taiwan Studies）.東京大学出版会，2020.
1640 三国志の謎研究会.本当はこうだった！三国志の嘘と真実.宝島社，2017.
1641 三木聰.宋-清代の政治と社会.汲古書院，2017.
1642 三上次男.高句麗と渤海.吉川弘文館，2018.
1643 三王昌代.海域アジアの異文化接触：18世紀スールー王国と中国・ヨーロッパ.すずさわ書店，2020.
1644 三潴正道先生の古稀をお祝いする会.花董：三潴正道先生の古稀を記念して.朝日出版社，2019.
1645 森安孝夫.シルクロードと唐帝国.講談社，2016.
1646 森本俊彦.埌代中国試論：中国の陰と陽.ガリバープロダクツ，2016.
1647 森公章.古代日中関係の展開.敬文舎，2018.
1648 森公章.遣唐使と古代日本の対外政策.吉川弘文館，2019.
1649 森岳陽.南華とはどんな処か 揚子江沿岸の主要都市概況.大空社出版，2019.
1650 山本健貴.東三河の徐福伝承.山本健貴，2019.
1651 山本英史.中国の歴史.河出書房新社，2016.
1652 山本肇.2200年前の弥生時代に徐福は日本へ来ていた：徐福文化を世界文化遺産に！.三色会，2019.
1653 山本真.近現代中国における社会と国家：福建省での革命、行政の制度化、戦時動員.創土社，2016.
1654 山歩きの会・遊道山.中国・四国ゆったり行こう！山歩きガイド.メイツ出版，2017.
1655 山根清志.唐王朝の身分制支配と「百姓」.汲古書院，2020.
1656 山内智恵美.現代中国服飾とイデオロギー：翻弄された120年.白帝社，2020.
1657 山崎覚士.瀕海之都：宋代海港都市研究.汲古書院，2019.
1658 山崎覚士.中国五代国家論.佛教大学，2016.
1659 杉山清彦.大清帝国の形成と八旗制.名古屋大学出版会，2015.

1660　善田のぶ代．古染付と祥瑞：その受容の様相．淡交社，2020．
1661　上田信．悪の歴史：隠されてきた「悪」に焦点をあて、真実の人間像に迫る東アジア編下 南・東南アジア編．清水書院，2018．
1662　上永哲矢．三国志：その終わりと始まり．三栄書房，2018．
1663　石川岳彦．春秋戦国時代燕国の考古学．雄山閣，2017．
1664　石川禎浩．現代中国文化の深層構造．京都大学人文科学研究所，2015．
1665　石渡美江．楽園の図像：海獣葡萄鏡の誕生オンデマンド版．吉川弘文館，2017．
1666　石黒ひさ子，明治大学．東アジア出墨書陶磁器の総合的分類と分析．石黒ひさ子，2017．
1667　石黒ひさ子，明治大学．東アジア出墨書陶磁器の総合的分類と分析．石黒ひさ子，2019．
1668　石見清裕．ソグド人墓誌研究．汲古書院，2016．
1669　石暁軍．隋唐外務官僚の研究：鴻臚寺官僚・遣外使節を中心に．東方書店，2019．
1670　矢吹晋．〈中国の時代〉の越え方：一九六〇年の世界革命から二〇二〇年の米中衝突へ．白水社，2020．
1671　始皇帝大全ビジュアルブック：キングダム覇権の軌跡 秦 vs 合従軍の真実徹底解説．ぴあ，2020．
1672　柿沼陽平．劉備と諸葛亮：カネ勘定の『三国志』．文藝春秋，2018．
1673　笹川裕史．現地資料が語る基層社会像：20世紀中葉東アジアの戦争と戦後．汲古書院，2020．
1674　笹川裕史．戦時秩序に巣喰う「声」：日中戦争・国共内戦・朝鮮戦争と中国社会．創土社，2017．
1675　守屋洋．黄昏三国志：孔明以後の英雄たち．KADOKAWA，2015．
1676　首都博物館，江戸东京博物館．都市・暮らし：18世紀の東京と北京．北京出版社，2018．
1677　狩野直喜．漢文研究法：中国学入門講義．平凡社，2018．
1678　水野卓．春秋時代の統治権研究．汲古書院，2020．
1679　司馬遷．史記 8．徳間書店，2017．
1680　司馬遷．史記列伝．岩波書店，2015．
1681　斯波義信．モリソンパンフレットの世界 2．東洋文庫，2016．
1682　松村謙三顕彰会訪中親善使節団．松村謙三顕彰会第41次友好訪中団報告書．松村謙三顕彰会第41次友好訪中団，2018．
1683　松島隆真．漢帝国の成立．京都大学学術出版会，2018．
1684　松岡祥治郎．大動乱の中国近現代史：対日欧米関係と愛国主義教育．鳥影社，2020．
1685　松岡正子．歴史と記憶：文学と記録の起点を考える．あるむ，2017．
1686　松井嘉徳．記憶される西周史．朋友書店，2019．
1687　松井太，荒川慎太郎．敦煌石窟多言語資料集成．東京外国語大学アジア・アフリカ言語文化研究所，2017．
1688　松浦章．江戸時代漂着唐船資料集 10．関西大学東西学術研究所，2018．
1689　松崎つね子．睡虎地秦簡と墓葬からみた楚・秦・漢．汲古書院，2017．
1690　松田吉郎［ほか］．中国の政治・文化・産業の進展と実相．晃洋書房，2015．
1691　松重充浩［ほか］．近代中国都市案内集成 第26巻（別タイトル：露治時代ニ於ケル関東州 露国占領前後ニ於ケル大連及旅順）．ゆまに書房，2016．

1692 松重充浩［ほか］. 近代中国都市案内集成 第27巻（別タイトル：露治時代関東州法規類集 露治時代ニ於ケル大連市）. ゆまに書房, 2016.
1693 宋代史研究会. 宋代史料への回帰と展開. 汲古書院, 2019.
1694 宋代史研究会. 中国伝統社会への視角. 汲古書院, 2015.
1695 宋恩栄, 余子侠. 日本の中国侵略植民地教育史2（別タイトル：華北編）. 明石書店, 2016.
1696 宋恩栄, 余子侠. 日本の中国侵略植民地教育史3（別タイトル：華東・華中・華南編）. 明石書店, 2016.
1697 隋藝. 中国東北における共産党と基層民衆：1945-1951. 創土社, 2018.
1698 孫歌. アジアを語ることのジレンマ：知の共同空間を求めて. 岩波書店, 2015.
1699 台湾大好き編集部. 台湾行ったらこれ食べよう！甘味編. 誠文堂新光社, 2017.
1700 太田出［ほか］. 中国江南の漁民と水辺の暮らし. 汲古書院, 2018.
1701 檀上寛. 陸海の交錯：明朝の興亡. 岩波書店, 2020.
1702 檀上寛. 天下と天朝の中国史. 岩波書店, 2016.
1703 譚璐美. 戦争前夜：魯迅、蔣介石の愛した日本. 新潮社, 2019.
1704 湯浅邦弘. テーマで読み解く中国の文化. ミネルヴァ書房, 2016.
1705 湯浅邦弘. 清華簡研究. 汲古書院, 2017.
1706 湯浅邦弘. 中国思想基本用語集. ミネルヴァ書房, 2020.
1707 唐振基. 古代中国に隠された聖書の神. スマイルブックス, 2017.
1708 藤谷浩悦. 戊戌政変の衝撃と日本：日中聯盟論の模索と展開. 研文出版, 2015.
1709 藤井省三. 魯迅と紹興酒：お酒で読み解く現代中国文化史. 東方書店, 2018.
1710 藤井勝彦. 三国志英雄たちの名場面：最高のシーン、名勝負、最強の武将を大検証. 宝島社, 2015.
1711 藤崎恭子. 史記物語：西周春秋戦国秦. 藤崎恭子, 2015.
1712 藤善真澄［ほか］. 安禄山と楊貴妃 安史の乱始末記. 清水書院, 2017.
1713 藤堂明保. 漢字文化の世界. KADOKAWA, 2020.
1714 藤田啓. 元商社マンによる真実のシナ論："令和元年"だからこそ、シナとは何かを見直そう！. パブフル, 2019.
1715 藤田啓. 元商社マンによる真実のシナ論："令和元年"だからこそ、シナとは何かを見直そう！. パブフル, 2020.
1716 藤田勝久, 關尾史郎. 簡牘が描く中国古代の政治と社会. 汲古書院, 2017.
1717 藤田勝久. 史記秦漢史の研究. 汲古書院, 2015.
1718 藤田拓之. 居留民の上海：共同租界行政をめぐる日英の協力と対立. 日本経済評論社, 2015.
1719 田村実造. 中国史にみる女性群像：悲運と権勢のなかに生きた女性の虚実. 清水書院, 2017.
1720 田余慶. 北魏道武帝の憂鬱：皇后・外戚・部族. 京都大学学術出版会, 2018.
1721 田中仁［ほか］. 新図説中国近現代史：日中新時代の見取図. 法律文化社, 2020.
1722 田中一輝. 西晉時代の都城と政治. 朋友書店, 2017.
1723 田中瑛也. 中国古寺巡礼紀行：中華文明の諸法実相. 遊友出版, 2016.
1724 土肥義和, 氣賀澤保規. 敦煌・吐魯番文書の世界とその時代. 東洋文庫, 2017.
1725 土肥義和. 八世紀末期～十一世紀初期燉煌氏族人名集成 索引篇. 汲古書院, 2016.
1726 土肥義和. 八世紀末期～十一世紀初期燉煌氏族人名集成：氏族人名篇人名篇. 汲古書

院, 2015.

1727 土肥義和［ほか］. 敦煌・吐魯番文書の世界とその時代. 東洋文庫中央アジア研究班, 2017.
1728 土肥祐子. 宋代南海貿易史の研究. 汲古書院, 2017.
1729 土田哲夫, 子安加余子. 近現代中国と世界. 中央大学出版部, 2020.
1730 窪添慶文. 北魏史：洛陽遷都の前と後. 東方書店, 2020.
1731 窪添慶文. 墓誌を用いた北魏史研究. 汲古書院, 2017.
1732 丸橋充拓. 江南の発展：南宋まで. 岩波書店, 2020.
1733 王耀平. 回想の羅山：五七幹部学校の記憶：対外経済連絡委員会「五七」幹部学校歴史研究資料匯編 上巻. 朋友書店, 2020.
1734 王耀平. 回想の羅山：五七幹部学校の記憶：対外経済連絡委員会「五七」幹部学校歴史研究資料匯編 下巻. 朋友書店, 2020.
1735 尾形勇, 岸本美緒. 中国史 上. 山川出版社, 2019.
1736 尾形勇, 岸本美緒. 中国史 下. 山川出版社, 2019.
1737 吾妻重二. 家礼文献集成. 関西大学東西学術研究所, 2019.
1738 吾妻重二. 家礼文献集成日本篇 7. 関西大学東西学術研究所, 2018.
1739 呉兢. 貞観政要：リーダーシップの要諦. 日本能率協会マネジメントセンター, 2020.
1740 呉密察. 台湾史小事典 第 3 版. 中国書店, 2016.
1741 武光誠. 地図で読み解く日中韓の古代史. ベストセラーズ, 2015.
1742 武光誠. 三国志英傑たちのその後と謎. 宝島社, 2015.
1743 武将の謎研究会. マンガ図解三国志「武将」大百科. 宝島社, 2016.
1744 武藤秀太郎.「抗日」中国の起源：五四運動と日本. 筑摩書房, 2019.
1745 西川和孝. 雲南中華世界の膨張：プーアル茶と鉱山開発にみる移住戦略. 慶友社, 2015.
1746 西村成雄. 中国の近現代史をどう見るか. 岩波書店, 2017.
1747 西村成雄. 中国の歴史★現在がわかる本第 1 期 1. かもがわ出版, 2017.
1748 西村成雄. 中国の歴史★現在がわかる本第 1 期 2. かもがわ出版, 2017.
1749 西村成雄. 中国の歴史★現在がわかる本第 1 期 3. かもがわ出版, 2017.
1750 西村成雄. 中国の歴史★現在がわかる本第 2 期 1. かもがわ出版, 2017.
1751 西村陽子. 唐代沙陀突厥史の研究. 汲古書院, 2018.
1752 西江清高. 西周王朝の形成と関中平原. 同成社, 2019.
1753 小池聖一. 満州事変と対中国政策オンデマンド版. 吉川弘文館, 2017.
1754 小嶋華津子, 島田美和. 中国の公共性と国家権力：その歴史と現在. 慶應義塾大学出版会, 2017.
1755 小口雅史. 律令制と日本古代国家. 同成社, 2018.
1756 小林伸二. 春秋時代の軍事と外交. 汲古書院, 2015.
1757 小林一美. わが昭和史、わが歴史研究の旅. 鳥影社・ロゴス企画, 2018.
1758 小林一美. 日中両国の学徒と兵士. 集広舎, 2018.
1759 小林郁. 松栄丸「広東」漂流物語：近世奥羽人の遭難と異文化体験の記録. 無明舎出版, 2015.
1760 小南一郎. 金文：中国古代の文字. 泉屋博古館, 2019.
1761 小松久男, 岸本美緒, 高田靖彦. 世界の歴史 8. 小学館, 2018.
1762 小田木治太郎, 曹建恩. 中国長城地帯青銅器文化遺物の研究 内蒙古編（別タイトル：

长城地带青铜器文化遗物的研究）.天理大学考古学·民俗学研究室，2020.

1763　小田木治太郎.寧夏の中国北方青銅器文化遺物の研究.天理大学考古学·民俗学研究室，2019.

1764　小田木治太郎.中国内蒙古における北方青銅器文化遺物の調査 2016.天理大学考古学·民俗学研究室，2017.

1765　小野寺淳.中国華南の地域構造の再編に関する地理学的調査研究：広州調査報告.横浜市立大学都市社会文化研究科，2018.

1766　小野寺淳.中国華南の地域構造の再編に関する地理学的調査研究：江門調査報告.横浜市立大学都市社会文化研究科，2020.

1767　小野響.後趙史の研究.汲古書院，2020.

1768　謝黎.チャイナドレス大全：文化·歴史·思想.青弓社，2020.

1769　新井悟.古鏡のひみつ：「鏡の裏の世界」をさぐる：見るだけで楽しめる!.河出書房新社，2018.

1770　須田牧子.「倭寇図巻」「抗倭図巻」をよむ.勉誠出版，2016.

1771　徐興慶，劉序楓.十七世紀の東アジア文化交流：黄檗宗を中心に.台湾大学出版中心，2018.

1772　玄幸子.中国周辺地域における非典籍出土資料の研究.関西大学東西学術研究所，2017.

1773　玄幸子.中国周辺地域における非典籍出土資料の研究.関西大学東西学術研究所，2020.

1774　岩本篤志.唐代の医薬書と敦煌文献.Kadokawa，2015.

1775　岩本真利絵.明代の専制政治.京都大学学術出版会，2019.

1776　岩﨑力.西夏建国史研究.汲古書院，2018.

1777　塩山正純.20 世紀前半の台湾：植民地政策の動態と知識青年のまなざし.あるむ，2019.

1778　葉喆民.中国陶磁史（別タイトル：HISTORY OF CHINESE POTTERY AND PORCELAIN）.科学出版社東京，国書刊行会.

1779　一色忠慈郎.長江要覧.大空社出版，2019.

1780　伊藤敏雄，関尾史郎.後漢·魏晋簡牘の世界.汲古書院，2020.

1781　伊藤敏雄［ほか］.湖南出土簡牘とその社会.汲古書院，2015.

1782　伊原弘.宋代中国都市の形態と構造.勉誠出版，2020.

1783　永田英正.漢代史研究.汲古書院，2018.

1784　遊佐昇［ほか］.国際未来社会を中国から考える.東方書店，2018.

1785　楢山満照.蜀の美術：鏡と石造遺物にみる後漢期の四川文化.早稲田大学出版部，2017.

1786　于海広，張偉.中国のユネスコ無形文化遺産.グローバル科学文化出版，2019.

1787　宇山卓栄.『三国志』からリーダーの生き方を学ぶ.三笠書房，2017.

1788　原島春雄.近代中国断章.美巧社，2019.

1789　原田禹雄.琉球と中国：忘れられた冊封使.吉川弘文館，2019.

1790　早稲田大学長江流域文化研究所.中国古代史論集：政治·民族·術数.雄山閣，2016.

1791　早稲田大学中国古籍文化研究所.中国古籍文化研究：稲畑耕一郎教授退休記念論集 上巻.東方書店，2018.

1792　早稲田大学中国古籍文化研究所.中国古籍文化研究：稲畑耕一郎教授退休記念論集

	下巻. 東方書店, 2018.
1793	澤田瑞穂. 中国史談集. 筑摩書房, 2017.
1794	斎藤優［ほか］. 斎藤優遺稿集：渤海半拉城址発掘史にみる近代東アジアの軍事と文化. 小野智子, 2015.
1795	張成. 中国古代鎮墓像. 科学出版社東京, 2016.
1796	張麟声, 大形徹. 一衣帯水：日中間の人物交流と異文化間コミュニケーション. 日中言語文化出版社, 2018.
1797	張麟声, 大形徹. 一衣帯水：日中間の人物交流と異文化間コミュニケーション. 日中言語文化出版社, 2019.
1798	張麟声, 大形徹. 一衣帯水：日中間の人物交流と異文化間コミュニケーション黄号. 日中言語文化出版社, 2017.
1799	張麟声. 一衣帯水：日中間の人物交流と異文化間コミュニケーション. 日中言語文化出版社, 2015.
1800	張玉正.〈実証〉中国歴代帝王・王妃の帝陵風水：秘密を徹底調査. 太玄社, 2020.
1801	趙方任. 中国人とはどういう人たちか：日中文化の本源を探る. 論創社, 2019.
1802	雉域. 齊民要術：現存する最古の料理書. 雄山閣, 2017.
1803	中村保. ヒマラヤの東 山岳地図帳：チベットのアルプスとその彼方. ナカニシヤ出版, 2016.
1804	中村慎一, 劉斌. 河姆渡と良渚：中国稲作文明の起源（別タイトル：Hemudu & Liangzhu Culture）. 雄山閣, 2020.
1805	中村未来. 戦国秦漢簡牘の思想史的研究. 大阪大学出版会, 2015.
1806	中村裕一. 中国古代の年中行事第5冊（補遺）. 汲古書院, 2018.
1807	中村元哉. 叢書東アジアの近現代史第2巻. 講談社, 2017.
1808	中村元哉. 憲政から見た現代中国. 東京大学出版会, 2018.
1809	中村元哉［ほか］. 現代中国の起源を探る史料ハンドブック. 東方書店, 2016.
1810	中国モダニズム研究会. 中華文化スター列伝. 関西学院大学出版会, 2016.
1811	中国地方総合研究センター. なぜそんなに熱いのか：中国地域で輝いている人たち. 中国地方総合研究センター, 2017.
1812	中国社会科学院歴史研究所, 東方学会. 学際化する中国学：第十回日中学者中国古代史論壇論文集. 汲古書院, 2019.
1813	中国社会科学院歴史研究所［ほか］. 中国史の時代区分の現在：第六回日中学者中国古代史論壇論文集. 汲古書院, 2015.
1814	中国社会科学院歴史研究所「簡明中国歴史知識手冊」編纂グループ. 中国歴史知識ハンディブック：清朝滅亡に至るまでの中国史の基本知識と年表を網羅. 科学出版社東京, 2018.
1815	中國古代史論叢編集委員會. 中國古代史論叢第9集. 中国古代史論叢編集委員会, 2017.
1816	中國古代史研究會. 中國古代史研究 第8. 研文出版, 2017.
1817	中林史朗, 山口謠司. 隋書：現代語訳：中国史書入門. 勉誠出版, 2017.
1818	鍾家新. 永楽政権成立史の研究. ミネルヴァ書房, 2016.
1819	塚田誠之, 河合洋尚. 中国における歴史の資源化の現状と課題. 人間文化研究機構国立民族学博物館, 2017.
1820	諸田龍美. 中国詩人烈伝：人生のヒントをくれる型破りな10賢人. 淡交社, 2020.

1821 竹内洋介，大室智人.『華陽国志』の世界：巴、蜀、そして南方へのまなざし. 東洋大学アジア文化研究所，2018.
1822 竺沙雅章. 独裁君主の登場 宋の太祖と太宗. 清水書院，2017.
1823 庄司雅昭. 台北低山散歩. 山と溪谷社，2016.
1824 濁泥水. 曹丕のフェイクニュース. 新潮社図書編集室，2019.
1825 鄒燦.「盧溝橋事件記念日」をめぐる日本と中国：政治的語りに見る日中戦争像の比較研究. 大阪大学出版会，2018.
1826 足立啓二. 專制国家史論：中国史から世界史へ. 筑摩書房，2018.
1827 佐川英治，杉山清彦. 中国と東部ユーラシアの歴史. 放送大学教育振興会，2020.
1828 佐川英治. 中国古代都城の設計と思想：円丘祭祀の歴史的展開. 勉誠出版，2016.
1829 佐藤公彦. 中国近現代史はどう書かれるべきか. 汲古書院，2016.
1830 佐藤信弥. 中国古代史研究の最前線. 星海社，2018.
1831 佐藤信弥. 周：理想化された古代王朝. 中央公論新社，2016.

阿拉伯语

1832 الهاجري، علي بن غانم. إمبراطور الشرق تشودي(1403-1424) : عهد الازدهار والسيادة الصينية. منشورات ضفاف،, 2020.
1833 الهاجري، علي بن غانم. تشنغ خه :إمبراطور البحار الصيني : قراءة جديدة في تاريخ الكشوفات الجغرافية. دار جامعة حمد بن خليفة للنشر،, 2020.
1834 تشين يو. ذكريات الصين : تاريخ غير تقليدي. العربي للنشر والتوزيع, 2016.
1835 سون يان جينغ. تاريخ الصين. بيت الحكمة للاستثمارات الثقافية, 2017.
1836 سيما، تشيان. مختارات من أرشيف المؤرخ. دار الشعب للنشر بمنطقة نينغشيا, 2015.
1837 لووه يي لاي. شخصية الصين "خصائص حضارة خمسة آلاف عام". دار سما للنشر والتوزيع, 2017.
1838 واي شين. قصة نجاح علي بابا : حياة جاك ما - أغنى رجل في الصين . بيت الحكمة للاستثمارات الثقافية, 2017.
1839 لجنة تحرير دار الشعب. سيرة تو يويو : أول صينية تحصل على جائزة نوبل في العلوم. بيت الحكمة للاستثمارات الثقافية, 2016.

其他语种

1840 Alitto, Guy S. Poslednji konfučijanac: Liang Šu Ming i dileme o modernizaciji Kine. Драслар, 2017.
1841 Almăşan, Marina. China cea de taină. Corint Books, 2019.
1842 Anderson, Perry. Duas revoluções: Rússia e China. Boitempo, 2018.
1843 Andrade, António de. Cartas do Tibete. Livros de Bordo, 2016.
1844 Andrade, Tonio Adam. De val van Formosa: hoe een Chinese krijgsheer de VOC versloeg. Uitgeverij Van Wijnen, 2015.
1845 Aresta, António. Álvaro Semedo: a educação na China imperial. Instituto Internacional de Macau, 2015.
1846 Aukštakalnytė-Hansen, Eglė. Mamahuhu: šešeri metai Kinijoje. Tyto alba, 2015.

1847 Babiarz, Dagmara. Tybet - zawsze jest o co walczyć. Wydawnictwo Primo Libro, 2017.
1848 Bakešová, Ivana. Augustin Palát: Vzpomínky na Čínu a sinologii. Česko-čínská společnost, 2016.
1849 Bakešová, Ivana. Dějiny Čínské lidové republiky: (1949-2018). NLN, 2019.
1850 Baković, Zorana. Let nad zmajevim gnezdom. Delo, 2018.
1851 Bar, Ariel. חמד וספרי אחרונות ידיעות של מייסודן אורל הוצאה - משכל. הדרקון סירת, 2020.
1852 Bayer, Jerzy. Tybet: szkice z dziejów chińsko-tybetańskich. Instytut Studiów Politycznych Polskiej Akademii Nauk, 2015.
1853 Bedford, Donald. China. Uitgeverij Unieboek|Het Spectrum bv, 2016.
1854 Bergling, Kajsa. Fiskarna vid Gula floden: Kina 1893-1945. Kajsa Bergling, 2016.
1855 Bernstein, Ken. Kina. Reseförlaget, 2016.
1856 Bjørn, Niels. Livet i Kinas kæmpebyer. Historika, 2016.
1857 Bohman, Viking. Kinas nya sidenvägar: "århundradets projekt". Utrikespolitiska institutet, 2018.
1858 Brautaset, Camilla. Møter med Kina: norsk diplomati, næringsliv og misjon 1890-1937. Fagbokforl., 2018.
1859 Brennan Demuth, Patricia. Unde se află Marele Zid? Pandora Publishing, 2017.
1860 Bridi, Sônia. Laowai: (estrangeiro): histórias de uma réporter brasileira na China. Matrix, 2018.
1861 Brill, Bobby. Przez parę: gorące źródła w prowincji Liaoning. Wydawnictwo Adam Marszałek, 2017.
1862 Brook, Timothy James. De kaart van mijnheer Selden: China, de specerijenhandel en een verloren zeekaart. Wereldbibliotheek, 2015.
1863 Brown, William N. Cum m-am îndrăgostit de China. Corint Books, 2020.
1864 Buckley, Michael. Tibet. Jota, 2020.
1865 Buelens, Marc. De grote sprong zijwaarts: op reis in de Chinese far west. Houtekiet, 2015.
1866 Bukelskytė, Vaiva. Uždraustosios Kinijos paslaptys. Obuolys [i.e. Lectio divina], 2019.
1867 Čarnogurská, Marína. Mingovia v príbehoch a v histórii. Paralympijská marketingová spoločnosť, s.r.o., 2017.
1868 Cavalcanti, Dirce de Assis. A China: ecos de uma viagem. Ibis Libris, 2017.
1869 Cessanis, Michał. Made in China. Burda Publishing Polska, 2018.
1870 Chang, Jung. A imperatriz de ferro: a cuncubina que criou a China moderna. Companhia das Letras, 2016.
1871 Chang, Jung. A mais velha, a mais nova e a vermelha. Quetzal, 2019.
1872 Chang, Jung. Cesarzowa wdowa Cixi: konkubina, która stworzyła współczesne Chiny. Społeczny Instytut Wydawniczy Znak, 2015.
1873 Chang, Jung. Cisnes selvagens. Quetzal, 2018.
1874 Chang, Jung. De osannolika systrarna Soong: kvinnorna i centrum av Kinas moderna historia. Norstedts, 2020.
1875 Chang, Jung. Den sista kejsarinnan av Kina. Norstedt, 2016.
1876 Chang, Jung. Divoké labutě. Ikar, 2020.
1877 Chang, Jung. Dochters van China: drie zussen in het middelpunt van de macht in het twintigste-eeuwse China. Boekerij, 2020.

1878 Chang, Jung. Enkekejserinden: Cixi, konkubinen, der grundlagde det moderne Kina. Rosinante, 2015.
1879 Chang, Jung. Storesøster, lillesøster, røde søster: tre kvinder, der prægede Kina i det tyvende århundrede. Gyldendal, 2020.
1880 Chang, Jung. Vadhattyúk: Kína három lánya. Európa, 2020.
1881 Chang, Jung. Η παλλακίδα που δημιούργησε τη σύγχρονη Κίνα: Τσισί: η κληρονόμος αυτοκράτειρα. Πατάκης, 2015.
1882 Chaves, Rodrigo Marin. Macau de aeroplano: conferencia humoristica realizada no Teatro "Vitoria"em Macau. NK Books, 2018.
1883 Chen Wei. Az igazi Jack Ma: hiteles életrajz az asszisztensétől. Geopen, 2018.
1884 Chen, Piera. Hongkong: do kapsy: největší zajímavosti, místní život, vše po ruce. Svojtka & Co., 2017.
1885 Cheng, Hung. Nanquim não chora. Gradiva, 2018.
1886 Choo, WaiHong. Naisten valtakunta: kiinalaisen vuoristoheimon salattu maailma. Minerva Kustannus Oy, 2018.
1887 Ciepiela, Aleksander. Przez Chiny - kraj przyjaznych ludzi, śmieci i dymu. Wydawnictwo Szkoły Wyższej Przymierza Rodzin w Warszawie, 2017.
1888 Čína: inspirace na cesty. Lingea, 2020.
1889 Čína. Lingea, 2020.
1890 Ciucescu, Doru. Itinerar est-asiatic: Taiwan, Macao, Hong Kong. Rovimed Publishers, 2020.
1891 Crossman, Eileen. När det regnar i bergen: ett liv i fullständigt beroende av Gud: biografin om James O. Fraser. Discursia förlag, 2018.
1892 Csibra Zsuzsanna. Művészet, vallás, kultúra: sinológiai tanulmányok Miklós Pál emlékére. ELTE Konfuciusz Int., 2019.
1893 Cunha, Paulo Gustavo de Araújo. China: de Confúcio à modernidade. Scortecci, 2015.
1894 Dahl, Holger. Pandaeffekten: en rejse ind i Kinas hjerte. People'sPress, 2018.
1895 Dejmková, Eva. Tibet. Jota, 2020.
1896 Deng, Yinke. Antık Çın'de buluşlar: bilim ve teknolojinin binlerce yıllık öyküsü. Kaynak Yayınları, 2016.
1897 Dias, Alfredo Gomes. Refugiados de Xangai. Macau (1937-1964): fundo documental. Instituto Cultural do Governo da R.A.E. de Macau, 2016.
1898 Dijk, Meine Pieter van. China, vriend of vijand? Parthenon, 2020.
1899 Dikötter, Frank. De culturele revolutie: een volksgeschiedenis, 1962-1976. Spectrum, 2016.
1900 Dikötter, Frank. Rewolucja kulturalna: historia narodu 1962-1976. Wydawnictwo Czarne, 2018.
1901 Dikötter, Frank. Tragedia wyzwolenia: historia rewolucji chińskiej 1945-1957. Wydawnictwo Czarne, 2016.
1902 Dillon, Michael. Modernleşen Çin'in tarihi. İletişim, 2016.
1903 Dis, Adriaan van. Een barbaar in China: een reis door Centraal-Azië. Uitgeverij Augustus, Atlas Contact, 2016.
1904 Dopierała, Krzysztof. Chiny: smocze imperium. Wydawnictwo Helion, 2017.
1905 Du, Juan. A sencseni kísérlet: a kínai «azonnali» város története. Pallas Athéné Kvk., 2020.
1906 Duda-Gryc, Marta. Pekin. Bezdroża - Wydawnictwo Helion, 2015.

1907 Duda-Gryc, Marta. Pekin. Wydawnictwo Helion, 2018.
1908 Duda-Gryc, Marta. Szanghaj. Bezdroża - Wydawnictwo Helion, 2015.
1909 Dumont, Chris. Como morar na China sem engolir sapo nem comer cachorro: diário de uma família brasileira em Shenzhen: volume I. Casa do Editor, 2016.
1910 Eberhard, Wolfram. Çin hikâyeleri. MEB, 2016.
1911 Eger, Arthur Otto. Hello! Change Money? FEC?: dagboek van een reis door het China van 1993. BlauwZand Uitgeverij, 2018.
1912 Eichinger, Eric T. Det största loppet: den storslagna berättelsen som inspirerade storfilmen Triumfens ögonblick. Sjöbergs Förlag, 2018.
1913 Eimer, David. Z dala od cesarza: podróże po obrzeżach Chin. Wydawnictwo Uniwersytetu Jagiellońskiego, 2015.
1914 Espegren, Knut Y. Himmelarven til Kina: en vandring i fedrenes og misjonærenes fotspor. Elefantus forlag, 2020.
1915 Færøvik, Torbjørn. Kina på 200 sider: fra de første dynastiene til dagens stormakt. Kagge forlag, 2020.
1916 Fallqvist, Nils. Guide för inköpsresa till Kina: för dig som tänker importera eller som redan gör det!. Nils Fallqvist, 2016.
1917 Fidler, Jiří. Atlas čínských dějin. Magna Erudio, 2016.
1918 Fidler, Jiří. Čínské dějiny v datech a souvislostech. Magna Erudio, 2016.
1919 Fitzpatrick, Liam. Hong Kong. Capitool, 2017.
1920 Fitzpatrick, Liam. Topp 10 Hongkong. Reseförlaget, 2017.
1921 Fontana, Michela. Matteo Ricci. Dauphin, 2020.
1922 Fourie, Elkarien. Vat jou hele hart: kom saam na die Middelkoninkryk. Naledi, 2017.
1923 Frigast, Birgitte. Min pige, dem får du aldrig solgt!. Turbine, 2018.
1924 Gao Shangquan. Călătorie prin tradițiile Chinei: iarna. Corint Books, 2020.
1925 Gao Shangquan. Călătorie prin tradițiile Chinei: primăvara. Corint Books, 2020.
1926 Gao Shangquan. Călătorie prin tradițiile Chinei: toamna. Corint Books, 2020.
1927 Gao Shangquan. Călătorie prin tradițiile Chinei: vara. Corint Books, 2020.
1928 Gherman, Nina F. China în povestiri. InDArt, 2018.
1929 Gimeno, Daniel. Kína. Kossuth, 2019.
1930 Gongu, Viorel. Spre China din Mogoșoaia. Națiunea, 2018.
1931 Guerra, Joaquim A. de Jesus. O cerimonial: (Lei-ky). Sociedade de Jesuítas de Macau, 2015.
1932 Guo, Xiaolu. Du ska resa till de nio kontinenterna: mitt liv i och utanför Kina. Alfabeta, 2018.
1933 Guo, Xiaolu. Einu sinni var í austri: uppvaxtarsaga. Angústúra, 2017.
1934 Haar, Barend Joannes ter. Het hemels mandaat: de geschiedenis van het Chinese keizerrijk. Amsterdam University Press, 2018.
1935 Haasteren, Edward van. Naar de Mekong in China. Booy Uitgevers, 2017.
1936 Hägerdal, Hans. Kinas historia. Historiska Media, 2018.
1937 Hakala, Kari. Shanghai: suomalainen matkaopas. Suomalainen Matkaopas Finnish Guidebooks Oy (Ltd), 2020.
1938 Hamer, Franciscus Josephus Maria. Ferdinand Hamer: missiepionier in China, bisschop, martelaar: 1840 (Nijmegen) - 1900 (T'ouo-tch'eng, China). [Frans Hamer], 2016.
1939 Hàn, Canh. Nửa đêm canh ba: tự truyện. Nhà xuất bản Dân trí, 2016.

1940　Hansen, Preben. Turen går til Kina. Politiken, 2017.
1941　Hao, Ping. Sun Yat-Sen ve Amerika. Kırmızı Elma Yayınları, 2019.
1942　Harmsen, Peter. Døden ved Yangtze-floden: slaget om Shanghai, 1937. Turbine, 2018.
1943　Harmsen, Peter. Sindberg: den danske Schindler og Nanjing-massakren 1937-38. Lindhardt og Ringhof, 2019.
1944　Harmsen, Peter. Laurits Andersen: kinafarer, entreprenør og mæcen. Lindhardt og Ringhof, 2020.
1945　Harmsen, Peter. Stalingradul de pe Yangtze: bătălia pentru Shanghai - 1937. Corint Books, 2015.
1946　Harper, Damian. China. National Geographic reisgids, 2018.
1947　Harper, Damian. Čína: nejlepší místa, autentické zážitky. Svojtka & Co., 2017.
1948　Harper, Damian. Čína. Cpress, 2017.
1949　Harrer, Heinrich. Întoarcerea în Tibet. Polirom, 2016.
1950　Harrer, Heinrich. Siedem lat w Tybecie: moje życie na dworze dalajlamy. Zysk i S-ka Wydawnictwo, 2017.
1951　Harrison-Hall, Jessica. China: uma história em objetos. Ed. SESC SP, 2018.
1952　Haw, Stephen G. Kiina. UNIpress, 2015.
1953　Hongkong. Lingea, 2015.
1954　Humphreys, Andrew. Topp 10 Peking. Reseförlaget, 2019.
1955　Jankowska, Magdalena. Chiny. Wydawnictwo Pascal, 2018.
1956　Jansen, Inge. China. Uitgeverij J.H. Gottmer/H.J.W. Becht BV, 2018.
1957　Jelínek, Milan. Zapomenuté boje na Dalekém východě. Svět křídel, 2019.
1958　Jiang, Caijian. Pirmoji fizikos ledi Wu Chien-Shiung. Spaudos spektras, 2016.
1959　Jin, Xing. Το ταγκό της Σαγκάης: Η ζωή μου ως συνταγματάρχης του Κόκκινου Στρατού και ως χορεύτρια. Εμπειρία, 2017.
1960　Jisl, Lumír. Čínský deník. Masarykova univerzita, 2016.
1961　Johansson, Janeric. Bilder av hopp: svenskarna som förändrade Kinas historia. Narin förlag, 2017.
1962　Joris, Godelieve Elisabeth Achiel Micheline. Op de vleugels van de draak: reizen tussen Afrika en China. Uitgeverij Augustus, 2018.
1963　Kajdański, Edward. Jak odkrywałem Michała Boyma - polskiego Marco Polo. Narodowe Centrum Kultury, 2018.
1964　Kavala, Coşkun Faik. Çin kitabı: uygarlığın beş bin yılı. Resse Yayınları, 2017.
1965　Kavala, Coşkun Faik. Doğu uyanıyor: Çin devrim tarihi. Doğu Kitabevi, 2019.
1966　Kazantzakis, Nikos. Jurnal de călătorie în Japonia şi China. Humanitas, 2018.
1967　Kerr, Gordon. O scurtă istorie a Chinei: de la dinastiile antice la marea puterea economică. Nomina, 2015.
1968　Kırilen, Gürhan. Çin edebiyatından seçme öyküler. Gece Kitaplığı, 2017.
1969　Klements, Conatan. İpək Yolunun tarixi. Qanun, 2019.
1970　Kolšek, Katja. Kjer se skriva tiger, išči prežečega zmaja: [nekaj navodil za boljše razumevanje kulture in običajev sodobnih Kitajcev]. Konfucijev inštitut na Ekonomski fakulteti, 2018.
1971　Konior, Jan. Odkrywca Tybetu: António de Andrade SJ (1580-1634): misjonarz Indii i Tybetu. Verbinum Wydawnictwo Księży Werbistów, 2019.

1972　Kozma László. Császár voltam a Tiltott Városban: útirajzok, élmények Kínából. Kozma L., 2018.
1973　Kranendonk-Gijssen, Jannie. Stromen van zegen: James Fraser, zendeling in China. De Banier uitgeverij, 2016.
1974　Krno, Svetozár. Monzúnový Sečuán a čínsky sever. Karpaty-Infopress, 2015.
1975　Kuczyński, Maciej. Dzieje starożytnych Chin: kroniki pierwszych dynastii. Bellona, 2018.
1976　Künstler, Mieczysław Jerzy. Dzieje kultury chińskiej. Wydawnictwo Naukowe PWN, 2020.
1977　Lampreia, Isabel Horta. Os portugueses nos mares da China na primeira metade do Século XVI. Instituto Internacional de Macau, 2018.
1978　Lee, Michel. Staden vid sidenvägen = Cosmopolitan metropolis along the Silk Road: Luoyang during Tang dynasty China. Världskulturmuseerna Bergrummet in cooperation with Henan Provincial Administration of Cultural Heritage, 2015.
1979　Lehtipuu, Markus. Hongkong ja Macao. Suomalainen matkaopas, 2015.
1980　Lenells, Bo. Kärleken drev henne: Elna Lenell - en svensk martyr i Kina. Narin förlag, 2017.
1981　Leszczyńska, Dominika. Harbin i Kolej Wschodniochińska: katalog wystawy. Stacja Muzeum, 2020.
1982　Li, Chi. Çin uygarlığının doğuşu. Kırmızı Elma Yayınları, 2019.
1983　Li, Cunxin. Adeus, China: o último bailarino de Mao. Fundamento, 2015.
1984　Li, Jiazhen. Narodziny i upadek dynastii. Time Marszałek Group, 2018.
1985　Li, Kunwu. Uma vida chinesa: de Xiao Li a Lao Li. WMF Martins Fontes, 2015-2017.
1986　Li, Xiaohong. לאור הוצאה - אנטרפרייז. פ לביא. סין תרבות על סקירה, 2017.
1987　Lindqvist, Cecilia. En annan värld: minnen från Kina 1961-62. Bonnier, 2015.
1988　Lintner, Bertil. Hongkong & Macau: stadsturer: [Hongkong promenader]. Outdoorbooks, 2016.
1989　Lisboa, Henrique Carlos Ribeiro. A China e os chins: recordações de viagem. Fundação Alexandre de Gusmão, 2016.
1990　Lityńska, Kinga. Chiny: nie do wiary! Wydawnictwo "Bernardinum", 2016.
1991　Löfgren, Christer. På spaning i Tibet. Nielsen & Norén, 2015.
1992　Loureiro, Adolfo. No Oriente: de Napoles à China: diario de viagem. Primeiro volume. ReInk Books, 2018.
1993　Markuksela, Eero. Kotiinpaluu kirjaillussa silkkiviitassa = Yi jin huan xiang. Basam Books, 2020.
1994　Masefield, John Edward. Marco Polo, de Zijderoute: de kunst van het reizen: een Italiaan aan het hof van Koeblai Khan. Librero, 2019.
1995　Meier-Hüsing, Peter. Nacisté v Tibetu: záhada expedice SS pod vedením Ernsta Schäfera. 2019.
1996　Meijer, Johan Gabriël. Brievenboek van Johan Meijer cm: missionaris in China en Taiwan 1916-1962: taaie trouw: tussen donderbussen en voetzoekers. Congregatie der Missie, Lazaristen, 2015.
1997　Melo, Bernardo Pinheiro Correia de, Earl of Arnoso. Jornadas pelo mundo. ReInk Books, 2018.
1998　Mendonça, Salvador de. Trabalhadores asiaticos. SN Books World, 2018.
1999　Mikulová, Marie. Zápisky z Pekingu. Institute of Formal and Applied Linguistics, 2016.

2000 Mráčková, Markéta. Ahoj sestro, vítej v Číně = Ni hao, mei mei, huan ying lai dao Zhongguo. cosa.cz, kulturní družstvo, 2020.
2001 Nanu, Adina. Adina în China: un jurnal inedit. Editura Institutului Cultural Român, 2018.
2002 Náprstkovo muzeum asijských, afrických a amerických kultur. Příběh Tibetu: Náprstkovo muzeum = The story of Tibet: Náprstek Museum of Asian, African and American Cultures. Národní muzeum, 2017.
2003 Nedelea, Marilena-Oana. China. Ars Docendi, 2015.
2004 Nguyễn, Duy Chính. Đại Việt quốc thư = 大越国书. Nhà xuất bản Văn hóa văn nghệ, 2016.
2005 Niedenthal, Chris. 1989: rok nadziei: fotografie = A year of hope: photographs. Bosz Szymanik i Wspólnicy, 2017.
2006 Nielsen, Mikkel Kirkedahl. Paradis på jord: Suzhou i 2.500 år. Liljebjerget, 2017.
2007 Ölçel, Mehmet. Çin›in içinden: diplomat gözüyle 90 ay ve sonrası. Hitabevi Yayınlar, 2016.
2008 Oliveira, Celina Veiga de. Carlos d'Assumpção: um homem de valor. Sociedade de Artes Bambu, 2017.
2009 Oliveira, Francisco Roque de. Percepções europeias da China dos séculos XVI a XVIII: ideias e imagens da moderna sinologia. Centro de Estudos Geográficos da Universidade de Lisboa, 2017.
2010 Olivová, Lucie. Jaroslav Slovák: Čínu jsem maloval a miloval = Yaluosilafu Siluofake: Zhongguo - wu hua wu zhi ai. Jolana Dolečková, 2018.
2011 Olsson, Jojje. Mitt Peking. Karavan, 2015.
2012 Onat, Ayşe. Çin kaynaklarında Türkler: Han Hanedanlığı tarihi bölüm 94 A/B: Hsiung-nu (Hun) monografisi: (açıklamalı metin neşri). Türk Tarih Kurumu, 2015.
2013 Orth, Stephan. Couchsurfing v Číně: cesta přes obýváky nové supervelmoci. Kazda, 2019.
2014 Osório, Augusto Carlos Cardoso Pinto. Historia de uma administração ultramarina. INK Books, 2018.
2015 Oudheusden, Johannes Lambertus Gijsbertus van. Het Hemelse Rijk herrezen: de geschiedenis van China in vogelvlucht. Prometheus, 2017.
2016 Palát, Augustin. Cesty Čínou před půlstoletím: malý archivní výběr fotografií z let 1954-1960. Česko-čínská společnost, 2015.
2017 Pałkiewicz, Jacek Edward. Michał Boym: poseł chińskiego cesarza. Narodowe Centrum Kultury, 2016.
2018 Paltemaa, Lauri. Lyhyt johdatus Kiinan historiaan. Itä-Aasian tutkimus- ja koulutuskeskus, Turun yliopisto, 2018.
2019 Pantazi Tudor, Camelia. Renașterea unui imperiu: cultură și guvernare în perioada dinastiei chineze Song. Astralis, 2019.
2020 Parkes, Lorna. מ"בע לאור מוציאים שרב שטייננהרט. מקומי כמו לטייל, מובחרים אתרים : ועכשיו כאן - קונג הונג, 2019.
2021 Pătrașcu, Ion. Popas în China. Printech, 2015.
2022 Paukštys, Saulius. Naujai atrasta – nuostabioji Kinija: lietuvių fotografų žvilgsniu = Newly discovered – splendid China. Arhela, 2019.
2023 Peking. Lingea, 2016.
2024 Pereira, Feliciano Marques. Viagem da Corveta Dom João I á capital do Japão no anno de 1860. INK Books, 2018.

2025　Persson, Tore. Taiping: när Jesu yngre bror skulle frälsa Kina. BoD, 2015.
2026　Péterfy Gergely. A panda ölelése: kínai útinapló. Kalligram, 2018.
2027　Pettersson, Bengt. Himlens dotter: historien om Kinas mäktigaste kvinna. Natur & Kultur, 2019.
2028　Pienaar, Hans. My China: roman. Altoviolet, 2015.
2029　Pildegovičs, Pēteris. Mans Ķīnas stāsts. U Akadēmiskais apgāds, 2019.
2030　Pindral, Marek. Chiny od góry do dołu. Wydawnictwo "Bernardinum", 2018.
2031　Pires, António Pedro. Festividade do ano novo: lunar em Macau. Instituto Cultural do Governo da R.A.E. de Macau, 2018.
2032　Płotka, Bartosz. Historia Rzeki Żółtej. Time Marszałek Group, 2020.
2033　Polit, Jakub. Wojny chińskich warlordów 1916-1928. Wydawnictwo Inforteditions, 2017.
2034　Pommaret, Françoise. Tibet: yaralı uygarlık. Yapı Kredi Kültür Sanat Yayıncılık, 2016.
2035　Pu, Guoliang. Çağdaş Çin'in mimarı Deng Xiaoping. Canut Yayın Evi, 2015.
2036　Reiman, Michal. Čínský deník a skupina Listy, jaro 1981. Ústav pro soudobé dějiny AV ČR, v.v.i., 2019.
2037　Reuter, Jakob. Pre nich som sa stal Číňanom: sv. Jozef Freinademetz. Spoločnosť Božieho slova, 2015.
2038　Roberts, J. A. G. História da China. Edições Texto e Grafia, 2016.
2039　Romana, Muriel. Marco Polo. Tygr moří. Slovart, 2016.
2040　Romana, Muriel. Marco Polo. Za Velkou zdí. Slovart, 2016.
2041　Rožkalne, Madara. Ting, bu dong: kādas latviešu ģimenes piedzīvojumi Ķīnā. Mansards, 2020.
2042　Rusinen, Anja. Mahdollista kun uskaltaa: junalla Siperian ja Mongolian läpi Kiinaan. Mediapinta, 2016.
2043　Saje, Mitja. Veličina tradicionalne Kitajske: zgodovina Kitajske od dinastije Qin do Song. Znanstvena založba Filozofske fakultete, 2017.
2044　Saje, Mitja. Zadnja dinastija in izzivi sodobnosti: zgodovina Kitajske od vdora Mandžurcev do ustanovitve Ljudske republike. Znanstvena založba Filozofske fakultete, 2018.
2045　Saje, Mitja. Zgodovina Kitajske. Slovenska matica, 2015.
2046　Sales, Sonia. Um país mágico, China: as minorias étnicas. Kelps, 2015.
2047　Samuel Aun Weor. Întoarcerea mea în Tibet. Papyrus Print, 2019.
2048　Samuels, Charlie. Het Oude China. Corona, Ars Scribendi Uitgeverij, 2015.
2049　Santarém, Manuel Francisco de Barros e Sousa, Visconde de. Memória sobre o estabelecimento de Macau escripta pelo Visconde de Santarem: abreviada relação da embaixada que El-Rei D. João V mandou ao Imperador da China e Tartaria: relatório de Francisco de Assis Pacheco de Sampaio a El-Rei D. José I dando conta dos successos da embaixada a que fora mandado à Corte de Pequim no anno de 1752. ReInk, 2018.
2050　Sárközi Ildikó Gyöngyvér. A mártírium homályából: sibe ősök és hősök a kínai nemzetépítés oltárán. MTA NKI, 2018.
2051　Šašek, Miroslav. To je Hongkong. Baobab, 2016.
2052　Schayik, Annemarelle van. 100% Hongkong: ontdek de stad in 6 wandelingen. [mo'media], 2015.
2053　Schayk, Annemarelle van. Time to momo Hongkong. mo'media, 2016.
2054　Seyrek, Ahmet. Çin uygarlığı. Maviçatı Yayınları, 2017.

2055 Shapiro, Dani. ייג'ינג יאחגנשו .טרהנייטש ברש םיאצומ רואל, 2017.
2056 Shu, Sheng. Os intelectuais chineses e o regime maoísta: 1956-1957. Appris, 2019.
2057 Silva, Flávia Lins e. Diário de Pilar na China. Pequena Zahar, 2017.
2058 Silveira, Janaína Camara da. China: o melhor de Pequim e Xangai. Pulp, 2015.
2059 Sima, Qian. Kinas förste kejsare. Natur & kultur, 2016.
2060 Simon, Eugène. Çin uygarlığı. Doğu Batı Yayınları, 2015.
2061 Sırma, İhsan Süreyya. Çin müslümanları ve Çin'e seyahat. Beyan Yayınları, 2015.
2062 Skřivan, Aleš. Rudí barbaři před branami: první opiová válka 1839-1842. Epocha, 2019.
2063 Snow, Edgar. Çin üzerinde kızıl yıldız: anlatı-belgesel. Yordam Kitap, 2015.
2064 Solvoll, Berly Aarre. Tusenfryd og Morningglory: en beretning om misjonærlivet i Kina under andre verdenskrig. O-info, 2020.
2065 Sørensen, Lasse Højstrup. Kina. Turbine, 2017.
2066 Spence, Jonathan D. Imperador da China: Auto-retrato de K'ang-hsi. Livros do Meio, 2015.
2067 Stajić, Slobodan. Bajkovita zemlja: tragom Marka Pola: kineski triptihon. Rabic, 2016.
2068 Stajić, Slobodan. Kineski triptihon. Kina, bajkovita zemlja: tragom Marka Pola. Rabic, 2016.
2069 Stålhammar Hansson, Karin. I andras händer: livsöden i Kina 1897-1911. Narin förlag, 2018.
2070 Šteger, Aleš. Na kraju zapisano 7: Šanghaj, Kitajska, 29. 5. 2018. Beletrina, 2018.
2071 Stępień, Krzysztof. Pekin. Wydawnictwo Pascal, 2019.
2072 Stępień, Krzysztof. Szanghaj. Wydawnictwo Pascal, 2019.
2073 Stewart, Alexandra (Alex). Everest: pozoruhodný příběh Edmunda Hillaryho a Tenzinga Norgaye. Albatros, 2020.
2074 Sunne, Linn T. Enkekeiserinne Cixi. Gyldendal, 2020.
2075 Szembek, Fryderyk. Tybet i Tunquim w pismach Fryderyka Szembeka. Księgarnia Akademicka, 2015.
2076 Szymborski, Filip. Historia rzeki Jangcy. Time Marszałek Group, 2019.
2077 Tan, Amy. Gdzie zaczyna się przeszłość. Prószyński i S-ka - Prószyński Media, 2018.
2078 Tekavc, Janez. Z otroki po Kitajski. Sinaj, 2020.
2079 Thành Long. Thành Long: chưa lớn đã già. Nhà xuất bản Văn học, 2016.
2080 Theroux, Paul. Jechałem Żelaznym Kogutem: pociągiem przez Chiny. Wydawnictwo Czarne, 2015.
2081 Thích Nhật Quang. hành trạng thiền sư Trung Hoa: giảng giải. Nhà xuất bản Tổng hợp TP. Hồ Chí Minh, 2017.
2082 Thubron, Colin. Za murem: podróż po Chinach. "Czarne", 2015.
2083 Tibeto, kinų ir mūsų senolių išmintis: žolelės, maistas, gyvensena. Medicina visiems, 2015.
2084 Toader, Radu. Cunoașterea Extremului Orient reflectată în publicații românești (1840-1940): (1840-1940): o privire asupra culturii chinezești. Editura Etnologică, 2016.
2085 Toader, Radu. Oglinzi ale Departelui: articole și studii de sinologie: în memoria prof. Vasile Cristian (1936-2006). Editura Etnologică, 2019.
2086 Togan, İsenbike. Çin kaynaklarında Türkler: eski T'ang tarihi (chiu T'ang-shu) 194a: "Türkler" bölümü: (açıklamalı metin neşri). Türk Tarih Kurumu, 2017.
2087 Tolvanen, Joonas. Soturimunkin oppipoika: aikani kung-fu-temppelissä. Atena, 2017.
2088 Trần, Khôn. Đột nhiên đến Tây Tạng: tùy bút. Nhà xuất bản Dân trí, 2016.
2089 Troost, J. Maarten. Zagubiony w Chinach: prawdziwa historia człowieka, który próbował

zrozumieć państwo środka, czyli jak zjeść żywego kalmara. Publicat S.A., 2015.
2090 Tsering Shakya. Smok w Krainie Śniegu: współczesna historia Tybetu. Państwowy Instytut Wydawniczy, 2019.
2091 Tư Mã, Quang. Tư trị thông giám. tập 1. Nhà xuất bản Văn học, 2017.
2092 Tư Mã, Quang. Tư trị thông giám. tập 2. Nhà xuất bản Văn học, 2018.
2093 Tư Mã, Quang. Tư trị thông giám. tập 3. Nhà xuất bản Văn học, 2018.
2094 Tư Mã, Quang. Tư trị thông giám. tập 4. Nhà xuất bản Văn học, 2019.
2095 Tư Mã, Quang. Tư trị thông giám. Tập 5. Nhà xuất bản Văn học, 2019.
2096 Tư Mã, Quang. Tư trị thông giám. tập 6. Nhà xuất bản Văn học, 2019.
2097 Urbaniak, Katarzyna. Hongkong i Makau. Wydawnictwo Pascal, 2018.
2098 Vámos Péter. "Imáitokba ajánljuk magunkat": a magyar jezsuiták levelei Kínából, 1923-1954. Jezsuita K., 2018.
2099 Van Kerchove, Stefaan. De Aziatische parabool: tegendraads op reis naar China. Uitgeverij Vrijdag, 2016.
2100 Van Schaik, Sam. O istorie a Tibetului. Polirom, 2016.
2101 Veldkamp, Joan. Vrijhaven Shanghai: hoe duizenden joodse vluchtelingen in China aan de Holocaust ontkwamen. Uitgeverij Balans, 2017.
2102 Visser, Carolijn. Buigend bamboe: reizen in China. Olympus, 2016.
2103 Visser, Carolijn. Buigend bamboe: reizen in China. Uitgeverij XL, 2019.
2104 Visser, Carolijn. China. Olympus, 2018.
2105 Vogel, Ezra F. Teng Hsziao-ping és Kína megreformálása. Antall J. Tudásközp., 2018.
2106 Vogel, Ezra. Deng Xiaoping ve Çin'in dönüşümü. Modus Kitap, 2017.
2107 Voloj, Julian. Husk kilden, når du drikker vandet. Fahrenheit, 2019.
2108 Vriesekoop, Hubertina Petronella Maria. Duizend dagen in China. Nijgh & Van Ditmar, 2016.
2109 Vương, Hiểu Lỗi. Tào Tháo thánh nhân đề tiện. Nhà xuất bản Văn học, 2016.
2110 Wang Xuejun. A Selyemút története. 2016.
2111 Wang, Huiqin. Giuseppe Castiglione: slikar v Prepovedanem mestu. Morfemplus, 2015.
2112 Wang, Jian. Čína: stručné ilustrované dějiny: kultura, náboženství, umění, vynálezy. Knižní klub, 2018.
2113 Wang, Qing. W domu na Jedwabnym Szlaku. Wydawnictwo Adam Marszałek, 2019.
2114 Wang, Shuofeng. Marko Polo Çin'de. Kaynak Yayınları, 2016.
2115 Weise. Zápisky z Tibetu. Verzone, 2015.
2116 Wilén, Kirmo. Hainan: Kiinaa kuvaamassa = Introduction Hainan: a photography project in China. Docendo, 2017.
2117 Williams, Cyril Glyndwr. Timothy Richard: (1845-1919): o Ffaldybrenin i China: arloeswr, gweledydd, proffwyd, un o'r cewri mwyaf a fagodd Cymru. Undeb Bedyddwyr Cymru, 2019.
2118 Willis, Daniela. Dojmy z Tibetu. nakladatelství Centra Aletti Refugium Velehrad-Roma, s.r.o., 2020.
2119 Xia, Meng. Xi Zhongxun: biografie cu ilustrații. Ideea Europeană, 2016.
2120 Yang, Jiang. Šest historií venkovského života. Verzone, 2017.
2121 Yolaç, S. Can. Çin tarihi: Eseradı başında: 'siyaset, kültür ve medeniyet'. Olasılık, 2016.
2122 Yuan, Xingpei. A kínai civilizáció története. Basilicon, 2019.
2123 Zhang Xianwen. דביר. טבח של ההיסטוריה ינג'נאנג, 2020.

2124 Zhang, Jie. Życie mieszkańców Chin pod koniec panowania dynastii Ming: wystawa kolekcji ze Stołecznego Muzeum Chin = Wan Ming shiqi de Zhongguo ren shenghuo: Zhongguo Shoudu Bowuguan guan zang wenwu zhan. Muzeum Narodowe, 2017.

2125 Zhang, Lijia. Socjalizm jest piękny: wspomnienia robotnicy z czasów nowych Chin. Prószyński i S-ka - Prószyński Media, 2018.

2126 Zhang, Rongliang. Lujana Kristuksessa: rohkean kiinalaispastorin elämäntarina. Saarijärven Offset, 2016.

2127 Zhao, Yong. Učenjaci drevne Kine - u potrazi za životom i duhom. Galerija Klovićevi dvori, 2019.

2128 Zhu, Xiao-Mei. Det hemliga pianot: från Maos arbetsläger till de stora konsertscenerna. Volante, 2019.

2129 Zibura, Ladislav. Pěšky mezi buddhisty a komunisty. BizBooks, 2019.

2130 Zupanc, Peter. Kitajska, dežela razdalj, in jaz. Antika, 2018.

2131 Zürcher, Erik. Het verre Oosten: oog in oog met het China van Mao. AUP, 2016.

2132 Zwagerman, A. J. Eerst Xi dan geloven: buitenstaander in het Middenrijk. Pharos, 2016.

2133 Алито, Гај С. Последниот конфучијанец: Лианг Шу Минг и дилемите за модернизацијата на Кина. Феникс, 2020.

2134 Бък, Пърл. Императрицата: историята на последната владетелка на Китай. Изток-Запад, 2019.

2135 Ванг, Сјуевен. Kineska kultura. Festivali. Albatros plus, 2016.

2136 Воронкова, И. Ю (Ирина Юрьевна). Военные конфликты на Дальнем Востоке и Беларусь, 1921—1941 гг. Беларуская навука, 2015.

2137 Джан Цсіджы. 15 лекцый па гісторыі Кітая. Восточная культура, 2020.

2138 Жұмағұлов, Қалқаман Тұрсынұлы. Қытай мен Үндістанның ортағасырлық тарихы (XI-XYI ғ.): оқу құралы. Қазақ университеті, 2015.

2139 Иванов, Любен Величков. Прадревно Дуло и другите прабългари до и в Прадревен Китай. Славейков, 2017.

2140 Йе Лан. Срещи с китайската култура. Изток-Запад, 2017.

2141 Јанковић, Драгомир. Četiri grada: utisci iz Kine. Štampa, 2016.

2142 Калюта, Ізабелла. Ман чжу. Китай для допитливих. Урбіно, 2019.

2143 Китайська цивілізація: традиції та сучасність, міжнародна наукова конференція (14; 2020; Київ). Матеріали XIV міжнародної наукової конференції «Китайська цивілізація: традиції та сучасність», 5 листопада 2020 р.: [збірник]. Гельветика, 2020.

2144 Кіктенко, Віктор Олексійович. Історія українського китаєзнавства (XVIII - початок XXI століття). Еллада, 2018.

2145 Қайыркен, Тұрсынхан Законұлы. Қытай тарихы: ежелгі заман және ортағасырлар: оқу құралы. 1-том. Асыл кітап, 2019.

2146 Қытай тарихынан шолу: тарихи деректер. Орхон, 2017.

2147 Қытайдың жаңа дәуір тарихы: тарихи деректер. 1-том, 1,2 бөлімдер: 1921-1927 жылдар аралығын қамтиды. Орхон, 2017.

2148 Қытайдың жаңа дәуір тарихы: Тарихи деректер. 3-том, 4,5 бөлімдер: 1937-1949 жылдар аралығын қамтиды. Орхон, 2017.

2149 Қытайдың жаңа дәуір тарихы [Мәтін]: тарихи деректер. 2-том, 3 бөлім: 1927-1937

жылдар аралығын камтиды. Орхон, 2017.
2150 Ли, Чи. Почетоците на кинеската цивилизација. Македоника литера, 2018.
2151 Лу, Чженюй. Қытай халқының қысқаша тарихы. Шығыс әдебиеті және өнері, 2018.
2152 Ма, Сиаодонг. Подемот и падот на кинеските династии. Македоника литера, 2020.
2153 Мандова, Искра Генчева. Културата на китайската епоха Тан, 618-907: непознатата екзотика. Ч. 2. Фабер, 2018.
2154 Петров, Валери. Книга за Китай. Вакон, 2018.
2155 Пушић, Радосав. Бисери са зрнцима пиринча: зборник радова поводом 40 година синологије: 1974 - 2014. Филолошки факултет, 2015.
2156 Сингпеи, Јуен. Istorija kineske civilizacije. Tom 1, Od najranijih vremena do 221. pre n. e. Albatros Plus, 2017.
2157 Стафутти, Стефания. Қытай. Фолиант, 2015.
2158 Тан, Чингуа. Изкуството на управлението: правилата на владетеля. Изток-Запад, 2017.
2159 Түмэн. Кан Шэн ба «Өвөр Монголын ардын хувьсгалт нам»-ын хилс хэрэг. ADMON, 2015.
2160 Уан Дзиен. Кратка илюстрована история на Китай. Изток-Запад, 2019.
2161 Химено, Данијел. Velike civilizacije. Drevna Kina. Knjiga komerc, 2016.
2162 Чжан, Цичжи. Қытай тарихы: он бес дәріс. Шығыс әдебиеті және өнері, 2019.
2163 הוברמן, אבי. גואנשי : מסע אישי ותרבותי בסין . ספרי צמרת,2016.
2164 הרפר, דמיאן. סין : מיטב האתרים, לטייל כמו מקומי. שטיינהרט שרב מוציאים לאור,2018.
2165 माली,दिनेश कुमार. चीन में सात दिन. यश पुब्लिकेशंस, 2016.
2166 श्वेन, तसाङ. महा थाङ राजवंश काल में पश्चिम की तीर्थ-यात्रा का वृत्तांत. विदेशी भाषा प्रकाश-गृह, 2015.
2167 सोंग, ली. तिब्बती नववर्ष पर्व. भूमिका क्रिएशन्स, 2016.

科学技术

英语

1. Abbate, Skya. *Chinese auricular acupuncture* [2nd ed]. United States: CRC Press, 2015.
2. Academic Press. *Systems biology and its application in TCM formulas research.* Amsterdam: Academic Press, 2018.
3. Ahmed, Shazeda [et al.]. *Artificial intelligence, China, Russia, and the global order: technological, political, global, and creative perspectives.* Maxwell Air Force Base, Alabama: Air University Press, 2019.
4. Aliberti, Marco. *When China goes to the moon....* Switzerland: Springer, 2015.
5. Al-Shura, Anika Niambi. *Advanced hematology in integrated cardiovascular Chinese medicine.* Amsterdam: Academic Press, 2019.
6. Al-Shura, Anika Niambi. *Herbal, bio-nutrient and drug titration according to disease stages in integrative cardiovascular Chinese medicine. Volume 1.* Amsterdam: Academic Press, 2019.
7. Al-Shura, Anika Niambi. *Inquiry, treatment principles and plans in integrative cardiovascular Chinese medicine. Volume 5.* Amsterdam: Academic Press, 2019.
8. Al-Shura, Anika Niambi. *Mechanisms of action in disease and recovery in integrative cardiovascular Chinese medicine. Volume 6.* Amsterdam: Academic Press, 2020.
9. Al-Shura, Anika Niambi. *Medical empathy, pharmacological systems, and treatment strategies in integrative cardiovascular Chinese medicine.* Amsterdam: Academic Press, 2019.
10. Al-Shura, Anika Niambi. *Metabolic disorders and shen in integrative cardiovascular Chinese medicine.* Amsterdam: Academic Press, 2020.
11. Al-Shura, Anika Niambi. *Perspectives of Ayurveda in integrative cardiovascular Chinese medicine for patient compliance. volume 4.* Amsterdam: Academic Press, 2019.
12. Andréosso-O'Callaghan, Bernadette [et al.]. *Sustainable development and energy transition in Europe and Asia.* London: Wiley-ISTE, 2020.
13. Anson, Ofra. *Health care in rural China: lessons from HeBei Province.* London: Routledge, Taylor & Francis Group, 2018.
14. Anthony W. Lee. *The global flows of early Scottish photography: encounters in Scotland, Canada, and China.* Montreal; Kingston: McGill-Queen's University Press, 2019.
15. Apichai, Benjamin. *Chinese medicine for lower body pain.* Boca Raton: CRC Press, 2020.
16. Arnold, Bruce Makoto [et al.]. *Chop suey and sushi from sea to shining sea: Chinese and Japanese restaurants in the United States.* Fayetteville: The University of Arkansas Press, 2018.

17 Aspell, Robert. *The practice of Tui Na: principles, diagnostics and working with the Sinew channels.* London: Singing Dragon, 2019.

18 *Assessment of paleozoic shale-oil and shale-gas resources in the Tarim Basin in China, 2018.* Reston, Virginia: U.S. Department of the Interior, U.S. Geological Survey, 2019.

19 *Assessment of Permian tight oil and gas resources in the Junggar Basin of China, 2016.* Reston: U.S. Department of the Interior, U.S. Geological Survey, 2017.

20 *Assessment of undiscovered continuous oil and gas resources in the Bohaiwan Basin Province, China, 2017.* Reston, Virginia: U.S. Department of the Interior, U.S. Geological Survey, 2018.

21 *Assessment of undiscovered continuous oil and gas resources of upper cretaceous shales in the Songliao Basin of China, 2017.* Reston, Virginia: U.S. Department of the Interior, U.S. Geological Survey, 2018.

22 *Assessment of undiscovered conventional oil and gas resources in the West Korea Bay-North Yellow Sea Basin, North Korea and China, 2017.* Reston: U.S. Department of the Interior, U.S. Geological Survey, 2017.

23 Augustin-Jean, Louis; Poulain, Jean-Pierre. *Risk and food safety in China and Japan: theoretical perspectives and empirical insights.* London: Routledge, 2018.

24 Austin, Greg. *Cybersecurity in China: the next wave.* Cham: Springer, 2018.

25 Bailey, Kate. *John Reeves: pioneering collector of Chinese plants and botanical art.* Woodbridge: ACC Art Books, 2019.

26 Bala, Arun. *The bright dark ages: comparative and connective perspectives.* Netherlands: Brill, 2016.

27 Bandurski, David. *Dragons in diamond village: tales of resistance from urbanizing China.* United States: Melville House Publishing, 2016.

28 Banh, Jenny; Liu, Haiming. *American Chinese restaurants: society, culture and consumption.* London: Routledge, 2019.

29 Barnes, Nicole Elizabeth. *Intimate communities: wartime healthcare and the birth of modern China, 1937-1945.* Oakland, California: University of California Press, 2018.

30 Baru, Rama V. *Commercialisation of medical care in China: changing landscapes.* New Delhi: Routledge India, 2019.

31 Baum, Emily. *The invention of madness: state, society, and the insane in modern China.* Chicago: The University of Chicago Press, 2018.

32 Baumgart, Barret. *China lake: a journey into the contradicted heart of a global climate catastrophe.* Iowa City: University of Iowa Press, 2017.

33 Beeny, Tara [et al.]. *Supply chain vulnerabilities from China in U.S. federal information and communications technology.* Washington, D.C.: U.S. -China Economic and Security Review Commission, 2018.

34 Bello, David Anthony. *Across forest, steppe and mountain: environment, identity and empire in Qing China's borderlands.* United States: Cambridge University Press, 2016.

35 Benn, James A. *Tea in China: a religious and cultural history.* United States: University of Hawaii Press, 2015.

36 Berg, Shannon. *E-waste in Guiyu, China.* Lake Elmo, MN: Focus Readers, 2020.

37 Bernard, Aritua [et al.]. *Blue routes for a new era: developing inland waterways transportation in China.* Washington, DC: World Bank Group, 2020.

38 Bertschinger, Richard. *Essential texts in Chinese medicine: the single idea in the mind of the yellow emperor.* United Kingdom: Jessica Kingsley, 2015.
39 Bian, He, *Know your remedies: pharmacy and culture in early modern China.* Princeton: Princeton University Press, 2020.
40 Bianba. *Exercise capacity and physical growth in native Tibetan and Han Chinese children living at high altitude: cross-sectional studies of 9-10-year-old native Tibetan and Han Chinese children living ae 3,700 m (Lhasa) and native Tibetan living at 4,300 m (Tingri) in Tibet.* Norway: Institute of Health and Society, Faculty of Medicine, University, 2015.
41 Bianque; Unschuld, Paul U. *Nanjing: the classic of difficult issues: with commentaries by Chinese and Japanese authors from the third through the twentieth century.* United States: Univ of California Press, 2016.
42 Biba, Sebastian. *China's hydro-politics in the Mekong: conflict and cooperation in light of securitization theory.* London: Routledge, 2018.
43 Blakeway, Jill. *Energy medicine: the science of acupuncture, traditional Chinese medicine, and other healing methods.* Brunswick, Victoria: Scribe, 2019.
44 *Blueprint for sectoral cooperation on skills: towards a common vision on addressing SMEs skills needs in the automotive sector: strengthening the development of upskilling and reskilling strategies: final report.* Luxembourg: Publications Office of the European Union, 2020.
45 Boileau, Joanna. *Chinese market gardening in Australia and New Zealand: gardens of prosperity.* Cham, Switzerland: Palgrave Macmillan, 2017.
46 Bolton, Andrew. *China: through the looking glass.* United States: Metropolitan Museum of Art, 2015.
47 Borio, Géraldine. *Hong Kong in between.* Switzerland: Park Books, 2015.
48 Borjigin, Burensain. *The agricultural Mongols: land reclamation and the formation of Mongolian village society in modern China.* Yokohama: Shumpusha Publishing, 2017.
49 Bowe, Alexander. *China's pursuit of space power status and implications for the United States.* Washington, DC: U.S.-China Economic and Security Review Commission, 2019.
50 Brautigam, Deborah. *Will Africa feed China?.* United Kingdom: Oxford University Press, 2015.
51 Bréard, Andrea. *Nine chapters on mathematical modernity: essays on the global historical entanglements of the science of numbers in China.* Cham, Switzerland: Springer, 2019.
52 Breward, Christopher; Mcdonald, Juliette. *Styling Shanghai.* London: Bloomsbury Visual Arts, 2020.
53 Brierley, Gary John; Li, Xilai. *Landscape and ecosystem diversity, dynamics and management in the yellow river source zone.* Switzerland: Springer, 2016.
54 Briggs, Priscilla; Magers, Susannah. *Impossible is nothing: China's theater of consumerism.* United States: Daylight Books, 2016.
55 Brindle, Katie. *Yang sheng: the art of Chinese self-healing.* London: Hardie Grant Books, 2019.
56 British Standards Institution. *BS ISO 22467. Traditional Chinese medicine. Determination of microorganism in natural products.* London: British Standards Institution, 2020.
57 British Standards Institution. *BS ISO 23190. Traditional Chinese medicine. Determination of aristolochic acids in natural products by HPLC.* London: British Standards Institution, 2020.
58 British Standards Institution. *BS ISO 23723. Traditional Chinese medicine. General requirements for herbal raw material and materia medica.* London: British Standards Institution, 2020.

59 British Standards Institution. *BS ISO 23959. Traditional Chinese medicine. Glehnia littoralis root*. London: British Standards Institution, 2020.
60 British Standards Institution. *BS ISO 23961-1. Traditional Chinese medicine. Vocabulary for Diagnostics. Part 1. Tongue*. London: British Standards Institution, 2020.
61 British Standards Institution. *BS ISO 23961-2. Traditional Chinese medicine. Vocabulary for Diagnostics. Part 2. Pulse*. London: British Standards Institution, 2020.
62 British Standards Institution. *BS ISO 23962. Traditional Chinese medicine. Processed Aconitum carmichaelii lateral root*. London: British Standards Institution, 2020.
63 British Standards Institution. *Information model of Chinese materia medica processing*. London: British Standards Institution, 2020.
64 British Standards Institution. *Traditional Chinese medicine. Air extraction cupping device*. London: British Standards Institution, 2017.
65 British Standards Institution. *Traditional Chinese medicine. Computerized tongue image analysis system. Part 2, Light environment*. London: British Standards Institution, 2017.
66 British Standards Institution. *Traditional Chinese medicine. Computerized tongue image analysis system. Part 4, Peripheral visual instruments*. London: British Standards Institution, 2020.
67 British Standards Institution. *Traditional Chinese medicine. Computerized tongue image analysis system. Part 5, Method of acquisition and expression of tongue colour and tongue coating colour*. London: British Standards Institution, 2020.
68 British Standards Institution. *Traditional Chinese medicine. Gua Sha instruments*. London: British Standards Institution, 2017.
69 British Standards Institution. *Traditional Chinese medicine. Lyciumbarbarum and Lyciumchinense fruit*. London: British Standards Institution, 2019.
70 British Standards Institution. *Traditional Chinese medicine. Pulse graph force transducer*. London: British Standards Institution, 2017.
71 British Standards Institution. *Traditional Chinese medicine. storage requirements for raw materials and decoction pieces*. London: British Standards Institution, 2019.
72 British Standards Institution. *Health informatics. Categorial structures for the representation of the decocting process in traditional Chinese medicine*. London: British Standards Institution, 2019.
73 British Standards Institution. *Traditional Chinese medicine. Determination of selected Aconitum alkaloids by HPLC*. London: British Standards Institution, 2019.
74 British Standards Institution. *Traditional Chinese medicine. Traditional glass cupping device*. London: British Standards Institution, 2019.
75 Brown, Colin G. *Common grasslands in Asia: a comparative analysis of Chinese and Mongolian grasslands*. Northampton: Edward Elgar Publishing, 2020.
76 Brown, Miranda. *The art of medicine in early China: the ancient and medieval origins of a modern archive*. United States: Cambridge University Press, 2015.
77 Bu, Liping. *Public health and the modernization of China, 1865–2015*. London: Routledge, 2017.
78 Buck, Charles. *Acupuncture and Chinese medicine: roots of modern practice*. United Kingdom: Singing Dragon, 2015.
79 Burns, Lawton Robert; Liu, Gordon G. *China's healthcare system and reform*. Cambridge:

Cambridge University Press, 2017.
80　Burns, Susan L; Elman, Benjamin A. *Antiquarianism, language, and medical philology: from early modern to modern Sino-Japanese medical discourses*. Netherlands: Brill, 2015.
81　Busquets, Joan; Yang, Dingliang. *Hangzhou: grids from canal to maxi-block*. United States: Applied Research & Design, 2016.
82　Cao, Cong. *GMO China: how global debates transformed China's agricultural biotechnology policies*. New York: Columbia University Press, 2018.
83　Cao, Yiming; Leung, Frederick K.S. *The 21st century mathematics education in China*. Berlin, Heidelberg: Springer, 2017.
84　Carrico, Kevin. *The great Han: race, nationalism, and tradition in China today*. Oakland, California: University of California Press, 2017.
85　Carter, Liz. *Let one hundred voices speak: how the internet is transforming China and changing everything*. United Kingdom: I.B. Tauris, 2015.
86　Ceccagno, Antonella. *City making and global labor regimes: Chinese immigrants and Italy's fast fashion industry*. Basingstoke, 2017.
87　Chakroff, Evan; Godel, Addison. *China: architectural guide*. Germany: DOM Publishers, 2015.
88　Chan, Caroline T. W. *Estimating and measurement for simple building works in Hong Kong*. London: Routledge, 2020.
89　Chan, Wallace. *Wallace Chan: dream light water*. United States: Rizzoli, 2016.
90　Chan, Yang. *Climate change and urban health: the case of Hong Kong as a subtropical city*. London: Routledge, 2019.
91　Chaney, Ronald C. *Marine geology and geotechnology of the South China Sea and Taiwan Strait*. Boca Raton: CRC Press, 2020.
92　Chang, John K. *Industrial development in pre-communist China, 1912-1949*. [Place of publication not identified]: Routledge, 2017.
93　Chang, Raymond Chuen-Chung; So, Kwok-Fai. *Lycium barbarum and human health*. Netherlands: Springer, 2015.
94　Chan-Yeung, Moira. *A medical history of Hong Kong 1842-1941*. Hong Kong: The Chinese University of Hong Kong, 2018.
95　Chan-Yeung, Moira. *A medical history of Hong Kong 1942-2015*. Hong Kong: The Chinese University of Hong Kong Press, 2019.
96　Chen, Bin [et al.]. *Biogas systems in China*. Berlin, Heidelberg: Springer, 2017.
97　Chen, Chia-Lin. *Modern tram and public transport integration in Chinese cities: a case study of Suzhou*. Paris: OECD Publishing, 2017.
98　Chen, Dewang. *Intelligent processing algorithms and applications for GPS positioning data of Qinghai-Tibet Railway*. Berlin, Germany: Springer, 2019.
99　Chen, Houqun; Wu, Shengxin. *Seismic safety of high arch dams*. United Kingdom: Elsevier Academic Press, 2016.
100　Chen, Huai. *Methane emissions from unique wetlands in China: case studies, meta analyses and modelling*. Germany: Walter De Gruyter, 2015.
101　Chen, Jin. *Evolution and water resources utilization of the Yangtze River*. Singapore: Springer, 2020.
102　Chen, John. *China's internet of things*. Vienna, VA: SOSi, 2018.

103 Chen, Qiu. *Biomass energy economics and rural livelihood in Sichuan, China*. Berlin; New York: Peter Lang, 2018.
104 Chen, Tongbin. *Phytoremediation of arsenic contaminated sites in China: theory and practice*. Singapore: Springer, 2020.
105 Chen, Xueming. *The ecological crisis and the logic of capital*. Leiden; Boston: Brill, 2017.
106 Chen, Xueming; Pan, Qisheng. *Building resilient cities in China: the nexus between planning and science*. Switzerland: Springer, 2015.
107 Chen, Yue. *Yangzhou gardens*. London: Xanadu Publishing Ltd. , 2018.
108 Chen, Zueng-Sang. *The soils of Taiwan*. Netherlands: Springer, 2015.
109 Cheng, Chi-Wei. *Caring for older people in Taiwan: the role of community care centers*. United States: Edwin Mellen, 2016.
110 Cheng, Jianzhong. *Huzhou writing brush in China*. United States: Homa & Sekey Books, 2015.
111 Cheung, Ngai Fen. *Midwifery in China*. London: Routledge, 2018.
112 Chiang, Howard. *Historical epistemology and the making of modern Chinese medicine*. United Kingdom: Manchester University Press, 2015.
113 Chiappe, Luis M. *Birds of stone: Chinese avian fossils from the age of dinosaurs*. United States: Johns Hopkins University Press, 2016.
114 China Academy of Information and Communications Technology. *Comparative study of smart cities in Europe and China 2014*. Germany: Springer, 2015.
115 China Development Research Foundation. *China's sustainable use of natural resources*. London: Routledge, 2020.
116 China Development Research Foundation. *Reforming China's healthcare system*. London: Routledge, 2017.
117 China-U.S. Millenium Symposium on Earthquake Engineering (2000: Beijing, China). *Earthquake engineering frontiers in the new millenium: proceedings of the China-U.S. Millenium Symposium on Earthquake Engineering, Beijing, 8-11 November 2000*. [Place of publication not identified]: Routledge, 2017.
118 Chinese Academy of Cyberspace Studies. *China internet development report 2018: blue book of World Internet Conference*. Singapore: Springer, 2020.
119 Chinese Academy of Sciences; Cyberspace Administration of China [et al.]. *China's e-Science blue book 2018*. Singapore: Springer, 2020.
120 *Chinese woodblock prints: context & practice*. Great Britain: Muban Educational Trust in association with Totem Productions Ltd, 2018.
121 Ching, Frank. *130 years of medicine in Hong Kong: from the College of Medicine for Chinese to the Li Ka Shing Faculty of Medicine*. Singapore: Springer, 2018.
122 Ching, Nigel. *The art and practice of diagnosis in Chinese medicine*. London: Singing Dragon, 2017.
123 Chirali, Ilkay Zihni. *Cupping therapy for bodyworkers: a practical manual*. London: Singing Dragon, 2018.
124 Chiu, Mei-Hung. *Science education research and practices in Taiwan: challenges and opportunities*. Singapore: Springer, 2015.
125 Chow, Renee Y. *Changing Chinese cities: the potentials of field urbanism*. United States:

University of Hawai'i Press, 2015.
126 Chow, Shein-Chung. *Quantitative methods for traditional Chinese medicine development.* United States: CRC Press, 2016.
127 Choy, Howard Y. F. *Discourses of disease: writing illness, the mind and the body in modern China.* Netherlands: Brill, 2016.
128 Cody, Sacha. *Exemplary agriculture: independent organic farming in contemporary China.* Singapore: Palgrave Macmillan, 2019.
129 Cohen, Misha Ruth. *The Chinese medicine companion: a modern guide to ancient healing.* Beverly: Fair Winds Press, 2020.
130 *Collection of research on Chinese typography.* London: The Type, 2019.
131 Conference of Spacecraft TT&C Technology in China (28th: 2016: Beijing, China). *Proceedings of the 28th Conference of Spacecraft TT&C Technology in China: openness, integration and intelligent interconnection.* Singapore: Springer, 2017.
132 *Confluence 20+: creative ecologies of Hong Kong.* Hong Kong: Hong Kong Design Centre, 2018.
133 Cooper, Raymond. *Chinese and botanical medicines: traditional uses and modern scientific approaches.* Boca Raton: CRC Press/Taylor & Francis Group, 2017.
134 Costinas, Cosmin; Guerrero, Inti. *A journal of the plague year.* Germany: Para Site, 2015.
135 Courtney, Chris. *The nature of disaster in China: the 1931 Yangzi River flood.* Cambridge: Cambridge University Press, 2018.
136 Courtney, Deirdre. *Nourishing life the Yang Sheng way: nutrition and lifestyle advice from Chinese medicine.* London: Singing Dragon, 2019.
137 Crook, Steven. *A culinary history of Taipei: beyond pork and ponlai.* Rowman & Littlefield Publishers, 2018.
138 Cullen, Christopher. *Heavenly numbers: astronomy and authority in early imperial China.* Oxford, United Kingdom; New York, NY, United States of America: Oxford University Press, 2017.
139 Cullen, Christopher. *The foundations of celestial reckoning: three ancient Chinese astronomical systems.* United Kingdom: Routledge, 2016.
140 Dai, Jinxing. *Giant coal-derived gas fields and their gas sources in China.* United Kingdom: Academic Press, 2016.
141 Dai, Liping. *Politics and governance in water pollution prevention in China.* Basingstoke, Hampshire: Palgrave Macmillan, 2018.
142 Dai, Shifeng; Finkelman, Robert B. *Coal geology of China.* London: Routledge, 2020.
143 Dawes, Nigel. *Fukushin and Kampo: abdominal diagnosis in traditional Japanese and Chinese medicine.* London: Singing Dragon, 2020.
144 Delang, Claudio O. *China's air pollution problems.* United Kingdom: Routledge, 2016.
145 Delang, Claudio O. *China's water pollution problems.* United Kingdom: Routledge, 2016.
146 Delman, Jørgen [et al.]. *Greening China's urban governance: tackling environmental and sustainability challenges.* Singapore: Springer, 2019.
147 Deng, Wu. *Eco-development in China: cities, communities and buildings.* Basingstoke, Hampshire: Palgrave Macmillan, 2018.
148 Denison, Edward. *Architecture and the landscape of modernity in China before 1949.* London:

Routledge, 2017.
149 Diemberger, Hildegard. *Tibetan printing: comparisons, continuities and change.* Netherlands: Brill, 2016.
150 Dimitriou, Harry T.; Cook, Alison H. S. *Land-use/transport planning in Hong Kong: the end of an era: a review of principles and practices.* [Place of publication not identified]: Routledge, 2018.
151 Ding, Daniel. *The historical roots of technical communication in the Chinese tradition.* Newcastle-upon-Tyne: Cambridge Scholars Publishing, 2020.
152 Ding, Guanghui. *Constructing a place of critical architecture in China: intermediate criticality in the journal Time + architecture.* United Kingdom: Ashgate, 2015.
153 Diprose, Kristina. *Climate change, consumption and intergenerational justice: lived experiences in China, Uganda and the UK.* Bristol: Bristol University Press, 2019.
154 Dobson, Ross. *Chinese food made easy.* Sydney: Murdoch Books, 2020.
155 Dolla, Varaprasad S. *Science and technology in contemporary China: interrogating policies and progress.* India: Cambridge University Press, 2015.
156 Dong, Chen; Jiang, Zhengfan. *Advances in immunology in China. Part A.* Amsterdam: Academic Press, 2019.
157 Dong, Chen; Jiang, Zhengfan. *Advances in immunology in China. Part B.* Amsterdam: Academic Press, 2020.
158 Dong, Guang-Hui. *Ambient air pollution and health impact in China.* Singapore: Springer, 2017.
159 Dong, Shuning. *Optimal allocation of water resources systems and comprehensive utilization of water resources in arid-semiarid multiple mining areas.* Switzerland: Springer, 2016.
160 Dong, Wei [et al.]. *Sustainable development of water resources and hydraulic engineering in China: proceedings for the 2016 International Conference on Water Resource and Hydraulic Engineering.* Cham, Switzerland: Springer, 2019.
161 Dott, Brian Russell. *The chile pepper in China: a cultural biography.* New York: Columbia University Press, 2020.
162 Dowd, Eddie. *Chinese medical gynaecology: a self-help guide to women's health.* London: Singing Dragon, 2017.
163 Duan, Xuezhong. *Illustrated moxibustion therapy: a natural way of prevention and treatment through traditional Chinese medicine.* New York, NY: Better Link Press, 2018.
164 Dunlop, Fuchsia. *The food of Sichuan.* London: Bloomsbury Publishing, 2019.
165 Dunn, Robert; Orleans, Leo A. *Chinese approaches to family planning.* [Place of publication not identified]: Routledge, 2017.
166 Durand, Anouck. *Eternal friendship.* New York: Siglio, 2017.
167 E. Nickum, James. *Water management organization in the People's Republic of China.* [Place of publication not identified]: Routledge, 2017.
168 Eckman, Peter. *Grasping the donkey's tail: unraveling mysteries from the classics of oriental medicine.* London: Singing Dragon, 2017.
169 Ekman, Alice [et al.]. *Towards urban decoupling?: China's smart city ambitions at the time of Covid-19.* Luxembourg: Publications Office of the European Union, 2020.
170 Elman, Benjamin A; Ho, Yi Kai. *Science in China, 1600-1900: essays by Benjamin A. Elman.*

United States: World Scientific, 2015.
171 Eng, Clarence. *Colours and contrast: ceramic traditions in Chinese architecture.* Netherlands: Brill, 2015.
172 European Investment Bank. *The EIB climate survey 2019-2020: how citizens are confronting the climate crisis and what actions they expect from policymakers and businesses.* Luxembourg: Publications Office of the European Union, 2020.
173 Fan, Lianghuo. *How Chinese teach mathematics: perspectives from insiders.* United States: World Scientific, 2015.
174 Fang, Fang; Berry, Michael. *Wuhan diary: dispatches from a quarantined city.* London: HarperCollins Publishers, 2020.
175 Fang, Lijie. *The Chinese health system in transition.* Singapore: Springer; Beijing, China: Social Sciences Academic Press, 2018.
176 Fang, Youtong; Zhang, Yuehong. *China's high-speed rail technology: an international perspective.* Singapore: Springer, 2018.
177 Farquhar, Judith. *A way of life: things, thought, and action in Chinese medicine.* New Haven: Yale University Press, 2020.
178 Farquhar, Judith. *Knowing practice: the clinical encounter of Chinese medicine.* [Place of publication not identified]: Routledge, 2018.
179 Farris, Johnathan Andrew. *Enclave to urbanity: Canton, foreigners, and architecture from the late eighteenth to the early twentieth centuries.* Hong Kong, China: Hong Kong University Press, 2016
180 Fatrai, Agnes. *Chinese ophthalmology.* Germany: Tipani Verlag Stephan Uhrig & Agnes Fatrai Gbr, 2015.
181 Fei, Liang. *Amphibians of China.* Netherlands: Springer, 2015.
182 Feng, Songlin. *Low-carbon city and new-type urbanization: proceedings of Chinese low-carbon city development international conference.* Germany: Springer, 2015.
183 Feng, Xinbin [et al.]. *Biogeochemical cycle of mercury in reservoir systems in Wujiang River Basin, Southwest China.* Singapore: Springer, 2018.
184 Flynn, Lawrence; Wu, Wen-Yu. *Late Cenozoic Yushe Basin, Shanxi Province, China: geology and fossil mammals. Volume II, Small mammal fossils of Yushe Basin.* Dordrecht: Springer, 2017.
185 Freedman, Georgina. *Cooking south of the clouds: recipes and stories from China's Yunnan province.* Newcastle-upon-Tyne: Cambridge Scholars Publishing, 2018.
186 Fu, Jinghua; Yang, Mingshan. *The yellow emperor's classic of medicine - essential questions: translation of Huangdi neijing suwen.* New Jersey: World Scientific, 2019.
187 Fung, Spencer. *Architecture by hand: inspired by nature.* United Kingdom: Clearview, 2016.
188 Gaeddert, Andrew. *Healing digestive disorders: natural treatments for gastrointestinal conditions.* Raleigh, North Carolina: People's Medical Publishing House-USA, 2017.
189 Galdi, Giulio [et al.]. *Informing the carbon market policy dialogue: the emissions trading systems at a glance.* Florence: EUI, 2020.
190 Gallagher, Kelly Sims. *Titans of the climate: explaining policy process in the United States and China.* Cambridge, Massachusetts: The MIT Press, 2018.
191 Gallani, Barbara. *Dumplings: a global history.* United Kingdom: Reaktion Books, 2015.

192   Gan, Wendy. *Comic China: representing common ground, 1890-1945*. Philadelphia, 2018.
193   Gang, Chen. *Politics of renewable energy in China*. Cheltenham, UK; Northampton, MA: Edward Elgar Publishing, 2019.
194   Garvey, Mary. *Chinese medicine psychology: a clinical guide to mental and emotional wellness*. London: Singing Dragon, 2020.
195   Geological Survey (U.S.), issuing body; National and Global Petroleum Resource Assessment Project (U.S.). *Assessment of Mesozoic tight-oil and tight-gas resources in the Sichuan Basin of China, 2018*. Reston, Va.: U.S. Department of the Interior, U.S. Geological Survey, 2019.
196   Gibbons, Robin. *Locomotives of China: the QJ Class*. Plumtree: Tynedale Publishing, 2017.
197   Gippner, Olivia. *Creating China's climate change policy: internal competition and external diplomacy*. Northampton, MA: Edward Elgar Publishing, 2020.
198   Golinelli, Adrien. *Ordos: stillborn city*. Germany: Kehrer Verlag, 2016.
199   Gottschang, Suzanne. *Formulas for motherhood in a Chinese hospital*. Ann Arbor: University of Michigan Press, 2018.
200   Gowlland, Geoffrey. *Reinventing craft in China: the contemporary politics of Yixing zisha ceramics*. Canon Pyon: Sean Kingston Publishing, 2017.
201   Grano, Simona Alba. *Environmental governance in Taiwan: a new generation of activists and stakeholders*. United Kingdom: Routledge, 2015.
202   Great Britain. Hydrographic Office. *China sea pilot. Vol. 2, The North-Western Coast of Borneo, Philippine Islands from Cape Buliluyan in Palawan to Cape Bojeador in Luzon, and the Islands and Dangers in the Southern and Eastern parts of the South China Sea*. Taunton, Somerset: UK Hydrographic Office, 2019.
203   Greenhalgh, Susan; Zhang, Li. *Can science and technology save China?* Ithaca: Cornell University Press, 2020.
204   Gross, Miriam. *Farewell to the god of plague: Chairman Mao's campaign to deworm China*. United States: University of California Press, 2016.
205   Grunewald, Karsten [et al.]. *Towards green cities: urban biodiversity and ecosystem services in China and Germany*. Cham: Springer, 2017.
206   Grys, Pauline. *Schistosomiasis control in China: diagnostics and control strategies leading to success*. Germany: Pl Academic Research, Imprint of Peter Lang Gmbh, 2016.
207   Gu, Diane Yu. *Chinese dreams? American dreams?: the lives of Chinese women scientists and engineers in the United States*. Netherlands: Sense Publishers, 2016.
208   Guan, Zengjian; Herrmann, Konrad. *Kao gong ji: the world's oldest encyclopaedia of technologies*. Leiden; Boston: Brill, 2020.
209   Gui, Jianfang [et al.]. *Aquaculture in China: success stories and modern trends*. Hoboken, NJ: John Wiley & Sons/Blackwell, 2018.
210   Guo, Daiheng. *China's lost imperial garden: the world's most exquisite garden rediscovered*. United States: Better Link Press, 2016.
211   Guo, Jinhua. *Stigma: an ethnography of mental illness and HIV/AIDS in China*. United States: World Century Publishing Corporation, 2016.
212   Guo, Leicheng. *Modeling estuarine morphodynamics under combined river and tidal forcing*. Netherlands: CRC Press, 2015.
213   Guo, Qinghua; Chang, Yuyu. *The Weiwu at Dafuzhen: unseen details of Chinese vernacular*.

Germany: Edition Axel Menges, 2016.
214　Hamwee, John. *The spirit of the organs*. London: Jessica Kingsley Publishers, 2017.
215　Han, Fenglan. *Industrial solid waste recycling in Western China*. Singapore: Springer, 2019.
216　Han, Xue [et al.]. *Disruptive innovation through digital transformation: multi-sided platforms of e-health in China*. Singapore: Springer, 2020.
217　Hanson, Dian. *Ren Hang*. Germany: Taschen, 2016.
218　Hao, Qian. *The LGM distribution of dominant tree genera in Northern China's forest-steppe ecotone and their postglacial migration*. Singapore: Springer, 2018.
219　Harrell, Stevan. *Ploughshare village: culture and context in Taiwan*. United States: University of Washington Press, 2015.
220　Haruyama, Shigeko; Shiraiwa, Takayuki. *Environmental change and the social response in the Amur River basin*. Japan: Springer, 2015.
221　Harvey, Brian. *China in space: the great leap forward*. Cham, Switzerland, 2019.
222　He, Jingwei Alex; Meng, Qingyue. *Chinese national health care reform: on the mend?* London: Routledge, 2017.
223　He, Wei. *Networked public: digital media and social change in contemporary China*. Heildelberg: Springer, 2017.
224　He, Wei-Hong [et al.]. *Brachiopods around the Permian-Triassic boundary of South China*. Singapore: Springer, 2019.
225　Hicks, Angela; Hicks, John. *Healing your emotions: discover your five element type and change your life*. London: Harper Thorsons, 2017.
226　Hillenbrand, Margaret. *Negative exposures: knowing what not to know in contemporary China*. Durham: Duke University Press, 2020.
227　Hinsch, Bret. *The rise of tea culture in China: the invention of the individual*. United States: Rowman & Littlefield Inc., 2016.
228　Ho, Pui-yin. *Making Hong Kong: a history of its urban development*. Cheltenham, UK: Edward Elgar Publishing, 2018.
229　Ho, Wing-Chung. *Occupational health and social estrangement in China*. Manchester: Manchester University Press, 2017.
230　Hodgson, Barbara; Cohen, Claudia. *Folding paper: technique, design, obsession*. Vancouver, British Columbia: Heavenly Monkey, 2017.
231　Holman, CT. *Treating emotional trauma with Chinese medicine: integrated diagnostic and treatment strategies*. London: Singing Dragon, 2017.
232　Hong, De-Yuan; Blackmore, Stephen. *The plants of China: a companion to the flora of China*. United Kingdom: Cambridge University Press, 2015.
233　Hong, Hai. *Pursuing the elixir of life: Chinese medicine for health*. New Jersey: World Scientific, 2017.
234　Hsiao, I-Hsin. *A sociological analysis of depression in China*. Singapore: Springer, 2020.
235　Hu, Dongpei. *Traditional Chinese medicine: theory and principles*. Germany: Walter De Gruyter Gmbh & Co. Kg, 2015.
236　Hu, Richard. *Global Shanghai remade: the rise of Pudong new area*. London: Routledge, 2019.
237　Huan, Huan [et al]. *Groundwater pollution risk control from an industrial economics*

perspective: a case study on the Jilin section of the Songhua River. Singapore: Springer, 2018.

238 Huang, Sidi; Miskelly, Diane. *Steamed breads: ingredients, process and quality.* United Kingdom: Woodhead Publishing, 2016.

239 Huang, Tinglin. *Water pollution and water quality control of selected Chinese reservoir basins.* Switzerland: Springer, 2016.

240 Huang, Weiguang. *China low-carbon healthy city, technology assessment and practice.* Germany: Springer, 2016.

241 Huang, Xuanjing [et al.]. *Natural language processing and Chinese computing: 6th CCF International Conference, NLPCC 2017, Dalian, China, November 8-12, 2017, Proceedings.* Cham, Switzerland: Springer, 2018.

242 Huang, Yanzhong. *Toxic politics: China's environmental health crisis and its challenge to the Chinese state.* Cambridge: Cambridge University Press, 2020.

243 Huang, Zhenli. *Three Gorges Dam: environmental monitoring network and practice.* Beijing, China, 2018.

244 Huff, Toby E. *The rise of early modern science: Islam, China, and the Wes.* Cambridge: Cambridge University Press, 2017.

245 Inkster, Nigel. *China's cyber power.* United Kingdom: Routledge, 2016.

246 Interior Designer. *Chinese architecture today.* Switzerland: Birkhauser, 2016.

247 Islam, Nazrul. *Public health challenges in contemporary China: an interdisciplinary perspective.* Germany: Springer, 2015.

248 Ivanova, Annie. *Taiwan by design: 88 products for better living.* Australia: Intellect LTD, 2016.

249 Jackson, Owen. *Chinese herbal medicine: unlock the secret powers of 100+ herbal remedies and how to recognize and use medicinal herbs.* [Place of publication not identified]: Charlie Creative Lab, 2020.

250 Jami, Catherine. *Individual itineraries and the spatial dynamics of knowledge: science, technology and medicine in China, 17th-20th centuries.* Paris: Collège de France, Institut des hautes études chinoises, 2017.

251 Jeffreys, Elaine. *Governing HIV in China: commercial sex, homosexuality and rural-to-urban migration.* London: Routledge, 2017.

252 Ji, Lizhen [et al.]. *Proceedings of the Seventh International Congress of Chinese Mathematicians.* Somerville, Massachusetts: International Press, 2019.

253 Jiang, Dexin; Robbins, Eleanora I. *Petrolipalynology.* Germany: Springer, 2016.

254 Jiang, Yi; Tao, Yong X. *Analytics for building-scale sustainable ecosystems: US-China research perspectives.* United States: Begell House, 2016.

255 Jing, Hung-Sying; Batteau, Allen. *The dragon in the cockpit: how western aviation concepts conflict with Chinese value systems.* United Kingdom: Ashgate, 2015.

256 Kalantzakos, Sophia. *The EU, US and China tackling climate change: policies and alliances for the Anthropocene.* Milton Park, Abingdon, Oxon: Routledge, 2017.

257 Kasell, Frank. *Chinese street food: a field guide for the adventurous diner.* Hong Kong: Blacksmith Books, 2018.

258 Kaya, Yoichi; Yamaji, Kenji. *Climate change and energy: Japanese perspectives on climate change mitigation strategy.* United Kingdom: World Scientific, 2015.

259 Kazmierczak, Mark. *China's biotechnology development: the role of US and other foreign engagement: a report prepared for the U.S.-China Economic and Security Review Commission.* Takoma Park, Maryland: Gryphon Scientific, 2019.
260 Keane, Michael [et al.]. *China's digital presence in the Asia-Pacific: culture, technology and platforms.* London: Anthem Press, 2020.
261 Keramidas, K. [et al.]. *Global energy and climate outlook 2019: electrification for the low-carbon transition: the role of electrification in low-carbon pathways, with a global and regional focus on EU and China.* Luxembourg: Publications Office of the European Union, 2020.
262 Kitching, David. *Chinese steam: the last years.* Stroud: Amberley Publishing, 2017.
263 Ko, Dorothy. *The social life of inkstones: artisans and scholars in early Qing China.* Seattle: University of Washington Press, 2017.
264 Ko, Kam-Ming; Yin, Jun. *Schisandra chinensis: an herb of north eastern China origin.* Singapore: World Scientific, 2015.
265 Koehn, Peter H. *China confronts climate change: a bottom-up perspective.* United Kingdom: Earthscan, 2016.
266 Kogel, Eduard; Boerschmann, Ernst. *The grand documentation: Ernst Boerschmann and Chinese religious architecture (1906-1931).* Germany: Walter De Gruyter, 2015.
267 Kohn, Livia. *Daoist dietetics: food for immortality.* United States: Three Pines Press, 2016.
268 Kokubo, Hideyuki. *Ki or psi - anomalous remote effects of mind-body system: biophysical approach to unknown power.* New York: Nova Science Publishers, 2017.
269 Koleski, Katherine. *China's technonationalism toolbox: a primer.* Washington, D. C.: U. S.-China Economic and Security Review Commission, 2018.
270 Kopra, Sanna. *China and great power responsibility for climate change.* London: Routledge, 2018.
271 Kostka, Genia; Mol, P. J. *Local environmental politics in China: challenges and innovations.* [Place of publication not identified]: Routledge, 2017.
272 Kowal, Deborah. *The China-US partnership to prevent spina bifida: the evolution of a landmark epidemiological study.* United States: Vanderbilt University Press, 2015.
273 Krist, Gabriela; Iby, Elfriede. *Investigation and conservation of East Asian cabinets in imperial residences (1700-1900): lacquerware and porcelain: conference 2013 postprints.* Austria: Böhlau Verlag, 2015
274 Kwan, Mei-Po; Richardson, Douglas. *Space-time integration in geography and GIScience: research frontiers in the US and China.* Netherlands: Springer, 2015.
275 Lac, Z'ev Rosenberg. *Ripples in the flow: reflections on vessel dynamics in the Nàn Jīng.* London: Singing Dragon, 2019.
276 Lai, Hongyi; Warner, Malcolm. *Managing China's energy sector: between the market and the state.* United Kingdom: Routledge, 2016.
277 Lampton, David M. *The politics of medicine in China: the policy process, 1949-1977.* New York: Routledge, 2019.
278 Lan, Fengli. *Metaphor: the weaver of Chinese medicine.* Germany: Verlag Traugott Bautz Gmbh, 2015.
279 Lawrence J. Flynn; Wu, Wen-Yu. *Late Cenozoic Yushe Basin, Shanxi Province, China: geology*

       and fossil mammals. Volume II, Small mammal fossils of Yushe Basin. Dordrecht, Netherlands: Springer, 2017.

280   Lechner, Alex M. *The Belt and Road Initiative: environmental impacts in Southeast Asia.* Singapore: ISEAS-Yusof Ishak Institute, 2019.

281   Lee, Anderson. *W+: the future (life) of a historical building.* United States: ORO Editions, 2015.

282   Lee, Kai-Fu. *AI superpowers: China, Silicon Valley, and the new world order.* Boston: Houghton Mifflin Harcourt, 2018.

283   Lee, Keekok. *Classical Chinese medicine: theory, methodology and therapy in itsphilosophical framework.* Newcastle upon Tyne, UK: Cambridge Scholars Publishing, 2018.

284   Lee, Keekok. *The philosophical foundations of classical Chinese medicine: philosophy, methodology, science.* Lanham: Lexington Books, 2017.

285   Lee, Mandy. *The art of escapism cooking: a survival story, with intensely good flavors.* New York, NY: William Morrow, an imprint of Harper Collins Publishers, 2019.

286   Lee, Marie Anna. *Kam women artisans of China: dawn of the butterflies.* Newcastle upon Tyne: Cambridge Scholars Publishing, 2018.

287   Lee, Peter N. S. *Re-engineering affordable care policy in China: is marketization a solution?* London: Routledge, 2018.

288   Lei, Yanli. *Atlas of benthic foraminifera from China seas: the Bohai Sea and the Yellow Sea.* Germany: Springer, 2016.

289   Leung, Siu-Wai. *Evidence-based research methods for Chinese medicine.* Germany: Springer, Published by Springer Nature, 2016.

290   Li, Bin. *Tutorial for outline of the Healthy China 2030 Plan: National Health Commission of the Peoples Republic of China.* Singapore: Springer, 2020.

291   Li, Hejun. *China's new energy revolution: how the world super power is fostering economic development and sustainable growth through thin film solar technology.* United States: Mcgraw-Hill Education, 2015.

292   Li, Jincheng [et al]. *Geological line selection for the Qinghai-Tibet railway engineering.* Berlin, Heidelberg: Springer, 2018.

293   Li, Linghao. *Grassland ecosystems of China: a synthesis and resume.* Singapore: Springer, 2020.

294   Li, Mu; Wu, Yang Feng. *Urbanization and public health in China.* United Kingdom: Imperial College Press, 2016.

295   Li, Peilin. *Ecological migration, development and transformation: a study of migration and poverty reduction in Ningxia.* Germany: Springer, 2016.

296   Li, Peilin; Roulleau-Berger, Laurence. *Ecological risks and disasters: new experiences in China and Europe.* United Kingdom: Routledge, 2016.

297   Li, Wenhua. *Contemporary ecology research in China.* Germany: Springer, 2015.

298   Li, Yanrong. *Loess and loess geohazards in China.* Boca Raton: CRC Press, 2017.

299   Li, Yanwei. *Governing environmental conflicts in China.* London: Routledge, 2018.

300   Li, Yiping. *Addressing the uneven distribution of water quantity and quality endowment: physical and virtual water transfer within China.* Singapore: Springer, 2019.

301   Li, Zhaoguo [et al.]. *Key concepts in traditional Chinese medicine.* Singapore: Palgrave Pivot,

2019.
302 Li, Zongxing. *Study on climate change in Southwestern China*. Germany: Springer, 2015.
303 Liang, Ling [et al.]. *Chinese science education in the 21st century: policy, practice and research*. Berlin: Springer, 2017.
304 Liang, Ling [et al.]. *Science education in China: policies, research, and practices*. Dordrecht: Springer, 2017.
305 Liang, Xiaofeng. *Immunization program in China*. Singapore: Springer; Beijing, China: People's Medical Publishing House, 2019.
306 Liang, Youjia. *Integrated modelling of ecosystem services and land-use change: case studies of northwestern region of China*. Singapore: Springer, 2020.
307 Liao, Sara. *Fashioning China: precarious creativity and women designers in shanzhai culture*. London: Pluto Press, 2020.
308 Liao, Zhijie. *Thermal springs and geothermal energy in the Qinghai-Tibetan Plateau and the surroundings*. Singapore: Springer, 2017.
309 Lim, Tina Su Lyn. *The continuation of ancient mathematics: Wang Xiaotong's Jigu suanjing, algebra and geometry in seventh-century China*. Copenhagen K, Denmark: NIAS Press, 2017.
310 Lin, Chin-Yew; Xue, Nianwen. *Natural language understanding and intelligent applications*. Switzerland: Springer, 2016.
311 Lin, Francis Chia-Hui. *Heteroglossic Asia: the transformation of urban Taiwan*. United Kingdom: Routledge, 2015.
312 Lin, Hsiang-Ju. *Slippery noodles: a culinary history of China*. United Kingdom: Prospect Books, 2015.
313 Lin, Hualiang [et al.]. *Ambient temperature and health in China*. Singapore: Springer Nature: Springer, 2019.
314 Lin, Zhibin; Yang, Baoxue. *Ganoderma and health: biology, chemistry and industry*. Singapore: Springer, 2019.
315 Lin, Zhongjie; Gámez José L.S. *Vertical urbanism: designing compact cities in China*. London: Routledge, 2018.
316 Lina, Li; Sean, Healy. *China climate policies with emphasis on its carbon trading markets*. Brussels: European Parliament, 2018.
317 Liu, Betty. *My Shanghai: recipes and stories from a city on the water*. New York, NY: Harper Design, an Imprint of Harper Collins Publishers, 2020.
318 Liu, Cheng-Lin; Lu, Yue. *Advances in Chinese document and text processing*. Singapore: World Scientific Publishing, 2017.
319 Liu, Cui. *University spatial development and urban transformation in China*. London: Routledge, 2017.
320 Liu, Dongheng; Ye, Xingqian. *Chinese dates: a traditional functional food*. United States: CRC Press, 2016.
321 Liu, Guohui; Zhang, Zhongjing. *Discussion of cold damage (Shang Han Lun): commentaries and clinical applications*. United Kingdom: Singing Dragon, 2016.
322 Liu, Haiming. *From Canton restaurant to Panda Express: a history of Chinese food in the United States*. United States: Rutgers University Press, 2015.
323 Liu, Helin. *Creative industries and urban spatial structure: agent-based modelling of the

dynamics in Nanjing. Switzerland: Springer, 2015.
324　Liu, Jianguo; Hull, Vanessa. *Pandas and people: coupling human and natural systems for sustainability*. United Kingdom: Oxford University Press, 2016.
325　Liu, Jianping [et al.]. *Smart energy: from fire-making to the post-carbon world*. Boca Raton: Taylor & Francis, a CRC title, part of the Taylor & Francis imprint, a member of the Taylor & Francis Group, the academic division of T & F Informa, plc, 2017.
326　Liu, Jianqiang; Rowen, Ian. *Tibetan environmentalists in China: the King of Dzi*. United States: Lexington Books, 2015.
327　Liu, Jilan. *Healthcare quality and HIT: international standards, China practices*. New York: Productivity Press, 2019.
328　Liu, Jingfang; Pezzullo, Phaedra C. *Green communication and China: on crisis, care, and global futures*. East Lansing: Michigan State University Press, 2020.
329　Liu, Kai. *The effects of social health insurance reform on people's out-of-pocket health expenditure in China: the mediating role of the institutional arrangement*. Germany: Springer, 2016.
330　Liu, Lihong. *Classical Chinese medicine*. Hong Kong: The Chinese University Press, The Chinese University of Hong Kong, 2019.
331　Liu, Liping. *Tu Youyou- China's first female Nobel Prize winner*. London: ACA Publishing Ltd, 2017.
332　Liu, Pengju. *Ediacaran Microfossils from the Doushantuo Formation Chert Nodules in the Yangtze Gorges Area, South China, and New Biozones*. Hoboken, New Jersey: Wiley, 2019.
333　Liu, Wan-Gang. *A taxonomic revision of Chinese Neoserica (sensulato): final part (Coleoptera: Scarabaeidae: Sericini)*. Bonn: Zoologisches Forschungsmuseum Alexander Koenig, 2019.
334　Liu, Xielin. *Basic science and industrial innovation in China*. Singapore: World Scientific, 2019.
335　Liu, Yan. *Woven arch bridge: histories of constructional thoughts*. London: Routledge, 2020.
336　Liu, Yang. *Some research results on bridge health monitoring, maintenance and safety*. Switzerland: Trans Tech Publications Ltd, 2015.
337　Liu, Yanze; Wang, Zhimin. *Dietary Chinese herbs chemistry, pharmacology and clinical evidence*. Austria: Springer, 2015.
338　Liu, Yaobin. *Theory and practice of sustainable urban development in China*. United Kingdom: Paths International, 2016.
339　Liu, Zhengtao. *Water quality criteria green book of China*. Netherlands: Springer, 2015.
340　Liu, Zhu. *Carbon emissions in China*. Germany: Springer, 2016.
341　Lo, Alex. *Carbon trading in China: environmental discourse and politics*. United Kingdom: Palgrave Macmillan, 2016.
342　Lo, Ching-Hua [et al.]. *Earthquake geology and tectonophysics around Eastern Tibet and Taiwan*. Singapore: Springer, 2020.
343　Lo, Vivienne [et al.]. *Imagining Chinese medicine*. Leiden: Brill, 2018.
344　Long, Ying; Shen, Zhenjiang. *Geospatial analysis to support urban planning in Beijing*. Switzerland: Springer, 2015.
345　Lora-Wainwright, Anna. *Resigned activism: living with pollution in rural China*. Cambridge, Massachusetts: The MIT Press, 2017.

346 Lou, Inchio [et al.]. *Advances in monitoring and modelling algal blooms in freshwater reservoirs: general principles and a case study of Macau.* Dordrecht: Springer, 2017.
347 Louisa, Cheuk-Yu Lui [et al.]. *Palliative care: oncology experience from Hong Kong.* New York: Nova Science Publishers, 2017.
348 Lu, Nan. *Trilogy.* London: GOST, 2018.
349 Lu, Yongxiang. *History of Chinese science and technology [3 v].* Germany: Springer, 2015.
350 Lu, Zhi [et al.]. *Forest carbon practices and low carbon development in China.* Singapore: Springer, 2019.
351 Luesink, David [et al.]. *China and the globalization of biomedicine.* Rochester, NY: University of Rochester Press, 2019.
352 Luk, Christine Yi Lai. *A history of biophysics in contemporary China.* Switzerland: Springer, 2015.
353 Lumenello, Catherine. *Gender and sexuality in Chinese medicine: the merging of yin and yang.* London: Singing Dragon, 2019.
354 Luo, Jian Ming; Lam, Chi Fung. *City integration and tourism development in the Greater Bay Area, China.* London: Routledge, 2020.
355 Luo, Shiming; Gliessman, Stephen R. *Agroecology in China: science, practice, and sustainable management.* United States: CRC Press, 2016.
356 Luo, Yongming; Du, Zhen. *Twenty years of research and development on soil pollution and remediation in China.* Singapore: Springer, 2018.
357 Lynteris, Christos. *Ethnographic plague: configuring disease on the Chinese-Russian frontier.* United Kingdom: Palgrave Macmillan, 2016.
358 Ma, Jun. *The economics of air pollution in China: achieving better and cleaner growth.* New York: Columbia University Press, 2017.
359 Ma, Yansong. *Mad works: mad architects.* United Kingdom: Phaidon Press, 2016.
360 Ma, Yansong. *Shanshui city.* Switzerland: Lars Müller Publishers, 2015.
361 Ma, Yongsheng. *Marine oil and gas exploration in China.* Berlin, Germany: Springer, 2020.
362 Maciocia, Giovanni. *Diagnosis in Chinese medicine: a comprehensive guide.* Edinburgh: Churchill Livingstone, 2018.
363 Maciocia, Giovanni. *The foundations of Chinese medicine e-book: a comprehensive text.* United Kingdom: Churchill Livingstone, 2015.
364 Maclean, Will. *Clinical handbook of Chinese herbs: desk reference.* London: Singing Dragon, 2017.
365 Magli, Giulio. *Sacred landscapes of imperial China: astronomy, Feng Shui, and the mandate of heaven.* Cham: Springer, 2020.
366 Mai, Qianqinq; Francesch-Huidobro, Maria. *Climate change governance in Chinese cities.* United Kingdom: Routledge, 2015.
367 Marks, Robert. *China: an environmental history.* Lanham: Rowman & Littlefield Publishers, 2017.
368 Marolt, Peter; Herold, David Kurt. *China online: locating society in online spaces.* United Kingdom: Routledge, 2015.
369 Martzloff, Jean-Claude. *Astronomy and calendars: the other Chinese mathematics, 104BC - AD1644.* Germany: Springer, 2016.

370   Mason, Katherine A. *Infectious change: reinventing Chinese public health after an epidemic.* United States: Stanford University Press, 2016.
371   Mathews, John A; Tan, Hao. *China's renewable energy revolution.* United Kingdom: PalgraveMacmillan, 2015.
372   Mcleod, Alexus. *Astronomy in the ancient world: early and modern views on celestial events.* Switzerland: Springer, 2016.
373   Meng, Jie; Wang, Ning. *Nuclear structure in China 2014: proceedings of the 15th national conference on nuclear structure in China.* Singapore: World Scientific Publishing, 2016.
374   Métailie, Georges; Needham, Joseph. *Science and civilisation in China. V.6: Biology and biological technology; Pt.4: Traditional botany: an ethnobotanical approach.* United Kingdom: Cambridge University Press, 2015.
375   Milcent, Carine. *Healthcare reform in China: from violence to digital healthcare.* Basingstoke, Hampshire: Palgrave Macmillan, 2018.
376   Miller, James. *The coronavirus: human, social and political implications.* Basingstoke: Palgrave Macmillan, 2020.
377   Mills, Judy A. *Blood of the tiger: a story of conspiracy, greed, and the battle to save a magnificent species.* United States: Beacon Press, 2015.
378   Ministry of Environmental Protection of the People's Republic of China. *2017 Press Conference Records of Ministry of Environmental Protection, the People's Republic of China.* Singapore: Springer Nature, 2020.
379   Mitchell, Damo; Gregory, Jason. *White moon on the mountain peak: the alchemical firing process of Nei Dan.* United Kingdom: Jessica Kingsley Publishers, 2015.
380   Miyamoto, Akira. *The outlook for natural gas and LNG in China in the war against air pollution.* Oxford: Oxford Institute for Energy Studies, 2018.
381   Morgan, Daniel Patrick; Chaussende, Damien. *Monographs in Tang official historiography: perspectives from the technical treatises of the history of Sui (Sui shu).* Cham: Springer, 2019.
382   Morgan, Daniel. *Astral sciences in early imperial China: observation, sagehood, and the individual.* Cambridge: Cambridge University Press, 2017.
383   Mori, Akihisa. *China's climate-energy policy: domestic and international impacts.* London: Routledge, 2018.
384   Mu, Lin. *Information engineering of emergency treatment for marine oil spill accidents.* Boca Raton: CRC Press, 2019.
385   Mucelli, Attilio; Spigarelli, Francesca. *Healthcare policies and systems in Europe and China: comparisons and synergies.* Hackensack, NJ: World Scientific, 2018.
386   Mullaney, Thomas S. *The Chinese typewriter: a history.* Cambridge, MA: The MIT Press, 2017.
387   Nadin, Rebecca [et al.]. *Climate risk and resilience in China.* United Kingdom: Routledge, 2016.
388   Nadis, Steven J. *From the Great Wall to the great collider: China and the quest to uncover the inner workings of the universe.* United States: International Press, 2015.
389   Nakagami, Kenichi; Kubota, Jumpei. *Sustainable water management: new perspectives, design, and practices.* Singapore: Springer, 2016.
390   Nakajima, Chieko. *Body, society, and nation: the creation of public health and urban culture*

in Shanghai. Cambridge: Harvard University Asia Center, 2018.

391 Negro, Gianluigi. *The internet in China: from infrastructure to a nascent civil society*. Basingstoke, Hampshire: Palgrave Macmillan, 2017.

392 Nie, Hongping Annie. *The Selden map of China: a new understanding of the Ming dynasty*. Oxford: Bodleian Library, 2019.

393 NLPCC (Conference). *Natural language processing and Chinese computing: 7th CCF International Conference, NLPCC 2018, Hohhot, China, August 26–30, 2018: proceedings*. Cham, Switzerland: Springer, 2018.

394 Olsson, Nina. *Travels with my friends: riding the train tracks to China*. Tolworth, Surrey: Grosvenor House Publishing Limited, 2018.

395 Pan, Jiahua. *China's environmental governing and ecological civilization*. Germany: Springer, 2016.

396 Pan, Qisheng; Li, Weifeng. *Smart growth and sustainable development: selected papers from the 9th International Association for China Planning Conference, Chongqing, China, June 19-21, 2015*. Cham: Springer, 2017.

397 Pan, Yunhe. *Strategic research on construction and promotion of China's intelligent cities: general report*. Singapore: Springer, 2018.

398 Pietz, David Allen. *The Yellow River: the problem of water in modern China*. United States: Harvard University Press, 2015.

399 Potter, Christopher J. [et al.]. *Assessment of tight-oil and tight-gas resources in the Junggar and Santanghu Basins of northwestern China, 2018*. Reston, Va.: U.S. Department of the Interior, U.S. Geological Survey, 2019.

400 Poujol, Patrice. *Online film production in China using blockchain and smart contracts: the development of collaborative platforms for emerging creative talents*. Cham, Switzerland: Springer, 2019.

401 Ptak, Roderich. *The earliest extant bird list of Hainan: an annotated translation of the avian section in Qiongtai zhi*. Germany: Harrassowitz, 2015.

402 Qian, Yi. *Concise guide to medicinal application in pediatrics*. Singapore: World Scientific, 2020.

403 Qiao, Yongzhong. *Maintenance time and the industry development of patents: empirical research with evidence from China*. Singapore: Springer, 2016.

404 Qiao, Yun. *Taoist buildings: the architecture of China's indigenous religion*. United States: CN Times Books, 2015.

405 Qin, Dahe. *Climate and environmental change in China: 1951-2012*. Germany: Springer, 2016.

406 Qisheng Pan; Jason Cao. *Recent developments in Chinese urban planning: selected papers from the 8th International Association for China Planning Conference, Guangzhou, China, June 21-22, 2014*. Switzerland: Springer, 2015.

407 Qu, Futian; Sun, Ruomei. *Ecological economics and harmonious society*. Singapore: Springer, 2016.

408 Qu, Jianmei; Wang, Xinqing. *Traditional Chinese exercises*. United Kingdom: Cambridge Scholars, 2015.

409 Ren, Dong. *Rhythms of insect evolution: evidence from the Jurassic and Cretaceous in*

410   *northern China*. Hoboken, NJ: John Wiley & Sons, 2019.
410   Ren, Hai. *Conservation and reintroduction of rare and endangered plants in China*. Singapore: Springer, 2020.
411   Reuter, Etienne; Men, Jing. *China-EU green cooperation*. United States: World Scientific, 2015.
412   Robles, Alfredo C. Jr. *Endangered species and fragile ecosystems in the South China Sea: The Philippines v. China arbitration*. Singapore: Palgrave Macmillan, 2020.
413   Rock, Michael T; Toman, Michael A. *China's technological catch-up strategy for industrial development: impact on energy efficiency and CO2 emissions*. United States: Oxford University Press, 2015.
414   Rosenberg, Z'ev. *Returning to the source: Han dynasty medical classics in modernclinical practice*. London: Singing Dragon, 2018.
415   Rosenthal, Marilynn M. *Health care in the People's Republic of China: moving toward modernization*. New York, NY: Routledge, 2018.
416   Ru, Jinghua; Peng, Hualiang. *Palace architecture: imperial palaces of the last dynasty*. United States: CN Times Books, 2015.
417   Rui, Yang; Xiaodi, Zheng. *Landscape architecture at Tsinghua University: 66 years of excellence*. Novato, Calif.: Applied Research + Design Publishing, 2019.
418   Sachse, Agnes [et al.]. *Chinese water systems. Volume 2, managing water resources for urban catchments: Chaohu*. Cham, Switzerland: Springer, 2019.
419   Sauer, Jost. *Chi health cycle: the 24-hour plan to restore health through energy glow*. London: Welbeck Balance, 2020.
420   Sang, Wong Wah [et al.]. *Building materials and technology in Hong Kong*. Hong Kong: Hong Kong University Press, 2018.
421   Schaefer, William. *Shadow modernism: photography, writing, and space in Shanghai, 1925-1937*. Durham: Duke University Press, 2017.
422   Schenk, Christopher J. *Assessment of undiscovered conventional oil resources of the East Gobi, Nyalga, Tsamtsag-Hailar, Erlian, and Yingen Basins of Mongolia and China, 2018*. Reston, Va.: U. S. Department of the Interior, U. S. Geological Survey, 2018.
423   Schmalzer, Sigrid. *Moth and wasp, soil and ocean: remembering Chinese scientist Pu Zhelong's work for sustainable farming*. Thomaston, Maine: Tilbury House Publishers, 2018.
424   Schmid, Rolf D. *Biotechnology in China*. Singapore: Jenny Stanford Publishing, 2020.
425   Schmidt, Muhammad Wolfgang G. A. *Huangdi Neijing Lingshu: the Yellow Emperor's classic of internal medicine in the Chinese original text, with phonetic Pinyin transcription and an annotated list of characters*. Germany: Viademica.Verlag Berlin, 2015.
426   Schwartz, Rita. *China's wind and solar industries: issues, trends, and implications for the U.S.*. United States: Nova Science, 2015.
427   Schweiger, Stefanie. *Chicken are not naked: many ways to live an artist's life in Beijing*. Germany: Distanz, 2016.
428   Scott, Steffanie. *Organic food and farming in China: top-down and bottom-up ecological initiatives*. London: Routledge, 2018.
429   Shao, Xiaocheng. *Chinese embroidery: an illustrated stitch guide*. New York, NY: Better Link Press, 2018.

430   Shapiro, Gideon Fink; Betsky, Aaron. *Re-living the city: UABB 2015 catalogue*. United States: Actar, 2016.

431   Shapiro, Judith. *China's environmental challenges: second edition*. United Kingdom: Polity Press, 2016.

432   Sharma, Rajesh [et al]. *Crustal architecture and evolution of the Himalaya-Karakoram-Tibet Orogen*. London: Geological Society of London, 2019.

433   Shea, Bridgette. *Cultivating your microbiome: ayurvedic and Chinese practices for a healthy gut and a clear mind*. Rochester, Vermont: Healing Arts Press, 2020.

434   Shelton, Tamara Venit. *Herbs and roots: a history of Chinese doctors in the American medical marketplace*. New Haven: Yale University Press, 2019.

435   Shen, Jianfa, Kee, Gordon. *Development and planning in seven major coastal cities in Southern and Eastern China*. Cham: Springer, 2017.

436   Shen, Zhenjiang; Li, Miaoyi. *Big data support of urban planning and management: the experience in China*. Cham: Springer, 2018.

437   Shen, Zhilang. *Studies of the biogeochemistry of typical estuaries and bays in China*. Berliln, Germany: Springer, 2020.

438   Shi, Peijun. *Natural disasters in China*. Germany: Springer, 2016.

439   Shi, Xinggui; Jiang, Yajun. *Zen medicine for mind and body: using Zen wisdom, Shaolin Kung Fu and traditional Chinese medicine*. New York: Better Link Press, 2020.

440   Shinno, Reiko. *The politics of Chinese medicine under Mongol rule*. United Kingdom: Routledge, 2016.

441   Shuning, Dong. *Study on the optimal allocation of water resources systems and the comprehensive utilization of water resources in arid-semiarid multiple mining areas*. Switzerland: Springer, 2016.

442   Sim, Cheryl. *Wearing the cheongsam: dress and culture in a Chinese diaspora*. London: Bloomsbury Visual Arts, 2019.

443   Simons, Lisa M. B. *Mount Everest*. Lake Elmo, MN: Focus Readers, 2018.

444   Sivin, Nathan. *Health care in eleventh-century China*. Germany: Springer, 2015.

445   Smith, K. *Reducing energy for urban water and wastewater: prospects for China*. London, UK: IWA Publishing, 2019.

446   Smith, Richard. *China's engine of environmental collapse*. London: Pluto Press, 2020.

447   Songster, E. Elena. *Panda nation: the construction and conservation of China's modern icon*. New York, NY, United States of America: Oxford University Press, 2018.

448   Spigarelli, Francesca; Curran, Louise. *China and Europe's partnership for a more sustainable world: challenges and opportunities*. United Kingdom: Emerald Group Publishing, 2016.

449   Sridharan, Sanjeev. *Building capacities to evaluate health inequities: some lessons: some lessons learned from evaluation experiments in China, India and Chile*. San Francisco: Jossey-Bass, 2017.

450   Steger, Ulrich [et al.]. *Greening Chinese business: barriers, trends and opportunities for environmental management*. London: Taylor and Francis, 2017.

451   Steinhauer, Peter. *Cocoons*. Brooklyn, NY: powerHouse Books, 2018.

452   Sternfeld, Eva. *Environment, climate change, and governance in China: critical concepts in the environment*. United Kingdom: Routledge, 2016.

453 Sternfeld, Eva. *Routledge handbook of environmental policy in China*. London: Routledge, 2017.

454 Stokes, Mark A. *China's space and counterspace capabilities and activities*. Washington, D.C.: U.S.-China Economic and Security Review Commission, 2020.

455 Storms, Martijn. *Mapping Asia: cartographic encounters between East and West: regional symposium of the ICA Commission on the history of cartography, 2017*. Cham, Switzerland: Springer, 2018.

456 Su, Bin; Thomson, Elspeth. *China's energy efficiency and conservation: household behaviour, legislation, regional analysis and impacts*. Singapore: Springer, 2016.

457 Su, Bin; Thomson, Elspeth. *China's energy efficiency and conservation: sectoral analysis*. Singapore: Springer, 2016.

458 Su, Bo; Su, Meike. *Yoyo: Su Bo*. Germany: Kerber Photoart, 2016.

459 Sullivan, Lawrence. R. *Historical dictionary of the Chinese environment*. Rowman & Littlefield Publishers, 2019.

460 Sun, Dazhang; Qiu, Yulan. *Islamic buildings: the architecture of Islamic mosques in China*. United States: CN Times Books, 2015.

461 Sun, Dianjun. *Endemic disease in China*. Singapore: Springer: People's Medical Publishing House, 2019.

462 Sun, Henry H. *The book of Chinese medicine, Volume 1: The timeless science of balance and harmony for modern life*. Newcastle-upon-Tyne: Cambridge Scholars Publisher, 2020.

463 Syed, Jawad. *China's belt and road initiative in a global context. Volume II, The China-Pakistan economic corridor and its implications for business*. Basingstoke: Palgrave Macmillan, 2019.

464 Tang, Cindy Q. *The subtropical vegetation of Southwestern China: plant distribution, diversity and ecology*. Netherlands: Springer, 2015.

465 Tang, Jie [et al.]. *Natural language processing and Chinese computing: 8th CCF International Conference, NLPCC 2019, Dunhuang, China, October 9-14, 2019, Proceedings. Part I*. Cham, Switzerland: Springer, 2019.

466 Tang, Kai Wen. *Gua sha: an ancient therapy for contemporary illnesses*. Singapore: World Scientific Publishing, 2020.

467 Tang, Lingyu [et al.]. *Atlas of quaternary pollen and spores in China*. Singapore: Springer, 2020.

468 Tang, Lynn. *Recovery, mental health and inequality: Chinese ethnic minorities as mental health service users*. London: Routledge, 2017.

469 Tang, Qiuhong; Ge, Quansheng. *Atlas of environmental risks facing China under climate change*. Singapore: Springer, 2018.

470 The World Bank; World Health Organization Healthy. *Healthy China: deepening health reform in China: building high-quality and value-based service delivery*. Washington, D.C: The World Bank, 2019.

471 Thraen, Joachim Jan. *Mastering innovation in China: insights from history on China's journey towards innovation*. Germany: Springer Gabler, 2016.

472 Titlianov, E. A; Titlyanova, T. V. *Coral reef marine plants of Hainan island*. United States: Elsevier Science, 2016.

473 Toke, David. *China's role in reducing carbon emissions: the stabilisation of energy consumption and the deployment of renewable energy.* London: Routledge, 2017.
474 Tong, Yilun. *Parse of China: gradual reform logic based on bargaining game.* Singapore: Springer: Truth and Wisdom Press, 2017.
475 Tu, Jiong. *Health care transformation in contemporary China: moral experience in a socialist neoliberal polity.* Singapore: Springer, 2019.
476 Twicken, David. *The luo collaterals: a handbook of clinical practice and treating emotions and the shen and the six healing sounds.* United Kingdom: Singing Dragon, 2015
477 U.S.-China Economic and Security Review Commission. *China's position on a code of conduct in space.* Washington, D.C.: U.S.-China Economic and Security Review Commission, 2017.
478 Ulrich, Paul. *Traditional Chinese medicine: heritage and adaptation.* New York: Columbia University Press, 2018.
479 United States [et al.]. *China's pursuit of emerging and exponential technologies: hearing before the Subcommittee on Emerging Threats and Capabilities of the Committee on Armed Services, House of Representatives, One Hundred Fifteenth Congress, second session: hearing held January 9, 2018.* Washington: U.S. Government Publishing Office, 2019.
480 United States [et al.]. *Electric battery production and waste: opportunities and challenges: hearing before the Committee on Environment and Public Works, United States Senate, One Hundred Sixteenth Congress, First Session, July 17, 2019.* Washington: U.S. Government Publishing Office, 2019.
481 United States. Congress. House. Committee on Oversight and Government Reform. Subcommittee on Information Technology. *Countering China: ensuring America remains the world leader in advanced technologies and innovation: hearing before the Subcommittee on Information Technology of the Committee on Oversight and Government Reform, House of Representatives, One Hundred Fifteenth Congress, second session, September 26, 2018.* Washington: U. S. Government Publishing Office, 2018.
482 United, Nations. Economic and Social Commission for Asia and the Pacific. *Evolution of science, technology and innovation policies for sustainable development: the experiences of China, Japan, the Republic of Korea and Singapore.* New York: United Nations ESCAP, 2018.
483 Unschuld, Paul U. *Huang Di Nei Jing Ling Shu: the ancient classic on needle therapy.* United States: University of California Press, 2016.
484 Veith, Ilza; Barnes, Linda L. *The yellow emperor's classic of internal medicine.* United States: University of California Press, 2016.
485 Verbiest, Ferdinand. *Letters of a Peking Jesuit: the correspondence of Ferdinand Verbiest SJ (1623-1688).* Leuven/ Louvain: Ferdinand Verbiest Stichting, 2017.
486 Vitale, Ami. *Panda love: the secret lives of pandas.* London: Hardie Grant Books, 2018.
487 Volti, Rudi. *Technology, politics, and society in China.* New York: Routledge, 2019.
488 Wagner, Hildebert. *Chromatographic fingerprint analysis of herbal medicines. Vol. 5: thin-layer and high performance liquid chromatography of Chinese drugs.* Cham: Springer, 2017.
489 Walther, Artur; Rong, Rong. *RongRong's diary: Beijing east village.* Oakland, California: University of California Press, 2019.
490 Wan, Fanghao [et al.]. *Biological invasions and its management in China, Volume 1.*

Dordrecht: Springer, 2017.

491 Wan, Fanghao [et al.]. *Biological invasions and its management in China. Volume 2.* Singapore: Springer, 2017.

492 Wang, Anyi. *Development and integration: the history of engineers in the People's Republic of China (1949-1989).* Germany: Shaker Verlag, 2015.

493 Wang, Boyang. *Imperial mausoleums and tombs: resting places for imperial rulers.* United States: CN Times Books, 2015.

494 Wang, Chengshan. *Continental scientific drilling project of the cretaceous Songliao Basin (SK-1) in China.* Amsterdam: Elsevier, 2018.

495 Wang, Chunqing. *Numerical modelling of ice floods in the Ning-Meng reach of the Yellow River basin.* Boca Raton: CRC Press, 2018.

496 Wang, Da; Zhang, Wei. *China continental scientific drilling project: CCSD-1 well drilling engineering and construction.* Germany: Springer, 2015.

497 Wang, Fang. *Geo-architecture and landscape in China's geographic and historic context [4 v].* Singapore: Springer, 2016.

498 Wang, Janet. Z. *The Chinese wine renaissance: a wine lover's companion.* London: Ebury Digital, 2019.

499 Wang, Jian; Zhu, Rui-Liang. *Taxonomic revision of Lejeuneaceae: subfamily Ptychanthoideae (Marchantiophyta) in China.* Germany: J. Cramer, 2016.

500 Wang, Jinxia; Huang, Qiuqiong. *Managing water on China's farms: institutions, policies and the transformation of irrigation under scarcity.* United Kingdom: Academic Press, 2016.

501 Wang, Lan. *Studies on China's high-speed rail new town planning and development.* Singapore: Springer, 2019.

502 Wang, Lei. *Changing spatial elements in Chinese socio-economic five-year plan: from project layout to spatial planning.* Singapore: Springer, 2019.

503 Wang, Mark; Green, Ray. *Towards low carbon cities in China: urbanform and greenhouse gas emissions.* United Kingdom: Routledge, 2015.

504 Wang, Wei. *Archean-Mesoproterozoic crustal evolution and crust-mantle geodynamics of Western Liaoning-Northeastern Hebei provinces, North China Craton.* Singapore: Springer, 2018.

505 Wang, Weiguang, Liu, Yaming. *Annual report on China's response to climate change (2017): implementing The Paris Agreement.* Singapore: Springer, 2020.

506 Wang, Wen-Xiong. *Environmental pollution of the Pearl River Estuary, China: status and impact of contaminants in a rapidly developing region.* Berlin: Springer, 2020.

507 Wang, Xiangzeng. *Lacustrine shale gas: case study from the Ordos Basin.* Amsterdam: Gulf Professional Publishing, 2017.

508 Wang, Xianzhao. *The birth of humanity: the anthropogenic mythology of ethnic minorities in China.* Encino: Bridge21 Publications, 2018.

509 Wang, Xijun. *Serum pharmacochemistry of traditional Chinese medicine: technologies, strategies and applications.* London, United Kingdom: Academic Press, 2017.

510 Wang, Yahua. *Assessing water rights in China.* Singapore: Springer, 2018.

511 Wang, Yi. *A century of change: Beijing's urban structure in the 20th century.* Switzerland: Springer, 2016.

512 Wang, Yi; Luo, Rioux Yu. *A cultural history of classical Chinese gardens*. United States: SCPG Publishing, 2015.

513 Wang, Zhaoyin; Li, Zhiwei. *River morphodynamics and stream ecology of the Qinghai-Tibet plateau*. Netherlands: CRC Press, 2016.

514 Wang, Zhihua; Cen, Kefa. *Simultaneous multi-pollutants removal influe gas by ozone*. Germany: Springer, 2015.

515 Webber, Michael. *Water supply in a mega-city: a political ecology analysis of Shanghai*. Cheltenham, UK: Edward Elgar Publishing, 2018.

516 Wei, Chu. *Climate change and industry structure in China: mitigation strategy*. London: Routledge, 2020.

517 Wen, Jiehua. *The body clock in traditional Chinese medicine: understanding our energy cycles for health and healing*. Singapore: Springer, 2020.

518 White, Ian. *The majesty of the Chinese-market watch: the life and collection of Gustave Loup of Tientsin and Geneva, watch dealer and collector (1876-1961)*. London: Antiquarian Horological Society, 2019.

519 Williams, Gemma. *Fashion China*. United States: Thames & Hudson, 2015.

520 Wilson, Jordan. *China's alternative to GPS and its implications for the United States*. Washington, D.C.: U.S.-China Economic and Security Review Commission, 2017.

521 Wingate, Douglas S. *Healing brain injury with Chinese medical approaches: integrative approaches for practitioners*. London: Singing Dragon, 2018.

522 Wolf, Michael. *Hong Kong rubber boots and shoes*. Germany: Peperoni Books, 2016.

523 Wong, Allan Kang Ying. *Semantically based clinical TCM telemedicine systems*. Germany: Springer, 2015.

524 Wong, Tai-Chee; Han, Sun Sheng. *Population mobility, urban planning and management in China*. Switzerland: Springer, 2015.

525 Wong, Young-Tsu. *Aparadise lost: the imperial garden Yuanming Yuan*. Singapore: Springer, 2016.

526 Worcester, G. R. G. *The junks and sampans of the Yangtze*. Barnsley: Seatorth Publishing, 2020.

527 Wu Hung. *Zooming in: histories of photography in China*. United Kingdom: Reaktion Books Ltd., 2016.

528 Wu, Alex. *A user's manual for the human body: how traditional Chinese medicine helps the body heal itself*. London: Hammersmith Health Books, 2019.

529 Wu, Di. *Mine waste management in China: recent development*. Singapore: Springer, 2020.

530 Wu, Fulong. *Planning for growth: urban and regional planning in China*. United States: Routledge, 2015.

531 Wu, Ji. *Calling Taikong: a strategy report and study of China's future space science missions*. Singapore: Springer, 2017.

532 Wu, Jiang; Cao, Yan. *Coal fired flue gas mercury emission controls*. Germany: Springer, 2015.

533 Wu, Linhai; Zhu, Dian. *Food safety in China: a comprehensive review*. United States: CRC Press, 2015.

534 Wu, Meiling. *Ages, geochemistry and metamorphism of neoarchean basement in Shandong province: implications for the evolution of the North China Craton*. Germany: Springer, 2015.

535 Wu, Shellen Xiao. *Empires of coal: fueling China's entry into the modern world order, 1860-1920*. United States: Stanford University Press, 2015.

536 Wu, Wenjie. *Economics of planning policies in China: infrastructure, location and cities*. London: Routledge, 2017.

537 Wu, Zhongchao. *A practical guide to cupping therapy: a natural approach to heal through traditional Chinese medicine*. New York: Better Link Press, 2017.

538 Wu, Zhongxian. *Heavenly stems and earthly branches – TianGan DiZhi: the heart of Chinese wisdom traditions*. London: Singing Dragon, 2020.

539 Wu, Ziping. *Antibiotic use and antibiotic resistance in food-producing animals in China*. Paris: OECD Publishing, 2019.

540 Wu, Zunyou. *HIV/AIDS in China: beyond the numbers*. Singapore: Springer, 2017.

541 Wu, Zunyou. *HIV/AIDS in China: epidemiology, prevention and treatment*. Singapore: Springer, 2020.

542 Xi, Sheng-yan. *Essentials of Chinese materia medica and medical formulas: new century traditional Chinese medicine*. Amsterdam: Academic Press, 2017.

543 Xiao, Nengwen. *Terrestrial earthworms (Oligochaeta: Opisthopora) of China*. London: Academic Press, 2019.

544 Xie, Ke-Chang. *Structure and reactivity of coal: a survey of selected Chinese coals*. Germany: Springer, 2015.

545 Xie, Xiande; Chen, Ming. *Suizhou meteorite: mineralogy and shock metamorphism*. Germany: Springer, 2016.

546 Xiong, Li-Yang. *Loess landform inheritance: modeling and discovery*. Singapore: Springer, 2019.

547 Xu, Fei. *The belt and road: the global strategy of China high-speed railway*. Singapore: Springer, 2018.

548 Xu, Jun-Ping. *Cancer inhibitors from Chinese natural medicines*. Boca Raton: CRC Press, 2017.

549 Xu, Shuwei. *Medical practice in twelfth-century China: a translation of Xu Shuwei's ninety discussions [cases] on cold damage disorders*. Cham, Switzerland: Springer, 2019.

550 Xu, Xiaoxiao. *Aeronautics in the backyard*. Netherlands: Eriskay Connection, 2016.

551 Xu, Yuan. *Environmental policy and air pollution in China: governance and strategy*. London: Routledge, 2020.

552 Xue, Charlie Changli; Lu, Chuangjian. *Evidence-based clinical Chinese medicine. V.1: Chronic obstructive pulmonary disease*. Singapore: World Scientific Publishing, 2016.

553 Xue, Charlie Changli; Lu, Chuangjian. *Evidence-based clinical Chinese medicine. V.2: Psoriasis vulgaris*. Singapore: World Scientific, 2015.

554 Xue, Charlie Q. L. *A history of design institutes in China: from Mao to market*. London: Routledge, 2018.

555 Xue, Charlie Q. L. *Hong Kong architecture 1945-2015: from colonial to global*. Germany: Springer, 2016.

556 Xutian, Stevenson; Tai, SHusheng. *Handbook of traditional Chinese medicine*. United States: World Scientific, 2015.

557 Yan, Xijun. *Dan shen (salvia miltiorrhiza) in medicine. V. 3: clinical research*. Netherlands:

Springer, 2015.
558 Yan, Xinjian [et al.]. *Traditional Chinese medicines: molecular structures, natural sourcesand applications.* London: Routledge, 2018.
559 Yan, Zhenguang; Liu, Zhengtao. *Toxic pollutants in China: study of water quality criteria.* Netherlands: Springer, 2015.
560 Yan, Zhi [et al.]. *Fangcang Shelter Hospitals for COVID-19: construction and operation manual.* New Jersey: World Scientific, 2020.
561 Yang, Guobin. *China's contested internet.* Denmark: NIAS Press, 2015.
562 Yang, Hua; Guo, Wen. *Chinese food for life care.* United Kingdom: Cambridge Scholars, 2015.
563 Yang, Jie. *Mental health in China: change, tradition, and therapeutic governance.* Cambridge, UK: Polity, 2018.
564 Yang, Jingqing. *Informal payments and regulations in China's healthcare system: red packets and institutional reform.* Singapore: Palgrave Macmillan, 2017.
565 Yang, Shufeng. *The early permian tarim large igneous province in northwest China: tectonics, petrology, geochemistry, and geophysics.* Amsterdam: Elsevier, 2018.
566 Yang, Xiaojun; Jiang, Shijun. *Challenges towards ecological sustainability in China: an interdisciplinary perspective.* Cham, Switzerland: Springer, 2019.
567 Yang, Ye. *Housing transformation in China's temperate climate: the reasonability of passive house standard in Shanghai.* Germany: Logos Verlag Berlin Gmbh, 2015.
568 Yang, Zongcheng. *Chinese burn surgery.* Netherlands: Springer, 2015.
569 Ye, Xingqian. *Phytochemicals in Goji berries: applications in functional foods.* Boca Raton: CRC Press, 2020.
570 Ye, Yincan [et al.]. *Marine geo-hazards in China.* Amsterdam: Elsevier, 2017.
571 Yi, Sirong. *Principles of railway location and design.* Amsterdam: Academic Press, 2017.
572 Yu, Miao. *Metallogenic mechanism of the Galinge polymetallic iron skarn deposit, QimanTagh Mountains, Qinghai Province.* Singapore: Springer, 2019.
573 Yu, Rencun. *Cancer management with Chinese medicine: prevention and complementary treatments.* Singapore: World Scientific Publishing, 2018.
574 Yue, TianXiang [et al.]. *Chinese water systems. Volume 3, Poyang Lake Basin.* Cham, Switzerland: Springer, 2019.
575 Yung, Betty. *Land and housing controversies in Hong Kong: perspectives of justice and social values.* Singapore: Springer, 2020.
576 Zeng, Bai-Yun; Zhao, Kaicun. *Neurobiology of Chinese herb medicine.* Cambridge, MA: Academic Press is an imprint of Elsevier, 2017.
577 Zha, Wei. *Foot reflexology & acupressure: a natural way to health through traditional Chinese medicine.* New York: Better Link Press, 2020.
578 Zhai, Mingguo. *Precambrian geology of China.* Germany: Springer, 2015.
579 Zhai, Mingguo; Zhao, Yue. *Main tectonic events and metallogeny of the North China Craton.* Singapore: Springer, 2016.
580 Zhang, Changlin; Heaney, Jonathan. *Invisible rainbow: a physicist's introduction to the science behind classical Chinese medicine.* United States: North Atlantic Books, 2016.
581 Zhang, David. *Computational pulse signal analysis.* Singapore: Springer, 2018.
582 Zhang, David. *Tongue image analysis.* Singapore: Springer, 2017.

583 Zhang, David; Zuo, Wangmeng. *Medical biometrics: computerized TCM data analysis.* Singapore: World Scientific, 2015.

584 Zhang, Everett Yuehong. *The impotence epidemic: men's medicine and sexual desire in contemporary China.* United States: Duke University Press, 2015.

585 Zhang, Guofeng. *Environmental and social-economic impacts of sewage sludge treatment: the evidence of Beijing.* Singapore: Springer, 2016.

586 Zhang, Guofeng. *The effect evaluation of haze governance policies in Hebei Province - based on I-O model.* Singapore: Springer, 2020.

587 Zhang, Hongzhou. *Securing the 'rice bowl': China and global food security.* Basingstoke, Hampshire: Palgrave Macmillan, 2018.

588 Zhang, Hongzhou; Li, Mingjiang. *China and transboundary water politics in Asia.* London: Routledge, 2017.

589 Zhang, Jianfeng. *Forestry measures for ecologically controlling non-point source pollution in Taihu lake watershed, China.* Singapore: Springer, 2016.

590 Zhang, Jiayan. *Coping with calamity: environmental change and peasant response in rural China, 1736-1949.* United States: University of Hawaii Press, 2015.

591 Zhang, Jing. *Ecological continuum from the Changjiang (Yangtze river) watersheds to the East China Sea continental margin.* Switzerland: Springer International Publishing Ag, 2015.

592 Zhang, Lulu; Li, Meina. *An investigation report on large public hospital reforms in China.* Germany: Springer, 2016.

593 Zhang, Qiong. *Making the new world their own: Chinese encounters with Jesuit science in the age of discovery.* Netherlands: Brill, 2015.

594 Zhang, Xiao; Jun, Jin. *China environment and development review: China's environment and development in the era of globalization.* United Kingdom: Paths International, 2016.

595 Zhang, Yi. *Advancing the right to health care in China: towards accountability.* Cambridge: Intersentia, 2019.

596 Zhang, Yuandong; Goldman, Daniel. *Darriwilian to Katian (Ordovician) graptolites from Northwest China.* United States: Elsevier, 2016.

597 Zhang, Yuanzhi; Liang, X. San. *Coastal environment, disaster, and infrastructure: a case study of China's coastline.* London: IntechOpen, 2018.

598 Zhang, Yunzhou. *Non-fossil energy development in China: goals and challenges.* London: Academic Press, 2019.

599 Zhao, Dacheng. *Chinese students' higher achievement in mathematics: comparison of mathematics education of Australian and Chinese primary schools.* Singapore: Springer, 2016.

600 Zhao, Wenru. *Rehabilitation therapeutics of the neurological training: daoyin technique in Chinese medicine.* Singapore: Springer, 2019.

601 Zhao, Xiaobo. *Developing an appropriate contaminated land regime in China: lessons learned from the US and UK.* Berlin, Germany: Springer, 2019.

602 Zheng, Yisheng; Fan, Liang. *Chinese research perspectives on the environment, special volume: critical essays on China's environment and development.* Netherlands: Brill, 2016.

603 Zhong, Qiu. *Environmental consciousness in China: change with social transformation.* Oxford: Chandos Publishing, 2020.

604 Zhou, Lihong; Nunes, José Miguel Baptista. *Knowledge sharing in Chinese hospitals:*

identifying sharing barriers in traditional Chinese and western medicine collaboration. Germany: Springer, 2015.

605 Zhou, Wenli. *Technology of large-scale Zinc production in Chongqing in Ming and Qing China.* United Kingdom: Brit Archaeological Rpts, 2016.

606 Zhou, Xiao-Nong. *National Institute of Parasitic Diseases, China: 70 years and beyond.* Amsterdam: Academic Press, 2020.

607 Zhou, Xiao-Nong; Li, Shi-Zhu. *Advances in parasitology: schistosomiasis in the People's Republi cof China: from control to elimination.* United Kingdom: Elsevier Academic Press, 2016.

608 Zhu, Hehua. *A science comic of urban metro structure: performance evolution and sensing control.* Singapore: Springer, 2019.

609 Zhu, Xiaodan [et al.]. *Natural language processing and Chinese computing: 9th CCF International Conference, NLPCC 2020, Zhengzhou, China, October 14-18, 2020, proceedings.* Cham, Switzerland: Springer, 2020.

610 Zhuang, Yue; Riemenschnitter, Andrea M. *Entangled landscapes: early modern China and Europe.* Singapore: NUS Press, 2017.

611 Zou, Bin; Smith, Simon. *Corpus linguistics in Chinese contexts.* United Kingdom: Palgrave Macmillan, 2015.

612 Zuev, Dennis. *Urban mobility in modern China: the growth of the e-bike.* Basingstoke, Hampshire: Palgrave Macmillan, 2018.

613 Zwerger, Klaus. *Wood and wood joints building traditions of Europe, Japan and China.* Switzerland: Birkhäuser, Part of Walter De Gruyter Gmbh, Berlin, 2015.

法语

614 Anicotte, Rémi. *Le livre sur les calculs effectués avec des bâtonnets: un manuscrit du -IIe siècle excavé à Zhangjiashan.* Paris: Inalco presses, 2019.

615 Ascencio, Chloé; Rey, Dominique. *Travailler avec les Chinois: 8 clés opérationnelles pour réussir.* Paris: Dunod, 2016.

616 Bernard, Odile [et al.]. *Le chemin de fer du Yunnan: une aventure française en Chine.* Bordeaux: Elytis; Paris: Musée national des arts asiatiques-Guimet, 2016.

617 Bonnet-Bidaud, Jean-Marc. *4000 ans d'astronomie chinoise: les officiers célestes.* Paris: Belin, 2017.

618 Boschet, Agnès [et al.]. *Chine digitale: dragon hacker de puissance.* Versailles: VA éditions, 2019.

619 Chalier, Agnès. *Variations scientifiques: recherches sur l'histoire et la philosophie des sciences en Europe et en Chine.* Paris: Hermann, 2015.

620 Coué, Philippe. *Dragons furieux: les avions spatiaux chinois.* Paris: l'Harmattan, 2017.

621 Dourthe, Pierre. *Peste en Mandchourie: science médicale et photographie au temps de la peste en Mandchourie (1910-1911).* Paris; Galerie Adnan Sezer: Bruno Tartarin, 2020.

622 Goh, Guan Leong. *Les quatre piliers de la destinée: manuel d'astrologie chinoise. Volume 1.*

Paris: Marip-the Feng shui firm, 2017.
623 Hassoun, Pascale. *Un dragon sur le divan: chronique d'une psychanalyste en Chine*. Toulouse: Érès, 2017.
624 Houssaye, J.-G. *Le thé pour oublier le bruit du monde*. Paris: Espaces & signes, 2019.
625 Keck, Frédéric. *Les sentinelles des pandémies: chasseurs de virus et observateurs d'oiseaux aux frontières de la Chine*. Bruxelles: Zones Sensibles, 2020.
626 Lee, Kai-Fu. *IA, la plus grande mutation de l'histoire: comment la Chine devient le leader de l'intelligence artificielle et pourquoi nos vies vont changer*. Paris: les Arènes, 2019.
627 Ma, Aifang. *Les biotechnologies en Chine: un état des lieux*. Paris: Fondation pour l'innovation politique, 2020.
628 Ma, Aifang. *L'intelligence artificielle en Chine: un état des lieux*. Paris: Fondation pour l'innovation politique, 2018.
629 Mathieu, Jacques. *Guide de l'amateur de thé Pu'er: de la feuille de thé à l'ambroisie*. Paris: Éditions You Feng, 2018.
630 Mestrallet, Alain. *Les sources paysannes de la médecine chinoise*. Paris: Éditions Medicis, 2018.
631 Monfret, Anne-Laure. *Comment ne pas faire perdre la face à un Chinois?* Paris: Dunod, 2015.
632 Ouaknine, Joest Jonathan. *Les voitures chinoises*. Paris: Éditions Complicités, 2017.
633 Pimpaneau, Jacques. *Célébration de l'ivresse*. Arles: Éditions Picquier, 2020.
634 Rougeventre, Katrin. *L'empire du thé: le guide des thés de Chine*. [Soisy-sur-Seine]: Félix Torres éditeur; Paris: Michel de Maule, 2017.
635 Ruben, Gabrielle. *La médecine énergétique chinoise*. Nîmes: De Vecchi, 2017.
636 Wu, Yuanzhi. *Les huit enseignements TAETEA de la voie du thé: méthode pour apprendre et maîtriser la cérémonie chinoise du thé*. Paris: la Compagnie littéraire, 2019.
637 Xi, Longfei. *Histoire des navires dans la Chine ancienne*. [Saint-Malo]: Éditions Ancre de marine, 2019.
638 Xia, Gaoqin. *Le téléphone portable et ses implications sociales: étude comparative entre les usagers chinois et français en Chine*. Paris: Éditions le Manuscrit, 2019.

德语

639 Bader, Birgit; Henrich, Ute. *Westliche Kräuter in der chinesischen Medizin*. Kulmbach: ML Verlag, 2019.
640 Chmielnicki, Bartosz. *Pulsqualitäten der chinesischen Medizin auf einen Blick*. München: Kiener, 2015.
641 Cong, Lin. *Chinesische psychosomatische Medizin*. Berlin; Heidelberg: Springer, 2015.
642 Dudenhöffer, Kathrin. *Akzeptanz von Elektroautos in Deutschland und China: eine Untersuchung von Nutzungsintentionen im Anfangsstadium der Innovationsdiffusion*. Wiesbaden: Springer Gabler, 2015.
643 Fatrai, Agnes et al. *Chinese ophthalmology*. Wiesbaden: Tipani, 2015.
644 Friedl, Fritz. *Das Gesetz der Balance: chinesisches Gesundheitswissen für ein langes Leben*. München: Goldmann Verlag, 2016.

645 Hammes, Michael; Schwarz, Roya. *Das Geheimnis der goldenen Nadel: die Entwicklung wahrer therapeutischer Kräfte aus den antiken Lehren der chinesischen Medizin*. München: Elsevier, 2018.

646 Heindler-Weinlich, Gerti. *Geschädigtes Blut als Ursache von Blutstase und Schmerzen aus Sicht der Traditionellen Chinesischen Medizin*. Schiedlberg/Austria: BACOPA Verlag, 2016.

647 Hou, Wanzhu et al. *Autoimmunerkrankungen mit chinesischer Medizin gezielt behandeln*. München: Elsevier, Urban & Fischer, 2015.

648 Hu, Changjiang et al. (Hrsg.). *Paozhi: die Aufbereitung chinesischer Arzneimittel: Methoden und klinische Anwendung*. Berlin, Germany: Springer, 2018.

649 Hui, Yuk. *Die Frage nach der Technik in China: ein Essay über die Kosmotechnik*. Berlin: Matthes & Seitz, 2020.

650 Lan, Fengli; Wallner, Fritz G. *Metaphor: the weaver of Chinese medicine*. Nordhausen: Verlag Traugott Bautz GmbH, 2015.

651 Maciocia, Giovanni. *Diagnostik in der chinesischen Medizin*. München: Elsevier, Urban & Fischer, 2015.

652 Nelles, Michael et al. *Verwertung von biogenen Fraktionen aus Siedlungsabfällen in der VR China: Studie*. Rostock: Universität Rostock, 2017.

653 Ploberger, Florian. *Chinesische Phytotherapie: Anleitung zur Erstellung einer TCM-Rezeptur*. Schiedlberg: Bacopa-Verl., 2015.

654 Ritter, Sabine. *Arzneimittelwirkungen aus Sicht der Chinesischen Medizin*. München: Verlag Müller & Steinicke, 2016.

655 Scheuer, Stephan. *Der Masterplan: Chinas Weg zur Hightech-Weltherrschaft*. Freiburg: Herder, 2018.

656 Schweikert, Irene. *Das Energiedenken der Chinesen: Wissen für alle!*. Nürtingen: Senner-Dr., 2015.

657 Semrau, Marc. *Untersuchung zur Modellierung von chinesischem Fahrverhalten auf Autobahnen für den Test pilotierter Fahrfunktionen*. Wiesbaden: Springer, 2018.

658 Stöger, Adelheid. *Im Frühling trägt der Kaiser grün: Grundlagen und Grundbegriffe der TCM im Wandel der 5 Jahreszeiten*. Berlin: Lehmanns Media, 2017.

659 Tismar, Jens. *Komplementär behandeln mit Chinesischer Medizin und Homöopathie*. Hanau: Haag + Herchen, 2017.

660 Wancura-Kampik, Ingrid. *Segment-Akupunktur: der wissenschaftliche Hintergrund der chinesischen Akupunktur*. München: Kiener, 2017.

661 Wang, Zening; Zuo, Qi. *Traditionelle Chinesische Medizin TCM: Chinas erfolgreicher Weg raus aus der Covid-19-Krise*. Bonn: VogelPerspektive GmbH, 2020.

662 Wieg, Peter. *Die chinesischen Dschunken*. Remscheid: Rediroma-Verlag, 2017.

663 Wu, Li et al. *Chinesische Steinheilkunde: Wirkung und Anwendung der wichtigsten Heilsteine*. Murnau a. Staffelsee: Mankau, 2016.

664 Yu, Xiaoheng. *Identifikation und Analyse technologischer Wettbewerbsfähigkeit auf Basis von Patentinformationen: eine Vergleichsuntersuchung zwischen Deutschland und China am Beispiel der Elektromobilität*. Göttingen: Sierke Verlag, 2017.

665 Zwerger, Klaus. *Das Holz und seine Verbindungen: traditionelle Bautechniken in Europa, Japan und China*. Basel: Birkhäuser, 2015.

西班牙语

666 Blakeway, Jill. *Medicina energética: la ciencia de la acupuntura, la medicina tradicional china y otras técnicas curativas*. Madrid: Urano, 2019.
667 Blanes, Pilar. *Relacionando las cerraduras energéticas con la medicina tradicional china*. Barcelona: P. Blanes, 2020.
668 *Diez minutos de medicina tradicional china: automasaje*.Madrid: Cooperación Editorial, 2017.
669 Gallardo Arce, José Antonio. *Medicina tradicional china*. Málaga: Sirio, D.L., 2015.
670 García López, Ángel. *Psiquenergética: la piscosomática clínica desde la medicina china*. Pamplona, España: Aingeru, 2018.
671 Jiménez Martín, Pedro J. *Qigong y medicina en la China antigua*. Madrid: Miraguano, D.L., 2015.
672 Liang, Yongxuan. *Medicina en la cultura china*. Madrid: Editorial Popular, D.L., 2016.
673 Liu, Zheng. *Medicina china tradicional*. Madrid: Oberón, 2016.
674 Lorite Ayán, Nuria. *Las bases de la medicina china: fisiología*. Madrid: Letra Clara, 2016.
675 Lorite Ayán, Nuria. *Las bases de la medicina china: fisiopatología y diágnostico*. Madrid: Letra Clara, 2017.
676 López Garrido, Beatriz. *Medicina china y gestión emocional*. Madrid: Oberon, 2020.
677 López Lumi, Mauricio. *Principios de medicina tradicional china*. Buenos Aires, Argentina: Pluma & Papel; Barcelona: Tutus Editorial, 2017.
678 Mora Sánchez, Rafael de. *La historia de la medicina china, en su contexto y en relación con Europa*. Madrid: Ediciones I, D.L., 2017.
679 Naverán, Toty de. *El latido del universo: fundamento diagnóstico de la pulsología china*. Madrid: Miraguano, D.L., 2016.
680 Ody, Penelope. *Medicina china para principiantes*. Móstoles, Madrid: Neo Person, 2015.
681 Padilla Corral, José Luis. *Contacto sanador: medicina tradicional china y tejido fascial*. Madrid, España: Miraguano Ediciones, 2019.
682 Pelissier, Jean. *La medicina tradicional china para Dummies*. Para Dummies, 2019.
683 Pereda Torres, Jesús. *Cielo y tierra: tratado sobre medicina tradicional china*. Madrid, España: Tritemio, 2018.
684 Pesselon, Pascal. *Osteopatía y medicina tradicional china*. Madrid: Editorial Dilema, 2019.
685 Plascencia López, Ismael. *Experiencias nacionales de ecosistemas de innovación: Argentina, Brasil, Chile, Corea, China e Israel*. Mexicali, Baja California, México: Universidad Autónoma de Baja California, Departamento de Editorial, 2017.
686 Villaroel Escudero, Ruth. *Reflexología podal, facial, manopuntura y auriculoterapia: basado en medicina tradicional china*. Valladolid: Osteomedic, D. L., 2015.
687 Wu, Li. *El reloj de los órganos: vivir al ritmo de la Medicina Tradicional China, MTC*. L'Hospitalet de Llobregat, Barcelona: Macro, D.L., 2017.
688 Zhao, Xiaolan. *Medicina tradicional china para la mujer: aprende a sanar cuerpo y mente a través de una sabiduría ancestral adaptada a nuestro tiempo*. Barcelona: Books4pocket, 2016.
689 Álvarez Martínez, Antonio Javier. *Acupuntura energética: fundamentos de medicina china*. Rosario: Mito, 2019.

俄语

690 Бао Оу. Научные идеи Б. М. *Кедрова и развитие «диалектики природы» в Китае, 1960-2010*. Москва: Наука, 2018.

691 Виногродский, Бронислав Брониславович. *Мудрость правителя на пути долголетия: теория и практика достижения бессмертия*. Москва: Эксмо, 2015.

692 Виногродский, Бронислав Брониславович. *Путь чая*. Москва: Эксмо, 2020.

693 Голосова, Елена Владимировна. *Сады и парки дельты реки Янцзы*. Елена Голосова; Российская акад. наук, Гл. ботанический сад им. Н. В. Цицина. Москва: Памятники ист. мысли, 2015.

694 Горбатова, Ирина Витальевна сост. *Династия Мин: Сияние Учености = Ming Dynasty: The Radiance of Knowledge: [каталог]*. Москва: Гос. историко-культурный музей-заповедник "Московский Кремль", 2018.

695 Джецун Дракпа Гьялцен. *"Ханская сокровищница" - о способах лечения (Гьялпо-кордзо): перевод с монгольского языка*. [исследование, перевод, комментирование, транслитерация, указатели Ю. Ж. Жабон и др.]. Улан-Удэ: НоваПринт, 2020.

696 Караулов, Андрей Вячеславович. *Беседы о Гармонии во Дворце Поднебесном = Talks on Harmony in the Palace of the Celestial Empire: психосоматика в китайской философии и медицине*. Москва: Навигатор, 2016.

697 Карпун, Юрий Николаевич и др. *Словарь названий родов древесных растений Китая = The dictionary of generic names of woody plants of China*. Сочи: СБСК, 2016.

698 Коваль, Дмитрий. *Китайский императорский массаж: лечение 100 болезней с помощью банок: [большой атлас зон исцеления]*. Москва: Прайм, сор. 2015.

699 Козыренко, Наталия Ефремовна и др. *Градостроительное наследие Харбина*. Хабаровск: Изд-во ТОГУ, 2015.

700 Козыренко, Наталия Ефремовна; Ордынская, Ю. В. *Разделённый город. (Международный научный проект «Архитектурно-градостроительное наследие Харбина»)*. Хабаровск: Изд-во ТОГУ, 2016.

701 Крупская, Дина. *Лестница в небо, или китайская медицина по-русски. 2-е изд*. Москва: Ганга, 2016.

702 Лузина, Чжу-Лили; Камилла, Лузина. *Традиционная китайская медицина*. Москва: Бином: McGraw Hill Medical, 2016.

703 Лучкова, Вера Ивановна; Ким, А. А. *Европейские влияния в традиционной архитектуре Китая XVIII - начала XX в.*. Хабаровск: Изд-во ТОГУ, 2016.

704 Лучкова, Вера Ивановна; Целуйко, Д. С. *История китайского сада: от традиций к параметризму*. Хабаровск: Изд-во ТОГУ, 2016.

705 Мазилов, Евгений Александрович; Шэн Фанфу. *Научно-технологическое развитие: опыт России и Китая = Scientific and technological development: experience of Russia and China*. Вологда: ФГБУН ВолНЦ РАН, 2020.

706 Пищальникова, Вера Анатольевна и др. *Картина мира китайцев: теория и практика научного исследования*. [под ред. В. А. Пищальнковой]. Москва: Р.Валент, 2020.

707 Раздобурдин, Ян Николаевич. *Традиционная китайская медицина и Аюрведа против*

простуды и COVID-19. Москва: Центрполиграф, cop. 2020.

708 Суслонов, Александр Аркадьевич сост. фот. *"Сады Сучжоу": в Китайском культурном центре в Москве*. Москва: У Никитских ворот, 2017.

709 Сюй Вэй. *Ландшафт и архитектура: традиционные поселения в горах Южного Китая*. Санкт-Петербург: НП-Принт, 2016.

710 Толоконникова, Екатерина Владимировна; Смирнов Е. Н. *Глобальная экологическая проблема: в фокусе - Китай*. Ставрополь: Логос, 2018.

711 Тутнова, Татьяна Антоновна. *Ракетно-космическая деятельность КНР: возрастающая роль в международных отношениях: монография*. Москва: ИВ РАН, 2020.

712 У Цзихуа. *Китайская медицина, как я ее понимаю*. Москва: Грин Принт, 2020.

713 Упур, Халмурат; Дубровин, Денис. *Теория и практика классической китайской медицины: [для врачей-специалистов]. Том 1*. Москва: Абрис: ОЛМА, 2017.

714 Хо, Ольга Александровна. *Культура вина в Китае*. Иркутск: МГЛУ ЕАЛИ, 2015.

715 Цуй Чжэн. *Научно-техническое сотрудничество РФ и КНР в контексте инновационного развития стран БРИКС*. Москва: МАКС-Пресс, 2016.

716 Чжоу И. *Лечебно-оздоровительные комплексы цигун мастера Чжоу И*. [текст и комментарии - Милянюк А. О.]. Москва: ИДВ РАН, 2016.

717 Чистяков, Василий Дмитриевич. *Материалы по истории математики в Китае и Индии. Изд. 2-е*. Москва: URSS: ЛЕНАНД, cop. 2019.

718 Шевченко, Марианна Юрьевна. *История архитектуры и градостроительства Китая*. Москва: Архитектура-С, 2019.

719 Юнь Лун. *Китайская медицина: современное руководство по древней методике исцепления*. Москва: Эксмо, 2016.

日语

720 製薬企業の中国戦略 2018. TPC マーケティングリサーチ，2018.
721 中国の医薬品開発と承認審査プロセス．シード・プランニング，2017.
722 中国上場医薬品企業の要覧．シード・プランニング，2016.
723 中国医薬品市場の現状と展望 2017 年版．シード・プランニング，2017.
724 中華人民共和国瀋陽市及びその周辺における油性廃棄物の固形燃料化事業報告書．東亜オイル興業所，2017.
725 イーアールエム日本株式会社．中国唐山市における製鋼ダストからのベースメタルリサイクル事業．イー・アール・エム日本，2018.
726 インパテック株式会社．特許情報分析（パテントマップ）から見たハイアール・グループ（Haier Group）〈中国特許日本語版〉に関する技術開発実態分析調査報告書．パテントテック社，2017.
727 ウィリアム・C・ハンナス［ほか］．中国の産業スパイ網：世界の先進技術や軍事技術はこうして漁られている（別タイトル：CHINESE INDUSTRIAL ESPIONAGE）．草思社，2020.
728 ウィリアム・C・ハンナス［ほか］．中国の産業スパイ網：世界の先進技術や軍事技術はこうして漁られている（原タイトル：CHINESE INDUSTRIAL ESPIONAGE）. 草思社, 2015.
729　オーエムシー. 日中コベネフィット協力に係る出版物作成支援業務：報告書. オーエムシー, 2016.
730　シーエムシー・リサーチ調査部. 中国における EV・LIB・部材の市場・企業動向. シーエムシー・リサーチ, 2017.
731　シードプランニング. 中国医薬品流通・販売体制. シード・プランニング, 2018.
732　阪口珠未. 老いない体をつくる中国医学入門：決め手は五臓の「腎」の力. 幻冬舎, 2018.
733　北村順. 循環器医が知っておくべき漢方薬続. 文光堂, 2017.
734　兵頭明. 中医学の仕組みがわかる基礎講義. 医道の日本社, 2018.
735　産業技術総合研究所関西センター. 国立研究開発法人産業技術総合研究所関西センター百年史：最近 20 年間の歩み. 産業技術総合研究所関西センター, 2018.
736　産業技術総合研究所四国センター. 国立研究開発法人産業技術総合研究所四国センター五十年史. 産業技術総合研究所四国センター, 2018.
737　産業技術総合研究所中部センター. 産業技術総合研究所中部センター 15 年史. 産総研コンソーシアム名古屋工業技術協会, 2017.
738　長谷川順二. 前漢期黄河古河道の復元：リモートセンシングと歴史学. 六一書房, 2016.
739　辰巳洋. 中医婦人科学. 源草社, 2018.
740　辰巳洋. 中医臨床基礎学. 源草社, 2018.
741　辰巳洋. 中医小児科学. 源草社, 2018.
742　陳勇. 舌診論：新・臨床中医学舌診篇. 花乱社, 2018.
743　陳勇. 新・臨床中医学入門：図解で分かる. 花乱社, 2018.
744　陳雲蓮. 近代上海の都市形成史：国際競争下の租界開発. 風響社, 2018.
745　沖縄県立看護大学国際交流室運営委員会. 台北医学大学学生研修受け入れ報告書平成 28 年度. 沖縄県立看護大学国際交流室運営委員会, 2016.
746　川嶋朗. マンガと図解これからの東洋医学：理論、診断法、漢方・鍼灸・薬膳から新たな統合医療まで. 日本文芸社, 2016.
747　川瀬健一. 東洋医療体術：自分でできる東洋医学. たにぐち書店, 2018.
748　川手鮎子. 食事と呼吸で 40 代からの女性の不調は楽になる. 彩図社, 2018.
749　茨城洋一. 山の花百の思い出海外編. 弘報印刷出版センター, 2020.
750　村本義雄. 中国のトキを慕いて. 橋本確文堂, 2017.
751　村瀬豆洲. 幼幼家則. 名著出版, 2017.
752　村上哲生, 南基泰. チベット高原の不思議な自然. 築地書館, 2016.
753　大川清. 漢方の臨床：傷寒論を基本として. 幻冬舎メディアコンサルティング, 2018.
754　大東文化大学東洋研究所.『天文要録』の考察. 大東文化大学東洋研究所, 2016.
755　大東文化大學東洋研究所.『天文要録』の考察. 大東文化大学東洋研究所, 2019.
756　大形徹. 胎産書・雜禁方・天下至道談・合陰陽方・十問. 東方書店, 2015.
757　大塚健司. 中国水環境問題の協働解決論：ガバナンスのダイナミズムへの視座. 晃洋書房, 2019.
758　大塚敬節, 矢数道明. 近世漢方医学書集成 60. 名著出版, 2017.
759　大塚敬節, 矢数道明. 近世漢方医学書集成 77. 名著出版, 2017.

760　大塚敬節，矢数道明．近世漢方医学書集成78．名著出版，2017．
761　德岡正三．砂漠考：中国の荒れ地とその緑化修復から．研成社，2019．
762　地球環境戦略研究機関．北東アジア地域における都市廃棄物の循環利用の推進と地域協力に関する調査検討業務報告書平成27年度．地球環境戦略研究機関，2016．
763　地球環境戦略研究機関．農村地域等におけるアンモニア性窒素等総量削減協力事業業務業務報告書．地球環境戦略研究機関，2015．
764　丁宗鐵，南伸坊．丁先生、漢方って、おもしろいです。．朝日新聞出版，2018．
765　丁宗鐵，南伸坊．漢方的生き方のすすめ．毎日新聞出版，2018．
766　東亜オイル興業所．中華人民共和国瀋陽市及びその周辺における油性廃棄物の固形燃料化事業報告書．東亜オイル興業所，2015．
767　東亜オイル興業所．中華人民共和国瀋陽市及びその周辺における油性廃棄物の固形燃料化事業報告書．東亜オイル興業所，2016．
768　都築麻尋．中医薬膳ティーのすすめ季節編vol.1．三恵社，2018．
769　渡部迪男．古代漢方医学入門2．たにぐち書店，2017．
770　渡辺賢治．エビデンス漢方診療．医歯薬出版，2018．
771　渡辺賢治．漢方医学：「同病異治」の哲学．講談社，2019．
772　多紀元簡．金匱要略輯義解説上．たにぐち書店，2017．
773　多紀元簡．金匱要略輯義解説下．たにぐち書店，2017．
774　多紀元簡．傷寒論輯義解説上．たにぐち書店，2017．
775　多紀元簡．傷寒論輯義解説下．たにぐち書店，2017．
776　福田一典．がんとの共存を目指す漢方がん治療．ルネッサンス・アイ，2017．
777　傅維康，呉鴻洲．中国医学の歴史．東洋学術出版社，2017．
778　高橋あやの．張衡の天文学思想．汲古書院，2018．
779　高山宏世．腹證圖解漢方常用處方解説．東洋学術出版社，2017．
780　高山宏世．漢方の基礎と臨床：症状・病名と常用処方：弁証図解．東洋学術出版社，2018．
781　高山真．論より証拠の漢方処方．日本医事新報社，2018．
782　根本幸夫．東洋医学おさらい帳．じほう，2017．
783　古谷彩子．国際薬膳師脳になる！弁証論治トレーニング．デザインエッグ，2018．
784　関根嘉香［ほか］．中国のエネルギー転換による環境保全分析：学際研究による大気汚染（$PM_{2.5}$）の改善効果．ブイツーソリューション，2018．
785　海外環境協力センター．中国におけるコベネフィット型低炭素社会構築支援方策調査・検討委託業務（業務報告書）．海外環境協力センター，2016．
786　海外環境協力センター．中国におけるコベネフィット型低炭素社会構築支援方策調査・検討委託業務（業務報告書）平成28年度．海外環境協力センター，2017．
787　海外環境協力センター．中国におけるコベネフィット型低炭素社会構築支援方策調査・検討委託業務：業務報告書．海外環境協力センター，2019．
788　海外環境協力センター．中国におけるコベネフィット型低炭素社会構築支援方策調査・検討委託業務業務報告書．海外環境協力センター，2015．
789　海外環境協力センター．中国におけるコベネフィット型低炭素社会構築支援方策調査・検討委託業務業務報告書平成29年度．海外環境協力センター，2018．
790　和田東郭．蕉窓雑話；蕉窓方意解．創医会，2018．
791　和田東郭．註釈百疢一貫：和田東郭医学の階梯．たにぐち書店，2017．

792　河口充勇．覚醒される人と土地の記憶：「台湾シリコンバレー」のルーツ探し．風響社，2019.
793　横内正典．絶望を希望に変える癌治療続．たま出版，2017.
794　許志泉．漢方求真：体質・症候・病から探求する薬方の証．桐書房，2018.
795　環境省環境再生資源循環局．中国における日本の分散型汚水処理技術の広報等業務報告書平成29年度．環境省廃棄物適正処理推進課浄化槽推進室，2017.
796　環境省生物多様性センター．自然環境保全基礎調査植生調査植生図作成業務報告書平成29年度中国・四国ブロック．環境省自然環境局生物多様性センター，2018.
797　荒木正胤．漢方問答続（食養生の思想）．たにぐち書店，2015.
798　荒木正胤［ほか］．漢方問答：東洋医学の世界．たにぐち書店，2015.
799　吉富博樹．中医診断学基礎．たにぐち書店，2018.
800　吉田有希．からだイキイキ☆トウヨウイガク：東洋医学のいろは．ポエムピース，2017.
801　吉元昭治．道教と医学論文集第1巻（別タイトル：『漢方の臨床』誌掲載）．たにぐち書店，2020.
802　吉元昭治．道教と医学論文集第2巻．たにぐち書店，2020.
803　吉元昭治．道教と医学論文集第3巻．たにぐち書店，2020.
804　吉元昭治．図説道教医学：東洋思想の淵源を学ぶ．勉誠出版，2018.
805　加治隆．トキ年表：トキの保護増殖、野生復帰、人と共生する環境づくりのあゆみ：1630-2013．東京環境工科学園東京環境工科専門学校，2018.
806　菅野宏信［ほか］．菅野宏信先生講義録：薬局漢方の真実と深化．たにぐち書店，2019.
807　建設技術研究所．日中環境協力基礎調査委託業務報告書．建設技術研究所，2016.
808　江部洋一郎［ほか］．経方医学6．東洋学術出版社，2018.
809　交流協会．台湾模倣対策マニュアル．交流協会，2016.
810　交流協会．台湾特許実務における進歩性判断について．交流協会，2016.
811　交流協会．知的財産分野における両岸協力の現状とその活用について．交流協会，2016.
812　今村遼平．地図作成に見る世界最先端の技術史：世界のトップを走り続けた中国．郁朋社，2017.
813　今津嘉宏．ねころんで読める漢方薬：やさしい漢方入門書：ナースと研修医が知っておきたい漢方のハナシ．メディカ出版，2017.
814　金紅実．中国の環境行財政：社会主義市場経済における環境経済学．昭和堂，2016.
815　井齋偉矢．西洋医が教える、本当は速効で治る漢方．SBクリエイティブ，2018.
816　静岡県立大学グローバル地域センター中国環境問題研究会．中国環境問題研究報告書．静岡県立大学グローバル地域センター，2017.
817　科学技術振興機構研究開発戦略センター．要国と中国の科学技術協力：欧米等は中国の科学技術をどのように見ており、どのように協力しようとしているか：海外調査報告書．科学技術振興機構研究開発戦略センター海外動向ユニット，2016.
818　科学技術振興機構中国総合研究・さくらサイエンスセンター．中国における人工知能研究開発の現状と動向．科学技術振興機構中国総合研究・さくらサイエンスセンター，2018.
819　科学技術振興機構中国総合研究・さくらサイエンスセンター．中国における新エネルギー自動車の技術開発の現状と動向.科学技術振興機構中国総合研究・さくらサイエンスセンター,2020.
820 科学技術振興機構中国総合研究・さくらサイエンスセンター.中国の科学技術の現状と動向.科学技術振興機構中国総合研究・さくらサイエンスセンター,2019.
821 科学技術振興機構中国総合研究・さくらサイエンスセンター.中国の科学技術の政策変遷と発展経緯.科学技術振興機構中国総合研究・さくらサイエンスセンター,2019.
822 科学技術振興機構中国総合研究・さくらサイエンスセンター.中国科学技術概況.科学技術振興機構中国総合研究・さくらサイエンスセンター,2019.
823 科学技術振興機構中国総合研究・さくらサイエンスセンター.中国科学技術概況2017.科学技術振興機構中国総合研究交流センター,2018.
824 科学技術振興機構中国総合研究交流センター.中国の科学技術の現状と動向.科学技術振興機構中国総合研究交流センター,2015.
825 科学技術振興機構中国総合研究交流センター.中国の科学技術の現状と動向.科学技術振興機構中国総合研究交流センター,2016.
826 科学技術振興機構中国総合研究交流センター.中国の原子力分野における研究開発の現状と動向.科学技術振興機構中国総合研究交流センター,2016.
827 科学技術振興機構中国総合研究交流センター.中国環境産業技術の発展状況.科学技術振興機構中国総合研究交流センター,2016.
828 科学技術振興機構中国総合研究交流センター.中国科学技術概況2015.科学技術振興機構中国総合研究交流センター,2015.
829 科学技術振興機構中国総合研究交流センター.中国科学技術概況.科学技術振興機構中国総合研究交流センター,2016.
830 科学技術振興機構中国総合研究交流センター.中国科学最前線:研究の現場から2015年版.科学技術振興機構中国総合研究交流センター,2015.
831 科学技術振興機構中国総合研究交流センター.中国知財戦略に関する調査.科学技術振興機構中国総合研究交流センター,2017.
832 科学技術振興機構中国総合研究交流センター[ほか].中国科学技術政策の現状と展望.科学技術振興機構中国総合研究交流センター,2017.
833 堀口和彦.体質で決まる漢方と養生:気・精・血・水.万来舎,2017.
834 李偉,管虹.協同学習で学ぶ医療系中国語会話.白帝社,2018.
835 李智慧.チャイナ・イノベーション:データを制する者は世界を制する.日経BP社,2018.
836 林幸秀.中国における科学技術の歴史的変遷:清朝末から現代までの科学技術政策の流れを中心として.ライフサイエンス振興財団,2020.
837 林幸秀.中国のライフサイエンス研究.ライフサイエンス振興財団,2020.
838 林幸秀.中国の宇宙開発:中国は米国やロシアにどの程度近づいたか.アドスリー,2019.
839 劉務林.世界の屋根:チベットの生き物.科学出版社東京,2019.
840 羅浩.生命の記憶:パソン・ツォ/ルラン生物多様性観測マニュアル.グローバル科学文化出版,2019.
841 羅浩.自然の魂:カイラス山・マーナサロワール湖生物多様性観測マニュアル.グローバル科学文化出版,2019.
842 猫夫人.店主は、猫:台湾の看板ニャンコたち.WAVE出版,2016.

843 孟澍江，王樂匋．全訳温病学：中医薬大学全国共通教材基礎編．たにぐち書店，2018．
844 名越礼子．ナラティブ霊枢：明解な現代語訳で鍼灸の原典を読み解く．ヒューマンワールド，2017．
845 木田一歩．藥方愚解．静風社，2018．
846 那仁満都拉．常時微動計測に基づく中国における建物の振動特性とその耐震性評価手法．櫂歌書房，2015．
847 南京中医学院．難経校釈．たにぐち書店，2017．
848 浦山きか．漢文で読む『霊枢』：基礎から応用まで．アルテミシア，2018．
849 千福貞博．実践！漢方診察：脈診・舌診・腹診基本マスター．新興医学出版社，2018．
850 浅田宗伯．脉法私言．たにぐち書店，2016．
851 橋本浩．小児漢方治療入門．中外医学社，2018．
852 橋本喜夫．皮膚科ジェネラリスト漢方．メディカルユーコン，2017．
853 青木謙知．中国航空戦力のすべて：中国のテクノロジーは世界にどれだけ迫っているのか？．SBクリエイティブ，2015．
854 青木歳幸，佐賀大学．わが国種痘伝播と地域医療の近代化に関する史料集成を軸とする基礎的研究．青木歳幸，2018．
855 秋葉哲生．応用自在のユニット処方解説：漢方製剤．ライフ・サイエンス，2017．
856 日本舶用工業会．中国船舶工業の発展ビジョンに関する調査．日本舶用工業会，2017．
857 日本舶用工業会．中国船舶工業の発展戦略に関する調査報告書．日本舶用工業会，2015．
858 日本舶用工業会．中国船舶工業の現況に関する調査2016．日本舶用工業会，2017．
859 日本舶用工業会．中国造船業の現況に関する調査報告書．日本舶用工業会，2016．
860 日本環境衛生センター．中国でのコベネフィット型大気汚染対策のための共同研究等推進委託業務報告書．日本環境衛生センター，2018．
861 日本小児漢方交流会．小児疾患の身近な漢方治療15．メジカルビュー社，2017．
862 薩日娜．日中数学界の近代：西洋数学移入の様相．臨川書店，2016．
863 三浦於菟．実践東洋医学第1巻．東洋学術出版社，2018．
864 三浦於菟．実践東洋医学第2巻．東洋学術出版社，2018．
865 三上義夫．三上義夫著作集第4巻（別タイトル：中国数学史・科学史）．日本評論社，2020．
866 三宅和久，馬場民雄．マンガ食事と漢方で治すアトピー性皮膚炎．東洋学術出版社，2018．
867 山本晴彦．帝国日本の農業試験研究：華北産業科学研究所・華北農事試験場の展開と終焉．農林統計出版，2015．
868 山本昇吾．漢方眼科診療35年：眼疾患に漢方は効く．メディカルユーコン，2017．
869 山谷剛史．中国のITは新型コロナウイルスにどのように反撃したのか？：中国式災害対策技術読本．星海社，2020．
870 山田陽城［ほか］．薬学生のための漢方医薬学．南江堂，2017．
871 山田業広．経方弁．創医会，2018
872 山中伊知郎．「病名医療」で漢方薬は使うな！？：長崎発★東洋医学医師田中保郎の挑戦は続く！．山中企画，2017．
873 深尾葉子．黄砂の越境マネジメント：黄土・植林・援助を問いなおす．大阪大学出版会，2018．

874 石濱裕美子［ほか］. チベット伝統医学の薬材研究. 藝華書院, 2015.
875 石毛敦, 西村甲. 消化管症候への漢方薬: わかる！つかえる！なおせる！. 南山堂, 2017.
876 柿木保明［ほか］. 歯科漢方医学. 永末書店, 2018.
877 寺澤捷年. 漢方・気血水論の研究. あかし出版, 2018.
878 松本一男. 漢方治療による東洋堂臨床録 Part15. たにぐち書店, 2017.
879 松田吉郎. 寧波の水利と人びとの生活. 汲古書院, 2016.
880 松田三千雄. とってもわかりやすい中医学入門. たにぐち書店, 2017.
881 松下嘉一. 漢方診察法. たにぐち書店, 2017.
882 藪内清. 藪内清著作集第2巻. 臨川書店, 2018.
883 藪内清. 藪内清著作集第3巻. 臨川書店, 2018.
884 藪内清. 藪内清著作集第6巻（別タイトル：自然科学史数学史医学史）. 臨川書店, 2020.
885 湯本求真. 皇漢医学. あかし出版, 2018.
886 藤田一照, 永沢哲. 禅・チベット・東洋医学：瞑想と身体技法の伝統を問い直す. サンガ, 2017.
887 藤重太. 国会議員に読ませたい台湾のコロナ戦. 産経新聞出版, 2020.
888 田畑隆一郎. 漢法治癒ノート. 源草社, 2017.
889 田中耕一郎. 漢方一問一答：99の素朴なギモンに答えます！. 中外医学社, 2017.
890 田中仁［ほか］. 中国の食・健康・環境の現状から導く東アジアの未来：地域研究における文理融合モデルの探求. 大阪大学中国文化フォーラム事務局, 2016.
891 田中実. 究極の医療は円通鍉療. ルネッサンス・アイ, 2015.
892 筒井末春, 芝山幸久. レジリエンスを引き出す心療内科漢方入門. 新興医学出版社, 2017.
893 汪昂. 医方集解学習ノート：汪昂著「医方集解」和訳. 医方集解研究会, 2017.
894 汪訒庵. 医方集解：新編邦譯. たにぐち書店, 2018.
895 王財源. わかりやすい臨床中医実践弁証トレーニング. 医歯薬出版, 2018.
896 王財源. わかりやすい臨床中医診断学第2版. 医歯薬出版, 2016.
897 王財源. 美容と東洋医学：人間美と健康美の原点. 静風社, 2017.
898 王振国. 抗がん漢方：安定から好転、完治へ漢方が救う！：医師から見放された末期ステージ4. クリピュア, 2017.
899 尾崎孝宏. 現代モンゴルの牧畜戦略：体制変動と自然災害の比較民族誌. 風響社, 2019.
900 西村甲, 温故定礎. 東洋医学序説. 三和書籍, 2017.
901 西村甲. 臨床漢方小児科学. 南山堂, 2016.
902 仙頭正四郎. 東洋医学基本としくみ：最新カラー図解. 西東社, 2018.
903 小川恵子. 女性の漢方：すぐに使えるフローチャート. 中外医学社, 2017.
904 小川康. チベット、薬草の旅. 森のくすり出版, 2016.
905 小川義裕. 中医学の誤謬と詭弁：黄帝内経における臓腑経絡概念の本質. 虎の門針灸院, 2015.
906 小髙修司. 再発させないがん治療：中国医学の効果. 東洋学術出版社, 2015.
907 小林善文. 中国水環境の歴史と現在. 昭和堂, 2020.
908 小柳秀明. シャオリュウの中国環境ウオッチ. 環境新聞社, 2017.

909 篠原令．宇宙 - 霊体 - 中國．オルタ出版室，2015．
910 新見正則［ほか］．漢方・外来ナンパ術．新興医学出版社，2017．
911 新井吉秀．きちんと治せる漢方を最短コースで学ぶための山本巌流漢方入門：基本病態と基本方剤と生薬．メディカルユーコン，2018．
912 幸井俊高．症状・疾患別にみる漢方治療指針．日経 BP 社，2017．
913 徐宜厚［ほか］．中医皮膚科学．東洋学術出版社，2017．
914 緒方千秋，坂田幸治．漢方医学：漢方の考え方や使い方のキホンがわかる．じほう，2018．
915 岩崎鋼，高山真．高齢者のための漢方診療．丸善出版，2017．
916 岩田健太郎．つまずきから学ぶ漢方薬：構造主義と番号順の漢方学習．中外医学社，2018．
917 岩﨑鋼［ほか］．内科医のための漢方診療正直なところ漢方って本当に効くの？と内心思っているあなたへ．金芳堂，2018．
918 閻淑珍．東洋医学思想研究：鍼灸思想の伝承と現代人の養生．文眞堂，2015．
919 野嶋剛．なぜ台湾は新型コロナウイルスを防げたのか．育鵬社，2020．
920 伊達伯欣．からだとこころの環境：漢方と西洋医学の選び方．P ヴァイン，2015．
921 伊藤剛．カラダを考える東洋医学：最新版．朝日新聞出版，2018．
922 有持桂里．有持桂里方輿輗解説．たにぐち書店，2017．
923 元雄良治．エビデンスを活かす漢方でできるがんサポーティブケア．南山堂，2019．
924 袁媛．中国企業の株主構成と知財戦略 - 特許データを用いた実証分析（別タイトル：Ownership structure and intellectual）．知的財産研究教育財団知的財産研究所，2016．
925 張錫純．中医臨床のための医学衷中参西録第 3 巻（生薬学・医論・書簡篇）．東洋学術出版社，2018．
926 張仲景，森由雄．文庫・傷寒論．源草社，2018．
927 趙匡華．中国古代化学：新しい技術やものの発明がいかに時代をつくったのか．丸善出版，2017．
928 紙谷清．ようやく動き出した中国厚生当局：薬事制度と医薬品開発法令の大改正．Science Globe，2016．
929 中島將耀，遠山詳胡子．中国料理のマネージャー：スタッフを育て、売上げを伸ばす．キクロス出版，2017．
930 中国地域暖房省エネルギー研究会．日本の省エネルギー技術の中国地域暖房への活用．東北大学出版会，2017．
931 中国科学技術館．図説中国古代の機械と技術．科学出版社東京，2020．
932 中投顧問産業研究センター．中国半導体デバイス産業チェーン分析レポート（別タイトル：2020-2024 年中国半導体行业产业链深度调研及投资前景预测报告）．グローバルネット，2020．
933 竹内廣尚．治療に活かす「診断力」の高めかた：私が学んできた結果が出せる診断法と治療法．現代書林，2017．
934 鄒大同．臨床家のための中医腫瘍学．東洋学術出版社，2016．

阿拉伯语

935 دنغ، وين كه. الاختراعات الصينية القديمة. بيت الحكمة للاستثمارات الثقافية، 2017.
936 ليو، آي دونغ. حكايات الأفيال. الدار العربية للعلوم ناشرون، 2018.
937 يونغ، يانغي. حكايات القردة الذهبية. الدار العربية للعلوم ناشرون، 2018.

其他语种

938 AKIE, Polsko-Chińskie Centrum Współpracy Gospodarczej. Jak ugryźć Państwo Środka?: sektor spożywczy w Chinach. Centrum Współpracy Gospodarczej Polska-Chiny, 2015.
939 Amalietti, Peter. Kanon interne medicine Rumenega cesarja ali Nei čing su ven Huang Di. Amalietti & Amalietti, 2015.
940 Asmussen, Benjamin. Kinafarerne: mellem kejserens Kina og kongens København. Gad: i samarbejde med M/S Museet for Søfart, 2019.
941 Barabás Andrea Tünde. Globális biztonságpolitikai kérdések az interneten, különös tekintettel Kína és Magyarország kapcsolatára. Okri, 2018.
942 Baric Imre. A kínai tea. Kínai - Magyar Kult. és Okt. Együttműködésért Alapítvány, 2020.
943 Boutrup, Christina. Den store tech-revolution: sådan former Kina vores fremtid. People'sPress, 2018.
944 Burski, Ksawery. Tradycje i sztuka kulinarna Chin. Wydawnictwo Akademickie Dialog, 2015.
945 Campbell, T. Colin. Kitajska študija: najcelovitejša kdajkoli izdelana študija o prehrani in osupljivih posledicah prehrane ter hujšanja na dolgoročno zdravje. SITIS, 2016.
946 Campiglia, Helena. Psique e medicina tradicional chinesa. Ícone, 2018.
947 Cestari, Heloísa. Medicina chinesa: a tradição oriental que cura diversos males. Escala, 2018.
948 Chenagtsang, Nida. Tybetańska księga zdrowia: przywracanie zdrowia i energii dzięki tradycyjnej medycynie tybetańskiej - Sowa Rigpa. Wydawnictwo Vital, 2019.
949 Cohen, Misha Ruth. Uue Hiina meditsiini käsiraamat: uuenduslik teejuht idamaise tarkuse ühendamiseks läänemaailma nüüdisaegse ravikogemusega. Pegasus, 2017.
950 Đơn Đức Khải. Nhà ở Trung Quốc. Nxb. Tp. Hồ Chí Minh, 2015.
951 Đơn, Đức Khải. Nhà ở Trung Quốc. Nhà xuất bản Tổng hợp Thành phố Hồ Chí Minh, 2015.
952 Dunlop, Fuchsia. De Shanghai-keuken: de authentieke en sfeervolle keuken van Oost-China. Karakter Uitgevers B.V., 2016.
953 Dunlop, Fuchsia. Haiuim ja Sichuani pipar: magushapu söömismeenutus Hiinast. Tänapäev, 2015.
954 Fang, Hai. Wuxin oopperatalo = Wuxi Grand Theatre. Parus Verus Publishing, 2018.
955 Farkas Katalin. Kalmár László matematikus Kínában: a magyar - kínai matematikai kapcsolatok kezdetei: a Szegedi Tudományegyetem Klebelsberg Könyvtárárában 2019. február 13-án megnyílt kiállítás anyagából: képek és tanulmányok. Klebelsberg Kvt., 2019.
956 Ferreira, Leila da Costa. O desafio das mudanças climáticas: os casos Brasil e China. Paco, 2017.
957 Gacek, Łukasz. Cywilizacja ekologiczna i transformacja energetyczna w Chinach.

Wydawnictwo Naukowe FNCE, 2020.
958 Gacek, Łukasz. Zielona energia w Chinach: zrównoważony rozwój, ochrona środowiska, gospodarka niskoemisyjna. Wydawnictwo Uniwersytetu Jagiellońskiego, 2015.
959 Heroldová, Helena. Mezi kulturami: oděvní výšivka v pozdním období dynastie Čching. Národní muzeum, 2015.
960 Hicks, Angela. Hiina meditsiini põhialused: [mis see on ja kuidas see toimib]. Ersen, 2019.
961 Hill, Spencer. A Sárga Majomcsászár könyve a hagyományos kínai orvoslásról. Lunarimpex Bt., 2019.
962 Hołubowicz, Roman. Niektóre mało znane warzywa z Chin do uprawy w Polsce. Wydawnictwo Uniwersytetu Przyrodniczego, 2019.
963 Hytönen, Elina. Suur hiina meditsiini käsiraamat: praktiline õpetus keha ja vaimu tasakaalust. TEA Kirjastus, 2018.
964 Ignjačević, Vanda. Kitajska kuhinja. Begen, 2017.
965 Jakubowski, Remy Horn. Chiny: imperium herbaty. Ozconti Marian Jarosz, 2018.
966 Kasprzak, Karolina. Historia ogrodów. Wydawnictwo Adam Marszałek, 2017.
967 Kihn, E. Douglas. Hiina meditsiin tänapäeva maailmas: [iidne tarkus muretsemise, kiirustamise ja liigsöömise lõpetamiseks]. Ersen, 2019.
968 Koblańska, Dorota. Historia ubioru. Wydawnictwo Adam Marszałek, 2017.
969 Koort, Jekaterina, et al. Hao chi: Hiina kokaraamat = Chinese cookbook = Китайская кулинарная книга. Tallinna Ülikooli Konfutsiuse instituut, 2018.
970 Kroom, Gerda, et al. Tervist parandav qigong: iidne Hiina raviviis. Odamees, 2018.
971 Kucharzewska, Joanna. Współczesna architektura i urbanistyka Pekinu w kontekście warunków politycznych: państwo wobec dziedzictwa kulturowego. Wydawnictwo Naukowe Uniwersytetu Mikołaja Kopernika, 2015.
972 Laur, Linda. Yang sheng: Hiina enesetervendamise kunst. Sinisukk, 2019.
973 Lee, Kai-Fu. DI supervalstybės: Kinija, Silicio slėnis ir naujoji pasaulio tvarka. Kitos knygos, 2019.
974 Lee, Kai-fu. Supervelmoci umělé inteligence: Čína, Silicon Valley a svět v éře AI. Argo, 2019.
975 Lee, Kai-Fu. Velesili umetne inteligence: Kitajska, Silicijeva dolina in novi svetovni red. Umco, 2019.
976 Lévai Sándor. A kínai akupunktúra atlasza: pontok és csatornák elhelyezkedése és használatuk. [Lévai S.], 2017.
977 Li Hua, Lily. Hiina toitumis- ja eluviisi tasakaal: kaalust alla muistse yin'i ja yang'i filosoofia abil. Varrak, 2019.
978 Liang, Yongxuan. Medicina chinesa. Shu, 2018.
979 Liao, Yuqun. Geleneksel Çin tıbbı: ilkelerini ve uygulamalarını anlamak. Kaynak Yayınları, 2016.
980 Liêu, Dục Quần. Y dược truyền thống Trung Quốc. Nhà xuất bản Tổng hợp T.P. Hồ Chí Minh, 2015.
981 Liu, Junru. Culinária chinesa. Shu, 2018.
982 Lu, Yu. Teklassikeren. Foreningen Forlaget Kaperen, 2019.
983 Maci sifu. Hagyományos kínai orvosok és a taoista gyógyítók módszerei nyomán: Maci sifu tanácsai. T-M Worldtrade K., 2015.

984 Maciocia, Giovanni. Os fundamentos da medicina chinesa: um texto abrangente para acupunturistas e fitoterapeutas. Editora ROCA, 2015.
985 Maciocia, Giovanni. Os fundamentos da medicina chinesa. Roca, 2017.
986 Mao, Huiwei (ed.). Historia jedwabiu = Sichou shihua. Wydawnictwo Adam Marszałek, 2017.
987 Markuksela, Eero. Oppineen kiinalainen puutarha - suuri nauru Mile Fon kanssa. Porin taidemuseo = Pori Art Museum, 2018.
988 Mathisen, Tuuli. Hiina toidud. Ajakirjade Kirjastus, 2016.
989 Mazurek, Kamil Łukasz (ed.). Energetyczny smok: polityka bezpieczeństwa energetycznego CHRL. Uniwersytet Warszawski. Wydział Dziennikarstwa i Nauk Politycznych, 2015.
990 Moestl, Bernhard. Moudrost šaolinských mistrů: jak ovládat emoce. Beta, 2017.
991 Museu de Arte de Macau. Aparência majestosa: trajes dos imperadores e imperatrizes Qing da colecção do Museu do Palácio: Guia da exposição. Instituto Cultural da Região Administrativa Especial, 2020.
992 Oravecz Márk. A hagyományos kínai gyógyászat története a Semmelweis Egyetemen. Semmelweis, 2019.
993 Paloheimo, Eero. Kiinalainen juttu. Kiuas, 2018.
994 Płotka, Bartosz (ed.). Historia chińskiej nauki i technologii. Time Marszałek Group, 2019.
995 Romgard, Jan. Polarforskaren som strandade i Kina: Johan Gunnar Andersson & de svenska Asienexpeditionerna. Fri tanke, 2018.
996 Späth, Thomas. Šaolin: osm kroků k získání energie a vnitřní rovnováhy. Euromedia, 2017.
997 Thái, Yến Hâm. Kiến trúc Trung Quốc. Nhà xuất bản Tổng hợp Thành phố Hồ Chí Minh, 2015.
998 Tiến Thành. Hoàng đế nội kinh. Nhà xuất bản Hồng đức, 2017.
999 Torssell, Peter. Kinesisk kostlära. Akupunkturakademin utbildning, 2020.
1000 Ty-Kisera, Merina. Punktimassaaž eeterlike õlidega. Ersen, 2019.
1001 Videgård, Erik. Facing heaven: välkommen till Sichuanköket. Natur & kultur, 2018.
1002 Vojta, Vít. Mezi Čínou a Západem: umění stolovat s čínskými partnery. VIT Consulting, s.r.o., 2018.
1003 Wang, Lulu. Chineeslekker. Uitgeverij Lulu Wang, 2017.
1004 Woźniak, Krzysztof. Podróż do Wielkiej Tamy. Krzysztof Woźniak, 2020.
1005 Xiong, Wang. China în epoca vitezei: dezvoltarea căilor ferate rapide. Corint Books, 2019.
1006 Yu Funian. A hagyományos kínai orvoslás nemzetközi szabványú kínai - magyar - angol alapterminológiája. Noran Libro, 2016.
1007 Zachariasz, Agata (ed.). The genesis of the art of gardening and the modern landscape of China = Geneza sztuki ogrodowej i współczesnego krajobrazu Chin. Wydawnictwo PK, 2016.
1008 Zeng, Qingnan. Hiina traditsiooniline tervise hoidmise meetod. Ersen, 2015.
1009 Zhong, Bingzhang. Arta chineză a brocartului Shu: capodopere ale patrimoniului oral şi material al umanităţii. Libris Editorial, 2018.
1010 Башев, Храбрин Янушев. Управление и оценка на аграрната устойчивост в България и Китай. Институт по аграр. Икономика, 2018.
1011 Горанова, Зоя Кирилова. Китайската традиционна медицина в учебно-образователната и в клиничната практика. НСА Прес, 2018.
1012 Горанова, Зоя Кирилова. Теоретичната система на китайската традиционна медицина.

НСА Прес, 2018.

1013 Кемпбелл, Колін. Китайське дослідження. Класична книга про зв›язок здоров›я та їжі. Книжковий Клуб «Клуб Сімейного Дозвілля», 2019.

1014 Кіктенко, Віктор Олексійович. «Школа Джозефа Нідема»: дискусії навколо китайської науки та цивілизації: монографія. Гельветика, 2020.

1015 Лі, Кай-Фу. Наддержави штучного інтелекту: Китай, Кремнієва долина і новий світовий лад. BOOKCHEF, 2020.

1016 Ни, Маошин. Нейдзин: класическата китайска медицина на Жълтия император: нов превод на «Нейдзин Су-уън» с коментар от доктор Маошин Ни. ИК Бард, 2016.

1017 Прља, Бранко. Made In China: за тоа како Западот им ги украл изумите на Кинезите, а овие си ги вратиле назад!. Б. Прља, 2019.

1018 Прымшыц, Д. В. (Дзмітрый Вітольдавіч). Кітайскі вопыт экспертна-аналітычнага суправаджэння дзейнасці органаў дзяржаўнага кіравання. Беларуская навука, 2020.

1019 Сарић, Маријана. Кључни појмови у традиционалној кинеској медицини. Драслар, 2020.

1020 Сюлейман, Рузие Исмет, et al. Здраве от Китай според сезона. Книгоизд. къща Труд, 2015.

1021 Христов, Станислав. Китайски традиционни методи за лечение: сборник статии. Т. 3. НСА прес, 2018.

1022 Чън Цихун. Първи стъпки в китайската медицина. Изток-Запад, 2017.

1023 כפיר, אפי. 425 צמחי מרפא סיניים : סגולות רפואיות. א. כפיר, 2017.

综合性图书

英语

1 Pedersen, Bent Lerbæk. *Catalogue of Yao manuscripts*. Denmark: NIAS Press: Det Kongelige Bibliotek, 2016.
2 Berg, Daria. *Transforming book culture in China, 1600-2016*. Germany: Harrassowitz, 2016.
3 Davis, Margaret E. *China under the covers: a binder's journey to the roots of books*. Portland, Oregon: Ma Nao Books, 2017.
4 Great Britain-China Centre. *The Great Britain–China Centre Annual Report and Accounts 2019-20*. London: Dandy Booksellers Ltd, 2020.
5 Great Britain-China Centre. *The Great Britain–China Centre report and accounts 31 March 2019*. London: Dandy Booksellers Ltd, 2019.
6 Hu, Shuzhao. *The development of the Chinese collection in the Library of Congress*. London: Routledge, 2019.
7 *Local records of Wuzhen*. Vancouver, Canada: CA New Press Ltd., 2017.
8 *Local records of Zhouzhuang*. Vancouver, Canada: CA New Press Ltd., 2018.
9 Low, Eunice. *The George Hicks collection at the national library, Singapore: an annotated bibliography of selected works*. Netherlands: Nlb, National Library Board, 2016.

德语

10 Chen, Wan Jie; Märzendorfer-Chen, Eva (Hrsg.). *Der Weg an die Spitze: Meisterstück eines Joint-Venture-Projektes im Bildungswesen zwischen China und Österreich im 21. Jahrhundert*. Graz: Konfuzius-Institut an der Universität Graz, 2020.
11 Du, Weihua. *Frühe deutsche und europäische Zeitschriften-Beiträge über China: Verzeichnis I*. Bochum: Europäischer Universitätsverlag, 2020.

俄语

12 Журавлева, Валентина Петровна. *Библиография Китая: философия и общественно-*

политическая мысль, этика, эстетика, военная мысль, мифология, религия, 1958-2008*. Москва: Форум, 2015.
13　Маннинен, Мари. *33 мифа о Китае: что мы не знаем об азиатской сверхдержаве*. [перевод с финского Любови Шалыгиной]. Москва: Individuum, 2020.
14　Портяков, Владимир Яковлевич. *Муравей грызет кость: избранные очерки о Китае*. Москва: Форум, 2018.
15　Румянцев, Евгений Николаевич и др. ред. *Китай: политика, история, культура: к 85-летию Ю. М. Галеновича: [сборник]*. Москва: Синосфера, 2018.

日语

16　十五年戦争極秘資料集 補巻 50（別タイトル：台湾議会設置関係書類）. 不二出版，2020.
17　愛知大学国際問題研究所. グローバルな視野とローカルの思考：個性とのバランスを考える：愛知大学国際問題研究所設立 70 周年記念論集. あるむ，2020.
18　池田拓司. 鉄都鞍山年誌 第 3 巻（1926-1929 年）. 池田拓司，2015.
19　池田拓司. 鉄都鞍山年誌 第 4 巻（1930-1933 年）. 池田拓司，2017.
20　池田拓司. 鉄都鞍山年誌 第 5 巻（1934-1937 年）. 池田拓司，2019.
21　沖縄県教育庁文化財課史料編集班. 琉球・中国交渉史に関するシンポジウム論文集 第 12 回. 沖縄県教育委員会，2020.
22　春山明哲. 戦前期「外地」図書館資料集 台湾編 第 1 巻. 金沢文圃閣，2016.
23　大東文化大学人文科学研究所東アジアの美学研究班［ほか］. 中国美学範疇研究論集第 5 集. 大東文化大学人文科学研究所，2017.
24　島根大学寧夏大学国際共同研究所. 日中国際学術セミナー論文集：島根大学・寧夏大学国際共同研究所第 14 回. 島根大学・寧夏大学国際共同研究所，2017.
25　関西大学中国語教材研究会. シン式中国語学習シソーラス. 東方書店，2018.
26　国際協力機構. 中華人民共和国四川省震災後森林植生復旧計画プロジェクト終了時評価調査報告書. 国際協力機構地球環境部，2015.
27　内田稔，鈴木義行. 中国人名小辞典：盤古から章子怡まで. ブックショップマイタウン，2017.
28　平勢隆郎［ほか］. 東洋文化研究所蔵山本照像館等撮影中国史跡写真目録. 東京大学東洋文化研究所附属東洋学研究情報センター，2017.
29　氣賀澤保規. 唐代墓誌所在総合目録：新編. 明治大学東アジア石刻文物研究所，2017.
30　橋川時雄. 橋川時雄民國期の學術界. 臨川書店，2016.
31　三省堂編修所. デイリー日中英辞典：カジュアル版. 三省堂，2017.
32　山田忠司. 老舎北京語辞典（別タイトル：LAO SHE BEIJINGHUA CIDIAN）. 光生館，2016.
33　石井正己，東京学芸大学. 植民地統治下における昔話の採集と資料に関する基礎的研究. 石井正己，2015.
34　太田成人. 漢語形声字典：「五筆法」検字・ピンイン「逆引き」. ブックコム，2018.
35　田雁. 近代中国の日本書翻訳出版史. 東京大学出版会，2020.

36 吳月梅．中国語イラスト辞典：4000語以上収録！．三修社，2017．
37 相原茂．中国語学習シソーラス辞典．朝日出版社，2017．
38 小嶋芳孝，金沢学院大学．中国とロシアにおける渤海（698~926年）の考古学的研究（別タイトル：中国とロシア沿岸地方における渤海の考古学的研究）．小嶋芳孝，2015．
39 星泉［ほか］．チベット牧畜文化辞典：チベット語・日本語 第4期 第4冊．東京外国語大学アジア・アフリカ言語文化研究所，2020．
40 永冨青地．中国書籍史のパースペクティブ：出版・流通への新しいアプローチ．勉誠出版，2015．
41 中川仁．中国語学事典 上巻．近現代資料刊行会，2020．
42 中川仁．中国語学事典 下巻．近現代資料刊行会，2020．

其他语种

43 Leys, Simon. Studio nieużyteczności: eseje. Fundacja Terytoria Książki, 2019.
44 Урумов, Виктор. Кинески мозаик. Арс Ламина - публикации, 2019.

后　记

2023年5月29日，北京外国语大学中华文化国际传播研究院成功举办《海外中国研究中文书目：1978—2018》新书推介会。此次活动不仅标志着该书目的正式面世，更为国家图书馆与北京外国语大学搭建了一座重要的学术合作桥梁。借此契机，双方携手并进，共同宣布正式启动《国外中国研究选目提要：2015—2020》编纂项目。该项目致力于全面梳理并呈现近年来国外学术界在中国研究领域的前沿成果，旨在为学术界打造一部兼具权威性和系统性的重要参考工具书。

为更有效地推进选目提要的编纂，两家机构成立选目提要编委会。编委会特聘北京外国语大学张西平教授、国家图书馆顾犇研究馆员为学术顾问。两位学者的加入，无疑为编纂工作注入了强大的学术动力。张西平教授曾在20世纪90年代在北京图书馆（现国家图书馆）工作6年，对国家图书馆有着深厚的感情。此次两家机构的成功合作，离不开张西平教授的牵线搭桥和积极推动。他的经验和人脉资源为编纂工作提供了宝贵的支持和帮助。顾犇研究馆员精通多种外语，长年从事外文图书的选书、编目和研究工作。在此次编纂工作中，他以其广泛的语言能力和深厚的学术背景，为本书提供多达40多种语言的支持和指导，不仅极大丰富了本书的内容，也提升了编纂工作的整体水平。

北京外国语大学北京中外文化交流基地主任张朝意教授、国际中国文化研究院党总支书记薛维华，以及国家图书馆海外中国问题研究资料中心的尹汉超副主任和梁婧副研究馆员，在推动此书编撰工作的过程中展现出对学术研究的严谨态度。他们不辞辛劳，多次和我们进行深入的沟通讨论，对全书的收录范围、信息来源、分类规范和编撰体例进行了细致的探讨和修改。这些讨论不仅涉及到书籍内容的广度和深度，还关注到书籍的呈现形式和风格，以确保最终的出版能够符合学术标准和读者的需求。尤其是担任副主编的梁婧副研究馆员，在临近交稿的关键时期，她不顾手术初愈，身体尚未完全恢复，仍然坚持与其他编委沟通协作，共同解决遇到的问题，确保书籍的质量和进度，展现了高度的责任心和敬业精神。

本书的完成同样离不开其他编委的辛勤付出，从2023年5月至今，她们克服种种挑战和困难，为本书的顺利完成做出了卓越贡献。负责俄语的李嘉副研究馆员，在项目启动之初就遭遇新冠病毒的侵扰。尽管身体不适，且持续近三个月的时间，但她依然严格按照编委会的要求，在规定的时间点提交了高质量的稿件；负责西班牙语的陈天竹，2024年6月喜得贵子，然而，她并没有因此放松对工作的要求，在最后审校的环节仔细核对每个条目，确保内容的准确无误；负责法语的何念伦，负责德语的崔丹阳和负责日语的于子雯，三位年轻同志在繁忙的工作之余，利用自己业余时间完成书目的收集和整理工作，展现出极高的工作热情和责任心。

所有参与编纂的人员对每一本图书是否收录和如何分类，无一不仔细推敲，力求准确严谨；对每一条书目格式，都认真核对、反复检查，尽量避免错误。同时，各位编委依托自身不同的专业背景，翻译编撰重点书目内容提要，也展现了他们出色的语言能力和扎实的文字功底。

总之，在编纂本书的过程中，每一位参与人员都付出极大的心血和努力，他们的敬业精神和专业素养令人钦佩。作为主编的我们，要向每一位编委表示深深的敬意和衷心的感谢。正是你们的辛勤付出和无私奉献，才使得本书得以顺利完成，并呈现出如此高的质量。

我们还要特别感谢中宣部国际联络部的悉心指导与鼎力支持，正是受"国际交流与研究项目"资助，本书才能得以顺利出版。

最后，感谢学苑出版社的李媛女士，她对本书倾注了大量心血，不仅细致入微地审查了提要和书目，还耐心地与我们反复沟通每一个细节，让我们获益良多。我们也要向罗家洋先生表达诚挚的谢意，面对本书体量大、语种多的情况，在书目排版过程中，为我们提供了许多宝贵的建议，保证了本书的如期出版。

编委会始终秉持学术积累理念，致力于推动国外中国学研究的深入发展。经过近两年的不懈努力，这部凝聚众人智慧与汗水的著作终于迎来正式出版的时刻，这无疑是我们所有参与者深感欣慰与自豪的成绩。而在这两年中，习近平主席先后向第三届文明交流互鉴对话会暨首届世界汉学家大会、世界中国学大会·上海论坛、2024世界中文大会致贺信，这不仅让汉学与中国学再次成为国内学术界的热门话题，更为我们的研究注入新的动力与方向。正如刘禹锡诗中所描绘的"晴空一鹤排云上，便引诗情到碧霄"，当前的中国学研究正如那翱翔于云霄之上的白鹤，引领着我们的学术热情与探索精神不断攀升至新的高度。

由于时间紧迫等诸多因素，本书难免存有不足和错谬之处，敬请读者指正。

我们欣喜地看到，编委会的研究人员绝大部分是青壮年学者。他们不仅具备扎实的学术功底，更有着对学术研究的热情和执着。相信他们将继续致力于选目提要的出版工作，并将此项工作绵延下去，为更多的学人提供有价值的参考和借鉴。

陈樱　赵刚

2024年12月